本报告的出版得到

国家重点文物保护专项补助经费资助

本报告系

国家社会科学基金项目"白城城四家子辽金城址发掘报告"

（17BKG023）结项成果

白城城四家子城址
——2013—2016年度田野考古报告

吉林省文物考古研究所
黑龙江大学历史文化旅游学院　编著

科学出版社
北　京

内 容 简 介

本书系统介绍了吉林省白城市城四家子辽金城址的田野考古成果，报道了2013—2016年吉林省文物考古研究所对城四家子城址开展的调查与发掘工作。四年间的田野工作包括对城址及其周边相关遗迹的调查与测绘；对城内北部一处建筑址的发掘；对北城门及多处城墙的发掘和解剖；对城内陶窑遗址的发掘；对城内主干道路系统的钻探和试掘；对城外墓葬的抢救性发掘。通过一系列考古工作，出土了大量辽金时期的砖瓦、陶瓷器等遗物，为东北地区辽金时期州城遗址的考古学研究提供了重要的实物资料。

本书适合考古学、文物学、历史学、民族学及相关学科专业人士参考阅读。

图书在版编目（CIP）数据

白城城四家子城址：2013—2016年度田野考古报告/吉林省文物考古研究所，黑龙江大学历史文化旅游学院编著. -- 北京：科学出版社，2024.9. -- ISBN 978-7-03-079381-2

I . K878.35

中国国家版本馆CIP数据核字第2024E6D638号

责任编辑：赵　越 / 责任校对：邹慧卿
责任印制：肖　兴 / 封面设计：北京美光设计制版有限公司

科学出版社 出版
北京东黄城根北街 16 号
邮政编码：100717
http://www.sciencep.com
北京中科印刷有限公司印刷
科学出版社发行　各地新华书店经销

*

2024年9月第 一 版　开本：889×1194　1/16
2024年9月第一次印刷　印张：40　插页：71
字数：1 150 000

定价：980.00元
（如有印装质量问题，我社负责调换）

凡　例

一、编号系统

发掘前在该城址内设立永久基点，以此基点为原点，将城址划分为四个象限，每个象限为一区，编号为Ⅰ~Ⅳ区。此次调查发掘工作所用的编号方式为：发掘（采集）年度+遗址属地及遗址名缩写+区号+探方号（遗迹单位号）。

1. 探方编号

采用二种编号方式：理论布方为四位数，前两位为横坐标，后两位为纵坐标，如2013BTCⅠT1948；探沟为个位数序列号，如2016BTCⅡTG2。

2. 遗迹编号

采用二种编号方式。探方发掘遗迹编号方式：区号+遗迹单位缩写+序列号，如：2013BTCⅠM1，同一遗迹单位涉及多个探方且跨度较大的，在遗迹单位缩写前加探方号，如2013BTCⅠT1649G1、2013BTCⅠT1747G1，各年度探方发掘的遗迹序列号统一编排，不受发掘区和发掘年份限制。探沟发掘遗迹编号方式：区号+探沟号+遗迹单位缩写+序列号，如2016BTCⅡTG1H1。

3. 器物编号

发掘出土器物编号方式：区号+出土探方（探沟）号+层位编号+序列号。如2013BTCⅠT1946②：1、2016BTCⅡTG2②：1。

采集器物编号方式：采集地点区号及单位+序列号。①有明确采集地点或单位的，如2015BTCⅣ建筑群5：2、2016BTC河南1号建筑址：4。②城内采集但地点无明确单位的，如2013BTC采：20。

报告编写中为简化表述，将编号中的发掘年度和遗址属地、遗址名缩写省略，此次发掘涉及的区域绝大多数为Ⅰ区，故涉及Ⅰ区的编号均将区号省略，其他区的编号仍保留区号。

二、测量方向

1. 地形测量方向

2012年和2015年对城四家子城址的地形图运用RTK测量,平面坐标均采用《1980西安坐标系》,高程基准采用《1985国家高程基准》。凡报告中的地形测绘图（未标记指北针）及指北针方向标记为"N"的遗址位置图、遗迹分布图、发掘区位置图等,均为真北方向。

2. 发掘测量方向

城四家子城址考古发掘布设探方、探沟以及现场手绘遗迹平面图方向,均采用磁子午线方向。凡报告插图中指北针方向标记为"北"者,均为磁北方向。

目　　录

第一章　绪论 …………………………………………………………………………（1）

　　第一节　自然环境 ………………………………………………………………（1）

　　第二节　历史沿革 ………………………………………………………………（2）

　　第三节　研究简史 ………………………………………………………………（4）

　　第四节　城址现状 ………………………………………………………………（8）

　　第五节　2013—2016年度的田野考古工作 ……………………………………（9）

第二章　考古调查与勘探 ……………………………………………………………（11）

　　第一节　工作目的与方法 ………………………………………………………（11）

　　　一、工作目的 …………………………………………………………………（11）

　　　二、工作方法及主要内容 ……………………………………………………（11）

　　第二节　城垣 ……………………………………………………………………（13）

　　　一、北城墙及北城门 …………………………………………………………（13）

　　　二、东城墙及东城门 …………………………………………………………（15）

　　　三、南城墙及南城门 …………………………………………………………（15）

　　　四、西城墙及西城门 …………………………………………………………（16）

　　　五、护城壕 ……………………………………………………………………（16）

　　第三节　城内遗存 ………………………………………………………………（18）

　　　一、大型建筑群 ………………………………………………………………（18）

　　　二、单体建筑基址 ……………………………………………………………（27）

　　　三、手工业遗存 ………………………………………………………………（28）

　　　四、城内其他区域地表采集遗物 ……………………………………………（29）

第四节　城址周边遗存 …………………………………………………………（39）

　　一、北部及西北部墓葬区 ……………………………………………………（40）

　　二、北城门外遗址 ……………………………………………………………（40）

　　三、城西北砖瓦窑址 …………………………………………………………（41）

　　四、北山遗址 …………………………………………………………………（41）

　　五、南城门外遗址 ……………………………………………………………（43）

　　六、东城门外遗址 ……………………………………………………………（45）

　　七、七棵树遗址 ………………………………………………………………（46）

第五节　小结 ……………………………………………………………………（47）

第三章　城墙与门址的发掘 …………………………………………………（49）

第一节　北城门 …………………………………………………………………（49）

　　一、发掘经过 …………………………………………………………………（49）

　　二、地层堆积 …………………………………………………………………（51）

　　三、主门址 ……………………………………………………………………（53）

　　四、瓮城 ………………………………………………………………………（60）

　　五、城门内侧遗迹及出土遗物 ………………………………………………（61）

　　六、地层出土遗物 ……………………………………………………………（72）

第二节　城墙 ……………………………………………………………………（88）

　　一、北城墙 ……………………………………………………………………（88）

　　二、西城墙 ……………………………………………………………………（93）

　　三、南城墙 ……………………………………………………………………（96）

　　四、城墙东南角 ………………………………………………………………（104）

第三节　小结 ……………………………………………………………………（109）

　　一、城门发掘认识 ……………………………………………………………（109）

　　二、城墙发掘认识 ……………………………………………………………（111）

　　三、出土瓦件的认识 …………………………………………………………（111）

第四章　城内建筑址的发掘 …………………………………………………（113）

第一节　发掘经过 ………………………………………………………………（113）

第二节　地层堆积 ………………………………………………………………（115）

第三节　地层第10层及相关遗迹 …………………………………………（117）
  一、建筑台基 …………………………………………………………………（117）
  二、柱洞 ………………………………………………………………………（125）
  三、墙与涵洞 …………………………………………………………………（130）
  四、排水沟 ……………………………………………………………………（132）
  五、道路 ………………………………………………………………………（133）
  六、出土遗物 …………………………………………………………………（134）

第四节　地层第8、9层及相关遗存 ……………………………………（157）
  一、第8层下开口遗迹 …………………………………………………………（157）
  二、出土遗物 …………………………………………………………………（162）

第五节　地层第7、8层间遗存 …………………………………………（174）
  一、起建于第8层上的遗迹及出土遗物 ………………………………………（174）
  二、开口于第7层下的遗迹及出土遗物 ………………………………………（183）

第六节　地层第5—7层出土遗物 ………………………………………（192）
  一、建筑构件 …………………………………………………………………（192）
  二、陶器 ………………………………………………………………………（195）
  三、瓷器 ………………………………………………………………………（200）
  四、石器 ………………………………………………………………………（200）
  五、铁器 ………………………………………………………………………（200）

第七节　地层第4层出土遗物 ……………………………………………（202）
  一、建筑构件 …………………………………………………………………（202）
  二、陶器 ………………………………………………………………………（212）
  三、瓷器 ………………………………………………………………………（217）
  四、石器 ………………………………………………………………………（219）
  五、铁器 ………………………………………………………………………（219）
  六、铜钱 ………………………………………………………………………（221）

第八节　地层第2、3层及相关遗存 ……………………………………（221）
  一、建筑台基 …………………………………………………………………（221）
  二、排水沟及道路 ……………………………………………………………（225）
  三、房址 ………………………………………………………………………（226）
  四、灰坑 ………………………………………………………………………（227）
  五、出土遗物 …………………………………………………………………（230）

第九节　表土层及其下遗存 ……………………………………………………………（275）

一、墓葬 ……………………………………………………………………………（275）

二、灰沟 ……………………………………………………………………………（284）

三、房址 ……………………………………………………………………………（284）

四、灰坑 ……………………………………………………………………………（285）

五、表土层出土遗物 ………………………………………………………………（287）

第十节　小结 …………………………………………………………………………（293）

一、遗存分期 ………………………………………………………………………（293）

二、建筑结构、功能及始建与废弃年代 …………………………………………（294）

三、出土瓦件的类型学考察 ………………………………………………………（295）

第五章　城内窑址的发掘 ……………………………………………………………（308）

第一节　发掘经过 ……………………………………………………………………（308）

第二节　地层堆积 ……………………………………………………………………（310）

第三节　第一期遗存 …………………………………………………………………（311）

一、遗存概况 ………………………………………………………………………（311）

二、房址及出土遗物 ………………………………………………………………（313）

三、灰坑及出土遗物 ………………………………………………………………（317）

四、沟及出土遗物 …………………………………………………………………（334）

五、地层出土遗物 …………………………………………………………………（342）

第四节　第二期遗存 …………………………………………………………………（352）

一、遗存概述 ………………………………………………………………………（352）

二、建筑台基遗迹 …………………………………………………………………（352）

三、灰坑及出土遗物 ………………………………………………………………（356）

四、房址及出土遗物 ………………………………………………………………（373）

五、灶址 ……………………………………………………………………………（375）

六、地层第3层出土遗物 …………………………………………………………（377）

第五节　第三期遗存 …………………………………………………………………（389）

一、遗存概述 ………………………………………………………………………（389）

二、窑址及出土遗物 ………………………………………………………………（389）

三、陶片堆积层及出土遗物 ………………………………………………………（406）

四、房址及出土遗物 ………………………………………………………………（415）

五、灰坑及出土遗物 ………………………………………………………………（427）

六、其他遗迹单位及出土遗物 ……………………………………………………（443）
　　七、地层第2层出土遗物 ……………………………………………………………（446）

第六节　第四期遗存 …………………………………………………………………（457）
　　一、M15 ………………………………………………………………………………（457）
　　二、M16 ………………………………………………………………………………（457）

第七节　表土层出土遗物 ……………………………………………………………（460）
　　一、陶器 ………………………………………………………………………………（460）
　　二、瓷器 ………………………………………………………………………………（460）
　　三、石器 ………………………………………………………………………………（462）
　　四、琉璃器 ……………………………………………………………………………（463）
　　五、铁器 ………………………………………………………………………………（463）
　　六、铜钱 ………………………………………………………………………………（463）

第八节　小结 …………………………………………………………………………（465）
　　一、遗存分期及性质 …………………………………………………………………（465）
　　二、出土陶瓷器的类型学考察 ………………………………………………………（466）

第六章　城内道路及周边遗迹的发掘 …………………………………………（475）

第一节　发掘经过 ……………………………………………………………………（475）

第二节　地层堆积 ……………………………………………………………………（476）

第三节　地层第5层及相关遗存 ……………………………………………………（478）
　　一、遗迹 ………………………………………………………………………………（478）
　　二、出土遗物 …………………………………………………………………………（478）

第四节　地层第4层及第4层下遗存 ………………………………………………（480）
　　一、遗迹 ………………………………………………………………………………（480）
　　二、出土遗物 …………………………………………………………………………（481）

第五节　地层第3层及第3层下遗存 ………………………………………………（484）
　　一、遗迹 ………………………………………………………………………………（484）
　　二、出土遗物 …………………………………………………………………………（484）

第六节　地层第2层及第2层下遗存 ………………………………………………（486）
　　一、遗迹 ………………………………………………………………………………（486）
　　二、出土遗物 …………………………………………………………………………（486）

第七节　表土层及表土层下遗存 …………………………………………（488）
　　一、遗迹 ……………………………………………………………………（488）
　　二、出土遗物 ………………………………………………………………（488）

第八节　小结 ………………………………………………………………（490）
　　一、遗存分期 ………………………………………………………………（490）
　　二、遗存性质 ………………………………………………………………（490）

第七章　城外墓葬的发掘 …………………………………………………（491）

第一节　墓葬位置及形制 …………………………………………………（491）
第二节　墓葬详述 …………………………………………………………（491）
　　一、M17 ……………………………………………………………………（491）
　　二、M18 ……………………………………………………………………（494）
　　三、M19 ……………………………………………………………………（496）
　　四、M20 ……………………………………………………………………（497）
　　五、M21 ……………………………………………………………………（499）

第三节　小结 ………………………………………………………………（500）
　　一、墓葬年代 ………………………………………………………………（500）
　　二、墓葬的用材 ……………………………………………………………（501）
　　三、墓葬的属性 ……………………………………………………………（502）

第八章　馆藏文物整理 ……………………………………………………（503）

第一节　白城市博物馆馆藏城四家子城址文物 …………………………（503）
　　一、建筑构件 ………………………………………………………………（503）
　　二、陶、瓷器 ………………………………………………………………（504）
　　三、铜器 ……………………………………………………………………（505）
　　四、铁器 ……………………………………………………………………（506）
　　五、骨器 ……………………………………………………………………（507）

第二节　洮北区博物馆馆藏城四家子城址文物 …………………………（508）
第三节　洮南市博物馆馆藏城四家子城址文物 …………………………（510）
　　一、建筑构件 ………………………………………………………………（510）
　　二、陶、瓷器 ………………………………………………………………（510）
　　三、石器 ……………………………………………………………………（511）

四、铜器 …………………………………………………………………（512）
　　五、铁器 …………………………………………………………………（514）
　　六、骨器 …………………………………………………………………（516）
　　七、琉璃器 ………………………………………………………………（516）

第九章　多学科应用与研究 ……………………………………………（517）

第一节　物理勘探 ………………………………………………………（517）
　　一、项目概况及勘探背景 ………………………………………………（517）
　　二、城四家子城址高密度电法工作 ……………………………………（518）
　　三、城四家子城址高密度电法成果 ……………………………………（521）
　　四、小结 …………………………………………………………………（524）

第二节　出土颜料的分析 ………………………………………………（524）
　　一、出土情况 ……………………………………………………………（525）
　　二、样品简介 ……………………………………………………………（525）
　　三、分析技术 ……………………………………………………………（525）
　　四、结果与分析 …………………………………………………………（526）
　　五、小结 …………………………………………………………………（530）

第三节　出土铁器的分析研究 …………………………………………（531）
　　一、样品情况与分析方法 ………………………………………………（531）
　　二、分析结果 ……………………………………………………………（532）
　　三、相关问题探讨 ………………………………………………………（542）
　　四、结论 …………………………………………………………………（543）

第四节　植物浮选结果分析 ……………………………………………（543）
　　一、采样与浮选 …………………………………………………………（544）
　　二、浮选结果的鉴定与分析 ……………………………………………（544）
　　三、小结 …………………………………………………………………（547）

第五节　城内墓葬出土人骨研究 ………………………………………（548）
　　一、人骨的性别年龄鉴定 ………………………………………………（548）
　　二、古病理和骨骼异常现象研究 ………………………………………（553）
　　三、身高研究 ……………………………………………………………（555）
　　四、颅骨形态统计分析 …………………………………………………（558）
　　五、小结 …………………………………………………………………（567）

第十章　结语···（568）

第一节　遗存分期与城址年代···（568）

第二节　城址结构和布局···（569）

一、城址平面结构及防御设施···（569）

二、城内格局··（570）

三、城外功能区···（570）

第三节　城址属性···（571）

第四节　城址功能考察···（572）

附表　城四家子城址灰坑登记表···（575）

附录　城四家子城址出土动物骨骼遗存研究···································（579）

一、城四家子城址概况···（579）

二、动物属种鉴定与描述··（580）

三、动物骨骼表面痕迹分析···（591）

四、城址中出土的骨器···（593）

五、城址中出土的骨料···（595）

六、生业模式与生态环境··（599）

Abstract···（601）

后记··（603）

插图目录

图1-1-1　遗址地理位置示意图 ··（1）
图1-3-1　鸟居龙藏《洮南古城图》 ··（5）
图1-3-2　城四家子城址1962年测绘图 ··（6）
图1-3-3　城四家子城址1982年测绘图 ··（7）
图2-1-1　城四家子城址1：2000测绘图 ··（插页）
图2-1-2　城四家子城址1：500测绘图 ··（插页）
图2-2-1　城四家子城址勘探平面图 ··（14）
图2-2-2　北城墙外护城壕局部平、剖面图 ··（17）
图2-2-3　东城墙外护城壕局部平、剖面图 ··（17）
图2-3-1　城内遗迹分布图 ···（19）
图2-3-2　城内建筑群采集檐头板瓦 ··（22）
图2-3-3　城内建筑群采集遗物 ···（24）
图2-3-4　城内建筑群采集建筑饰件 ··（25）
图2-3-5　城内建筑群采集砖 ··（26）
图2-3-6　城内建筑群采集铁器 ···（27）
图2-3-7　城内单体建筑址采集遗物 ··（28）
图2-3-8　城内其他区域采集板瓦 ···（30）
图2-3-9　城内其他区域采集建筑构件 ··（31）
图2-3-10　城内其他区域采集陶器 ··（33）
图2-3-11　城内其他区域采集瓷器 ··（35）
图2-3-12　城内其他区域采集遗物 ··（37）
图2-3-13　城内其他区域采集金属器、骨器 ··（38）
图2-4-1　城址周边遗迹分布图 ···（39）
图2-4-2　北门外遗址采集遗物 ···（41）
图2-4-3　城西北砖瓦窑址采集遗物 ··（42）
图2-4-4　北山遗址采集遗物 ··（42）
图2-4-5　南门外遗址采集遗物 ···（44）

图2-4-6	东城门外遗址采集遗物	（46）
图2-4-7	七棵树遗址采集遗物	（47）
图3-1-1	北城门发掘位置图	（50）
图3-1-2	北城门布方示意图	（50）
图3-1-3	北城门理论布方示意图	（51）
图3-1-4	北城门发掘平、剖面图	（52）
图3-1-5	北城门西侧柱础平、剖面图	（53）
图3-1-6	东门垛南侧折角处包砖平、立面图	（54）
图3-1-7	西门垛北侧包砖平、立面图	（55）
图3-1-8	门址东侧墙体剖面图	（56）
图3-1-9	北城门基槽出土板瓦	（57）
图3-1-10	北城门基槽出土筒瓦	（57）
图3-1-11	北城门基槽出土瓦当、垒脊瓦	（58）
图3-1-12	北城门出土陶器	（59）
图3-1-13	北城门基槽出土铁器	（60）
图3-1-14	瓮城墙体剖面图	（62）
图3-1-15	F11平、剖面图	（63）
图3-1-16	F10平、剖面图	（63）
图3-1-17	北城门6层下遗迹出土遗物	（64）
图3-1-18	H43平、剖面图	（65）
图3-1-19	H118平、剖面图	（66）
图3-1-20	F20平、剖面图	（66）
图3-1-21	北城门第4层下遗迹出土遗物	（67）
图3-1-22	F7平、剖面图	（68）
图3-1-23	F8平、剖面图	（69）
图3-1-24	F9平、剖面图	（69）
图3-1-25	F21平、剖面图	（70）
图3-1-26	H41平、剖面图	（70）
图3-1-27	H42平、剖面图	（71）
图3-1-28	H47平、剖面图	（71）
图3-1-29	北城门第3层下遗迹出土遗物	（72）
图3-1-30	北城门地层第6层出土陶罐	（73）
图3-1-31	北城门地层第6层出土陶器（一）	（74）
图3-1-32	北城门地层第6层出土陶器（二）	（75）
图3-1-33	北城门地层第6层出土瓷器、石器	（77）
图3-1-34	北城门地层第4层出土瓦当	（78）

图3-1-35	北城门地层第4层出土陶器	（79）
图3-1-36	北城门地层第4层出土陶瓷器、骨器	（80）
图3-1-37	北城门地层第3层出土板瓦	（81）
图3-1-38	北城门地层第3层出土砖瓦	（82）
图3-1-39	北城门地层第3层出土瓦当	（83）
图3-1-40	北城门地层第3层出土建筑饰件	（84）
图3-1-41	北城门地层第3层出土陶瓷器	（85）
图3-1-42	北城门地层第3层出土铁器	（87）
图3-1-43	北城门部分出土器物拓片	（88）
图3-2-1	城墙解剖位置图	（89）
图3-2-2	北城墙剖面图	（91）
图3-2-3	西城墙剖面图	（95）
图3-2-4	ⅡTG1第4层下平面图	（97）
图3-2-5	ⅡTG1第1层下平面图	（97）
图3-2-6	ⅡTG1东壁剖面图	（98）
图3-2-7	ⅡTG1南壁剖面图	（98）
图3-2-8	ⅡTG1西壁剖面图	（99）
图3-2-9	ⅡTG1北壁剖面图	（99）
图3-2-10	ⅡTG1出土遗物	（101）
图3-2-11	ⅡTG2第6层下平面图	（102）
图3-2-12	ⅡTG2东壁剖面图	（102）
图3-2-13	ⅡTG2南壁剖面图	（103）
图3-2-14	ⅡTG2西壁剖面图	（103）
图3-2-15	ⅡTG2北壁剖面图	（104）
图3-2-16	南城墙东端剖面图	（106）
图3-2-17	东城墙南端剖面图	（108）
图4-1-1	发掘区位置图	（113）
图4-1-2	发掘区总平面图	（114）
图4-2-1	T2145西壁剖面图	（116）
图4-2-2	T1750南壁剖面图	（116）
图4-2-3	T1851东壁剖面图	（116）
图4-3-1	早期建筑台基平面图	（118）
图4-3-2	主台基西侧包砖	（119）
图4-3-3	主台基东侧包砖	（120）
图4-3-4	月台东、西两侧包砖及散水	（122）
图4-3-5	ⅠT2047探沟平、剖面图	（123）

图4-3-6	月台南侧慢道平面图	（124）
图4-3-7	D1—D9平、剖面图	（126）
图4-3-8	D10—D18平、剖面图	（127）
图4-3-9	D19—D28平、剖面图	（129）
图4-3-10	Q4内壁（东壁）青砖垒砌墙体立面图	（131）
图4-3-11	HD1—HD7平、剖面图	（131）
图4-3-12	菱格纹檐头板瓦	（134）
图4-3-13	菱格纹、戳点纹、凸弦纹檐头板瓦	（135）
图4-3-14	压印绳纹檐头板瓦	（136）
图4-3-15	普通板瓦（一）	（137）
图4-3-16	普通板瓦（二）	（138）
图4-3-17	筒瓦	（139）
图4-3-18	筒瓦、垒脊瓦	（140）
图4-3-19	瓦当（一）	（141）
图4-3-20	瓦当（二）	（142）
图4-3-21	瓦当（三）	（143）
图4-3-22	瓦当（四）	（144）
图4-3-23	瓦当拓片（一）	（145）
图4-3-24	瓦当拓片（二）	（146）
图4-3-25	套兽	（147）
图4-3-26	凤鸟（一）	（147）
图4-3-27	凤鸟（二）	（148）
图4-3-28	脊兽残块	（149）
图4-3-29	青砖、泥塑	（150）
图4-3-30	A型陶盏	（151）
图4-3-31	B型陶盏	（152）
图4-3-32	陶器	（153）
图4-3-33	瓷器	（154）
图4-3-34	陶器、石器、骨器	（155）
图4-3-35	铁器	（156）
图4-4-1	H13平、剖面图	（158）
图4-4-2	H14平、剖面图	（158）
图4-4-3	H16平、剖面图	（158）
图4-4-4	H17平、剖面图	（158）
图4-4-5	H18平、剖面图	（159）
图4-4-6	H19平、剖面图	（159）

图4-4-7	H20平、剖面图	（159）
图4-4-8	H25平、剖面图	（160）
图4-4-9	H28平、剖面图	（160）
图4-4-10	H30平、剖面图	（161）
图4-4-11	H34平、剖面图	（161）
图4-4-12	H37平、剖面图	（161）
图4-4-13	Z3平、剖面图	（162）
图4-4-14	Z4平、剖面图	（162）
图4-4-15	第9层下遗迹单位出土檐头板瓦	（163）
图4-4-16	第9层下遗迹单位出土遗物	（164）
图4-4-17	第8、9层出土A型筒瓦	（166）
图4-4-18	第8、9层出土B型筒瓦	（167）
图4-4-19	第8、9层出土瓦件	（168）
图4-4-20	第8、9层出土建筑饰件	（169）
图4-4-21	第8、9层出土泥塑、砖	（171）
图4-4-22	第8、9层出土陶器、瓷器	（172）
图4-4-23	第8、9层出土铁器、骨器	（173）
图4-5-1	F2平、剖面图	（175）
图4-5-2	F3平、剖面图	（176）
图4-5-3	A型陶盏	（178）
图4-5-4	B型陶盏	（179）
图4-5-5	陶器	（180）
图4-5-6	瓷碗	（182）
图4-5-7	瓷器	（183）
图4-5-8	H11平、剖面图	（184）
图4-5-9	H12平、剖面图	（184）
图4-5-10	H15平、剖面图	（184）
图4-5-11	H22平、剖面图	（185）
图4-5-12	H23平、剖面图	（185）
图4-5-13	H24平、剖面图	（186）
图4-5-14	H26平、剖面图	（186）
图4-5-15	H27平、剖面图	（187）
图4-5-16	H29平、剖面图	（187）
图4-5-17	H31平、剖面图	（188）
图4-5-18	H33平、剖面图	（188）
图4-5-19	H35平、剖面图	（188）

图4-5-20	H36平、剖面图	（188）
图4-5-21	H38平、剖面图	（189）
图4-5-22	H39平、剖面图	（189）
图4-5-23	Z1平、剖面图	（190）
图4-5-24	Z2平、剖面图	（190）
图4-5-25	G5平、剖面图	（190）
图4-5-26	第7层下遗迹单位出土遗物	（191）
图4-6-1	第5—7层出土瓦件	（193）
图4-6-2	第5—7层出土瓦当及拓片	（194）
图4-6-3	第5—7层出土脊兽、泥塑残块	（195）
图4-6-4	第5—7层出土陶器（一）	（196）
图4-6-5	第5—7层出土陶器（二）	（198）
图4-6-6	第5—7层出土陶器、瓷器、石器	（199）
图4-6-7	第5—7层出土石夯	（201）
图4-6-8	第5—7层出土铁器	（201）
图4-7-1	第4层出土檐头板瓦（一）	（203）
图4-7-2	第4层出土檐头板瓦（二）	（204）
图4-7-3	第4层出土檐头板瓦（三）	（205）
图4-7-4	第4层出土板瓦、筒瓦、垒脊瓦	（206）
图4-7-5	第4层出土瓦当（一）	（208）
图4-7-6	第4层出土瓦当（二）	（209）
图4-7-7	第4层出土瓦当（三）	（210）
图4-7-8	第4层出土瓦当拓片	（211）
图4-7-9	第4层出土凤鸟	（212）
图4-7-10	第4层出土兽头残块	（213）
图4-7-11	第4层出土陶罐、陶盅	（214）
图4-7-12	第4层出土陶盆、陶壶、陶缸	（215）
图4-7-13	第4层出土陶盏、陶器盖	（216）
图4-7-14	第4层出土石器、陶器	（217）
图4-7-15	第4层出土瓷器	（218）
图4-7-16	第4层出土铁器及铜钱拓片	（220）
图4-8-1	晚期建筑台基平面图	（222）
图4-8-2	Q3平、剖面图（T1849内残存）	（223）
图4-8-3	T1948西南部础坑平、剖面图	（223）
图4-8-4	T1848西北部长方形磉墩平、剖面图	（224）
图4-8-5	T2047探沟平、剖面图	（225）

图4-8-6	T1648南部探沟平、剖面图	（226）
图4-8-7	F4平、剖面图	（227）
图4-8-8	H6平、剖面图	（228）
图4-8-9	H7平、剖面图	（228）
图4-8-10	H8平、剖面图	（228）
图4-8-11	H9平、剖面图	（229）
图4-8-12	H10平、剖面图	（229）
图4-8-13	H21平、剖面图	（229）
图4-8-14	H32平、剖面图	（230）
图4-8-15	第2层下遗迹单位出土板瓦、砖	（231）
图4-8-16	第2层下遗迹单位出土筒瓦、当沟	（232）
图4-8-17	第2层下遗迹单位出土脊兽、瓦钉	（233）
图4-8-18	F4出土陶缸（一）	（234）
图4-8-19	F4出土陶缸（二）	（235）
图4-8-20	第2层下遗迹单位出土陶器、瓷器	（236）
图4-8-21	第2层下遗迹单位出土铁器	（237）
图4-8-22	第2层出土檐头板瓦（一）	（239）
图4-8-23	第2层出土檐头板瓦（二）	（239）
图4-8-24	第2层出土檐头板瓦（三）	（240）
图4-8-25	第2层出土檐头板瓦（四）	（241）
图4-8-26	第2层出土檐头板瓦（五）	（242）
图4-8-27	第2层出土檐头板瓦（六）	（243）
图4-8-28	第2层出土普通板瓦	（244）
图4-8-29	第2层出土筒瓦	（245）
图4-8-30	第2层出土筒瓦、垒脊瓦	（246）
图4-8-31	第2层出土瓦当（一）	（248）
图4-8-32	第2层出土瓦当（二）	（249）
图4-8-33	第2层出土瓦当（三）	（250）
图4-8-34	第2层出土瓦当（四）	（251）
图4-8-35	第2层出土瓦当（五）	（253）
图4-8-36	第2层出土瓦当（六）	（254）
图4-8-37	第2层出土瓦当（七）	（255）
图4-8-38	第2层出土瓦当拓片（一）	（256）
图4-8-39	第2层出土瓦当拓片（二）	（257）
图4-8-40	第2层出土瓦当拓片（三）	（258）
图4-8-41	第2层出土瓦当拓片（四）	（259）

图4-8-42　第2层出土迦陵频伽 （260）

图4-8-43　第2层出土凤鸟 （261）

图4-8-44　第2层出土鸱吻 （262）

图4-8-45　第2层出土垂兽（一） （263）

图4-8-46　第2层出土垂兽（二） （264）

图4-8-47　第2层出土脊兽残块 （265）

图4-8-48　第2层出土青砖 （266）

图4-8-49　第2层出土陶容器 （267）

图4-8-50　第2层出土陶盏、陶器盖 （268）

图4-8-51　第2层出土陶器 （269）

图4-8-52　第2层出土瓷器 （271）

图4-8-53　第2层出土其他遗物 （272）

图4-8-54　第2层出土铁器 （273）

图4-8-55　第2层出土铜钱拓片 （274）

图4-9-1　M1平、剖面图及出土遗物 （276）

图4-9-2　M2平、剖面图及出土遗物 （276）

图4-9-3　M4平、剖面图 （277）

图4-9-4　M5平、剖面图及出土遗物 （277）

图4-9-5　M6平、剖面图及出土遗物 （278）

图4-9-6　M7平、剖面图 （279）

图4-9-7　M8平、剖面图及出土遗物 （279）

图4-9-8　M10平、剖面图 （280）

图4-9-9　M11平、剖面图 （281）

图4-9-10　M12平、剖面图及出土遗物 （281）

图4-9-11　M14平、剖面图 （282）

图4-9-12　M3平、剖面图 （282）

图4-9-13　M9平、剖面图及出土遗物 （283）

图4-9-14　M13平、剖面图 （283）

图4-9-15　G3平、剖面图 （284）

图4-9-16　F1平、剖面图 （284）

图4-9-17　F1出土遗物 （285）

图4-9-18　H1平、剖面图 （286）

图4-9-19　H2平、剖面图 （286）

图4-9-20　H3平、剖面图 （286）

图4-9-21　H4平、剖面图 （286）

图4-9-22　H5平、剖面图及出土遗物 （287）

图4-9-23	表土层出土檐头板瓦	（288）
图4-9-24	表土层出土瓦当	（289）
图4-9-25	表土层出土瓦当拓片	（290）
图4-9-26	表土层出土脊兽残块	（290）
图4-9-27	表土层出土陶器、瓷器	（291）
图4-9-28	表土层出土石器、骨器、铜器	（293）
图4-10-1	板瓦、筒瓦、垒脊瓦类型	（296）
图4-10-2	檐头板瓦类型	（298）
图4-10-3	瓦当类型（一）	（302）
图4-10-4	瓦当类型（二）	（304）
图4-10-5	瓦当类型（三）	（305）
图5-1-1	发掘区位置图	（308）
图5-1-2	发掘区总平面图	（309）
图5-2-1	T0711西壁剖面图	（311）
图5-2-2	T0810西壁剖面图	（311）
图5-3-1	第一期遗迹平面分布图	（312）
图5-3-2	F15平、剖面图	（313）
图5-3-3	F18平、剖面图	（314）
图5-3-4	F19平、剖面图	（315）
图5-3-5	第一期房址出土遗物	（316）
图5-3-6	H76平、剖面图	（318）
图5-3-7	H85平、剖面图	（318）
图5-3-8	H87平、剖面图	（319）
图5-3-9	H91平、剖面图	（319）
图5-3-10	H94平、剖面图	（319）
图5-3-11	H98平、剖面图	（319）
图5-3-12	H110平、剖面图	（320）
图5-3-13	H112平、剖面图	（320）
图5-3-14	H116平、剖面图	（321）
图5-3-15	H102平、剖面图	（322）
图5-3-16	H103平、剖面图	（322）
图5-3-17	H104平、剖面图	（323）
图5-3-18	H95平、剖面图	（323）
图5-3-19	H97平、剖面图	（323）
图5-3-20	H100平、剖面图	（324）
图5-3-21	H101平、剖面图	（324）

图5-3-22	H105平、剖面图	（324）
图5-3-23	H106平、剖面图	（325）
图5-3-24	H108平、剖面图	（325）
图5-3-25	H109平、剖面图	（325）
图5-3-26	H111平、剖面图	（326）
图5-3-27	H113平、剖面图	（326）
图5-3-28	H114平、剖面图	（326）
图5-3-29	H115平、剖面图	（326）
图5-3-30	第一期灰坑出土陶器（一）	（328）
图5-3-31	第一期灰坑出土陶器（二）	（329）
图5-3-32	第一期灰坑出土陶器（三）	（330）
图5-3-33	第一期灰坑出土瓷器	（331）
图5-3-34	第一期灰坑出土骨器	（333）
图5-3-35	第一期灰坑出土石器、铁器及铜钱拓片	（334）
图5-3-36	G9平、剖面图	（335）
图5-3-37	G12平、剖面图	（336）
图5-3-38	G13平、剖面图	（336）
图5-3-39	第一期灰沟出土陶器（一）	（337）
图5-3-40	纹饰陶盆拓片	（338）
图5-3-41	第一期灰沟出土陶器（二）	（339）
图5-3-42	第一期灰沟出土陶器（三）	（340）
图5-3-43	第一期灰沟出土瓷器	（341）
图5-3-44	地层第4层出土檐头板瓦	（343）
图5-3-45	地层第4层出土陶钵、陶罐	（344）
图5-3-46	地层第4层出土陶盆、陶壶口沿	（345）
图5-3-47	地层第4层出土陶瓷器	（346）
图5-3-48	地层第4层出土瓷碗	（348）
图5-3-49	地层第4层出土瓷器	（349）
图5-3-50	地层第4、5层出土其他遗物	（350）
图5-3-51	地层第4层出土铜钱拓片	（351）
图5-4-1	第二期遗迹平面分布图	（353）
图5-4-2	H107平、剖面图	（354）
图5-4-3	H117平、剖面图	（354）
图5-4-4	H55平、剖面图	（355）
图5-4-5	H66平、剖面图	（355）
图5-4-6	H70平、剖面图	（356）

图5-4-7	H99平、剖面图	（356）
图5-4-8	H54平、剖面图	（357）
图5-4-9	H56平、剖面图	（357）
图5-4-10	H61平、剖面图	（357）
图5-4-11	H62平、剖面图	（357）
图5-4-12	H63平、剖面图	（358）
图5-4-13	H64平、剖面图	（358）
图5-4-14	H68平、剖面图	（359）
图5-4-15	H69平、剖面图	（359）
图5-4-16	H73平、剖面图	（359）
图5-4-17	H74平、剖面图	（359）
图5-4-18	H77平、剖面图	（360）
图5-4-19	H78平、剖面图	（360）
图5-4-20	H79平、剖面图	（361）
图5-4-21	H81平、剖面图	（361）
图5-4-22	H82平、剖面图	（361）
图5-4-23	H83平、剖面图	（361）
图5-4-24	H84平、剖面图	（362）
图5-4-25	H86平、剖面图	（362）
图5-4-26	H89平、剖面图	（362）
图5-4-27	H90平、剖面图	（363）
图5-4-28	H92平、剖面图	（363）
图5-4-29	H93平、剖面图	（364）
图5-4-30	H96平、剖面图	（364）
图5-4-31	第二期灰坑出土陶壶、陶罐	（365）
图5-4-32	第二期灰坑出土A型陶盆	（366）
图5-4-33	第二期灰坑出土陶器	（367）
图5-4-34	第二期灰坑出土陶器、石器	（368）
图5-4-35	第二期灰坑出土瓷碗	（370）
图5-4-36	第二期灰坑出土瓷器	（371）
图5-4-37	第二期灰坑出土遗物	（373）
图5-4-38	第二期灰坑出土遗物拓片	（374）
图5-4-39	F14平、剖面图及出土陶器	（375）
图5-4-40	Z5平、剖面图	（376）
图5-4-41	Z6平、剖面图	（376）
图5-4-42	Z7平、剖面图	（376）

图5-4-43	地层第3层出土陶器（一）	（378）
图5-4-44	地层第3层出土陶器（二）	（379）
图5-4-45	地层第3层出土瓷碗	（381）
图5-4-46	地层第3层出土瓷器	（383）
图5-4-47	地层第3层出土石器、琉璃器	（384）
图5-4-48	地层第3层出土骨器	（385）
图5-4-49	地层第3层出土金属器	（386）
图5-4-50	地层第3层出土铜钱拓片	（388）
图5-5-1	第三期遗迹平面分布图	（390）
图5-5-2	Y1平、剖面图	（391）
图5-5-3	Y2平、剖面图	（393）
图5-5-4	第三期窑址出土A型陶盆（一）	（394）
图5-5-5	第三期窑址出土A型陶盆（二）	（395）
图5-5-6	第三期窑址出土陶盆、陶缸	（396）
图5-5-7	第三期窑址出土陶罐、梅瓶	（397）
图5-5-8	第三期窑址出土陶器（一）	（399）
图5-5-9	第三期窑址出土陶器（二）	（400）
图5-5-10	第三期窑址出土瓷盘	（401）
图5-5-11	第三期窑址出土瓷碗、瓷器盖	（402）
图5-5-12	第三期窑址出土瓷器	（403）
图5-5-13	第三期窑址出土器物及铜钱拓片	（405）
图5-5-14	C1平、剖面图	（406）
图5-5-15	C2平、剖面图	（407）
图5-5-16	C3平、剖面图	（408）
图5-5-17	C4平、剖面图	（408）
图5-5-18	C5平、剖面图	（409）
图5-5-19	第三期堆积层出土陶盆	（409）
图5-5-20	第三期堆积层出土陶罐	（411）
图5-5-21	第三期堆积层出土陶器（一）	（412）
图5-5-22	第三期堆积层出土陶器（二）	（413）
图5-5-23	第三期堆积层出土遗物	（414）
图5-5-24	F12、F16平、剖面图	（416）
图5-5-25	F13平、剖面图	（418）
图5-5-26	第三期房址出土陶器	（421）
图5-5-27	第三期房址出土瓷器	（422）
图5-5-28	第三期房址出土其他遗物	（424）

图5-5-29	第三期房址出土铁器	（425）
图5-5-30	第三期房址出土铁器及铜钱拓片	（426）
图5-5-31	H48平、剖面图	（428）
图5-5-32	H49平、剖面图	（428）
图5-5-33	H50平、剖面图	（428）
图5-5-34	H51平、剖面图	（428）
图5-5-35	H52平、剖面图	（429）
图5-5-36	H53平、剖面图	（429）
图5-5-37	H57平、剖面图	（429）
图5-5-38	H58平、剖面图	（430）
图5-5-39	H59平、剖面图	（430）
图5-5-40	H60平、剖面图	（431）
图5-5-41	H65平、剖面图	（431）
图5-5-42	H67平、剖面图	（432）
图5-5-43	H71平、剖面图	（432）
图5-5-44	H72平、剖面图	（432）
图5-5-45	H80平、剖面图	（433）
图5-5-46	H88平、剖面图	（433）
图5-5-47	第三期灰坑出土陶器（一）	（434）
图5-5-48	第三期灰坑出土陶盏、陶器盖	（435）
图5-5-49	第三期灰坑出土陶器（二）	（437）
图5-5-50	第三期灰坑出土陶器（三）	（438）
图5-5-51	第三期灰坑出土瓷盘	（439）
图5-5-52	第三期灰坑出土瓷碗	（440）
图5-5-53	第三期灰坑出土瓷器	（441）
图5-5-54	第三期灰坑出土其他遗物	（443）
图5-5-55	G10平、剖面图	（444）
图5-5-56	G11平、剖面图	（444）
图5-5-57	Q9平、剖面图	（445）
图5-5-58	第三期灰沟出土遗物	（445）
图5-5-59	地层第2层出土陶盆	（447）
图5-5-60	地层第2层出土陶器（一）	（448）
图5-5-61	地层第2层出土陶器（二）	（449）
图5-5-62	地层第2层出土瓷碗	（451）
图5-5-63	地层第2层出土瓷盘	（452）
图5-5-64	地层第2层出土瓷器	（453）

图5-5-65	地层第2层出土瓷器、骨器、琉璃器	（454）
图5-5-66	地层第2层出土金属器	（456）
图5-5-67	地层第2层出土铜钱拓片	（456）
图5-6-1	第四期遗迹平面分布图	（458）
图5-6-2	M15平、剖面图	（459）
图5-6-3	M16平、剖面图及随葬品	（459）
图5-7-1	表土层出土遗物	（461）
图5-7-2	表土层出土瓷器	（462）
图5-7-3	表土层出土铁器及铜钱拓片	（464）
图5-8-1	陶罐	（467）
图5-8-2	陶盆	（468）
图5-8-3	化妆白瓷碗	（470）
图5-8-4	化妆白瓷盘	（471）
图5-8-5	定窑白瓷碗	（472）
图5-8-6	定窑白瓷盘	（473）
图6-1-1	探沟位置图	（475）
图6-2-1	探沟总平面图及南、北壁剖面图	（477）
图6-3-1	地层第5层出土遗物	（479）
图6-4-1	第4层及第4层下遗迹出土瓷器	（481）
图6-4-2	第4层及第4层下遗迹出土遗物	（483）
图6-5-1	第3层及第3层下遗迹出土遗物	（485）
图6-6-1	第2层及第2层下遗迹出土遗物	（487）
图6-7-1	表土层及表土层下遗迹出土遗物	（489）
图6-7-2	探沟出土铜钱拓片	（489）
图7-1-1	墓葬分布图	（492）
图7-2-1	M17平、剖面图	（493）
图7-2-2	M17出土遗物	（494）
图7-2-3	M18平、剖面图	（495）
图7-2-4	M19平、剖面图	（496）
图7-2-5	M20平、剖面图	（498）
图7-2-6	M21出土遗物	（500）
图8-1-1	白城市博物馆馆藏瓦件	（504）
图8-1-2	白城市博物馆馆藏砖瓦拓片	（505）
图8-1-3	白城市博物馆馆藏陶器	（506）
图8-1-4	白城市博物馆馆藏金属器、骨器	（507）
图8-1-5	白城市博物馆馆藏铁镞	（508）

图8-2-1	窖藏出土遗物	（509）
图8-3-1	洮南市博物馆馆藏瓦件	（511）
图8-3-2	洮南市博物馆馆藏陶、瓷器和石器	（512）
图8-3-3	洮南市博物馆馆藏铜器	（513）
图8-3-4	洮南市博物馆馆藏铁器	（515）
图8-3-5	洮南市博物馆馆藏器物	（516）
图9-1-1	T1950北壁剖面	（519）
图9-1-2	测线坐标示意图	（521）
图9-1-3	视电阻率反演平面图	（523）
图9-1-4	水平差分场线平面图	（523）
图9-2-1	样品照片	（526）
图9-2-2	红色区域拉曼测试图谱	（528）
图9-2-3	白色区域拉曼测试图谱	（529）
图9-2-4	黑色区域拉曼测试图谱	（530）
图9-3-1	C03带环铁器金相组织	（533）
图9-3-2	C04铁凿金相组织	（533）
图9-3-3	C05铁铧金相组织	（534）
图9-3-4	C07铁镰金相组织	（534）
图9-3-5	C15铁镞金相组织	（534）
图9-3-6	C16带环铁器金相组织	（534）
图9-3-7	C17铁环金相组织	（534）
图9-3-8	C18带环铁器金相组织	（534）
图9-3-9	C19铁环金相组织	（534）
图9-3-10	C20铁钉金相组织	（534）
图9-3-11	C25铁钉金相组织	（535）
图9-3-12	逻辑回归计算公式及参考系数	（535）
图9-3-13	C03带环铁器夹杂物形貌	（536）
图9-3-14	C04铁凿夹杂物形貌	（536）
图9-3-15	C05铁铧夹杂物形貌	（537）
图9-3-16	C07铁镰夹杂物形貌	（537）
图9-3-17	C14铁甲片杂物形貌	（538）
图9-3-18	C15铁镞夹杂物形貌	（538）
图9-3-19	C16带环铁器夹杂物形貌	（539）
图9-3-20	C17铁环夹杂物形貌	（539）
图9-3-21	C18带环铁器夹杂物形貌	（540）
图9-3-22	C19铁环夹杂物形貌	（540）

图9-3-23	C20铁钉夹杂物形貌	（541）
图9-3-24	C25铁钉夹杂物形貌	（541）
图9-4-1	粟	（546）
图9-4-2	红小豆	（546）
图9-4-3	大豆	（547）
图9-5-1	M5颅骨	（550）
图9-5-2	M6颅骨	（551）
图9-5-3	M7颅骨	（552）
图9-5-4	牙釉质发育不全	（554）
图9-5-5	右侧第四近节趾骨变形	（554）
图9-5-6	左侧顶骨凹陷	（554）
图9-5-7	L5压缩性骨折	（554）
图9-5-8	左侧尺骨骨折	（554）
图9-5-9	类滑车状髁突关节面	（554）
图9-5-10	LM_2、RM_2颊侧小孔	（555）

插表目录

编号	名称	页码
表9-2-1	釉陶样品胎体与釉层主要化学成分分析结果	（527）
表9-2-2	无釉施彩类样品颜料处主要化学成分分析结果	（527）
表9-3-1	城四家子城址铁器采集铁器样品简况表	（531）
表9-3-2	城四家子遗址出土铁器样品的金相组织观察结果	（533）
表9-3-3	C03带环铁器夹杂物元素成分分析	（536）
表9-3-4	C04铁凿夹杂物元素成分分析	（536）
表9-3-5	C05铁铧夹杂物元素成分分析	（537）
表9-3-6	C07铁镰夹杂物元素成分分析	（537）
表9-3-7	C14铁甲片夹杂物元素成分分析	（538）
表9-3-8	C15铁镞夹杂物元素成分分析	（538）
表9-3-9	C16带环铁器夹杂物元素成分分析	（539）
表9-3-10	C17铁环夹杂物元素成分分析	（539）
表9-3-11	C18带环铁器夹杂物元素成分分析	（540）
表9-3-12	C19铁环夹杂物元素成分分析	（540）
表9-3-13	C20铁钉夹杂物元素成分分析	（541）
表9-3-14	C25铁钉夹杂物元素成分分析	（541）
表9-3-15	城四家子遗址出土铁器材质鉴定结果	（542）
表9-4-1	城四家子城址植物遗存统计表	（545）
表9-5-1	个体死亡年龄及古病理和骨骼异常现象统计	（553）
表9-5-2	长骨最大长测量表	（555）
表9-5-3	居民身高推算结果	（558）
表9-5-4	男女两性测量性特征出现率统计表	（560）
表9-5-5	城四家子城址颅骨测量表	（561）
表9-5-6	城四家子城址M1颅骨非测量性形态特征观察表	（563）
表9-5-7	城四家子城址M5颅骨非测量性形态特征观察表	（564）
表9-5-8	城四家子城址M6颅骨非测量性形态特征观察表	（565）
表9-5-9	城四家子城址M7颅骨非测量性形态特征观察表	（566）

图版目录

图版一　城四家子城址2016年全景（西—东）
图版二　城四家子城址俯拍
图版三　城四家子城址城内
图版四　保护碑
图版五　北城墙
图版六　东城墙
图版七　南城墙
图版八　西城墙
图版九　北城门发掘全景
图版一〇　北城门（一）
图版一一　北城门（二）
图版一二　北城门（三）
图版一三　城墙豁口
图版一四　城墙剖面
图版一五　建筑址发掘区正投影（北上）
图版一六　建筑址发掘区远景
图版一七　建筑址主台基（一）
图版一八　建筑址主台基（二）
图版一九　建筑址主台基（三）
图版二〇　建筑址主台基（四）
图版二一　建筑址主台基（五）
图版二二　建筑址月台（一）
图版二三　建筑址月台（二）
图版二四　建筑址台基相关遗迹（一）
图版二五　建筑址台基相关遗迹（二）
图版二六　建筑址台基相关遗迹（三）

图版二七	建筑址涵洞
图版二八	建筑址柱洞
图版二九	2号房址
图版三〇	3号房址（一）
图版三一	3号房址（二）
图版三二	建筑址发掘区灰坑（一）
图版三三	建筑址发掘区灰坑（二）
图版三四	建筑址发掘区灰坑（三）
图版三五	建筑址晚期台基（一）
图版三六	建筑址晚期台基（二）
图版三七	建筑址发掘区晚期灰坑
图版三八	建筑址发掘区灰坑、房址、墓葬
图版三九	建筑址发掘区墓葬（一）
图版四〇	建筑址发掘区墓葬（二）
图版四一	建筑址发掘区墓葬（三）
图版四二	窑址发掘区全景（西—东）
图版四三	窑址第一期房址
图版四四	窑址第一期房址、灰沟
图版四五	窑址第一期灰坑（一）
图版四六	窑址第一期灰坑（二）
图版四七	窑址第二期遗迹
图版四八	窑址第二期灰坑
图版四九	窑址第二期灰坑、灶址
图版五〇	窑址第三期房址
图版五一	窑址第三期遗迹
图版五二	窑址第三期陶窑
图版五三	窑址第三期陶窑局部（一）
图版五四	窑址第三期陶窑局部（二）
图版五五	窑址第三期陶片堆积
图版五六	窑址第三期灰坑
图版五七	窑址第三期灰坑、第四期墓葬
图版五八	1号探沟
图版五九	城外砖室墓葬M17
图版六〇	城外砖室墓葬M18、M19（一）
图版六一	城外砖室墓葬M18、M19（二）
图版六二	城外砖室墓葬M20

图版六三　A型檐头板瓦
图版六四　A型、B型檐头板瓦
图版六五　C型、D型檐头板瓦
图版六六　D型、E型檐头板瓦
图版六七　F型檐头板瓦
图版六八　F型、G型、H型檐头板瓦
图版六九　普通板瓦
图版七〇　普通筒瓦
图版七一　绿釉筒瓦（一）
图版七二　绿釉筒瓦（二）
图版七三　绿釉筒瓦（三）
图版七四　绿釉筒瓦（四）
图版七五　绿釉筒瓦（五）
图版七六　Aa型瓦当（一）
图版七七　Aa型瓦当（二）
图版七八　Aa型瓦当（三）
图版七九　A型瓦当
图版八〇　B型、K型瓦当
图版八一　C型瓦当
图版八二　D型瓦当
图版八三　Ea型瓦当
图版八四　Eb型、Ec型瓦当
图版八五　Ed型、Ee型瓦当
图版八六　F型、H型瓦当
图版八七　G型、I型、J型瓦当
图版八八　垄脊瓦、当沟
图版八九　套兽
图版九〇　垂兽
图版九一　凤鸟
图版九二　迦陵频伽
图版九三　鸱吻、脊兽残块
图版九四　脊兽残块
图版九五　砖
图版九六　砖、陶支座
图版九七　陶支座
图版九八　陶缸

图版九九	Aa型陶罐（一）
图版一〇〇	Aa型陶罐（二）
图版一〇一	Aa型陶罐（三）
图版一〇二	Ab型陶罐（一）
图版一〇三	Ab型陶罐（二）
图版一〇四	陶罐、陶壶
图版一〇五	陶壶
图版一〇六	陶壶、梅瓶
图版一〇七	A型陶盆（一）
图版一〇八	A型陶盆（二）
图版一〇九	A型陶盆（三）
图版一一〇	B型陶盆
图版一一一	陶甑
图版一一二	陶碗
图版一一三	陶盏（一）
图版一一四	陶盏（二）
图版一一五	陶盘、陶钵
图版一一六	陶器盖
图版一一七	陶砚
图版一一八	陶器
图版一一九	A型定窑白瓷碗
图版一二〇	定窑白瓷碗
图版一二一	化妆白瓷碗
图版一二二	A型化妆白瓷盘
图版一二三	化妆白瓷盘
图版一二四	定窑白瓷盘、钵
图版一二五	瓷器
图版一二六	彩绘泥塑残片（一）
图版一二七	彩绘泥塑残片（二）
图版一二八	泥塑残块
图版一二九	泥塑、陶塑、陶范、陶牌饰
图版一三〇	其他陶器（一）
图版一三一	其他陶器（二）
图版一三二	其他陶器（三）
图版一三三	其他瓷器

图版一三四　石器
图版一三五　骨器
图版一三六　铁器（一）
图版一三七　铁器（二）
图版一三八　其他遗物
图版一三九　白城市博物馆藏品
图版一四〇　洮北区博物馆藏品

第一章 绪 论

第一节 自然环境

城四家子城址（图版一、图版二）位于吉林省白城市洮北区德顺蒙古族乡古城村北部，北距白城市区约25千米（图1-1-1）。城址中心坐标为东经122°55′10.8″，北纬45°22′22.4″，海拔157.378米。洮北区位于白城市西北部，东临镇赉县和大安市，西、南与洮南市隔河相望，北与内蒙古自治区科尔沁右翼前旗毗邻。洮北区总面积2525平方千米，区政府驻地在白城市市区，辖7个街道和12个乡镇，总人口48.79万。

洮北区地处松嫩平原洮儿河冲积扇上，东经122°19″—123°10″，北纬45°2′4″—45°55′2″。地势较为平坦，西北部高，东南部低，海拔140—292米，相对高度差152米。

洮北区属温带大陆性季风气候。春季干燥多风，降雨少，夏季高温炎热，降雨集中，时有

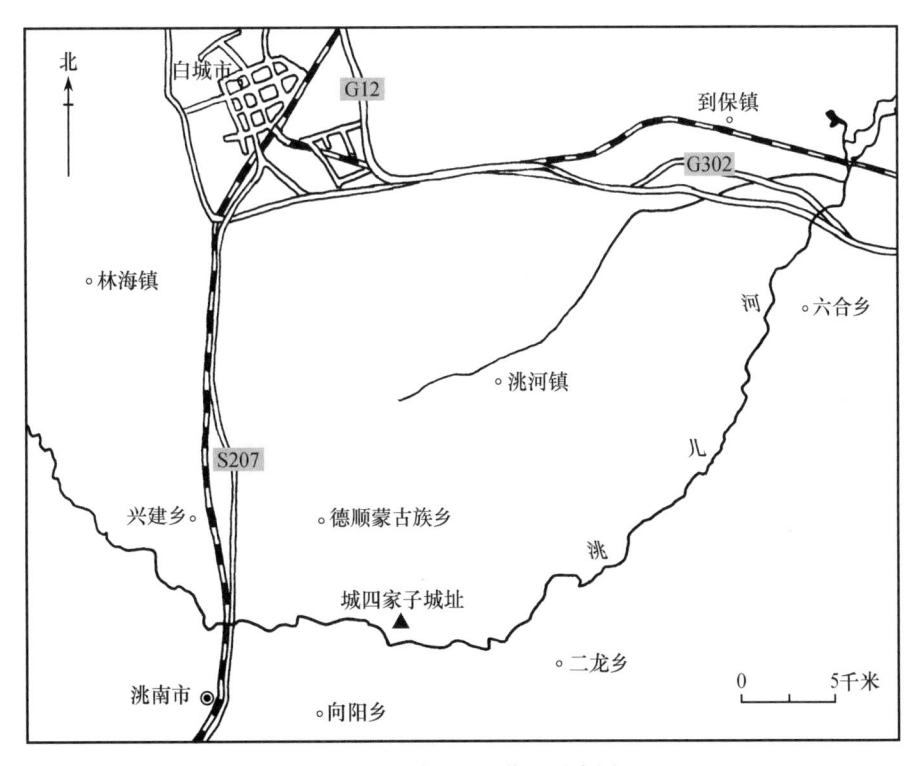

图1-1-1 遗址地理位置示意图

江河泛滥和内涝发生，秋季凉爽，昼夜温差大，冬季少雪寒冷，四季分明。热量、水分、光照资源较为丰富。年平均气温7.2℃，最低月均气温零下23.3℃，极端最低气温零下38.1℃，最高月均气温26.9℃，极端最高气温41.6℃。平均气温年较差40.2℃，最大日较差27.8℃。生长期年平均190天，无霜期年平均160天。年平均日照时数2885.8小时。年平均降水量349.9毫米，年平均降雨日数为51.5天，极端年最大雨量726.3毫米，极端年最少雨量123毫米。降雨集中在每年6—8月。风级大于8级平均18.1天，年平均风速3.57米/秒。

洮北区矿产和电力资源比较丰富。矿产主要有石油、河卵石、中砂、细砂、膨润土等十几种，其中砂石年产56.5万立方米，膨润土年产7000多立方米。风电是洮北区作为清洁能源产业发展的主要方向，在"十二五"时期被列入吉林省千万千瓦级风电基地开发规划风电场总装机容量可达225万千瓦。草原作为洮北区的生物资源之一，其面积为446.67平方千米，占幅员的24.56%，可利用草原面积313.34平方千米，占白城市可利用草原面积的24.7%。野生动植物种类繁多，野生植物主要有羊草、桔梗、柴胡、甘草等62科296种。洮北区水资源蕴藏量4.41亿立方米，其中，地下水4.2亿立方米，地表水0.21亿立方米[①]。

城四家子城址所在的德顺蒙古族乡处于洮北区的最南端，与洮南市接壤（曾隶属于洮南市的前身——洮安县），洮儿河在此处由西北向东南流过，成为这两个区县的界河。城四家子城址即坐落于紧邻洮儿河左岸的台地上。

洮儿河为黑龙江水系松花江西源嫩江右岸的最大支流。古名崛越河，北魏时称"太泜河"，隋称"太鲁水"，唐谓"它漏河"。辽代圣宗皇帝耶律隆绪改称为"长春河"，金女真称"达鲁古河"，元称"托吾尔河"，明称"塔儿河"。清代有"陀罗""陀喇""淘儿""滔儿"等名称[②]。源出内蒙古大兴安岭东南麓高岳山阿尔山市白狼镇九道沟，由10条大小不一的小河汇集而成。东南流经内蒙古自治区科尔沁右翼前旗、乌兰浩特市，吉林省白城市洮北区、洮南市、镇赉县，在大安市北部注入月亮泡，再流入嫩江。长553千米，流域面积3.08万平方千米。在洮北区境内，流经平安镇、东胜乡、金祥乡、德顺蒙古族乡、洮河镇、到保镇，总长159.6千米，流域面积2053平方千米，河网密度0.07千米/平方千米，径流总量2.6亿立方米。

第二节　历史沿革

城四家子城址所在的区域处于洮儿河中游，亦是洮儿河分布最南的区段。这一区域处于洮北区与洮南县的交界地带，近年来亦曾受过这两个区县的管辖。

据考古调查发掘所获资料可知，该地区早在新石器时代早期就已有人类频繁活动，留下了

---

① 数据采自白城洮北区人民政府网站。
② 吉林省文物志编委会：《洮安县文物志》，内部刊物，1982年，第1页。

诸多重要的遗址。距此地80千米左右的大安市后套木嘎遗址，第一期遗存经^{14}C测年，时代距今12900—11100年[1]，是迄今在东北地区发现的年代最早的新石器时代遗存。与城四家子城址同处于洮北区德顺蒙古族乡的双塔新石器时代遗址，第一期遗存经^{14}C测年，时代亦早至距今10000—9500年[2]。以麻点纹陶器为典型特征的双塔第二期遗存，时代在公元前3500—前3000年[3]，是该地区新石器时代晚期的代表性文化。

进入青铜时代，该地区的代表性考古学文化遗存为白金宝文化及承续其后的汉书文化。这两种文化皆是分布于嫩江流域的青铜时代晚期遗存，在双塔遗址的发掘中，亦见汉书文化墓葬等遗迹，时代约当春秋晚期至战国[4]。

汉魏至隋唐时期，先后有夫余、鲜卑、靺鞨、室韦、契丹等民族在此定居。唐贞观二十二年（648年）在营州（今辽宁省朝阳市）设置"松漠都督府"，管辖今东北西部、内蒙古东部的广大地区。

947年，契丹首领耶律阿保机建立辽。城四家子城址所在的区域至少在辽圣宗时期设置了长春州。《辽史》记载太平二年（1022年）三月，圣宗耶律隆绪"如长春州"，太平四年（1024年）二月"猎挞鲁河"[5]，兴宗重熙八年（1039年）"隶延庆宫，兵事隶东北路统军司"[6]。长春州为节度使州，下设长春县。金代海陵王天德二年（1150年）降为县，隶肇州。金章宗承安三年（1198年），在长春县设泰州，即金代历史上的新泰州[7]。

1213年，成吉思汗进攻金，占领泰州一带，作为成吉思汗四弟贴木格斡赤斤的封地。1234年后，泰州属元朝管辖，在此设置泰宁县，成为当时这一带政治、经济活动中心。仁宗延祐二年（1315年），"改辽阳省泰州为泰宁府"[8]，延祐四年（1317年），"升泰宁府为泰宁路，仍置泰宁县"[9]。

明洪武二十二年（1389年），在泰州城置泰宁卫"台州所"（站），属大宁都司。今白城市、洮南市辖地均属泰宁卫。永乐七年（1409年），改隶奴儿干都司。宣德、正统年间（1426—1449年），泰宁卫南迁，城四家子城址的地位随之消亡。

清代顺治五年（1648年），今白城市洮北区、洮南市属科尔沁右翼前旗，为札萨克图郡王

---

[1] 王立新、霍东峰、方启：《吉林大安后套木嘎遗址发掘的主要收获》，《边疆考古研究》（第21辑），科学出版社，2017年。

[2] 吉林大学边疆考古研究中心、吉林省文物考古研究所：《吉林白城双塔遗址新石器时代遗存》，《考古学报》2013年第4期。

[3] 段天璟、王立新、汤卓炜：《吉林白城市双塔遗址一、二期遗存的相关问题》，《考古》2013年第12期。

[4] 吉林省文物考古研究所：《田野考古集粹——吉林省文物考古研究所成立二十五周年纪念》，文物出版社，2008年，第23页。

[5] （元）脱脱等：《辽史》卷十六《本纪·圣宗七》，中华书局，2017年，第214页。

[6] （元）脱脱等：《辽史》卷三十七《地理志·上京道》，中华书局，2017年，第503页。

[7] （元）脱脱等：《金史》卷二十四《地理志·北京路》，中华书局，1975年，第563页。

[8] （明）宋濂：《元史》卷二十五《本纪·仁宗二》，中华书局，1976年。

[9] （明）宋濂：《元史》卷二十六《本纪·仁宗三》，中华书局，1976年。

牧地。康熙三十一年（1692年）起，各县相继设治。光绪三十年（1904年），设洮南府，隶盛京将军，同时设靖安县，隶洮南府。光绪三十三年（1907年），清廷裁撤盛京将军，改设东三省总督，统辖奉天、吉林、黑龙江三省，洮南府、靖安县隶奉天省。

民国二年（1913年），洮南府改为洮南县，隶属奉天省洮昌道，次年，靖安县改称洮安县。民国十八年（1929年），改奉天省为辽宁省，洮南县、洮安县隶辽宁省。民国二十三年（1934年），洮南县、洮安县属黑龙江省。民国二十七年（1938年），洮安县改称白城县，民国三十四年（1945年），又改称洮安县。同年11月，白城子行政督查专员公署成立，隶嫩江省，洮南县、洮安县均在其管辖范围内。翌年2月，白城子行政督查专员公署只辖洮安、镇东两县，3月末，白城子行政督查专员公署撤销。民国三十五年（1946年）1月，吉江行政主任公署成立，行署驻于洮南县，并成立吉江第一行政督察专员公署（两个月后撤销）。同年3月，中共中央东北局和西满分局将吉江行政主任公署辖区一分为二，在洮南县成立嫩南行政主任公署，属嫩江省；4月，改设洮安县为洮北县；5月，撤销吉江行署；6月，在洮南县成立辽吉区行政公署，下设4个专署，其中的四专署驻洮南县，辖洮南、洮北等县。民国三十六年（1947年）2月，辽吉区行政公署改称辽北省政府，驻白城子；8月，四专署撤销，归入辽北省直辖。民国三十七年（1948年）1月，在白城子设辽北省政府后方办事处；7月，划归嫩江省；9月，撤销洮北县，将其辖区并入洮南、洮安两县。次年，洮南、洮安两县划入黑龙江省[1]。

1950年10月，洮安县改称白城县。1954年8月，在白城县城区成立白城子区专员公署，隶吉林省。1955年2月，白城子区专员公署改称吉林省白城专员公署。1958年10月，撤销白城县，将其下辖的白城镇与红旗、青山、三合、大兴四个乡合并设立白城市（县级），其他乡镇与洮南县合并为洮安县。1987年5月，撤销洮安县，设立洮南市（县级），仍隶白城地区。1993年6月，撤销吉林省白城地区行政公署，设立白城市（地级）和洮北区（县级）。

第三节 研究简史

"城四家子古城"之名始于20世纪60年代初，因其紧邻城四家子村，故名。城四家子村位于城址东北部300米处，清朝末期，村中仅有包、佟、周、张四姓住户，又因村落在古城附近，"土人因之谓城四家子"。

清光绪年间的地方志中，即对城四家子城址有过简单著录："又南乡距县城五十里有古城基址，周围数里，俗传系金元时所见，有无字断碑在焉。"[2]

始修于1927年的《奉天通志》中，对"金置泰州治长春县即辽长春州故址"做了著录，提

---

[1] 白城地区地方志编纂委员会：《白城地区志》，吉林文史出版社，1992年，第17页。
[2] （清）赵炳南：《靖安县乡土志·地理》，光绪三十四年（1908年）修；（清）朱佩兰：《奉天省靖安县志·古迹》，宣统元年修抄本，第4页。

出"今之城四家子即辽长春州金泰州故址"的观点[①]。

最早对城四家子城址进行考古学意义上的调查研究始于日本学者。鸟居龙藏于1927年在城四家子城址中进行过调查,并绘制《洮南古城图》(图1-3-1),其著作中提到当地人将此城称作"高丽人城",当时的城内已化为农田。古城以太阳爆干之土砖砌成,高二十五公尺,西城墙之北部已被河水浸坏,北、东、南壁外皆有壕。通过地表采集遗物,认为这是一座辽金时期的古城[②]。小村俊夫[③]、泷川政次郎[④]也曾对城四家子城址进行过调查,并发表报告。

20世纪50年代以来,国内多位学者及文物行政管理机构对这一古城进行了调查。

李健才于1958年、1962年和1980年三次到城四家子古城进行考察。在1962年的考察中,李健才与吉林省博物馆张满庭、洮安县文化科王甸英对城址进行了测绘(图1-3-2),并刊布

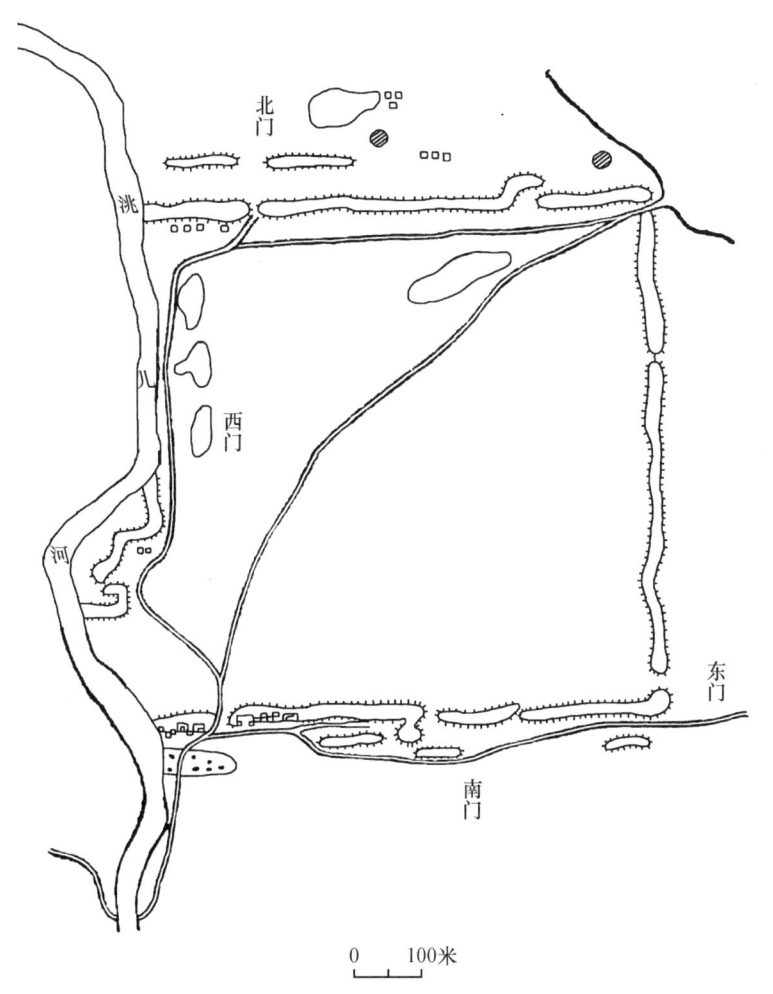

图1-3-1 鸟居龙藏《洮南古城图》
(摘自鸟居龙藏著,陈念本译:《满蒙古迹考》,商务印书馆,1933年)

---

① 王树楠、吴廷燮、金毓黻等纂,东北文史丛书编辑委员会点校:《奉天通志》卷七十二《山川六、水系四》,沈阳古旧书店,1983年。
② 〔日〕鸟居龙藏著,陈念本译:《满蒙古迹考》,商务印书馆,1933年,第51页。
③ 〔日〕小村俊夫:《洮南"高丽城址"的遗物》,《满蒙》第12卷,1931年。
④ 〔日〕泷川政次郎:《狐狸营子古城址》,《辽金的古城》(第一辑),1941年。

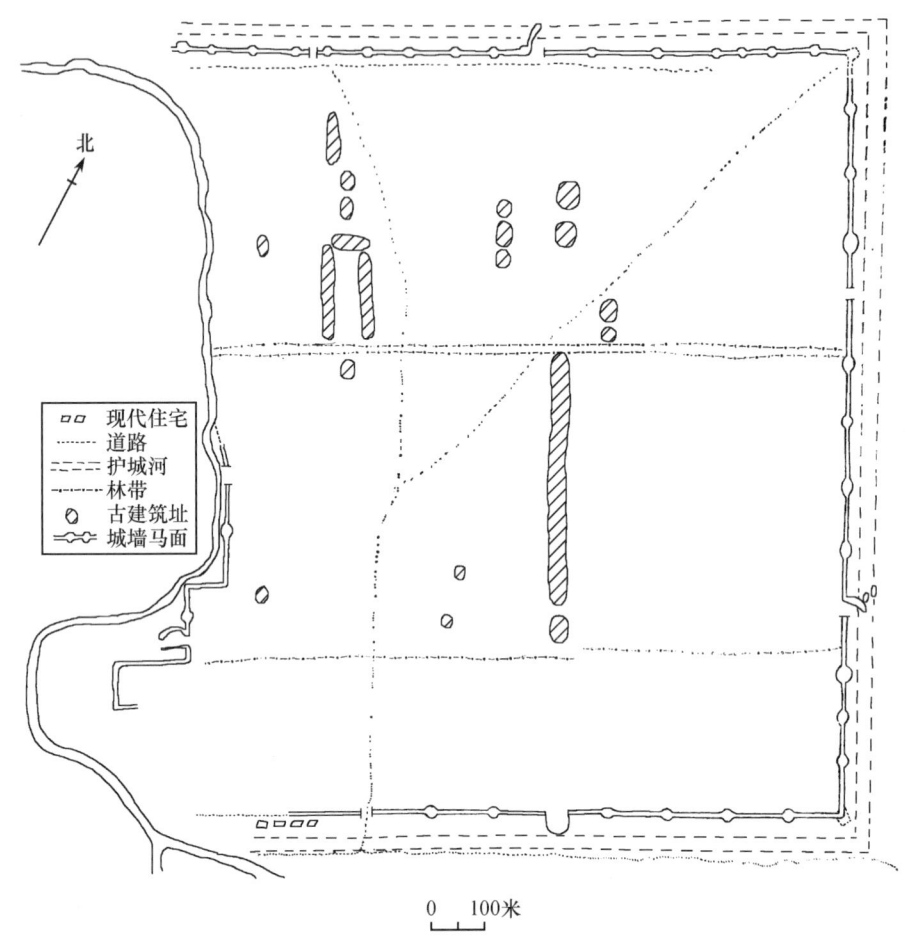

图1-3-2 城四家子城址1962年测绘图
（摘自李健才：《洮安城四家子古城调查简记》，《博物馆研究》1987年第2期）

了部分城内采集的各类遗物[①]。调查简报中记录：城址有角楼、马面、瓮城及护城壕，城墙为夯土筑成，西城墙被洮儿河水冲掉一多半，南墙西端被冲掉一角，又被居民破坏一部分，残存4/5。城墙实测北墙长1240、东墙1389、南墙残长1055、西墙残长483米。城墙高3—7.5、基宽15—27、顶部宽1—5米。李健才通过调查认为城四家子古城为辽代始建，金代沿用，应是辽、金时代泰州州治所在地[②]。

1960年6月，白城地区文物普查时对城四家子城址进行了全面测量、记录，并建立文物保护档案，数据收入《白城地区文物资料汇编》。1961年，该城址被吉林省政府确定为省级重点文物保护单位。

1982年，在全国文物普查和省文物志编写试点工作中，吉林省文物管理部门组织专业人员，对白城地区进行了全面考古调查。在此期间，对城四家子城址进行了测量、绘图和记录，充实了文物档案内容，数据编入《洮安县文物志》。据文物志记录可知，城四家子城址城墙夯

[①] 李健才：《洮安城四家子古城调查简记》，《博物馆研究》1987年第2期。
[②] 李健才：《东北史地考略》，吉林文史出版社，1986年，第119页。

土板筑，平面略呈长方形，方向335°，实测城址周长为5748米，四面城墙除西城墙被洮儿河水冲去大半，残长为483米外，其余三面保存较好，东墙长1340、南墙1175、北墙1135米[①]。城墙平均高度5、顶宽1.5—2、墙基底宽20—27米。城墙上不等距分布马面，东北角和东南角可见角楼迹象。城墙外残留人工开凿的护城壕，距离城垣20—40、壕宽5—7米（图1-3-3）。

1990年，白城市文物管理部门对城址再次进行实地测量，数据录入《白城地区文物古迹》一书[②]。

2006年，该城址被国务院公布为第六批全国重点文物保护单位（图版三、图版四）。

2008年，白城市文物管理所在第三次全国文物普查工作中对城址进行了实地调查，并建立遗址电子档案。

2012年，为城四家子城址的大遗址保护规划提供基础数据，聘请沈阳市沈北勘察测绘有限责任公司对城址进行了专业测绘，并制作1∶2000地形图。次年，拟订城四家子城址保护规划。

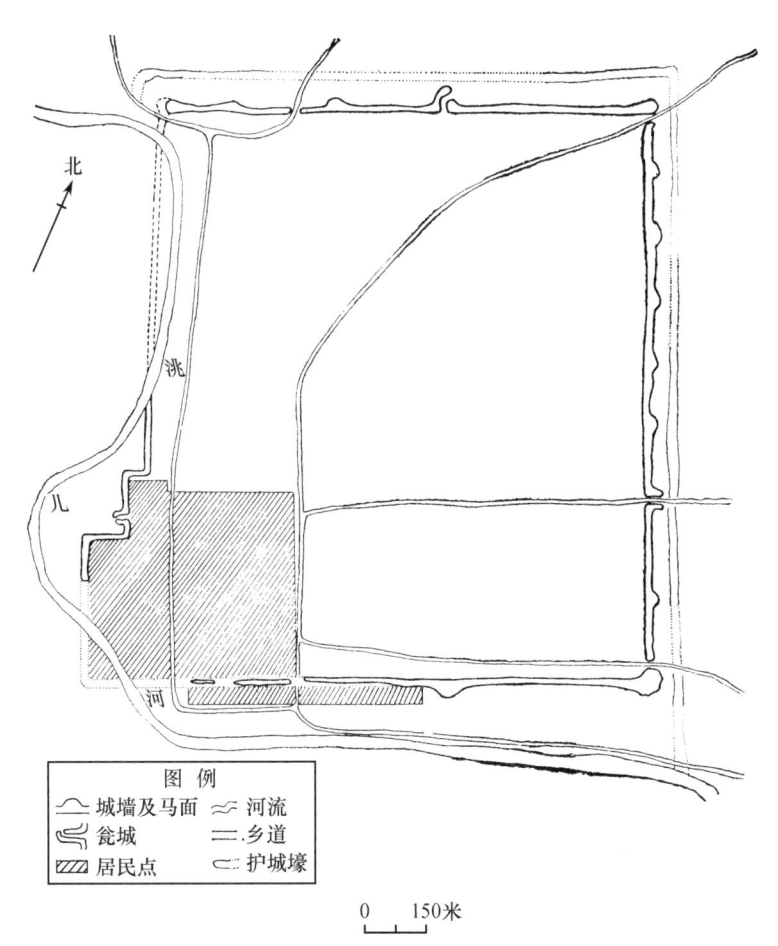

图1-3-3　城四家子城址1982年测绘图

（摘自吉林省文物志编委会：《洮安县文物志》，内部刊物，1982年）

---

① 吉林省文物志编委会：《洮安县文物志》，内部刊物，1982年，第36页。
② 吴喜才：《白城地区文物古迹》，吉林文史出版社，1990年，第262页。

第四节 城址现状

2013年4月，吉林省文物考古研究所开始进行城四家子城址的考古调查工作。此时的城四家子城址地表尚无植被覆盖，可清晰观察城址形貌。

城址紧邻洮儿河河道左岸，西城墙的中段和北段及城墙西南角已被河水冲没，仅存西城门及其南北两侧很短的一端折尺形城墙，墙高3—5米。河岸边耸立着被河水冲刷出的城墙断面，部分地区城墙已全部没入河道之中，并已侵蚀到城内的建筑遗存。西城门及瓮门被人为拓宽用于耕地，瓮门内种植了果树等农作物。南城墙东段保存较好，墙高3米左右，中部有一豁口，有现代村路由此通过，西段坐落着古城村，城墙本体几乎被村民取土建房破坏殆尽，仅在个别农户家院中残存零星小段，南城门被封堵，瓮城内被土填实，形成一块半圆形台地，并被当地住户垦为耕地，在该住户家院内可见被挖去一半的瓮墙西侧断面，夯层连贯，可知南门瓮城开口在东侧。东城墙保存完整，墙高1—3米，东南角和东北角各有一豁口，辟出村路，城墙顶部近年被村民用作道路，各类机动车辆行驶于上，对墙体造成了严重的破坏。墙体西侧被村民一点点辟为耕地，使得城墙与地面落差逐渐减小，坡度减缓，部分区域耕种行为已延伸至城墙顶部，墙体东侧因长年风沙积下大量黄沙，覆盖了墙体的大半部分，使得我们无从得知城墙的宽度。北城墙保存状况最好，墙高3—7米，西端被河水冲蚀残断，与一条南北向的现代防洪堤坝相接。西段中部有一豁口，贯通一条南北向村路，北城门保存较好，轮廓清晰可见。城墙顶端较平，宽2—3米，据当地村民讲述，1998年洪水泛滥，当地村民皆移至城墙顶端搭棚居住，为容纳更多的灾民，当地政府曾用推土机将城墙顶端推平，以扩大墙顶面积。此外，早在20世纪50—60年代，这里就有猎户于城墙顶部挖造"地窨子"用于居住，目前，北城墙顶部局部地区还有残存的取暖烟道。

北、东、南三面城墙上皆有马面，由于风沙形成的堆积，使得马面迹象已不甚清晰，数量不明。《洮安县文物志》上记载的角楼，现在看来并不明显，难以确认。北城墙和南城墙外侧局部可见黑褐色土带，应为护城壕残迹，东城墙外侧因被大量淤沙覆盖而不得见。

城内皆垦为农田，以玉米、向日葵、大豆、绿豆、花生、西瓜等为主要种植作物。城内有大量高低起伏的圆形或椭圆形土丘，高0.5—2米，分布无规律。此地多风，地层长年被风吹削，加之翻土耕种，使得文化层被一点点破坏，地层中的文物也被自然力和人力的共同破坏而大量暴露于地表。目前地表遍布碎瓦和陶瓷残片，偶见围棋子、铜钱、铜人等各类小型陶瓷、金属器。因春季风大，每年三四月，较多埋藏于浅层地层中的小件文物被风刮出，引得附近村民前来捡拾，当地文物管理部门屡禁不止。春耕之前，每天在城内游走采拾文物的村民多有数十人。

城外北部为胡里村辖区，西北部紧邻城墙处即为胡里村村民聚居地，村民在自家院内盖房、挖窖时，常发现辽金时期砖室墓葬。近年来，此处盛行种植水稻，旱田改水田对地下文物资源造成了灭绝性的破坏。北城墙外护城壕所在的区域已辟为耕地，种植玉米、大豆等作物，其外紧邻防风林带，稀疏生长着杨树，未有树木生长的区域可见多处取土形成的大小不等的深坑，取土坑断面偶见建筑遗迹和小型墓葬。建筑为夯土台基式，有的有砖砌包边，地层中夹杂少量辽金时期砖瓦残块和泥质灰陶片。墓葬有砖室墓和土坑墓，规格较小。

城外东部和南部均为耕地，种植以玉米为主的农作物。东部属城四家子村管辖，南部为古城村所在地。以往的调查中提到东城门外正对着一座高台，当地人称"瞭望台"，现今，高台已不复存在，长年的耕作已将这一区域变为平坦的耕地。

近年来，洮儿河水不断向城内侵蚀，造成严重的水土流失，城址西侧的土地以年均2米的速度不断减少。2013年，白城市文化出版和体育局启动"城四家子城址西城墙抢救性保护工程"，对洮儿河穿过城址西墙的部分左岸进行河堤加固，防止河水冲刷造成的水土流失及对城址本体形成的破坏。

2016年，白城市文化广电新闻出版局启动"城四家子城址部分城墙遗迹本体保护工程"，对城址北墙、东墙及南墙的残余部分进行覆土绿化，防止风沙掩埋墙体，并在城墙周边安设保护围栏，杜绝非法放牧、耕种等行为对城墙本体造成破坏。同时，在城墙外侧多处进出要道边侧竖立"全国重点文物保护单位"标志碑。

针对城址内时有发生的盗掘行为，2018年，洮北区文物管理所启动"城四家子城址安防工程"，对城四家子城址范围内保存完好且尚未进行过考古发掘的区域设置视频监控系统和入侵报警系统、电子巡更系统，以加强对城址的保护和管理。

第五节 2013—2016年度的田野考古工作

为详尽了解城四家子城址的遗存状况及文化特征，对辽金考古研究尤其城址的研究提供考古学资料，同时配合大遗址保护工作的开展，为城址的保护规划提供考古学依据和基础数据，2013—2016年，吉林省文物考古研究所对城四家子城址开展了为期四年的考古调查与发掘工作。

2013年4—9月，对城四家子城址进行初步调查和局部考古钻探，钻探面积共计13万平方米，发掘北城门、北城墙，以及位于城内北部的一处建筑址，揭露面积约2800平方米。由于气候原因，田野发掘工作未能全部完成。10—11月，转入室内，进行本年度发掘资料的整理和建档，完成部分出土器物的修复、绘图、照相和卡片制作。本年度参加发掘工作的人员有吉林省文物考古研究所梁会丽、张迪、解峰、顾聆博，延边朝鲜族自治州博物馆全仁学、姜铭，白城市文物保护管理所宋明雷，洮北区文物管理所杨义，白城市博物馆王浩宇，吉林大学考古系硕士研究生卢成敢、高义夫、李洪阳、李扬、向明文。参加室内资料整理工作的人员有梁会丽、全仁学、张迪、高秀华、李扬、李洪阳。

2014年5—8月，继续上一年度未完毕的建筑址的发掘，并在台基南北两侧扩方发掘，揭露面积约800平方米。9—11月，转入室内整理，完成本年度发掘资料的整理，并完成当年出土器物的修复、绘图、照相和卡片制作及上一年度未完成的出土文物修复及后续工作。本年度参加发掘工作的人员有吉林省文物考古研究所梁会丽、张迪、孟庆旭、李睿哲，延边朝鲜族自治州博物馆全仁学，白城市博物馆宋明雷、王浩宇，白城市文物保护管理所胡晓光。参加室内资料整理的人员有梁会丽、全仁学、李睿哲、孟庆旭、张迪、高秀华、王浩宇。

2015年5—9月，对城址内部及其周边进行地面踏查，对城墙及城内主干道路进行钻探，钻探面积约10万平方米，发掘西城墙、城内西北部的陶窑遗址、城内主干道路相关遗迹等，并对城外北部墓葬区的1座被盗砖室墓进行抢救性发掘，总发掘面积600平方米。10—11月，转入室内整理，完成本年度发掘资料的整理，及当年出土器物的修复、绘图、照相和卡片制作工作。本年度参加调查和发掘工作的人员有吉林省文物考古研究所梁会丽、孟庆旭，四平市文物管理委员会办公室魏佳明，白城市博物馆宋明雷、王浩宇，白城市文物保护管理所胡晓光，洮北区文物管理所巨赛男、吴军、魏星，洮南市博物馆董伟佳，吉林大学考古系硕士研究生赵里萌、郑延洁、肖凤娟、席晓云，黑龙江大学考古系硕士研究生钟雪。参加室内资料整理工作的人员有梁会丽、孟庆旭、郭美玲（吉林省文物考古研究所）、高秀华、王浩宇，四平市文物管理委员会办公室魏佳明、聂卓慧，吉林大学考古系硕士研究生李扬、张星翰。

2016年5—9月，继续上一年度未完毕的陶窑遗址的发掘工作，并对城外北部墓葬区的3座砖室墓进行抢救性发掘，同时，配合"城四家子城址城部分城墙遗迹本体保护工程"，为工程的实施提供基础数据，对北城墙、东城墙和南城墙及城墙东北角豁口、东南角豁口均进行了小规模发掘，总发掘面积300平方米。10—11月，转入室内整理，完成了本年度发掘资料的整理和出土文物的修复、绘图、照相和卡片制作工作。本年度参加调查和发掘工作的人员有吉林省文物考古研究所梁会丽、孟庆旭、郭美玲，四平市文物管理委员会办公室魏佳明，白城市博物馆宋明雷、王浩宇，白城市文物保护管理所胡晓光，洮北区文物管理所巨赛男、吴军，洮南市博物馆左雁鸣、董伟佳，吉林大学考古系博士研究生赵里萌，黑龙江大学考古系本科生李思杨、丁森。参加室内资料整理工作的人员有梁会丽、孟庆旭、魏佳明、郭美玲、高秀华、王浩宇、赵里萌，以及吉林大学考古系本科生李晓琳、郝雪琳、吕进业、陈启悦。

第二章 考古调查与勘探

第一节 工作目的与方法

一、工作目的

对于大型城址而言，考古调查是宏观了解遗址全貌，掌握遗存分布状况、年代、文化特征、保存现状等基本信息的必要手段，亦是开展考古发掘和研究工作的基础。

城四家子城址周长5000余米，面积接近2平方千米，地层堆积较厚，丰富的遗迹遗物地表可见，遗址的这些特征，使得发掘工作显得杯水车薪，而考古调查则成为重要的工作内容。此外，该城址被农田和民居覆盖，农业生产活动对考古工作的影响较大，加之当地气候环境等因素制约，因此，调查工作方法都会因时而异，因地制宜，如地面踏查与钻探工作的开展时间多在每年的4—6月进行，此时农作物尚未长成，便于地面踏查和钻探工作的开展。此外，采用了地形测绘、航拍、物探等科技手段辅助调查，通过民间走访了解城址近年的遗存发现和保存情况。

二、工作方法及主要内容

（一）地形测绘

2012年9月，白城市洮北区文物管理所委托沈阳市沈北勘察测绘有限责任公司对城四家子城址进行了数字化地形图测绘。此次测绘工作测区范围为东经122°54′—122°57′，北纬45°21′—45°23′，涉及对象包括城址范围内地物、城址南部古城村居民区、城址北部胡里村居民区、城址西部洮儿河等，平面采用以《1980西安坐标系》椭球面基础的高斯正形投影任意带平面直角坐标系，测区中央的经度为东经122°55′，高程基准采用《1985国家高程基准》，基本等高距为1米，成图比例尺1：2000（图2-1-1）。

由于此次测绘工作是基于大遗址保护规划设计需求和满足城镇规划使用，对测区内居民区等地物比较复杂的区域进行了详细测绘，而对地物相对简单的城址本体的测绘则较为简略。

2015年7月，吉林省文物考古研究所委托吉林省基础测绘院对城四家子城址再次进行了数字化地形图测绘。此次工作仅针对城址及周边50米范围的地形地貌，对城内外道路、居民区等现代设施未做测绘，执行《工程测量规范》GB50026-2007要求，平面坐标采用《1980西安坐标系》，高程基准采用《1985国家高程基准》，基本等高距为0.5米，成图比例尺1∶500（图2-1-2）。

此次测绘的目的是详细体现城址的地形地貌及地上遗存的分布范围和落差，为考古工作及日后的遗址本体保护工作提供基础资料。

（二）地面踏查

2013年4月，对城墙、城门遗迹进行调查，了解城址防御设施相关遗存的保存现状；沿着城内现代道路对城内进行调查，选取合适的地点埋桩定点，作为日后考古发掘和测绘的基点，通过地面遗物的种类，大致了解城内遗迹的类型和规模。

2014—2015年，考古调查工作主要针对城内，通过对城内未发掘区域开展细致的地面踏查工作，详细了解地表遗存的分布情况，初步了解城址的功能分区。

2016年，针对城址外围的相关遗存分布情况进行调查，全面认识城址的附属遗迹和与之相关的遗存，以便对城址的功能和发展情况有更深入的认识。

（三）人工钻探

2013年4—6月，对城内几处地势相对较高的"土包"进行了钻探，以了解其范围、深度和性质，总钻探面积约13万平方米；对城外护城壕进行钻探，了解护城壕的规格和保存现状；此外，又对城外北部的林地进行普探，了解此处墓葬的密度和基本形制。

2015年4—6月：为明确城内主干道路的分布情况，对两两相对的城门之间，可能存在主干道路的区域进行了钻探，初步了解道路的使用和延续情况等问题，明确了城内与城门相对应的南北向和东西向主干道路的分布及层位关系，并发现多处道路交汇情况。对各条城墙上的马面和疑似角楼的区域进行了钻探，以明确马面的数量和角楼的存在与否。

2016年4—6月：对城内西北角进行钻探。城内西北角地势相对低洼，地面无明显起伏，且地表遗物种类和数量均稍逊于城内其他区域，为了解该区域遗存的性质，在此处面积约6万平方米的范围内进行孔距2米的普探。

通过钻探了解到，此区域内的遗迹以灰坑、灰沟、房址等为主，并见残破的夯土结构建筑，但保存状况较差，被扰动严重，结合地表所见遗物多为陶瓷碎片和砖瓦等建筑构件，推测此处应为生活居住场所。

（四）物理勘探

2016年4—5月，对城内南端正中区域进行了物理勘探。

该区域处于城内最高的一处建筑台基正南方，地表起伏较小，遗存性质不明。以往曾做过人工钻探，初步了解到存在道路、活动面等人工遗迹，但由于保存状况较差，无法准确把握人工遗迹的格局情况。为进一步了解该区域地下遗存的埋藏情况，在此区域进行了面积为28080平方米的物理勘探。此次物探，范围北起建筑台基南缘，南至城址南城门处。

此次物探工作委托吉林大学地球勘测科学与技术学院地球物理学专业研究人员，采用了适合埋藏较浅的古遗址的"水平差分场线法"，进行高密度物理探测。勘探结果显示该区域存在成排分布的方形大型夯土台基，这些工作为今后进一步的考古工作打下了基础。

第二节 城　垣

通过实测了解到，城四家子城址平面大致呈南北向长的平行四边形，城墙四个夹角并非规整的90°，而是东北角和西南角84°，东南角和西北角96°，方向158°。

城四家子城址现存城垣遗迹包括北城墙，东城墙，南城墙东段及西段的局部，西城墙南段局部，城墙中的城门、马面等遗迹，以及北、东、西三条城墙外侧的护城壕（图2-2-1）。

一、北城墙及北城门

北城墙是现存城墙中保存状况最好的，该面墙体现存通长1218米，有城门1座，位于城墙中部略偏东处，为带瓮城的城门（图版五）。

城门以东的城墙保存较为完整，仅东北角被人为破坏，开辟出一条西南—东北向出入城址的村路，该段城墙现存长度为514米，底部宽30—35、平均高度4—5、最高处约6米。城墙外侧附马面4座，间距自东向西分别为107、89、68米，部分马面内侧也凸出于城墙，推测可能存在马道遗迹。马面间距差别较大，推测存在后期改建的情况。城墙东端因遭破坏，未见角楼遗迹。

城门以西的城墙西端被洮儿河水冲蚀掉一部分，该段城墙中部有一人为开挖的宽16.5米的豁口，开辟出一条南北向出入城址的村路。该段城墙底部宽约30、平均高4—5、最高处7米，豁口以东的墙体长405、豁口以西的墙体残长282.5米。墙外侧附马面8座，间距自东向西分别为79、67、78、75、76、79、106米，部分马面内侧也凸出于城墙，推测可能存在马道遗迹。墙体西端与一条现代修筑的南北向防洪堤坝相接。

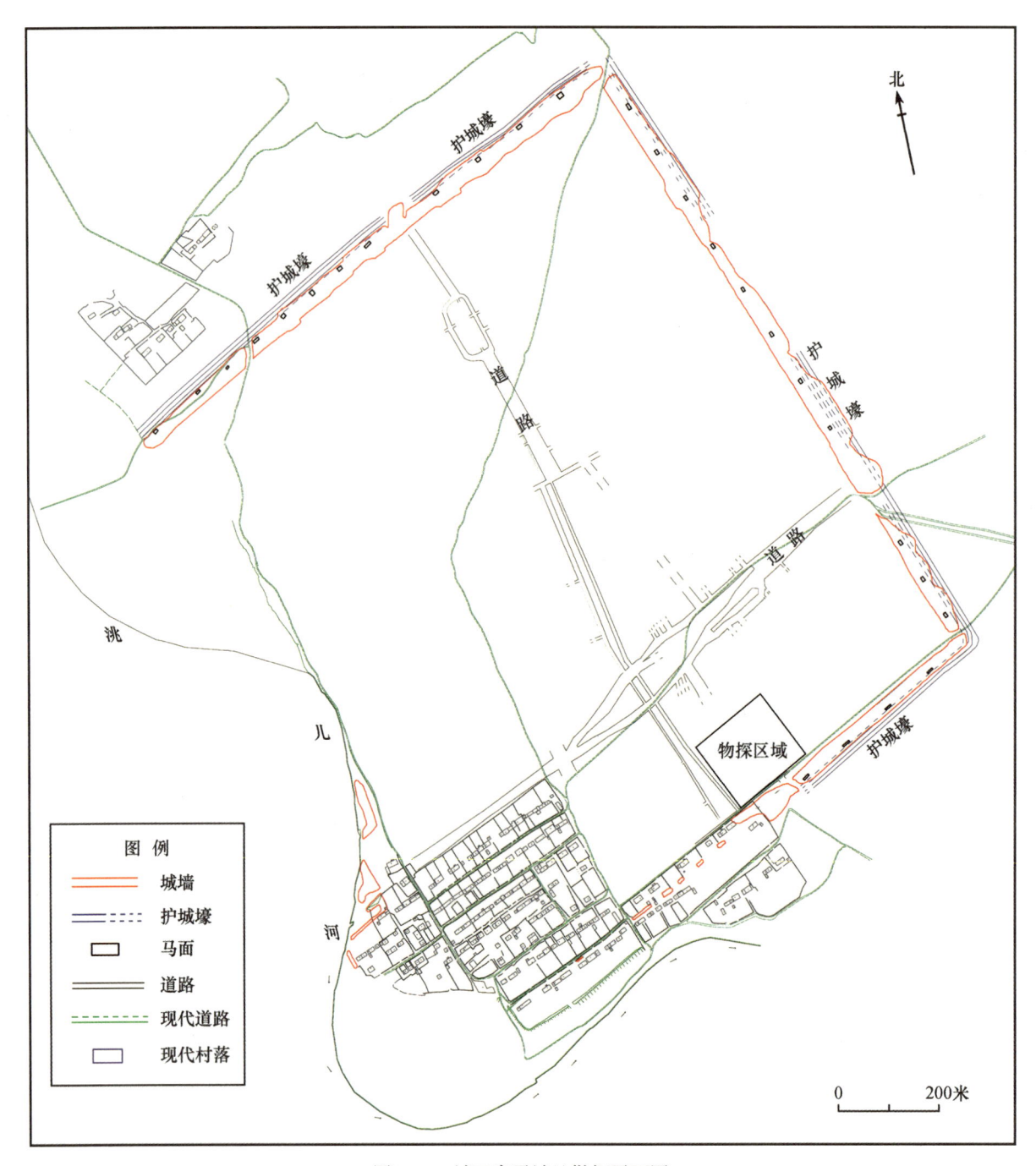

图2-2-1　城四家子城址勘探平面图

北城门因防洪需求近年被人为封堵。其外侧有平面呈半圆形的瓮城，直径55米。瓮城城门开口于瓮城墙体的东北段，将瓮墙分割成东、西两段：西段瓮墙保存较好，残长约31、底部宽20、高6米；东段长3、底部宽5、高2.5米。

二、东城墙及东城门

东城墙整体较为完好,该面墙体通长1332米,有城门1座,位于城墙南部,为带瓮城的城门(图版六)。

东城门以北的城墙目前除东北角被人为破坏外,未见其他破坏迹象,但在1962年的考古调查平面图中,可以看到东城墙的北段中部有一处豁口,位置大约处于整条城墙北起1/3处(图1-3-2),推测该处曾遭到过破坏,1933年出版的《满蒙古迹考》一书中发布的城址调查平面图中,亦可以看该处的豁口(图1-3-1)。东城墙北段现存长度为1003米,底部宽30—40米,高4—6米,最高处6米。马面8座,间距自北向南分别为108、89、162、69、126、100、45米,部分区域的马面间距较为密集,推测存在后期增建的情况。城墙东端因遭破坏,未见角楼遗迹。

东城门以南的城墙南端被人为开挖出一条宽12米的东西向村路。该段城墙残长319、底部宽30—40、高4—5、最高处7米。墙外侧附马面3座,间距由南向北分别为86米和78米,部分马面内侧也凸出于城墙,推测可能存在马道遗迹。

东城门外侧有平面呈半圆形的瓮城,直径约50米。瓮城城门开口于瓮城墙体的东南段,将瓮墙分割成南、北两段:北段瓮墙长约60、底部宽25、高4米;南段长2、底部宽10、高4米。

近年,东城墙瓮城顶部被当地村民用机械推平,用于农作物晾晒场,城内一条自西向东的村路通至城门处,并由城门豁口北侧上行至城墙顶部,此道路一直通至城墙北端,与城址东北角处的村路汇合,由于车辆的碾压,城墙顶端起伏不平,并形成深陷的车辙沟槽,城墙西侧被村民开垦为农田,种植向日葵、玉米等农作物,直至墙顶。

三、南城墙及南城门

南城墙残存长度总计759米,中部偏东处为城门所在。南城门的位置与北城门遥相对应,其间连线与东城墙平行(图版七)。

城门以东部分的城墙保存较为完好,城墙底部宽约25、高4—5米,该部分墙体靠近城门处有一宽17米的豁口,豁口以东的墙体长470米,豁口西侧紧邻南城门的瓮城城墙。此段城墙有马面4座,间距由东向西分别为77、115、114米,城墙东端未见明显角楼迹象。

城门以西的城墙大多已被现代民居占据和毁坏,保存状况极差。目前残存断断续续的7段:自东向西第1段(含南城门)残长180米,墙体的南半部分被村民挖掉,并将取土形成的断面用作院墙,此段城墙残宽15、残高3米;第2段位于距第1段36米处,残长18、残宽8、残高2.7米;第3段位于距第2段41米处,残长15、残宽8、残高4米;第4段位于距第3段36米处,残长15、残宽7、残高4米;第5段位于距第4段17米处,残长24、残宽9、残高3米;第6段位于距第5段29米处，残长48、残宽5、残高4米；第7段位于距第6段197米处，残长12、残宽2、残高4米。

南城门外侧有平面呈半圆形的瓮城，瓮城内已被当地村民填实，形成一个半径25米的半圆形平台。瓮城西侧墙体遭到村民取土破坏，从断面来看，此处瓮墙残高5米，用黄色土和黑褐色土交替夯筑而成，夯层厚8—10厘米，有明显的夯窝，使得夯层呈波浪状，整个断面夯层贯通，并与南城墙紧密衔接，可知此处并非瓮门开口之处，瓮门应开口于瓮城墙体的东南段。

四、西城墙及西城门

西城墙保存状况最差，现仅存南部包括西城门在内的一段折尺形城墙，其他部分均已被洮儿河水冲没（图版八）。

西城门的位置与东城门遥相对应，其间连线与南城墙平行。城门外侧有瓮城，形制较其他3处城门有所不同，其进深大于面阔，且残存的瓮墙均较直，不见弯弧，可见其平面并非半圆形。瓮城西端被破坏，残存两段瓮墙分置于城门外南、北两侧：南侧瓮墙长23、宽13.5、高4米，北侧瓮墙残长35、宽约25、高4米。由于破坏严重，目前已看不出瓮城整体的平面形制及瓮门开口的具体位置，但从20世纪60年代调查所绘的平面图上，可看出瓮门开口于瓮城墙体的西南侧。

西城门以北的城墙残存长度共计209米，底宽20、残高5米，为一段平面呈"⅂"形分布的墙体：由城门向北约108米处向东折转，延伸约70米后再向北折转，一直延伸至与北城墙相交，两处折角均呈90°。目前，墙体外凸的折角已被河水冲蚀掉，这三段城墙残存长度分别为63、38、108米。

西城门以南的城墙残存长度共计148米，底宽18、残高4米，亦为一段平面呈"⅂"形分布的墙体：由城门向南13米处向西折转，延伸约112米后再向南折转，一直延伸至与南城墙相交，两处折角均呈90°。目前，墙体外凸的折角已被河水冲蚀，此段东西向的墙体残长95米，南折后的墙体残存40米。

五、护　城　壕

北城墙、东城墙和南城墙的外侧地表均发现断续的黑土带，经钻探确认为护城壕遗迹。护城壕有内外两条，平行排布，已被风沙填平，并垦为耕地。内侧护城壕距城墙本体约10米，保存相对较好；外侧护城河距内侧护城壕15米，保存状况较差，一些地势较低处城壕已接近底部。壕沟开口于表土层下，打破生土。现以北城墙和东城墙处内侧护城壕局部钻探所获平剖面为例，介绍护城壕的形制如下。

（一）北城墙外护城壕

此段护城壕为位于北城门西侧的内壕，钻探长度100米，从获取的土质土色变化情况可知此处壕沟的宽度为9—11米，斜弧壁，凹底，最深处2.5—3.8米，壕沟中填土共两层：上层为灰黑色沙土，厚约1米；下层为黄褐色土，含水锈（图2-2-2）。

（二）东城墙外护城壕

此段护城壕为位于东城墙北端外的内壕，钻探长度100米，从获取的土质土色变化情况可知此处壕沟的宽度为11—13米，斜壁，壁面与底均不规整，最深处约2米，壕沟中填土共两层：上层为灰黑色沙土，厚约1.2米；下层为黄褐色土，含少量水锈（图2-2-3）。

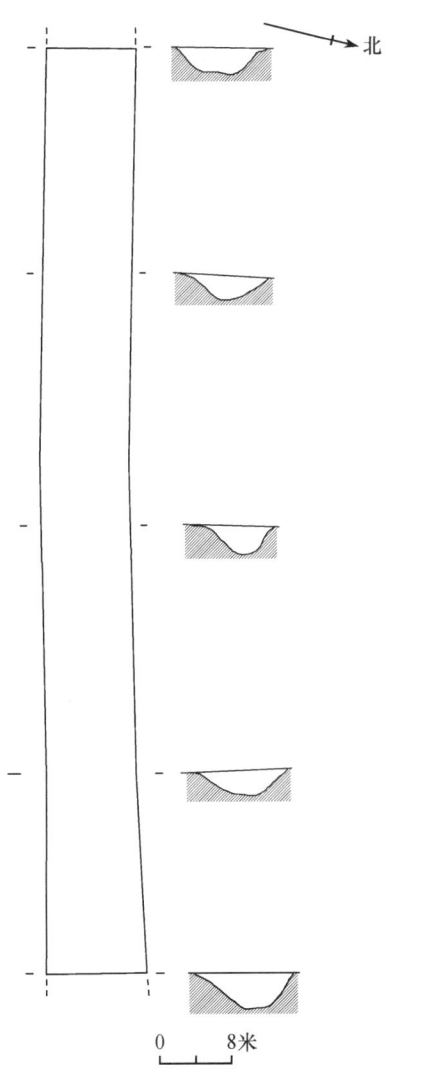

图2-2-2　北城墙外护城壕局部平、剖面图

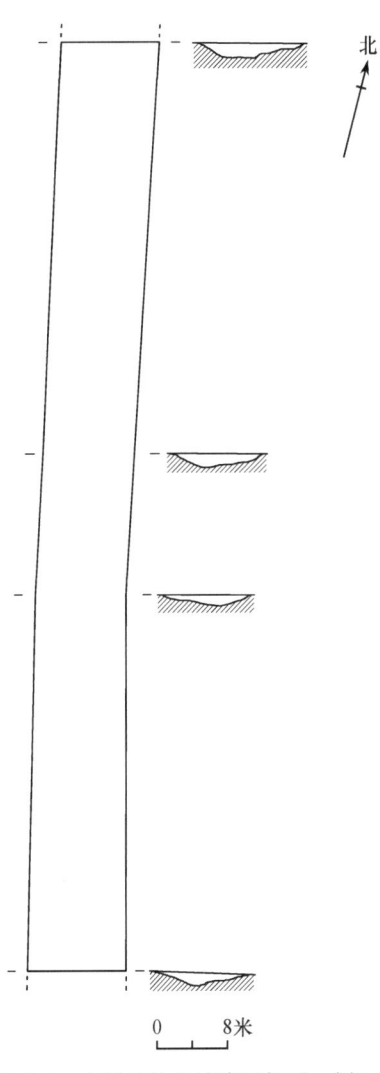

图2-2-3　东城墙外护城壕局部平、剖面图

第三节 城内遗存

在城内发现数处相对独立的建筑群，从地表显现的组合情况初步判断，其中不乏大型的四合院式建筑，也有三四重进深的"高门大户"，从地表分布的高等级砖瓦构件判断，多数应为具有特定功能的官方建筑。城内地表目前可识别出14组大型建筑群，除10号建筑群之外，基本分布在城址南北中轴线以西、东西中轴线以北，或在两条中轴线附近，且以城内西北部最为集中。

在这些大型组建筑周边，还有一些相对独立的小型功能建筑基址和手工业遗存，在城内各处都有分布，总数不下10处，但大多保存较差，仅能通过瓦砾的分布范围来辨识。从地表遗物的采集和梳理，初步判断存在3处冶炼遗址、2处制骨作坊、2处佛教建筑遗存、1处陶窑址，并知晓1处制玉作坊线索（图2-3-1）。

一、大型建筑群

（一）遗迹

1. 1号建筑群

位于城内西北隅，平面略呈方形，长、宽约40米，现存东、南2座台基，原应为1组封闭院落，北半部因取土破坏而难以复原，南侧台基保存较好，现高1.5米，面积约400平方米。该组建筑保存较差，地表遗物较少。

2. 2号建筑群

位于城内西北部，平面呈方形，长、宽约85米，由4条带状台基围成封闭的口字形院落，西北角有1处北开的豁口，宽约10米，台基均高约2米。南侧台基地表炼渣、焦块甚多，有大量的铁甲残片，部分铁甲与炉渣粘连，可能是冶炼、锻造中产生的废品，还见到几片器表因高温灼烧而部分玻璃化的布纹瓦，很可能是冶铁炉的火门砖。该处建筑址地表还有大量建筑构件、日用陶瓷器，其中陶瓷片兼有辽、金两期。总体来说，该建筑群的辽代遗存较为丰富。

3. 3号建筑群

位于城址西南部，平面呈南北向长方形，南北长125、东西宽90米，由3座台基组成，呈"品"字形分布。北部台基，高约0.5米，面积约1300平方米。东部台基，高约1米，面积约

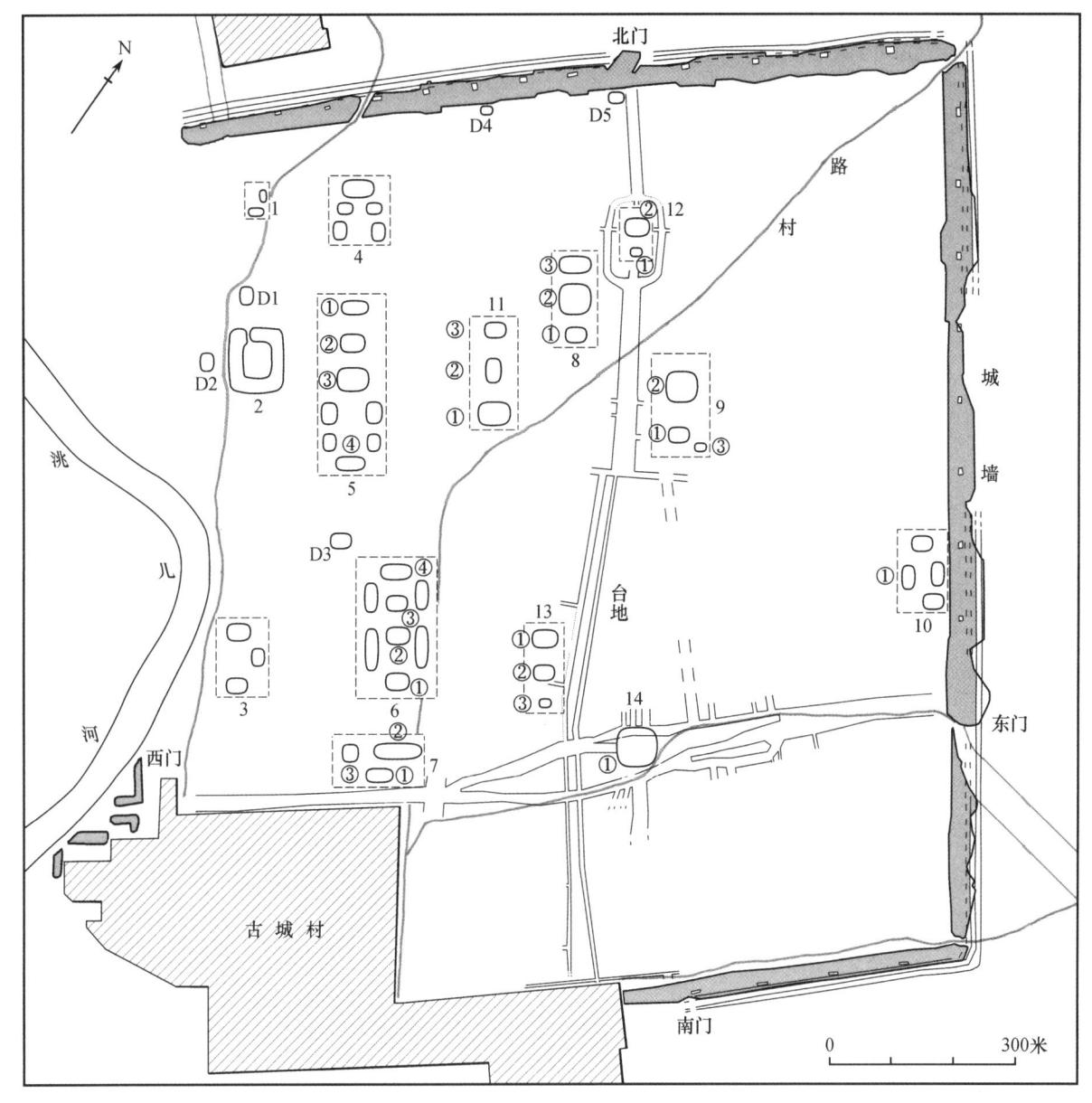

图2-3-1　城内遗迹分布图

6000平方米。南部台基，高约0.5米，面积约900平方米，轮廓不太清晰。各台基表面及附近散布较多瓦砾、陶片。

4. 4号建筑群

位于城址西北部，西距1号建筑群约100米，平面呈方形，南北长100、东西宽90米，由5座台基组成，呈簸箕状排布，台基均高1.5米，北部台基居中且最大，面积约1500平方米，其余4座位于南部，对称分立于东西两侧，面积均在1000平方米以内。地表散布大量瓦砾、陶瓷片，有辽代陶瓷遗存。

5. 5号建筑群

位于城址西北部，西距2号建筑群约70米，平面呈长方形，南北长270、东西宽90米，是由8座台基组成的三进院落，其中4座台基依南北向轴线分布，①号台基，高约1.5米，面积约1000平方米。②号台基，高约2米，面积约1000平方米，地表见有炼渣、磨盘残块。③号台基，高约3米，面积约1500平方米。④号台基，高约2米，面积约1000平方米。另外4座台基位于③、④台基之间，两两一组分立于东西两侧，高约2米，面积为500—1000平方米。地表瓦砾较多，陶瓷遗存较少，有辽代瓷片。

6. 6号建筑群

位于城址西南部，西距3号建筑群约150米，平面呈长方形，南北长200、东西宽100米，是由4座南北向轴线分布的丘状台基和4排条状台基组成的三进院落。①号台基，高约1.5米，面积约1500平方米。②号台基，高约2米，面积约1100平方米，有大量瓦砾、方形础石，础石形制规整，宽30、厚13厘米。③号台基，高约0.5米，面积约600平方米。④号台基，高约1米，面积约2000平方米。4排条状台基对称分布于院落东西两侧，长度在25—40米。

7. 7号建筑群

位于城址西南部，北距6号建筑群约60米，平面呈长方形，东西长160、南北宽80米。该建筑群南部很可能已经被现代建筑破坏。现存3座台基，其中②号台基，高约1.5米，面积约1000平方米。②号台基，高约1米，面积约2000平方米。③号台基，高约1米，面积约500平方米。

8. 8号建筑群

位于城址北部，平面呈长方形，南北长140、东西宽90米，是由3座南北向轴线分布的台基组成的两进院落。南部台基，高约1.2米，面积约660平方米，地表有瓦砾、少量炼渣。中部台基，高约3.5米、边长达50米，面积约2100平方米，是城内体量最大的单体台基，地表有大量瓦砾、黄绿琉璃瓦、佛像残块。北部台基，高约1.5米，面积约860平方米，地表有大量炼渣。

9. 9号建筑群

位于城址中偏北部，平面呈长方形，南北长约200、东西宽约90米。该建筑群由位于南北向中轴线上的2座大型台基和位于东南角的1座小型台基组成。①号台基，高约1.5米，面积约750平方米，地表有少量炼渣，大量瓦砾。②号台基，高约3米，面积约1700平方米，地表有瓦砾及大量泥塑像残块，部分残块有烧熔现象。③号台基，高约0.5米，面积约220平方米，地表有瓦砾。

10. 10号建筑群

位于城址东部,平面呈长方形,南北长约100、东西宽约70米,由4座台基组成一组一进院落。西侧台基,高约1.2米,面积约650平方米,有大量瓦砾。其余几座台基仅微微隆起,仅能通过地表瓦砾圈定台基范围。城址东部处于风沙沉积区,东城墙内侧几乎被风沙掩埋,10号建筑群紧邻东城墙,因此台基轮廓并不明显。

11. 11号建筑群

位于城址中偏西北部。该组建筑所属台基并不明显,相距也较远,组合关系远不如5号、8号等建筑群那样明朗,但由于其均位于同一中轴线上,暂将其划为一组建筑,待今后深入考察。南部①号台基,高约1米。中部②号台基,仅微微隆起,表面散布较少瓦砾。北部③号台基,高约1.5米。

12. 12号建筑群

位于城址北部。平面呈方形,由2座台基组成一组一进院落。南部①号台基,高约0.5米,面积约400平方米,地表不明显,可通过瓦砾散布情况圈定。北部②号台基,高约2米,面积约1500平方米,地表瓦砾较多。

13. 13号建筑群

位于城址中部。平面呈长方形,南北长100、东西宽50米。系由3座台基组成的两进院落。北部①号台基,高约0.5米,地表有大量瓦砾,面积约700平方米。中部②号台基,高约2米,面积约1000平方米,地表有大量瓦砾。南部③号台基仅微微隆起,可通过瓦砾分布范围圈定,面积约500平方米。

14. 14号建筑群

位于城址南北、东西中轴线的交汇处,是城址的正中心。该建筑群处于一个十字状的台地上,台地南北长达400、东西宽约300米,地表可见大量瓦砾、陶片、瓷片、炼渣,由于未经过发掘,尚无法搞清这个十字状的台地究竟是一个巨大的台基,还是众多台基式建筑的组合。暂将该台地整体定为一组建筑群,其中位于台地中南部的①号台基最为明显,高约2米,面积约3200平方米,地表散布大量瓦砾、建筑构件、泥塑残块及陶瓷残片。

（二）采集遗物

1. 建筑构件

檐头板瓦　16件。滴水面饰格纹、成组的戳点纹等纹饰。

格纹　2件。建筑群5：1，器体残碎，窄带状檐面，上、下饰两道凹弦纹，中间饰连续菱格纹，菱格为两层嵌套，菱格之间以三角纹填充，皆阳纹，底部纹饰残不可辨，左侧檐面脱落处可见连接处的板瓦端面有连续砍切痕，应为加固之用，残长11、檐面宽3.4厘米，采集于5号建筑群②号台基（图2-3-2，1）。建筑群5：3，窄带状檐面，上、下饰两道凹弦纹，中间饰两排滚印方格纹，底端呈波浪状，饰绳纹，残长12.6、檐面宽3.7厘米，采集于5号建筑群4号台基（图2-3-2，2）。

戳点纹　11件。建筑群10：3，宽带状檐面，中饰两道凹弦纹，上、下饰滚印短绳纹，底端呈波浪状，饰绳纹，残长9.7、檐面宽4.9厘米，采集于10号建筑群1号台基（图2-3-2，3）。

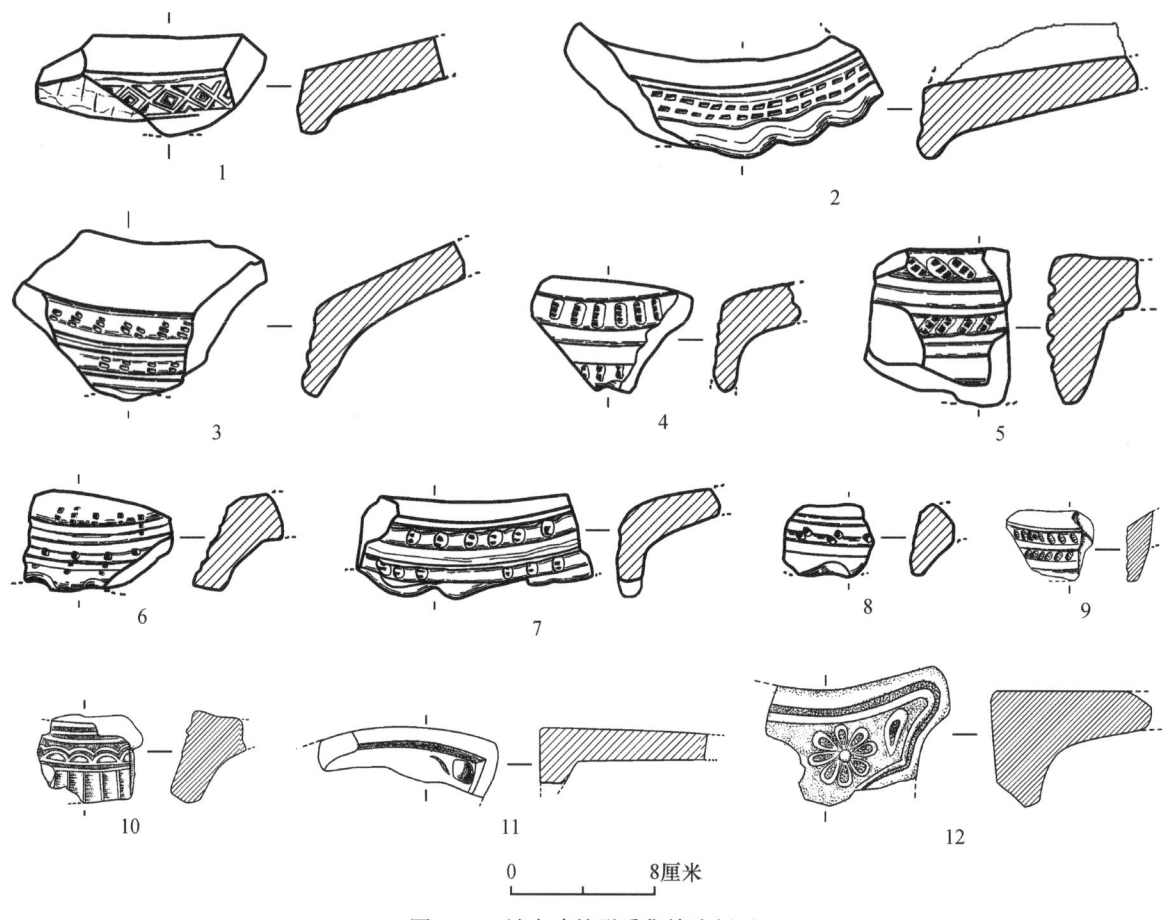

图2-3-2　城内建筑群采集檐头板瓦

1、2.格纹（建筑群5：1、建筑群5：3）　3—9.戳点纹（建筑群10：3、建筑群6：1、建筑群11：2、建筑群11：1、建筑群10：2、建筑群2：1、建筑群14：3）　10.垂带纹（建筑群8：2）　11.纹饰不明（建筑群8：3）　12.花草纹（建筑群8：5）

建筑群6∶1，宽带状檐面，中饰两道凹弦纹，上、下饰滚印短绳纹，底端呈波浪状，饰绳纹，残长8、檐面宽4.9厘米，采集于6号建筑群③号台基（图2-3-2，4）。建筑群11∶2，宽带状檐面，檐面垂直，中饰四道凹弦纹，上下饰滚印短绳纹，残长8.3、檐面宽3.1厘米，采集于11号建筑群②号台基（图2-3-2，5）。建筑群11∶1，宽带状檐面，中饰三道凹弦纹，上、下饰滚印短绳纹，底端呈波浪状，饰绳纹，残长8、檐面宽4.5厘米，采集于11号建筑群①号台基（图2-3-2，6）。建筑群10∶2，宽带状檐面，中饰两道凹弦纹，上、下饰滚印短绳纹，底端呈波浪状，饰绳纹，残长11.7、檐面宽3.7厘米，采集于10号建筑群①号台基（图2-3-2，7）。建筑群2∶1，器体残碎，窄带状檐面，中饰两道凹弦纹，上、下饰滚印短绳纹，底端呈波浪状，残长4.8、檐面宽4厘米（图2-3-2，8）。建筑群14∶3，泥质灰陶，宽带状檐面，上饰四道凹弦纹，上、下饰两排滚印短绳纹，残长8.4、檐面宽5.5厘米，采集于14号建筑群①号台基（图2-3-2，9）。

其他纹饰　3件。包括带状和三角状两种类型。建筑群8∶2，泥质灰陶，宽带状檐面，由上及下压印弦纹、垂带纹、连续绳纹，残长5.8、檐面宽4.8厘米，采集于8号建筑群②号台基（图2-3-2，10）。建筑群8∶3，泥质灰陶，模制，虽较残碎，仍可看出其轮廓应近似三角形，与常见的带状檐头板瓦不同，表面纹饰无法辨认，残长10.2、瓦厚1.8厘米，采集于8号建筑群②号台基（图2-3-2，11）。建筑群8∶5，泥质灰陶，模制，从走势来看，原件正面大体呈三角云头状，正面可见模印团花、草叶纹，残长10.2、瓦厚2.3厘米，采集于8号建筑群②号台基（图2-3-2，12）。

筒瓦　1件。建筑群14∶15，泥质灰陶，瓦舌较短，呈竹节状。残长13.7、瓦厚2.1厘米，采集于14号建筑群①号台基（图2-3-3，1）。

瓦当　6件。当面纹饰有兽面纹和龙纹两种。

兽面纹　4件。建筑群14∶2，仅存鬣毛、兽耳，外饰一圈连珠纹，直径12.8、厚2厘米，采集于14号建筑群①号台基（图2-3-3，4）。建筑群5∶2，器体残碎，仅可辨认鬣毛、兽耳和一圈连珠纹，残长7.2、厚2.6厘米，采集于5号建筑群③号台基（图2-3-3，5）。建筑群8∶1，器体残碎，仅可辨认鬣毛和一圈连珠纹，残长6.5、厚2.2厘米，采集于8号建筑群②号台基（图2-3-3，6）。

龙纹　2件。建筑群10∶1，泥质灰陶，模制，中心模印侧饰团龙纹，直径13.5、最厚2.8厘米，采集于10号建筑群①号台基（图2-3-3，2）。建筑群14∶1，泥质灰陶，正中模印侧饰团龙纹，直径12.8、厚2.3厘米，采集于14号建筑群①号台基（图2-3-3，3）。

建筑饰件　13件。

灰陶建筑饰件　11件。均为泥质灰陶。建筑群7∶1，兽头残件，残长18.7、厚3厘米，采集于7号建筑群①号台基（图2-3-4，1）。建筑群14∶5—14，均为套兽头或垂兽的残块，过于残碎，无法确认具体部位，均采集于14号建筑群①号台基（图2-3-4，2—11）。

釉陶建筑饰件　2件。建筑群9∶1，平板状，红胎，外壁施绿釉，刻花，纹饰难辨，残长4.3、厚1.5厘米，采集于9号建筑群①号台基（图2-3-4，12）。建筑群8∶4，平板状，红胎，外

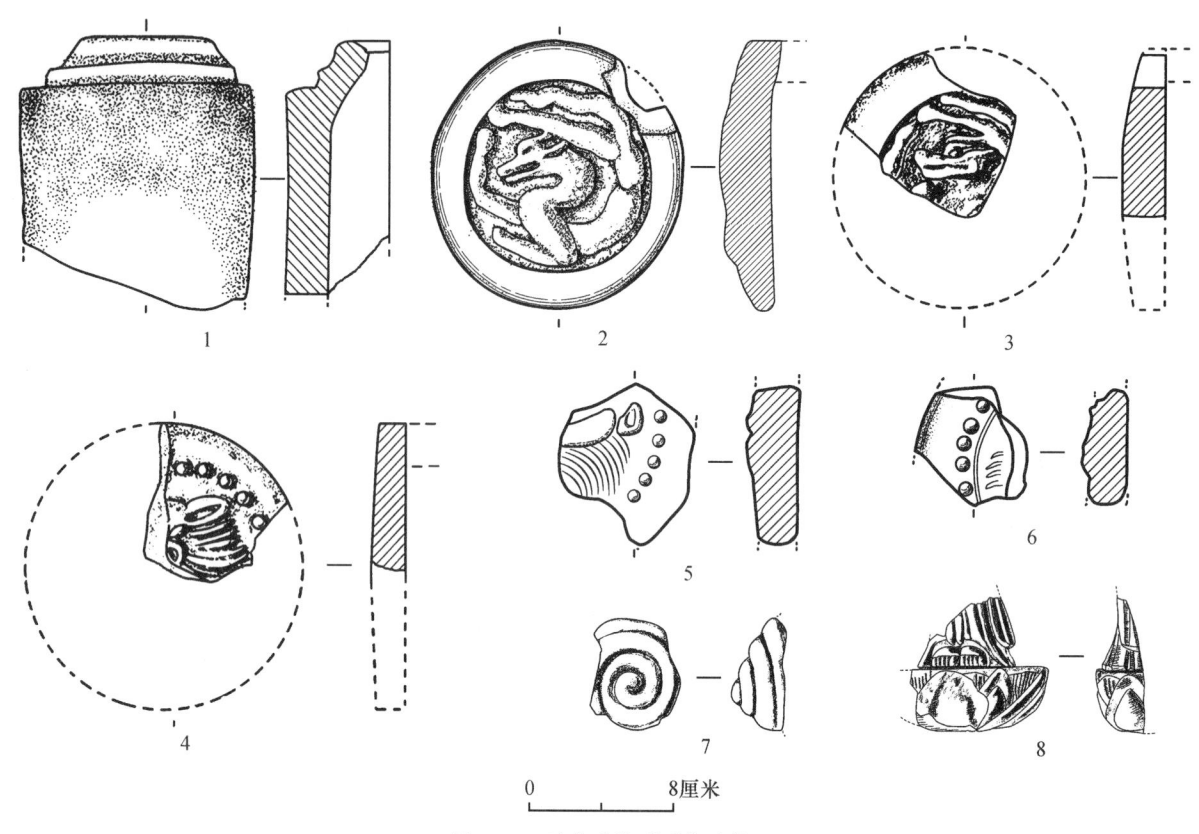

图2-3-3 城内建筑群采集遗物
1. 筒瓦（建筑群14：15） 2、3. 龙纹瓦当（建筑群10：1、建筑群14：1） 4—6. 兽面纹瓦当（建筑群14：2、建筑群5：2、建筑群8：1） 7. 泥塑佛像残块（建筑群8：6） 8. 石佛像（建筑群9：2）

壁饰麦穗状纹饰，施黄釉，残长10、厚5.8厘米，采集于8号建筑群②号台基（图2-3-4，13）。

沟纹砖 1件。建筑群14：16，泥质灰陶，一端残，砖面见四道绳纹沟槽。残长10.6、宽14.1、厚5.6厘米，采集于14号建筑群①号台基（图2-3-5，4）。

陶支座 3件。马蹄形窑具，下部为底座，上部为支柱，平面呈半圆形，残半，均为泥质灰陶，均采集于12号建筑群①号台基。建筑群12：5，宽13、高11.3厘米（图2-3-5，1）。建筑群12：6，宽13、高11.6厘米（图2-3-5，2）。建筑群12：7，宽10.6、高7.5厘米（图2-3-5，3）。

2. 泥塑

泥塑佛像残块 1件。建筑群8：6，似为螺髻发部位，暗红色泥质，胎质较坚硬，似经过火烧。残长5.2、厚3厘米，采集于8号建筑群②号台基（图2-3-3，7）。

彩绘泥塑残块 8件。采集于8号建筑群②号台基。

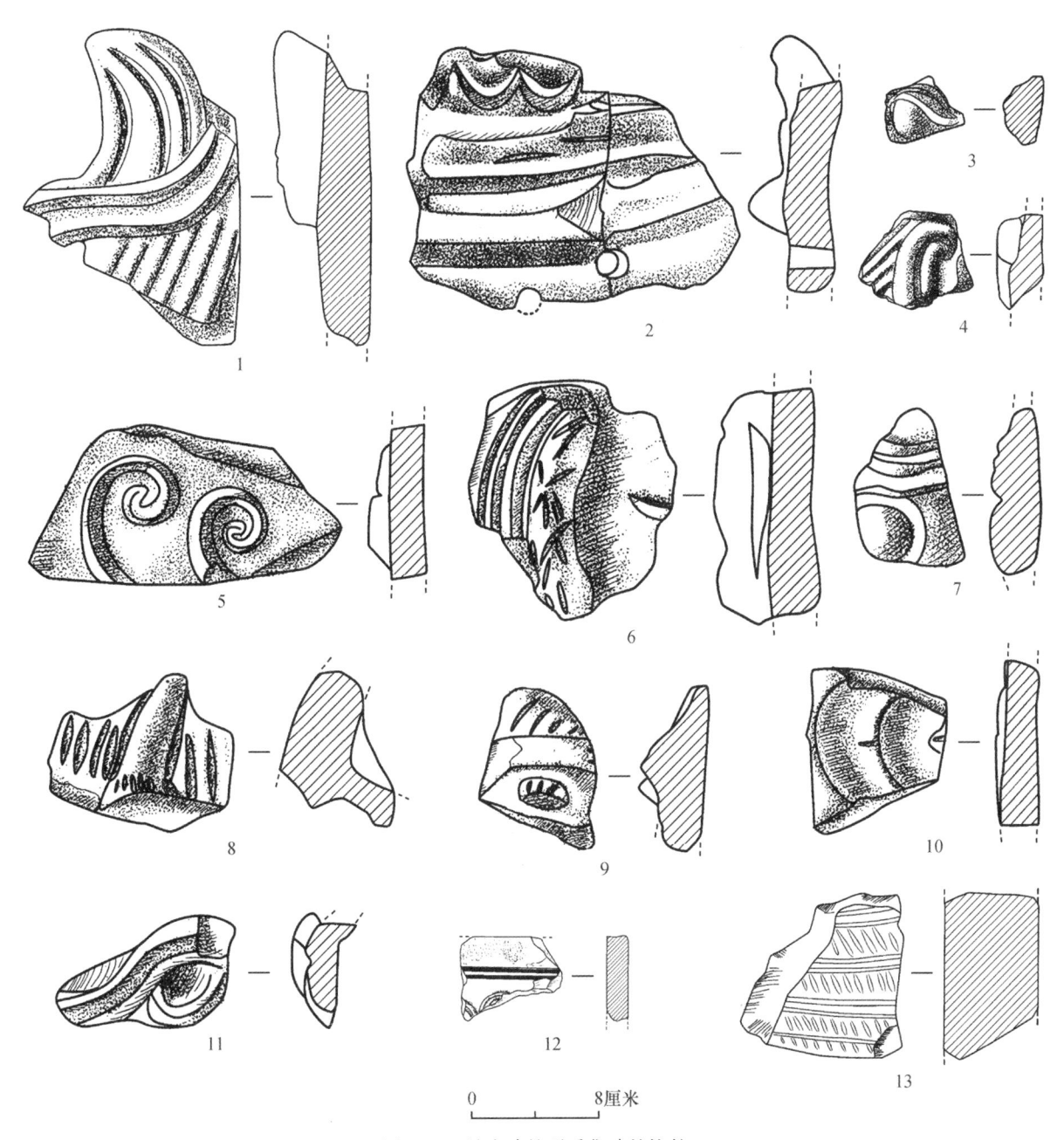

图2-3-4 城内建筑群采集建筑饰件
1—11. 灰陶建筑饰件（建筑群7：1、建筑群14：5—14） 12、13. 釉陶建筑饰件（建筑群9：1、建筑群8：4）

3. 石雕

石佛像　1件。建筑群9：2，仅存莲台、立佛足部，青石雕刻。残宽7.5、残高9.4厘米，采集于9号建筑群①号台基（图2-3-3，8）。

4. 铁器

铁镞　1件。建筑群2：17，扁平头，铤身残，残长7.7、刃宽3.8厘米（图2-3-6，1）。

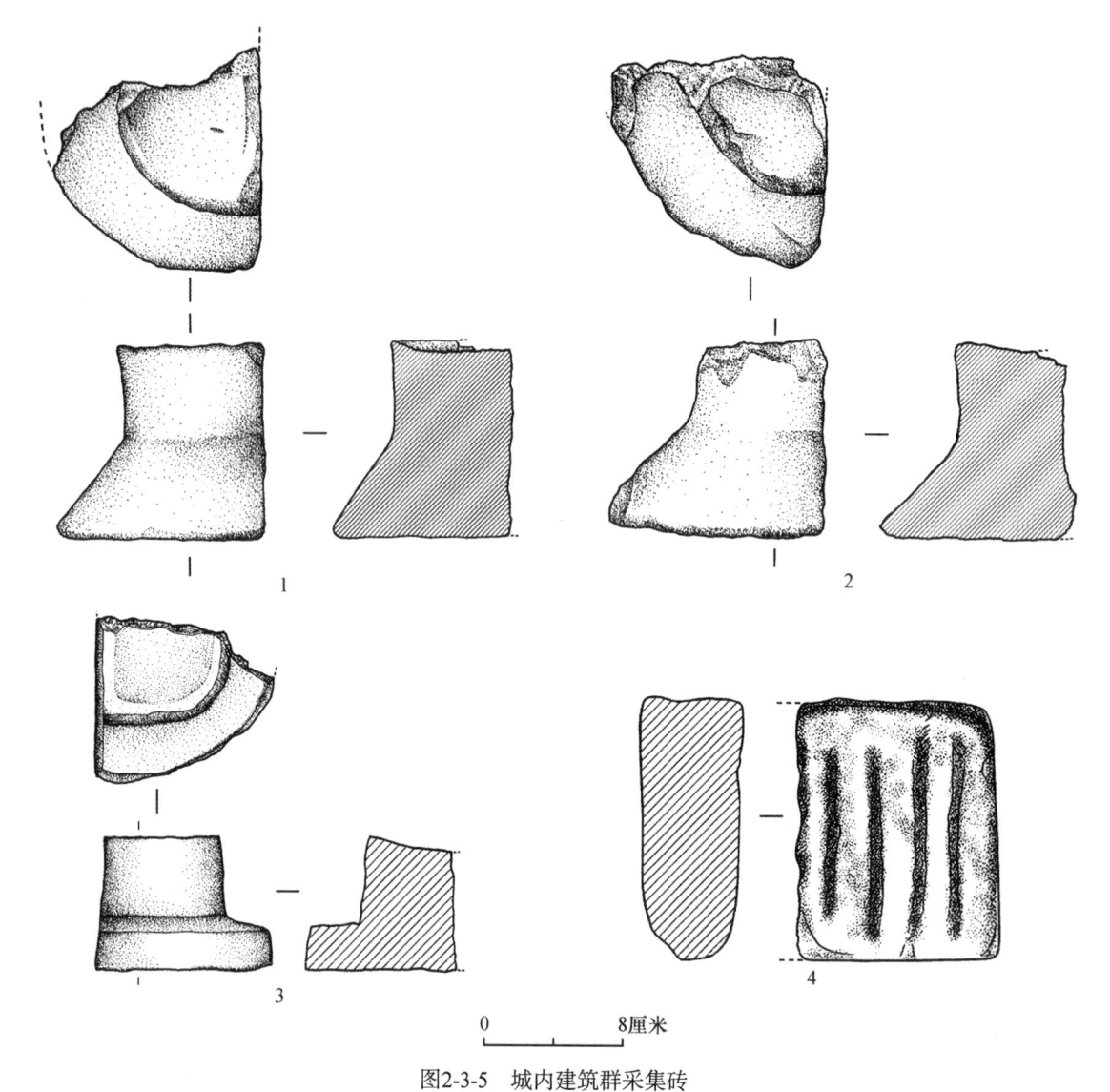

图2-3-5　城内建筑群采集砖
1—3.陶支座（建筑群12：5、建筑群12：6、建筑群12：7）　4.沟纹砖（建筑群14：16）

铁钉　3件。除正常形制外，还包括铆钉、泡钉。建筑群2：15，钉头呈三角状，钉身细长，通长8.9、身宽0.75厘米（图2-3-6，12）。建筑群2：18，头部呈团花状，下为圆柱状，直径3、通长2厘米（图2-3-6，2）。建筑群2：14，上部为圆帽状，下部残缺，直径2.6厘米（图2-3-6，11）。

铁甲片　11件。长方形薄片，上部残见3—6个圆孔。建筑群2：3—8，残长1.9—5.7、宽2—3、厚0.18—0.33厘米（图2-3-6，3—8）。建筑群2：12，似为特殊部位的甲片，中部鼓起，残见九孔。残长9、厚0.52厘米，2号建筑址采集（图2-3-6，10）。

铁带扣　1件。建筑群2：16，为数件带扣状物熔融后粘连在一起，宽7、厚1.9厘米（图2-3-6，9）。

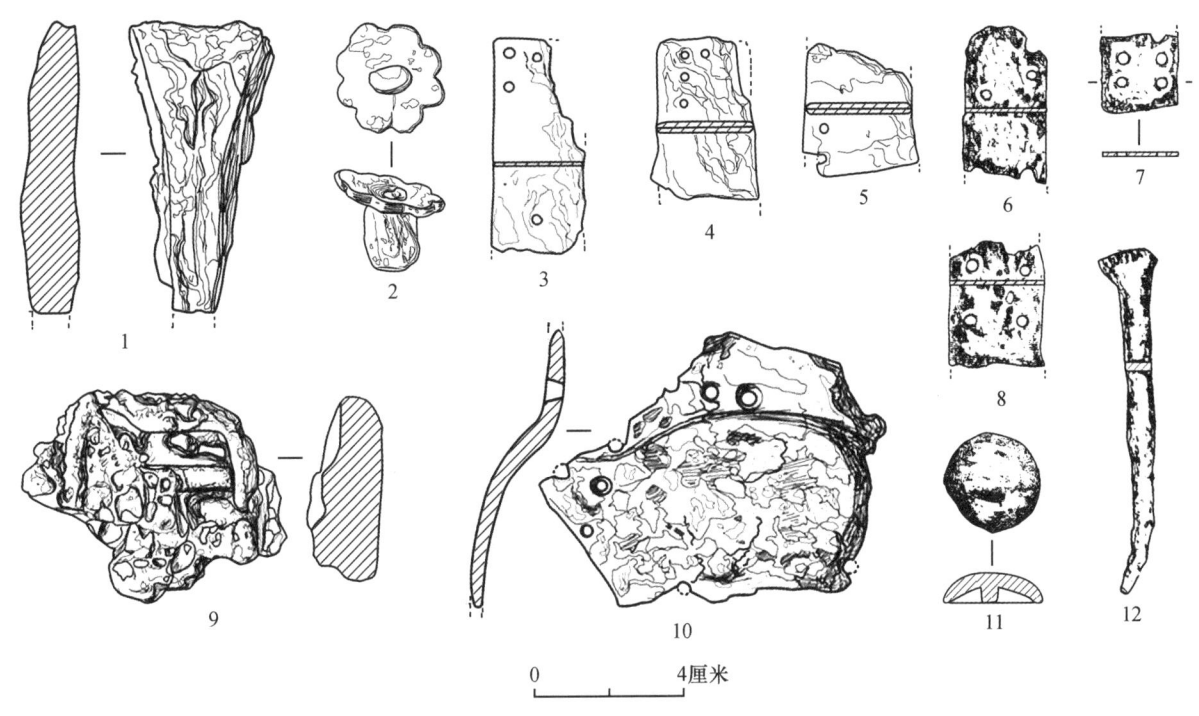

图2-3-6　城内建筑群采集铁器

1.铁镞（建筑群2∶17）　　2、11、12.铁钉（建筑群2∶18、建筑群2∶14、建筑群2∶15）　　3—8、10.铁甲片（建筑群2∶3—建筑群2∶8、建筑群2∶12）　　9.铁带扣（建筑群2∶16）

二、单体建筑基址

单体建筑基址通常面积不大，多数地面落差不甚明显。其中5处地表可见明显隆起，且地表可见集中分布的大量瓦砾，分别编号D1—D5。

（一）遗迹概况

1号单体建筑位于城址西北部，高约1.5米，面积约320平方米。2号单体建筑位于城址西北部，该建筑实际上应为一组建筑群，但西部被洮儿河冲毁，仅存一个台基，高约2米，出土有边长50、厚30厘米的方形础石。3号单体建筑位于城址中偏西部，高约1.5米，面积约1500平方米。4号单体建筑位于城址北部，北侧紧邻北城墙，高约1.5米，面积约200平方米。5号单体建筑位于北城门内西侧，紧邻城门，高约1.5米，面积约500平方米。

（二）采集遗物

檐头板瓦　1件。建筑址5∶2，残存滴水部分，檐面中部饰三道凹弦纹，上下饰滚印短绳纹，残长3.4、檐宽4.6厘米（图2-3-7，3）。

瓦当　2件。建筑址3∶1，模制，器体残碎，当面略凸出，饰变体莲花纹，外周饰一圈乳钉纹，残长6.6、厚2厘米（图2-3-7，1）。建筑址5∶1，模制，兽面，器体残碎，当面凸出，可辨凸弦纹、兽面鬣毛及嘴部，残长11.6、厚2.5厘米（图2-3-7，2）。

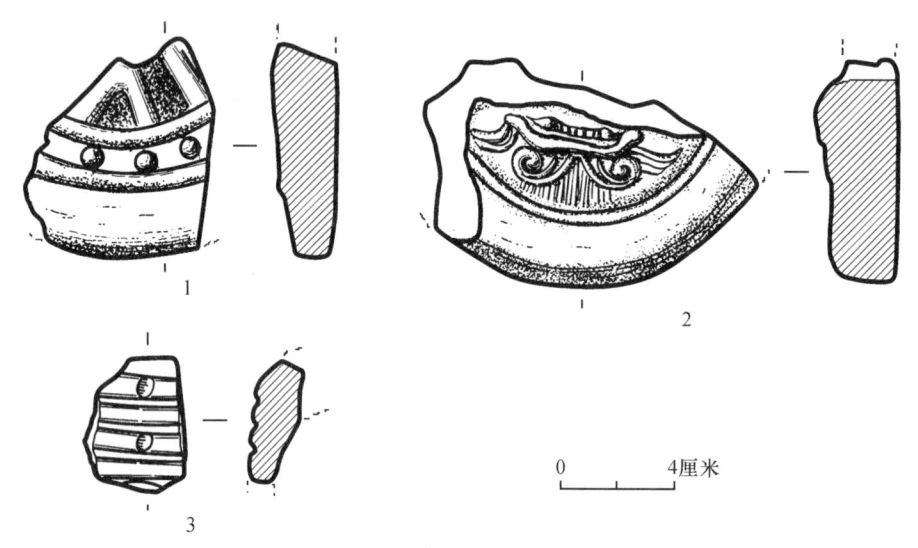

图2-3-7　城内单体建筑址采集遗物
1、2.瓦当（建筑址3∶1、建筑址5∶1）　3.檐头板瓦（建筑址5∶2）

三、手工业遗存

由于地表很难观察到与手工业生产有关的遗迹，我们主要通过各类作坊在生产中产生的特殊伴生品、废品来获得城内手工业作坊的线索。主要包括冶铁、制陶、制骨等手工业。

（一）冶铁遗存

除了前面提到的2号建筑群南侧台基及8号建筑群北侧台基具有大量冶金遗存外，城内至少还有10余处地点地表可见大量炼渣，有的分布面积很小，仅有100余平方米，由于未经过发掘，无法判断这些地表的炼渣是否为原生堆积，其散布地也往往没有对应的台基建筑，我们无法据此就判定此处曾有对应的冶铁作坊。但是以14号建筑群为中心密集分布的炼渣散布地点值得我们注意。

这几处地点分别是14号建筑群①号台基西北100、300米两处地点，以及正西100、正北100米两处地点，这四处地点的炼渣核心分布区为1000—3000平方米，基本覆盖了城中心十字形台地的北翼。地表所见炼渣呈银白色，多数呈团块状，尺寸在1厘米左右，形似铁陨石，密度很大。还有一些呈断块状，可见液体流纹。据村民回忆，"大炼钢铁"时期曾在此大量搜集炼渣用来炼钢，但因成分太差而放弃。该片区域处于城内十字街的中心地带，很可能形成了一定数量和规模的冶铁作坊。

（二）陶窑遗存

城内仅有1处可以明确的陶窑址，位于11号建筑群西南50米左右。窑址地表陶片十分密集，形成高约30厘米的"窑包"，还见较多马蹄状陶支座，春耕过后地表即可见到2个直径2米左右的红烧土圈。2015—2016年，我们对此2座陶窑进行了揭露和清理，确定其为金代陶窑址。马蹄状陶支座在城内其他地区也有见到，但没有对应的遗迹，我们在对上述2座金代窑址的发掘中发现其下层有早期制陶的迹象，因此城内很可能存在尚未发现的窑址。

（三）骨器加工遗存

在西城门内侧附近的地表有大量截断的兽骨，种属以牛、羊为主，一般都是长骨的股骨头部位，截面可见锯切痕，在临近西门，方圆约150米的区域范围内，同样有类似的骨段及残碎的骨料，以往还采集到不少半成品的骨刷，这片区域很可能存在骨器作坊，大量的骨段可能是肉类加工时抽取骨髓的副产品，也可能是骨器作坊产生的废品，或两者兼有。

（四）其他

除了以上各类手工业遗迹之外，我们还在城内发现了玉器和金器作坊的线索。在3号建筑群西南，有一道南北走向、长100余米的浅沟，沟开口平缓，最深处仅半米。当地村民将此沟称为"玉沟"，因为经常可以在此捡到小块玉料。我们对村民采集的玉料进行了观察，其尺寸多为3—5厘米，以岫岩玉为主，基本都可以见到砣具切割的痕迹。3号建筑群北100米，有一处小型的漫丘状土包，高约1米，当地人称之为"金包"，当地村民称，在2000年前后，此地曾经被暴雨冲出一些小碎金块，长约1厘米，形状与宋元时期常见的亚腰银锭相似，此外还有更加细碎的金片之类的小件，这处建筑址或许跟金器加工的作坊有关。

四、城内其他区域地表采集遗物

城四家子城址地表遗存十分丰富，除了在一些典型遗迹表面有集中分布外，整个城内地面均或多或少地分布各类遗物。以下为多次调查过程中，在地表无明显遗迹现象故未编号的区域采集的部分保存相对较好、较为典型的标本，包括建筑构件、陶器、瓷器、石器、金属器、骨器、琉璃器等。

1. 建筑构件

包括瓦当、檐头板瓦、鸱吻及套兽残件，以及少量釉陶建筑构件。

檐头板瓦 12件。均为泥质灰陶，依檐面纹饰有格纹和戳点纹两类。

格纹 7件。15BTC采：133，檐面饰滚印菱格纹，底端呈波浪状，饰绳纹，通长27、宽4、瓦身厚3.3厘米，西城门内侧附近倒塌堆积中采集（图2-3-8，10）。15BTC采：56，檐面饰上下两排变形方格纹，底端残，残宽3厘米（图2-3-8，7）。15BTC采：53，檐面饰上下两排方格纹，下排呈波浪状，底端呈波浪状，饰绳纹，残长8.6、檐面宽3.5厘米（图2-3-8，6）。

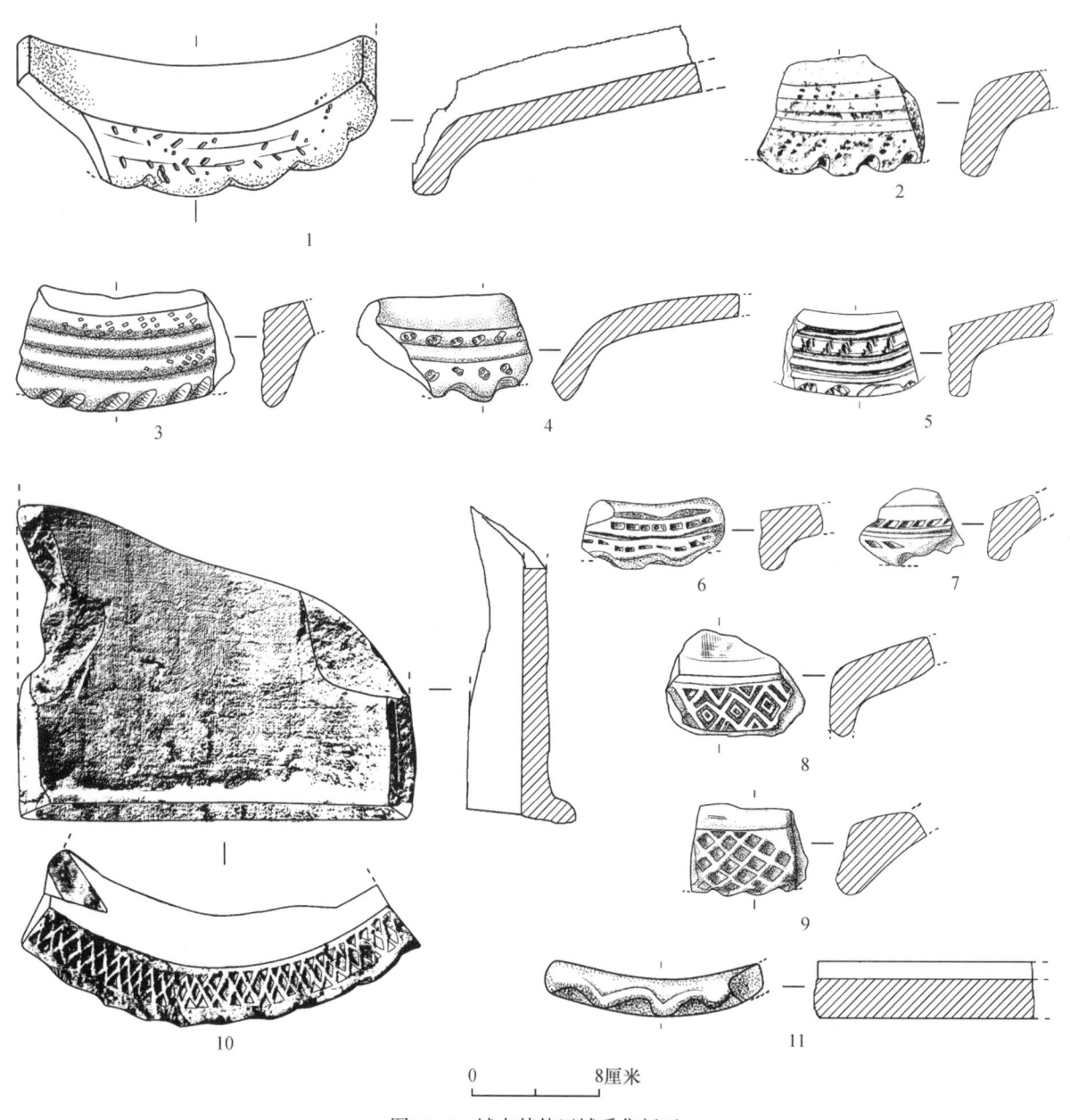

图2-3-8 城内其他区域采集板瓦

1—5.戳点纹檐头板瓦（15BTC采：57、15BTC采：49、15BTC采：48、15BTC采：50、16BTC采：141） 6—10.格纹檐头板瓦（15BTC采：53、15BTC采：56、15BTC采：51、15BTC采：52、15BTC采：133） 11.指压纹板瓦（15BTC采：58）

15BTC采：51，檐面饰双层菱格纹，底端残，残宽3.5厘米（图2-3-8，8）。15BTC采：52，檐面饰单层菱格纹，底端残，残宽4厘米（图2-3-8，9）。

戳点纹　5件。带状檐面，上饰弦纹、滚印绳纹，底端呈波浪状，饰绳纹。15BTC采：57，通宽20厘米、残长20、檐面宽3.5厘米（图2-3-8，1）。15BTC采：49，檐面宽5厘米（图2-3-8，2）。15BTC采：48，残长13、宽5厘米（图2-3-8，3）。15BTC采：50，残长11、檐面宽4厘米（图2-3-8，4）。16BTC采：141，残长8、檐面宽4厘米（图2-3-8，5）。

指压纹板瓦　1件。15BTC采：58，泥质灰陶，瓦端凸面饰连续指压纹，残长15、残宽14、厚2厘米（图2-3-8，11）。

瓦当　3件。均为兽面，泥质灰陶。15BTC采：45，当心外凸，单圈弦纹内饰兽面，器表残存白灰痕。直径约12厘米、厚1.5—2厘米（图2-3-9，1）。15BTC采：47，当心外凸，边轮饰乳钉纹，残见兽口衔环，器表残存白灰痕，残长7.4、厚1—3厘米（图2-3-9，2）。15BTC采：46，当面扁平，单圈弦纹内饰兽面，额头印"王"字，残长7.2、厚1.5—2厘米（图2-3-9，3）。

建筑饰件　9件。皆为鸱吻、套兽等脊饰残件，多为泥质灰陶。15BTC采：61，似为

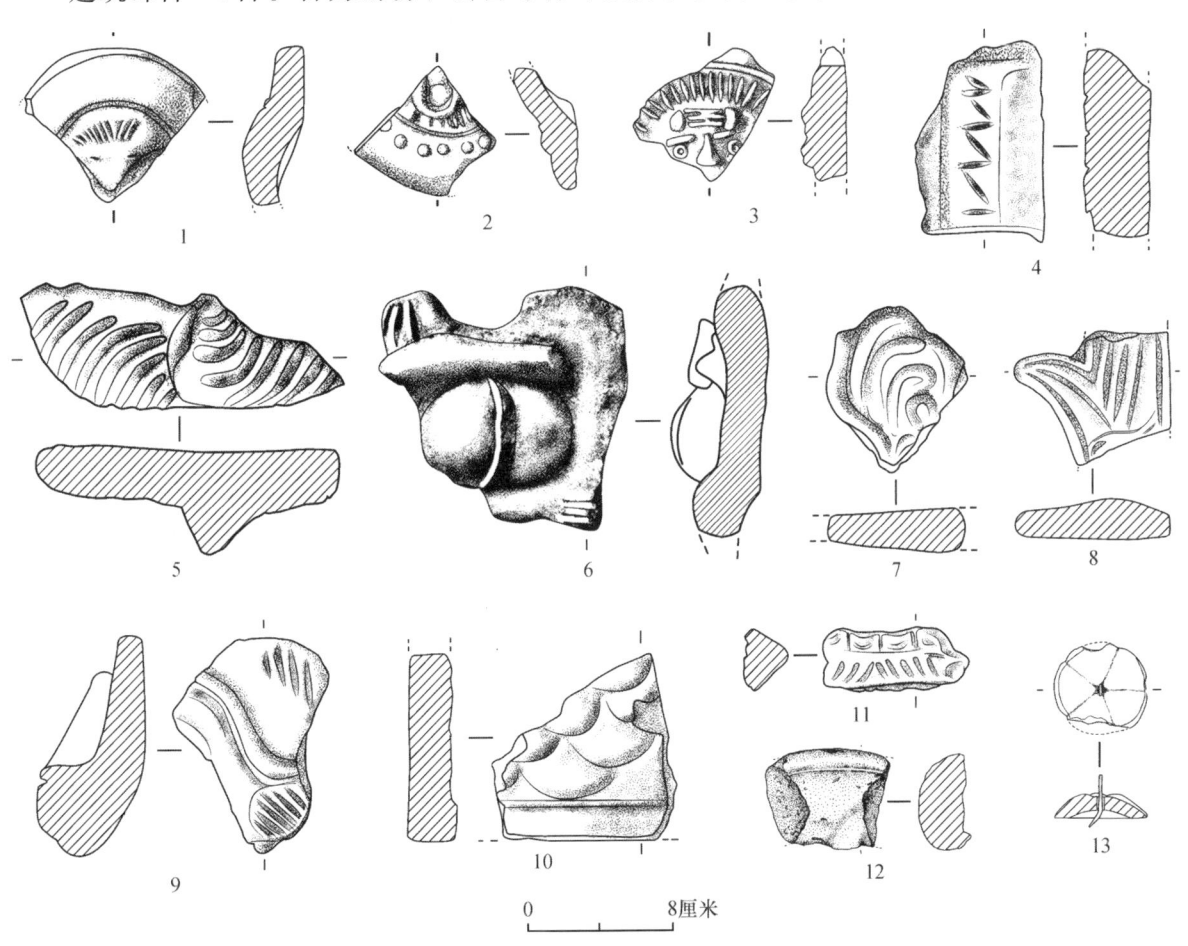

图2-3-9　城内其他区域采集建筑构件

1—3.瓦当（15BTC采：45、15BTC采：47、15BTC采：46）　4—11.陶质建筑饰件（15BTC采：61、15BTC采：64、15BTC采：134、15BTC采：60、15BTC采：59、15BTC采：62、15BTC采：63、15BTC采：65）　12.釉陶建筑构件（13BTC采：34）
13.瓦钉（16BTC采：139）

凤鸟足部，残长10、厚4厘米（图2-3-9，4）。15BTC采：64，兽头鬣毛部，残长17、厚2.5厘米（图2-3-9，5）。15BTC采：134，兽头眼部，残长14、厚4.4厘米，西城门内侧附近采集（图2-3-9，6）。15BTC采：60，似为凤鸟冠部，泥质红褐陶，残长7、厚2厘米（图2-3-9，7）。15BTC采：59，似为凤鸟头、颈部，器表残存白灰痕，残长8厘米、厚2.5厘米（图2-3-9，8）。15BTC采：62，似为凤鸟颈、翅部，残长9厘米、厚2厘米（图2-3-9，9）。15BTC采：63，鸱吻身部鳞片，火候较高，残长9、厚2厘米（图2-3-9，10）。15BTC采：65，兽头下颌牙齿与鬣毛部分，器表残存白灰痕，残长9厘米（图2-3-9，11）。

瓦钉　1件。16BTC采：139，泥质灰陶，外凸内凹，平面呈五瓣花状，中间有一圆形穿孔，内残留1件铁钉，直径10、钉长5.6厘米（图2-3-9，13）。

釉陶建筑构件　1件。13BTC采：34，圆柱状，截面呈不甚规则的椭圆形，泥质红陶，外施绿釉。残长6.8、厚2.4厘米（图2-3-9，12）。

2. 陶器

城内地表所见残碎陶器数量众多，器形以盆、罐、瓮类较为常见，口沿多为平折沿、卷沿、大卷沿。从陶质、陶色来看，泥质灰陶占绝对比例，泥质黑陶及红褐色陶只占少量。从装饰来看，素面陶器占据绝大部分，滚印篦纹陶器也占一定的比例，后者多被视为契丹系陶器的典型。城中所见的篦纹种类较为单一，多为连续的短道竖线纹，有粗疏和细密之分，饰粗疏篦纹的陶片质量往往不及细密者，这很可能与时代变化有关。此外，饰滚印绳索纹的附加堆纹标本也较为常见。有刻划或模印花纹的标本则十分少见。除了日用类陶器外，城内还有大量磨制或打制的圆陶片，少数为圆角方形，直径多为2—3厘米，这类器物可能是棋子一类的玩具。特殊类别的陶器，如佛像、冥钱、窑具等，在城中也有见到。

陶器口沿　3件。均为泥质灰陶。15BTC采：80，陶盆口沿，外折沿，沿部拍印密集柳编纹，残长14、残高2.4厘米（图2-3-10，1）。15BTC采：81，陶盆口沿，展沿，尖唇上翘，沿部刻划三角形花纹，器表残存一处直径0.5厘米的锔孔，残长14、残高3厘米（图2-3-10，2）。16BTC采：149，饰双圈波浪纹及附加堆纹，残长7、残宽3.4厘米（图2-3-10，4）。

饰纹陶片　3件。均为泥质灰陶。16BTC采：151，篦点纹陶壶腹片，残长8、胎厚1.1厘米（图2-3-10，6）。15BTC采：83，篦点纹陶壶肩部残片，残长5.5、胎厚0.5厘米（图2-3-10，7）。15BTC采：84，柳斗罐腹部残片，模制，残长5、胎厚0.6厘米（图2-3-10，8）。

陶器底　2件。均为泥质灰陶。16BTC采：140，轮制，高圈足，残宽9.2厘米、残高6.2厘米、胎厚1.1厘米（图2-3-10，5）。15BTC采：82，陶盆底部，刻划三角形花纹，残长8、残高3.2厘米（图2-3-10，10）。

陶器盖　1件。15BTC采：78，泥质灰陶，纽形盖，直径5、残高4.1厘米（图2-3-10，9）。

陶器耳　2件。均为泥质灰陶。15BTC采：79，横銎耳，长6、厚4.1厘米（图2-3-10，11）。15BTC采：77，柱状耳，长4.5、截面直径4.1厘米（图2-3-10，12）。

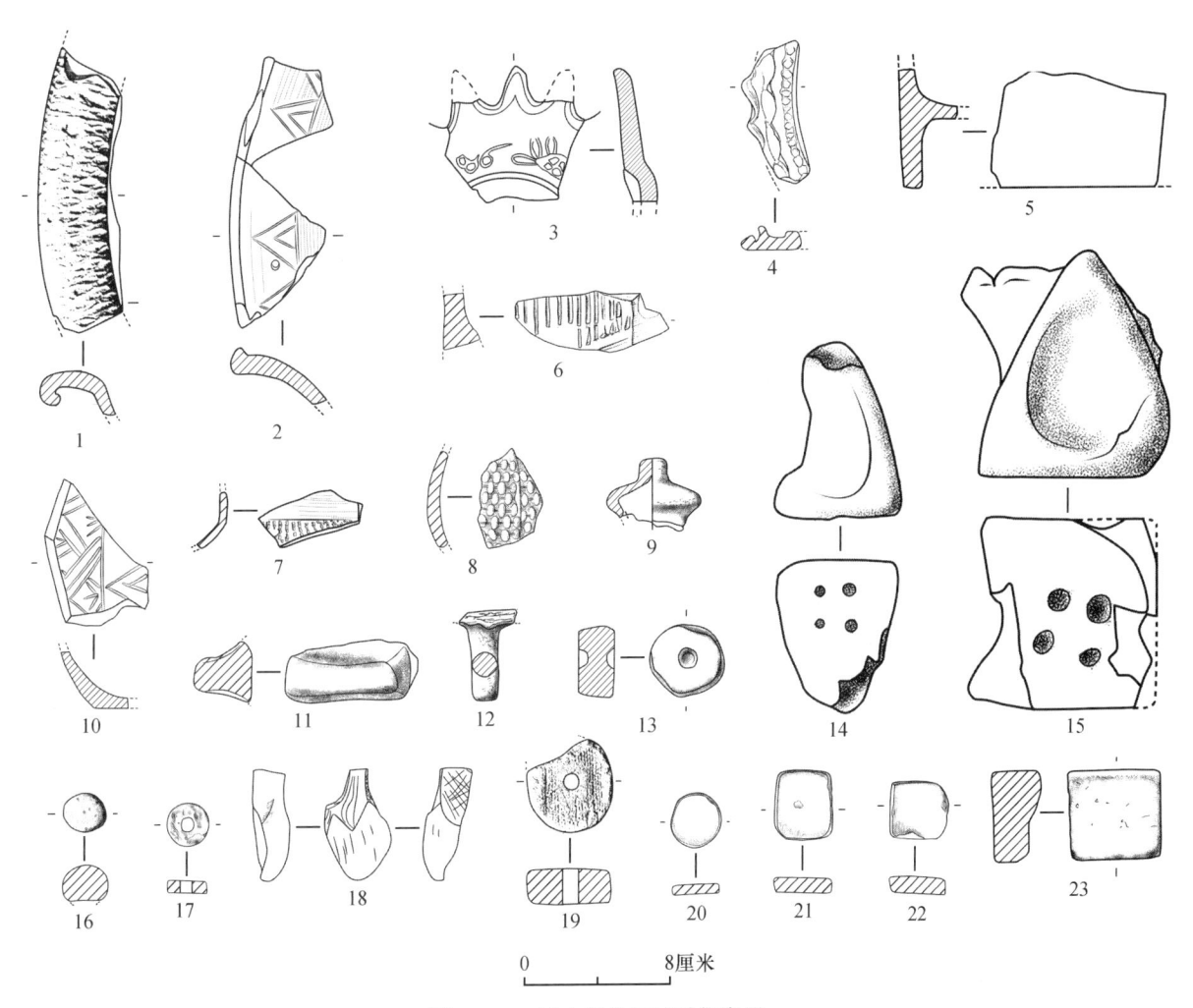

图2-3-10 城内其他区域采集陶器

1、2、4.陶器口沿（15BTC采：80、15BTC采：81、16BTC采：149） 3.陶砚（15BTC采：67） 5、10.陶器底（16BTC采：140、15BTC采：82） 6—8.饰纹陶片（16BTC采：151、15BTC采：83、15BTC采：84） 9.陶器盖（15BTC采：78） 11、12.陶器耳（15BTC采：79、15BTC采：77） 13.钻孔陶器（15BTC采：76） 14、15.陶支座（15BTC采：135、15BTC采：136） 16.陶球（15BTC采：69） 17.冥币（15BTC采：74） 18.陶塑（15BTC采：68） 19.陶纺轮（15BTC采：75） 20—23.陶饼（15BTC采：70、15BTC采：71、15BTC采：72、15BTC采：73）

钻孔陶器 1件。15BTC采：76，瓦片磨制，孔对钻，未穿透。直径3厘米、厚1.8厘米（图2-3-10，13）。

陶支座 2件。窑具，形似马蹄，下部为底座，上部为支柱，平面呈1/4圆形，均为泥质灰陶。15BTC采：135，底面有4个戳点。残长8厘米（图2-3-10，14）。15BTC采：136，底面有4个戳点，残长11厘米（图2-3-10，15）。

陶砚 1件。15BTC采：67，器表印花，上部边缘呈锯齿状，下部残，残长7、残宽7.4厘米（图2-3-10，3）。

陶球 1件。15BTC采：69，下部残。直径2.2厘米（图2-3-10，16）。

冥币 1件。15BTC采：74，泥质红褐陶，中有圆孔，器表隐约可见模印钱文，直径2.1、厚0.6厘米（图2-3-10，17）。

陶塑　1件。15BTC采：68，佛像足部，足部及莲座可辨，泥质灰陶，残长3厘米（图2-3-10，18）。

陶纺轮　1件。15BTC采：75，瓦片磨制而成，中钻一孔，直径4.5、厚1.8厘米（图2-3-10，19）。

陶饼　4件。皆泥质灰陶。15BTC采：70，陶片打磨而成，圆饼形，直径2.8、厚0.4厘米（图2-3-10，20）。15BTC采：71，陶片打磨而成，圆角方形，长3.3、厚0.7厘米（图2-3-10，21）。15BTC采：72，陶片打磨而成，圆角方形，长3、厚0.7厘米（图2-3-10，22）。15BTC采：73，瓦片磨制，圆角方形，长4、厚1.5—2厘米（图2-3-10，23）。

3. 瓷器

城四家子城址的地表陶瓷遗存十分丰富，窑口来源十分复杂，品类极其多样，是东北地区不可多得的辽金陶瓷标本的宝库。所见瓷器主要以金代定窑白瓷和辽金缸瓦窑化妆白瓷、金代江官屯窑化妆白瓷较为常见，尤其是定窑瓷片，在城址中俯拾即是。各类青瓷所占比例不多，但仍有一定数量，主要以耀州窑为主。此外，青白瓷、钧瓷的数量也不少。磁州窑的化妆白瓷、白地黑花瓷则在城中极少发现。此外，辽代的釉陶器在城中也有发现，包括白釉、黄釉、三彩器。

定窑白瓷器　5件。器形包括钵、盘，灰白胎，胎质坚硬，釉色泛黄或泛青，芒口。15BTC采：94，敞口，尖圆唇，斜弧腹，矮圈足，内壁出筋，内底单圈弦纹内饰划花萱草纹，口径17、底径3、高4.4厘米（图2-3-11，1）。16BTC采：150，敞口，圆唇，直腹，外壁刻花，口径28、残长7厘米（图2-3-11，2）。15BTC采：96，仅存圈足器底，内底模印荷花、草叶纹，底径5.5厘米（图2-3-11，3）。15BTC采：97，仅存圈足器底，内底饰划花鱼纹及水波纹，底径4.3厘米（图2-3-11，4）。15BTC采：95，仅存圈足器底，内底饰划花荷叶纹，底径5.3厘米（图2-3-11，5）。

龙泉务窑白瓷器　2件。器形包括盏、盘等，釉色洁白，白胎夹黑点，胎质坚硬，断面有光泽，内底有长条形垫渣痕，可见石英砂颗粒。15BTC采：100，仅存圈足器底，底径3.3厘米（图2-3-11，6）。15BTC采：99，仅存圈足器底，底径6.3厘米（图2-3-11，7）。

化妆白瓷器　8件。器形包括碗、盘、钵等。多为东北本地窑口烧制。15BTC采：98，白瓷盘，敞口，弧腹，圈足，内满釉，外施釉及底，口径15、底径5.6、高3.6厘米（图2-3-11，8）。16BTC采：145，盘底，矮圈足，灰黄胎粗疏，釉色泛青，内外皆满釉，外底不施釉，内底残见两处垫渣痕，底径6厘米（图2-3-11，9）。15BTC采：103，仅存圈足器底，灰黄胎，内底见有一圈椭圆形支钉痕，外底有墨书痕，底径6.6厘米（图2-3-11，10）。16BTC采：143，白釉印花碗底，矮圈足，灰黄色粗胎，釉色泛黄，内满釉，外半釉，内底模印菊花纹，残存粗砂垫渣，残长7、底径8厘米（图2-3-11，11）。15BTC采：102，印花碗，仅存器底圈足部分，

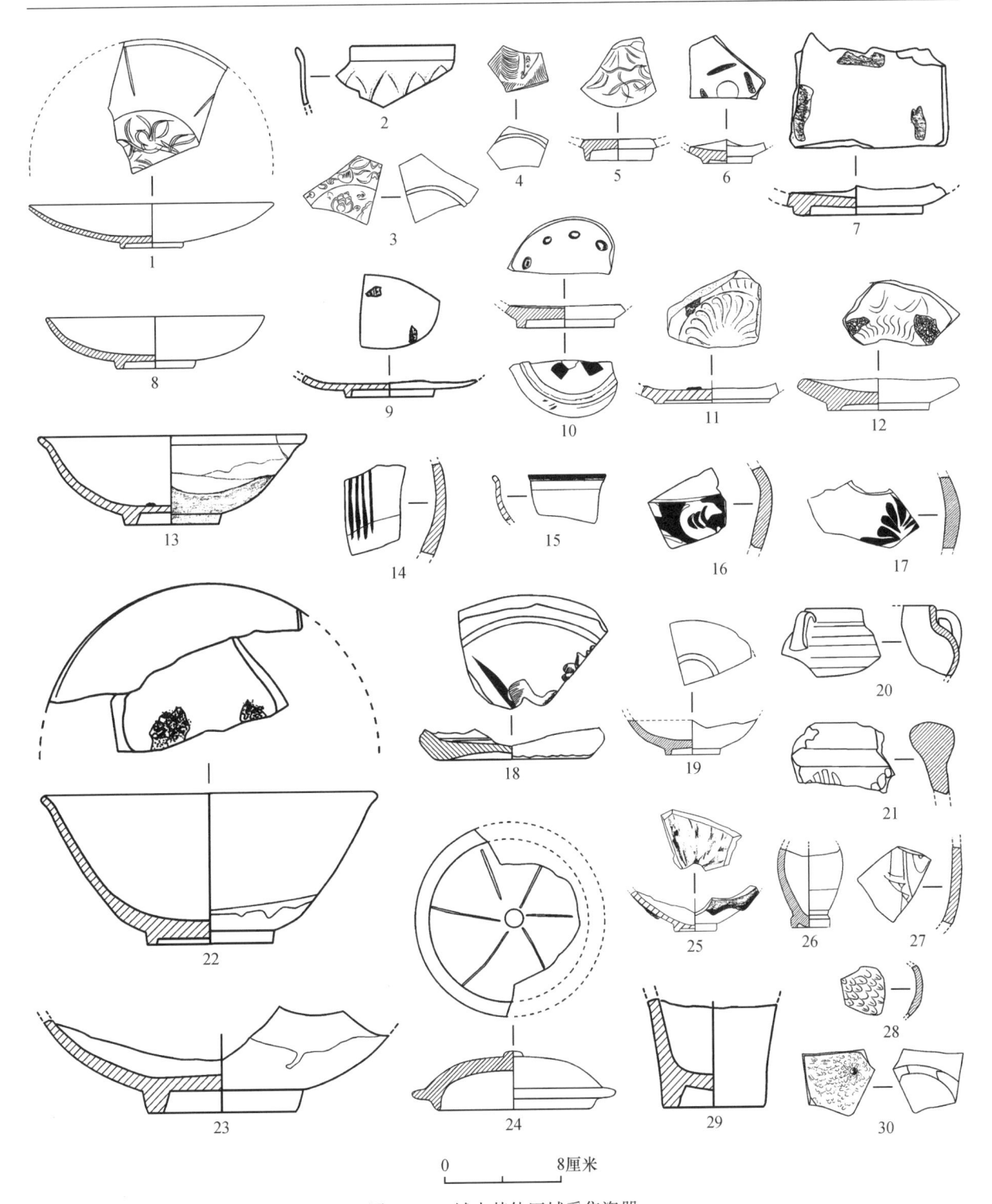

图2-3-11 城内其他区域采集瓷器

1—5.定窑白瓷器（15BTC采：94、16BTC采：150、15BTC采：96、15BTC采：97、15BTC采：95） 6、7.龙泉务窑白瓷器（15BTC采：100、15BTC采：99） 8—13、22、23.化妆白瓷器（15BTC采：98、16BTC采：145、15BTC采：103、16BTC采：143、15BTC采：102、16BTC采：137、15BTC采：101、16BTC采：147） 14—18.白地黑（褐）花瓷器（15BTC采：105、16BTC采：144、15BTC采：106、15BTC采：107、15BTC采：104） 19、20、24—26、29.黑（酱）釉瓷器（15BTC采：120、15BTC采：109、15BTC采：108、16BTC采：146、15BTC采：124、16BTC采：148） 21、27、28、30.釉陶器（15BTC采：123、15BTC采：122、15BTC采：121、15BTC采：125）

矮圈足，灰白胎粗疏，釉色泛青，内底印花，见有粗砂垫渣痕，底径7厘米（图2-3-11，12）。16BTC采：137，白瓷碗，敞口，圆唇，弧腹，圈足，灰黑胎粗疏，釉色泛黄，外半釉，内满釉，内底残留一处垫渣痕，口径18.4、高6、底径6.4厘米（图2-3-11，13）。15BTC采：101，白瓷碗，敞口，斜腹，矮圈足，灰白胎粗疏，釉色泛青，内满釉，外半釉，内底见有粗砂垫渣痕，口径22.5、底径8.8、高9.7厘米（图2-3-11，22）。16BTC采：147，白瓷钵底，弧腹，圈足，灰黄粗胎，釉色泛黄，内满釉，外半釉，内底残存一处垫渣痕，底径12、残高7厘米（图2-3-11，23）。

白地黑（褐）花瓷器　5件。15BTC采：105，化妆白瓷，上施4道黑彩，残长5.6厘米（图2-3-11，14）。16BTC采：144，碗类口沿，敞口，圆唇，灰白粗胎，施白釉，口沿施一圈酱彩，口径16、残长5厘米（图2-3-11，15）。15BTC采：106，化妆白瓷，刻花，白地涂黑彩，残长5.6厘米（图2-3-11，16）。15BTC采：107，化妆白瓷，上饰黑彩花草纹，残长8.2厘米（图2-3-11，17）。15BTC采：104，仅存器底部分，卧足，灰白胎，胎质坚硬，内饰白地黑花草叶纹，外遍涂酱釉，底径10.7厘米（图2-3-11，18）。

黑（酱）釉瓷器　6件。15BTC采：120，酱釉碗，仅存圈足底部，灰白胎坚硬，施均匀酱釉，釉色光亮，底径3.8厘米（图2-3-11，19）。15BTC采：109，黑釉双系罐，矮领，系耳，外壁有瓦棱纹，残长6.7厘米（图2-3-11，20）。15BTC采：108，黑釉堆白线纹器盖，沥粉出筋，残长14.2厘米（图2-3-11，24）。16BTC采：146，黑釉酱斑碗，北方窑口仿吉州窑玳瑁釉，小圈足，斜腹，灰白胎坚硬，内满釉，外半釉，流釉肥厚，外壁露胎处施酱色化妆土仿黑胎，黑釉上洒酱彩仿玳瑁纹，底径3、残高3厘米（图2-3-11，25）。15BTC采：124，酱釉小瓶，鼓腹，圈足，灰白胎，胎质较细，外半施酱釉，残高5、底径2.9厘米（图2-3-11，26）。16BTC采：148，黑釉梅瓶底，圈足，灰黄胎粗疏，遍施黑釉，底不施釉，底径7、残高7厘米（图2-3-11，29）。

釉陶器　4件。15BTC采：123，绿釉器残片，似为盆类口沿，红胎粗疏，施黄绿釉，上有压印花纹，残长7.1厘米（图2-3-11，21）。15BTC采：122，磁州窑绿釉刻划人物残片，应为瓷枕残片，灰白胎坚硬，绿釉上线刻人物，残长5.2厘米（图2-3-11，27）。15BTC采：121，三彩器残片，应为摩羯壶之类器物的残片，灰黄胎粗疏，外施黄、绿釉，残长3厘米（图2-3-11，28）。15BTC采：125，缸瓦窑黄釉盘残片，灰黄胎，内底有小支钉痕，残长5厘米（图2-3-11，30）。

瓷棋子　2件。定窑白瓷片打磨制成，平面呈不规则圆形。15BTC采：126，直径1.9厘米（图2-3-12，4）。15BTC采：127，直径2.2厘米（图2-3-12，5）。

瓷多孔器　1件。16BTC采：142，残，原器应有三孔，正面两孔、底一孔，灰黄色缸胎，半施黑釉，正面孔施釉，底不施釉，残长4、宽4、孔径2厘米（图2-3-12，6）。

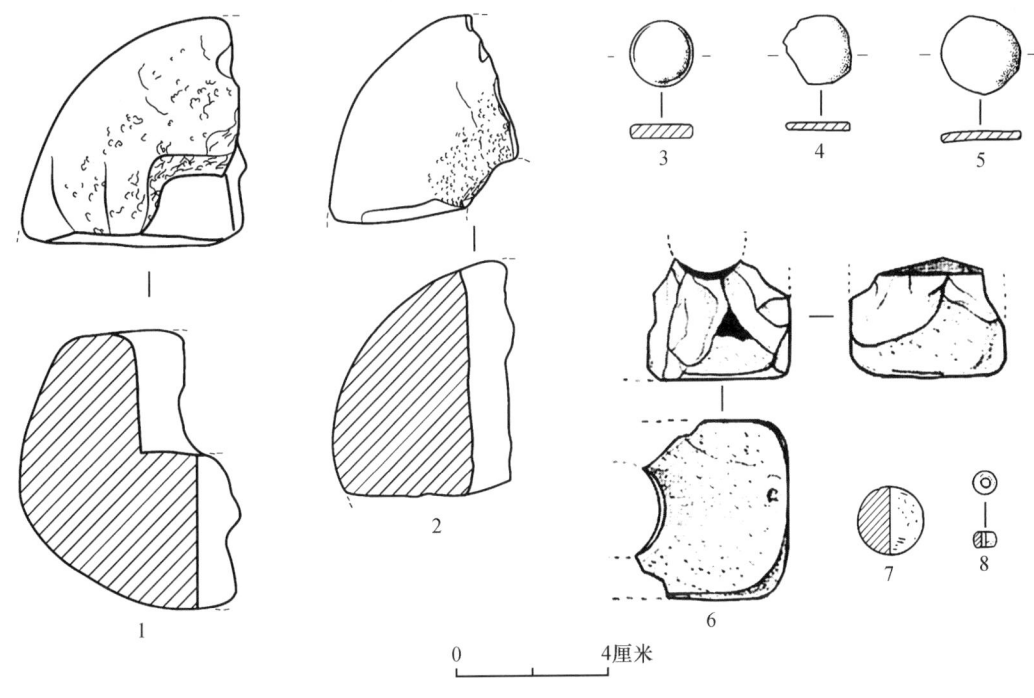

图2-3-12 城内其他区域采集遗物
1、2.石杵（15BTC采：87、15BTC采：88） 3.石棋子（15BTC采：89） 4、5.瓷棋子（15BTC采：126、15BTC采：127）
6.瓷多孔器（16BTC采：142） 7、8.琉璃珠（15BTC采：85、15BTC采：86）

4. 石器

石杵　2件。15BTC采：87，红褐色玄武岩质，下部浑圆，顶平，上开一圆角方形孔，高7.5厘米（图2-3-12，1）。15BTC采：88，黑色玄武岩质，上圆下平，中开一孔，高5.5厘米（图2-3-12，2）。

石棋子　1件。15BTC采：89，黑色，石质细腻，圆饼状，直径1.8厘米（图2-3-12，3）。

5. 金属器

铁锥　1件。15BTC采：90，上部环状，下部圆锥状，通长7厘米（图2-3-13，1）。

铁带环　1件。15BTC采：91，平面呈椭圆形，长3.2厘米（图2-3-13，2）。

铜带銙　1件。16BTC采：138，三瓣形，垂尖，器身扁平，正面凸起，背面内凹，正面有三个小圆孔及一处扁长孔，长4厘米（图2-3-13，3）。

铁环　1件。15BTC采：92，直径2厘米（图2-3-13，4）。

铁车輨　1件。15BTC采：93，齿轮状，残，原应有六齿，直径12厘米（图2-3-13，6）。

6. 骨器

骨骰子　1件。15BTC采：132，正六面体，依次为1—6点，凹坑内有涂金粉痕迹。边长1厘米，西城门内侧附近采集（图2-3-13，5）。

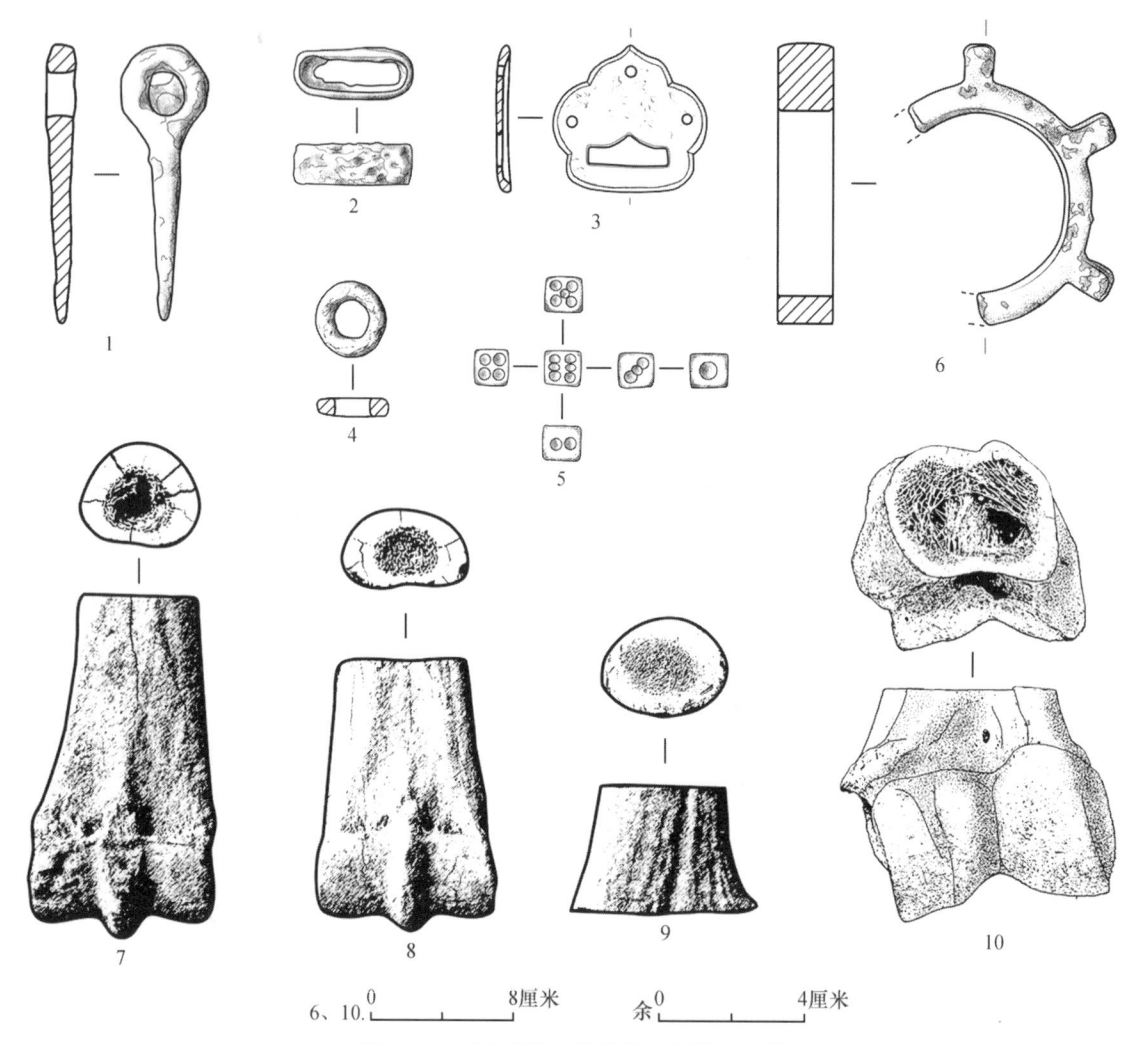

图2-3-13 城内其他区域采集金属器、骨器
1. 铁锥（15BTC采：90） 2. 铁带环（15BTC采：91） 3. 铜带銙（16BTC采：138） 4. 铁环（15BTC采：92）
5. 骨骰子（15BTC采：132） 6. 铁车軎（15BTC采：93） 7、8、10. 牛骨料（15BTC采：128、15BTC采：129、15BTC采：131）
9. 鹿角料（15BTC采：130）

牛骨料 3件。系长骨截去的废料。15BTC采：128，长8.8、宽5厘米（图2-3-13，7）。15BTC采：129，长7、宽5厘米（图2-3-13，8）。15BTC采：131，长10.7、宽13厘米，西城门内侧附近采集（图2-3-13，10）。

鹿角料 1件。15BTC采：130，长3.5、宽5厘米（图2-3-13，9）。

7. 琉璃器

琉璃珠 2件。15BTC采：85，天蓝色，球体，实心，表面风化，有蛤蜊光，直径1.6厘米（图2-3-12，7）。15BTC采：86，琉璃串珠，乳白色，中间穿孔，直径0.6厘米（图2-3-12，8）。

第四节 城址周边遗存

城四家子城址周边的遗存十分丰富，包括北部墓葬区、北城门外遗址、城西北砖瓦窑址、北山遗址、南城门外遗址、东城门外遗址和七棵树遗址（图2-4-1）。

本次调查，在城外发现辽金时期居民区3处，墓葬区2处，砖瓦窑1处。居民区位于城外东南部，地表可见较多陶器残片和瓦片。2处墓葬区分别位于城外北部和西北部，多数已遭盗掘或取土破坏，通过墓葬残迹和已被翻出地面的残存彩绘颜料的墓砖，可知大多为有壁画的中小型砖室墓。砖瓦窑位于城址外西北部，地表可见成片的红烧土和较多烧结的残瓦，为城四家子古城内大型建筑的建筑材料来源提供可靠的保证，目前部分窑已遭人为挖掘破坏。

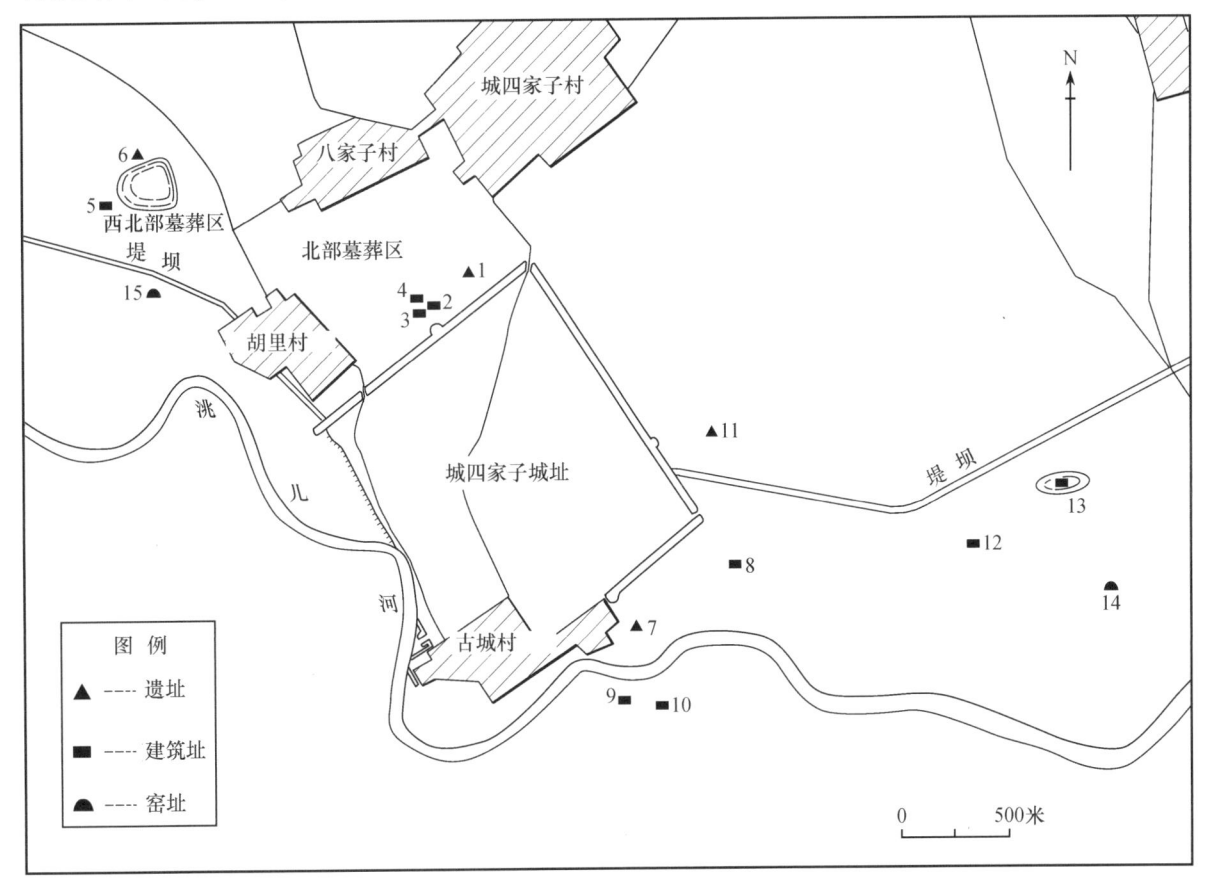

图2-4-1 城址周边遗迹分布图

1.北门外关厢遗址 2.北门外1号台基 3.北门外2号台基 4.北门外3号台基 5.北山建筑址 6.北山遗址 7.南门外关厢遗址 8.河北1号建筑址 9.河南1号建筑址 10.河南2号建筑址 11.东门外遗址 12.七棵树1号建筑址 13.七棵树2号建筑址 14.七棵树砖瓦窑址 15.城西北砖瓦窑址

一、北部及西北部墓葬区

位于北城墙外。南至胡里村南缘，东至城四家子村西缘，北至八家子村北缘，西北至"北山"的南坡，西至胡里村西缘，在这片面积约1平方千米的区域内均有辽金时期的墓葬分布。根据以往的调查及对附近居民的走访，结合2015—2016年对几处墓葬的发掘，可知这些墓葬的形制多为小型砖室墓，随葬遗物以陶器、瓷器为主。

二、北城门外遗址

城址北门外分布着一片关厢遗址，此外，在北门西北200米内，还有3座相对独立的建筑台基，平面呈品字形分布。

1. 关厢遗址

以北城门为圆心，向北至东北方向，形成一个半径约500米的扇形，在这片扇形区域内零星可见陶片、瓷片、瓦片，由于该片区域处于林地，因此露出的遗存不多。所见陶片大部分为篦纹陶，瓷片多为缸瓦窑的辽代化妆白瓷产品。

2. 建筑台基

3座建筑台基面积不大，且距离较近，应为同时期所建的功能相近的一组建筑。1号台基位于北城门北偏东100米，高约0.5米，地表可见金代大卷沿陶瓷残片、布纹瓦及辽代檐头板瓦、化妆白瓷残片等。2号台基位于1号台基西南30米，高约0.3米。3号台基位于北城门正北200米处，北半部分被取土坑破坏，已暴露出砖砌的夯土台基包边，层层内收，外表面涂抹白灰，断面可见厚约0.5米的辽代瓦砾倒塌堆积。采集标本如下。

檐头板瓦　2件。北门外2号建筑址：1，宽带状檐面，中饰三道凹弦纹，中间饰一道滚印短绳纹，底端呈波浪状，饰绳纹，残长11、檐宽4.6厘米（图2-4-2，1）。北门外3号建筑址：2，泥质灰陶，窄带状折沿，上饰压印菱格纹，长15、厚2厘米（图2-4-2，2）。

建筑饰件　1件。北门外3号建筑址：1，泥质灰陶，似为兽头下颌部，遍涂白灰，残长15厘米（图2-4-2，3）。

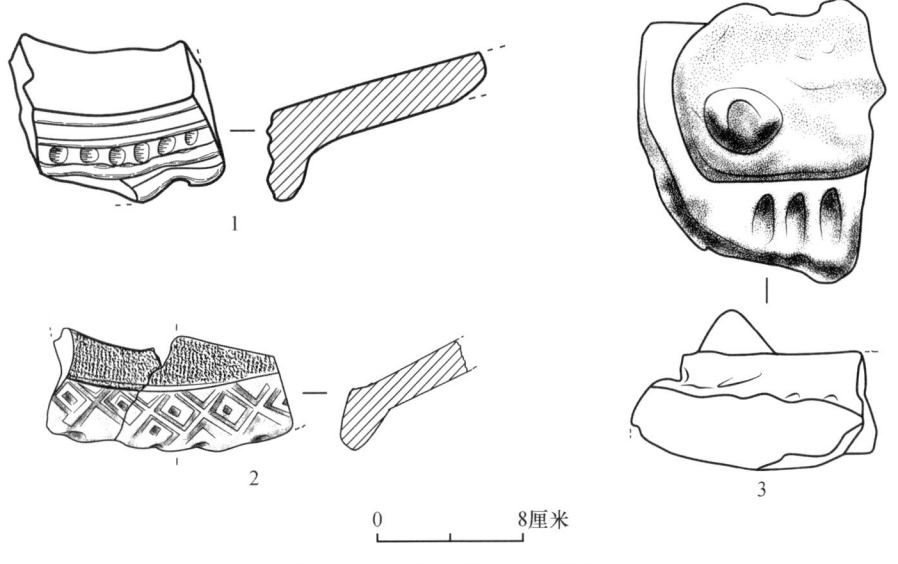

图2-4-2 北门外遗址采集遗物
1、2.檐头板瓦（2号建筑址：1、3号建筑址：2） 3.建筑饰件（3号建筑址：1）

三、城西北砖瓦窑址

位于北城门外西偏北1.2千米、胡里村西北300米，北侧紧邻国堤，坐落在一个东西走向的漫岗阳坡。地表隐约可见数个红色圈状遗迹，应当是窑址所在。瓦片的分布面积约10000平方米，有大量烧制变形的砖瓦、窑渣。采集标本如下。

过烧板瓦　1件。城西北砖瓦窑：1，灰黑色，两片粘连，质地坚硬，敲之有声，残长17厘米（图2-4-3，1）。

过烧沟纹砖　2件。城西北砖瓦窑：2，灰黑色，质地坚硬，残长13厘米（图2-4-3，2）。城西北砖瓦窑：3，灰黑色，3块砖粘连，局部熔化呈琉璃态，通长35厘米（图2-4-3，3）。

四、北山遗址

位于胡里村西北500米处一座孤立的台地上，当地群众称为"北山"。台地较为平缓，北高南低，高3—5米。在台地的西南部约50米×50米的范围内，集中分布着大量瓦砾，以及彩绘泥塑残片，推测为一处与佛教有关的建筑址，但未见到明确的台基。台地北侧散布着一些辽金时期的陶片，在断崖上可见兽骨、陶片、烧土等遗存。采集标本如下。

瓦当　1件。北山建筑址：1，兽面瓦当，泥质灰陶，当面外凸，单圈弦纹内印兽面纹，直径约14厘米，背部残留6道放射状刀砍痕迹（图2-4-4，1）。

图2-4-3 城西北砖瓦窑址采集遗物
1. 板瓦（城西北砖瓦窑：1） 2、3. 沟纹砖（城西北砖瓦窑：2、城西北砖瓦窑：3）

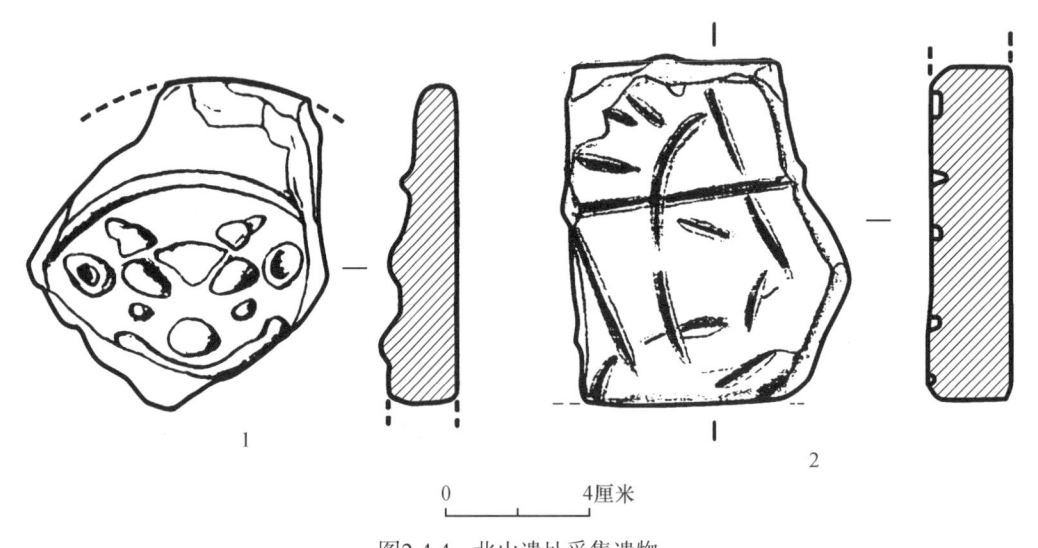

图2-4-4 北山遗址采集遗物
1. 瓦当（北山建筑址：1） 2. 建筑饰件（北山建筑址：2）

建筑饰件 1件。北山建筑址：2，泥质灰陶，正面刻划花纹，背面凹凸不平，多手指按压痕，似为鸱吻残块（图2-4-4，2）。

五、南城门外遗址

南城门外主要有关厢遗址、河北1号建筑址、河南1号建筑址、河南2号建筑址等。

（一）遗址

1. 关厢遗址

位于南门外的东南一片区域，属于南城门附属的关厢遗址。现存的陶片分布范围大约7000平方米，加上被河水冲毁的面积及被现代院落叠压的面积，其实际分布区域应该更大。地表陶片、瓷片十分丰富，包括辽、金两期。遗址的南部已被洮儿河冲毁，在南、北岸的断崖上可见丰富的文化堆积及灰坑等遗迹。

2. 河北1号建筑址

位于南门东侧450米，东南角台南侧200米，处于一条东北—西南走向的带状台地上，台地平面形状规整，呈长方形，东西长150、南北宽50、高2—3米，其性质是自然形成还是人工堆土而成尚待进一步勘查。台地表面散布着大量瓦砾，陶瓷片很少，未能采集到时代特征明显的标本。

3. 河南1号建筑址

位于南城门南方500米处，洮儿河南岸的一块方形台地上，台地地势平缓，在其北部、中部有数片瓦砾密集分布区，应当是成组的建筑群落，但保存较差，无法辨认其平面形态。在北部还采集到烧制变形的布纹瓦，此处附近很可能存在砖瓦窑址。

4. 河南2号建筑址

位于河南1号建筑址东侧100米左右，此处在"伪满"时期曾筑大院，因此该建筑址破坏严重，地表可见数片瓦砾密集分布区，但无法复原平面形态。

（二）采集标本

檐头板瓦　5件。泥质灰陶。河南1号建筑址：2，宽带状折沿，上饰滚印连续戳点纹，底部饰压印绳纹，器表残存白灰痕，残长13厘米（图2-4-5，1）。河南1号建筑址：3，泥质红褐陶，宽带状折沿，上饰滚印连续戳点纹，底部饰压印绳纹，器表残存白灰痕，残长10厘米（图

图2-4-5 南门外遗址采集遗物

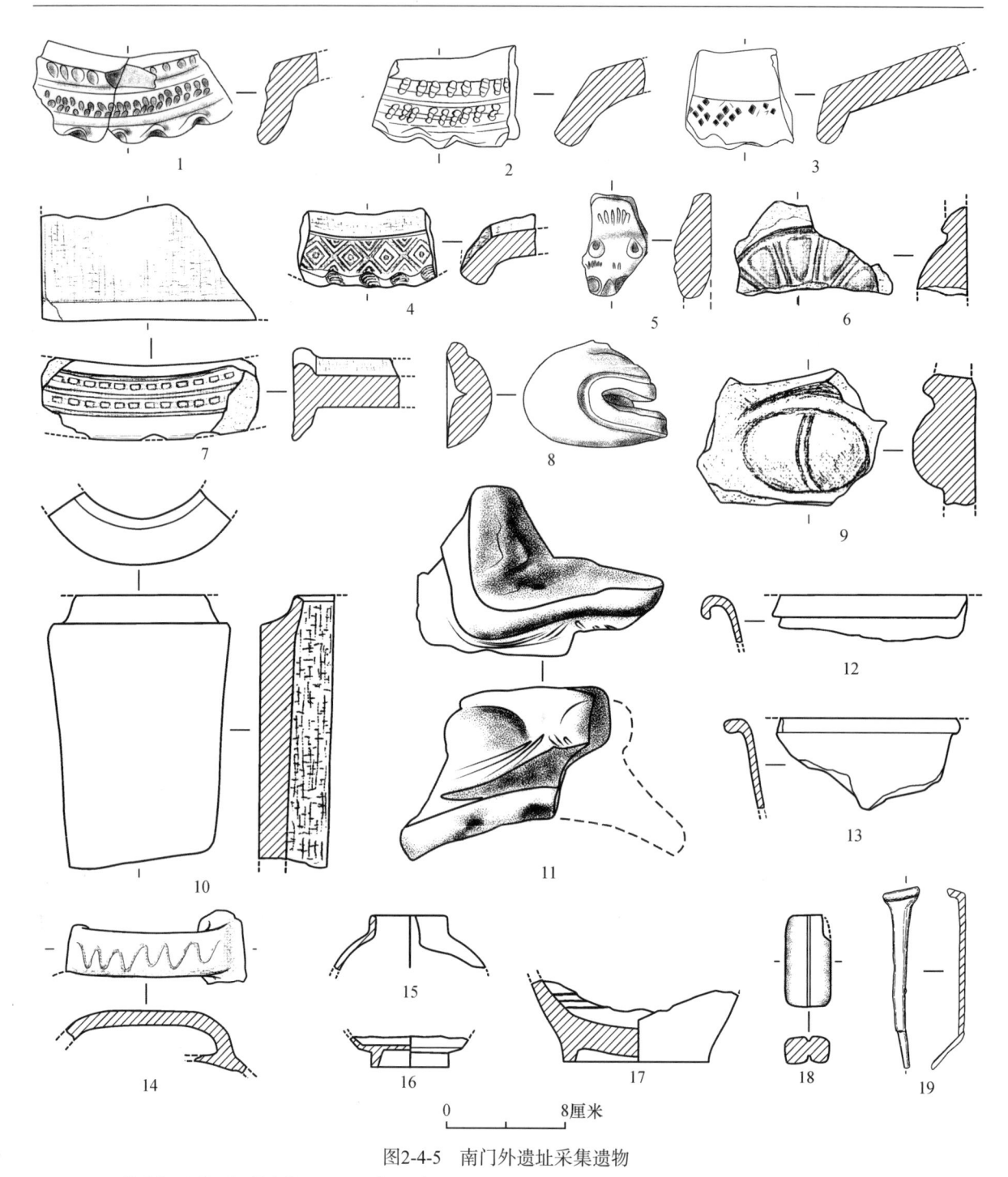

1—4、7. 檐头板瓦（河南1号建筑址：2；河南1号建筑址：3；河南2号建筑址：1；河南2号建筑址：7；河南1号建筑址：5）　5、6. 瓦当（河南1号建筑址：1；河南1号建筑址：4）　8、9、11. 建筑饰件（河南2号建筑址：2；河南2号建筑址：6；河南2号建筑址：3）　10. 筒瓦（河南2号建筑址：5）　12、13. 陶盆口沿（河北1号建筑址：5；河北1号建筑址：1）　14. 陶器耳（河北1号建筑址：2）　15. 陶罐口沿（河南2号建筑址：8）　16. 瓷碗底（河北1号建筑址：4）　17. 瓷罐底（河北1号建筑址：3）　18. 陶网坠（河南2号建筑址：4）　19. 铁钉（河南1号建筑址：6）

2-4-5，2）。河南2号建筑址：1，窄带状檐面，上饰压印网状菱格纹，器表残存白灰痕，残长10厘米（图2-4-5，3）。河南2号建筑址：7，带状檐面，压印多重菱格纹，底部压印花边波浪纹，残长9.2、宽3.6厘米（图2-4-5，4）。河南1号建筑址：5，泥质灰陶，表面压印长方形方格纹，残长14、宽4厘米（图2-4-5，7）。

瓦当　2件。均泥质灰陶。河南1号建筑址：1，兽面，当心微外凸，器表残存白灰痕，残长6厘米（图2-4-5，5）。河南1号建筑址：4，模印莲瓣纹，残长10厘米（图2-4-5，6）。

建筑饰件　3件。河南2号建筑址：2，套兽吻部，器表残存白灰痕，残长9厘米（图2-4-5，8）。河南2号建筑址：6，套兽眼部残块，残长12、厚4厘米（图2-4-5，9）。河南2号建筑址：3，垂兽残块，为兽首下颌部，器表残存白灰痕，残长13厘米（图2-4-5，11）。

筒瓦　1件。河南2号建筑址：5，泥质灰陶，残长18、残宽12、厚2厘米（图2-4-5，10）。

陶盆口沿　2件。均为轮制。泥质灰陶。河北1号建筑址：5，卷沿，圆唇，敞口，斜直腹，残长13厘米（图2-4-5，12）。河北1号建筑址：1，外折沿，圆唇，敞口，斜直腹，残长12厘米（图2-4-5，13）。

陶罐口沿　1件。河南2号建筑址：8，轮制。泥质黑褐陶，圆唇，直口，鼓肩，口径5.2厘米（图2-4-5，15）。

陶器耳　1件。河北1号建筑址：2，泥质灰陶，横桥状，外表饰研光波浪暗纹，残长12、宽2.8厘米（图2-4-5，14）。

瓷碗底　1件。河北1号建筑址：4，高圈足，白胎，白釉，内底有冰裂纹，底径5.2厘米（图2-4-5，16）。

瓷罐底　1件。河北1号建筑址：3，矮圈足，外施白釉，内底施酱釉，灰白胎，底径10厘米（图2-4-5，17）。

陶网坠　1件。河南2号建筑址：4，灰陶瓦片磨制而成，正反两面均有一道竖向凹槽，长6、宽3厘米（图2-4-5，18）。

铁钉　1件。河南1号建筑址：6，钉帽及钉尖均弯折，长12.5厘米（图2-4-5，19）。

六、东城门外遗址

即东城门外附属的关厢遗址，呈东西方向带状分布，在南北宽约300、东西长约1000米的范围内，地表可见较多板瓦、陶片，瓷片相对较少，多为化妆白瓷。陶片皆素面，基本未见篦纹陶片，瓷片皆为金代，未见到辽代遗存。采集标本如下。

陶盆口沿　2件。泥质灰陶。城东遗址：1，外折沿，圆唇，残长11厘米（图2-4-6，1）。城东遗址：2，卷沿，圆唇，敞口，残长7厘米（图2-4-6，2）。

陶器底　1件。城东遗址：3，泥质灰陶，内底刻划九子棋棋盘，线条凌乱，残高3.5、底径6.8厘米（图2-4-6，3）。

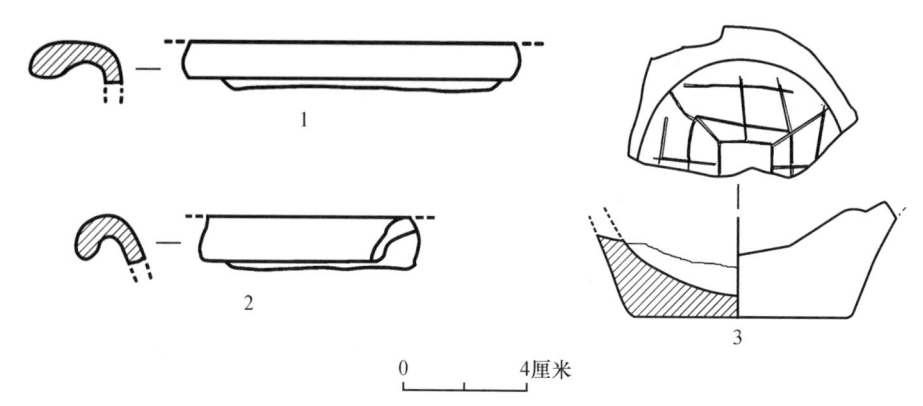

图2-4-6　东城门外遗址采集遗物
1、2.陶盆口沿（城东遗址：1、城东遗址：2）　3.陶器底（城东遗址：3）

七、七棵树遗址

位于七棵树屯西南500米，由2处建筑址和1处窑址群组成。

1. 七棵树1号建筑址

位于七棵树遗址的西侧，西北距国堤150米，总面积约10000平方米。该建筑址并没有明显的台基遗迹，但可辨认出瓦砾集中分布地。

2. 七棵树2号建筑址

位于七棵树遗址的东北部，东距古城村600米。建筑址坐落于1座东西长150、南北宽60、高约3米的漫岗上，地表瓦砾众多，兼有陶片、瓷片。从瓷片来看，主要为金代定窑白瓷、江官屯窑化妆白瓷，还有1件元代磁州窑白地黑花瓷片。

3. 七棵树砖瓦窑址

位于七棵树遗址的南部，由于近年取土，露出至少3座陶窑址，均破坏严重，仅存部分砖砌窑墙，以及红烧土痕迹，有烧制变形的砖瓦，陶片并不多见，据此推定这几处窑址的产品应以砖瓦为主。

4. 采集遗物

建筑饰件　2件。七棵树2号建筑址：1，泥质灰陶，上部刻划沟槽纹饰，残长9、厚2.5厘米（图2-4-7，1）。七棵树1号建筑址：1，泥质灰陶，似为套兽鬃毛，残长6、厚2.5厘米（图2-4-7，2）。

陶盆口沿　4件。泥质灰陶，轮制。七棵树1号建筑址：3，卷沿，圆唇，敛口，口径18、

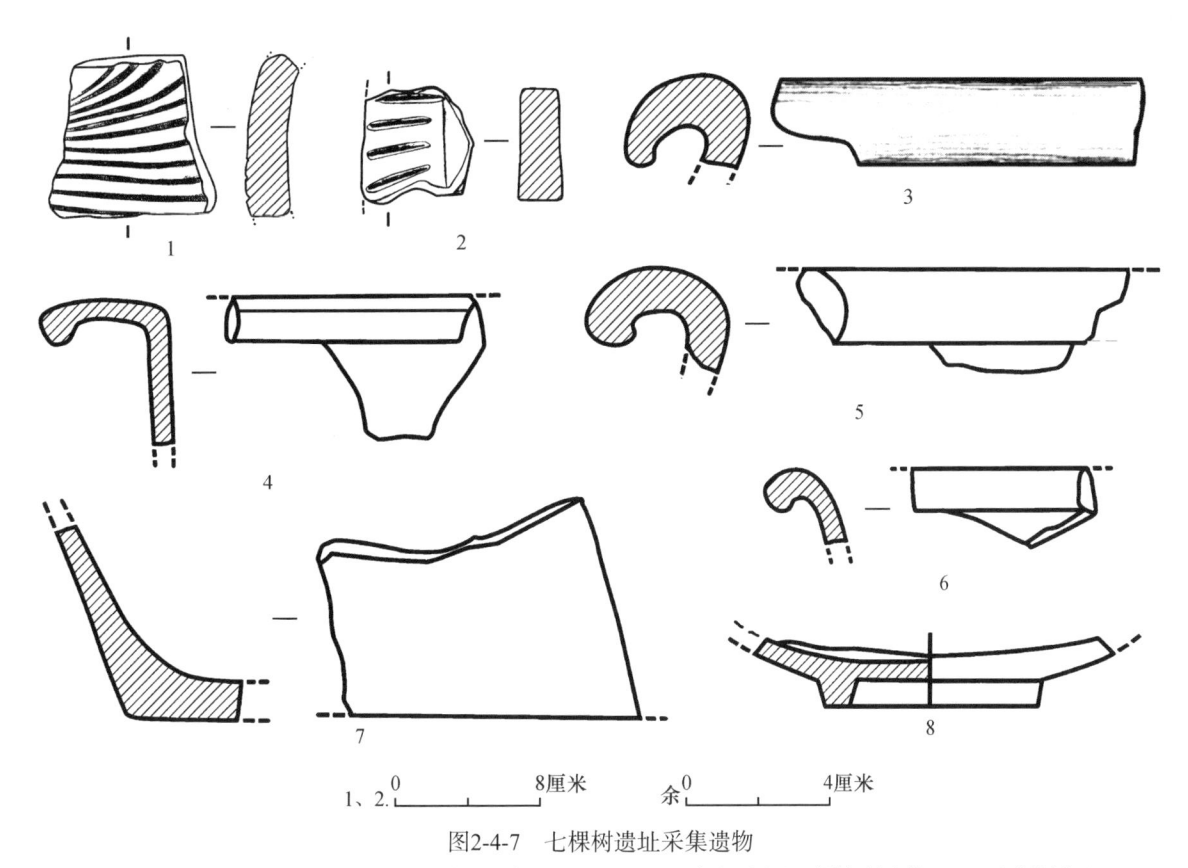

图2-4-7 七棵树遗址采集遗物
1、2.建筑饰件（七棵树2号建筑址：1、七棵树1号建筑址：1） 3—6.陶盆口沿（七棵树1号建筑址：3、七棵树窑址：1、七棵树窑址：2、七棵树窑址：5） 7.陶器底（七棵树窑址：3） 8.瓷器底（七棵树1号建筑址：2）

残高2.2厘米（图2-4-7，3）。七棵树窑址：1，平折沿，方唇，直口，器表磨光，残长7、残高4厘米（图2-4-7，4）。七棵树窑址：2，卷沿，圆唇，敛口，器表磨光，残长9、残高2.6厘米（图2-4-7，5）。七棵树窑址：5，卷沿，圆唇，敞口，残长10、残高2厘米（图2-4-7，6）。

陶器底　1件。七棵树窑址：3，泥质灰陶，平底，轮制，器表磨光，残宽8、残高6厘米（图2-4-7，7）。

瓷器底　1件。七棵树1号建筑址：2，圈足底，粗疏灰胎，施青釉，底径6、残高1.8厘米（图2-4-7，8）。

第五节　小　结

通过对城四家子城址的多次地面踏查、测绘、航拍和不同方式的勘探，对城址的全貌有了较为完整的认识。

第一，对城墙、城门、马面、护城壕等城防设施的规模和保存现状有了详细的了解，明确了城址的形制为四角并不方正的平行四边形。

第二，通过对城内遗迹分布和地表遗物的调查，结合对城内道路和部分遗迹的勘探，明确了城内的基本格局为以南北向中轴线对称的布局，对城址内功能区域的划分也有了初步的认识。

第三，从地表遗存的时代及分布密度，大体可了解该城址的发展过程。城四家子城址的主体使用时代为辽代中晚期至金代晚期，元代废弃，明代晚期至清代早期有小规模的人类活动。城内大型建筑群的主体格局在辽代晚期即已形成，金代继承并加以发展。城外聚落在金代则呈现衰退趋势。

第四，通过对地表采集遗物的研究，建立起了对城四家子城址辽金时期的社会经济概况的认知。城内建筑密集，其间夹有手工业区提供各种生活所用产品，而城市建设所用之砖瓦等建筑材料，则依靠设于城外的砖瓦窑提供。在调查所见的遗物中，还发现一些非当地制造的产品，应为通过商业贸易引入城内的。明确本城不能自产需外部输入的大宗产品主要是石料和瓷器。

第三章　城墙与门址的发掘

作为该城址第一次的考古发掘，首先考虑通过城门、城墙等遗迹的发掘，搞清城址防御设施的范围和基本构造，并通过层位关系了解其营建过程、各部位的形成年代等信息。

对于城门的选择，考虑到完整提取古代遗存的需要，以及已开展的大遗址保护规划工作和将来要开展的遗址公园建设在遗迹展示利用方面的需求，选择了从表面看保存状况最好的北城门进行发掘。

发掘城墙的目的，是通过解剖的手段，了解城墙的结构和营建时序，对各段城墙的始建年代和使用、修补、废弃过程有所认识。我们本着对遗址最小破坏的原则，选取了北城墙和西城墙上的两处豁口，对其地上耸立的断面进行清理，并对地下的墙基部分打探沟解剖。

2016年，白城市文化广电新闻出版局启动"城四家子城址部分城墙遗迹本体保护工程"，为配合该工程的实施，为保护工程的实施提供城墙地表现存宽度、高度、墙体结构等数据信息，我们在北城墙和南城墙的多处进行了探沟发掘，发掘目的是确定城墙本体的分布范围，故此次发掘大多限于揭露表土层，露出城墙根部本体即止，个别探沟出于解决学术问题考虑，发掘较深，但均点到即止，未至生土。同时，又对城址东北角和东南角豁口处的断面进行了清理，试图从剖面观察是否存在角楼遗迹。

第一节　北　城　门

城四家子城址北城门位于城址北墙中部略偏东处，东距城址东北角514米（图3-1-1）。发掘前此门址被当地村民封堵，将整条北城墙用作防洪堤坝。

一、发　掘　经　过

北城门址的发掘始于2013年5月末，当年8月初结束。为方便发掘，在此处参照遗迹方向布设探方，探方规格则根据实地需要灵活运用。发掘伊始，于瓮城墙处布一条18米×3米解剖

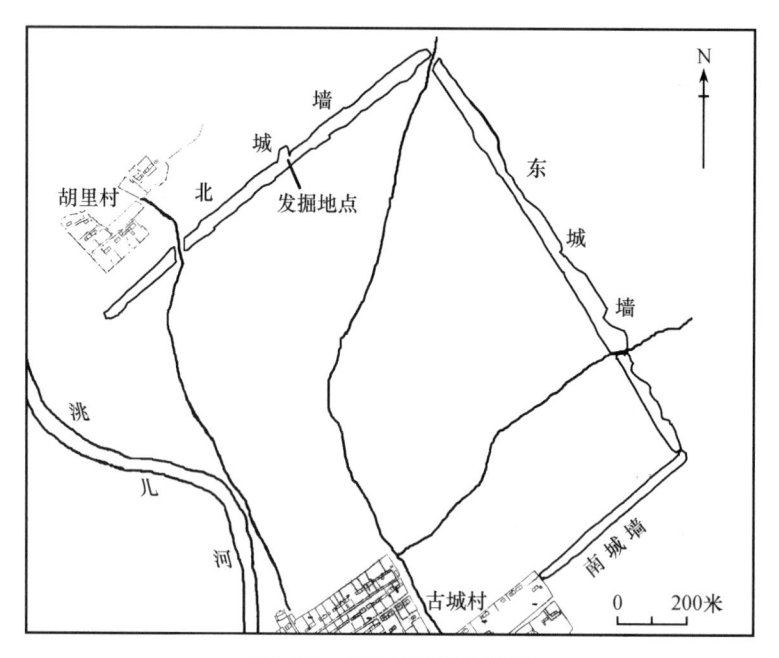

图3-1-1 北城门发掘位置图

沟，方向120°，与瓮城墙垂直，编号2013BTCIT1。于城门豁口处依遗迹方向布24米×24米探方，方向20°，编号2013BTCIT2。发掘过程中，根据需要又在T2的西南角和西北角进行了扩方，其中，西南角向西侧扩出东西长14、南北宽6米的范围，西北角向西北扩出一折尺形探方，东西长22、西端宽4、东端宽1.5米，总发掘面积784.5平方米（图3-1-2；图版九）。

2016年，为配合北城墙保护工程，在2013年发掘区基础上向西南扩一折尺形探方。该扩方东西长20、西端宽5、东端宽3米，面积72平方米。

在室内整理时，为更直观体现遗迹遗物的分布情况，将整个城址理论布方形成的探方网套入北城门发掘区，用城址统一的探方编号系统记录遗迹位置和遗物出土单位。发掘区处于Ⅰ区，编号范围横坐标08-12，纵坐标66-71（图3-1-3）。

通过发掘清理出残存的门道、柱础、门垛、房址、灰坑等遗迹（图3-1-4），通过解剖了解到城门处主墙体及瓮城墙体的结构。出土建筑瓦件、陶器、铁器、铜钱等遗物。

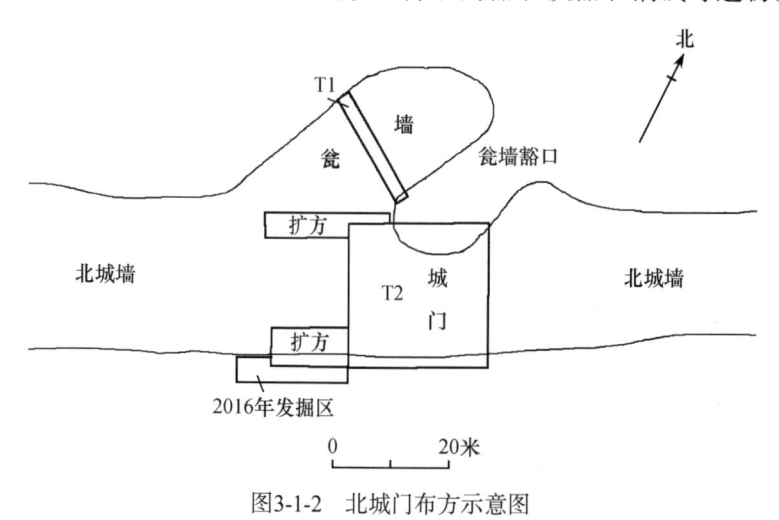

图3-1-2 北城门布方示意图

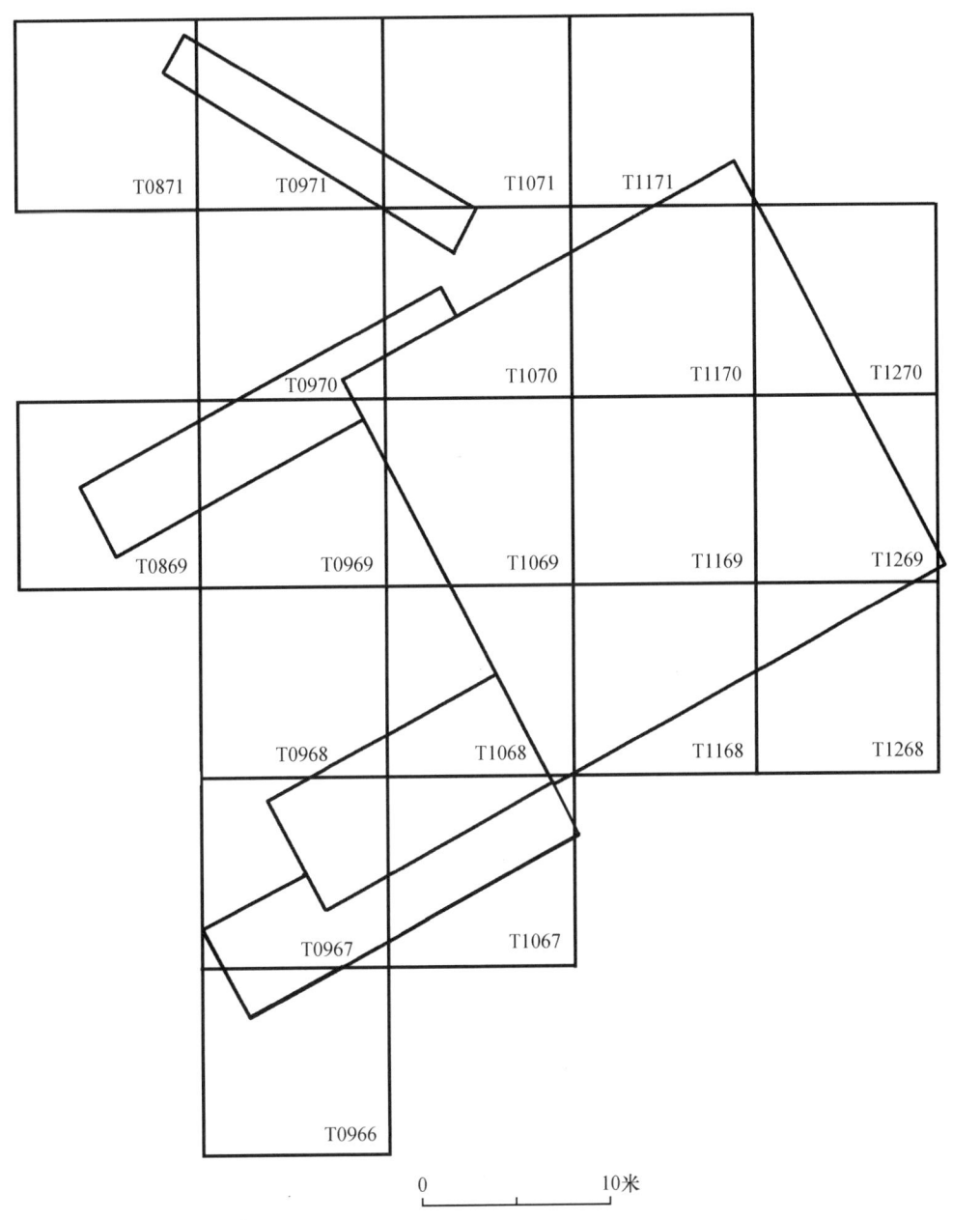

图3-1-3 北城门理论布方示意图

二、地层堆积

门址内堆积主要以风沙淤积土、墙体及建筑倒塌堆积等为主。以T2及其西扩方南壁为例，地层共分6层和若干亚层（图3-1-4）。

第1层：表土层，灰褐色细沙土，土质疏松，未见包含物，厚5—10厘米。

第2层：灰黄色细沙土，土质疏松，包含若干陶片及碎瓦片，厚10—30厘米。F8开口于该层下。

图3-1-4 北城门发掘平、剖面图

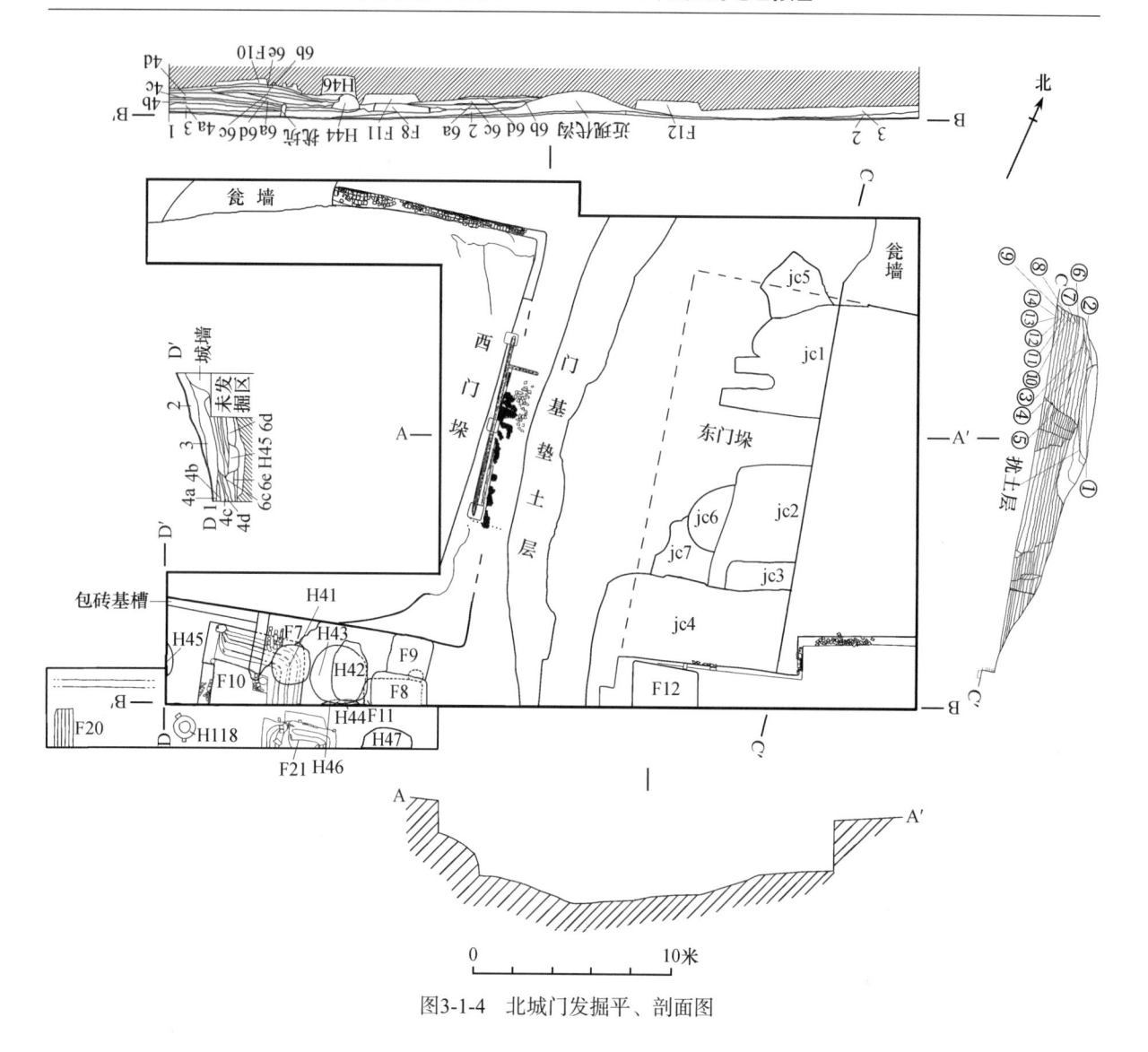

第3层：浅灰色细沙土，土质较松软，包含较多灰色砖瓦砾，厚15—55厘米。

第4层：分布于西扩方处，均为松软的细沙土，可分为4个亚层。第4a层为灰黄色，厚0—16厘米；第4b层为灰黄色亚黏土，厚0—23厘米，H44开口于该层下；第4c层为黄褐色，厚0—15厘米；第4d层为浅灰色，厚0—23厘米。

第5层：分布于T2西侧和西扩方东部，为北墙内侧垫土层，均为结构紧实致密的亚黏土，纯净，无包含物，可分为4个亚层。第5a层为浅黄色，厚0—30厘米；第5b层为灰黄色，厚0—7厘米；第5c层为浅灰色，厚0—30厘米，F11开口于该层下；第5d层为灰褐色，厚0—12厘米。

第6层：分布于T2西南部和东北部，均为较疏松的细沙土，包含物较少，可分为5个亚层。第6a层为灰黄色，含块状细沙，厚0—22厘米；第6b层为灰褐色，厚0—32厘米；第6c层为灰黑色，厚0—15厘米；第6d层为褐灰色，厚0—23厘米；第6e层为灰黑色，厚0—28厘米，H46、F10均开口于该层下。

第6层下为黄色生土。

三、主 门 址

（一）遗迹

经发掘发现，北城门曾遭遇严重的自然灾害破坏，门道的中部及东半部分被第2层下由东北—西南向的一条宽约9、深1米的冲沟打破，其间遗迹荡然无存，门址东侧仅存南端的门垛部分，西侧中北部保存相对较好，仅南端门垛处遭损毁。

1. 门道及相关遗迹

该门址西侧迹象保存较好，东侧已被洪水冲毁，形制不明。

门址西侧中部位于门道边缘处有3块南北向等距分布的方形柱础石，间距4.2米，柱础石均采用花岗岩凿制而成，形制规整，边长多为0.6—0.7、厚0.2米（图版一〇，1、2）。础石间横置1根木地栿，长8.8、宽0.2米，现存厚度2.4厘米，另有一根木柱在木地栿北端东侧横置，残长1.5、宽0.2米，现存厚度5厘米，用途不明。木地栿外侧，发现一排与之走势平行的立置的排叉柱，曾遭遇火烧，保存状况较差，残存7根，排布长度7.5、间距为0.6—0.7米，木柱有方有圆，边长或直径多为0.2—0.3、残存高度0.2—0.8米。在排叉柱与木地栿之间有一条宽2厘米的断续的炭灰痕迹，总长约7、残高0.27米，推测此处墙面曾经使用过木板（图3-1-5）。

排叉柱附近的倒塌堆积中夹杂碎砖瓦、红烧土块、木炭块等，可知此门址上有用瓦的门楼之类的建筑，并曾遭遇毁灭性的火灾。

从现存迹象推测，该门址应为单门道过梁式。由于东侧柱础与大部分门垛迹象已无存，无法确知门道宽度。通过发掘测得西侧柱础与东侧门垛的地下基槽西端间的距离为9米，城门实际宽度应小于9米。

2. 门垛

门垛位于门道两侧与城墙墙体连接处，与城墙系一体合筑而成，为夯土包砖结构，夯层厚10—30厘米。西门垛北缘保存较好，南缘已被冲沟毁坏，东门垛北缘和西缘均毁，

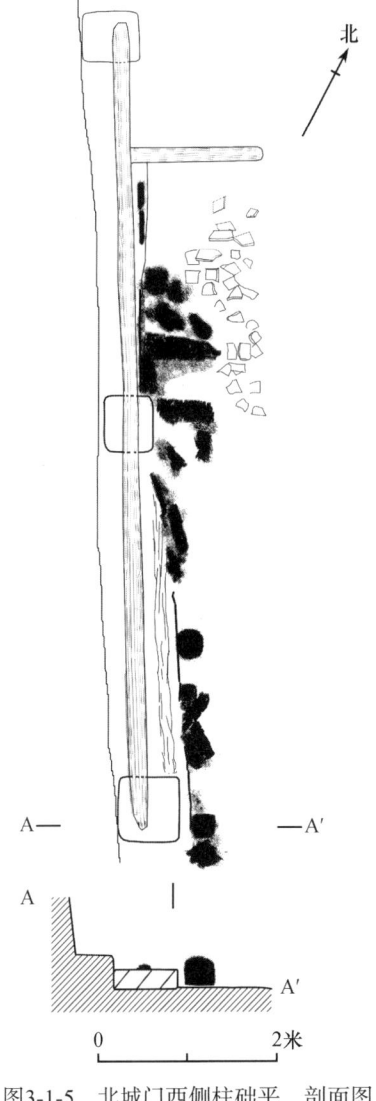

图3-1-5 北城门西侧柱础平、剖面图

残存南缘。从残存迹象可知，门垛南北长约20米，北端与城墙墙体宽度平齐，南端宽出城墙1.8—2米，东西宽约3.8米，门垛南、北两侧边及四角均有包砖，做法是紧贴夯土墙体挖出宽约0.5米的槽，在其内用青灰色长方砖垒砌，通常只垒砌外侧，内侧则用碎砖头和杂土填实。目前仅东门垛的南侧和西门垛的北侧保存较好。东门垛东侧包砖为单层，横向错缝平砌，每层略有收分，宽16、砖槽深10—15厘米，包砖保存最好处存留8层包砖，其中2层位于砖槽内，6层处于地面之上，高45厘米（图3-1-6；图版一一，2），西门垛北侧包砖为双层，顺丁相隔，多顺少丁，每层错缝内收，宽32厘米，砖槽长5.85米，深10厘米。地上包砖残存长度10米，向西遗址延伸至与瓮城墙相接处（图版一〇，3、4）。包砖保存最好处存留12层包砖，其中2层位于砖槽内，10层处于地面之上，高60厘米（图3-1-7）。

3. 门址两侧衔接墙体

门址东侧城墙墙体与门址连接部几乎已被冲沟全部冲毁，部分区域直接暴露出墙体基槽断面。

通过发掘，了解到此处地层堆积共3层：第1层为表土层，灰褐色细沙土，土质疏松，未见包含物，厚5—10厘米，其下有一个现代扰坑，位于城墙顶端，打破第2层和夯土墙体；第2层为灰黄色细沙土，为近代风积土层，土质疏松，包含少量陶片及碎瓦片，厚0—45厘米，其下开口一扰坑，位于城墙顶端微偏南，打破夯土墙体，并被开口于第1层下的扰坑打破；第3层为墙体倒塌堆积，呈块状，有多个叠压层，可见非一次性倒塌形成，黄褐色和灰褐色夯土，土质较为坚硬，最厚处约100厘米。第3层下为夯土墙体（图3-1-8；图版一一，1）。

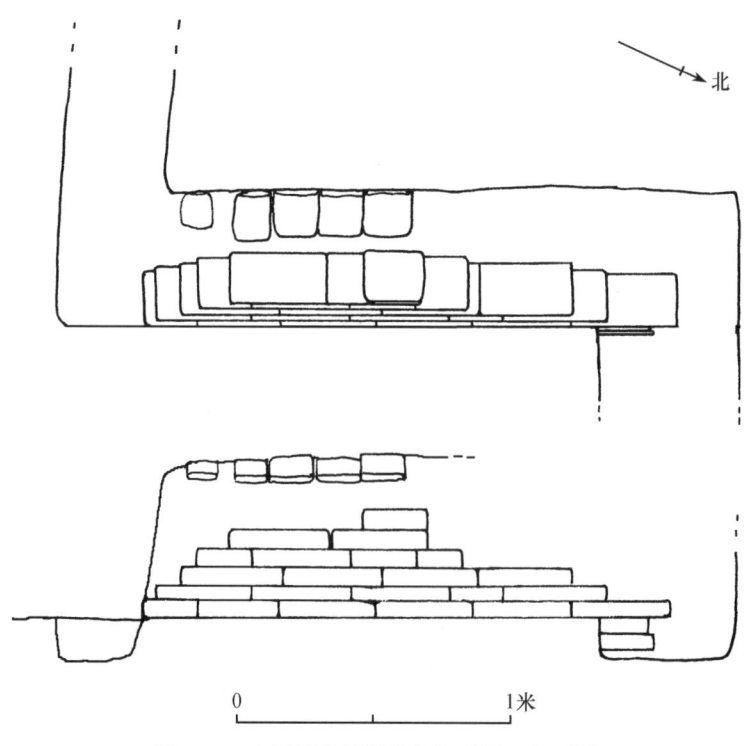

图3-1-6 东门垛南侧折角处包砖平、立面图

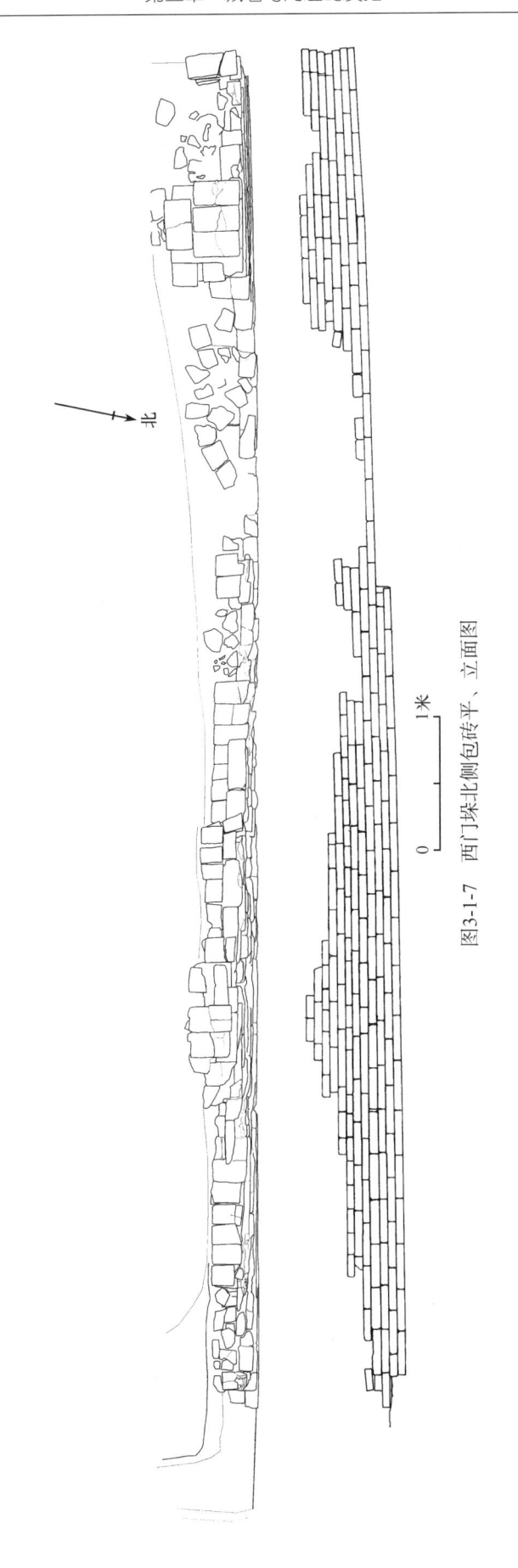

图3-1-7 西门垛北侧包砖平、立面图

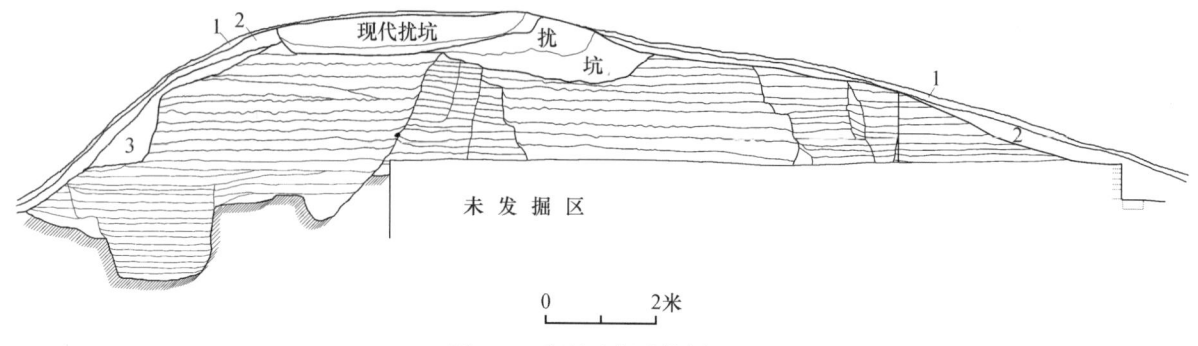

图3-1-8 门址东侧墙体剖面图

此处墙体底宽约18、残高2.4米，由六部分夯土分块夯筑而成。墙芯部分为在生土之上直接夯筑，无地下基槽。墙芯北侧的墙体为一整体夯筑而成，可见明显的夯层和夯窝，夯层厚6—10厘米，夯打使其剖面呈波浪状，夯窝呈圆形，直径6—8厘米，有规律地成排分布，排布方向与城墙墙体平行，墙中还可见横置的枉木，截面直径约10厘米（图版一二，1），其下基槽打破生土，深0.5—1.2米，北部较深，南部较浅，并挖2条基槽沟，靠近墙芯部分的基槽沟较浅，截面呈三角形，灰褐色土，无明显夯层，内中填埋大量砖瓦残块（图版一二，2），北部的基槽沟较深，截面呈上宽下窄的梯形，以夯土层层夯实，墙芯南侧的墙体由四部分独立夯筑的墙体构成，下端未发掘，通过钻探了解到其下有3条基槽沟。这些基槽沟间存在打破关系，可知现存城墙墙体非一次性形成，而是经历了多次修葺。

门址西侧墙体保存较好，未做发掘。

（二）墙体基槽出土遗物

1. 建筑瓦件

板瓦　3件。JC1②：7，普通板瓦，宽端斜切呈尖唇，右角残缺，窄端圆唇，长33.5、下端宽20、胎厚2.4厘米（图3-1-9，1）。JC1②：14，檐头板瓦，瓦体平面呈长方形，残存左下角，滴水面中部压印一排双线菱格纹，上下间隙处亦填充菱格，残长12、残宽9.4、胎厚2.1厘米（图3-1-9，2）。JC1②：15，檐头板瓦，瓦体平面呈上窄下宽的梯形，残存右下角，滴水面压印一排单线菱格纹，菱格内饰椭圆形凸点，残长8.8、残宽14.4、胎厚2厘米（图3-1-9，3）。

筒瓦　2件。JC1②：3，无瓦舌，长30、宽13.8—14.5、胎厚2厘米（图3-1-10，2）。JC1②：6，短瓦舌，通长33.6、宽13.6、胎厚2、瓦舌长1.5厘米（图3-1-10，1）。

垒脊瓦　1件。JC1②：2，平面呈长方形，板瓦瓦坯切割而成，长22、宽8、胎厚1.6厘米（图3-1-11，4）。

瓦当　3件。长直须兽面，额头处有一"王"字，椭圆形眼珠，三角形鼻，嘴呈长方形，瓦当背面较平。JC1②：5，直径14、当心厚2.1、边缘厚1.4厘米（图3-1-11，1；图3-1-43，1；图版七九，5、6）。JC1②：9，直径14、当心厚1.8、边缘厚1厘米（图3-1-11，

第三章 城墙与门址的发掘

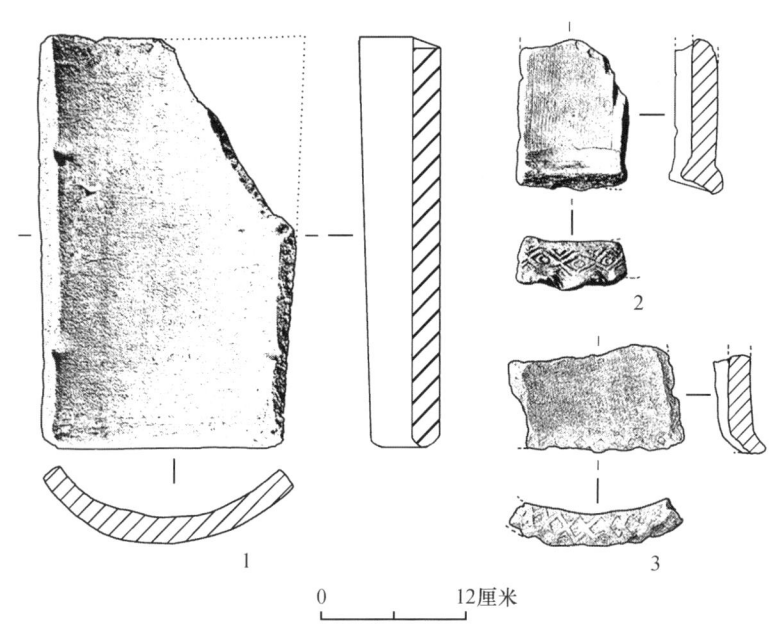

图3-1-9 北城门基槽出土板瓦
1. JC1②：7　2. JC1②：14　3. JC1②：15

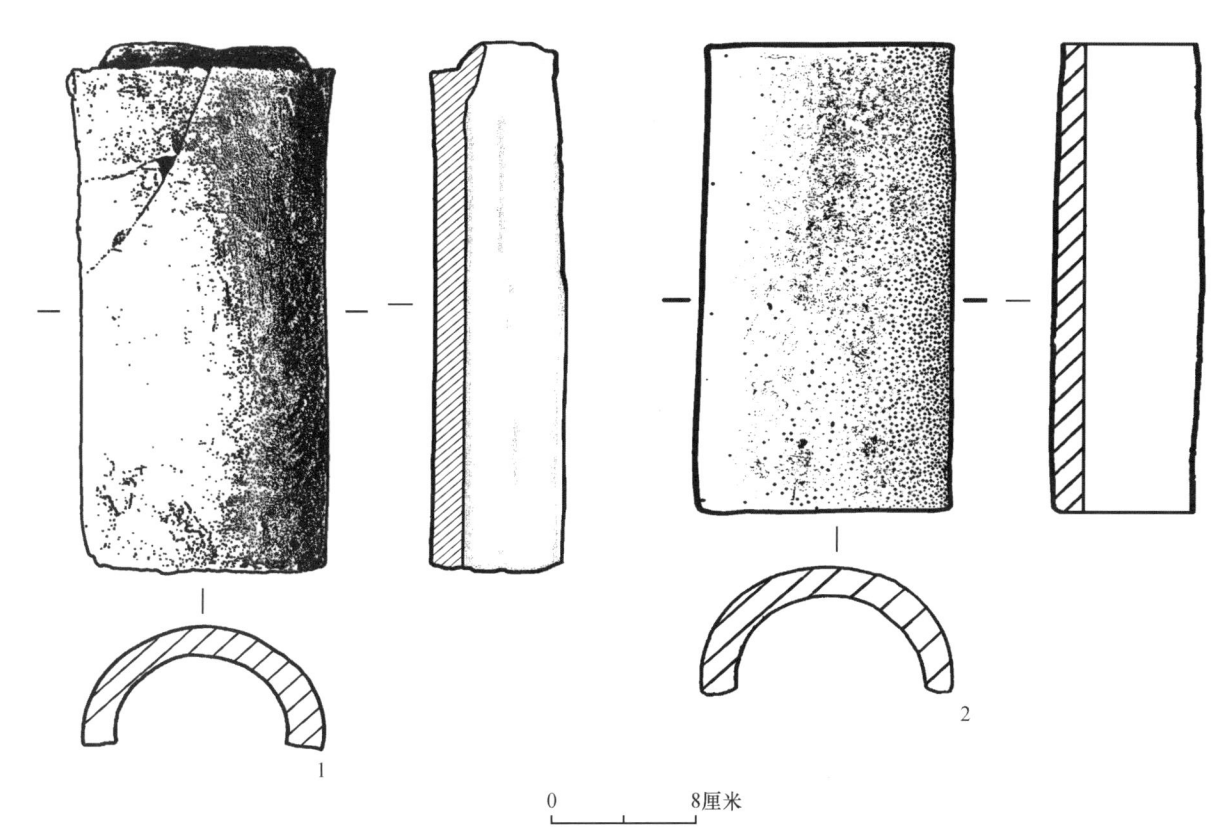

图3-1-10 北城门基槽出土筒瓦
1. JC1②：6　2. JC1②：3

图3-1-11 北城门基槽出土瓦当、垄脊瓦
1—3. 瓦当（JC1②：5、JC1②：9、JC1②：1） 4. 垄脊瓦（JC1②：2）

2）。JC1②：1，直径14、当心厚2.1、边缘厚1.6厘米（图3-1-11，3）。

垂兽　2件。JC1②：4，青灰色，龙首形象，口部大张，卷舌、下颌残，额中与鼻梁之间有长方形穿钉孔，兽面两边与唇边用粗凹线条勾勒出兽鬃毛和皱褶，残高23.2、宽18.8、胎厚2.2厘米（图3-1-12，2；图版九〇，1、2）。

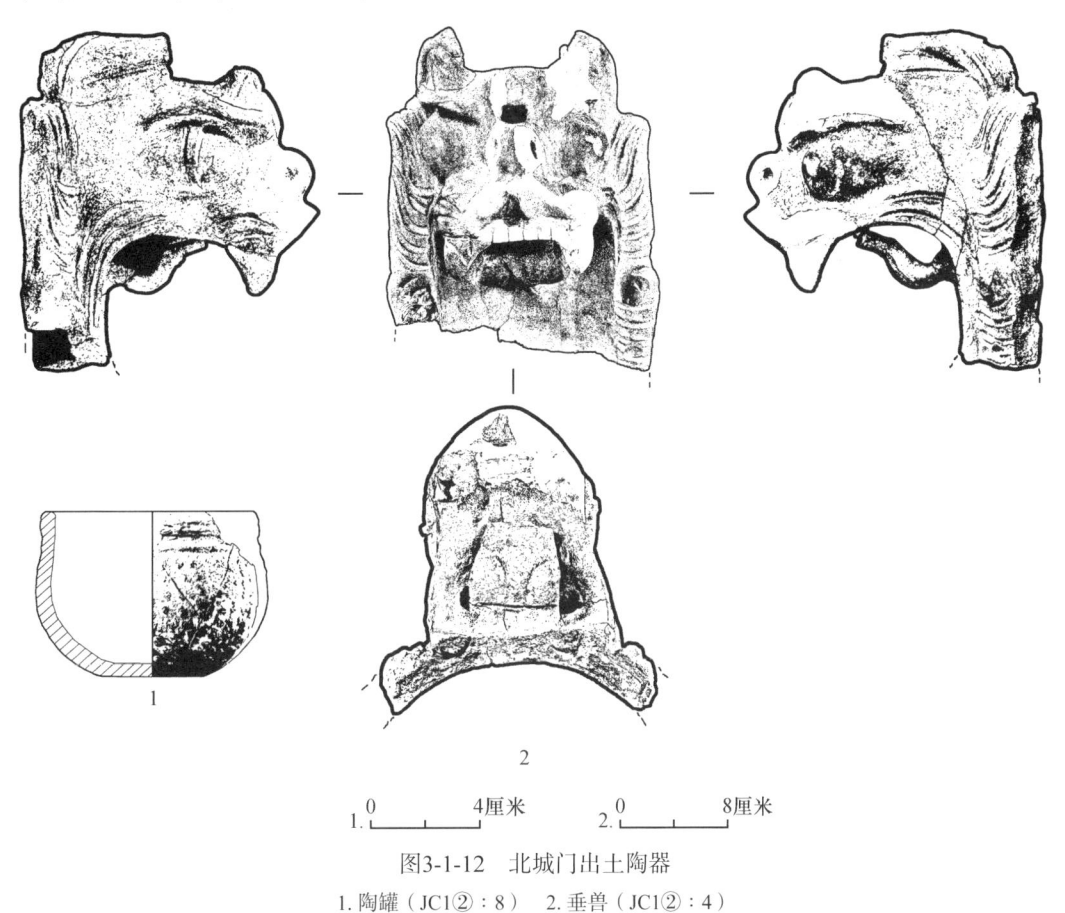

图3-1-12　北城门出土陶器
1.陶罐（JC1②：8）　2.垂兽（JC1②：4）

2. 陶罐

1件。JC1②：8，泥质灰黑陶，圆唇，直口微敛，鼓腹，小平底，口沿外侧下部有一圈凹槽，其上下边饰凸弦纹，腹部及底部压印柳斗纹饰，口径8、底径3.8、高5.9、胎厚0.6厘米（图3-1-12，1；图版一〇四，2）。

3. 铁器

铁钉　2件。JC1②：10，钉头圆形，钉身截面长方形，残长8、截面长2.3、宽1.8厘米（图3-1-13，1）。JC1②：13，钉头圆形，钉身截面方形，残长6.3、截面边长1.6厘米（图3-1-13，2）。

铁器柄　1件。JC1②：11，柱状，平面弯折呈无底的等腰梯形，截面方形，最宽处18.7、高9、截面边长2.6厘米（图3-1-13，3；图版一三七，1）。

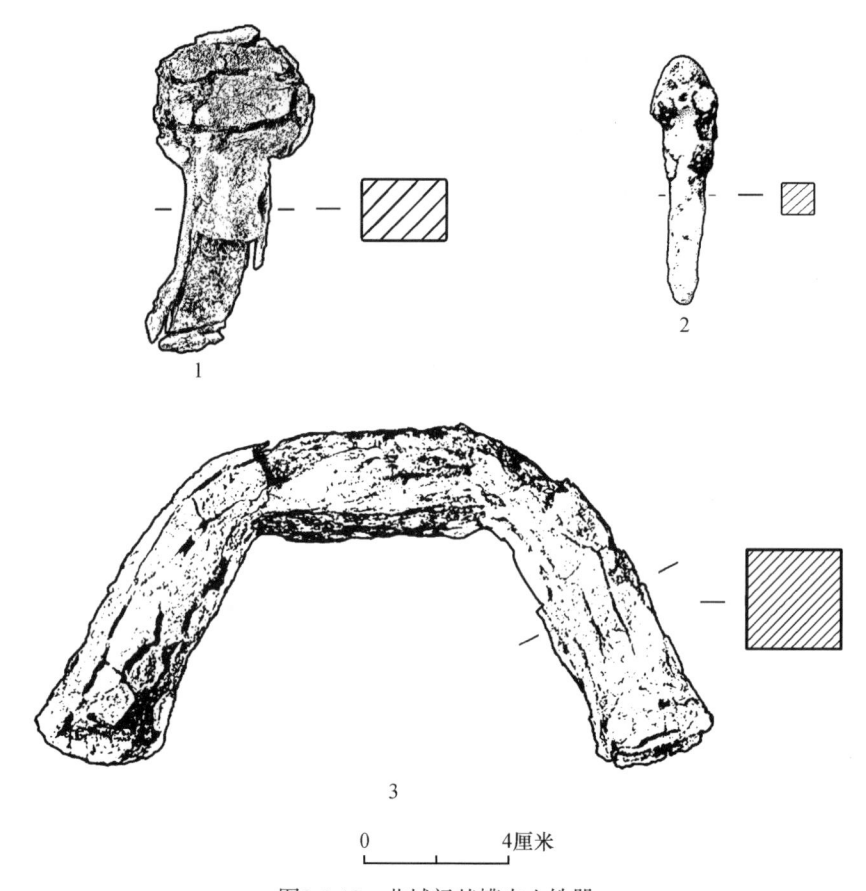

图3-1-13 北城门基槽出土铁器
1、2.铁钉（JC1②：10、JC1②：13） 3.铁器柄（JC1②：11）

四、瓮　城

瓮城位于主城门北侧，平面呈半圆形，内部直径26米。出入的瓮城豁口位于东北部，经钻探，发现此处遭洪水冲刷严重，已无门址迹象，冲毁后的瓮城豁口宽约13米，原先有无瓮门不得而知。

以瓮城豁口为界，瓮城墙体分为东、西两段，西段墙体长约28米，东侧墙体几乎与主城墙墙体连为一体，保存状况较差，残长2、残高1.5米。现存墙体横断面大致呈梯形，最宽处约23米。

从城门西侧门垛的发掘情况看，西门垛外侧包砖的西端被叠压于瓮城墙体之下，可知瓮城是在主门址门垛完全建成后修筑的。

通过T1的解剖式发掘发现，该处地层堆积共6层：第1层为表土层，灰褐色细沙土，土质疏松，未见包含物，厚5—10厘米；第2层为灰黄色细沙土，为近代风积土层，土质疏松，包含少量陶片及碎瓦片，厚30—300厘米；第3层为洪水淤积形成的浅灰色细沙土，土质较松软，包含少量砖瓦残块，仅见于墙体内侧，厚0—200厘米；第4层为墙体倒塌堆积，呈块状，有多个叠压层，可见非一次性倒塌形成，黄褐色和灰褐色夯土，土质较为坚硬，最厚处约100厘米；第5层为垫土层，均为结构紧实致密的亚黏土，纯净，无包含物，仅分布于瓮城内，最厚处70厘米；第

6层为瓮墙外侧地面垫土层，为较紧实的灰褐色土，厚0—50厘米。第6层下为城墙本体。

城墙本体为夯土结构，夯层清晰，夯窝直径多为10—15厘米，顶宽约3、底宽16、最高处5米，由两部分组成。内侧为墙芯部分，无地下基槽，直接夯筑于生土面上，多使用黄色亚黏土，外侧墙体叠压于墙芯之外，以褐色亚黏土为主，有宽4、深0.25—1米的地下基槽。墙体外壁坡度较缓，约45°，内壁已呈85°近垂直的陡坎，陡坎下部发现烟道，为早年在墙根处建房留下的遗迹，内壁的陡直也应为建房时打破所致。其后经历洪水侵蚀，房址无存，城墙本体亦遭受自然灾害一定程度的破坏（图3-1-14；图版一一，3）。

五、城门内侧遗迹及出土遗物

均发现于门址内西侧。

（一）第6层下开口遗迹及出土遗物

1. 房址

F11　位于T1068东南部，开口于第6c层下。平面呈圆角长方形，半地穴式，方向330°，受发掘面积所限，未完全揭露，东西长3.4、南北发掘宽度1.2、深0.55米。房址保留的东、西、北三面墙壁是生土，斜直壁。房内居住面为生土地面，无加工痕迹。房内未见火灶与烟道结构。在房址的东南角有残砖垒砌的灶坑，打破生土墙角，灶坑平面椭圆形，长径1、短径0.7米，坑深与地面同高。房内堆积三层：第1层为灰黄色，较松细沙土，含灰色碎砖块，厚19厘米；第2层为黄褐色疏松细沙土，含泥质灰陶片、青釉瓷器残片等，厚24厘米；第3层为灰黑色疏松细沙土，含草本灰与少量的黄土块，厚12厘米（图3-1-15）。

F10　位于T0967东部，开口于第6e层下，平面呈圆角长方形，半地穴式，方向346°，受发掘面积所限，未完全揭露，东西长5.1、南北发掘宽度4、深1.14米。房址东壁、北壁均为生土墙，东壁高74、北壁高78—90厘米，及西壁北段为生土，长183、宽75、高38厘米，南段为内外两侧以残砖块与土坯简易垒砌，内填灰黑色土，长217、宽52、残高40厘米。墙壁表面有两层涂料，内层为灰色草拌泥，外层为黄灰色细土，每层厚约0.5厘米。房内东、西两侧紧靠墙体有折尺形火炕，为生土结构，炕面缺失，宽160、高60厘米，上有3条烟道，宽13—28、深10—23厘米，烟道壁宽20—36厘米，烟道内堆积为灰黑色细沙和灰烬。烟囱位于房内西北角，打破生土墙角，平面大致呈椭圆形，长径50、短径30、残存深度12厘米。火炕折角内侧有一用黄土堆砌的锅台，边缘以残砖垒砌，底部为长方形，上端为弧形，南北长80、东西宽约62厘米，高度与火炕相同，锅台面较平微向南倾斜，中部有一椭圆形凹坑，因烘烤形成红烧土面。房内西侧中部有一圆形柱洞，直径22、深20厘米，一半位于西墙内。房址地面为生土，无明显修整痕迹。房内堆积为一次性堆积，灰黑色细沙土，包含少量砖瓦残块（图3-1-16；图版一二，4）。

图3-1-14 瓮城墙体剖面图

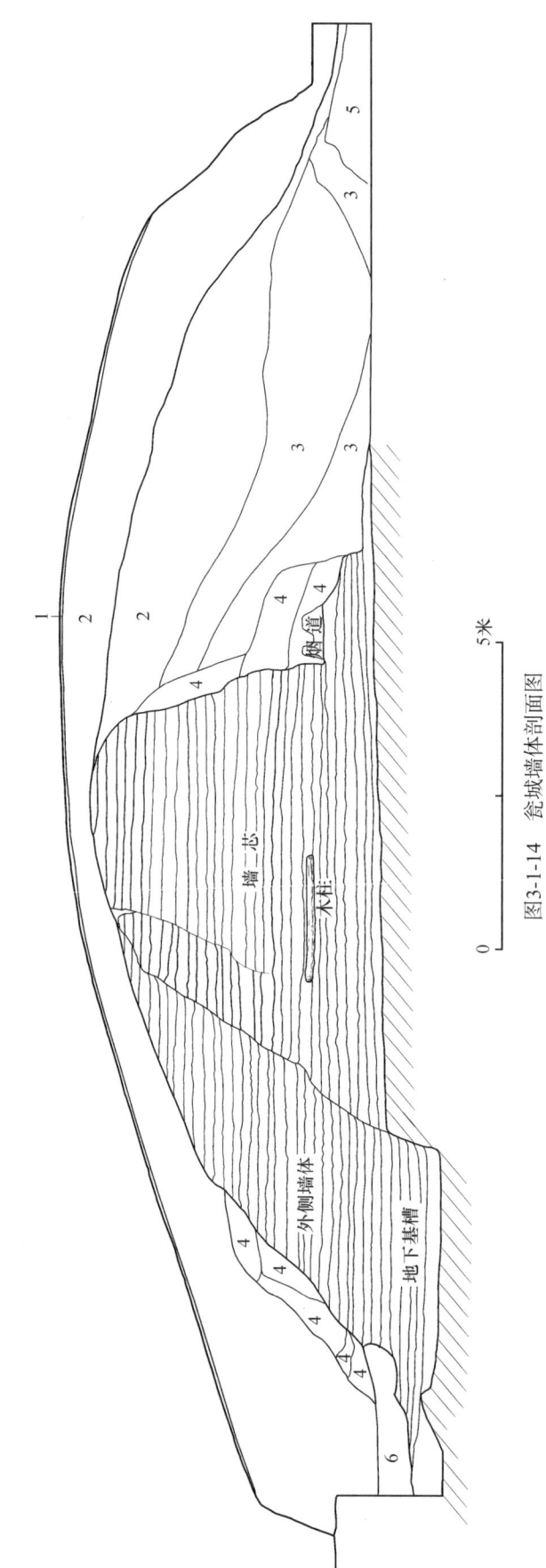

1. 表土层　2. 近代风积土层　3. 洪水淤积层　4. 墙体倒塌堆积　5. 城内垫土层　6. 城外地面垫土层

第三章 城墙与门址的发掘

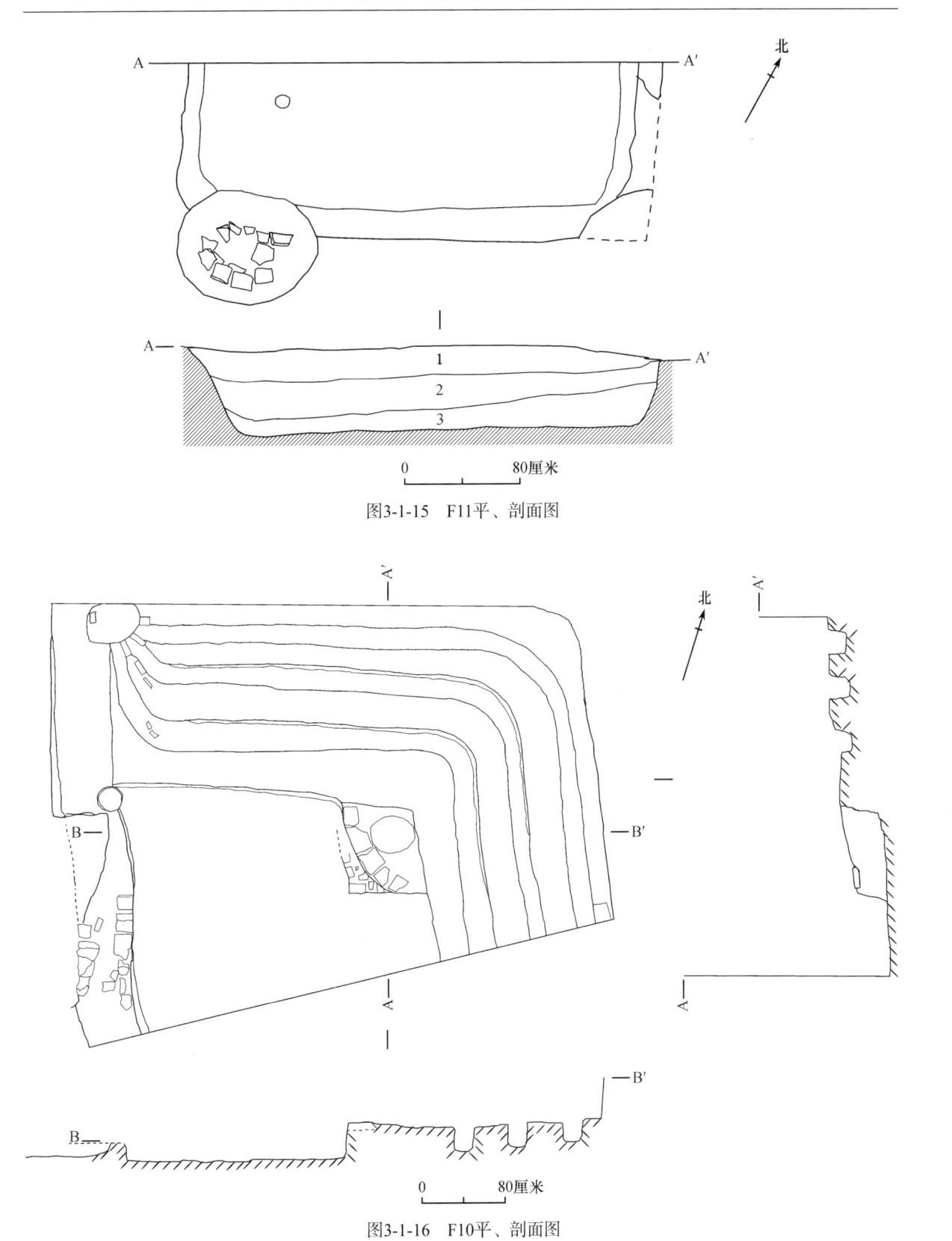

图3-1-15 F11平、剖面图

图3-1-16 F10平、剖面图

2. 灰坑

H46　位于T1067中北部，开口于第6e层下，被H43及H44打破。受发掘面积所限，仅揭露北端一角，可知平面呈圆形，斜直壁，平底。坑口东西长1.83、深0.99米。坑内堆积二层：第1层为灰黑色细沙土，夹杂少量草木灰，较为松软，厚48厘米；第2层为灰褐色细沙土，松软，厚51厘米，包含少量碎砖、泥质灰陶片及草木灰。

3. 出土遗物

手印砖　1件。F10：1，长方体，一面平整，另一面较粗糙并压印右手掌纹，长32、宽16.5、厚5.7厘米（图3-1-17，6；图版九五，1）。

陶盆　3件。F11：1，泥质灰黑陶，器表有轮制研磨痕，卷沿，圆唇，敞口，弧腹，平底，高12、胎厚0.6厘米（图3-1-17，2）。F11：2，泥质灰陶，卷沿，圆唇，敞口，斜弧壁，平底，口径47.5、底径24.1、高14、胎厚0.5厘米（图3-1-17，1；图版一〇九，8）。F11标：2，泥

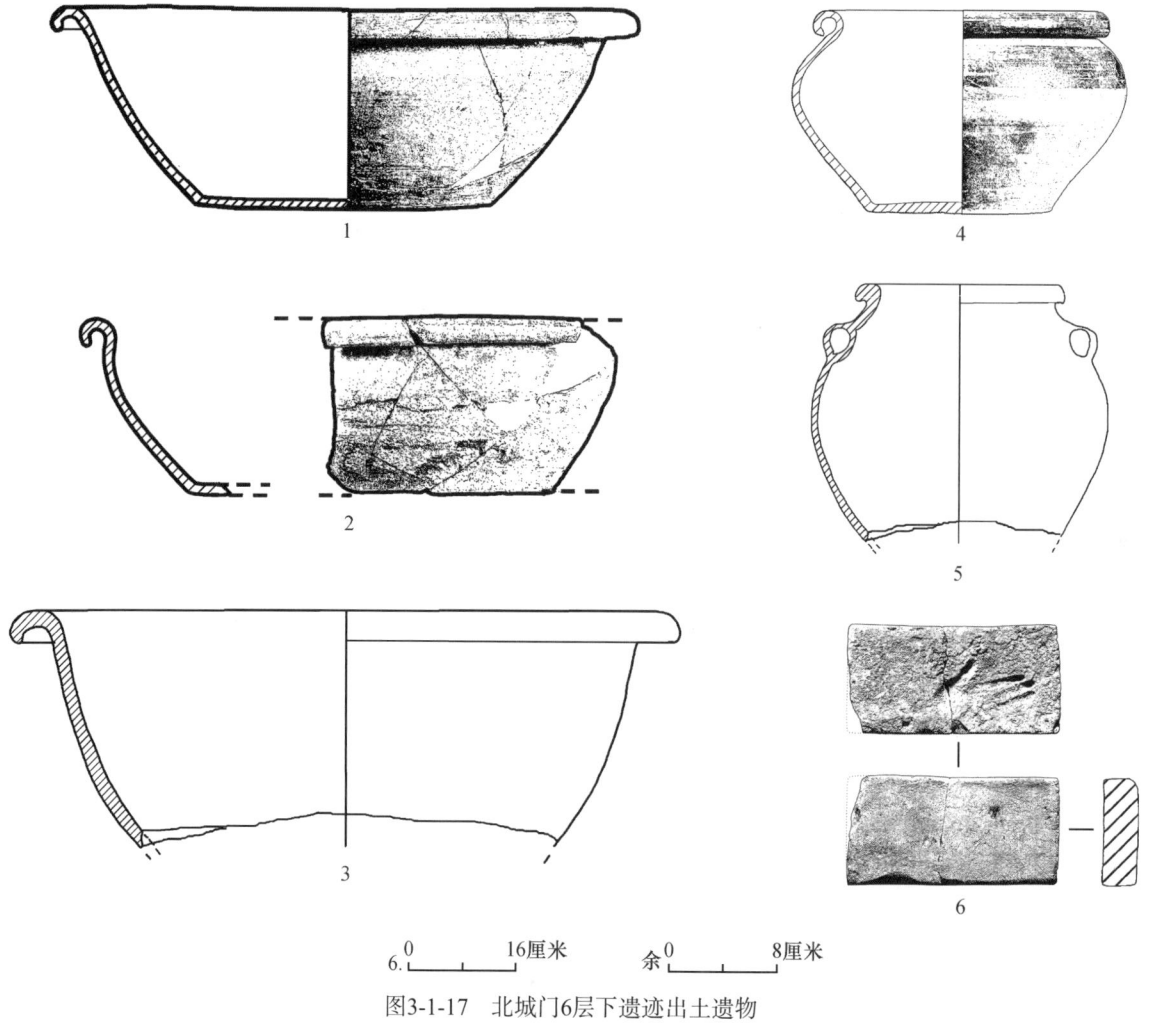

图3-1-17　北城门6层下遗迹出土遗物

1—3.陶盆（F11：2、F11：1、F11标：2）　4、5.陶罐（H46：1、F11标：1）　6.手印砖（F10：1）

质灰陶，卷沿，圆唇，敞口，斜弧壁，平底，口径49.2、残高16.8厘米（图3-1-17，3）。

陶罐　2件。H46：1，泥质灰陶，器表有明显的轮制痕，卷沿，圆唇，敛口，上腹较鼓，下腹斜直内收，平底，口径24、底径14.5、最大腹径26.5、高15.8厘米（图3-1-17，4；图版一〇一，1）。F11标：1，泥质灰陶，圆唇外翻，敛口，鼓腹，底部残，口径15、最大腹径22、残高18.2厘米（图3-1-17，5）。

（二）第5层下开口遗迹

H45　位于T0967中部，开口于第5层下。受发掘面积所限，仅揭露东端一角，可知平面呈圆形，弧壁。坑口南北长1.6、深0.42米。坑内堆积二层：第1层为黄灰色细沙土，较为松软，厚17厘米，无包含物；第2层为浅灰色细沙土，松软，厚25厘米，包含少量碎砖。

（三）第4层下开口遗迹及出土遗物

1. 灰坑

H43　位于T1067西北角，开口于第4b层下，东侧被H42打破，南端打破H44和H46。平面呈圆形，弧壁，圜底。坑口直径1.94、深1.47米。坑内堆积三层：第1层为灰褐色细沙土，较为松软，厚30厘米；第2层为灰黑色细沙土，含少量炭粒，厚50厘米；第3层为灰色土，颗粒稍粗，厚67厘米，包含少量草木灰，以及残碎砖瓦和泥质灰陶片、动物骨骼、炭粒等（图3-1-18）。

H44　位于T1067中北部，开口于第4b层下，打破H46，北端被H43打破。受发掘面积所限，仅揭露北端一角，可知平面呈圆形，弧壁。坑口东西长1.5、深0.9米。坑内堆积二层：第1层为黄灰色细沙土，较为松软，厚25厘米，无包含物；第2层为浅灰色细沙土，松软，厚65厘米，亦未见包含物。

H118　位于T0967东南部，开口于第4a层下，平面圆形，坑边缘有零星碎砖铺砌，口径1.2米，直壁，向下0.1米左右内收，直径缩小至0.6米，至0.4米深见底，平底，坑内填土为一次堆积，为灰色土，土质黏重致密（图3-1-19）。

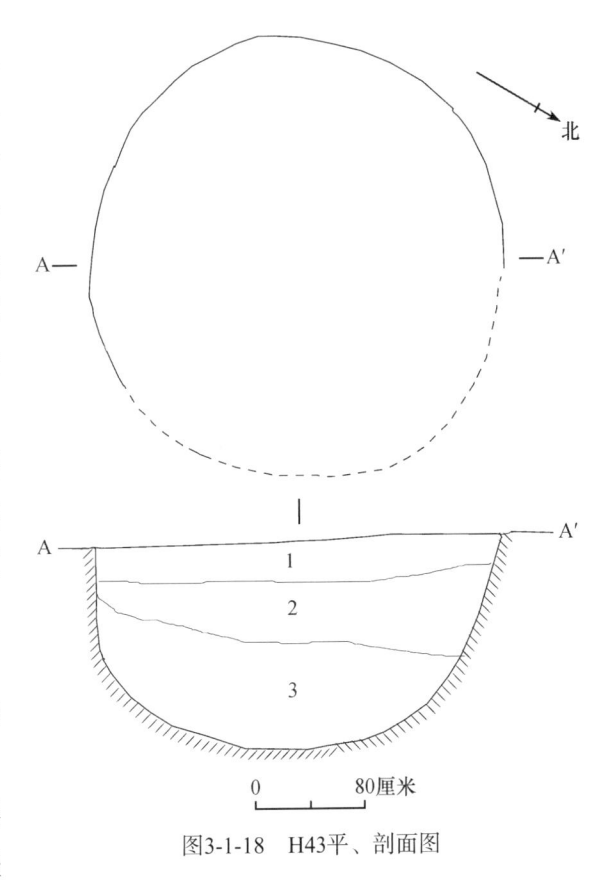

图3-1-18　H43平、剖面图

2. 房址

F20　位于T0967与T0966之间，开口于第4a层下，方向148°。保存状况较差，仅见3条烟道的地下部分，烟道为南北向，平行排布，烟囱位于北端。烟道清理长度为2.1米，烟道宽20—25、深15厘米，内中有大量烟灰，个别烟道中有零星塌落的青砖残块（图3-1-20）。

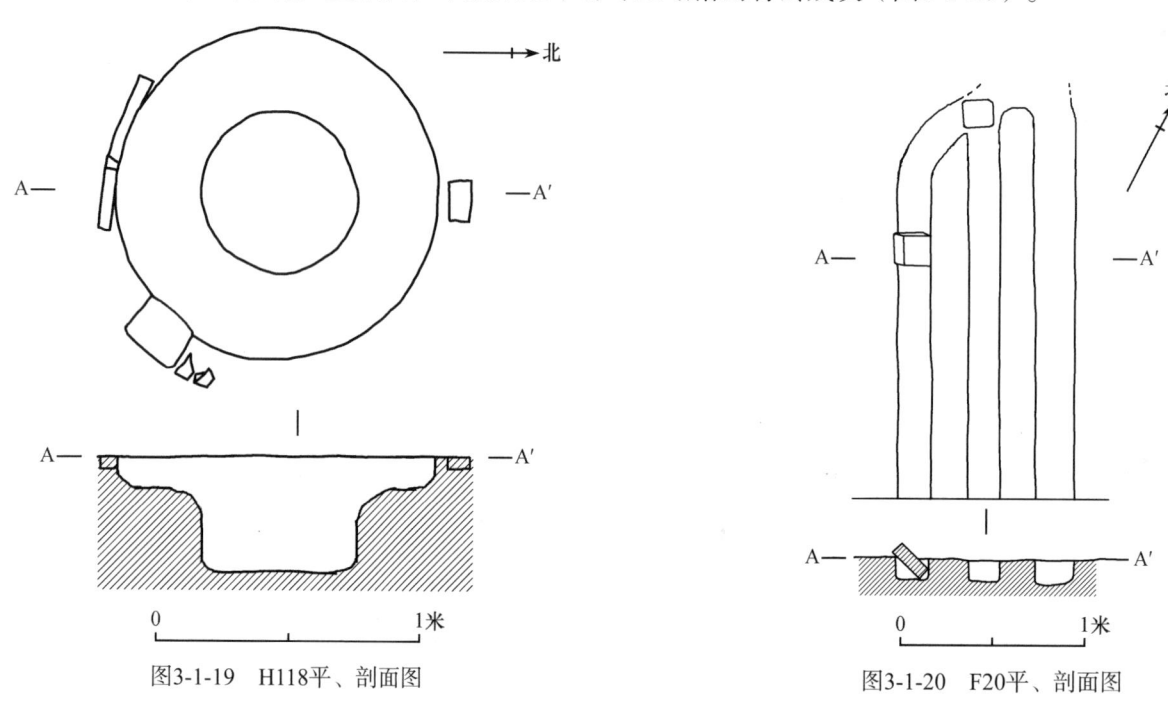

图3-1-19　H118平、剖面图

图3-1-20　F20平、剖面图

3. 出土遗物

板瓦　1件。H43：1，平面呈上宽下窄的等腰梯形，两侧有内切泥坯痕，凸面素面，凹面为布纹，长30、宽19—22、胎厚2厘米（图3-1-21，1）。

陶罐　1件。H43标：1，泥质灰陶，圆唇外卷，敛口，上腹较鼓，下腹斜直内收，底部残，口径27、残高13.8厘米（图3-1-21，2）。

陶壶底　1件。H43标：2，泥质黑褐陶，器表有磨光痕，直腹，平底，底径13.6、残高5.2厘米（图3-1-21，3）。

（四）第3层下开口遗迹及出土遗物

1. 房址

F7　位于T1067西北角，开口于第3层下，被H41打破。因保存状况较差，仅存西北角一部分，整体形制不明，方向343°。房址北靠城墙，西墙保存较好，为黄色细黏土夯筑，较为致密，长3、宽0.84、残高0.38米。地面较平，略向南倾斜，有一层厚3—4厘米的灰黑色土的踩踏

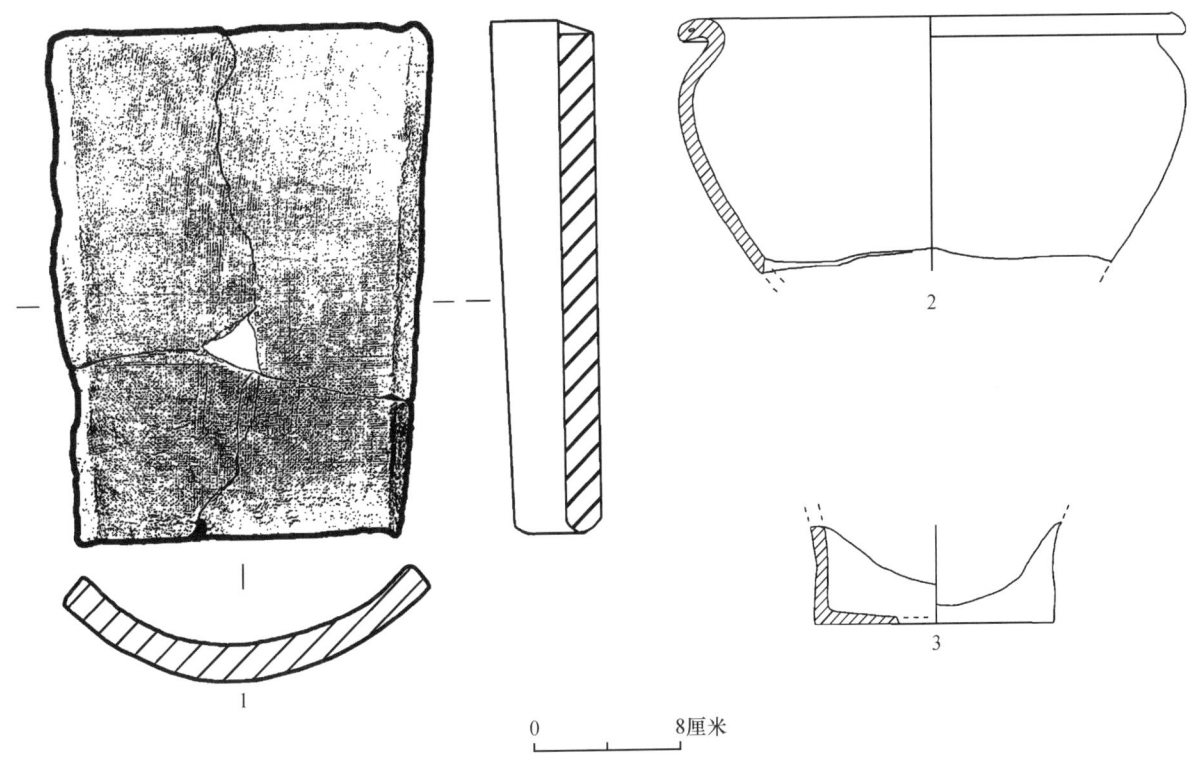

图3-1-21 北城门第4层下遗迹出土遗物
1. 板瓦（H43∶1） 2. 陶罐（H43标∶1） 3. 陶壶底（H43标∶2）

面，较为硬实。取暖设施位于房址西北部，残存两条烟道，烟道壁用残砖与土坯垒砌而成，分布范围南北长142、东西宽82、高6厘米、烟道宽15—22厘米，烟道内底有黑灰色灰烬。房内堆积为灰黄色土，包含砖瓦砾（图3-1-22）。

F8 位于T1068东南部，开口于第3层下，北部打破F9。平面呈圆角长方形，半地穴式，方向330°，受发掘面积所限，未完全揭露，东西长2.98、南北发掘宽度1.78、深0.57米。房址居住面平整，略微倾斜，西低东高，房内西北部有一平面不甚规整的椭圆形灶坑，坑口长径86、短径70、深15—34厘米，平底，灶门开于灶坑南侧，向外凸出10厘米、宽36、深3厘米。灶坑内堆积为灰黑色土与灰烬，包含碎砖和少量红烧土颗粒，灶坑东侧接土坯垒砌的火炕，长190、宽90、高出房内地面18—36厘米，北侧紧靠房址北壁，中部有4块成排分布的碎砖。炕上有两条平行的烟道，烟道长178、宽12—22、深10厘米，烟道内堆积为灰黑色土，包含少量碎砖块。房内东北角有圆形烟囱与烟道相连，烟囱平面圆形，直径30、深18厘米。房内西部有一直径10、深12厘米的圆形柱洞，内中填土为灰黑色土。房内堆积一层，为灰黑色土，包含碎砖瓦及少量黑灰（图3-1-23）。

F9 位于T1068东南部，开口于第3层下，南部被F8打破。平面呈圆角长方形，半地穴式，方向332°，东西长2.36、南北残宽2.14、深0.2米。房址墙壁及居住面未见明显加工痕迹，房内东北部有一椭圆形灶坑，长径62、短径42、深15，灶内堆积为黑色灰烬包含少量红烧土颗粒，灶坑西侧接两条曲尺形烟道，烟道为在地面下挖而成，宽18、深8、间距32厘米，内中

图3-1-22　F7平、剖面图

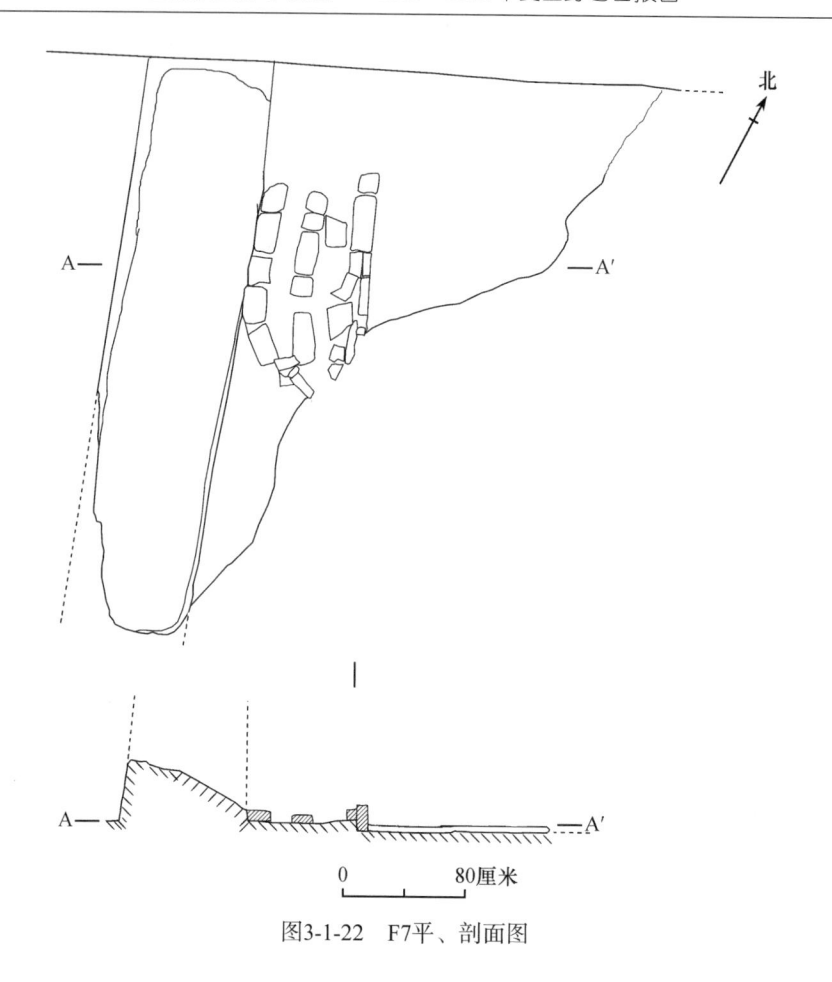

填土上部为灰褐色土夹杂少量灰烬与碎砖瓦片，烟道底有一层黑色灰烬。房内中南部有一直径11、深8厘米的圆形柱洞，内中填土为灰黑色细沙土。房内堆积一层，为含碎砖的灰褐色沙土（图3-1-24；图版一二，3）。

F12　位于T1168和T1268之间，开口于第3层下，平面呈长方形，半地穴式，方向157°，揭露面积东西长3.3、南北宽2.2、深0.6米。墙壁及地面均平整，未见其他设施。房内堆积为二层，上层为地层第3层，下层为墙壁坍塌形成的堆积，仅见于房址的西半部分，为灰褐色土，较为致密，厚0—25厘米。

F21　位于T1067中部，开口于第3层下，平面呈方形，半地穴式，方向166°，揭露面积东西长4.6、南北宽2、深0.3米。外缘有一圈残高0.2米的土筑墙体，宽0.35—0.45米，北墙略厚，墙壁及地面均较为平整。房内有两铺火炕，东西侧各一，东侧火炕为曲尺形，3条烟道，西侧火炕为直尺形，2条烟道，两铺炕均由南向北通，在房址北部中偏西处合并，共用一处出烟口。烟道局部侧壁有竖置的青砖，应为加固烟道壁所用，炕面零散分布残碎青砖，应为铺设炕面所用。房内堆积一层，为灰褐色土，较为疏松，无包含物（图3-1-25）。

图3-1-23　F8平、剖面图

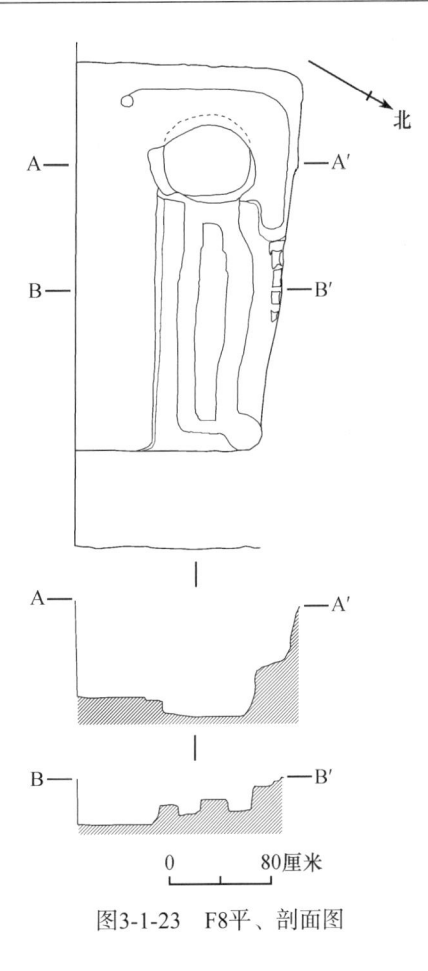

图3-1-24　F9平、剖面图

图3-1-25　F21平、剖面图

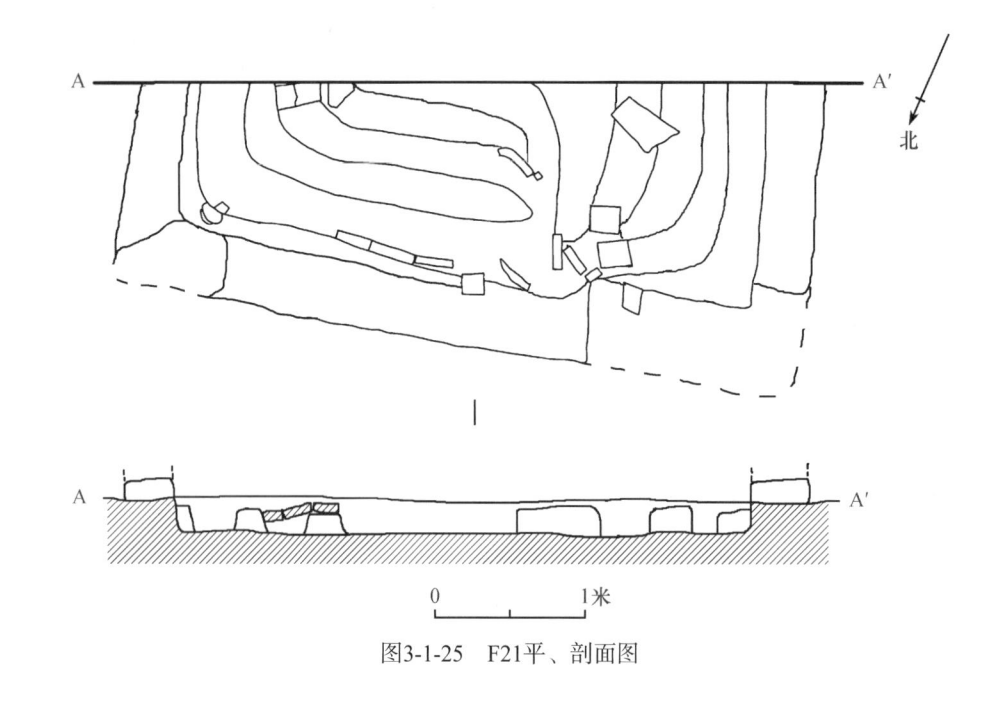

2. 灰坑

H41　位于T1067北部，开口于第3层下，打破F7。平面近圆形，坑壁较为垂直，但不规整，圜底。坑口长径1.9、短径1.8、深1.44米。坑内堆积四层：第1层为黄灰色细沙土，较为松软，内含灰色砖瓦砾，厚34厘米；第2层为黑黄色细沙土，松软，含有木炭颗粒，厚34厘米；第3层为灰黄色细砂土，含少量的铁器与黑褐色残砖，厚38厘米；第4层为灰黑色细砂土，含砖瓦碎片，厚42厘米（图3-1-26）。

H42　位于T1067西北角，开口于第3层下，打破H43。平面呈不规则长方形，西壁斜直，东壁近弧形，近底部出台，平底。坑口南北长3、东西宽1.1、深1.1米。坑内堆积三层：第1层为黄灰色细沙土，较为松软，厚35厘米，无包含物；第2层为灰黑色细沙土，松软，无包含物，厚40厘米；第3层为灰黄色细砂土，厚35厘米，包含少量草木灰，以及残碎砖瓦和泥质灰陶片（图3-1-27）。

图3-1-26　H41平、剖面图

H47 位于T1067东北部，开口于第3层下。受发掘面积所限，仅揭露北半部分，可知平面呈不甚规整的圆形，弧壁，平底。坑口东西长2.7、南北宽1.1、深0.4米。坑内堆积一层为灰褐色土，较为松软，无包含物（图3-1-28）。

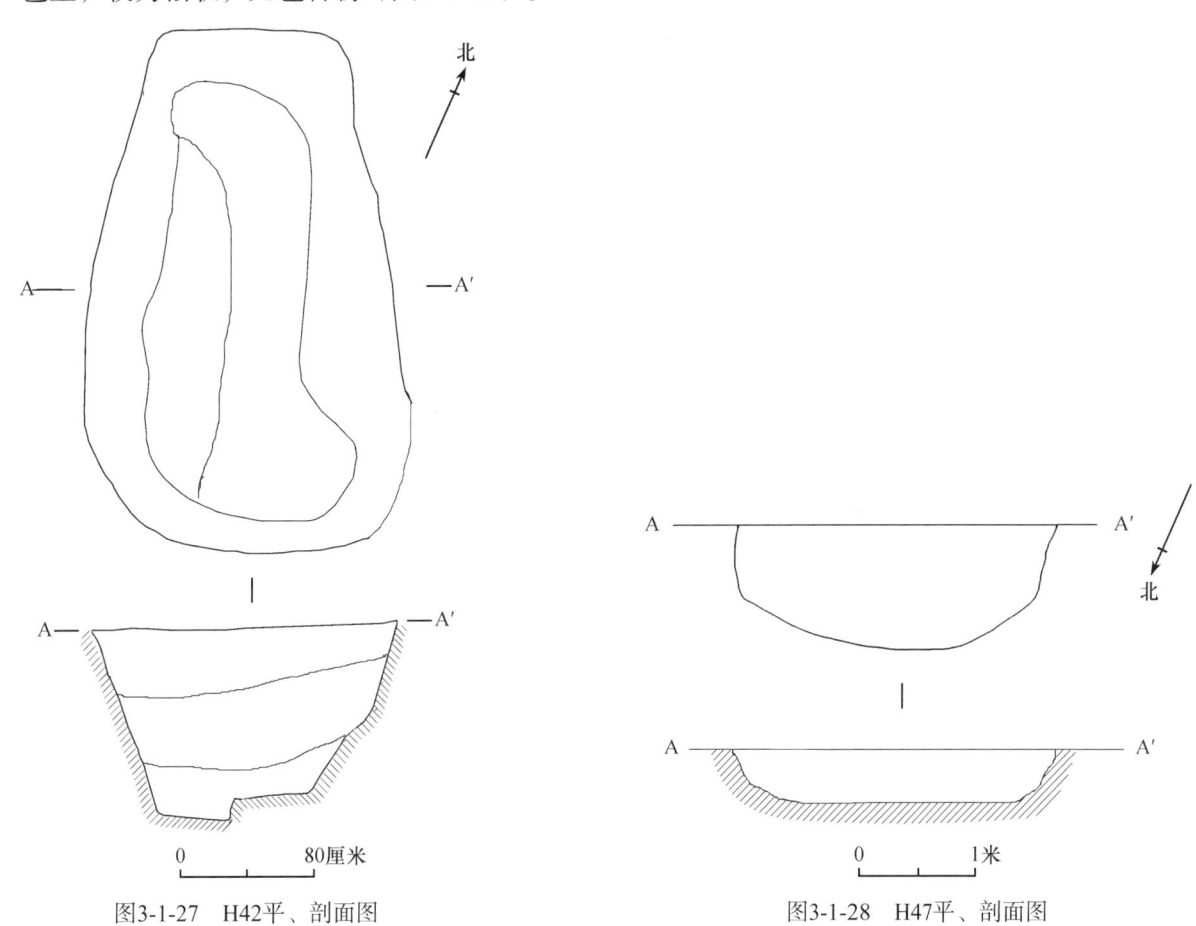

图3-1-27　H42平、剖面图

图3-1-28　H47平、剖面图

3. 出土遗物

兽面瓦当　1件。H41：3，边缘宽平，兽面较小，圆鼻，鼻梁两侧饰圆眼珠，眉弓较长向外上弧，面部饰粗鬓毛，兽面外有一圈凸弦纹和一圈连珠纹，表面残留白灰，直径12.8、边缘厚1.4厘米（图3-1-29，1；图版八四，1）。

鸱吻　1件。H41：4，板状，正面饰有兽耳、兽角及凹线勾勒出的斜向鬓毛，残长20.2、宽19.6、厚1.5—4.4厘米（图3-1-29，2）。

铁斧　1件。H41：1，锻造，器身锈蚀严重，平面呈弧边梯形，斧身前侧略凸、后侧内凹，刃弧刃，截面呈楔形、柄孔呈长条形，长14、刃宽8.1、背宽8、柄孔长2.4、宽0.5厘米（图3-1-29，4；图版一三六，5）。

铁马镫　1件。H41：2，圆环形，直径13、下部宽4.4、厚0.4厘米（图3-1-29，3）。

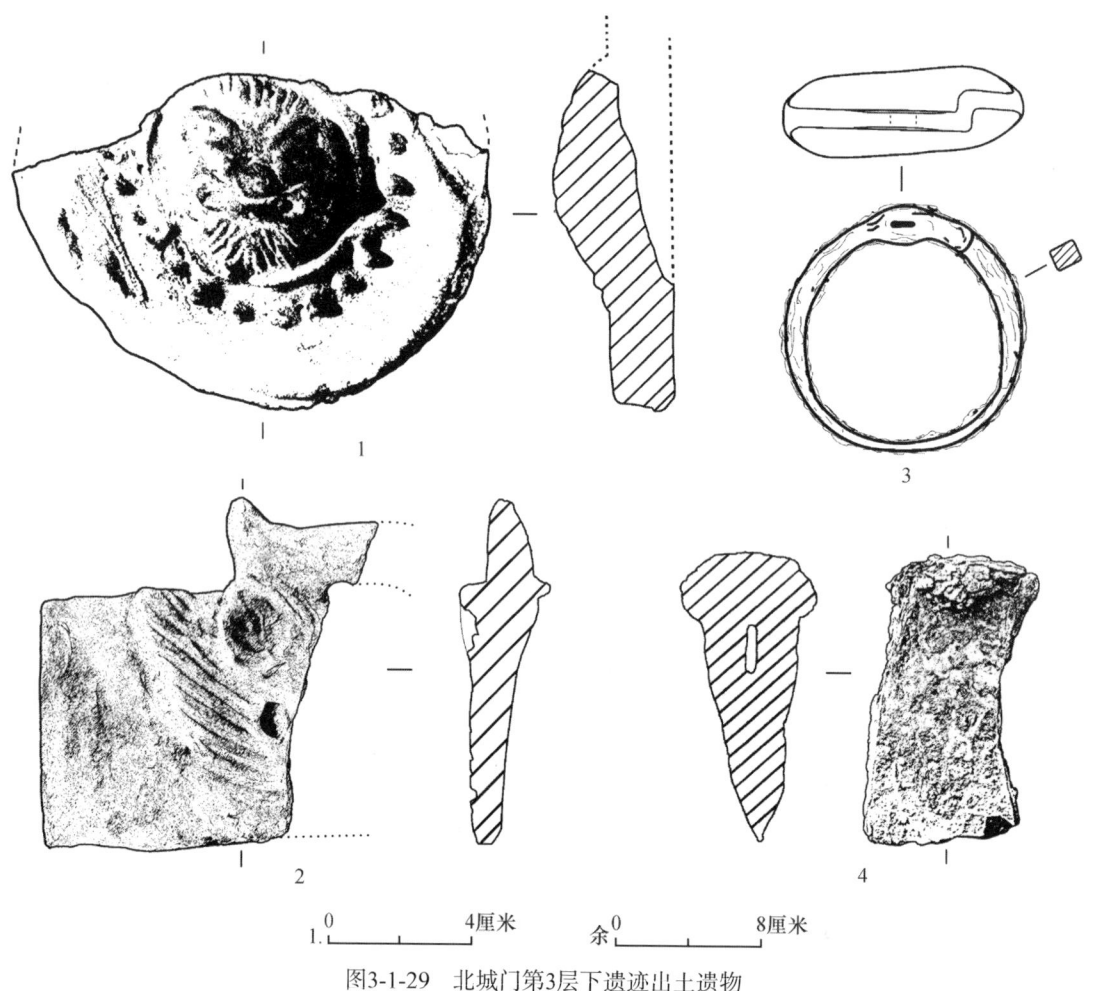

图3-1-29　北城门第3层下遗迹出土遗物
1. 兽面瓦当（H41：3）　2. 鸱吻（H41：4）　3. 铁马镫（H41：2）　4. 铁斧（H41：1）

六、地层出土遗物

遗物均出土于北城门门道边缘倒塌堆积之中。以泥质灰陶质地的建筑瓦件为主，模制，火候较高，板瓦、筒瓦、垄脊瓦等凸面均素面，凹面印有布纹。另见少量陶器、铁器、北宋铜钱等遗物。

（一）第6层出土遗物

筒形罐　1件。T1068⑥c标：9，泥质灰黑陶，重唇，侈口，束颈，溜肩，深腹，唇部有两圈戳压纹饰，肩部饰成排的竖向篦齿纹，口径13.5、残高8厘米（图3-1-30，1）。

双耳罐　1件。T1068⑥c标：16，泥质灰陶，柱状圆唇，敛口，溜肩，肩部有两个对称分布的竖桥耳，口径12.4、残高6.2厘米（图3-1-30，2）。

第三章 城墙与门址的发掘 ·73·

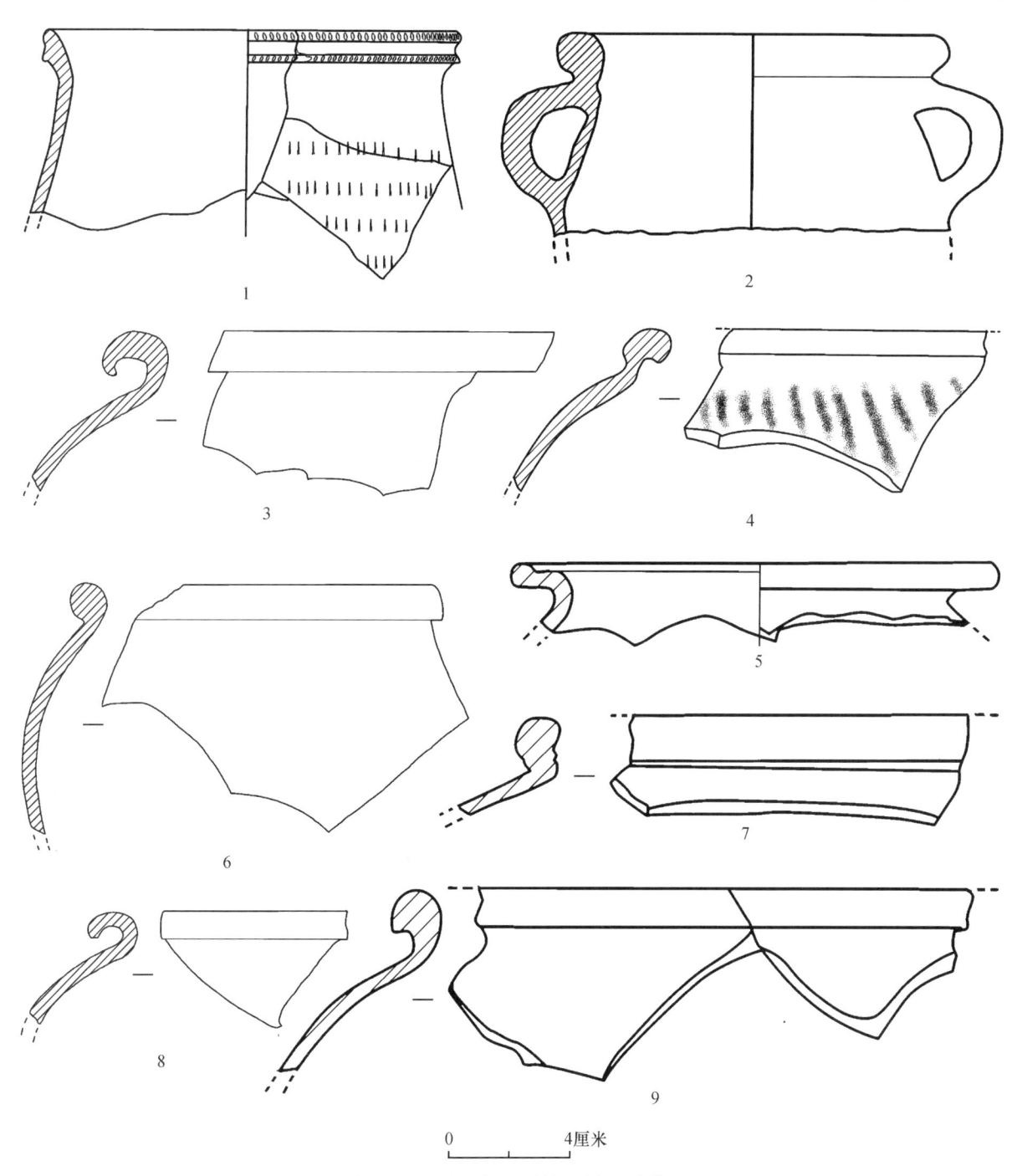

图3-1-30 北城门地层第6层出土陶罐
1.筒形罐（T1068⑥c标：9） 2.双耳罐（T1068⑥c标：16） 3、6、8、9.A型罐（T1068⑥c标：13、T1068⑥c标：11、T1068⑥c标：15、T1068⑥c标：4） 4、7.B型罐（T1068⑥c标：5、T1068⑥c标：6） 5.C型罐（T1068⑥c标：1）

陶罐　10件。依口沿形制分三型。

A型　7件，外卷沿。T1068⑥c标：4，泥质灰陶，圆唇，微外卷，束颈，残高6.2厘米（图3-1-30，9）。T1068⑥c标：11，泥质灰黑陶，柱状圆唇，敛口，鼓肩，残高7.8、胎厚0.5厘米（图3-1-30，6）。T1068⑥c标：13，泥质灰陶，卷沿，圆唇，敛口，残高5.2、胎厚0.6厘米（图3-1-30，3）。T1068⑥c标：15，泥质灰陶，卷沿，圆唇，敛口，鼓肩，残高3.6、胎厚0.6厘米（图3-1-30，8）。

B型　2件，内卷沿。均泥质灰陶。T1068⑥c标：5，圆唇，束颈，肩部有竖向磨痕，残高5.2厘米（图3-1-30，4）。T1068⑥c标：6，圆唇，微内卷，束颈，残高3.6厘米（图3-1-30，7）。

C型　1件，展沿。T1068⑥c标：1，泥质灰陶，圆唇，束颈，口径16.2、残高2.5厘米（图3-1-30，5）。

陶盆　13件。依口部形制可分三型。

A型　7件，卷沿。T0967⑥a标：4，泥质灰陶，圆唇外卷，敞口，斜弧腹，底部残，口径54、残高14.4厘米（图3-1-31，1）。T0967⑥e标：1，泥质灰陶，卷沿，圆唇，敞口，口径48、残高5.4厘米（图3-1-31，3）。T0967⑥e标：2，泥质灰陶，卷沿，圆唇，敞口，斜弧腹，底部残，口径40、残高9.6厘米（图3-1-31，5）。

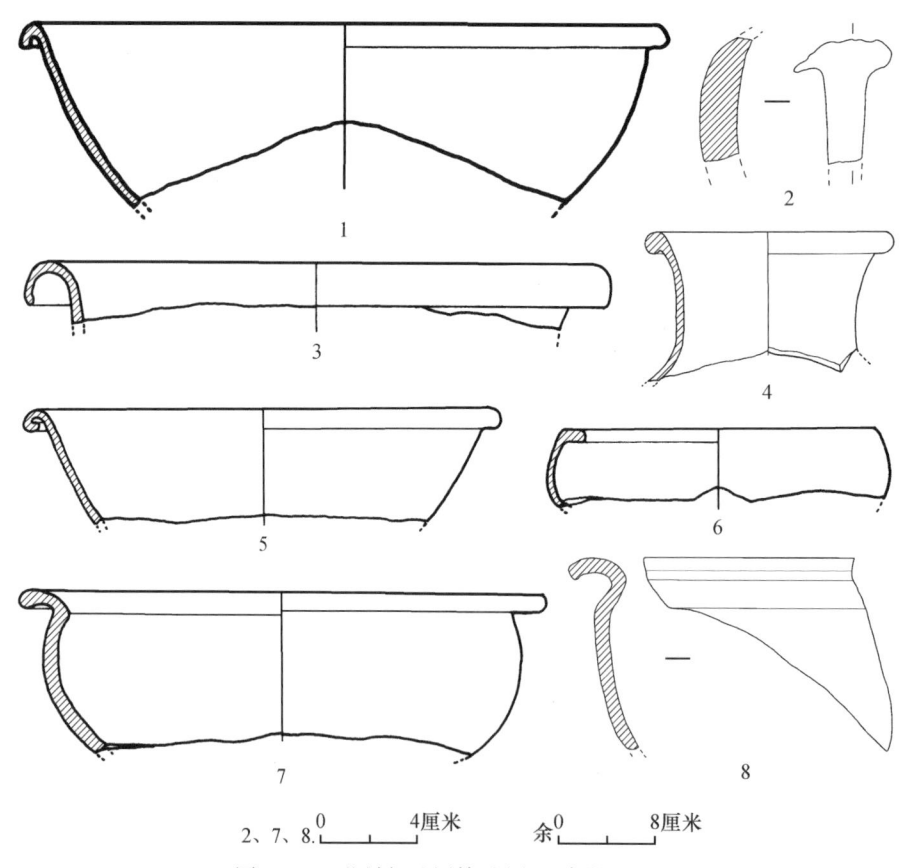

图3-1-31　北城门地层第6层出土陶器（一）

1、3、5.A型陶盆（T0967⑥a标：4、T0967⑥e标：1、T0967⑥e标：2）　2.陶器耳（T0869⑥a标：2）
4.陶壶口沿（T0967⑥a标：1）　6.C型陶盆（T0967⑥a标：2）　7、8.B型陶盆（T0967⑥e标：4、T1068⑥c标：10）

B型　5件，外折沿。T0967⑥e标：4，泥质灰陶，外折沿圆唇，敞口，鼓腹，底部残，口径22、残高6.6厘米（图3-1-31，7）。T1068⑥c标：10，泥质灰陶，外折沿，圆唇，口微敛，肩部微折，弧腹，残高7.8、胎厚0.6厘米（图3-1-31，8）。

C型　1件，内折沿。T0967⑥a标：2，泥质灰陶，陶色不均，圆唇，敛口，鼓腹，底部残，口径26、残高6厘米（图3-1-31，6）。

陶缸口沿　2件。T0967⑥a标：5，泥质灰陶，卷沿，圆唇，敛口，颈部饰两道平行的附加堆纹带，口径50、残高10厘米（图3-1-32，1）。

陶壶口沿　1件。T0967⑥a标：1，泥质灰陶，柱状圆唇，侈口，长颈，口径20.4、残高12.5厘米（图3-1-31，4）。

陶器耳　1件。T0869⑥a标：2，泥质灰陶，竖桥耳，耳宽1.6、残长4.9厘米（图3-1-31，2）。

陶器盖　2件。均为泥质灰陶。T1068⑥c标：2，纽部残，圆唇，唇部上翘，斜直壁，口径17、残高3.4厘米（图3-1-32，2）。T1068⑥c标：3，圆锥形纽，斜直壁，口部残，残高9厘米（图3-1-32，4）。

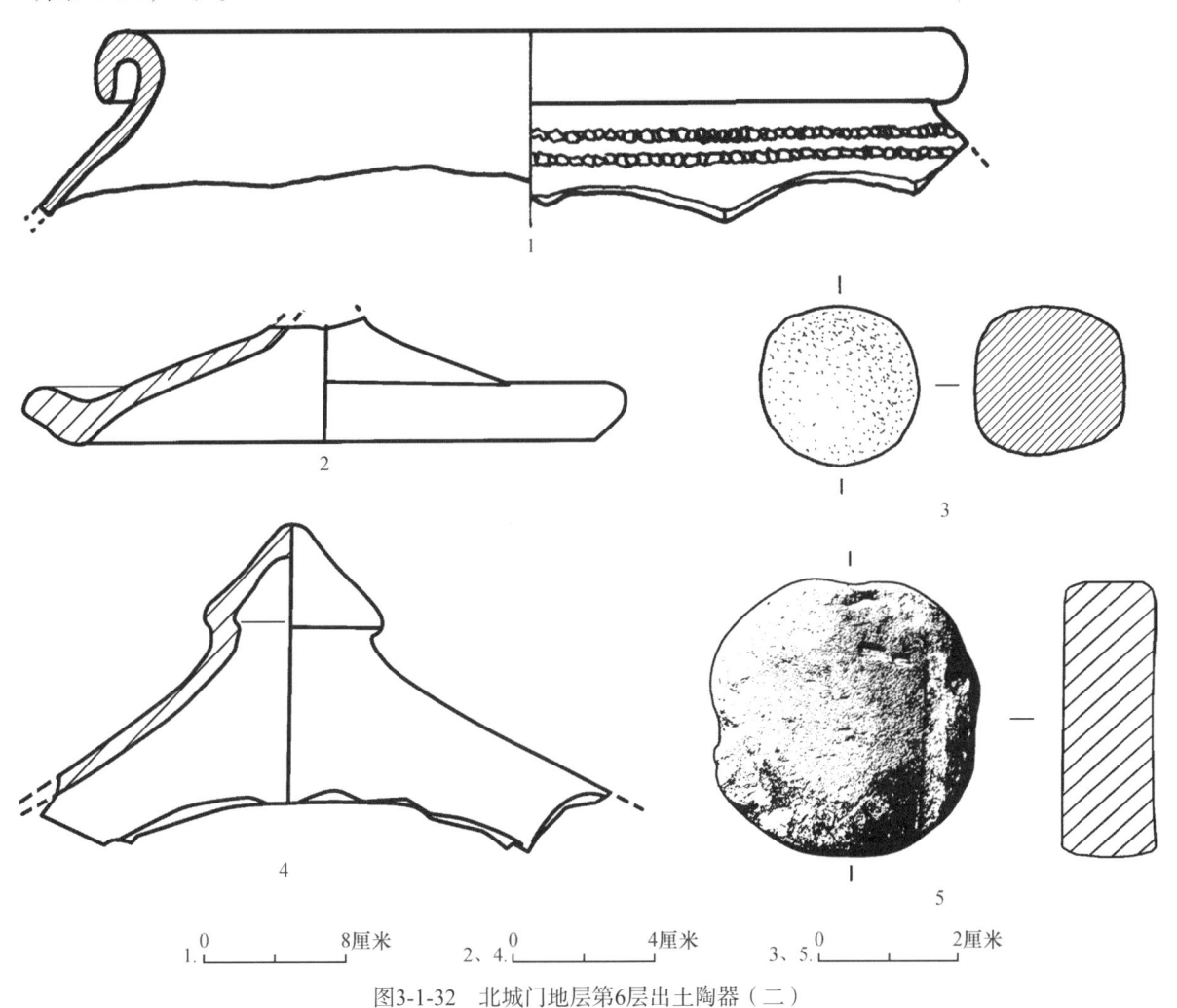

图3-1-32　北城门地层第6层出土陶器（二）
1.陶缸口沿（T0967⑥a标：5）　2、4.陶器盖（T1068⑥c标：2、T1068⑥c标：3）　3.陶球（T0967⑥e：1）
5.陶饼（T0967⑥d：2）

陶球　1件。T0967⑥e：1，手制，浅灰褐色泥质陶，不规则球体，长径2.3、短径2.1厘米（图3-1-32，3）。

陶饼　1件。T0967⑥d：2，布纹板瓦残块磨制而成，圆饼形，直径7.9、厚2.7厘米（图3-1-32，5）。

瓷碗　9件。T0967⑥a：1，黄褐色粗砂胎，白釉，釉下施一层白色化妆土，化妆土及釉均未施至外底，圆唇，敞口，斜直腹，圈足底，内底有支钉痕，口径10.8、底径4、高4.6厘米（图3-1-33，4）。T0967⑥e：2，黄褐色粗砂胎，白釉，釉下施一层白色化妆土，化妆土及釉均未施至外底，圆唇，敞口，斜弧腹，圈足底，内底有支钉痕，口径25.6、底径9.5、高10.2厘米（图3-1-33，5）。T0967⑥e标：8，残存口部，灰胎，白釉，釉下施一层白色化妆土，化妆土与釉均未施至外底，尖唇，敞口，口径17.6、残高3.5、胎厚0.4厘米（图3-1-33，1）。T0967⑥e标：5，残存口部，灰白胎，白釉，施半釉，外壁有流釉现象，釉下施一层白色化妆土，化妆土与釉均未施至外底，圆唇外侈，敞口，口径21.8、残高4.4厘米（图3-1-33，3）。T0869⑥a标：5，残存底部，黄褐色粗砂胎，白釉，外底未施釉，圈足底，内底有支钉痕，底径6.2、残高5厘米（图3-1-33，2）。

瓷鸡腿瓶　1件。T0967⑥e：2，通体施茶叶末绿釉，残存瓶底，施釉较厚，平底厚重，胎体为浅黄色颗粒粗胎，残高10.6、底径12、壁厚2、底厚4.8厘米（图3-1-33，7）。

石槽　1件。T0967⑥e：1，花岗岩质地，凿制，方唇，口微敞，弧腹，平底，内壁光滑，高13、壁厚3.2厘米（图3-1-33，6）。

铜钱　1枚。T0967⑥d：1，元祐通宝，行书，旋读，直径2.6、孔边长0.6、厚0.3厘米（图3-1-43，5）。

（二）第4层出土遗物

1. 建筑构件

瓦当　2件，其中1件残。均为圆形兽面瓦当，模印纹饰，中部为兽面，外饰一周疏密不等的连珠纹。T0967④d：2，短直须兽面，圆眼珠，圆形高鼻，嘴呈椭圆形，瓦当背面中部内凹，直径13.2、当心厚2.7、边缘厚1.1厘米（图3-1-34；图版八五，3、4）。

2. 陶器

陶罐　6件。均泥质灰陶，残存口沿部分。依口沿形制可分为三型。

A型　2件，卷沿。T0967④d标：8，圆唇，敛口，圆肩，口径32、残高12.8厘米（图3-1-35，1）。T0967④d标：9，圆唇，敛口，圆肩，口径36、残高8厘米（图3-1-35，3）。

B型　3件，柱状口沿。T0967④d标：5，圆唇，敛口，圆肩，口径17.2、残高6厘米（图3-1-35，2）。T0967④d标：1，圆唇，敛口，圆肩，口径28、残高8.2厘米（图3-1-35，5）。

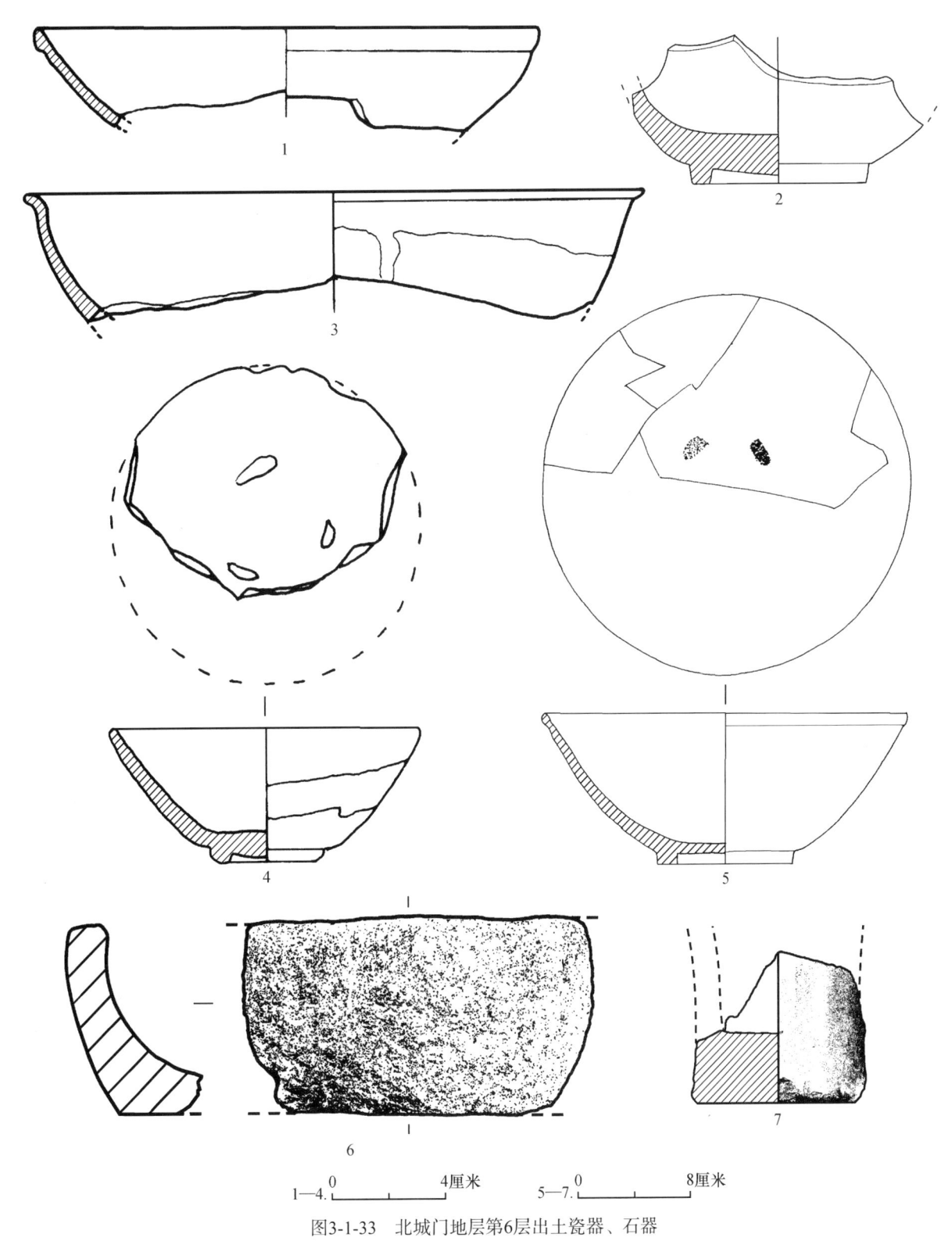

图3-1-33 北城门地层第6层出土瓷器、石器

1—5. 瓷碗（T0967⑥e标：8、T0869⑥a标：5、T0967⑥e标：5、T0967⑥a：1、T0967⑥e：2） 6. 石槽（T0967⑥e：1）
7. 瓷鸡腿瓶（T0967⑥e：2）

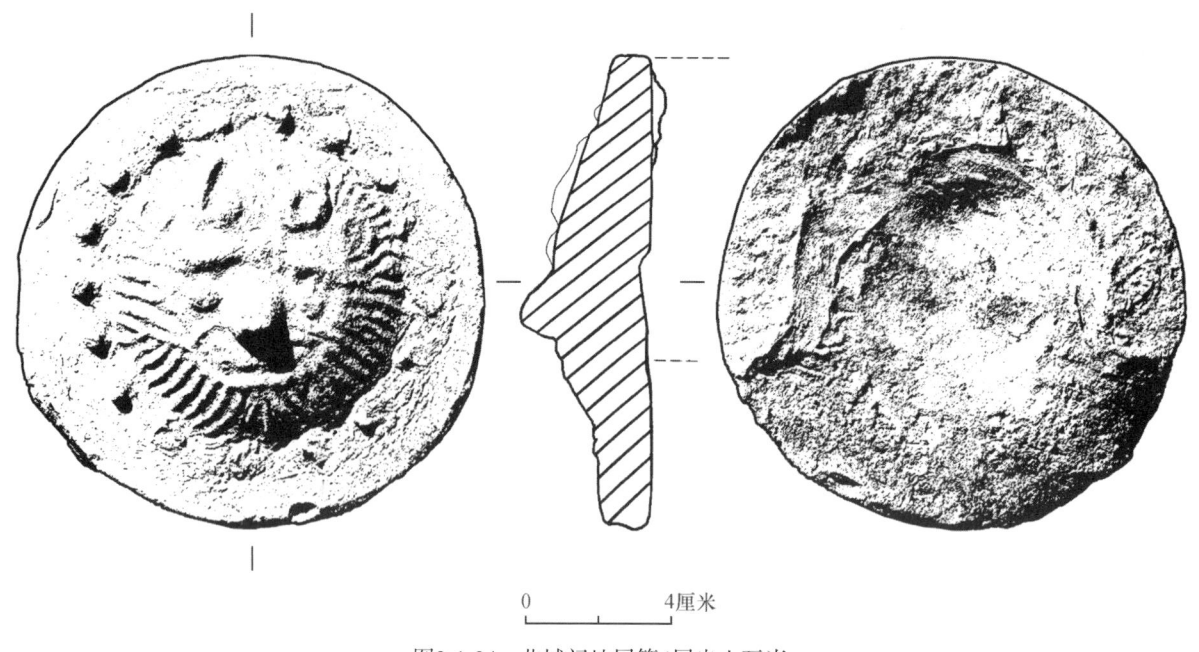

图3-1-34 北城门地层第4层出土瓦当
T0967④d：2

C型　1件，直沿。T0967④d标：6，重唇，直口，圆肩，口径20、残高5厘米（图3-1-35，8）。

高领罐　1件。T0967④d标：4，泥质灰陶，圆唇外卷，侈口，口径28、残高6.8厘米（图3-1-35，4）。

陶壶　2件。T0967④d：3，泥质灰陶，圆唇，侈口，平折沿，溜肩，斜直深腹，平底。最大径以下器表有若干条轮修磨痕，口径21.2、底径20、高53.2、胎厚0.5厘米（图3-1-35，9；图版一〇六，1）。T0967④d标：3，泥质灰陶，卷沿，圆唇，侈口，口径22、残高5.6厘米（图3-1-35，6）。

陶盆　1件。T0967④d标：2，泥质灰陶，卷沿，圆唇，敞口，斜弧腹，口径40、残高8厘米（图3-1-35，7）。

陶器盖　1件。T0967④d：2，泥质灰黑陶，圆锥状纽，斜直壁，盖沿圆唇上翘，口径17、高6.2厘米（图3-1-36，1；图版一一六，1）。

陶球　1件。T1067④d：1，手制，浅灰褐色泥质陶，不规则球体，长径2.5、短径2.1厘米（图3-1-36，4）。

3. 瓷器

瓷碗　1件。T0967④d：1，灰胎，白釉，釉下施一层白色化妆土，化妆土及釉均未施至外底，尖唇，敞口，折腹，圈足底，内底有支钉痕，口径11.4、底径5.3、高3.4厘米（图3-1-36，3）。

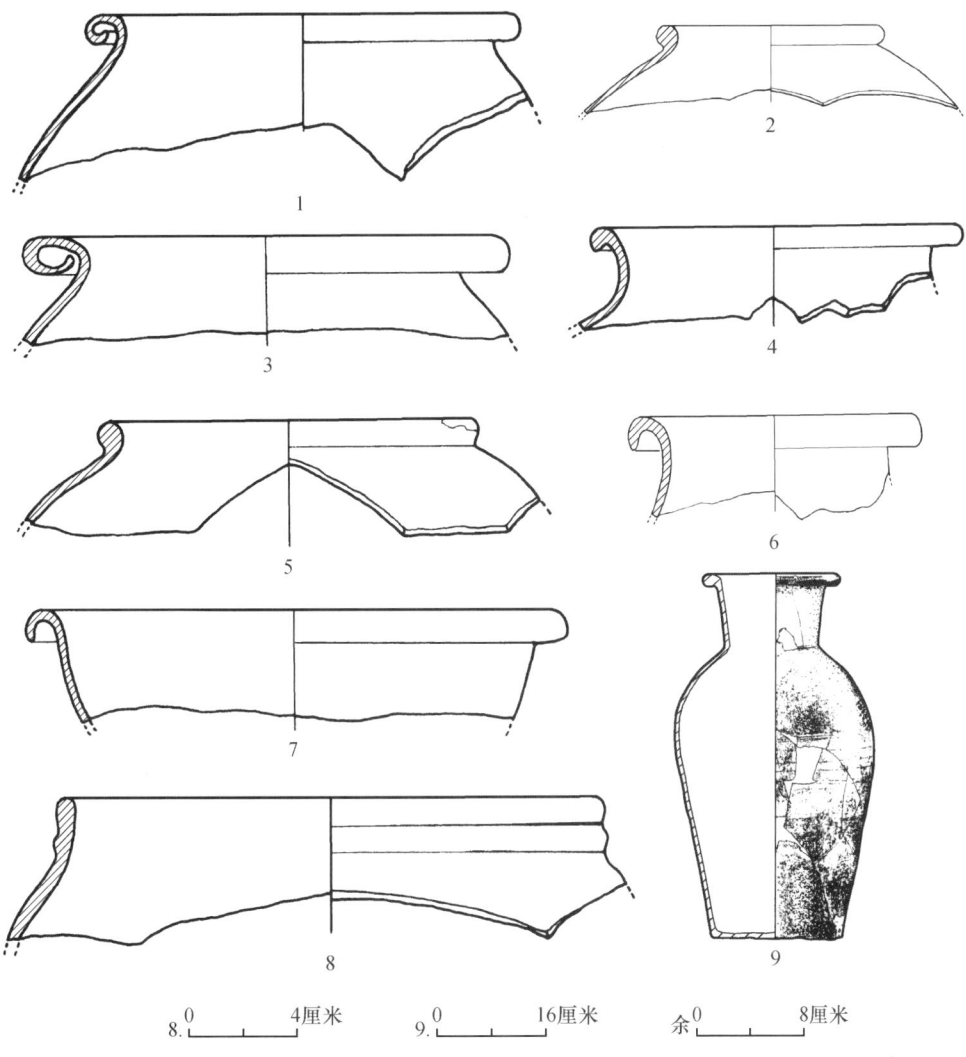

图3-1-35 北城门地层第4层出土陶器

1、3. A型陶罐（T0967④d标：8、T0967④d标：9） 2、5. B型陶罐（T0967④d标：5、T0967④d标：1）
4. 高领罐（T0967④d标：4） 6、9. 陶壶（T0967④d标：3、T0967④d标：3） 7. 陶盆（T0967④d标：2）
8. C型陶罐（T0967④d标：6）

4. 骨器

骨梳　1件。T1067④d：2，半圆形，长5.1、宽2.2、梳背厚0.6厘米（图3-1-36，2；图版一三五，1）。

骨耳勺　1件。T0967④d：4，残存柄部，磨制，长条形，表面光泽，残长10.2、最宽处0.7、厚0.3厘米（图3-1-36，5）。

5. 铜钱

2枚。T0967④d：1，绍圣元宝，行书，顺读，直径2.4、孔边长0.6、厚0.2厘米（图3-1-43，6）。

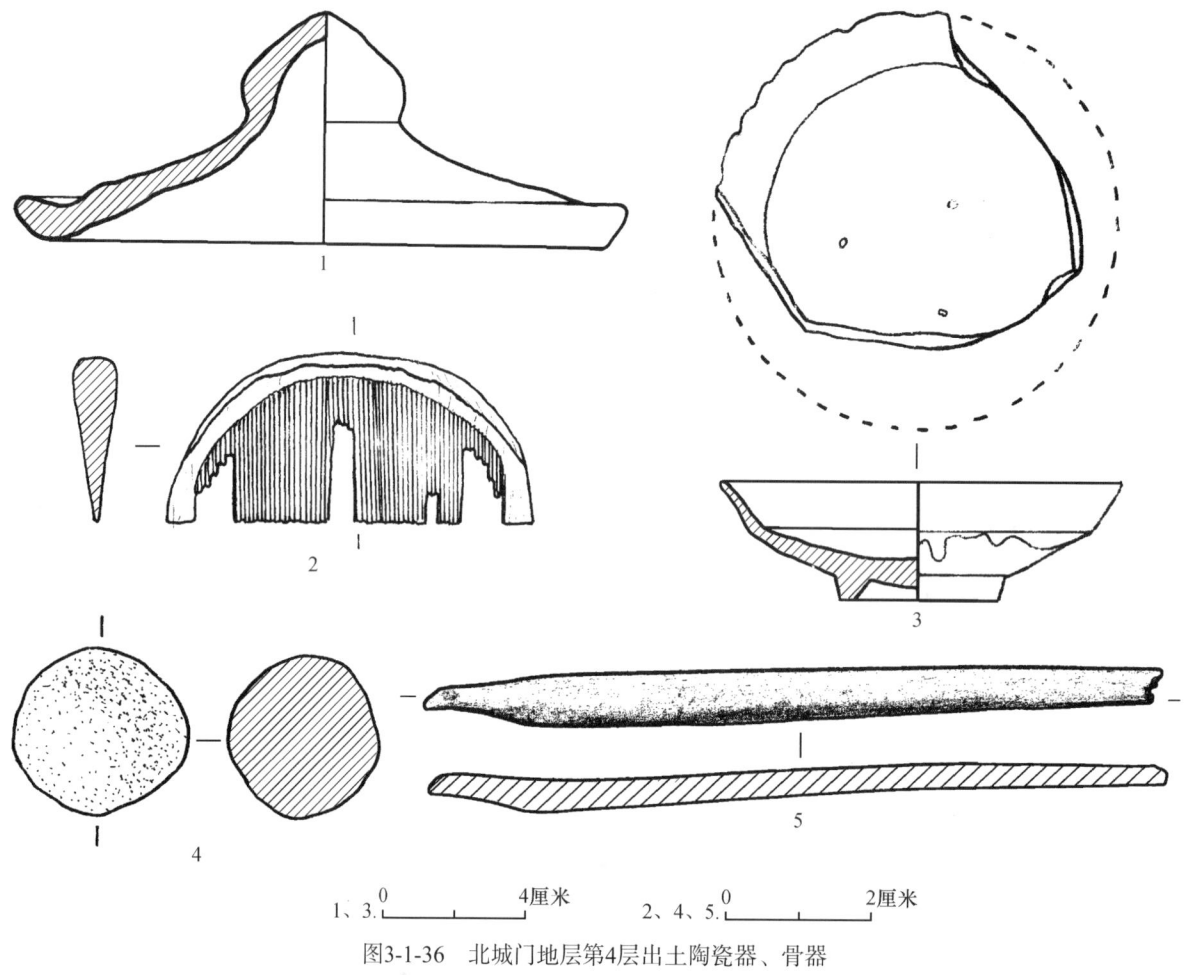

图3-1-36　北城门地层第4层出土陶瓷器、骨器

1.陶器盖（T0967④d∶2）　2.骨梳（T1067④d∶2）　3.瓷碗（T0967④d∶1）　4.陶球（T1067④d∶1）
5.骨耳勺（T0967④d∶4）

（三）第3层出土遗物

1. 建筑构件

板瓦　6件。瓦体平面多呈梯形，普通板瓦上宽下窄，檐头板瓦上窄下宽，檐头板瓦宽端有下垂的滴水面，面饰菱格纹或戳刺纹，底边缘呈波浪形，波谷处压印绳纹。

普通板瓦　1件。T0970③∶8，宽端右角残缺，瓦凹面粗布纹，居中斜向由上至下有布缝合痕，长29.2、下端宽18.8、厚2厘米（图3-1-37，1）。

檐头板瓦　5件。T0869③∶4，瓦体平面呈上窄下宽的等腰梯形，左上角及左下角残，滴水面中上部饰1条横向凸棱，凸棱上下两侧错向饰枣核形戳刺纹，下端呈水波状，长28、最宽处19.6、胎厚1.8、滴水面宽4.8厘米（图3-1-37，2；图3-1-43，3）。T1068③∶9，残存一角，滴水面上饰一条横向凸棱，凸棱上饰一排左斜向戳刺纹，下端呈水波状，残长12.8、滴水面宽3.6厘米（图3-1-37，3）。T1068③∶13，残存一角，滴水面上饰一条横向凸棱，凸棱

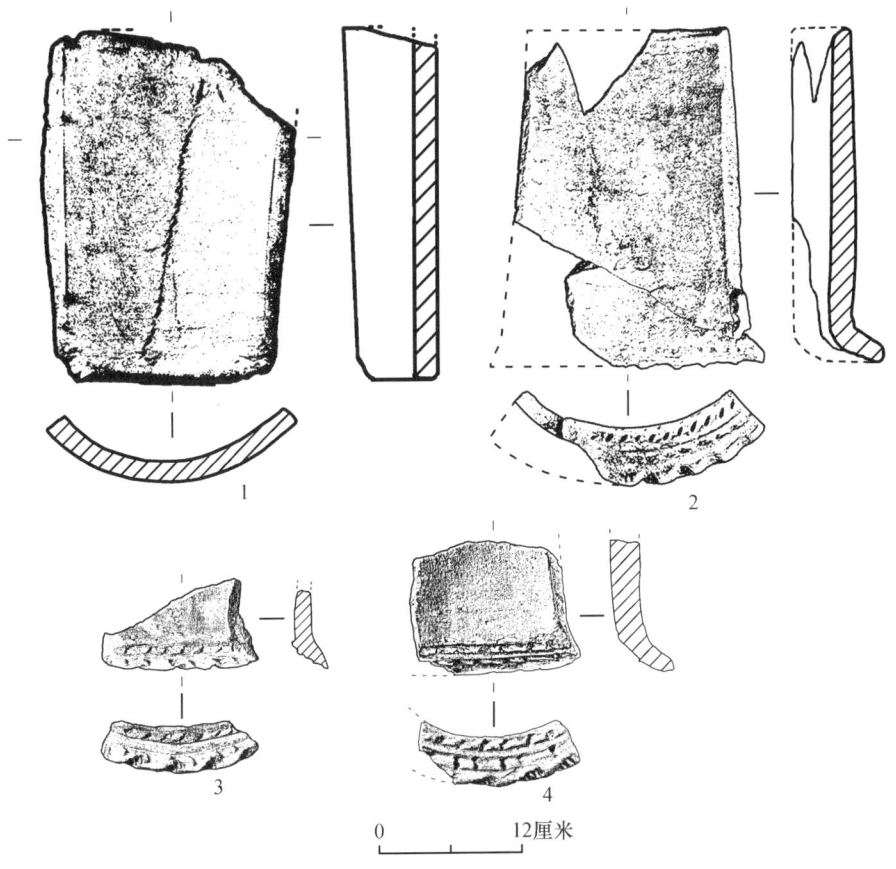

图3-1-37　北城门地层第3层出土板瓦
1. 普通板瓦（T0970③：8）　2—4. 檐头板瓦（T0869③：4、T1068③：9、T1068③：13）

上饰一排左斜向戳刺纹，下饰一排右斜向戳刺纹，下端呈水波状，残长13.2、滴水面宽4厘米（图3-1-37，4）。

筒瓦　2件。T0869③：6，瓦体尾端内侧抹斜，内侧边缘有从外向内打制的二次加工痕迹，通长26.4、宽12.8、胎厚1.9、瓦舌长1.4厘米（图3-1-38，1）。T0970③：1，短瓦舌，瓦两侧边存在由外向内打制的疤痕，残长28.4、宽13.6、胎厚2厘米（图3-1-38，2）。

垒脊瓦　2件。均为板瓦型垒脊瓦，平面呈长方形。T0970③：2，残长16、宽7.6、胎厚2厘米（图3-1-38，3）。T0970③：3，长20.3、宽7、胎厚1.6厘米（图3-1-38，4）。

瓦当　11件。均为圆形兽面瓦当，模印纹饰，中部为兽面，外饰一周疏密不等的连珠纹，瓦当边缘宽平，无边轮。T0969③：12，兽面圆形鼻，圆眼珠，弓眉，兽角向内侧卷，圆耳，面部周边饰放射状直鬃毛纹，兽面外周饰一圈连珠纹，当心背面内凹，直径13.5、边缘厚1.4厘米（图3-1-39，1；图3-1-43，2；图版八五，5、6）。T0869③：1，兽面相对较小，圆鼻圆眼，弓眉，兽角向内侧卷，圆耳，面部周边饰放射状直鬃毛纹，兽面外周饰一圈连珠纹，当心背面内凹，直径14、边缘厚1.5厘米（图3-1-39，2；图版八五，2）。T0869③：3，圆鼻圆眼，弓眉，兽角向内侧卷，圆耳，面部周边饰放射状直鬃毛纹，兽面外周饰一圈连珠纹，当心背面较平，直径12、边缘厚1.1厘米（图3-1-39，4）。T1068③：8，兽面较小，圆鼻，

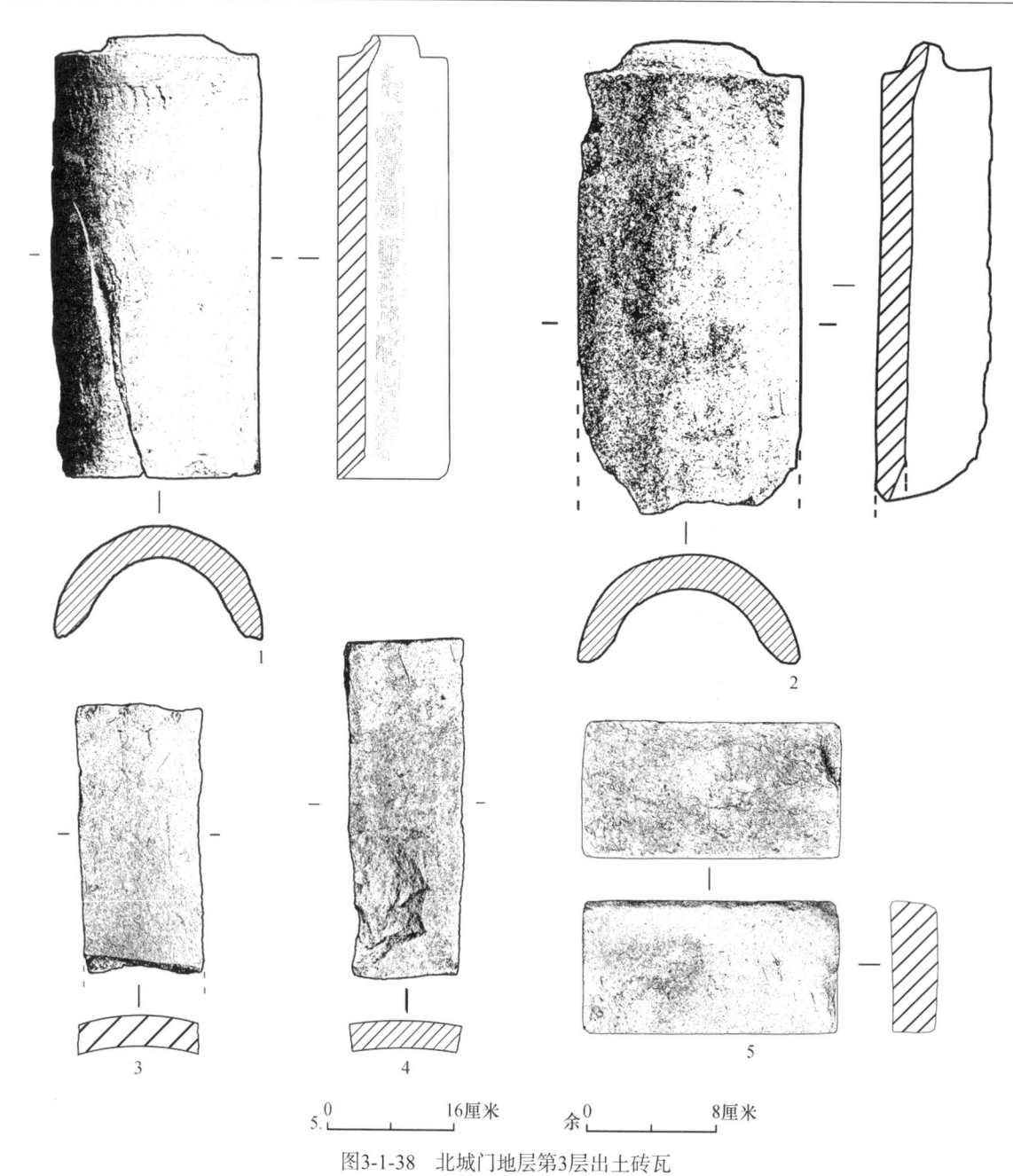

图3-1-38 北城门地层第3层出土砖瓦
1、2.筒瓦（T0869③：6、T0970③：1） 3、4.全脊瓦（T0970③：2、T0970③：3） 5.砖（T0869③：7）

鼻梁两侧饰圆眼珠，眉弓较长向外上弧，面部饰粗鬃毛，兽面纹外有一圈凸弧纹和一圈连珠纹，瓦当表面刷有白灰，背面较平，直径13.6、边缘厚1.6厘米（图3-1-39，3；图版八四，2）。T0969③：3，残存当心部分，当面纹样有所简化，背面内凹，残长7.5、胎厚1.3厘米（图3-1-39，5）。

建筑饰件。均为泥质灰陶，手制。T0969③：2，垂兽残件，眉目突出，口部大张，下颌外部刻划纹饰作为鬃毛，残长21、残宽16、残高13厘米（图3-1-40，1）。T0969③：10，鸱吻上贴塑的兽角残段，表面有白灰，上下端均残，平面呈弧形，上表面略凸，饰鱼鳞纹，背面

第三章　城墙与门址的发掘

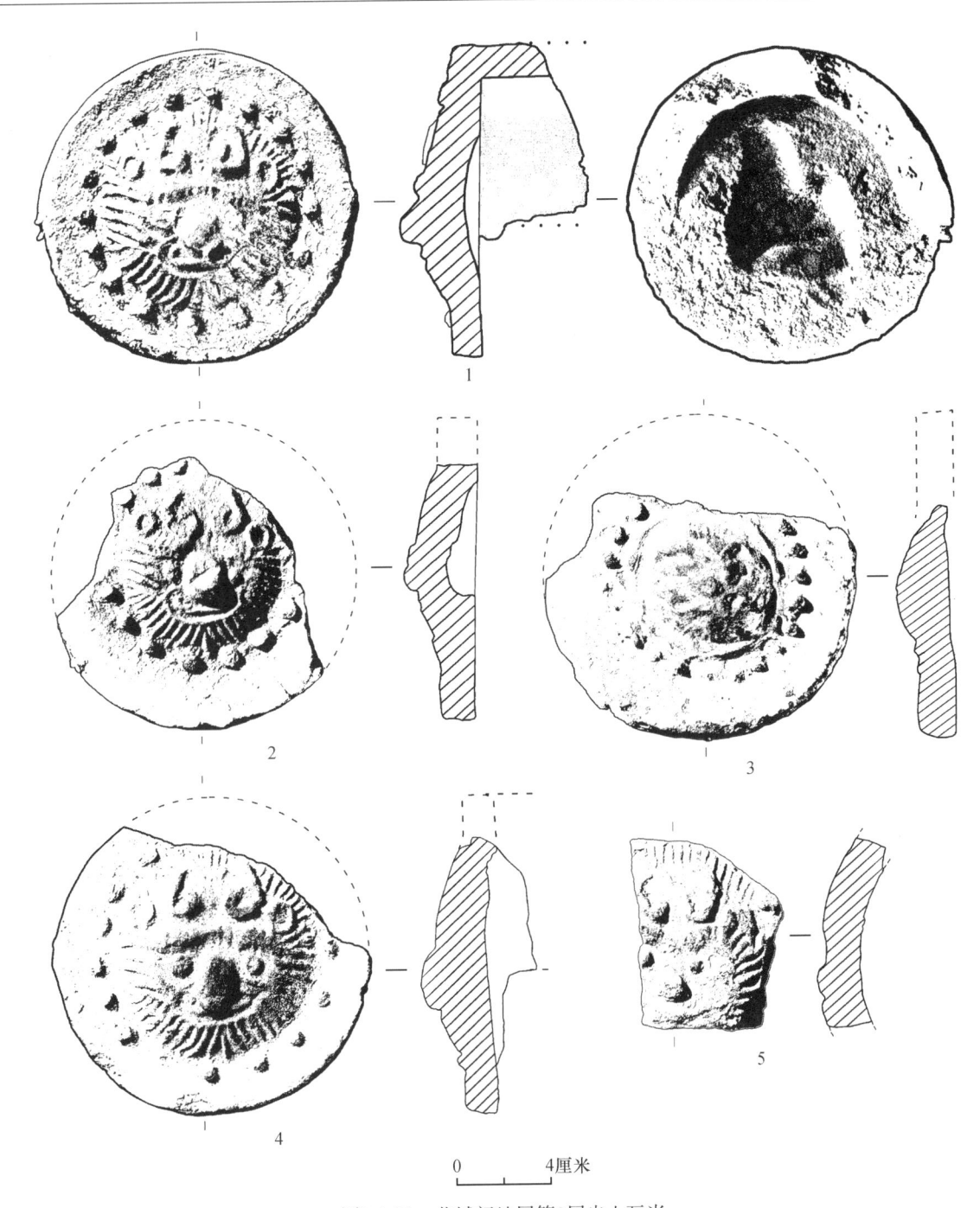

图3-1-39　北城门地层第3层出土瓦当
1. T0969③∶12　2. T0869③∶1　3. T1068③∶8　4. T0869③∶3　5. T0969③∶3

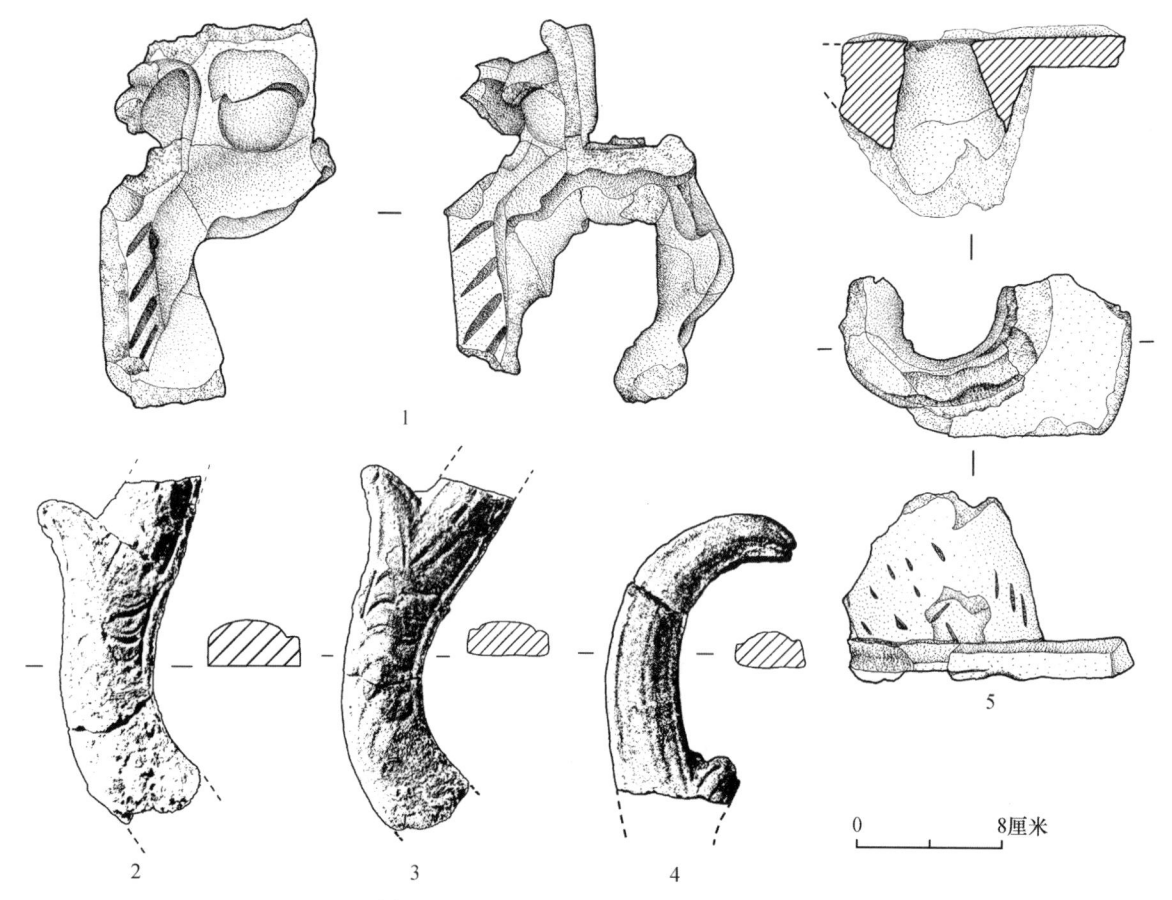

图3-1-40 北城门地层第3层出土建筑饰件
1. 垂兽（T0969③：2） 2—4. 犄角（T0969③：10、T0969③：9、T0969③：5） 5. 凤鸟（T1068③：12）

平，残长17.5、宽3.8—5、厚2.5厘米（图3-1-40，2；图版九四，3）。T0969③：9，鸱吻上贴塑的兽角残段，上下端均残，平面呈弧形，向上渐变窄，上表面略凸，饰鱼鳞纹，涂白灰，背面平，残长19.6、宽4.2—5.3、厚2厘米（图3-1-40，3；图版九四，2）。T0969③：5，鸱吻上贴塑的兽角残段，平面呈弧形，上表面略凸，饰浅凹槽，涂有白灰，背面平，残长16、厚2厘米（图3-1-40，4；图版九四，1）。T1068③：12，凤鸟底座，残长16、残宽8.8、残高10厘米（图3-1-40，5）。

砖　1件。T0869③：7，长方体，一面平整，另一面较为粗糙，长31.8、宽16.2、厚5.6厘米（图3-1-38，5）。

2. 陶、瓷器

陶碗　1件。T0970③：7，泥质灰陶，圆唇，敞口，斜直腹，大平底，底部残，口径14.5、底径10.8、高4.2、胎厚1.2厘米（图3-1-41，10）。

陶罐　7件。依口沿形制可分四型。

A型　1件。T1170③标：3，泥质灰陶，内卷沿，圆唇，敛口，残高3.5、胎厚0.6厘米（图3-1-41，2）。

B型　3件。T0869③标：6，泥质灰陶，卷沿，圆唇，敛口，鼓肩，斜弧腹，口径24、最大腹径31.6、残高18厘米（图3-1-41，1）。T0869③标：2，泥质灰陶，柱状圆唇，敛口，肩部有竖桥耳，残高6、胎厚0.55厘米（图3-1-41，3）。

C型　1件。T0869③标：1，泥质灰陶，圆唇，敛口，口沿外侧有两圈凹槽，鼓肩，残高7.4、胎厚0.5厘米（图3-1-41，4）。

D型　2件。T1170③标：2，泥质灰陶，外折沿，圆唇，敛口，残高2.8、胎厚0.6厘米（图3-1-41，5）。

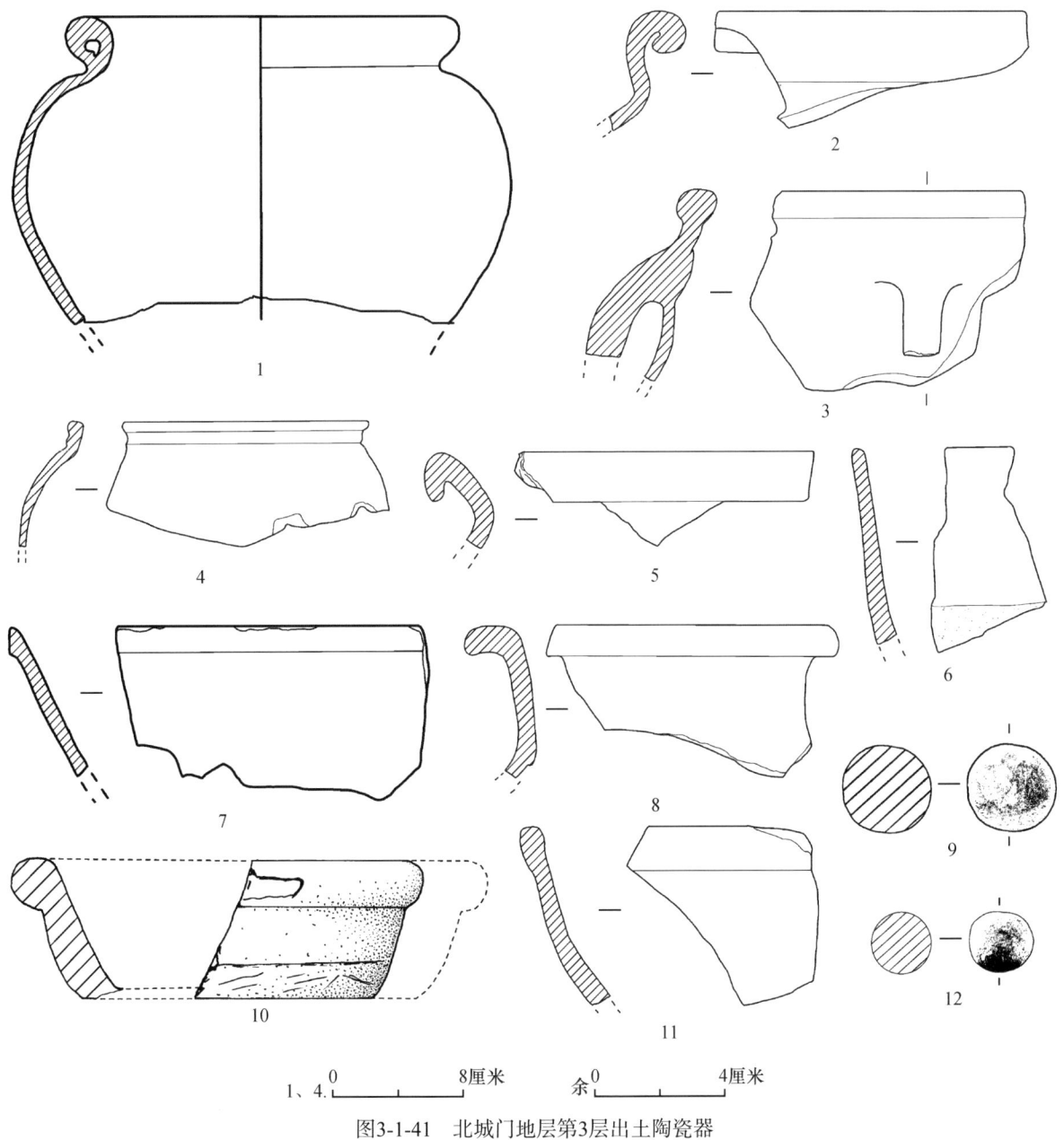

图3-1-41　北城门地层第3层出土陶瓷器

1、3. B型陶罐（T0869③标：6、T0869③标：2）　2. A型陶罐（T1170③标：3）　4. C型陶罐（T0869③标：1）　5. D型陶罐（T1170③标：2）　6、7、11. 瓷碗口沿（T1170③标：5、T1170③标：7、T0869③标：8）　8. 陶壶口沿（T1170③标：1）　9. 陶球（T0869③：5）　10. 陶碗（T0970③：7）　12. 水晶球（T1068③：5）

陶壶口沿　2件。T1170③标：1，泥质灰陶，外折沿，圆唇，直颈，残高4.6、胎厚0.6厘米（图3-1-41，8）。

陶球　1件。T0869③：5，手制，椭圆形球体，直径3.9厘米（图3-1-41，9）。

瓷碗口沿　7件。T1170③标：5，灰胎，白釉，内施满釉，外施半釉，圆唇，敞口，斜直腹，残高6.2、胎厚0.5厘米（图3-1-41，6）。T1170③标：7，白胎，白釉，尖唇，敞口，斜直腹，残高5.2、胎厚0.2厘米（图3-1-41，7）。T0869③标：8，黄褐色粗砂胎，白釉，圆唇，敞口，斜弧腹，残高5.4、胎厚0.6厘米（图3-1-41，11）。

3. 铁器

铁锹　1件。T1068③：6，锹面呈圆角长方形，刃平直，略残，斜肩，銎柄前卷，通高32、宽19.2、厚0.8、柄长8、直径5.2—5.6厘米（图3-1-42，1；图版一三六，3）。

铁片　3件。T1068③：4，折叠为二层，残长14.3、残宽13.5、厚0.4厘米（图3-1-42，2）。

铁甲片　14片。T0970③：6，5片锈蚀在一起，单体平面长方形，两侧有直径0.2厘米的圆形穿孔等距分布，长6.5、宽3.3、厚0.3厘米（图3-1-42，3）。

铁钉　10件。T1068③：7，钉帽锻扁平并向一侧略微弯折，钉身截面长方形，长17.8、截面长0.5、宽0.3厘米（图3-1-42，4）。T0969③：8，钉帽锻扁平并向一侧略微弯折，钉身略弯，截面长方形，长13.6、截面长0.6、宽0.4厘米（图3-1-42，6）。T0969③：7，钉帽锻扁平并向一侧略微弯折，钉身截面长方形，长11.6、截面长0.7、宽0.5厘米（图3-1-42，7）。

铁门鼻　1件。T0969③：13，环形铁钉，钉上端呈环形，下端残，截面长方形。残高5.8厘米（图3-1-42，8）。

铁铡刀　1件。T0969③：4，直背，直刃，方锥形尖柄，刃端残，残长37.2、最宽处7.4、背厚0.4、柄长7.2厘米（图3-1-42，5；图版一三六，1）。

铁环　1件。T1068③：1，截面方形，环上套有一方锥形铁钉，环径11.8、截面边长1.4、铁钉残长7.6厘米（图3-1-42，9；图版一三七，2）。

4. 铜钱

3枚。T1268③：2，天圣元宝，楷书，旋读，直径2.6、孔边长0.6、厚0.2厘米（图3-1-43，4）。T1269③：1，熙宁元宝，篆书，旋读，直径2.4、孔边长0.7、厚0.3厘米（图3-1-43，7）。T1168③：2，开元通宝，隶书，顺读，直径2.4、孔边长0.6、厚0.2厘米（图3-1-43，8）。

5. 其他

水晶球　1件。T1068③：5，磨制，雾白色，椭圆球体，内有细微冰裂纹，透明度较差，直径2.5厘米（图3-1-41，12）。

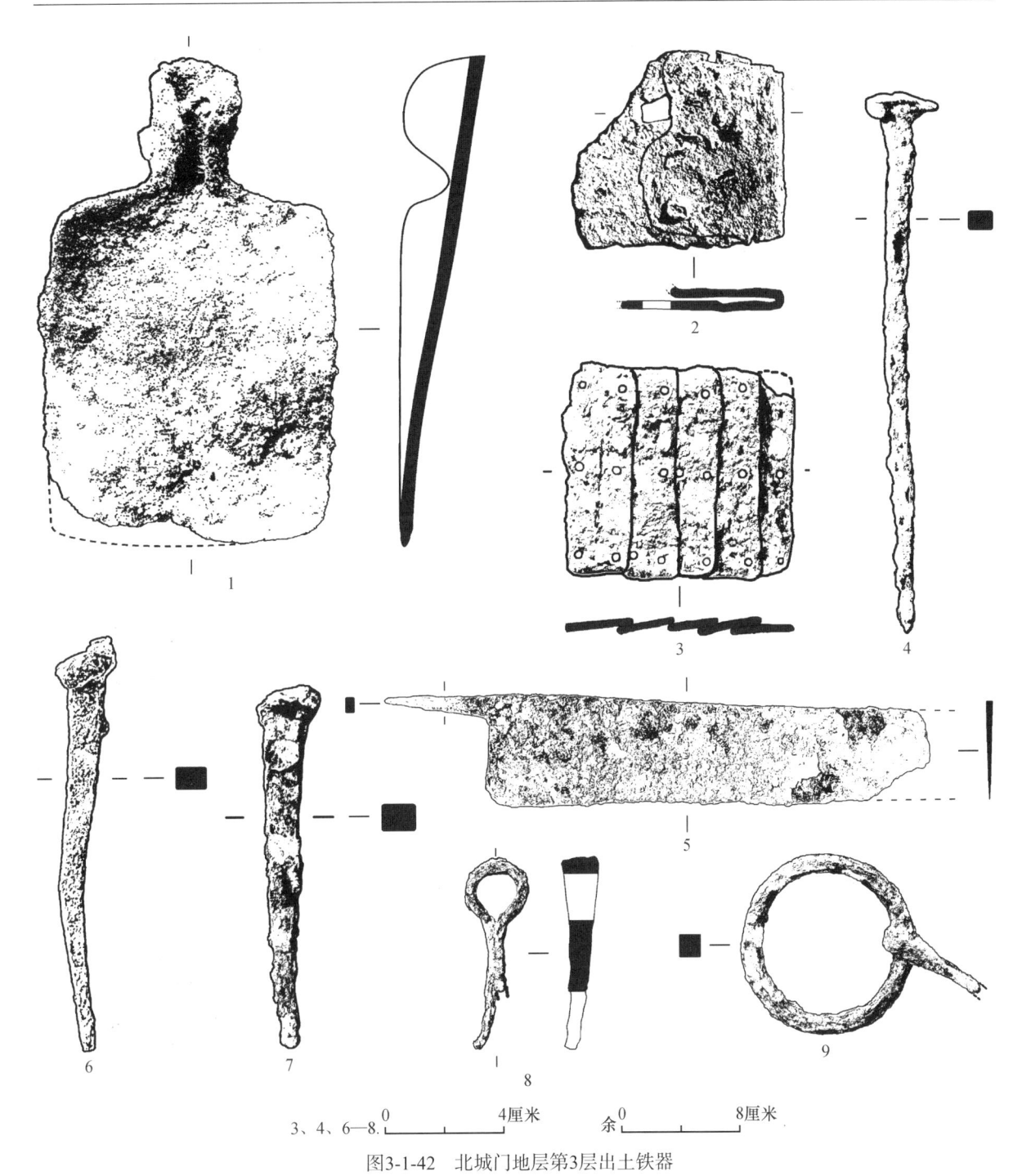

图3-1-42 北城门地层第3层出土铁器
1.铁锹（T1068③:6） 2.铁片（T1068③:4） 3.铁甲片（T0970③:6） 4、6、7.铁钉（T1068③:7、T0969③:8、T0969③:7） 5.铁铡刀（T0969③:4） 8.铁门鼻（T0969③:13） 9.铁环（T1068③:1）

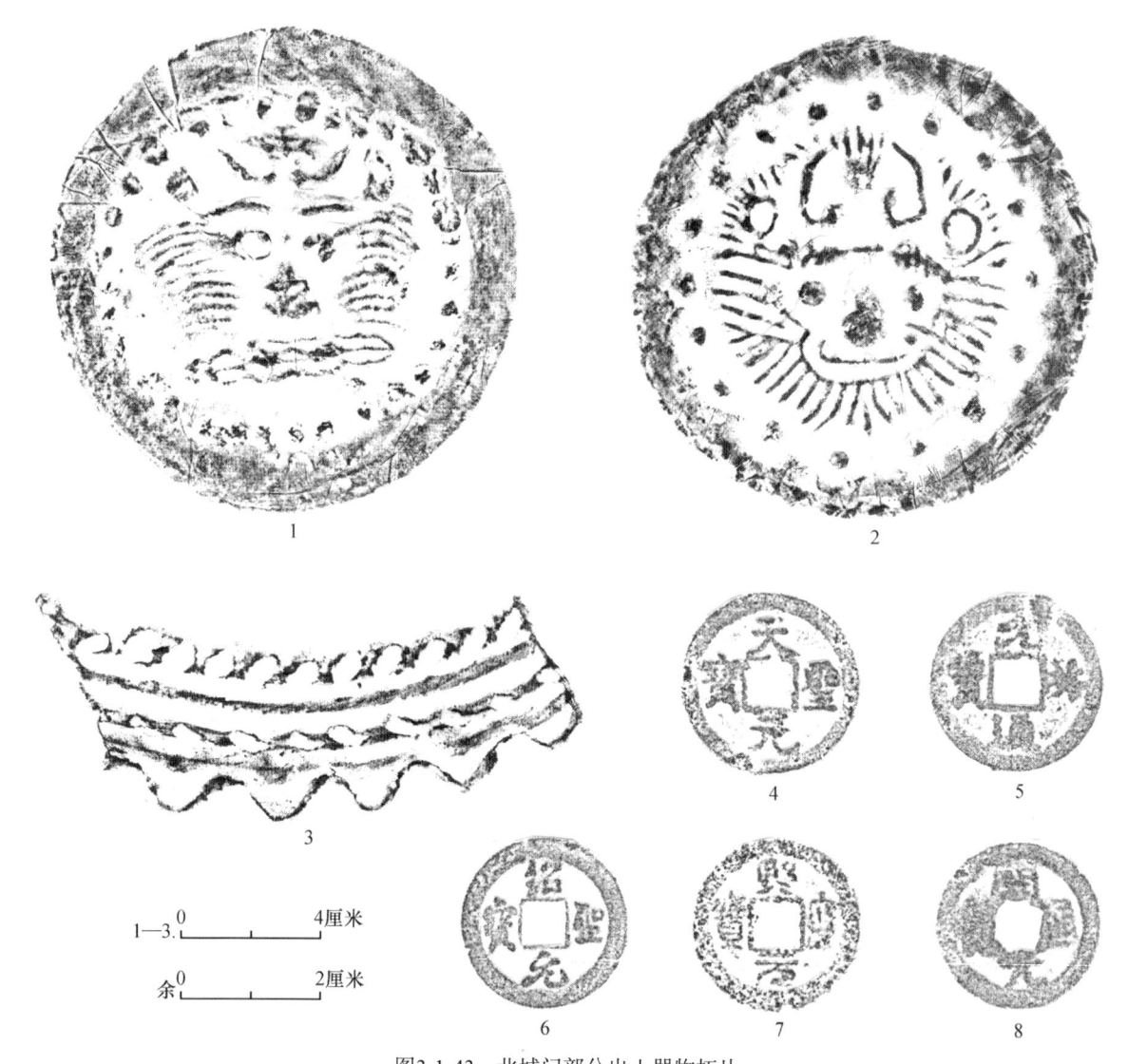

图3-1-43 北城门部分出土器物拓片

1、2. 瓦当（JC1②：5、T0969③：12） 3. 檐头板瓦（T0869③：4） 4—8. 铜钱（T1268③：2、T0967⑥d：1、T0967④d：1、T1269③：1、T1168③：2）

第二节 城　　墙

一、北　城　墙

北城墙是城四家子城址目前保存状况最好的城墙。2013年5月，对城址北墙西段，东距北城门350米的一处豁口，进行了解剖式发掘。此豁口系当地村民为方便交通，人为开挖形成，城外通往城址南部古城村的道路自此处斜向穿过（图3-2-1；图版一三，1）。此处城墙现存高度约4.3米，底部宽20余米，暴露在外的城墙断面上可见明显的夯层。我们利用豁口东侧壁清理出平整的剖面，并紧贴墙体布一条宽2米的探沟进行发掘，以了解墙体的地下基础结构。

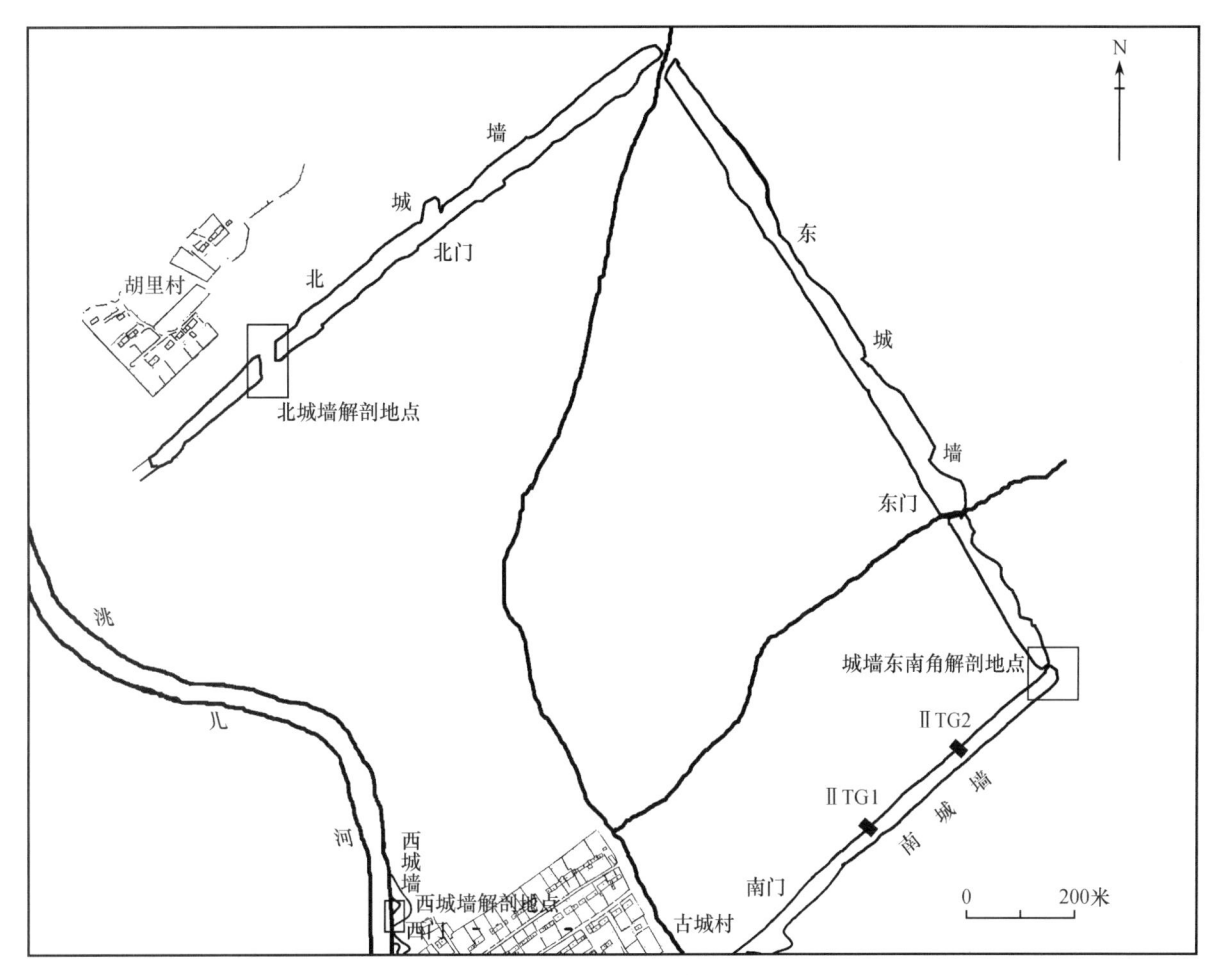

图3-2-1　城墙解剖位置图

（一）地层堆积

由于自然力的侵蚀和农民拓荒耕种的影响，城墙遭破坏严重，加之本地区近些年风沙较大，且以西南风为主，在城墙墙体北侧形成较厚的坡状堆积。

城墙处的地层堆积共10层。

第1层：表土层，为质地疏松的灰黄色沙土，含较多植物根系，厚10—40厘米。

第2层：风积淤沙层，灰褐色沙土，质地疏松，内中包含少量现代垃圾、兽骨和植物根系，厚0—40厘米，仅见于城墙北侧。

第3层：风积淤沙层，黑褐色沙土，质地疏松，含少量植物根系，厚0—50厘米。

第4层：风积淤沙层，黄褐色沙土，质地疏松，无包含物，厚0—50厘米。

第5层：风积淤沙层，黑褐色沙土，质地疏松，无包含物，厚0—30厘米。

第6层：风积淤沙层，黄褐色沙土，质地疏松，无包含物，厚0—50厘米。

第7层：墙体坍塌层，灰褐色土，质地略坚硬，无包含物，厚0—50厘米，仅见于城墙北侧。

第8层：墙体坍塌层，黄褐色土，质地略坚硬，无包含物，厚0—40厘米，仅见于城墙北侧。

第9层：墙体坍塌层，灰黑色土，含黑褐色、灰褐色斑点，质地坚硬，可见明显夯层，夯层厚度与墙体夯层相同，且平行于墙体夯层，但与墙体夯层间存在错位，厚25厘米。

第10层：淤沙层，黄褐色沙土，质地疏松，无包含物，厚30厘米左右，仅见于城墙北侧。

第10层下部叠压一层路土，应为当时的地面，距现地表深约0.4米。路土之下即为城墙遗迹。

（二）城墙结构

城墙由地上墙体和地下基槽两部分组成（图3-2-2；图版一四，1）。

1. 地上墙体

通过解剖发现，该段城墙地上部分为多次夯筑而成，现存墙体由六部分独立夯筑的夯土组成。其营建顺序为：先在中部夯筑剖面呈梯形的墙芯，再在两侧依附墙芯坡面分别加筑上窄下宽的夯土，再在该夯土外侧继续加筑，形成以墙芯为中心北侧3、南侧2块夯土共同构筑的墙体的形制。

墙芯剖面呈梯形，起建于黄色沙质生土之上，残高4、底宽3.9、顶部残宽1米。墙芯土色为黄色，细沙土，与生土土质土色较为接近。夯层较厚，多在15厘米以上，最厚的达30厘米。

墙芯北侧与之紧邻的一块夯土墙体（下称"北1"）残高4.25、底宽2.8、顶部残宽1.65米。该部分墙体为红褐色土，与其下生土土质土色较为接近。夯层厚10—20厘米，质地坚实，剖面可见起伏明显的夯窝，夯窝直径在10厘米左右。该块夯土北侧的夯土（下称"北2"）残高4.25、底宽1、最宽处约2、顶部残宽1米。该块墙体为青灰色土，部分夯层土质土色与生土较为接近。夯层厚0.1—0.2米，夯窝亦较明显，直径10—15厘米。北部最外侧的一块夯土（下称"北3"）残高4.1、底宽1.6、顶部残宽2.3米。该夯土为黄褐色土，夹杂大量黑褐色、红褐色土块，似经火烧，夯层厚10—15厘米，从剖面看夯窝不明显。

墙芯南侧与之紧邻的一块夯土墙体（下称"南1"）残高4.35、底宽3.5、顶部残宽0.5米。该部分墙体为灰黄色土，夯层厚10—15厘米，质地坚实，夯窝明显，夯窝直径10—15厘米。该块夯土南侧的夯土（下称"南2"）残高1.8、底宽2.6、顶部残宽2.1米。该块墙体为黑褐色土，夯层厚10—15厘米，夯窝明显，直径10—15厘米。

2. 地下基槽

该城墙有两组地下基槽，间距7米，分别位于墙芯南北两侧墙体之下，位置左右对称。

北侧基槽由3个具有打破关系的基槽坑及"北1""北2""北3"的地下部分构成，总宽度4.5米。其中，最下层基槽坑（下称"Jc1"）为弧壁弧底，内中填充黄色沙土，质地略硬，

第三章 城墙与门址的发掘

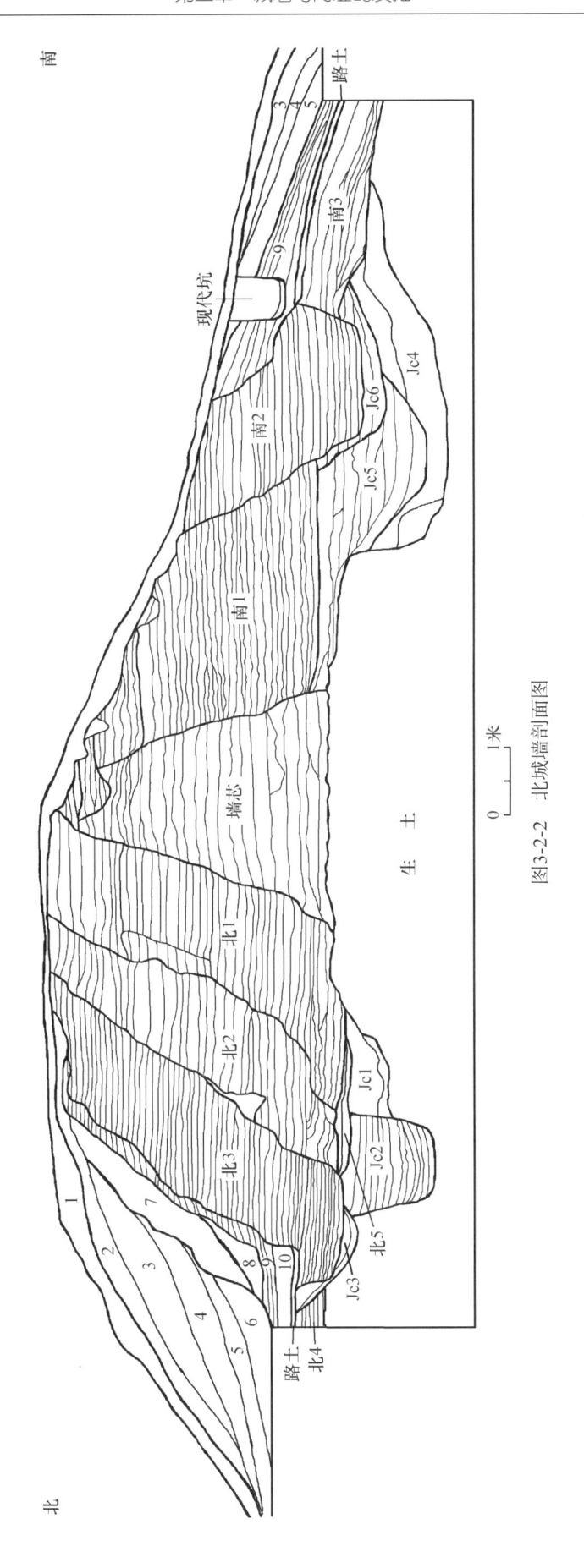

图3-2-2 北城墙剖面图

其内夯窝不甚明显，夯层厚度不甚均匀，为0.1—0.3米，底部距当时地表深0.8米，北侧被另一基槽坑（下称"Jc2"）打破，残存宽度1.8米。Jc2为斜直壁平底，距当时地表深2、底宽1.3、残存高度1.45米，其内可见夯层15层，均为黑灰色土，质地坚硬，夯层厚度较为均匀，约为0.1米，大致水平。Jc2上部南侧被"北1"和"北2"叠压，北侧被另一弧壁弧底基槽坑（下称"Jc3"）打破，该基槽坑开口于第10层下叠压的路土之下，深1.05、残宽1.7米，其内夯层亦呈弧形，不甚明显，土色灰黑，质地坚硬，其南部被"北3"的地下部分打破。Jc3北侧打破一块叠压于路土层下的夯土（下称"北4"），此夯土坐落于生土之上，应为城墙早期夯筑的部分。"北3"的地下部分呈斜直壁平底状，深0.8、宽2.5米，其内可见夯层10层，为灰黑色土和黄褐色土交替夯筑而成，质地坚硬，夯层较密，厚5—10厘米，夯窝明显，夯层剖面略呈破浪状，局部可观察到夯窝直径为0.1—0.15米。另外，叠压于Jc1和Jc2之上，有一块相对独立的夯土（下称"北5"），被"北1"和"北2"叠压或打破，现存2层夯层。

南侧基槽由3个具有打破关系的基槽坑及"南2"的地下部分等构成，总宽度7.5米。其中，最下层基槽坑（下称"Jc4"）剖面呈不规则形，弧底，北侧边陡直，南侧边平缓，残宽5.65、深约2米，其内堆积可分2层，下层为黑褐色土，质地坚硬，掺杂大量黄土块，其内夯窝不甚明显，夯层厚度不均匀，为0.1—0.3米，上层为质地略硬的黄灰色土，略经夯打，北部被一形制规整的弧壁弧底基槽坑（下称"Jc5"）打破。Jc5宽3.05，深约1.6米，其内可见夯层10层，为黑褐色土，质地坚硬，夯层厚度不均，多为0.1—0.3米，夯窝不甚明显，上端南侧被另一弧壁弧底的基槽坑（下称"Jc6"）打破。Jc6深1.1、宽2.5米，其内可见夯层6层，均为灰黄色土，质地坚硬，每一夯层厚度不甚均匀，为0.1—0.25米，夯窝不明显。Jc6与路土层之间，有一块由若干层薄厚不均的夯层构成的夯土（下称"南3"），应为早期城墙向南延伸的护坡，总厚度0.9、已发掘宽度2.25米，内中夯层下部为黄褐色土与灰褐色土交替夯筑，上部均为灰褐色土，质地坚硬，每一夯层厚度不甚均匀，为0.05—0.3米，夯窝不明显。"南3"坐落于生土及Jc4、Jc6之上，北端及Jc6上端均被"南2"的地下部分打破。"南2"的地下部分呈斜直壁平底状，底宽1.95、深0.85米，内中夯土为灰黑色土，质地坚硬，每一夯层厚度不甚均匀，大致为水平分布，为0.1—0.3米，夯窝明显，使得夯层剖面多数呈波浪状。

（三）城墙营建顺序及分期

通过解剖所获的叠压和打破关系，可明确城四家子城址北城墙各个组成部分的早晚关系为：

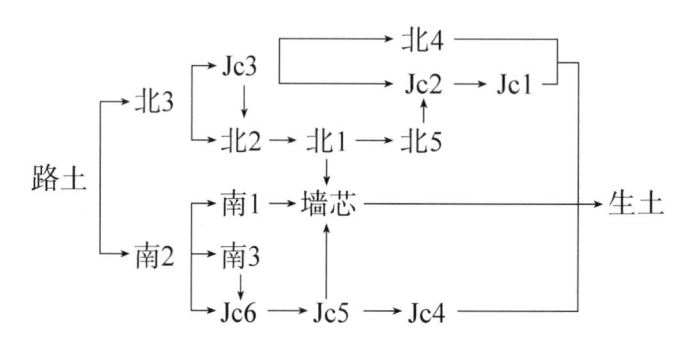

通过各部位的相互关系，可将北城墙遗迹分为二期5段。

第一期包含的部分有：墙芯、Jc1、Jc2、Jc4、Jc5、Jc6、北1、北2、南1、南3、北4、北5。这部分遗迹之间亦存在早晚关系，大致可分为三个阶段。

第一阶段包括墙芯、Jc1和Jc4，应当为城墙初建成的部分。该阶段遗迹无论墙体还是基槽，夯层都较厚，夯窝不甚明显，所使用的土亦是牢固度较低的黄沙土。第二阶段包括Jc2、Jc5、Jc6和"北5"，这三处基槽坑应当是初建城墙阶段对基槽部分的改建，主要目的为增强基槽的承重能力，"北5"建于Jc2之上，有可能是墙体，也有可能仅是垫土。此阶段夯层明显变薄，夯窝明显，并且使用了多种不同颜色和质地的土交替夯筑，无论用料和用功程度都大大高于第一阶段。第三阶段包括"北1""北2""北4""南1"和"南3"。"南1"为基于Jc5和Jc6之上的墙体，而"北4"和"南3"这两部分应当是城墙主体建成后于内外两侧夯筑的起护坡或加固作用的延伸部分。

第二期包含的部分有：Jc3、北3、南2。这部分遗迹应当为城墙在使用了一段时间后重修形成的部分，此时的地面已有所抬升。这几部分之间亦存在早晚关系和营建先后顺序，大致可分为两个阶段。

第一阶段为Jc3，为重修墙体的地下基槽部分。第二阶段包括"北3"和"南2"，为最后一次大规模维修城墙阶段形成的墙体。此阶段夯层夯窝明显，并且使用了多种不同颜色和质地的土交错夯筑，无论用料和用功程度均较高。

二、西 城 墙

西城墙因洮儿河水的侵蚀，仅存南部城门附近呈折尺形的部分。发掘点选取在西城墙北数第一个外凸的折角处，一条东西向墙体的南端断面，该处南距西城门95米（图3-2-1）。此项工作于2015年5月开展。此处城墙暴露在外的断面上可见明显的夯层。我们利用断面清理出平整的剖面，以了解墙体的构造。

（一）地层堆积

西城墙的地层堆积较为简单，墙体上表面覆盖一层表土，表土层下南、北两端有些许堆积，中部即为城墙本体。

地层堆积共5层。

第1层：表土层，为风积淤沙，质地疏松的灰黄色沙土，含较多植物根系，无其他包含物，厚10—60厘米，覆盖整个城墙墙体。

第2层：墙体坍塌层，灰褐色及黄褐色夯土层层交替，夯层薄厚不均，质地致密，内中夹杂黄色砂土颗粒，无其他包含物，厚30—100厘米，分布于城墙南北两侧墙脚处。

第3层：墙体坍塌层，黑褐色及黄褐色砂质夯土层层交替，夯层薄厚不均，质地坚硬，无包含物，厚50厘米，见于城墙南侧墙脚处。

第4层：墙体坍塌层，灰褐色土与黄褐色土交替夯筑，质地略微疏松，含少量黄色砂砾，无其他包含物，厚0—30厘米，分布于城墙南北两侧墙脚处，叠压于墙芯之上，又被北半部分墙体的基槽打破。

第5层：垫土层，叠压于生土层之上，为城墙兴建之前的地面垫土，黑褐色沙土，质地较为坚实，无包含物，厚0—10厘米，分布于城墙南北两侧墙脚处地面以下。

第5层下为黄褐色次生土。

（二）城墙结构

墙体横断面呈三角形，最宽处14.2米，由两部分组成。

南半部分为墙芯，大致呈等腰三角形，最宽处10.8、残高3.2米，其正下方有宽8.5、深0.4米的基槽，基槽南壁陡直，北壁呈缓坡状，与城墙地上部分无明显界限。墙体夯筑于次生土之上。墙芯下部及基槽部分使用纯黄色亚黏土层层夯筑而成，土质较为疏松，触之呈粉末状掉落，夯层较厚，为10—20厘米，该部分墙体厚度占整个墙芯部分残存高度的1/3略强。其上使用黄褐色土夯筑，土色不纯，偶杂少量纯黄土，土质较为致密，夯层厚度与下半部分同。

北半部分墙体叠压于墙芯北侧，以褐色亚黏土为主，高4.5、最宽处5.5米，下部有宽2.3、深1米的地下基槽，基槽剖面呈倒置的等腰三角形，两侧壁斜直。基槽内使用褐色细沙土夯实，下半部分为灰褐色土，夯层较厚，为15—25厘米，无明显夯窝，上半部分为灰褐与黄褐色土交替夯筑，夯层较薄，为5—10厘米，有较为明显的夯窝。地上部分的墙体使用灰褐色、黄褐色与纯黄色夯土层层交替夯筑，夯层薄厚不均，其中，纯黄色夯土层较厚，约10厘米，灰褐色及黄褐色夯层厚度多为3—5厘米，部分为8—10厘米，有明显的夯窝，使得夯层剖面轮廓呈波浪状（图3-2-3，图版一四，2）。

（三）城墙营建时序

通过解剖，可明确城四家子城址西城墙的结构，从而明确城墙的营建顺序。首先营建的是城墙的墙芯部分，此部分叠压于一层垫土层即第5层之上；墙体局部产生了塌落，形成了第4层；之后在墙芯北侧加筑墙体，加筑的部分打破第4层；在城墙使用了一段时间后，墙体局部产生了塌落，形成了第3层和第2层。

综上所述，西城墙剖面的层位关系由晚及早大致为：

第1层 → 第2层 → 北侧墙体 → 第4层 → 墙芯 → 第5层 → 生土
　　　　　└─→ 第3层 ─┘

图3-2-3 西城墙剖面图

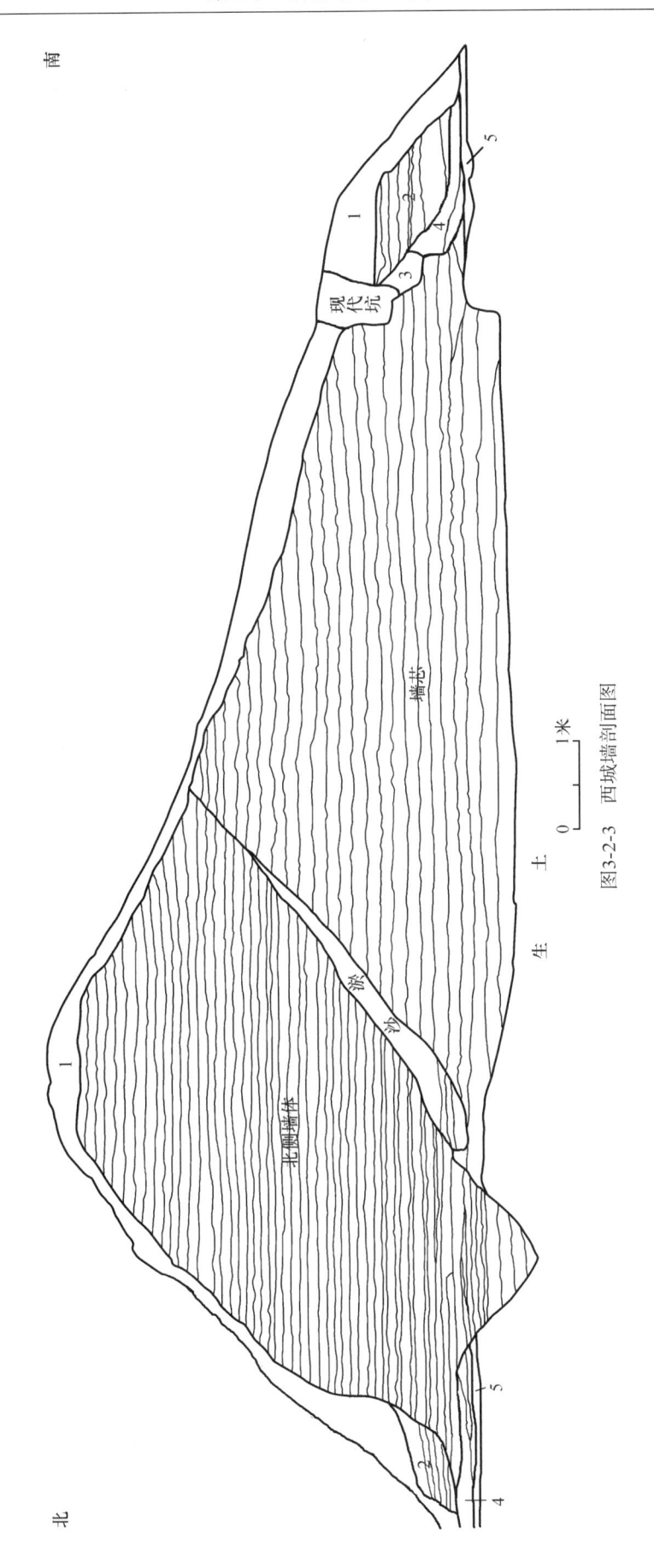

北侧加筑的墙体与墙芯之间，有一条宽0—30厘米的土带，土带底部为一块具有3层夯层的夯土块，似为墙体坍塌下来的部分，其上填满质地细腻疏松的灰褐色细沙土。关于这条土带形成的原因，有两种可能。一是墙芯建成并使用了一段时间后形成的坍塌层和淤积层，在补建城墙时未将其清除干净，使之存留于墙体之中。若是如此，则说明两部分城墙的形成有较长的时间间隔，也就是说，它们不仅具有营建时序上的早晚关系，还可能存在时代上的早晚关系。但夯筑如此致密的城墙，施工质量可见一斑，应当不大可能出现这种使城墙坚实度下降的疏漏。另有一种可能，即自然力的破坏。雨水的长年侵蚀，季节温差造成的冬冻春融、热胀冷缩，都可能会使两部分墙体的接合部位出现缝隙，使得泥沙借助雨水渗透入墙体之中。但形成如此之宽的裂隙，并有夯土块掉落其中，则有可能是地震等破坏力更强的自然因素助力所致。

据相关资料记载，白城地区（含今松原地区）有记载的地震共31次，其中30次均发生在民国二十六年（1937年）至1985年，这些地震大多为不具有威胁力的2级以下的小震，最高一次震级3.6级，震中心位于距城四家子城址近100千米的通榆县瞻榆镇[1]。另一次地震发生在1119年。《大金国志》记载：天辅三年春正月，肇州之始兴、隆州之利涉地震，陷死数千人[2]。1979年，吉林省历史地震组考证出此次地震发生在前郭尔罗斯蒙古族自治县，震级6.5—7级[3]，该地与城四家子城址间直线距离约150千米。这些地震对当时的城四家子城址中的建筑物造成多大的影响，如今均已难求证，我们仅能通过这些信息对可能存在的情况有初步的认识。

三、南 城 墙

2016年，为配合白城市文化广电新闻出版局"城四家子城址部分城墙遗迹本体保护工程"的实施，我们在南城墙东段北侧选取了两处地点进行探沟发掘（图3-2-1）。两处探沟均以南北向布设，方向148°，大致与南城墙方向垂直，分别编号2016BTCⅡTG1和2016BTCⅡTG2。此项工作5月初开展，6月中旬结束。

（一）ⅡTG1

ⅡTG1位于南城门东部110米处，方向148°。探沟东西宽2米，起初发掘长3米，后延长至3.14米。发现2层道路迹象，以及灰沟、灰坑等遗迹（图3-2-4；图3-2-5）。

---

[1] 中国地震历史资料编辑委员会总编室：《中国地震历史资料汇编》（第四卷），科学出版社，1983年。
[2] 宇文懋昭撰，崔文印校：《大金国志校正》第一卷《太祖武元皇帝上》，中华书局，2011年。
[3] 白城地区地方志编纂委员会：《白城地区志》，吉林文史出版社，1992年。

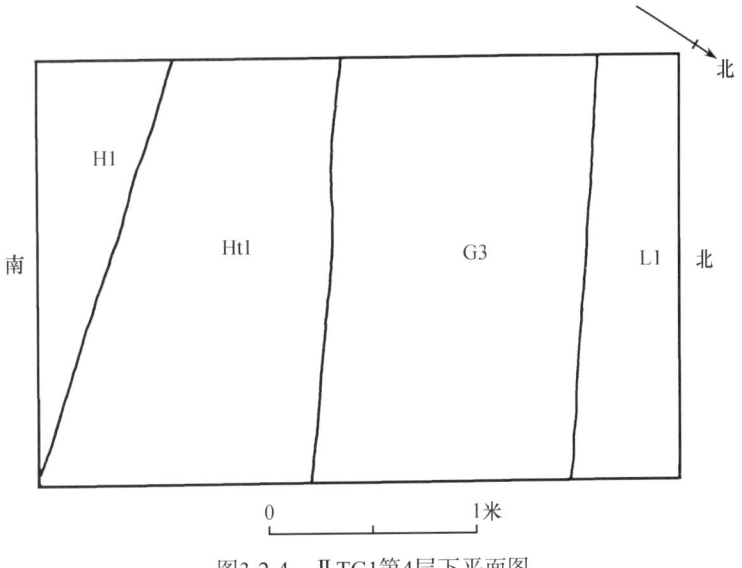

图3-2-4　ⅡTG1第4层下平面图

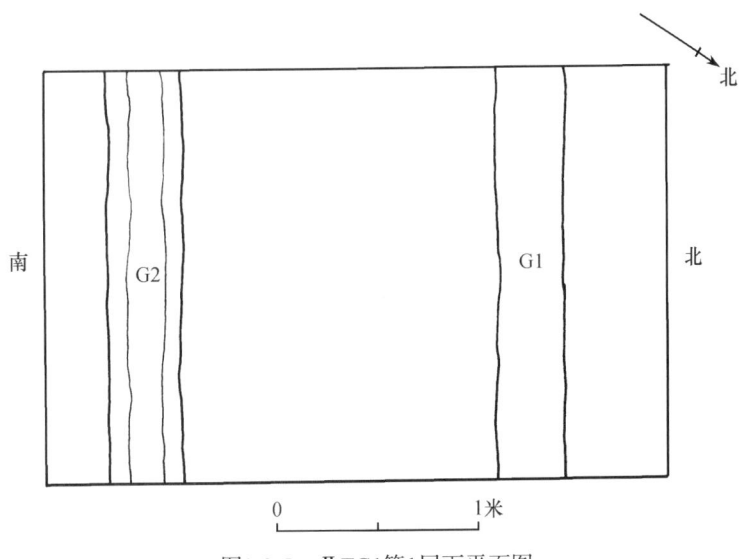

图3-2-5　ⅡTG1第1层下平面图

1. 地层堆积

此探沟堆积共5层（图3-2-6—图3-2-9）。

第1层：表土层，灰色，厚10—20厘米，为风积沙土层。

第2层：垫土层，灰色土夹杂黄色斑块，土质较松软，厚10—20厘米，包含少量陶瓷片。为金代以后形成的地层。该层之上有2条东西向平行的车辙沟打破该层。

第3层：黄褐色土，路土层，以灰褐色和灰色土层层叠压形成，质地较致密坚实，上表面有明显踩踏面，厚10—30厘米，分布于整条探沟内。包含少量陶瓷片。从出土物判断为金代道路。

第4层：路下垫土层，灰色土，土质较为致密，厚0—30厘米，包含陶瓷片及兽骨。H1开口于该层下。

图3-2-6　ⅡTG1东壁剖面图

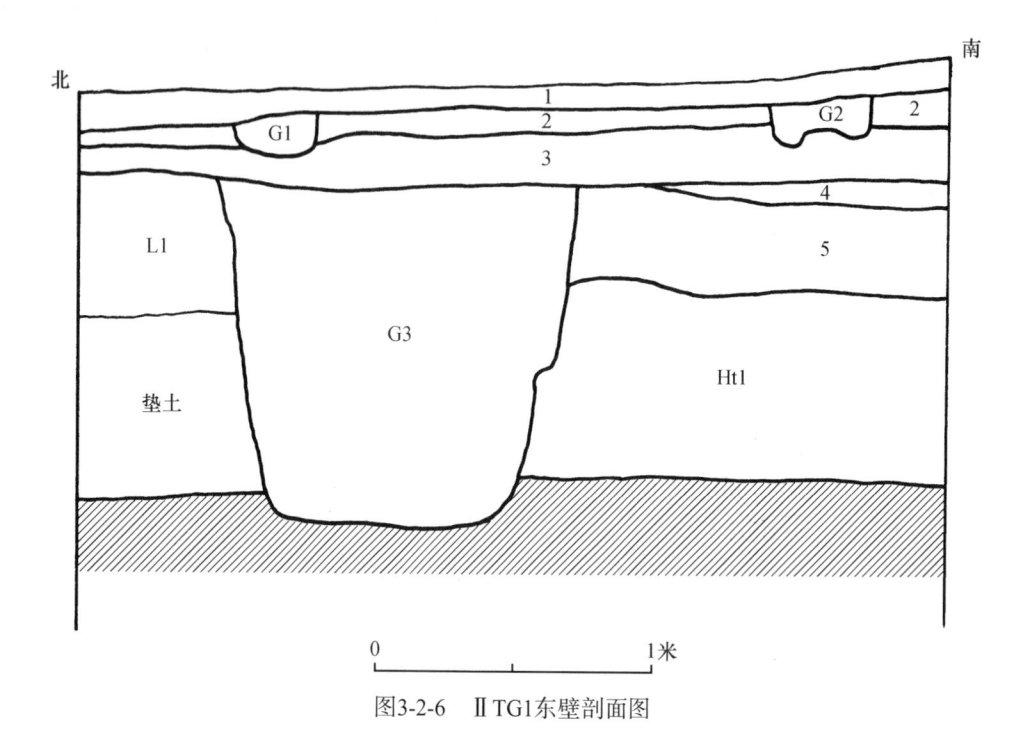

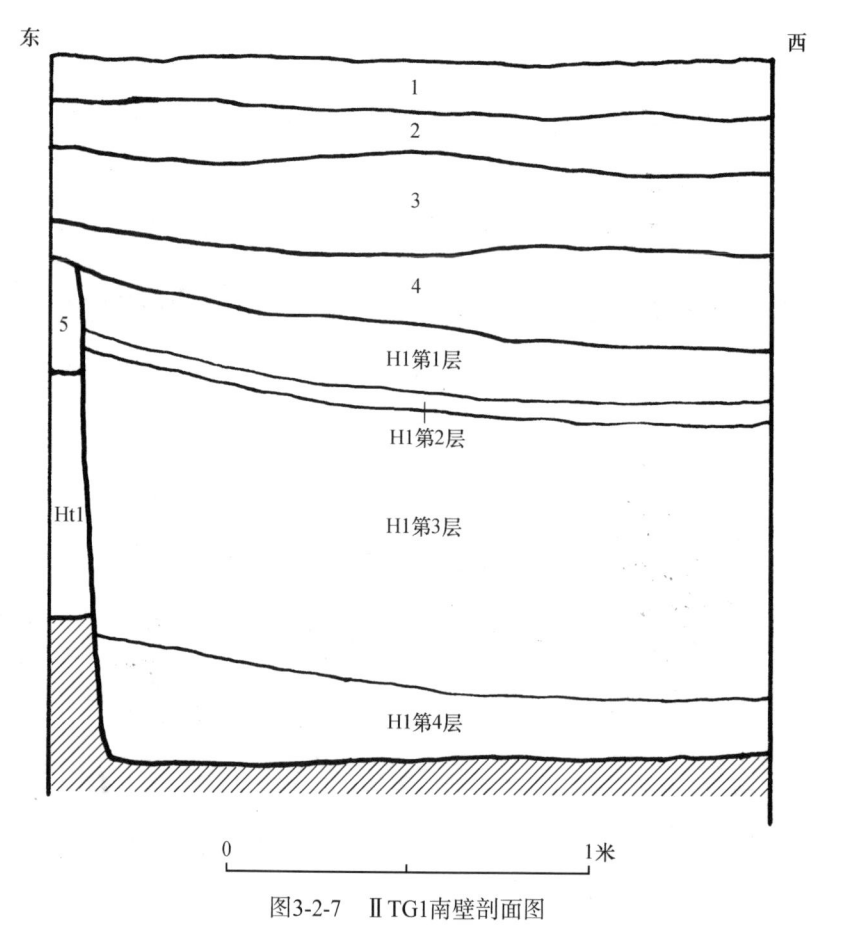

图3-2-7　ⅡTG1南壁剖面图

图3-2-8　ⅡTG1西壁剖面图

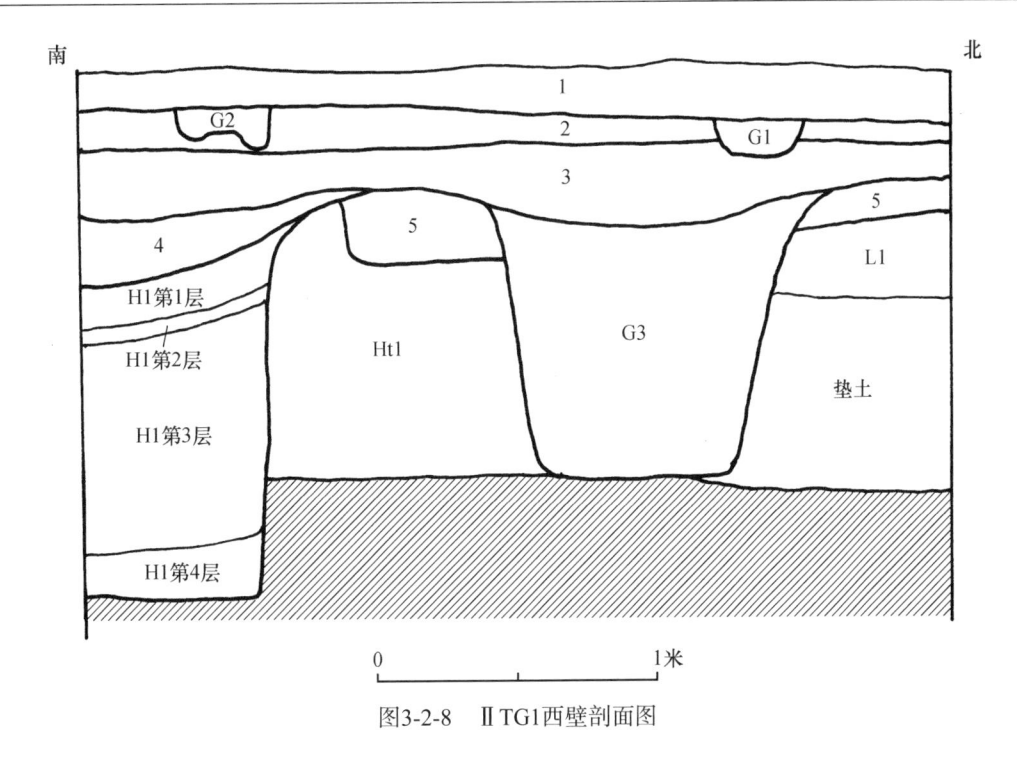

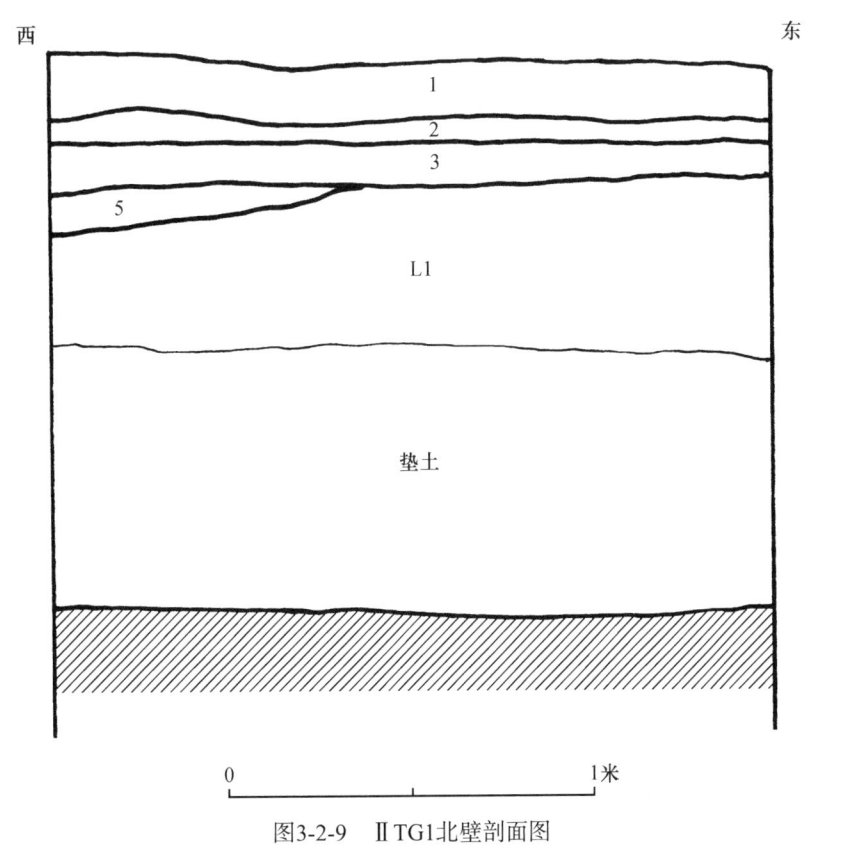

图3-2-9　ⅡTG1北壁剖面图

第5层：灰白色土，垫土层，土质较为细腻，仅见于探沟东壁和南壁，厚0—35厘米，无包含物。该层在探沟中的分布并不连贯，应当是用于铺垫地面的凹坑。可能为辽代堆积。该层下为道路遗迹和夯土遗迹，分别编号L1和Ht1。

L1和Ht1下即为褐色生土层。

2. 主要遗迹

（1）道路

L1　分布于探沟南端，起建于生土层之上，由上下两部分构成。上部是由黄褐色垫土层和黑色踩踏面层层叠压而成的路土层，厚40—45厘米，无包含物。该路土保存较好，有多次铺垫和踩踏迹象，可见使用时间较长。下部为路基垫土层，由五花土层层夯垫而成，夯层明显，但不见夯窝，厚60—65厘米，无包含物。

（2）沟

G1与G2　均开口于第1层下，东西贯通整条探沟，方向58°。打破地层第2层。G1位于探沟北部，斜弧壁，圜底，宽30、深15厘米。G2位于探沟南部，与G1平行，间距1.6米，斜弧壁，底部两侧较深，中部较浅，宽35、最深处15厘米。从形制和走势看，这两条沟应为车辙沟，时代应在金代以后。

G3　位于探沟中部偏北，东西贯通整条探沟，方向63°。G3开口于L1路基之上，打破路基和生土层，随着L1使用过程中路土层不断加厚，其沟口高度也在不断抬升，直至与L1最上层踩踏面等高。该沟剖面呈等腰梯形，斜直壁，平底，沟口宽1.25、底宽0.7—0.8、深1—1.2米。沟内填土为浅黄褐色淤沙。此沟应为与L1同时营建和使用的路沟，用于排水。从层位上看，应为辽代始建的遗迹。

（3）灰坑

H1　位于探沟南端，仅发掘一角。该坑开口于第4层下，从发掘的一条边来看，应为方形坑，方向76°，已发掘长度1.9、已发掘宽度0.67、深1.3米。坑壁陡直，打破夯土层及生土层。坑内有4层堆积：第1层为灰白色土，土质较为细腻疏松，厚15—18厘米；第2层为黑褐色土，土质亦略为疏松，厚4—6厘米；第3层为浅灰褐色层状堆积土，土质细密，内夹少量浅黄褐色土带，厚74厘米；第4层为五花夯土层，厚18—32厘米。未见包含物。

（4）夯土

Ht1　位于探沟中部偏南，北侧被G3打破，南侧被H1打破。起建于生土层之上，由黄褐色土、灰褐色土、黑色土等夯成，夯层细密，局部可见夯窝迹象。残高0.8—0.94米。从层位上看，应为辽代遗迹。

3. 出土遗物

瓷像　1件。ⅡTG1④：1，手制，炻质，蹲坐兽形，头部残，兽前胸饰铃形物，胎质粗疏灰黄，表面施黑釉，黑釉泛银光，底不施釉，残高7.8、宽4.5厘米（图3-2-10，1；图版一三三，5）。

陶冥钱　2枚。ⅡTG1②：3，手制，黄褐色泥质陶，圆台形，中部有一圆形穿孔，直径2.9、孔径0.5、厚1.2厘米（图3-2-10，2）。ⅡTG1②：2，手制，浅灰褐色泥质陶，圆台形，中部有一圆形穿孔，一面用铜钱印出反向钱文，为"政和通宝"，直径2.3、孔径0.5、厚1厘米（图3-2-10，3；图版一三二，6）。

陶棋子　1件。ⅡTG1②：4，手制，深灰褐色泥质陶，圆饼形，厚0.7厘米（图3-2-10，4）。

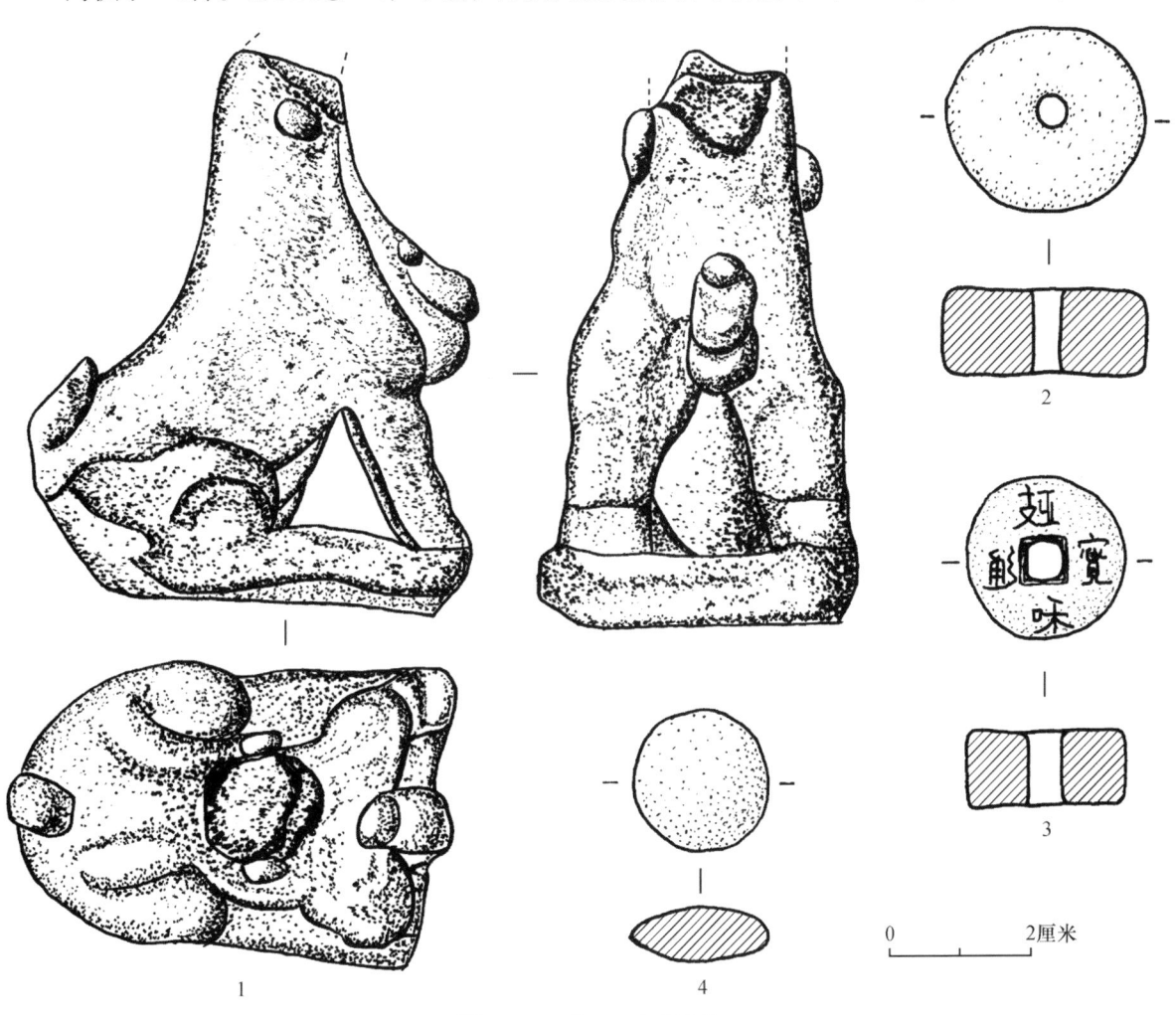

图3-2-10　ⅡTG1出土遗物
1.瓷像（ⅡTG1④：1）　2、3.陶冥钱（ⅡTG1②：3、ⅡTG1②：2）　4.陶棋子（ⅡTG1②：4）

（二）ⅡTG2

ⅡTG2位于ⅡTG1东部200米处，方向148°。探沟东西宽2米，起初发掘长3米，后延长至8.3米。发现灰坑、道路等遗迹，且下层路土时代与城墙一致（图3-2-11）。

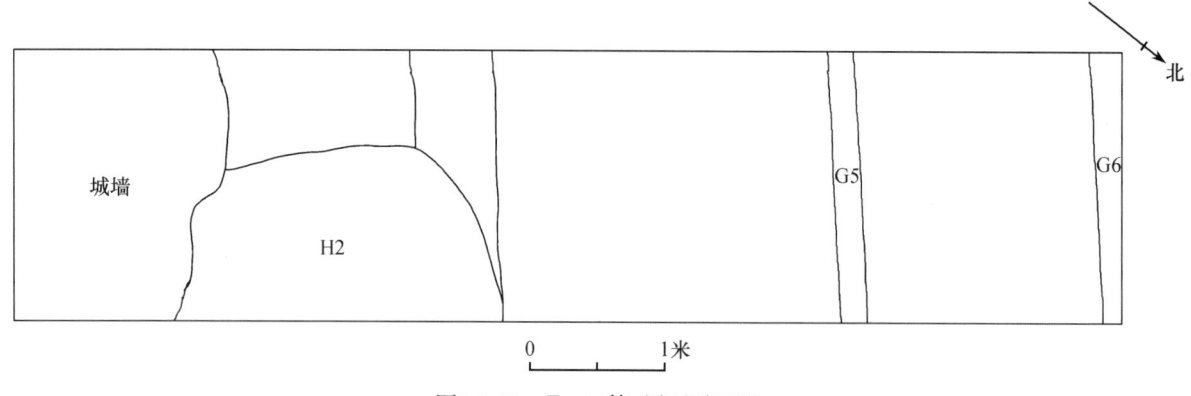

图3-2-11　ⅡTG2第6层下平面图

1. 地层堆积

此探沟堆积共12层（图3-2-12—图3-2-15）。

第1层：表土层，灰色，厚18—60厘米，为风积沙土层。

第2层：灰黑色土，较致密，厚0—15厘米。为金代以后形成的垫土层。其上有车辆碾压形成的辙沟，编号G4。主要分布于探沟北部。

第3层：浅灰色风积沙土，土质细密，厚10—35厘米。分布于整条探沟内。

第4层：为金代地层。分三亚层：第4a层为灰白色土，土质疏松，夹黑灰，包含物较少，厚20—70厘米；第4b层为一条黑灰夹层，土质疏松，较为纯净，厚0—15厘米；第4c层为浅黄

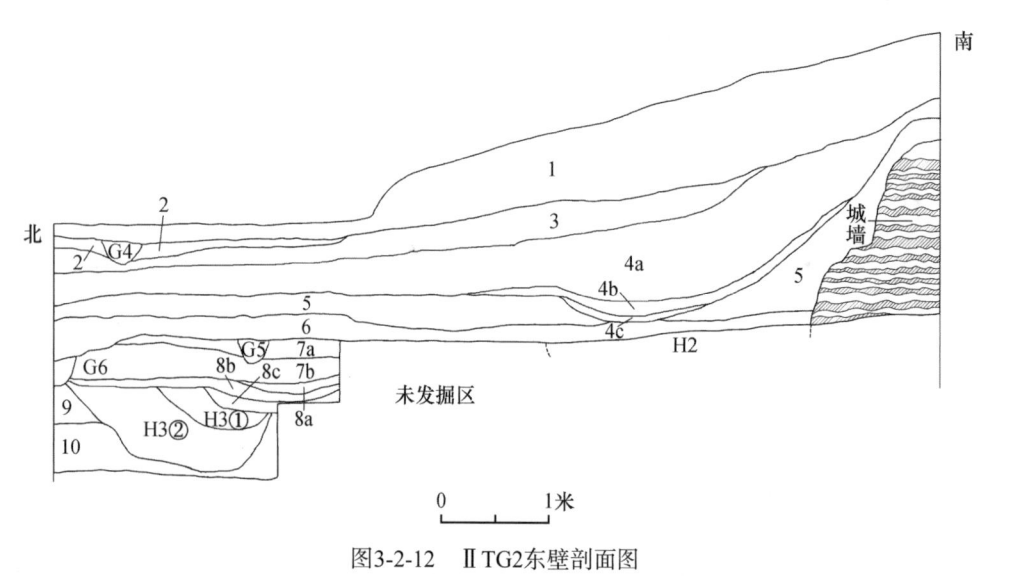

图3-2-12　ⅡTG2东壁剖面图

色沙土夹层，土质疏松，较为纯净，厚5厘米。第4a层分布于整条探沟内，第4b层和第4c层仅见于探沟东壁。

第5层：灰黄色土，土质较疏松，夹杂烧土块，和少量陶瓷片，厚14—40厘米。为辽金时期文化层。

第6层：路土层，由灰黑色土和黄褐色土交替叠压形成，土质坚实致密，包含物较少。厚10—36厘米。该层土几乎分布于整条探沟内，其下有2条沟，编号G5和G6。开口一灰坑，编号H2。

第7层：路土层，灰褐色土，为辽代路土。
分二亚层：第7a层为路土，较为致密，有多次铺垫修缮使用迹象，厚0—20厘米；第7b层为道路下的垫土层，厚15—40厘米。

第8层：细沙质夹层土，仅见于探沟东壁。

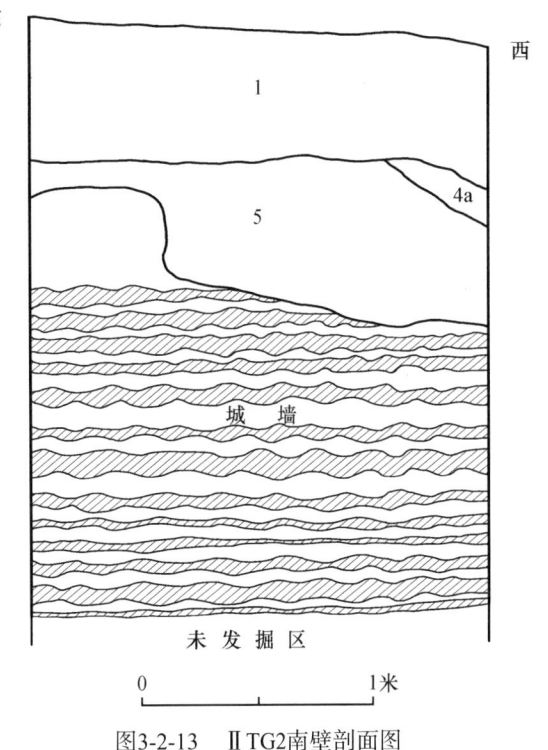

图3-2-13　ⅡTG2南壁剖面图

分三亚层：第8a层灰黄色土，厚0—10厘米；第8b层为黑灰层，厚4—15厘米；第8c层为灰色沙土，厚0—18厘米。该层下开口一灰坑，编号H3。

第9层：灰黑色土，土质较黏，含水较大。厚2—35厘米。为辽代文化层。

第10层：灰褐色土，土质较硬，较为纯净。厚40—46厘米。为辽代夯土建筑遗存。

第10层下为褐色生土。

第11层：黑褐色土，夹杂少量黄褐色土，土质较硬，较花。厚0—40厘米。该层仅见于探沟南端西部，为城墙外侧的铺垫土。

第12层：黑灰色土，土质较疏松，包含少量碳粒和碎陶片，厚0—20厘米。该层仅见于探

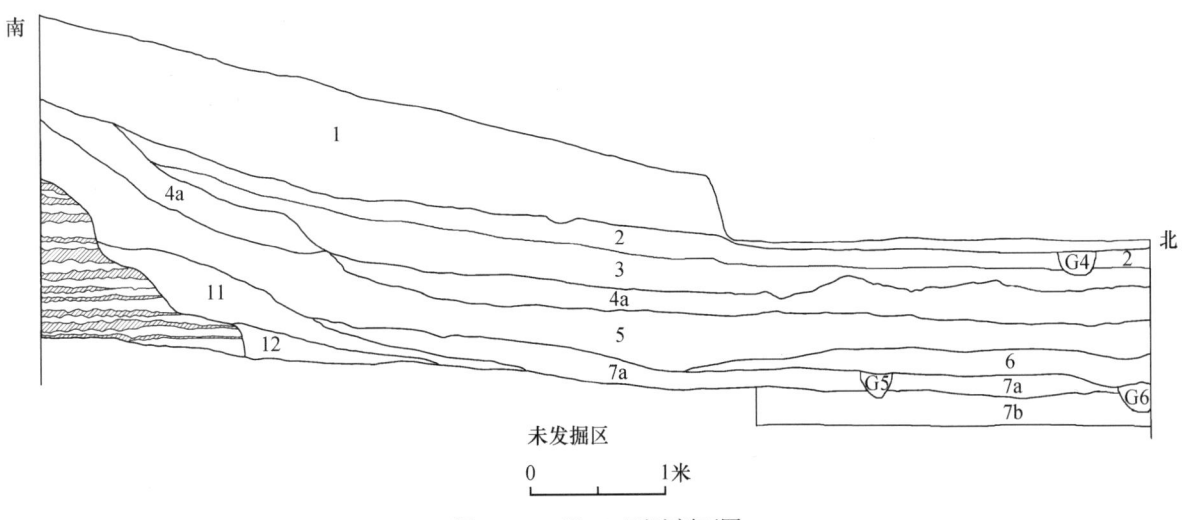

图3-2-14　ⅡTG2西壁剖面图

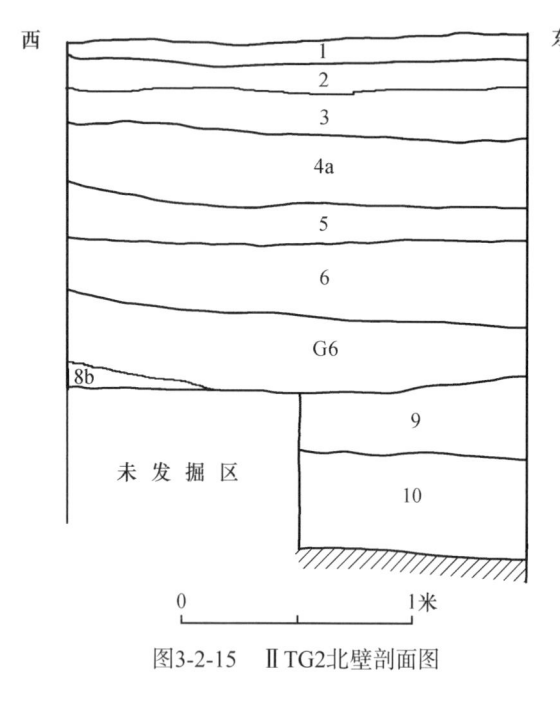

沟南端西部，为城墙外侧的铺垫土。

需要说明的是：第9、10层与第11、12层之间地层并不相通，此处编号为发掘顺序，并不代表早晚关系。

2. 主要遗迹

（1）沟

G4。开口于第1层下，位于探沟北端，东西贯通整条探沟，方向58°。打破地层第2层。G4斜弧壁，圜底，宽25、深20厘米。从形制和走势看，应为车辙沟，时代应在金代以后。

G5与G6。均开口于第6层下，东西贯通整条探沟，方向55°。打破地层第7层。G6位于探方北部，斜弧壁，圜底，宽20、深15厘米。G5位于探方南部，与G6平行，间距1.5米，斜弧壁，圜底，宽25、深15厘米。从形制和走势看，这两条沟应为车辙沟。

图3-2-15　ⅡTG2北壁剖面图

（2）灰坑

H2。位于探沟南端，开口于第6层下。平面呈圆形，直径2.5、揭露宽度1.3米，未进行发掘，故深度不明。坑内填土为黑褐色，较为致密。

H3。位于探沟北端，开口于第8层下，从发掘剖面看，应为圆形坑，斜弧壁，圜底，直径1.95、深0.75米。坑内有2层堆积：第1层为灰白色土，土质较为疏松，分布于坑北侧，厚0—40厘米；第2层为灰褐色土，土质较为坚实。坑内未见包含物。

（3）城墙

位于探沟南端，由黑褐色土和黄褐色土交替夯筑而成，夯层厚5—15厘米，可见明显的夯窝，顶部有厚20厘米的花夯土。

四、城墙东南角

2016年5—6月，为配合白城市文化广电新闻出版局"城四家子城址部分城墙遗迹本体保护工程"的实施，我们对城墙东南角豁口处两侧的断面分别进行了清理。此豁口为当地村民为方便出行人为开挖所致，宽12米，现有一条村路贯穿其间（图版一三，2）。此次工作仅对裸露于现代地面之上的墙体断面进行了局部清理，达到能认清墙体结构的程度即可，地面以下部分未进行发掘。

（一）南城墙东端断面清理

以往的考古调查多次提到城四家子城址东南角处有角楼迹象，从地表现存情况看并没有明显的外凸现象。此处的豁口主要破坏了东城墙的南端，对南城墙部分破坏相对较少，在南城墙处形成了与南城墙呈大约30°夹角的断面。断面宽23、高4.85米。需要说明的是，此断面并非南城墙的横截面，以下描述中的测量数据不能直接体现南城墙的真实宽度。

1. 地层堆积

此处的地层堆积共4层。

第1层：表土层，为质地疏松的灰黄色沙土，含较多植物根系，厚10—70厘米。该层覆盖整个城墙墙体。

第2层：墙体坍塌层，灰褐色土，质地略坚硬，无包含物，厚40厘米，仅见于城墙西侧。

第3层：墙体坍塌层，黄褐色土，质地略坚硬，无包含物，厚75厘米，仅见于城墙西侧。

第4层：风积淤沙层，灰褐色沙土，质地疏松，夹杂少量细碎的夯土颗粒，厚70—120厘米。该层土在城墙东、西两侧均有分布。

第4层下即为城墙本体。

2. 墙体结构和营建顺序

从剖面上了解到，此处墙体为多次修筑而成，由五部分相对独立的墙体构成。其营建顺序为：先在中部建起墙芯，再在两侧加筑夯土墙体，形成以墙芯为中心，东侧2、西侧2块夯土共同构筑的墙体形制（图3-2-16）。未见角楼遗迹。

墙芯剖面呈梯形，无地下基槽，直接坐落于生土之上，残高4.15、底部宽8米，顶部略微下凹，宽2.5米。土色为黑色，细沙土，致密而坚硬，但看不出夯层，似为整块压实而成。

墙芯东侧紧邻的一块夯土墙体（下称"东1"），打破墙芯及生土层，剖面大致呈长方形，宽5.07、厚1米，为灰白色土夯筑而成，夯层较薄，为8—10厘米，无明显夯窝。其下有剖面呈倒置等腰梯形的打破生土层的基槽，基槽位于"东1"中部偏东处下方，最宽处2.5、发掘深度0.65米，内填压实的灰黑色土，无明显夯层。"东1"上部的一块夯土墙体（下称"东2"），叠压其上并打破墙芯东侧，剖面大致呈直角梯形，残高3、底部宽7米，顶部较平，残宽2.5米，该部分墙体使用灰褐色土与黄土层层交替夯筑而成，夯层明显，其中黄土夯层较厚，约10厘米，灰褐色土夯层较薄，仅2—5厘米。夯窝清晰可见，使得夯层剖面线条呈波浪状，夯窝直径约8厘米。"东1"东侧有厚0.45米的夯土层，叠压于生土层之上，一直向东延伸，可能为当时的地面垫土，该土层亦为灰白色土，土质土色与"东1"相同。

墙芯西侧紧邻的一块夯土墙体（下称"西1"），与"东2"土质土色和夯筑方法相同，区别是其打破生土层的基槽部分所填夯土与地上墙体部分没有区别。该部分墙体剖面大致呈上宽

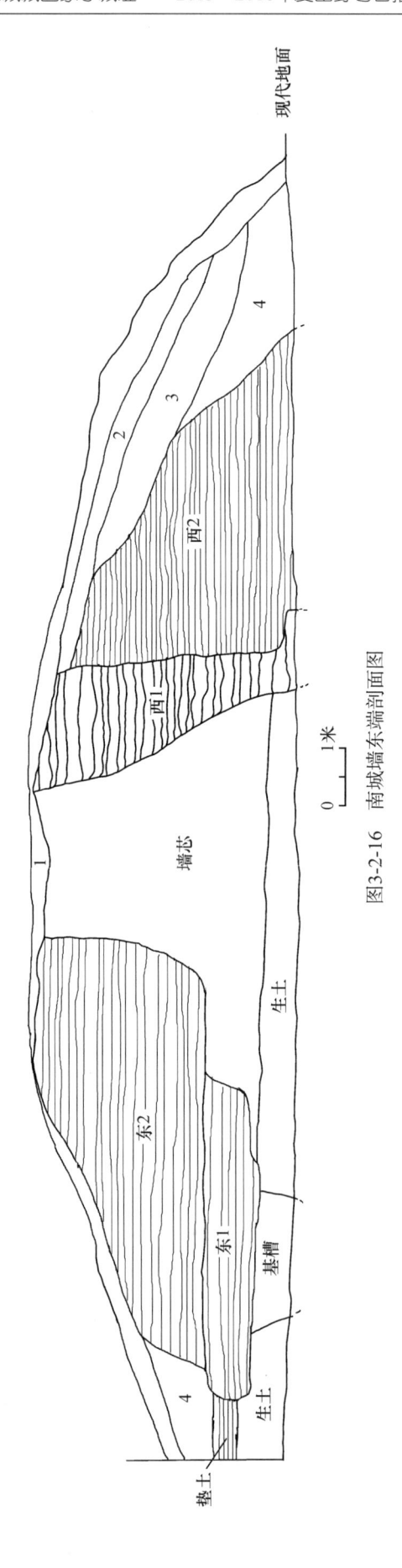

图3-2-16 南城墙东端剖面图

下窄的梯形，残高4.7、底部残宽1.35、顶宽2米，从形制看应为直接叠压于墙芯一侧而未打破墙芯。该块夯土西侧的夯土（下称"西2"）残高4、底宽5.6米，顶部呈斜坡状，宽约1.5米，该块墙体剖面大致呈直角三角形，从形制看应为打破了"西1"而建，其地上墙体部分和地下基槽部分所填夯土相同，均为灰褐色土与黄褐色土层层交替夯筑，其间偶夹几层纯黄色夯土层，夯层较薄，为8—10厘米，夯窝不甚明显。

综上所述，南城墙东端剖面的层位关系由晚及早大致为：

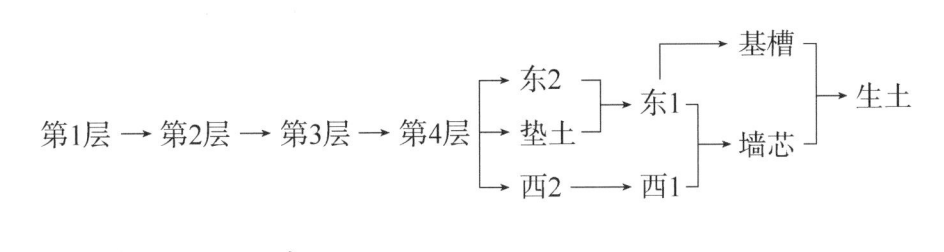

$$第1层 \to 第2层 \to 第3层 \to 第4层 \begin{Bmatrix} 东2 \\ 垫土 \\ 西2 \end{Bmatrix} \to \begin{matrix} 东1 \\ \\ 西1 \end{matrix} \begin{Bmatrix} 基槽 \\ 墙芯 \end{Bmatrix} \to 生土$$

（二）东城墙南端断面清理

豁口在东城墙的南端形成了与东城墙大致垂直的横断面。断面宽23、高4.35米。需要说明的是，由于当地村民取土，造成城墙西侧一大块墙体缺失，使得墙体断面东、西两端不在一个立面上，该剖面的测量数据和剖面图的绘制均是假定其处于同一立面上完成。

1. 地层堆积

此处的地层堆积共2层。

第1层：表土层，为质地疏松的灰黄色沙土，含较多植物根系，厚10—55厘米。该层覆盖整个城墙墙体。

第2层：墙体坍塌层，黄色夹杂黄褐色土，较为致密，无包含物，厚0—65厘米。仅见于城墙东侧。

第2层下即为城墙本体。

2. 墙体结构和营建顺序

从剖面上了解到，此处墙体亦为多次修筑而成，由六部分相对独立的墙体构成。其营建顺序为：先建墙芯，再在两侧加筑夯土墙体，西侧加筑较少，仅1块，东侧加筑3块，顶部加筑1块（图3-2-17）。

墙芯剖面呈阶梯形，略微打破生土层，残高3、底部残宽5.5、顶部残宽1.1米。土色为黑色、细沙土，致密而坚硬，但看不出夯层，似为整块压实而成。

墙芯西侧紧邻的一块夯土墙体（下称"西1"），叠压于墙芯侧边，剖面大致呈三角形，未向下发掘，暴露于现今地表部分底宽2、高2.05米，为灰褐色土与纯黄色土层层交替夯筑而成，夯层薄厚不均，厚度为3—10厘米，夯窝明显可见，直径8厘米左右。"西1"西侧被一层灰褐色细沙垫土打破，垫土层厚约20厘米，其外侧有青砖砌筑的墙体的倒塌堆积。青

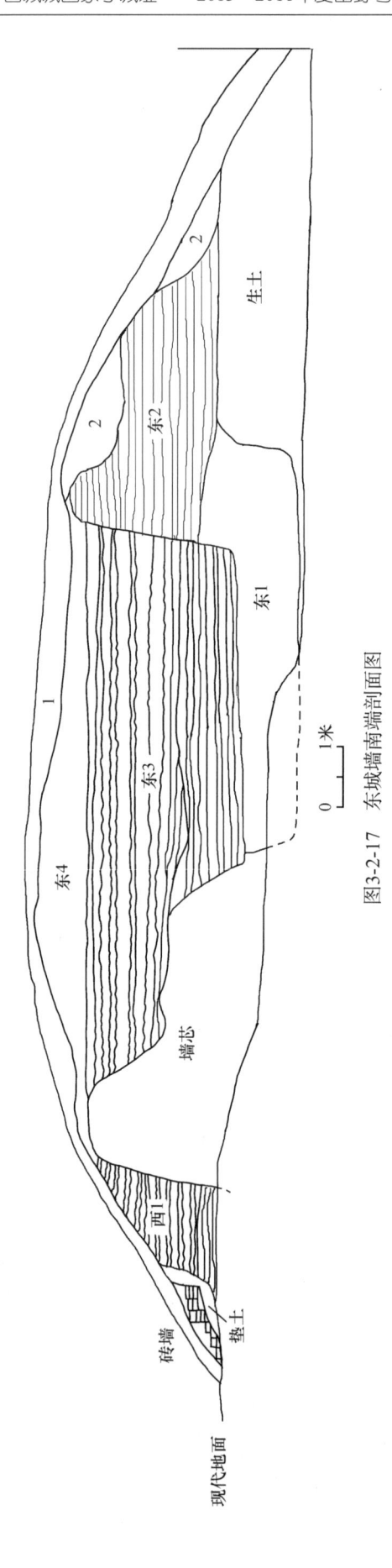

图3-2-17 东城墙南端剖面图

砖多为长方形，残断，间杂少量沟纹方砖残块，砖墙东西宽55、南北长50厘米，最高处叠摞4层青砖，高25厘米。

墙芯东侧下部有一个打破生土层的基槽（下称"东1"），剖面大致呈上宽下窄的梯形，深1.75、底部宽6.4、顶宽7米，内中以夹大块黄砂颗粒的黑褐色土填实，致密而坚实，但夯层不明显。该基槽上部东侧的夯土墙体（下称"东2"）叠于其上，为灰褐色土与黄褐色土层层交替夯筑，夯层厚度为8—12厘米，该块墙体被其西侧的墙体（下称"东3"）打破，剖面大致呈梯形，残高2.45、底宽5.2米，顶部呈斜坡状，中间内凹。"东3"处于整个城墙断面的中部，打破"东2""东1"和墙芯，剖面大致呈上大下小的梯形，底宽5.1、顶宽9.5、厚2.5米，以黄褐色土层层夯筑而成，间杂若干灰褐色夯层和少量纯黄色夯层，夯层厚度10—15厘米。

墙体最上端有一层剖面呈条带状的黄土（下称"东4"），覆盖于"东3""东2""西1"和墙芯之上，宽11.7、最厚处0.85米。该部分墙体采用黄色和黄褐色亚黏土夯成，内中所含杂质较多，夯层较厚且不明显。

综上所述，东城墙南端剖面的层位关系由晚及早大致为：

$$第1层 \begin{cases} 第2层 \to 东4 \begin{cases} 东3 \to 东2 \to 东1 \\ 西1 \end{cases} \to 墙芯 \to 生土 \\ 砖墙 \to 垫土 \end{cases}$$

第三节 小　　结

一、城门发掘认识

通过对北城门的发掘，我们了解到城四家子城址城门的具体形制及保存现状。根据地层堆积和出土遗物情况，得到如下认识。

（一）城门的形制

发掘前，北城门被人为封堵，并经历多年风沙淤积，从地表仅能辨识主城墙和瓮城墙的相对位置和大体形貌。此次发掘使我们得以了解城门及瓮城墙的形制特征。

城门为单门道过梁式，方向与主城墙垂直。由于门址保存状况较差，具体形制已无从得知，但从门道侧边出土柱础石，地层中出土大量建筑瓦件可知，此城门曾有一定规模的门楼式建筑。瓮墙平面呈半圆形，最北端墙体距城门约15米，豁口开于东北方向，与主城墙呈大约50°夹角。经考古钻探，并未在豁口处发现门址的迹象，出现这种情况有两种可能：一是瓮门经洪水冲刷，与门址相关的迹象未能保存下来；二是此处可能从未曾修建瓮门，而只是作为一处进出城门的开放式通道。

（二）城门的时代

1. 营造时序

从遗迹的叠压关系可知，城门营建的相对时间晚于主城墙，即在修筑城墙时预留出城门的位置，在城墙修筑成形后，开始修建城门两侧门垛，以及城门主体部分。通过T2西北角的扩方发掘了解到，瓮城墙体叠压于主城墙墙体的外侧，可知其修建的相对时间晚于主城墙，为一处独立的遗迹单位。瓮墙墙体与主城墙均为夯土结构，均是先于生土之上夯筑墙芯，再在墙芯两侧建筑夯层拓宽墙体，且墙芯部分皆无地下基槽，从土质和夯层厚度、夯窝大小来看，均没有明显区别。但两处墙体构成又略有不同：主城墙墙体在墙芯内外均有拓宽的墙体，拓宽的部分地下基槽较窄较深；瓮城墙体则仅在外侧加夯拓宽，且拓宽的部分地下基槽较宽较浅。由此推测，瓮城墙体与主城墙墙体可能存在时代早晚的差别，但门垛北侧的包砖止于瓮墙处这一现象，反映出瓮墙的夯筑时间与门址修建时间不会相隔太久。

2. 营建及使用年代

从出土遗物来看，城四家子城址北城门至少包含早晚两期遗存：早期遗存以主城墙地下基槽中出土的瓦件为代表，晚期遗存以T2地层第2、第3层中出土的瓦件为代表。以最具时代指征性的瓦当为参照，地层第2、第3层中出土的瓦当与城内建筑址晚期建筑倒塌堆积中的瓦当相同[1]，类似形制的瓦当、兽头等建筑饰件在白城金家遗址[2]、安图长白山神庙遗址[3]等均有发现，为典型的金代遗存，此层倒塌堆积之上未见更晚时期的瓦件，由此可知，北城门门址处用瓦的建筑最晚用至金代，金代之后此城门可能仍继续使用，但可能不再存在用瓦的门楼式建筑。而主城墙地下基槽中出土的"王"字瓦当，则与城内建筑址早期建筑废弃堆积中的"王"字瓦当风格如出一辙，城内建筑址的发掘中，与"王"字瓦当共出的文字瓦已将其时代明确为辽代晚期，由此可知北城墙（墙芯以外的部分，因墙芯处并无地下基槽）及城门的始建年代应不早于辽晚期。

此次发掘为我们初步了解城四家子城址的城门结构及时代提供了重要的考古学材料，也将对日后该城址的进一步考古学研究工作的开展提供重要的基础。

---

[1] 吉林省文物考古研究所等：《吉林白城城四家子城址建筑台基发掘简报》，《文物》2016年第9期。
[2] 吉林省文物考古研究所：《吉林省白城市金家金代遗址的发掘》，《边疆考古研究》（第12辑），科学出版社，2012年。
[3] 吉林大学边疆考古研究中心：《吉林省安图县宝马城遗址试掘简报》，《北方文物》2014年第4期。

二、城墙发掘认识

对北城墙的解剖是我们对城四家子城址考古发掘工作的第一步，随着多处城墙的陆续解剖工作，我们对城四家子城址的城墙有了深入的认识。

第一，城墙的结构。城四家子城址的城墙全部由夯土构筑，以中部的梯形墙芯为中心，向两侧分块加筑，加筑的次数不等，夯筑过程中使用紝木加强墙体的紧实度和拉伸力。较之以往所见城墙墙基不同的是，此墙体地下基础并非分布于整条城墙之下，也不在墙体中部，而是在墙芯两侧加筑部分之下，呈与墙体走向平行的沟槽，宽度远小于墙体的地上部分。墙芯一般没有地下基槽，而是直接坐落于生土之上，加筑的墙体多数存在深浅不一、形状不同的地下基槽。

第二，城墙的营建和使用时间。城墙地上墙体各部分间清晰的叠压关系让我们得以明晰它的营建时序，从地下基槽的打破关系可知，现存城墙结构并非一次形成，而是经历了多次的补建和重修，说明城墙的各个组成部分之间不仅有营建时序上的早晚，还存在使用时间上的早晚。早期阶段，城墙的营建特征是地下基槽和地上墙体分别夯筑，基槽夯层均较厚，夯窝不甚明显，夯实程度一般；晚期阶段，城墙的营建特征是墙体地下部分和地上部分一体而成。

第三，城墙的时代。由于没有出土具有断代作用的遗物，我们暂无法对城墙的始建和维修的确切年代进行判定。但参照该城北城门发掘中，于城墙地下基槽中出土的辽代晚期遗物可判断，该城墙墙芯以外的部分始建年代应不早于辽晚期[1]。而从北城门处出土的建筑倒塌堆积均为金代且无更晚的文化层可知，该城墙现存遗迹的形成和主要使用时代应为金代。

此外，关于四条城墙的始建时间是否相同，即现有城圈是否为城址始建时即已形成，目前尚无确切的证据证明。从各处城墙剖面形制来看，北城墙和东城墙均由多个相对独立的夯土墙体组合而成，形制较为复杂，而西城墙仅由两部分墙体构成，且仅有一条极浅的沟状地下基槽，整体结构要简单得多。西城墙的这一形制特征与城址北城门瓮墙墙体极为相似，但我们解剖的这段西城墙恰是平面形制较其他城墙不同的地方——具有多处折尺形拐角的区域，不具有普遍代表性。推测西城墙的这一区段营建时间晚于其他城墙。

三、出土瓦件的认识

北城门发掘中出土的遗物大致可分为两类，即建筑构件和陶瓷器皿、铁器、骨器等生产生活器具。建筑构件占多数，其中又以屋顶瓦件为大宗。

---

[1] 吉林省文物考古研究所等：《2013年城四家子城址北门发掘简报》，《边疆考古研究》（第20辑），科学出版社，2016年。

出土瓦件从形制上体现出两种不同的风格。一类以菱格纹檐头板瓦、"王"字兽面瓦当为代表，伴出的还有形体相对厚重的普通板瓦和筒瓦。该类瓦件全部出土于墙体的地下基槽中，应为比基槽形成时间更早的建筑上废弃之物，显然是一种"废物利用"的行为。由于出土位置的人为因素，难以确定这些瓦件是城门处建筑所用，还是从城址其他区域搬运而来，因而，也不能证明该时期的城门上是否存在用瓦的建筑，或者是否存在城门。另一类以当身中部高凸的直须兽面瓦当和戳点纹檐头板瓦为代表，伴出形体相对轻薄的普通板瓦、筒瓦和大量垄脊瓦。该类瓦件主要出土于城门处主要的文化堆积——地层第3、4层及其下开口的遗迹单位，时代相对较晚，是该城门存在用瓦的门楼式建筑的直接证据。

第四章 城内建筑址的发掘

第一节 发掘经过

该建筑址位于城内北部，距北城门180米处，处于城址南北向中轴线上（图4-1-1）。该建筑址是距离北城门最近的一处基址，面积约2000平方米，地表有明显的隆起，高于周围地面约1.5米，地表散布大量陶、瓷片和残碎瓦片，偶见围棋子、铜钱等小件遗物。

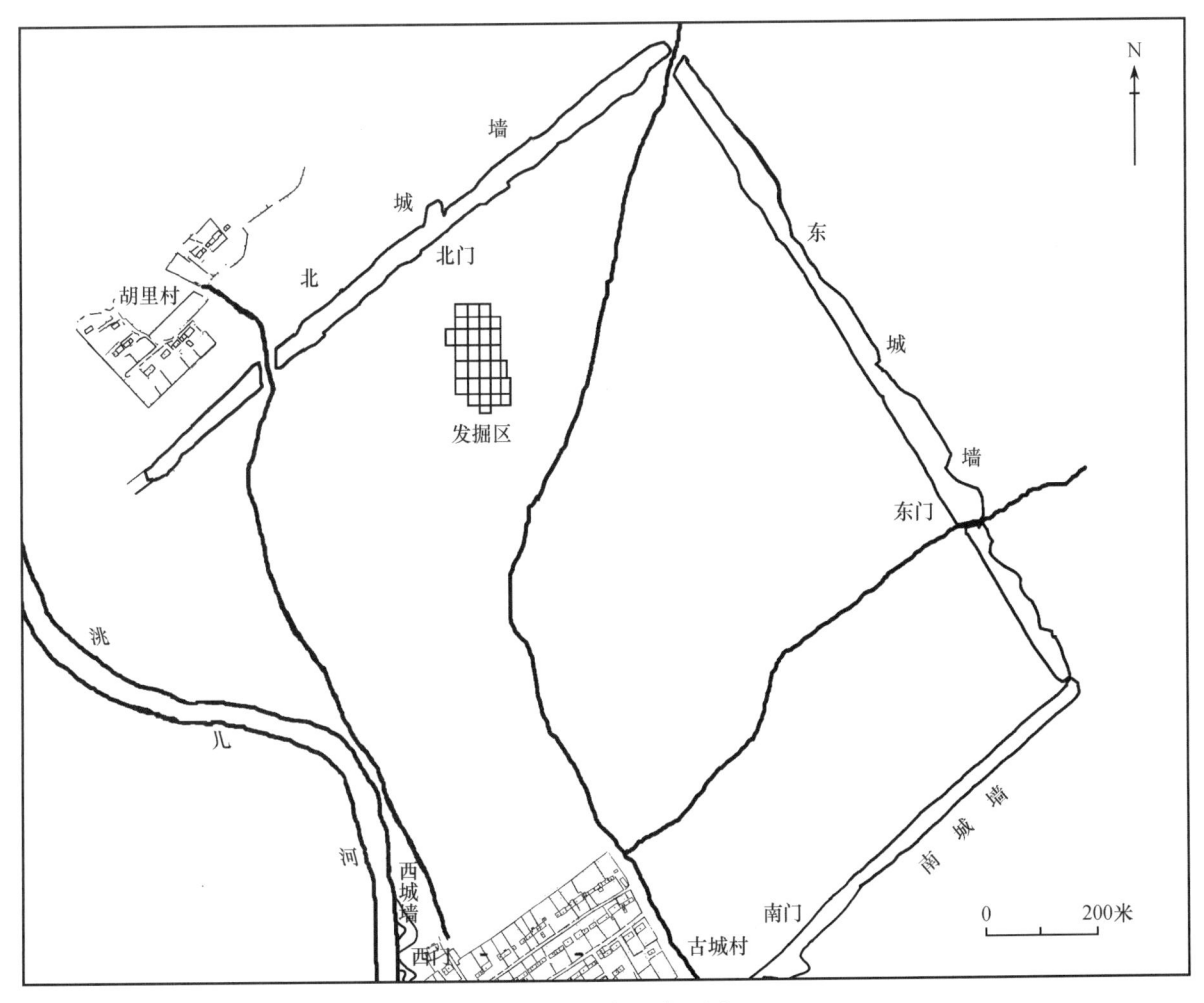

图4-1-1 发掘区位置图

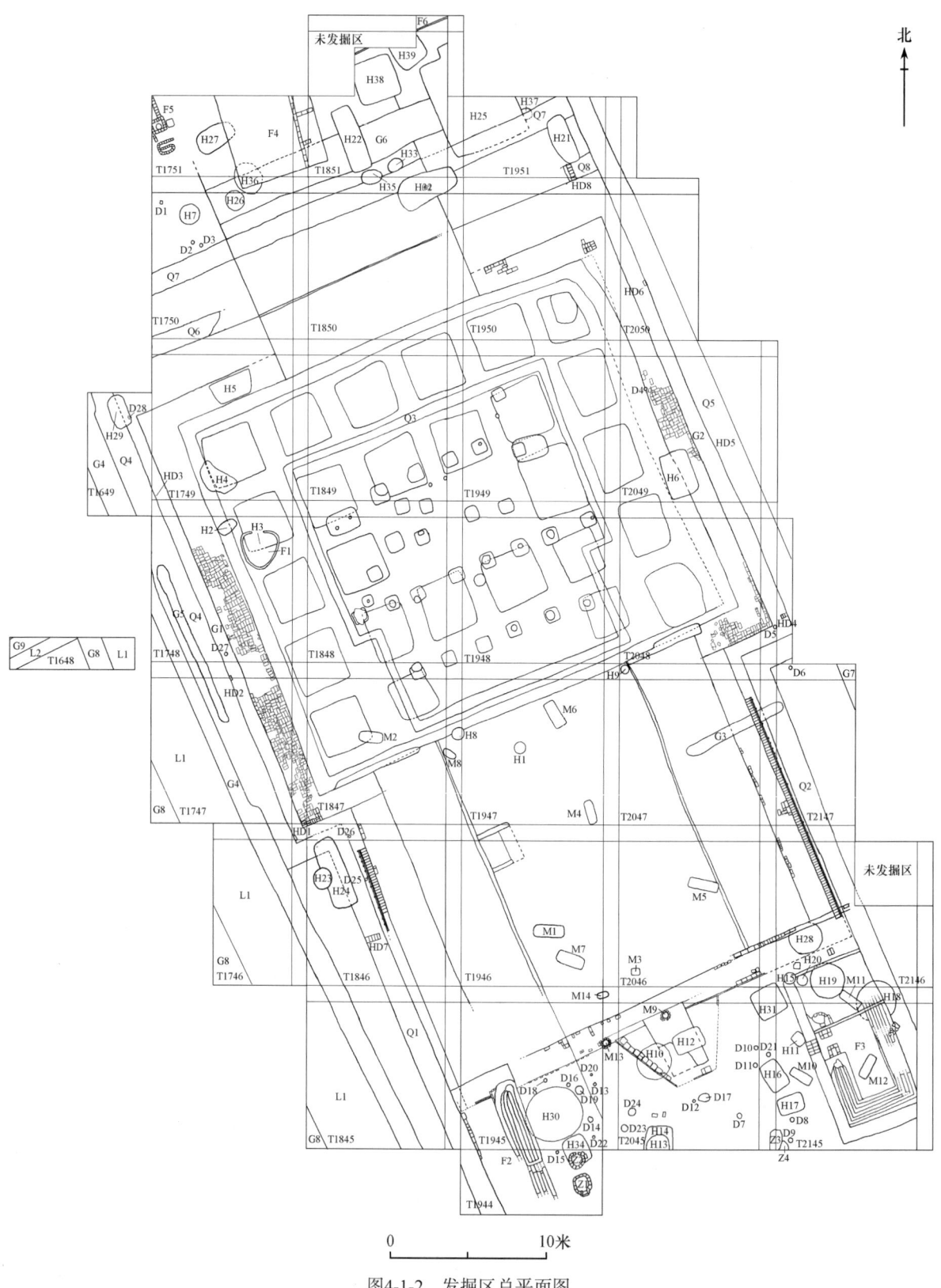

图4-1-2 发掘区总平面图

对这处建筑址的发掘始于2013年6月末，首先于建筑址中部布一排南北向10米×10米的探方进行发掘，待到对该发掘地点的遗迹面貌和地层堆积有了一定认识后，再在东、西两侧布方扩大发掘面积。本年度共布10米×10米探方21个，受天气情况所限，野外发掘工作在9月下旬暂告一段落。2014年5月继续在此处开展田野工作，在上一年度发掘区的南、北两端布10米×10米的探方9个，继续进行发掘，直至8月下旬结束田野工作。两年实际发掘面积2700平方米（图版一五）。

此发掘区使用理论布方系统，依磁北方向进行布方和编号。发掘区处于Ⅰ区，编号范围横坐标16—21，纵坐标44—51（图4-1-2）。

通过发掘，完整揭露出一座辽金时期建筑基址，清理出与之相关的房址、灰坑、院墙、柱洞、排水涵洞等遗迹（图版一六）。出土遗物以砖瓦等建筑构件为主，还有大量陶器、瓷器、铁器、铜钱等遗物。此外，还清理出晚于建筑址的墓葬14座。

第二节 地层堆积

该发掘区的地层堆积可分为10层，因存在地面式建筑遗迹，故地表起伏较大，部分地层仅在发掘区的局部可见。现以位于发掘区南端的T2145西壁（图4-2-1）、位于发掘区西北的T1750南壁（图4-2-2）、位于发掘区北端的T1851东壁（图4-2-3）为例，将地层基本情况介绍如下。

第1层：浅黄褐色土，土质疏松，包含残碎陶片、瓦片，以及现代垃圾，厚15—20厘米，为现代耕土层。

第2层：褐色土，土质疏松。可分为二亚层。

第2a层：深褐色土，厚10—15厘米，包含较多陶片、砖瓦等建筑构件，以及少量瓷片。

第2b层：浅褐色土，厚5—35厘米。土质疏松，包含大量瓦片、屋顶建筑饰件，大量残碎青砖和陶器残片，以及少量瓷器残片。该层为建筑倒塌堆积。

第3层：黄褐色夯土，厚0—30厘米。该层仅见于发掘区中部建筑台基的边缘，致密，几无包含物。

第4层：黑褐色土，夹杂较多细碎的红烧土颗粒以及炭灰，包含大量残碎的瓦片、屋顶建筑饰件和陶片，厚0—50厘米，为建筑倒塌堆积，后经人为简单修整形成的地层。该层仅见于发掘区中部建筑台基的周边。

第5层：浅灰色土，土质相对疏松细密，含沙量大，包含物较少，为风积形成的自然堆积，厚0—35厘米。

第6层：灰色沙质土，内含少量白灰粉末，夹杂少量砖瓦，厚0—20厘米，为建筑倒塌堆积。

第7层：深灰色沙土，土质疏松细密，含较多炭灰，包含较多残碎瓦片和陶片，为风积形

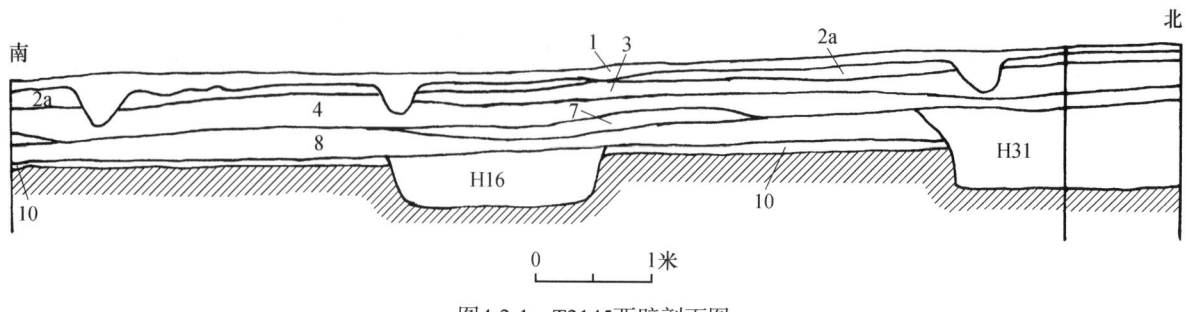

图4-2-1　T2145西壁剖面图

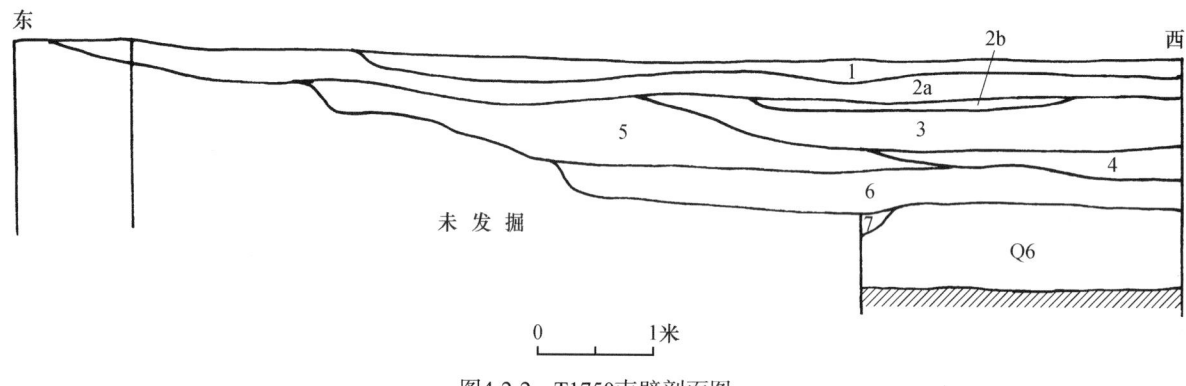

图4-2-2　T1750南壁剖面图

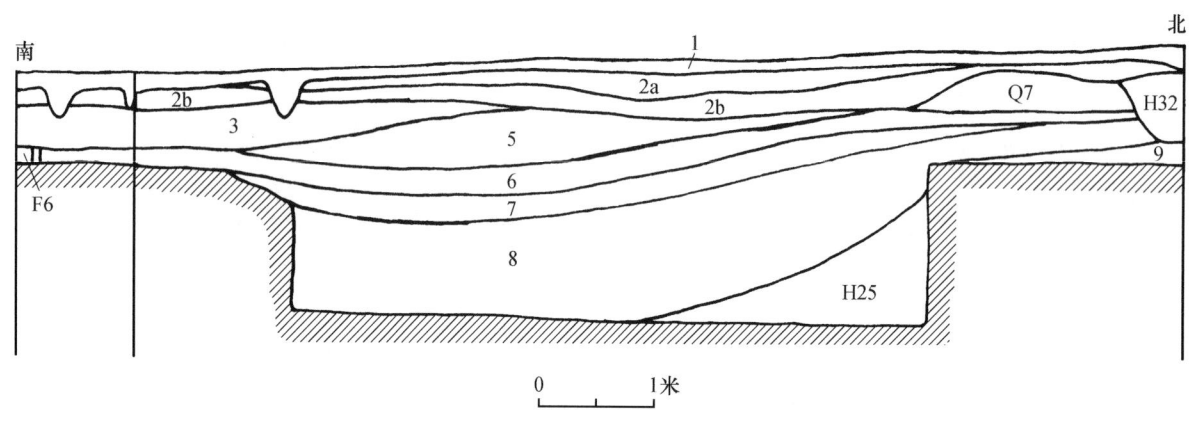

图4-2-3　T1851东壁剖面图

成的自然堆积，厚0—20厘米。

第8层：红褐色土，夹杂大量红烧土块和砖瓦残件，并夹炭灰，厚0—100厘米，为建筑倒塌堆积。

第9层：深灰色沙土，夹杂大量白灰，包含较多陶瓷器残片和少量碎砖瓦。厚0—15厘米。

第10层：黑灰色土，为早期建筑的活动面，厚3—5厘米，质地较为坚实。

第10层下为浅黄褐色砂质生土。

第三节　地层第10层及相关遗迹

一、建筑台基

（一）主台基

主台基为一平面呈西南—东北向规整的长方形，坐北朝南，方向158°，东西长32.2、南北宽27.6、现存高度1.9米（图4-3-1；图版一七—图版二一）。

台基主体起建于一层厚50—60厘米的黑褐色硬质夯土之上，此层夯土应为台基的地下基础部分，其上有一层厚5厘米的较为坚实的黑土踩踏面，应为台基初建时的活动面。台基台明部分为长方形，以黄褐色为主的花土夯筑而成，土质较为致密，但夯层不明显，亦未见夯窝。台基边缘以青砖包砌，青砖与夯土台之间可见一圈纯黄沙土质地的拦土。

台基台明部分的营建顺序是：先在需建台基的范围内的踩踏面上铺垫一层厚10厘米左右的夹黑斑的黄沙土，再用纯净的黄沙土在台基四边夯筑起一圈截面呈上部略窄底部略宽的梯形拦土，同时用此土将拦土范围内整体铺一层厚20厘米左右的垫土，并夯实。拦土范围东西长28.6、南北宽24.6米，现存高度1.5米，现存上表面宽0.9—1米，下底宽在1.2米左右，两侧壁均很陡直。拦土内先自下而上用褐色土和夹有褐斑的黄沙土夯起厚度均在10厘米左右的两层夯土，再在其上用褐色夯土填实，并在夯筑好的土结构台基上挖筑磉墩。

台基上分布的磉墩，系直接在台基上挖坑并用五花土层层夯打而成。磉墩依台基方向规整排布，间距1.2—1.5米，东西向5排，南北向6列，北数第3排和第5排中间各减柱2个。磉墩平面为方形或长方形，大多较为规整，边长2.5—4米，多数边长3—3.5米，深1.5米左右，截面呈上宽下窄的梯形，内以灰褐色及黑褐色土层层夯筑而成，夯层厚10—20厘米。

台基外缘用青砖结合土坯和夯土混合包砌，形成宽1.6—1.9米的台帮，台帮紧贴拦土外侧砌筑，现存最高处约1米。台帮内里使用青砖、土坯及夯土穿插垒砌，以卍字锦的形式层层铺垫，所使用的青砖均为长方砖，规格为36厘米×18厘米×6厘米，个别有压印手掌纹，土坯和夯土使用黑褐色土和纯净的黄色土两种，厚度与青砖相同，两层砖之间铺垫一薄层黄黏土，砖缝间亦用黄黏土填塞。台帮外侧面皆使用青砖错缝平砌，垒砌时向内做层层收分状，每层内收0.3—0.5厘米，砖与砖之间用白灰作粘接剂和填缝处理，并在外侧表面涂抹一层厚0.2—0.3厘米的白灰作为装饰。台帮仅砌筑于台基东、西两侧及四角，台基南侧因修筑月台，故仅在东、西两端各砌筑长5.5米的台帮，北侧则在砌筑台帮时于中部留出宽13.5米的慢道。台帮包砖大量缺失，显见应为建筑废弃后被后代人取用，西侧中南部包砖保留相对较多（图4-3-2），东侧仅中部和南端残存部分（图4-3-3），其他部位仅有零星分布的一层砖（图版二四）。

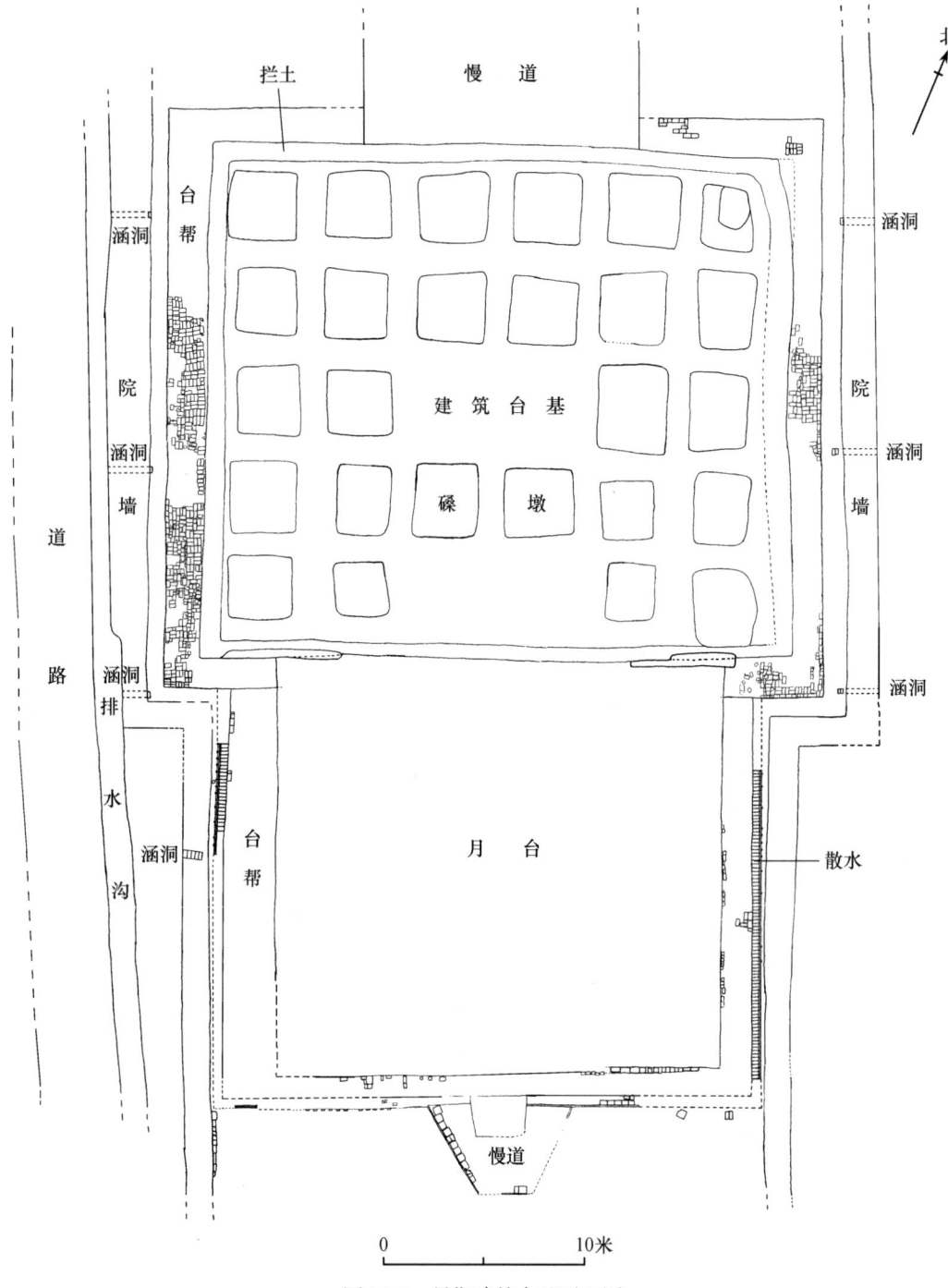

图4-3-1 早期建筑台基平面图

图4-3-2　主台基西侧包砖

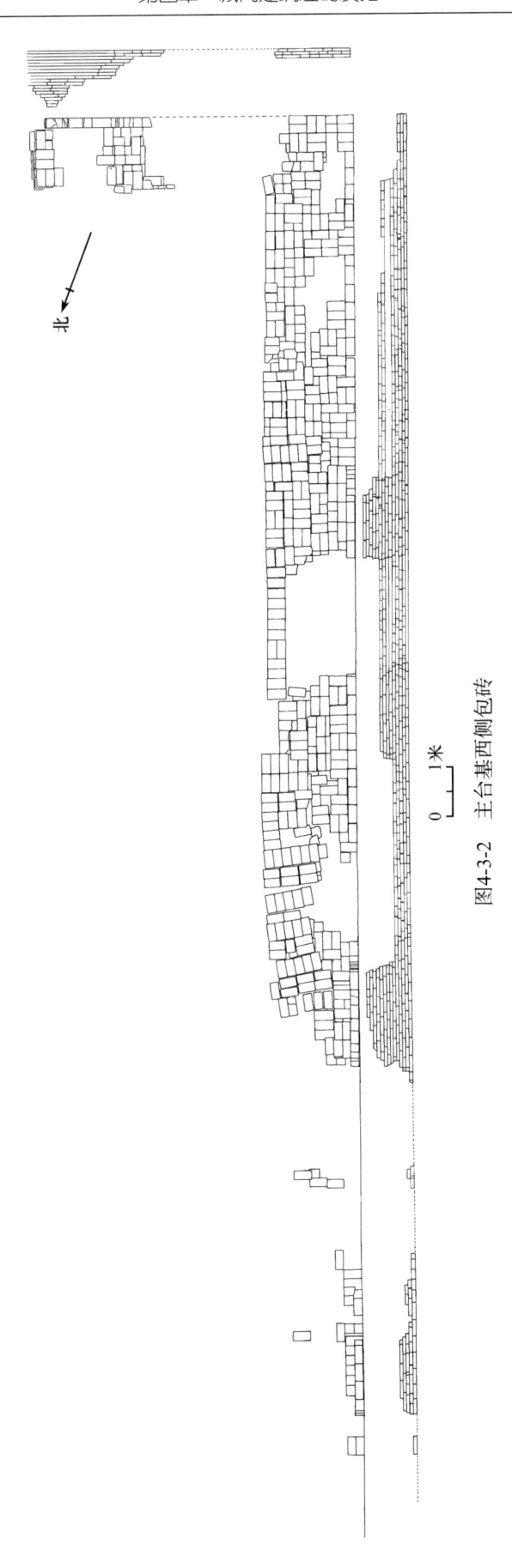

图4-3-3 主台基东侧包砖

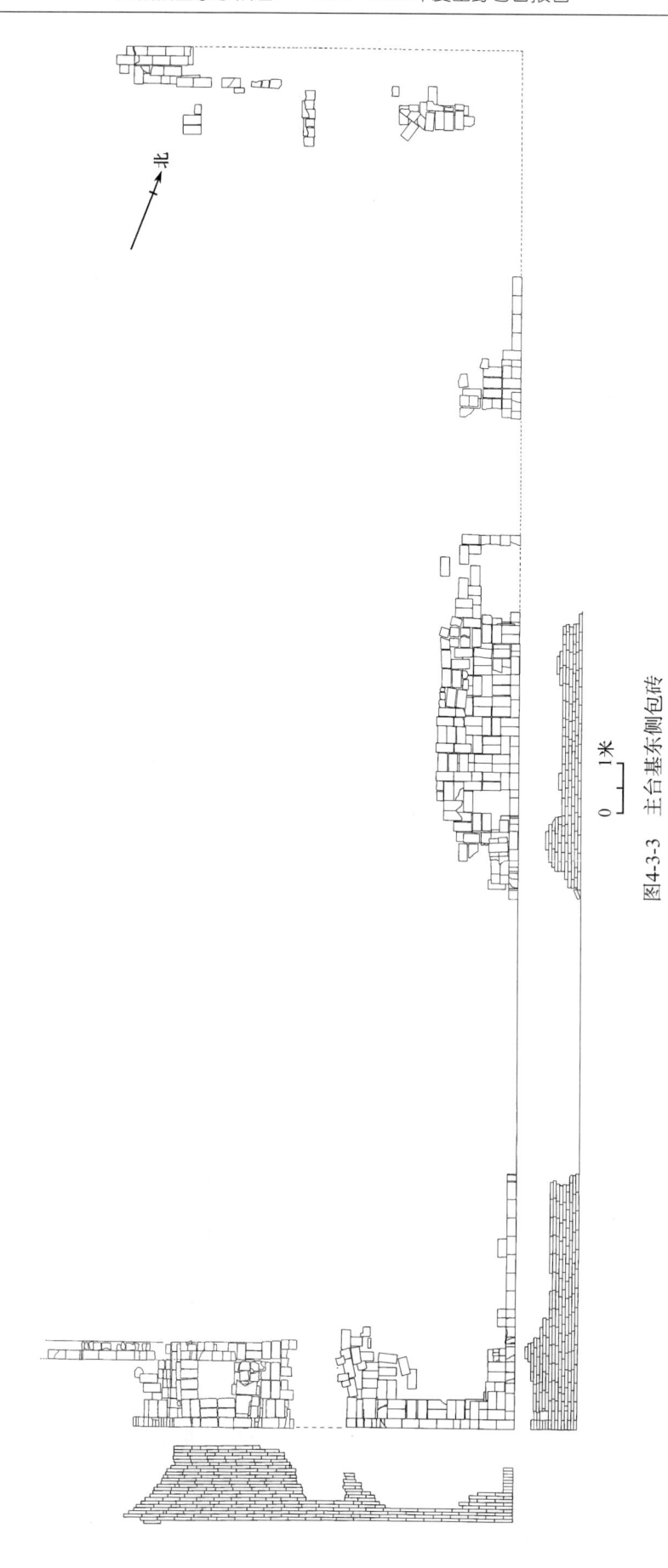

（二）月台

月台位于主台基南侧，高度略矮于主台基，平面呈西南—东北向长方形，东西长26、南北宽20.8米，受其上晚期建筑的破坏，上表面呈北高南低的斜坡状，最高处1.6米（图版二二）。

月台为平地起建，无地下基础，夯土结构，下部夯层较为明显且硬实，上部无明显夯层，未见夯窝，土色灰褐，土质含沙量较大。

月台东、南、西三侧为用青砖、夯土、土坯等砌筑的台帮，东侧台帮宽2.2—2.5米，西侧宽1.4—1.5米，南侧宽1米。台帮构筑方式与主台基类似，但又有所不同：相较主台基台帮处的用砖数量，此处所用青砖比例明显降低，取而代之的是大量的夯土和与砖相同规格的土坯；最外侧包砖虽也错缝平砌，用白灰黏合和涂刷表面，但已不见收分；砖的规格不太统一，掺杂了少量残断的方砖和长方砖（图4-3-4）。

包砖外侧用青砖铺宽0.5米的散水。东西两侧散水以一顺出的方式铺就，南侧散水则是以横向十字缝方式铺就。散水砖外侧错缝横砌两排牙子砖，外排牙子砖对缝处外侧以半埋于地下的砖钉固定。散水砖和牙子砖均使用规格为36厘米×18厘米×6厘米的长方形青砖，砖钉则是将该类青砖一分为二使用。东侧散水保存相对较好，残存长度14.7米，西侧散水仅存北端的部分，残长5.4米，南侧散水基本被后期建筑破坏殆尽，散水砖所剩无几，仅有部分断断续续的牙子砖和砖钉保留下来。

月台与主台基相接处有两条东西向的沟槽，左右对称分布，打破月台北缘和主台基南侧拦土，方向与台基边缘平行。西端沟槽长6、宽0.4、深0.5米，东端沟槽长5、宽0.3—0.6、深0.5米，沟槽内填疏松的黄褐色土，掺杂少量碎瓦片和白灰块。

通过对月台与主台基连接处的解剖发掘了解到，现存的月台是多次增修形成的（图4-3-5）。修建月台前，主台基南侧中部先建了一个宽约22米的土筑台基，该台基由内、外两部分夯土构成。内芯部分宽约18米，土质纯净而致密，夯层厚度差异较大，且大多无夯窝，通高1.35米，可见6层土层，即第16—21层：最下层为深褐色夯土，厚35厘米；其上为一层厚10—12厘米的浅褐色夯土；再上为厚60—70厘米的褐色夯土；再上覆盖一层含有条状炭灰的黑褐色夯土，厚15—20厘米；再上为一层可见明显夯窝的灰花色夯土，厚0—15厘米；最上层为夹杂大量不同颜色斑点的黄夯土，亦有明显夯窝，厚0—20厘米。在此基础上，使用相同质地的夯土将台基加宽和垫高，即第11—15层，每侧加宽2.1米，中部垫高约25厘米。第11层为黄白色花斑土踩踏面，应为该台基的活动面，厚0—6厘米；第12层为质地坚实的灰黄花夯土，厚15—35厘米；第13层为夹杂小黄斑块的褐色花夯土，厚10—55厘米；第14层为黄褐色花夯土，夹杂较大的黄色斑块，厚约15厘米；第15层为浅黄色花夯土，土质较粗，坚硬，厚60厘米。

月台在上述台基的基础上增修而成，将台基再次加宽和垫高，即第4—10层，并将部分主台基南侧的包砖叠压于内。此次月台被加宽至现有宽度，中部垫高约25厘米。第4层为黄褐色沙土，夹杂大量黄白色斑点，厚0—18厘米；第5层为灰褐色砂土，经过夯打，但不致密，有

1. 东侧

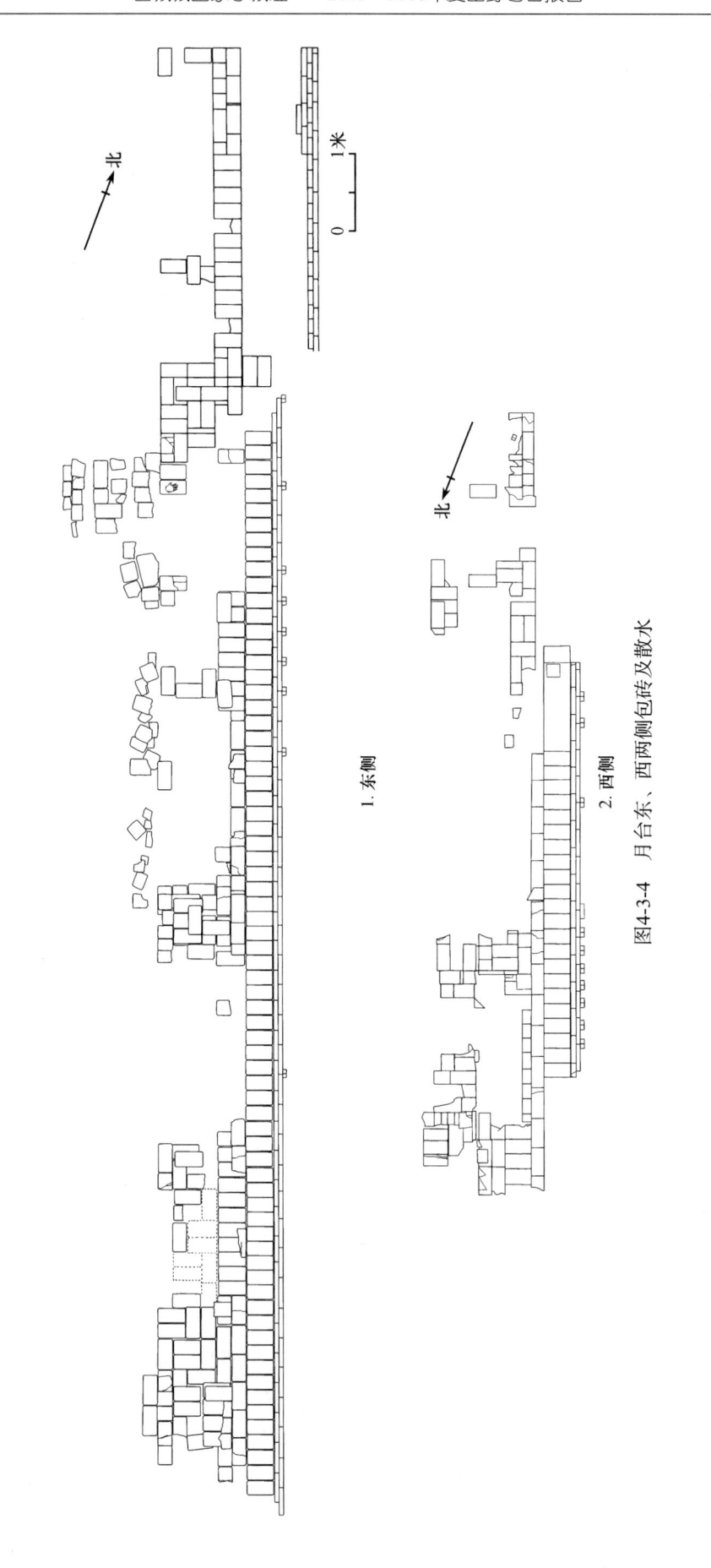

2. 西侧

图4-3-4 月台东、西两侧包砖及散水

第四章 城内建筑址的发掘

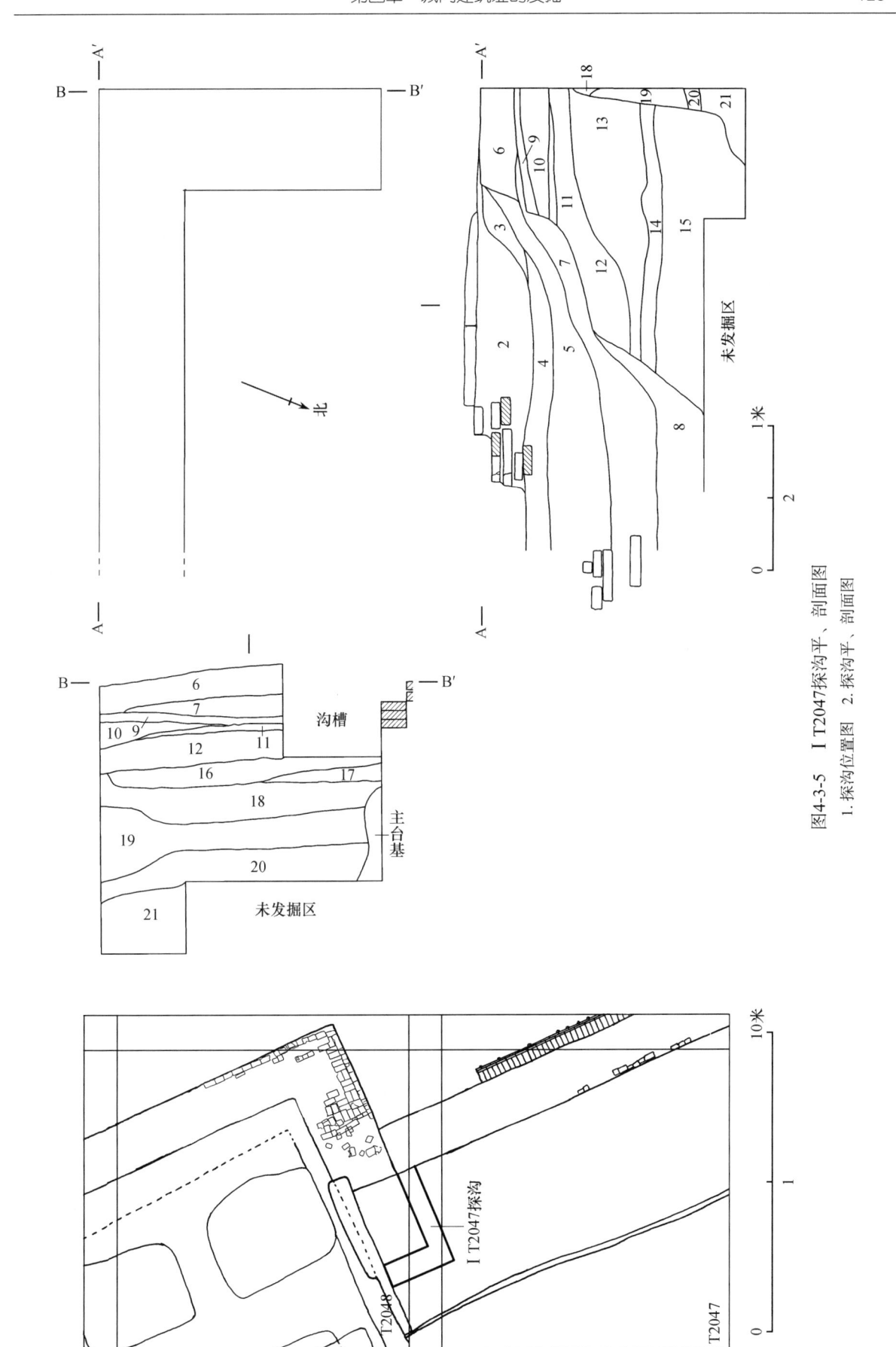

图4-3-5 ⅠT2047探沟平、剖面图
1. 探沟位置图 2. 探沟平、剖面图

细小的白色杂斑，厚15—45厘米；第6层为可见明显夯窝的花夯土，内中夹杂较大的黄白色斑块，以及较多灰褐色斑块，厚25厘米；第7层为灰黑色沙土，经过夯打，但不致密，厚15—40厘米；第8层为含沙量较大的红褐色夯土，厚0—35厘米；第9层为黄色花斑土，较硬较致密，厚5—8厘米；第10层为褐色沙土，细密但略微疏松，厚8—20厘米。

第3层为褐色沙土间歇层，土质细密，夹杂较多斑点，厚0—20厘米。第1、2层则为晚期建筑加筑的部分。

解剖发掘出的主台基包砖外表面砌砖呈层层收分状，残存24层，每层内收约0.3厘米，且表面涂有厚厚一层白灰作为装饰，可证明月台是在主台基建成并使用了一段时间后才补建的。

（三）慢道

月台南端中部有一个平面呈等腰梯形的慢道，此慢道南北长4、北端宽7.3、南端宽2.5米，残存边缘一排由方砖斜铺的散水和立砌的牙子砖（图版二五，1），中部有一块东西长2.7、南北宽1.5米的长方形土色较深，与其他部位有所不同。慢道所用方砖规格为36厘米×36厘米×5.6厘米。据《营造法式》第十五卷《砖作制度》中"慢道"条记载："厅堂等慢道，每阶基高一尺。拽脚斜长四尺；作三瓣蝉翅；当中随间之广。每斜长一尺，加四寸为两侧翅瓣下之广。"由于该慢道保存状况较差，上部已无存，无法确知其高度和上表面形制，但从所处位置结合平面形制来看，应为《营造法式》中记载的"三瓣蝉翅"慢道[①]（图4-3-6；图版二三）。

台基北侧有宽11米的夯土慢道，经发掘可确认的长度为13.4米。该慢道现存形制呈斜坡状，慢道两侧边壁面较为陡直，但未见包砖。北部被多个灰坑及灰沟打破。

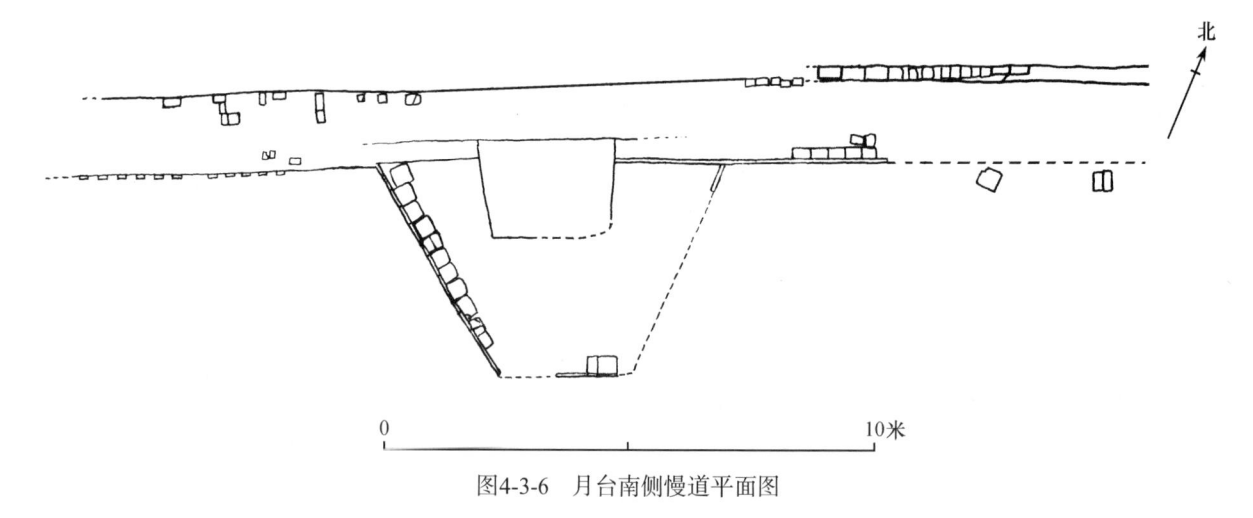

图4-3-6　月台南侧慢道平面图

---

① （宋）李诫：《营造法式》，人民出版社，2011年，第115页。

二、柱　　洞

D1　位于T1750西北角，开口于第10层上。平面呈圆角方形，直壁，平底。边长21、深20厘米。洞内填土为质地疏松的灰沙土，无包含物（图4-3-7，1）。

D2　位于T1750西北部，开口于第10层上，西北与D1相距3米。平面呈椭圆形，斜直壁，平底。洞口长径30、短径28、底部长径22、短径18、深26厘米。洞内填土为质地疏松的灰沙土，无包含物（图4-3-7，2）。

D3　位于T1750西北部，开口于第10层上，西与D2相距0.6米。平面呈圆角方形，斜直壁，平底，底部呈圆形。边长32、底部直径18、深46厘米。洞内填土为质地疏松的灰沙土，无包含物（图4-3-7，3）。

D4　位于T2049西北部，处于主台基的东侧，开口于夯土台基之上，打破主台基拦土和砖台帮之间的垫土。平面呈圆形，直径35、深80厘米。洞内填土为质地疏松的灰沙土，无包含物（图4-3-7，4；图版二八，1）。

D5　位于T2048东南部，处于主台基的东侧，紧邻主台基东南角包砖，开口于第10层上。平面呈圆形，直径30、深36厘米。洞内填土为质地疏松的灰沙土，出土2块残断的青砖，一块倚壁斜置于洞内，另一块平置于距洞口不深处（图4-3-7，5；图版二八，2）。

D6　位于T2147西北角，处于Q2的东侧，距Q2的距离为0.5米，开口于第10层上。平面呈椭圆形，长径30、短径26、深40厘米。洞内填土为质地疏松的灰沙土，无包含物（图4-3-7，6）。

D7　位于T2045东南部，开口于第10层上。平面呈不规则圆角方形，斜直壁，平底，底部呈椭圆形。洞口边长38、洞底长径27、短径22、深40厘米。洞内填土为质地疏松的灰褐色沙土，未见其他包含物（图4-3-7，7）。

D8　位于T2145西南部，开口于第10层上。平面呈不规则圆角四边形，斜直壁，平底。洞口直径30、洞底长25、宽20、深35厘米。洞内填土为质地疏松的灰褐色沙土，出土1件骨刷（图4-3-7，8）。

D9　位于T2145西南角，开口于第10层上。平面圆形，斜直壁，平底，底部呈椭圆形。洞口边38、洞底长径18、短径16、深40厘米。洞内填土为质地疏松的灰褐色沙土，未见其他包含物（图4-3-7，9）。

D10　位于T2045东部，开口于第10层上。平面呈不甚规整的椭圆形，斜直壁，平底。洞口长径40、短径32、洞底长径26、短径20、深35厘米。洞内填土为质地疏松的灰褐色沙土，未见其他包含物（图4-3-8，1）。

D11　位于T2045东部，开口于第10层上。平面呈椭圆形，斜直壁，平底。洞口长径30、短径28、洞底长径20、短径15、深47厘米。洞内填土为质地疏松的灰褐色沙土，未见其他包含物（图4-3-8，2）。

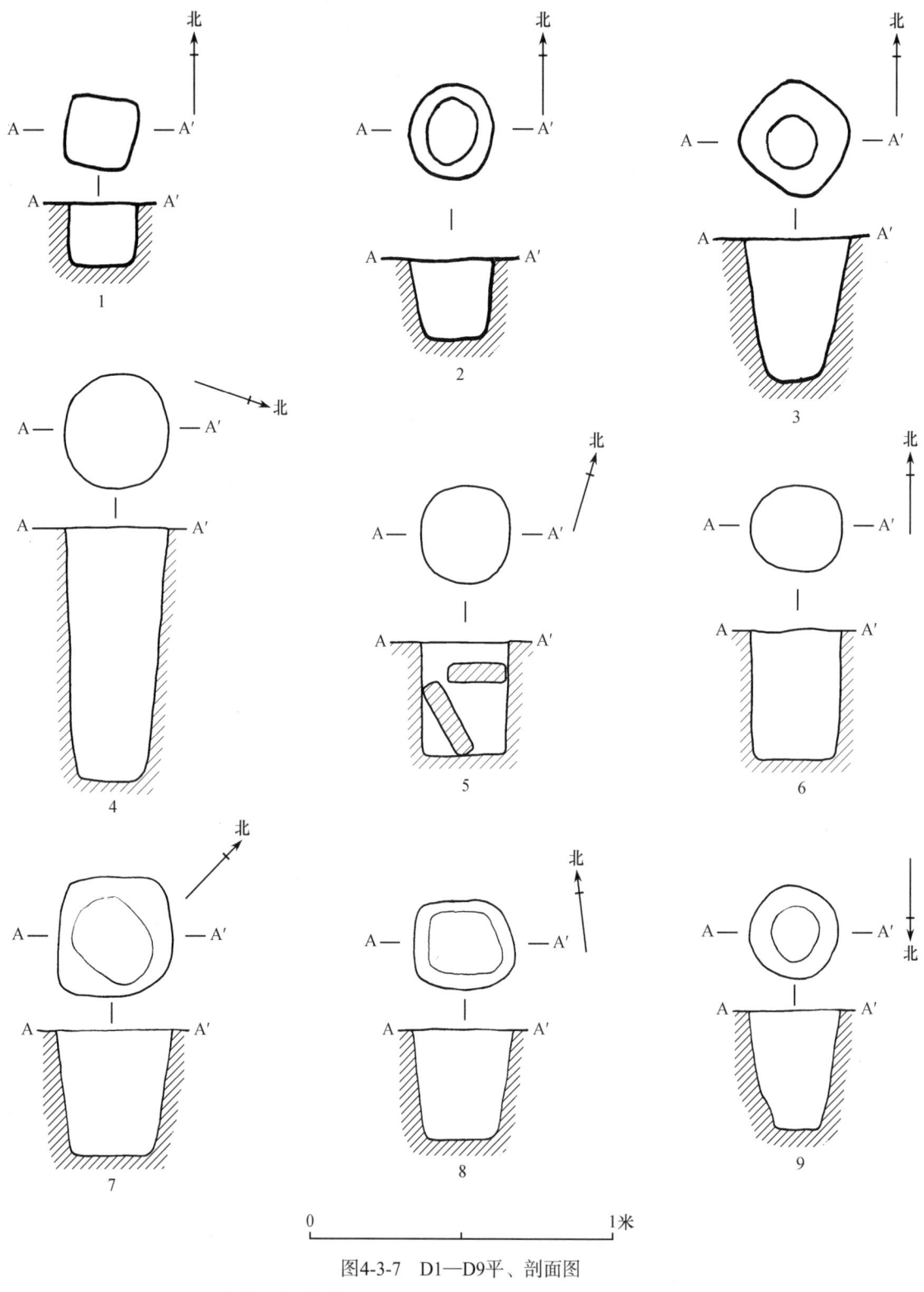

图4-3-7 D1—D9平、剖面图
1. D1 2. D2 3. D3 4. D4 5. D5 6. D6 7. D7 8. D8 9. D9

第四章　城内建筑址的发掘

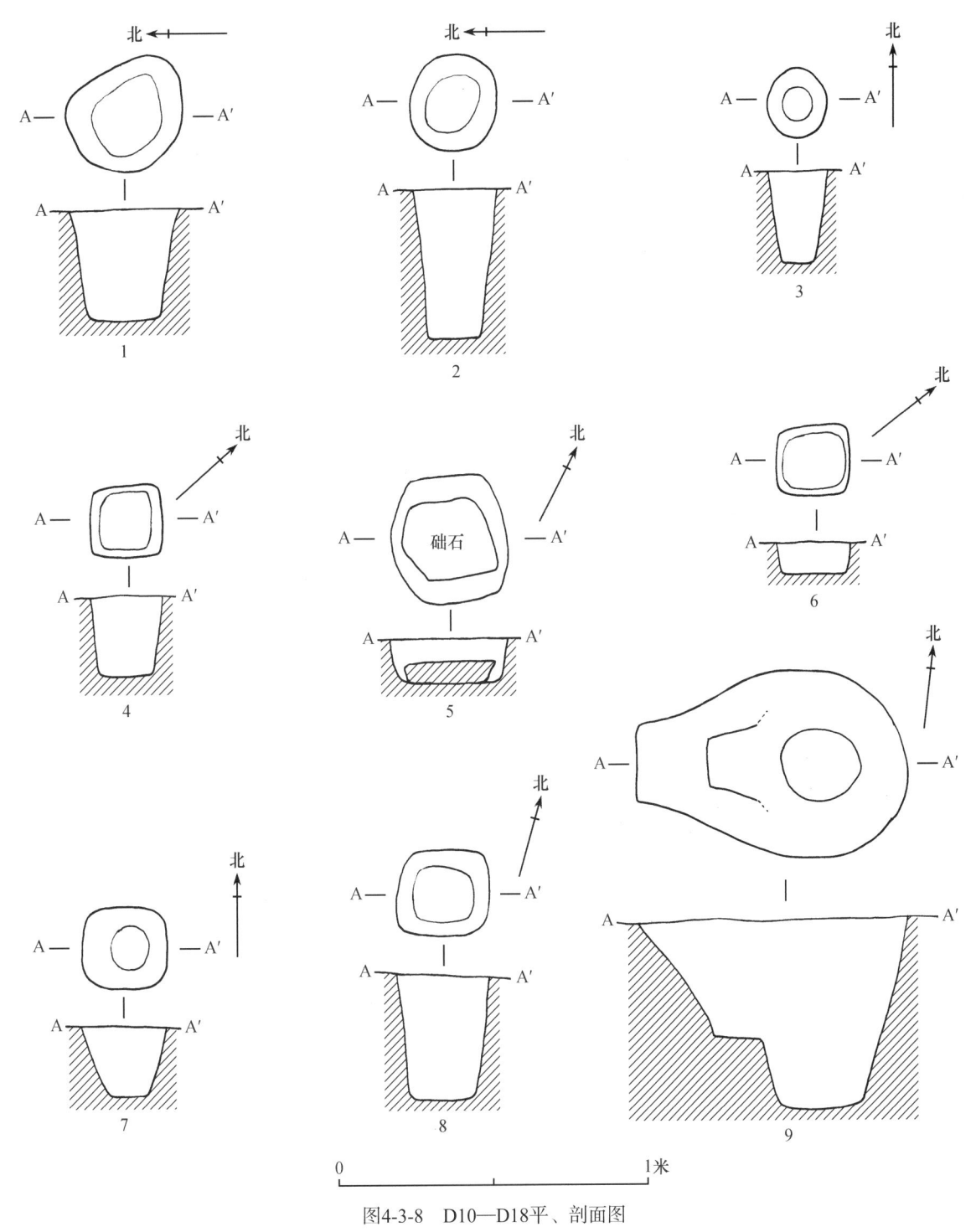

图4-3-8　D10—D18平、剖面图
1. D10　2. D11　3. D12　4. D13　5. D14　6. D15　7. D16　8. D18　9. D17

D12　位于T2045南部，开口于第10层上。平面呈椭圆形，斜直壁，平底。洞口长径22、短径20、洞底直径10、深29厘米。洞内填土为质地疏松的灰褐色沙土，未见其他包含物（图4-3-8，3）。

D13　位于T1945东部，开口于第10层上。平面呈圆角方形，斜直壁，平底。洞口边长24、洞底边长18、深25厘米。洞内填土为质地疏松的灰褐色沙土，未见其他包含物（图4-3-8，4）。

D14　位于T1945东南部，开口于第10层上。平面呈不规则形，斜直壁，平底。洞口直径38、深15厘米。底部平置一块不规则形石板，厚7厘米，用作柱础。洞内填土为质地疏松的灰褐色沙土，未见其他包含物（图4-3-8，5）。

D15　位于T1944东北部，开口于第10层上。平面呈圆角长方形，斜直壁，平底。洞口长25、宽22、洞底长21、宽18、深10厘米。洞内填土为质地疏松的灰褐色沙土，未见其他包含物（图4-3-8，6）。

D16　位于T1945东南部，开口于第10层上。平面呈圆角长方形，斜直壁，平底，底部圆形。洞口长28、宽26、洞底直径12、深22厘米。洞内填土为质地疏松的灰褐色沙土，未见其他包含物（图4-3-8，7）。

D17　位于T2045中南部，开口于第10层上。平面大致呈椭圆形，西端形制不规整，东壁陡直，西壁较缓且有个二层台，平底，底部亦呈椭圆形。洞口长径90、短径60、底部长径26、短径23、深61厘米。洞内填土为质地疏松的灰褐色沙土，未见其他包含物（图4-3-8，9）。

D18　位于T1945东南部，开口于第10层上。平面呈圆角长方形，斜直壁，平底，底部圆形。洞口长30、宽27、洞底长20、宽18、深39厘米。洞内填土为质地疏松的灰褐色沙土，未见其他包含物（图4-3-8，8）。

D19　位于T1945东南部，开口于第10层上。平面呈不规则形，斜直壁，壁面不平整，平底。洞口长径58、短径5、洞底长径2.2、短径2、深33厘米。洞内填土为质地疏松的灰褐色沙土，未见其他包含物（图4-3-9，1）。

D20　位于T1945东部，开口于第10层上。平面圆形，斜直壁，圜底。洞口直径18、深32厘米。洞内填土为质地疏松的灰褐色沙土，未见其他包含物（图4-3-9，4）。

D21　位于T2045东隔梁下，开口于第10层上。平面椭圆形，弧壁，圜底。长径29、短径26、深13厘米。洞内填土为质地疏松的灰褐色沙土，未见其他包含物（图4-3-9，5）。

D22　位于T1945东南角，开口于第10层上。平面圆形，斜直壁，圜底。洞口直径19、深29厘米。洞内填土为质地疏松的灰褐色沙土，未见其他包含物（图4-3-9，6）。

D23　位于T2045西南角，开口于第10层上。平面椭圆形，南壁斜直，北壁较缓且凸凹不平整，平底，底部亦呈椭圆形。洞口长径60、短径51、底部长径33、短径27、深27厘米。洞内填土为质地疏松的灰褐色沙土，未见其他包含物（图4-3-9，2）。

D24　位于T2045西南部，开口于第10层上。平面椭圆形，斜直壁，平底，底部亦呈椭圆形。洞口长径61、短径43、底部长径46、短径3、深24厘米。洞内填土为质地疏松的灰褐色沙土，未见其他包含物（图4-3-9，3）。

D25　位于T1846北部，开口于第10层上，位于Q1东侧，紧邻月台西侧散水。平面呈圆角

第四章　城内建筑址的发掘

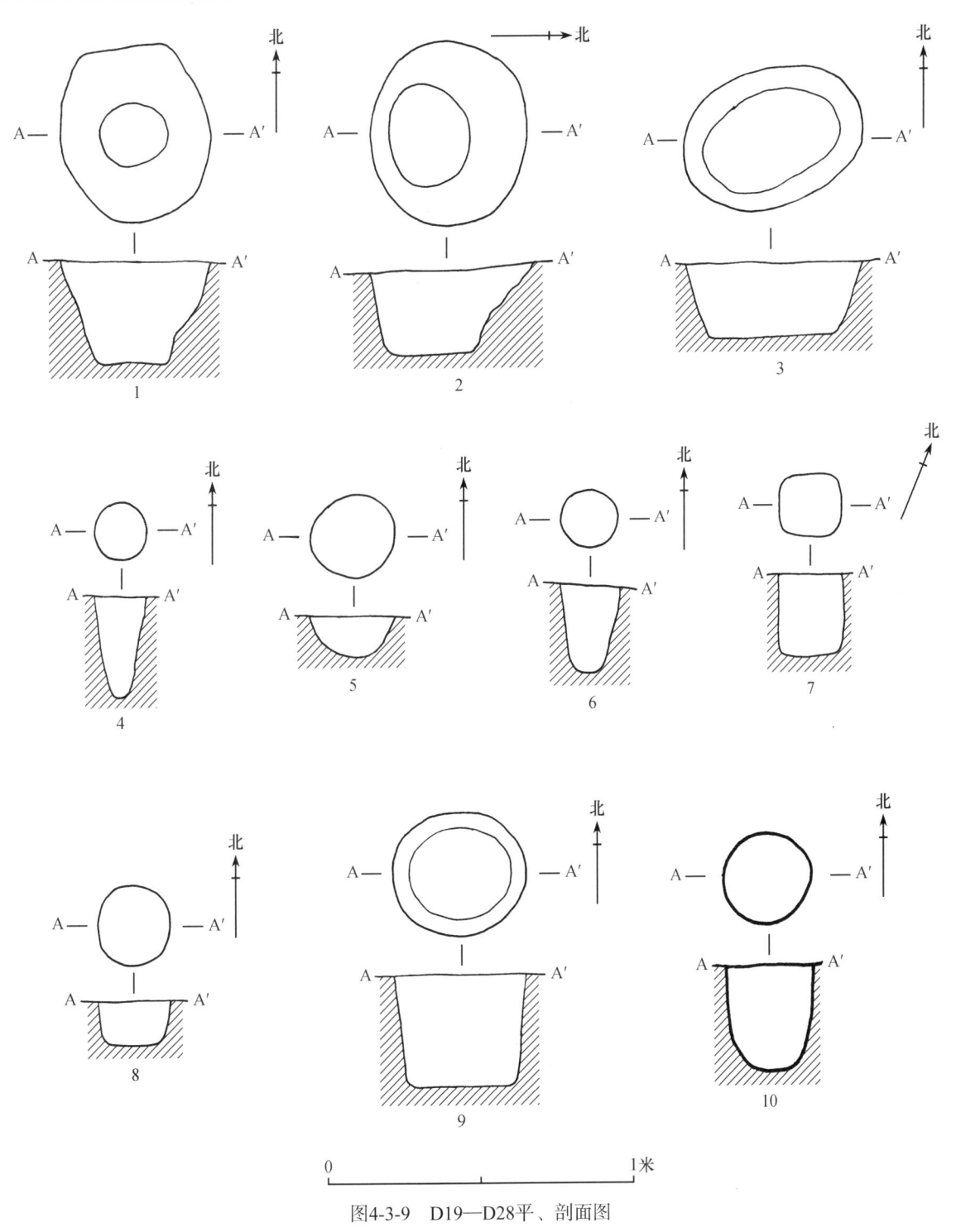

图4-3-9　D19—D28平、剖面图
1. D19　2. D23　3. D24　4. D20　5. D21　6. D22　7. D25　8. D26　9. D27　10. D28

方形，直壁，平底。洞口边长20、深26厘米。洞内填土为质地疏松的黄褐色土，未见其他包含物（图4-3-9，7）。

D26　位于T1846北隔梁下，开口于第10层上，亦处于月台西侧散水外缘，Q1东侧，南与D25相距3米。平面大致呈圆形，直壁，平底。洞口直径24、底径20、深14厘米。洞内填土为质地疏松的黄褐色土，未见其他包含物（图4-3-9，8）。

D27　位于T1748南部，开口于第10层上，处于Q4东侧，G1中部。平面呈椭圆形，直壁，平底。洞口长径44、短径40、底部长径34、短径30、深35厘米。洞内填土为质地疏松的黄褐色土，未见其他包含物（图4-3-9，9；图版二八，3）。

D28　位于T1649东北部，开口于第10层上，处于Q4东侧，G1北端，建筑台基西北角外缘，被H29打破。平面圆形，直壁，圜底。洞口直径30、深34厘米。洞内填土为质地疏松的黄褐色土，未见其他包含物（图4-3-9，10）。

三、墙 与 涵 洞

台基东西两侧均建有夯土围墙，围墙与台基边缘距离较近，随着台基边缘的走势与之近乎平行向南北两端延伸，在主台基与月台相接处，墙体亦向内折收，整体平面呈折尺形。

此夯土墙北段即建筑台基外侧墙体与建筑台基边缘相距0.9—1米，内侧壁面陡直，外侧紧邻一条与之平行的排水沟。墙体内各有3条砖砌的排水涵洞，间距不等。排水涵洞均埋于墙内，仅在墙体内侧露出洞口，可知其为四边皆为砖砌的暗渠，采用长方形青砖，先于底部竖向铺设一层砖，再在左右两侧各竖置一层砖作为水渠侧壁，最后在竖置的砖上横置一排砖作为水渠的盖顶。

Q4　位于T1746、T1747、T1748、T1649、T1750内，处于主台基的西侧，方向与主台基平行，为158°。此墙坐落于第10层之上，与主台基西侧台帮相距0.9米，墙体发掘长度32、宽1.3米，残存最高处1.2米，内侧壁较为陡直，外侧壁被晚期的沟打破，形制不明。北部内壁有一段长1.86米的墙面用青砖残块垒砌，共垒砌10层青砖，应为坍塌后维修所致（图4-3-10；图版二六，2）。墙体西侧有所坍塌，并被一条同方向晚期灰沟（G5）打破。此墙的北端至主台基西北角处残，南端与Q1折向西部的那一段墙体相接，接口处有一个砖砌排水涵洞，编号HD1，处于T1746关键柱处，涵洞口宽0.36、高0.25米（图4-3-11，1；图版二七，1）。洞底铺砖长出洞口18厘米。从此涵洞处向北10.4米处，有另一个排水涵洞，编号HD2，处于T1747北部正中，洞口宽0.36、高0.25米，洞底铺砖长出洞口8厘米，盖顶两侧竖向平铺一层砖（图4-3-11，6；图版二七，2）。再向北12米处还有一个排水涵洞，编号HD3，处于T1749西南角，洞口宽0.36、高0.25米，洞底铺砖长出洞口4厘米（图4-3-11，2；图版二七，3）。

Q5　位于T2148、T2048、T2049、T2050、T1951内，处于主台基的东侧，方向与主台基平行，为158°，位置与Q4对应。此墙坐落于第10层之上，与主台基东侧边缘相距1米，墙体长

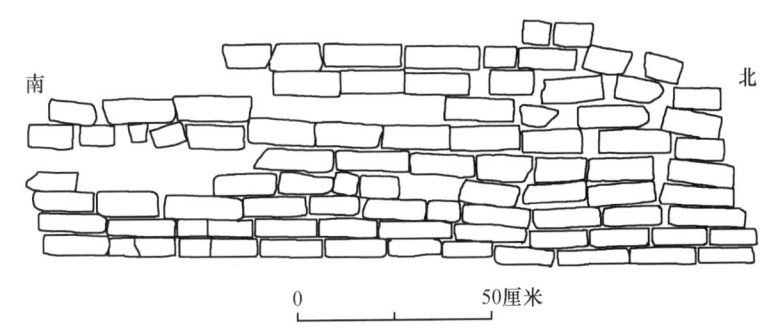

图4-3-10　Q4内壁（东壁）青砖垒砌墙体立面图

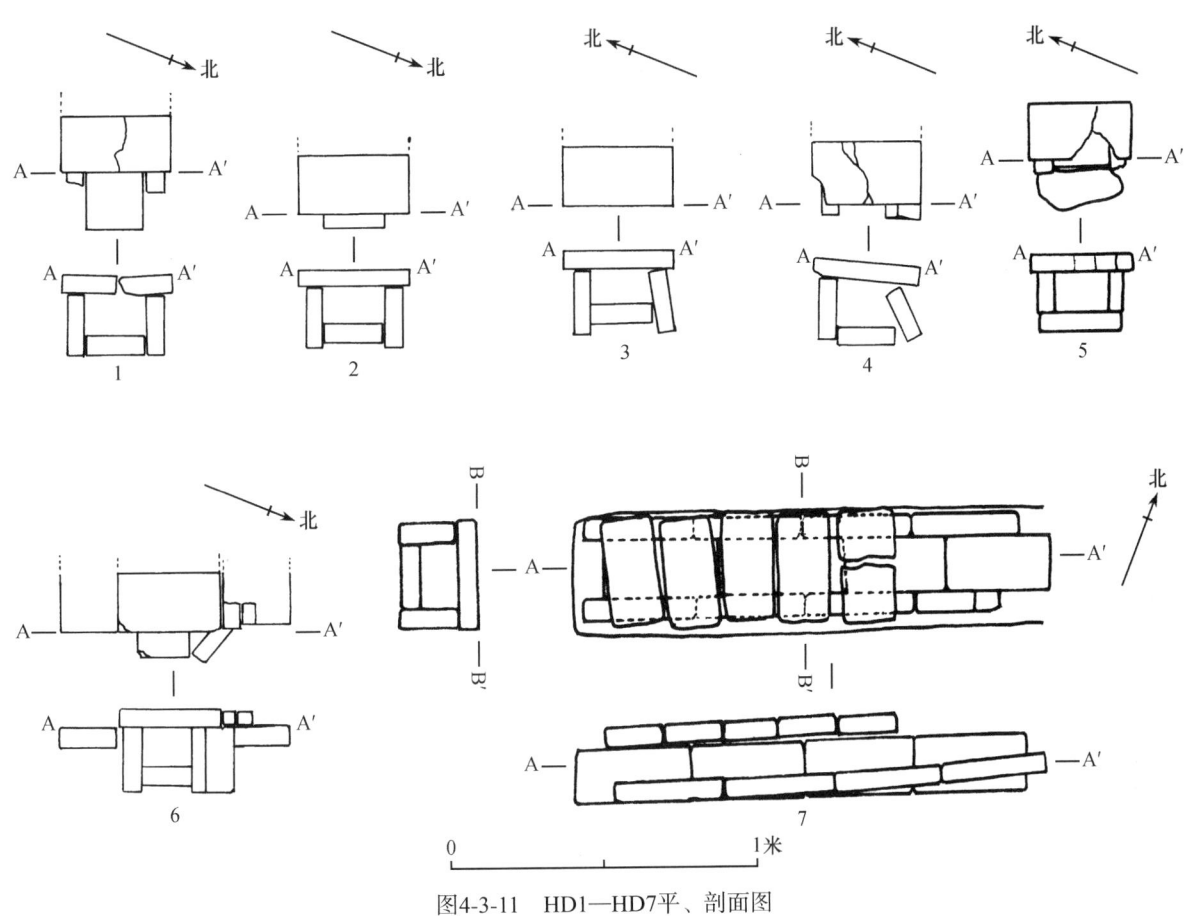

图4-3-11　HD1—HD7平、剖面图
1. HD1　2. HD3　3. HD4　4. HD5　5. HD6　6. HD2　7. HD7

36.4、宽1.3—1.7米，残存最高处1.5米，内侧壁陡直，外侧壁未发掘。南端与Q2折向东部的那一段墙体相接，接口处向北1.1米处有一个砖砌排水涵洞，编号HD4，处于T2148西南部，洞口宽0.36、高0.25米（图4-3-11，3；图版二七，4）。从此涵洞处向北11米处，有另一个排水涵洞，编号HD5，处于T2049中南部，洞口宽0.36、高0.25米（图4-3-11，4）。再向北10.6米处还有一个排水涵洞，编号HD6，处于T2050西南部，洞口宽0.34、高0.23米，外部平置一块残砖，残长0.3、残宽1.2厘米（图4-3-11，5；图版二七，5）。

夯土墙南段即南部台基外侧墙体Q1和Q2分别与Q4、Q5相接，但筑造方式有所不同，且与台基距离较近,与台基外侧的散水相距仅0.2米左右,墙体两侧均用纯黄色草拌泥抹平,外侧墙面在草拌泥外涂抹一层白灰,白灰上还见残存的涂朱痕迹,应当有壁画,墙体残存高度0.35米。

Q1 位于T1846、T1845、T1945、T1944中,处于主台基的西南端,东侧紧邻月台西侧的散水。墙体坐落于第10层之上,上部被第6层土打破,宽1.25—1.3、残存最高处0.2米。墙体整体平面呈90°折尺形,折角位于主台基的西南端砖台帮外侧,东西向的一段墙体较短,长度为3.2米,方向68°,南北向的墙体较长,已发掘长度25米,方向158°。墙体外侧可见厚2—3厘米的草拌细泥层,为纯净的浅黄色黏土,应为墙面上的涂抹之物。墙体内侧未保存下来,具体形制不明。此墙墙体内从北向南6米处有一条排水暗渠,编号HD7,处于T1846中南部,此排水涵洞通长1.58、宽0.42、深0.26米,涵洞上部盖顶为5块横向排布的长方砖,上表面深度与其东侧地面及散水相同(图4-3-11,7;图版二七,6)。

Q2 位于T2048、T2148、T2047、T2147、T2146、T2145中,处于主台基的东南端,西侧紧邻台基通道东侧的散水,位置与Q1对应。墙体坐落于第10层之上,上部被第6层土打破,宽1.25—1.3、残存最高处0.3米(图版二六,1)。墙体整体平面呈90°折尺形,折角位于主台基的东南端砖台帮外侧,东西向的一段墙体较短,长度为3.8米,方向68°;南北向的墙体较长,已发掘长度29米,方向158°。墙体两侧壁面涂抹有一层厚约2厘米的草拌泥,为细腻的纯黄色黏土制成,墙体外侧还在草拌泥层之上涂抹一层厚0.3厘米的白灰,白灰上残留涂朱痕迹,推测外墙面原先可能有彩绘壁画。墙体北端根部有4块立砌的青砖,皆使用残半的长方砖。

Q6 位于T1749西北角和T1750西南角,方向68°。东端残,西端未发掘,从所处位置看,其西端应与Q4垂直相接。发掘长度4.6、宽1.2、残高0.4米。

Q8 位于T1951东南角,东端与Q5垂直相接,西与Q6左右对称,方向68°。保存较差,残长2.2、宽1米,向西1.4米处有一个与之垂直并贯通其中的排水涵洞,编号HD8,此涵洞由青砖砌筑,长度与墙体宽度相同,宽0.36、深0.25米。涵洞以西的墙体残长0.4米。

四、排　水　沟

G1 位于发掘区的西部,跨越T1746、T1747、T1748、T1749、T1649等探方,方向158°。此沟并非挖掘形成,而是由主台基西侧边立面与Q1内侧边相夹形成,沟壁即为台基砖边和Q1内壁,沟底为当时的地面。该沟坐落于第10层上,通长28.5、上口宽0.9、底宽0.75—0.85、深1.3米。沟内填满大量残碎的瓦片和红烧土块,应是在建筑废弃后被用作了填埋建筑垃圾的场所。

G2 位于发掘区的东部,跨越T2148、T2048、T2049、T2050、T1950等探方,方向158°。该沟与G1对称分布,形成方式相同,是由主台基东侧边立面与Q2内侧边相夹形成,沟壁即为台基砖边和Q2内壁,沟底为当时的地面。坐落于第10层上,通长28.5、上口宽1、底宽0.5—0.9、深1.5米。沟内填充物与G1相同。

G4　位于发掘区的西部，跨越T1649、T1648、T1748、T1747、T1746、T1846、T1845等探方，方向158°。此沟于第10层之上开挖而成，西侧紧邻一条道路（L1），东侧的北段紧邻Q4，受Q4边缘坍塌的挤压，该沟北段宽度略窄于南段。沟壁为斜直壁，平底略弧，发掘长度36、沟口宽0.6—1、开口处向下深0.5米，因西侧L1在使用过程中不断垫高，致使该沟的沟口也不断增高，至L1上表面处深达1.6米。沟内堆积为细密的淤土层，部分土层中夹杂黑灰，包含少量陶片和残碎瓦片。

G6　位于发掘区北部T1851、T1751、T1750内，开口于第10层上，打破台基北部踏道，方向68°。沟西部被H26和H36打破，东端被H25打破，中部被H22打破，残长15.6、宽2.1—2.4、深0.4米。弧壁，底部不平。沟内填土为灰褐色土，土质疏松，包含大量烧土块和碎砖瓦。出土遗物有砖瓦及铁器。

G7　位于发掘区东部的T2147北部，于第10层之上开挖而成，位置与G4对称，方向158°。仅发掘了长2.2、宽0.8、深0.35米的一角，沟壁斜直。沟内填土为黄褐色沙土，出土瓮等陶器残片若干，以及少量瓷片、泥塑等。

五、道　路

L1　位于发掘区的西部，跨越T1649、T1648、T1748、T1747、T1746、T1846、T1845等探方，方向158°。此条道路于第10层之上起建，东侧紧邻G4，西侧被一条晚期的沟（G8）打破。该条道路宽3.5—4.5米，北部略窄，南部稍宽，发掘长度46.6米。经长年使用，路面不断加高，路表面凹凸不平，可见多条断断续续、深浅不一的车辙沟，与路面平行，长短间距不一，深一般在6厘米左右，可辨车辙少则4条，多处8条。从相同深度的辙沟的间距判断，车轮间距在1.5米左右（图版二五，2）。

L1由地下基槽和地上路土两部分构成。基槽宽1.46—1.7、深0.92米。内填5层夯土，结构均较紧实坚硬：第1层为浅黄褐色土，厚11—20厘米；第2层亦为灰黄色细沙土，厚12厘米；第3层为灰黄色细砂土，厚0—15厘米；第4层为灰黄色亚黏土，厚0—11厘米；第5层为灰黄色细沙土，厚0—11厘米。地上路土厚0.7米，由上而下大体分3个大层和若干亚层，其结构均紧密坚硬。第1层厚0—26厘米，分3个亚层：第1a层为青灰色细沙土；第1b层为红烧土，紧密坚硬，夹杂砖瓦碎块；第1c层为青灰色细沙土。第2层厚32—35厘米，分3个亚层，均为灰黄色细沙土；第3层厚20—32厘米，分5个亚层，皆为灰黑色细沙土。

L2　发掘部分位于T1648西部，方向68°，东端被与之垂直的G8打破，中部被与之平行的G9打破。发掘长度4.75、已揭露宽度1.9、残高0.4米。

六、出土遗物

（一）建筑构件

1. 板瓦

檐头板瓦　15件。平面呈梯形，凸面素面，凹面布纹，滴水下端用绳纹工具压印出斜向凹窝，使滴水下缘呈波状纹。

模印菱格纹　9件。檐面饰一排菱格纹带。T1747G1∶41，上部残，檐面饰双层菱格纹，菱格较大，中部饰乳钉纹，上下间饰为三角纹，残长21.7、檐端宽34.4、滴水面宽5、胎厚2.9厘米（图4-3-12，1；图版六三，1）。T1747G1∶42，上部残，檐面饰双层菱格纹，

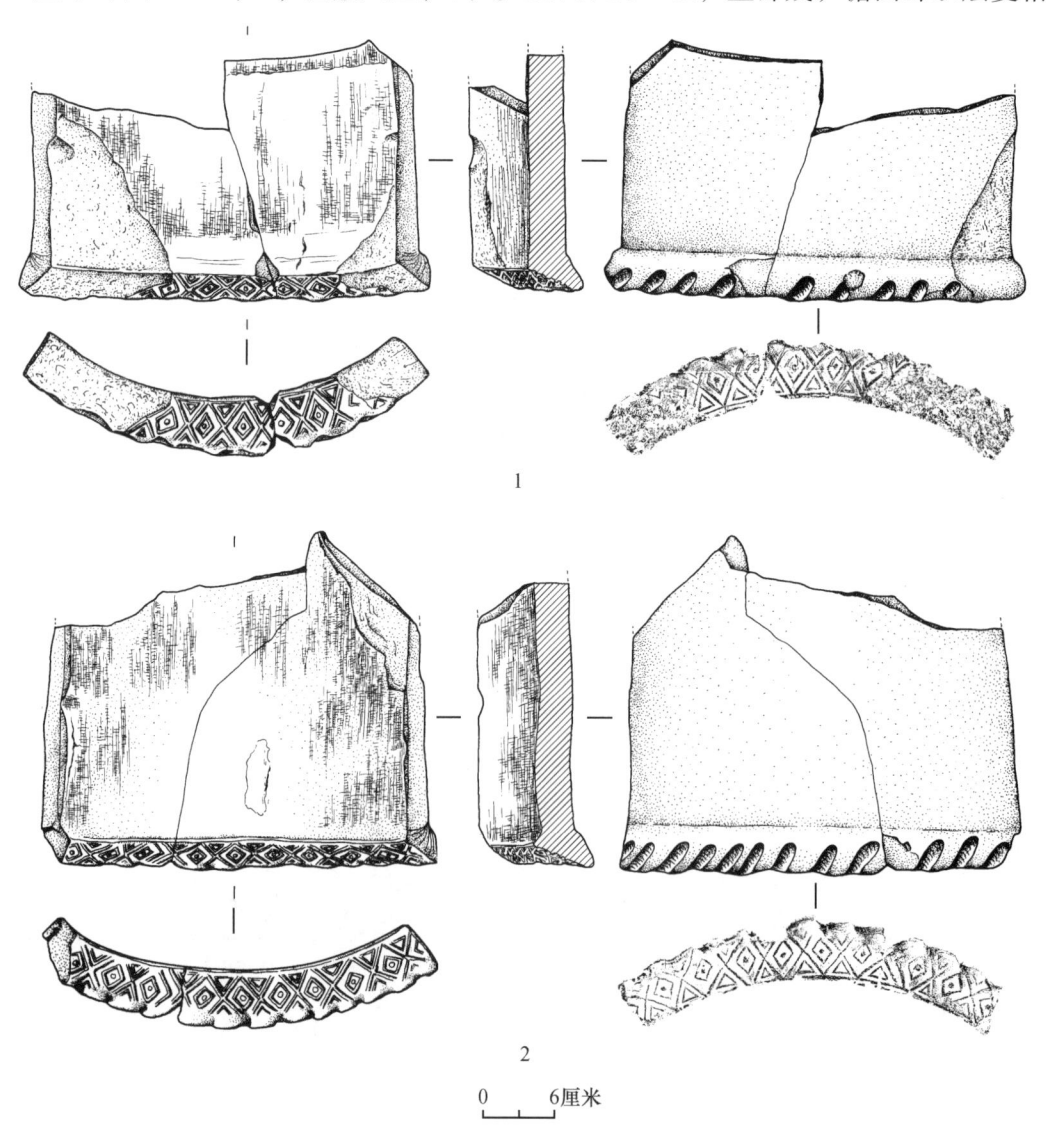

图4-3-12　菱格纹檐头板瓦
1. T1747G1∶41　2. T1747G1∶42

菱格较大，中部饰乳钉纹，上下间饰为三角纹，残长27.6、檐端宽33.6、滴水面宽5.2、胎厚3.1厘米（图4-3-12，2；图版六三，2）。T2048G2：35，上部残，檐面饰双层菱格纹，菱格较大，中部饰乳钉纹，上下间饰为三角纹，残长17.8、檐端宽35、滴水面宽5.4、胎厚3.2厘米（图4-3-13，1；图版六三，3）。T2049G2：49，残存檐端一角，檐面饰单层菱格纹，菱格较小，中部及上下间饰均为乳钉纹，残长13.8、残宽7.4、滴水面宽4.4、胎厚2.6厘米（图4-3-13，2）。

压印绳纹　4件。檐面饰上下两排右斜向压印绳纹凹窝，以凸弦纹带间隔。T2048G2：37，残存檐端一角，残长15.2、残宽20、滴水面宽6、胎厚3.3厘米（图4-3-14，1；图版六五，5）。T2048G2：38，残存檐端一角，残长14、残宽24.2、滴水面宽6、胎厚3.4厘米（图4-3-14，2；图版六六，3）。T1747G1：43，残长8、残宽26、滴水面宽6、胎厚3.2厘米（图版六六，1）。

戳点纹　1件。T2050G2：15，残存檐端一角，檐面饰上下两排成组的戳点纹，每组三个戳点一线排布，上排右斜向，下排左斜向，以凸弦纹带间隔。残长5.7、残宽12.6、滴水面宽5.2、胎厚2.8厘米（图4-3-13，3）。

凸弦纹　1件。T2049G2：50，残存檐端一角，檐面饰三条横向平行凸弦纹带，中部弦纹带上有右斜向压印纹饰，间距疏远，残长7.3、残宽6.8、滴水面宽4.2、胎厚2厘米（图4-3-13，4）。

普通板瓦　13件。平面呈梯形，凸面素面，凹面布纹。T2048G2：57，残，凸面有三条交错的凸棱，宽端垂直切，长49、最宽处32.6、最厚处3.6厘米（图4-3-16，4）。T2049G2：51，

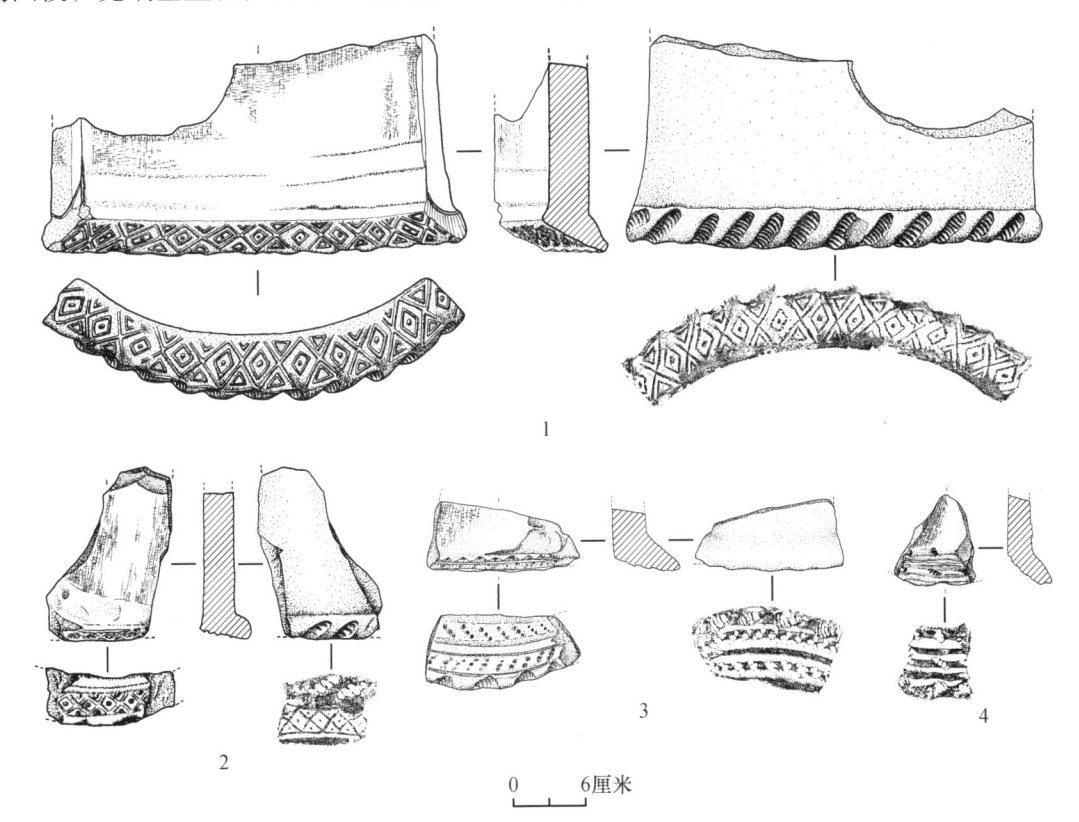

图4-3-13　菱格纹、戳点纹、凸弦纹檐头板瓦
1. T2048G2：35　2. T2049G2：49　3. T2050G2：15　4. T2049G2：50

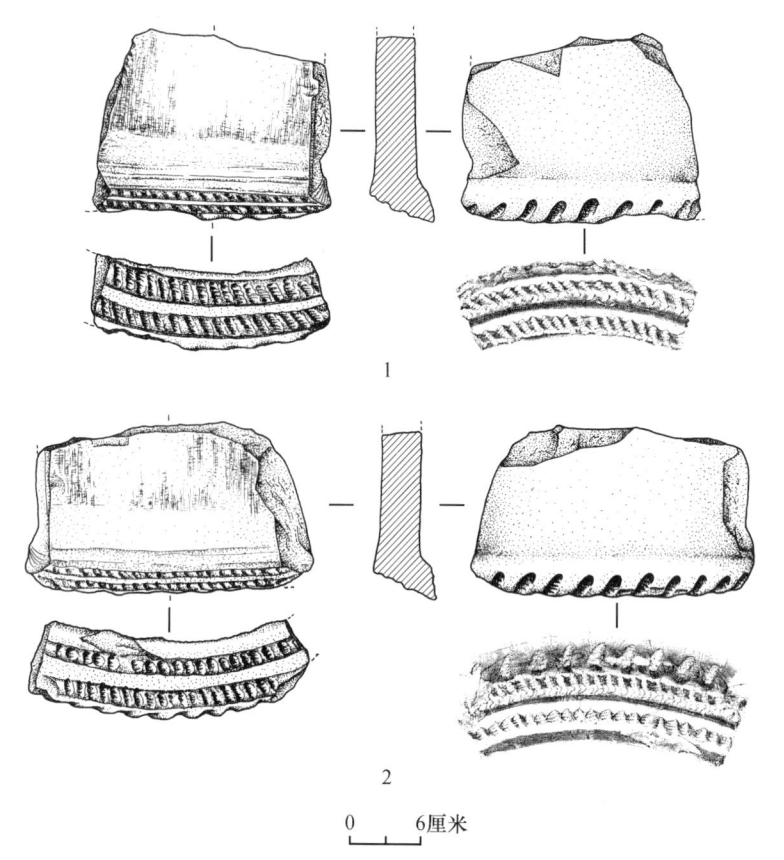

图4-3-14 压印绳纹檐头板瓦
1. T2048G2：37 2. T2048G2：38

残缺一角，凸面有火烧痕迹，宽端斜切，长32.3、宽18—23.2、最厚处1.8厘米（图4-3-15，2）。T2049G2：52，残缺一角，凸面有轮修形成的横向细纹，宽端加厚，斜切，长32.8、宽19.2—23.6、最厚处2.1厘米（图4-3-15，1）。T2049G2：53，宽端较薄，斜切，长34.3、宽20—22.2、最厚处2厘米（图4-3-15，3）。T2049G2：54，凸面有轮修形成的横向细纹，宽端斜切，长34.2、宽20.4—23、最厚处1.8厘米（图4-3-16，2）。T2049G2：55，残缺一角，凸面下端中部有竖向并列的指压纹，宽端斜切，长34.4、宽18—20.8、最厚处2.3厘米（图4-3-15，4）。T2049G2：56，四角均有残缺，宽端斜切，长49.2、最宽处33.2、最厚处3.6厘米（图4-3-16，3；图版六九，1）。T2049G2：58，右下角残，长29.4、中部宽21、最厚处2.1厘米（图4-3-16，1）。

2. 筒瓦

10件。平面均呈长方形，瓦舌较短，凸面素面，凹面布纹。

T1748G1：9，左半部残，凸面有数道不甚明显的纵向凸棱，尾端内侧抹斜，长33.5、残宽10.4、胎厚2厘米（图4-3-17，4）。T1748G1：10，残存瓦舌端，残长9.3、宽18.3、高9.6、胎厚2.9厘米（图4-3-17，3）。T1748G1：11，瓦舌残，左右两边内侧打薄，尾端内侧抹斜，长

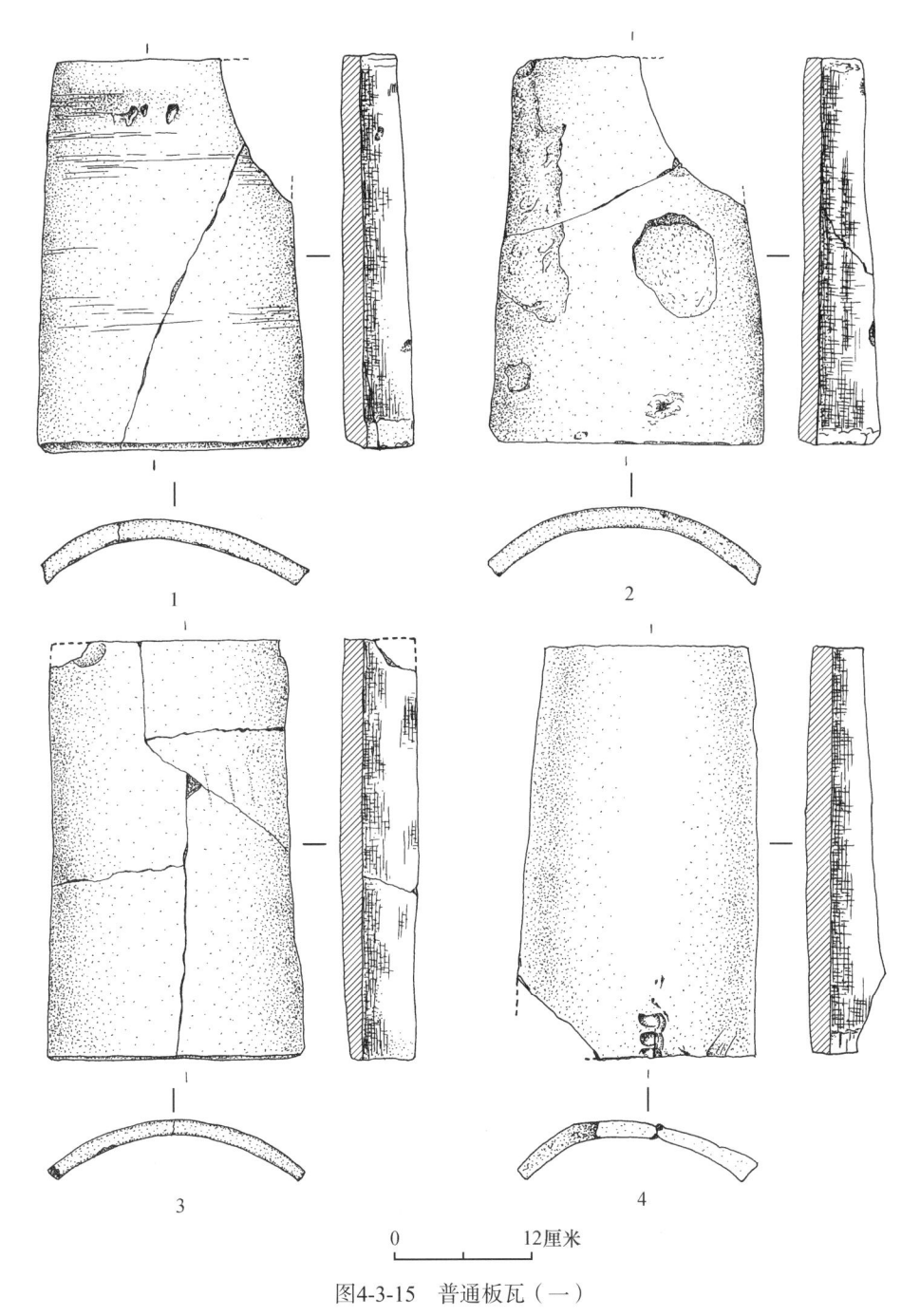

图4-3-15　普通板瓦（一）
1. T2049G2∶52　2. T2049G2∶51　3. T2049G2∶53　4. T2049G2∶55

43.3、宽18.2、高9.5、胎厚2.8厘米（图4-3-17，1；图版七〇，1）。T2048G2∶39，凸面附着石灰块，瓦舌略残，左右两边内侧打薄，尾端残，残长37.6、宽18.2、高9.2、胎厚2.8厘米（图4-3-17，2）。T1749G1∶6，筒瓦残块，凸面有两个刻划文字，残长8.8、残宽9.8、胎厚2.4厘米（图4-3-18，2；图版一三〇，2）。T1749G1∶7，筒瓦残块，凸面刻划一盘腿坐姿沙弥形象，双手合十，残长11.8、残宽16.7、胎厚2.6厘米（图4-3-18，1；图版一三〇，1）。

图4-3-16 普通板瓦（二）
1. T2049G2∶58 2. T2049G2∶54 3. T2049G2∶56 4. T2048G2∶57

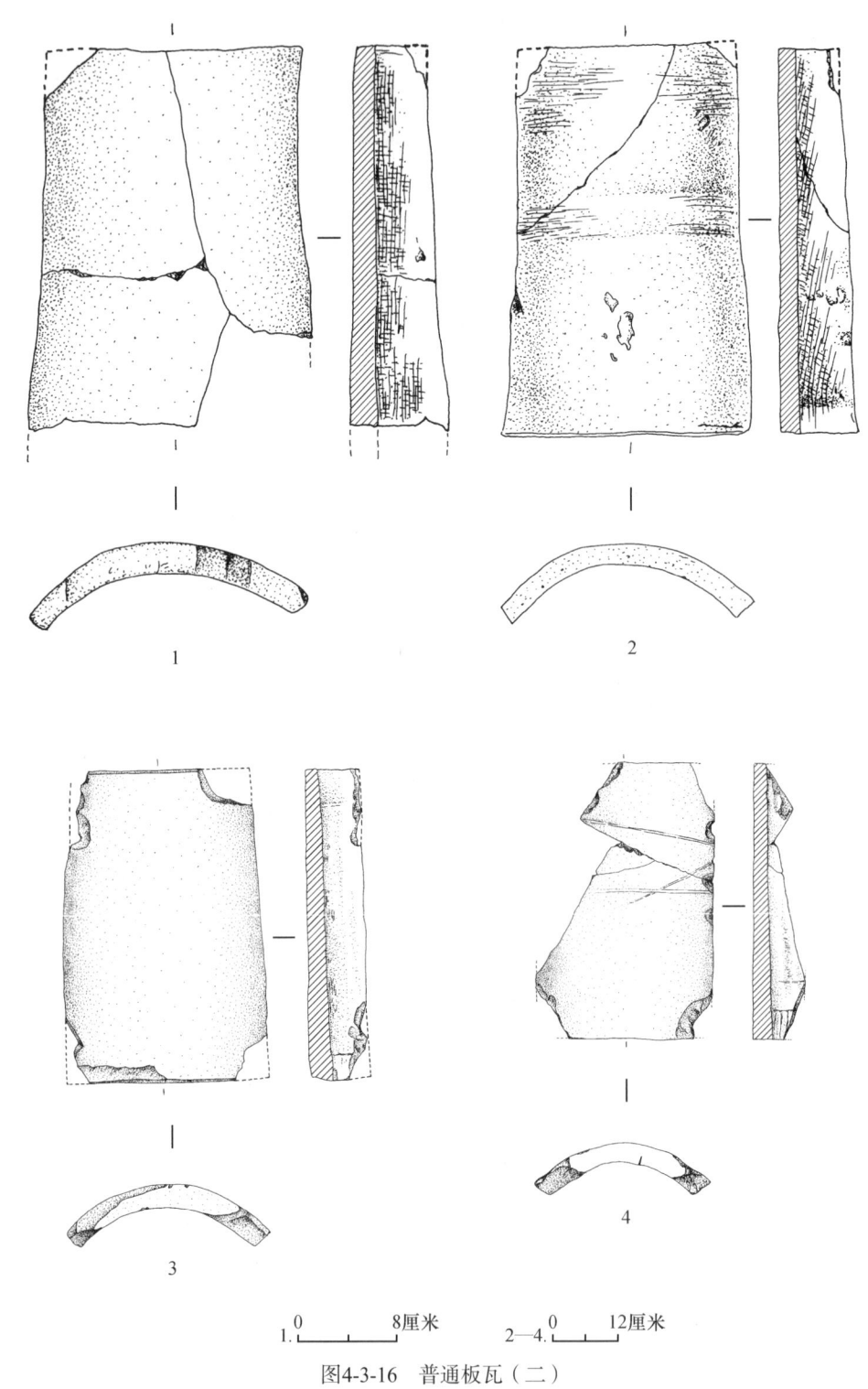

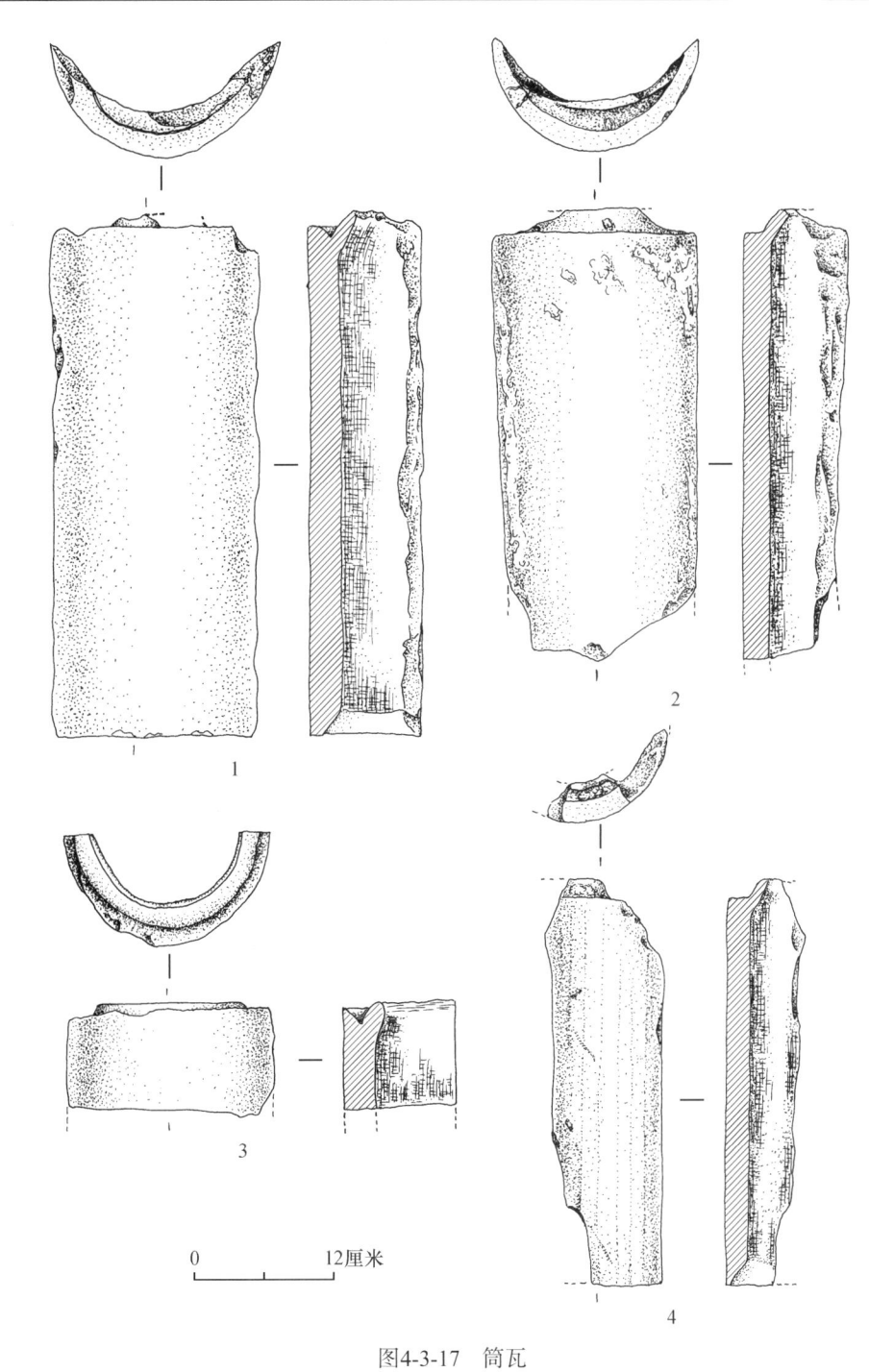

图4-3-17 筒瓦
1. T1748G1∶11 2. T2048G2∶39 3. T1748G1∶10 4. T1748G1∶9

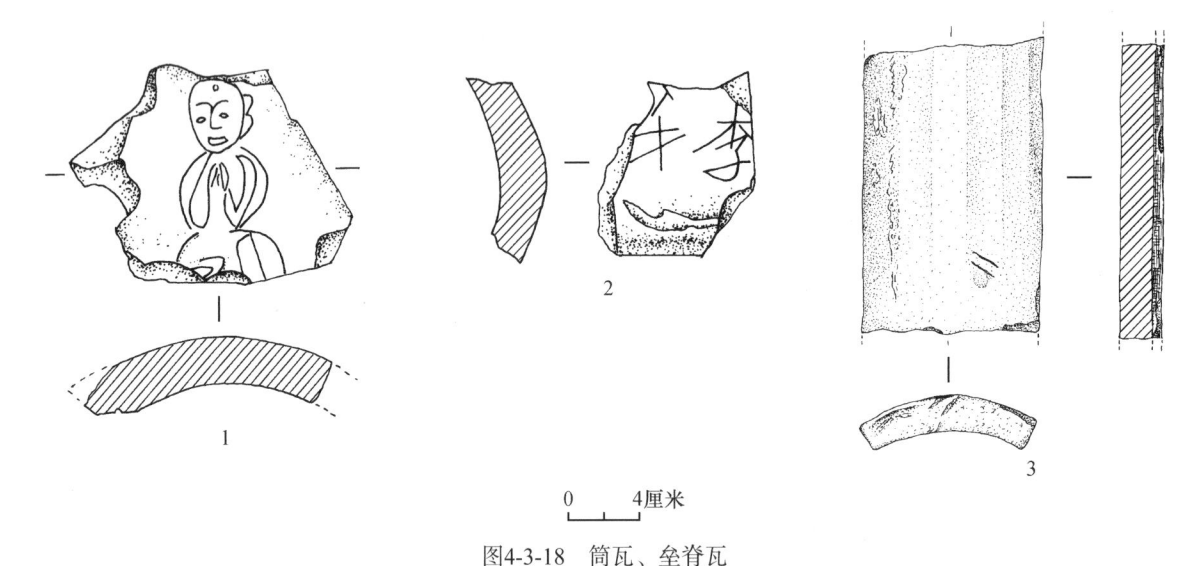

图4-3-18　筒瓦、垒脊瓦
1、2.筒瓦（T1749G1：7、T1749G1：6）　3.垒脊瓦（T1748G1：8）

3. 垒脊瓦

3件。平面呈长方形，凸面素面，凹面布纹。

T1748G1：8，凸面有数道不甚明显的纵向凸棱，残长15.4、宽9.8、胎厚1.8厘米（图4-3-18，3）。

4. 瓦当

82件。均为模制，圆形，兽面纹饰，无边轮。

"王"字兽面瓦当　70件。当面较平，中部略厚，边缘稍薄，当面中部为长直须兽面形象，额头处有一"王"字，兽面外饰一圈连珠纹饰。T1748G1：1，当面左端略残，直径16.8、中部最厚处3、边缘厚1.8厘米（图4-3-19，1；图4-3-23，2；图版七六，3、4）。T2049G2：41，直径17、中部最厚处3、边缘厚1.4厘米（图4-3-19，2；图4-3-23，1；图版七八，4、5）。T2049G2：21，直径16.8、中部最厚处2.6、边缘厚1.8厘米（图4-3-19，3；图版七九，4）。T2049G2：36，左上端残，当面纹饰不清晰，粘少量白灰块，直径16、中部最厚处3、边缘厚1.8厘米（图4-3-20，1；图版七八，3）。T2049G2：33，右上端残，直径16.8、中部最厚处3、边缘厚2.2厘米（图4-3-20，2；图4-3-23，3；图版七八，2）。T2048G2：13，左端及上端残，当面粘少量白灰块，直径17.6、中部最厚处3、边缘厚1.8厘米（图4-3-20，3）。T1749G1：23，下部边缘残，直径17.2、中部最厚处2.6、边缘厚2厘米（图4-3-20，4；图版七六，1、2）。T1649G1：5，直径16.5、中部最厚处2.6、边缘厚1.6厘米（图4-3-20，5；图4-3-23，4；图版七六，5、6）。T2050G2：11，直径17、中部最厚处2.8、边缘厚1.6厘米（图版七八，6）。

卷须兽面瓦当　9件。当面中部高凸，饰卷须兽面形象。T1749G1：4，主题纹饰外饰

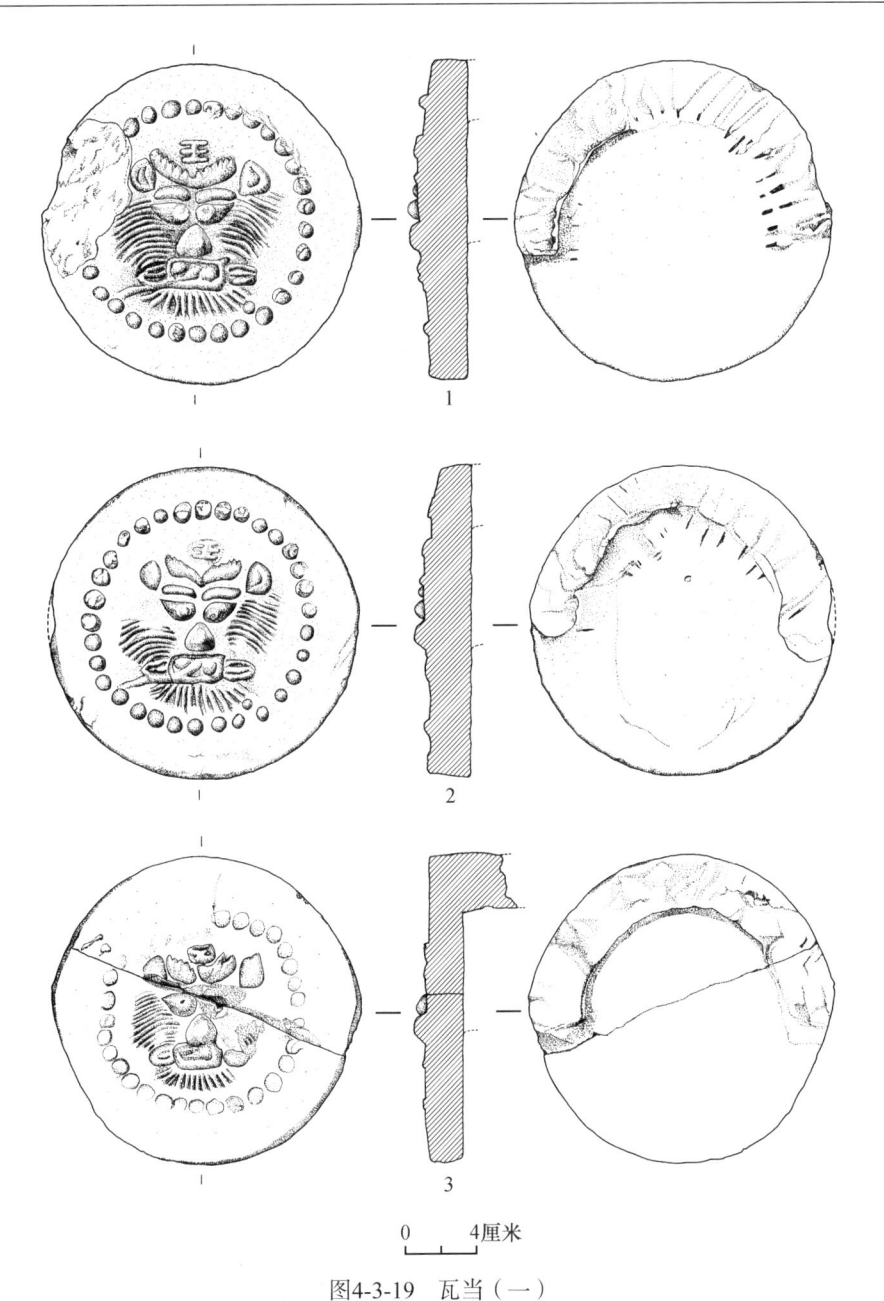

图4-3-19 瓦当（一）
1. T1748G1：1 2. T2049G2：41 3. T2049G2：21

一圈连珠纹，直径15.4、中部最厚处4、边缘厚1.7厘米（图4-3-21，1；图版八〇，4）。T2049G2：17，右端残，主题纹饰外饰一圈连珠纹，直径16、中部最厚处4、边缘厚1.6厘米（图4-3-21，2；图4-3-24，1；图版八〇，5）。T2049G2：18，边缘残，主题纹饰外饰一圈连珠纹，直径16.5、中部最厚处4.1、边缘厚1.6厘米（图4-3-21，3）。T1649G1：1，边缘残、直径17.2、中部最厚处3.9、边缘厚1.5厘米（图4-3-21，4；图4-3-24，4）。

独角兽面瓦当　1件。T1748G1：5，上部残，中部饰独角兽形象，大嘴，牙齿夸张，下颌饰放射状短须，外饰三圈凸弦纹，每两圈间填满乳钉纹和凸棱纹，直径16、中部最厚处3.1、边缘厚1.5厘米（图4-3-22，1；图4-3-24，2；图版八〇，6）。

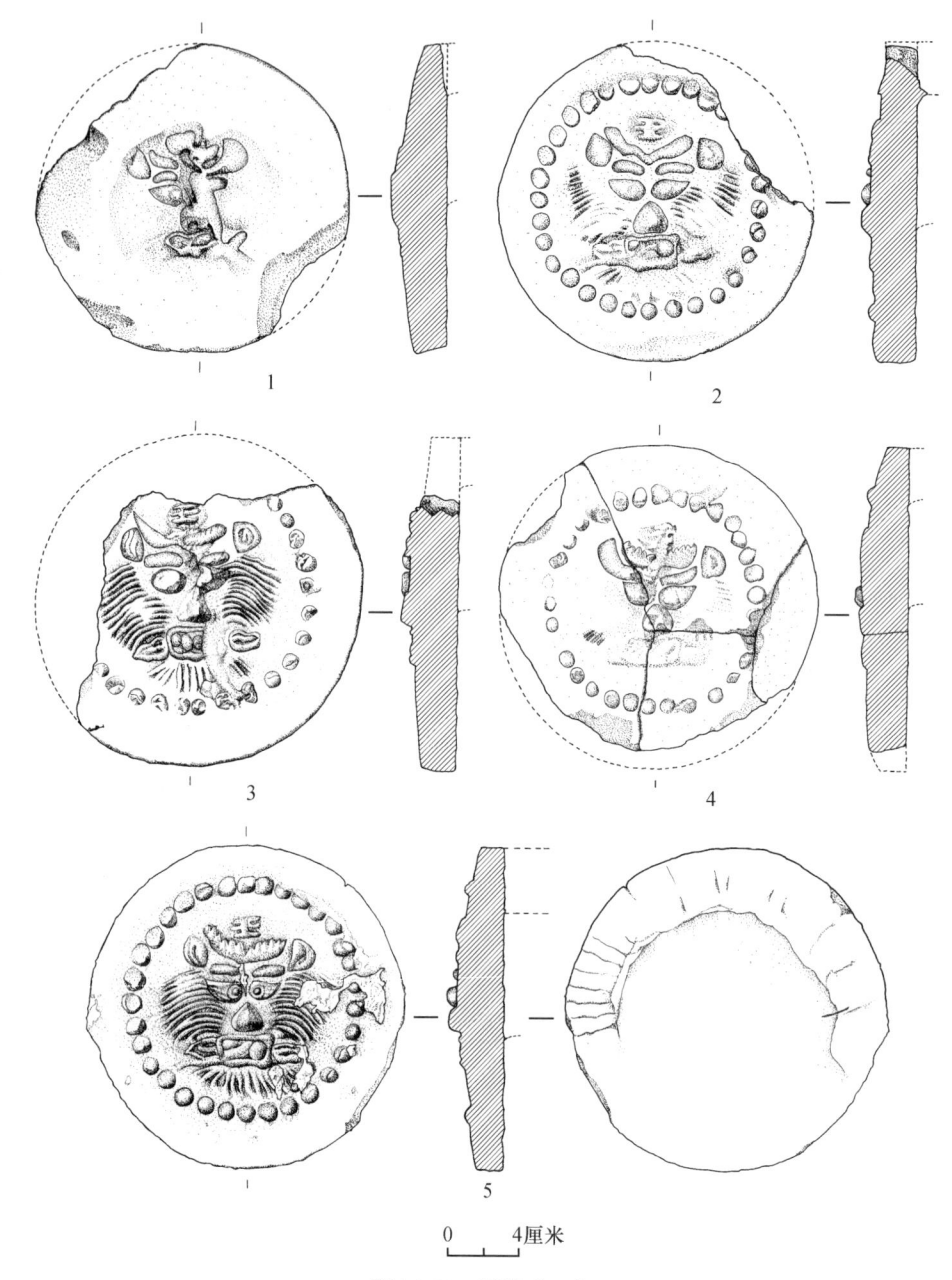

图4-3-20 瓦当（二）
1. T2049G2∶36　2. T2049G2∶33　3. T2048G2∶13　4. T1749G1∶23　5. T1649G1∶5

人面瓦当　1件。T1749G1∶5，残缺大半，当面较平，中部饰人面形象，纵眉怒目，宽鼻，颧骨高凸，外饰一圈凸弦纹和一圈连珠纹，直径17、中部最厚处2.6、边缘厚1.85厘米（图4-3-22，2；图4-3-24，3；图版八六，5）。

纹饰不明瓦当　1件。T1748G1∶4，残存上端，后接一段残断的筒瓦，当面鼓起，可见若干条凸棱，具体图案不明，边缘饰一圈连珠纹，残长9.8、残宽6、厚2厘米（图4-3-22，3；图4-3-24，5；图版八七，6）。

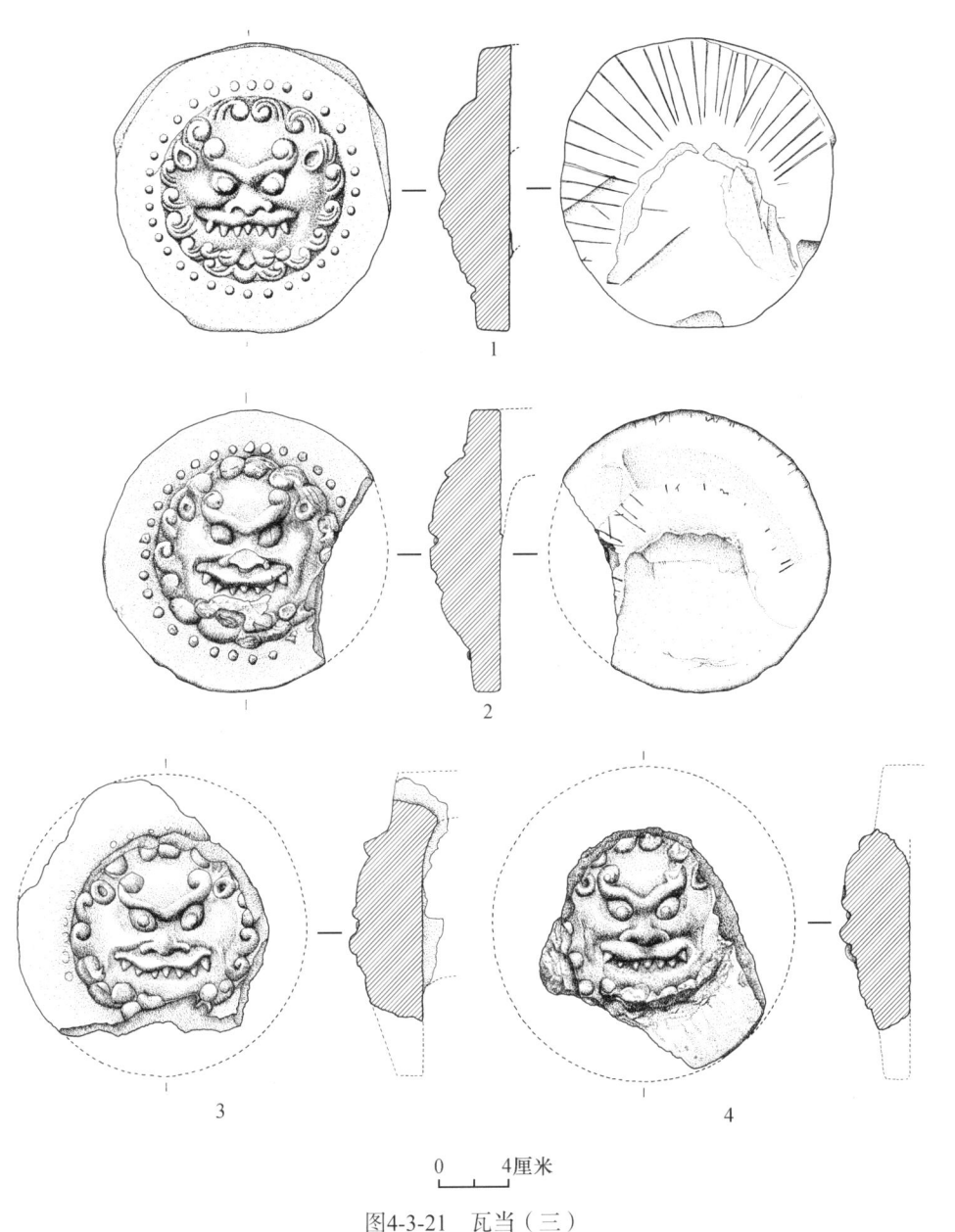

图4-3-21 瓦当（三）
1. T1749G1∶4 2. T2049G2∶17 3. T2049G2∶18 4. T1649G1∶1

5. 陶质脊兽

套兽　6件。T2048G2∶62，眼部圆鼓外凸，眉部突出，上腭上翘，面颊、眉弓、腮部及下端均饰条形凹槽纹饰带，残长28、宽14.2、高22厘米（图4-3-25；图版八九，1、2）。

凤鸟　7件。T1747G1∶68，残存腹部以上部位，头顶部有直立的冠，眉目外凸，短喙，喙部圆钝，脑后羽毛残，双翅上翘，一翅残缺，颈部饰竖向条带状刻划凹槽纹饰，翅面以纵向凹槽纹饰体现羽毛形象，最宽处18、残高32.8厘米（图4-3-26；图版九一，1）。T2049G2∶78，残存头部和颈部，冠部直立，眉目外凸，短喙，喙部圆钝，脑后羽毛残，圆柱

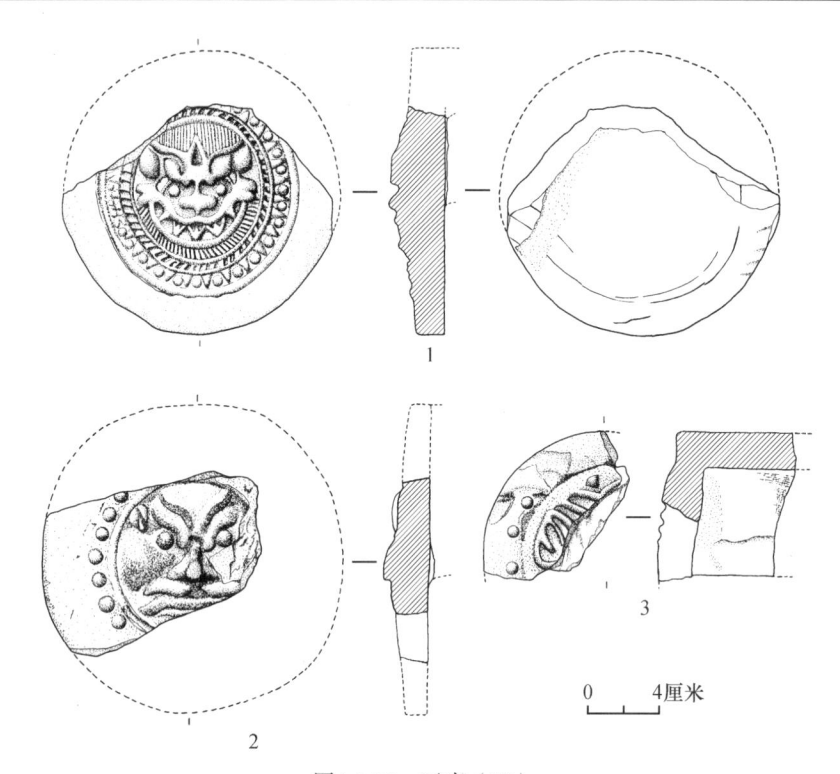

图4-3-22 瓦当（四）
1. T1748G1：5　2. T1749G1：5　3. T1748G1：4

状长颈，残高23.8、颈部最大径8厘米（图4-3-27，1）。T2048G2：74，残存头部和颈部，冠部直立，眉目外凸，短喙，喙部圆钝，脑后羽毛残，圆柱状长颈，残高19、颈部最大径9.2厘米（图4-3-27，2；图版九一，3）。T1747G1：75，凤鸟翅部，片状，轮廓圆钝，上、下表面各饰五道横向凹槽，残长11.6、宽9.8、厚1—3.2厘米（图4-3-27，3）。T1649G1：8，残存颈部下端及双翅，圆柱状长颈，外饰竖向条带状刻划凹槽纹饰，双翅平展，翅面以纵向凹槽纹饰体现羽毛形象，宽28.8、残高14.6厘米（图4-3-27，4；图版九一，2）。T2048G2：65，凤鸟底座，圆柱状，中空，下端稍粗，上端略细，下部饰一周刻划三角纹，截面直径15.2—16.8、残高28、壁厚2厘米（图4-3-27，5；图版九一，7）。

脊兽残块　79件。T2048G2：54，垂兽残块，残存边缘处，上表面饰条带状凹槽纹饰，背面平整，略微弯弧，残长24、残宽15.4、边缘厚3厘米（图4-3-28，1）。T1749G1：13，螺旋形，残长11、残宽10厘米（图4-3-28，2）。T2048G2：58，螺旋形，中空，器壁有直径0.5厘米左右的穿孔，残长8.8、残宽5.8、高5.4厘米（图4-3-28，5）。T1747G1：83，鸱吻残块，面饰鱼鳞状纹饰，背部较平，残长15、残宽14厘米（图4-3-28，4）。T2048G2：71，垂兽残块，残长11、残宽9.8、最厚处3厘米（图4-3-28，3）。

图4-3-23 瓦当拓片（一）

1. T2049G2：41 2. T1748G1：1 3. T2049G2：33 4. T1649G1：5

6. 青砖

多为长方砖，少数为方砖，模制，均为素面，个别方砖上压印手掌纹。T2049G2：61，长32、宽14.8、厚4.8厘米（图4-3-29，1）。T1747G1：46，残长16、宽5.4—6.2、厚5.8厘米（图4-3-29，2）。T1747G1：15，长12.4、宽6.6、厚6.2厘米（图4-3-29，3）。T1748G1：16，长18.4、残宽6.2—7.5、厚5—5.7厘米（图4-3-29，4）。

7. 泥塑

G6：11，模制，黄褐色，观世音菩萨像，残存头部，头戴冠，冠中央有一坐佛，两侧饰横向和纵向的连珠纹，冠下露两撇中分发迹，白毫相，双耳较长，鼻翼略残，背面内凹，有布纹，残高6.4、宽4.5、厚0.7—2厘米（图4-3-29，5；图版一二八，8）。

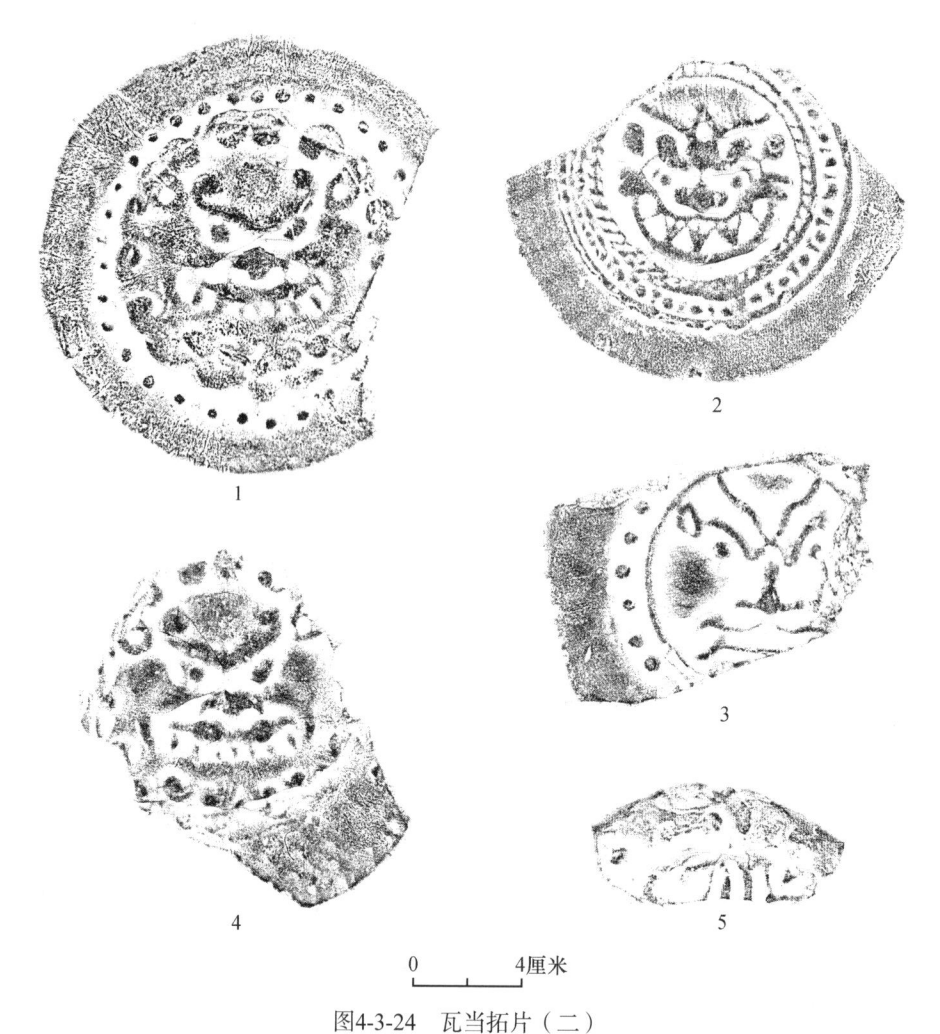

图4-3-24 瓦当拓片（二）
1.T2049G2：17 2.T1748G1：5 3.T1749G1：5 4.T1649G1：1 5.T1748G1：4

（二）陶器

陶盏 31件。均轮制泥质陶，根据器底形制分二型。

A型 19件，台底。依器壁形制差异分三亚型。

Aa型 14件，敞口，鼓腹，腹部较深，器底较小。T1748G1：6，灰褐色，尖唇，口径8.7、底径4.5、高3.1厘米（图4-3-30，1）。T1749G1：8，浅灰色，圆唇，口径8.4、底径4.6、高3.5厘米（图4-3-30，2）。T2048G2：30，灰色，圆唇，口径9.4、底径4.2、高3.6厘米（图4-3-30，3）。T2048G2：31，灰褐色，尖唇，内底中心上凸，口径9、底径5.4、高2.9厘米（图4-3-30，4）。T2048G2：32，灰褐色，圆唇，口径9.4、底径4.2、高3厘米（图4-3-30，5）。T2048G2：26，灰色，圆唇，口径9、底径4.4、高3厘米（图4-3-30，6）。T2048G2：27，灰褐色，尖唇，口径8.4、底径4.6、高3厘米（图4-3-30，7）。T2048G2：34，灰色，尖唇，口沿外侧有一圈折棱，底部略微内凹，口径8.2、底径4、高2.3厘米（图4-3-30，8）。T2048G2：21，

第四章　城内建筑址的发掘

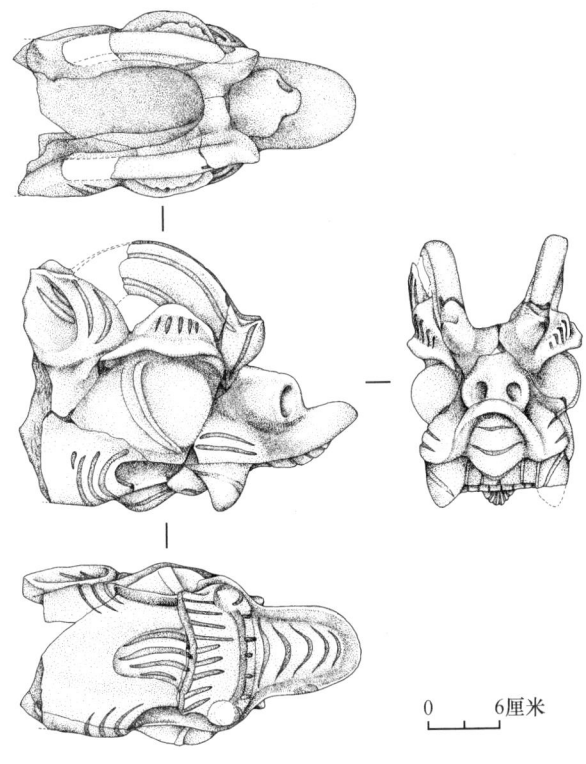

图4-3-25　套兽
T2048G2：62

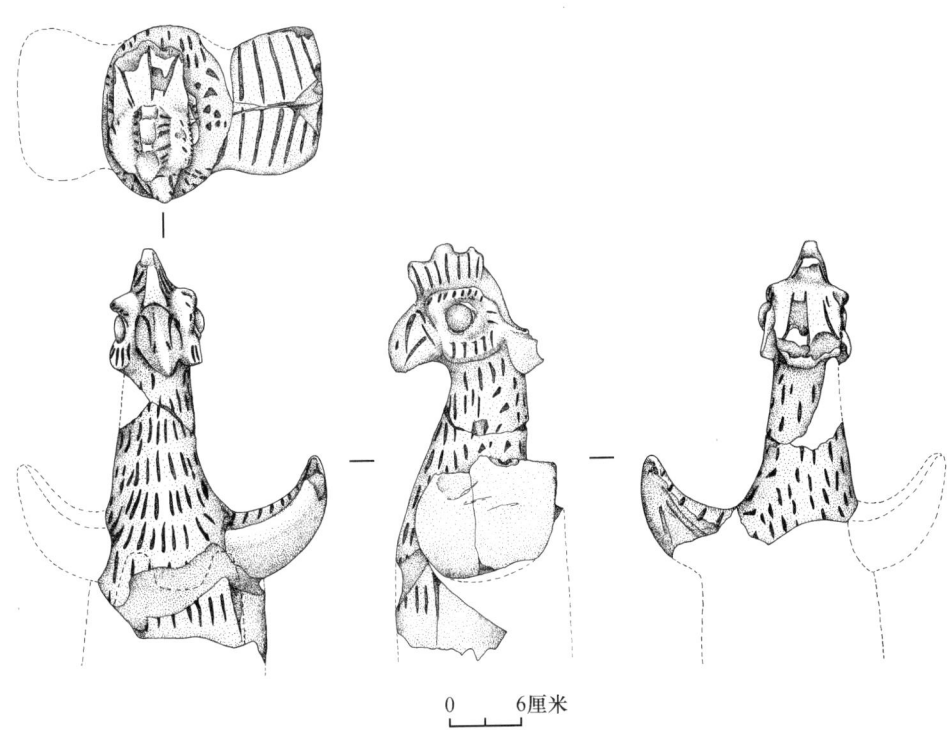

图4-3-26　凤鸟（一）
T1747G1：68

图4-3-27 凤鸟（二）

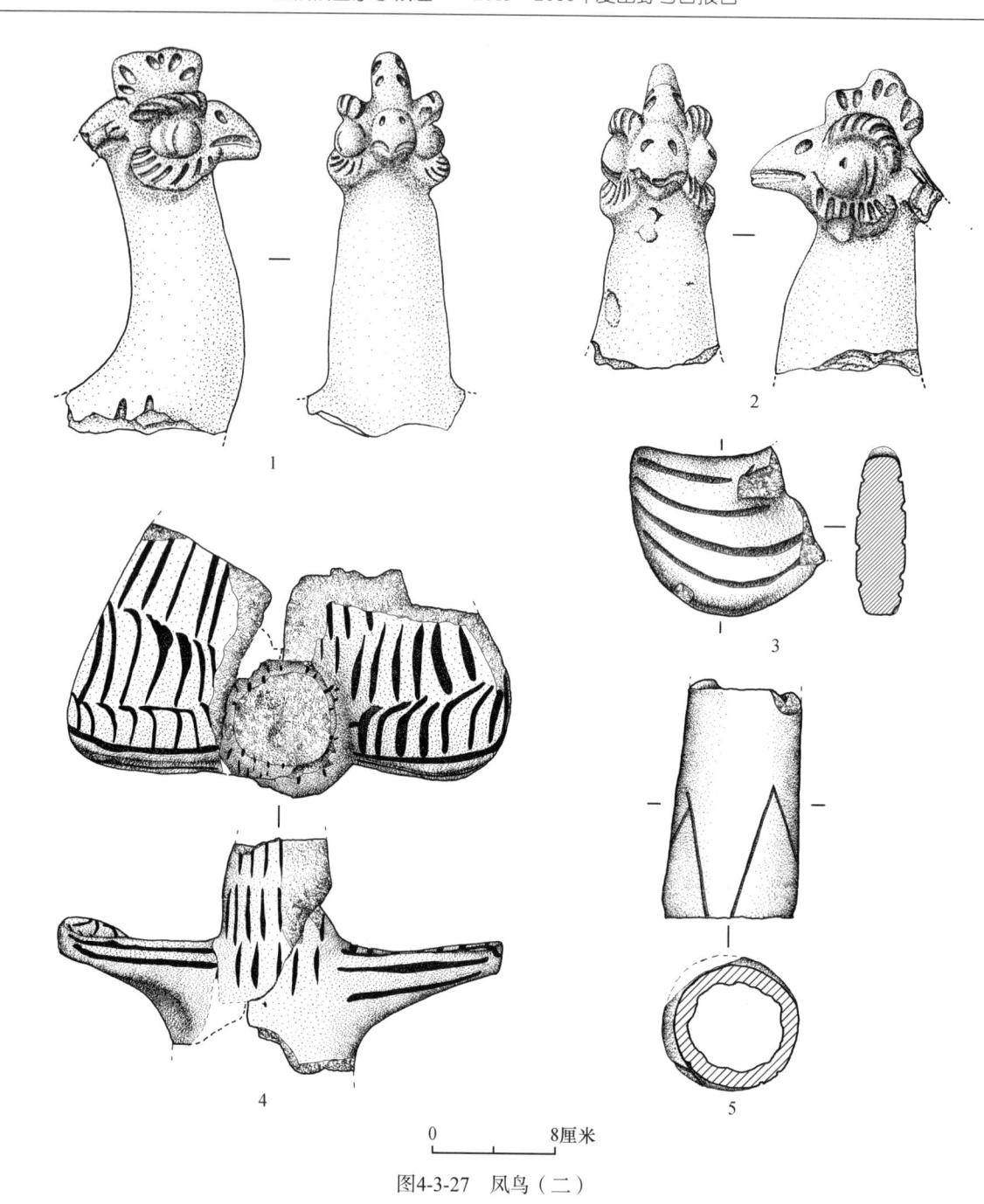

1. T2049G2∶78　2. T2048G2∶74　3. T1747G1∶75　4. T1649G1∶8　5. T2048G2∶65

图4-3-28 脊兽残块
1. T2048G2∶54 2. T1749G1∶13 3. T2048G2∶71 4. T1747G1∶83 5. T2048G2∶58

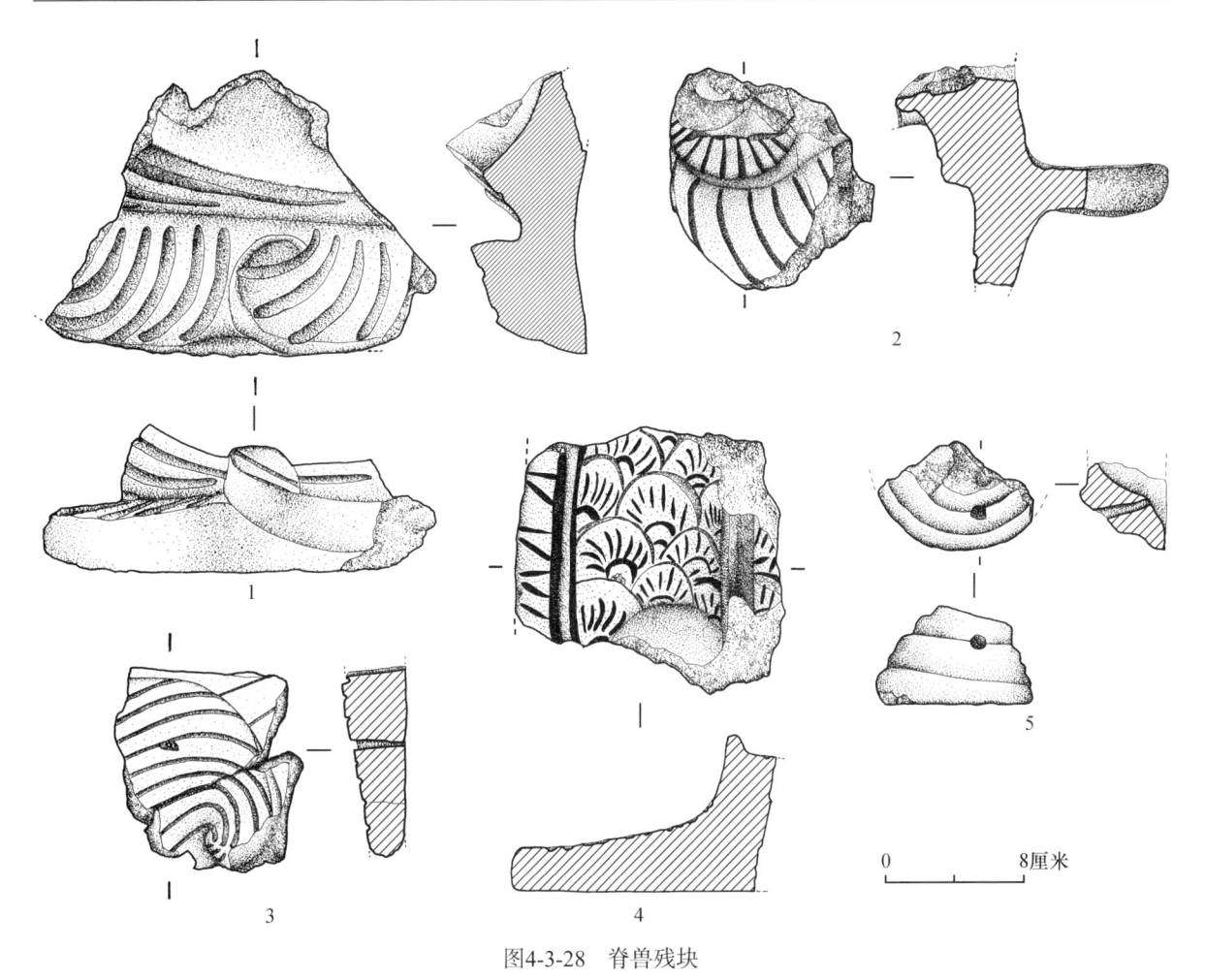

灰褐色，内壁有黑灰痕迹，尖唇，口径9、底径4.5、高3.2厘米（图4-3-30，9）。T2048G2∶20，灰色，圆唇，口径8.7、底径4.6、高2.4厘米（图4-3-30，10）。T2048G2∶19，灰色，尖唇，口径8.8、底径4.4、高2.9厘米（图4-3-30，11）。T2049G2∶44，灰褐色，圆唇，口径8.2、底径4、高2.4厘米（图4-3-30，12；图版一一三，1）。T2049G2∶46，灰色，圆唇，口径9.5、底径4.3、高2.2厘米（图4-3-30，13）。

Ab型　3件，敛口，鼓腹，腹部较浅，器底较大。T2048G2∶16，浅灰色，圆唇，底部略微内凹，口径8.7、底径5、高2厘米（图4-3-30，14）。T2048G2∶43，灰色，圆唇，口径10.2、底径5.2、高2.1厘米（图4-3-30，15）。T2049G2∶43，灰色，圆唇，口径8、底径4.8、高2.2厘米（图4-3-30，16）。

Ac型　2件，敞口，斜直腹，器底较小。T2048G2∶17，灰褐色，圆唇，口径9.4、底径4.6、高3厘米（图4-3-30，17）。T2048G2∶28，灰褐色，尖唇，器壁外侧微鼓，口径9.2、底径3.8、高3.2厘米（图4-3-30，18）。

B型　12件，平底。依器壁形制差异分三亚型。

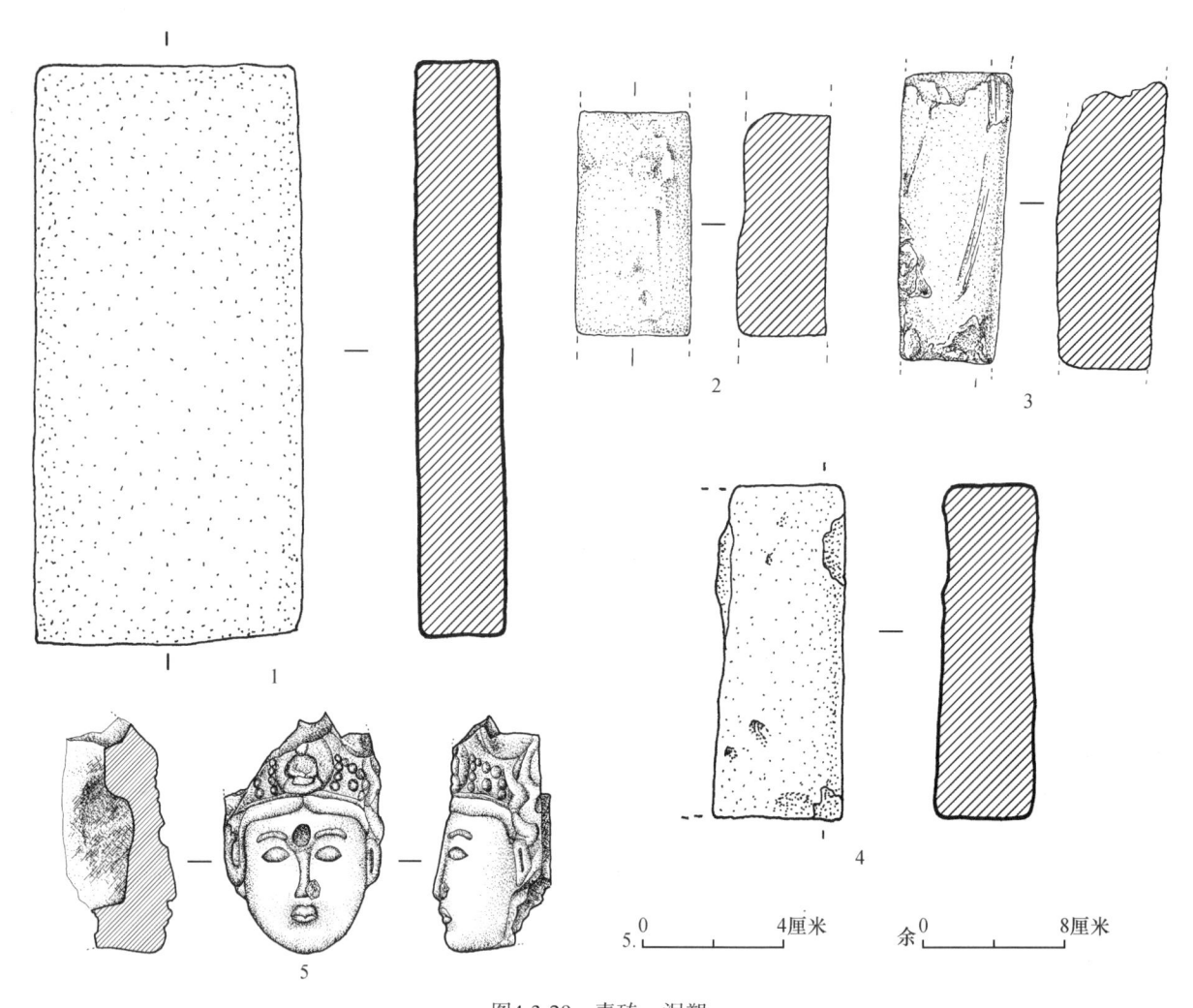

图4-3-29 青砖、泥塑
1—4.青砖（T2049G2∶61、T1747G1∶46、T1747G1∶15、T1748G1∶16） 5.泥塑（G6∶11）

Ba型 2件，敛口，鼓腹，腹部较深，器底较小。T2048G2∶23，灰褐色，尖唇，口径8.4、底径4、高3.7厘米（图4-3-31，1）。T2050G2∶13，灰色，圆唇，口径9.8、底径5.9、高3厘米（图4-3-31，2；图版一一四，7）。

Bb型 7件，敛口，鼓腹，腹部较浅，器底较大。T1748G1∶14，灰褐色，尖唇，口径9.7、底径5.5、高2.3厘米（图4-3-31，3）。T1748G1∶15，灰褐色，尖唇，内底中心上凸，口径8、底径5、高2厘米（图4-3-31，4）。T2048G2∶18，灰色，圆唇，器壁外侧外鼓，口径10.4、底径6、高2.4厘米（图4-3-31，5）。T2048G2∶22，灰褐色，尖唇，口沿外侧微鼓，内底中心上凸，口径9.2、底径5.5、高2.2厘米（图4-3-31，6）。T2048G2∶25，灰色，圆唇，内底中心上凸，口径9.8、底径5.7、高2.6厘米（图4-3-31，7）。T2048G2∶29，灰色，圆唇，口径10.1、底径6、高2.5厘米（图4-3-31，8）。T2049G2∶60，灰色，圆唇，口径10.1、底径5、高2.2厘米（图4-3-31，9）。

Bc型 3件，敞口微侈，斜直腹。T1748G1∶13，灰褐色，尖唇，口沿外侧加厚，口径

图4-3-30　A型陶盏

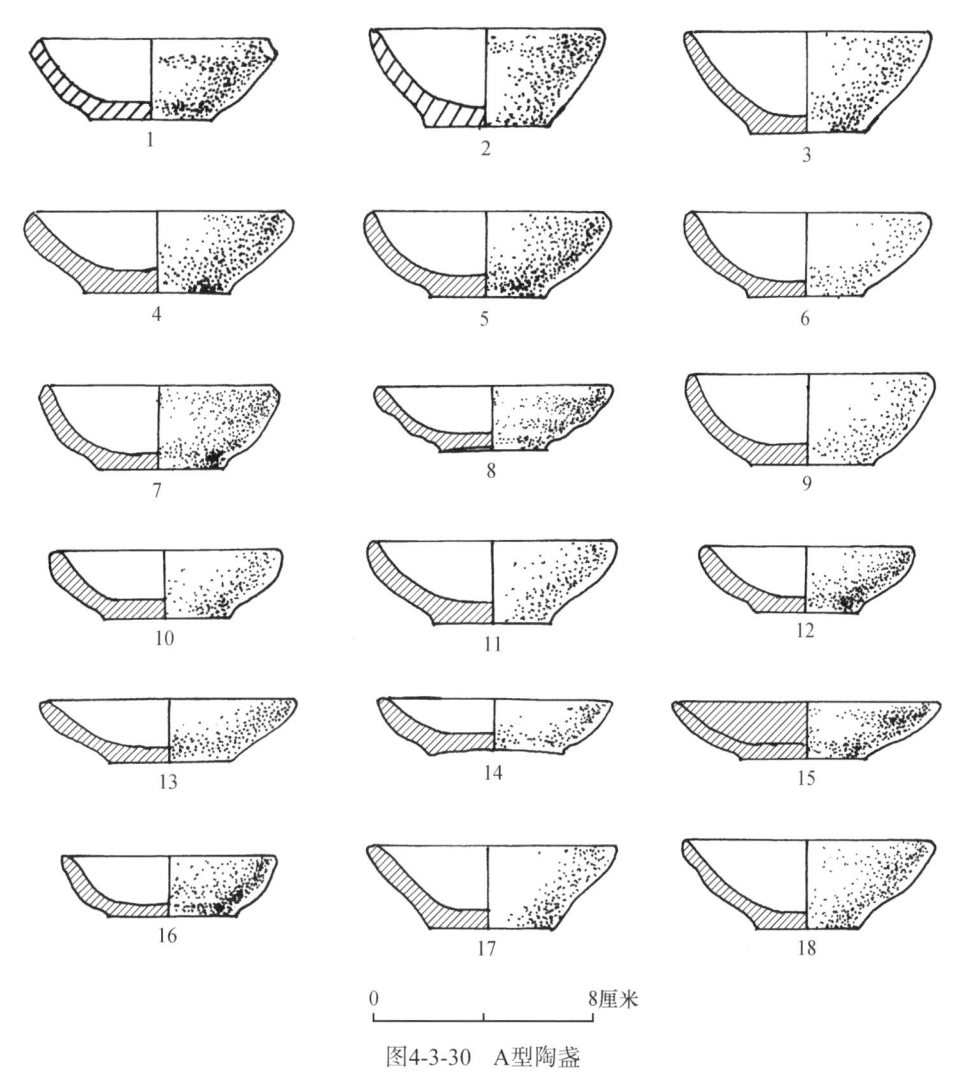

1—13. Aa型（T1748G1：6、T1749G1：8、T2048G2：30、T2048G2：31、T2048G2：32、T2048G2：26、T2048G2：27、T2048G2：34、T2048G2：21、T2048G2：20、T2048G2：19、T2049G2：44、T2049G2：46）　14—16. Ab型（T2048G2：16、T2048G2：43、T2049G2：43）　17、18. Ac型（T2048G2：17、T2048G2：28）

9.5、底径5.5、高2.4厘米（图4-3-31，10）。T2048G2：24，灰色，尖唇，口径8、底径4.6、高2.8厘米（图4-3-31，11）。T2049G2：45，灰色，圆唇，口径9.6、底径4.6、高2.5厘米（图4-3-31，12；图版一一三，8）。

陶罐口沿　10件。G4标：17，卷沿，圆唇，圆肩，口径17、残高5厘米（图4-3-32，1）。T1748G1标：1，尖唇，侈口溜肩，残高7、胎厚0.5厘米（图4-3-32，2）。T1748G1标：2，外折沿，方唇，敛口，溜肩，残高9.2、胎厚0.5厘米（图4-3-32，3）。T2050G2标：2，卷沿，圆唇，圆肩，残高9.2、胎厚0.5厘米（图4-3-32，4）。

陶盆口沿　5件。T1748G1标：5，内折沿，圆唇，敛口，弧腹，残高8.4、胎厚0.8厘米（图4-3-32，5）。T1748G1标：6，方唇，敞口，弧腹，残高8.4、胎厚0.8厘米（图4-3-32，6）。G4标：16，卷沿，圆唇，敞口，残高4.5、胎厚0.7厘米（图4-3-32，7）。

图4-3-31 B型陶盏

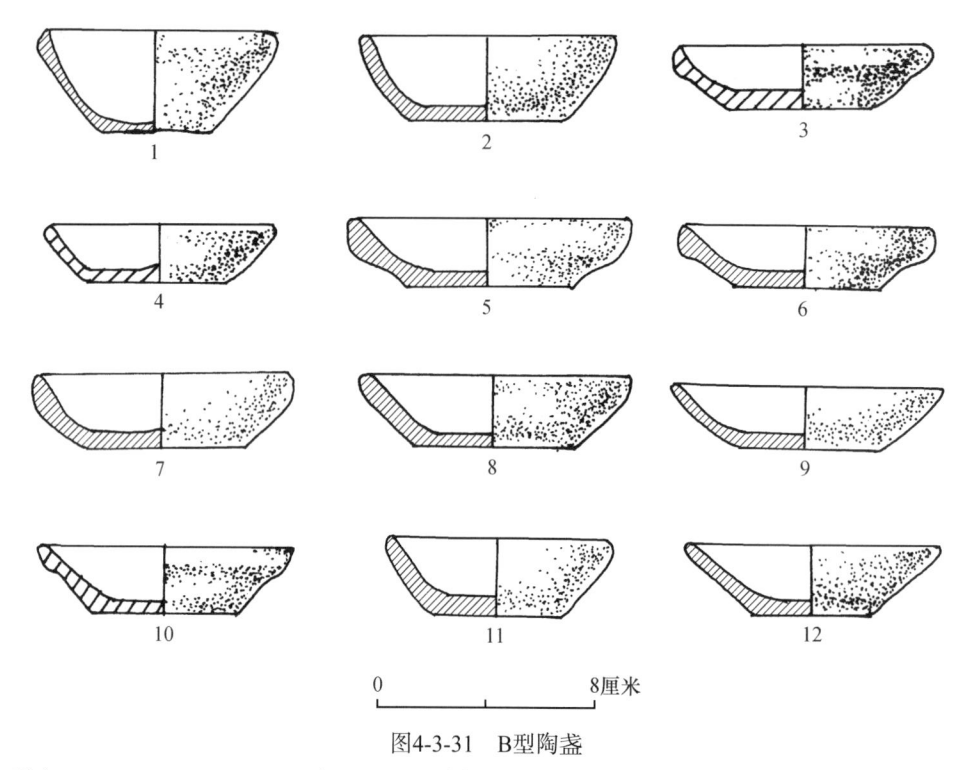

1、2. Ba型（T2048G2∶23、T2050G2∶13） 3—9. Bb型（T1748G1∶14、T1748G1∶15、T2048G2∶18、T2048G2∶22、T2048G2∶25、T2048G2∶29、T2049G2∶60） 10—12. Bc型（T1748G1∶13、T2048G2∶24、T2049G2∶45）

陶甑底　1件。G4标∶2，残长7.6、底厚0.6厘米（图4-3-32，8）。

陶器盖　2件。T2049G2∶42，泥质灰陶，残存纽部，圆柱状，平顶，饰一条竖向附加堆纹带，纽径2、残高3.4厘米（图4-3-34，2）。

陶支座　1件。T2147G7∶1，泥质灰陶，实心半圆台体，残半，平底，侧边有一大一小两个圆环形凹槽，残长15.8、残宽5.3、高7.6厘米（图4-3-34，3）。

陶砚　2件。T2147G7∶2，深灰色泥质陶，平面略呈梯形，残存一角，边缘突起，上端饰一排斜向刻划纹，足呈长方体，残长7、残宽7、高3.4厘米（图4-3-34，4；图版一一七，2）。T2048G2∶66，残存端头部分，片状，残长9.8、残宽7、残厚2厘米（图4-3-34，6）。

（三）瓷器

瓷盘　1件。G4∶2，化妆白瓷，灰砂胎，釉色偏黄，圆唇，敞口，弧壁，圈足，内施满釉，外施半釉，口径18、底径6.8、高2.8厘米（图4-3-33，1）。

瓷碗　10件。均为器壁施白色化妆土，再施白釉。T2049G2∶80，黄褐色粗砂胎，外壁下腹及圈足未施化妆土和釉，尖唇，侈口，鼓腹，圈足底，内底有支钉痕，高4.2厘米（图4-3-33，2）。T2050G2∶16，灰砂胎，外壁下腹及圈足未施釉，圆唇，敞口，弧腹，圈足底，口径25.2、底径7.4、高8厘米（图4-3-33，3）。G4标∶7，残存口沿，黄褐色粗砂胎，尖唇，敞

图4-3-32 陶器

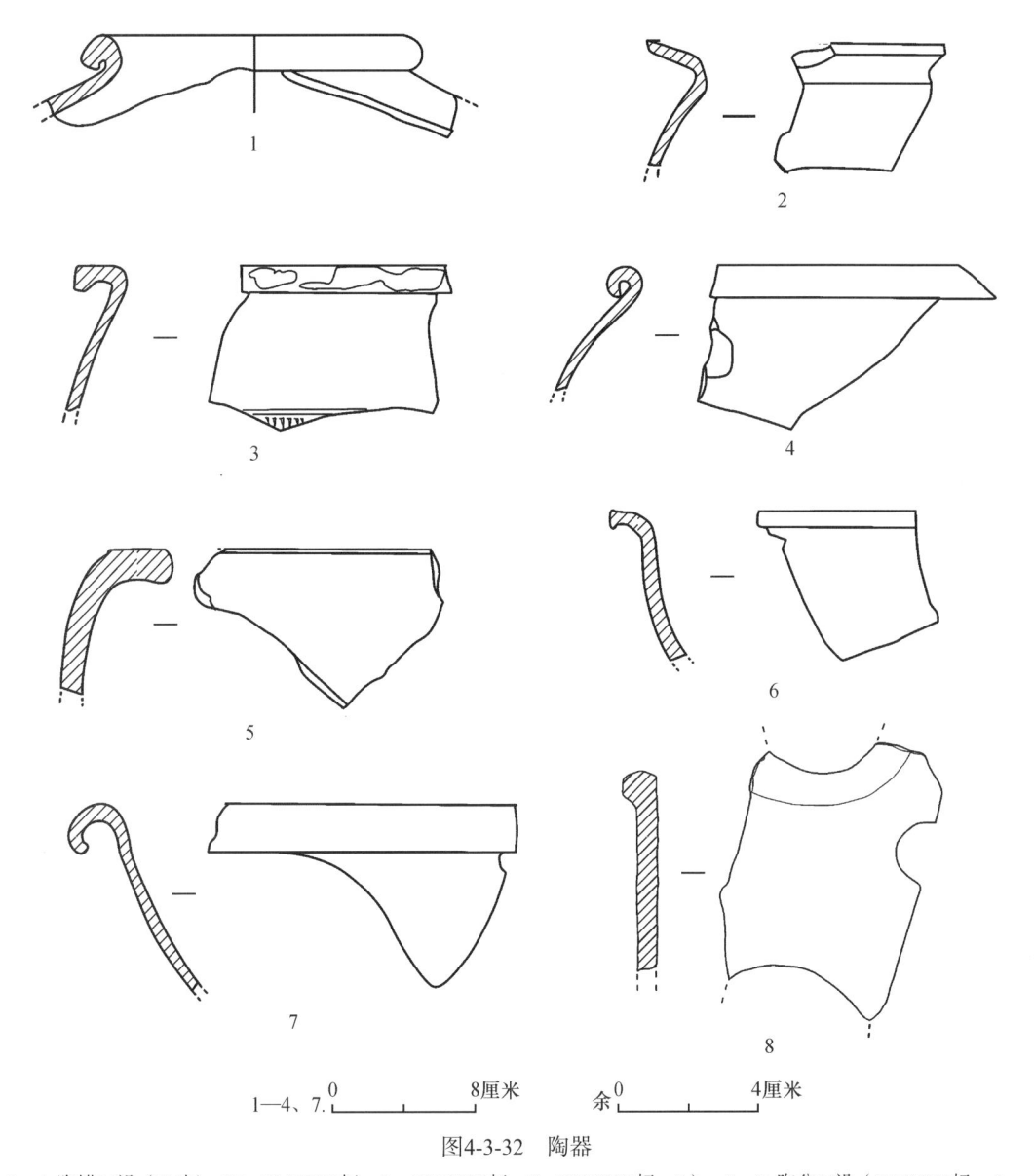

1—4.陶罐口沿（G4标：17、T1748G1标：1、T1748G1标：2、T2050G2标：2） 5—7.陶盆口沿（T1748G1标：5、T1748G1标：6、G4标：16） 8.甑底（G4标：2）

口，残高4.2、胎厚0.4厘米（图4-3-33，5）。T1747G1标：3，残存口沿，黄褐色粗砂胎，方唇，敞口，残高7、胎厚0.9厘米（图4-3-33，7）。G4标：3，残存口沿，黄褐色粗砂胎，圆唇，敞口，残高6厘米（图4-3-33，8）。

瓷器盖 2件。G4标：8，定窑白瓷，残存盖沿，灰白胎，白釉，面饰剔花纹饰，尖唇，盖身有明显折棱，残高1.2厘米（图4-3-33，4）。G4标：15，灰褐色粗砂胎，白釉褐彩，内底不施釉，半球形盖纽，盖身外周上翘，面绘酱色花卉纹饰，口径5.6、高2.8厘米（图4-3-33，6）。

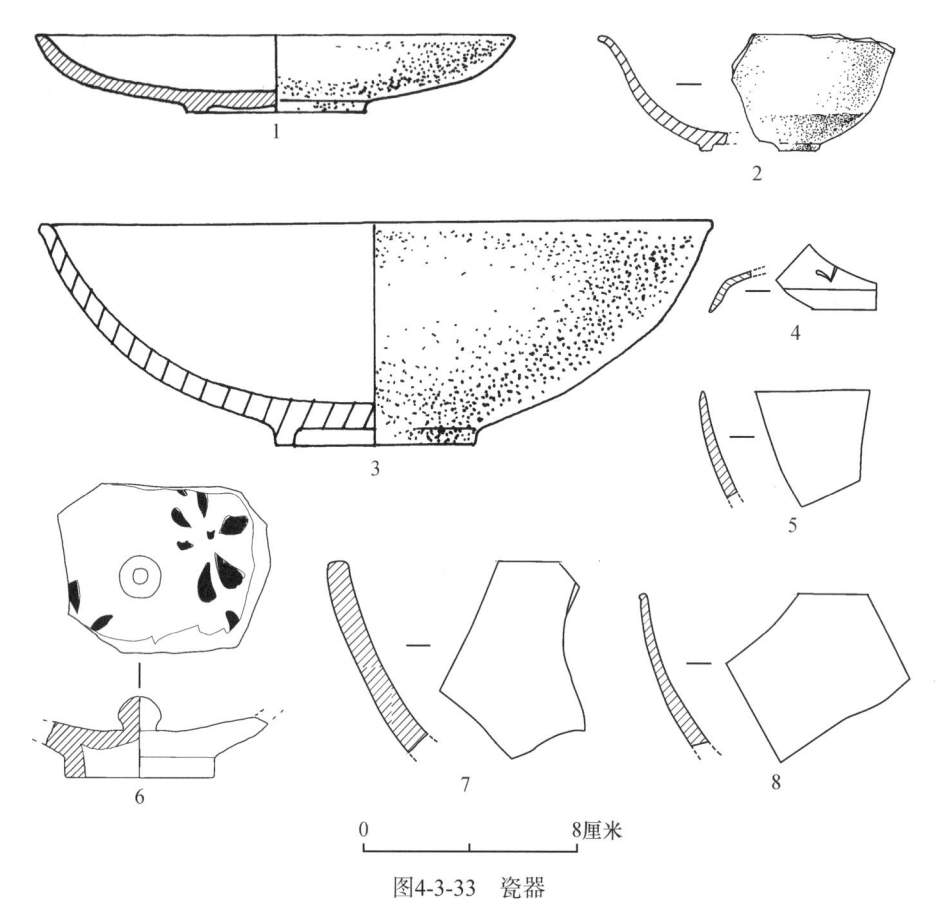

图4-3-33　瓷器
1. 瓷盘（G4：2）　2、3、5、7、8. 瓷碗（T2049G2：80、T2050G2：16、G4标：7、T1747G1标：3、G4标：3）
4、6. 瓷器盖（G4标：8、G4标：15）

（四）石器

砺石。L1④：1，青灰色，平面呈不甚规则的圆角长方形，上表面有横向磨痕，长12.5、宽4.2、厚0.9厘米（图4-3-34，1）。

（五）骨器

柱状骨器　1件。T2049G2：1，磨制而成，圆柱状，两端均残，残长3.2、截面直径0.4—0.6厘米（图4-3-34，5）。

骨刷　1件。D8：1，器表磨光，长柄，头端呈长方形，分布两排六列圆孔，孔径0.35厘米，柄部截面呈椭圆形，通长20.8、最宽处1.2厘米（图4-3-34，7；图版一三五，3）。

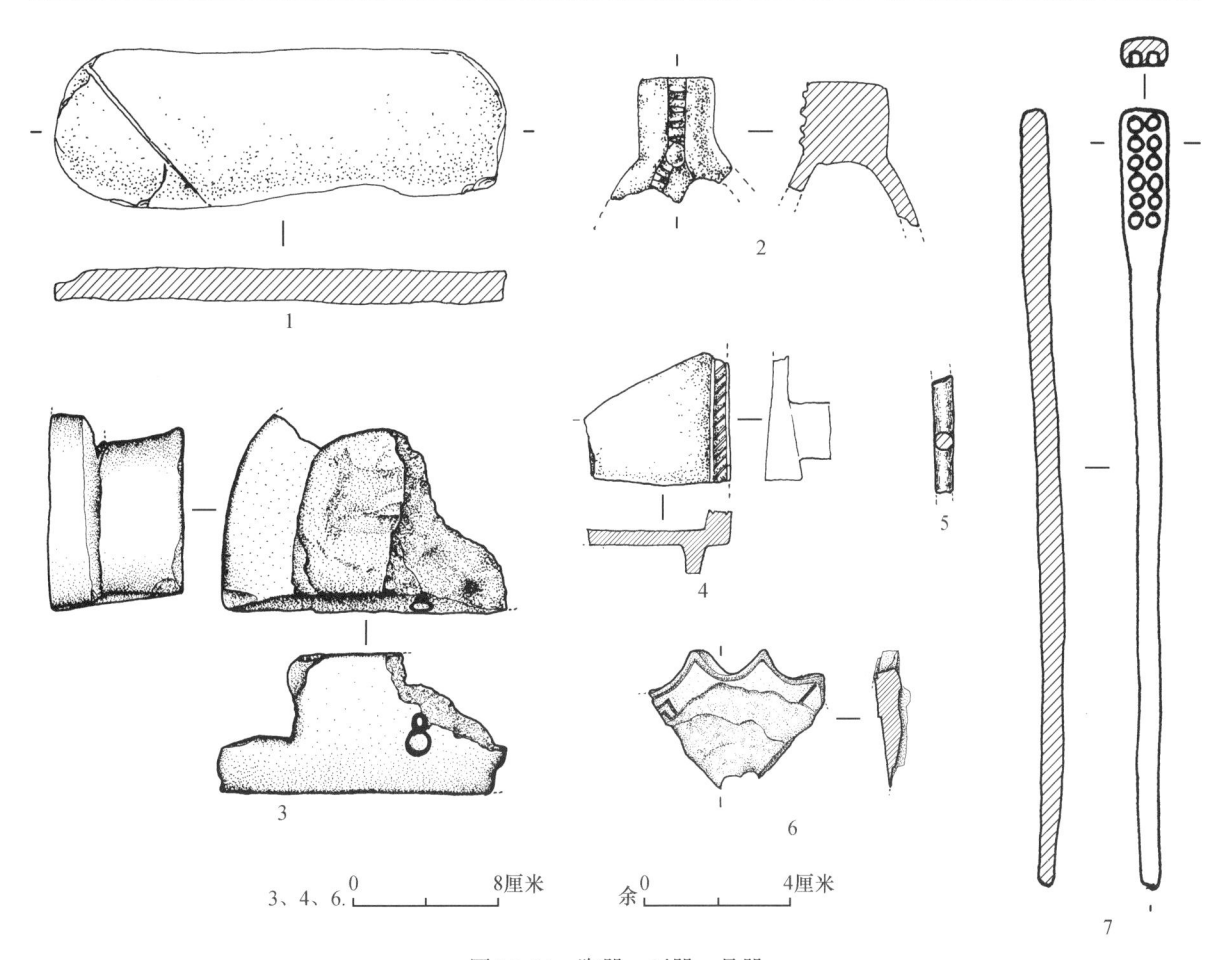

图4-3-34 陶器、石器、骨器
1. 砺石（L1④∶1） 2. 陶器盖纽（T2049G2∶42） 3. 陶支座（T2147G7∶1） 4、6. 陶砚（T2147G7∶2、T2048G2∶66）
5. 柱状骨器（T2049G2∶1） 7. 骨刷（D8∶1）

（六）铁器

铁甲片　2件。平面呈圆角长方形，锈蚀严重。T1747G1∶4，长6.4、宽2.6、厚0.2厘米（图4-3-35，1）。G6∶4，可见若干直径0.15厘米的圆形穿孔，长5.5、宽2、厚0.2厘米（图4-3-35，2）。

铁镞　1件。G6∶8，平刃，铤部截面长方形，长9.1、刃宽1、铤截面长0.7、宽0.5厘米（图4-3-35，5）。

铁钉　44件。钉帽扁平折向一侧，钉身截面方形或长方形。T1747G1∶5，长9、截面长0.4、宽0.3厘米（图4-3-35，6）。G4∶4，钉头分叉，钉身略微弯弧，截面方形，长8、截面边长0.5厘米（图4-3-35，7）。

铁门鼻　1件。G6∶1，由截面呈长方形的铁条弯折呈环状，长6、最宽处3.4、厚0.4厘米（图4-3-35，3）。

图4-3-35 铁器

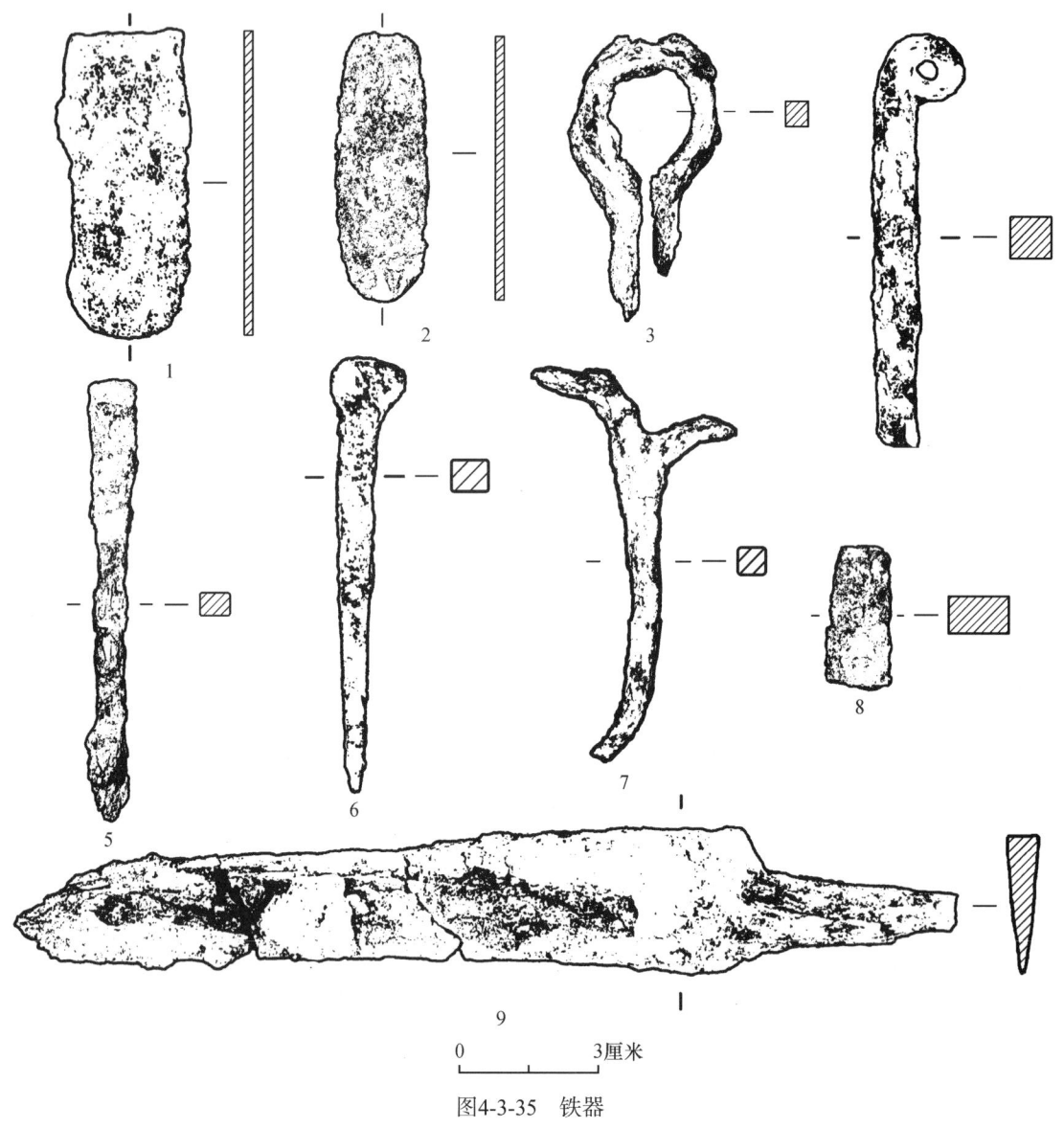

1、2.甲片（T1747G1：4、G6：4） 3.门鼻（G6：1） 4、8.构件（T2050G2：4、G6：3） 5.镞（G6：8）
6、7.钉（T1747G1：5、G4：4） 9.刀（T1747G1：8）

铁构件 4件。T2050G2：4，条状，截面方形，一端弯折呈圆环形，另一端残，残长8.6、截面边长0.45厘米（图4-3-35，4）。G6：3，长方体，实心，长2.9、宽1.1—1.3、厚0.8厘米（图4-3-35，8）。

铁刀 1件。T1747G1：8，刀身平面近长方形，直背，直刃，截面呈三角形，通长20.2、最宽处3厘米（图4-3-35，9）。

第四节　地层第8、9层及相关遗存

一、第8层下开口遗迹

（一）灰坑

H13　位于T2045西南部，仅发掘北半部分，打破H14。坑口圆形，下陷，上部浅斜弧壁，至0.25米深处坑壁内收，陡直，圜底。坑口直径1.54、内收后直径0.5、深0.98米。坑内堆积5层：第1层为灰黑色土，包含少量陶片，厚0—0.15米；第2层为灰黄色土，土质疏松，包含少量陶瓷器残片，仅分布于坑内西侧，厚0—0.25米；第3层为灰褐色土，土质松软，包含陶片、瓷片、砖瓦残块等遗物，厚0.15—0.2米；第4层为黄褐色土，土质较为纯净，疏松，无包含物，厚0.15—0.2米；第5层为浅黄褐色土，土质疏松，几无包含物，厚0.15—0.25米（图4-4-1）。

H14　位于T2045西南部，仅发掘北半部分，被H13打破。坑口方形，斜直壁，西壁有明显的工具修整痕迹，平底。坑口边长1.9、深1.9米。坑内堆积9层：第1层为浅黄褐色沙土，土质疏松，包含少量陶片，厚0.3米；第2、3层为黄褐色沙土，夹杂少量黄土颗粒，较松软，包含少量陶片，厚0.2米；第4—6层为灰褐色沙土，夹杂大量黄土颗粒，土质疏松，未见其他包含物，厚0.4米；第7—9层为褐色黏土，土质较为纯净致密，无包含物，厚0.7米（图4-4-2）。

H16　位于T2045东隔梁中部。坑口圆角长方形，斜直壁，平底，方向143°。坑口长1.9、宽1.3、坑底长1.54、宽1.04、深0.58米。坑壁和坑底附着一层厚约2厘米的白灰，坑内填土为一次性堆积，为较为松软的灰黑色沙土，夹杂较多白灰颗粒，包含少量陶片、瓷片、建筑饰件和砖瓦残片及动物骨骼。该坑应为用于泡制白灰的搅拌坑（图4-4-3）。

H17　位于T2145东南部。坑口呈不甚规则的圆角长方形，斜直壁，平底，方向63°。坑口长1.8、宽1.1—1.2、坑底长1.5、宽0.9、深0.54米。坑壁和坑底附着一层厚约2厘米的白灰，坑内填土为一次性堆积，为较为松软的灰黑色沙土，夹杂较多红烧土块，以及少量陶片、瓷片、砖瓦残块和动物牙齿，坑底有三块斜立青砖。该坑应为用于泡制白灰的搅拌坑（图4-4-4；图版三二，2）。

H18　位于T2145北隔梁东部。坑口呈规整的圆形，斜直壁，平底。坑口直径2.5、坑底直径2.3、深0.86米。坑内填土为一次性堆积，较为松散，以细沙、黄砂、黄褐色土与白灰颗粒构成，未见其他包含物（图4-4-5）。

H19　位于T2145北隔梁西部。坑口近圆形，直壁，平底。坑口长径2.2、短径2.05、深1.1米。坑内填土为一次性堆积，较为松散，以细沙、黄砂、黄褐色土与白灰颗粒构成，未见其他包含物（图4-4-6）。

图4-4-1　H13平、剖面图

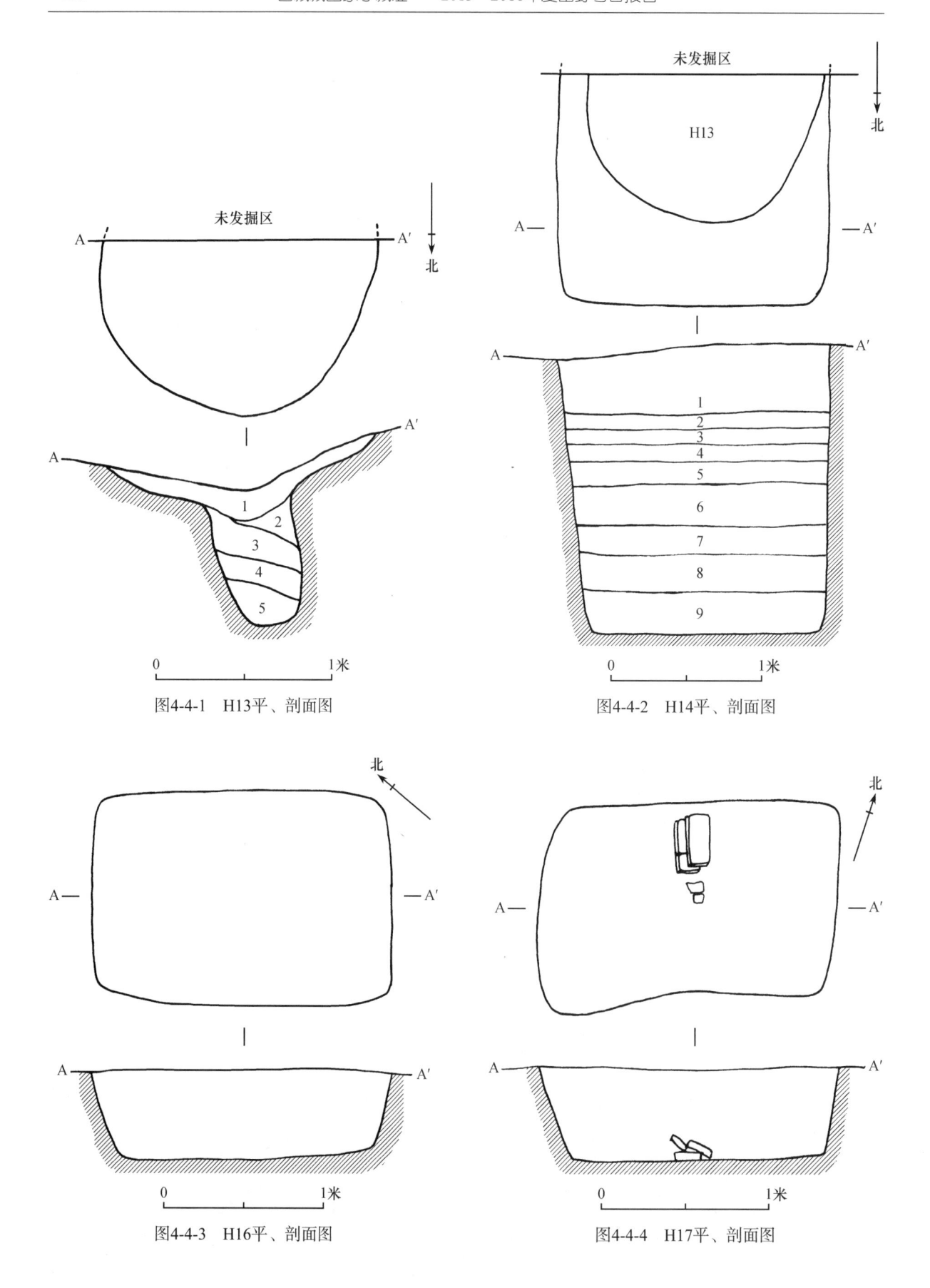

图4-4-2　H14平、剖面图

图4-4-3　H16平、剖面图

图4-4-4　H17平、剖面图

第四章　城内建筑址的发掘

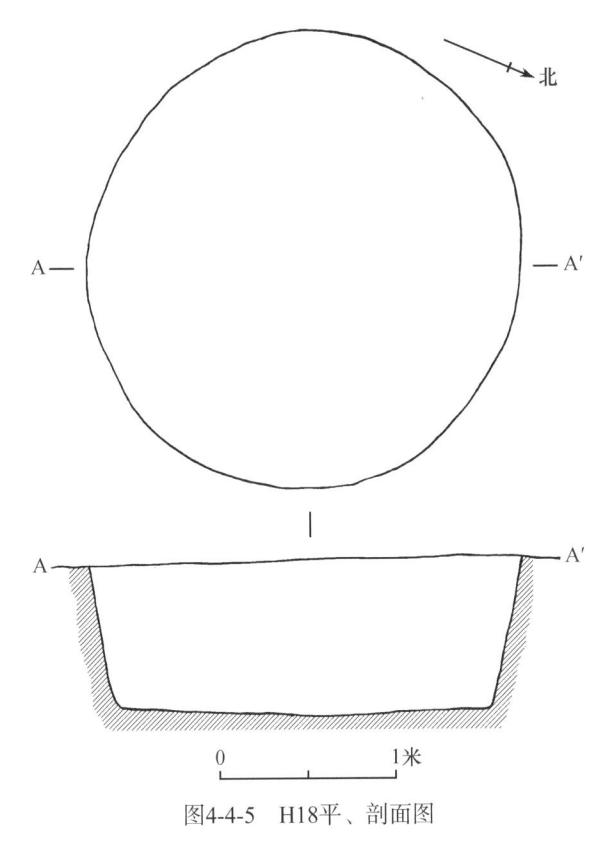

H20　位于T2146西南部。坑口椭圆形，斜弧壁，圜底。坑口长径0.8、短径0.6、深0.23米。坑内堆积二层，上层厚0.2米，较为坚硬，土色灰褐，夹杂红烧土块和碎砖，下层为黄色沙土，平铺于坑底。未见其他包含物（图4-4-7）。

H25　位于T1851与T1951之间，方向163°。平面形状呈凸字形，北端凸出，直壁，坑壁规整，平底。坑口长7、宽5、深1.25米。坑内堆积4层：第1层为建筑倒塌堆积，即地层第8层，遍布整个坑内，厚0.3—1.25米，土色灰褐，西南端较薄，东北部较厚，土质疏松，夹杂大量红烧土块和黑灰，出土大量碎砖瓦、泥塑残块等；第2层为墙体倒塌堆积，厚0—0.6米，由西南角向东北倾斜，西南端较厚，东北部较薄，灰黄色土，土质坚硬致密，包含少量铁钉、砖瓦等建筑构件残片；第3层为花夯土，应为建筑台基坍塌所致，仅见于坑的西南角，分布范围小于第2层，厚0—0.3米，致密，无包含物；第

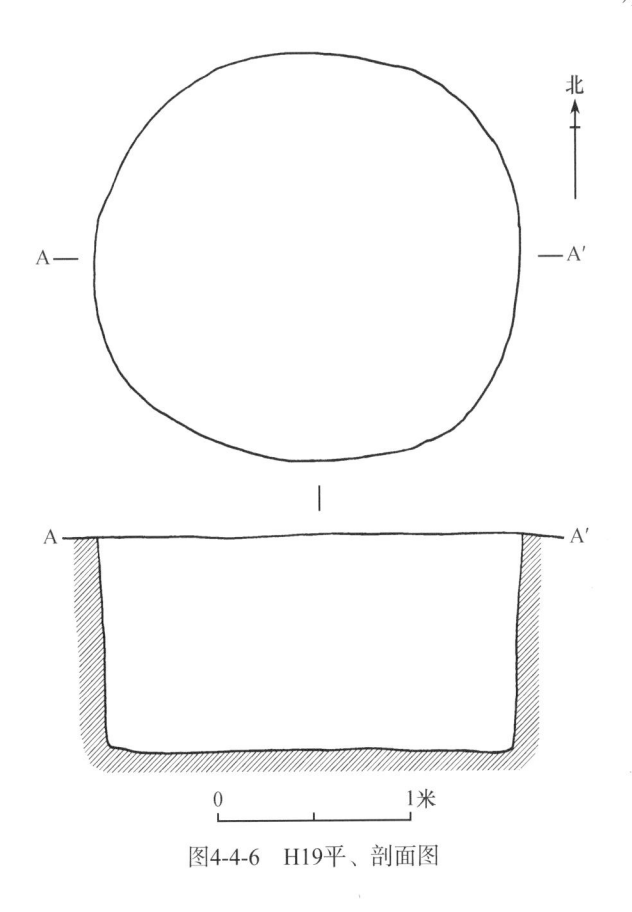

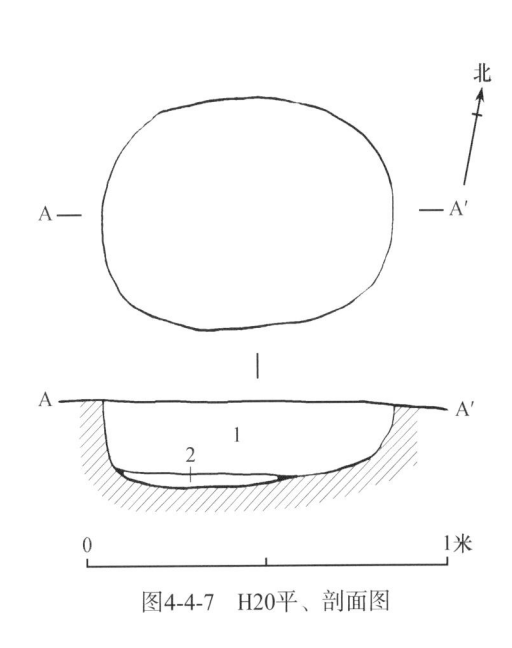

图4-4-5　H18平、剖面图

图4-4-6　H19平、剖面图

图4-4-7　H20平、剖面图

4层为纯黄土，仅见于坑的西南角，分布范围小于第3层，厚0—0.5米，土质纯净，较为疏松，无包含物（图4-4-8；图版三四，1）。

H28　位于T2146西南部。坑口呈规整的椭圆形，直壁，平底。坑口长径2.2、短径2、深0.9米。坑内填土为一次性堆积，为结构松散的黄褐色土，以细沙、黄砂、褐色土与白灰颗粒构成，未见其他包含物（图4-4-9；图版三三，2）。

H30　位于T1945东南部。坑口呈规整的圆形，直壁，平底。坑口直径3.27、深0.9米。坑内堆积4层：第1层为褐色沙土，夹杂少量黄土颗粒，较纯净，厚0.55米；第2层为浅灰色沙土，夹杂白灰颗粒，厚0.45米；第3层为褐色沙土，夹杂黄土颗粒，厚0.5米；第4层为深褐色沙土，夹杂黄土颗粒和炭粒，厚0.15—0.25米（图4-4-10）。

H34　位于T1945东南部，西南部被Z2打破，方向150°。坑口呈不甚规整的圆角长方形，直壁，壁面不平整，北侧坑壁保存工具修整痕迹，平底。坑口长1.94、宽1.6、深0.96米。坑内堆积4层：第1层为灰黄色土，紧密较硬，是Z2北壁土坯碎砖堆积，厚0.2米；第2层为灰黑色土，较疏松，含黄土、红烧土与炭粒，厚0.15米，出土陶瓷器、砖瓦残块等遗物；第3层为黑褐色疏松细砂土，夹杂红烧土颗粒、炭粒，厚0.15—0.2米，包含较多陶器残片；第4层为灰褐色疏松细沙土，含灰烬，砖、瓦残块，厚0.15—0.4米（图4-4-11；图版三四，3）。

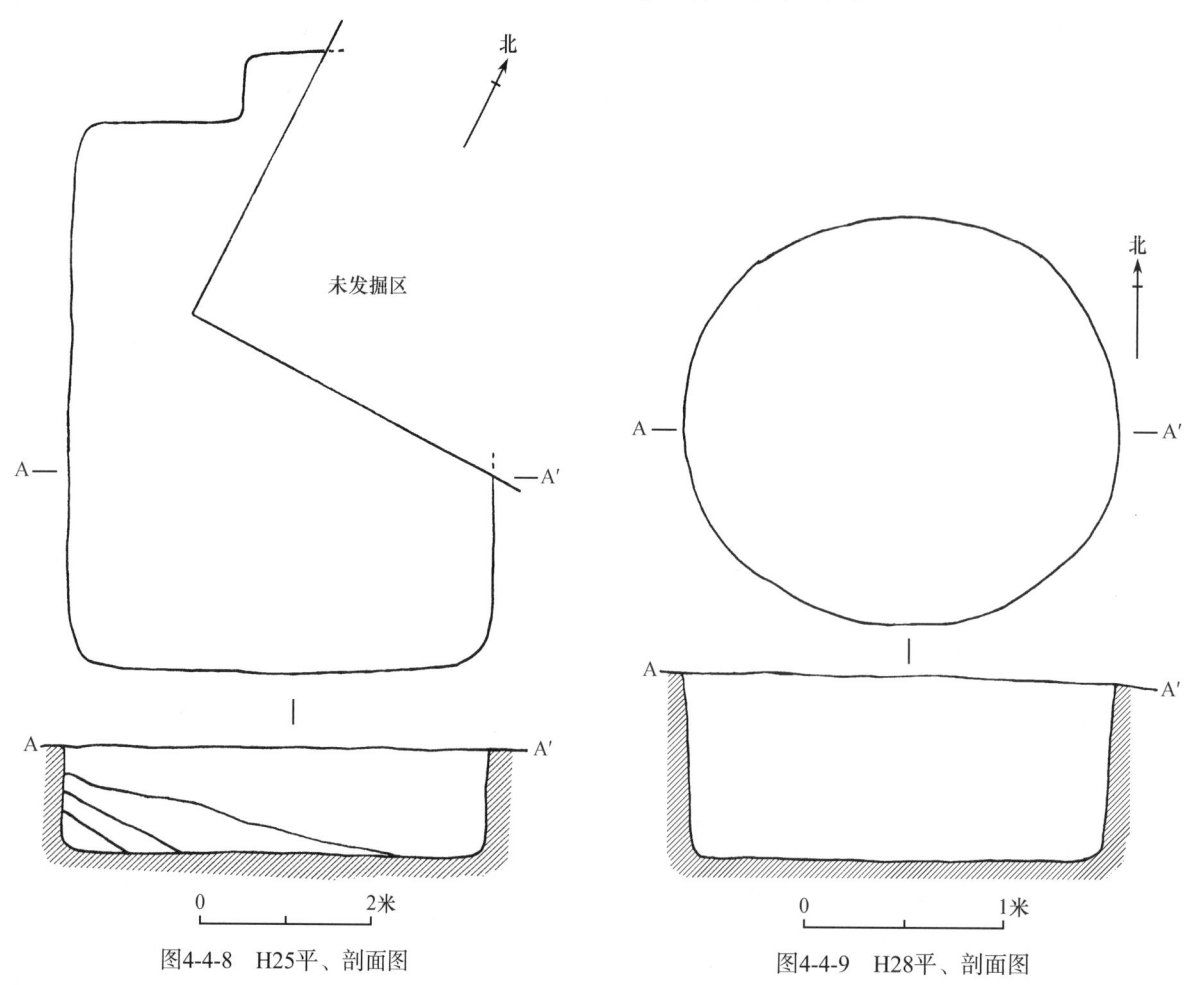

图4-4-8　H25平、剖面图

图4-4-9　H28平、剖面图

H37 位于T1951中部，打破生土层，西侧被H25打破。坑口圆形，弧壁，呈袋形，平底。口径0.7、深0.65米。坑内填土为灰黑色土，土质纯净且疏松，包含少量炭屑和陶片（图4-4-12）。

（二）灶址

Z3 位于T2145西南角，打破Z4，方向163°。灶址由灶坑和灶门两部分构成。灶坑平面呈椭圆形，直壁，平底，长径0.53、短径0.42、深0.28米，灶坑内壁被火烤形成红褐色硬结面，坑底有较多黑灰。灶门开于灶坑南侧，为一长方形圜底坑，宽0.27、发掘长度0.25、深0.21米。坑内堆积一层，为草木灰和细沙混杂的灰褐色土，疏松，含红烧土和炭灰颗粒，出土较多陶片和羊骨（图4-4-13）。

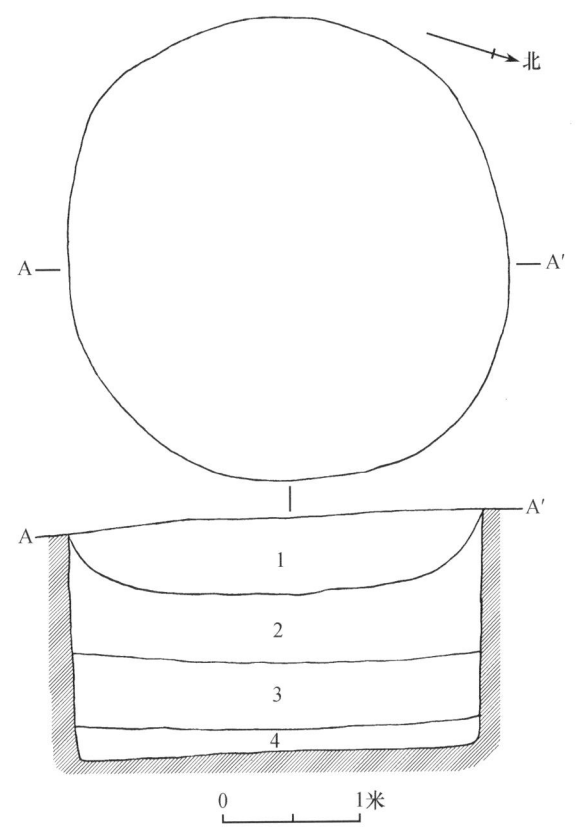

图4-4-10 H30平、剖面图

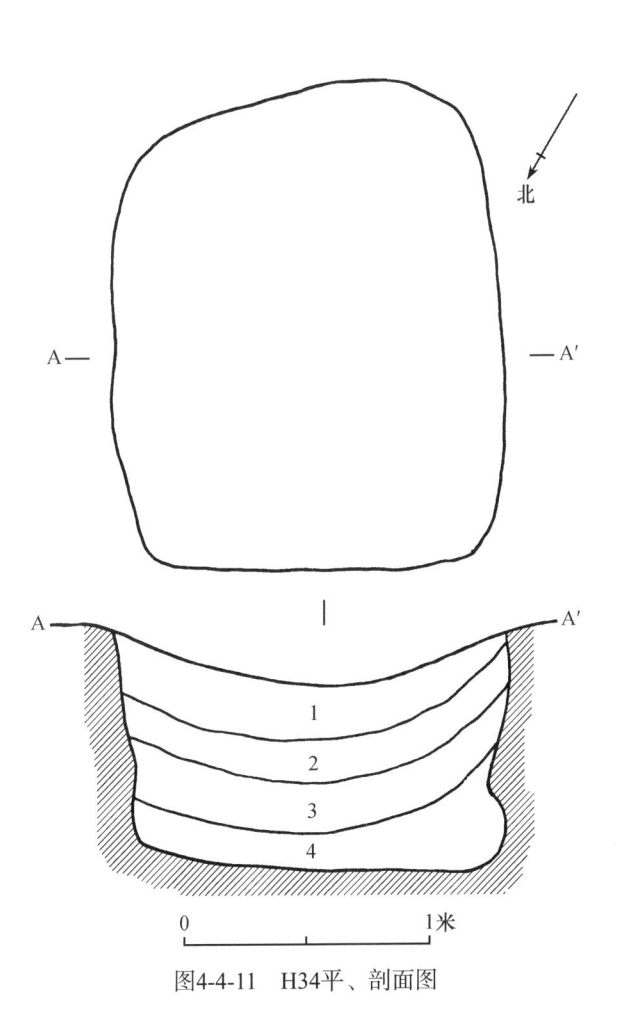

图4-4-11 H34平、剖面图

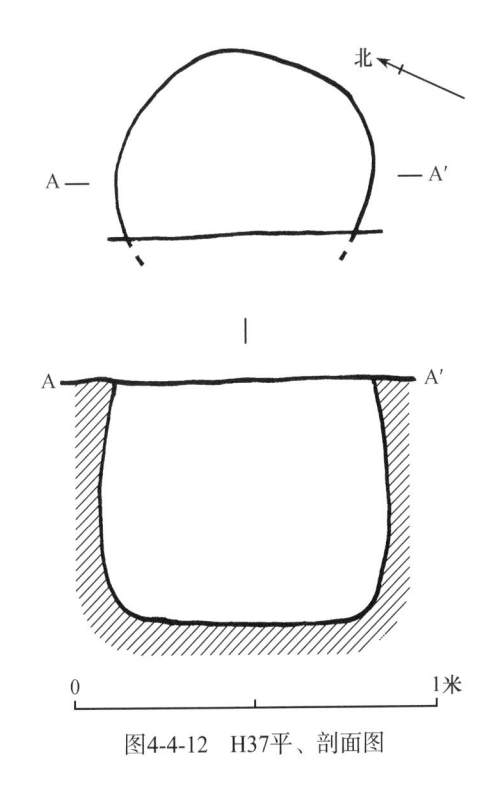

图4-4-12 H37平、剖面图

Z4　位于T2145西南角，仅发掘一半灶坑，西侧被Z3打破，方向不明。灶坑平面大致呈圆形，直壁，圜底，残宽0.54、深0.26米，灶坑内壁被火烤形成红褐色硬结面，坑底有较多黑灰。坑内堆积一层，为草木灰和细沙混杂的疏松的灰褐色土，含红烧土和炭灰颗粒，出土少量陶片和羊骨（图4-4-14）。

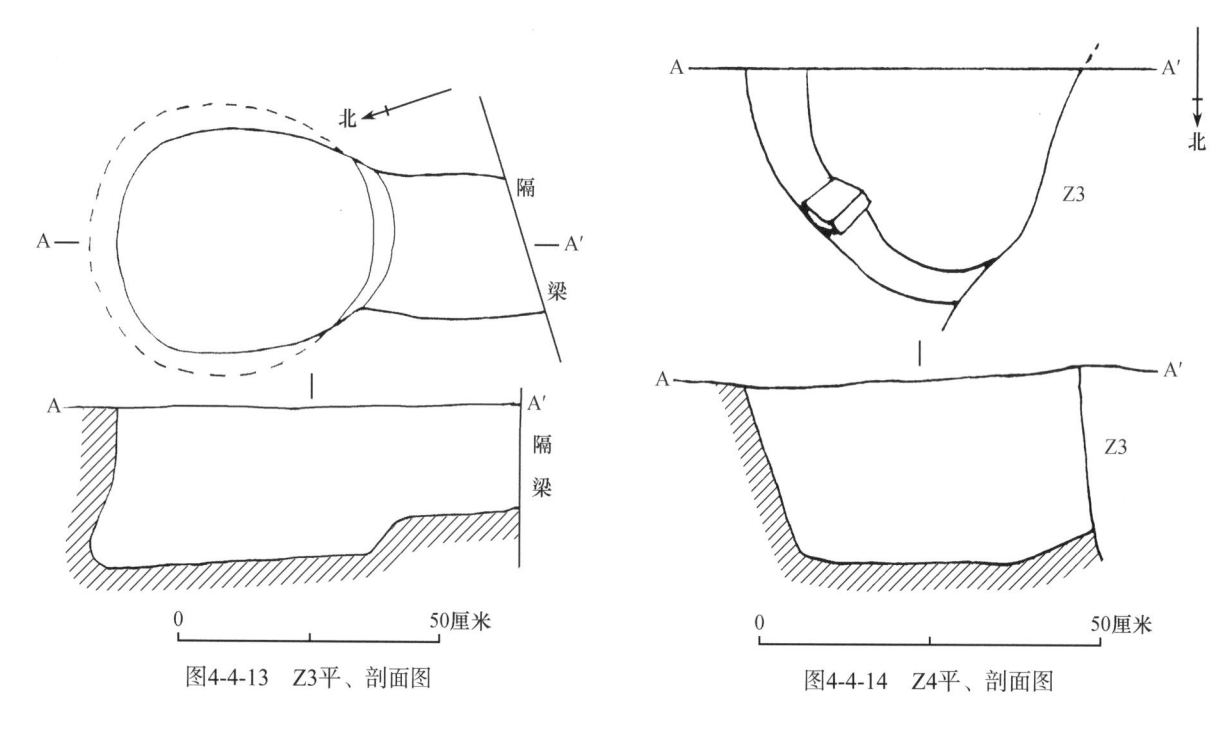

图4-4-13　Z3平、剖面图

图4-4-14　Z4平、剖面图

二、出土遗物

（一）遗迹单位出土遗物

1. 檐头板瓦

H16：1，菱格纹，檐面饰模印十字菱格纹带，错落紧密排布，上部饰一排间距相等的长方形格纹，残长12.4、檐端宽27、滴水面宽4.2、胎厚1.8厘米（图4-4-15，1；图版六四，5）。H17：1，檐面饰一排模印方形菱格纹带，菱格中部及上、下空隙处均饰乳钉纹，残长13.4、檐端宽23、滴水面宽4、胎厚2厘米（图4-4-15，2；图版六四，1）。

2. 陶器

陶罐　7件。H34②：7，轮制泥质灰陶，外折沿，方唇，圆肩，鼓腹，平底微内凹，最大腹径处有一圈凹弦纹，以及两个对称分布的贴塑鸡冠状耳，耳长6厘米、口径28、最大腹径34、底径16.8、高28厘米（图4-4-16，1）。H14标：1，残存肩部，敛口，圆肩，鼓腹，肩上部及中腹部饰多圈篦齿纹纹饰带，残高16、胎厚0.5厘米（图4-4-16，8）。Z3标：2，残存底部，

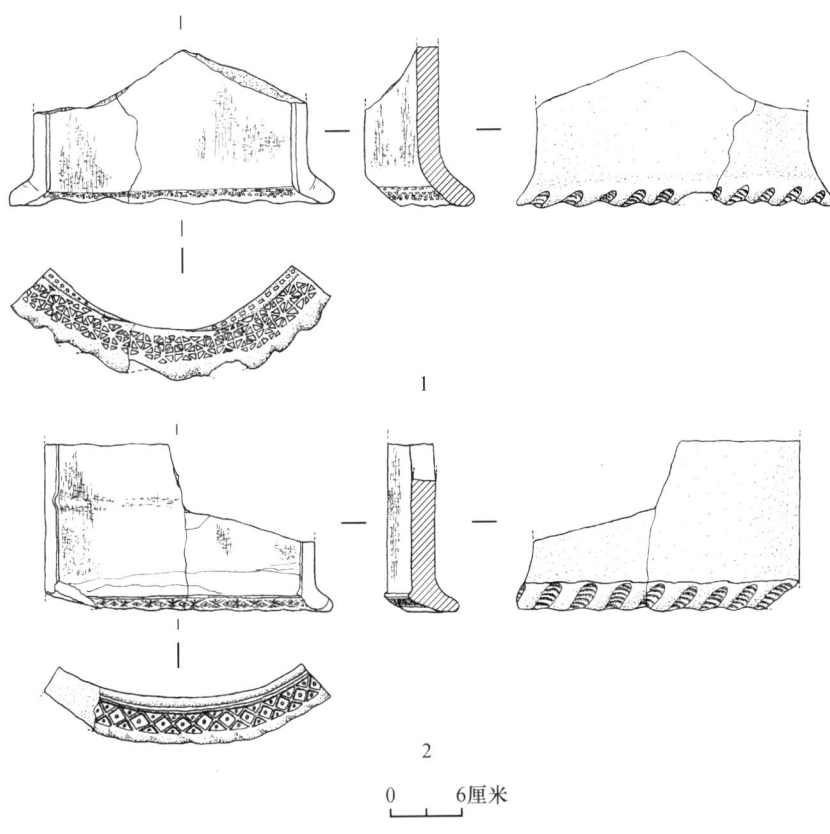

图4-4-15　第9层下遗迹单位出土檐头板瓦
1. H16∶1　2. H17∶1

直腹，平底，底中部较薄，底径16.8、残高6.8厘米（图4-4-16，9）。

陶盆口沿　9件。H13标∶2，泥质灰陶，卷沿，圆唇，敞口，残高5、胎厚0.6厘米（图4-4-16，5）。H17标∶1，泥质灰陶，方唇，展沿，敞口，弧腹，残高10、胎厚0.8厘米（图4-4-16，2）。Z3标∶1，外折沿，圆唇，敞口，外壁饰一圈附加堆纹带，残高4.8厘米（图4-4-16，4）。

陶缸口沿　1件。H17标∶3，泥质灰陶，卷沿，敛口，圆肩，残高16.8、胎厚0.8厘米（图4-4-16，3）。

陶管　1件。H34②∶5，模制而成，一端较粗，另一端稍细，由上至下均匀分布12组刻划弦纹，每组两圈，截面圆形，直径2.1—2.7、壁厚0.4、高9厘米（图4-4-16，11；图版一三二，4）。

陶支座　1件。H25②∶3，泥质灰陶，实心半圆台体，一端残，顶部内凹，平底。残长15.2、宽10.6、高7.4厘米（图4-4-16，14）。

3. 瓷器

瓷碗　3件。均为化妆白瓷，器壁施一层白色化妆土，再施透明釉，圆唇，敞口，弧腹，圈足。H34③∶2，灰砂胎，口径18.4、底径6.4、高5厘米（图4-4-16，6）。H34②∶1，红褐胎，口径16.4、底径5.3、高4.2厘米（图4-4-16，7）。H34②∶2，灰黄色砂胎，外壁下腹及圈足未施化妆土和釉，口径20、底径5.6、高7.8厘米（图4-4-16，13；图版一二一，3）。

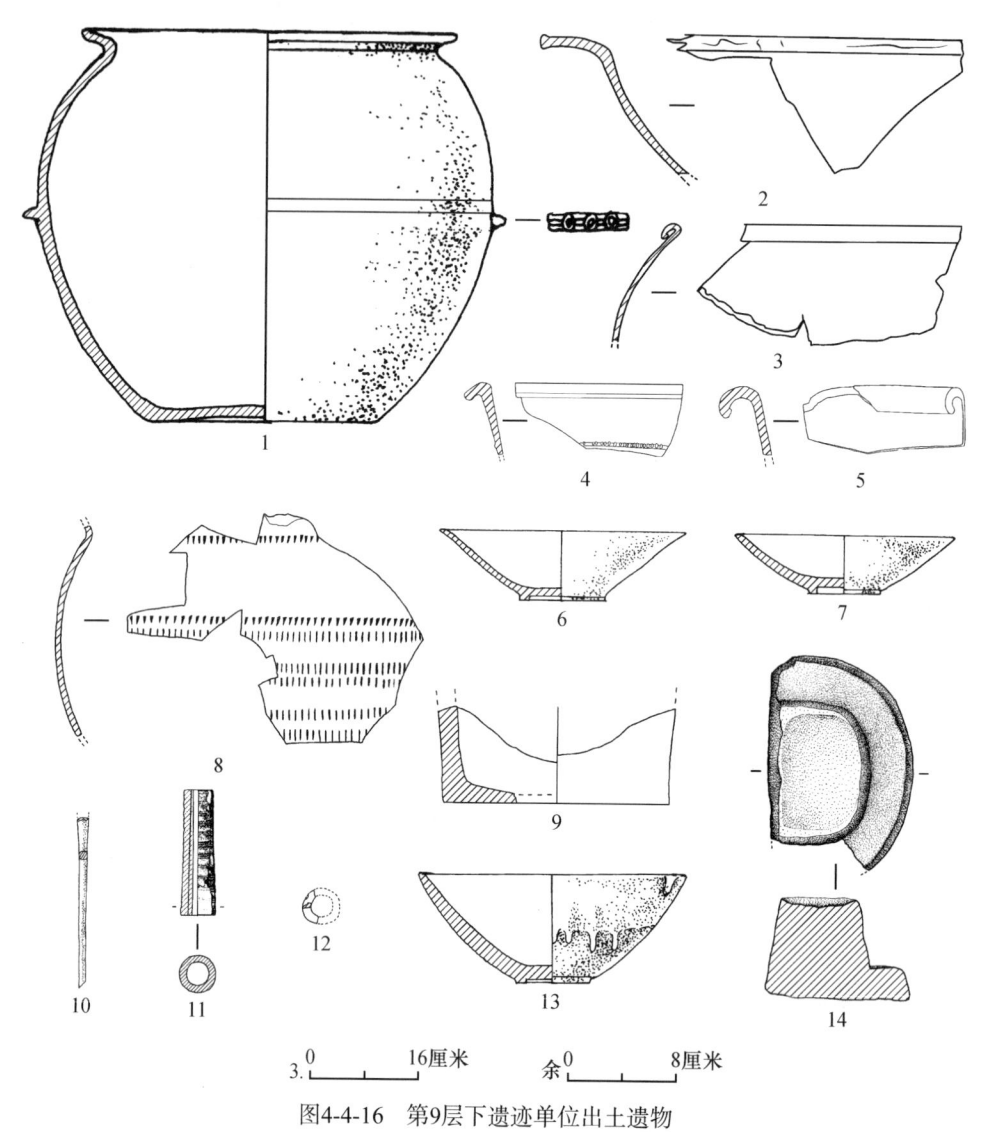

图4-4-16 第9层下遗迹单位出土遗物

1、8、9.陶罐（H34②：7、H14标：1、Z3标：2） 2、4、5.陶盆口沿（H17标：1、Z3标：1、H13标：2）
3.陶缸口沿（H17标：3） 6、7、13.瓷碗（H34③：2、H34②：1、H34②：2） 10.骨刷（H34③：1）
11.陶管（H34②：5） 12.玉环（H13：1） 14.陶支座（H25②：3）

4. 骨器

骨刷 1件。H34③：1，磨制，残存柄部，圆柱状，残长12.5、截面直径6—6.5厘米（图4-4-16，10）。

5. 玉器

玉环 1件。H13：1，磨制，浅黄色，残半，截面呈直角三角形，外径2.6、内径1.5、厚0.4厘米（图4-4-16，12）。

（二）地层第8、9层出土遗物

1. 建筑构件

板瓦　1件。平面呈梯形，凸面素面，凹面布纹，T1749⑧：5，器表涂抹一层白灰，局部有脱落，上部残，凸面有轮修形成的横向细纹，宽端凹面加厚，垂直切，残长32.8、宽32、厚3.6厘米（图4-4-19，2）。

筒瓦　19件。平面呈长方形，凸面素面，凹面布纹。有有瓦舌和无瓦舌两种形制，此外，还有部分形体较大的筒瓦外施绿釉。

有瓦舌筒瓦　6件，瓦舌均较短。T1750⑧：2，长36.2、宽17、高8、胎厚2.6厘米（图4-4-17，4）。T1750⑧：3，长34、宽16、高9、胎厚2.2厘米（图4-4-17，2）。T1750⑧：4，长36、宽17、高9.2、胎厚2.2厘米（图4-4-17，1）。T1750⑧：7，长35.6、宽16、高9.5、胎厚1.8厘米（图4-4-17，3；图版七〇，2）。

无瓦舌筒瓦　8件。T1750⑧：1，尾端内侧抹斜，长35、宽17、高9.4、胎厚2.4厘米（图4-4-18，1；图版七〇，4）。T1750⑧：5，长35、宽17—17.6、高9.4、胎厚2.4—3厘米（图4-4-18，2）。T1750⑧：8，尾端内侧抹斜，长35、宽16.4、高8.6、胎厚2厘米（图4-4-18，3）。T1750⑧：9，长34、宽16.6、高9.6、胎厚2.2厘米（图4-4-18，4；图版七〇，5）。

绿釉筒瓦　5件。红褐色胎，火候较低，平面呈长方形，有较短的瓦舌，瓦身两侧及尾端内侧抹斜，凹面布纹，凸面施白色化妆土及绿釉，瓦舌处未施釉。T1749⑧：13，尾端一角残，长37.2、宽18、高8.8、胎厚2.4厘米，凹面有2列竖向墨书文字："为报存亡父母施瓦两片大安……九月……□□施。"（图版七一，1、2）。T1749⑧：15，头端残，长37.2、宽18、高8.8、胎厚2.4厘米，凹面有3列竖向墨书文字："刘右衔户主施瓦……二家眷属百年……藏塔寺前一世刘？涑眷属？……"（图4-4-19，1；图版七一，3、4）。T1749⑧：11，残存瓦头一角，残长10.5、残宽8、胎厚2.2厘米，凹面残存1列竖向墨书文字："施主西班……"（图版七三，1）。T1749⑧：12，残长15.5、残宽9.2、胎厚2.3厘米，凹面有竖向墨书文字，残存1行："……刘氏施一片……"（图版七三，2）。T1950⑧：16，残存尾端中部，残长25.4、残宽12.2、胎厚2.4厘米，书写三行文字："……界众生施瓦十片……月十五日……"（图版七三，3）。

瓦当　2件。T1749⑧：3，右半部残，当面较平，中部略厚，边缘稍薄，当面中部为长直须兽面形象，额头处有一"王"字，兽面外饰一圈连珠纹饰，直径16.4、中部最厚处3、边缘厚1.8厘米（图4-4-19，3）。T1749⑧：2，当面中部高凸，饰卷须兽面形象，上部边缘残，直径15.8、中部最厚处4、边缘厚1.7厘米（图版八〇，3）。

垂兽　1件。T1649⑧：1，眼部圆鼓外凸，圆耳直立，口部大张，下颌缺失，长32、残宽20、残高22.4厘米（图4-4-20，1；图版八九，6）。

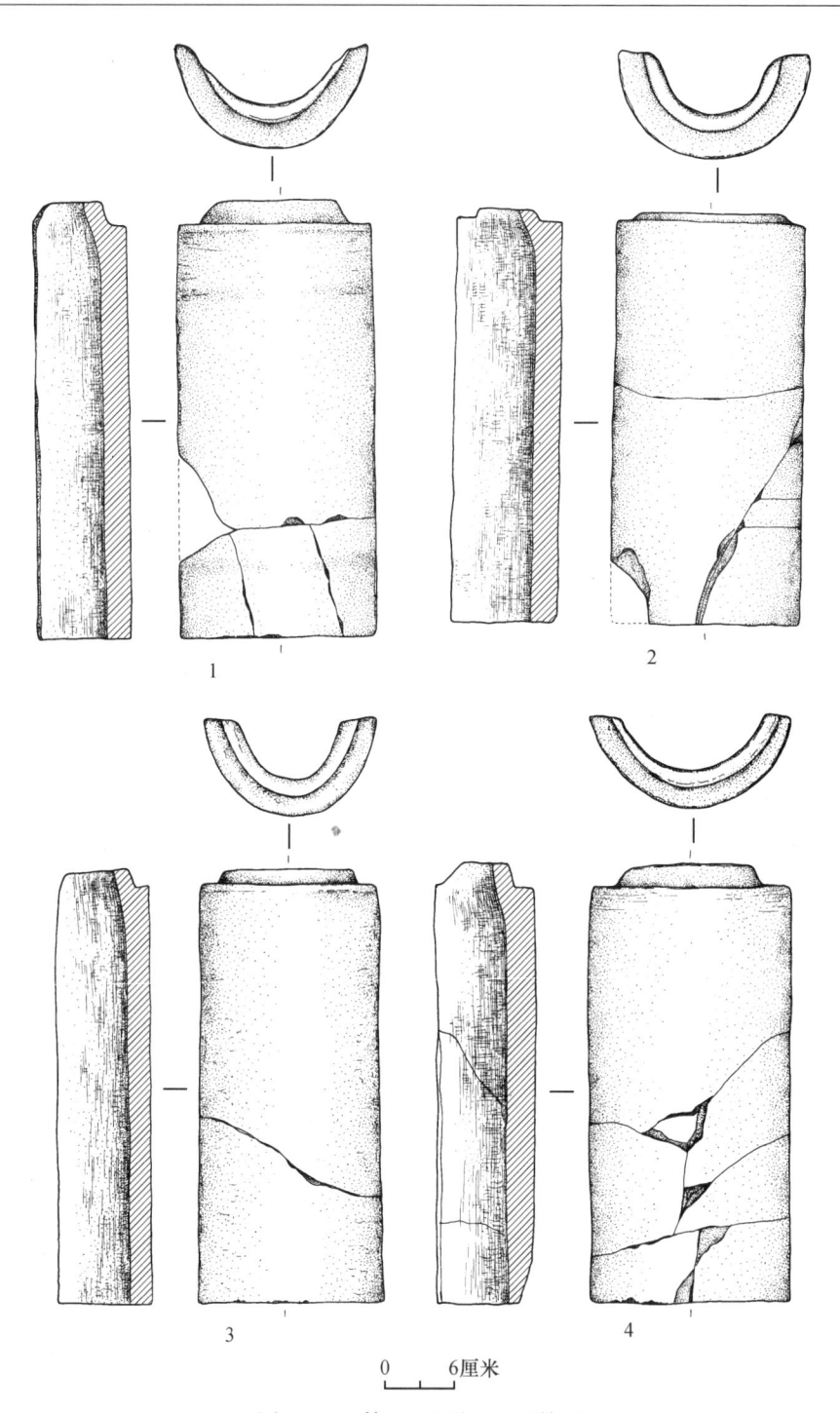

图4-4-17 第8、9层出土A型筒瓦
1. T1750⑧:4 2. T1750⑧:3 3. T1750⑧:7 4. T1750⑧:2

第四章　城内建筑址的发掘

图4-4-18　第8、9层出土B型筒瓦
1. T1750⑧：1　2. T1750⑧：5　3. T1750⑧：8　4. T1750⑧：9

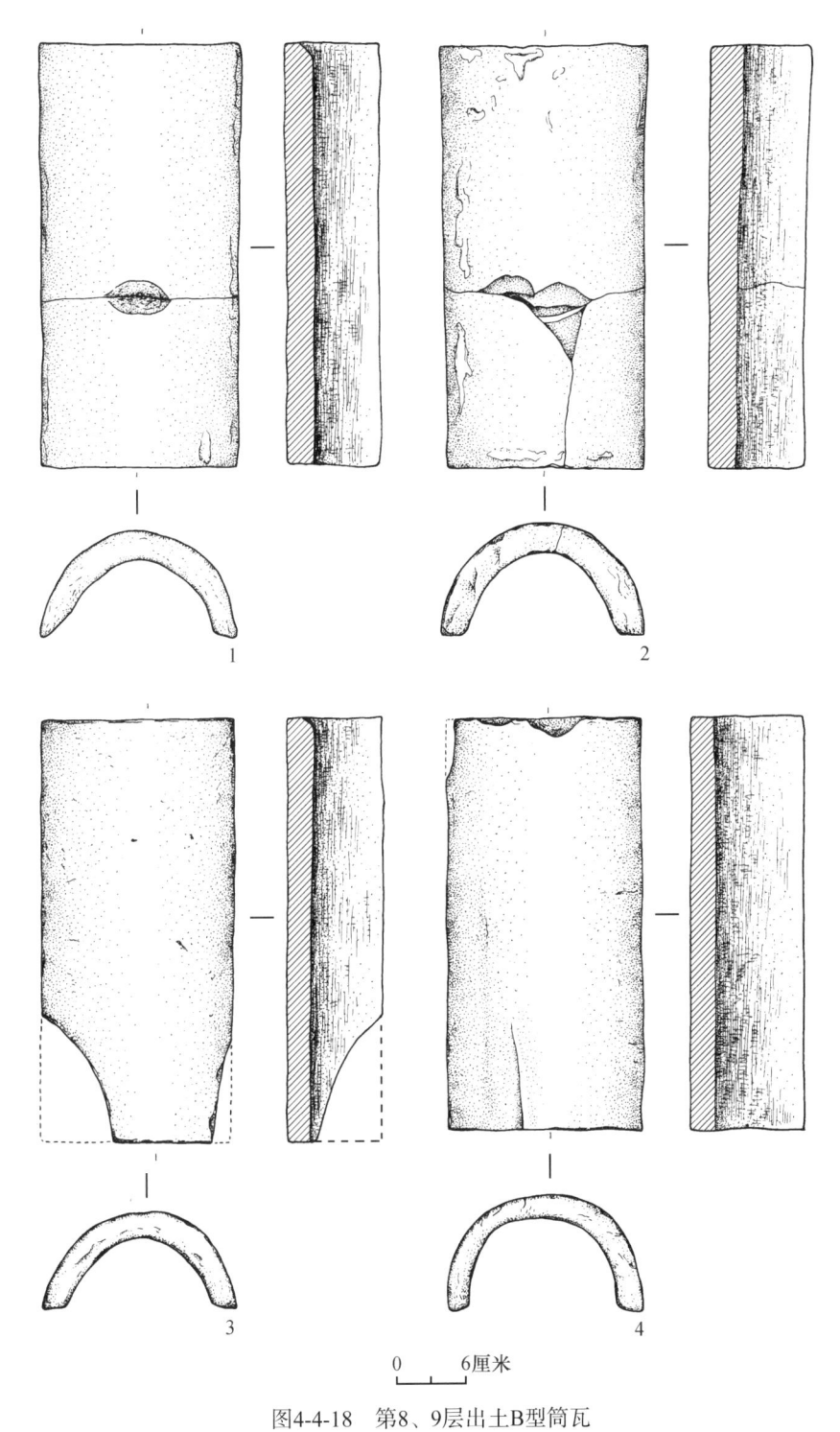

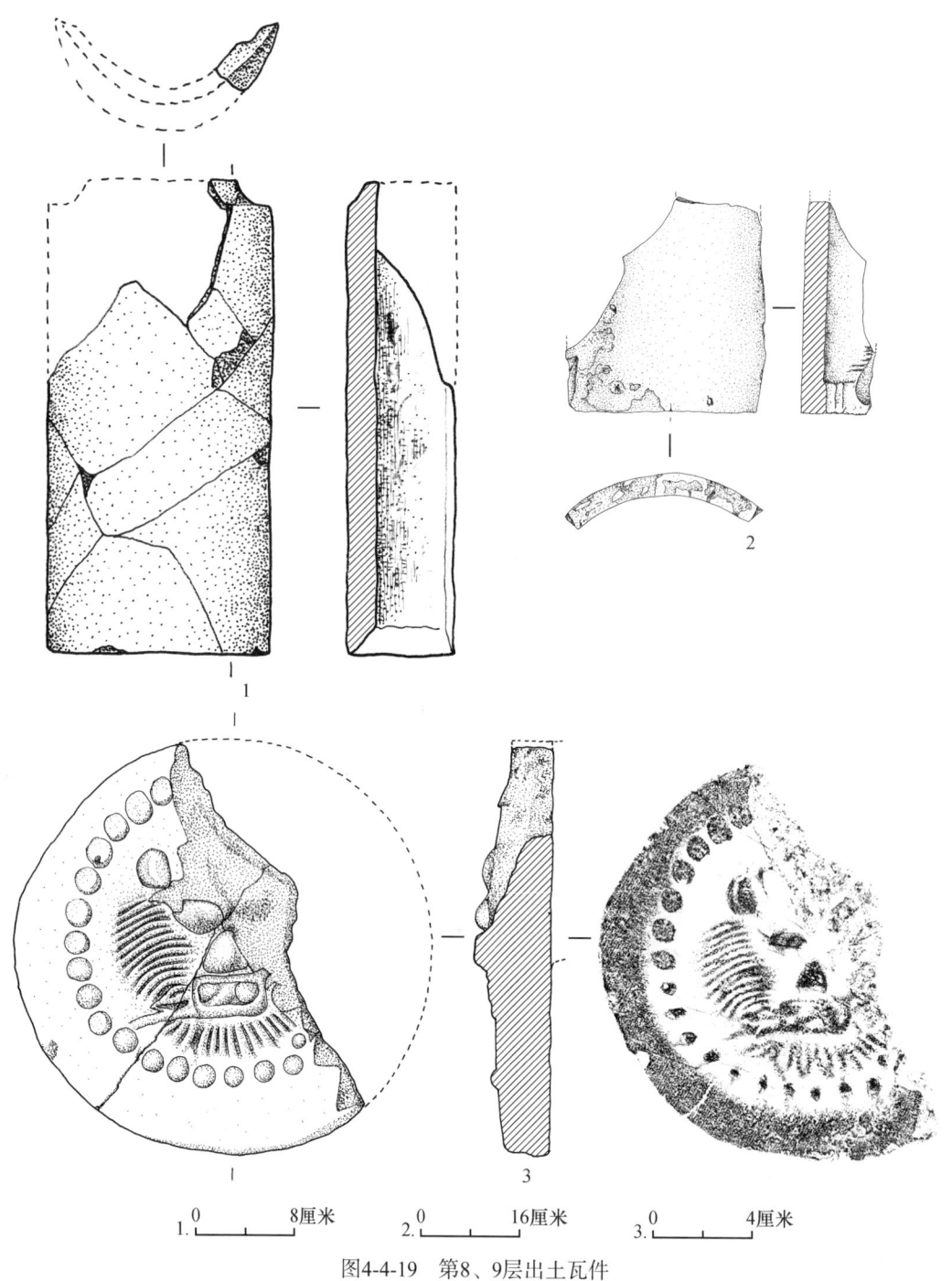

图4-4-19　第8、9层出土瓦件
1. 绿釉筒瓦（T1749⑧：15）　2. 普通板瓦（T1749⑧：5）　3. 瓦当（T1749⑧：3）

第四章　城内建筑址的发掘

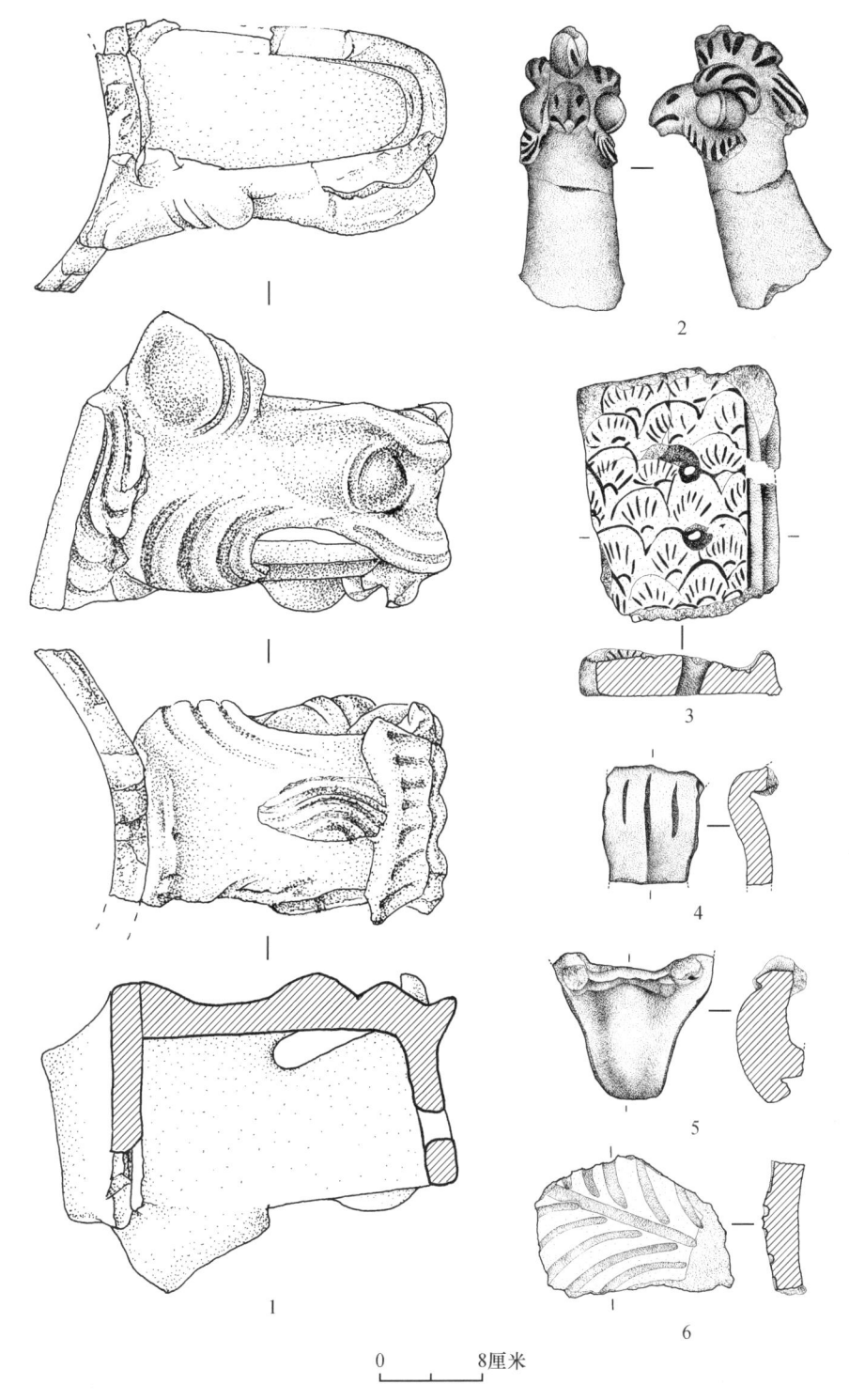

图4-4-20　第8、9层出土建筑饰件
1. 垂兽（T1649⑧∶1）　2. 凤鸟（T1950⑧∶15）　3—6. 脊兽残块（T1749⑧∶6、T2045⑨∶2、T2045⑨∶3、T1950⑧∶9）

凤鸟 1件。T1950⑧：15，残存头部和颈部，冠部直立，眉目外凸，喙部圆钝，脑后羽毛残，圆柱状长颈，残高21.4、颈部最大径8厘米（图4-4-20，2）。

脊兽残块 4件。T1749⑧：6，鸱吻残块，残存一角，板状，中部有两个椭圆形穿孔，上表面饰鱼鳞状刻槽纹饰，背面平整，残长18.6、残宽15.2、厚3厘米（图4-4-20，3）。T2045⑨：2，垂兽舌部残块，上表面饰三条平行凹槽纹饰，残长9、宽7.6、厚2.2厘米（图4-4-20，4）。T2045⑨：3，套兽舌部残块，舌面中央向上拱起，残长11.2、最宽处12.6、最厚处5厘米（图4-4-20，5）。T1950⑧：9，残存边缘残块，片状，器身正面饰弧形凹槽纹饰，背面平整弯弧，残长15、残宽10.4、最厚处2.8厘米（图4-4-20，6）。

泥塑残块 9件。T1851⑧：8，黄褐色，模制，人面形象，残半，面部较平，嘴微张，残长10.8、残宽8、残厚6.2厘米（图4-4-21，1；图版一二八，1）。T1851⑧：14，黄褐色，手制，佛头螺髻残块，泥条螺旋盘筑而成，中空，直径4.8、残高4厘米（图4-4-21，2）。T1851⑧：12，灰褐色，手制，泥条螺旋盘筑而成，中部有一圆孔，残长5.4、残宽4.6、厚2.6厘米（图4-4-21，3）。T1851⑧：10，黄褐色，手制，佛头螺髻残块，泥条螺旋盘筑而成，中空，下端侧壁有椭圆形穿孔，残长10.8、残宽8、残厚6.2厘米（图4-4-21，4；图版一二八，2）。T1851⑧：11，黄褐色，手制，佛头冠饰残块，残高13.4、残宽12.6厘米（图4-4-21，5；图版一二八，3）。T1851⑧：23，灰黄色，手制，佛像莲花座残瓣，残长12.2、残宽12、厚4.2—5.6厘米（图4-4-21，6；图版一二八，4）。T1851⑧：25，灰黄色，手制，佛像莲花座残瓣，残长10.2、残宽12.8、厚0.6—3.6厘米（图4-4-21，7）。此外，在发掘区北部探方还出土部分彩绘泥塑残块（图版一二六）。

青砖 2件。长方体。T1749⑧：7，长19.6、宽7.8、厚7.2厘米（图4-4-21，8；图版九五，6）。T1749⑧：8，长19.8、宽8、厚7.4厘米（图4-4-21，9）。

2. 陶器

陶瓮 1件。T1945⑧：1，泥质灰陶，卷沿，圆唇，敛口，鼓肩，斜弧腹，平底内凹，颈部、肩部及中腹部各有一条附加堆纹带，口径32、最大径54、底径28.4、高49.6厘米（图4-4-22，1）。

陶盏 1件。T1851⑧：9，泥质灰褐陶，圆唇，敞口，腹外侧微鼓，台底，口径8.6、底径4.8、高2.8厘米（图4-4-22，2）。

扑满 2件。T1951⑧：25，泥质灰陶，残存下腹部和底部，鼓腹，平底，内底中心上凸，下腹部等距分布三个直径1.3厘米的圆形穿孔，底径8.7、残高9.5厘米（图4-4-22，4）。T2045⑨：4，泥质灰陶，残存底部，斜壁微弧，平底，腹部可见残存的半个圆孔，底径10.6、残高6.6厘米（图4-4-22，5）。

圆陶片 1件。T1951⑧：36，泥质灰陶器腹片磨制而成，圆饼形，器身略有弧度，直径5.3、厚0.6厘米（图4-4-22，3）。

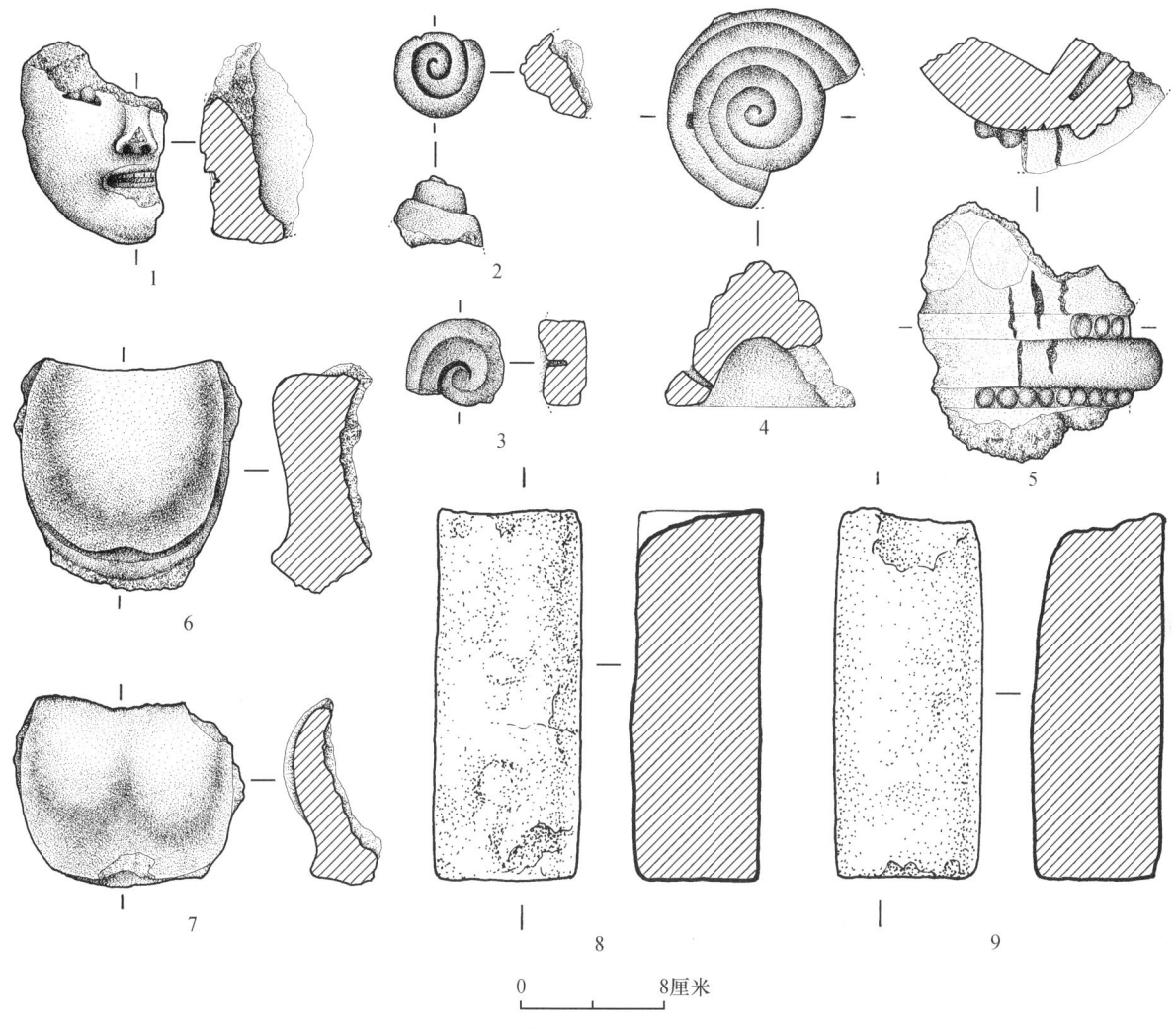

图4-4-21 第8、9层出土泥塑、砖
1—7. 泥塑残块（T1851⑧：8、T1851⑧：14、T1851⑧：12、T1851⑧：10、T1851⑧：11、T1851⑧：23、T1851⑧：25）
8、9. 砖（T1749⑧：7、T1749⑧：8）

3. 瓷器

瓷碗口沿 4件。T1951⑧标：1，黄褐胎，白釉，圆唇外侧加厚，敞口，残高4.5、胎厚0.5厘米（图4-4-22，8）。T2045⑨标：2，残存口沿，灰白胎，黄白釉，圆唇，侈口，弧腹，内底有一圈凹弦纹，残高3.6、胎厚0.3厘米（图4-4-22，9）。T1851⑧标：2，灰白胎，白釉，尖唇，敞口，残高4.6厘米（图4-4-22，10）。T1850⑧标：1，黄褐胎，白釉，圆唇微外撇，敞口，残高7.1、胎厚0.45厘米（图4-4-22，11）。

瓷碗底 2件。T1945⑨标：1，残存底部，灰白胎，黄白釉，外底不施釉，圈足底，内底有四个均匀分布的支烧痕，底径8、残高3.4厘米（图4-4-22，6）。T1950⑧标：2，黄褐胎，白釉，外底不施釉，内底有椭圆形支烧痕迹，圈足底，底径5.6、残高3.4厘米（图4-4-22，7）。

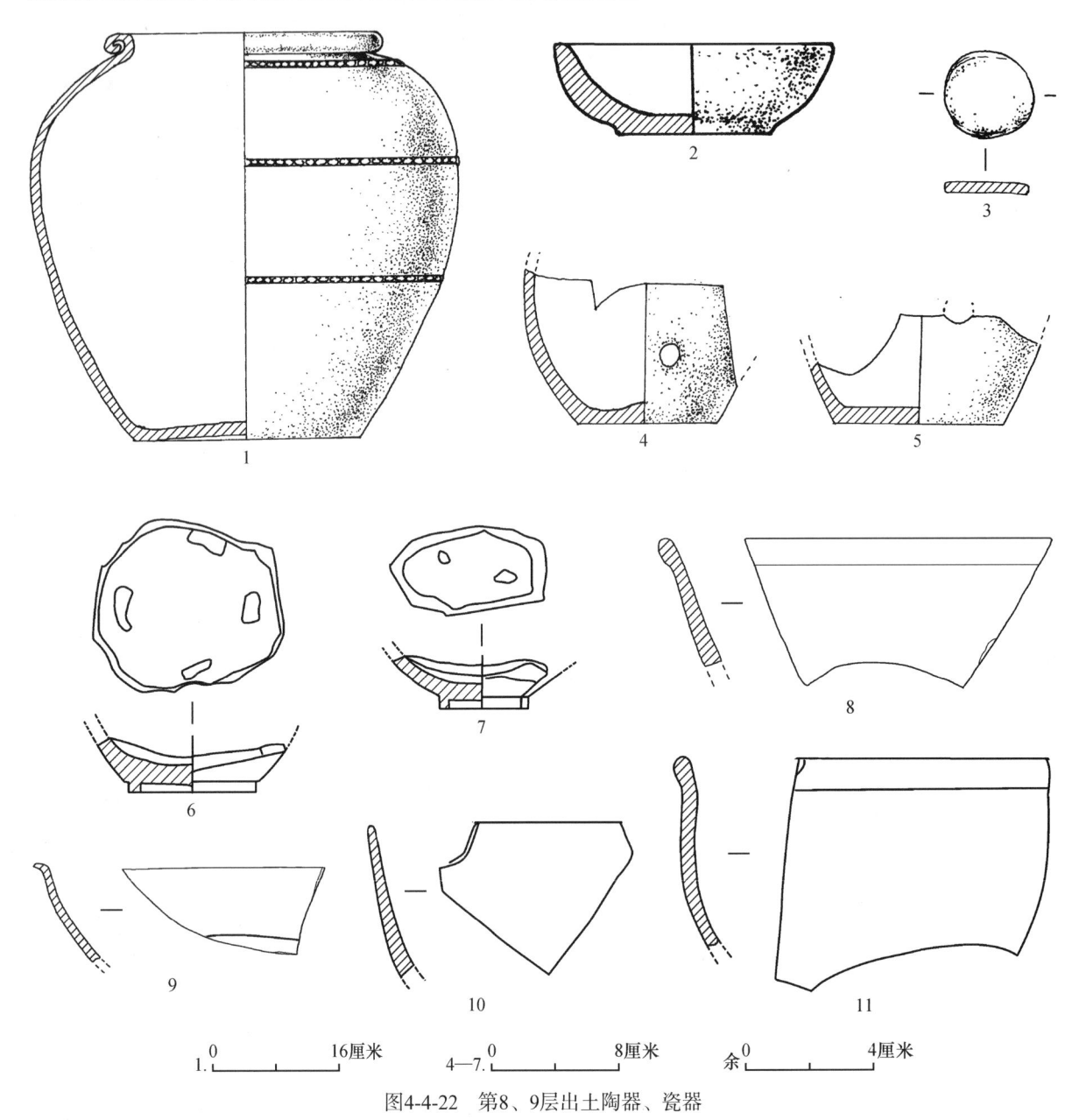

图4-4-22 第8、9层出土陶器、瓷器
1.陶瓮（T1945⑧：1） 2.陶盏（T1851⑧：9） 3.圆陶片（T1951⑧：36） 4、5.扑满（T1951⑧：25、T2045⑨：4）
6、7.瓷碗底（T1945⑨标：1、T1950⑧标：2） 8—11.瓷碗口沿（T1951⑧标：1、T2045⑨标：2、T1851⑧标：2、T1850⑧标：1）

4. 铁器

铁钉 5件。T1950⑧：2，钉帽扁平，钉身截面方形，长28.5、钉身截面边长0.9厘米（图4-4-23，1）。T1851⑧：5，钉身截面方形，长19.5、钉身截面边长0.6厘米（图4-4-23，2）。T1950⑧：1，钉帽扁平，钉身截面方形，长17、钉身截面边长1厘米（图4-4-23，3）。

铁构件 1件。T1951⑧：8，器身圆弧形柱状，截面长方形，残长7.4、截面长1.7、宽0.8厘米（图4-4-23，4）。

铁甲片　1件。T1951⑧：1，平面圆角长方形，残半，边缘有直径0.2厘米的圆形穿孔，残长5.9、宽3.8、厚0.2厘米（图4-4-23，5）。

铁门鼻　1件。T1851⑧：1，由截面方形的铁条弯折而成，上端弯折呈环形，下端残，残长6、厚0.3厘米（图4-4-23，6）。

铁锅口沿　1件。T1951⑧：7，内折平沿，尖唇，口微敛，直壁，器表锈蚀，残高6.8、最厚处0.7厘米（图4-4-23，7）。

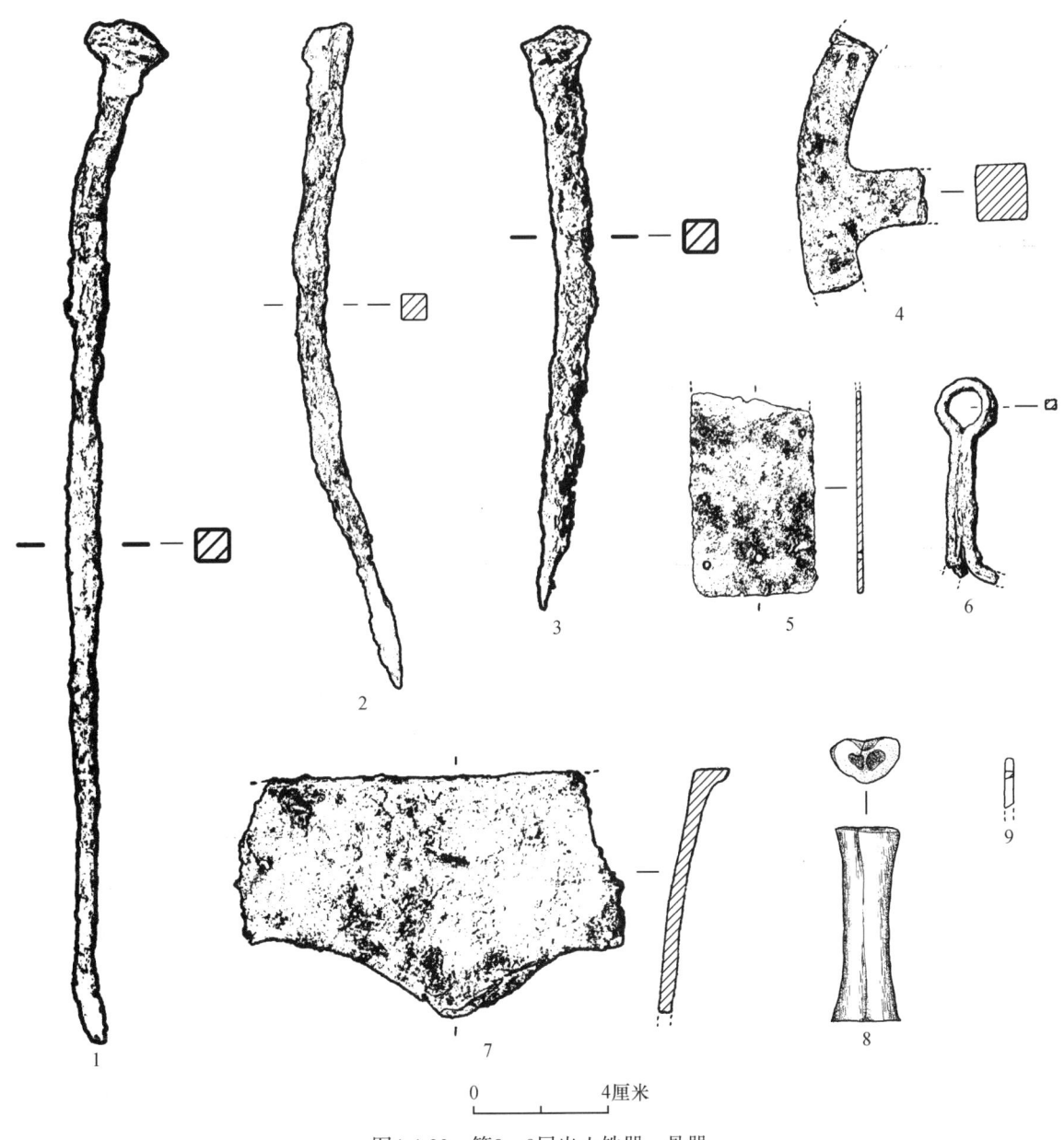

图4-4-23　第8、9层出土铁器、骨器
1—3.铁钉（T1950⑧：2、T1851⑧：5、T1950⑧：1）　4.铁构件（T1951⑧：8）　5.铁甲片（T1951⑧：1）
6.铁门鼻（T1851⑧：1）　7.铁锅口沿（T1951⑧：7）　8.骨料（T1846⑨：3）　9.条状骨器（T1850⑧：2）

5. 骨器

骨料　1件。T1846⑨∶3，动物肢骨切割而成，长11.2、宽2.8—4、最厚处2.6厘米（图4-4-23，8）。

条状骨器　1件。T1850⑧∶2，磨制而成，长条形，截面方形，残长1.5、截面边长0.3厘米（图4-4-23，9）。

第五节　地层第7、8层间遗存

一、起建于第8层上的遗迹及出土遗物

（一）房址

房址有两座，位于发掘区南部，倚第一期建筑而建，位置东西相对。两座房址均是有取暖设施火炕的房址。

1. F2

位于T1944、T1945内，南半部分未发掘，方向157°。该房址倚Q1和第一期建筑月台而建，半地穴式，打破月台南侧的散水。平面呈长方形，南北发掘长度10、东西宽3.95米，未发现门道迹象（图4-5-1；图版二九，1）。

房址西侧系直接倚靠第一期建筑台基已有的院墙Q1，以此院墙作为自己的西墙，以土坯将残存的Q1砌高，土坯残存长度2.3米，残存一层，残高0.28米。北侧倚靠第一期建筑月台而建，东墙未保存下来，宽度不明。

从残存的用火遗迹看，该房址应存在两套取暖设施，分别处于房址的南北两端，分别由灶坑和具有3条烟道的长方形火炕组成，两套取暖设施共用一个烟囱（图版二九，2）。北侧取暖设施保存相对较好。灶址位于房内东北角，方向朝西北，由5层青砖垒砌而成，残高0.54米，灶门呈长方形，长0.4、高0.2米，灶门前有椭圆形的灶坑，深0.18米，火塘位于灶门之南，呈锅底形，深0.42米。火塘南侧与4道烟墙相接，构成宽约1.8米的火炕，炕面缺失（图版二九，3）。火炕烟墙由砖和少量土坯垒砌，保存6层，长4.5、宽0.16—0.4米。烟道3条，宽0.22—0.34、最深处0.44米。烟道北端近火塘处，铺一两块斜立的砖作为迎风坯，南端亦各平铺一块长方砖。南侧取暖设施保存状况较差，仅存靠近烟囱处的残断火炕。火炕宽度与北侧相同，亦为3条烟道，宽0.25—0.3、深0.25米，北端平铺一层青砖，烟墙残长1.9米。烟囱应当位于两个火炕相接处，因保存状况较差，未见相关迹象。

房内堆积一层，为灰黄色沙土，较为松软，包含少量砖瓦残块、陶瓷片和动物骨骼等遗物。

图4-5-1 F2平、剖面图

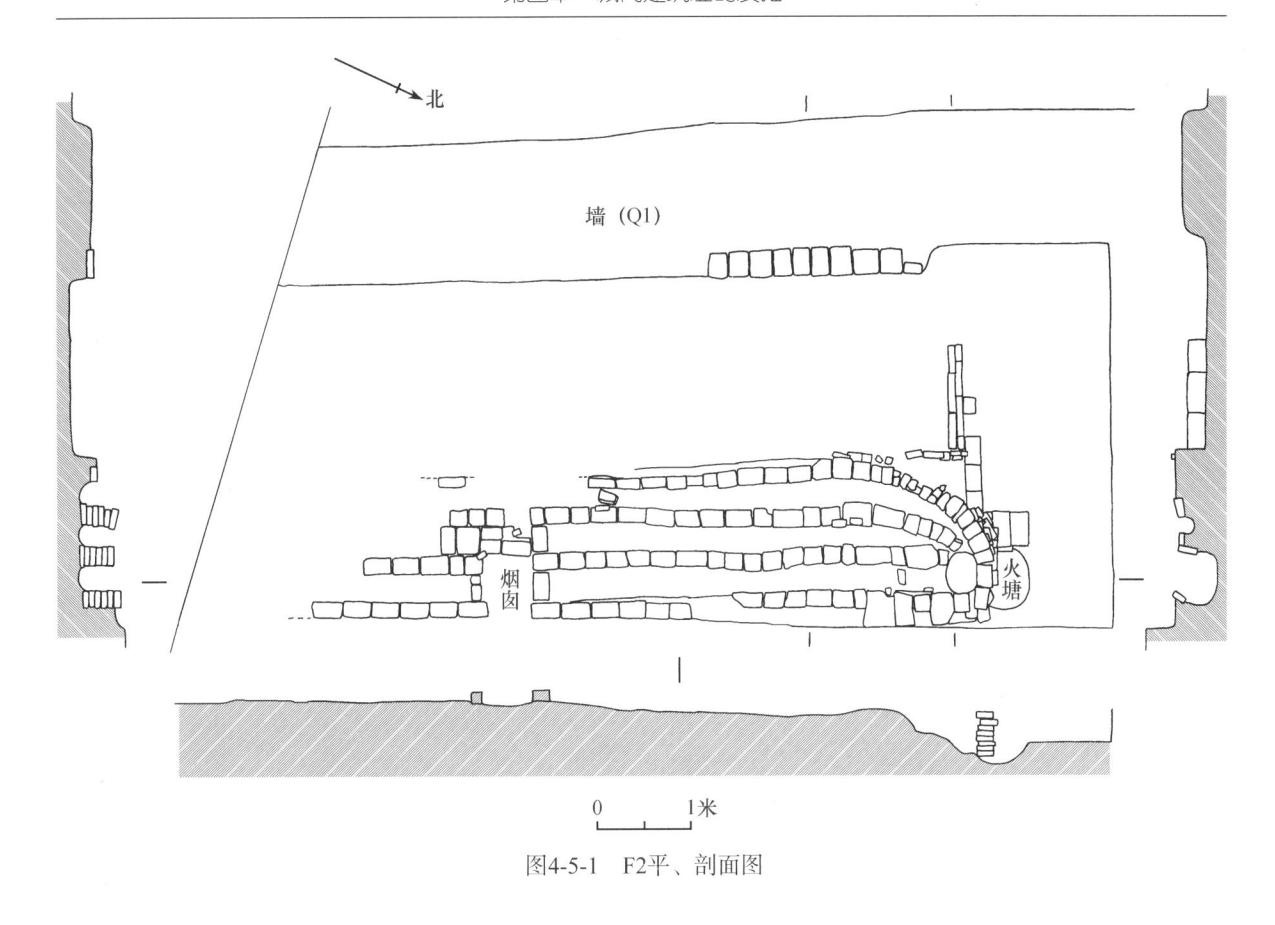

2. F3

位于T2145、T2146内，位置与F2对应。该房址为地面式，平面呈长方形，坐东朝西，南北残长12、东西宽6.3米，门开于西侧中部，方向247°。房址南半部分保存较好，有完整的墙体、门道、灶坑、烟道、烟囱，以及白灰铺就的地面等设施，北半部分保存较差，仅存灶坑和部分隔墙（图4-5-2；图版三〇）。

房址东侧系直接倚建筑台基已有的院墙Q2，以此院墙作为自己的东墙。南墙由黄色亚黏土夯筑而成，长5.4、宽0.95、残高0.3米。西墙残存南半部分，残长7.5（含墙体西南角）、宽0.75、残高0.3米，北半部分被一条灰沟打破而无存。北侧以建筑台基月台南缘作为墙体，目前该墙体已无存，在其南部存留一道土质墙体，宽25厘米，东部残缺，西端被一晚期灰坑打破，残存长度2.85、残高0.3米，此墙应为房址后期改建时利用房址北部原有火炕而砌，墙体上还残存烟道痕迹及垒砌烟道的土坯。

门道位于房址西墙中部，长0.8、宽0.75米，长方形青砖垒砌而成，存留4层，每层均使用8块青砖，竖向平砌，2排4列。所使用的青砖规格为36厘米×18厘米×6厘米。

从残存的用火遗迹看，该房址曾存在两套取暖设施，分别处于房址的南北两端，分别由灶坑和具有3条烟道的"U"形火炕组成，两套取暖设施共用一个烟囱。南侧取暖设施保存完好，灶址位于门道内南侧，方向朝北，由灶坑和火塘构成，灶坑由青砖砌成，平面呈规整的长方形，南北长70、东西宽60、深50厘米（图版三一，2）。火塘北接灶坑，南接3条土坯砌成的烟

图4-5-2 F3平、剖面图

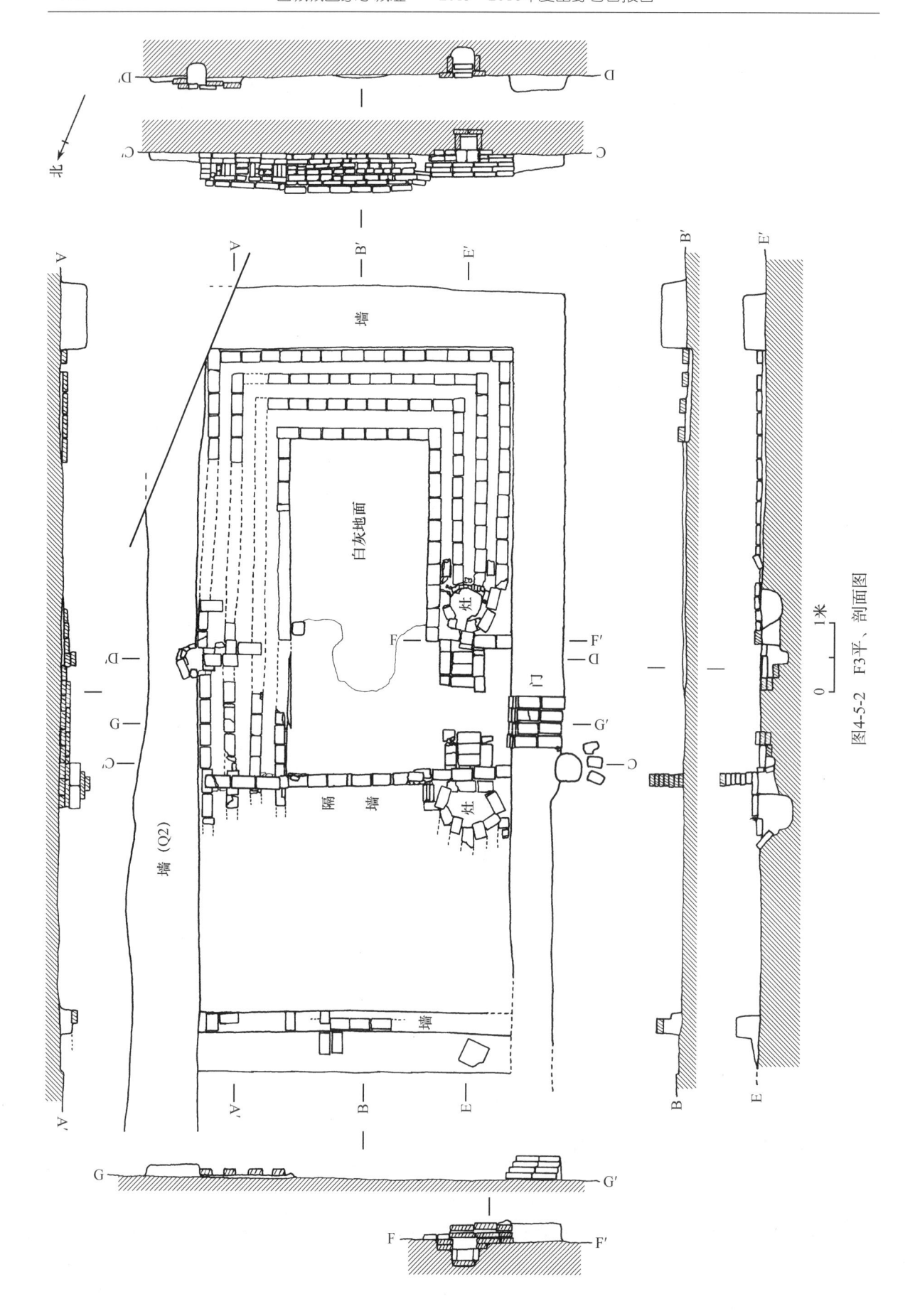

道，东西两侧用青砖垒砌至与灶坑同高，平面呈不甚规则的圆形，弧壁，圜底，呈锅底状，直径45、深45厘米。烟道贴近西、南、东三面墙体环绕，单条烟道宽20、深10厘米，最外侧一条烟道北端近火塘处铺1—2块斜立的土坯（迎风坯）。烟道壁共4条，均由长36、宽18厘米的土坯竖向砌成，形成宽125—130厘米的火炕，炕面已缺失。北侧取暖设施保存状况较差，仅存灶址，局部可见少量烟道灰烬。灶址位于门道内北侧，方向朝南，位置与南侧取暖设施的灶址对应，间距65厘米，由灶坑和火塘构成，灶坑亦由青砖砌成，平面呈规整的长方形，南北长85、东西宽60、深50厘米（图版三一，1）。火塘南接灶坑，北部有3个宽16厘米左右的豁口，应分别与3条烟道相通，东西两侧用青砖垒砌至与灶坑同高，平面呈不甚规则的圆形，弧壁，圜底，呈锅底状，直径45、深45厘米。房址北端隐隐可见3条东西走向平行分布的灰烬，房址东侧亦残存与南侧火炕形制相同的火炕，烟道已被青砖残块封堵（图版三一，3），从这一系列残存迹象看，北侧应当存在与南侧形制、规格均相同的取暖设施。房址的两套取暖设施分别环绕房址的南、北两半部分，烟道于房址东侧中部微偏南处会合，并共用一处烟囱。烟囱位于房址东墙和最外侧烟道壁之间，打破东墙，平面呈半圆形，直径35、深40厘米，外缘以残断的青砖碎块垒砌。

房址南半部分被"U"形火炕围成的南北长3.5、东西宽2.1米的范围内，铺一层厚约5厘米的白灰，应当为房址南部的活动面，从白灰的厚度、坚实度及表面的平整度可以看出，此活动面经过精心处理，并且使用时间较长。

房址内有一道东西向隔墙，位于距门道内北30厘米处，横贯整个房址，由一排长方形青砖横向平砌，宽18厘米，残存8层，高度为60厘米（图版三一，4）。此墙体将房址北半部分完全封堵，包括北部的灶坑和火炕烟道，使得房址中南部形成一个独立的空间。对北部的灶坑和火炕烟道的封堵，说明房址北部的取暖设施在此时遭到废弃。

（二）墙

Q7 位于第一期主台基北侧，跨越T1750、T1850、T1851、T1951等探方，起建于第8层上，方向68°。2013年于T1750、T1850内发掘出该墙体西段，2014年于T1951内发掘其东段，中部偏东处残断，发掘总长度29.4、宽1.2—1.4、残高0.35—0.65米，保存状况较差。墙体东段宽1.4、残高0.35米，东端与Q5垂直相接，南与Q6相距1.9米，南侧被H21打破。墙体西段宽1.2、残高0.4—0.65米，西端未发掘，从走势看，应与Q4垂直相接，南与Q8相距2.1米，中东部被H32打破。

（三）出土遗物

出土遗物以碗、盏、罐、盘、盅、钵等陶瓷容器为主，均为轮制。

1. 陶器

均为泥质灰陶，多为素面，个别有砑光纹饰。

陶盏 26件。根据底部差异分二型。

A型 13件，台底。根据口部差异分二亚型。

Aa型 10件，敞口。F3②：7，尖唇，斜直腹，口径8、底径4、高2.2厘米（图4-5-3，1）。F3②：16，尖唇，鼓腹，口径8.9、底径4.5、高2.4厘米（图4-5-3，2）。F3②：25，圆唇，斜弧腹，口径9.8、底径4.6、高2.3厘米（图4-5-3，3）。F3②：9，圆唇，鼓腹，口径8.2、底径4.6、高2.4厘米（图4-5-3，4）。F3②：10，圆唇，上腹微鼓，口径7.2、底径3.8、高2厘米（图4-5-3，5）。F3②：11，圆唇，鼓腹，口径8.3、底径5、高2.5厘米（图4-5-3，6）。F3②：13，圆唇，鼓腹，口径7.8、底径3.6、高2.1厘米（图4-5-3，7）。F3②：20，圆唇，斜弧腹，口径8.4、底径3.4、高2.5厘米（图4-5-3，8）。F3②：21，尖唇，斜弧腹，口径8、底径3.8、高2.1厘米（图4-5-3，9）。F3②：28，尖唇，斜弧腹，口径8.3、底径3.6、高2厘米（图4-5-3，10）。

Ab型 3件，直口。F3②：2，圆唇，上腹微鼓，下腹急收，口径7.6、底径4.3、高2.5厘米

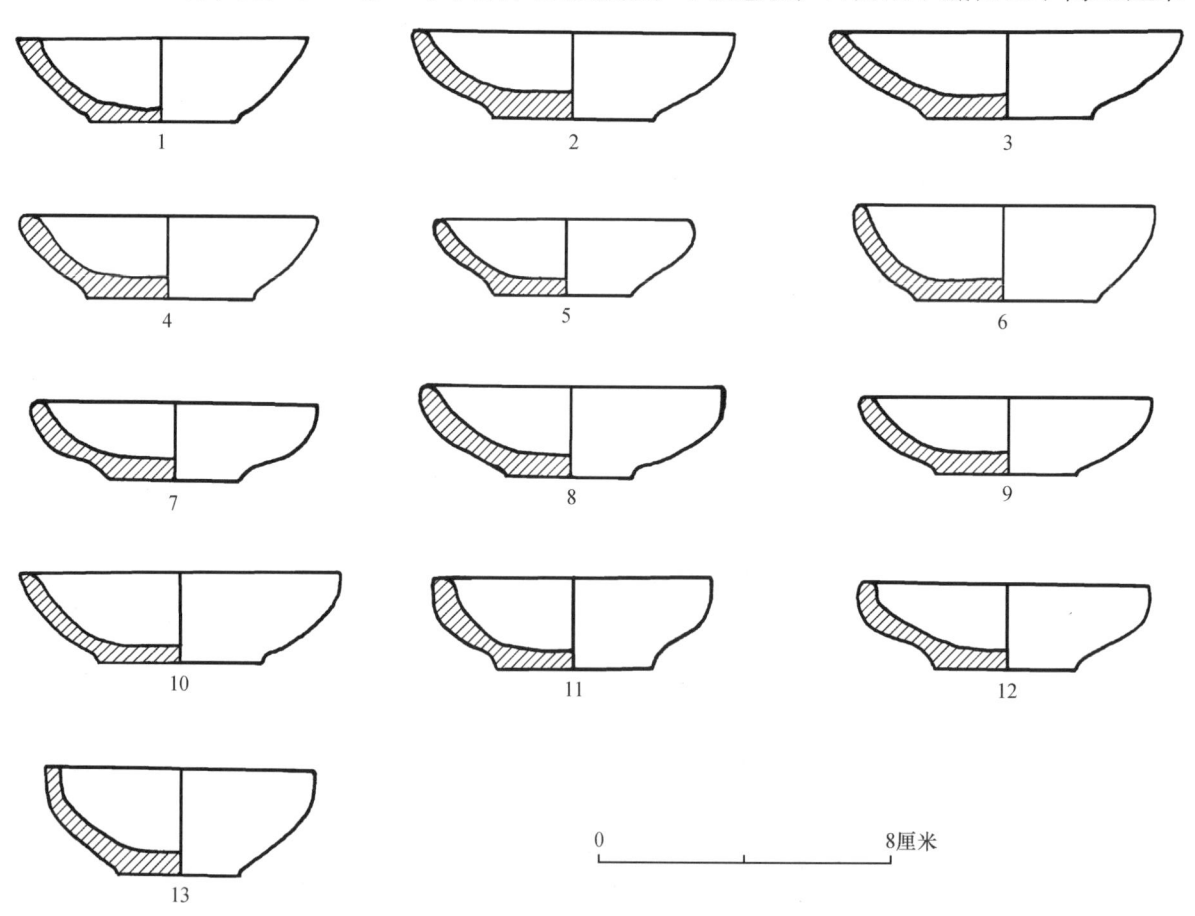

图4-5-3 A型陶盏

1—10.Aa型（F3②：7、F3②：16、F3②：25、F3②：9、F3②：10、F3②：11、F3②：13、F3②：20、F3②：21、F3②：28）
11—13.Ab型（F3②：2、F3②：12、F3②：17）

（图4-5-3，11）。F3②：12，圆唇，上腹微鼓，下腹急收，口径7.9、底径4、高2.3厘米（图4-5-3，12）。F3②：17，方唇，腹微折，下腹斜直内收，口径7.4、底径3.5、高2.8厘米（图4-5-3，13）。

B型　13件，平底。根据口部差异分二亚型。

Ba型　8件，敞口。F3②：3，尖唇，斜弧腹，口径8.3、底径3.6、高2厘米（图4-5-4，1）。F3②：6，圆唇，斜直腹，口径7.6、底径3.4、高2.3厘米（图4-5-4，2）。F3②：19，圆唇，斜直腹，口径7.6、底径4.6、高2.6厘米（图4-5-4，3）。F3②：14，圆唇，斜直腹，口径8.4、底径4.6、高2.6厘米（图4-5-4，4）。F3②：8，尖唇，斜直腹，口径6.6、底径3.4、高2.1厘米（图4-5-4，5）。F3②：24，圆唇，斜弧腹，口径9.6、底径4.8、高2.6厘米（图4-5-4，6）。F3②：15，圆唇，斜弧腹，口径7.8、底径3.6、高2.3厘米（图4-5-4，7）。F3②：18，圆唇，斜直腹，口径7.8、底径4、高1.8厘米（图4-5-4，8）。

Bb型　5件，直口。F3②：5，圆唇，斜弧腹，口径8.5、底径4.4、高2.7厘米（图4-5-4，9）。F3②：27，圆唇，唇外部有一圈凹棱，上腹微鼓，下腹斜弧内收，口径7.8、底径4.2、高2厘米（图4-5-4，10）。F3②：26，圆唇，斜弧腹，口径8.2、底径4.6、高2.4厘米（图

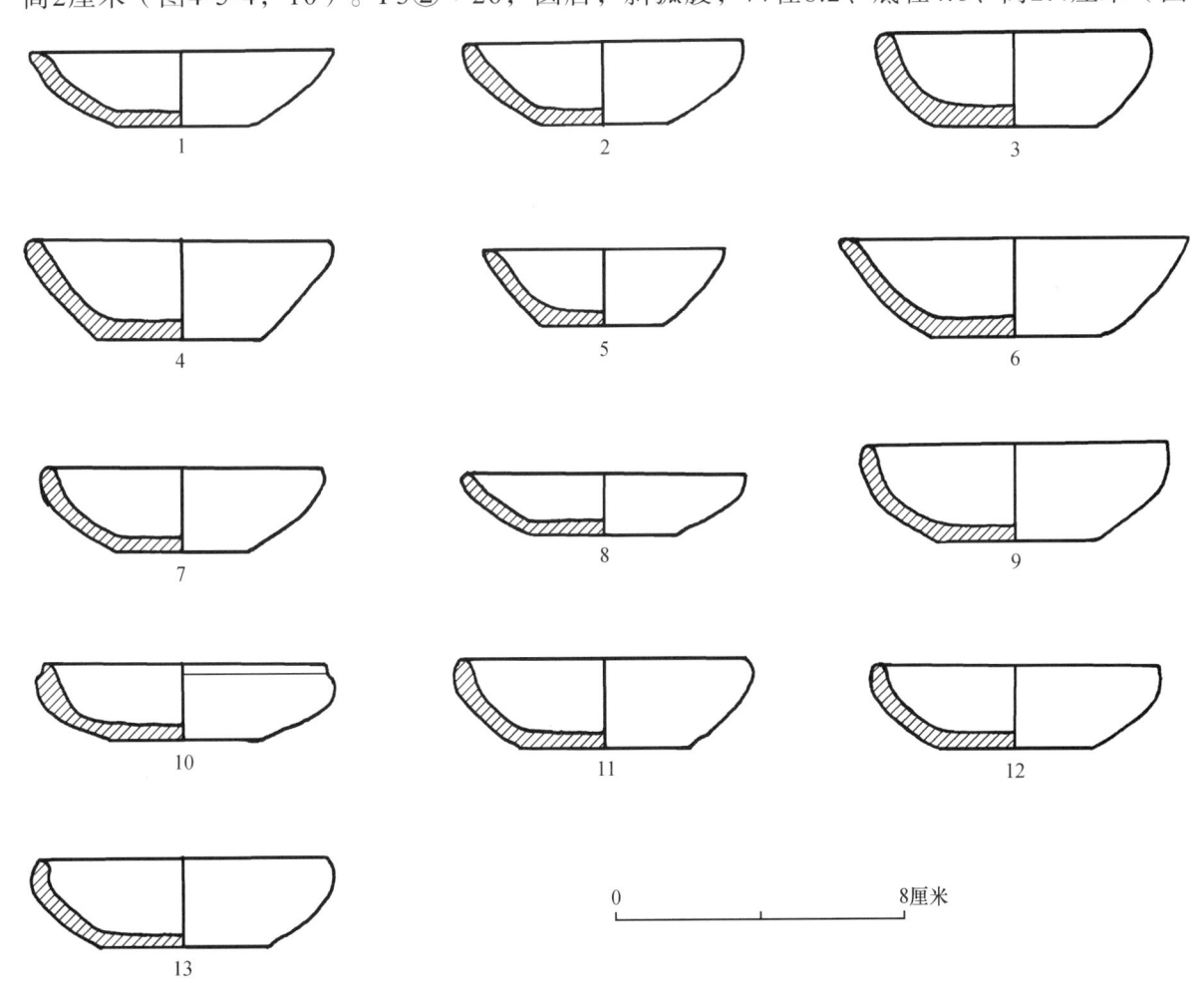

图4-5-4　B型陶盏

1—8.Ba型（F3②：3、F3②：6、F3②：19、F3②：14、F3②：8、F3②：24、F3②：15、F3②：18）　9—13.Bb型（F3②：5、F3②：27、F3②：26、F3②：1、F3②：4）

4-5-4,11)。F3②:1,圆唇,腹微折,下腹斜直内收,口径8、底径4.2、高2.2厘米(图4-5-4,12)。F3②:4,圆唇,下腹斜直内收,口径8、底径4.8、高2.4厘米(图4-5-4,13)。

提梁罐 1件。F3①:1,圆唇,直口,直颈,圆肩,斜直腹,平底,口沿上部有拱形提梁,颈部有一圈凸棱,口径18.4、底径14、最大径25.2、高24厘米(图4-5-5,1;图版一〇四,3)。

陶盆口沿 3件。F3①标:21,泥质灰陶,卷沿,圆唇,敞口,斜弧腹,残高10、胎厚0.8厘米(图4-5-5,2)。F3①标:6,泥质灰陶,卷沿,圆唇,敞口,斜直壁,残高6、胎厚0.8厘米(图4-5-5,3)。

陶罐口沿 4件。F3①标:3,泥质灰陶,平折沿,圆唇,敛口,溜肩,残高3.5、胎厚0.45厘米(图4-5-5,6)。F3①标:1,泥质黑皮陶,圆唇,敛口,广肩,残高3.9、胎厚0.8厘米(图4-5-5,7)。F3①标:4,敛口,口沿残,圆肩,残高6.5、胎厚0.7厘米(图4-5-5,8)。

陶盘 1件。F3①标:2,泥质灰陶,圆唇,敞口,斜直腹,大平底,外壁近底部有一圈折棱,高2.8、胎厚0.4厘米(图4-5-5,4)。

陶器底 3件。F3①标:8,陶盆底部,泥质灰陶,内底饰砑光暗纹,胎厚0.6厘米(图4-5-5,5)。F3①标:9,陶盆底部,泥质灰陶,底径22.8、残高2.2、底厚0.8厘米(图4-5-5,10)。

陶纺轮 1件。F2:3,泥质灰陶,手制,圆台体,直径3.2、孔径0.9、高1.8厘米(图4-5-5,9)。

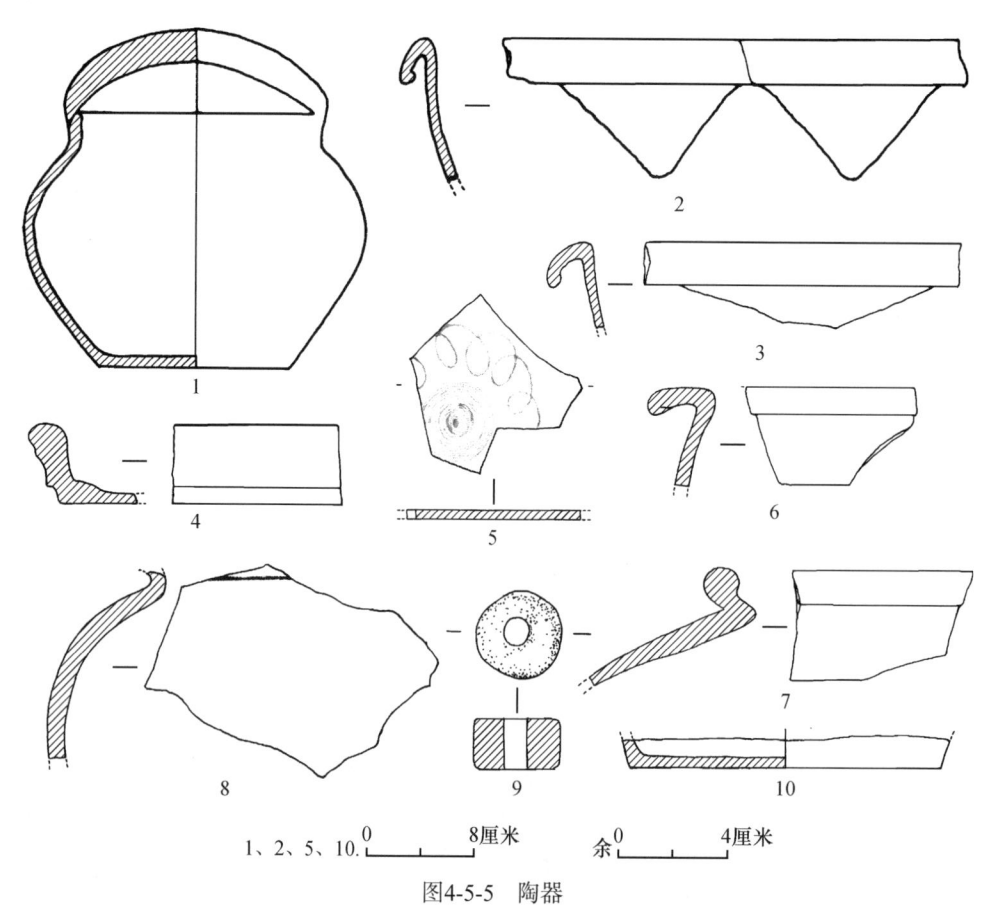

图4-5-5 陶器

1.提梁罐(F3①:1) 2、3.陶盆口沿(F3①标:21、F3①标:6) 4.陶盘(F3①标:2) 5、10.陶器底(F3①标:8、F3①标:9) 6—8.陶罐口沿(F3①标:3、F3①标:1、F3①标:4) 9.陶纺轮(F2:3)

2. 瓷器

多为素面，部分内底有刻花或印花纹饰。

瓷碗　3件。F3①：5，青白瓷，垫烧，圆唇，敞口，斜弧腹，圈足，高岭土胎，内外壁均施满釉，内底有涩圈，口径19、底径6.8、高6.4厘米（图4-5-6，1）。F3②：22，青白瓷，尖唇，敞口，斜弧腹，圈足，高岭土胎，内外壁均施满釉，口径23.2、底径7.4、高8.6厘米（图4-5-6，2）。F3①：2，化妆白瓷，支烧，圆唇，敞口，斜弧壁，圈足底，内底有6个大小不等的支钉痕，灰色粗砂胎，釉色偏牙黄，内施满釉，外壁施半釉，外底未施釉，胎与釉之间施一层灰白色化妆土，口径10.8、底径3.4、高3.8厘米（图4-5-6，4；图版一二一，2）。

瓷碗口沿　4件。F3①标：12，尖唇微外撇，敞口，斜弧壁，白胎白釉，内外均施满釉，内壁有一道凹弦纹，近底部饰刻花纹饰，残高3.8、胎厚0.3厘米（图4-5-6，8）。F3①标：10，圆唇，敞口，口沿外侧下部有一道凸棱，斜弧腹，腹较深，黄褐胎，内施满釉，外施半釉，釉色偏牙黄，残高5.8、胎厚0.3—0.6厘米（图4-5-6，3）。F3①标：11，葵口，尖唇微外侈，敞口，斜弧腹，白胎白釉，内外均施满釉，内壁有竖向凸棱，残高3.5、胎厚0.2厘米（图4-5-6，5）。F3①标：13，尖唇，敞口，斜弧腹，白胎白釉，内外均施满釉，内壁有印花纹饰，残高2.3、胎厚0.25厘米（图4-5-6，6）。

瓷碗底　5件。均为圈足底。F3①标：16，白胎白釉，内外均施满釉，内底有印花莲花纹饰，底径6、残高0.9、胎厚0.3厘米（图4-5-6，9）。F3①标：17，白胎白釉，内外均施满釉，内底及内壁有印花菊花纹饰，底径5.8、残高1.5、底厚0.45厘米（图4-5-6，11）。F3①标：18，白胎白釉，内外均施满釉，内底有印花卷云兰花纹饰，底径5.8、残高2.8、胎厚0.35厘米（图4-5-6，10）。F3①标：15，白胎青黄釉，内施满釉，外底未施釉，内底有印花纹饰，残高2.8、底厚0.8厘米（图4-5-6，7）。

瓷盘　4件。均为圈足底。F3②：23，青白瓷，尖唇，敞口，微外侈，斜弧腹，灰白色高岭土胎，覆烧，芒口，内外壁均施满釉，内壁有刻花纹饰，口径17、底径5.4、高3.6厘米（图4-5-7，1）。F3①：3，化妆白瓷，垫烧，尖圆唇，敞口，斜弧壁，内底有涩圈，灰色粗砂胎，釉色偏牙黄，内施满釉，外壁施半釉，口径10、底径7.2、高3.8厘米（图4-5-7，2；图版一二三，4）。F3①：6，化妆白瓷，垫烧，尖唇，敞口，斜弧壁，内底有涩圈，灰色粗砂胎，黄釉，施满釉，足底无釉，胎与釉之间施一层灰白色化妆土，口径18.6、底径7、高3.2厘米（图4-5-7，3）。F3①标：20，残存腹片，白胎白釉，内外均施满釉，内壁有印花草叶纹饰，胎厚0.3厘米（图4-5-7，6）。

瓷盘底　1件。F3①标：14，圈足底，白胎白釉，内外均施满釉，内底有刻花荷叶纹饰，底径5.8、残高1、胎厚0.2厘米（图4-5-7，4）。

瓷罐底　1件。F3②：29，黑瓷，轮制，残存底部，斜直腹，圈足底，黄褐色粗砂胎，内施满釉，外壁施半釉，底径9、残高5.9厘米（图4-5-7，5）。

瓷盅　1件。F2：4，残存底部，白胎，酱釉，内底不施釉，圈足，底径2.9、残高1.8厘米

图 4-5-6 瓷碗

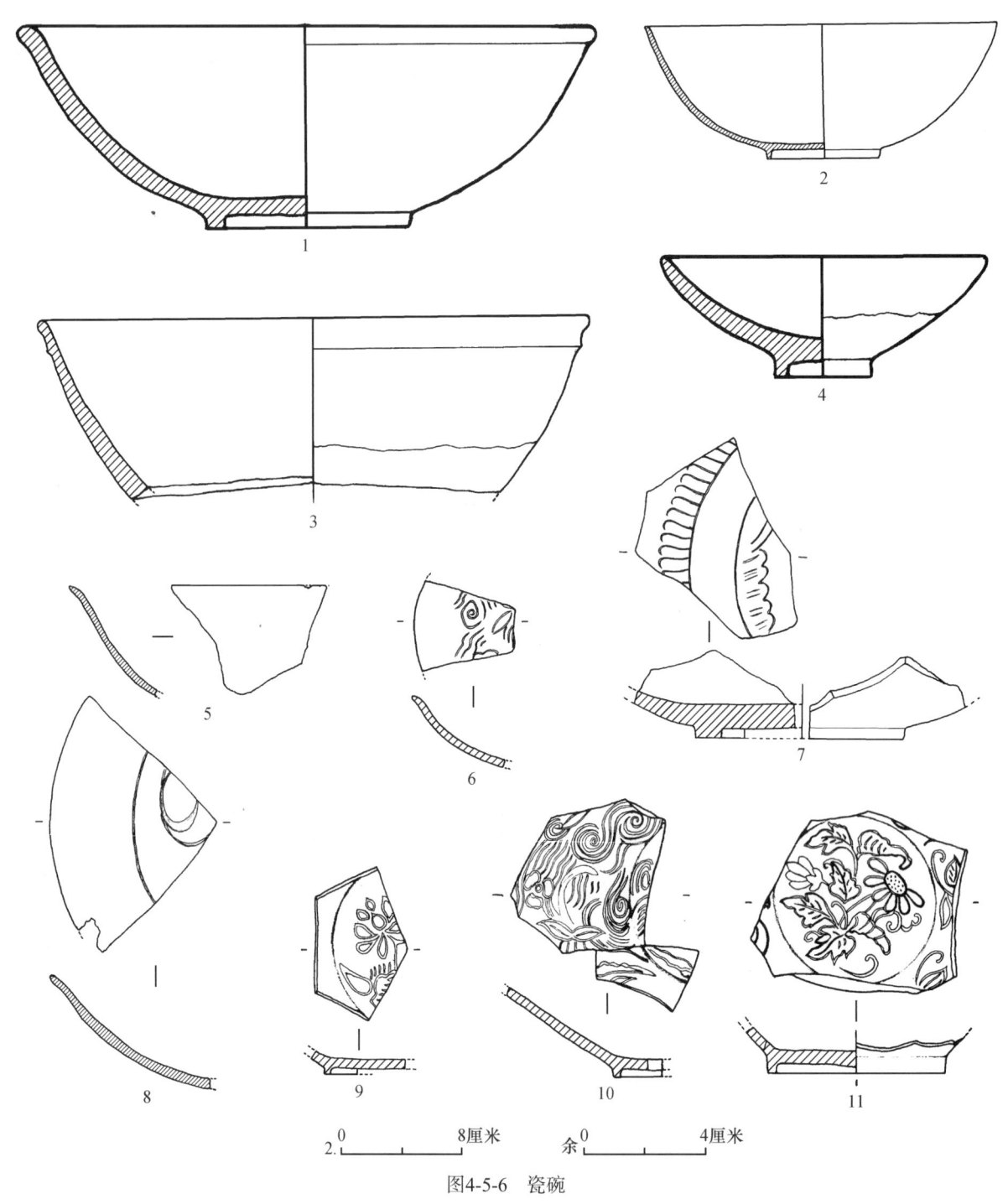

1. F3①:5　2. F3②:22　3. F3①标:10　4. F3①:2　5. F3①标:11　6. F3①标:13　7. F3①标:15　8. F3①标:12
9. F3①标:16　10. F3①标:18　11. F3①标:17）

（图4-5-7，7）。

瓷钵　1件。F3①:4，青白瓷，轮制，尖唇，唇外侧0.6厘米处有一圈凹槽，直口，直壁，下腹急收形成一条凸棱，大平底，底部一圈凸棱，形似圈足，高岭土胎，内外均施满釉，口径12.8、底径7.5、高4.2厘米（图4-5-7，8）。

第四章　城内建筑址的发掘

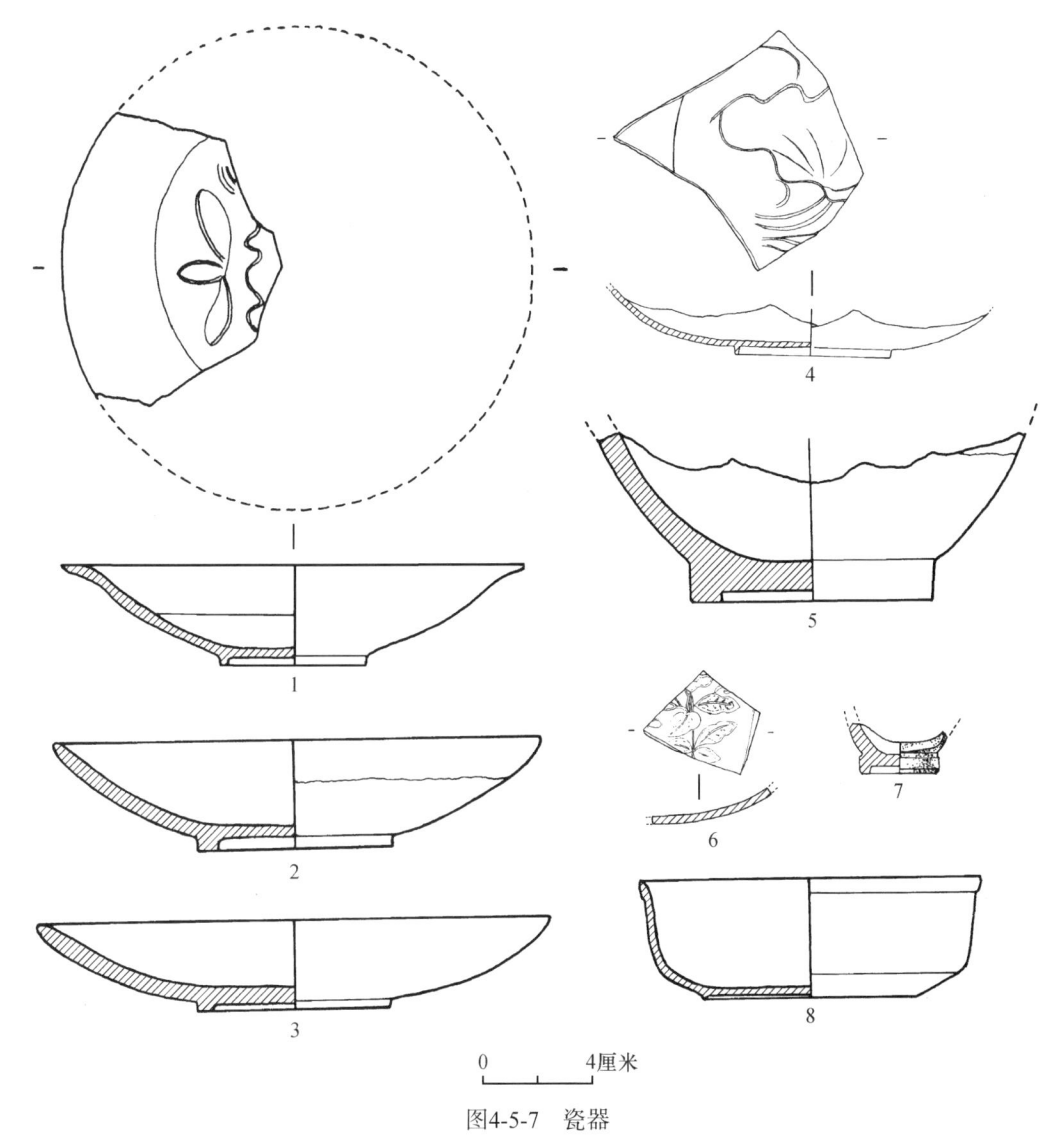

图4-5-7　瓷器

1—4、6. 瓷盘（F3②：23、F3①：3、F3①：6、F3①标：14、F3①标：20）　5. 瓷罐底（F3②：29）　7. 瓷盅（F2：4）
8. 瓷钵（F3①：4）

二、开口于第7层下的遗迹及出土遗物

（一）灰坑

H11　位于T2145西北部。坑口方形，方向45°。斜壁，平底，底部略有凸凹，坑口边长0.86、坑底边长0.76、深0.2米（图4-5-8；图版三二，1）。坑壁和坑底附着一层厚约2厘米的白灰，坑内填土为一次性堆积，为较为松软的黄色和黑色沙土，夹杂大量白灰颗粒。出土陶盆1件。该坑应为用于泡制白灰的搅拌坑。

H12　位于T2045北部。坑口圆角长方形，斜壁，平底，方向65°。坑口长2.02、宽1.26、

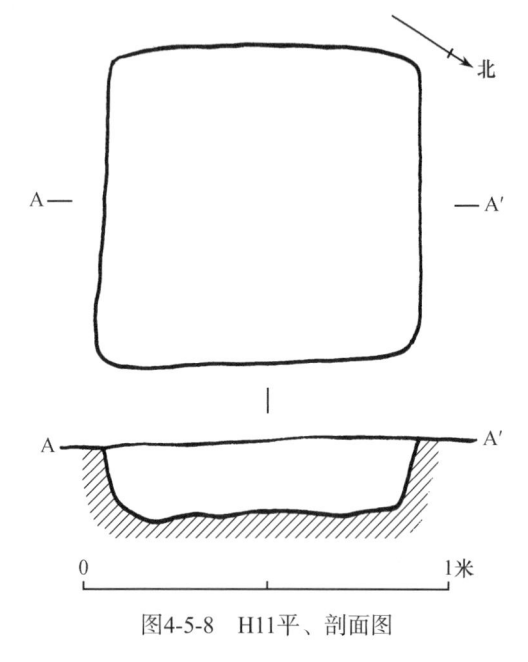

坑底长1.9、宽1.12、深0.3米（图4-5-9）。坑壁和坑底附着一层厚约2厘米的白灰，坑内填土为一次性堆积，为较为松软的灰黑色沙土，夹杂黄土颗粒和红烧土颗粒，并有少量陶片和筒瓦残片出土。该坑应为用于泡制白灰的搅拌坑。

H15 位于T2146西南角，打破F3及G8。坑口圆形，直壁，平底。坑口直径0.86、坑底直径0.7、深1.04米（图4-5-10）。坑内填土为一次性堆积，为黄褐色沙土，内含少量陶片、瓷片和残砖。

H22 位于T1851中部偏西，方向144°。坑口呈长方形，直壁，平底。坑口长4.3、宽1.5、深0.7米（图4-5-11）。坑内填土为一次性堆积，为灰色沙质土，土质纯净，几无包含物。

图4-5-8 H11平、剖面图

H23 位于T1846西北部。坑口圆形，直壁，坑壁可见工具修整痕迹，底部不甚平整。坑口直径1.2、深0.86米（图4-5-12；图版三三，1）。坑内填土为一次性堆积，为较为松软的灰黑色土，包含少量陶片、瓷片和动物牙齿，未见其他遗物。

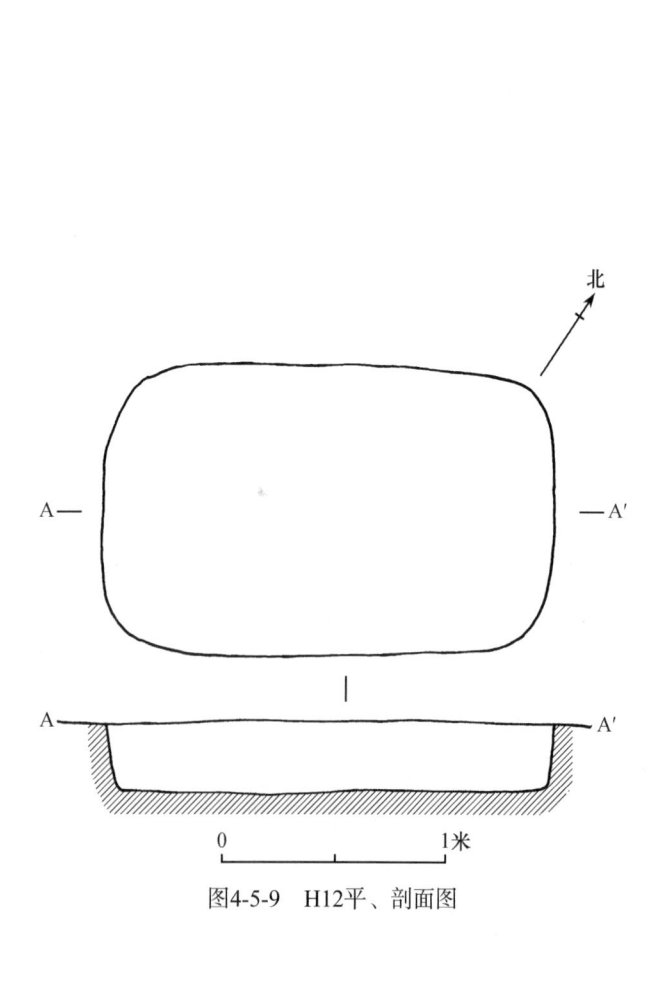

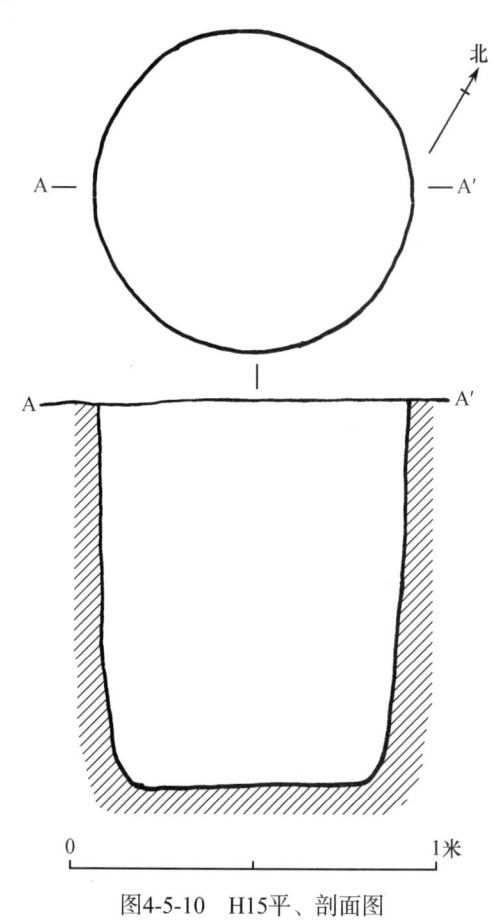

图4-5-9 H12平、剖面图

图4-5-10 H15平、剖面图

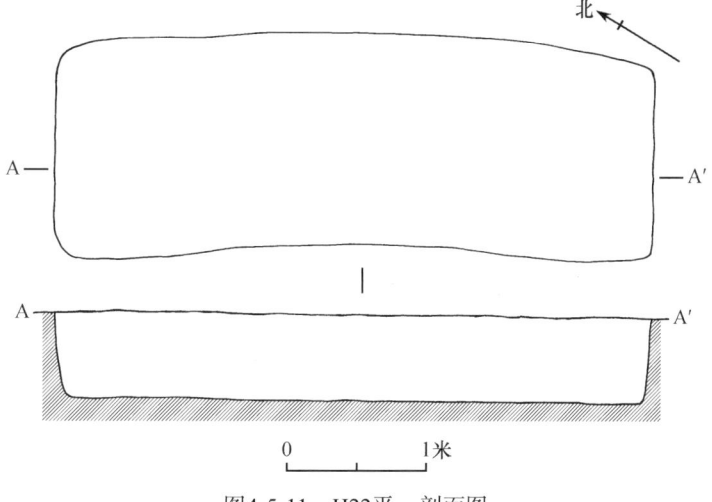

图4-5-11　H22平、剖面图

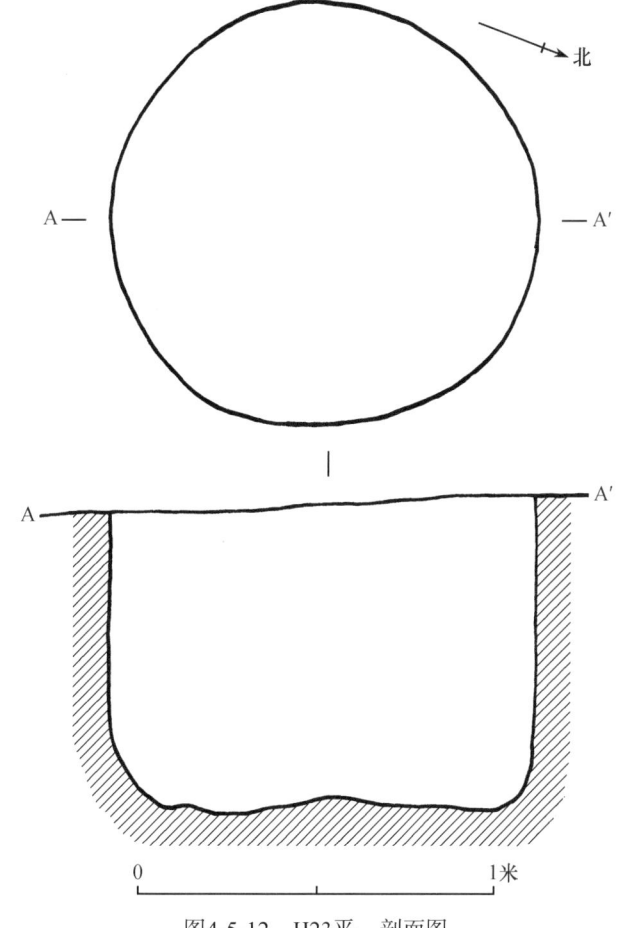

图4-5-12　H23平、剖面图

H24　位于T1846西北部，西侧被H23打破，方向155°。坑口呈圆角长方形，斜壁，平底，南端底部较浅，形成二层台。坑口长4.46、宽1.52、坑底长4、宽1.34、深0.9米（图4-5-13）。坑内填土堆积二层，下层为黑色灰烬层，较为松软，厚0.15米，上层为黄褐色沙土，亦较为疏松，内中包含少量陶片、瓷片和动物骨骼。

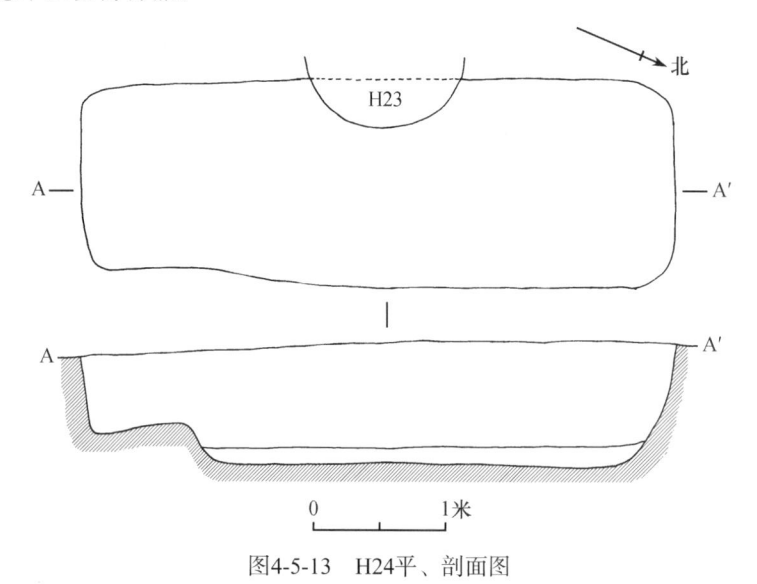

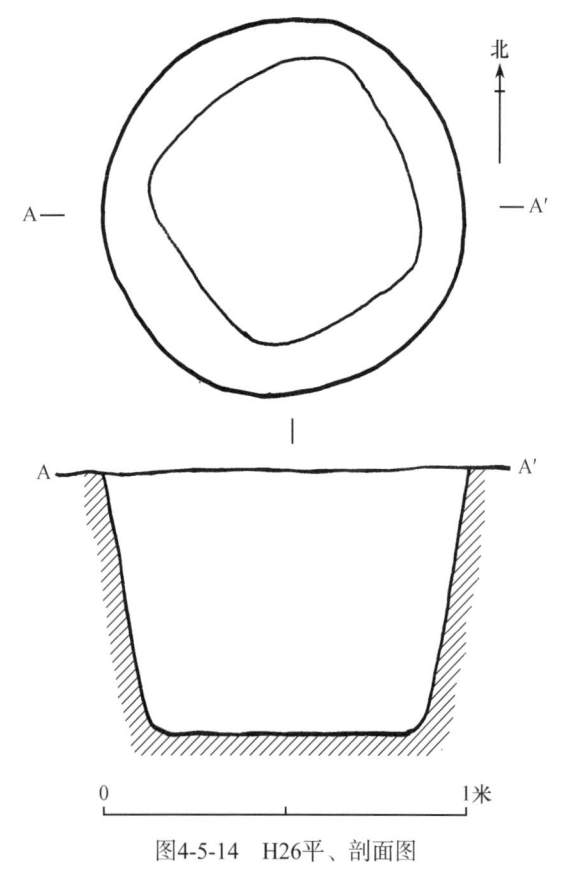

图4-5-13　H24平、剖面图

H26　位于T1750北部，打破D6。坑口呈圆形，斜直壁，平底，底部近方形。坑口直径1、坑底边长0.8、深0.7米（图4-5-14）。坑内堆积一层，为灰黑色土，土质疏松，包含少量炭屑和陶片，出土1件陶扑满底。

H27　位于T1751南部，方向67°。坑口大致呈圆角长方形，直壁，平底。坑口长2.6、宽1—1.4、深0.4米（图4-5-15）。坑内堆积二层：上层为灰黄色土，包含少量烧土块，南部较厚，北部较薄，厚0.1—0.3米；下层为灰黑色土，包含炭屑和陶片，由北向南倾斜加厚，厚0.1—0.3米。出土遗物以陶瓷器为主，可辨器形有碗、罐和陶砚。

H29　位于T1649东北部，打破Q4，方向164°。坑口呈圆角长方形，直壁，底部不甚平整。坑口长1.75、宽1、深0.54米（图4-5-16；图版三四，2）。坑内填土为一次性堆积，为黄褐色沙土，夹杂大量红烧土块、残碎砖瓦、陶片等遗物。应为一废弃物填埋坑。

图4-5-14　H26平、剖面图

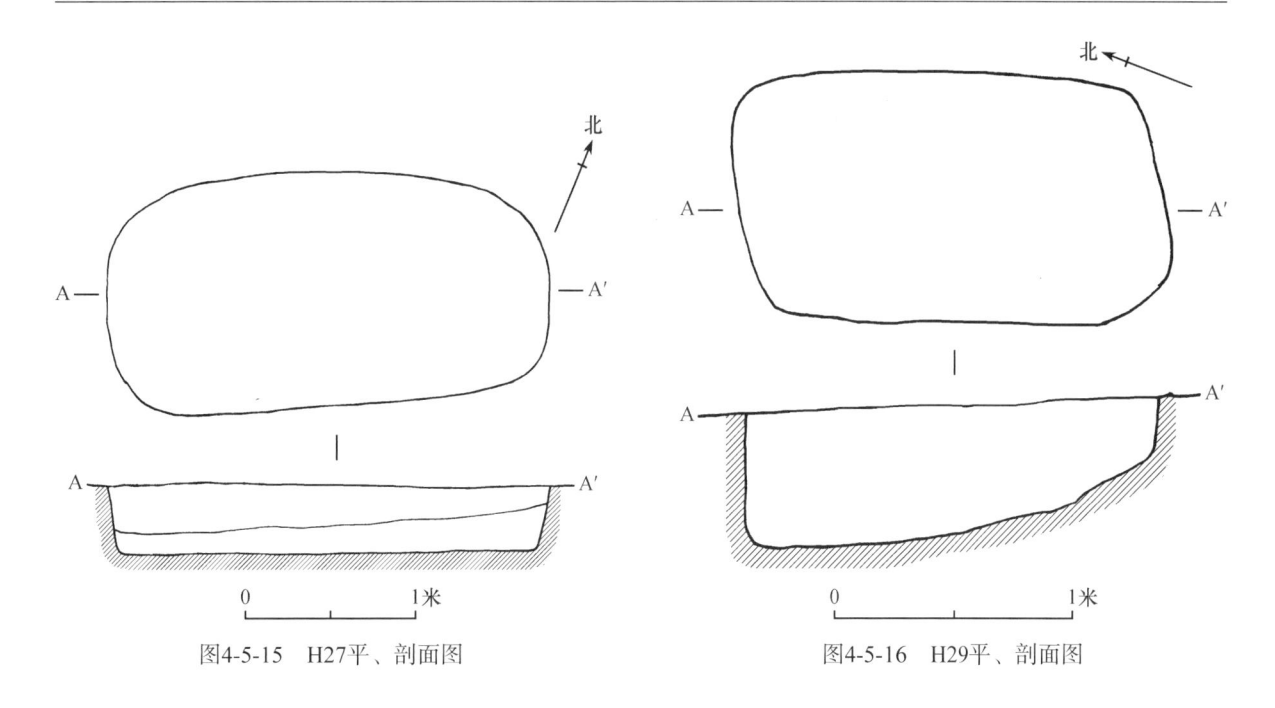

图4-5-15　H27平、剖面图　　　　　　　　　　图4-5-16　H29平、剖面图

H31　位于T2045东北角，方向65°。坑口呈规整的圆角方形，直壁，平底。坑口边长2.5、坑壁斜向内收至深0.08米处，坑口缩至边长1.6米，自此坑壁陡直至坑底，坑底边长1.5、坑深0.74米（图4-5-17；图版三二，3）。灰坑四壁和底部有白灰颗粒，西壁、北壁和坑底西北角白灰中保存着草席痕迹（图版三二，4）。坑内堆积二层，均为黄褐色沙土，夹杂白灰颗粒，两层之间夹一层碎砖。出土少量陶片、绿釉瓦、动物骨骼等遗物。

H33　位于T1851南部，方向64°。坑口椭圆形，直壁，平底。坑口长径1、短径0.74、深0.2米（图4-5-18；图版三三，3）。坑内东侧立一木柱，柱径0.2、残高0.2米。坑内填土为一次性堆积，为灰黄色土，土质纯净，无包含物。该坑为柱础坑。

H35　位于T1851南部，方向54°。坑口椭圆形，直壁，平底。坑口长径1.2、短径0.9、坑底长径0.9、短径0.7、深0.6米（图4-5-19；图版三三，4）。坑底西侧有一块不规则形石块，上表面平整，厚0.2米，应为础石，其上立一木柱，柱径0.16、残高0.1米。坑内填土为一次性堆积，为灰黄色土，土质纯净，无包含物。该坑与H33同为柱础坑，两柱间距2.7米。

H36　位于T1750和T1751之间，打破G6，方向154°。坑口呈椭圆形，斜直壁，平底。坑口长径2.2、短径1.8、深0.5米（图4-5-20）。坑内填土为一次性堆积，为质地相对疏松的灰色土，包含少量烧土碎块和炭屑。

H38　位于T1851中部偏北，打破第一期建筑北侧慢道，方向79°，西北角未完全发掘。坑口呈圆角方形，直壁，平底。边长2.7、深0.25米（图4-5-21）。坑内填土为灰黑色土，土质疏松，包含炭屑、碎砖瓦和陶片、瓷片。

H39　位于T1851东北部，方向51°，西北部未完全发掘。坑口呈圆角方形，直壁，平底。边长2、深0.4米（图4-5-22）。坑内填土为灰褐色土，土质疏松，包含碎烧土块和砖瓦及少量陶罐残片。

图4-5-17 H31平、剖面图

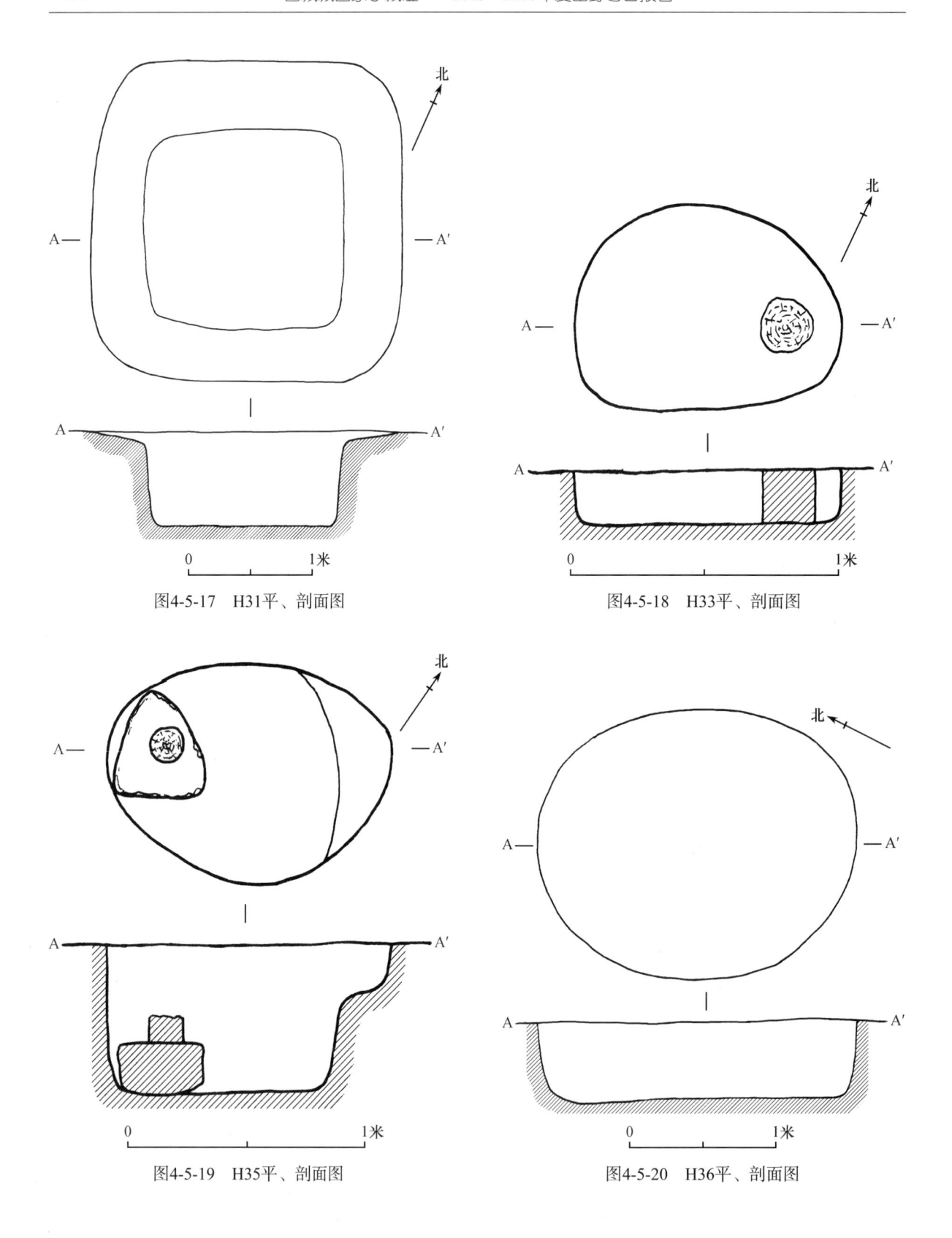

图4-5-18 H33平、剖面图

图4-5-19 H35平、剖面图

图4-5-20 H36平、剖面图

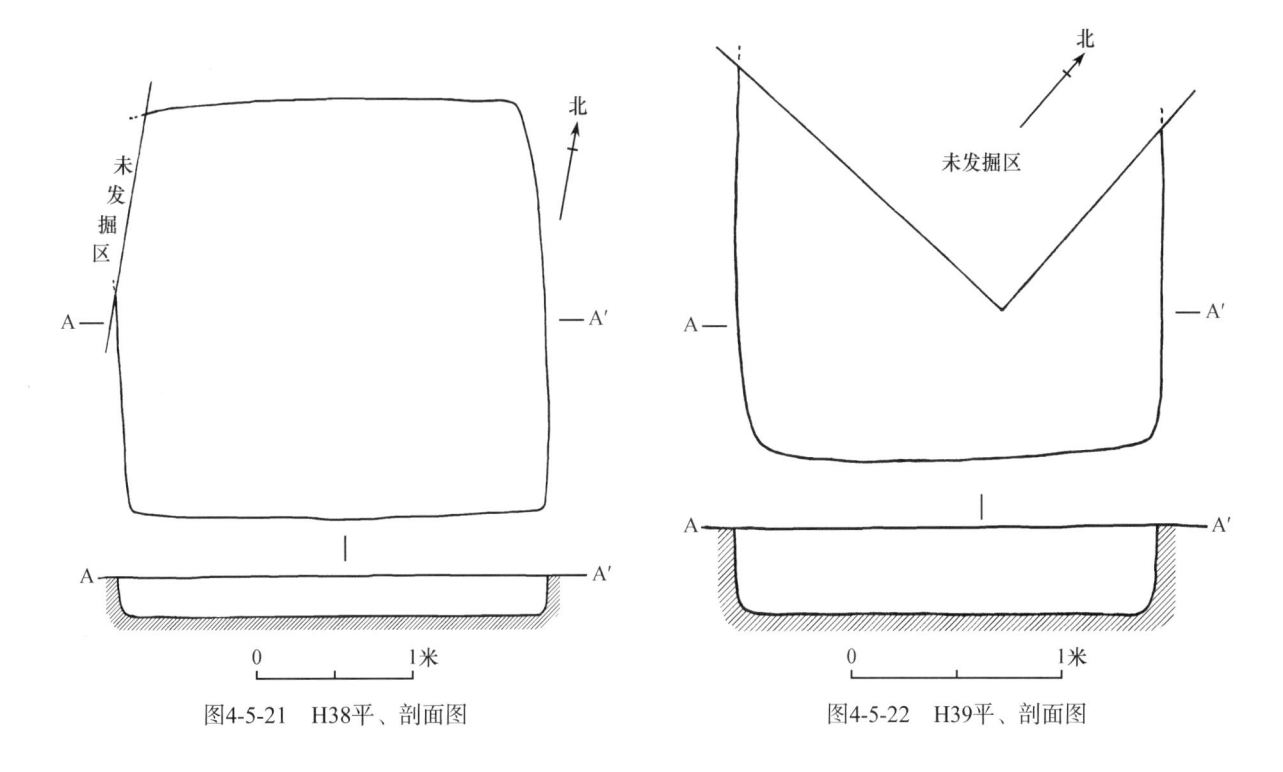

图4-5-21　H38平、剖面图　　　　　　　　　　　图4-5-22　H39平、剖面图

（二）灶址

Z1　位于T1944东北部，方向170°。灶址由灶坑和灶门两部分构成。灶坑平面呈圆形，斜壁，圜底，直径0.9、深0.2米，灶坑壁由碎砖和土坯混合砌筑而成，宽0.1—0.15、残高0.04米（图4-5-23；图版三四，4）。灶门开于灶坑南侧，宽0.32、长0.55米，两侧以青砖立砌，底部铺一块青砖，青砖南端有一块经碾压和火烤形成的青黑色硬结面。灶坑内壁被火烤形成红褐色硬结面，坑底残留一层黑灰。坑内堆积一层，为松软的灰黄色细沙土，内中夹杂较多黑灰和灰黄色土坯残块。

Z2　位于T1944东北部，叠压于H34之上，方向60°。灶址由灶坑和灶门两部分构成。灶坑平面呈椭圆形，斜壁，圜底，长径0.7、短径0.64、深0.3米，灶坑壁以土坯砌筑，局部辅以残断的青砖，残存4层土坯，宽0.2、残高0.3米（图4-5-24）。灶门开于灶坑东北方向，宽0.35、长0.26米，底部铺青砖。灶口及坑内壁被火烧烤成红褐色硬结面，坑底部呈黑褐色。坑内堆积二层：上层为较松软的灰黄色细沙土，含黄灰色土坯和灰砖碎块，厚0.28米，出土陶瓷残片、碎瓦片、骨器等遗物；下层为灰白色灰烬，疏松，含红烧土和黑炭灰颗粒，厚0.26米，出土陶瓷残片、羊骨等遗物。

图4-5-23 Z1平、剖面图

图4-5-24 Z2平、剖面图

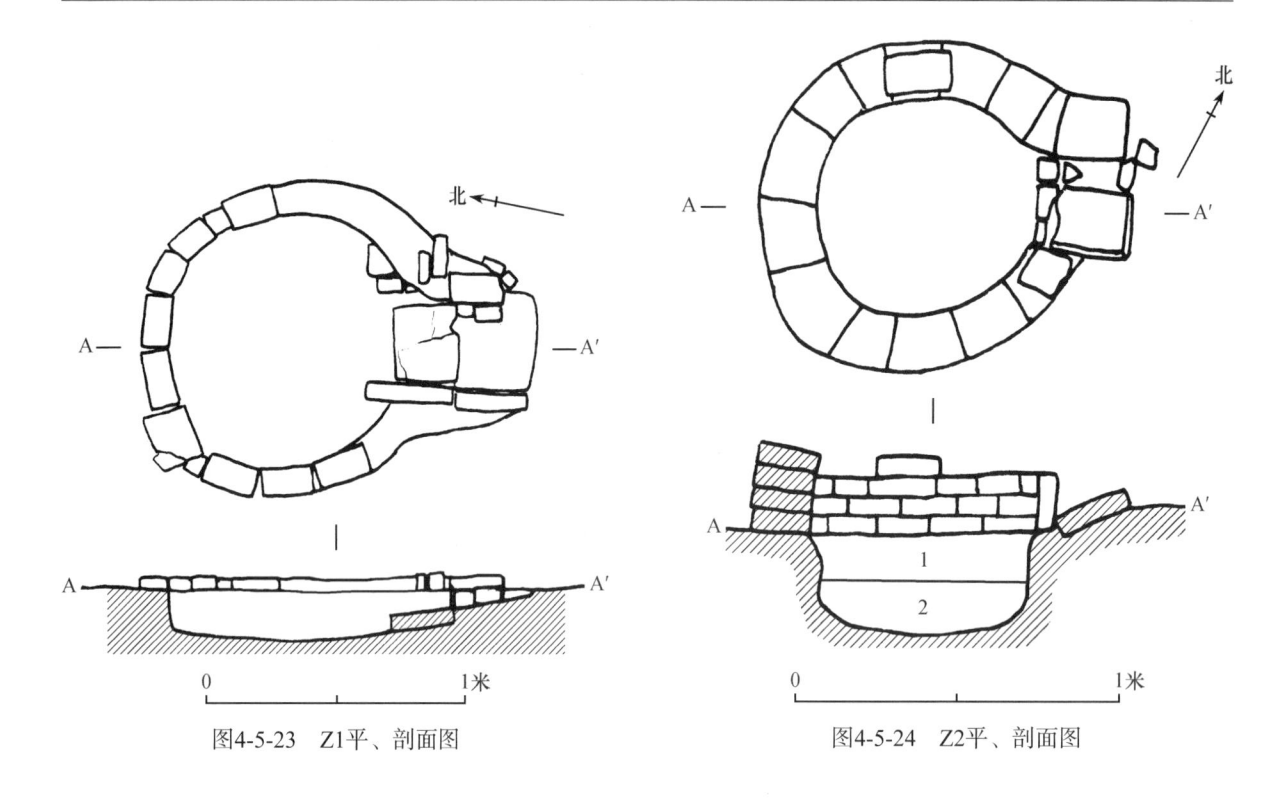

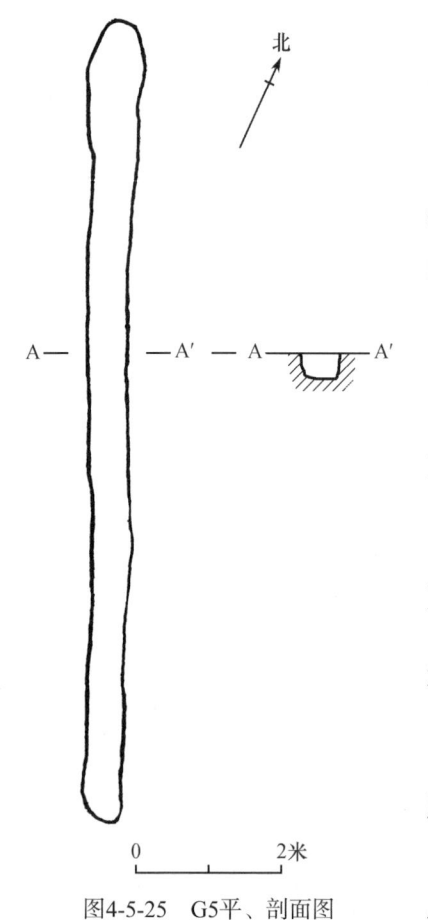

（三）灰沟

G5。位于T1747与T1748之内，打破Q4及HD2，方向155°。沟口平面呈长条形，直壁，平底。沟口长510.6、宽0.62—0.66、深0.38米（图4-5-25）。沟内堆积单一，为较松散的黄灰色细沙土，含少量的砖瓦及陶瓷残片。

（四）出土遗物

1. 建筑构件

凤鸟残块　1件。H38∶1，凤鸟翅膀残件，残长14.6、最宽处19.6、最厚处3.2厘米（图4-5-26，12；图版九一，8）。

2. 陶器

陶盆　4件。H11∶1，泥质灰陶，卷沿，圆唇，敞口，弧腹，平底内凹，口径55.2、底径31.2、高18厘米（图4-5-26，1）。

陶罐　9件。H31②标∶1，泥质灰陶，圆唇，敛口，溜肩，肩部有两个对称分布的竖桥耳，鼓腹，底部残，口径

图4-5-25 G5平、剖面图

18.8、最大腹径28.8、残高14厘米（图4-5-26，4）。G5：2，泥质灰黑陶，圆唇，敛口，圆肩，斜弧腹，平底内凹，口径12、最大腹径20、底径11、高16厘米（图4-5-26，3；图版一〇〇，1）。G5标：5，残存底部，底径11.4、残高4.3厘米（图4-5-26，11）。

陶钵　1件。H27：2，泥质灰陶，敛口，内折沿，斜弧壁，平底，微内凹，口径20.8、底径11.2、高9厘米（图4-5-26，2；图版一一五，4）。

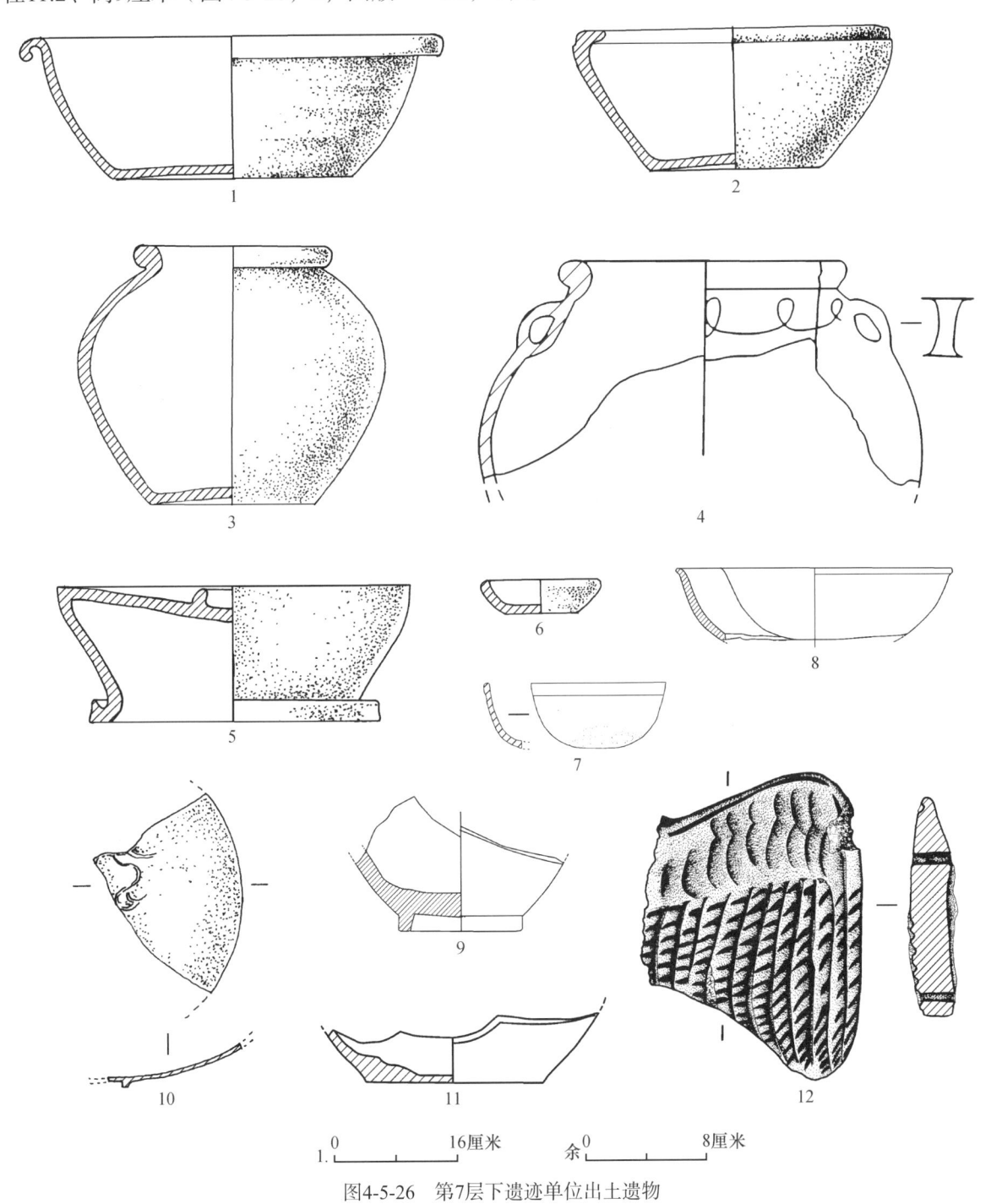

图4-5-26　第7层下遗迹单位出土遗物
1.陶盆（H11：1）　2.陶钵（H27：2）　3、4、11.陶罐（G5：2、H31②标：1、G5标：5）　5.陶砚（H27：1）
6.陶盏（H27：4）　7、8.瓷碗（G5标：6、G5标：2）　9.瓷罐底（G5标：4）　10.瓷盘（H27：3）　12.凤鸟残块（H38：1）

陶盏　1件。H27：4，泥质灰陶，圆唇，敞口微敛，斜直腹，平底，口径8、底径4.8、高2.2厘米（图4-5-26，6；图版一一四，1）。

陶砚　1件。H27：1，泥质黑陶，圆台体，上大下小，顶部中心内凹，中部有一圈凸棱，腹壁斜直，底部外卷，方唇，顶径23、底径19、高8.6厘米（图4-5-26，5；图版一一七，5）。

3. 瓷器

瓷碗　6件。均为化妆白瓷，器表施白色化妆土及透明釉。G5标：2，夹砂灰胎，圆唇，微外翻，敞口，弧腹，口径18.1、残高4.5厘米（图4-5-26，8）。G5标：6，黄褐胎，外侧下腹未施釉，方唇，直口，下腹微鼓，残高8、胎厚0.5厘米（图4-5-26，7）。

瓷盘　1件。H27：3，化妆白瓷，灰白胎，施白色化妆土，透明釉，圆唇，敞口，弧腹，圈足，芒口，内底有刻花纹饰，残长12.2、高2.5、胎厚0.3厘米（图4-5-26，10）。

瓷罐底　1件。G5标：4，灰砂胎，酱釉，斜弧腹，圈足底，外底不施釉，底径8、残高8.5厘米（图4-5-26，9）。

第六节　地层第5—7层出土遗物

一、建筑构件

檐头板瓦　2件。T1847⑤：4，残存滴水部分，檐面饰上下两排斜向压印绳纹凹窝，上排左斜向，下排右斜向，以凸弦纹带间隔，滴水下端用绳纹工具压印出斜向凹窝，使滴水下缘呈波状纹，残长7.4、残宽25、滴水面宽7.2、胎厚3.6厘米（图4-6-1，1；图版六五，3）。T1945⑦：4，檐面饰菱格纹，滴水下端用绳纹工具压印出斜向凹窝，使滴水下缘呈波状纹，残长9.4、宽22.8、滴水面宽4、胎厚2厘米（图4-6-1，2；图版六四，2）。

筒瓦　4件。有普通筒瓦和绿釉筒瓦两类。平面呈长方形，瓦舌较短，凸面素面，凹面布纹。T1750⑦：1，红褐胎，火候较低，凸面施白色化妆土及绿釉，残存瓦头部分，残长22、宽21、高10.8、胎厚2厘米，凹面有竖向墨书文字，残存"……八十一过"几字（图版七三，4）。T1851⑦：2，红褐胎，火候较低，凸面施白色化妆土及绿釉，残长20、宽17、高10.8、胎厚1.8厘米（图4-6-1，4）。

垄脊瓦　1件。T2048⑤：1，平面呈长方形，一端残，凸面素面，凹面布纹，瓦端斜切，残长19、宽12.5、胎厚2.4厘米（图4-6-1，3）。

瓦当　3件。T1749⑦：1，当面较平，中部略厚，边缘稍薄，当面中部为长直须兽面形象，额头处有一"王"字，兽面外饰一圈连珠纹饰，边缘残，直径17.8、中部最厚处3.1、边缘厚2厘米（图4-6-2，1）。T1848⑤：1，上、下两端均残，当面中部高凸，饰卷须兽面形象，

第四章　城内建筑址的发掘

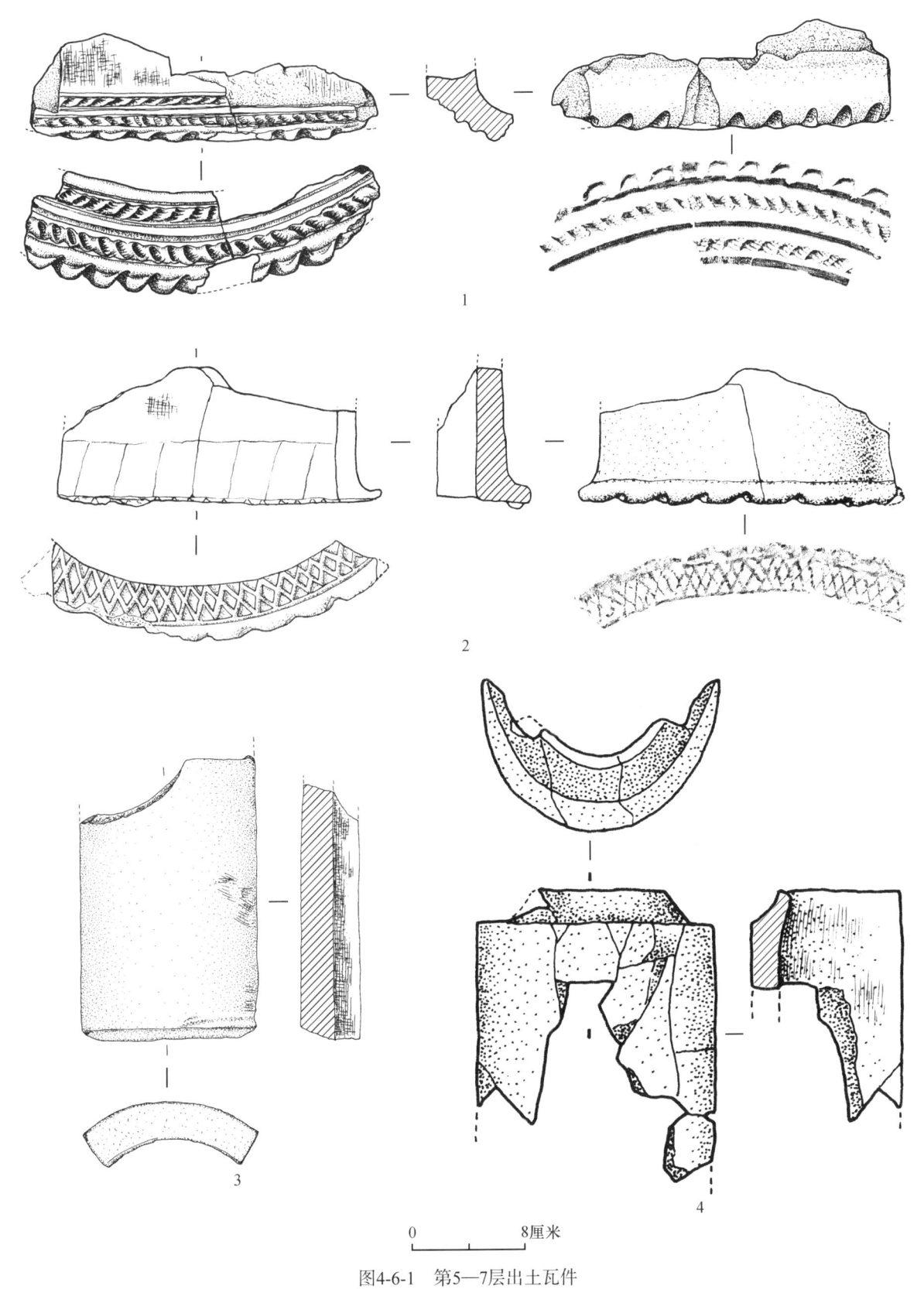

0　　　8厘米

图4-6-1　第5—7层出土瓦件
1、2.檐头板瓦（T1847⑤：4、T1945⑦：4）　3.垄脊瓦（T2048⑤：1）　4.筒瓦（T1851⑦：2）

主题纹饰外饰一圈连珠纹，直径16.2、中部最厚处4.2、边缘厚1.9厘米（图4-6-2，2）。

脊兽残块　2件。T1846⑤：15，套兽残块，残存兽须部分一角，残长22.5、残宽18、残高16厘米（图4-6-3，1）。T2145⑤：3，垂兽残块，一面微隆，有凹槽纹饰，另一面较平，无纹饰，兽角残件，平面呈"S"形，残长32、最宽处5.4、最厚处2.4厘米（图4-6-3，6；图版九四，4）。

泥塑残块　11件。T1851⑦：1，灰色，手制，佛头螺髻残块，泥条螺旋盘筑而成，中空，直径11、高7.5厘米（图4-6-3，3；图版一二八，5）。T1851⑦：2，佛像衣饰严身轮残块，残长6.2、残宽5.8、厚2.2厘米（图4-6-3，5；图版一二八，6）。T1851⑦：3，佛像拇指残段，指关节略微弯曲，残长5.8、宽3、厚2.8厘米（图4-6-3，4；图版一二八，7）。T1851⑥：10，黄褐色，手制，佛头螺髻，残半，泥条螺旋盘筑而成，中空，直径13.4、高6.2厘米（图4-6-3，2）。T1851⑥：12-18，彩绘泥塑残片（图版一二七，1—7）。

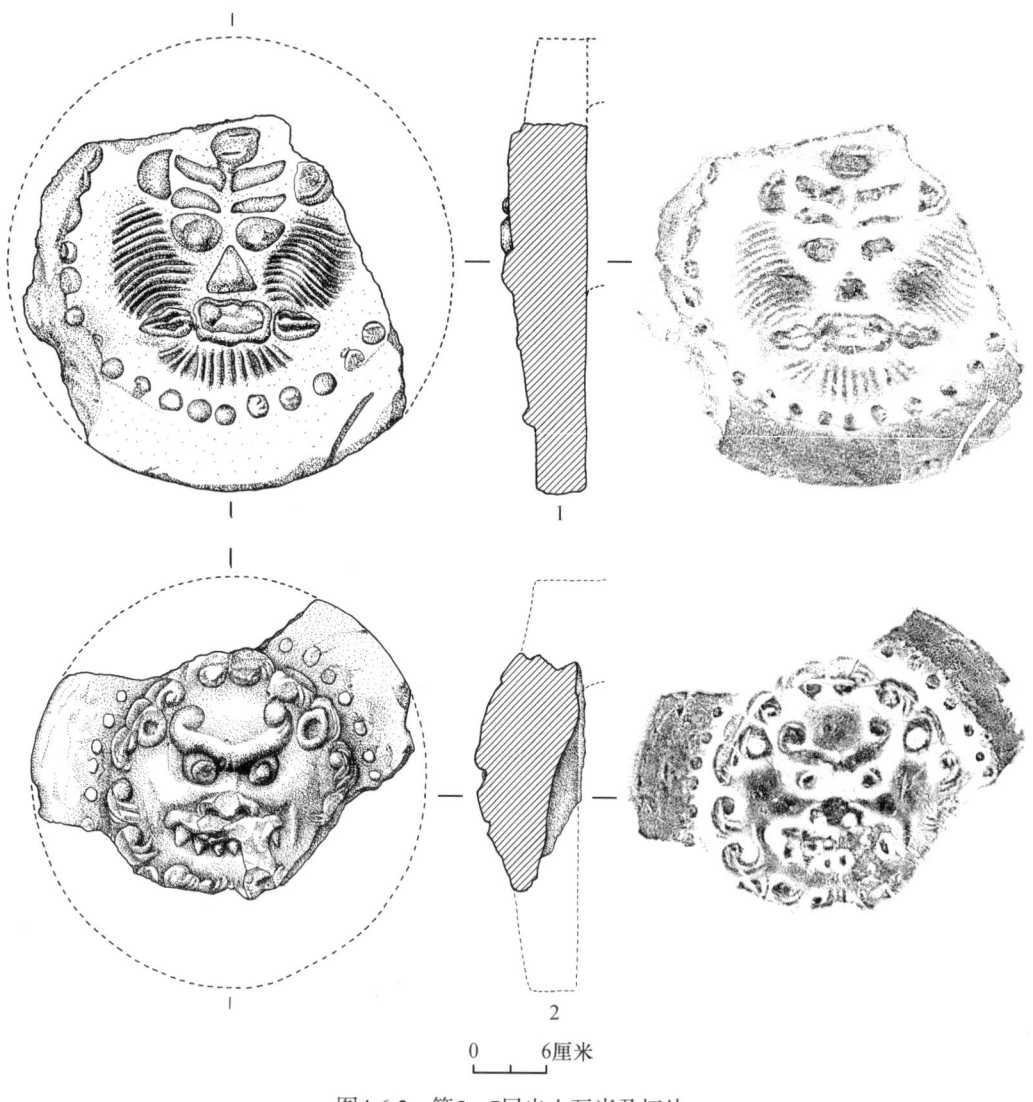

图4-6-2　第5—7层出土瓦当及拓片
1. T1749⑦：1　2. T1848⑤：1

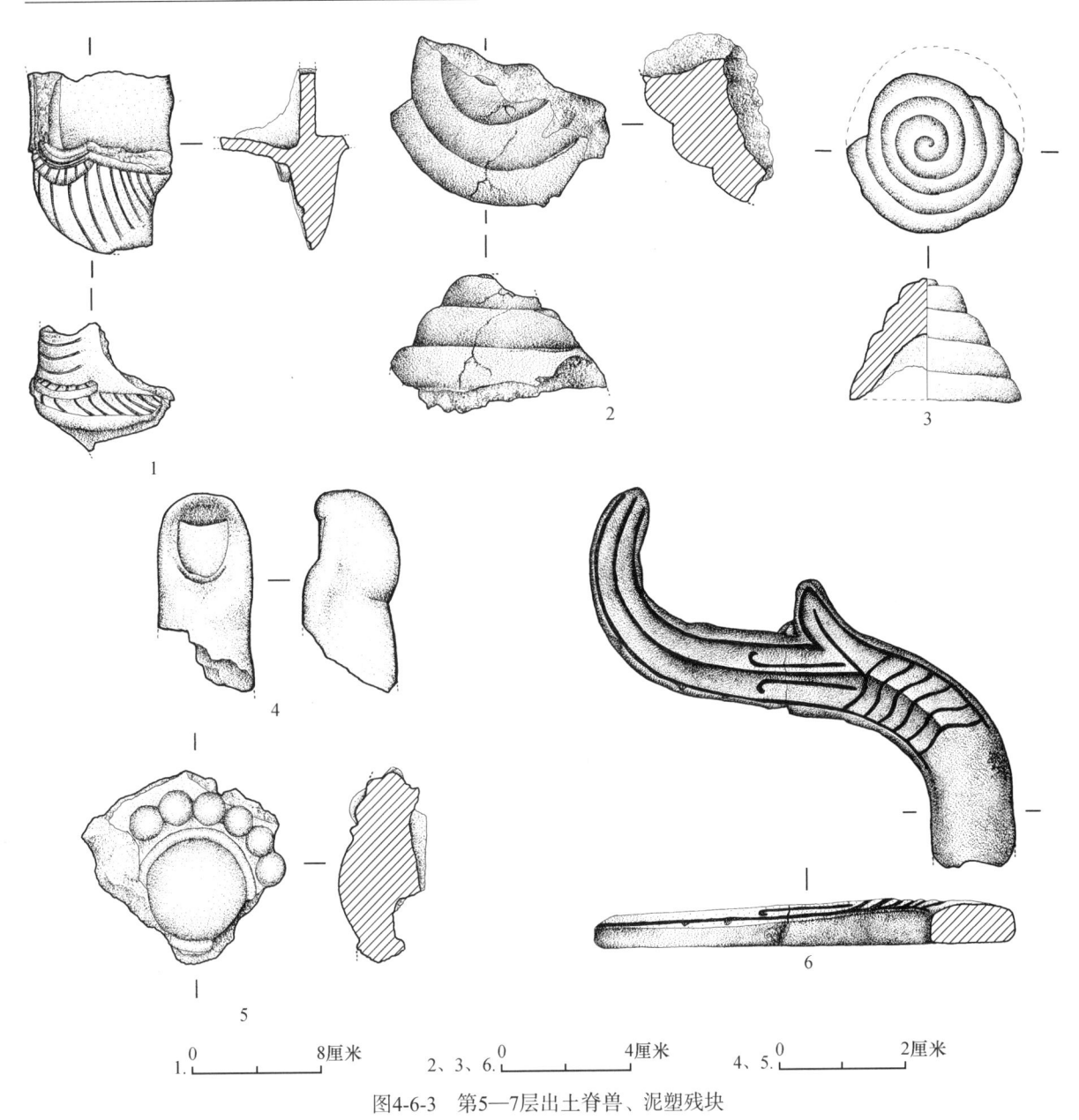

图4-6-3　第5—7层出土脊兽、泥塑残块
1、6.脊兽残块（T1846⑤：15、T2145⑤：3）　2—5.泥塑残块（T1851⑥：10、T1851⑦：1、T1851⑦：3、T1851⑦：2）

二、陶　器

陶缸　1件。T1946⑥：1，肩部以上残，斜弧腹，平底，内凹，腹部饰两圈附加堆纹带，底径30.4、残高54厘米（图4-6-4，2）。

陶盆　9件。均轮制泥质灰陶。T1851⑥：2，卷沿，圆唇，敞口，斜弧腹，平底，内凹，口径30、底径16、高11.6厘米（图4-6-4，3）。T1649⑤：1，卷沿，圆唇，侈口，斜直腹，小平底，口径28、底径12、高12厘米（图4-6-4，4）。T1649⑤：3，卷沿，圆唇，口微侈，斜直腹，大平底，微内凹，口径60、底径38、高17厘米（图4-6-4，5）。T1649⑤：4，卷沿，圆

1、2、5 0 ▭▭ 16厘米   余 0 ▭ 8厘米

图4-6-4　第5—7层出土陶器（一）

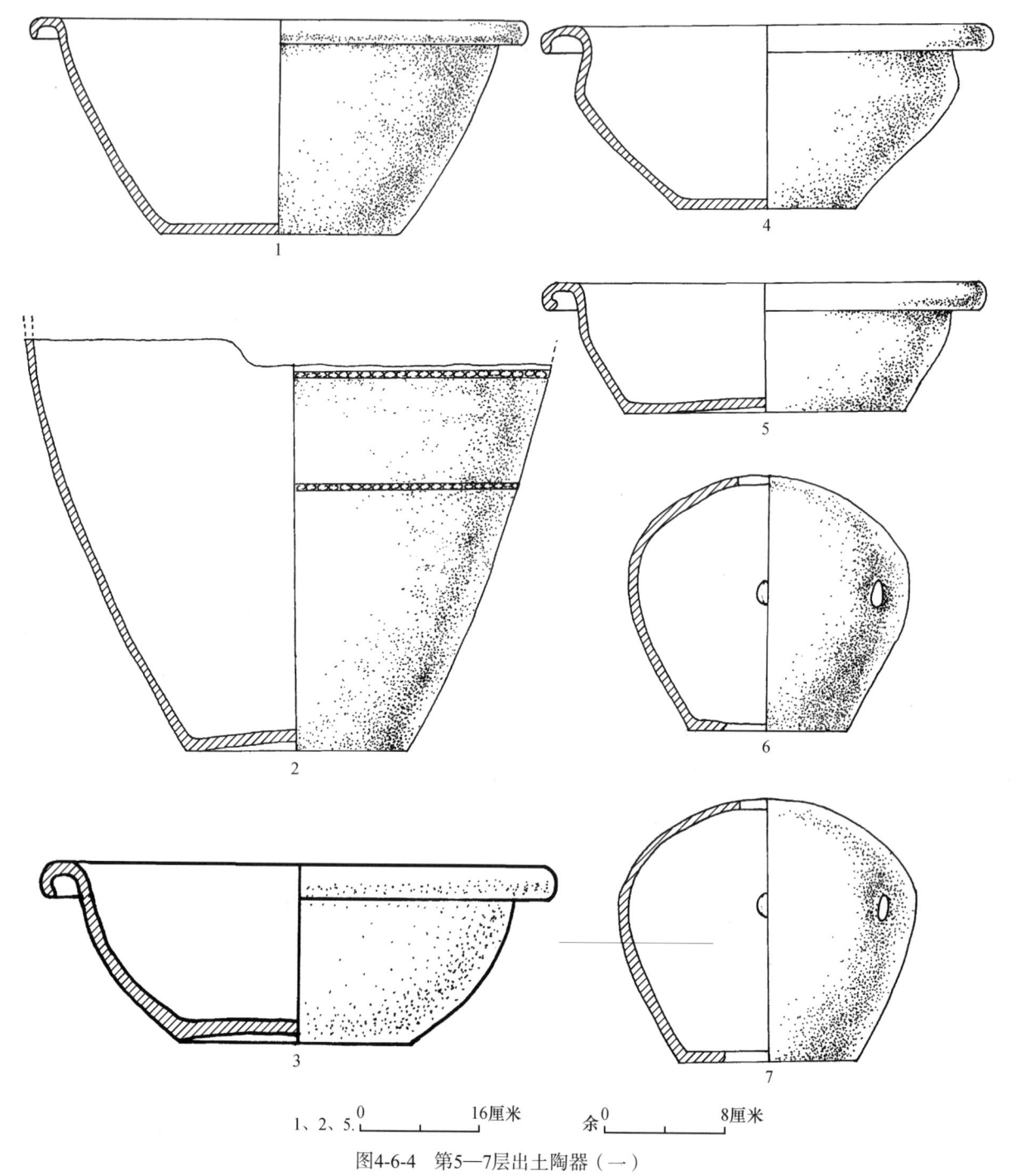

1、3—5.陶盆（T1649⑤：4、T1851⑥：2、T1649⑤：1、T1649⑤：3）　2.陶缸（T1946⑥：1）　6、7.扑满（T1851⑥：7、T1851⑥：3）

唇，敞口，斜直腹，平底，口径68、底径32、高28厘米（图4-6-4，1）。

扑满　3件。圆顶，顶部有长条形钱孔，鼓肩，斜腹，中腹部等距分布三个由外向内戳出的圆形穿孔，平底，底部有不规则形孔洞。T1851⑥：7，钱孔长5、宽0.4厘米，腹部孔径1.8厘米，直径约5厘米，最大径20、底径12、高17厘米（图4-6-4，6；图版一一八，2）。T1851⑥：3，钱孔长4.8、宽0.4厘米，腹部孔径1.8厘米，直径约5厘米，最大径19、底径11、高16.6厘米（图4-6-4，7；图版一一八，1）。

陶罐　6件。T1851⑥：4，卷沿圆唇，敛口，圆肩，肩部有两个对称分布的竖桥耳，肩部有砑光暗纹饰，肩部以下有横向磨光痕，鼓腹，平底，口径20、底径16、最大腹径31.5、高28厘米（图4-6-5，1；图版一〇二，2）。T1851⑥：1，卷沿，圆唇，敛口，鼓肩，斜直腹，平底，内凹，口径21、底径17.4、高16.6厘米（图4-6-5，2；图版一〇一，2）。T2047⑥标：2，残存口沿，方唇，侈口，圆肩，残高7、胎厚0.7厘米（图4-6-5，4）。T1851⑥标：7，残存口沿，柱状口沿，圆唇，敛口，残高3.2、胎厚0.6厘米（图4-6-5，5）。T1851⑥标：2，残存口沿，方唇，直口，溜肩，残高5.6、胎厚0.7厘米（图4-6-5，6）。T1851⑥标：8，残存口沿，卷沿，圆唇，肩部饰一圈附加堆纹饰带，残高6.6、胎厚0.6厘米（图4-6-5，3）。

陶器座　2件。均泥质灰陶，平面圆形，中空，座沿方唇，外折。T1749⑤：2，外径16、内径6.2、高3.5厘米（图4-6-5，7）。T1749⑤：1，外径16、内径6.2、高3.5厘米（图4-6-5，8）。

陶壶底　2件。T2047⑥标：3，斜直腹，大平底，下腹部饰稀疏的篦齿纹，残高3.6、底厚0.9厘米（图4-6-5，9）。

陶盏　7件。依底部形制差异分二型。

A型　2件。台底。T1750⑥：3，泥质灰褐陶，尖唇，敞口，弧腹，口径8.7、底径4.5、高3厘米（图4-6-5，11）。T1751⑥：4，尖唇，敞口，弧腹，口径7.8、底径4.6、高2.7厘米（图4-6-5，12）。

B型　5件。平底。T1750⑥：1，泥质灰陶，圆唇，敞口，斜直腹，底微外凸，口径9、底径6.2、高2.6厘米（图4-6-5，14）。T1950⑥：1，泥质灰陶，圆唇，敞口，斜弧腹，口径10、底径4、高2.8厘米（图4-6-5，15）。T1851⑥：5，圆唇，敞口，斜直腹，口径8.8、底径5.2、高2.4厘米（图4-6-5，16）。T1851⑥：8，尖圆唇，敞口，折腹，口径14.8、底径6.8、高3厘米（图4-6-5，10）。T1950⑥：2，泥质灰陶，圆唇，敞口，斜弧腹，口径8.8、底径3.6、高2厘米（图4-6-5，13）。

陶砚　1件。T2045⑥：1，泥质灰黑陶，平面长方形，直壁，平底，残存一角，残长6.5、残宽4.5、高1.8厘米（图4-6-6，7；图版一一七，4）。

陶球　3件。T2047⑥：1，泥质灰陶，不规则球体，磨制，呈多面体，长径3.6、短径3厘米（图4-6-6，10）。T1951⑥：1，泥质黄褐陶，球体，手制，直径2.5厘米（图4-6-6，12）。T1951⑥：2，泥质灰陶，不规则球体，手制，长径2.3、短径2厘米（图4-6-6，11）。

陶牌饰　1件。T2145⑤：1，泥质灰陶，平面方形，残存一角，一面饰有模印莲花座、卷草等纹饰，一面较平，无纹饰，残长6.6、残宽3.5、边缘厚1.1厘米（图4-6-6，8；图版

图4-6-5 第5—7层出土陶器（二）

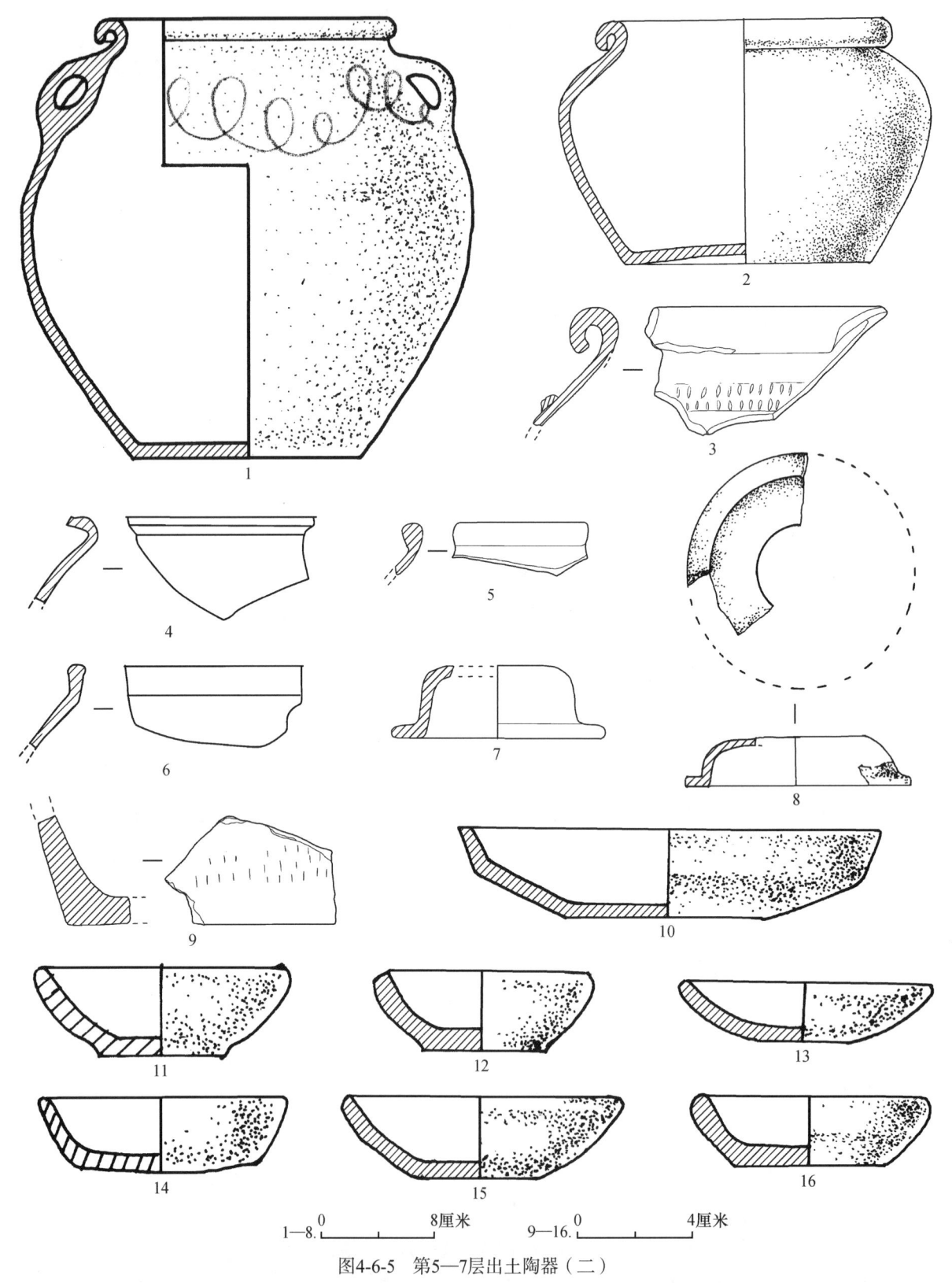

1—6.陶罐（T1851⑥：4、T1851⑥：1、T1851⑥标：8、T2047⑥标：2、T1851⑥标：7、T1851⑥标：2） 7、8.陶器座（T1749⑤：2、T1749⑤：1） 9.陶壶底（T2047⑥标：3） 10、13—16.B型陶盏（T1851⑥：8、T1950⑥：2、T1750⑥：1、T1950⑥：1、T1851⑥：5） 11、12.A型陶盏（T1750⑥：3、T1751⑥：4）

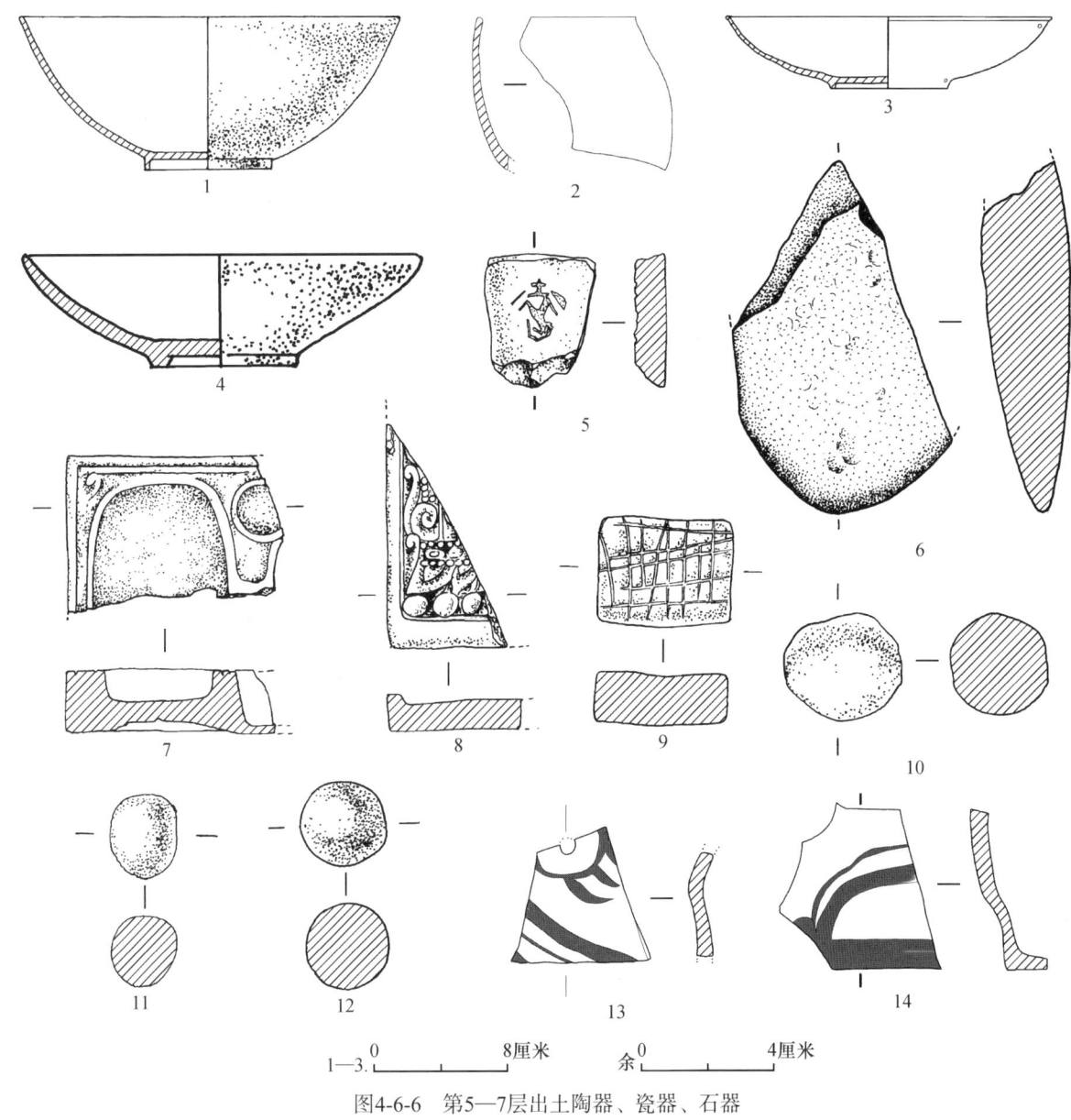

图4-6-6 第5—7层出土陶器、瓷器、石器

1—4. 瓷碗（T1851⑥：9、T1750⑦标：1、T1750⑦：3、T1750⑥：11） 5、9. 刻纹陶片（T1750⑥：6、T1750⑥：5）
6. 砺石（T1850⑥：2） 7. 陶砚（T2045⑥：1） 8. 陶牌饰（T2145⑤：1） 10—12. 陶球（T2047⑥：1、T1951⑥：2、T1951⑥：1） 13、14. 虎纹瓷枕残片（T1649⑤标：1-1、T1649⑤标：1-2）

一二九，8）。

刻纹陶片 1件。T1750⑥：6，泥质灰陶，残长3.9、最宽处3.2、厚0.9厘米（图4-6-6，5）。T1750⑥：5，泥质黄褐色板瓦残片磨制而成，平面长方形，凹面有纵横交错的刻槽，长4.1、宽3.2、厚1.5厘米（图4-6-6，9）。

三、瓷　　器

瓷碗　13件。T1750⑦：3，定窑白瓷，白胎，内外均施满釉，器壁较薄，圆唇，微外翻，敞口，浅腹，圈足底，口部及底部有圆形锔孔，口径20、底径7、高4.2厘米（图4-6-6，3）。T1750⑦标：1，化妆白瓷，残存口沿，红褐色粗砂胎，施白色化妆土及透明釉，化妆土及釉均未施至外底，圆唇，直口，弧壁，深腹，残高9、胎厚0.4—0.7厘米（图4-6-6，2）。T1851⑥：9，定窑白瓷，白胎，内外均施满釉，器壁较薄，圆唇，微外翻，敞口，浅腹，圈足底，口径23、底径7.6、高9厘米（图4-6-6，1；图版一一九，5）。T1750⑥：11，化妆白瓷，灰砂胎，施白色化妆土及透明釉，外施半釉，尖圆唇，微外翻，敞口，弧腹，圈足底，口径12、底径4.4、高3.4厘米（图4-6-6，4）。

虎纹瓷枕残片　2件。为同一件器物上的残片，分别编号T1649⑤标：1-1和T1649⑤标：1-2，白胎，施褐彩，并以黑彩绘出条纹，胎厚0.5厘米（图4-6-6，13、14）。

四、石　　器

砺石　1件。T1850⑥：2，长条形，截面方形，残长1.5、截面边长0.3厘米（图4-6-6，6）。

石夯　2件。长方体，器表粗糙，未经打磨，平顶，顶部中心有圆孔，用于安装手柄，下端圆钝。T1751⑥：6，孔径4.4、深5.6、长18、宽18、厚14厘米（图4-6-7，2；图版一三四，1）。T1851⑥：12，孔径4、深4.4、长22、宽18、厚12.6厘米（图4-6-7，1；图版一三四，2）。

五、铁　　器

铁剪刀　1件。T1751⑥：5，锈蚀严重，长21.4、最宽处7.6厘米（图4-6-8，1；图版一三七，4）。

铁钉　1件。T1749⑥：1，钉帽较大，扁平折向一侧，钉身呈方锥状，长10.4、截面边长0.8厘米（图4-6-8，2）。

铁带扣　1件。T1751⑥：3，平面圆角方形，一侧套圆锥形扣针，长3.8、宽3.1厘米（图4-6-8，3）。

铁构件　1件。T1846⑤：3，实心长方体，长4.6、宽1.4、厚1.4厘米（图4-6-8，4）。

铁甲片　1件。T1751⑥：2，圆角长方形，边缘有直径0.2厘米的圆形穿孔，长7、宽3、厚0.2厘米（图4-6-8，5）。

第四章　城内建筑址的发掘

图4-6-7　第5—7层出土石夯
1. T1851⑥：12　2. T1751⑥：6

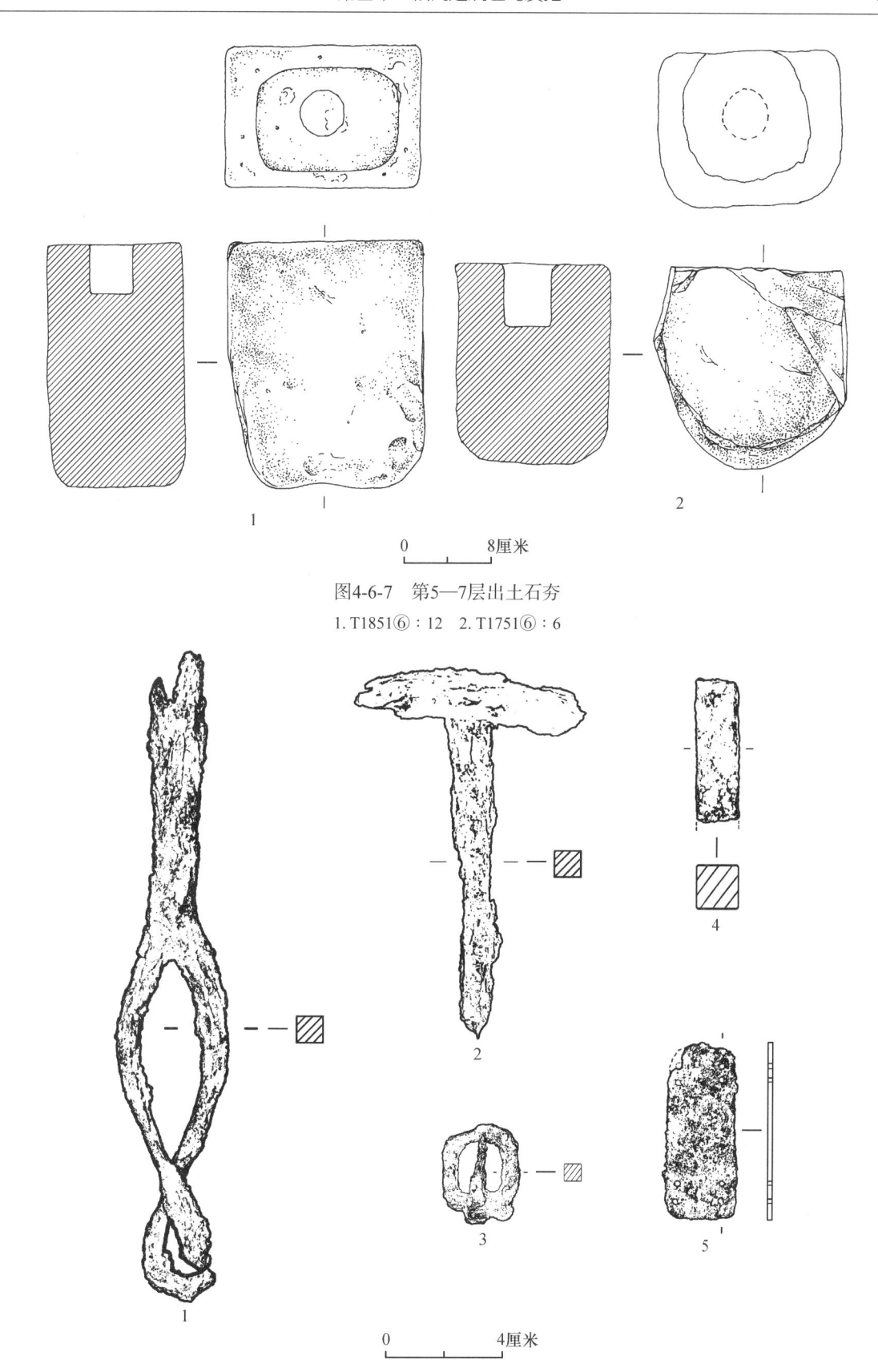

图4-6-8　第5—7层出土铁器
1. 铁剪刀（T1751⑥：5）　2. 铁钉（T1749⑥：1）　3. 铁带扣（T1751⑥：3）　4. 铁构件（T1846⑤：3）
5. 铁甲片（T1751⑥：2）

第七节　地层第4层出土遗物

一、建筑构件

檐头板瓦　19件。平面呈梯形，凸面素面，凹面布纹，滴水下端用绳纹工具压印出斜向凹窝，使滴水下缘呈波状纹。

模印乳钉菱格纹　5件。檐面饰一排内有乳钉纹的菱格纹带。T1750④：21，上部残，檐面饰双层菱格纹，菱格较大，上下间饰三角纹，残长15.8、檐端残宽26.8、滴水面宽5.8、胎厚2.4厘米（图4-7-1，2；图版六三，4）。T1750④：22，上部残，檐面饰双层菱格纹，菱格较大，上下间饰三角纹，残长17.4、檐端残宽23.4、滴水面宽5、胎厚3厘米（图4-7-1，3；图版六三，5）。T2048④：8，上部残，檐面饰双层菱格纹，菱格较大，上下间饰三角纹，残长18.2、檐端宽32、滴水面宽5.6、胎厚2.6厘米（图4-7-1，1；图版六三，6）。T1950④：47，残存檐端一角，檐面饰单层菱格纹，菱格较小，上下间饰乳钉纹，残长6.8、残宽8.4、滴水面宽3.6、胎厚2.2厘米（图4-7-2，5）。

模印十字菱格纹　2件。檐面饰内有十字的菱格纹，上下各饰一排横向方格纹。T2047④：14，残存檐端一角，残长12.8、檐端残宽14.8、滴水面宽3.8、胎厚2厘米（图4-7-2，2；图版六四，6）。T2047④：15，残存檐端一角，残长15.6、檐端残宽12.7、滴水面宽3.6、胎厚2.6厘米（图4-7-2，1）。

压印绳纹　6件。檐面饰上下两排压印绳纹凹窝，以凸弦纹带间隔。T1846④：5，上排压印绳纹凹窝为右斜向，下排为左斜向，残存檐端一角，残长17.7、残宽26.2、滴水面宽7.6、胎厚2.8厘米（图4-7-3，1；图版六五，1）。T1750④：25，瓦身上端残，上排压印绳纹凹窝为左斜向，下排为右斜向，残长23、宽23、滴水面残宽5.2、胎厚2厘米（图4-7-3，2）。T2048④：10，上下两排压印绳纹凹窝均为右斜向，残长12、残宽16、滴水面宽5.2、胎厚2.8厘米（图版六五，4）。T1751④：1，上下两排压印绳纹凹窝均为右斜向，残长10、残宽14、滴水面宽5.5、胎厚2.8厘米（图版六五，6）。T2048④：11，上下两排压印绳纹凹窝均为竖向，残存檐端一角，残长12.2、残宽19、滴水面宽6.4、胎厚3.6厘米（图4-7-2，3；图版六六，2）。

戳点纹　2件。檐面饰三条平行的凸弦纹带，上、下两条弦纹带上饰戳点纹。T1750④：26，瓦身上端残，残长19.8、宽26.4、滴水面宽4.4、胎厚2厘米（图4-7-3，3；图版六六，4）。T1851④：4，瓦身上端残，残长29、宽28.6、滴水面宽4.5、胎厚2.4厘米（图版六六，6）。

模印方格纹　1件。T1846④：6，残存檐端一角，檐面饰两条横向长方格纹带，残长3.2、残宽7.7、滴水面宽3.6、胎厚2.3厘米（图4-7-2，4；图版六八，6）。

第四章 城内建筑址的发掘

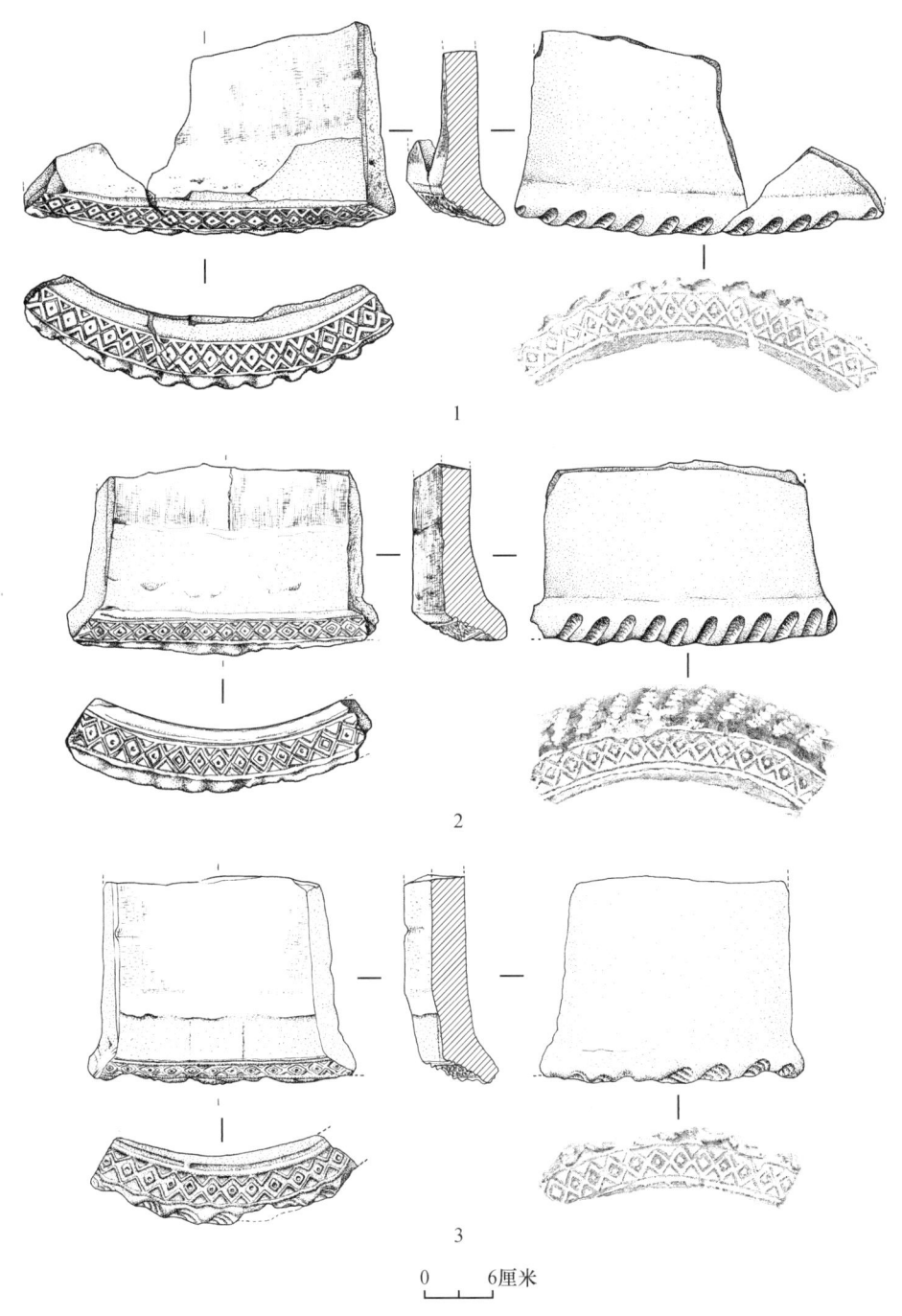

图4-7-1 第4层出土檐头板瓦（一）
1. T2048④:8 2. T1750④:21 3. T1750④:22

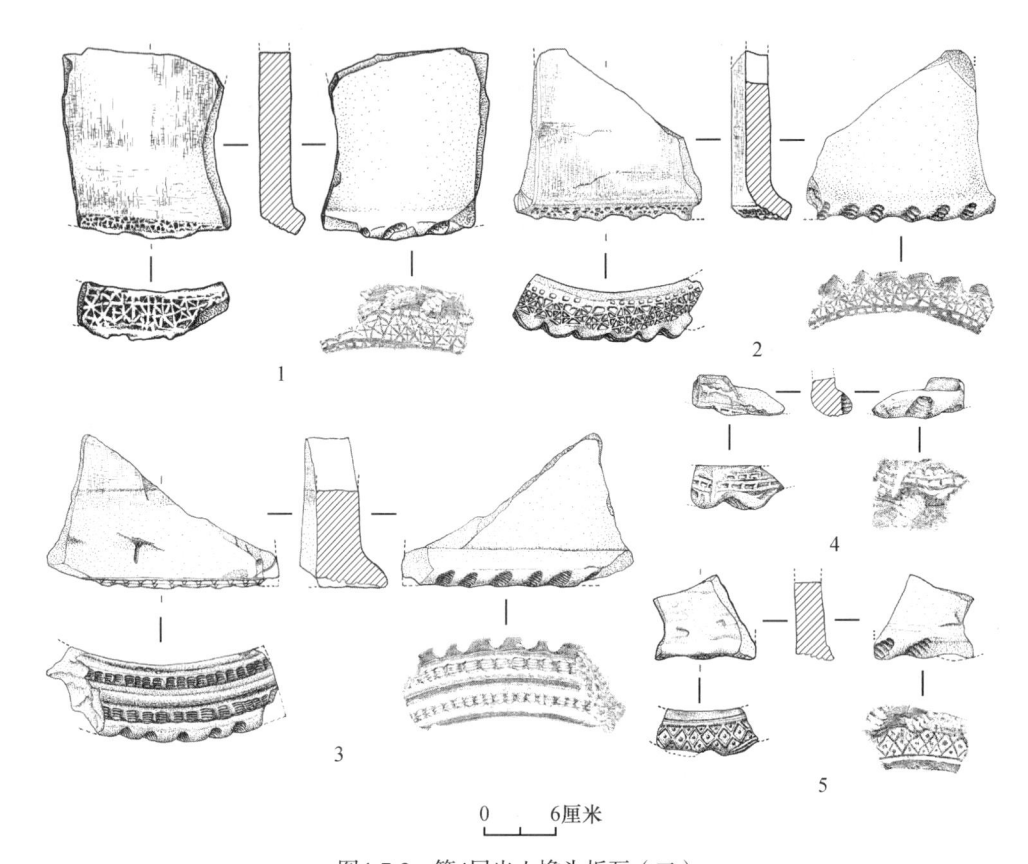

图4-7-2 第4层出土檐头板瓦（二）
1. T2047④∶15 2. T2047④∶14 3. T2048④∶11 4. T1846④∶6 5. T1950④∶47

普通板瓦 3件。T1947④∶11，平面呈梯形，凸面有轮修形成的横向细纹，凹面布纹，长33.9、宽19.5—24、最厚处2厘米（图4-7-4，1；图版六九，3）。

绿釉筒瓦 20件。红褐胎，火候较低，平面呈长方形，瓦舌较短，左右两边内侧及尾端内侧抹斜，凸面通体施绿釉，凹面布纹，部分凹面有竖向墨书文字。T1850④∶4，瓦头微残，长37、宽18、高9.2、胎厚3厘米，瓦尾端朝上，竖向书写2行文字："隽属临都监西班□氏一生禹会施瓦一十片大安八年九月十五日"（图4-7-4，4；图版七一，5、6）。T1850④∶19，两端微残，长39.2、宽18、高9.8、胎厚3厘米，瓦尾端朝上，书写2行文字："宁□州王参军施瓦三十一（片）……父母并□於佛"（图4-7-4，5；图版七二，1、2）。T1850④∶21，头端微残，长39、宽18、高9.8、胎厚2.5厘米，凹面竖向书写2行文字："……施瓦一片……大安九年□月十九日"（图版七二，3、4）。T1950④∶87，微残，长40、宽18、高9.8、胎厚2.5厘米（图版七二，5、6）。T1750④∶37，残存瓦头部分，残长16.5、宽20、胎厚2.3厘米，凹面墨书3行文字："大安九……为……施瓦壹……"（图版七三，5）。T2046④∶3，凹面墨书2行文字："……李继赟……施瓦一片……"（图版七三，6）。T2048④∶21，残存尾端一角，残长13.5、残宽13.5、胎厚2.3厘米，尾端朝上，凹面墨书2行文字："酉大安九年……兴教院施……"（图版七四，1）。T2048④∶31，残存尾端一角，残长15、残宽13、胎厚2.5厘米，尾端朝上，凹面墨书2行文字："宁江州王……"（图版七四，2）。T1750④∶8，残存

第四章　城内建筑址的发掘

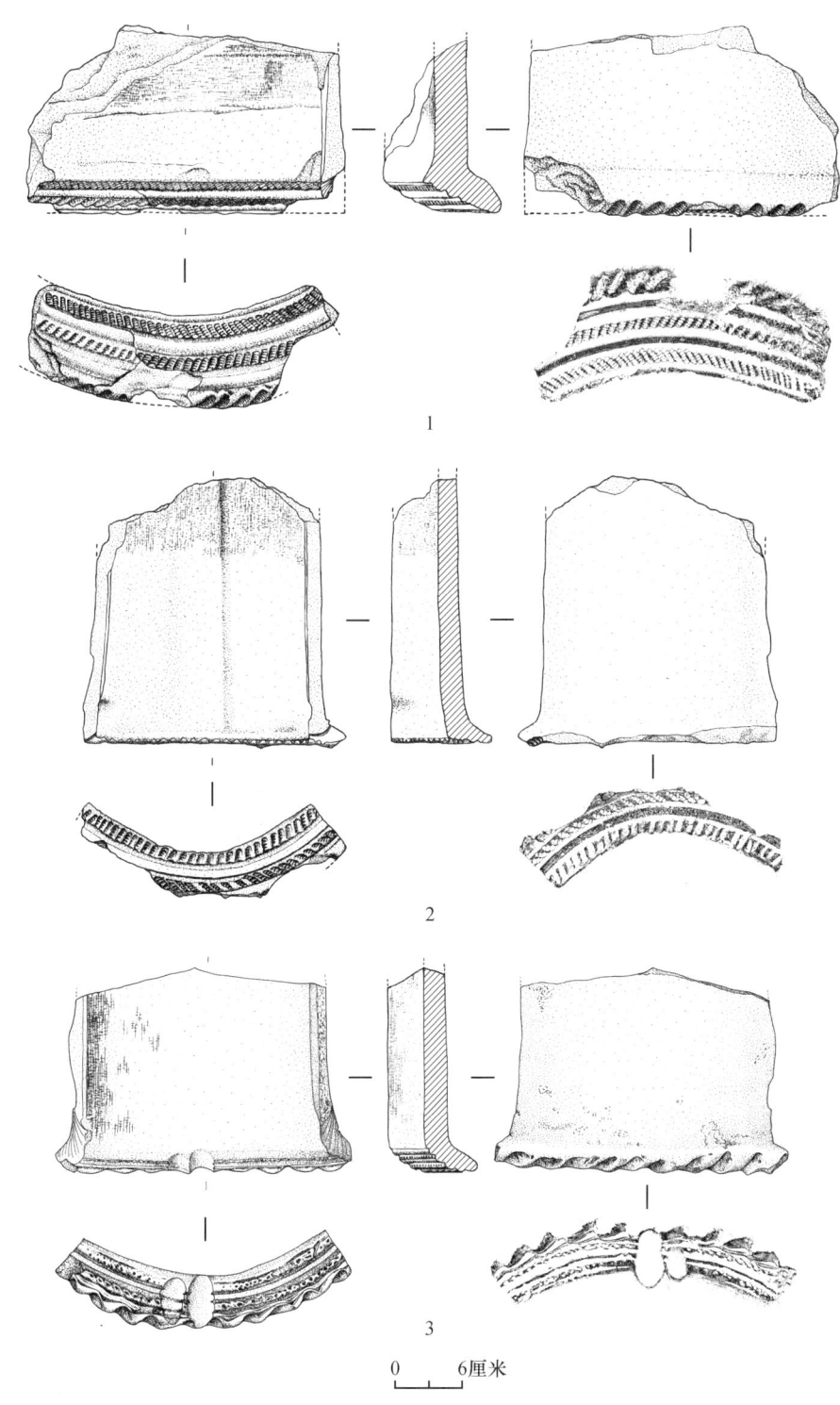

0　　6厘米

图4-7-3　第4层出土檐头板瓦（三）
1. T1846④：5　2. T1750④：25　3. T1750④：26

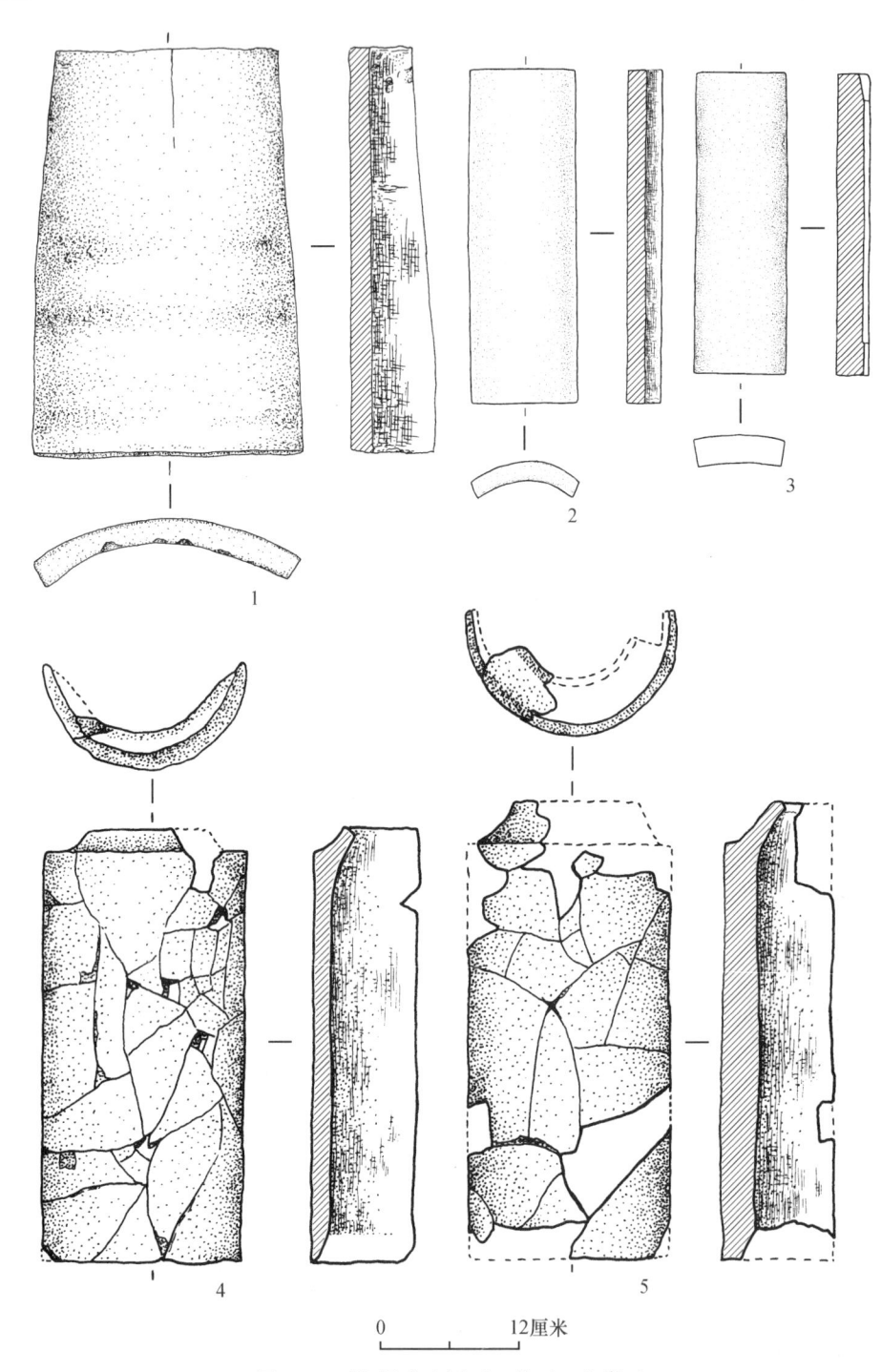

图4-7-4　第4层出土板瓦、筒瓦、垒脊瓦
1.板瓦（T1947④：11）　2、3.垒脊瓦（T1845④：19、T1845④：21）　4、5.筒瓦（T1850④：4、T1850④：19）

尾端一角，长33、宽18、胎厚2.3厘米，凹面墨书1行文字："……张脊氏施瓦二片。"（图版七四，3）。T1750④：6，残存尾端一角，残长25.3、残宽14、胎厚2.3厘米，凹面墨书1行文字："……施瓦两片大安八年九月……"（图版七四，4）。T2048④：30，残存尾端一角，残长24、残宽17.8、胎厚2.2厘米，凹面墨书2行文字："……监男范又普光奴施瓦……□阁上？？"（图版七四，5）。T1750④：38，残存尾端一角，残长10、残宽8、胎厚2.3厘米，凹面有墨书文字，残存"禹会"二字（图版七五，1）。T2046④：4，残长10、残宽7、胎厚2.3厘米，凹面墨书1行文字："……施瓦一十片……"（图版七五，2）。T1750④：40，残长12、残宽8、胎厚2.3厘米，凹面有墨书文字，残存"……瓦两片？……"四字（图版七五，3）。T2046④：5，残长8、残宽8、胎厚2.3厘米，凹面有墨书文字，残存"……出罪……"二字（图版七五，4）。T1750④：39，残存头端一角，残长11、残宽7、胎厚2.3厘米，凹面残存2行墨书文字："……大安九……七？……"（图版七五，5）。

垄脊瓦　11件。平面呈长方形，凸面素面，凹面布纹。T1845④：19，长28.4、宽8.4、胎厚1.6厘米（图4-7-4，2；图版八八，4）。T1845④：21，瓦身凹面一端抹斜，另一端凸起，长23.7、宽8、胎厚2.2厘米（图4-7-4，3；图版八八，1）。

瓦当　20件。均为模制，圆形，兽面纹饰，无边轮。

"王"字兽面瓦当　10件。当面较平，中部略厚，边缘稍薄，当面中部为长直须兽面形象，额头处有一"王"字，兽面外饰一圈连珠纹饰。T2047④：5，上部残，直径16.8、中部最厚处2.6、边缘厚1.6厘米（图4-7-6，2；图4-7-8，5；图版七九，3）。T1749④：7，直径16.8、中部最厚处2.6、边缘厚1.8厘米（图4-7-7，4；图版七七，1、2）。T1950④：41，直径16.6、中部最厚处3、边缘厚1.5厘米（图4-7-5，2；图4-7-8，1；图版七八，1）。T1950④：37，下端残，直径17.6、中部最厚处3.2、边缘厚1.4厘米（图4-7-6，1；图4-7-8，4；图版七七，5、6）。T1950④：26，下端及右端残，直径17、中部最厚处3、边缘厚2厘米（图4-7-6，3）。T1950④：23，右端残，直径16、中部最厚处2.8、边缘厚1.8厘米（图4-7-5，3；图4-7-8，3）。T1950④：18，直径17.8、中部最厚处3.2、边缘厚1.5厘米（图4-7-5，1；图4-7-8，2；图版七七，3、4）。T1950④：40，上部及左右两侧边缘均残，兽眼眼球处各有一圆形戳点，直径16.2、中部最厚处2.6、边缘厚1.65厘米（图4-7-7，3；图4-7-8，6；图版七九，2）。T1850④：8，右半部残，兽面脸颊处饰米字形纹饰，直径17.5、中部最厚处2.9、边缘厚1.7厘米（图4-7-6，5；图版七九，1）。T2047④：7，左半部残，直径16.8、中部最厚处2.8厘米（图4-7-6，4）。

卷须兽面瓦当　2件。当面中部高凸，饰卷须兽面形象。T1749④：4，上部及左右两侧边缘均残，直径17、中部最厚处4.1、边缘厚1.3厘米（图4-7-7，2）。T1749④：2，上部及左侧边缘残，直径16.4、中部最厚处4、边缘厚1.6厘米（图4-7-7，1；图版八〇，1、2）。

人面瓦当　1件。T1850④：7，残缺大半，当面较平，中部饰人面形象，纵眉目怒，宽鼻，颧骨高凸，外饰一圈凸弦纹和一圈连珠纹，直径17、中部最厚处2.6、边缘厚1.8厘米（图版八六，6）。

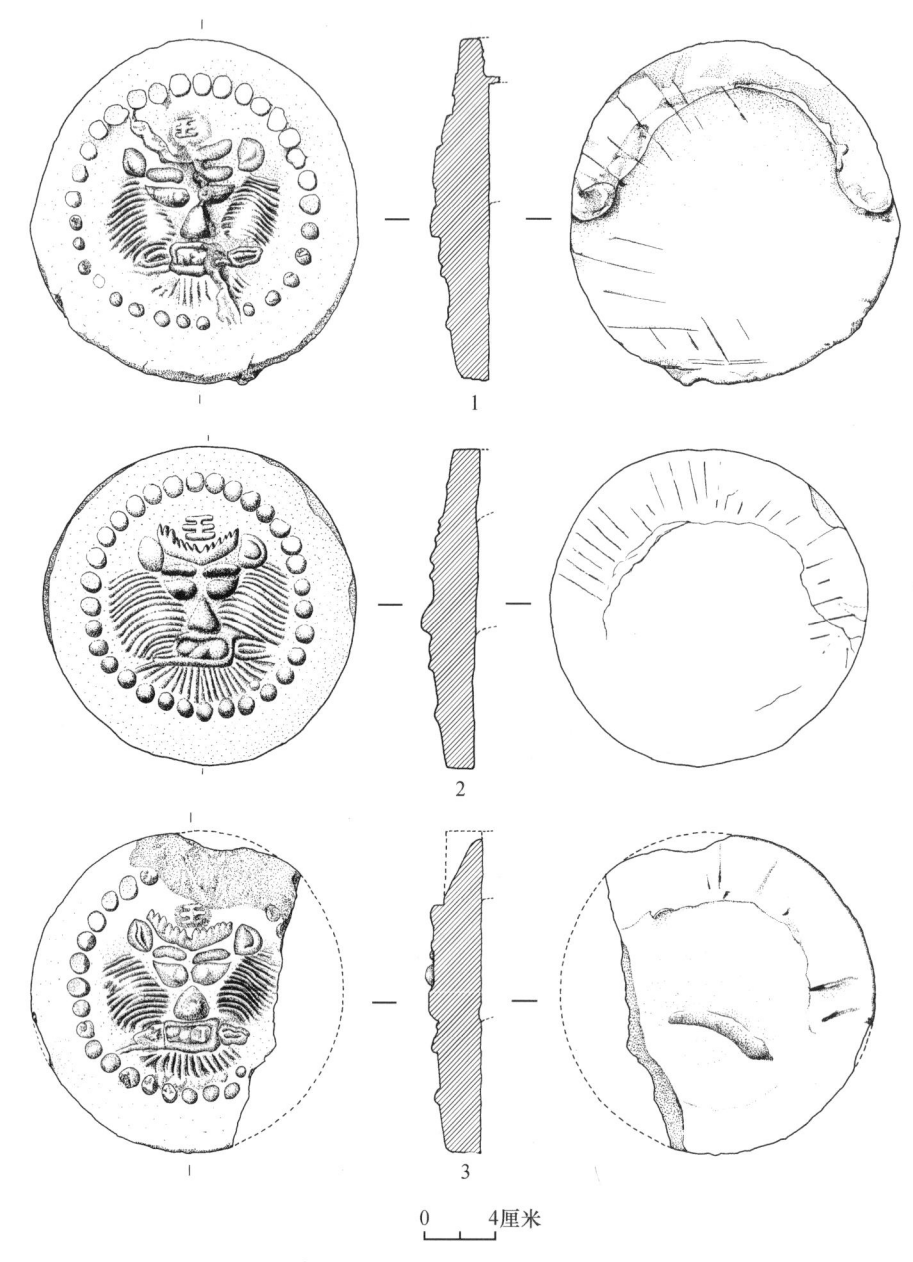

图4-7-5　第4层出土瓦当（一）
1. T1950④：18　2. T1950④：41　3. T1950④：23

凤鸟残块　7件。T1750④：9，残存头部和颈部，颈部较长，素面，鸟冠和喙部残，残高23.4厘米（图4-7-9，3）。T1950④：86，残存头部和颈部，颈部饰竖向条形凹槽纹饰，残高22.4厘米（图4-7-9，2；图版九一，4）。T1950④：74，残存头部，残高13厘米（图4-7-9，1；图版九一，5）。T2048④：25，凤鸟右翅残件，上表面饰四道横向凹槽纹饰，内部有一条横向槽孔，用于与鸟身连接固定，残长15.4、宽10.4、最厚处6厘米（图4-7-9，4）。T2047④：36，凤鸟右翅残件，上、下两面各饰五道呈弯弧状的横向凹槽纹饰，残长15.4、宽10.4、最厚处6厘米（图4-7-9，5）。

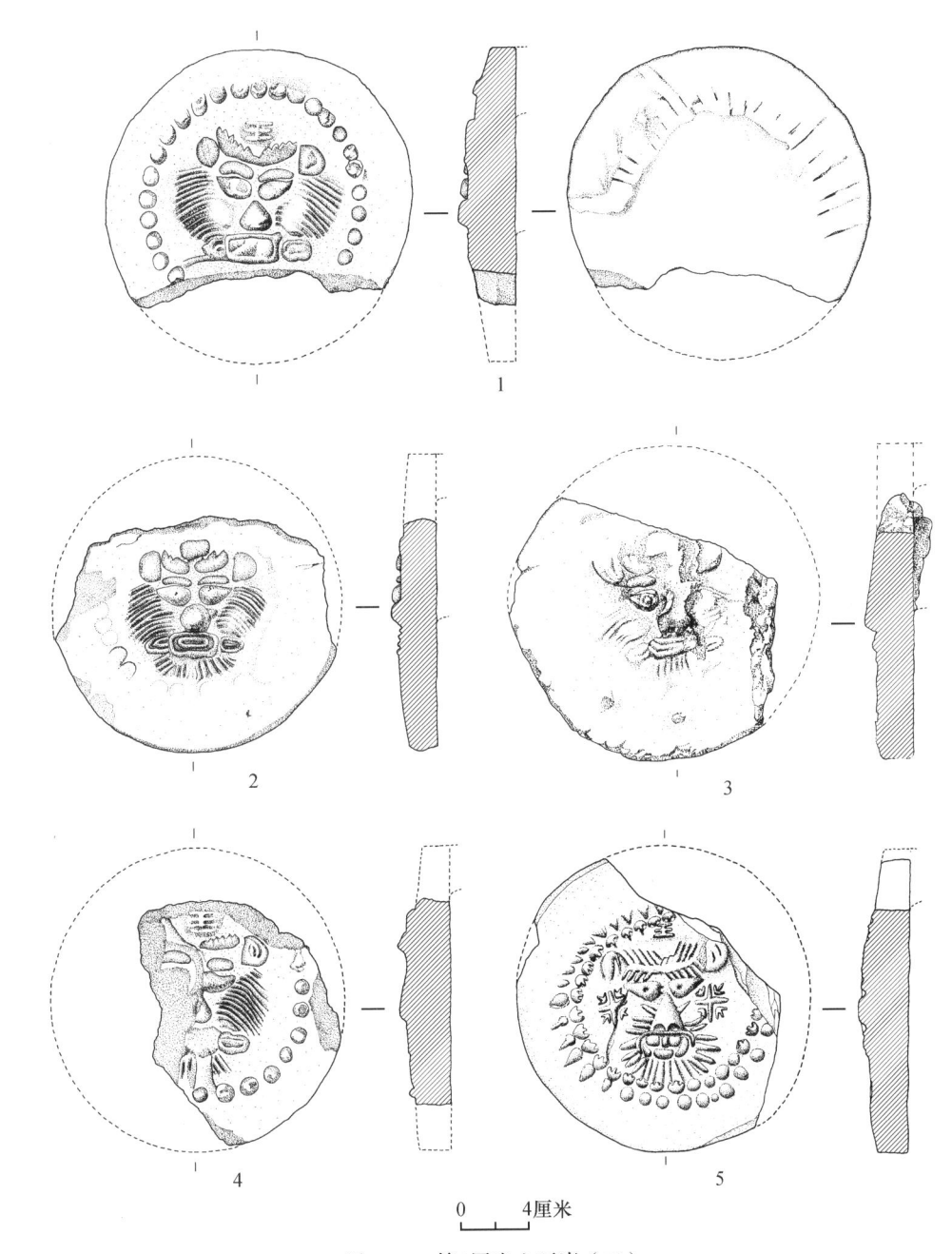

图4-7-6 第4层出土瓦当（二）
1. T1950④：37　2. T2047④：5　3. T1950④：26　4. T2047④：7　5. T1850④：8

兽头　14件。T1850④：20，眼部圆鼓外凸，眉部突出，上腭上翘，面颊、眉弓、腮部及下端均施条形凹槽纹饰带，长32、宽14.4、高22厘米（图版八九，3、4）。T1750④：23，残存鼻子和上颚部分，残长13.4、残宽9.8、残高11.2厘米（图4-7-10，4）。T1751④：2，残存鼻子、上颚以及右侧眉眼部分，残长21、残宽13.6、残高20.8厘米（图4-7-10，6；图版八九，5）。T2048④：27，板状饰件残块，一面饰条形短凹槽纹饰，另一面素面，残长16.4、残宽11.2、厚2.3厘米（图4-7-10，3；图版九四，6）。T1850④：17，兽角残块，器身扁平，一面有槽形纹饰，另一面素面，残高16、最宽处9、厚2.6厘米（图4-7-10，5）。

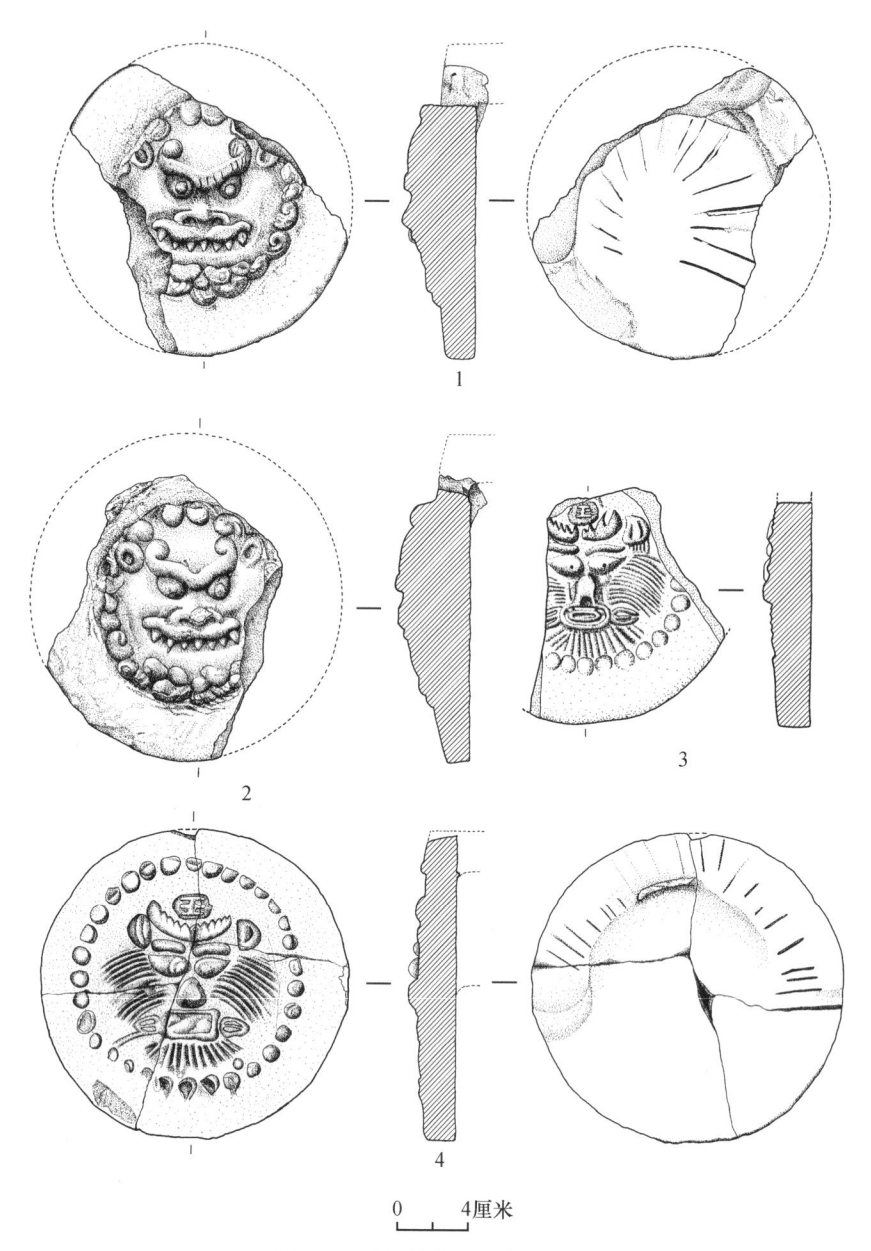

图4-7-7 第4层出土瓦当（三）
1. T1749④：2 2. T1749④：4 3. T1950④：40 4. T1749④：7

T2047④：32，残长10.4、残宽7、最厚处3.4厘米（图4-7-10，2）。T1845④：5，兽角残块，器身扁平，弯曲呈钩状，一面中部略外凸，另一面较平，残高26、宽5、最厚处2.6厘米（图4-7-10，1；图版九四，5）。

刻纹瓦片　1件。T1850④：10，筒瓦残片，凸面饰刻划鸟羽纹饰，残长14.4、残宽7、厚3厘米（图4-7-14，5；图版一三〇，3）。

青砖　1件。T2048④：14，方形，一侧残，长32、残宽29、厚6厘米，上表面斜向按压一右手掌纹（图版九五，2）。

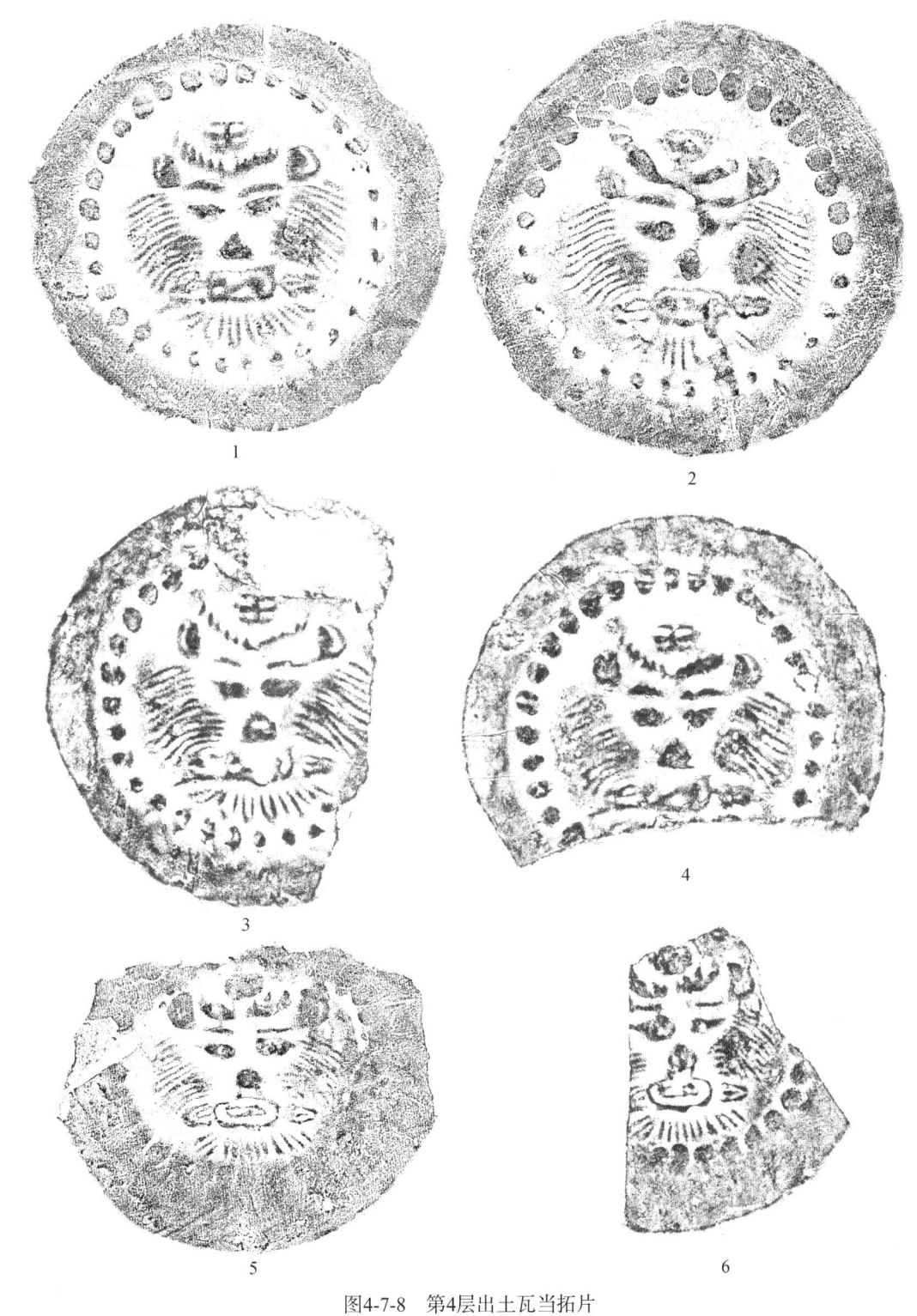

图4-7-8 第4层出土瓦当拓片
1. T1950④:41 2. T1950④:18 3. T1950④:23 4. T1950④:37 5. T2047④:5 6. T1950④:40

图4-7-9　第4层出土凤鸟
1. T1950④：74　2. T1950④：86　3. T1750④：9　4. T2048④：25　5. T2047④：36

二、陶　器

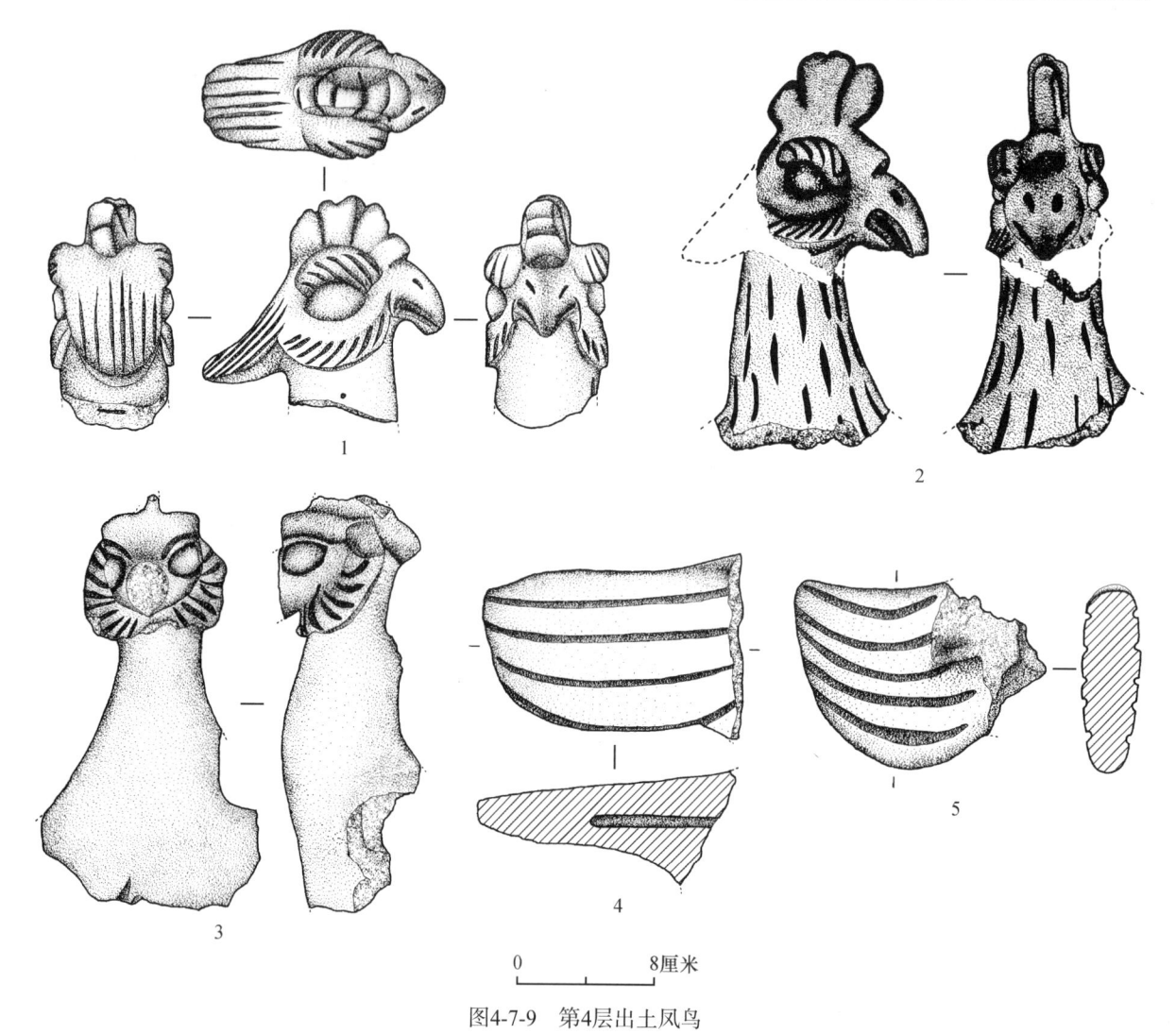

陶罐　24件。T1748④：1，泥质灰陶，卷沿，圆唇，敛口，鼓肩，斜直腹，平底，微内凹，肩部有两个对称分布的桥形耳，口径19、最大径30、底径16、高24厘米（图4-7-11，1；图版一〇二，3）。T1947④标：6，残存口沿，柱状圆唇，敛口，残高3、胎厚0.4厘米（图4-7-11，10）。T1847④标：3，残存口沿，柱状圆唇，内侧微折，敛口，残高11.2、胎厚0.8厘米（图4-7-11，2）。T1847④标：2，残存口沿，内折沿圆唇，敛口，残高4.7、胎厚0.6厘米（图4-7-11，8）。T1750④标：3，残存口沿，空心柱状圆唇，敛口，肩部有桥形耳，残高7.2、胎厚0.7厘米（图4-7-11，3）。T2047④标：4，残存口沿，方唇，直口，残高4.2、胎厚0.4厘米（图4-7-11，7）。T1947④：3，残存口沿，内折沿方唇，直口，残高5.4、胎厚0.7厘米（图4-7-11，11）。T1945④标：3，残存口沿，内折沿方唇，敛口，残高4.2、胎厚0.6厘

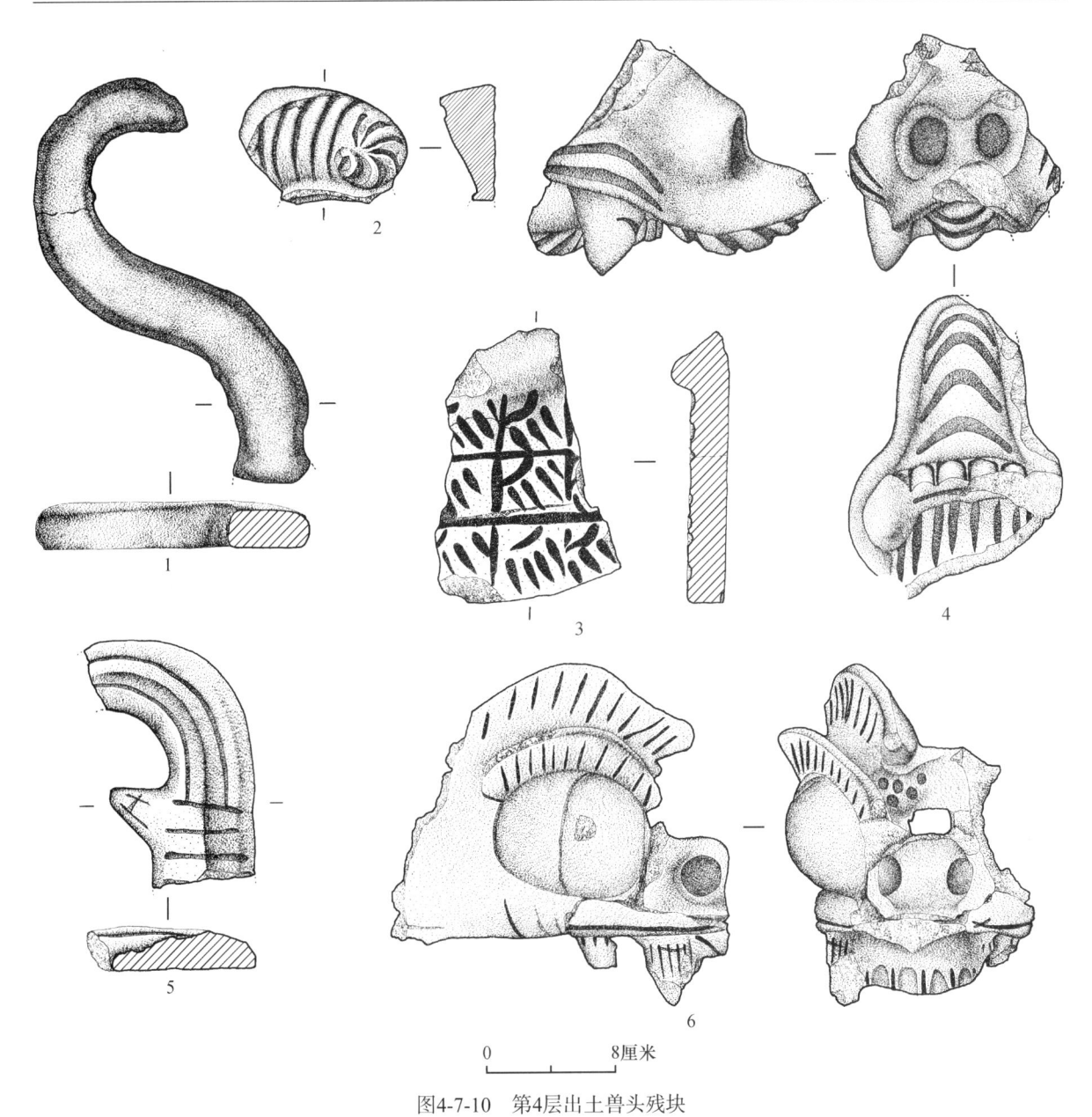

图4-7-10 第4层出土兽头残块
1. T1845④∶5 2. T2047④∶32 3. T2048④∶27 4. T1750④∶23 5. T1850④∶17 6. T1751④∶2

米（图4-7-11，9）。T1751④标∶11，残存口沿，圆唇，直径，敛口，残高10、胎厚0.6厘米（图4-7-11，5）。T1951④标∶2，残存口沿，展沿，圆唇，沿面内凹，束颈，敛口，残高7.4、胎厚0.6厘米（图4-7-11，6）。

陶盆　8件。T2047④∶39，泥质灰陶，展沿，圆唇，敞口，鼓腹，大平底，口径40.8、底径23.2、高9厘米（图4-7-12，4）。T2046④∶2，泥质灰陶，卷沿，圆唇，敞口，斜弧腹，大平底，口径52.8、底径28.8、高15厘米（图4-7-12，1）。T1750④标∶1，残存口沿，卷沿，圆唇，敞口，弧腹，残高8.2、胎厚0.5厘米（图4-7-12，6）。T1946④标∶3，残存口沿，展沿，尖唇，敞口，残高2、胎厚0.3厘米（图4-7-12，8）。T1947④标∶4，残存口沿，圆唇，外卷，

图4-7-11　第4层出土陶罐、陶盅

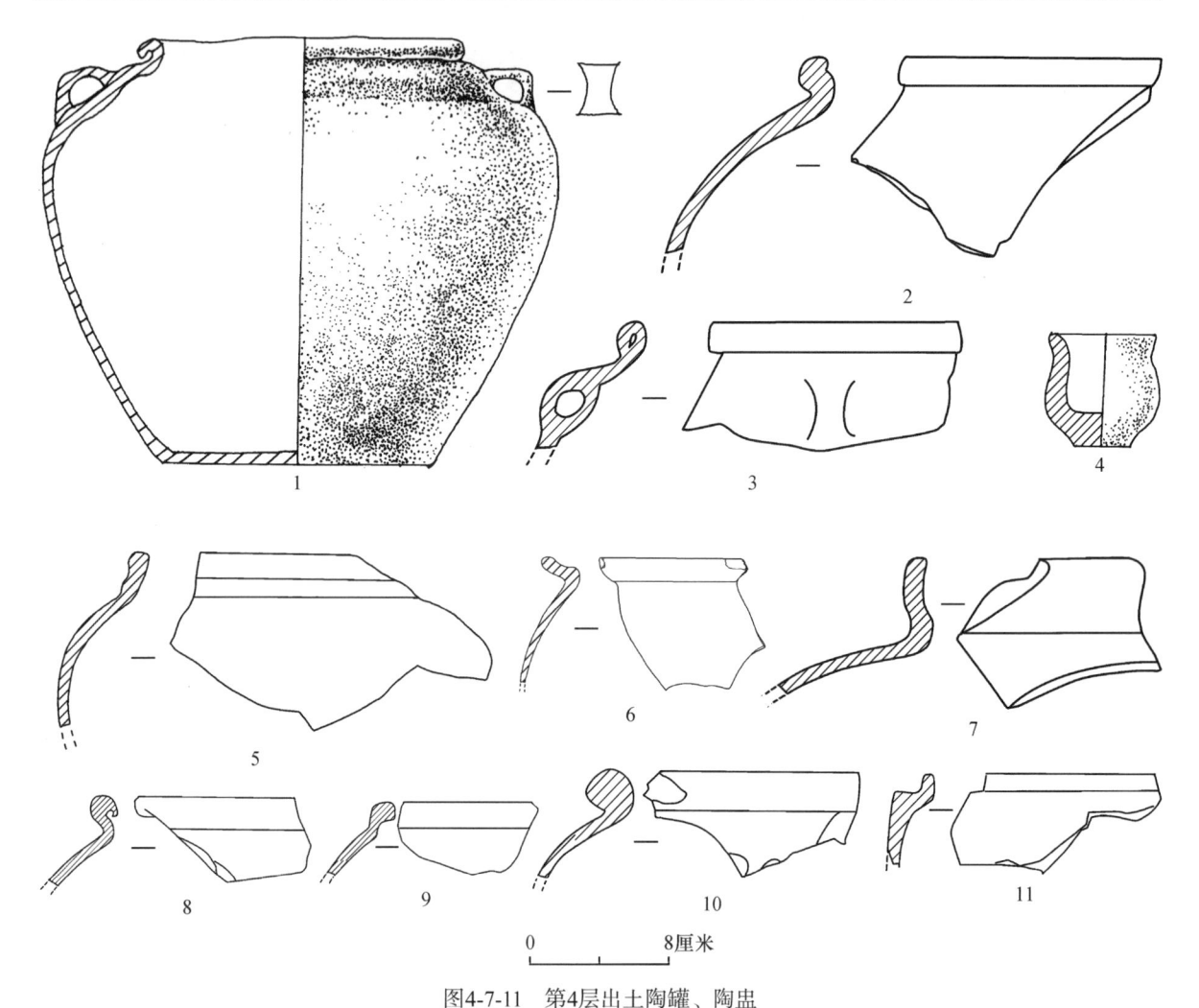

1—3、5—11.陶罐（T1748④：1、T1847④标：3、T1750④标：3、T1751④标：11、T1951④标：2、T2047④标：4、T1847④标：2、T1945④标：3、T1947④标：6、T1947④标：3）　4.陶盅（T2047④：9）

敞口，弧腹，残高5.8、胎厚0.8厘米（图4-7-12，7）。

陶缸口沿　9件。T1946④标：2，卷沿，圆唇，敛口，肩部有一圈附加堆纹，残高6.2、胎厚0.8厘米（图4-7-12，9）。T1946④标：16，卷沿，圆唇，敛口，残高6、胎厚0.7厘米（图4-7-12，5）。T1751④标：7，卷沿，圆唇，敛口，肩部有一圈附加堆纹，口径31.2、残高10.4厘米（图4-7-12，10）。

陶壶　4件。T1950④标：1，残存口沿，圆唇，外撇，直口，直径，残高6.2、胎厚0.5厘米（图4-7-12，2）。T1951④标：4，残存底部，平底，外壁饰多圈竖向篦齿纹，残高5、胎厚0.8厘米（图4-7-12，3）。

陶盏　10件。依底部形制差异分二型。

A型　6件，台底。T1750④：2，泥质浅灰陶，圆唇，敞口，斜弧腹，口径9.4、底径4、高2.5厘米（图4-7-13，5）。T1750④：12，泥质灰陶，圆唇，敞口，斜弧腹，口径8.3、底径5、高2.1厘米（图4-7-13，1）。T1750④：13，泥质灰陶，圆唇，敞口，斜弧腹，内底中央有圆形

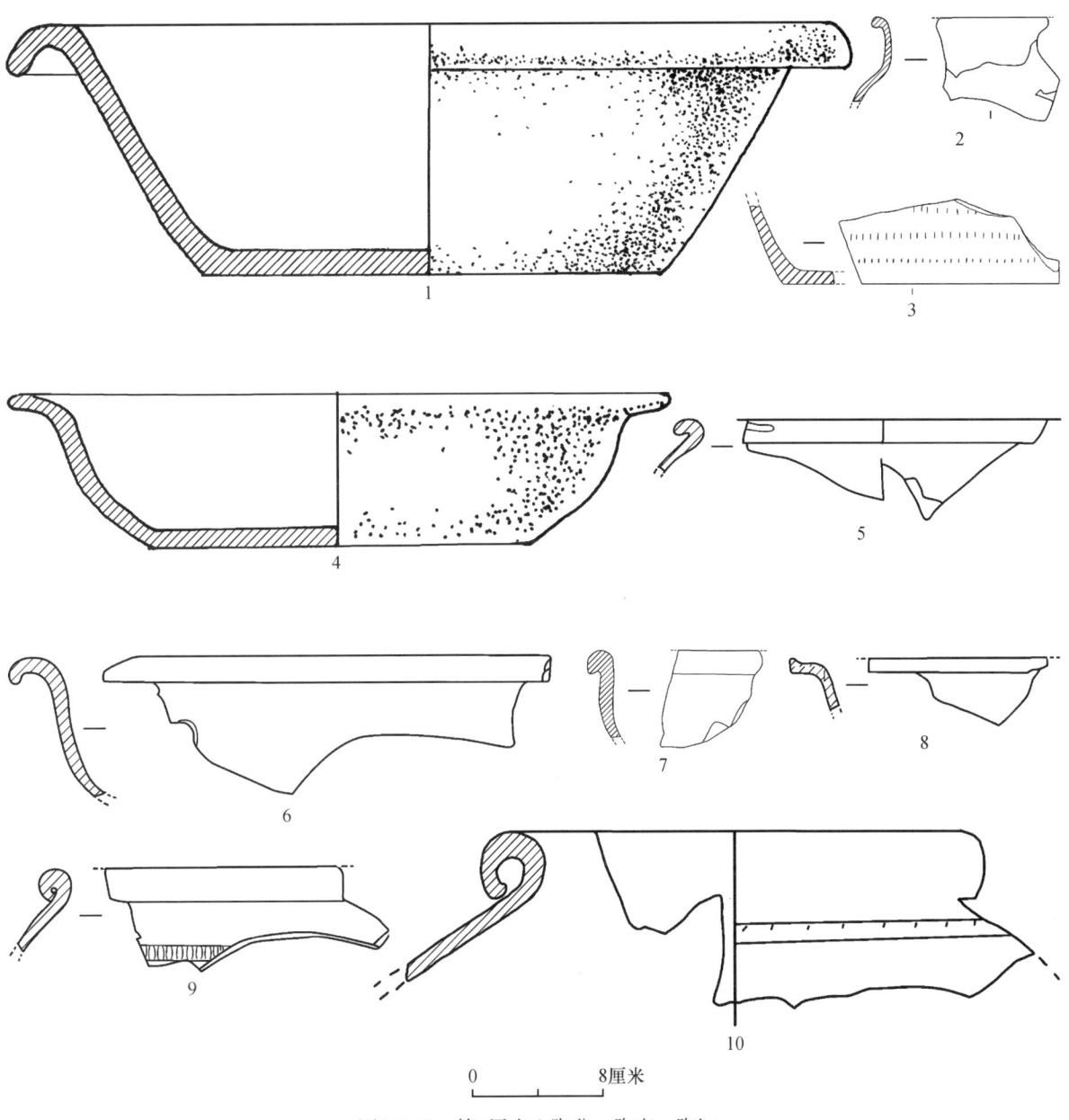

图 4-7-12　第 4 层出土陶盆、陶壶、陶缸
1、4、6—8. 陶盆（T2046④：2、T2047④：39、T1750④标：1、T1947④标：4、T1946④标：3）　2、3. 陶壶（T1950④标：1、T1951④标：4）　5、9、10. 陶缸（T1946④标：16、T1946④标：2、T1751④标：7）

凸起，口径9.4、底径4、高厘米（图4-7-13，2）。T1750④：18，泥质灰褐陶，圆唇，直口，斜直腹，口径10、底径4.3、高2.5厘米（图4-7-13，4）。T1750④：43，泥质灰陶，圆唇，敞口，斜弧腹，口径8.5、底径4.2、高2.3厘米（图4-7-13，3）。T1750④：14，泥质灰陶，圆唇，敞口，斜弧腹，口径9.5、底径5、高2.5厘米（图4-7-13，6）。

B型　4件，平底。T1750④：17，泥质灰褐陶，圆唇，敞口，斜直腹，口径9.4、底径4.2、高2.2厘米（图4-7-13，7）。T1946④：3，泥质黑褐陶，尖唇，敞口，斜直腹，口径7.4、底径5、高1.8厘米（图4-7-13，9）。T2047④：38，泥质灰陶，方唇，敞口，斜直腹，口径9、

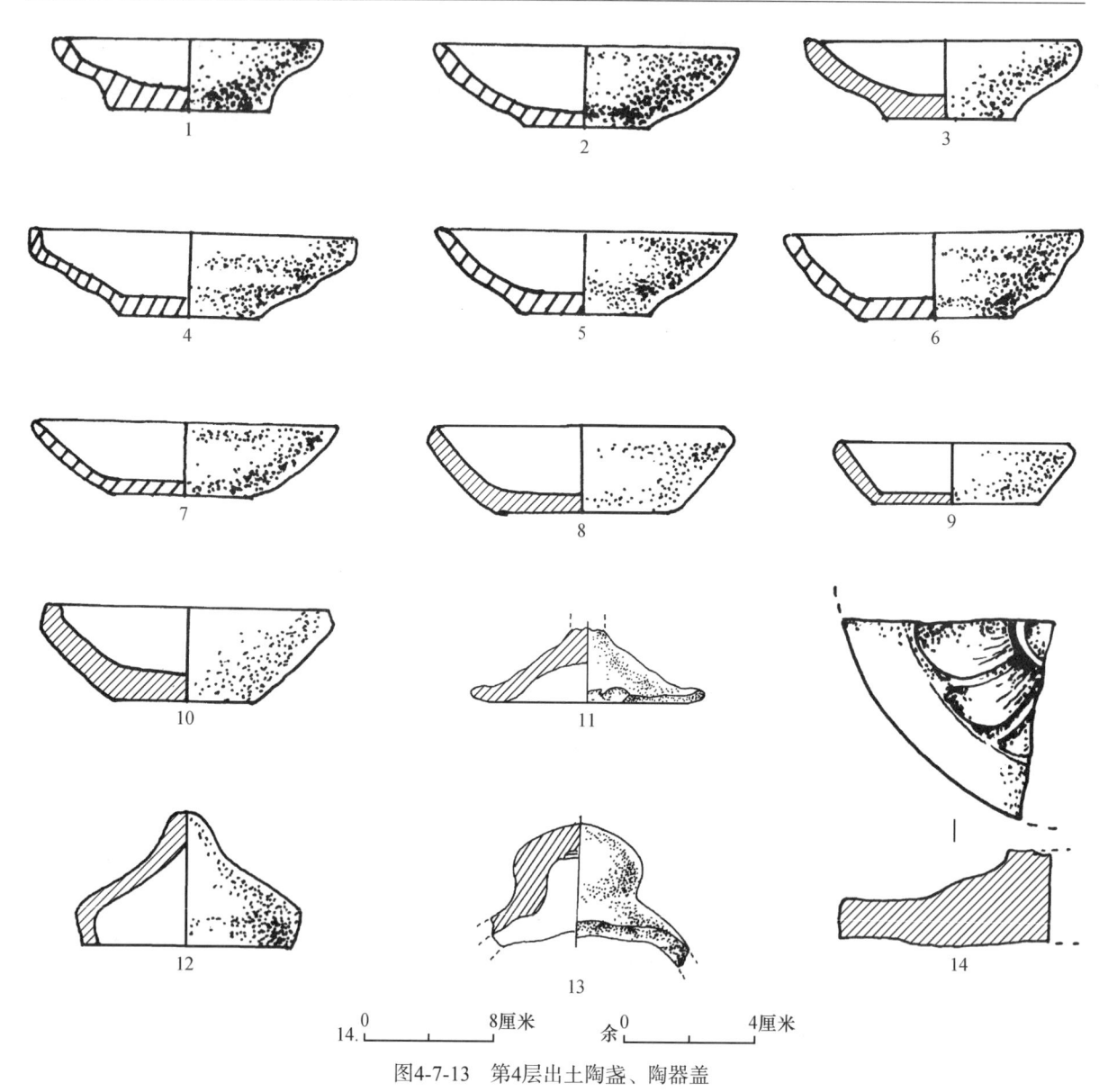

图4-7-13 第4层出土陶盏、陶器盖

1—6.A型陶盏（T1750④：12、T1750④：13、T1950④：43、T1750④：18、T1750④：2、T1750④：14） 7—10.B型陶盏（T1750④：17、T1946④：4、T1946④：3、T2047④：38） 11—14.陶器盖（T2047④：10、T1649④：1、T1750④：16、T1845④：3）

底径4、高2.8厘米（图4-7-13，10）。T1946④：4，泥质黑褐陶，尖唇，敞口，斜直腹，口径9、底径5、高2.6厘米（图4-7-13，8）。

陶盅 1件。T2047④：9，手制，泥质灰陶，圆唇，侈口，鼓腹，台底，口径6.1、最大腹径6.6、底径3.8、高6.2厘米（图4-7-11，4；图版一一八，6）。

陶器盖 4件。T2047④：10，泥质灰陶，盖纽残，圆唇，边沿上翘，直径12、残高4.6厘米（图4-7-13，11）。T1750④：16，残存盖纽，半球体，顶部微尖，中空，残高4.3厘米（图4-7-13，13）。T1649④：1，泥质灰陶，尖顶，斜直壁，敛口，方唇，直径6.4、高4厘米（图4-7-13，12；图版一一六，2）。T1845④：3，泥质灰陶，圆饼形，中部较厚，盖纽圆饼

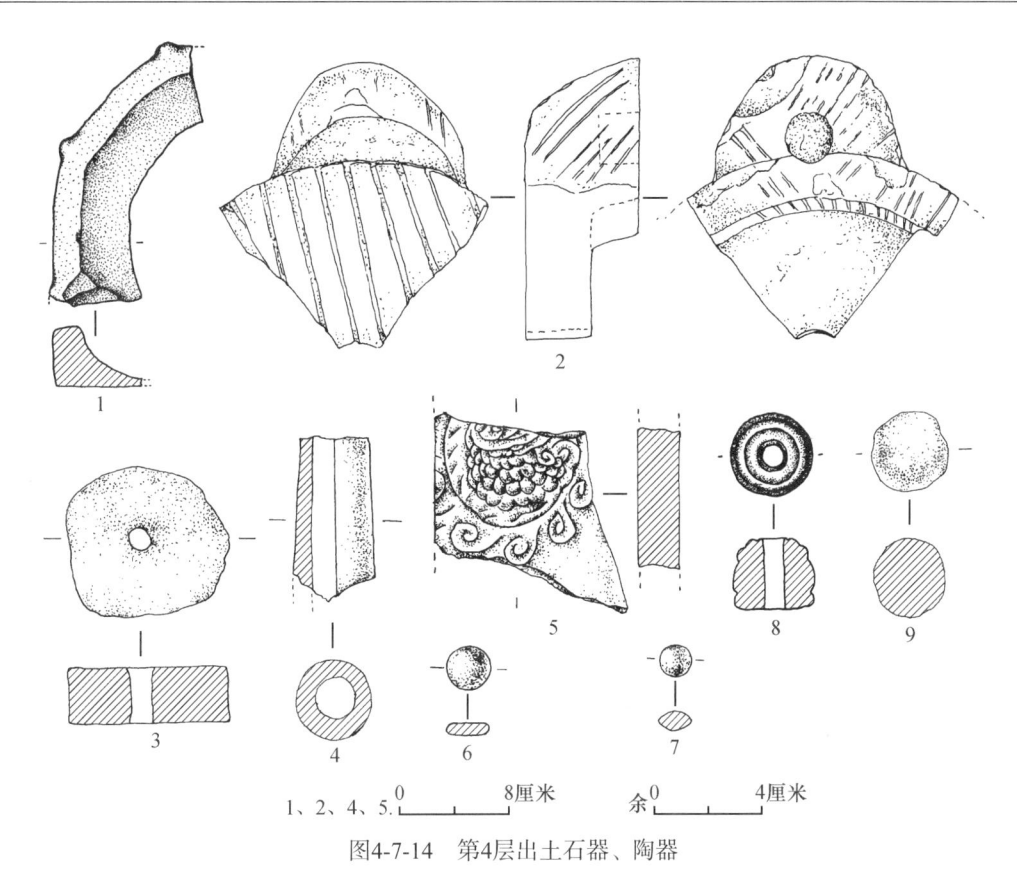

图4-7-14 第4层出土石器、陶器
1、2. 石磨盘（T1845④：10、T2047④：11） 3. 陶纺轮（T1950④：42） 4. 陶管（T1945④：4） 5. 刻纹瓦片（T1850④：10）
6、7. 陶棋子（T1847④：3、T2146④：1） 8. 石纺轮（T1948④：1） 9. 陶球（1750④：15）

形，外壁模印花瓣纹饰，直径12.8、高2.8厘米（图4-7-13，14）。

陶纺轮 1件。T1950④：42，灰色板瓦残片磨制而成，平面呈不规则形，中部有圆形穿孔，长5.5、宽4.8、孔径0.8、厚2厘米（图4-7-14，3）。

陶管 1件。T1945④：4，浅灰色泥质陶，一端较粗，另一端较细，截面圆形，残长12、直径4.8—6厘米（图4-7-14，4）。

棋子 2件。T2146④：1，泥质黑陶，手制，算珠形，直径1.2、高0.7厘米（图4-7-14，7）。T1847④：3，泥质黑陶，手制，圆形，直径1.75、高0.5厘米（图4-7-14，6）。

陶球 1件。T1750④：15，泥质灰陶，手制，球体，器表不甚规整，直径2.7厘米（图4-7-14，9）。

泥塑残块 1件。T2145④：12，表面有彩绘花瓣纹饰（图版一二七，8）。

三、瓷　器

瓷碗 12件。T1750④：37，化妆白瓷，灰白胎，圆唇，敞口，弧腹，圈足底，口径20.8、底径6.3、高6.6厘米（图4-7-15，1）。T1846④：9，化妆白瓷，灰白胎，内施满釉，有支钉痕，外施半釉，尖唇，微外撇，敞口，弧腹，下腹部残，圈足底，口径23.2、底径11、高约8厘米（图4-7-15，2）。T1945④标：4，定窑白瓷，白胎，尖唇，敞口，口沿外侧有一圈凹槽，残高3.6、胎厚0.35厘米（图4-7-15，3）。T1846④标：4，化妆白瓷，残存口沿，灰白胎，内施满釉，外施半釉，圆唇，侈口，弧腹，残高4.5、胎厚0.4厘米（图4-7-15，6）。T1750④标：9，定窑白瓷，残存口沿，白胎，圆唇，口微侈，弧腹，残高3.5、胎厚0.3厘米（图4-7-15，7）。T1750④标：16，化妆白瓷，残存口沿，灰白胎，圆唇，敞口，口沿外侧有一圈凹槽，残高2.8厘米（图4-7-15，8）。

瓷罐口沿　1件。T1846④标：2，定窑白瓷，灰白胎，圆唇，敛口，鼓肩，口径3.2、残高1.2厘米（图4-7-15，9）。

瓷盘　3件。均为定窑白瓷。T1750④标：6，残存口沿，灰白胎，圆唇，敞口，口微外撇，残高1.7、胎厚0.35厘米（图4-7-15，4）。T1750④标：2，残存底部，白胎，内外均施满釉，圈足底，内底有剔花纹饰，残高2、胎厚0.3厘米（图4-7-15，5）。

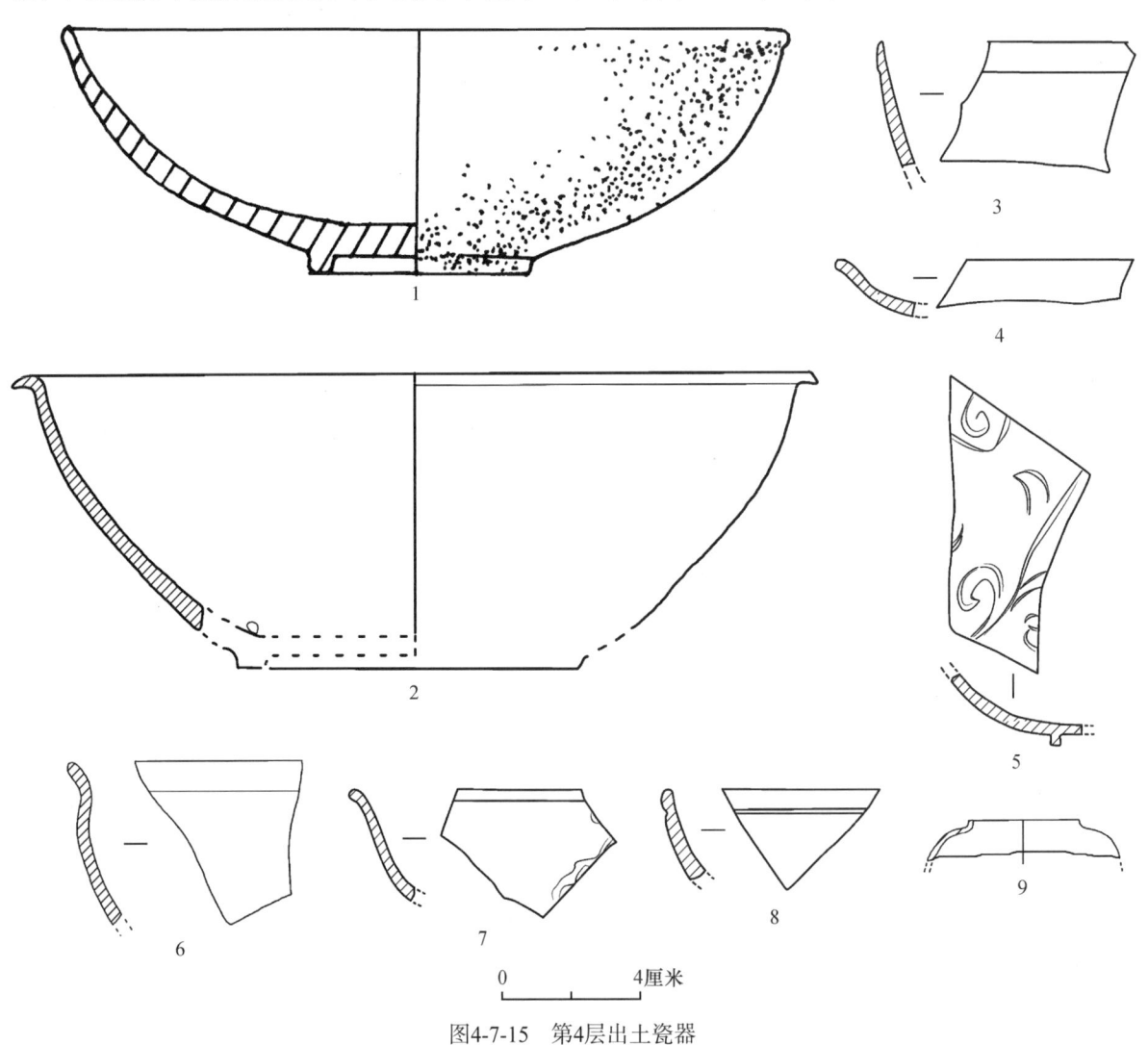

图4-7-15　第4层出土瓷器
1—3、6—8.瓷碗（T1750④：37、T1846④：9、T1945④标：4、T1846④标：4、T1750④标：9、T1750④标：16）
4、5.瓷盘（T1750④标：6、T1750④标：2）　9.瓷罐（T1846④标：2）

四、石　　器

磨盘　3件。T2047④：11，灰白色，残存边沿部分，残长20.8、残宽6.5、残高4.3厘米（图4-7-14，2）。T1845④：10，青灰色，残，外壁有一半圆形錾耳，直径29、底厚4.8、边缘厚3厘米（图4-7-14，1）。

石纺轮　1件。T1948④：1，灰黄色，磨制而成，器表有多道凹弦纹，直径3、孔径0.8、高2.5厘米（图4-7-14，8；图版一三四，3）。

五、铁　　器

铁锥　2件。柄部圆环形，椎体截面方形。T1950④：3，长14、柄部宽5.2厘米（图4-7-16，2）。T1950④：8，长24.8、柄部宽5.2厘米（图4-7-16，1）。

铁门鼻　1件。T1946④：5，截面呈方形的铁条弯折而成，一端弯呈环状，残长6.4厘米（图4-7-16，3）。

铁钉　4件。钉帽扁平，折向一侧，钉身截面方形。T1850④：5，长28、钉身截面边长0.5厘米（图4-7-16，4）。T1950④：13，长25.8、钉身截面边长0.5厘米（图4-7-16，5）。T1850④：45，长28、钉身微弯，截面边长0.5厘米（图4-7-16，6）。T2047④：1，长10.2、钉身截面长0.6、宽0.4厘米（图4-7-16，15）。

铁构件　4件。T1950④：9，不规则形片状，残长16.2、最宽处7、厚0.3厘米（图4-7-16，7）。T2047④：3，条状长方体，平面呈弧形，残长12.6、宽2、厚1厘米（图4-7-16，8）。T1950④：16，器体较大，呈片状，边缘呈弧形，断面呈折尺形，可能用于建筑物屋顶木构架处，长41.2、厚0.6厘米（图4-7-16，10；图版一三六，8）。T1950④：7，片状，边缘呈弧形，断面呈折尺形，残长23.2、厚0.6厘米（图4-7-16，12）。

铁马衔　1件。T2047④：2，由两件头端呈环形的长方体铁条套接而成，通长15.8、截面边长0.9厘米（图4-7-16，9）。

铁甲片　1件。T1748④：1，平面长方形，锈蚀严重，边缘处有2个圆形穿孔，长9、宽6、厚0.2厘米（图4-7-16，11）。

铁镞　2件。T2045④：1，四棱形镞身，截面菱形，铤部残，残长6.8、宽1.1、厚0.8厘米（图4-7-16，16）。T2145④：1，平刃，镞身方柱体，短铤，铤呈方椎体，长8.3、最宽处0.8、厚0.3厘米（图4-7-16，17）。

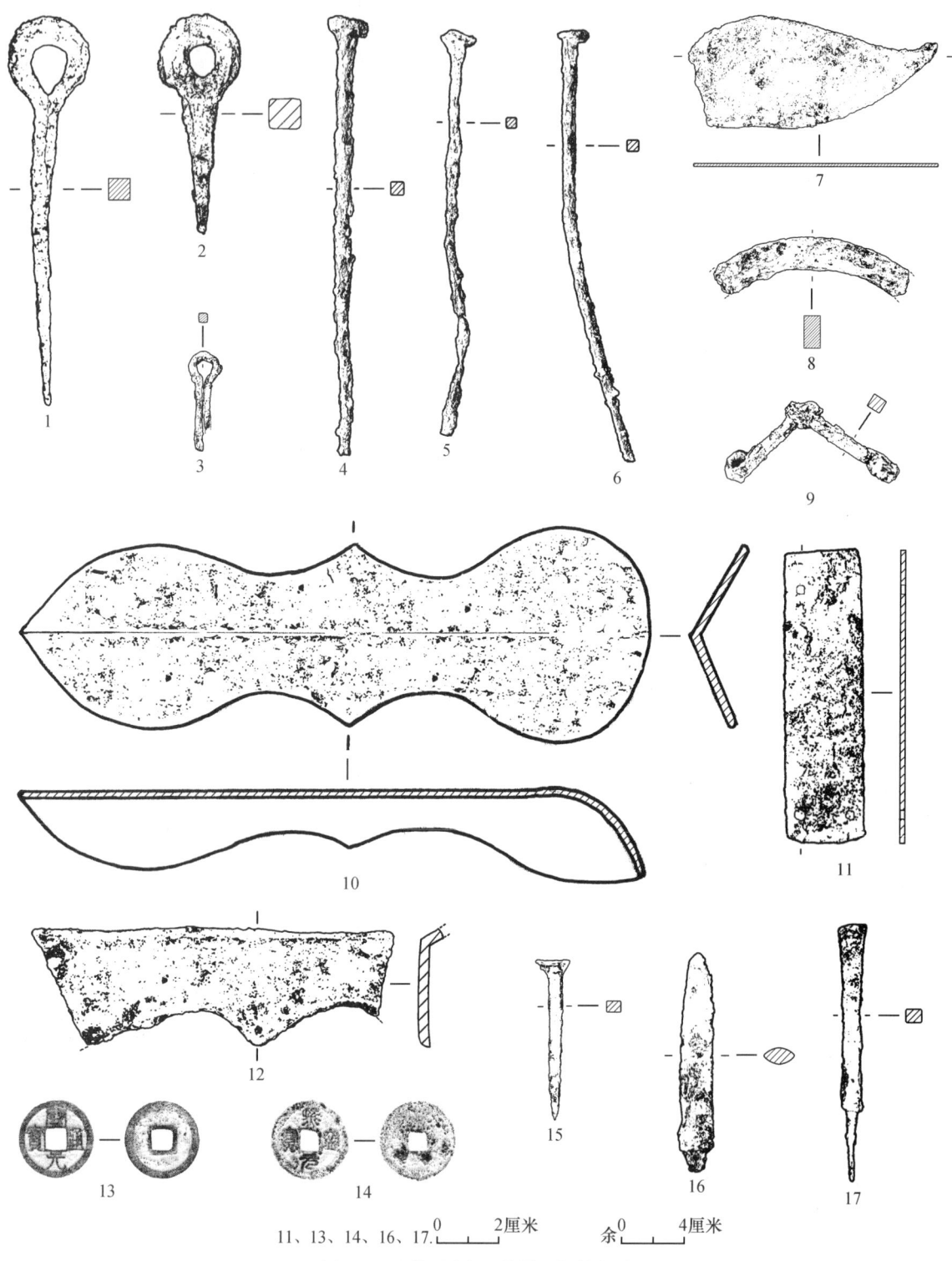

图4-7-16　第4层出土铁器及铜钱拓片

1、2. 铁锥（T1950④∶8、T1950④∶3）　3. 铁门鼻（T1946④∶5）　4—6、15. 铁钉（T1850④∶5、T1950④∶13、T1850④∶45、T2047④∶1）　7、8、10、12. 铁构件（T1950④∶9、T2047④∶3、T1950④∶16、T1950④∶7）　9. 铁马衔（T2047④∶2）　11. 铁甲片（T1748④∶1）　13、14. 铜钱拓片（T1850④∶1、T1847④∶1）　16、17. 铁镞（T2045④∶1、T2145④∶1）

六、铜　　钱

3枚。T1850④：1，开元通宝，楷书，顺读，直径3、孔边长0.7、厚0.1厘米（图4-7-16，13）。T1847④：1，熙宁元宝，篆书，旋读，直径2.5、孔边长0.7、厚0.1厘米（图4-7-16，14）。T1947④：4，残存四分之一，从现存文字判断应为皇宋通宝，篆书，顺读，残长1.6、残宽1.5、厚0.1厘米。

第八节　地层第2、3层及相关遗存

一、建　筑　台　基

（一）主台基

主台基为西南—东北向长方形，东西长37、南北宽31米，系利用第一期建筑主台基基础修整而成，应当是在台基上的原有建筑全部损毁后进行的。先将台基上的早期建筑垃圾清除，并将其与这些建筑废弃后形成的倒塌堆积填埋入台基外侧的沟中并平整，再以夯土将其连同建筑外侧的倒塌堆积一并覆盖，这样一来，使得原建筑台基在东、西、北三侧面积得到了扩充，形成了中部较高，东、西、北三边略低且呈缓坡状的夯土台面（图4-8-1）。

此台基上的建筑未再遵循原有建筑的规格，而是新建一圈墙体（Q3）叠压于第一期台基的磉墩之上，并在墙体范围内重新排布柱网（图版三五，2；图版三六）。

Q3由于距耕土层太近，受现代耕作行为破坏，保存状况较差，目前仅见残损的基槽部分，从平面上看，墙体呈南北向凸字形，方向与台基主体及早期磉墩排布方向一致，南北长18.5、北部东西宽17.8、南部墙体内折后宽14.8、墙槽宽0.5、保存最好处深0.15米，内中使用整块的长方形青砖横向立砌，青砖规格为32厘米×16厘米×5厘米（图4-8-2）。墙槽外侧可见塌落的白灰痕迹，推测墙体外表面曾经涂白灰，白灰厚度为0.3—0.5厘米。

通过发掘发现的属于该阶段的柱础遗迹均处于上述墙体围成的范围内，为边长0.8米左右的方形柱础坑，部分打破早期磉墩，但排列方向仍与早期磉墩一致（图版三五，1）。部分础坑中有柱坑，柱坑多为形制不甚规整的圆形或椭圆形，直径20—60厘米。对位于T1948内南部东数第三个础坑进行了解剖，了解到该类础坑普遍较浅，坑底形制不规则（图4-8-3）。另有几处础坑中残存木柱，有的木柱未在础坑中，而是直接插在夯土台基上，木柱直径8—15厘米（图版二八，4）。南部两排柱础坑排布较为规整：南数第一排6个，间距约2米，南数第二排8个，间距也在2米左右，并与第一排础坑纵向整齐对应，两排础坑间距约4米。北部现存的柱

图4-8-1 晚期建筑台基平面图

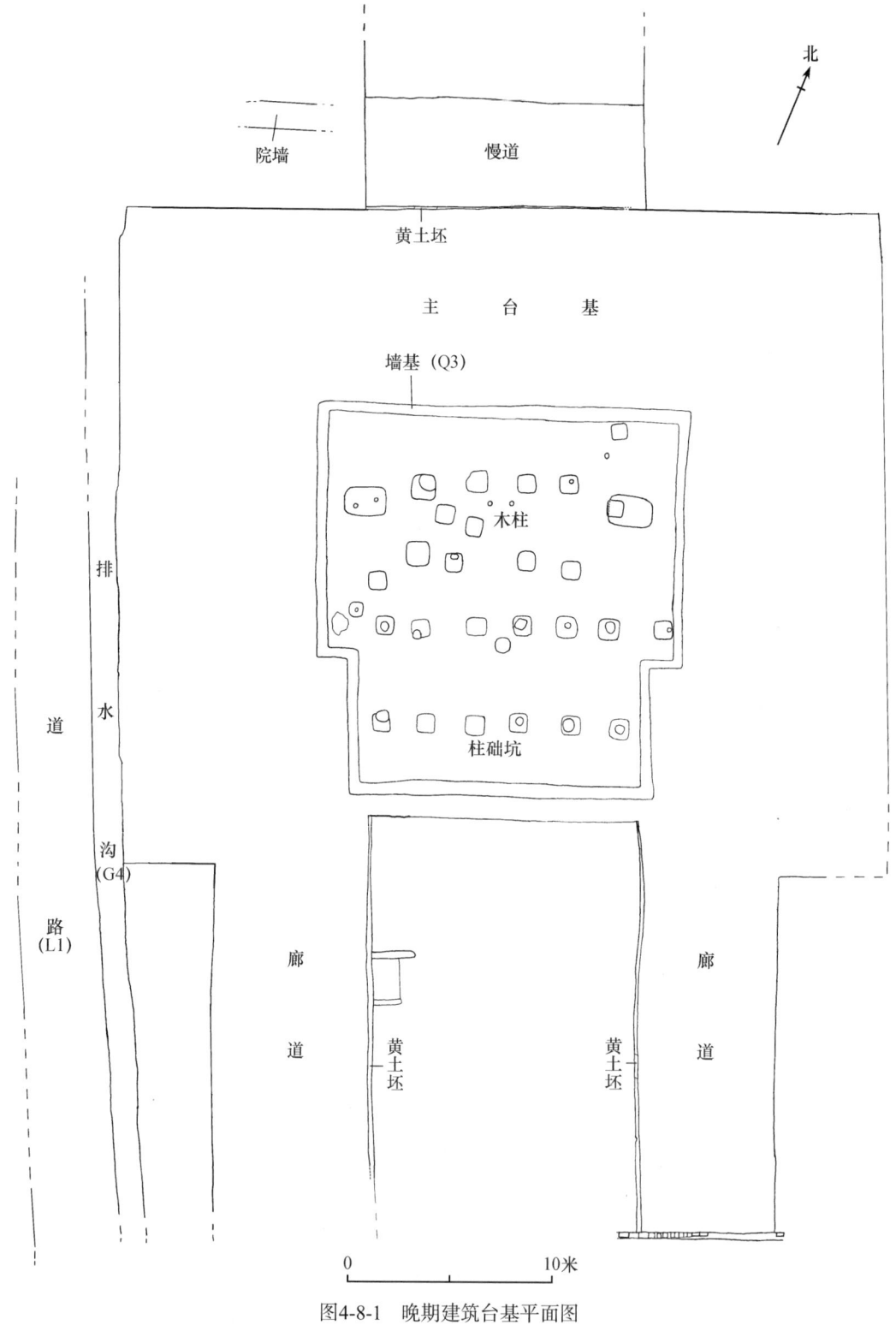

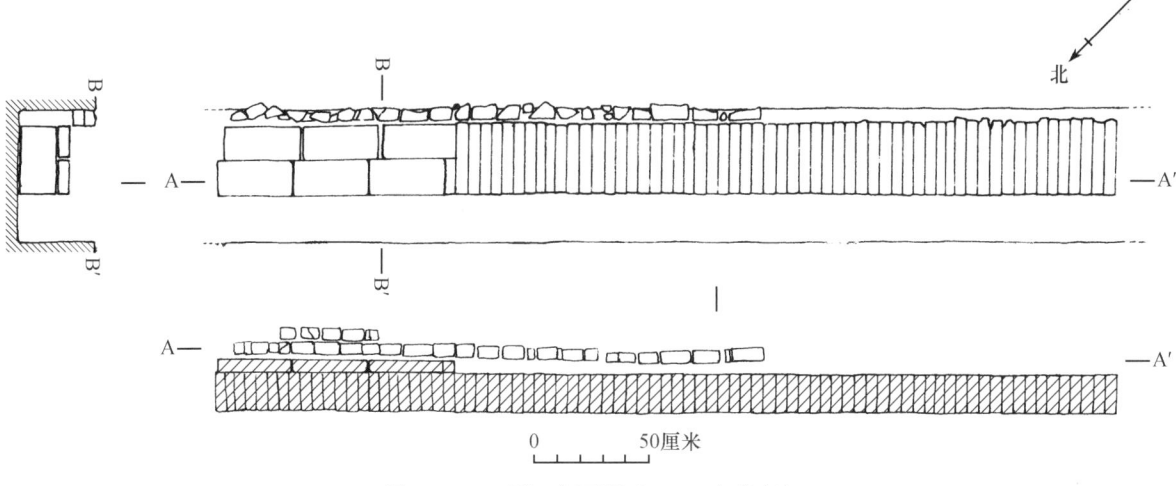

图4-8-2　Q3平、剖面图（T1849内残存）

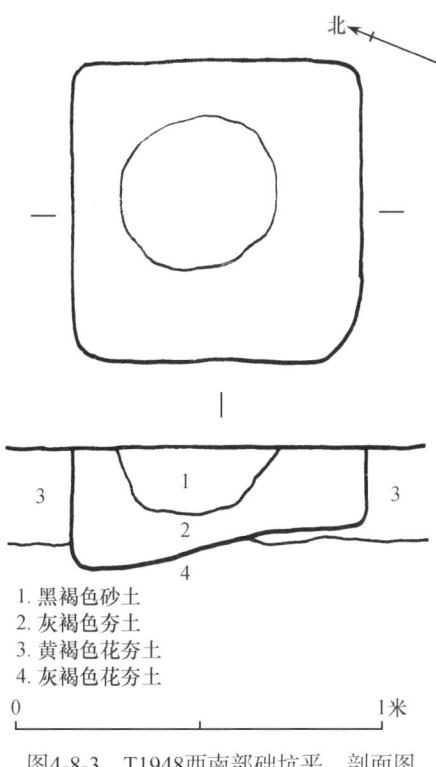

1. 黑褐色砂土
2. 灰褐色夯土
3. 黄褐色花夯土
4. 灰褐色花夯土

图4-8-3　T1948西南部础坑平、剖面图

础坑分布较为凌乱，从一部分位置较为整齐的础坑分布情况来看，应当有三排，各排间距约2.5米，由此可知，这一时期台基上曾建一个面阔7间，进深4间的建筑。分布较为凌乱无规律的几个础坑，有可能是临时性使用留下的痕迹。此外，在东北部和西北部各有一个横向圆角长方形的磉墩，打破早期台基的方形磉墩，西北部磉墩长2、宽1.3、深0.78米，其上有两根残朽的木柱（图4-8-4）。东北部磉墩长2.2、宽1.4米，其西部被一个方形础坑打破，未作解剖深度不明。

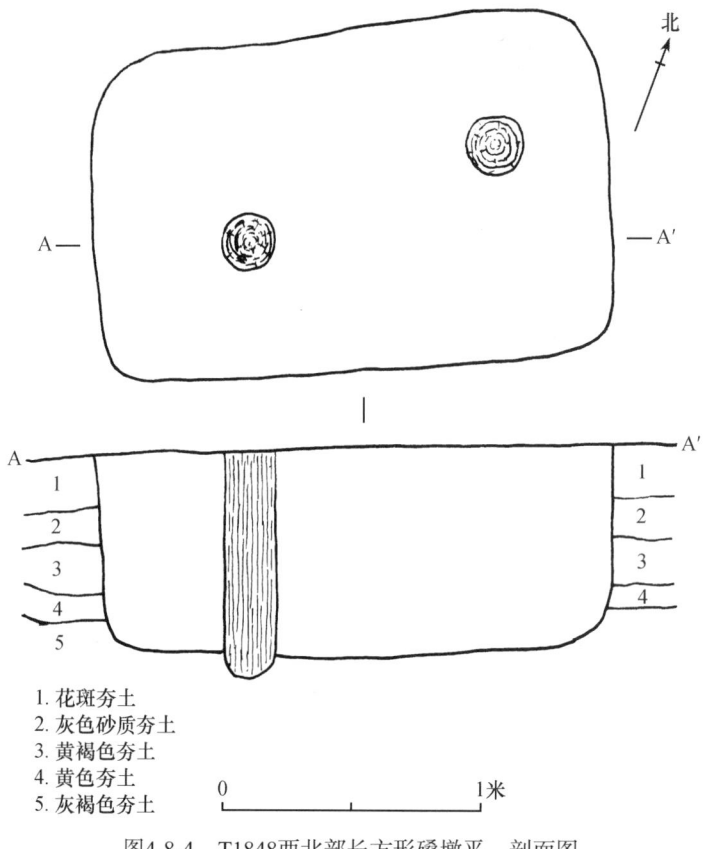

1. 花斑夯土
2. 灰色砂质夯土
3. 黄褐色夯土
4. 黄色夯土
5. 灰褐色夯土

图4-8-4　T1848西北部长方形磉墩平、剖面图

（二）主台基南侧廊道

主台基南侧有两条左右对称的南北向廊道，是在早期建筑月台基础之上改建而成。通过在T2047内对主台基南缘的解剖（图4-3-5），了解到早期月台东、西两侧隆起的部分即该廊道，由2—3层夯土构成，下部为褐色且含沙量较大的夯土，夹杂较多黄斑，最上层为厚约10厘米的纯净的黄色夯土，质地坚实，无包含物。在T2047西南角布设了一条东西长6米，南北宽1米的探沟，发掘至生土层，探沟剖面显示的堆积情况也与对主台基南缘的解剖相印证，其营建方式是：首先将早期月台的东、西两侧台帮用土垫实，即地层第4层，再用夯土垫高，形成两条宽4.5米，左右对称的南北向通道，第4层下皆为早期建筑月台之夯土（图4-8-5）。再在垫高了的通道内侧边竖砌一排用纯净的黄土制作的宽6厘米左右的土坯。西廊道的东侧自北至南6.5米处有一个长方形踏步，该踏步南北宽3.5、东西进深2.1米，用较为纯净的浅黄色土夯筑而成，由于保存状况较差，高度不明，踏步两侧边用黄土制成的土坯立砌成宽6厘米的牙子边，北侧保存较好，南侧残存1.4米。两条通道间距13.2米。在两条通道之间及外侧散落大量瓦片，推断这两条通道应当为有瓦顶的廊式建筑。

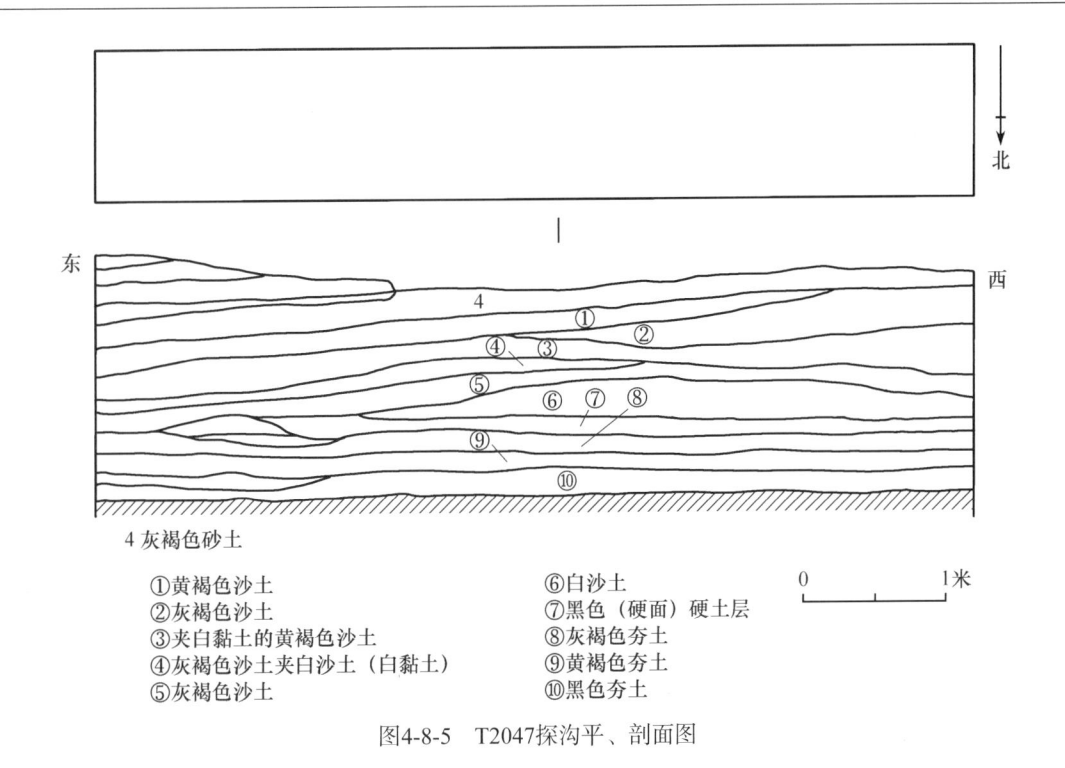

4 灰褐色砂土
① 黄褐色沙土
② 灰褐色沙土
③ 夹白黏土的黄褐色沙土
④ 灰褐色沙土夹白沙土（白黏土）
⑤ 灰褐色沙土
⑥ 白沙土
⑦ 黑色（硬面）硬土层
⑧ 灰褐色夯土
⑨ 黄褐色夯土
⑩ 黑色夯土

图4-8-5　T2047探沟平、剖面图

（三）主台基北侧慢道

主台基北侧慢道系沿用第一期慢道，未做改动，宽11米，慢道呈斜坡状，两侧边壁面较为陡直，无包砖等特殊处理。由于保存状况较差，长度不明，经发掘可确认长度至少在4.2米以上。该慢道与主台基相接处有一条宽6厘米的东西向立砌黄土坯。

二、排水沟及道路

第一期主台基左右两侧的院墙此阶段已被夯土覆盖，但外侧的排水沟G4和G7，以及道路L1仍在沿用。L1在原有基础上被垫高至地层第2层下即可见，G4与G7的开口也随着道路和台基覆盖的夯土而抬高至地层第2层下。此外，在T1648南部的发掘中，发现两条沟，打破L1和L2，分别编号G8、G9（图4-8-6）。

G8　位于L1西侧，与L1平行，发掘部分位于T1648东南部，开口于第2层下，方向158°，打破L1和L2。发掘长度2.1米，沟口宽1.6米，沟壁斜直内收，平底，沟底宽1.25、深0.5米。沟内堆积二层：第1层为灰褐色土，夹杂少量炭灰，仅见于沟东部，厚0—30厘米；第2层为浅黄色沙土，有层理但较为疏松，未见包含物（图版四四，2）。

G9　发掘部分位于T1648西南部，处于G8西部，与G8垂直相接，开口于第2层下，方向68°，打破L2。发掘长度2.75米，沟口宽1、深0.5米，斜弧壁，圜底。沟内堆积二层：第1层为

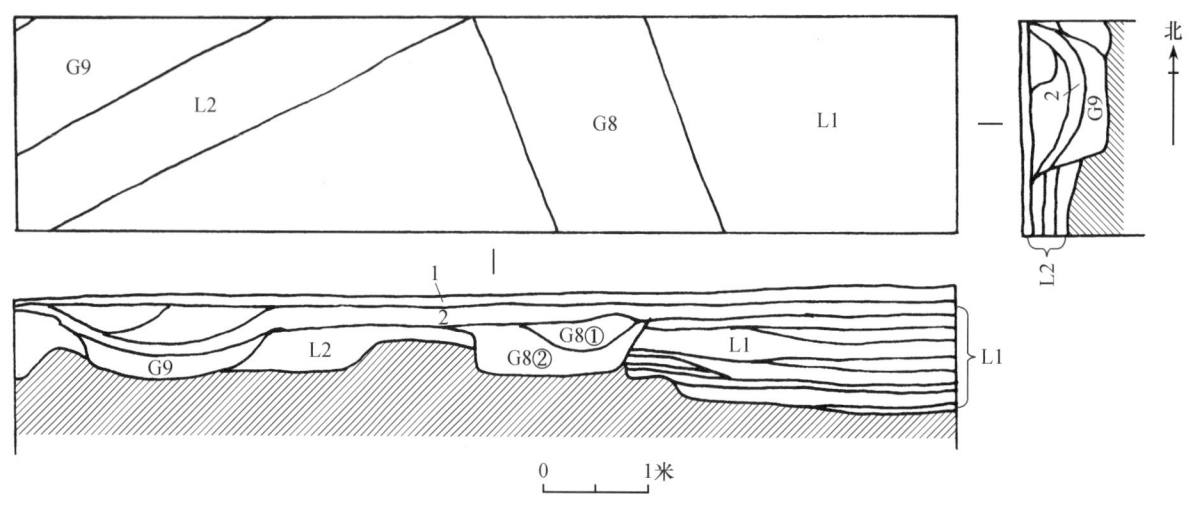

图4-8-6 T1648南部探沟平、剖面图

灰褐色土，夹杂少量炭灰，仅见于沟中部，厚0—10厘米；第2层为黄褐色沙土，有层理但较为疏松，未见包含物（图版四四，2）。

三、房　　址

F4　位于T1751东部及T1851西侧，起建于第4层之上，地面式建筑，仅发掘南半部分，方向70°。平面呈西北—东南向长方形，南北长6.3、东西宽5.8米。房址保存状况较差，墙壁皆毁弃无存，未见墙体和门道迹象。房内东部有一条南北向隔墙，系用单层青砖错缝垒砌而成，宽0.18、残高0.54米，最高处残存8层青砖。隔墙东侧墙北部有两条东西向短墙平行排布，间距2.15米，北侧一条用一单层平铺青砖和一单层立砌土坯砌筑的东西向短墙，长1.3、宽0.24、残高0.18米，最高处残存3层青砖，南侧一条用一单层平铺青砖垒砌，残存一层，宽0.18、高0.06米（图4-8-7）。房内地面原本平铺一层黄土坯，由于保存状况较差，多数区域已无存，仅房址南部存留部分，因长期踩踏，形成黄土踩踏面，在砖隔墙下部及东侧还保留小面积的土坯，土坯规格与青砖同，皆为36厘米×18厘米×6厘米。房内遍地皆坍塌的残断青砖，其中，在房址西南部有两摞叠砌整齐的青砖，似为原地倒塌，推测此处可能曾有一条南北向砖隔墙。房内南端中部及西南部各放置2件陶缸，砖隔墙西侧放置1件陶缸，均已被压碎，砖隔墙东侧墙脚处出土多件叠摞在一起的铁器，包括铁锹、铁刀、铁环等。

F5　位于T1751西北角，起建于第4层之上，仅发掘一小部分，形制不明，方向70°。揭露部分可见一条折尺形砖墙，系用单层砖平砌而成，宽0.18、残高0.3米，墙外拐角处有一碎砖垒砌的圆形烟囱，口径0.4、深0.3米。烟囱东侧平置一块长0.5、宽0.4、厚0.15米的石块，石块上表面较平，应为柱础石。南侧有三条砖砌的东西向遗迹，宽1、残长1.15米，性质不明。

图4-8-7 F4平、剖面图

四、灰　　坑

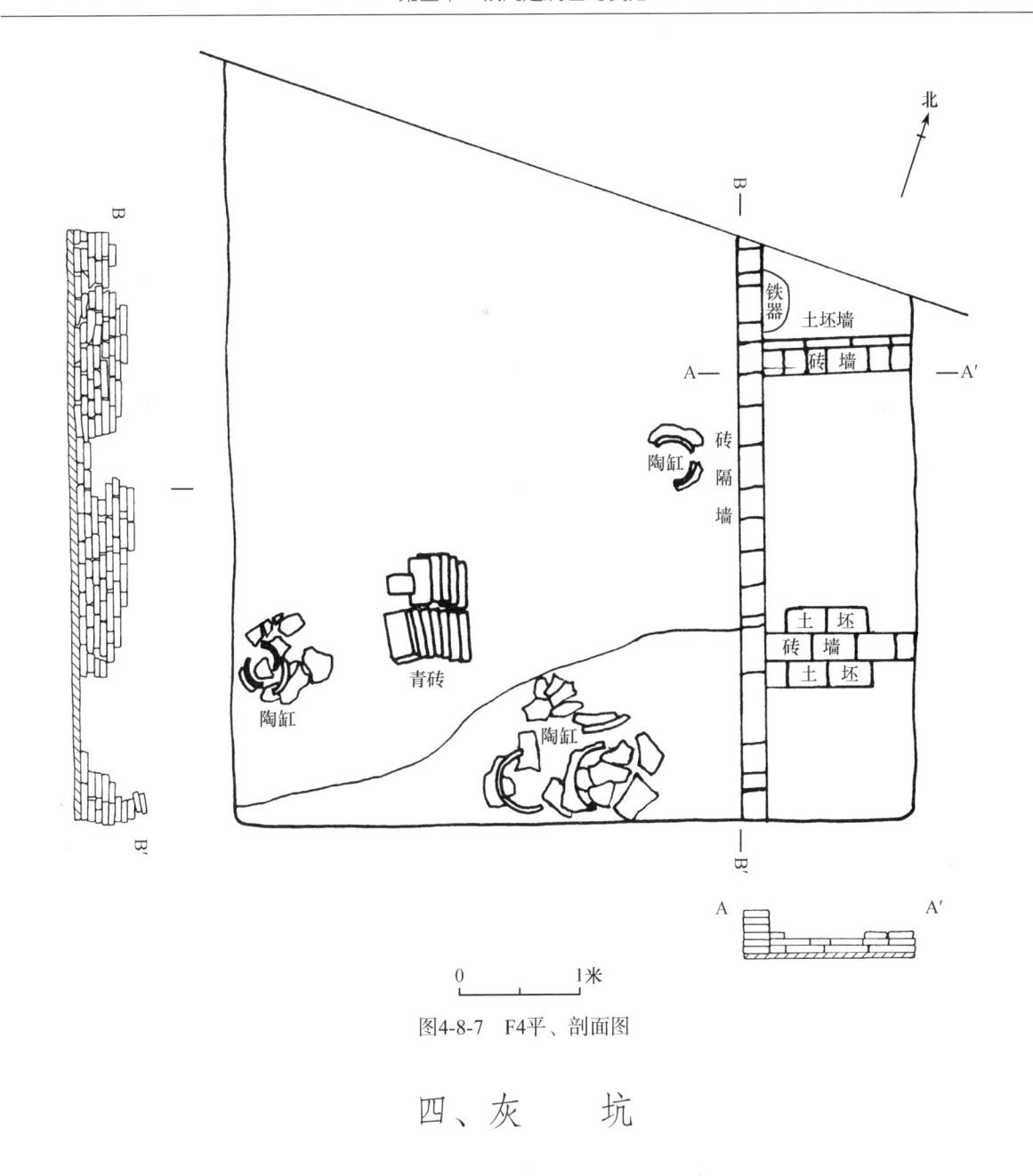

H6　位于T2049中南部，开口于第3层下，方向168°。坑口圆角长方形，斜直壁，平底。坑口长2.8、宽1.9、坑底长2.1、宽1.6、深0.9米。坑壁有厚30—60厘米的白灰，北壁较薄，南壁较厚，从形态来看，似由南壁向坑内倾倒液体状白灰干结后形成（图4-8-8；图版三七，1）。坑内填土为坚实的夯土，一次性夯实，坑口之上亦被夯土覆盖。此坑应为第三期台基建筑过程中使用的白灰搅拌坑。

H7　位于T1750西北部，开口于第2b层下。坑口椭圆形，直壁，平底。坑口长径1.44、短径1.3、坑底长径1.4、短径1.25、深0.3米（图4-8-9；图版三七，2）。坑内填土为一次性堆积，为质地相对疏松的深褐色花土，包含少量陶器残片和瓦片。

1. 夯土
2. 白灰

图4-8-8 H6平、剖面图

图4-8-9 H7平、剖面图

图4-8-10 H8平、剖面图

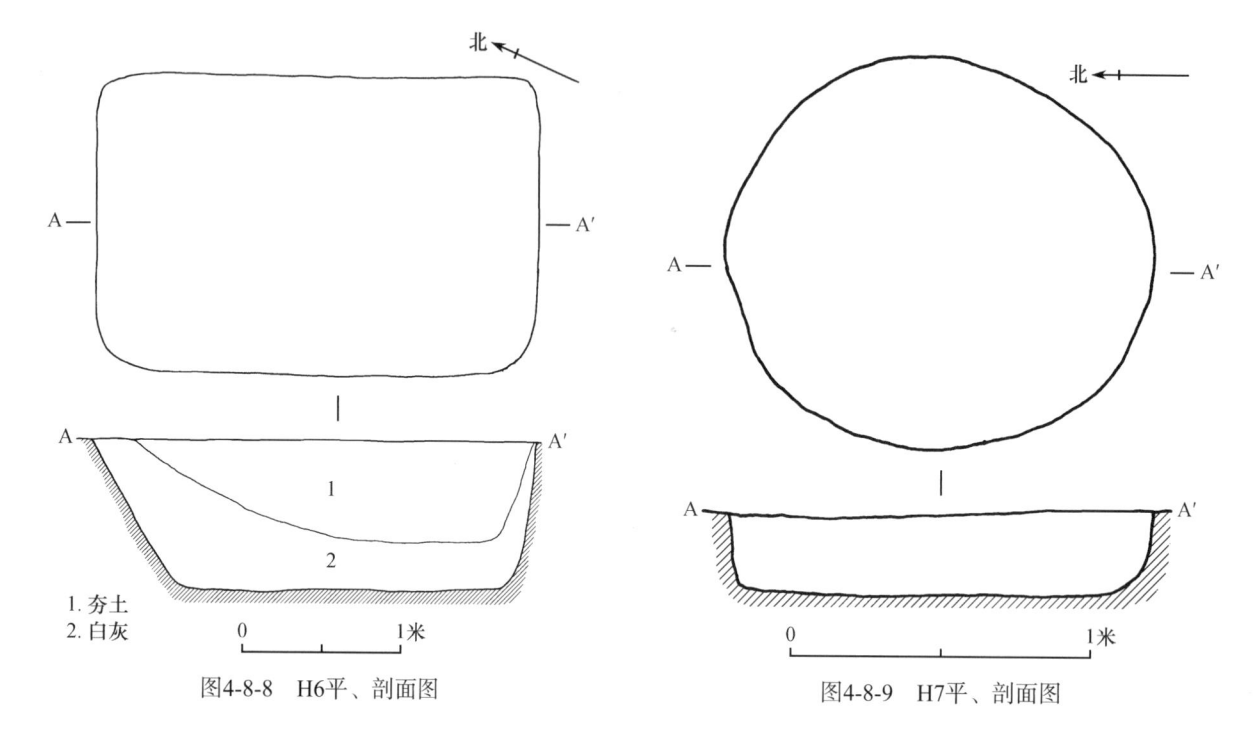

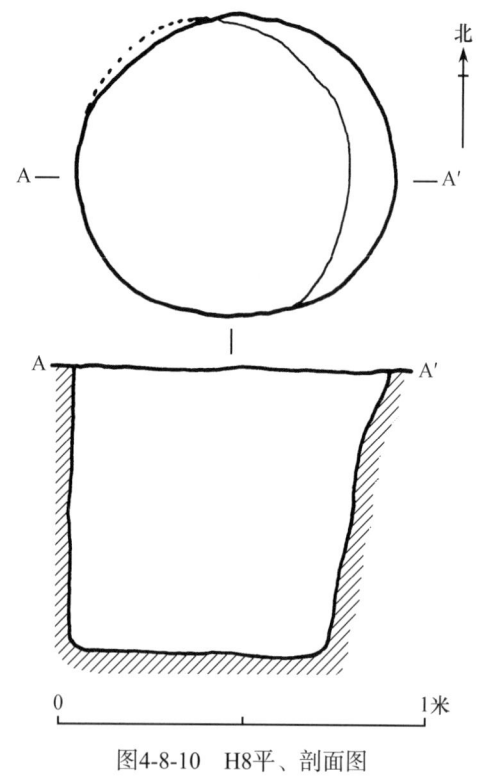

H8 位于T1847东隔梁处，开口于第2b层下，打破主台基南侧的拦土。坑口近圆形，直壁，平底，东侧壁略微外凸。坑口长径0.82、短径0.78、坑底长径0.72、短径0.71、深0.78米（图4-8-10；图版三七，3）。坑壁有一层厚3厘米的火烤硬面，坑内填土为一次性堆积，为质地相对疏松的褐色沙土，夹杂大量黑灰，未见其他遗物。

H9 位于T2047西北角，开口于第2b层下，打破东廊道西侧边缘处的立砌土坯边。坑口近圆形，直壁，平底。坑口长径0.6、短径0.58、坑底长径0.65、短径0.62、深0.58米（图4-8-11；图版三七，4）。坑壁经火烤，壁面呈红色，坑内填土为一次性堆积，为质地相对疏松的褐色沙土，内含大量形体较轻薄的板瓦残片及建筑饰件残块，坑底西侧置1件残碎的三足平底铁锅，未能修复。该坑位置与H8相对应，推测与台基晚期建筑的立柱有关，可能为柱坑。

H10 位于T2045西部，开口于第2b层下。坑口圆形，斜壁，圜底，直径1.96、深0.32米（图4-8-12；图版三八，1）。坑壁经火烤，壁面呈红色，坑内填土为一次性堆积，为褐色沙土，内含大量经火烧的砖和红烧土块。出土兽面纹瓦当1件。

图4-8-11　H9平、剖面图

图4-8-12　H10平、剖面图

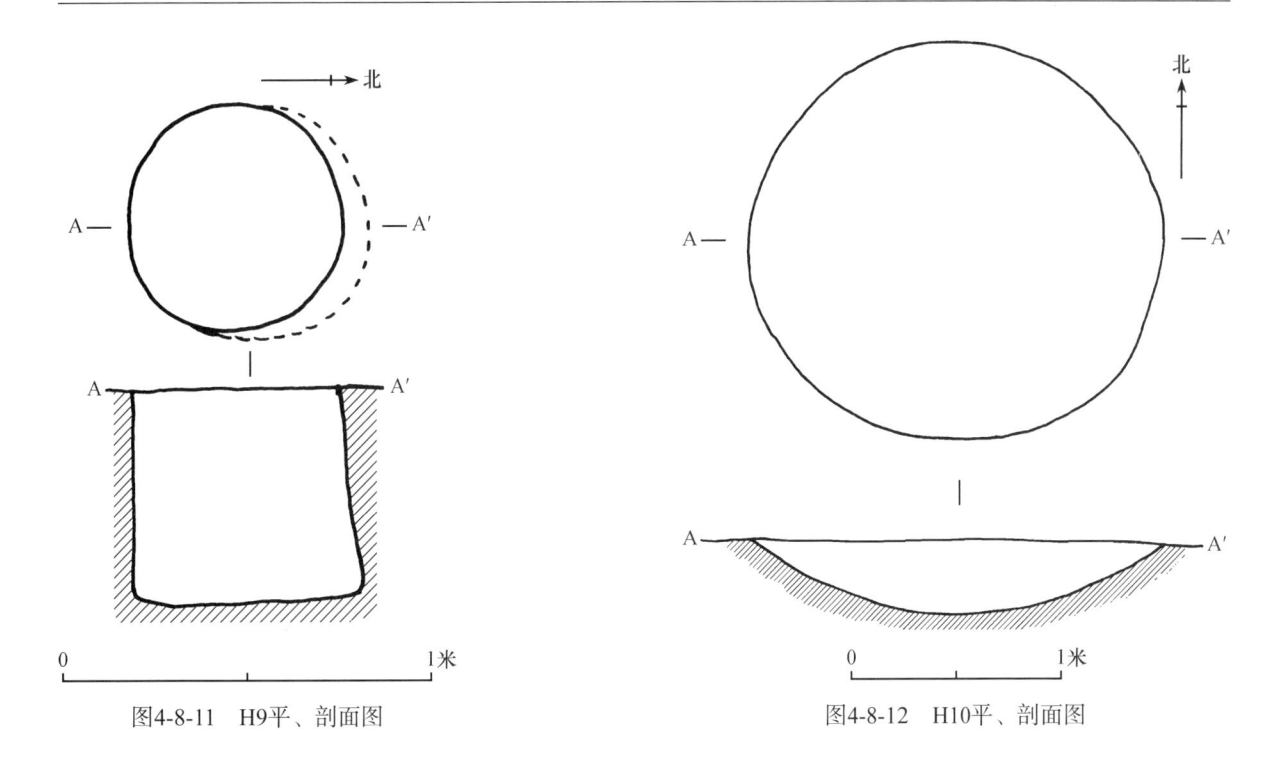

H21　位于T1951东南部，开口于第2a层下，南端打破Q8，北端打破Q7，方向155°。坑口呈不甚规则的四边形，直壁，平底。坑口长4、宽1.4、深0.4米（图4-8-13；图版三八，2）。坑内填土为一次性堆积，灰黄色土，土质疏松，夹杂有红烧土粒，包含少量砖瓦残块。

H32　位于T1850东北侧，开口于第2a层下，部分位于隔梁下及T1851内，打破建筑台基北侧的踏道，方向65°。坑口大致呈圆角长方形，西端略宽，东端稍窄，斜直壁，平底。坑口长3.7、宽1.3—1.9、深1.25米（图4-8-14）。坑内填土为一次性堆积，为灰褐色土，土质疏松，包含大量烧土碎块和炭屑。

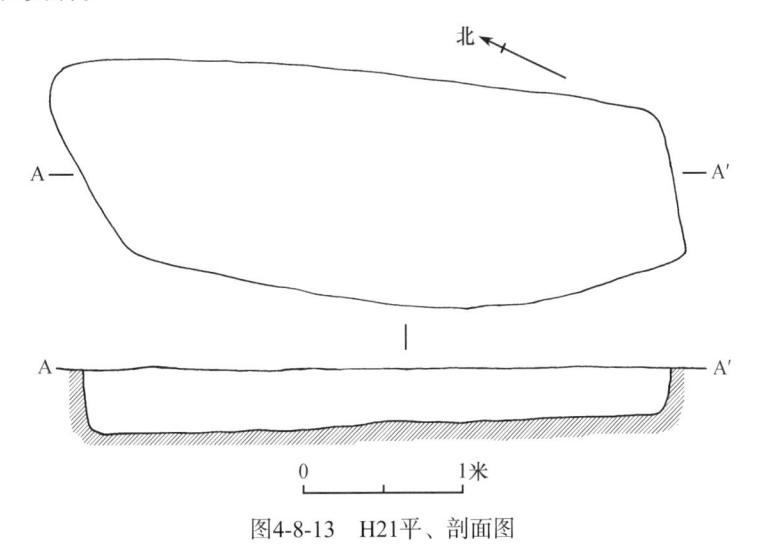

图4-8-13　H21平、剖面图

图4-8-14　H32平、剖面图

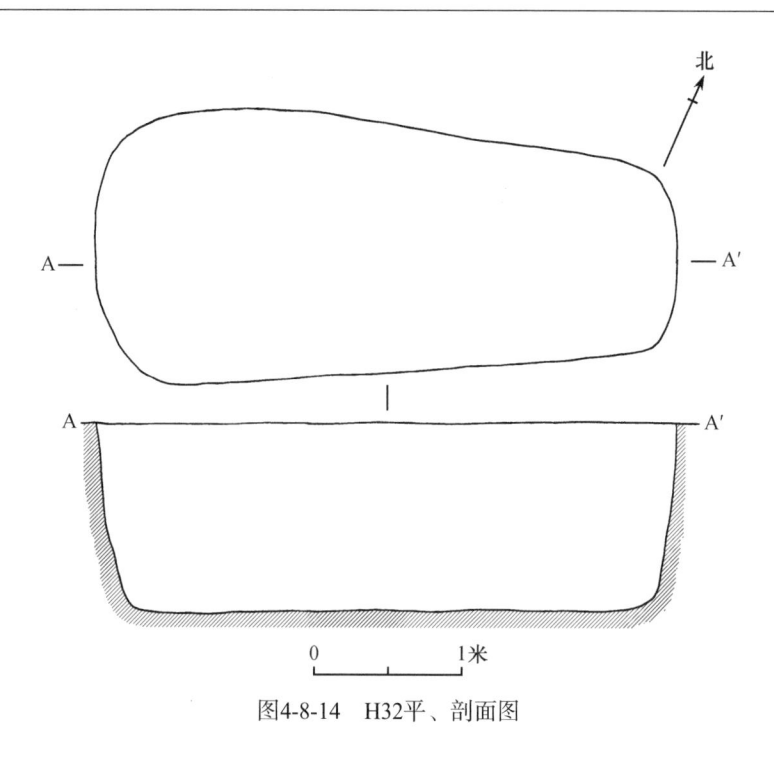

五、出土遗物

（一）遗迹单位出土遗物

1. 建筑构件

板瓦　3件。平面呈梯形，凸面素面，凹面布纹。H9∶1，凸面有轮修形成的横向细密线条，长34.6、宽19—19.8、最厚处2.8厘米（图4-8-15，1）。H9∶5，凸面有轮修形成的横向细密线条，长36、宽19.2—23.5、最厚处2厘米（图4-8-15，2）。H9∶6，凸面下端有不甚明显的竖向凸棱，长34、宽19.6—22.4、最厚处1.9厘米（图4-8-15，3；图版六九，4）。

筒瓦　5件。F4∶29，有较短的瓦舌，尾端内侧抹斜，通长28、宽13.6、高5.4厘米（图4-8-16，1）。F4∶32，无瓦舌，一端方唇，另一端圆唇，瓦体较薄，残缺一角，长30、宽14、高7.2厘米（图4-8-16，3）。F4∶33，无瓦舌，残缺一角，一端内侧加厚，长28.5、宽14、高7.3厘米（图4-8-16，2）。

当沟　1件。F4∶30，使用无瓦舌筒瓦二次加工而成，一侧两角被打掉，形成左右对称的豁口，长29、最宽处15、高6厘米（图4-8-16，4；图版八八，6）。

脊兽残块　4件。H9∶7，套兽残块，残存上颚部分，吻部尖锐，鼻孔呈环形，残长14.8、残宽9.8、残高15.6厘米（图4-8-17，1）。H9∶9，垂兽残件，残存两块，为同一件器物（图4-8-17，2、3）。

青砖　1件。F4∶31，青灰色，模制，长方体，长30、宽15.4、厚4.6厘米（图4-8-15，4）。

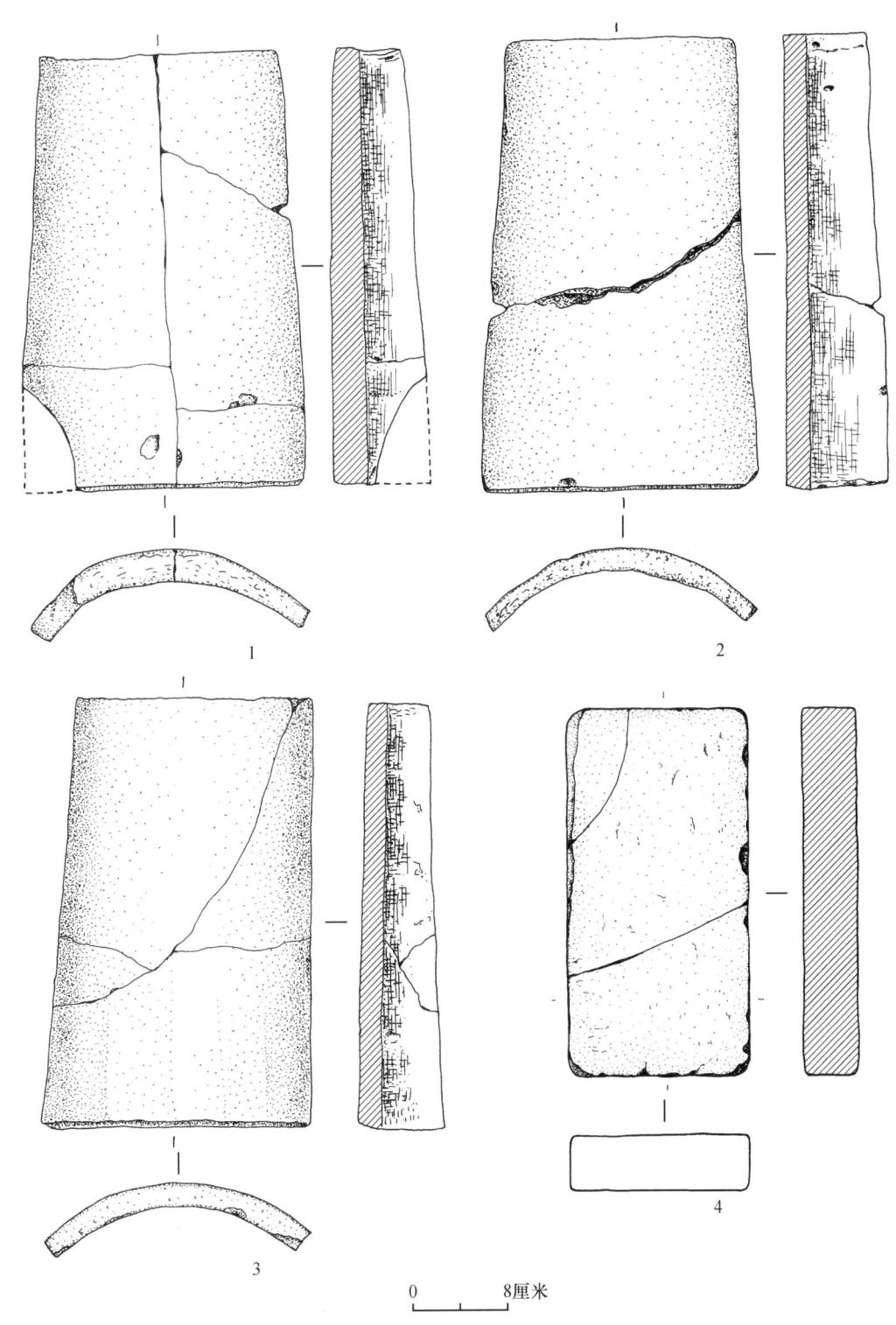

图4-8-15 第2层下遗迹单位出土板瓦、砖
1—3.板瓦（H9：1、H9：5、H9：6） 4.青砖（F4：31）

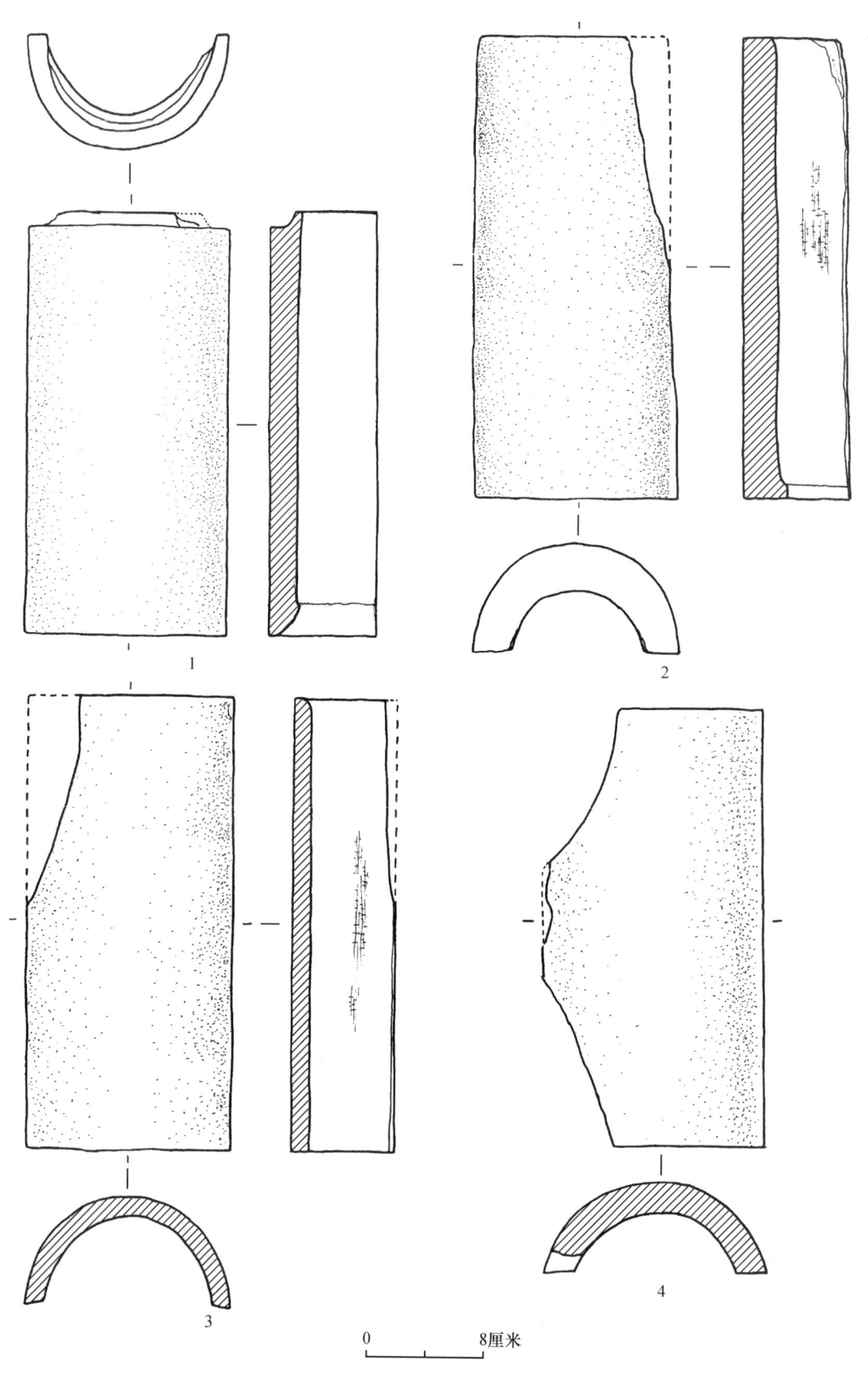

·232·　　白城城四家子城址——2013—2016年度田野考古报告

图4-8-16　第2层下遗迹单位出土筒瓦、当沟
1—3. 筒瓦（F4：29、F4：33、F4：32）　4. 当沟（F4：30）

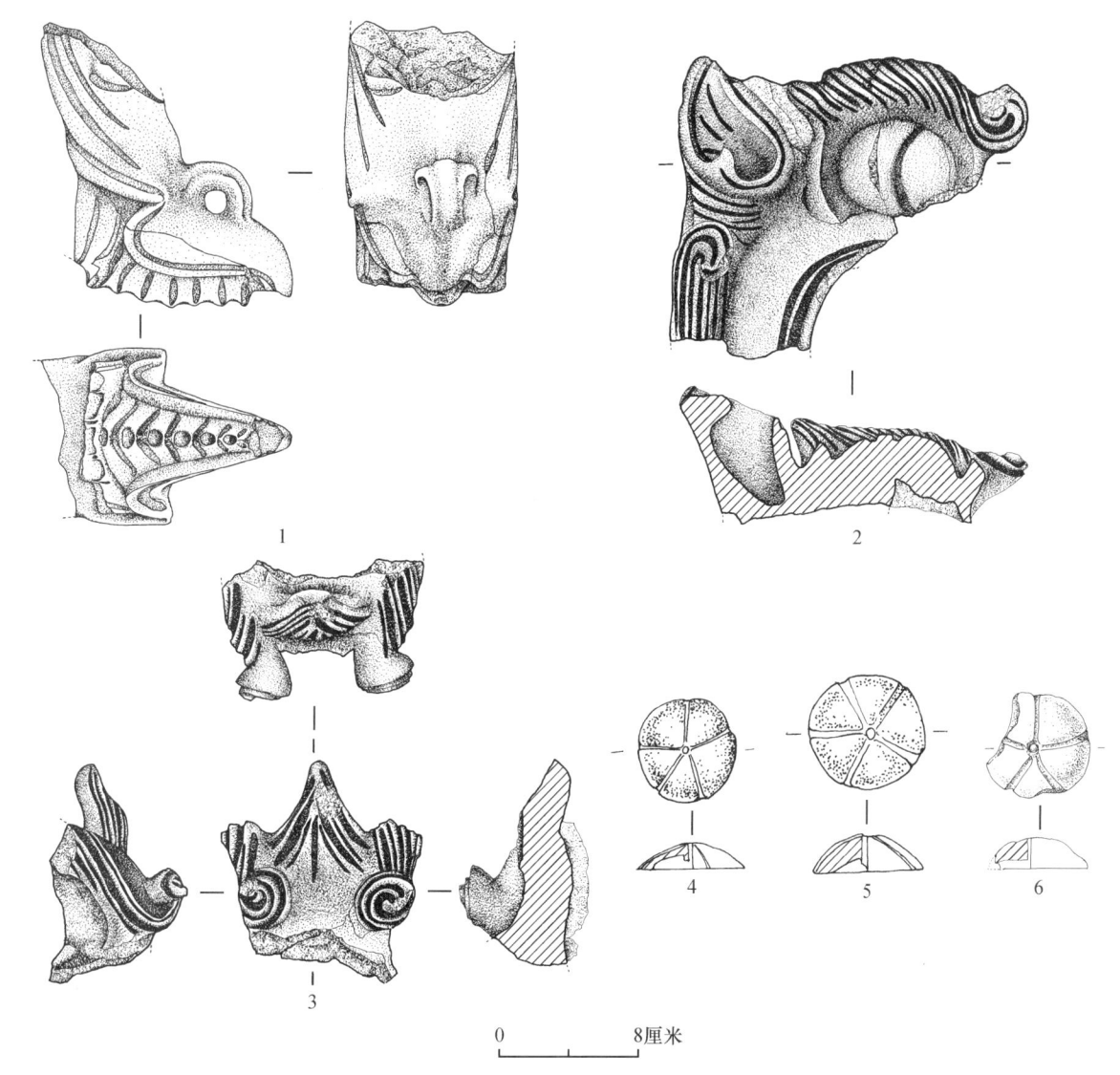

图4-8-17　第2层下遗迹单位出土脊兽、瓦钉
1—3.脊兽残块（H9∶7、H9∶9-1、H9∶9-2）　4—6.陶瓦钉（F4∶1、F4∶2、F4∶26）

陶瓦钉　5件。平面五瓣花形，整体呈中间厚、边缘薄的圆饼状，中部有圆孔贯穿，上表面有五条呈放射状凹槽。F4∶1，底部内凹，直径6、孔径0.4、高1.4厘米（图4-8-17，4；图版一三〇，8）。F4∶2，底部内凹，直径6.3—6.6、孔径0.5、高2厘米（图4-8-17，5；图版一三〇，7）。F4∶26，平底，直径5.7、孔径0.45、高1.8厘米（图4-8-17，6）。

2. 陶器

陶缸　8件。均泥质灰陶，器壁较薄，卷沿圆唇，敛口。F4∶8，肩部残，鼓腹，平底，器身等距分布四条附加堆纹装饰带，口径44、最大径67.2、底径30.4、残高61厘米（图4-8-18，1）。F4∶35，鼓肩，斜弧腹，平底，微内凹，器身有五组附加堆纹装饰，最上部一组由两条纹饰带组成，下部四组仅一条，口径56、最大径80、底径40、高78.4厘米（图4-8-18，2；图版

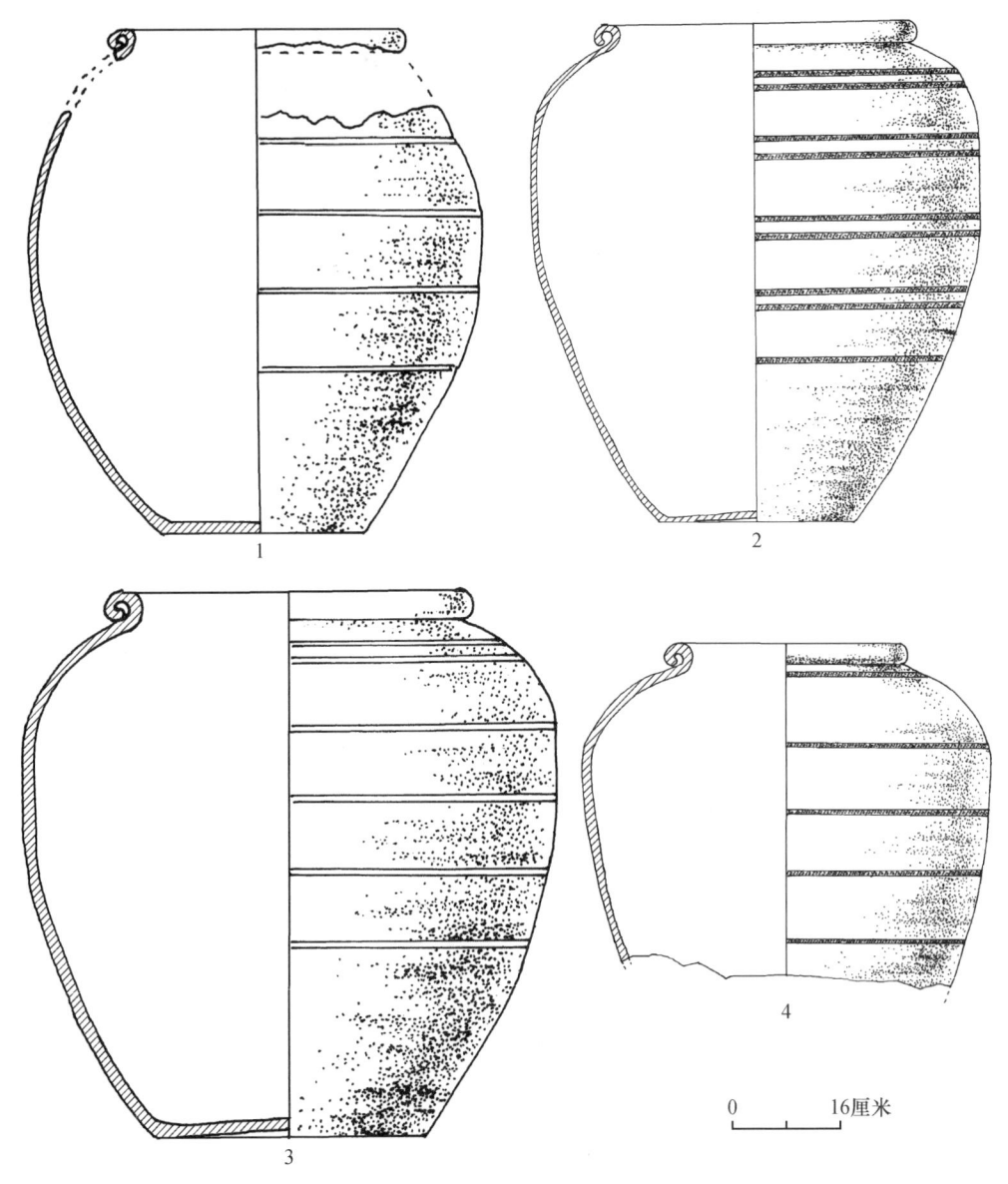

图4-8-18　F4出土陶缸（一）
1. F4∶8　2. F4∶35　3. F4∶36　4. F4∶37

九八，2）。F4∶36，鼓肩，斜弧腹，平底，微内凹，器身有五组附加堆纹装饰，上部四组每组两条纹饰带，最下一组仅一条，口径48、最大径66、底径28.8、高72厘米（图4-8-18，3；图版九八，3）。F4∶37，鼓肩，斜弧腹，底部残，器身等距分布五条附加堆纹装饰带，口径36、最大径66、残高49.6厘米（图4-8-18，4）。F4∶38，鼓肩，斜弧腹内收，平底，器身有四组附加堆纹装饰，每组两条纹饰带，口径65.5、最大径88、底径37.5、高88.8厘米（图4-8-19）。

陶罐　7件。F4∶4，泥质灰陶，口部残，鼓腹，平底，上腹部有磨光痕，最大腹径18、底径11.3、残高12.2厘米（图4-8-20，1）。H9标∶2，泥质灰陶，口部残，圆肩，鼓腹，大平底，最大腹径32.8、底径22.6、残高24.8厘米（图4-8-20，2）。F4标∶9，残存口沿，卷沿圆唇，敛口，鼓肩，残高7、胎厚0.8厘米（图4-8-20，3）。F4标∶3，残存口沿，圆唇，敛口，残高6.2厘米（图4-8-20，4）。

扑满 1件。F4：7，泥质灰陶，残存腹片，上有2个直径1.1厘米的圆形孔，胎厚0.8厘米（图4-8-20，5）。

陶盆口沿 7件。F4标：8，卷沿，圆唇，斜弧腹，残高6.8、胎厚0.6厘米（图4-8-20，6）。F4标：1，卷沿，圆唇，斜弧腹，残高8、胎厚0.6厘米（图4-8-20，7）。G8标：2，泥质灰陶，外折沿方唇，直口，残高6、胎厚0.5厘米（图4-8-20，8）。

陶盏 1件。F4：1，泥质灰陶，尖圆唇，敞口微敛，斜弧腹，平底，口径8、底径4、高2厘米（图4-8-20，10）。

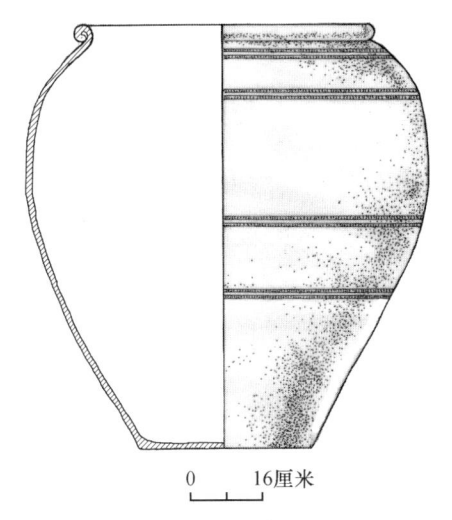

图4-8-19 F4出土陶缸（二）
F4：38

3. 瓷器

瓷罐 1件。H9标：3，定窑白瓷，残存口沿部分，灰白胎，圆唇，直口，鼓肩，肩部有竖桥耳，残高4、胎厚0.6厘米（图4-8-20，9）。

瓷盘 2件。F4：5，化妆白瓷，轮制，涩圈叠烧，灰砂胎，器壁施白色化妆土，透明釉，外壁下腹及圈足未施釉，敞口，尖圆唇，弧腹，圈足，口径17、底径7、高3.8厘米（图4-8-20，11）。

瓷碗 2件。G8：1，定窑白瓷，白胎，内外均施满釉，尖唇，敞口微侈，葵口，弧腹，圈足，芒口，内壁出筋，口径10、底径3.2、高3.4厘米（图4-8-20，12；图版一二〇，7）。

4. 铁器

铁锹 3件。F4：24，锹面呈上窄下宽的梯形，平刃，耸肩，銎内卷，通高33、锹面宽13—17.5、銎径4.8厘米（图4-8-21，1；图版一三六，4）。F4：25，锹面呈长方形，刃微残，溜肩，銎内卷，通高31.8、锹面宽19、銎径4.8厘米（图4-8-21，2）。F4：13，锹面呈上窄下宽的梯形，刃微弧，平肩，銎内卷，通高23.4、锹面残宽18.2—19.7厘米（图4-8-21，4）。

丫形铁器 2件。F4：11，顶端分岔，柄部截面方形，柄端管銎，长42.2、截面长1.8、宽1.4厘米，柄端圆形，直径3.4厘米（图4-8-21，3；图版一三七，5）。

铁环 1件。F4：10，锻造，上口略小于下口，截面长方形，直径21—21.6、高2.1、厚0.6厘米（图4-8-21，5；图版一三七，3）。

铁刮刀 1件。F4：14，平面呈长条形，弧背，弧刃，背宽厚，两端均有刀柄，通长50.5、宽6.9、背厚1.3、刃长39.8厘米（图4-8-21，6；图版一三六，9）。

铁钩 1件。F4：15，上端弯弧呈钩状，通长34.3、截面呈长方形，长1.3、宽0.3厘米（图4-8-21，7）。

铁挂钩 4件。平面呈"U"形，两端呈向外的钩状。F4：12，两端残，器身截面方形，边

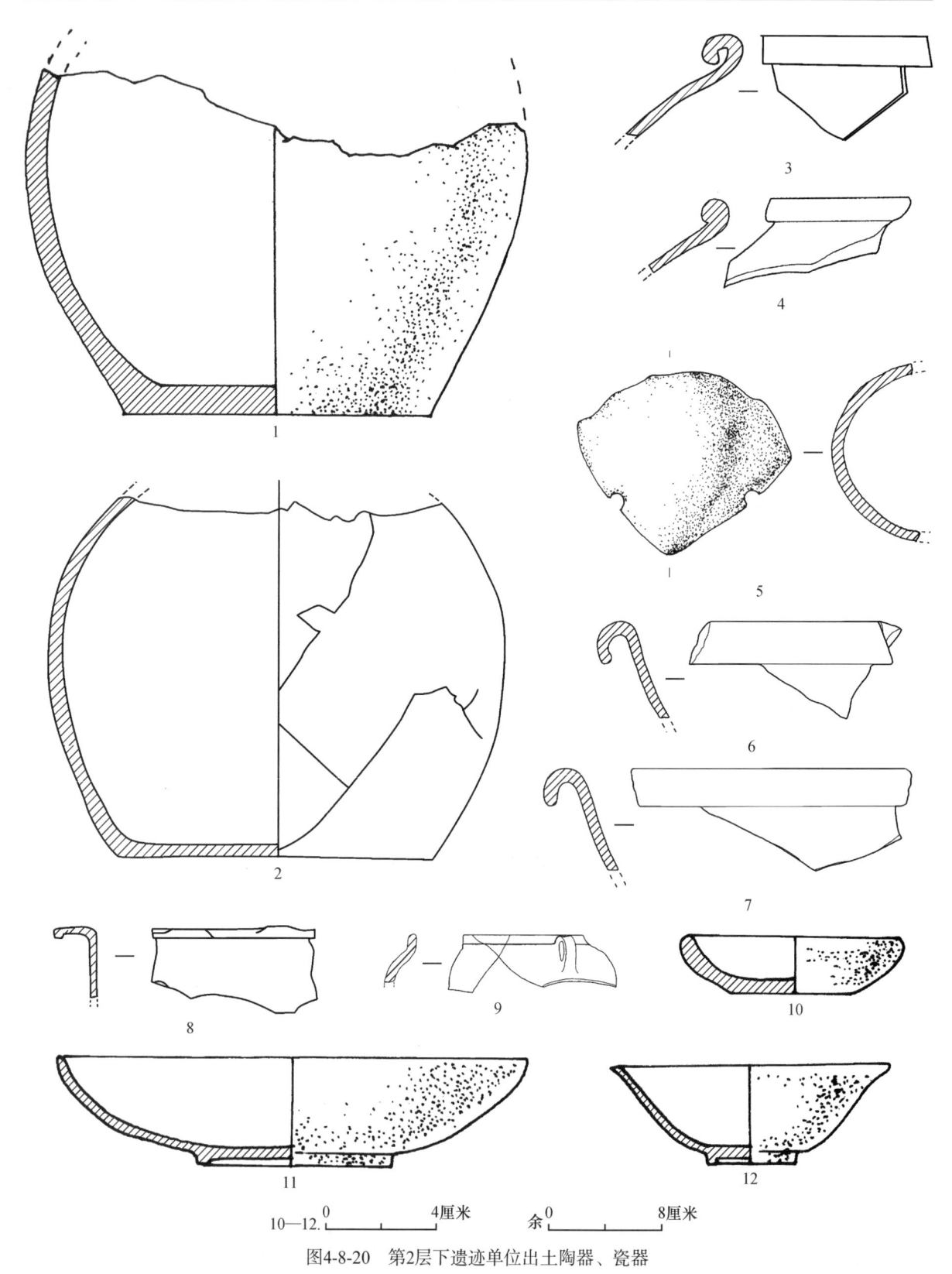

图4-8-20 第2层下遗迹单位出土陶器、瓷器

1—4.陶罐（F4：4、H9标：2、F4：9、F4标：3） 5.扑满（F4：7） 6—8.陶盆（F4标：8、F4标：1、G8标：2）
9.瓷罐（H9标：3） 10.陶盏（F4：1） 11.瓷盘（F4：5） 12.瓷碗（G8：1）

第四章　城内建筑址的发掘

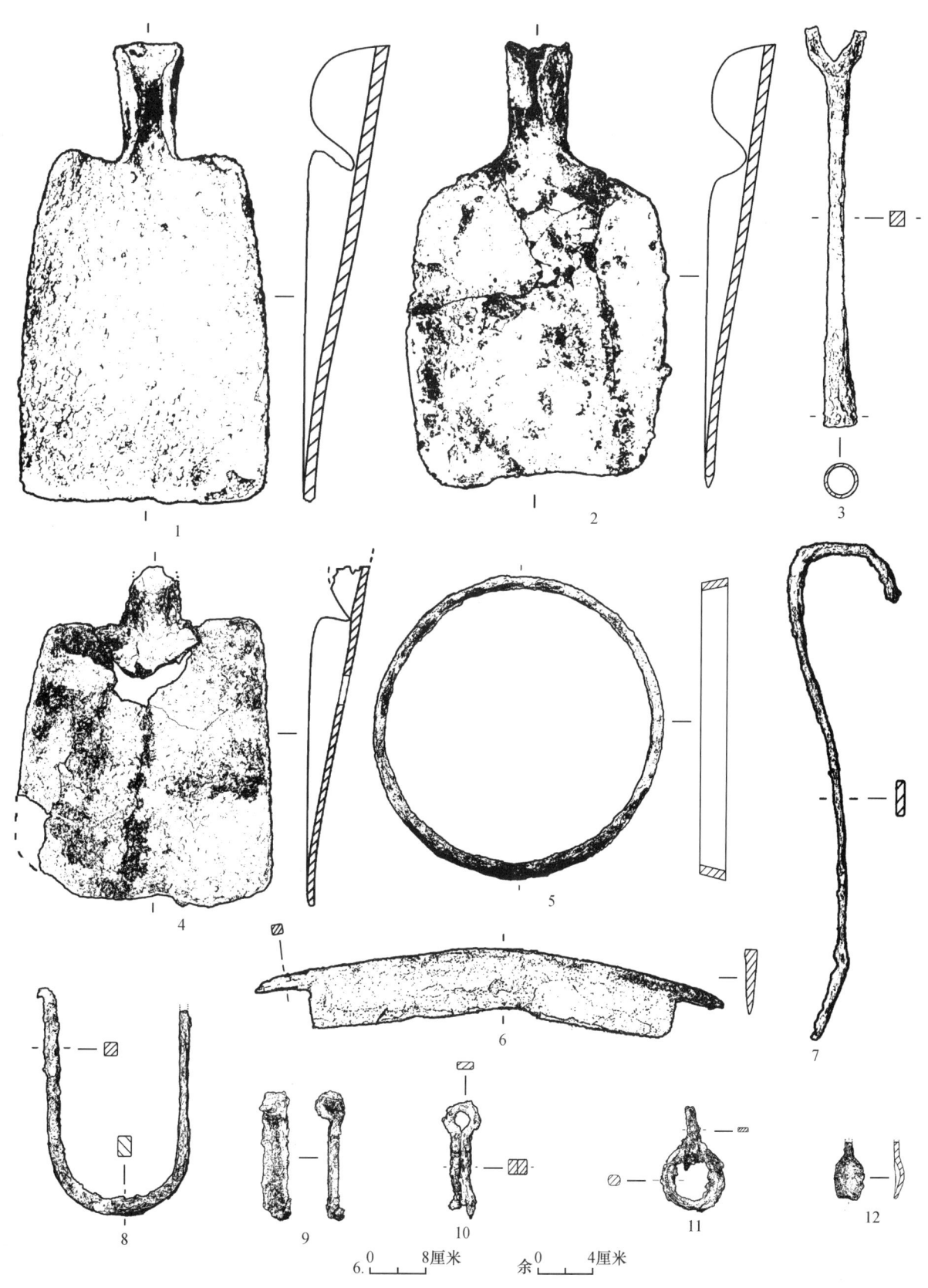

图4-8-21　第2层下遗迹单位出土铁器
1、2、4. 铁锹（F4：24、F4：25、F4：13）　3. 丫形铁器（F4：11）　5. 铁环（F4：10）　6. 刮刀（F4：14）
7. 铁钩（F4：15）　8. 铁挂钩（F4：12）　9. 铁构件（F4：19）　10. 门鼻（F4：20）　11. 衔环（F4：23）
12. 铁匙（F4：28）

长1厘米,下部较扁,呈长方形,残高16.2、残宽10.6厘米(图4-8-21,8;图版一三七,6)。

铁构件 2件。F4:19,长条形,器身扁平,一端卷成圆形,另一端残,截面呈长方形,长9、宽1.7、厚0.4厘米(图4-8-21,9)。

门鼻 1件。F4:20,铁条折叠而成,上部弯折成圆环形,下部呈锥状,通高8、最宽处2.5厘米(图4-8-21,10)。

衔环 1件。F4:23,平面呈环形,上套一根扁条状铁器,环径4.5、截面长0.9、宽0.7厘米(图4-8-21,11)。

铁匙 1件。F4:28,匙面呈椭圆形,中部内凹,柄部残,残长4.5、最宽处2.1、厚0.1厘米(图4-8-21,12)。

(二)地层第2层出土遗物

1. 建筑构件

檐头板瓦 26件。平面呈梯形,凸面素面,凹面布纹。滴水面多饰凸弦纹、模印或戳印点状纹饰,下端用绳纹工具压印出斜向凹窝,使滴水下缘呈波状纹。

凸棱间饰压印绳纹 1件。T1749②b:13,残存滴水部分,滴水面饰三条平行的凸棱,凸棱间各饰一排斜向压印绳纹带,上部为左斜向,下部为右斜向,滴水面宽7.8、残长33.3、厚2.9厘米(图4-8-22,1;图版六五,2)。

凸棱间饰戳点纹 5件。该类檐头板瓦滴水面饰三条横向平行的凸棱,凸棱间填充不规则形戳点纹。T1849②b:8,瓦身上部残,残长23.4、宽端残宽21.2、厚1.8、滴水面宽4.6厘米(图4-8-22,2;图版六六,5)。T1947②b:29,瓦身残存一角,残长11.3、残宽15.2、厚2.4、滴水面宽5厘米(图4-8-23,1)。T1949②b:27,瓦身残存一角,残长5.4、残宽9.6、厚2.2、滴水面宽4.4厘米(图4-8-23,2)。T2047②b:11,瓦身残存一角,残长7.9、残宽12.2、厚2.2、滴水面宽4.6厘米(图4-8-23,3)。T1949②b:28,瓦身残存一角,残长6.9、残宽12.8、厚2.4、滴水面宽4.8厘米(图4-8-23,4)。

凸棱间饰篦齿纹 17件。形体较小,胎体较薄。瓦身右下角残,滴水面饰上、下两条平行的凸棱,上部凸棱上侧饰一排左斜向篦齿短纹饰带,下部凸棱之上叠压一排右斜向、间距较稀疏的篦齿短纹饰带。T2048②b:46,瓦身长29.2、窄端宽17.8、厚1.8、滴水面宽4.2厘米(图4-8-24,1;图版六七,5)。T2047②b:17,左右两侧边缘有指压窝,瓦身长22.8、宽19.8—24.5、厚2.3、滴水面宽4厘米(图4-8-24,2;图版六七,4)。T2046②b:15,瓦身上部残,瓦身残长20、宽端宽23.8、厚2.5、滴水面宽4厘米(图4-8-25,1;图版六七,3)。T2047②b:16,瓦身宽端两角残,瓦身长23.2、窄端宽18.4、厚2.4、滴水面宽4厘米(图4-8-25,2;图版六七,6)。T1949②b:35,左侧边缘有一指压窝,瓦身上部残,瓦身残长15、宽端宽25.9、厚2.2、滴水面宽3.9厘米(图4-8-26,1)。T2147②b:4,瓦身左上、右上及左下角

第四章　城内建筑址的发掘

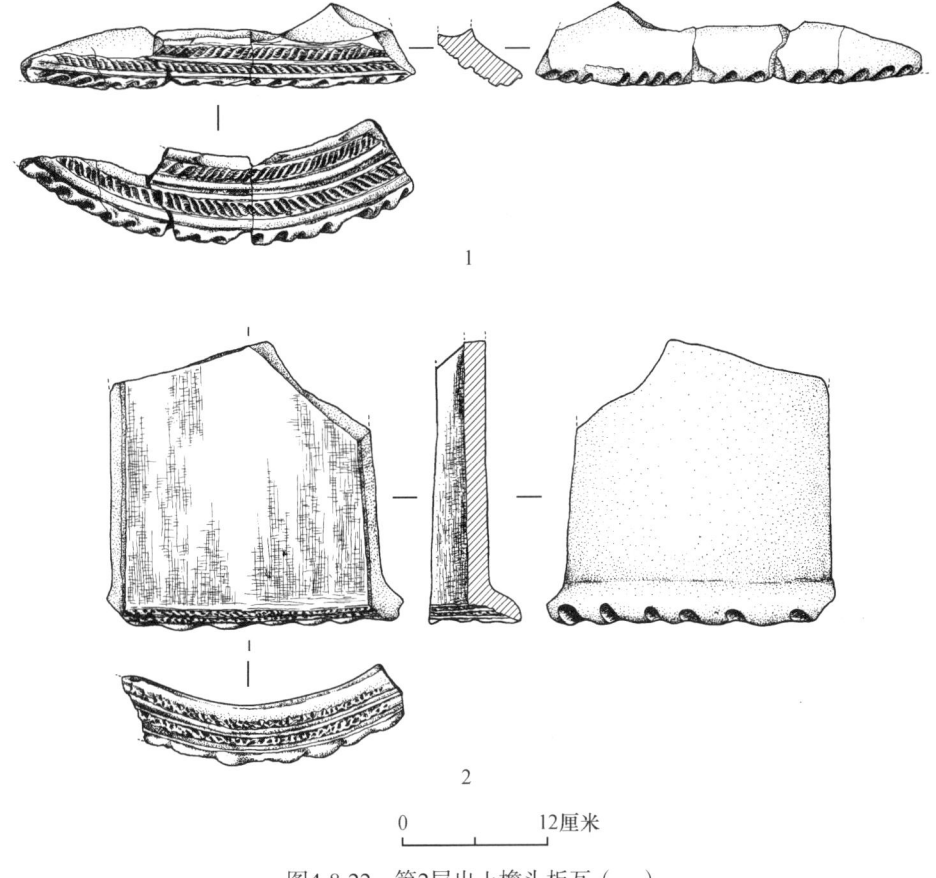

0　　　12厘米

图4-8-22　第2层出土檐头板瓦（一）
1. T1749②b：13　2. T1849②b：8

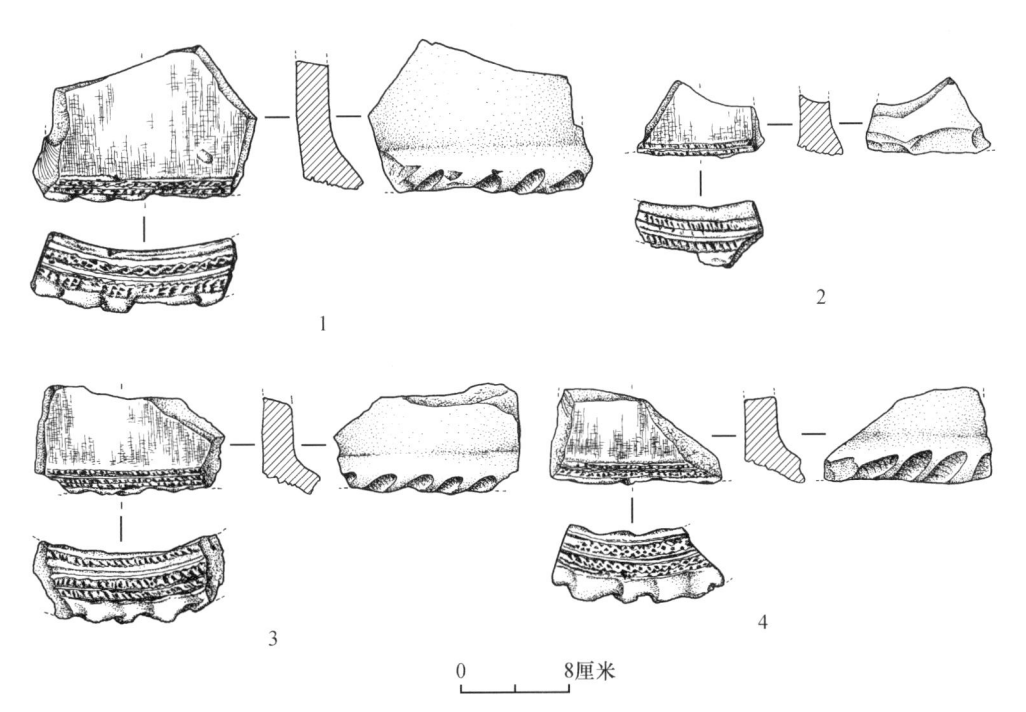

0　　8厘米

图4-8-23　第2层出土檐头板瓦（二）
1. T1947②b：29　2. T1949②b：27　3. T2047②b：11　4. T1949②b：28

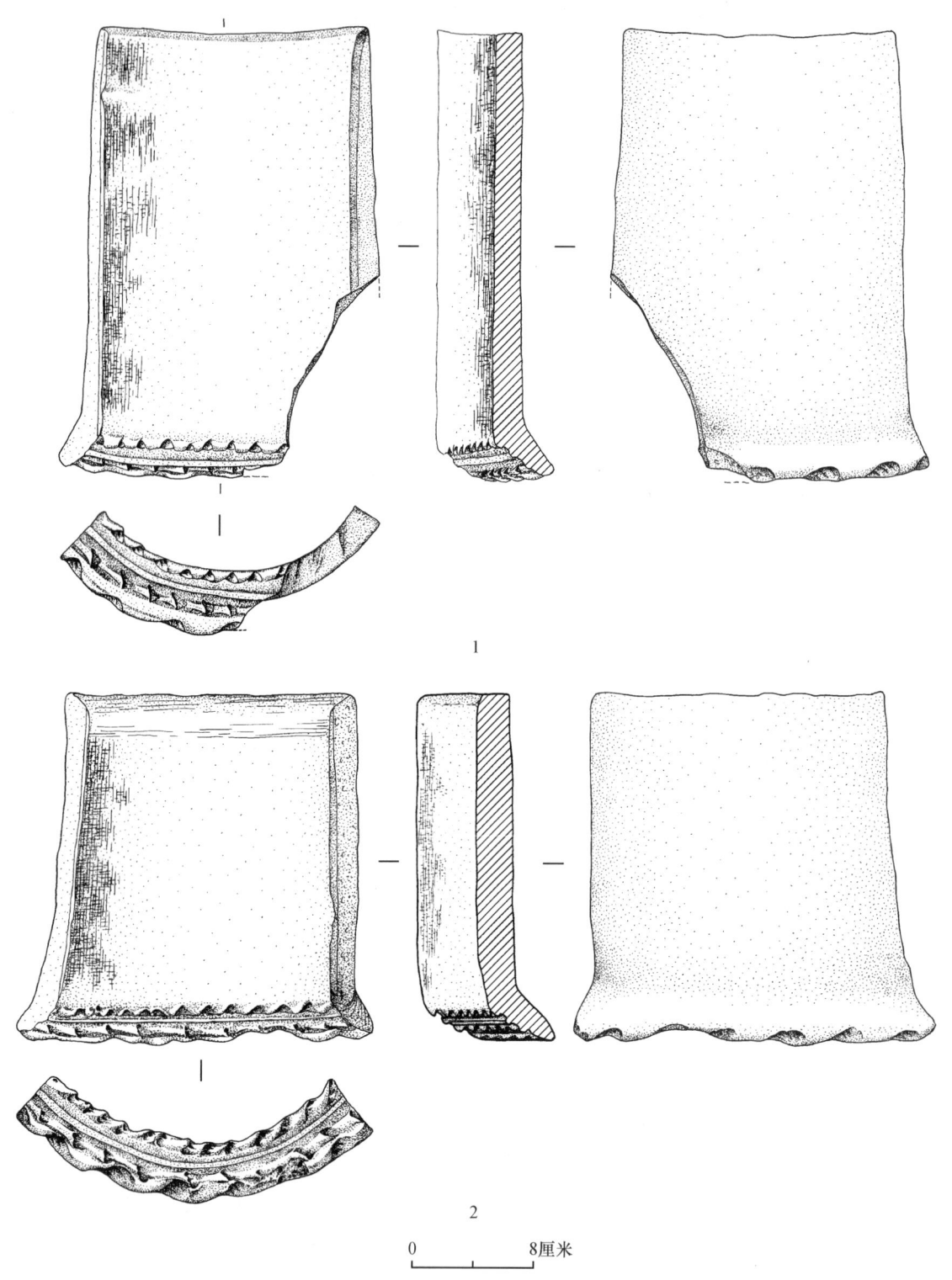

图4-8-24 第2层出土檐头板瓦（三）
1. T2048②b：46 2. T2047②b：17

第四章　城内建筑址的发掘

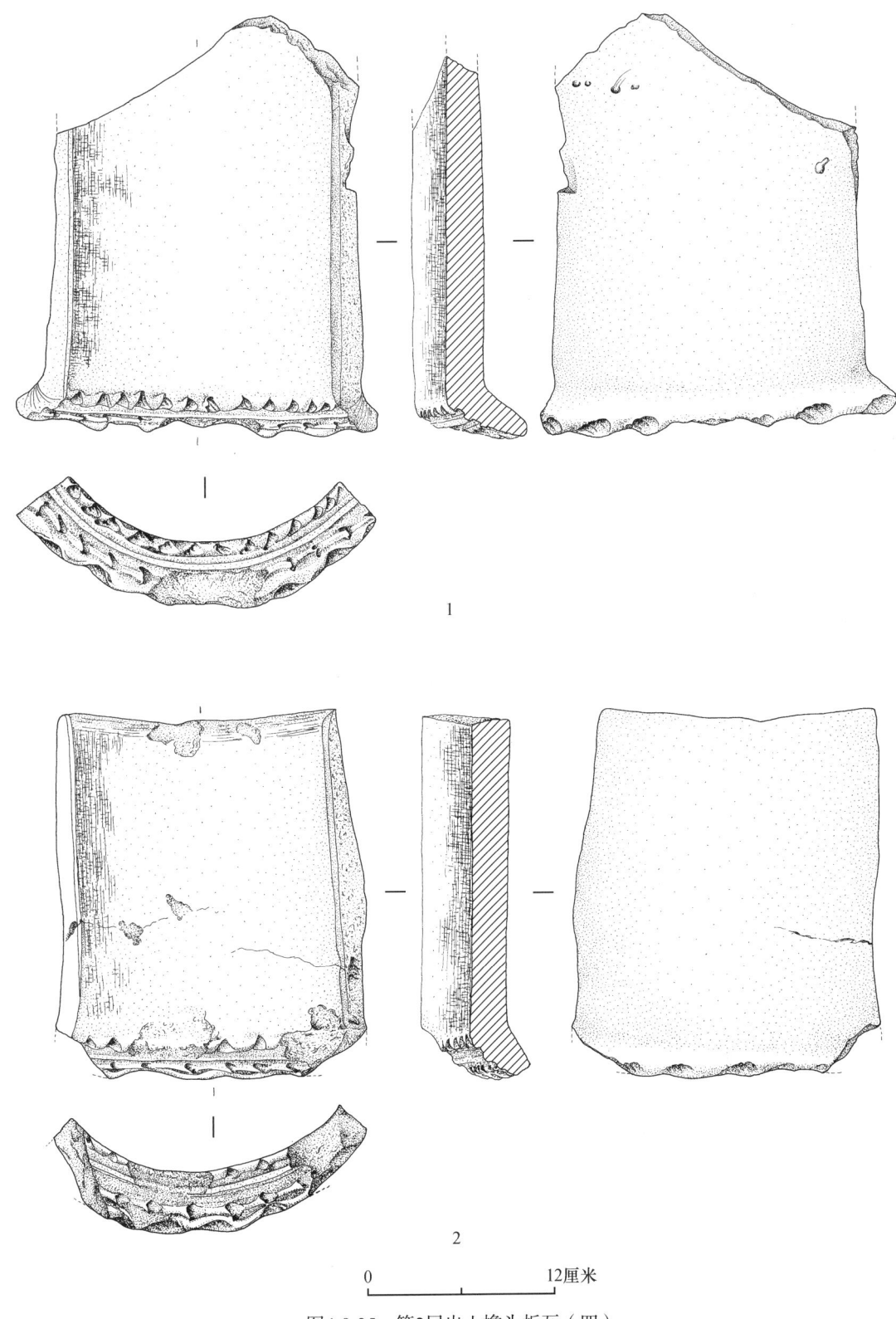

图4-8-25　第2层出土檐头板瓦（四）
1. T2046②b：15　2. T2047②b：16

残，瓦身长23、中部宽19.6、厚1.9、滴水面宽4.4厘米（图4-8-26，2）。T1949②b：30，残存一角，瓦身残长10.7、残宽15、厚2.2、滴水面宽5.2厘米（图4-8-27，1）。T2047②b：12，残存一角，瓦身残长8.6、残宽11.4、厚2.6、滴水面宽6厘米（图4-8-27，2）。T2146②b：9，残存一角，瓦身残长7.6、残宽17.8、厚2.2、滴水面宽4.6厘米（图4-8-27，3；图版六八，2）。T1946②b：38，残存一角，瓦身残长16、宽23、厚2.4、滴水面宽4厘米（图版六七，1）。

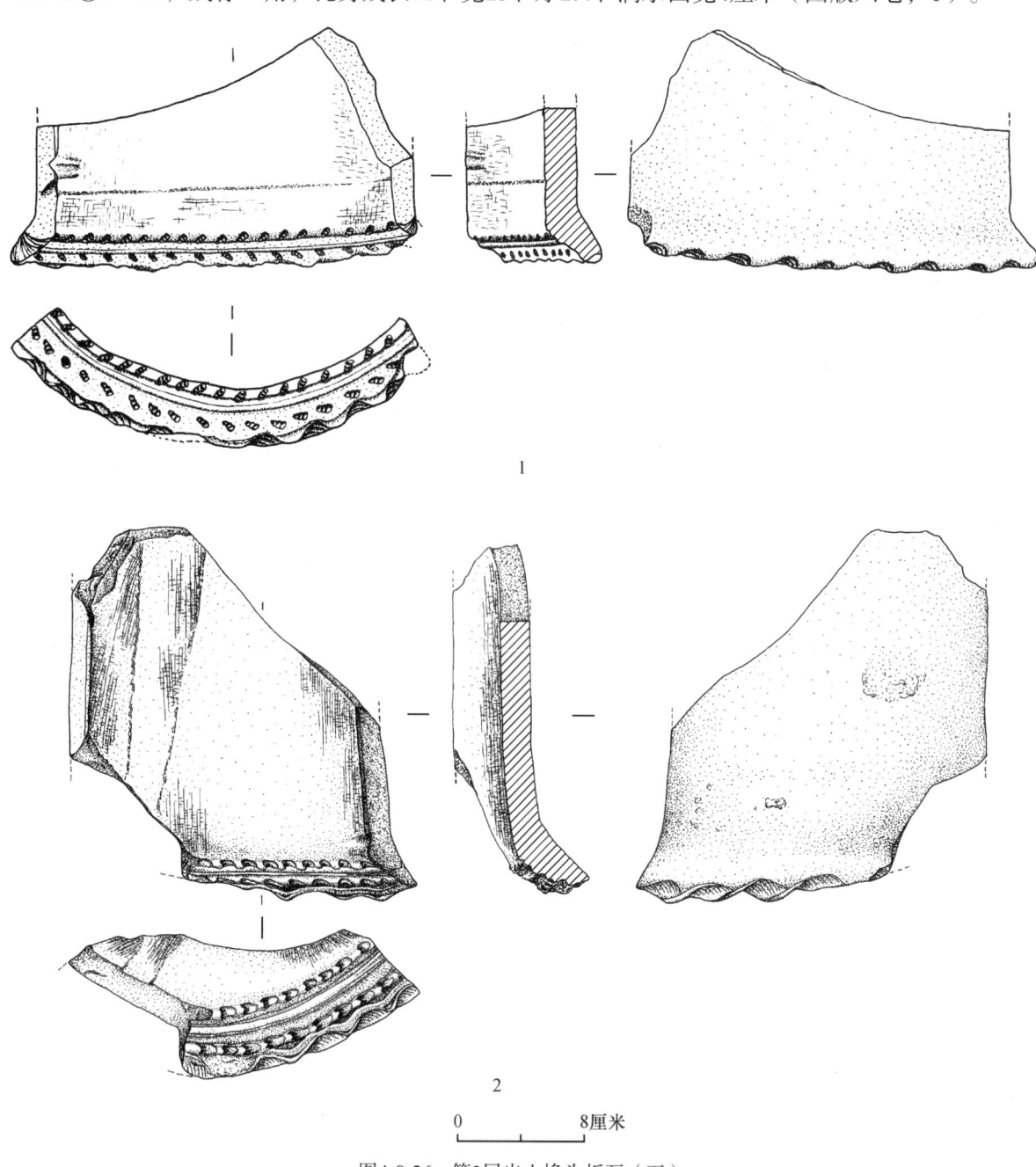

图4-8-26　第2层出土檐头板瓦（五）
1. T1949②b：35　2. T2147②b：4

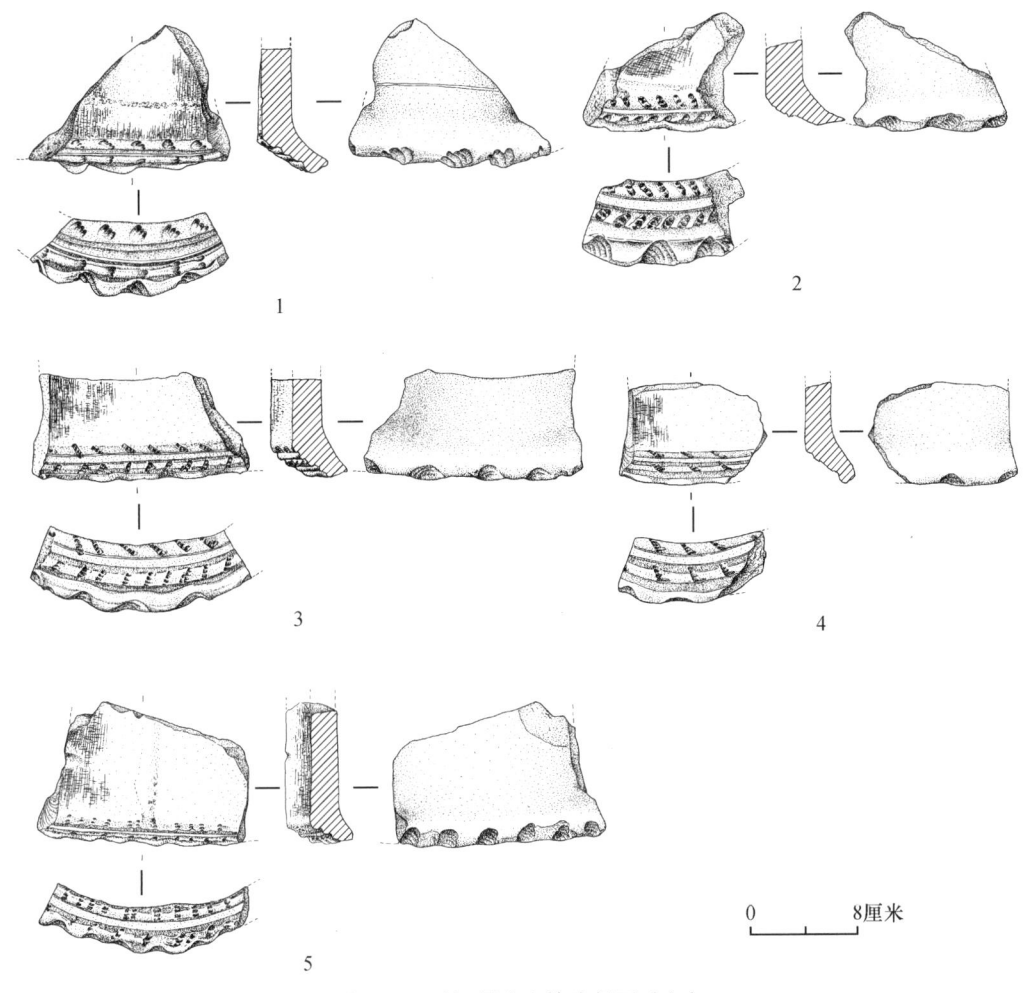

图4-8-27 第2层出土檐头板瓦（六）
1. T1949②b：30 2. T2047②b：12 3. T2146②b：9 4. T2146②b：8 5. T1946②b：35

凸棱上饰戳点纹　3件。该类檐头板瓦滴水面饰上、下两条平行的凸棱。T2146②b：8，残存一角，滴水面上部凸棱上侧饰一排右斜向三角形篦齿纹饰带，下部凸棱之上叠压一排右斜向三角形篦齿纹饰带，间距相等，位置对应，瓦身残长7.4、宽10.8、厚2、滴水面宽4.2厘米（图4-8-27，4）。T1946②b：35，瓦身残存一角，左侧边缘有一指压窝，滴水面上部凸棱上侧饰一排竖向篦齿短纹饰带，下部凸棱之上叠压一排左斜向篦齿短纹饰带，瓦身残长10.4、残宽15.4、厚2.2、滴水面宽3.6厘米（图4-8-27，5；图版六八，4）。T1949②b：29，瓦身残存一角，左侧边缘有一指压窝，滴水面上饰二排左斜向成组的戳点纹，瓦身残长8、残宽20、厚2.2、滴水面宽4.4厘米（图版六八，5）。

普通板瓦　9件。平面呈梯形，凸面素面，凹面布纹。T2048②b：49，瓦身右上角及左下角残，长35.7、中部宽22、最厚处2厘米（图4-8-28，1）。T2048②b：50，瓦身右下角残，长28.9、宽17.5—18.4、最厚处1.9厘米（图4-8-28，2）。T2048②b：51，长30.2、宽18—20.4、最厚处1.8厘米（图4-8-28，3；图版六九，6）。T2048②b：48，瓦身左上角及右下角残，长35.5、宽20—24、最厚处2厘米（图4-8-28，4）。

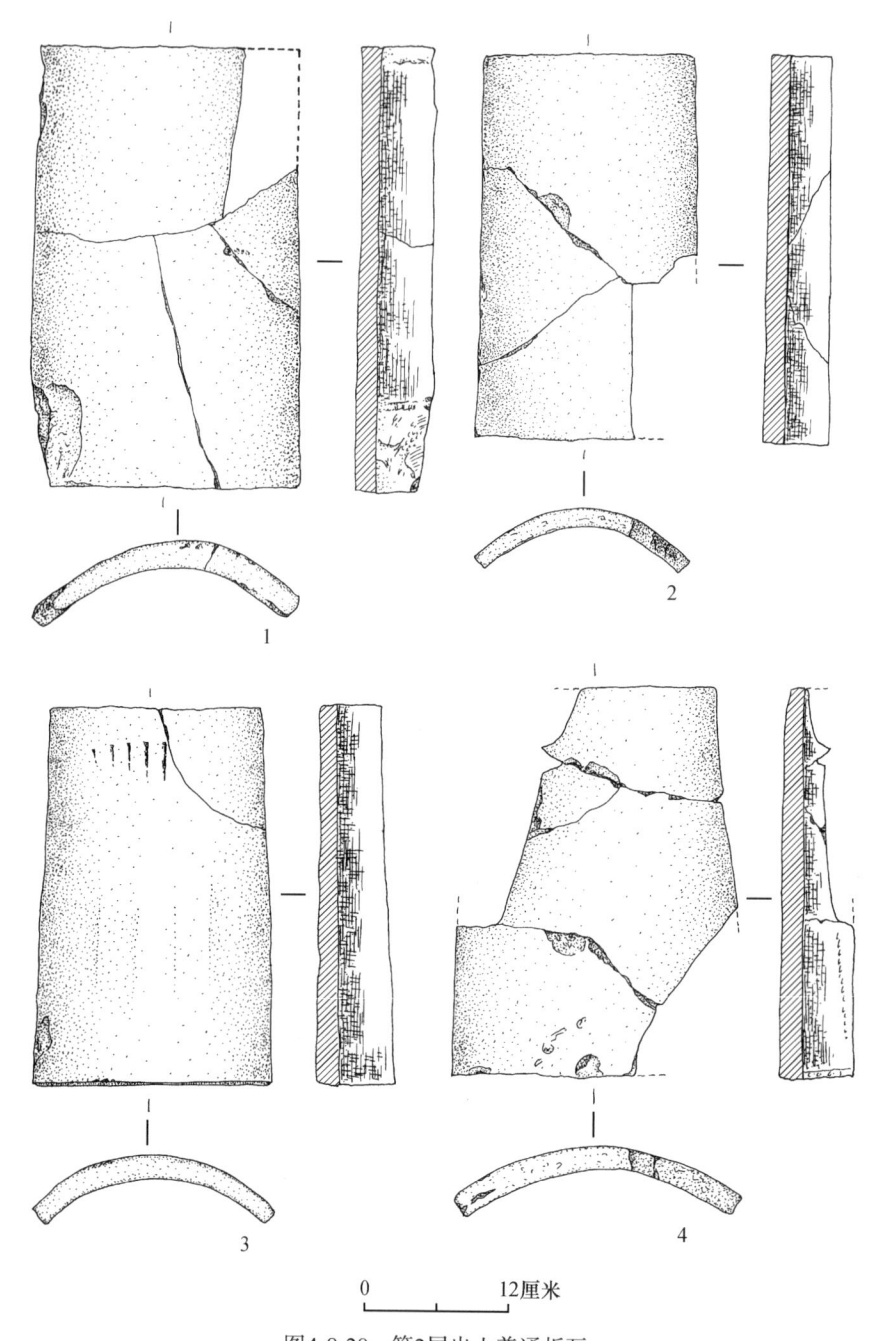

图4-8-28　第2层出土普通板瓦
1. T2048②b：49　2. T2048②b：50　3. T2048②b：51　4. T2048②b：48

筒瓦　12件。平面呈两端同宽的长方形，凸面素面，凹面布纹。有有瓦舌和无瓦舌两种形制。

有瓦舌筒瓦　8件。瓦身凸面有数道不甚明显的纵向凸棱，左右两边内侧抹斜。T1949②b：40，檐头筒瓦，尾端两角残，瓦身中部有一直径1.5厘米的圆形穿孔，长32、宽15.4、高7.6、胎厚2厘米（图4-8-29，4）。T1949②b：41，左下角残，左右两边内侧有二次修整的打磨痕，尾端内侧抹斜，长33.2、宽15.4、高7.7、胎厚2.2厘米（图4-8-29，2）。T1949②b：47，尾端两角残，左右两边内侧有二次修整的打磨痕，尾端内侧抹斜，长32.8、宽15.6、高7.2、胎

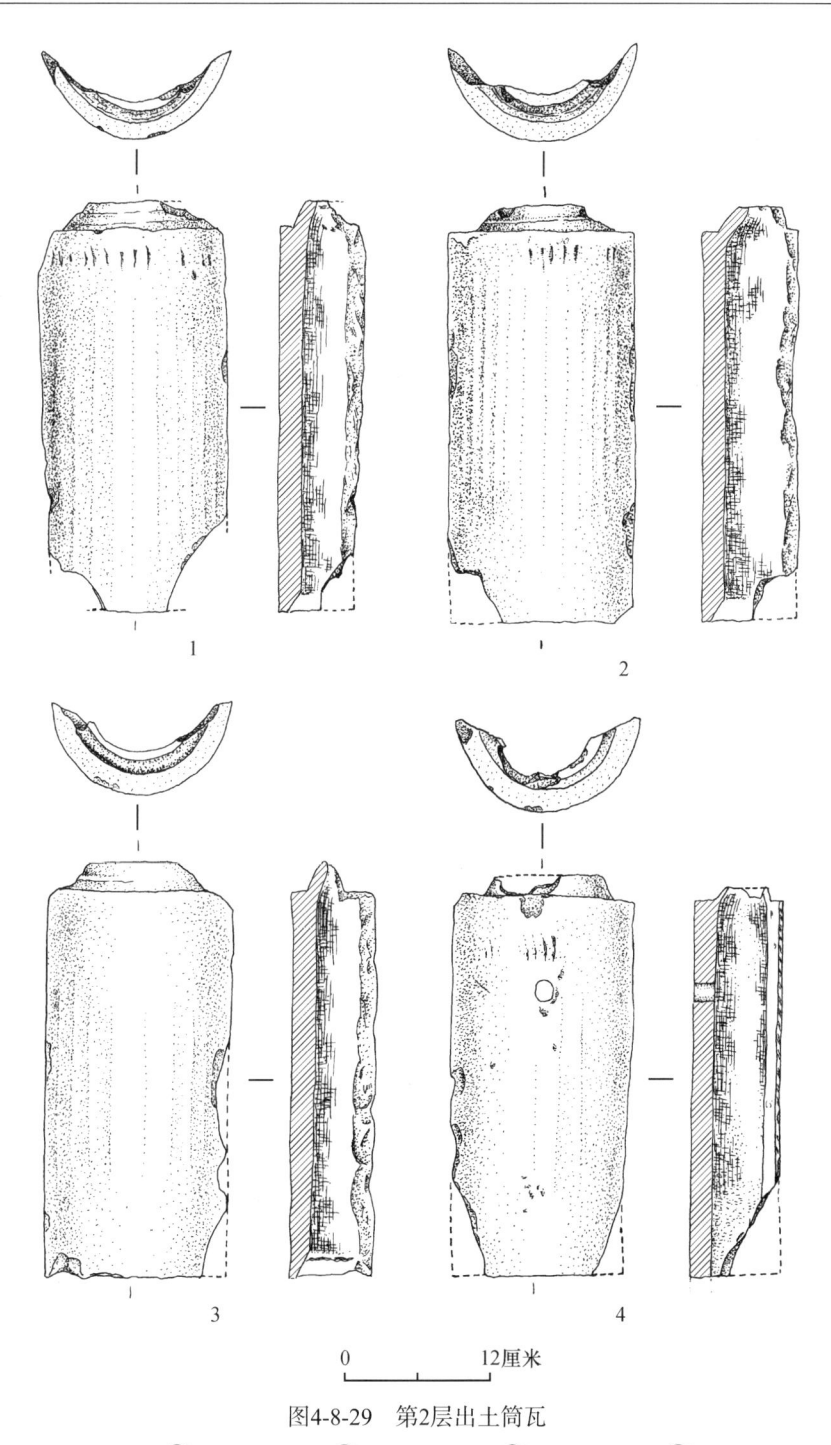

图4-8-29 第2层出土筒瓦
1. T1949②b：47 2. T1949②b：41 3. T1949②b：14 4. T1949②b：40

厚2厘米（图4-8-29，1）。T1949②b：14，右侧微残，左右两边内侧有二次修整的打磨痕，尾端内侧抹斜，长33.6、宽15.2、高7.6、胎厚2厘米（图4-8-29，3；图版七〇，3）。

无瓦舌筒瓦　4件。T1949②b：48，左上角及右下角残，瓦身凸面有数道不甚明显的纵向凸棱，下端内侧抹斜，长27.5、宽14.3、高7.8、胎厚2厘米（图4-8-30，2；图版七〇，6）。T1750②b：32，左侧残，长28、宽13.4、高7、胎厚2厘米（图4-8-30，1）。

图4-8-30 第2层出土筒瓦、垄脊瓦
1、2.筒瓦（T1750②b：32、T1949②b：48） 3、5.筒瓦型垄脊瓦（T1750②b：31、T1949②b：43） 4、6.板瓦型垄脊瓦
（T1949②b：44、T1949②b：42）

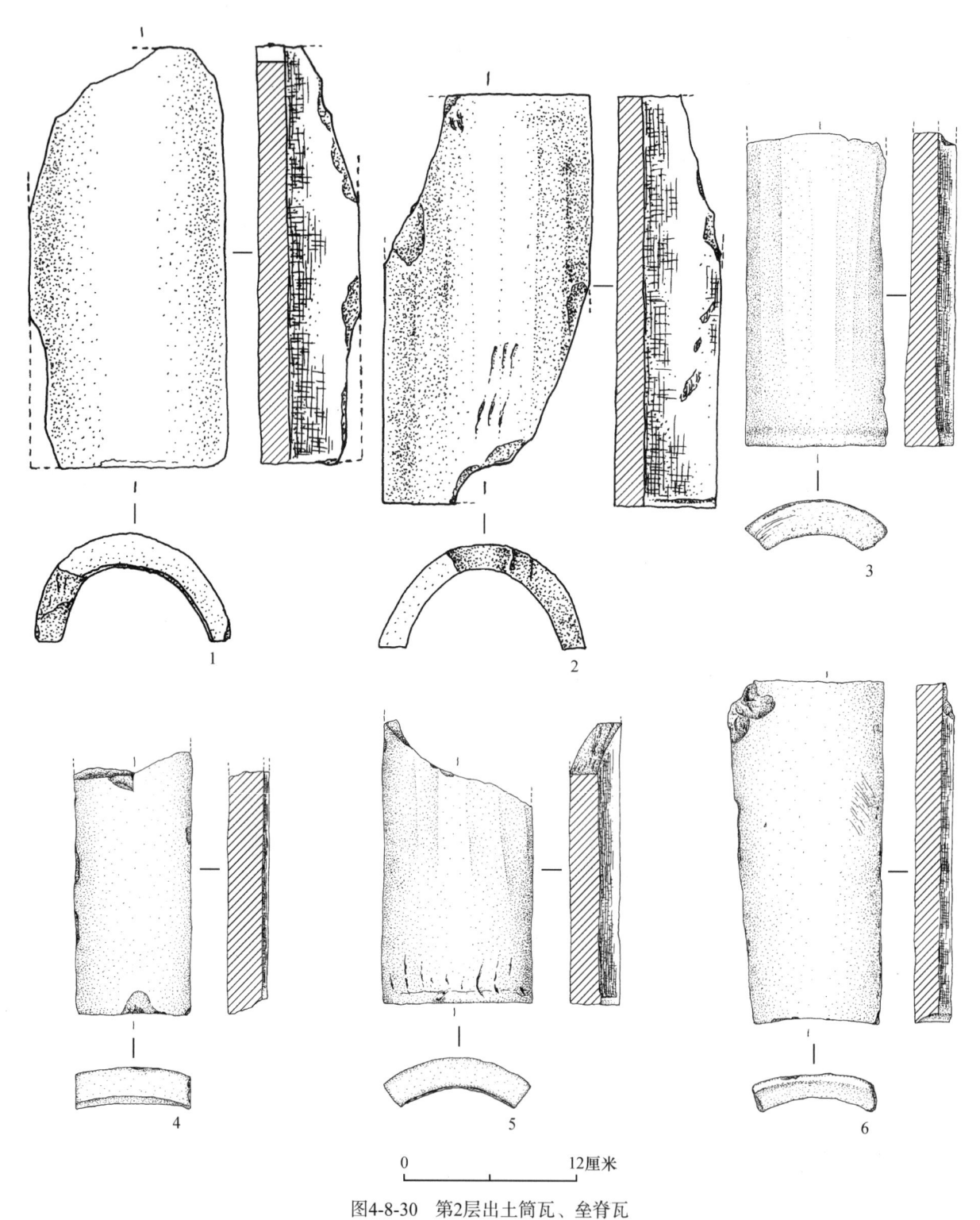

垄脊瓦 12件。凸面素面，凹面布纹。根据所用坯料可分为板瓦型和筒瓦型两种类型。

板瓦型垄脊瓦 8件。瓦身弧度较小。T1949②b：42，平面呈梯形，左上角略残，长23.2、宽9—11、胎厚1.9厘米（图4-8-30，6；图版八八，3）。T1949②b：44，平面呈长方形，上部残，残长17.7、宽8.2、胎厚2.4厘米（图4-8-30，4；图版八八，2）。

筒瓦型垄脊瓦 4件。瓦身弧度较大。T1949②b：43，平面呈长方形，上部残，瓦身凸面有数道不甚明显的纵向凸棱，残长18.7、宽10.3、胎厚2厘米（图4-8-30，5）。T1750②b：31，平面呈长方形，上部残，瓦身凸面有数道不甚明显的纵向凸棱，残长20.2、宽9.6、胎厚2.2厘米（图4-8-30，3；图版八八，5）。

瓦当 47件。均为模制，圆形，当面以各种兽形装饰为主，边缘无突出的边轮。

龙面瓦当 3件。T1949②b：8，泥质灰陶，当面中部凸起，背面中部内凹，下半部残，直径13.8、边缘厚1.4、中部最厚处3厘米（图4-8-31，1；图4-8-38，1；图版八七，1）。T2048②b：33，泥质灰陶，当面较平，上部及右部残，中部饰卷须龙头纹饰，外有两圈凸弦纹，凸弦纹间饰一圈乳钉纹，直径14.9、厚1.2—1.9厘米（图4-8-31，2；图4-8-38，5；图版八七，3）。

侧视龙纹瓦当 4件。当面纹饰为侧视龙纹，龙首面向左，龙身呈倒"S"形，位于龙首下方及后方，顶端有呈波浪状祥云，背面中部内凹。T2047②b：9，泥质黄褐陶，下端边缘残，直径13.2、边缘厚1.5、中部最厚处2.2厘米（图4-8-31，5；图4-8-38，4；图版八七，4）。T2047②b：3，泥质黄褐陶，上、下及右侧边缘残，直径13.4、边缘厚1.3、中部最厚处2.4厘米（图4-8-31，4；图4-8-38，3）。T2047②b：7，泥质灰陶，残半，直径13、边缘厚1.2、中部最厚处3厘米（图4-8-31，3；图4-8-38，2）。

卷须人面瓦当 7件。当身较薄，当面较平，眼部圆睁，嘴部呈一字形，短卷须，形似人面，兽面外饰半圈乳钉纹。T2049②b：16，泥质灰陶，上部边缘残，直径13、边缘厚1、中部最厚处2厘米（图4-8-32，2；图4-8-38，8；图版八一，1）。T1750②b：7，泥质灰陶，上部与筒瓦相接，下部残，直径13.8、边缘厚1.2、中部最厚处2.2、筒瓦残长13厘米（图4-8-32，1；图4-8-38，6；图版八一，3）。T1949②b：21，泥质灰陶，右半部残，直径13.8、边缘厚1.3、中部最厚处2.4厘米（图4-8-32，3；图4-8-38，7；图版八一，2）。T1750②b：13，右侧残，直径13.8、边缘厚1.3、中部最厚处2.3厘米（图版八一，4）。T1945②a：3，泥质灰陶，右端残，当身背面有凹窝，直径13.5、边缘厚1.5、中部最厚处3.4厘米（图4-8-32，4；图版八一，5、6）。

尖嘴兽形瓦当 9件。当面较平，兽嘴呈倒三角形大张，长卷须，外饰一圈乳钉纹，背面中部内凹。T1849②b：1，泥质灰陶，当面涂抹一层白灰，直径15、边缘厚1.2、中部最厚处2厘米（图4-8-33，1；图4-8-39，1；图版八二，3）。T1949②b：9，泥质灰陶，上部与筒瓦相接，直径14.6、边缘厚1.2、中部最厚处2.7、筒瓦残长14.2厘米（图4-8-33，2；图4-8-39，2；图版八二，4）。T1750②b：20，泥质灰陶，上部与筒瓦相接，右下角残，直径14.8、边缘厚1.4、中部最厚处2.4、筒瓦残长5.2厘米（图4-8-34，4；图4-8-39，6；图版八二，5）。

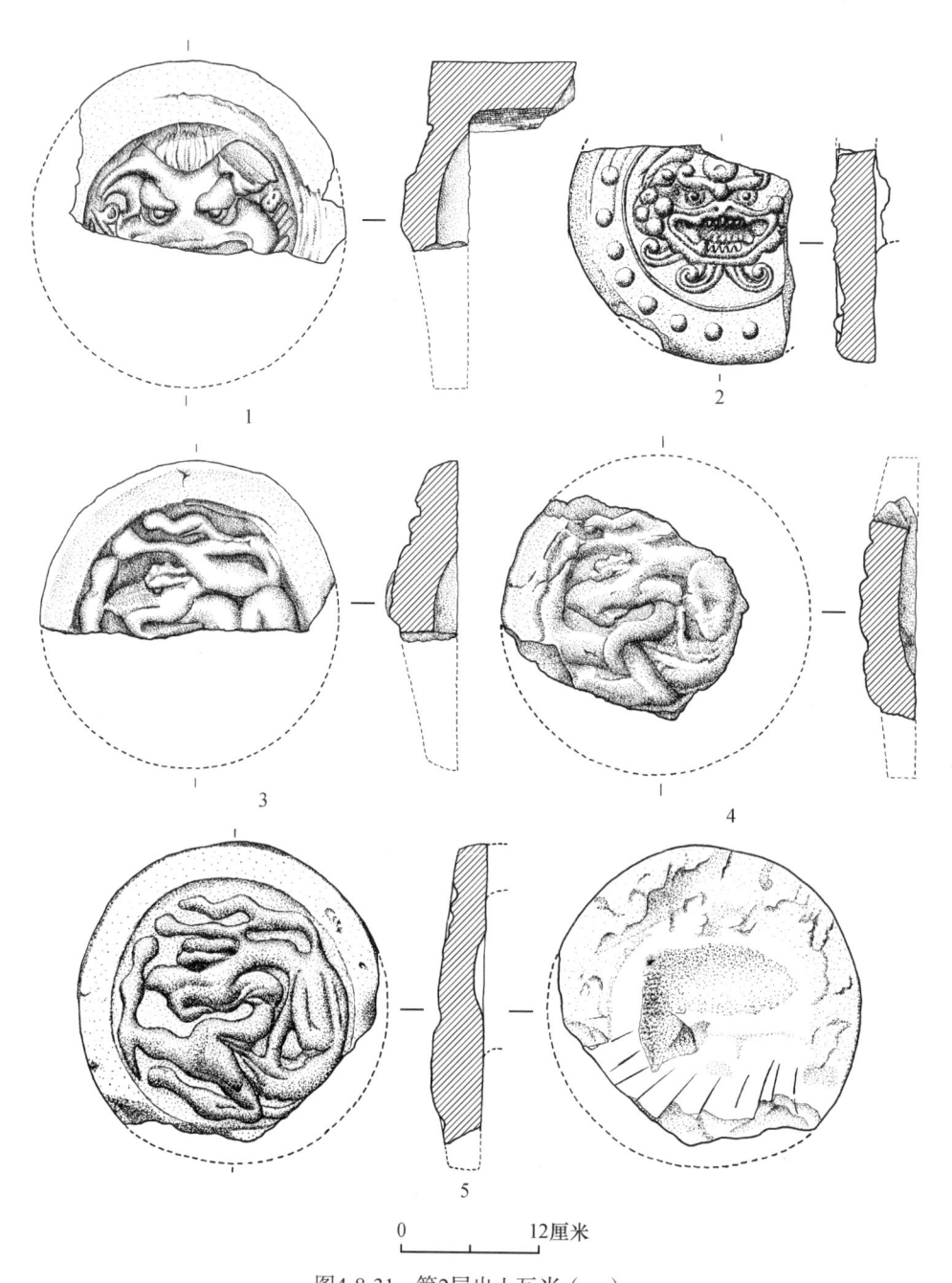

图4-8-31　第2层出土瓦当（一）

1. T1949②b：8　2. T2048②b：33　3. T2047②b：7　4. T2047②b：3　5. T2047②b：9

第四章　城内建筑址的发掘

图4-8-32　第2层出土瓦当（二）
1. T1750②b：7　2. T2049②b：16　3. T1949②b：21　4. T1945②a：3

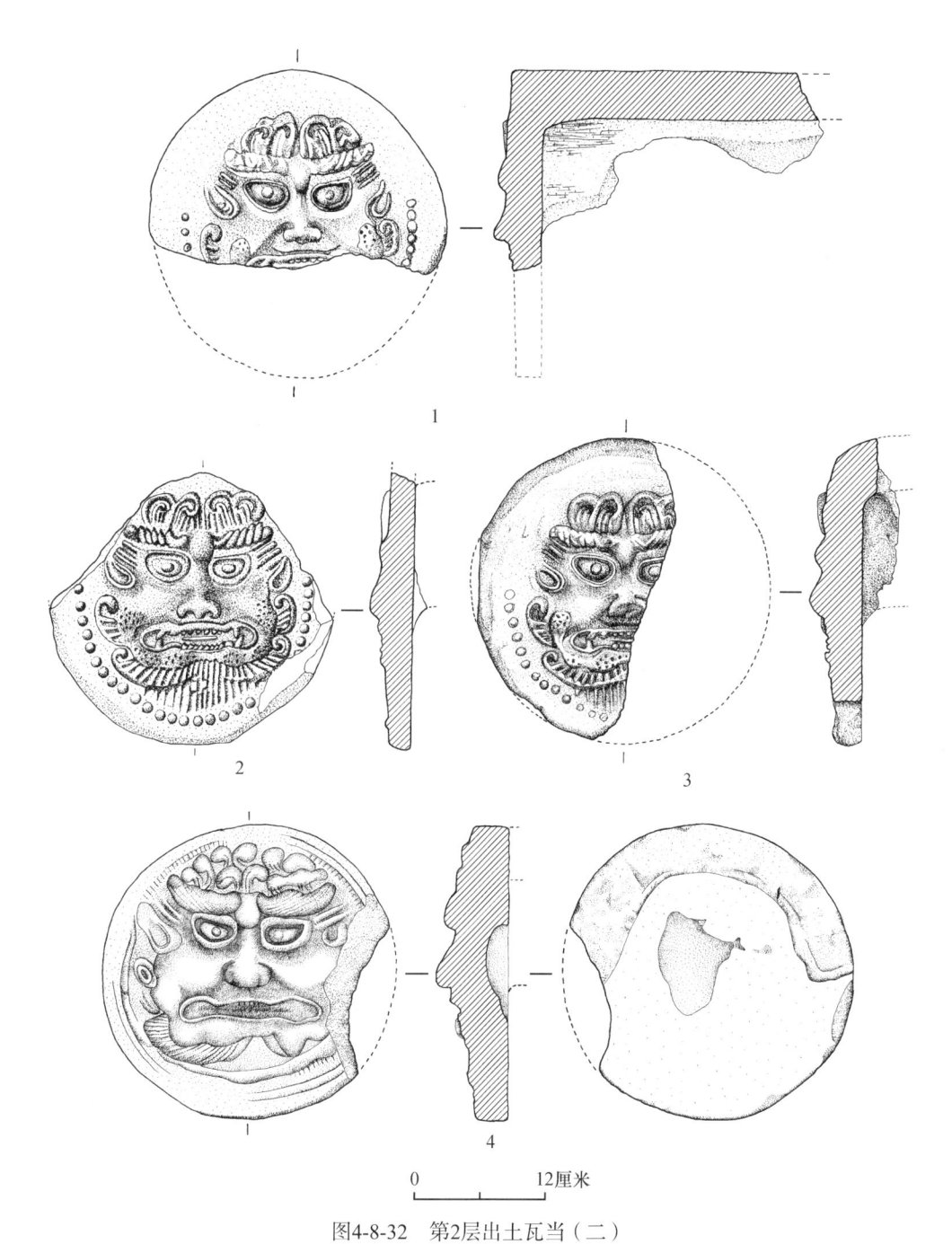

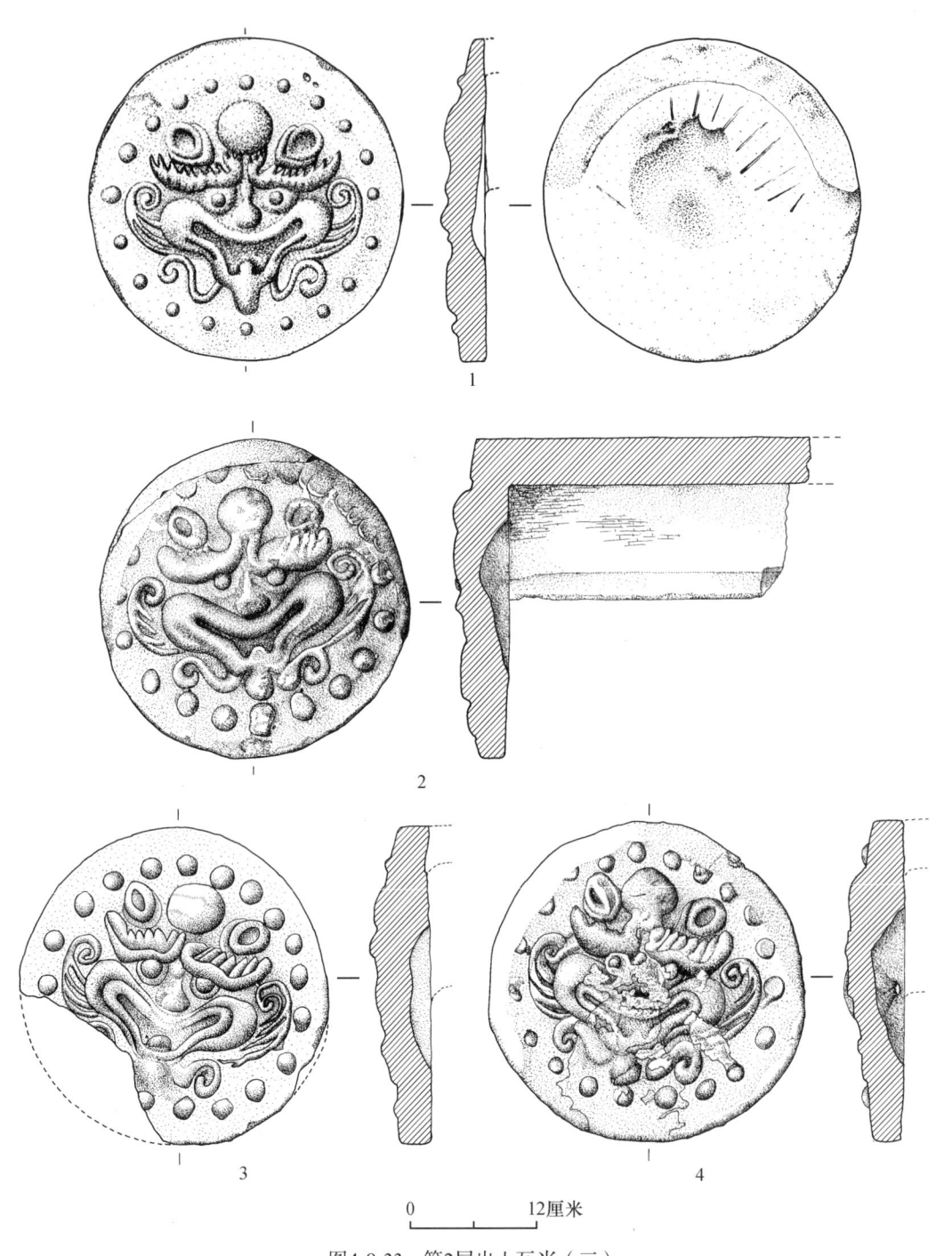

图4-8-33 第2层出土瓦当（三）
1. T1849②b：1 2. T1949②b：9 3. T1949②b：20 4. T1750②b：5

第四章　城内建筑址的发掘

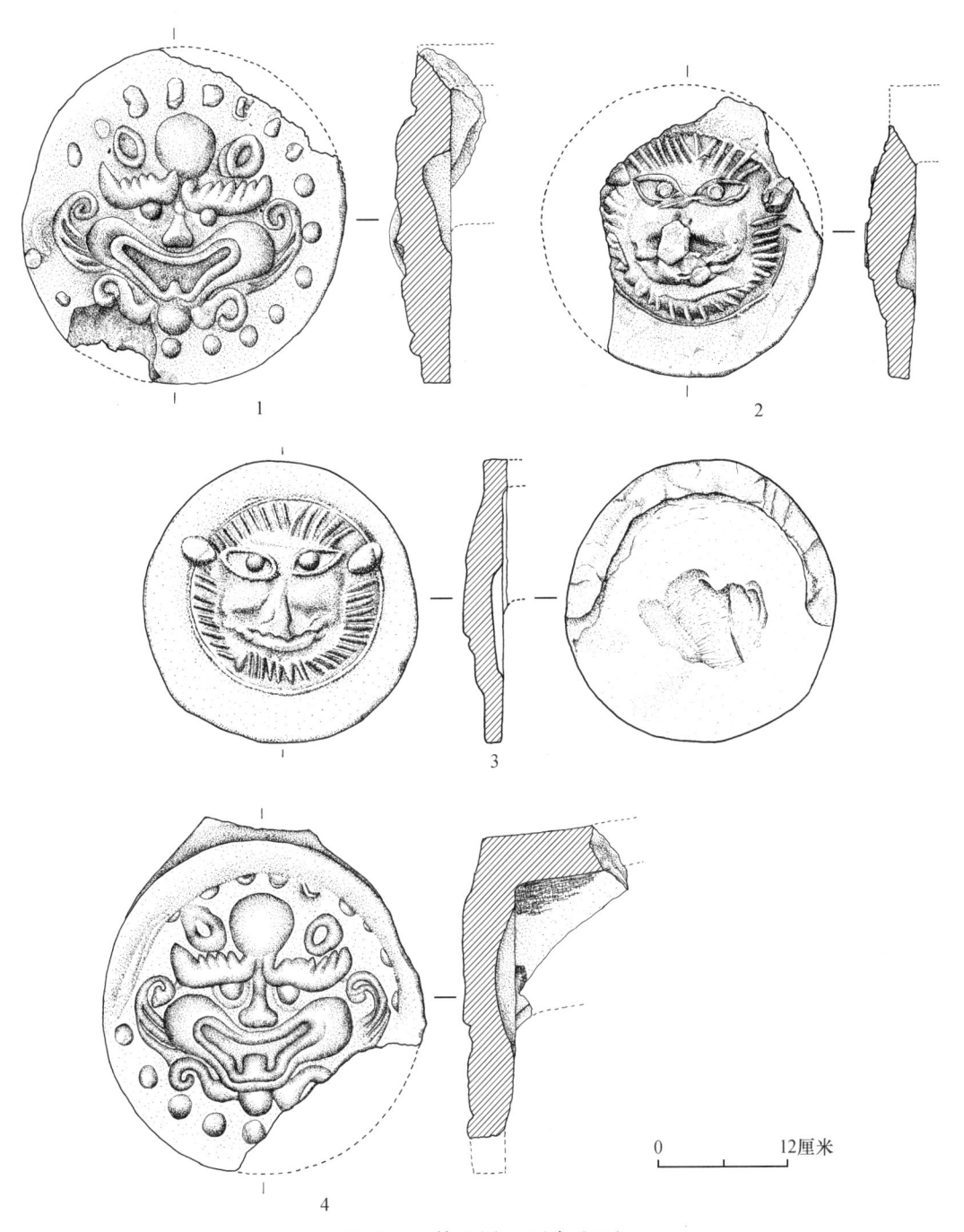

图4-8-34　第2层出土瓦当（四）
1. T1750②b：3　2. T1848②b：1　3. T1949②b：22　4. T1750②b：20

T1750②b：5，泥质灰陶，当面残留大量成块的白灰，直径14.6、边缘厚1.4、中部最厚处2.8厘米（图4-8-33，4；图4-8-39，4；图版八二，1）。T1750②b：3，泥质灰陶，上部微残，直径15、边缘厚1.2、中部最厚处2.6厘米（图4-8-34，1；图4-8-39，5；图版八二，2）。T1949②b：20，泥质灰陶，左下角残，直径14.6、边缘厚1.4、中部最厚处2.9厘米（图4-8-33，3；图4-8-39，3；图版八二，6）。

直须兽面瓦当　20件。当身较小，边缘较薄，中部高凸，背面内凹。T1847②b：4，泥质灰陶，下部残，兽鼻较大，眼部圆睁，口部呈椭圆形，长直须呈放射状分布，兽面外饰两圈凸弦纹，凸弦纹间饰一圈乳钉纹，直径13.4、边缘厚1.4、中部最厚处3厘米（图4-8-36，4；图4-8-40，6）。T1847②b：7，泥质灰陶，右侧残，兽鼻较大，眼部圆睁，口部呈椭圆形，长直须呈放射状分布，兽面外饰两圈凸弦纹，凸弦纹间饰一圈乳钉纹，直径12、边缘厚1.2、中部最厚处3厘米（图4-8-36，2；图4-8-40，5；图版八三，6）。T1949②b：6，泥质灰陶，右侧残，上部乳钉纹被抹平，兽鼻较大，眼部圆睁，口部呈椭圆形，长直须呈放射状分布，兽面外饰两圈凸弦纹，凸弦纹间饰一圈乳钉纹，直径12、边缘厚1、中部最厚处3.1厘米（图4-8-36，1；图4-8-41，4）。T2048②b：34，泥质灰陶，当面右侧微残，兽鼻较大，眼部圆睁，口部呈椭圆形，长直须呈放射状分布，兽面外饰两圈凸弦纹，凸弦纹间饰一圈乳钉纹，直径12.4、边缘厚1.3、中部最厚处3厘米（图4-8-35，1；图4-8-40，3；图版八三，4）。T2146②b：4，泥质灰陶，当身上部残，兽鼻较大，眼部圆睁，口部呈椭圆形，长直须呈放射状分布，兽面外饰两圈凸弦纹，凸弦纹间饰一圈乳钉纹，直径12.2、边缘厚1.3、中部最厚处3.2厘米（图4-8-36，3；图4-8-40，4；图版八三，5）。T1945②a：1，泥质灰陶，当身背面较平，有两个浅凹窝，兽鼻较大，眼部圆睁，口部呈椭圆形，长直须呈放射状分布，兽面外饰两圈凸弦纹，凸弦纹间饰一圈乳钉纹，直径12.3、边缘厚1.2、中部最厚处2.8厘米（图4-8-35，2；图版八三，3）。T1945②a：2，泥质灰陶，左上端及右下端边缘残，当身背面较平，兽鼻较大，眼部圆睁，口部呈椭圆形，长直须呈放射状分布，兽面外饰两圈凸弦纹，凸弦纹间饰一圈乳钉纹，直径12.2、边缘厚1.2、中部最厚处3厘米（图4-8-36，5）。T1845②b：6，泥质灰陶，兽鼻较大，眼部圆睁，口部呈椭圆形，长直须呈放射状分布，兽面外饰两圈凸弦纹，凸弦纹间饰一圈乳钉纹，直径12.4、边缘厚1.5、中部最厚处3.1厘米（图4-8-35，3；图版八三，1、2）。T2045②b：13，泥质灰陶，兽鼻较大，眼部圆睁，口部呈椭圆形，长直须呈放射状分布，兽面外饰两圈凸弦纹，凸弦纹间饰一圈乳钉纹，直径12.5、边缘厚1.3、中部最厚处2.9厘米（图4-8-36，6）。T2048②b：25，泥质青灰色，当身上部及左侧残，兽鼻较小，口部呈一字形，两端上卷，直须较短，呈放射状分布，兽面外饰一圈凸弦纹，凸弦纹外饰一圈乳钉纹，直径13.4、边缘厚1.9、中部最厚处3.8厘米（图4-8-37，4；图4-8-41，3）。T2146②b：6，泥质青灰色，当身上部残，兽鼻较小，口部呈一字形，两端上卷，直须较短，呈放射状分布，兽面外饰一圈凸弦纹，凸弦纹外饰一圈乳钉纹，直径13.4、边缘厚1.8、中部最厚处3.6厘米（图4-8-37，2；图4-8-41，2；图版八四，3）。T2048②b：73，泥质青灰色，上端残，兽鼻较小，口部呈一字形，两端上卷，直须较短，呈放射状分布，兽面外饰一圈凸弦纹，凸弦纹外饰

第四章　城内建筑址的发掘

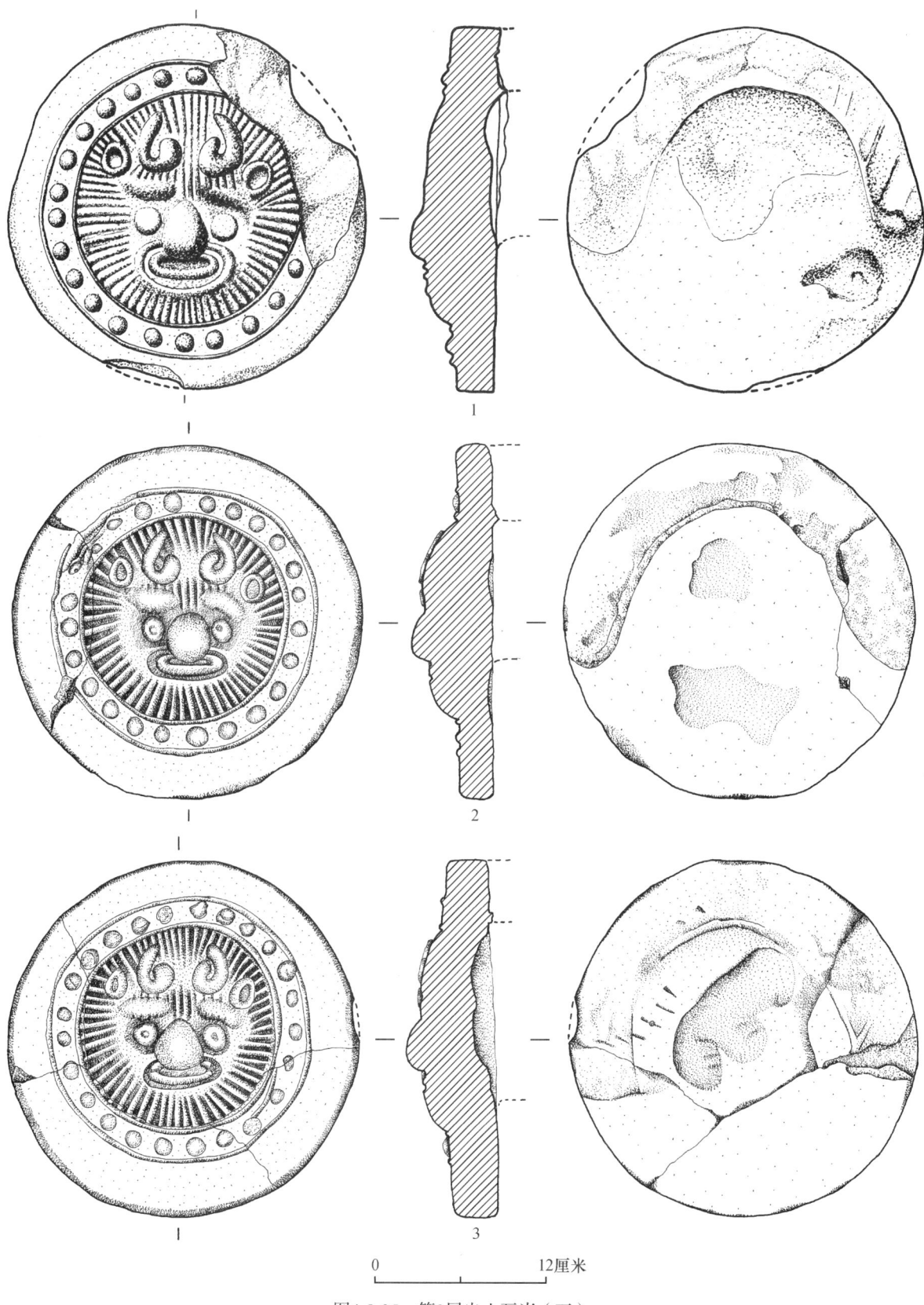

0　　　　12厘米

图4-8-35　第2层出土瓦当（五）
1. T2048②b∶34　2. T1945②a∶1　3. T1845②b∶6

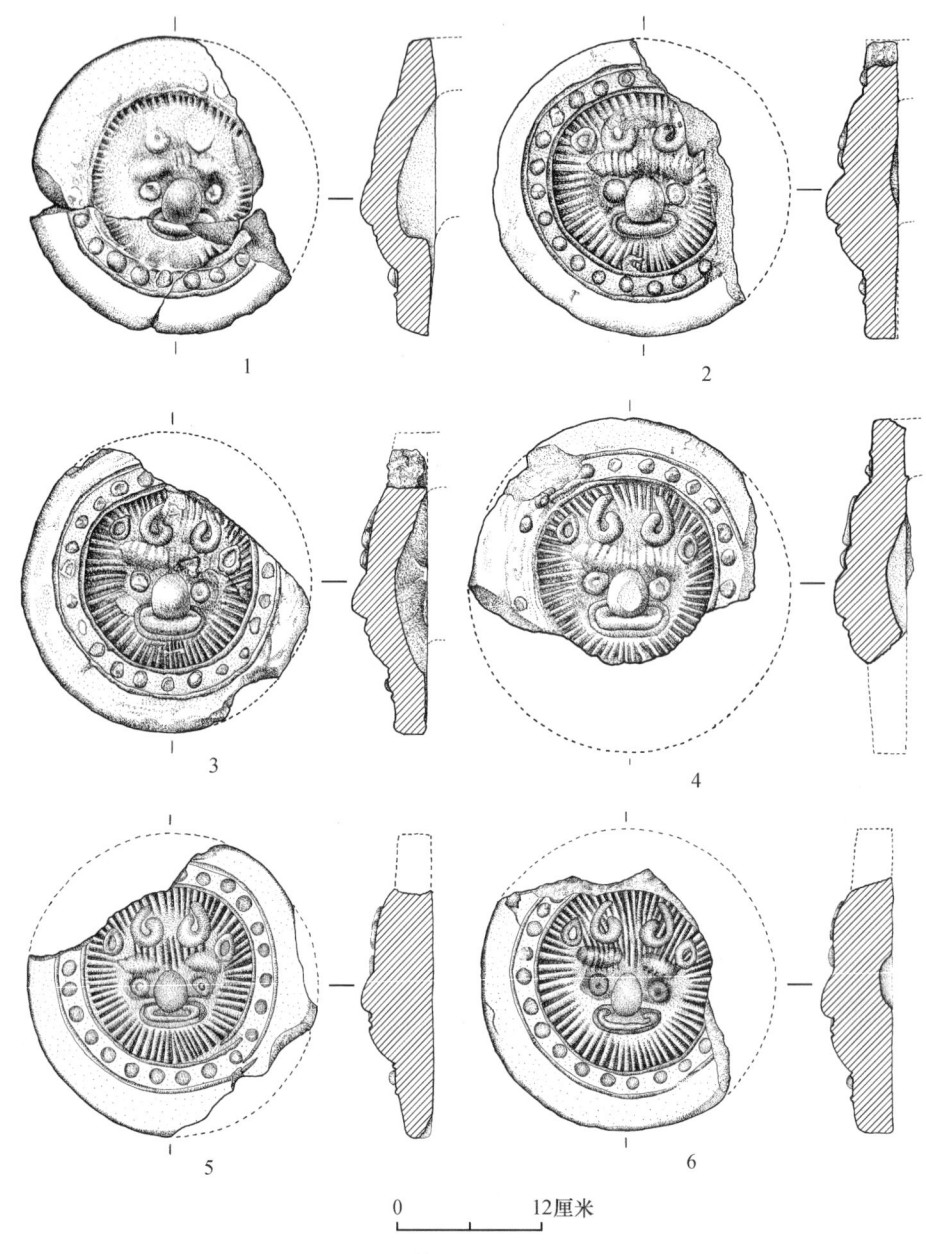

图4-8-36　第2层出土瓦当（六）
1. T1949②b：6　2. T1847②b：7　3. T2146②b：4　4. T1847②b：4　5. T1945②a：2　6. T2045②b：13

一圈乳钉纹，直径13.4、边缘厚1.7、中部最厚处3.2厘米（图4-8-37，3）。T2147②b：2，泥质灰陶，当身上部残，兽眼较小，兽鼻三角形，嘴呈向下的弯弧形，短直须，外饰一圈稀疏的乳钉纹，直径13.6、边缘厚1、中部最厚处2.6厘米（图4-8-37，1；图4-8-41，1；图版八四，6）。T2047②b：10，泥质灰陶，当身边缘残，兽眼圆睁，较大，长须微卷，直径13、边缘厚1.3、中部最厚处3.4厘米（图4-8-37，5；图4-8-41，5；图版八五，1）。

狮面瓦当　4件。当面中部凸起，饰浅浮雕狮面形象，眼部轮廓突出，短直须，呈放射状分布，外饰一圈凸弦纹，背面中部内凹。T1949②b：22，泥质灰陶，直径12.7、边缘厚1.15、中部最厚处2.15厘米（图4-8-34，3；图4-8-40，1；图版八六，1）。T1848②b：1，泥质黄褐

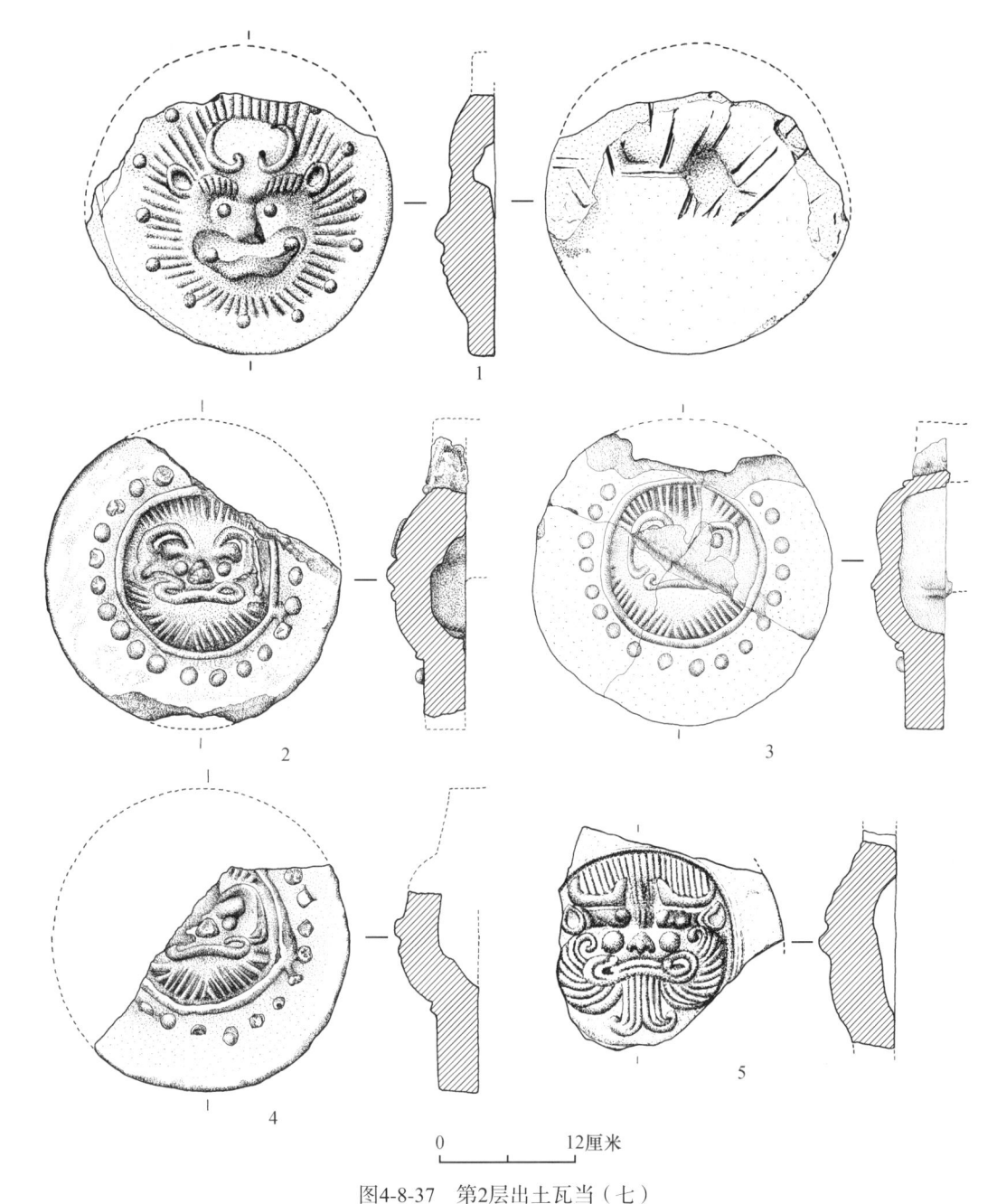

图4-8-37　第2层出土瓦当（七）
1. T2147②b：2　2. T2146②b：6　3. T2048②b：73　4. T2048②b：25　5. T2047②b：10

陶，左侧边缘残，直径13、边缘厚1、中部最厚处2.2厘米（图4-8-34，2；图4-8-40，2；图版八六，3）。T1749②b：1，泥质灰陶，左上部及下部残，直径13、边缘厚1.1、中部最厚处2.1厘米（图版八六，2）。T2048②b：69，泥质灰陶，下部残，直径12.8、边缘厚1、中部最厚处2.2厘米（图版八六，4）。

迦陵频伽　2件。人身鸟尾，双手合掌于胸前，下肢呈鸟爪状，弯曲置于下身前端左右对称分布，底座为圆筒形。T1750②b：39，头部及底座残，残高31.6、残长26.8、宽14.6厘米（图4-8-42，1；图版九二，1、2）。T2048②b：59，头部残，残高34.2、长32.8、宽14.8、底

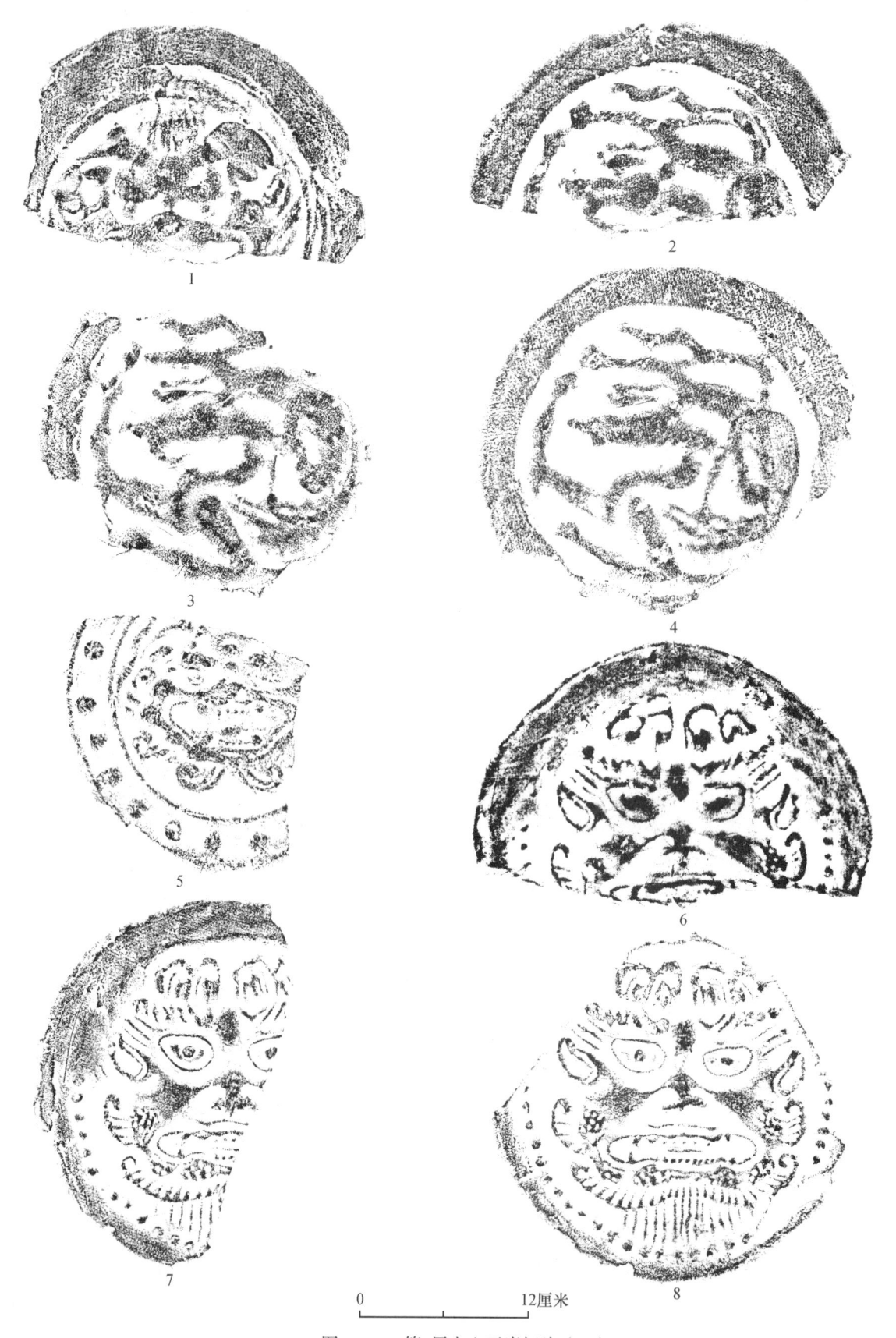

图4-8-38 第2层出土瓦当拓片（一）

1. T1949②b：8   2. T2047②b：7   3. T2047②b：3   4. T2047②b：9   5. T2048②b：33   6. T1750②b：7   7. T1949②b：21
8. T2049②b：16

第四章　城内建筑址的发掘

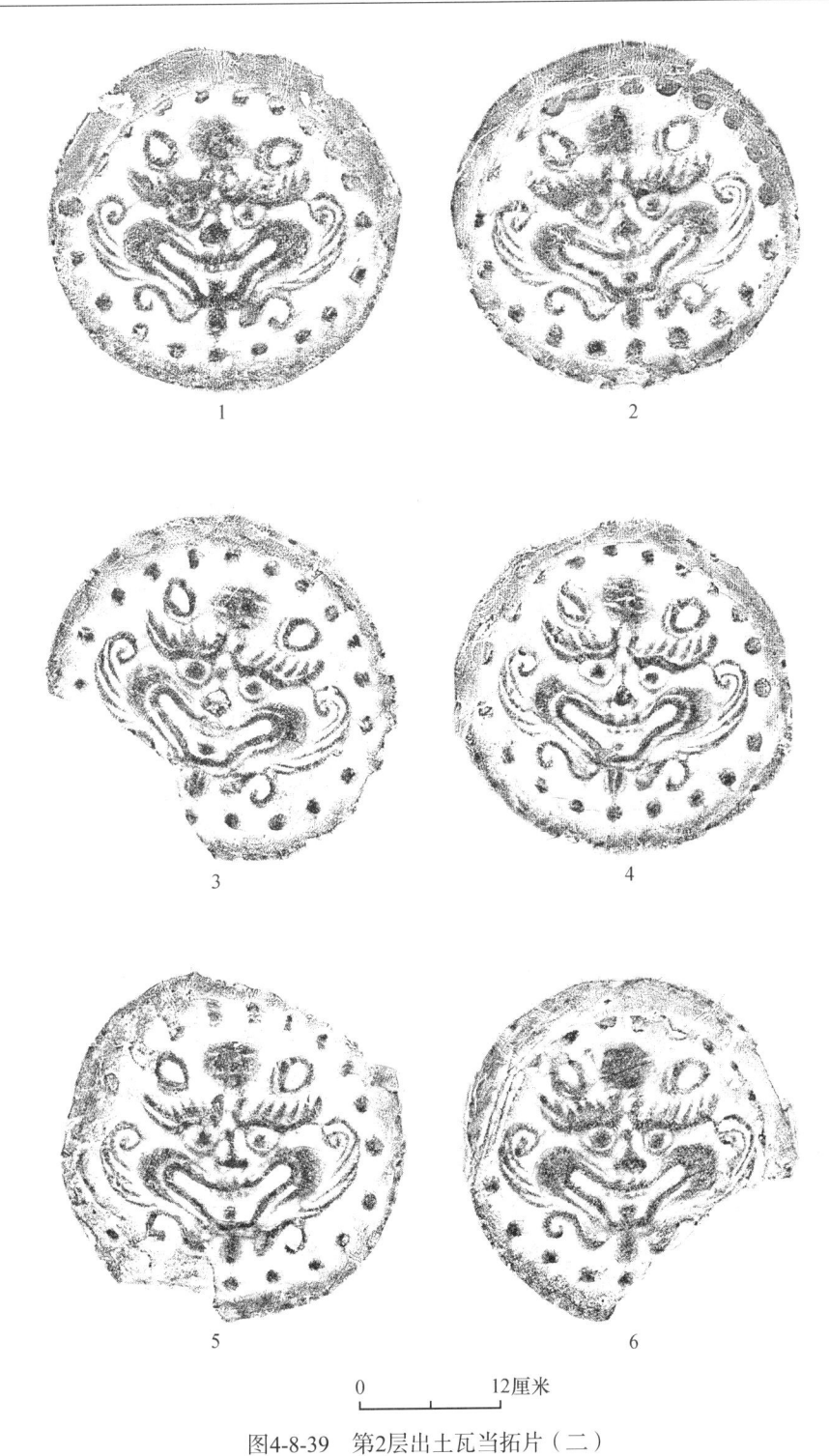

图4-8-39　第2层出土瓦当拓片（二）
1. T1849②b:1　2. T1949②b:9　3. T1949②b:20　4. T1750②b:5　5. T1750②b:3　6. T1750②b:20

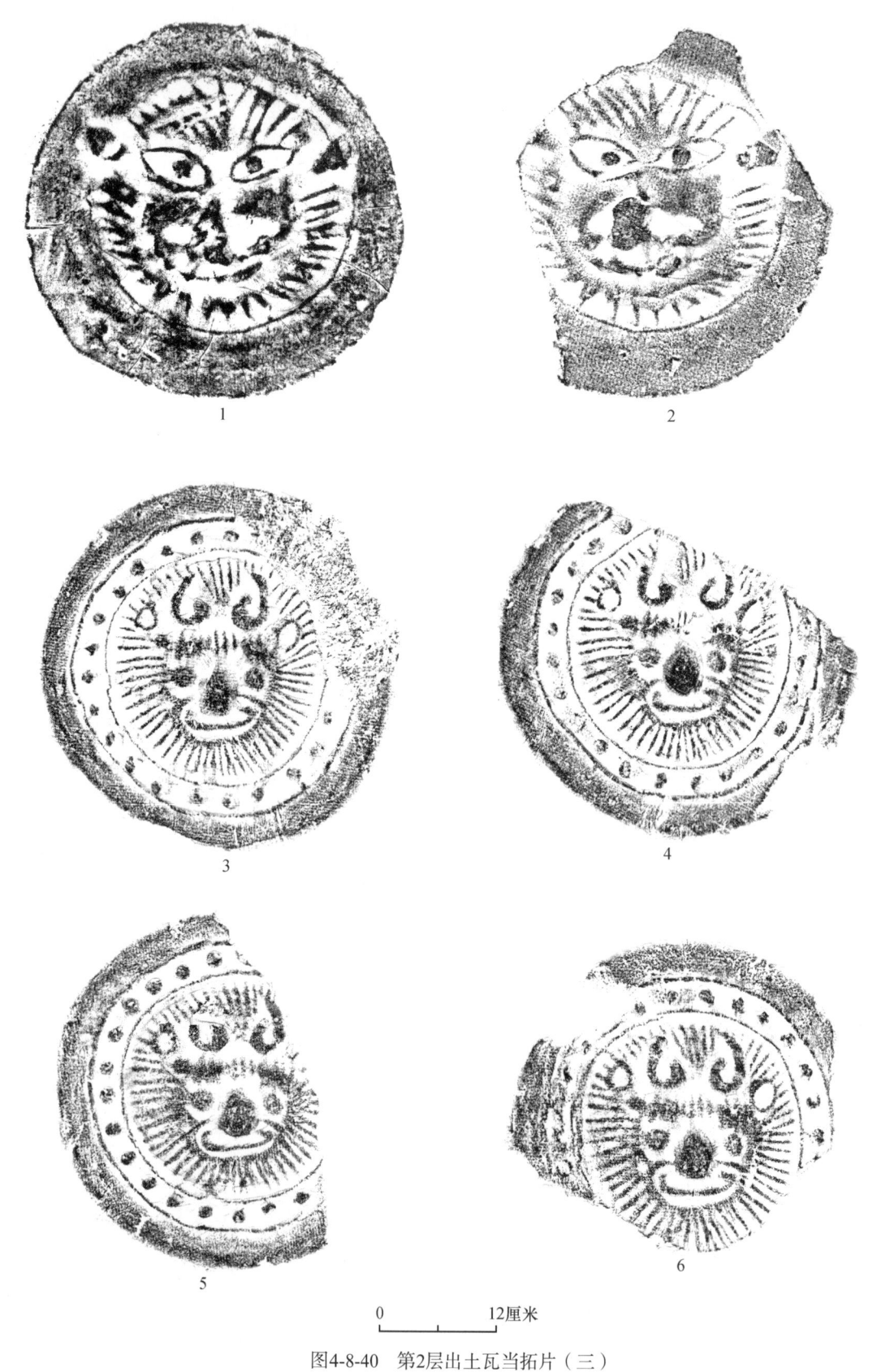

图4-8-40 第2层出土瓦当拓片（三）

1. T1949②b：22 2. T1848②b：1 3. T2048②b：34 4. T2146②b：4 5. T1847②b：7 6. T1847②b：4

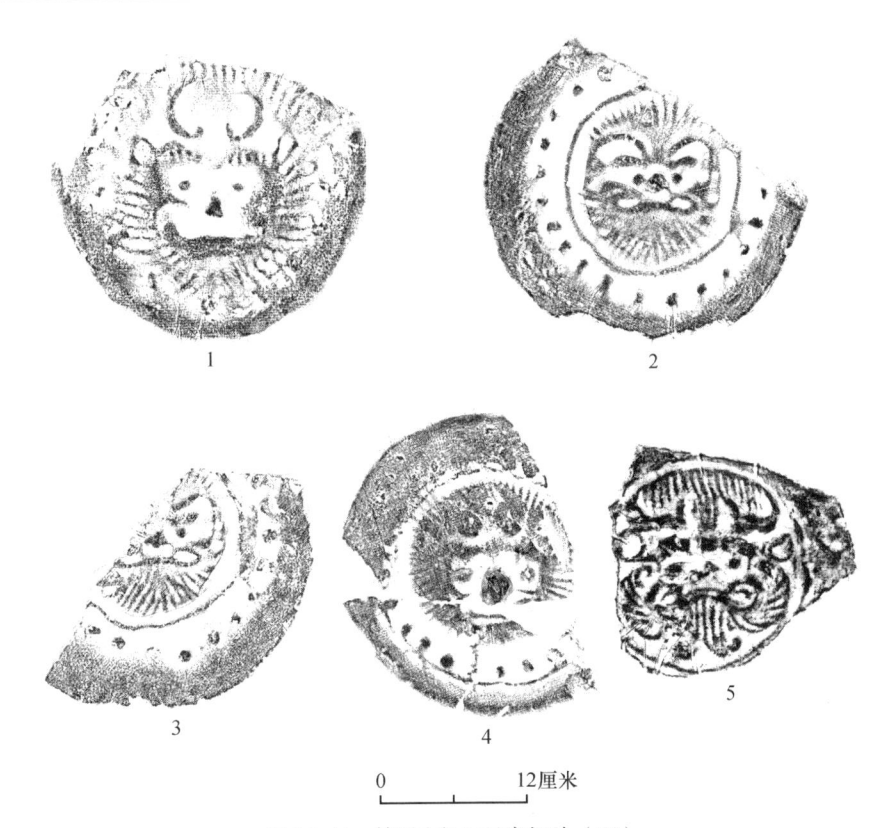

图4-8-41　第2层出土瓦当拓片（四）

1. T2147②b：2　2. T2146②b：6　3. T2048②b：25　4. T1949②b：6　5. T2047②b：10

座直径15.2厘米（图4-8-42，2；图版九二，3、4）。

凤鸟　1件。T2147②b：5，直立展翅鸟形，头部残，下身呈圆筒形，中空，底部有方形底座，背部、尾部及底座上表面均饰条形戳点纹，残高23.4、残宽12.6、底座边长17.2厘米（图4-8-43；图版九一，6）。

鸱吻　2件。器表贴塑龙形浮雕纹饰，边缘呈鱼鳍状，残为多块，未能复原。T1949②b：57，残长62、残高43.2、胎厚4.8厘米（图4-8-44，1；图版九三，1）。T1949②b：56，共5块，为同一件鸱吻上的残块，最大的一块残长64、宽17.6、胎厚2.8厘米（图4-8-44，2—6；图版九三，2）。

垂兽　7件。T2147②b：6，残存头部，舌部残，眼球外凸，嘴大张呈90°，耳、眼、角、须部饰多道弧线平行刻划凹槽纹饰，面部饰三角形戳点纹，口腔内饰两组三瓣花形戳点纹饰，残长31、残宽17.6、残高21.6厘米（图4-8-45，2；图版九〇，3、4）。T2047②b：30，残存头部，眼球外凸，耳、眼、口部饰多道刻划凹槽纹饰，残长24、宽18.5、残高25.2厘米（图4-8-45，1；图版九〇，6）。T1949②b：58，头部残，仅存瓦身部分，中部有一长径3.7、短径2.4厘米的椭圆形穿孔，兽头两侧饰卷须状纹饰，长34.4、宽22、厚1.6—9.4厘米（图4-8-46，1；图版九〇，5）。T1847②b：31，残存下颌部分，残长39.8、残宽28、残高16厘米（图4-8-46，2）。T2048②b：61，兽头下颌残块，中部有一直径1.5厘米的圆孔贯穿，残长15.2、残宽16.4、残高15.2厘米（图4-8-46，4）。T2049②b：27，兽角残块，器身扁平，平面呈弯钩状，上表面有

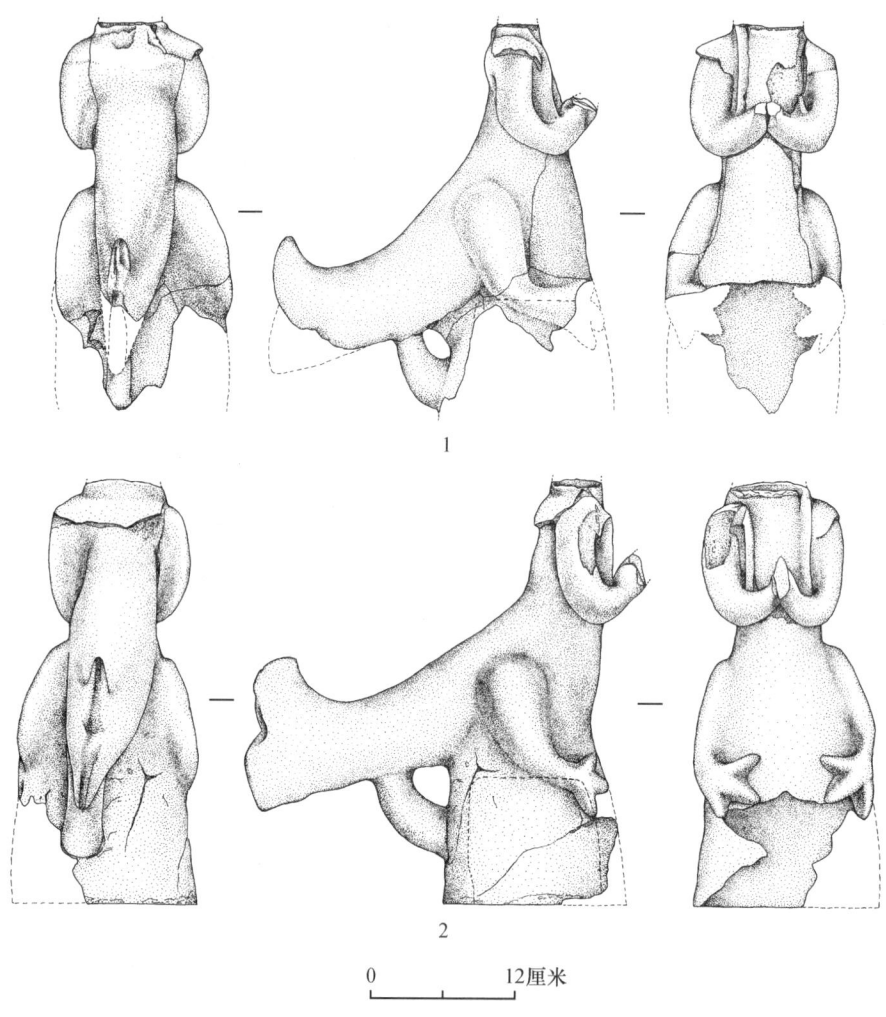

图4-8-42 第2层出土迦陵频伽
1. T1750②b：39 2. T2048②b：59

刻槽纹饰，残长15.4、最宽处13.6、厚2.4厘米（图4-8-46，3）。T1750②b：41，兽角残块，器身扁平，平面呈弯弧状，上表面有刻槽纹饰，残长22、宽6.6、厚2.4厘米（图4-8-46，5）。

脊兽残块 25件。T1847②b：28，残，形制不明，饰不规则形凹点纹及弧线凹槽纹饰带，残长19、残宽17、残高14.8厘米（图4-8-47，3；图版九三，3）。T2047②b：35，兽耳残块，表面饰麦粒状戳点纹，残长10.2、残宽8.4、厚2.6—5.8厘米（图4-8-47，8）。T1947②b：32，兽上颌残块，向上翘起，表面饰多条刻划纹饰及三叶草纹，腮部饰大小不等的圆形戳点纹，残长19.8、残宽5.6、高10厘米（图4-8-47，9）。T1947②b：35，残长16、残宽14、残高9.6厘米（图4-8-47，6；图版九三，4）。T1946②b：46，残长10、残宽10、高4.4厘米（图4-8-47，1）。T2048②b：60，残长18.2、残宽18、残厚4厘米（图4-8-47，5）。T1848②b：8，残长10、宽12、残厚6厘米（图4-8-47，4）。T1949②b：59，残长11.4、残宽8.4、残厚5.6厘米（图4-8-47，2）。T1949②b：55，残长14、残宽9.6、残高8厘米（图4-8-47，7）。T2048②b：44，釉陶脊兽残块，残存卷曲的兽须部分，器表施绿釉，残长8、残宽7、残厚3.2厘米（图版九四，7）。

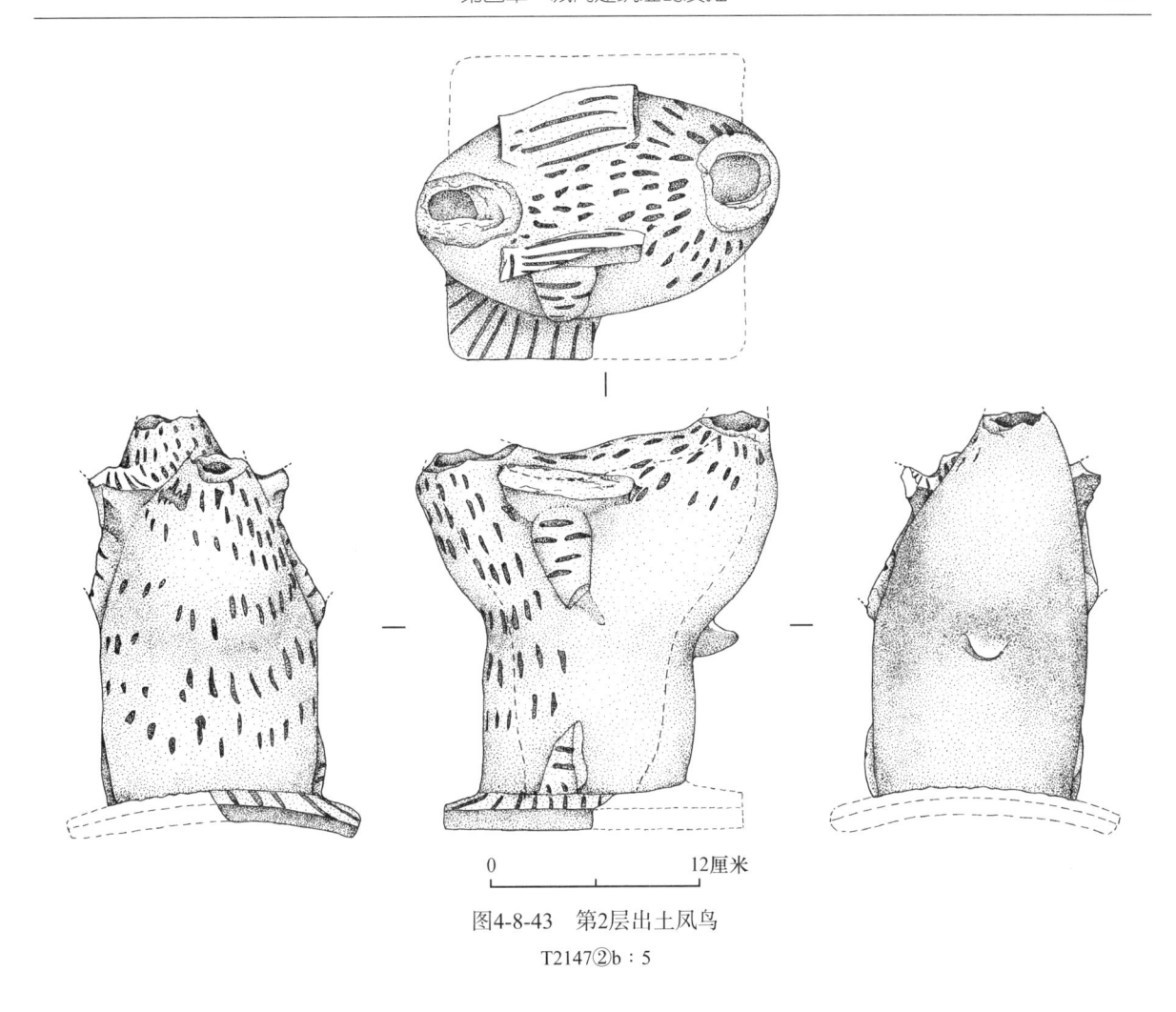

图4-8-43　第2层出土凤鸟
T2147②b∶5

砖　4件。均模制。T1845②a∶9，长方砖，残缺一角，长32、宽16、厚5厘米（图4-8-48，1）。T1750②a∶36，方砖，长32.8、宽31、厚6厘米（图4-8-48，2；图版九五，3）。T2046②b∶17，长方砖，长30、宽16.4、厚5.2厘米（图4-8-48，3；图版九五，4）。T2048②b∶70，长方砖，残半，表面有斜向抹痕，残长20、宽17、厚5.6厘米（图4-8-48，4）。

2. 陶器

陶缸　1件。T1945②b∶1，卷沿圆唇，敛口，鼓肩，斜弧腹，平底，微内凹，器身肩部和最大径处各有一圈附加纹饰带，最大径以下有数圈砑光暗条纹，口径55、最大径80、底径40、高75厘米（图版九八，1）。

陶罐　2件。均泥质灰陶。T1951②a∶2，卷沿圆唇，敛口，鼓肩，肩部有两个对称分布的竖桥耳，腹部以下残，口径20.8、残高14厘米（图4-8-49，1）。T1951②a∶5，口沿残，上腹较鼓，下腹斜弧内收，平底，最大腹径19.8、底径10、残高14厘米（图4-8-49，7）。

陶盆　2件。均泥质灰陶，卷沿圆唇，敞口，斜弧腹，平底。T1851②a∶1，底微内凹，口径33.2、底径16、高11.6厘米（图4-8-49，2）。T1951②a∶1，口径34.4、底径16.5、高11.6厘

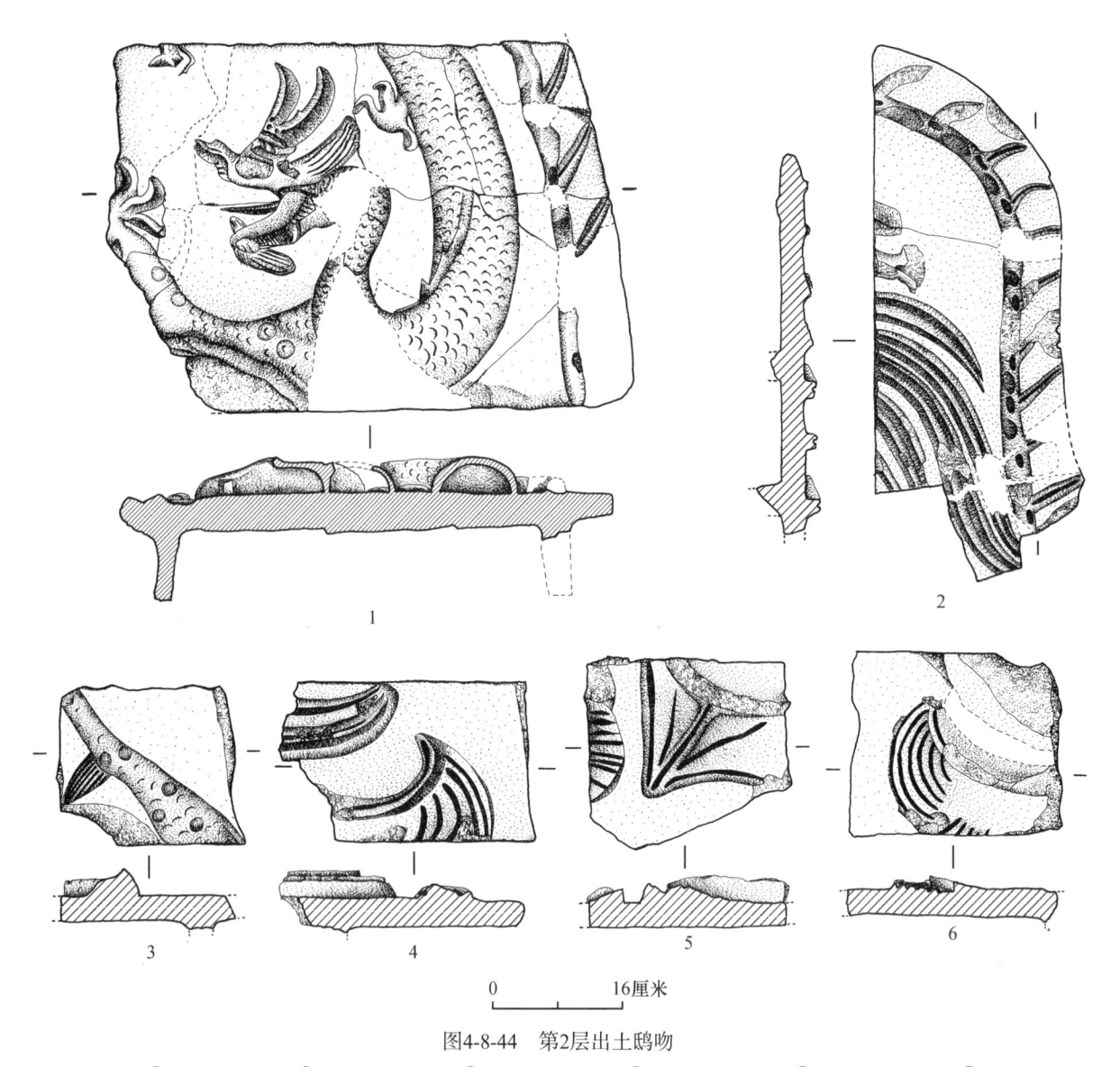

图4-8-44 第2层出土鸱吻
1. T1949②b：57 2. T1949②b：56-1 3. T1949②b：56-2 4. T1949②b：56-3 5. T1949②b：56-4 6. T1949②b：56-5

米（图4-8-49，4）。

陶盘 1件。T1946②b：33，泥质灰陶，尖唇，敞口，斜直壁，大平底，外壁饰一周附加堆纹带，口径29.4、底径22、高5.6厘米（图4-8-49，3；图版一一五，8）。

陶盏 18件。依底部差异分二型。

A型 10件。台底。依口部及腹部差异分三亚型。

Aa型 3件。敞口，鼓腹。T1750②b：22，泥质灰陶，圆唇，口径10、底径4.7、高2.6厘米（图4-8-50，1）。T1946②b：5，泥质灰褐陶，器表有明显轮修痕迹，圆唇，腹外壁有一条不甚明显的折棱，口径8.2、底径4.6、高2.4厘米（图4-8-50，2）。T2048②b：42，泥质黄褐陶，圆唇，腹外壁微凸，口径8.4、底径3.4、高2.1厘米（图4-8-50，3）。

Ab型 2件。敛口，鼓腹。T2048②b：43，泥质灰陶，尖圆唇，口径8、底径4.4、高2.6

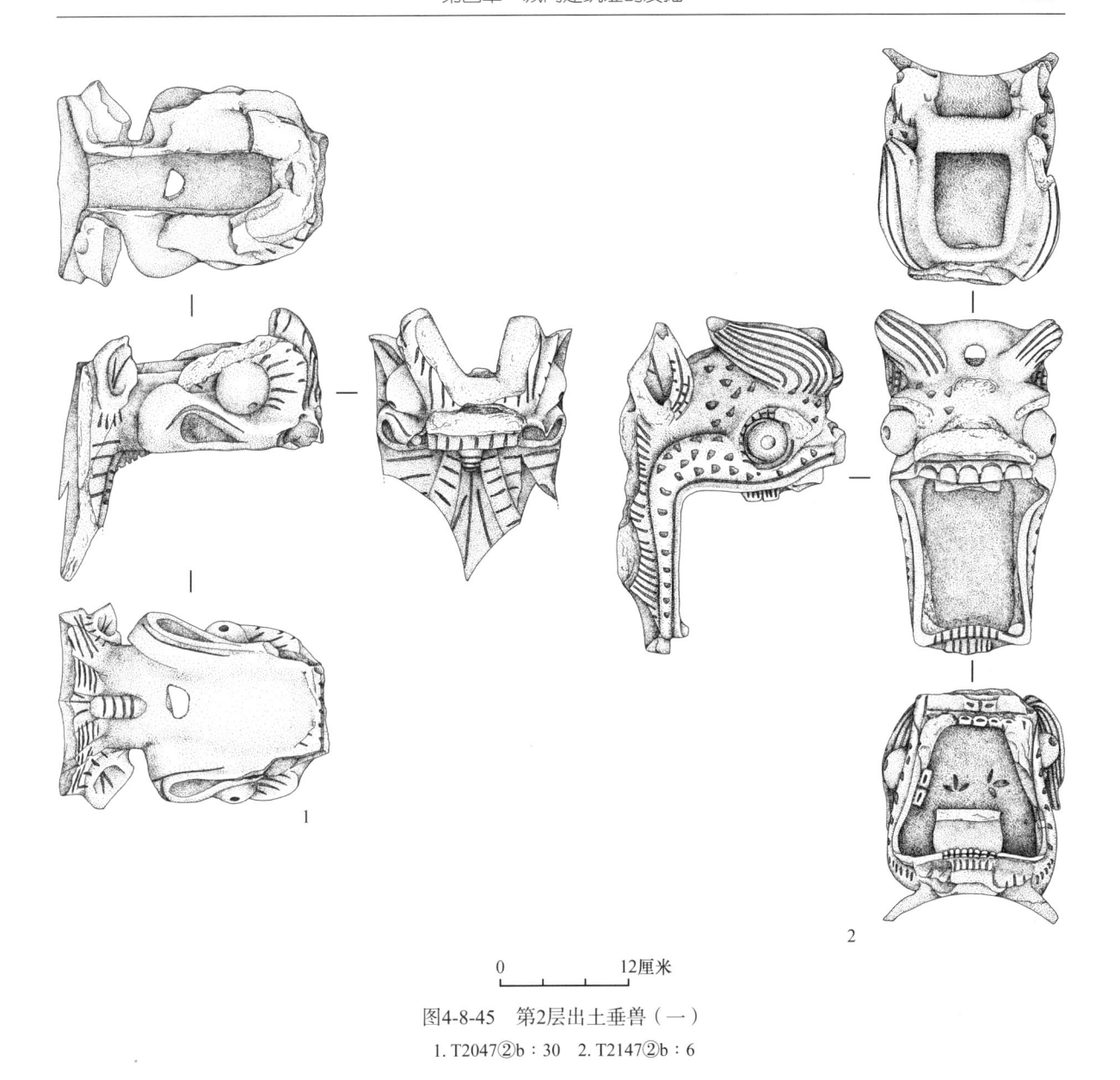

图4-8-45 第2层出土垂兽（一）
1. T2047②b：30 2. T2147②b：6

厘米（图4-8-50，4）。T2049②b：18，泥质灰陶，圆唇，口径7.2、底径4.1、高2.4厘米（图4-8-50，5）。

Ac型 5件。敞口，腹部内收。T1750②b：18，泥质灰陶，圆唇，口径9.8、底径5.2、高2.2厘米（图4-8-50，6）。T1750②b：19，泥质黄褐陶，圆唇，口径9.1、底径4.6、高1.9厘米（图4-8-50，10）。T1750②b：21，泥质灰陶，圆唇，口径9.2、底径4.6、高2.2厘米（图4-8-50，9）。T1750②b：30，泥质黄褐陶，圆唇，口径9.1、底径4.8、高2.2厘米（图4-8-50，7）。T1750②b：17，泥质灰陶，圆唇，口径10.2、底径6.2、高2.2厘米（图4-8-50，8）。

B型 8件。平底。依口部差异分三亚型。

Ba型 5件。敞口。T2048②b：39，泥质灰褐陶，尖唇，斜直腹，口径7.7、底径4.5、高2厘米（图4-8-50，12）。T1946②b：28，泥质灰褐陶，圆唇，斜直腹，口径8.5、底径5.3、高

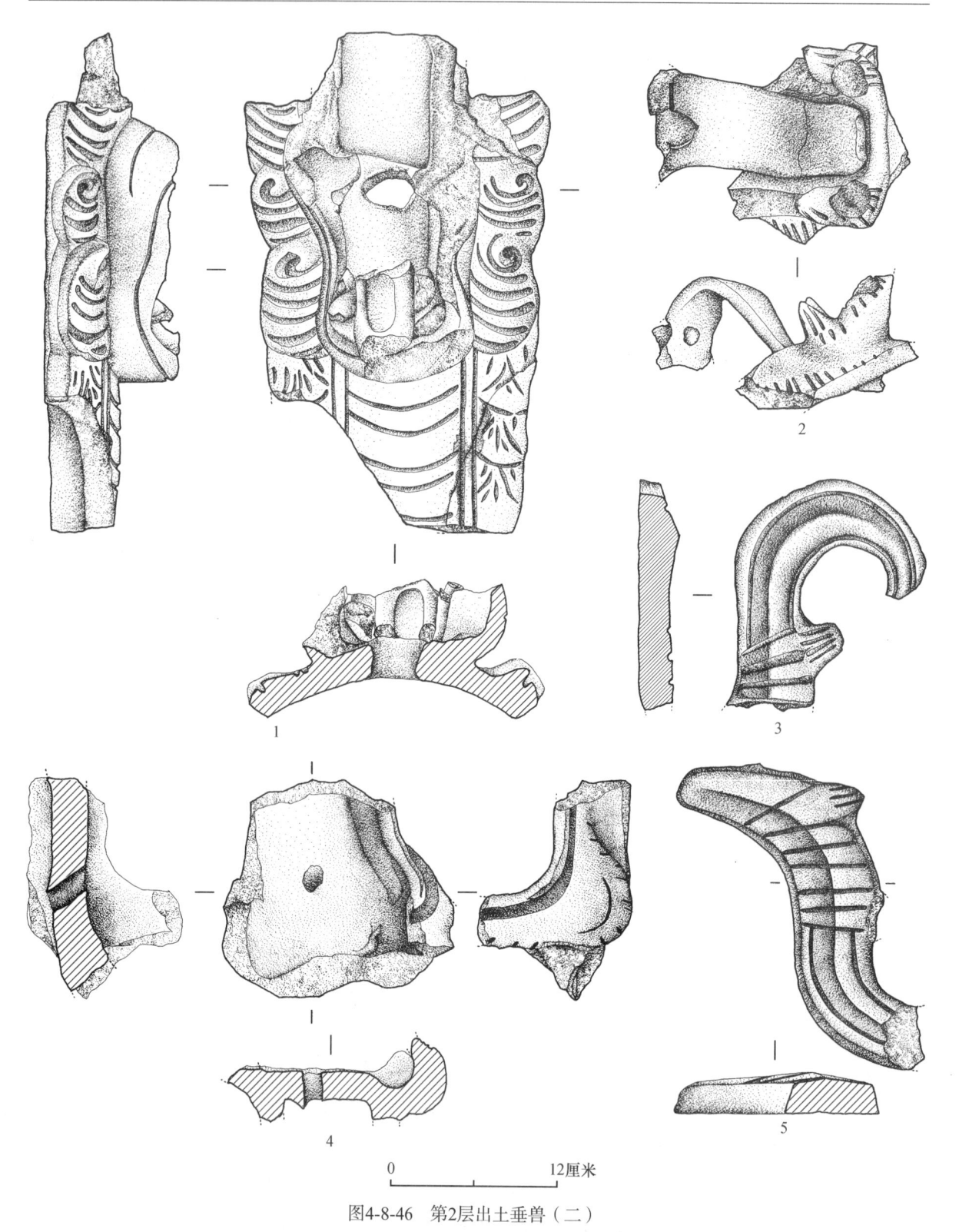

图4-8-46 第2层出土垂兽（二）
1. T1949②b：58   2. T1847②b：31   3. T2049②b：27   4. T2048②b：61   5. T1750②b：41

第四章　城内建筑址的发掘

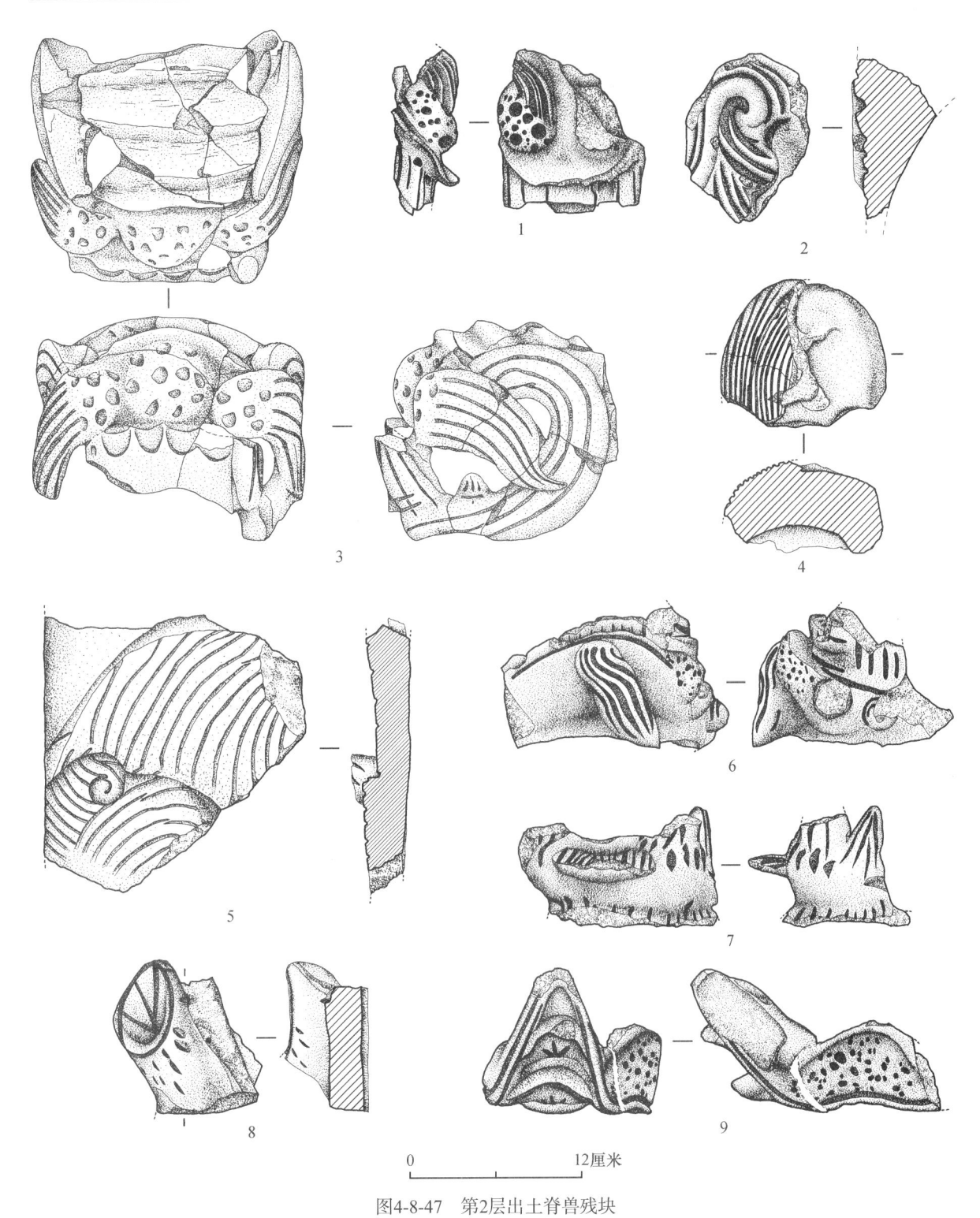

図4-8-47　第2层出土脊兽残块

1. T1946②b∶46　2. T1949②b∶59　3. T1847②b∶28　4. T1848②b∶8　5. T2048②b∶60　6. T1947②b∶35
7. T1949②b∶55　8. T2047②b∶35　9. T1947②b∶32

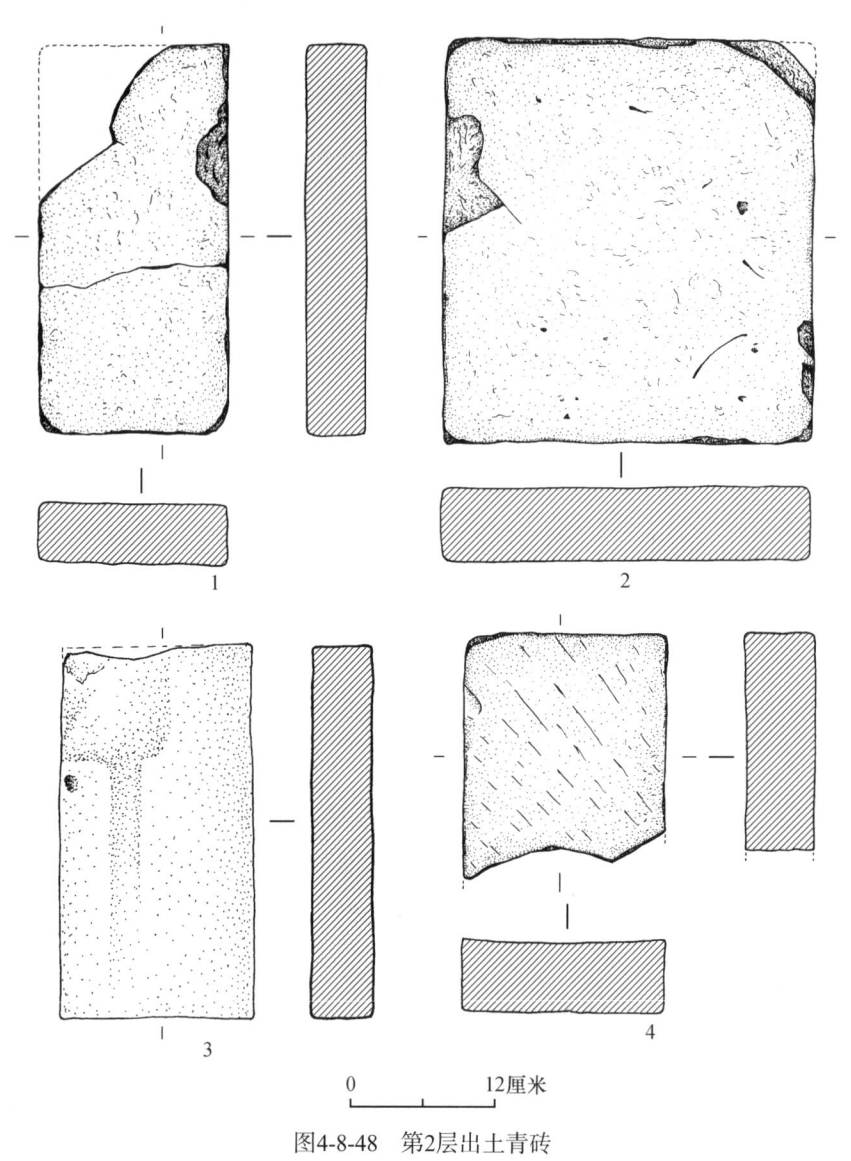

图4-8-48　第2层出土青砖
1. ⅠT1845②a：9　2. T1750②a：36　3. T2046②b：17　4. T2048②b：70

1.8厘米（图4-8-50，11）。T2049②b：19，泥质灰陶，圆唇，斜弧腹，底内凹，口径8.6、底径4、高2.4厘米（图4-8-50，13）。T1851②a：1，泥质灰陶，尖唇，斜弧腹，大平底，口径7.6、底径5.4、高1.6厘米（图4-8-50，14）。

Bb型　2件。敛口。T2048②b：75，泥质灰陶，圆唇，斜弧腹，平底口径9.6、底径5、高2.3厘米（图4-8-50，15）。

Bc型　1件。侈口。T1946②b：26，泥质灰褐陶，尖唇，腹部内凹，小平底，口径7.9、底径3.7、高1.8厘米（图4-8-50，16）。

陶香炉　1件。T1845②b：8，泥质黑褐陶，外折沿，方唇，唇面外缘微凸，束颈，鼓腹，圜底，兽头形三足，足下部残，腹部有两个对称分布的兽形竖耳，一侧耳缺失，颈部及腹部饰模印纹饰，颈部为卷云纹，腹部为龙纹，肩部及下腹部各有两道凸弦纹，口径9.4、最大腹径

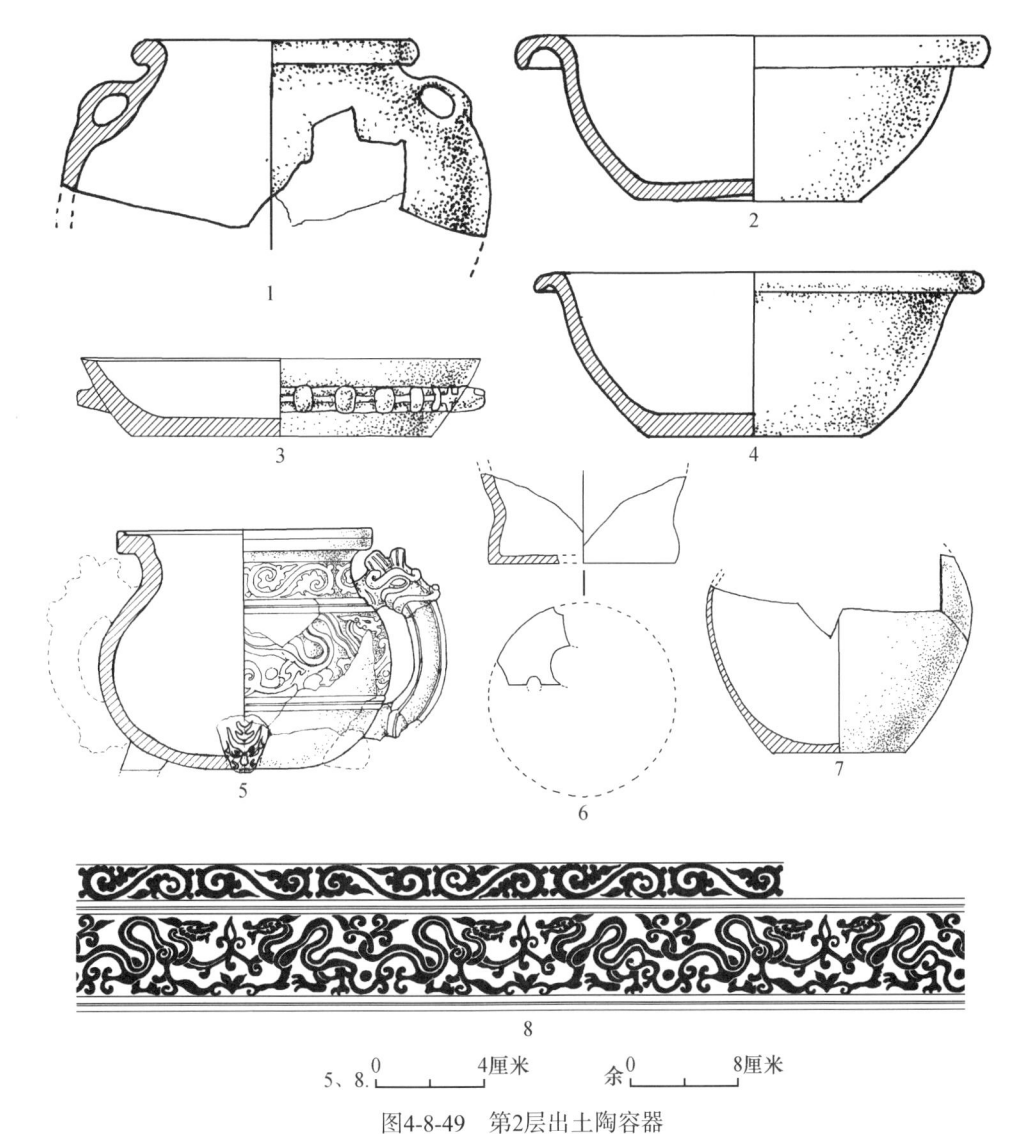

图4-8-49　第2层出土陶容器
1、7.陶罐（T1951②a：2、T1951②a：5）　2、4.陶盆（T1851②a：1、T1951②a：1）　3.陶盘（T1946②b：33）
5、8.陶香炉（T1845②b：8）　6.陶甑（T2047②b：32）

10.8、残高8.8厘米（图4-8-49，5、8；图版一一八，5）。

陶器盖　2件。T1846②b：9，泥质灰陶，平顶，微上凸，无纽，直径6.6、高2.5厘米（图4-8-50，18；图版一一六，3）。T1846②b：8，泥质灰褐陶，尖顶，斜直壁，口径4.9、最大径5.9、高3.3厘米（图4-8-50，17）。

陶器座　4件。T2048②b：74，泥质灰陶，底座平折沿，方唇，弧壁，顶部较平，中间有一直径6厘米的圆孔，底径14.8、高3厘米（图4-8-51，1）。T1950②a：40，泥质灰陶，圆柱状，中空，喇叭形底座，残宽12、残高9.6厘米（图4-8-51，2）。

陶甑　3件。T2047②b：32，泥质灰陶，残存底部，深腹，下腹内凹，平底，底部有大小不等的圆形孔，底径14、残高6.2厘米（图4-8-49，6）。

冥币　2件。手制，仿铜钱形制，圆饼形，中部有圆形穿孔。T1747②b：3，泥质灰褐陶，

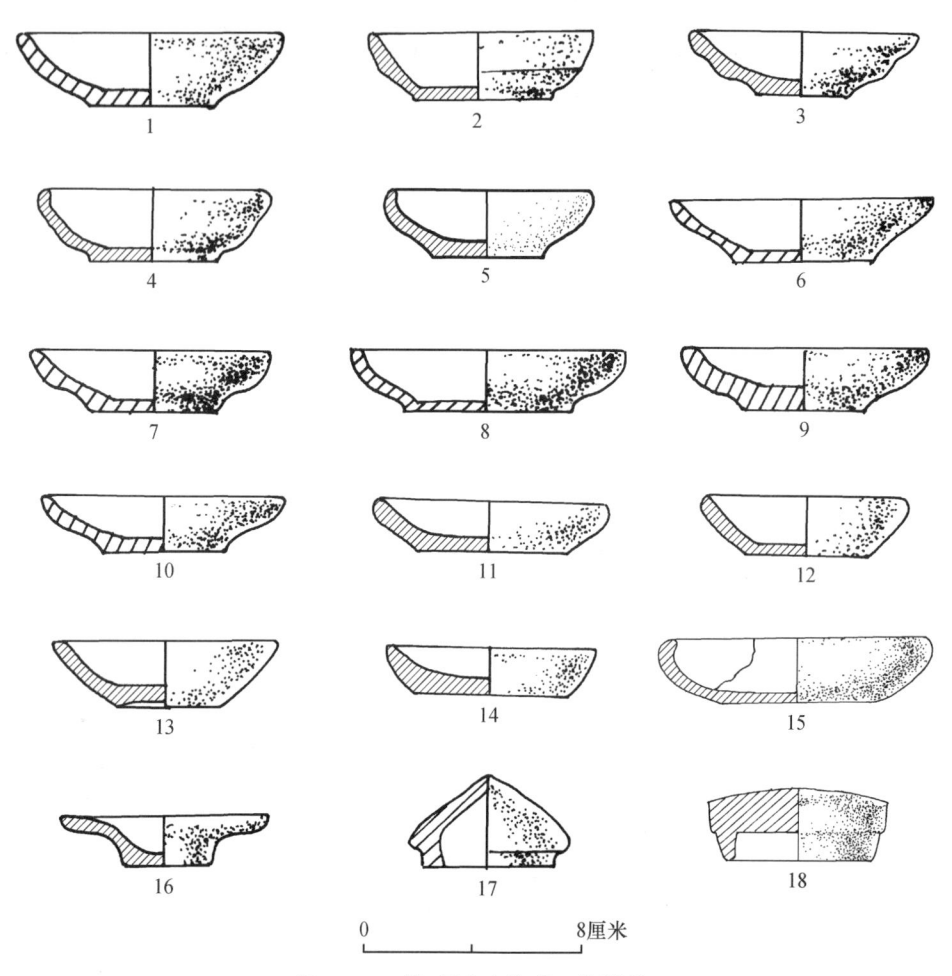

图4-8-50 第2层出土陶盏、陶器盖

1—3. Aa型盏（T1750②b：22、T1946②b：5、T2048②b：42） 4、5. Ab型盏（T2048②b：43、T2049②b：18）
6—10. Ac型盏（T1750②b：18、T1750②b：30、T1750②b：17、T1750②b：21、T1750②b：19） 11—14. Ba型盏
（T1946②b：28、T2048②b：39、T2049②b：19、T1851②a：1） 15. Bb型盏（T2048②b：75） 16. Bc型（T1946②b：26）
17、18. 陶器盖（T1846②b：8、T1846②b：9）

直径2.3、孔径0.6、厚0.7—1厘米（图4-8-51，7）。T1747②b：1，泥质灰陶，直径2.1、孔径0.5、厚0.3—0.5厘米（图4-8-51，8）。

陶拍 1件。T1949②b：23，手制，泥质灰陶，平面圆角长方形，残半，残长6.7、宽8.8、厚2.8厘米（图4-8-51，13；图版一三一，1）。

陶砚 1件。T2046②b：7，泥质灰陶，椭圆形双面砚，长径11.4、短径5.8、厚1.5厘米（图4-8-51，14；图版一一七，6）。

棋子 2件。T2048②b：35，泥质灰陶，手制，圆饼形，底部不平，直径2、厚0.8厘米（图4-8-51，3）。T1947②b：25，泥质灰褐陶，手制，馒头形，外施一薄层陶衣，直径1.3、高0.7厘米（图4-8-51，4）。

陶纺轮 1件。T1947②b：26，泥质青灰色瓦片磨制而成，形制不甚规整，残半，圆饼形，中部有圆形穿孔，直径5.4、孔径1、厚1.7厘米（图4-8-51，10）。

陶饼　1件。T1946②b：50，泥质黄褐色陶器底磨制而成，圆饼形，直径4.6、厚0.6厘米（图4-8-51，12）。

陶球　3件。手制，球体。T1747②b：5，泥质灰陶，残半，直径2.2厘米（图4-8-51，5）。T1846②b：10，泥质灰褐陶，残，直径1.9厘米（图4-8-51，6）。T2048②b：37，泥质灰陶，直径4.3厘米（图4-8-51，9）。

陶塑　1件。T1747②b：4，手制，泥质灰陶，人形，残存头部，残长3.8、宽2.6、厚1.9厘米（图4-8-51，11；图版一三二，1）。

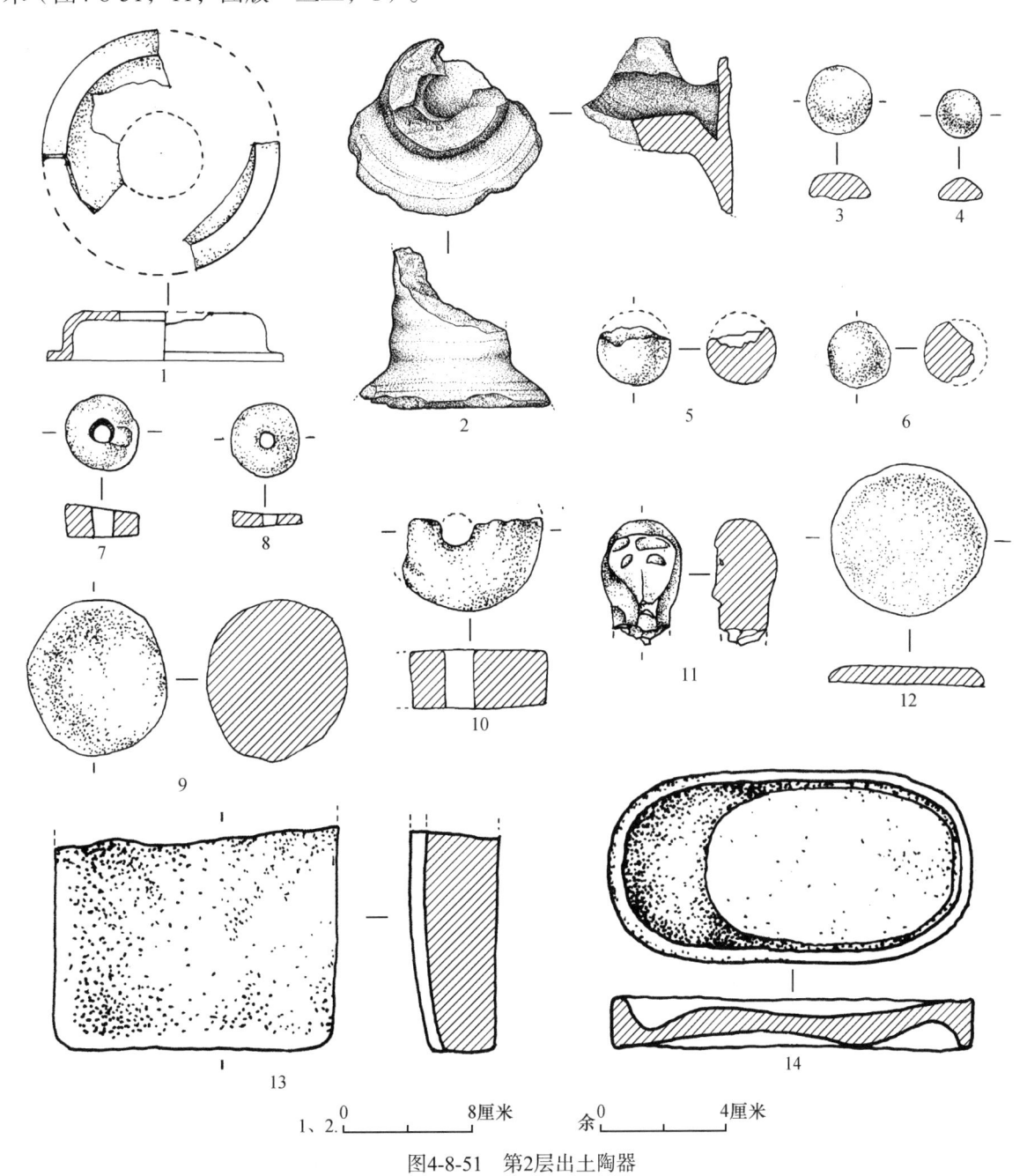

图4-8-51　第2层出土陶器

1、2.陶器座（IT2048②b：74、T1950②a：40）　3、4.陶棋子（T2048②b：35、T1947②b：25）　5、6、9.陶球（T1747②b：5、T1846②b：10、T2048②b：37）　7、8.冥币（T1747②b：3、T1747②b：1）　10.纺轮（T1947②b：26）　11.陶塑（T1747②b：4）　12.陶饼（T1946②b：50）　13.陶拍（T1949②b：23）　14.陶砚（T2046②b：7）

3. 瓷器

瓷碗　4件。T2146②b：16，白胎，白釉，尖唇，侈口，弧腹，圈足底，口径17.8、底径8、高6.4厘米（图4-8-52，1）。T1846②b：26，黄褐色粗砂胎，施白色化妆土及透明釉，化妆土及釉均未施至外底，圆唇，敞口，弧腹，圈足底，高4厘米（图4-8-52，2）。T1946②b：52，灰白胎，施白色化妆土及透明釉，芒口，圆唇，侈口，浅腹，圈足底，内底高凸，口径12.2、底径5.4、高3厘米（图4-8-52，3）。

瓷盘　1件。T1946②b：51，灰白胎，白釉，内施满釉，外施半釉，尖唇，敞口，斜弧腹，圈足底，内底外凸，高3厘米（图4-8-52，4）。

瓷罐　2件。T2048②b：40，灰胎，黑釉，圆唇，直口，鼓肩，口沿与肩部之间有两个对称的竖桥耳，直腹，下腹微鼓，台底，口径5.2、最大腹径8、底径4.2、高8.3厘米（图4-8-52，5；图版一二五，3）。T1748②b：6，灰砂胎，黄褐釉，釉大部已脱落，器表可见轮修形成的弦纹，圆唇微外翻，敛口，鼓腹，内挖圈足底，口径12.4、最大腹径16.4、底径8、高18厘米（图4-8-52，7）。

瓷缸　1件。T1947②b：37，夹粗砂黄褐胎，黑釉，卷沿圆唇，敛口，鼓肩，斜直腹，平底，下腹部有两道平行的凹弦纹，口径60、最大径70.8、底径34.8、高84厘米（图4-8-52，6）。

4. 石器

砺石　2件。T1847②b：13，磨制而成，灰色，方柱状，残，残长9、宽8、厚5.8厘米（图4-8-53，5）。T1847②b：11，磨制而成，红褐色，方柱状，残半，残长4.1、宽2.75、最厚处1.5厘米（图4-8-53，6）。

石饼　1件。T2048②b：38，灰色，磨制而成，残存1/4，表面光滑，中部较厚，边缘略薄，直径16、厚0.65厘米（图4-8-53，4）。

石磨盘　1件。T1751②a：10，青灰色石块凿成，残半，上表面中部残缺，边缘可见多道平行凹槽，直径34、厚9厘米（图4-8-53，1）。

5. 铁器

铁锥　2件。T2046②b：16，柄部呈环形，锥身下部残，残长4.6、柄部宽2.7厘米（图4-8-54，5）。T1850②a：3，柄部呈弯钩状，锥体截面方形，长7、最宽处3.6厘米（图4-8-54，6）。

铁钉　14件。钉帽扁平，折向一侧，钉身截面方形。T1946②b：9，钉身下部弯曲，长27.2、截面边长0.85厘米（图4-8-54，1）。T1949②b：2，长23、截面边长0.8厘米（图4-8-54，2）。

铁镞　3件。T1949②b：24，平刃，微残，镞身截面长方形，短铤，通长11、最宽处1厘米（图4-8-54，10）。T2048②b：12，平刃，镞身截面长方形，短铤，通长8.8、最宽处0.6厘米（图4-8-54，11）。T1849②b：5，镞尖三角形，铤截面长方形，通长10、最宽处2、厚0.4厘米（图4-8-54，9）。

第四章 城内建筑址的发掘

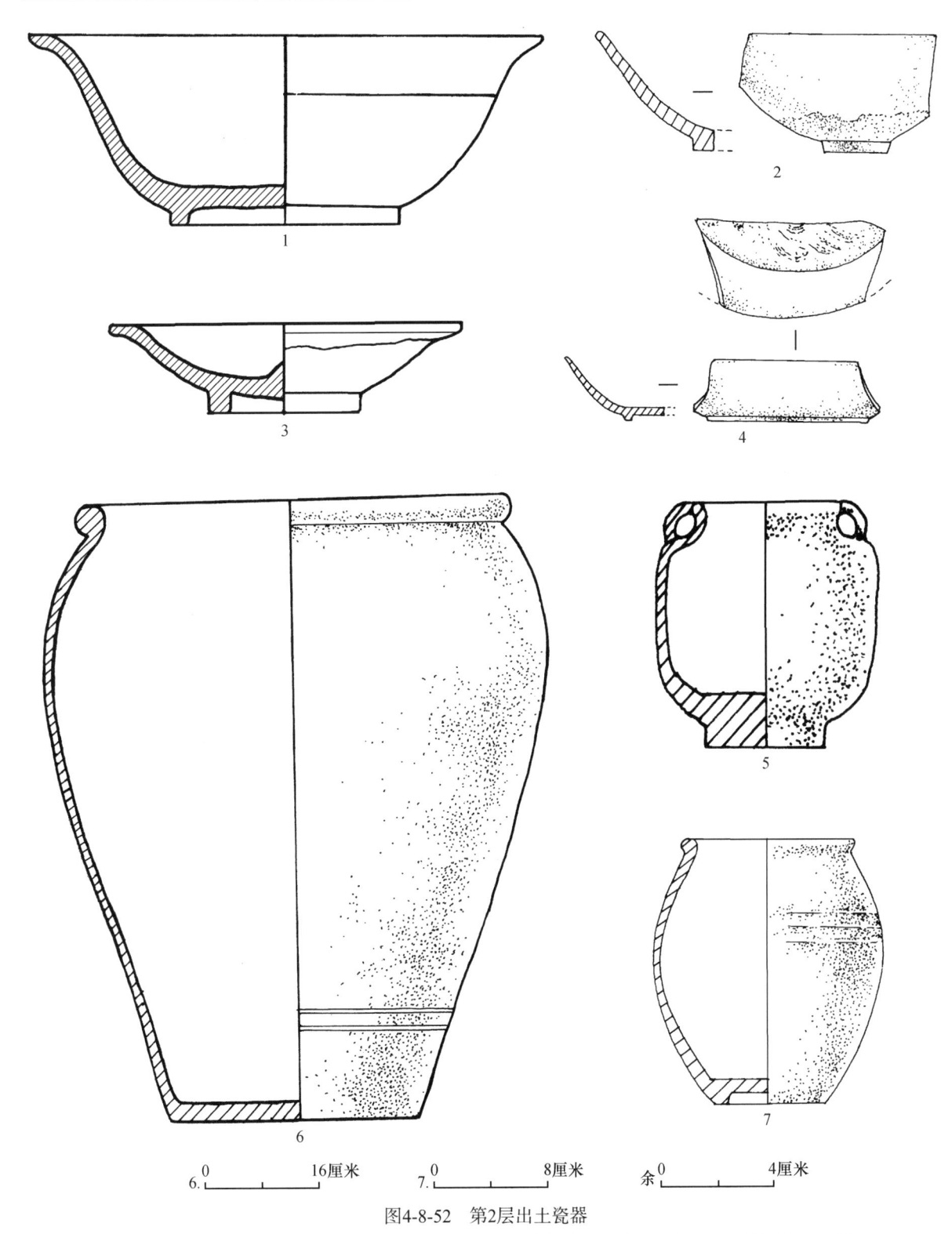

图4-8-52 第2层出土瓷器
1—3.瓷碗（T2146②b：16、T1846②b：26、T1946②b：52） 4.瓷盘（T1946②b：51） 5、7.瓷罐（T2048②b：40、T1748②b：6） 6.瓷缸（T1947②b：37）

图4-8-53　第2层出土其他遗物

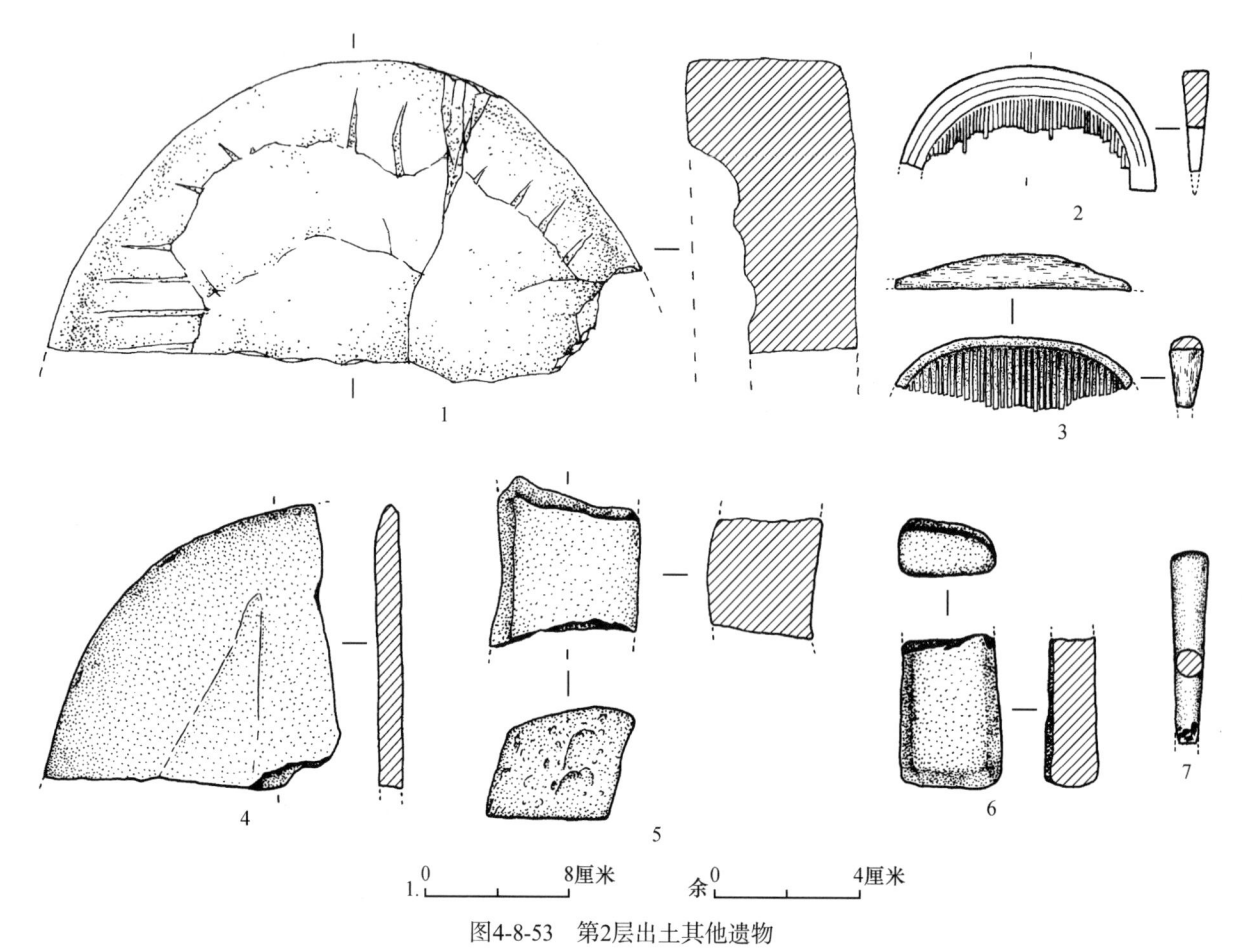

1. 石磨盘（T1751②a：10）　2、3. 骨梳（T2048②b：36、T1846②b：1）　4. 石饼（T2048②b：38）
5、6. 砺石（T1847②b：13、T1847②b：11）　7. 琉璃饰件（T1747②b：2）

铁甲片　2件。平面圆角长方形，边缘有圆形穿孔。T1946②b：20，孔径0.25厘米，残长4.8、宽2.3、厚0.15厘米（图4-8-54，4）。T1847②b：2，锈蚀严重，穿孔不清晰，长10.2、宽3.4、厚0.2厘米（图4-8-54，3）。

铁环　4件。T2048②b：21，直径11厘米，截面方形，边长1厘米（图4-8-54，12）。T1946②b：23，平面呈不闭合的环形，直径6.2厘米，截面方形，边长0.5厘米（图4-8-54，7）。

车辖　1件。T2048②b：20，残长11、厚2厘米（图4-8-54，8）。

铁片　5件。T1946②b：4，平面呈五边形，长6、最宽处2.4、厚0.2厘米（图4-8-54，14）。T2046②b：3，器身弯折呈"V"形，通长28、宽2.8、厚0.25厘米（图4-8-54，13）。

铁构件　3件。T1946②b：22，器身呈长方体，一端呈环形，另一端残，残长3.2、厚0.2厘米（图4-8-54，16）。T1850②a：4，器身呈长方体，一端呈环形，另一端残，残长7.2、环形外径3.2、内径1.4、器身厚1—1.4厘米（图4-8-54，15）。

第四章　城内建筑址的发掘

图4-8-54　第2层出土铁器

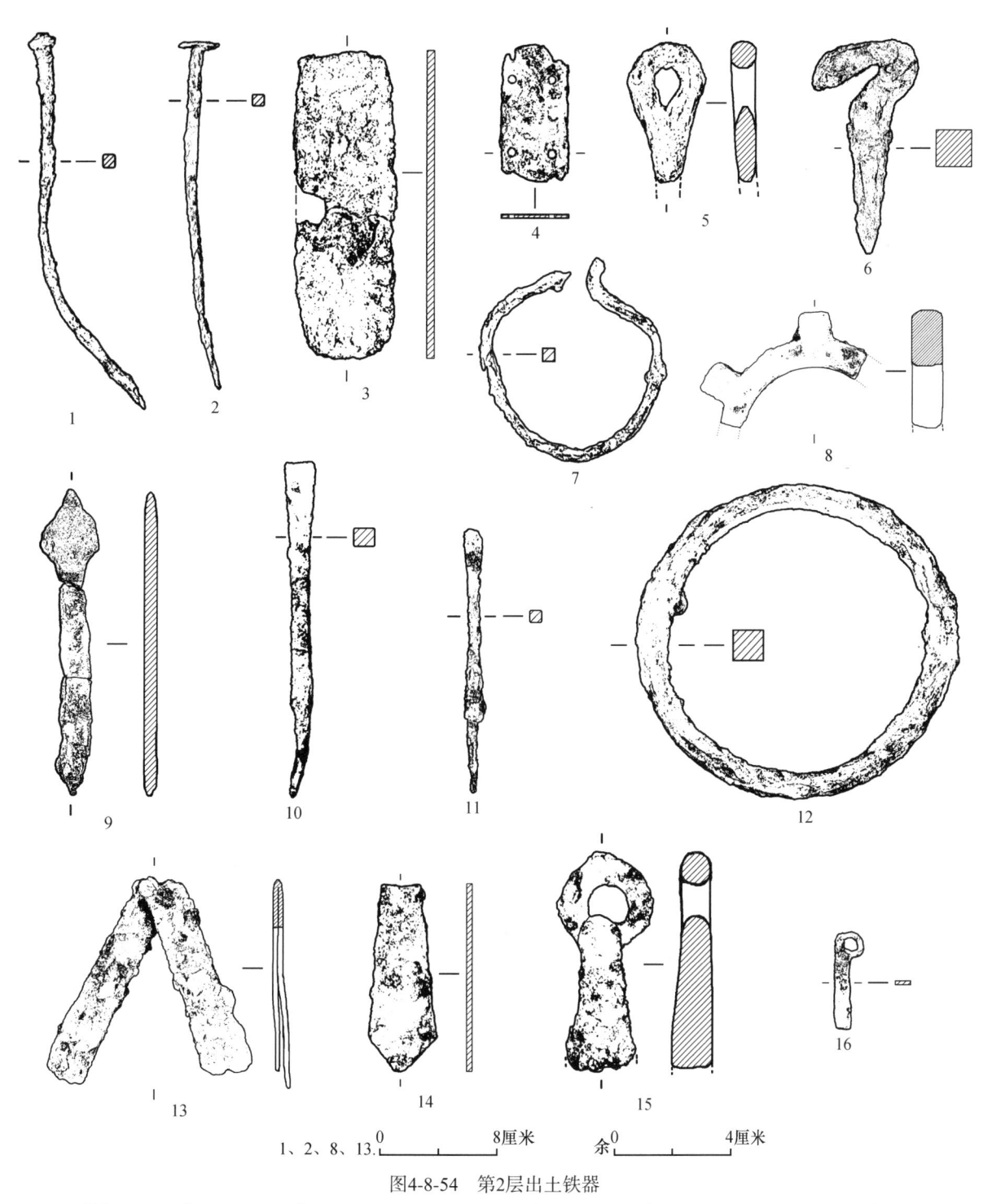

1、2. 铁钉（T1946②b：9、T1949②b：2）　3、4. 铁甲片（T1847②b：2、T1946②b：20）　5、6. 铁锥（T2046②b：16、T1850②a：3）　7、12. 铁环（T1946②b：23、T2048②b：21）　8. 车䡇（T2048②b：20）　9—11. 铁镞（T1849②b：5、T1949②b：24、T2048②b：12）　13、14. 铁片（T2046②b：3、T1946②b：4）　15、16. 铁构件（T1850②a：4、T1946②b：22）

6. 铜钱

15枚。

开元通宝　1枚。T1749②b：12，楷书，顺读，直径2.4、孔边长0.6、厚0.1厘米（图4-8-55，1）。

天圣元宝　1枚。T1747②b：6，楷书，旋读，直径2.5、孔边长0.8、厚0.1厘米（图4-8-55，2）。

祥符通宝　3枚。T1846②b：4，楷书，旋读，直径2.6、孔边长0.6、厚0.1厘米（图4-8-55，3）。

太平通宝　1枚。T1850②a：3，楷书，顺读，直径2.4、孔边长0.7、厚0.1厘米（图4-8-55，4）。

皇宋通宝　2枚。T2046②b：2，楷书，顺读，直径2.5、孔边长0.8、厚0.1厘米（图4-8-55，5）。

嘉祐通宝　1枚。T1947②b：16，楷书，顺读，直径2.4、孔边长0.7、厚0.1厘米（图4-8-55，6）。

熙宁元宝　1枚。T1947②b：7，楷书，旋读，直径2.5、孔边长0.7、厚0.15厘米。

熙宁重宝　2枚。T2048②b：18，残半，篆书，旋读，直径3、孔边长0.7、厚0.2厘米。

至和元宝　1枚。T2048②b：11，篆书，旋读，直径2.4、孔边长0.7、厚0.1厘米（图4-8-55，7）。

元符通宝　1枚。T2049②b：4，篆书，旋读，直径2.5、孔边长0.8、厚0.1厘米（图4-8-55，8）。

淳化元宝　1枚。T2046②b：1，残半，行书，旋读，直径2.5、孔边长0.6、厚0.1厘米。

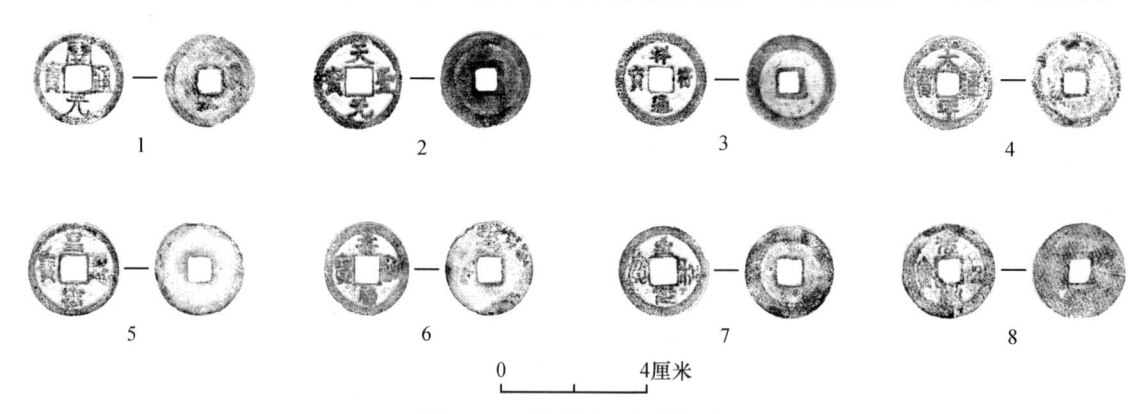

图4-8-55　第2层出土铜钱拓片

1. T1749②b：12　2. T1747②b：6　3. T1846②b：4　4. T1850②a：3　5. T2046②b：2　6. T1947②b：16　7. T2048②b：11　8. T2049②b：4

7. 其他

骨梳　2件。均磨制而成，半月形，梳背较厚。T2048②b：36，一角残，残长7、宽3.2、背厚0.9厘米（图4-8-53，2；图版一三五，2）。T1846②b：1，残长6.8、残宽2、背厚0.9厘米（图4-8-53，3）。

琉璃饰件　1件。T1747②b：2，青白色，器表有磨痕，呈上粗下细的圆柱状，残长5.1、截面最大径1厘米（图4-8-53，7）。

第九节　表土层及其下遗存

一、墓　葬

（一）土坑墓

M1　位于T1946中部。墓口圆角长方形，直壁，平底，方向272°。墓口长2.06、宽0.8、墓底长2、宽0.8、深0.2米。填土为松软的砂质五花土。墓内葬一具成年女性尸骨，骨架保存完好，仰身直肢，头向朝西，面向微偏右。墓内随葬铜环2件，铁片2件，贝壳1件（图4-9-1；图版三八，4）。编号M1：1，铜耳环，以截面为圆形的铜丝弯折而成，直径1.9、截面直径0.13厘米（图4-9-1，3）。编号M1：6，铜耳环，以截面为圆形的铜丝弯折而成，直径1.9、截面直径0.13厘米（图4-9-1，4）。编号M1：2，瓷碗底，褐色粗砂胎，酱釉，外壁及底部无釉，斜腹，圈足，残高5.4厘米（图4-9-1，2）。编号M1：7，侧视龙纹瓦当，出土于墓葬填土中，泥质黄褐陶，龙首面向左，龙身呈倒"S"形，位于龙首下方及后方，顶端有呈波浪状祥云，背面中部内凹，直径13.2、边缘厚1.7、中部最厚处2.9厘米（图4-9-1，1；图版八七，5）。

M2　位于T1847中部。墓口圆角长方形，直壁，平底，方向280°。墓口长1.7、宽0.68、深0—0.2米。填土为松软的砂质五花土。墓内葬一具成年女性尸骨，由于墓口距地表太近，被现代耕作行为破坏较严重，头部已无存，其他部位保存完好，仰身直肢，头向朝西（图4-9-2；图版三九，1）。墓内随葬耳环6件，其中3件位于颈部左侧，3件位于颈部右侧，每侧各有2件铜耳环和1件银耳环。编号M2：1，铜耳环，以截面为圆形的铜丝弯折而成，直径1.9、截面直径0.13厘米（图4-9-2，1）。编号M2：6，银耳环，以截面为圆形的银丝弯折而成，直径1.9、截面直径0.13厘米（图4-9-2，2）。

M4　位于T1947东南部。墓口圆角长方形，直壁，平底，方向342°。墓口长1.9、宽0.62、墓底长1.85、宽0.6、深0.4米。填土为松软的黄褐色砂质土。墓内葬一具成年女性尸骨，骨架保存完好，仰身直肢，头向西北，面向右上（图4-9-3；图版三九，3）。无随葬品。

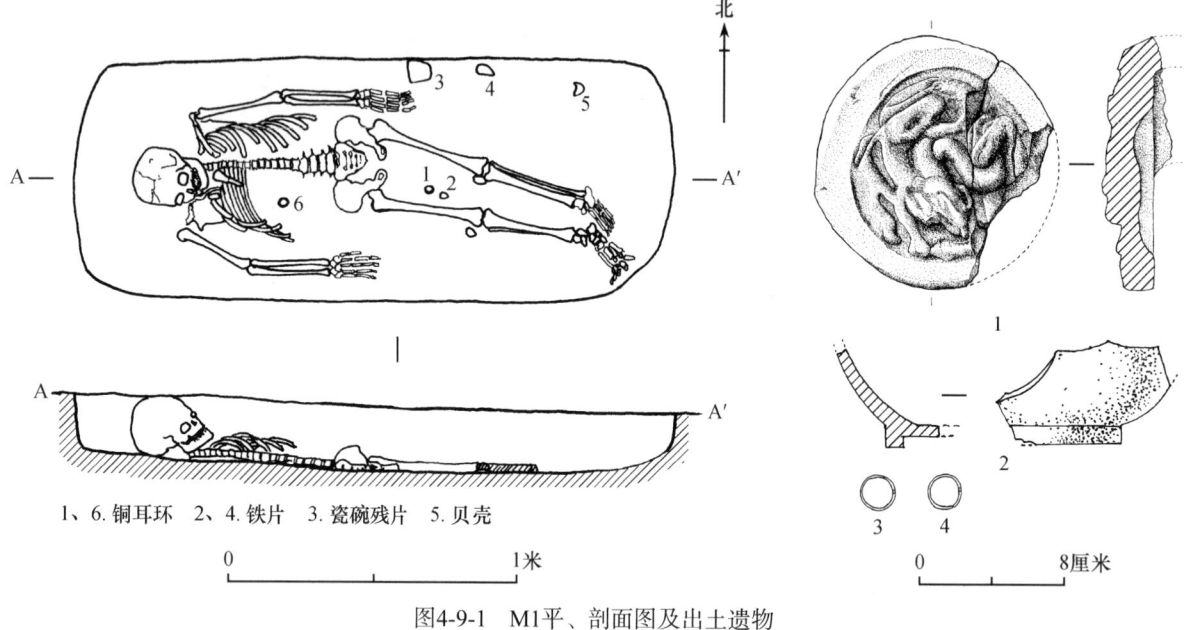

1、6.铜耳环 2、4.铁片 3.瓷碗残片 5.贝壳

图4-9-1 M1平、剖面图及出土遗物
1.瓦当（M1:7） 2.瓷碗残片（M1:2） 3、4.铜耳环（M1:1、M1:6）

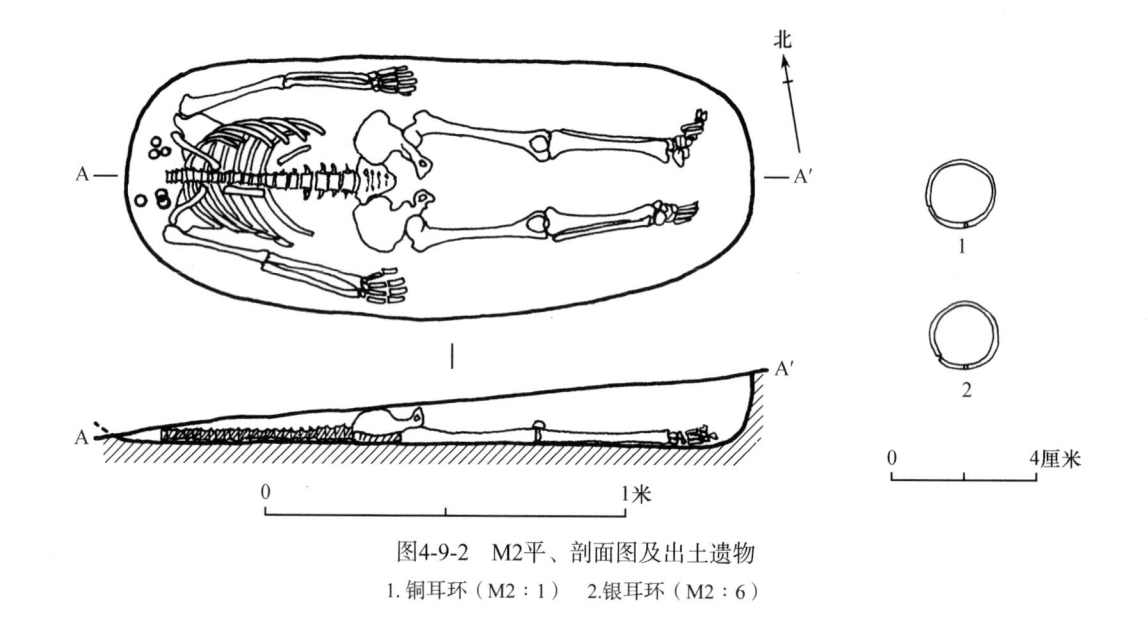

图4-9-2 M2平、剖面图及出土遗物
1.铜耳环（M2:1） 2.银耳环（M2:6）

M5 位于T2046东北。墓口圆角长方形，直壁，平底，方向285°。墓口长2.05、宽0.6、深0.4米。填土为松软的黄沙土，内出土青花碎片，釉面光亮，胎质坚硬。墓内葬一具成年男性尸骨，骨架保存完好，仰身直肢，头向西北，面向上（图4-9-4；图版三九，4）。墓内随葬铜环2件，分别位于左右尺骨内侧与肋骨之间；不明木质物体1件，内夹铜条，位于右肱骨外侧；羊骨1根，位于左脚外侧下部。编号M5:1，铜耳环，以截面为圆形的铜丝弯折而成，直径1.9、截面直径0.13厘米（图4-9-4，1）。编号M5:2，铜耳环，以截面为圆形的铜丝弯折而成，直径1.9、截面直径0.13厘米（图4-9-4，2）。

第四章 城内建筑址的发掘

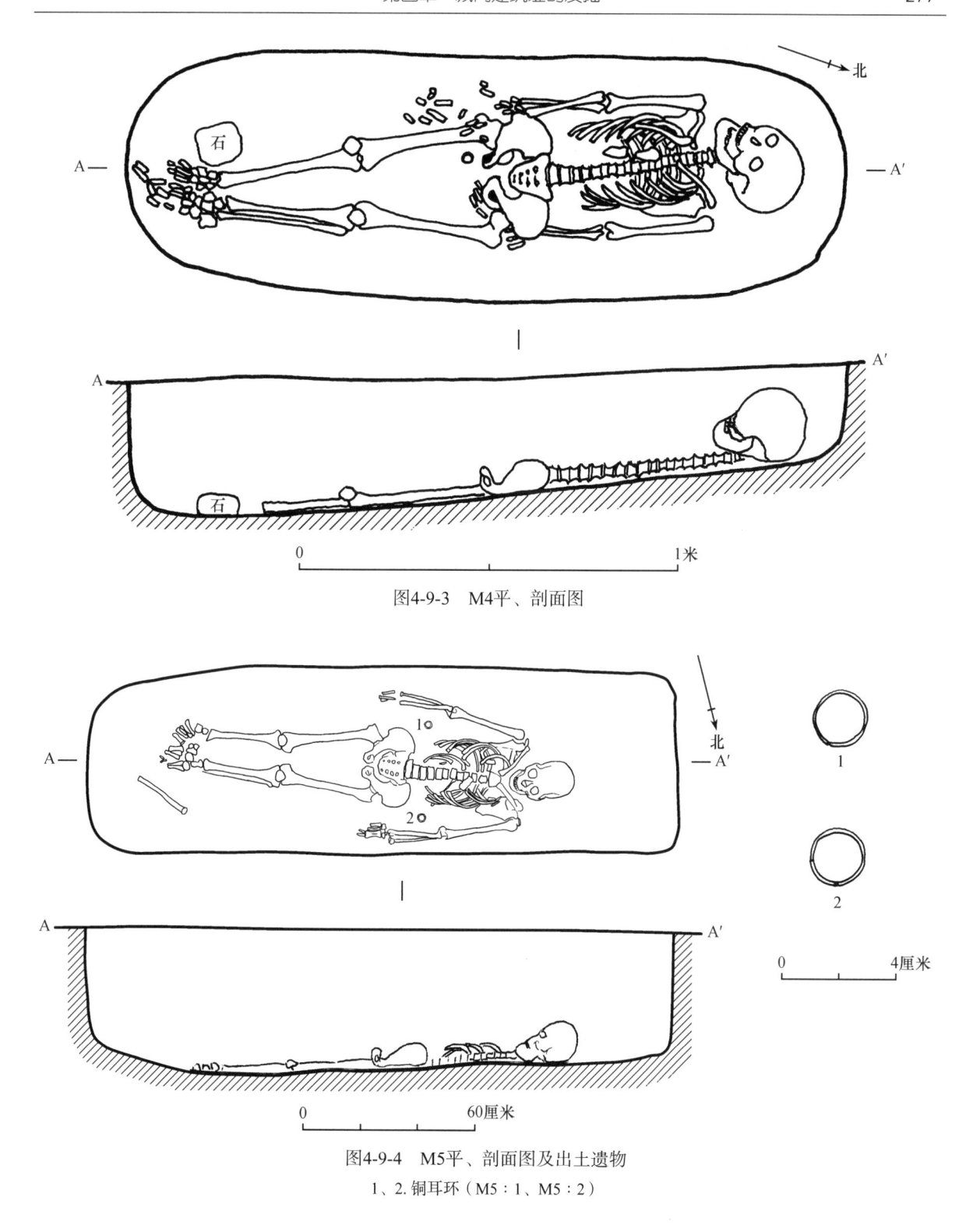

图4-9-3 M4平、剖面图

图4-9-4 M5平、剖面图及出土遗物
1、2.铜耳环（M5:1、M5:2）

M6 位于T1947东北部。墓口圆角长方形，直壁，平底，方向333°。墓口长1.8、宽0.78、深0.45米。填土为松软的砂质五花土。墓内葬一具成年女性尸骨，年龄大致在30岁以上，骨架保存完好，仰身直肢，头向西北，面向微偏左。人骨左侧有长1、宽5厘米的朽木痕迹，不确定是否为葬具（图4-9-5；图版四〇，1）。墓内随葬瓷碗1件，位于墓葬东北角，侧置于颅骨左上方，碗口朝外；朽木痕外侧下部发现1件铁块。编号M6∶1，瓷碗，涩圈叠烧，红褐色粗砂胎，黄褐釉，外侧下腹及底不施釉，内底有涩圈，尖唇，敞口，斜直腹，圈足底，口径18.6、底径7.2、高6厘米。

M7 位于T1946东南部。墓口圆角长方形，直壁，平底，方向295°。墓口长2、宽0.75、墓底长1.95、宽0.72、深0.4米。填土为松软的黄褐色土。墓内葬一具成年女性尸骨，骨架保存基本完好，胸部左侧及左手处被扰动，应为后期啮齿类动物活动所致。仰身直肢，头向西北，面向左下方（图4-9-6；图版四〇，2）。墓内随葬铁剪刀1把，编号M7∶2，长18.8、最宽处9.8厘米。此外，还出土羊椎骨1块，压于剪刀之上，二者均放于人骨左脚外侧；铜管1件，位于人骨胸部右侧肋骨之上。

M8 位于T1847东部，一半压于东隔梁内。墓口圆角长方形，直壁，平底，方向330°。墓口长1.07、宽0.5、墓底长1.04、宽0.48、深0.2米。填土为松软的砂质花土。墓内葬一具儿童，骨骼保存状况较差，骨骼凌乱，应为被晚期啮齿类动物侵扰所致。部分骨骼在附近鼠洞内发现。仰身，头向西南，面向微偏左（图4-9-7；图版四〇，3）。墓内随葬铜环2件，位于人骨胸部，编号M8∶1，直径1.9、截面直径0.13厘米（图4-9-7，1）；编号M8∶2，直径1.9、截面直径0.13厘米（图4-9-7，2）。

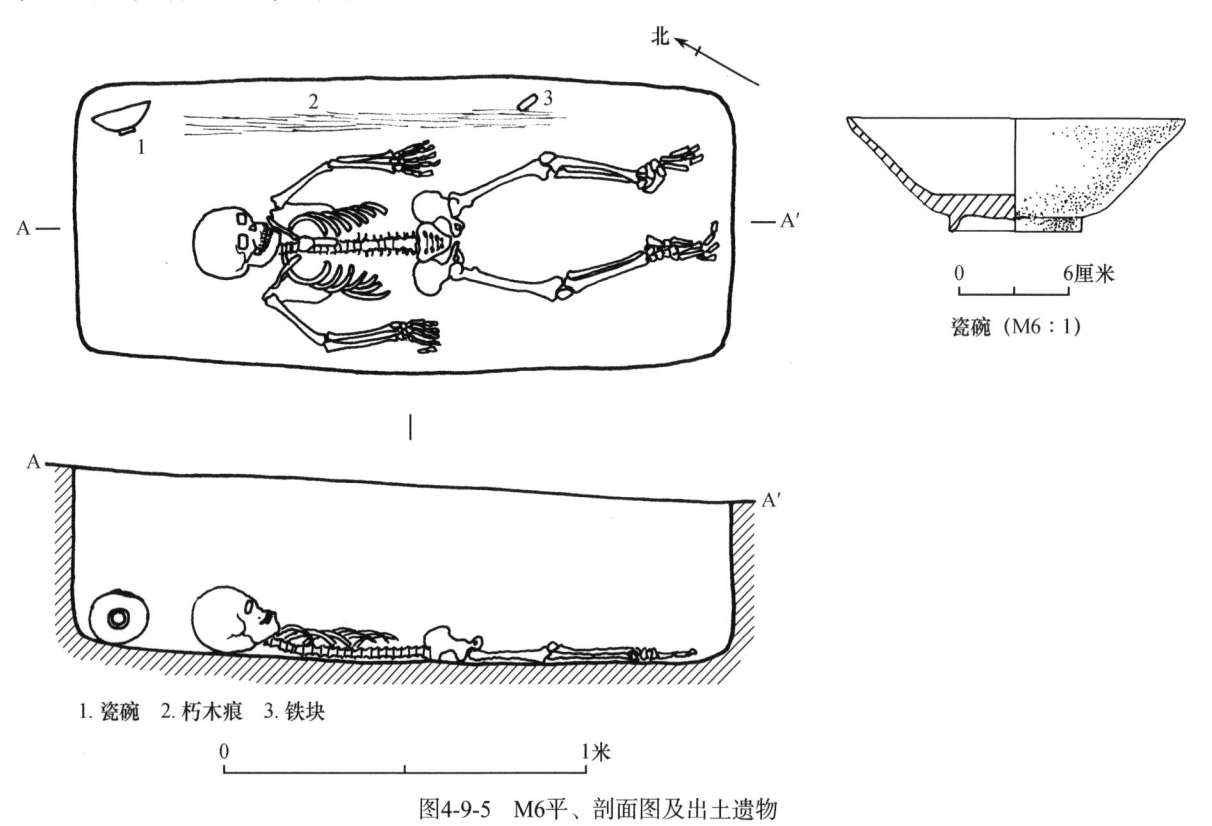

1. 瓷碗 2. 朽木痕 3. 铁块

瓷碗（M6∶1）

图4-9-5 M6平、剖面图及出土遗物

第四章　城内建筑址的发掘

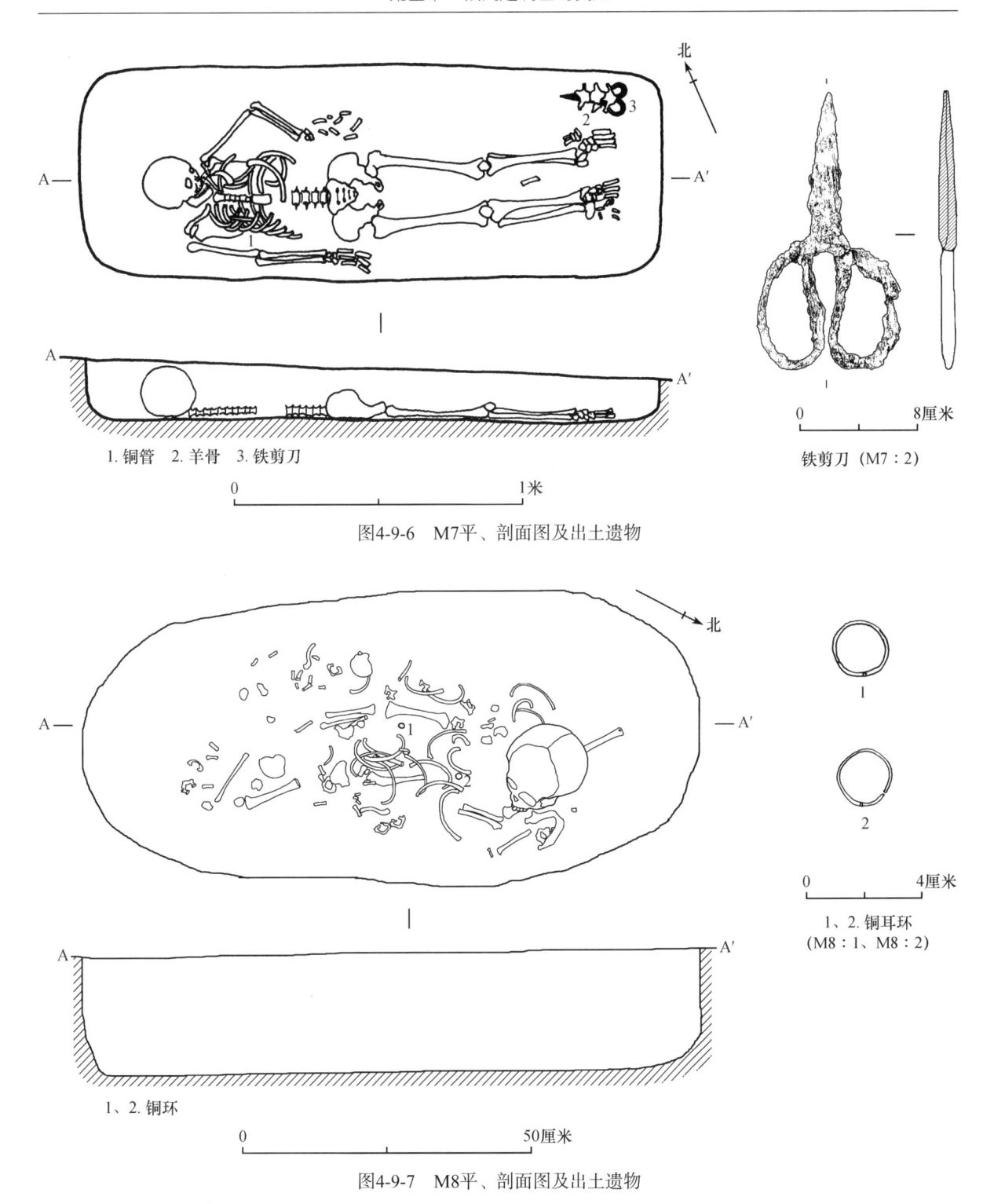

1. 铜管　2. 羊骨　3. 铁剪刀

铁剪刀（M7:2）

图4-9-6　M7平、剖面图及出土遗物

1、2. 铜环

1、2. 铜耳环
（M8:1、M8:2）

图4-9-7　M8平、剖面图及出土遗物

M10　位于T2145西部。墓口圆角长方形，直壁，平底，方向283°。墓口长1.1、最宽处0.52、墓底长1、宽0.42、深0.2米。填土为松软的黄褐色沙土。墓内葬一具女性儿童尸骨，仰身直肢，头向朝西，面向上（图4-9-8；图版四一，1）。无随葬品。

M11　位于T2145北隔梁处，墓口圆角长方形，直壁，平底，方向307°。墓口长1.8、宽0.9、墓底长1.6、宽0.7、深0.5米。填土为松软的黄褐色沙土。墓内葬一具成年女性尸骨，仰身直肢，头向朝西，面向左，左臂外展，左膝微屈（图4-9-9）。无随葬品。

M12　位于T2145中部偏东处。墓口呈椭圆形，直壁，平底，方向230°。墓口长1.56、宽0.7、墓底长1.5、宽0.66、深0.35米。填土为松软的黄褐色沙土。墓内葬一具成年女性尸骨，仰身直肢，头向西南，面向上（图4-9-10；图版四一，2）。墓内随葬一对铜耳坠，位于死者头部两侧，一块牛肢骨，置于死者左小臂之上，编号M12∶1，整体分为两部分，以铜环连接，铜环锈蚀残断，上部钩形，绳索状结，连接一铜环，下穿挂一颗水晶珠，下半部坠两个铜帽，间饰水晶珠，尾端为一圆形铜环，通长9.3、最宽处1.4厘米。

M14　位于T1945北隔梁和关键柱处。墓口呈椭圆形，直壁，平底，方向250°。墓口长径0.7、短径0.4、深0.08米。填土为松软的黄褐色沙土。墓内葬一具女性儿童尸骨，仰身，下肢外屈，头向西南，面向右下。头骨碎裂，脚部骨骼无存，其他部位骨骼保存完好。墓底有一块板瓦残片，位于死者右肘下方。无随葬品（图4-9-11；图版四一，4）。

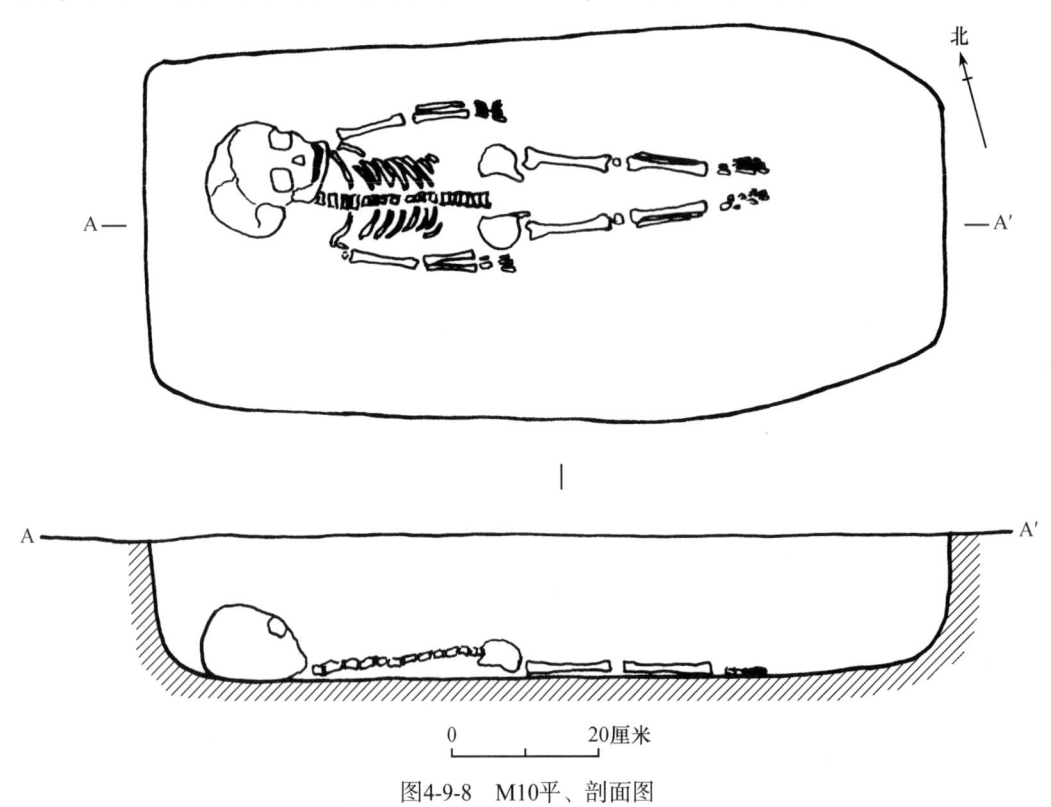

图4-9-8　M10平、剖面图

第四章　城内建筑址的发掘

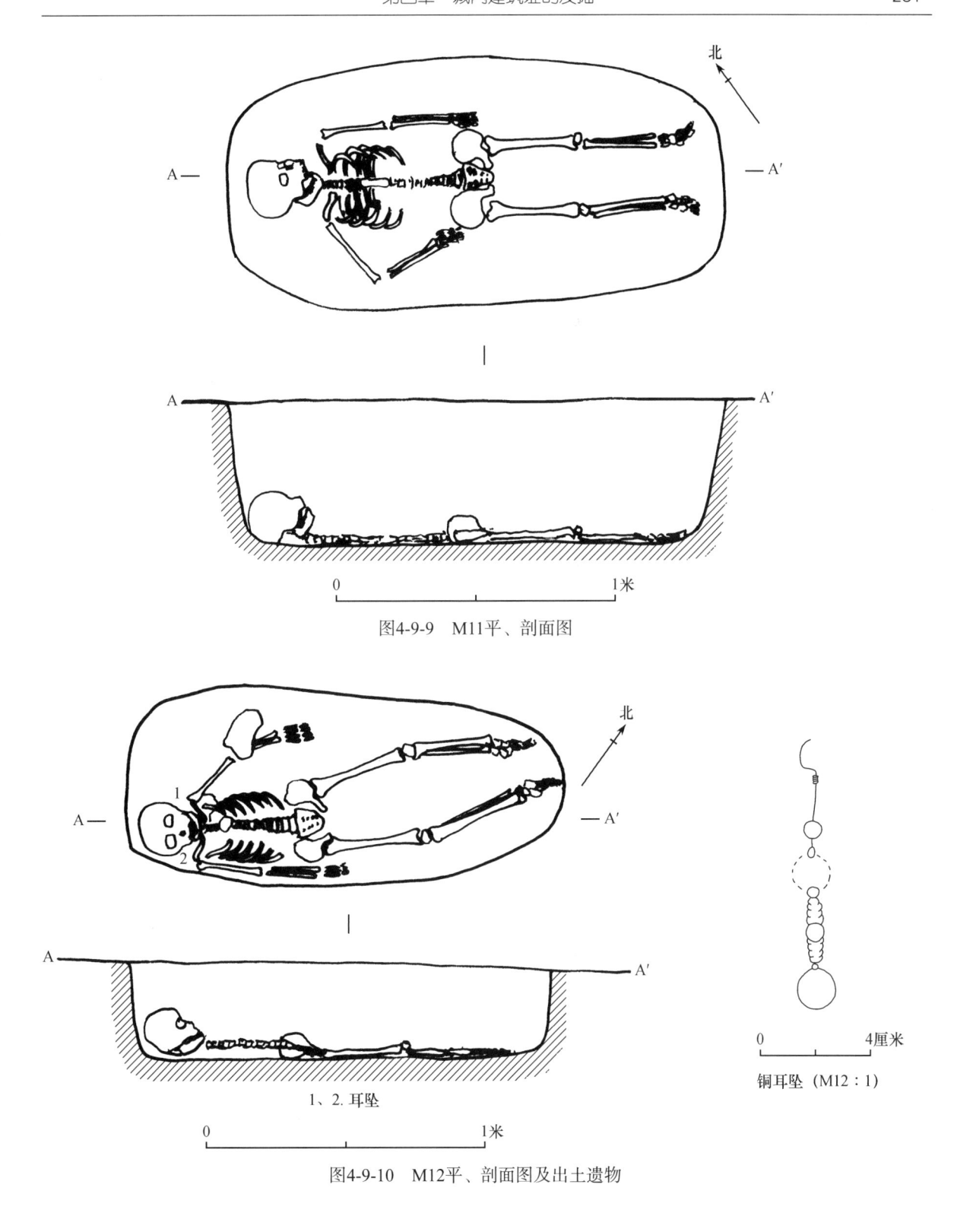

图4-9-9　M11平、剖面图

1、2. 耳坠

图4-9-10　M12平、剖面图及出土遗物

铜耳坠（M12∶1）

图4-9-11　M14平、剖面图

图4-9-12　M3平、剖面图

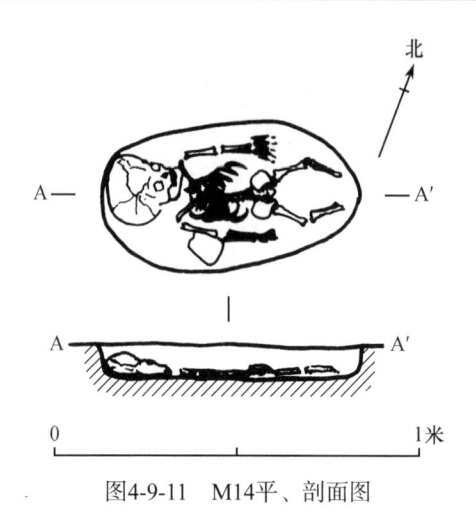

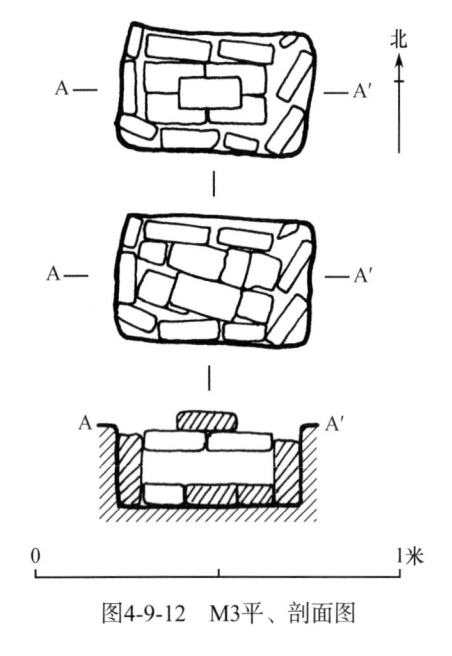

（二）砖椁墓

M3　位于T2046西南。墓口平面东西向长方形，直壁，平底，方向90°，墓口长0.48、宽0.3、深0.18米。墓底东西向平铺两排青砖，外围立砌青砖一层，椁盖为四块东西向横置两排的青砖，四块砖的中部再压盖一块青砖（图4-9-12；图版三九，2）。椁内填埋骨灰，未使用盛装容器，亦无随葬品。

M9　位于T2045西北部。墓口南北向椭圆形，长径0.68、短径0.54、深0.4米，墓壁形制不甚规则，以残断的青砖垒砌5—6层，墓底较平，铺一层完整的青砖，中间略偏北处放置一个酱釉瓷罐，以及1件残破的酱釉粗瓷碗（图4-9-13；图版四〇，4）。瓷碗编号M9：1，涩圈叠烧，灰褐色粗砂胎，酱釉，外侧下腹及底不施釉，内底有涩圈，圆唇，敞口，斜直腹，圈足底，口径16、底径6.4、高5.4厘米（图4-9-13，1）。瓷罐编号M9：2，灰褐色粗砂胎，黑釉，口部残，鼓肩，斜直腹，平底，中部微内凹，最大径34、底径16、残高33厘米，罐内盛装骨灰，并填充包含少量炭粒的沙土（图4-9-13，2）。

M13　位于T1945东隔梁北部。墓口平面近圆形，长径0.74、短径0.66、深0.29米，墓壁形制较为规整，斜直壁，平底，以残断的青砖垒砌5层，墓底平铺一层相对完整的青砖，中间放置一个酱釉瓷罐（图4-9-14；图版四一，3）。瓷罐编号M13：1，肩部以上残缺，最大径30、底径14、残高22厘米，罐内盛装骨灰，填包含少量炭粒的沙土。

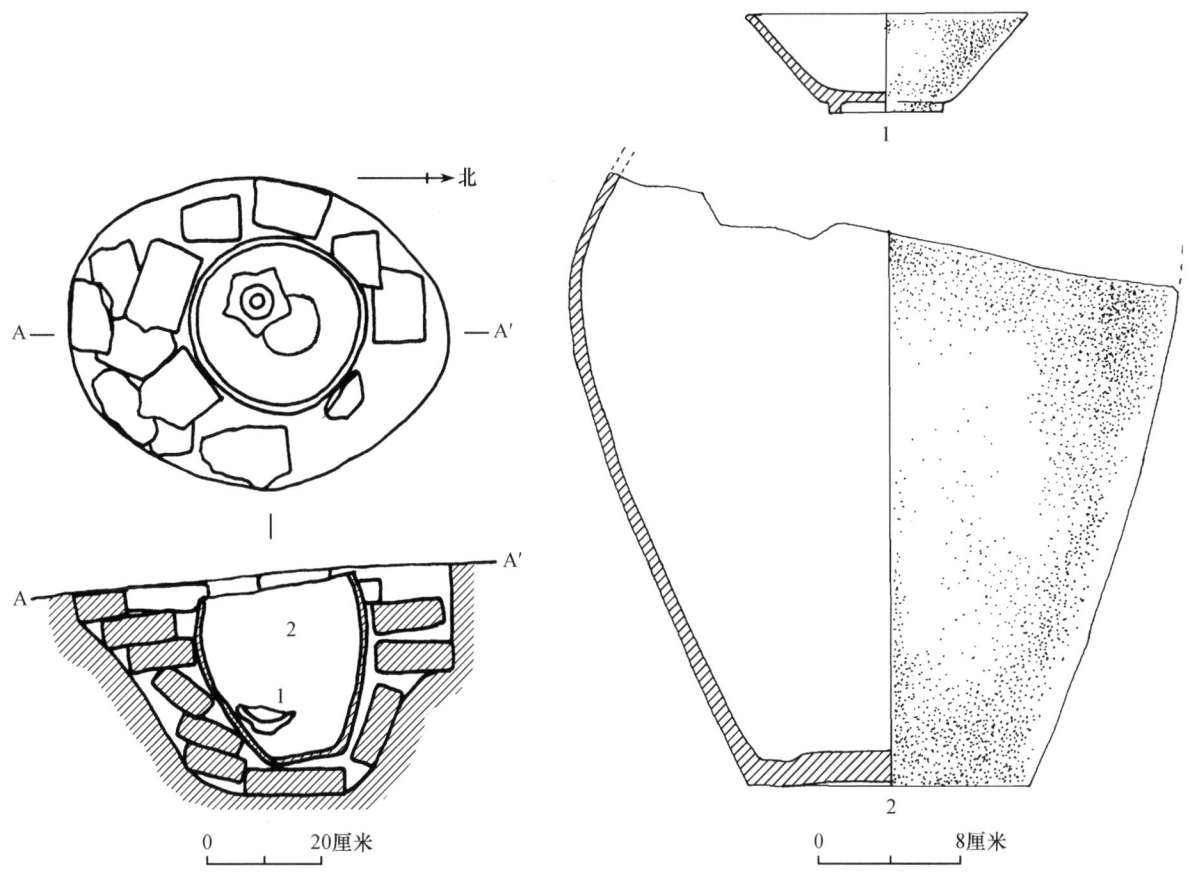

图4-9-13 M9平、剖面图及出土遗物
1. 瓷碗（M9∶1） 2. 瓷罐（M9∶2）

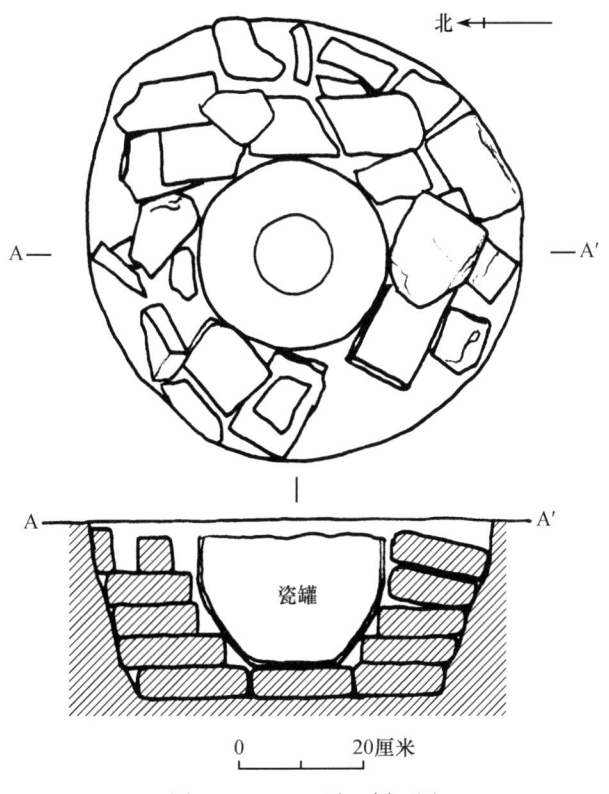

图4-9-14 M13平、剖面图

二、灰　　沟

G3　位于发掘区东部的T2047、T2147内,开口于第1层下,打破第三期主台基南部东侧廊道,方向67°。沟口呈东西向条带状,两端呈圆弧形,直壁,平底。沟口长7.2、宽0.5—0.8、沟底长7.1、宽0.5、深0.4米。沟内堆积一层,为黑灰色花土,砂质,较疏松,东端底部见有黑灰和红烧土,似有用火迹象(图4-9-15)。沟内出土大卷沿陶器口沿,泥质灰陶,火候较高,胎体较薄,器体较大。

三、房　　址

F1　位于T1748东北部,开口于第1层下,打破建筑台基西北部的磉墩,方向340°。房址为地面式,平面大致呈不规则圆形,北部较为平直。南北长2.8、东西宽2.7、残高0.2米。其墙壁营建方式为先挖一宽20厘米左右的墙槽,再用残碎的砖头和瓦片垒砌一层,砖有的立置,有的平置,仅1层。砖与墙槽壁之间有黄白色膏状黏性土填充。墙体最高处残高20厘米。门开口于北墙中部,宽110厘米(图4-9-16;图版三八,3)。房内地面平整,有不太明显的踩踏面,为灰白色硬土面。房内堆积1层,为夹杂大块白色斑点的五花土。出土泥质灰黑色陶片若干。

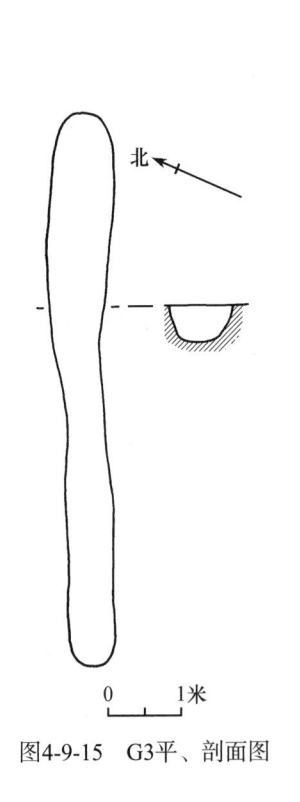

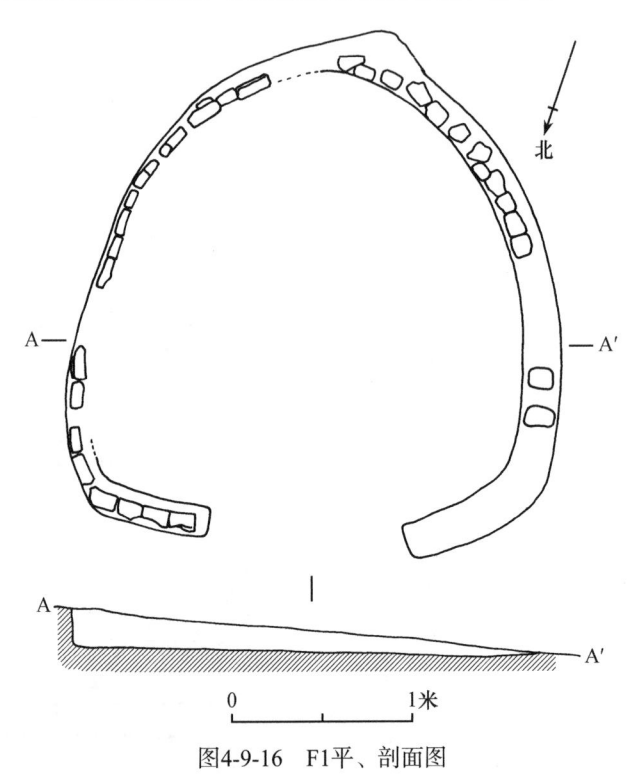

图4-9-15　G3平、剖面图

图4-9-16　F1平、剖面图

房内出土3件陶器残片。F1标：2，陶罐口沿，卷沿圆唇，敛口，鼓肩，残高6.2、胎厚0.7厘米（图4-9-17，1）。F1标：3，陶盆口沿，展沿圆唇，唇部微上翘，敞口，残高3.2、胎厚0.7厘米（图4-9-17，2）。F1标：1，陶器耳，圆柱状实心体，截面椭圆形，长4厘米（图4-9-17，3）。

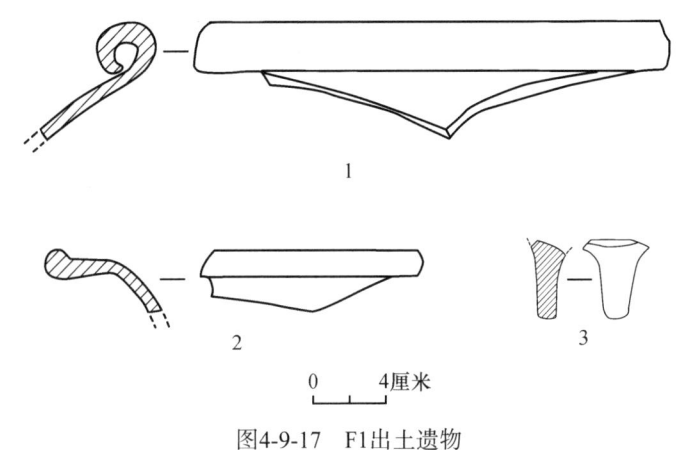

图4-9-17　F1出土遗物
1.陶罐口沿（F1标：2）　2.陶盆口沿（F1标：3）　3.陶器耳（F1标：1）

四、灰　坑

H1　位于T1947中部，开口于第1层下，方向140°。坑口呈不规则椭圆形，斜弧壁，圜底。坑口长径0.7、短径0.55、深0.2米。坑内填土为一次性堆积，为黑色灰烬，砂质，颗粒较细，疏松，无包含物（图4-9-18）。

H2　位于T1748中北部，开口于第1层下，方向53°。坑口椭圆形，斜弧壁，平底微内凹。坑口长径1.25、短径0.85、坑底长径0.9、短径0.7、深0.26米。坑内填土为一次性堆积，为黑色灰烬，砂质，颗粒较细，疏松，包含少量砖、瓦片、白瓷片、动物骨骼等（图4-9-19）。

H3　位于T1748东北部，开口于第1层下，打破F1及建筑台基西北部的磉墩，方向20°。坑口呈不规则圆角长方形，斜弧壁，平底。坑口长径1.45、短径0.92、坑底长径1.15、短径0.7、深0.15米。坑内填土为一次性堆积，为夹杂大量红烧土块的灰褐色土，颗粒较粗，包含少量碎砖瓦（图4-9-20）。

H4　位于T1749中南部，开口于第1层下，打破建筑台基西北部的磉墩，方向135°。坑口呈不规则形，直壁微斜，平底。坑口长径2.2、短径1.3、坑底长径2、短径1.1、深0.4米。坑内填土为一次性堆积，为黑灰土和黄沙土的混合物，质地疏松。坑中出土大量板瓦和筒瓦残片，以及青砖、白瓷片等遗物（图4-9-21）。

H5　位于T1749中北部，开口于第1层下，方向65°。坑口大致呈梯形，直壁，平底。坑口长2.3、宽1.7、坑底长1.9、宽1.3、深0.5米。坑内填土为一次性堆积，为质地疏松的黄褐色土。坑中出土大量瓦片和青砖，以及兽头形建筑饰件残块（图4-9-22）。编号H5：1，筒瓦，平面呈长方形，瓦舌较短，凸面素面，凹面布纹，左右两边内侧打薄，尾端残，残长27.5、宽18.2、高8.8、胎厚2.7厘米。

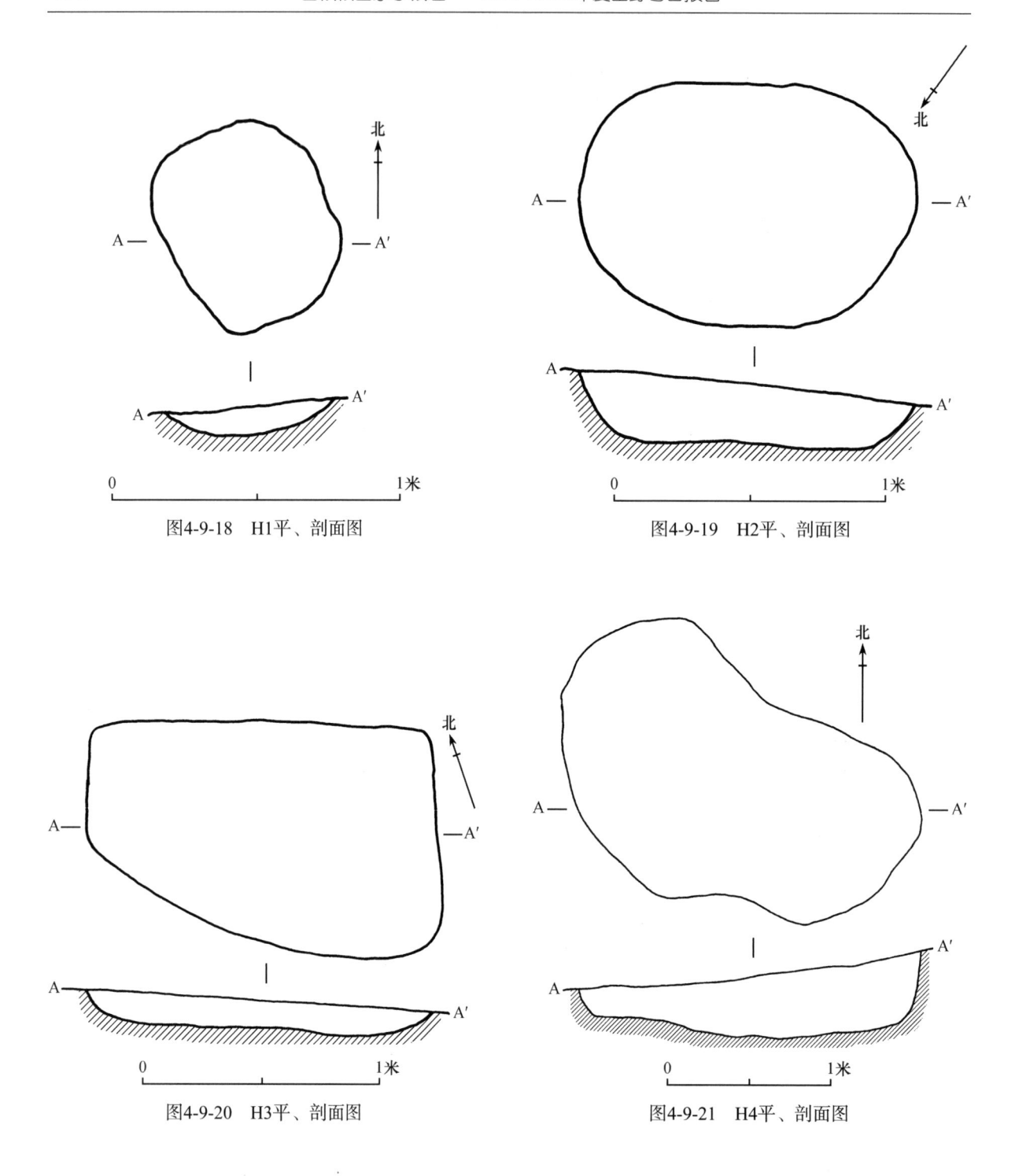

图4-9-18　H1平、剖面图

图4-9-19　H2平、剖面图

图4-9-20　H3平、剖面图

图4-9-21　H4平、剖面图

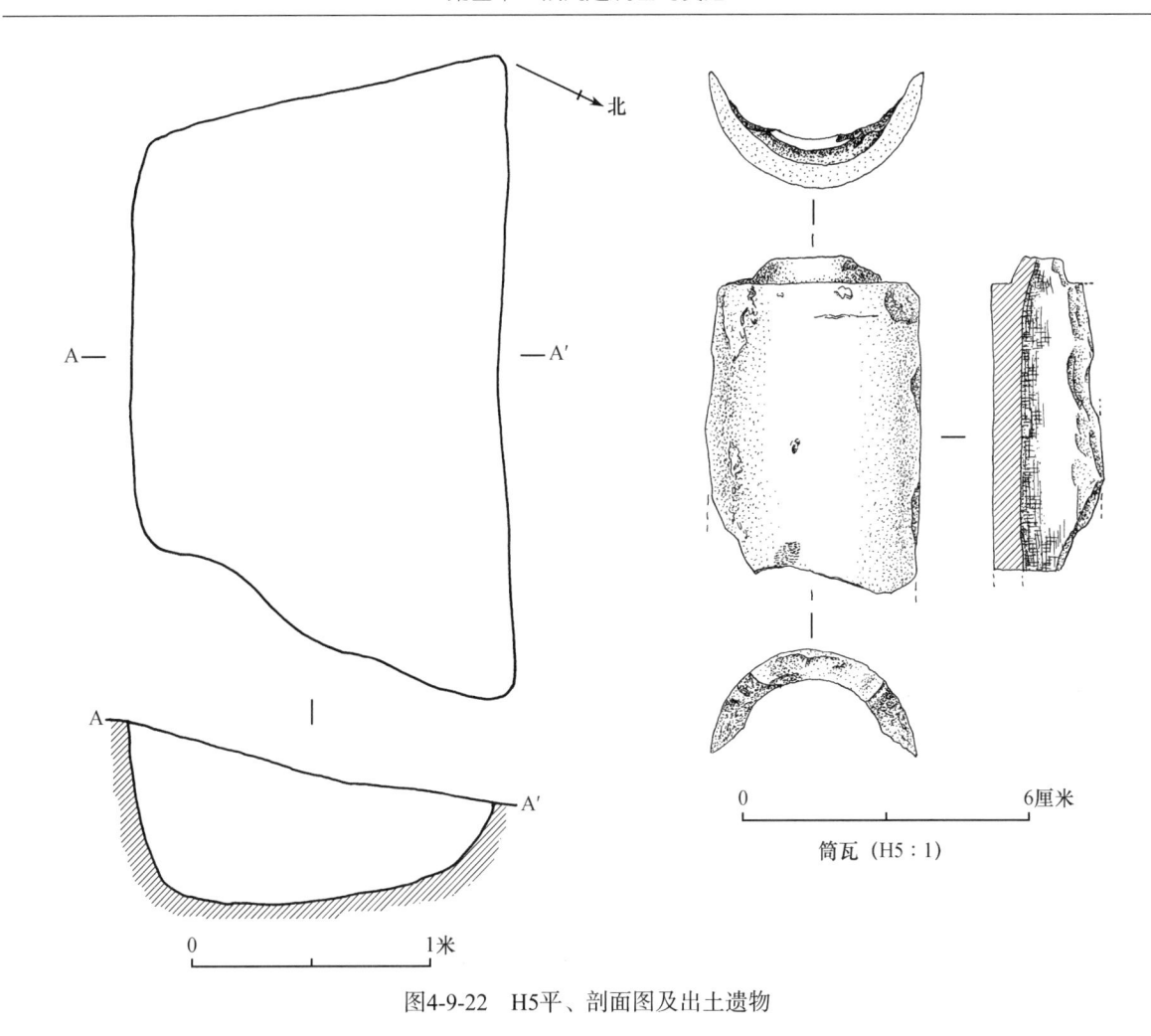

图4-9-22 H5平、剖面图及出土遗物

五、表土层出土遗物

（一）陶器

檐头板瓦 3件。平面呈梯形，凸面素面，凹面布纹，滴水下端用绳纹工具压印出斜向凹窝，使滴水下缘呈波状纹。T1946①：6，瓦身上部残，滴水面饰上、下两条平行的凸棱，三点一组的篦齿纹对向成排分布于上道凸棱上、下两侧，均为右斜向上，左右两侧边缘有指压窝，瓦身残长17、檐头端宽28.4、厚2、滴水面宽5.2厘米（图4-9-23，1；图版六八，3）。T1949①：4，瓦身左下角残，滴水面饰上、下两条平行的凸棱，上部凸棱上侧饰一排左斜向篦齿短纹饰带，下部凸棱之上叠压一排右斜向、间距较稀疏的篦齿短纹饰带，左右两侧边缘有指压窝，瓦身长35.6、窄端宽18、厚2、滴水面宽3.8厘米（图4-9-23，2）。

瓦当 4件。均为兽面瓦当。T1949①：1，上端残，当心饰龙头形纹饰，其外饰一圈凸弦纹，直径14、厚1.5—2厘米（图4-9-24，1；图4-9-25，1；图版八七，2）。T1949①：3，上部残，当面饰嘴部大张的卷须兽头形象，其外饰一圈乳钉纹，背面中部内凹，直径14.4、厚1.2—

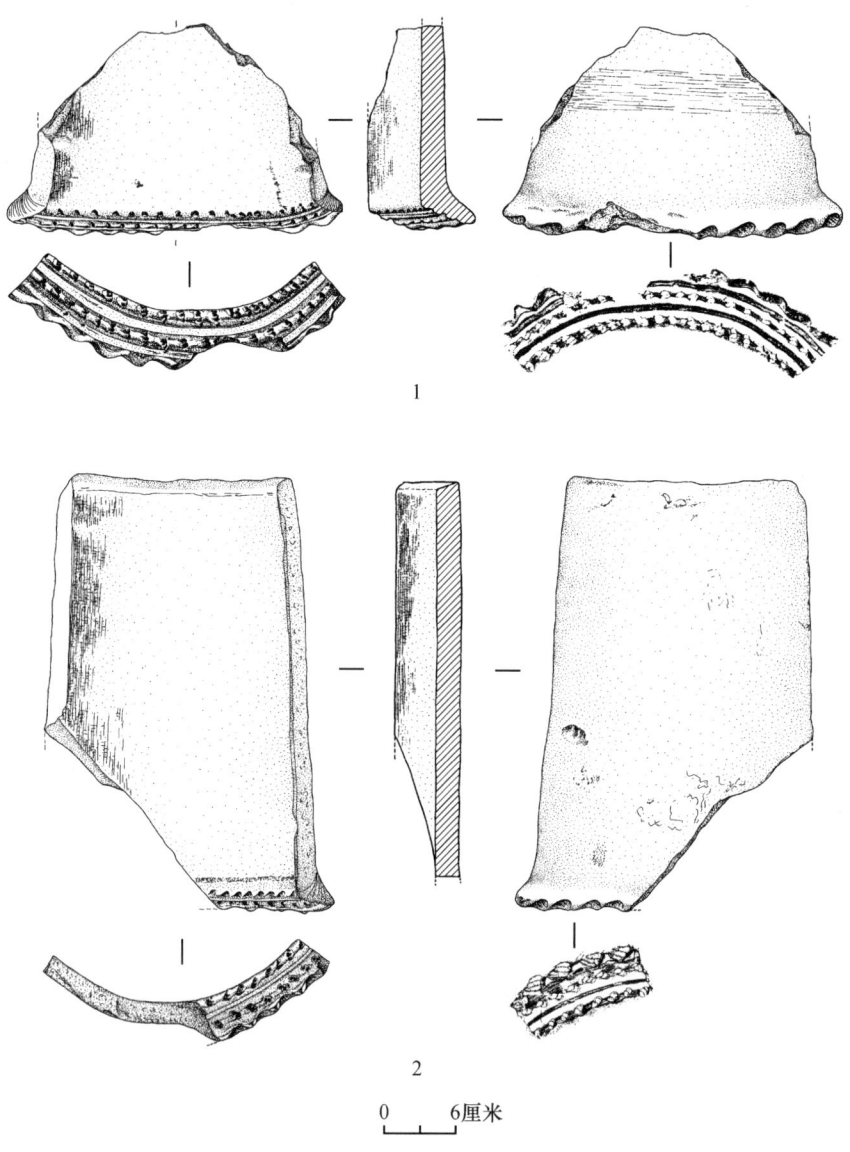

图4-9-23 表土层出土檐头板瓦
1. T1946①：6 2. T1949①：4

2.4厘米（图4-9-24，3；图4-9-25，3）。T1949①：5，上端残，器表涂抹一层白灰，部分区域白灰层有脱落，当心凸起呈半球状，上饰直须兽头形象，其外饰一圈凸弦纹，凸弦纹外饰一圈乳钉纹，背面中部内凹，直径14.8、厚2厘米（图4-9-24，2；图4-9-25，2；图版八四，5）。T2046①：1，上端及下端均残，当心凸起呈半球状，上饰直须兽头形象，其外饰一圈凸弦纹，凸弦纹外饰一圈乳钉纹，背面中部内凹，直径14、厚1.8厘米（图4-9-24，4；图4-9-25，4；图版八四，4）。

脊兽残块 9件。T2146①：4，残长19、残宽11.2、厚3—1.3厘米（图4-9-26，1）。T2146①：5，兽鼻形象，残长19、残宽11.2、厚3—1.3厘米（图4-9-26，2）。T2146①：6，片状，侧视莲花浮雕纹饰，残长4.5、残宽3.9、厚0.8—1.3厘米（图4-9-26，3）。T2146①：7，兽头残块，残长20.8、残宽20.6、厚7—7.8厘米（图4-9-26，4）。T2048①：2，灰白胎，施绿

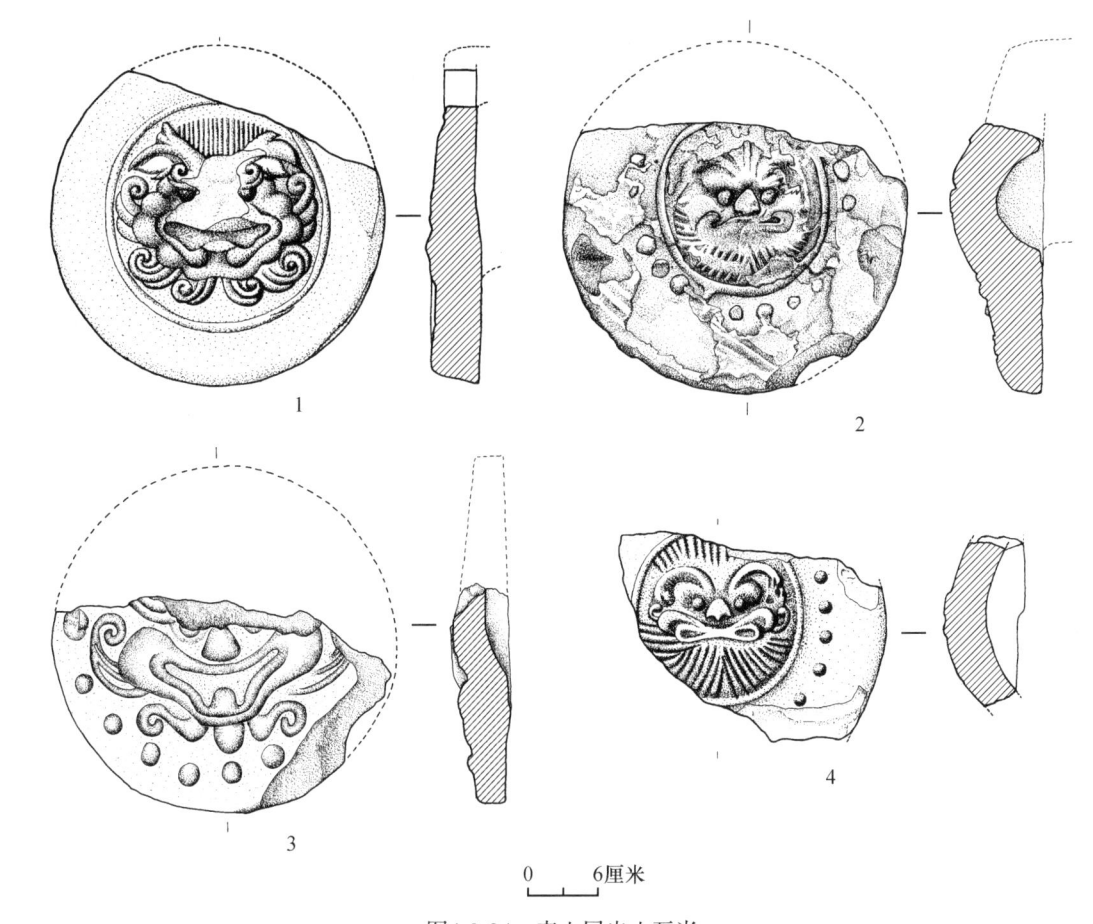

图4-9-24　表土层出土瓦当
1. T1949①∶1　2. T1949①∶5　3. T1949①∶3　4. T2046①∶1

釉，残长7、残宽5、厚1.8厘米（图版九四，8）。

陶盏　1件。T2048①∶1，泥质灰黑陶，圆唇，敞口，斜弧腹，台底，口径9.8、底径4.2、高2.5厘米（图4-9-27，1）。

陶器耳　1件。T1849①∶4，泥质灰陶，手制，圆柱状，长2、截面直径1.1厘米（图4-9-27，10）。

陶纺轮　2件。T1849①∶1，青灰色板瓦残块磨制而成，圆饼形，平面形制不甚规整，残缺一角，直径6.5、孔径0.9、厚1.8厘米（图4-9-27，4）。T1748①∶1，泥质黄褐陶，手制，馒头形，残半，直径4、孔径0.6—1、高3厘米（图4-9-27，7）。

陶棋子　1件。T1849①∶5，泥质灰陶，手制，圆饼形，中间厚，边缘薄，直径1.4、最厚处0.7厘米（图4-9-27，11）。

陶球　1件。T2050①∶4，泥质灰陶，手制，器体不甚规整，直径2.8厘米（图4-9-27，8）。

陶拍　1件。T1747①∶2，青灰色垄脊瓦残块磨制而成，平面呈圆角长方形，上表面有两道斜向凹槽，长11.8、宽6.7、厚2.2厘米（图4-9-27，9；图版一三一，2）。

多孔陶器　1件。T1849①∶6，泥质灰色布纹瓦片加工而成，平面呈不规则四边形，边缘有多个穿孔，皆残半，边长3.1—4.2、厚1.7厘米（图4-9-27，5；图版一三〇，4）。

0　6厘米

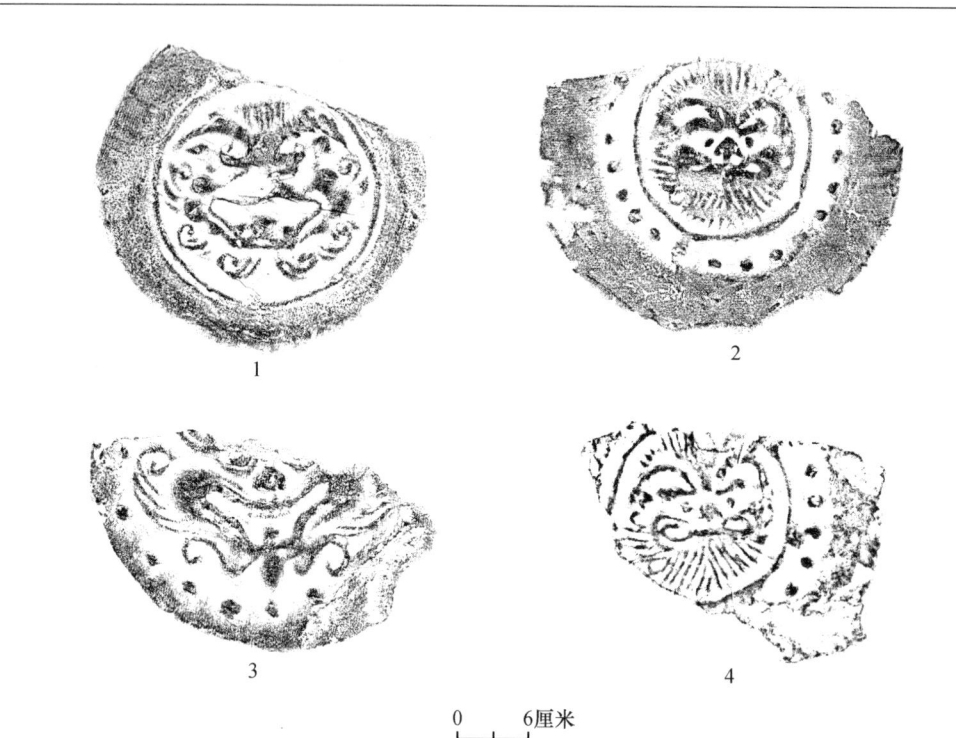

图4-9-25　表土层出土瓦当拓片
1. T1949①：1　2. T1949①：5　3. T1949①：3　4. T2046①：1

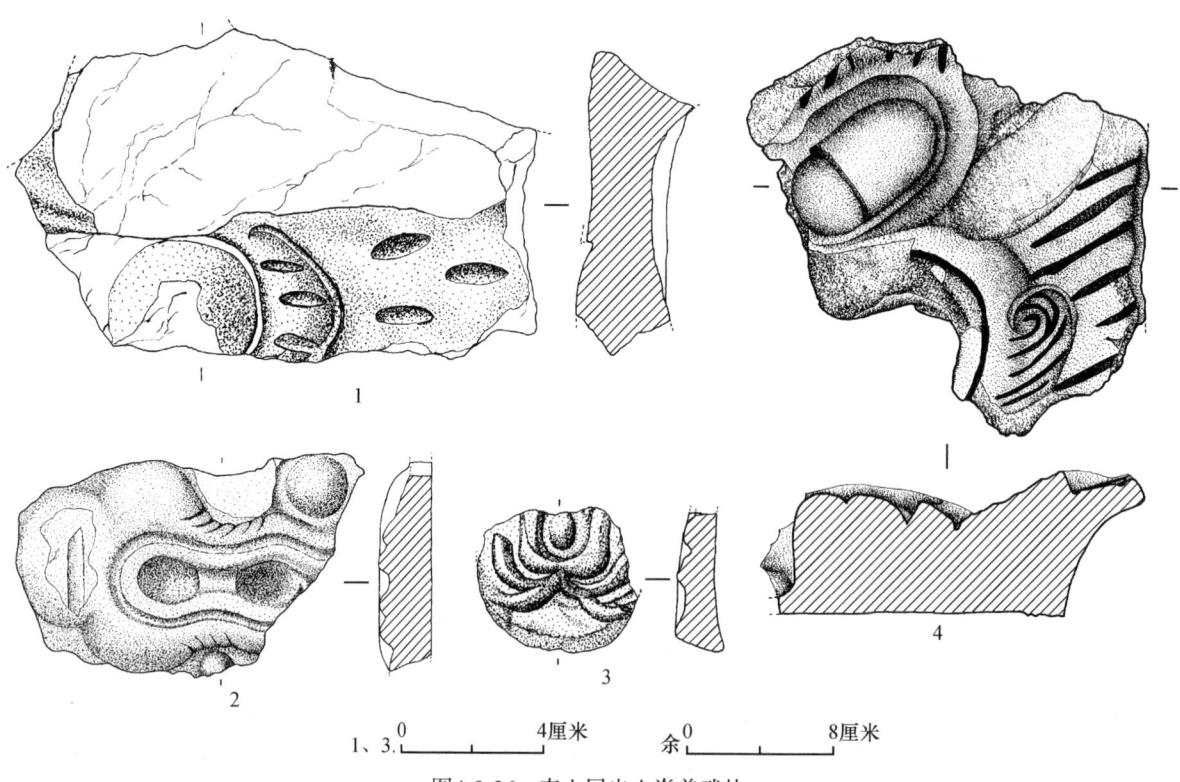

1、3. 0　4厘米　　余 0　8厘米

图4-9-26　表土层出土脊兽残块
1. T2146①：4　2. T2146①：5　3. T2146①：6　4. T2146①：7

第四章 城内建筑址的发掘

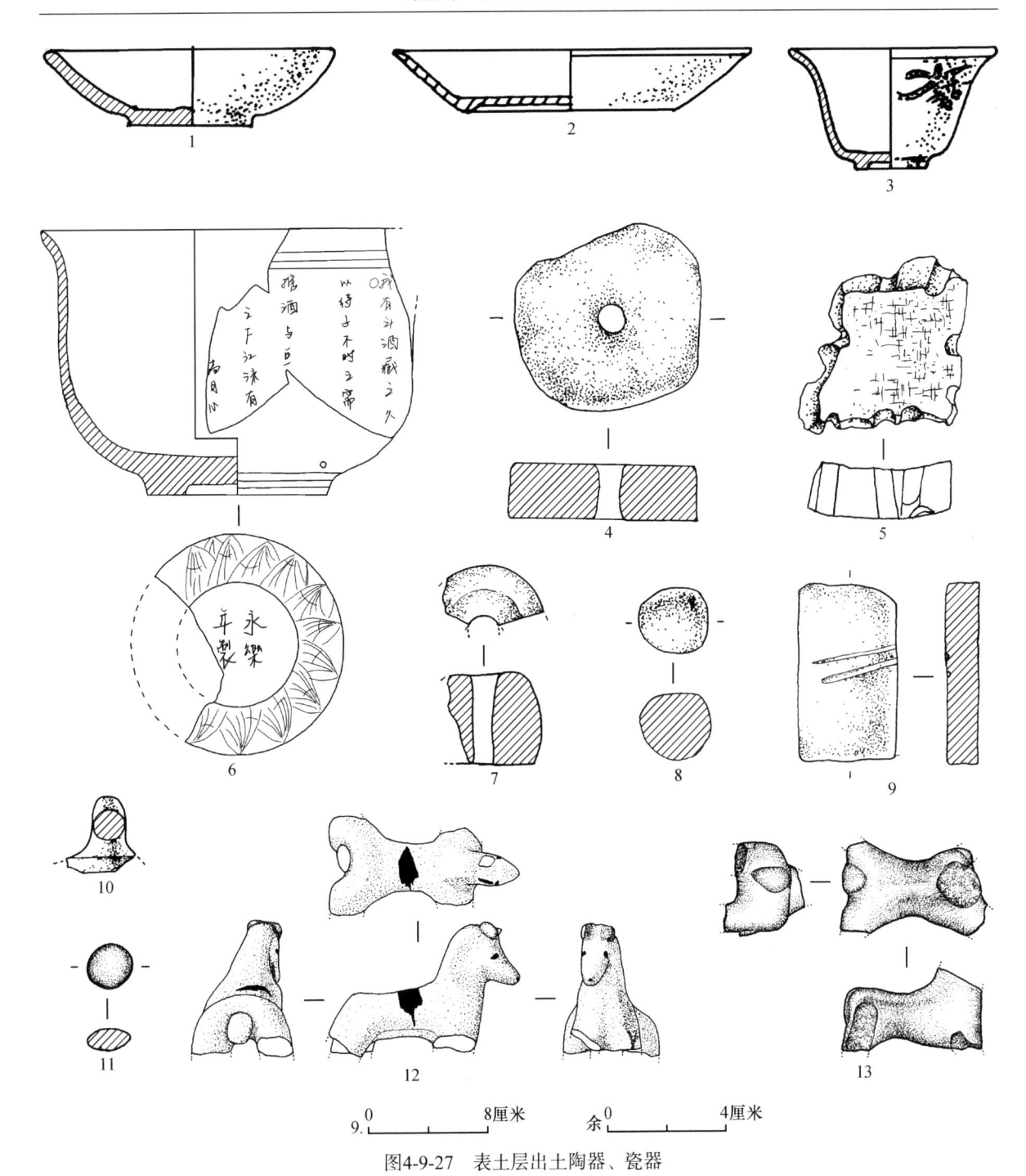

图4-9-27 表土层出土陶器、瓷器
1. 陶盏（T2048①:1） 2. 瓷盘（T2146①:1） 3. 瓷杯（T2146①:2） 4、7. 陶纺轮（T1849①:1、T1748①:1）
5. 多孔陶器（T1849①:6） 6. 瓷碗（T2146①标:1） 8. 陶球（T2050①:4） 9. 陶拍（T1747①:2）
10. 陶器耳（T1849①:4） 11. 陶棋子（T1849①:5） 12、13. 瓷马（T2050①:6、T1948①:15）

（二）瓷器

瓷杯　1件。T2146①：2，青花瓷，尖唇，侈口，斜直腹，圈足底，口沿外侧饰一圈弦纹，外壁上部饰兰草纹，口径7、底径2.4、高4厘米（图4-9-27，3）。

瓷盘　1件。T2146①：1，青花瓷，尖唇，敞口，斜腹，平底微内凹，口沿外侧饰一圈弦纹，口径12、底径6.8、高2厘米（图4-9-27，2）。

瓷碗　1件。T2146①标：1，青花瓷，尖唇，侈口，直腹，下腹微鼓，有锔孔，玉璧底，口沿外侧饰三圈弦纹，外壁上部绘画人物图以及书写《后赤壁赋》，下部绘一圈荷叶纹，外底有"永乐年制"款识，口径12.5、底径6、高8厘米（图4-9-27，6）。

瓷马　2件。T2050①：6，灰胎，白釉，背部饰酱釉纹饰，腿部残，长6.4、最宽处3.3、残高4.4厘米（图4-9-27，12；图版一三三，7）。T1948①：15，灰褐胎，酱釉，釉未挂满全身，头部及腿部残，残长4.7、残宽2.8、残高2.7厘米（图4-9-27，13；图版一三三，8）。

（三）石器

石纺轮　1件。T1846①：2，灰白色，馒头形，残半，直径11、孔径2.5、高5厘米（图4-9-28，2）。

石杵　1件。T1849①：7，磨制，方柱状，上窄下宽，长12、宽4—6.5厘米（图4-9-28，1）。

（四）铜器

铜环　2件。T2047①：1，残存1/3，截面菱形，直径3厘米（图4-9-28，4）。T2050①：2，截面椭圆形，外径2.1、内径1厘米（图4-9-28，5）。

（五）骨器

骨笄　1件。T1846①：1，磨制而成，片状，上端残，残长10.7、最宽处1.4、厚0.3厘米（图4-9-28，3）。

骨耳勺　1件。残存柄部，T1948①：4，磨制而成，残断，截面三角形，残长6、宽0.6—0.8厘米（图4-9-28，7）。

钻孔骨器　1件。T1950①：2，磨制而成，残，不规则形，上有圆形钻孔，残长3、残宽2.8厘米（图4-9-28，6）。

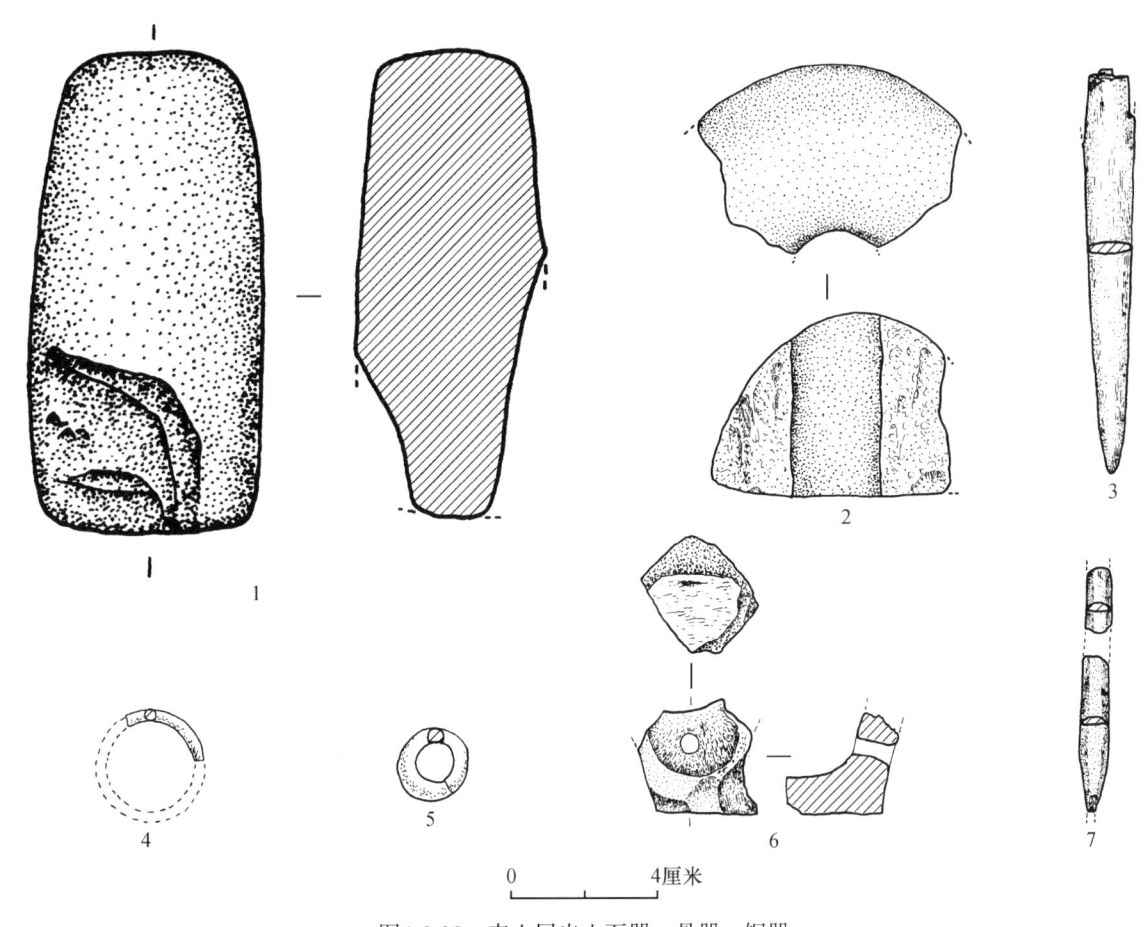

图4-9-28 表土层出土石器、骨器、铜器

1. 石杵（T1849①：7） 2. 石纺轮（T1846①：2） 3. 骨笄（T1846①：1） 4、5. 铜环（T2047①：1、T2050①：2）
6. 钻孔骨器（T1950①：2） 7. 骨耳勺（T1948①：4）

第十节 小 结

一、遗存分期

通过发掘可知，该发掘区遗存以建筑台基及相关遗存为主，台基自始建至最终废弃经历了较长的过程。其间及其后出现房址、灰坑、墓葬等与建筑台基关联不大的遗迹。

从层位关系和出土遗物可将该发掘区遗存分为四期。

第一期以地层第8—10层及开口于其下的遗迹单位为代表，为建筑台基的始建和使用时期。该时期此建筑应当用作佛教寺院。从出土的有纪年文字的瓦件可明确其时代处于辽代晚期。

第二期以地层第5—7层及开口于其下的遗迹单位为代表，为建筑台基的荒废期，此时期主体建筑已荒废并且逐渐坍塌，但此处有人居住，在其南端兴建的用于居住的房屋即为该时期遗存的典型代表。该时期大致处于金代早期。

第三期以地层第2—4层及起建于第4层上和开口于第2、3层之下的遗迹单位为代表，为建筑台基的重修、使用和废弃时期。在这期间，荒废的建筑台基及第二期房址被垫平夯实，在其上重修新的建筑，此建筑从规格和出土瓦件看级别亦较高，应是城内一处重要的官方设施。其中，第4层为人为填埋和平整台地而形成，地层形成时间虽为第三期，但地层中的遗物绝大多数仍为第一、第二期遗物，尤以第一期建筑残存遗物为主。第3层则是为修建新建筑而在原有夯土台基上加夯的部分，其性质严格意义上说，应当属于遗迹而不是地层。第2层为第三期建筑的倒塌堆积，为建筑废弃后形成。从出土遗物的特征来看，时代应处于金代中晚期。

第四期以表土层下开口的14座土坑墓为代表。在城内的高埠上埋坟的行为，应是在整个城址荒废之后，此时城四家子城址已不再具有重要地位，官方管理机构撤离，使得城内处于"无政府"状态，附近居住的平民"择高地而葬"，在原建筑废墟上形成了墓葬，并打破第三期建筑的倒塌堆积。结合史料和墓葬的形制特征、随葬品判断，这些墓葬的时代应为明代中期以后，极有可能处于明代末期。

二、建筑结构、功能及始建与废弃年代

城四家子城址自发现以来，经多代史学工作者考察和研究，其州城级别和历史地位已毋庸置疑，据史学工作者考证，应为辽代长春州，金代新泰州[1]。《辽史·地理志》载："长春州，韶阳军。下，节度。本鸭子河春猎之地。兴宗重熙八年置。"[2]《金史·地理志》载"泰州……承安三年复置于长春县""长春辽长春州韶阳军，天德二年降为县，隶肇州，承安三年来属"[3]，从上述史料可知，辽代长春州于公元1039年建置，金代早期曾隶属肇州管辖，中期以后成为泰州，即学术界所说的金代"新泰州"。在之后的元、明两朝，该城得以继续使用，直至明代后期遭废弃。

此次考古发掘首次从考古学角度出发，通过对具有代表性的建筑基址的发掘，管窥城址的建筑结构、功能及物质文化特征。通过城内这处大型建筑台基的发掘，使我们对城四家子城址内的高台式建筑的形制、功能及始建年代等亦有了新的认识。

（1）建筑基址的结构。确认了遍布城内的大小不等的"土包"为规格不同的建筑台基。这些台基均为夯土结构，局部用砖，具有坚实的地下基础，其上建筑常常呈组合出现，有相对独立的院落，配套设施完善，应为具有特定功能的建筑群，往往历经多年，并经过多次修缮。

（2）建筑基址的时代。从地层堆积和出土遗物上判断，该建筑台基沿用多年，至少存在

---

[1] 宋德辉：《城四家子古城为辽代长春州金代新泰州》，《北方文物》2009年第2期。
[2] （元）脱脱：《辽史》卷三七《地理志一》，中华书局，1975年。
[3] （元）脱脱：《金史》卷二四《地理志五》，中华书局，1975年。

辽、金两个兴盛期；从遗迹间的叠压打破关系可知，该处的建筑自始建以来经历了多次的补建、废弃、重修的过程。从早期地层中出土的绿釉瓦上，发现"大安八年""大安九年"等有确切纪年的墨书文字，这对于判定该建筑的时代具有重要作用，大安为辽道宗耶律洪基的年号（1085—1094年），可知该台基上的早期建筑时代处于辽代晚期。从该建筑基址晚期地层出土的有龙纹的鸱吻、瓦当，以及其他一些数量和形态不输于早期的建筑饰件来看，其晚期阶段应当是一处等级颇高的建筑。据史料记载，金灭辽以后，长春州一度降级为长春县，于金代中期恢复州城地位，并成为金代的边防重镇。金代早期由于战局刚刚稳定，且该城址又被降级，因此不大可能对城内建筑进行大规模的维修和重建，由此推测，该建筑晚期遗存很可能形成于复置泰州于长春县的公元1198年以后，即金代中期以后。

（3）建筑基址的性质。此次发掘，于早期地层中发现大量泥塑佛像残块，出土的绿釉瓦墨书文字上，还有"施主""兴教院""施瓦一片"等内容，反映了此建筑与宗教相关，应为一处由信徒捐款修缮的佛教寺庙建筑基址。晚期建筑由于未发现具有确切功能指征的遗物，对该时期此建筑的性质难以轻易定位。但从出土遗物来看，当时不仅大量使用了兽面瓦当、垂兽等建筑饰件，还使用了有龙纹图案的鸱吻和瓦当，可见其级别之高，加之该建筑处于城内中轴线上，又与主城门相去不远，因而判断其当时应为一处重要的官方行政设施。

三、出土瓦件的类型学考察

城四家子城址出土的瓦件主要为用于大面积铺设屋顶的板瓦、筒瓦，用于房脊处的垒脊瓦、当沟，以及兽头、凤鸟、鸱吻等建筑饰件。

（一）板瓦

均为泥质灰陶，火候较高。平面呈等腰梯形，较为规整，凸面素面，抹光，偶见横向抹痕，凹面存有制作瓦坯时留下的布纹。瓦上下端沿面有明显切痕，呈凌厉的方唇，有的凹面抹斜，部分板瓦窄端瓦沿沿面经修整，呈圆唇。根据使用部位的不同可分为普通板瓦和檐头板瓦二类。

1. 普通板瓦

用于屋顶大面积平铺的区域，凹面朝外，宽端朝上竖向仰置，与筒瓦配合使用。依形体大小可分为二型。

A型　形体较大，胎体厚重，仅见于早期建筑。如T2049G2∶56（图4-3-16，3；图4-10-1，1）。

B型　形体较小，胎体稍薄，分二式。

图4-10-1 板瓦、筒瓦、垒脊瓦类型

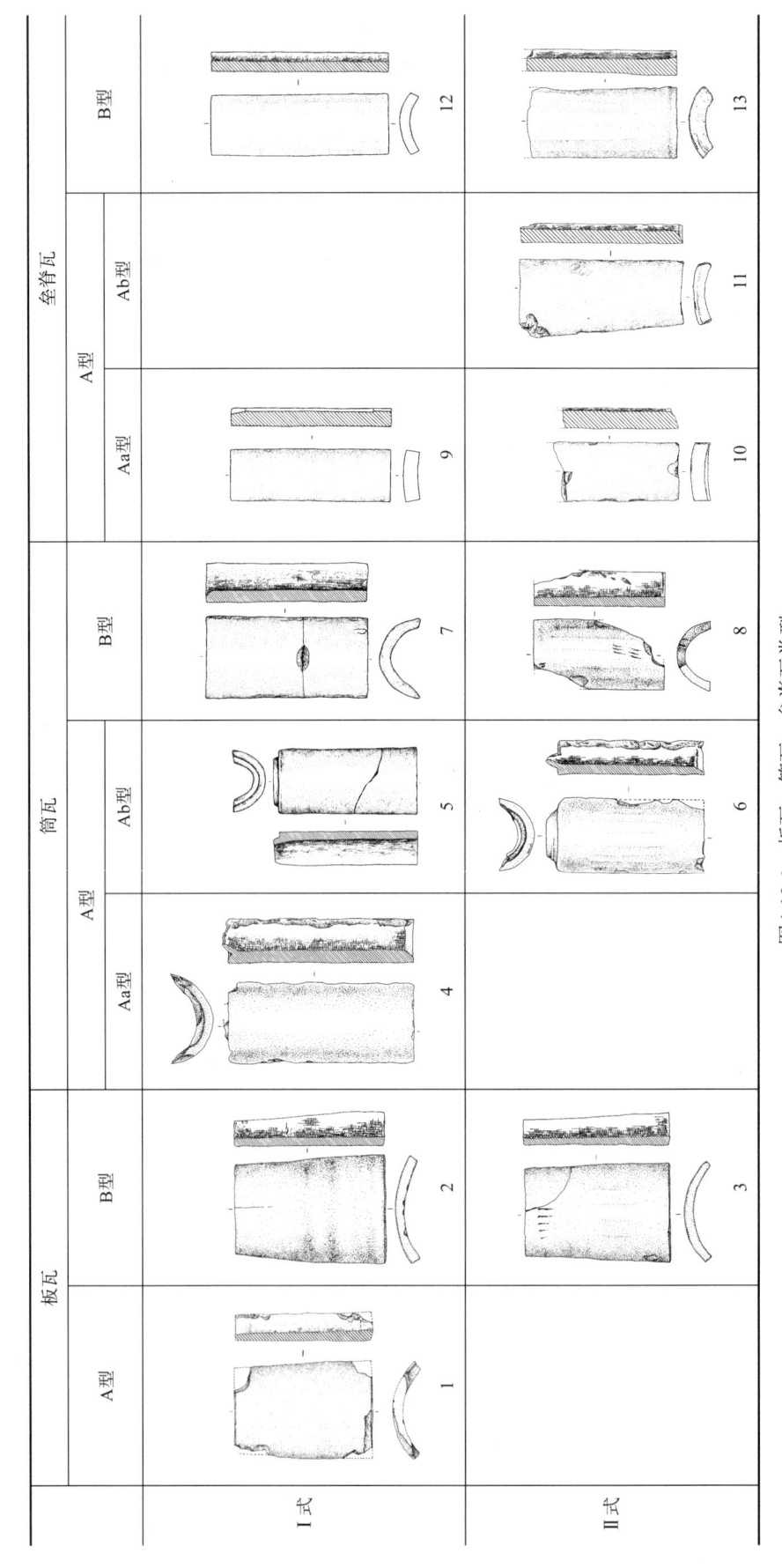

1.A型板瓦（T2049G2∶56） 2、3.B型板瓦（T1947④∶11，T2048②b∶51） 4.Aa型筒瓦（T1748G1∶11） 5、6.Ab型筒瓦（T1750⑧∶7，T1949②b∶14） 7、8.B型筒瓦（T1750⑧∶1，T1949②b∶48） 9、10.Aa型垒脊瓦（T1845④∶21，T1949②b∶44） 11.Ab型垒脊瓦（T1949②b∶42） 12、13.B型垒脊瓦（T1845④∶19，T1750②b∶31）

Ⅰ式：见于早期建筑。如T1947④：11（图4-7-4，1；图4-10-1，2）。

Ⅱ式：见于晚期建筑。如T2048②b：51（图4-8-28，3；图4-10-1，8）。

早期建筑和晚期建筑中出土的板瓦虽然形制基本相同，但规格差异较大。早期建筑的两种不同规格的板瓦，可能使用在建筑不同的部位。晚期建筑所使用的板瓦形体均较小，胎体偏于轻薄。可见，城内建筑所使用的板瓦由辽代至金代，形体由厚重趋于轻薄发展。

2. 檐头板瓦

檐头板瓦平面形制与普通板瓦相同，宽端有下垂的滴水。用于建筑物房檐处，凹面朝外，窄端朝上竖向仰置，与檐头筒瓦配合使用。出土共计126件。根据滴水面饰纹的不同可分为八型。

A型　31件。滴水部分与板瓦主体部分近乎垂直，滴水面饰模印菱格纹。滴水面宽度为4.5—5.5厘米。根据纹饰细节差异可分为四亚型。

Aa型　17件。滴水面饰双层菱格纹，菱格较大，中心饰乳钉纹，上下间饰为三角纹。如T2048G2：35（图4-10-2，1）。该型檐头板瓦在北城门的发掘中也有所发现，出土于门垛基槽之中。

Ab型　7件。滴水面饰双层菱格纹，菱格较大，无间饰。如T2048④：8（图4-10-2，2）。

Ac型　6件。滴水面饰单层菱格纹，菱格较小，中心及上下间饰均为乳钉纹。如H17：1（图4-10-2，3）。

Ad型　1件。如T1945⑦：4（图4-10-2，4）。该型檐头板瓦在北城门的门垛基槽发掘中也有出土。

B型　4件。滴水部分与板瓦主体部分近乎垂直，滴水面饰模印十字菱格纹，上下各饰一排横向方格纹。滴水面较窄，约在3.8厘米。如T2047④：14（图4-10-2，5）。

C型　4件。滴水面饰上下两排压印绳纹凹窝，以凸弦纹带间隔。滴水面较宽，约7.8厘米。根据纹饰细节差异可分为二亚型。

Ca型　1件。上排压印绳纹凹窝为右斜向，下排为左斜向。如T1846④：5（图4-10-2，6）。

Cb型　3件。上排压印绳纹凹窝为左斜向，下排为右斜向。如T1749②b：13（图4-10-2，7）。

D型　9件。滴水部分与板瓦主体部分近乎垂直，滴水面较宽，饰压印绳纹凹窝，宽为6—6.5厘米。根据纹饰细节差异可分为二亚型。

Da型　6件。滴水面饰上下两排右斜向压印绳纹凹窝，以凸弦纹带间隔，凹窝宽松。如T2048G2：37（图4-10-2，8）。

Db型　3件。滴水面饰上下两排竖向压印绳纹凹窝，以凸弦纹带间隔，凹窝细密。如T2048G2：38（图4-10-2，9）。

E型　13件。滴水面饰三条横向平行的凸棱，凸棱间填充不规则形戳点纹。滴水面宽4.5厘米左右。如T1849②b：8（图4-10-2，15）。

F型　56件。形体较小，胎体较薄。滴水面饰三条平行的凸棱，上、下两条凸棱上饰斜向戳点纹饰带，方向相对。滴水面宽4—6厘米。根据纹饰细节差异可分为二亚型。

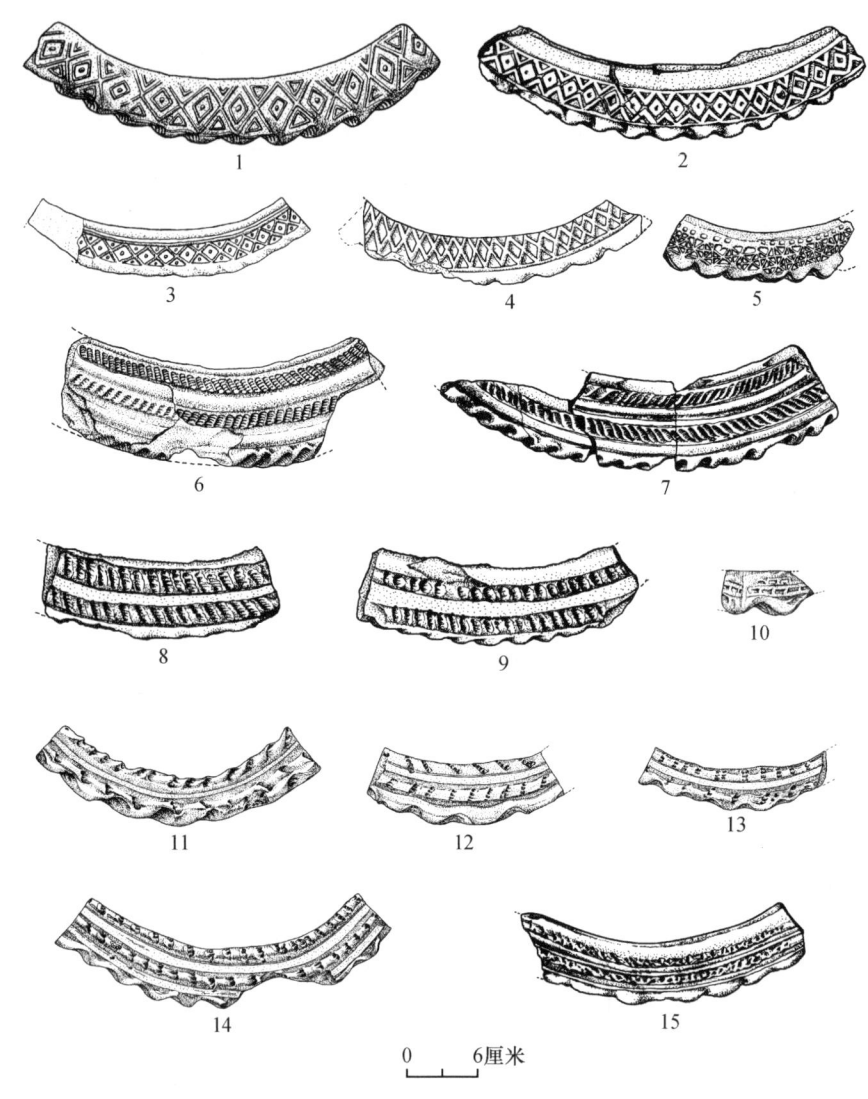

图4-10-2 檐头板瓦类型

1. Aa型（T2048G2：35） 2. Ab型（T2048④：8） 3. Ac型（H17：1） 4. Ad型（T1945⑦：4） 5. B型（T2047④：14）
6. Ca型（T1846④：5） 7. Cb型（T1749②b：13） 8. Da型（T2048G2：37） 9. Db型（T2048G2：38） 10. H型（T1846④：6）
11. Fa型（T2047②b：17） 12. Fb型（T2146②b：9） 13. Gb型（T1946②b：35） 14. Ga型（T1946①：6）
15. E型（T1849②b：8）

Fa型　48件。滴水面上部凸棱饰左斜向纹饰带，下部凸棱饰右斜向纹饰带。如T2047②b：17（图4-10-2，11）。该型檐头板瓦在北城门的发掘中也有所发现，出土于北城门处地层第3层之中。

Fb型　8件。滴水面上部凸棱饰右斜向纹饰带，下部凸棱饰左斜向纹饰带。如T2146②b：9（图4-10-2，12）。

G型　8件。滴水面上饰多条平行的凸棱，上、下两侧凸棱上饰斜向戳点纹饰带，方向基本相同。滴水面宽多为4—5.2厘米。根据纹饰细节差异可分为二亚型。

Ga型　3件。戳点纹饰带均为右斜向上。如T1946①：6（图4-10-2，14）。

Gb型　5件。戳点纹饰带均为竖向或略微左斜。如T1946②b：35（图4-10-2，13）。

H型 1件。檐面饰两条横向模印长方格纹带。滴水面宽3.6厘米。如T1846④：6（图4-10-2，10）。

从出土层位可知，A型、B型、C型、D型、H型檐头板瓦为建筑早期所使用，数量上A型最多，应为早期的主要使用类型。根据规格可判断，Aa型和Ab型檐头板瓦与A型普通板瓦匹配使用，Ac型、Ad型及B型、C型、D型、H型檐头板瓦与B型普通板瓦匹配使用。E型、F型、G型为建筑晚期所使用，其中的F型数量上占绝对优势，应为晚期檐头板瓦的主要使用类型。

从各型檐头板瓦的形制特征来看，除了整体形制变化与普通板瓦趋同外，亦可看出滴水形制的发展变化：早期檐头板瓦的滴水面基本与板瓦主体垂直，制作方式是分别制作后粘接到一起的，造成瓦檐端胎体较之其他部位要厚重许多，施纹方式较多使用模印；晚期檐头板瓦的滴水和主体部分为一次成形，胎体厚度无甚变化，且板瓦主体与滴水部分的过渡较为柔和，形成钝角，且没有凌厉的折棱，施纹方式使用局部戳刺。

（二）筒瓦

城四家子城址出土筒瓦平面均呈长方形，两端等宽，一端有突出的瓦舌，凸面素面，抹光，凹面有制作瓦坯时留下的布纹。根据材质的不同可分为灰陶筒瓦和绿釉筒瓦二类。

1. 普通灰陶筒瓦

包括用于大面积铺设屋顶的普通筒瓦和与瓦当相接用于房檐处的檐头筒瓦，与板瓦配合使用。早期建筑和晚期建筑中出土的这类筒瓦虽然形制基本相同，但规格差异较大。根据瓦舌的有无可分为二型。

A型 有瓦舌筒瓦。该类筒瓦在普通筒瓦中的数量占大多数，檐头筒瓦则均为该型。根据规格可分为二亚型。这两种不同规格的筒瓦，可能使用在建筑不同的部位。

Aa型 形体较大，胎体厚重，瓦舌内削而成，棱角分明，瓦身两侧边普遍有二次加工形成的打制痕迹，尾端内侧抹斜。如T1748G1：11（图4-3-17，1；图4-10-1，3）。

Ab型 形体较小，胎体相对偏薄，瓦身两侧边未见二次加工痕迹，分二式。

Ⅰ式：见于早期建筑中，瓦舌为圆唇，略微上翘。如T1750⑧：7（图4-4-17，3；图4-10-1，4）。

Ⅱ式：见于晚期建筑中，外表面常见刮抹形成的不甚明显的凸棱，瓦舌略微内收。如T1949②b：41（图4-8-29，2；图4-10-1，9）。

B型 无瓦舌筒瓦。该型筒瓦出土数量较少，均用作普通筒瓦，檐头筒瓦未见。形体相对较小，胎体较薄，瓦身两侧边无二次加工痕迹，瓦两端等宽，且均为方唇，分二式。

Ⅰ式：见于早期建筑中，呈浅灰色。如T1750⑧：1（图4-4-18，1；图4-10-1，5）。

Ⅱ式：见于晚期建筑中，外表面常见刮抹形成的不甚明显的凸棱。如T1949②b：48（图4-8-30，2；图4-10-1，10）。

根据规格可判断，Aa型筒瓦与A型普通板瓦匹配使用，Ab型筒瓦与B型普通板瓦匹配使用。B型筒瓦因没有瓦舌，且两端等宽，无法叠压使用，应当并非用于大面积铺设屋面的材料，可能用于房屋正脊之上。由上述可见，城内建筑所使用的筒瓦由辽代至金代，形体发展趋势亦是由厚重趋于轻薄。

2. 绿釉筒瓦

城四家子城址出土的绿釉筒瓦形体较一般的筒瓦大，胎体厚重，烧造温度较低，胎体多呈红色或红褐色，火候相对较低，釉色呈翠绿色。均有内削而成的瓦舌，瓦身两侧边及尾端内侧抹斜，有的内侧边缘有二次加工形成的打制痕迹。该类筒瓦仅见于建筑的早期，且出土数量较少，推测应仅用于屋脊处，形成剪边琉璃效果。

部分绿釉筒瓦凹面有墨书或朱书文字，记载了佛教信徒"施舍瓦片"的情况。文字使用大体一致的行文格式，内容大体包含施瓦缘由、施瓦者姓名及身份、施瓦数量、施瓦时间等。由此可知，这些绿釉筒瓦除了装饰作用外，还具有记录"施舍"信息的功能。从文字所记内容，大致可了解到如下信息。

（1）施瓦时间。记录有时间信息的瓦片共计12件，其中带年号的有9件，均为"大安"年号。其中，"大安八年"4件，"大安九年"3件，仅有年号而年份信息缺失的2件。部分瓦片上不仅有年份信息，还有具体到月日的记录。5件提及月份的瓦片上记录的均为九月，具化到日期，3件为"十五日"，1件为"十九日"，1件为"十□日"。月份和日期如此集中，反映了寺庙每年会在特定时日组织相关佛事活动，接受官方和民间信徒的施舍，而这个时间，正是每年的九月中旬。

（2）施瓦目的。辽代极为崇佛，佛教的兴盛不仅有皇室政策层面的扶持，经济上也得到权贵、富豪的支持，使得寺院积蓄了大量财富[1]，尤其兴宗、道宗、天祚三朝期间，佛寺修建之风臻于极盛，更是有寺院以钱千万资助国用的现象[2]。可见在当时，寺院的经济实力相当丰厚，当不需要以募捐的方式筹款修建寺院。即这些文字瓦与建筑本身的营建和修缮没有关系，信徒们的这种施瓦行为应当只是一种单纯的礼佛活动。

从文字内容可了解到施瓦目的大致有二：一是为家人祈福，悼念逝者，感恩生者，如"为报存亡父母""眷属百年"等字样，通常为子女所捐，以此形式寄予对长辈的祝福；二是有忏悔度化、救赎免罪之意，如提及"八十一过""出罪""说法""成佛"等，由于出土这些词句的均为残片，无法判断救赎对象。

---

[1] 温金玉：《辽金佛教政策研究》，《全球化下的佛教与民族——第三届两岸四地佛教学术研讨会论文集》，光明日报出版社，2011年，第349页。

[2] 《辽史》卷六十《食货志》（下）记载，辽代"至其末年，经费浩穰，鼓铸仍旧，国用不给。虽以海云佛寺千万之助，受而不拒"。中华书局，1974年，第1033页。

（3）施瓦者。记录施瓦者信息的瓦片共计11件，其中有7件带姓名：王姓2件（为同一人），刘姓2件（刘？涑、刘氏），李姓1件（李继赟），范姓1件（范又），张姓1件（张昚氏），此外，有2件瓦上都出现了"禹会"一词，从行文格式来看，也应为人名。6件有官职或机构名称，包括"西班""都监""参军""右衙""兴教院"等。

从中可看出，施瓦者有三类。一是个人，应为普通信徒，这一类施瓦者通常会在瓦上明确记录施主的全名或姓氏（留姓氏者，应为女性信徒）。二是以集体形式施瓦，如"兴教院施……""……界众生施瓦"等，应是指一些专门机构或民间组织，抑或个别乡民集资施瓦的行为。辽代民间对于寺院佛事，时常发起团体性的支持，盛行"千人邑"等组织[①]，辽穆宗应历十五年《重修云居寺一千人邑会之碑》记载，寺主为筹款修寺，"结一千人之社，合一千人之心，春不妨耕，秋不废获，立其信，导其教，无贫富后先，无贵贱老少，施有定例，纳有常期，贮于库司，补兹寺缺"。这些由善男信女集结的民间邑社规模不等，对佛教寺院的建设发挥了很大的作用，这一类施瓦者并未在瓦上留下具体的姓名、身份等信息。三是职官，并未留下姓名或有姓无名，很可能是一种官方行为，仅代表该官员所在的职能部门。

（4）施瓦数量。出土的文字瓦中，保留施瓦数量信息的有17件，数量从1片到30余片。"一片"指代一件绿釉筒瓦，应是该寺庙举行佛事募捐活动时，对"施舍"金额的基本计量单位。

（三）瓦当

出土瓦当均为圆形，规格不一。当面纹饰模制而成，以各种类型的兽面纹饰居多，常用连珠纹、凸弦纹等作为主题纹饰的外缘装饰。背面素面，有的平整，有的中部有凹坑，上半部分边缘常留与筒瓦粘接时按压抹平的痕迹。瓦当出土时大多已与筒瓦分离，在瓦当背面与筒瓦连接处可见瓦坯未干时刻划的多道凹槽，目的是利于两部分瓦件与黏接剂更好地接合。

城内建筑址出土完整瓦当及残碎单体共计333件，依据纹饰的差异可分为十一型。

A型 城内建筑址共出土175件。"王"字兽面瓦当。形体较大且厚重，直径为17—18厘米，当身较平，中部略厚，边缘稍薄，当面中部为长直须兽面形象，额头处有一"王"字，兽面外饰一圈连珠纹饰。根据纹饰细部的不同可分三亚型。

Aa型 157件。火焰状连体犄角，呈倒八字形如T2049G2：41（图4-10-3，1）。

Ab型 13件。麦穗状连体犄角，兽眼中各有一圆形戳点，兽面脸颊处饰"米"字形纹饰，如T1850④：8（图4-10-3，2）。

Ac型 5件。火焰状犄角，两角分开，兽眼中部各有一圆形戳点，如T2047④：5（图4-10-3，3）。

B型 18件。卷须兽面瓦当。形体较大且厚重，直径多为16—17.5厘米，主题纹饰外饰一

---

① 游侠：《辽代佛教》，《中国佛教》（第一辑），知识出版社，1980年，第90页。

0　　　6厘米

图4-10-3　瓦当类型（一）

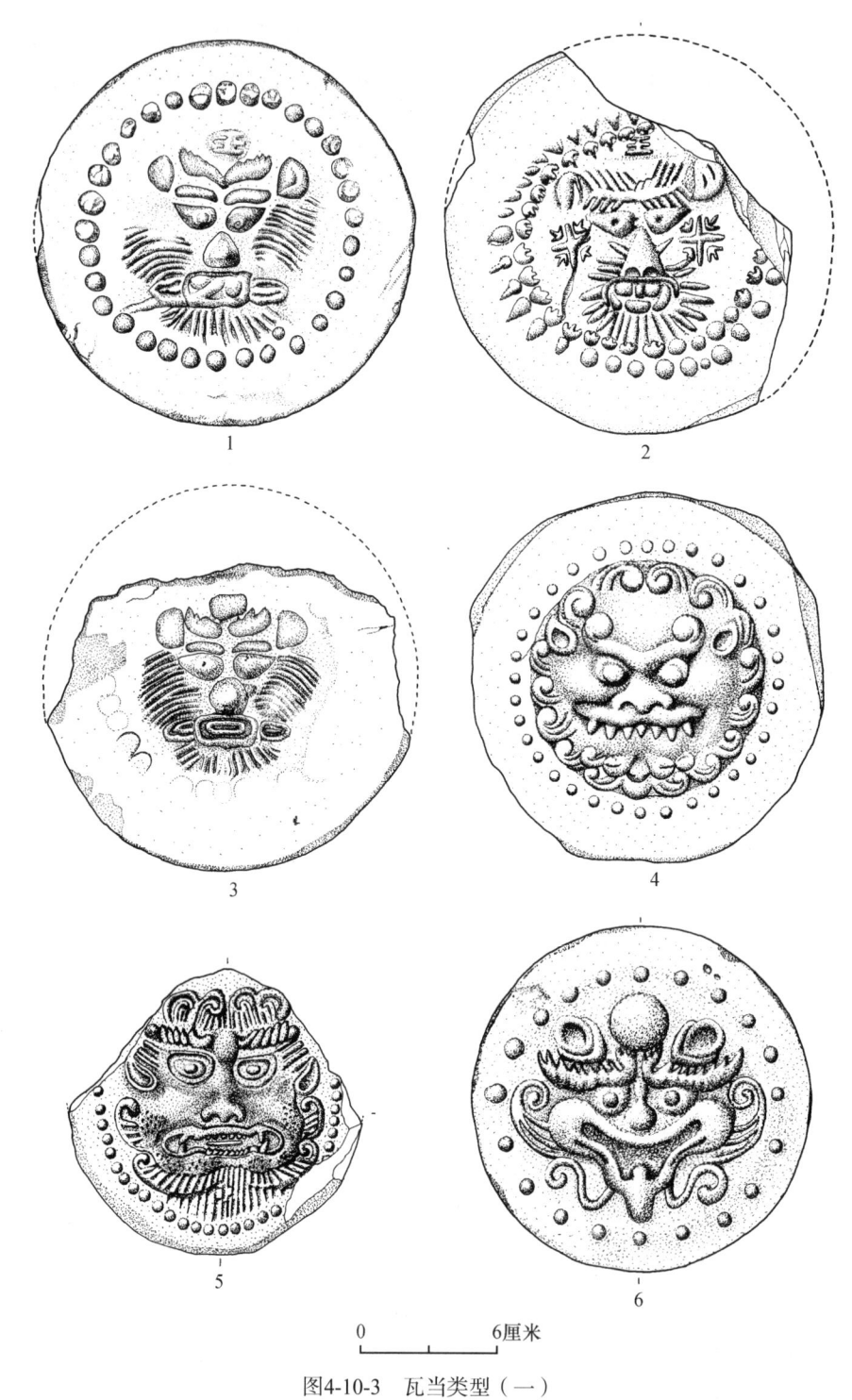

1. Aa型（T2049G2：41）　2. Ab型（T1850④：8）　3. Ac型（T2047④：5）　4. B型（T1749G1：4）　5. C型（T2049②b：16）
6. D型（T1849②b：1）

圈连珠纹，当身背部较平，当面中部高凸，边缘稍薄。如T1749G1：4（图4-10-3，4）。

C型　13件。卷须人面瓦当。形体较小，偏于轻薄，直径为13.5—14厘米，当身较平，眼部圆睁，嘴部呈一字形，短卷须，外饰半圈乳钉纹。

如T2049②b：16（图4-10-3，5）。

D型　60件。尖嘴兽形瓦当。形体较小，直径为14.5—15厘米，当面较平，背面中部内凹，兽嘴呈倒三角形大张，长卷须，外饰一圈颗粒较大、分布较为稀疏的乳钉纹。如T1849②b：1（图4-10-3，6）。

E型　32件。直须兽面瓦当。形体较小，直径在12—13.5厘米，当身中部高凸，背面内凹，边缘较薄。根据纹饰细部的不同可分四亚型。此外，在前述北城门的发掘中，出土该型瓦当，为建筑址发掘中未见之亚型，在此列入一并划分类型。

Ea型　23件。兽鼻较大，眼部圆睁，口部呈椭圆形，长直须呈放射状分布，兽面外饰两圈凸弦纹，凸弦纹间饰一圈乳钉纹。如T1945②a：1（图4-10-4，1）。

Eb型　6件。兽鼻较小，口部呈一字形，两端上卷，直须较短，呈放射状分布，兽面外饰一圈凸弦纹，凸弦纹外饰一圈乳钉纹。如T2146②b：6（图4-10-4，2）。

Ec型　2件。眼睛较小，兽鼻三角形，嘴呈向下的弯弧形，短直须，外饰一圈稀疏的乳钉纹。如T2147②b：2（图4-10-4，3）。

Ed型　1件。眼睛圆睁，较大，长须微卷。如T2047②b：10（图4-10-4，4）。

Ee型　仅见于北城门发掘区。如T0967④d：2（图3-1-34；图版八五，3、4）。

F型　9件。短直须狮面瓦当。直径在12厘米左右，当面中部略微凸起，饰浅浮雕狮面形象，眼部轮廓突出，短直须，呈放射状分布，外饰一圈凸弦纹，背面中部内凹。如T1848②b：1（图4-10-4，5）。

G型　9件。龙面瓦当，直径为13.5—15厘米，根据纹饰细部的不同可分二亚型。

Ga型　3件。当面中部凸起，背面中部内凹。如T1949①：1（图4-10-5，1）。

Gb型　6件。当面较平，兽面纹饰外有两圈凸弦纹，凸弦纹间饰一圈乳钉纹。如T2048②b：33（图4-10-5，5）。

H型　4件。人面瓦当。直径17厘米左右，当身较平，中部饰人面形象，纵眉怒目，宽鼻，颧骨高凸，外饰一圈凸弦纹和一圈连珠纹。如T1749G1：5（图4-10-5，3）。

I型　11件。侧视龙纹瓦当。直径为13—13.5厘米，当面较平，纹饰为侧视龙纹，龙首面向左，龙身呈倒"S"形，位于龙首下方及后方，顶端有呈波浪状祥云，背面中部内凹。如T2047②b：9（图4-10-4，6）。

J型　1件。因残，直径和纹饰主体不明。当面鼓起，可见若干条凸棱，具体图案不明，边缘饰一圈连珠纹。如T1748G1：4（图4-10-5，4）。

K型　1件。独角兽面瓦当。直径16厘米，当面中部饰独角兽形象，大嘴，牙齿夸张，下颌饰放射状短须，外饰三圈凸弦纹，每两圈间填满乳钉纹和凸棱纹。如T1748G1：5（图4-10-5，2）。

从各类型瓦当的出土数量上来看，Aa型瓦当数量最多，其次为D型、Ea型和C型，其他类

图4-10-4 瓦当类型（二）

1. Ea型（T1945②a：1） 2. Eb型（T2146②b：6） 3. Ec型（T2147②b：2） 4. Ed型（T2047②b：10） 5. F型（T1848②b：1）
6. I型（T2047②b：9）

型瓦当数量相对较少。瓦当规格大体分大型、中型、小型三类：大型瓦当直径为16—18厘米，包括A型、B型、H型；中型瓦当直径在15—16厘米，包括D型、G型、K型；小型瓦当直径在12—14厘米，包括C型、E型、F型、I型。J型瓦当仅出土一件残件，难以确定规格。

根据瓦当出土层位可知，这些瓦当分属于建筑的两个不同使用时期。A型和B型瓦当，应为建筑早期阶段，即辽代晚期所使用，其中，Aa型瓦当数量占绝对优势，应为建筑普遍使用的类型。A型瓦当虽有三种不同的纹饰，但差异极不明显，各亚型瓦当直径也相同，或是后期用作维修替换之物。B型瓦当数量较少，直径较A型略有缩小，且当面纹饰风格与A型差异较大，

图4-10-5 瓦当类型（三）

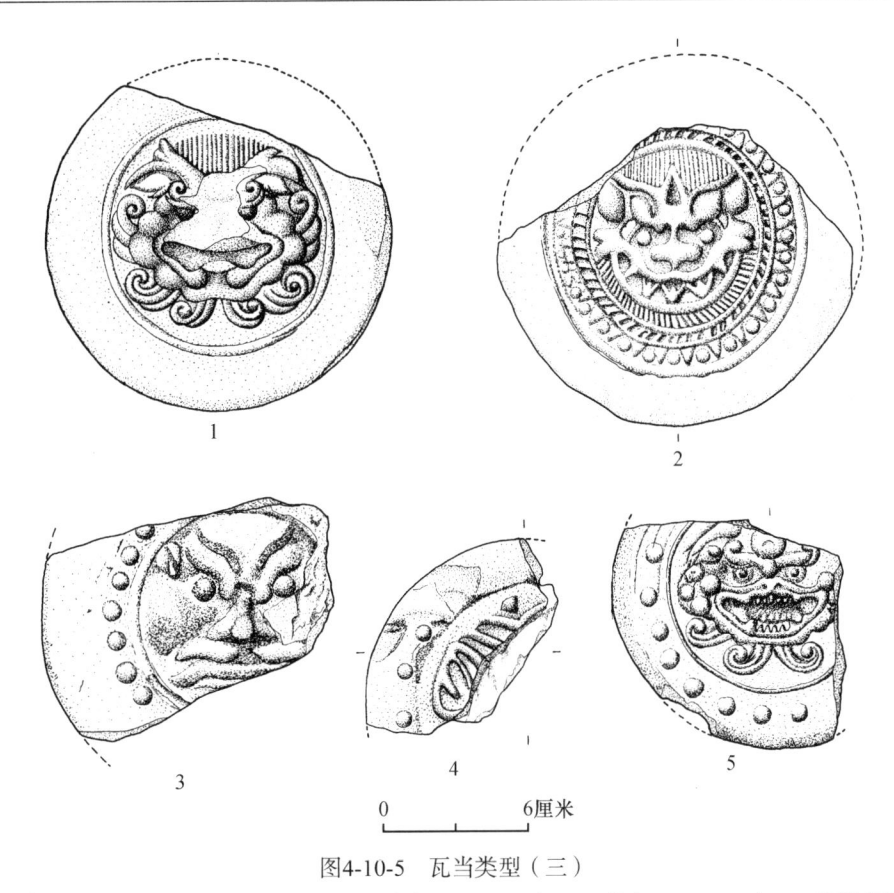

1. Ga型（T1949①：1） 2. K型（T1748G1：5） 3. H型（T1749G1：5） 4. J型（T1748G1：4） 5. Gb型（T2048②b：33）

可能是和A型瓦当同时，用于建筑屋檐的某些特殊部位。在与A型和B型瓦当相同层位出土的还有H型、J型和K型瓦当，但数量较少或仅为孤品，从尺寸上来看，这几类瓦当的直径与B型相当或略小。C型、D型、E型、F型、G型、I型瓦当从出土层位来看，应为建筑晚期所使用，即时代处于金代中期以后，从数量上看，D型和E型相对较多，但不似早期的A型那样占据绝对优势，可见晚期建筑上所使用的瓦当纹饰并不统一，应当是多种纹饰的瓦当同时使用，不同规格的瓦当可能会根据需要用于建筑屋檐不同的位置，相同规格的瓦当之间可能有替换关系，存在绝对年代上的早晚之别。

从出土位置来看，各类型瓦当分布无规律可循。例如，建筑早期使用的A型和B型瓦当，大多出土于早期建筑废弃后被人为填充形成的地层和遗迹单位中，人为干扰因素极大；晚期使用的各类型瓦当大多也因受后代人类活动的影响而移位。

另外，在北城门的发掘中，也出土了一定数量的瓦当，形制与建筑址出土相同或相似，主要是A型和E型瓦当。在北城门出土有Aa型和Eb型、Ec型，此外还有可归入E型但纹饰又与建筑址出土各亚型略有不同者，T0969③：16，为当身中部高凸的直须兽面瓦当，可划分为Ee型（图版八五）。

（四）垒脊瓦

垒脊瓦为安装在正脊、垂脊、戗脊、角脊等的当沟之上，用以增加屋脊线高度的瓦件。城四家子城址出土的垒脊瓦数量较少，且大多残半，根据所用瓦坯材料可分二型。

A型　板瓦型垒脊瓦，与板瓦使用同样的胎体，因而瓦身弧度较小。分二亚型。

Aa型　平面呈长方形，在早、晚两期建筑中均有使用。分二式。

Ⅰ式：胎体相对较厚，较窄。如T1845④：21（图4-7-4，3；图4-10-1，6）

Ⅱ式：胎体相对较薄，较宽。如T1949②b：44（图4-8-30，4；图4-10-1，11）。

Ab型　平面呈梯形。该型仅见于晚期建筑，如T1949②b：42（图4-8-30，6；图4-10-1，12）。

B型　筒瓦型垒脊瓦，平面为长方形，与筒瓦使用同样的胎体，因而弧度较大。该型在早、晚两期建筑中均有使用。分二式。

Ⅰ式：胎体相对较厚。如T1845④：19（图4-7-4，2；图4-10-1，7）。

Ⅱ式：胎体相对较薄。如T1750②b：31（图4-8-30，3；图4-10-1，13）。

从规格来看，早期建筑出土的各类型垒脊瓦，均是与B型普通板瓦和Ab型筒瓦匹配使用的，未见可与A型普通板瓦和Aa型筒瓦匹配使用的那种胎体厚重的类型。晚期建筑中的垒脊瓦在早期基础上增加了两端宽窄不一的形制即Ab型，推测在使用部位上应有所不同。

（五）当沟

城四家子城址出土当沟数量极少，均为正当沟，为利用无瓦舌筒瓦二次加工而成，且均出自晚期建筑。

（六）脊兽

包括套兽、垂兽、凤鸟、鸱吻、迦陵频伽等用于屋顶房脊处的陶质建筑饰件。

套兽、垂兽和凤鸟出土数量相对较多。从形态、装饰特征和出土数量可看出建筑早晚两期的差异。早期建筑饰件形体相对较大且厚重，胎质相对粗糙，陶色呈青灰色，种类上大量使用套兽和凤鸟，垂兽数量较少，且未有修复者，纹饰多为长条状戳点纹，呈平行或放射状分布。晚期建筑饰件形体相对偏小，胎薄，火候较高，胎质细腻，陶色浅灰，种类上以使用垂兽为主，凤鸟较少，基本不见套兽。纹饰较早期有所丰富，较多使用三角形或圆形戳点纹、成组的麦粒状戳点纹等。

迦陵频伽和鸱吻仅见于晚期建筑。鸱吻形体较大，为分块制坯后拼接烧造而成，表面有龙纹浮雕装饰。

总体而言，城四家子城址辽金两代瓦件使用特点为：辽代瓦件规格多样，形制有大有小，可能会在不同等级的建筑，或同一建筑的不同部位上区别使用，纹饰种类相对较少，凸显了对用材的讲究和统一，应是建筑用材制度化的体现，偏于厚重的瓦片和形体较大、纹饰统一的脊兽，使建筑具有雄浑庄严的风格；金代瓦件规格差别不大，但重于纹样装饰，瓦件上的纹饰种类明显增多，纹样较前代趋于复杂，且运用较多细节方面的处理，瓦件体形普遍缩小，偏于轻薄，体现了建筑风格由庄严肃穆向轻盈活泼的变化。

第五章　城内窑址的发掘

第一节　发掘经过

该发掘区位于城内中部略偏西北，北距北城墙400米，东距东城墙650米，东南紧邻一条西南—东北向的现代村路（图5-1-1）。面积约1000平方米，地表较为平坦，地势南部稍低，北部略高，地表散布大量陶、瓷碎片。

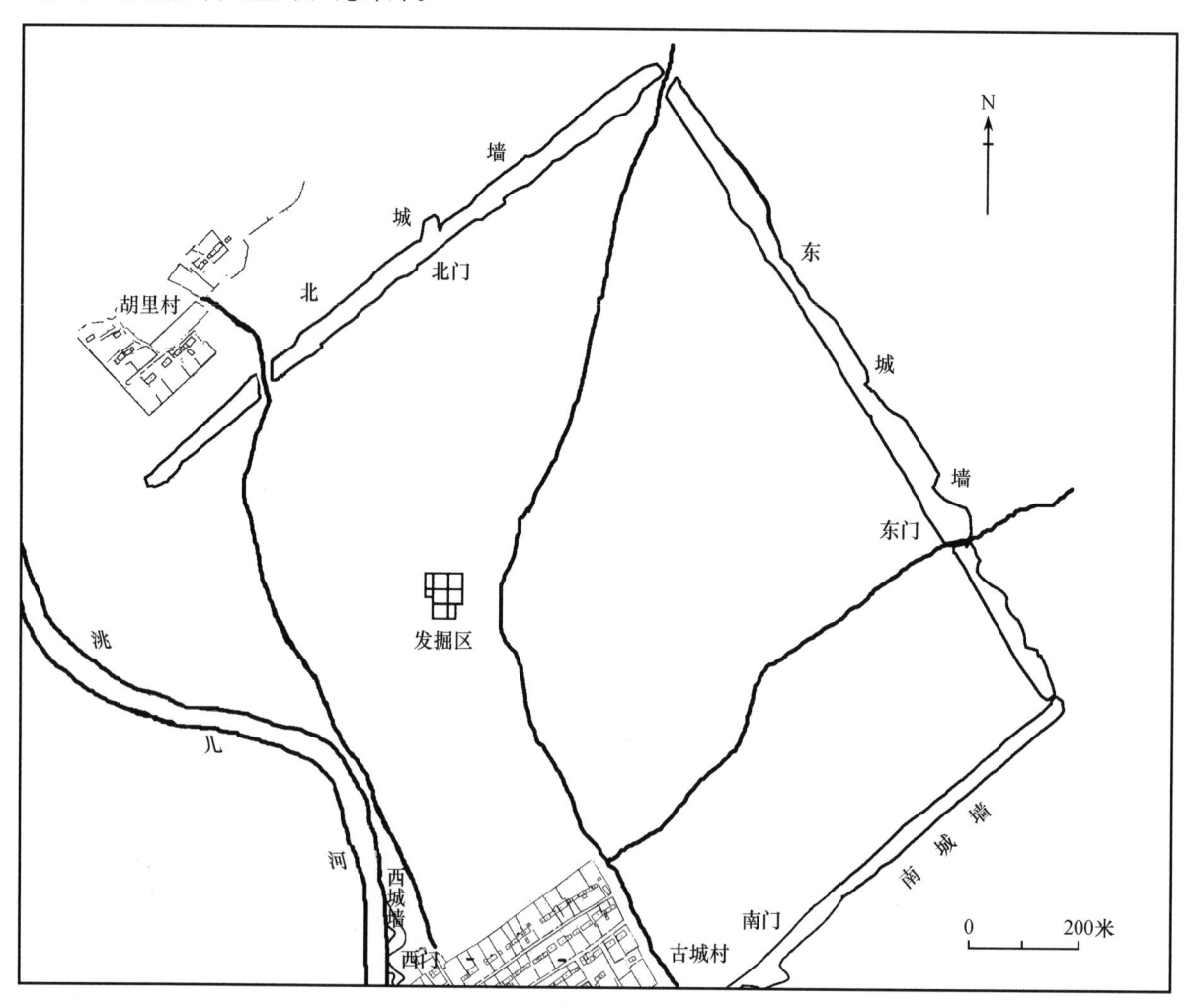

图5-1-1　发掘区位置图

第五章 城内窑址的发掘

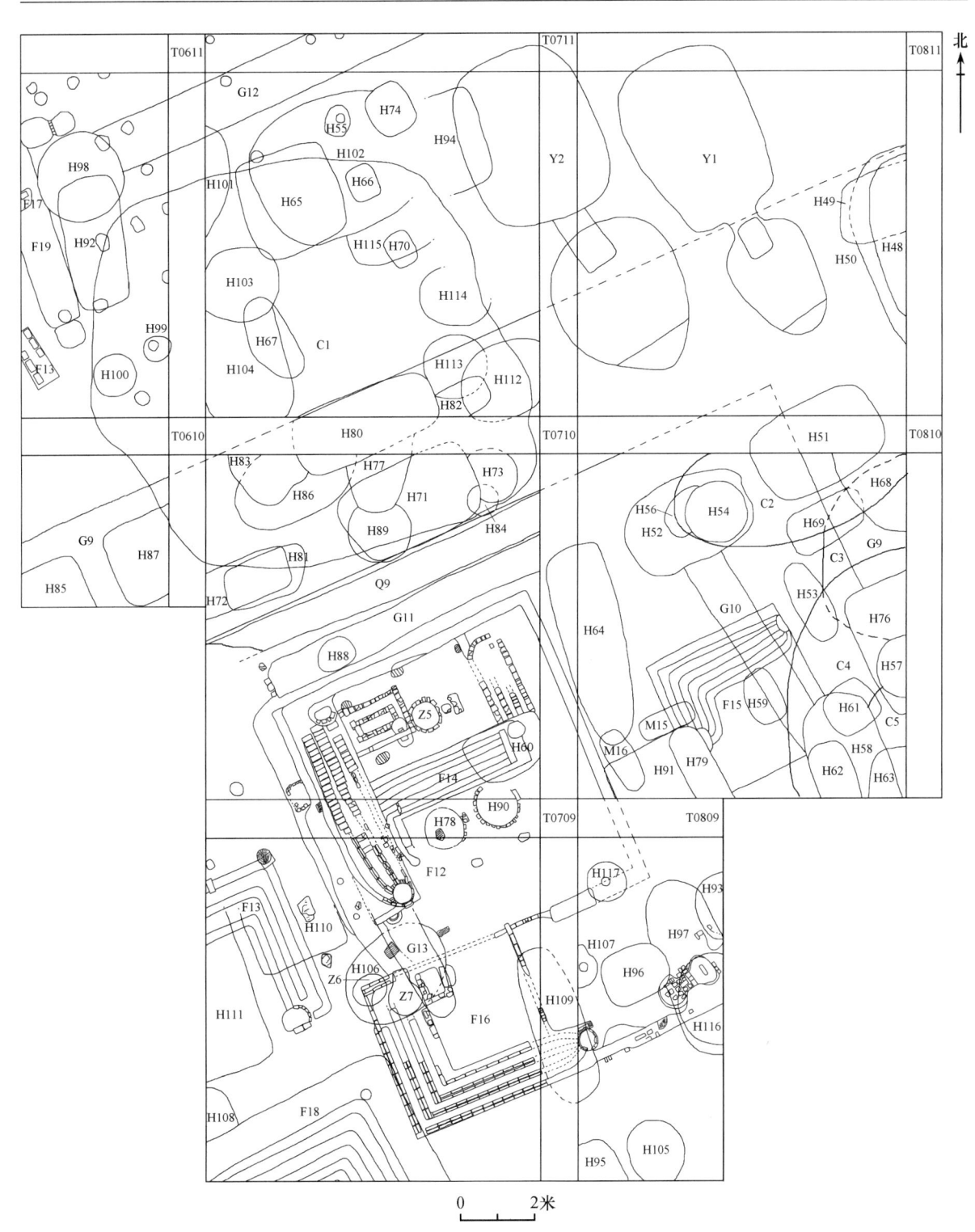

图5-1-2 发掘区总平面图

该区域2015年5月开始发掘，依磁北方向按整个城址理论布方套入10米×10米探方8个进行发掘。野外发掘工作在9月下旬暂告一段落。次年7月继续进行发掘，直至9月结束田野工作。两年总发掘面积590平方米。

此发掘区套入理论布方系统，进行布方和编号。发掘区处于Ⅰ区，编号范围横坐标09—11，纵坐标06—08。

通过发掘，发现辽金时期的陶窑、房址、灰坑、灰沟、墙、灶等遗迹单位100余个（图5-1-2；图版四二）。出土遗物以陶器为主，另有较多瓷片，以及少量骨器、石器、铁器、铜钱等遗物。此外，还清理出晚期墓葬2座。

第二节　地层堆积

该发掘区的地层堆积可分为5层，因存在地面式建筑遗迹，故地表起伏较大，部分地层仅在发掘区的局部可见。现以位于发掘区北部的T0711西壁（图5-2-1）和位于发掘区南部的T0810西壁（图5-2-2）为例，将地层基本情况介绍如下。

第1层：灰褐色土，土质疏松，含沙量大，包含较多碎陶片及少量瓷片，厚10—15厘米。为现代耕土层。

第2层：褐色土，土质疏松。可分为二亚层。

第2a层：深褐色土，包含较多泥质灰陶片及少量瓷片，仅分布于发掘区北部，厚0—30厘米。

第2b层：浅褐色土，厚20—40厘米，包含较多泥质灰陶片及少量瓷片。该层下有一层纯黄色垫土层，厚10—20厘米，仅见于T0711和T0611内，此垫土层上表面较为平整，土质细腻而致密，无任何包含物。

第3层：黄褐色土，土质致密，为建筑基址的残留。可分为二亚层。

第3a层：夯土层。黄褐色土，土色较花，夹杂大量黄色斑点，包含少量陶瓷器残片，厚20—40厘米。

第3b层：垫土层。黄褐色土，厚20—30厘米，包含少量陶瓷片、残瓦片。时代与第3a层同。

第4层：灰黑色土，土质较为松软，夹杂较多细碎的草木灰，厚30—50厘米，包含少量陶瓷片及动物骨骼。

第5层：浅黄褐色土，土质纯净，较为松软，包含物极少，分布于发掘区南部，厚0—25厘米。

第5层下为黄色生土。

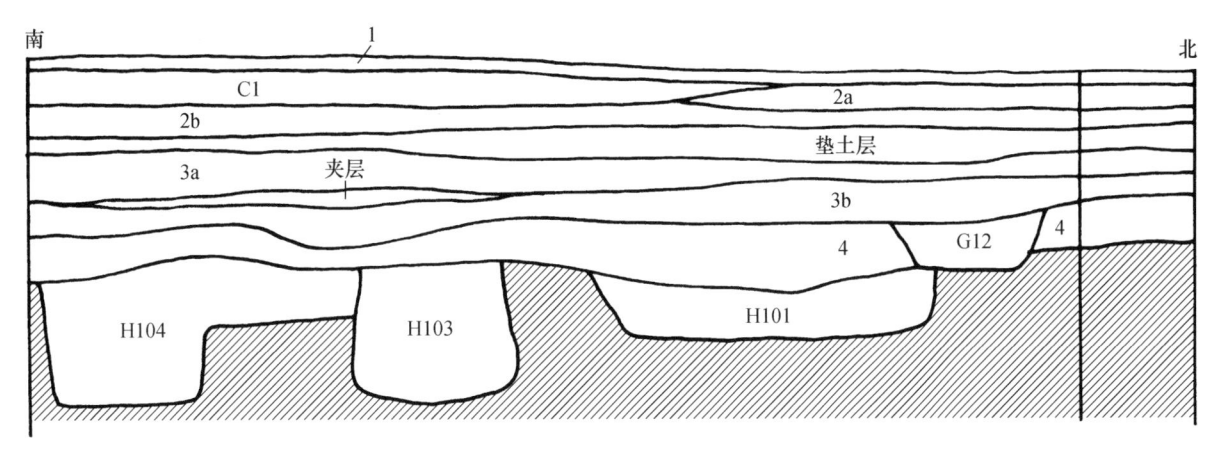

图5-2-1　T0711西壁剖面图

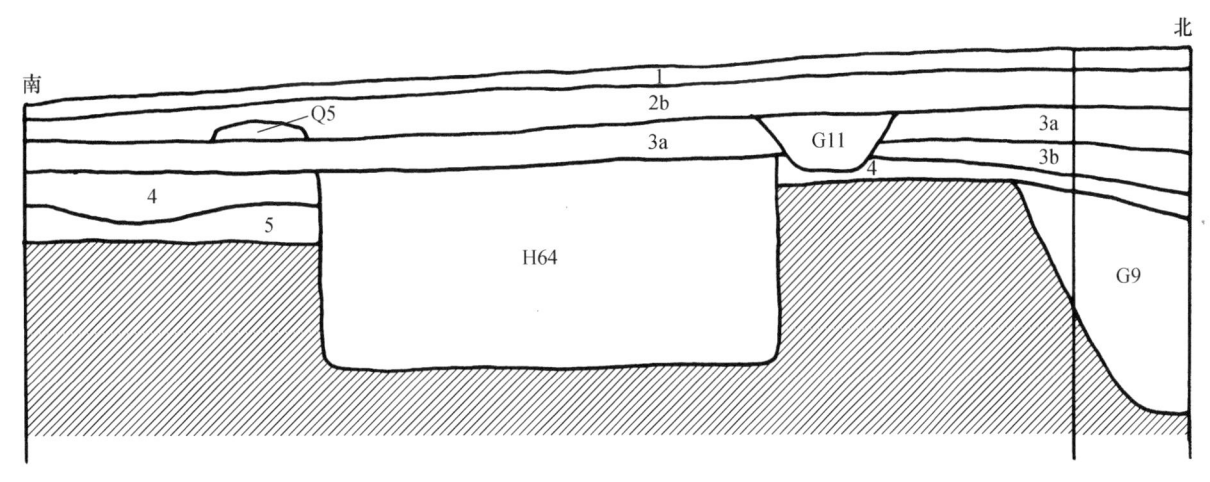

图5-2-2　T0810西壁剖面图

第三节　第一期遗存

一、遗存概况

第一期遗存包括地层第4、5层，以及开口于第4层下的遗迹单位和出土遗物。

该期遗迹以灰坑、房址为主。

该期共有灰坑24个，部分为规整的方形或圆形坑，坑内堆积大多较水平，推测为用于淘洗陶泥的澄泥坑，部分为形制不甚规整的取土坑，还有部分用途不明。房址发现3座，大多仅存灶坑、火炕烟道、烟囱等遗迹（图5-3-1）。

发掘区的中部和南部的局部区域第4层和第5层之间夹有一层夯土，该夯土为五花土，厚5—10厘米，较为致密，但无夯窝和明显夯层，由于受上层遗存扰动严重，保存状况较差，加之发掘面积有限，难以廓清其分布范围。

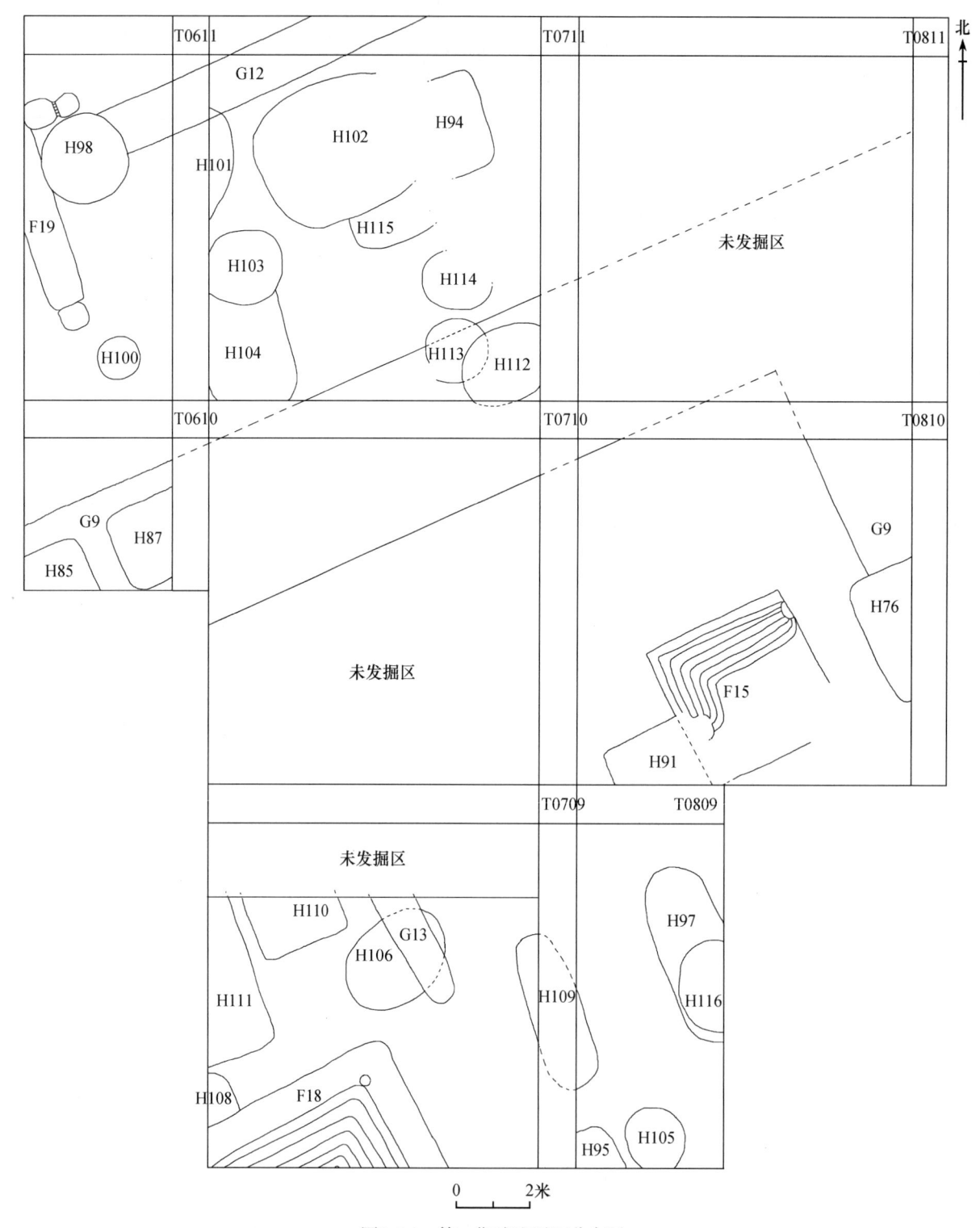

图5-3-1　第一期遗迹平面分布图

出土遗物以日用陶瓷器为主。陶器以罐、盆、壶等器类为主，多见篦齿纹饰。瓷器均为支烧或覆烧，器类以碗、盘为主。此外，部分灰坑中还出土大量耳勺、笄、刷、梳子等骨器。

二、房址及出土遗物

（一）房址

1. F15

位于T0810中部，是一座具有取暖设施火炕的半地穴式房址，开口于第4层之下，西南部被H79打破。房址为半地穴式，平面呈方形，方向165°（图5-3-2；图版四三，1）。

墙体仅存东墙北段，黄土夯筑，残长1.85、宽0.4、残高0.25米，未见门道迹象，房内东西

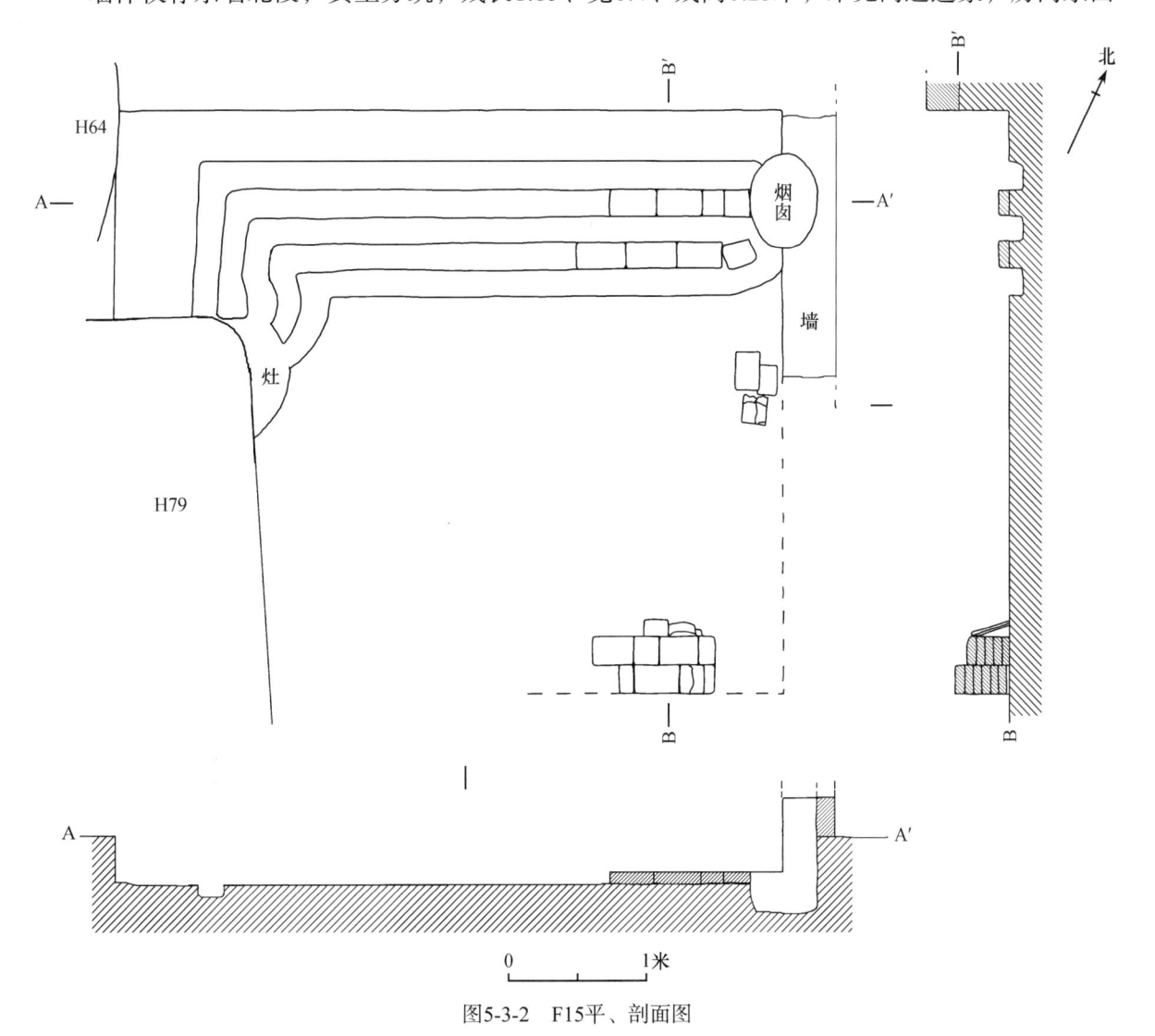

图5-3-2 F15平、剖面图

长4.9、南北宽4.1、距房外地表深0.6米。取暖设施位于房内北侧，由灶坑、烟道和烟囱组成。灶坑位于房内西南部，圆形，其北侧接三条曲尺形烟道，烟道由地面下挖而成，宽20、深10厘米，烟道壁地面以上部分为青砖垒砌，仅存1层，青砖长36、宽18、厚6厘米。烟囱位于房址东北角，一半位于房内，另一半打破房址东墙，平面呈南北向椭圆形，长径0.67、短径0.5、深0.8米。房内东侧和南侧有少许青砖堆叠，用途不明。

2. F18

位于T0709南端，是一座具有取暖设施火炕的地面式房址，起建于第5层之上，受发掘面积所限，未做完全发掘，仅发掘出房址的部分东墙和北墙墙体，以及部分烟道遗迹。从已揭露的部分看，房址平面呈方形，方向165°（图5-3-3；图版四三，2）。

房址墙体由黄土夯筑，平地起建，无地下基槽，宽1米，最高残存0.5米，东墙发掘长度3.2、北墙发掘长度6.6米。墙体外侧竖砌一层黄色泥坯，厚5厘米。墙体东北角处有一个直径25厘米的圆形柱洞，深0.5米。

墙体内侧紧邻火炕，火炕由泥坯和碎砖混合砌筑而成，内中有3条平行且间距大致相等的曲尺形烟道。烟道宽约30厘米，由地上和地下两部分组成，地下部分系直接在地面上下挖而成，深20厘米，地上部分为砌筑烟道壁而形成，高30厘米。烟道壁面和底部因烟熏形成一层厚

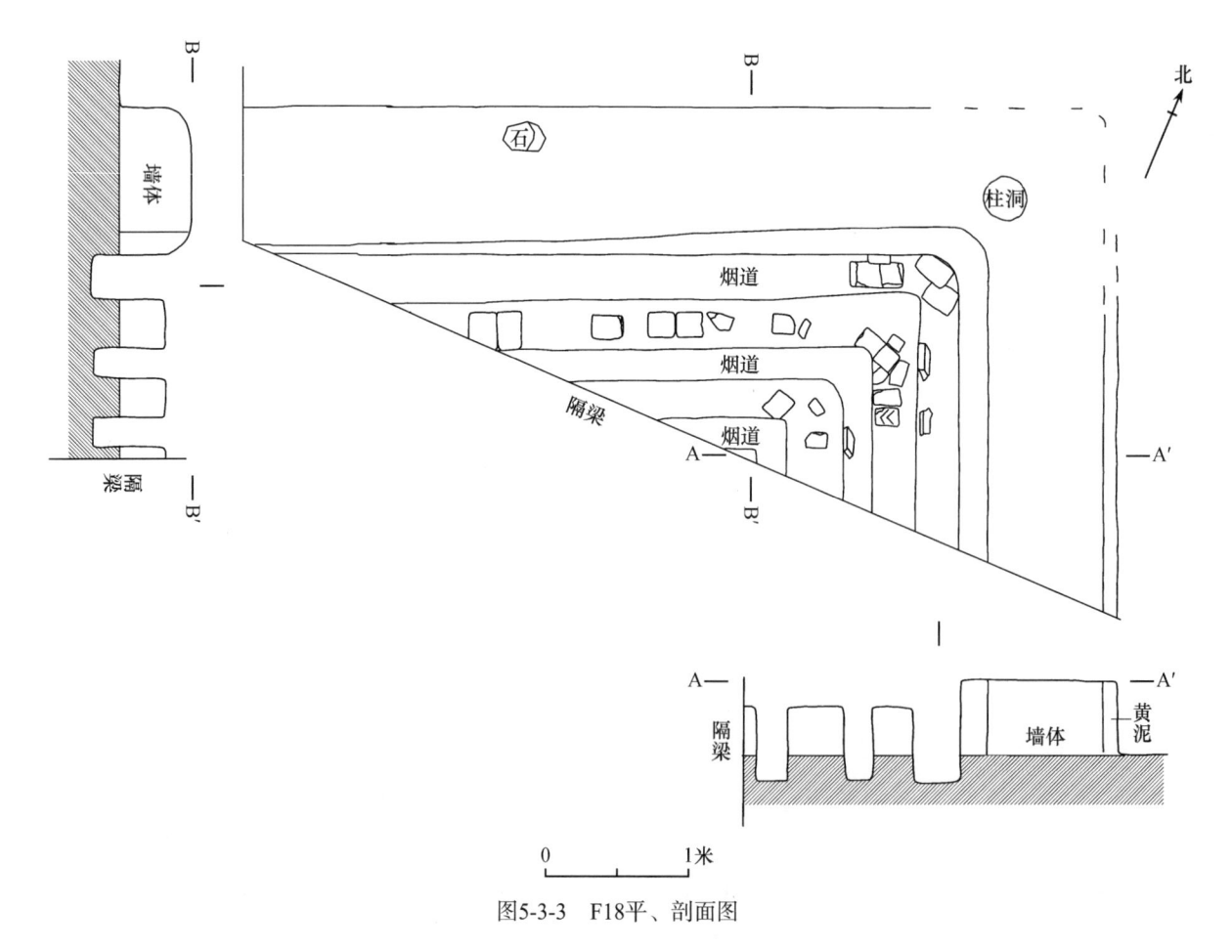

图5-3-3　F18平、剖面图

约0.5厘米的烟灰。烟道壁顶部可见残留的青砖，可知炕面为残砖铺砌，烟道内仍残存少量塌落的青砖残块，出土1件骨梳。

3. F19

位于T0611发掘区的西侧，是一座具有取暖设施火炕的地面式房址，起建于第5层之上，受发掘面积所限，未做完全发掘，仅发掘出房址的灶、烟囱和部分火炕、烟道遗迹。该房址东部被H92和H98打破，烟囱处被上层遗存中的一处柱洞打破。由于保存状况较差，墙体仅见西墙和南墙的西段，黄土夯筑，宽0.6—0.65米，残高0.15米，未发现门址迹象。从已揭露的部分看，房址平面呈方形，方向330°（图5-3-4；图版四四，1）。

灶址位于房址北端，砖砌灶壁，由灶口和火膛两部分组成，灶口平面呈长方形，南北宽0.5、东西进深0.3、深0—0.4米，火膛平面大致呈椭圆形，东西长0.9、南北宽0.75、深0.45米。火炕紧靠房址西墙，宽1.3米，仅存土坯和砖砌的烟道，烟道共3条，宽0.2米。烟囱位于房址西南角，打破房址南墙，为东西向椭圆形，长径0.85、短径0.75、深0.4米。

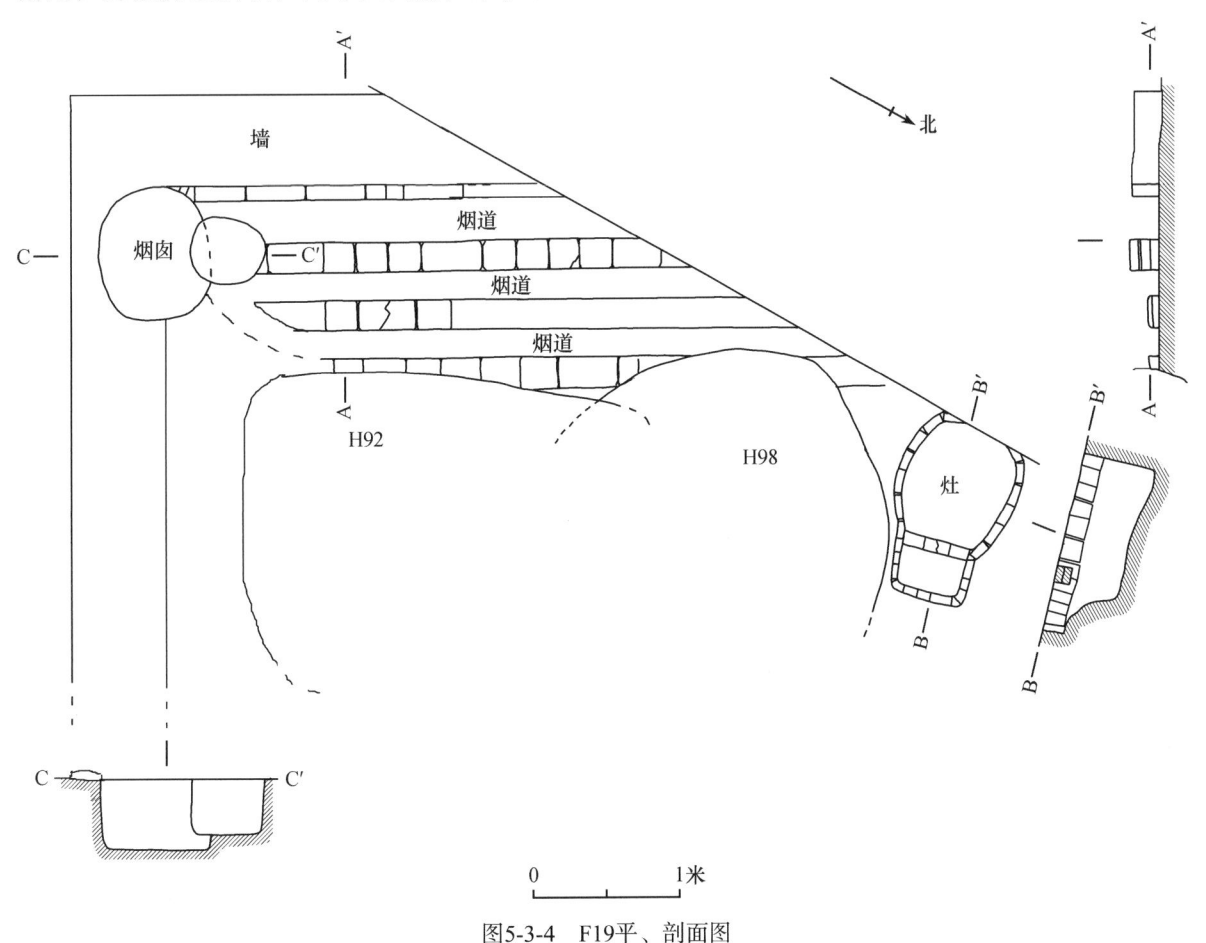

图5-3-4　F19平、剖面图

（二）出土遗物

1. 陶器

陶盏　1件。F15：9，泥质灰黑陶，圆唇，口微敛，斜直腹，平底，口径9.6、底径4.6、高2.8厘米（图5-3-5，4）。

陶棋子　1件。F15：8，泥质灰黑陶，馒头形，顶部有刻划放射线纹，底径2、高1.5厘米（图5-3-5，5；图版一三二，5）。

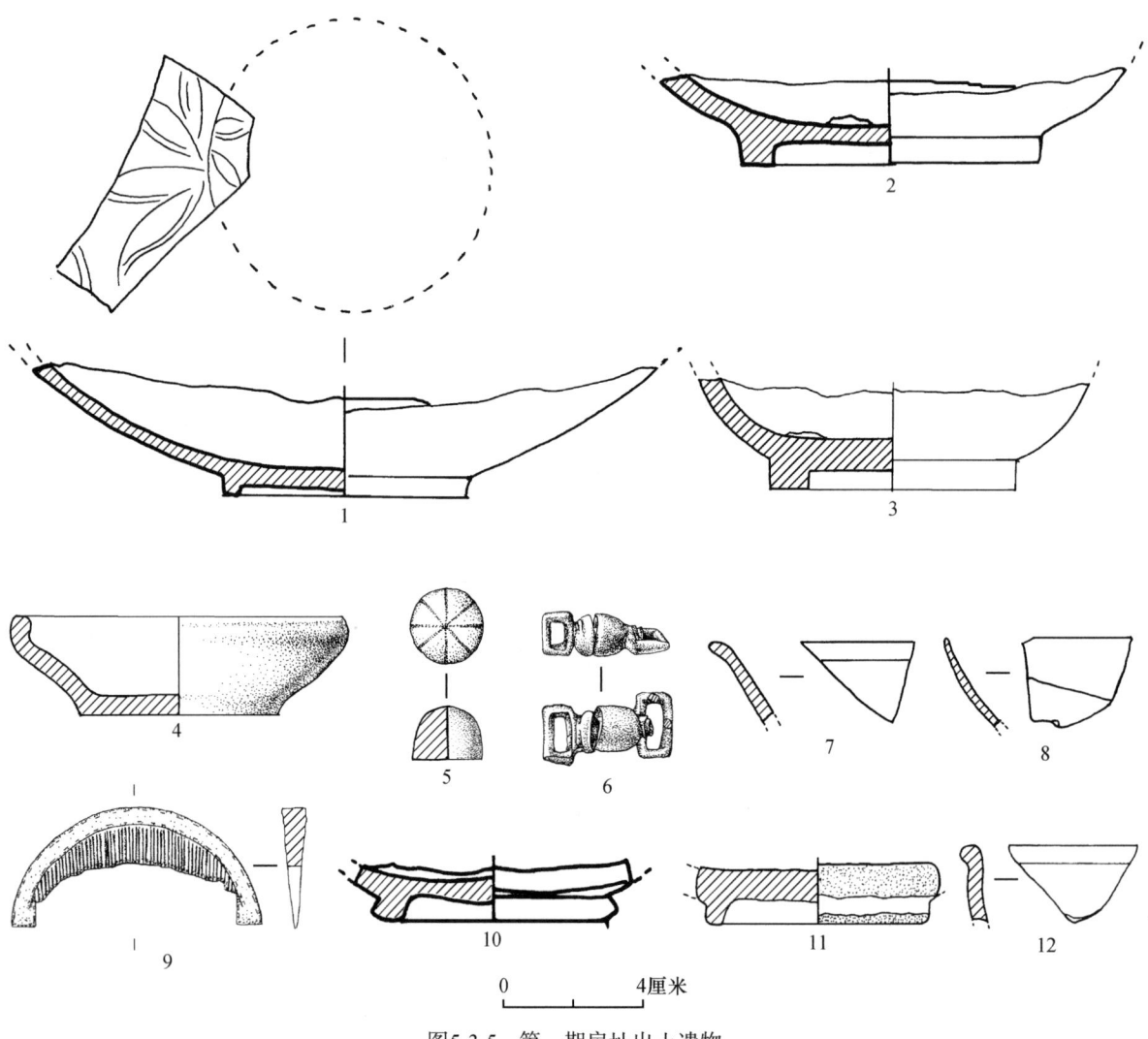

图5-3-5　第一期房址出土遗物
1、3、10、11.瓷碗底（F15：3、F15：5、F15：11、F15：12）　2.瓷盘底（F15：6）　4.陶盏（F15：9）
5.陶棋子（F15：8）　6.铜构件（F15：2）　7、8、12.瓷碗口沿（F15标：1、F15标：3、F15标：2）　9.骨梳（F18：1）

2. 瓷器

瓷碗口沿　4件。F15标：1，粗砂灰黄色胎，白釉泛青，敞口，圆唇，微外撇，胎厚0.35、残高2.2厘米（图5-3-5，7）。F15标：2，粗砂灰黄色胎，白釉泛黄，敞口，圆唇，斜直腹，胎厚0.5、残高2.3厘米（图5-3-5，12）。F15标：3，粗砂灰黄色胎，白釉泛青，内外满釉，外壁化妆土不到底，敞口，尖圆唇，斜弧腹，胎厚0.25、残高2.5厘米（图5-3-5，8）。

瓷碗底　4件。F15：3，白胎，白釉，口沿残，弧壁，圈足底，内外均施满釉，内底及内壁饰剔花花草纹饰，底径7、残高3.6厘米（图5-3-5，1）。F15：5，支烧，灰胎，白釉，内壁施满釉，外底未施釉，圈足底，底径7、残高3厘米（图5-3-5，3）。F15：11，红褐胎，白釉泛黄，内施满釉，外施半釉，圈足外撇，底径7.2、残高1.6厘米（图5-3-5，10）。F15：12，粗砂红褐胎，白釉，施化妆土，底径6.4、残高1.7厘米（图5-3-5，11）。

瓷盘底　1件。F15：6，白胎，白釉，圈足底，内施满釉，外底未施釉，内底有支钉痕，底径8.4、残高2.2厘米（图5-3-5，2）。

3. 骨器

骨梳　1件。F18：1，半圆形，梳齿残，长7.2、高3.4、背厚0.7厘米（图5-3-5，9）。

4. 铜器

铜钱　2枚。F15：1，至道元宝，旋读，行书，直径2.5、孔边长0.6、厚0.15厘米。F15：7，字迹不清，直径3、口径0.5、厚0.25厘米。

铜构件　1件。F15：2，方形双环套接而成，通长3.7、宽0.8厘米（图5-3-5，6；图版一三八，1）。

三、灰坑及出土遗物

（一）澄泥坑

H76　位于T0810东部，开口于第4层之下，仅发掘西半部分。坑口呈方形，直壁，平底。边长3.65，深0.92米。坑内堆积分为三层：第1层为灰色土，厚0—0.2米，包含少量碎瓦；第2层为灰黄色土，夹杂颗粒状土粒，分布于坑内北部，厚0—0.5米，包含少量陶片；第3层为灰黑色土，厚0.4—0.9米，包含少量陶片、碎瓦和草木灰（图5-3-6）。

H85　位于T0610中部，开口于G9底部，仅发掘一角。坑口呈圆角方形，斜直壁，平底。坑口东西长2、南北宽1.5、深0.65米。坑内堆积为青褐色亚黏土，包含少量黄色斑点及少量渣土，经夯实，较致密，无包含物（图5-3-7）。

H87　位于T0610东北部，开口于G9底部，仅发掘西半部分。坑口呈圆角方形，斜直壁，平底。坑口长2.2、深1.15米。坑内堆积为青褐色亚黏土，包含少量黄色斑点及少量渣土，经夯实，较致密，出土少量瓷片（图5-3-8；图版四五，2）。

H91　位于T0810西南部，开口于第4层之下，东侧被H79打破。坑口呈方形，直壁，平底。边长3、深1.15米。坑内堆积较为紧实，呈水平层状，大致可分为三层：第1层为灰黄色土，厚0.2米；第2层为灰色土，厚0.35米，包含有大量土坯残块；第3层为灰色黏土，包含物有少量陶片（图5-3-9；图版四五，3）。

H94　位于T0711东北部，开口于第3b层下，坑口呈方形，袋状，斜弧壁内凹，平底。坑口边长2、深1.5米。坑内堆积可分五层：第1层为黄褐色亚黏土，局部有分层夯土，略疏松，炭粒、烧土颗粒、少量渣土，厚0.2—0.5米；第2层为灰褐色亚黏土，较疏松，包含大量草木灰、渣土，厚0.25—0.5米；第3层为深褐色亚黏土，略疏松，包含草木灰，少量黄土颗粒及黄土包块，厚0.25—0.35米；第4层为黄土层，较致密，夹杂褐色斑块，厚0.08米；第5层为黑色淤泥层，较纯净，厚0.1—0.2米。其中，第2、3层出土较多陶片和少量瓷片，陶片均为火候较高的泥质灰陶，器类有展沿陶盆、陶罐等，瓷片有白釉瓷碗口沿、酱釉瓷罐残片等（图5-3-10）。

H98　位于T0611东北部，开口于第3b层下，南端被H92打破。坑口呈规整的圆形，直壁，平底，西侧坑口处凸出一块月牙形土台，台阶南北向宽约1.3米，东西向最大进深0.2、深0.5米。坑口直径2.4、深1.6米。坑内填土为灰褐色层状土，较致密，夹杂黄白色斑点，少量黄色斑块，每层厚5—10厘米。填土中遗物较少，仅见零星陶片和碎砖残块（图5-3-11；图版四五，4）。

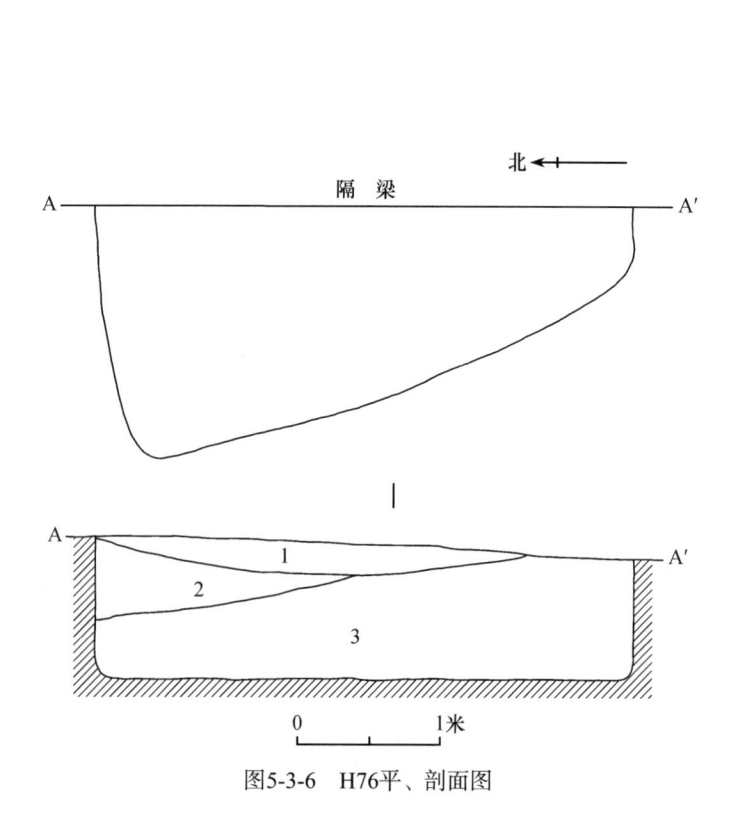

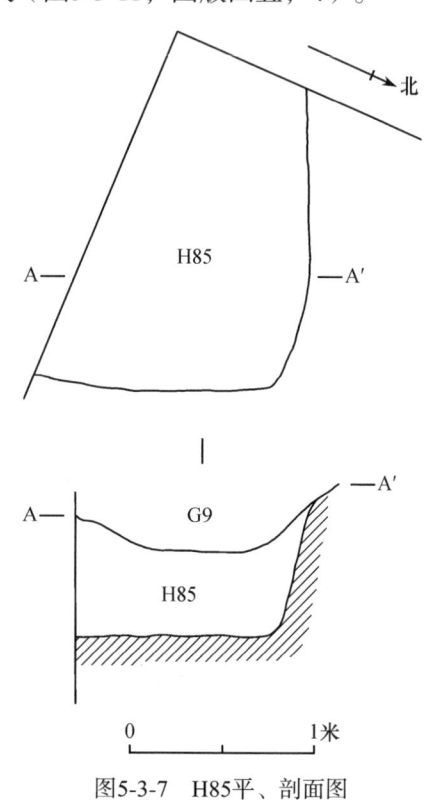

图5-3-6　H76平、剖面图

图5-3-7　H85平、剖面图

第五章　城内窑址的发掘

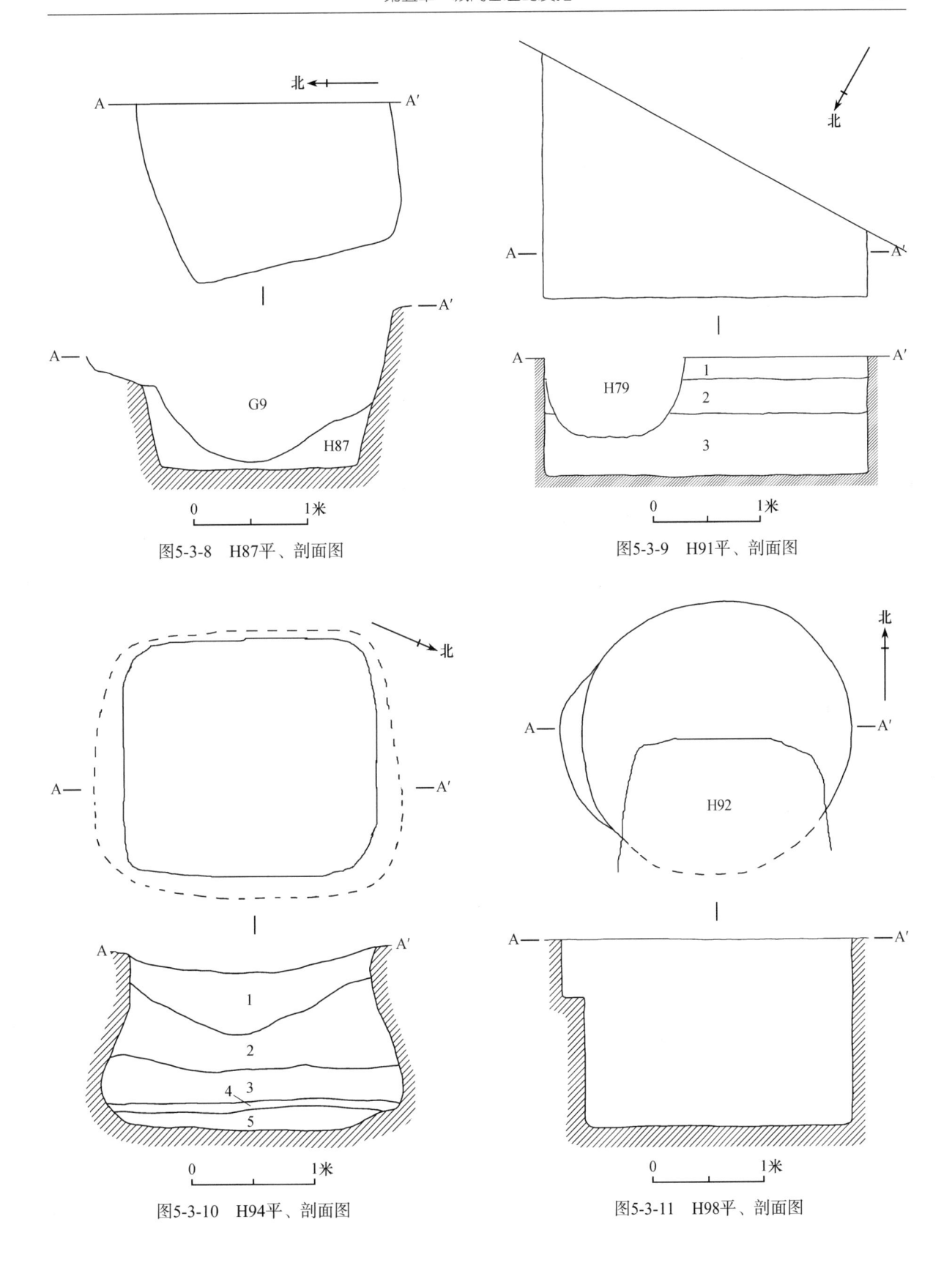

图5-3-8　H87平、剖面图

图5-3-9　H91平、剖面图

图5-3-10　H94平、剖面图

图5-3-11　H98平、剖面图

H110　位于T0709西北部，开口于第4层下，未完全发掘。坑口呈方形，直壁，南壁有一个凸出的方槽，平底。坑口直径2.4、深1.2米。坑内填土为层状灰土，每层厚5—10厘米，从土色上大致可分两层堆积，上层土色灰黑，土质相对疏松，厚0.8米，包含烧土块，出土少量陶瓷片，器类有罐、盆、盘、壶、碗等；下层土色偏灰黄，土质黏重，无包含物，厚0.4米（图5-3-12）。

H112　位于T0711东南角，开口于第4层下，西侧打破H113。坑口大致呈椭圆形，弧壁，平底。坑口长径2.3、短径2、深1.4米。坑内填土为一次性堆积，灰褐色亚黏土，较为致密，呈水平层状，夹杂黑色草木灰和少量黄土块，夹杂少量泥质灰陶片，器类有陶罐、展沿陶盆、陶钵等，此外，还出土陶质塑像等遗物（图5-3-13）。

H116　位于T0809中部，开口于第4层下，上部被H97打破，仅发掘了西半部分。坑口呈圆形，直壁，近底略弧，平底。坑口直径2.7、深1.3米。坑内填土为一次性堆积，灰色，土质较为致密，呈水平层状，包含少量碎砖以及烧土块，以及陶罐、陶盆残片，骨料和少量瓷片（图5-3-14）。

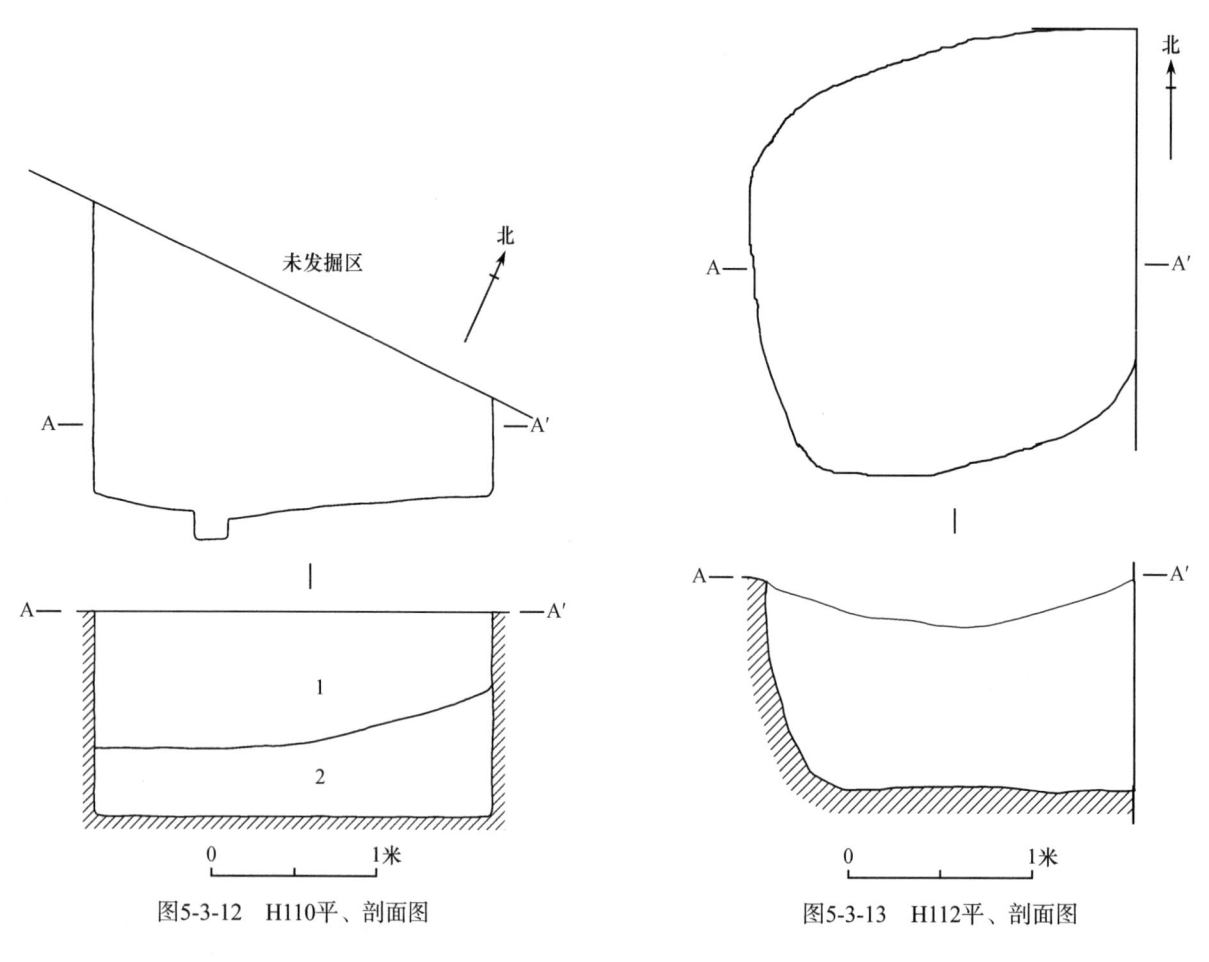

图5-3-12　H110平、剖面图

图5-3-13　H112平、剖面图

（二）取土坑

H102 位于T0711西北部，开口于第4层下，西端被H65打破，南端打破H115，东端未完全发掘。坑口大致呈椭圆形，直壁，平底，底部西南高东北低，形成一个高25厘米的台阶。坑口发掘长度5、宽3.8、深1.4米。坑内填土为灰褐色亚黏土层，较疏松，包含少量渣土、黄土斑点、黄土包块、碎砖瓦残块。出土较多陶瓷碎片，以及骨器、铜钱等。陶片均为泥质灰陶，可辨器形有展沿陶盆、陶罐、陶瓶、陶钵，瓷片多为粗胎白瓷碗，少量细白瓷片（图5-3-15；图版四五，1）。

H103 位于T0711西端，开口于第4层下，南端打破H104。坑口大致呈椭圆形，直壁，平底。坑口长径1.98、短径1.86、深1.2米。填土较花，以黑灰色亚黏土为主，包含较多黑色草灰，黄色斑点，局部有较致密的灰褐色次生土和黄褐色亚黏土块。出土较多陶瓷残片，陶片均为泥质灰陶，器类有篦齿纹陶壶腹片、陶盆口沿、陶盆底、陶罐腹片，瓷片有白釉粗胎瓷碗、白釉细胎剔花瓷碗、黑釉缸胎瓷片等。此外，还出土梭形石器、砺石、骨勺、瓷塑等遗物（图5-3-16）。

H104 位于T0711西南角，开口于第4层下，北部被H103打破。坑口呈椭圆形，直壁，底部呈台阶状，台阶高0.65米。坑口残长3.2、宽2.4、深1.2米。坑内填土分六层：

图5-3-14 H116平、剖面图

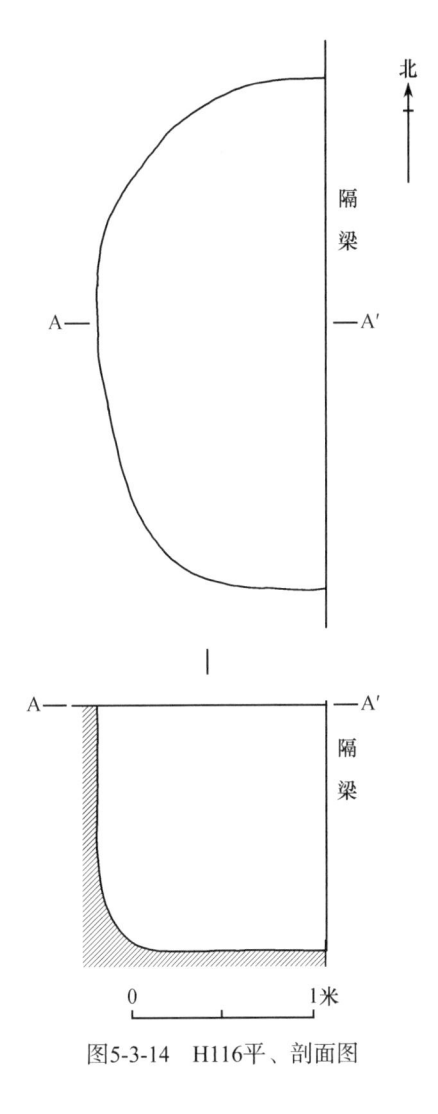

第1层为深灰色土，较疏松，局部有黑色草灰，厚0.3厘米，包含渣土，黄土粒及少量陶瓷片，出土陶球、陶模具等小件；第2层为灰褐色亚黏土，较致密，纯净，局部有黄褐色包块，无其他包含物，厚0.4米；第3层为灰黄色亚黏土，致密，包含黄色包土块，渣土，碎砖残块等，仅见于灰坑南端台阶之上，厚0.54米；第4层为深灰色亚黏土，较疏松，包含较多黑色草灰，少量碎砖和泥坯，最厚处0.4米；第5层为灰褐色亚黏土，较致密，包含少量黑色草灰，局部有黄褐色包块，厚0.15米；第6层为深灰色亚黏土，较疏松，包含较多黑色草灰和少量泥坯，厚0.15米。第3—6层均有陶、瓷片和碎砖瓦出土，可辨有陶罐腹片、器底，陶盆口沿，瓷片以素面白瓷碗为主（图5-3-17）。

图5-3-15　H102平、剖面图

图5-3-16　H103平、剖面图

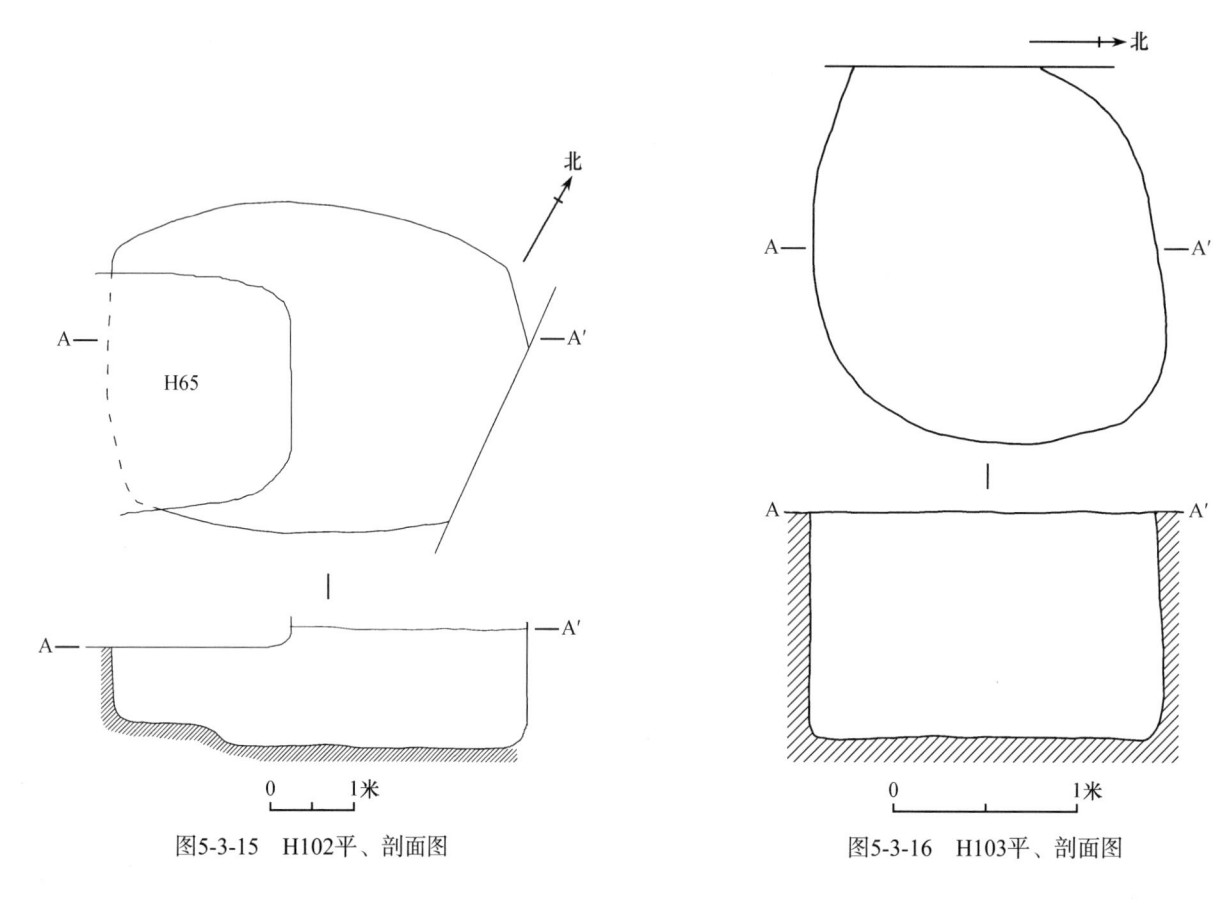

（三）其他性质不明的灰坑

H95　位于T0809西南角，开口于第4层下。受发掘面积所限，仅揭露一角。发掘部分坑口呈圆角方形，弧壁，平底。坑口东西长1.55、南北宽1.13、深1.15米。坑内填土为一次堆积，灰色，土质疏松，包含烧土块，土坯及大量草木灰，出土泥质灰陶罐残片及废弃骨料（图5-3-18）。

H97　位于T0809中部，开口于第3b层下，南部被H116打破，东侧被H93打破，西侧被H96打破。坑口呈南北向椭圆形，弧壁，平底。坑口长径5.06、短径1.8、深0.5米。坑内填土为一次堆积，灰色，土质疏松，包含烧土块、碎砖瓦等，出土陶罐、陶盆残片，瓷盘、瓷碗残片和骨料等遗物（图5-3-19）。

H100　位于T0611东南角，开口于第4层下，坑口呈圆形，直壁，平底。坑直径1、深0.56米。坑内填土为一次性堆积，灰黑色亚黏土，较疏松，包含黑色草灰、炭粒、烧土粒等，无其他遗物（图5-3-20；图版四六，1）。

H101　位于T0711西北部，开口于第4层下。坑口呈椭圆形，斜弧壁，平底。仅发掘东半部分，长2.96、宽0.65、深0.8米。坑内填土为一次性堆积，黑灰色亚黏土，较疏松，包含黑色草灰、炭粒、烧土粒。出土若干泥质灰陶片，可辨器形有展沿陶盆口沿、窄平沿陶盆口沿、卷沿陶罐口沿、陶罐底、陶瓶底等（图5-3-21）。

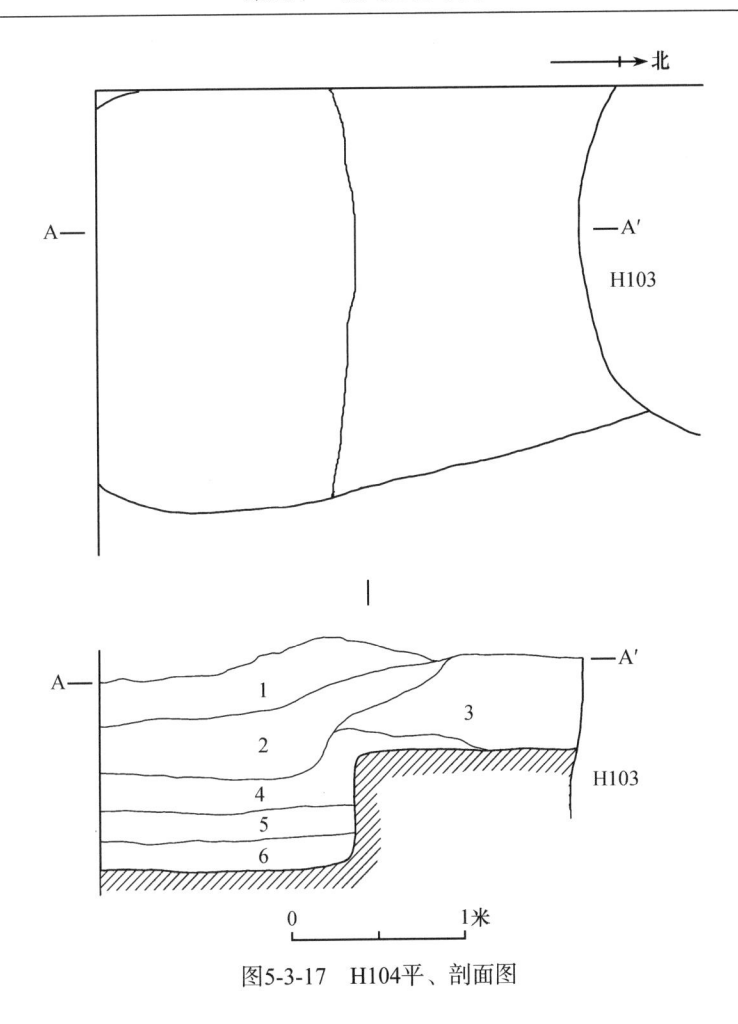

第五章　城内窑址的发掘

图5-3-17　H104平、剖面图

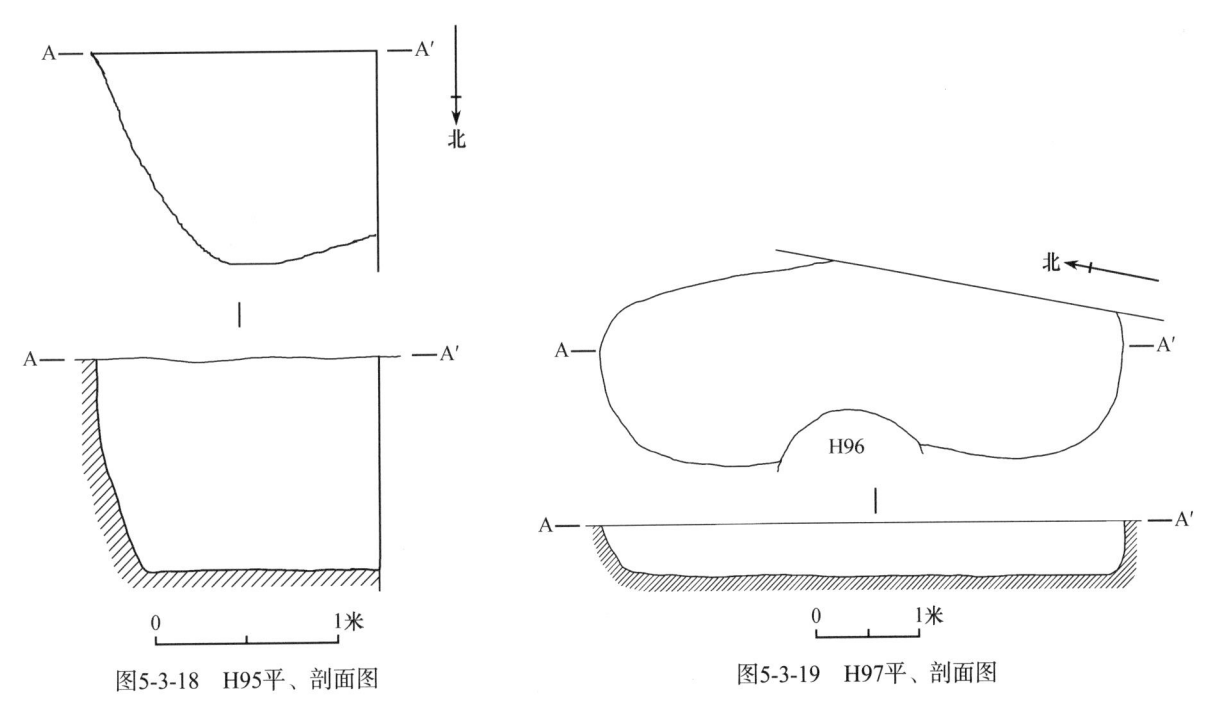

图5-3-18　H95平、剖面图

图5-3-19　H97平、剖面图

图5-3-20 H100平、剖面图

图5-3-21 H101平、剖面图

图5-3-22 H105平、剖面图

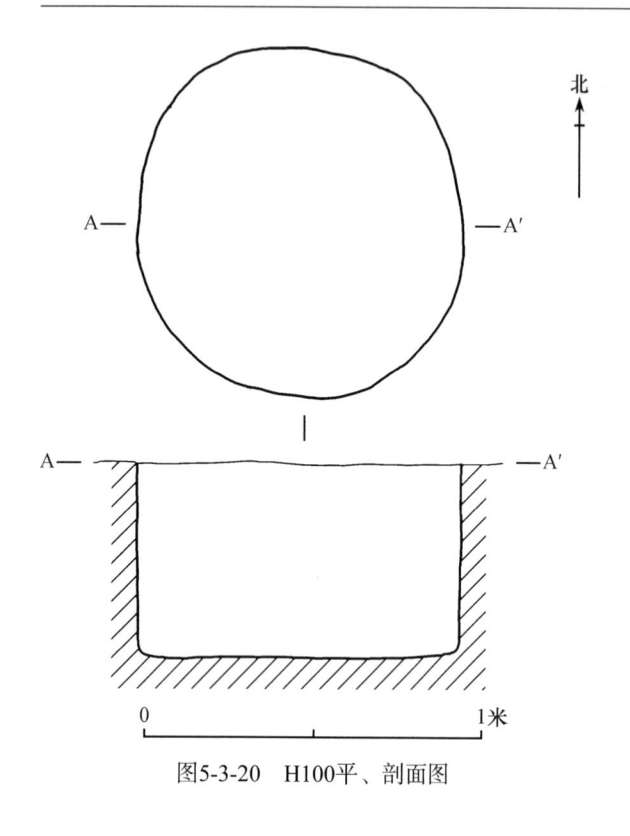

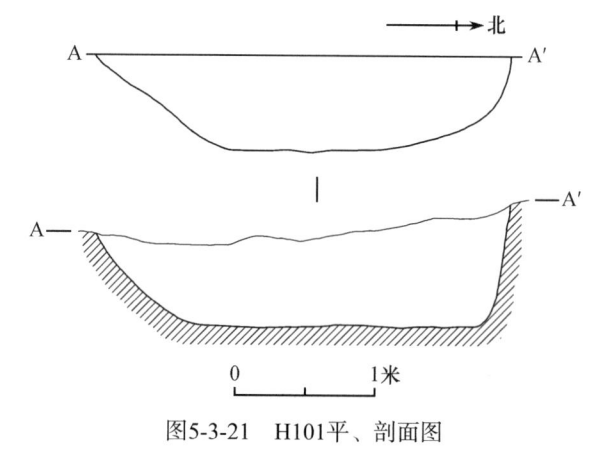

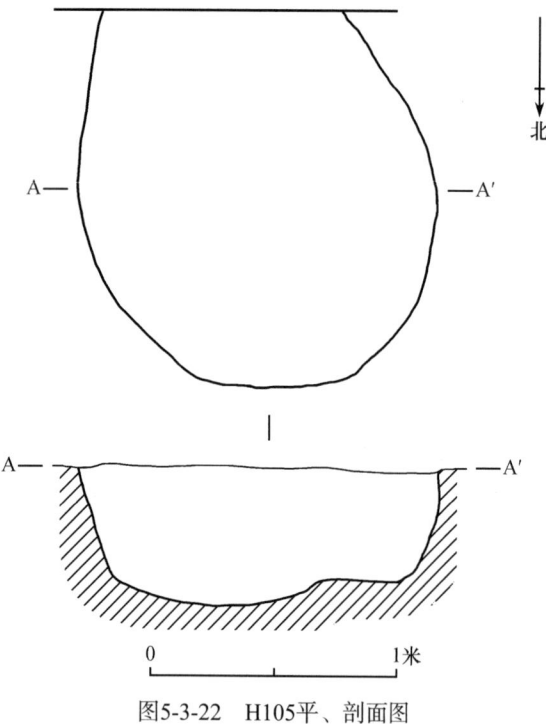

H105　位于T0809西南部，开口于第4层下。坑口呈不甚规整的圆形，壁斜内弧，底部不平。坑口直径1.45、深0.55米。坑内填土为一次性堆积，灰黄色，土质疏松，包含少量烧土块及细碎陶片，出土少量骨料（图5-3-22；图版四六，2）。

H106　位于T0709中部，开口于第4层下，东部被G13打破。坑口呈椭圆形，弧壁，平底。坑口长径3.6、短径2.2、深1米。坑内填土分两层：第1层为黑灰色土，土质疏松，含大量草木灰和炭屑，厚0.1—0.4米；第2层填土为灰黄色土，土质较黏，含少量兽骨，厚0.6米（图5-3-23；图版四六，3）。

H108　位于T0709西部，开口于第4层下，受发掘面积所限，仅揭露一角，南侧被F18叠压。发掘部分坑口呈椭圆形，弧壁，圜底。南北长1.55、宽0.95、深0.6米。坑内填土为一次堆积，灰色，土质疏松，包含少量烧土粒和炭粒，出土废弃骨料若干（图5-3-24）。

H109　位于T0709和T0809之间，开口于第4层下，坑口呈南北向圆角长方形，弧壁，底较平。坑口长4.2、宽1.5、深0.45米。坑内填土为一次堆积，灰黄色，含有少量烧土粒和草木

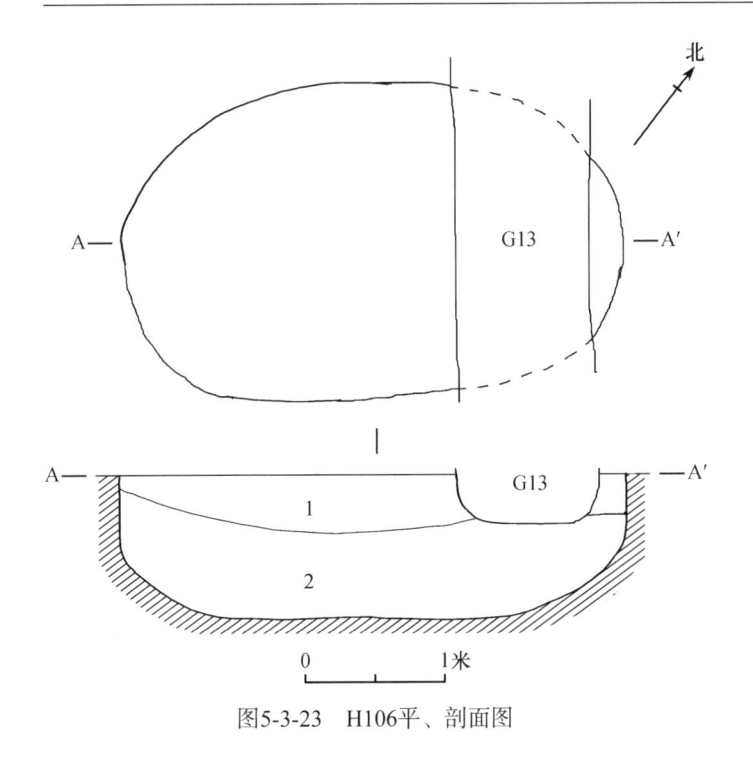

图5-3-23 H106平、剖面图

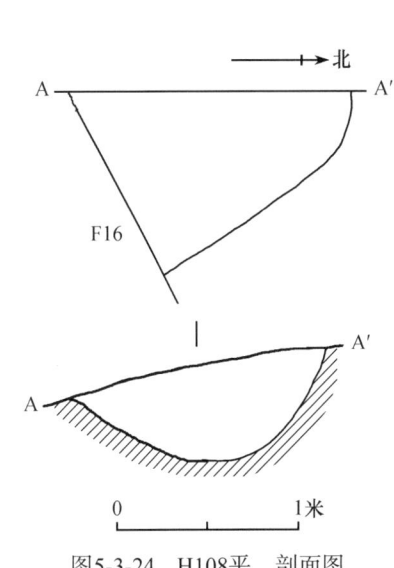

图5-3-24 H108平、剖面图

灰，出土少量骨料（图5-3-25）。

H111 位于T0709西部，开口于第4层下，仅发掘东部一角。坑口呈方形，直壁，平底。坑口南北长4.4、东西宽2、深0.6米。坑内填土为一次性堆积，灰色，土质疏松，包含碎砖瓦、烧土粒和草木灰，出土陶罐、陶盆、瓷盘、瓷碗等残片及骨料若干（图5-3-26）。

H113 位于T0711东南角，开口于第4层下，打破G9，东南部被H112打破。坑口呈圆形，斜弧壁，平底。坑口直径2.04、深1.3米。坑内填土为一次性堆积，灰褐色亚黏土，较疏松，夹杂黑色草木灰，大量渣土，少量黄土块和碎砖残块（图5-3-27）。

H114 位于T0711东南部，开口于第4层下，东北部未完全发掘。坑口呈圆形，直壁，平底。坑口南北长1.76、深0.4米。坑内填土为一次堆积，深灰色亚黏土，包含较多黑色草木灰、黄土包块，出土陶片均为泥质灰陶，有陶罐口沿、陶罐底、陶瓶底等（图5-3-28；图版四六，4）。

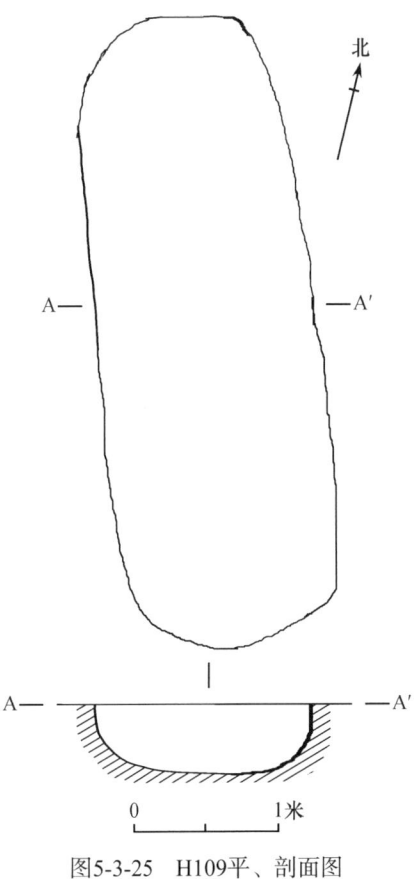

H115 位于T0711东中部，开口于第4层下，北部被H102打破，东部未完全发掘。坑口呈圆角方形，斜弧壁，

图5-3-25 H109平、剖面图

坑底中部起棱。坑口东西已发掘长度1.8、南北残宽1.76、深0.86米。坑内填土有三层堆积：第1层覆盖整个坑内，厚0.4米，为黑灰色亚黏土，包含有黑色草木灰、炭粒、烧土粒、渣土以及

零星陶片和碎瓦块；第2层分布于坑底东北部，厚0.3米，为深褐色亚黏土，包含少量黄土包块及黄土颗粒，无出土遗物；第3层分布范围遍及坑底大部分区域，厚0.3米，为黄褐色亚黏土，包含较大块黄土包块，夹杂黑色灰烬，出土少量瓷片，有青白瓷碗口沿，印花白瓷碗口沿、影青瓷碗底等（图5-3-29）。

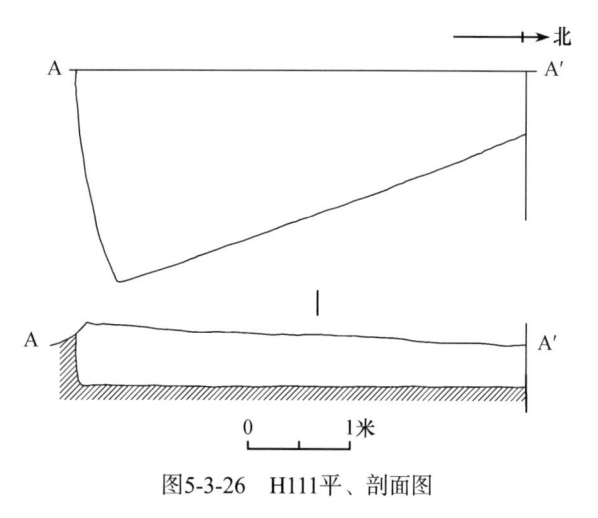

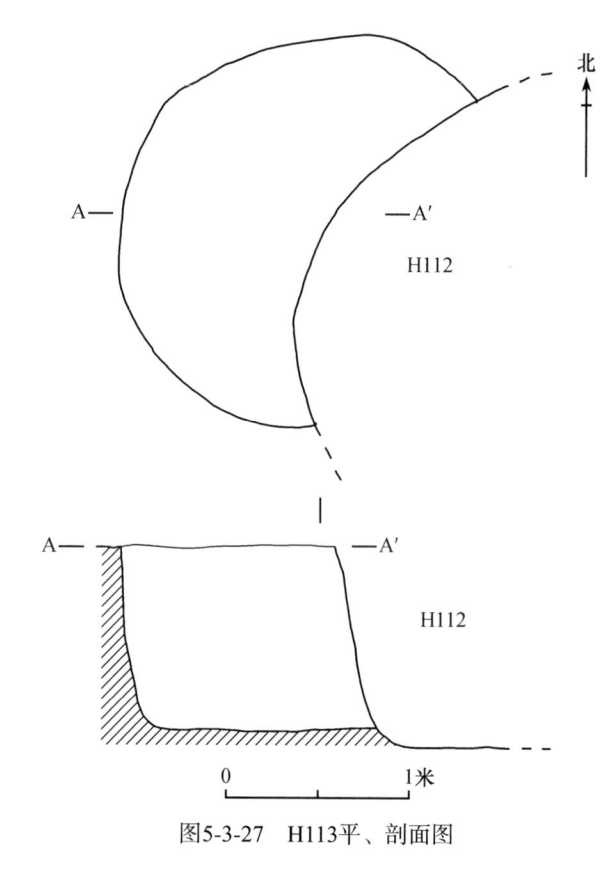

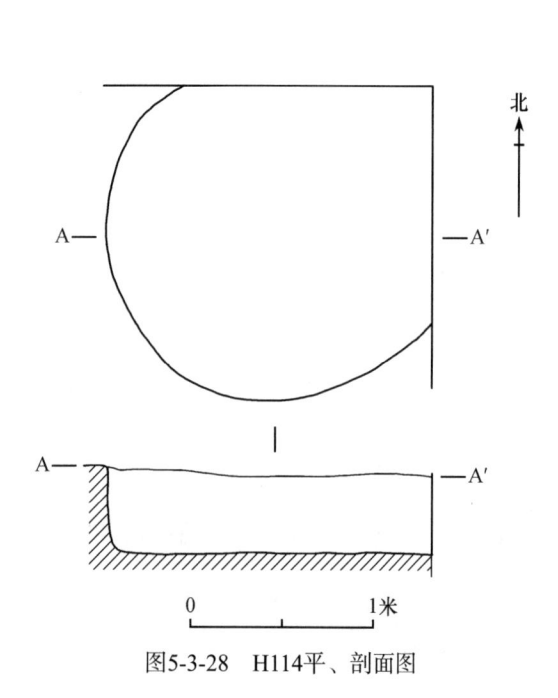

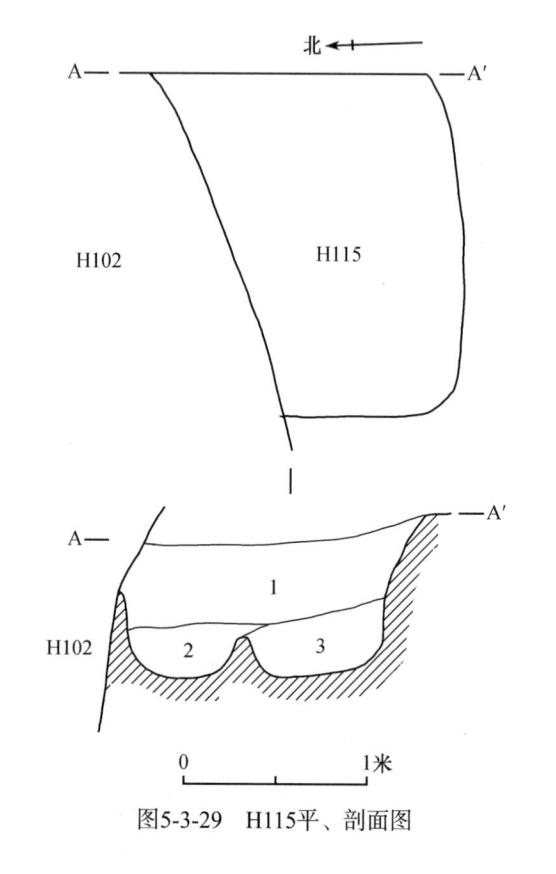

图5-3-26　H111平、剖面图

图5-3-27　H113平、剖面图

图5-3-28　H114平、剖面图

图5-3-29　H115平、剖面图

（四）出土遗物

1. 陶器

陶罐　16件。H112:3，内卷沿圆唇，敛口，圆肩，肩部有两个对称分布的竖桥耳，鼓腹，下腹斜直内收，平底，口径19、底径15、最大腹径31、高30厘米（图5-3-30，1；图版一〇二，1）。H102:24，卷沿，圆唇，敛口，鼓腹，平底，口径7.6、底径5、最大腹径9、高5.4厘米（图5-3-30，2）。H95:1，残存口沿，圆唇，微外卷，敛口，溜肩，残高7.2、胎厚0.6厘米（图5-3-30，3）。H112:4，残存口沿，内卷沿，圆唇，敛口，圆肩，肩部有两个对称的竖桥耳，口径18、残高8厘米（图5-3-30，4）。H104:3，卷沿，圆唇，敛口，溜肩，肩部有两个对称分布的竖桥耳，还有一圈螺旋状砑光暗纹，上腹部有一圈宽4厘米的磨光区，腹部以下残，口径20、残高14、胎厚0.4厘米（图版一〇二，5）。

陶缸　2件。H94:2，残存口沿，卷沿，圆唇，敛口，鼓肩，肩部饰压印纹饰带，口径60、残高12.4厘米（图5-3-30，5）。

陶盆　14件。均残存口沿部分。H95:2，卷沿，圆唇，敞口，腹微鼓，残高10、胎厚0.7厘米（图5-3-30，6）。H94:1，展沿，圆唇，束颈，肩部有折棱，鼓腹，口径58、残高11厘米（图5-3-30，7）。H102:25，展沿，方唇，腹微鼓，残高12、胎厚0.8厘米（图5-3-30，8）。H111:2，展沿，圆唇，直口，腹微鼓，残高7.4、胎厚0.7厘米（图5-3-30，9）。H104:5，展沿，唇部外卷，方唇，斜直腹，中和腹部饰压印纹饰带，残高9.2、胎厚0.6厘米（图5-3-30，10）。H111:1，展沿，方唇，侈口，直颈，鼓肩，残高8、胎厚0.5厘米（图5-3-30，11）。

陶壶　6件。H109:2，泥质灰褐陶，圆唇，侈口，口一侧有流，束颈，溜肩，鼓腹，平底，口径5.6、底径6.4、最大腹径9.8厘米（图5-3-31，3；图版一〇五，4）。H104:4，残存口沿，卷沿，圆唇，直径，口微侈，残高4.2、胎厚0.45厘米（图5-3-31，7）。H111:4，残存口沿，外折沿，方唇，直颈，鼓肩，口径18、残高11.2厘米（图5-3-31，4）。

陶盏　1件。H102:23，泥质灰陶，圆唇，敞口微敛，斜弧腹，平底微内凹，口径10.8、底径5.2、高2.2厘米（图5-3-31，5）。

陶钵　4件。H102:21，尖唇，敛口，圆肩，肩下部有一圈弦纹，斜直腹，平底，口径20、底径12、最大径22、高11厘米（图5-3-31，2；图版一五，3）。H102:22，外折沿圆唇，敛口，鼓肩，斜弧腹，平底，口径21.4、底径13.4、高15厘米（图5-3-31，1）。H111:3，残存口沿，外折沿，圆唇，敛口，鼓肩，中腹部饰多排篦齿纹，残高6、胎厚0.45厘米（图5-3-31，8）。

陶器盖　1件。H112:2，泥质红褐陶，手制，平面圆形，饼状，模印纹饰，中心饰一直径0.8厘米的圆形乳突，外饰三圈凸弦纹，每两圈凸弦纹间饰一圈萼形花瓣纹饰，直径8.2、厚0.6—1.4厘米（图5-3-31，6；图版一一六，4）。

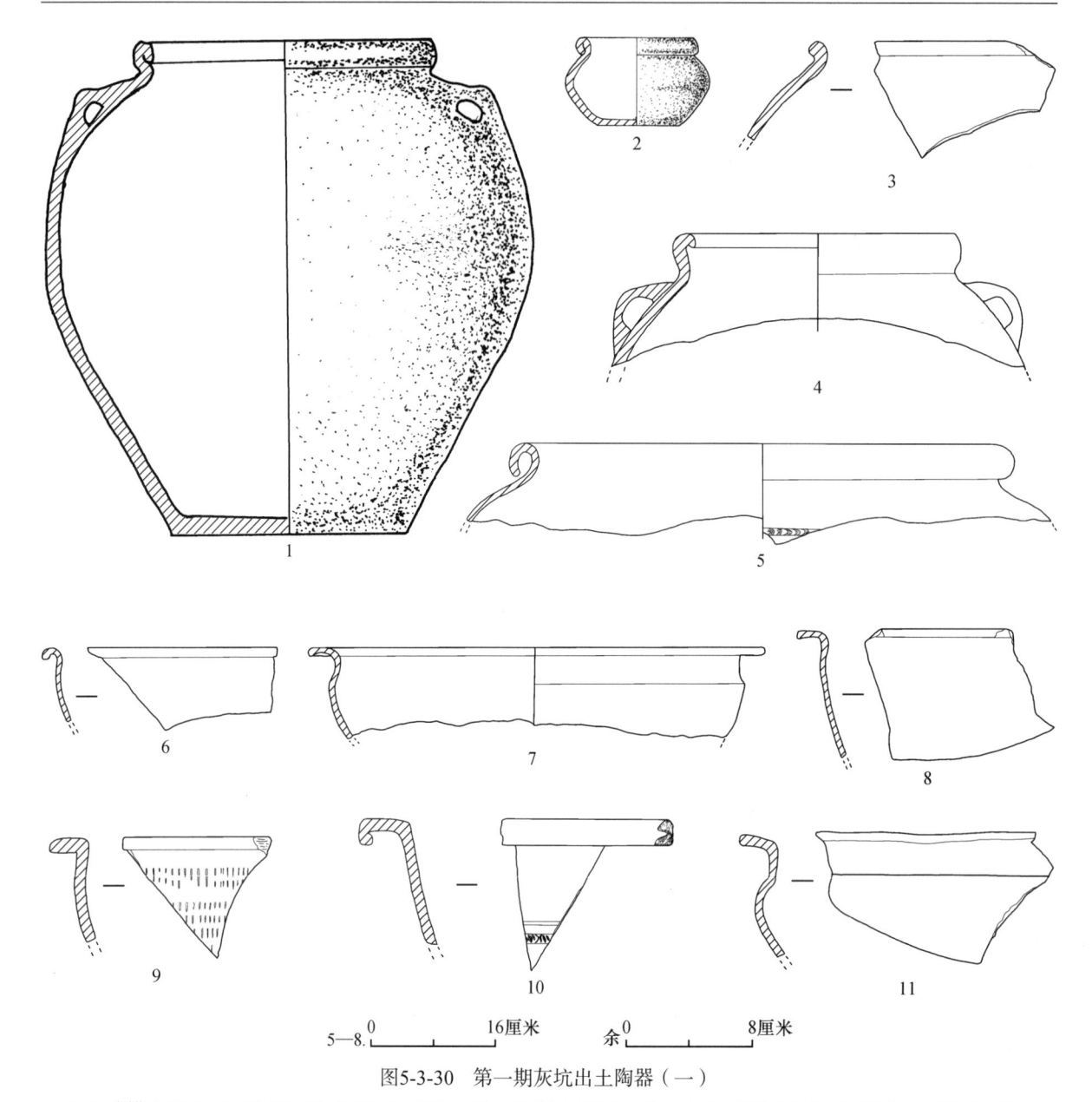

图5-3-30 第一期灰坑出土陶器（一）

1—4.陶罐（H112：3、H102：24、H95：1、H112：4） 5.陶缸（H94：2） 6—11.陶盆（H95：2、H94：1、H102：25、H111：2、H104：5、H111：1）

陶范 1件。H104：1，泥质红褐色，泥塑菩萨像外范，平面呈椭圆形，残高16.5、宽12.1、厚6.1厘米（图5-3-32，1；图版一二九，1）。

陶塑 3件。H102：19，手制，人形塑像腿部，残长4.4、最宽处2.1、厚1.2厘米（图5-3-32，3）。H102：20，人形牌饰，模制，长方形，上端残，背后有两个乳突状圆纽，分别位于左下角和右下角，残高6.7、宽4、厚1.1、纽长1.5厘米（图5-3-32，6；图版一二九，2）。H112：1，模制，泥质灰褐陶，坐佛形象，肩部以上残，两腿侧劈，两手臂置于大腿处，坐台下方饰放射状平行线纹，残高4.7、宽7.4、最厚处3.4厘米（图5-3-32，9；图版一二九，3）。

陶砚 1件。H103：4，残存一足，泥质灰陶，簸箕形，柱状足，高3.9厘米（图5-3-32，

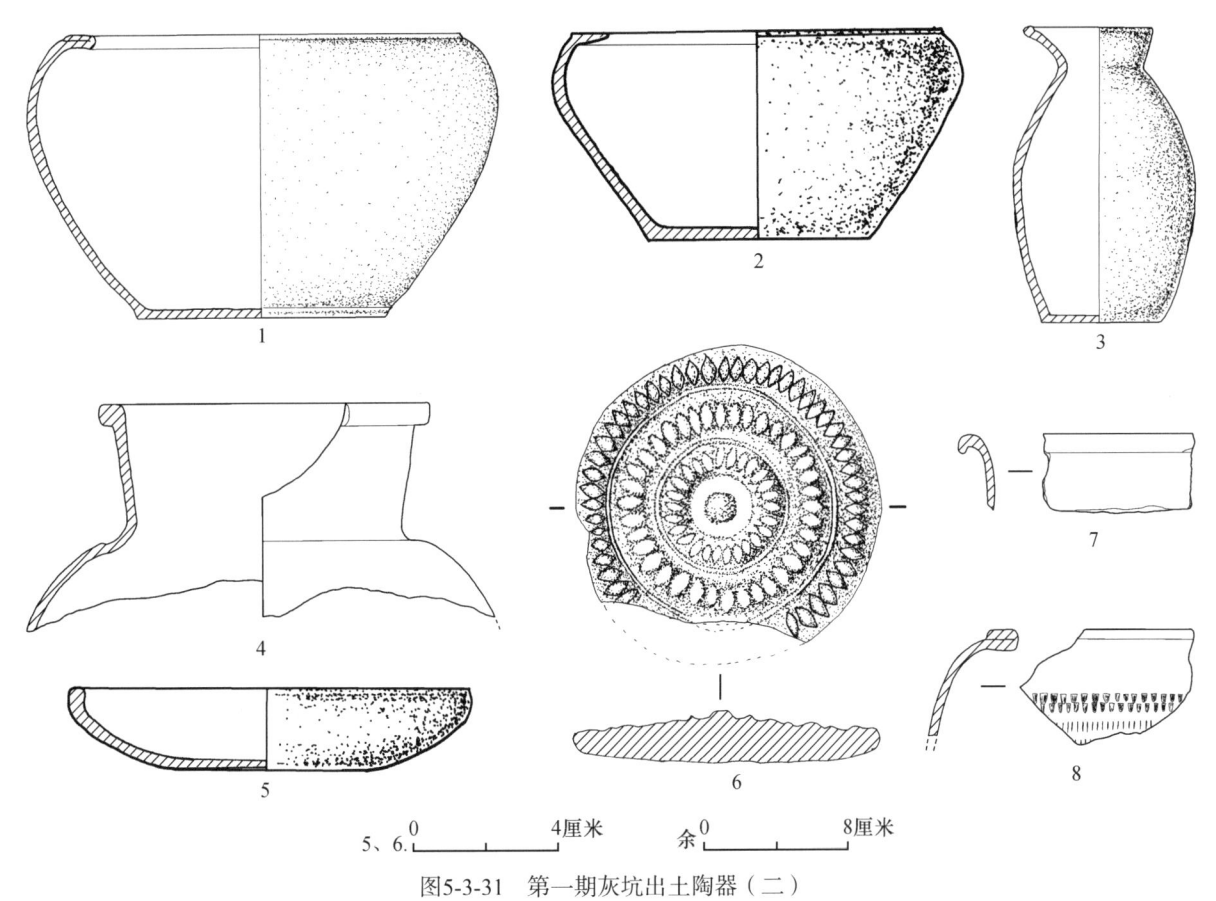

图5-3-31　第一期灰坑出土陶器（二）

1、2、8.陶钵（H102∶22、H102∶21、H111∶3）　3、4、7.陶壶（H109∶2、H111∶4、H104∶4）　5.陶盏（H102∶23）
6.陶器盖（H112∶2）

2；图版一一七，3）。

圆陶片　3件。H115∶3，泥质黄褐色瓦片打磨而成，平面呈不甚规整的圆形，直径3.5、厚2厘米（图5-3-32，4）。H114∶1，泥质灰陶片打磨而成，平面呈不甚规整的圆形，直径4.5、厚0.6厘米（图5-3-32，7）。H115∶4，泥质青灰色瓦片打磨而成，平面呈不甚规整的圆形，直径4.5、厚1.7厘米（图5-3-32，8）。

陶球　1件。H104∶2，泥质灰陶，器表光滑，直径2.3厘米（图5-3-32，5）。

2. 瓷器

瓷碗　3件。H102∶27，化妆白瓷，轮制，支烧，尖圆唇，敞口，斜弧腹，圈足底，灰黄色粗砂胎，内施满釉，外施半釉，内底有三处垫渣痕，口径13、底径3.9、高5厘米（图5-3-33，1）。H76∶3，化妆白瓷，灰白胎，白釉泛青，尖唇，敞口，斜弧腹，口径20、残高5厘米（图5-3-33，2）。H87∶1，化妆白瓷，灰黄色粗砂胎，口部施酱釉，其他部位施白色化妆土，外底露胎，尖圆唇，敞口，斜弧腹，口径12、残高4厘米（图5-3-33，3）。

瓷碗口沿　13件。H103∶22，化妆白瓷，灰黄色粗砂胎，内满釉，外施半釉，敞口，圆唇，弧腹，残高9、胎厚0.3—0.5厘米（图5-3-33，7）。H76∶2，化妆白瓷，灰白胎，方唇，

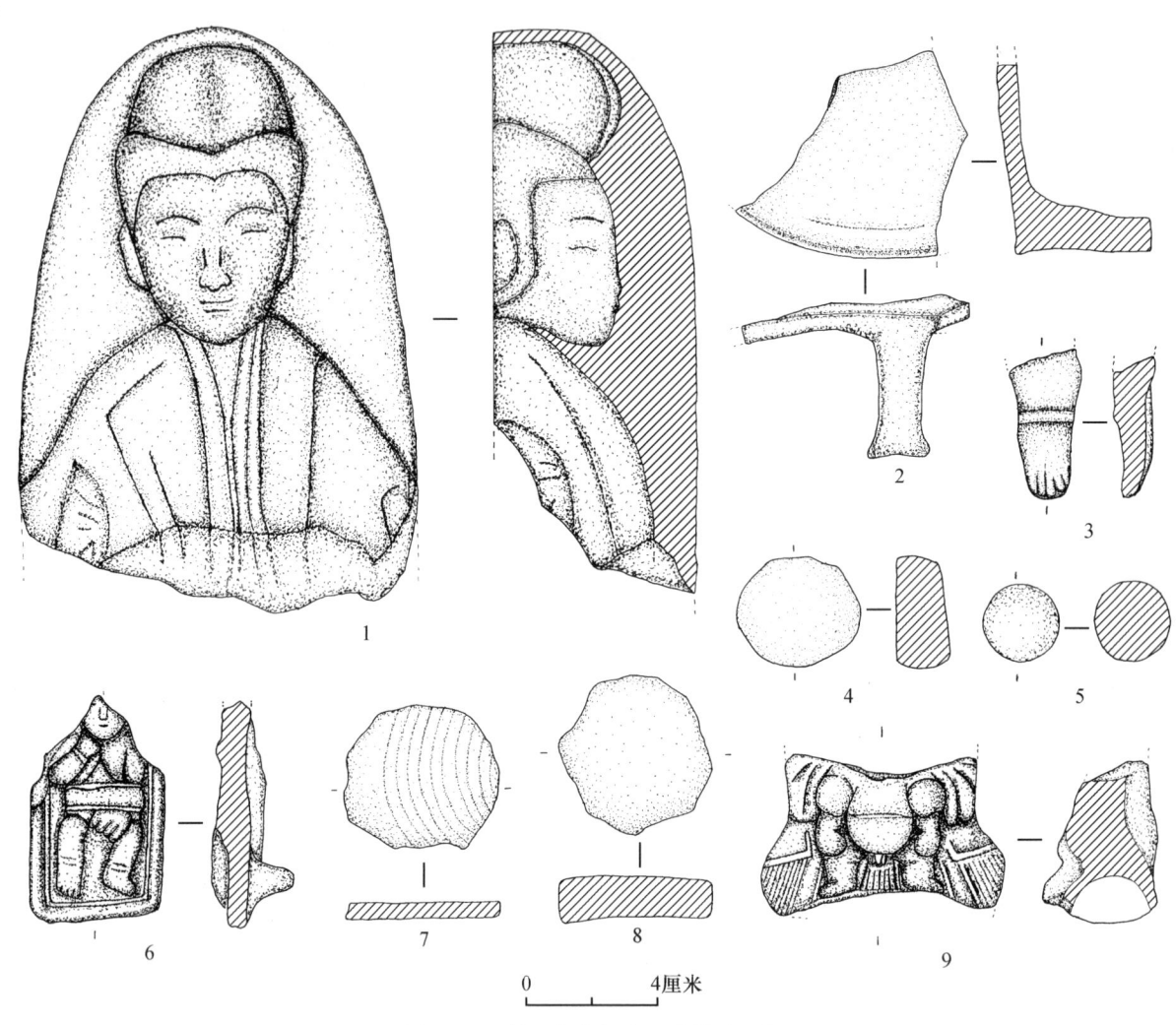

图5-3-32　第一期灰坑出土陶器（三）
1.陶范（H104：1）　2.陶砚（H103：4）　3、6、9.陶塑（H102：19、H102：20、H112：1）　4、7、8.圆陶片（H115：3、H114：1、H115：4）　5.陶球（H104：2）

敞口，弧腹，残高7.8、胎厚0.35厘米（图5-3-33，8）。H102：30，白胎，胎质坚硬，白釉，敞口，圆唇微侈，斜弧腹，残高6.5、胎厚0.2—0.5厘米（图5-3-33，9）。H115：10，白胎，胎质坚硬，白釉泛青，内壁有印花纹饰，敞口，圆唇，斜弧腹，残高3、胎厚0.2—0.3厘米（图5-3-33，14）。

瓷盘　1件。H103：25，化妆白瓷，夹砂黄褐胎，白釉，内底有支烧痕，圆唇微外翻，敞口，折腹，矮圈足，口径16、底径5.8、高3厘米（图5-3-33，4）。

瓷瓶口沿　2件。H102：34，化妆白瓷，灰黄色粗砂胎，白釉泛青，平折沿，圆唇，直口，束颈，口径5、残高3厘米（图5-3-33，5）。H103：21，化妆白瓷，灰白色粗砂胎，口径10、残高4厘米（图5-3-33，6）。

瓷器底　7件。H76：6，化妆白瓷，圈足瓷碗底，灰黄色粗砂胎，白釉泛青，内满釉，外施半釉，内底残留二个垫砂支烧痕，底径7.6、残高4.8厘米（图5-3-33，10）。H76：5，化妆白瓷，圈足瓷碗底，灰黄色粗砂胎，釉泛青，内满釉，外施半釉，内底有四个垫砂支烧痕，底径6、残高2.2厘米（图5-3-33，11）。H103：26，化妆白瓷，圈足瓷盘底，灰黄白胎，釉泛黄，内满釉，外施半釉，内底残留三个垫砂支烧痕，底径6.8、残高3厘米（图5-3-33，12）。H102：33，化妆白瓷，圈足瓷碗底，胎质坚硬，釉泛青，内满釉，外施半釉，外壁有轮制痕迹，内壁底部有刻划圆圈，斜弧腹，底径3.4、残高2.2厘米（图5-3-33，16）。H115：9，影青瓷碗底，白胎，质地坚硬，满施青白釉，高圈足，底径4.3、残高2.2厘米（图5-3-33，17）。

圆瓷片　1件。H102：28，粗砂胎化妆白瓷片打磨而成，平面呈不甚规则的圆形，施半釉，直径3.5、厚0.7厘米（图5-3-33，15）。

瓷塑动物　1件。H103：5，俯卧哺乳动物形象，前肢及后身残缺，灰白胎，白釉，颈部饰黑色系绳，背部饰圆形黑斑，口部和背部有圆形穿孔，残长12、宽7、高6.7、胎厚0.5厘米（图5-3-33，13；图版一三三，1）。

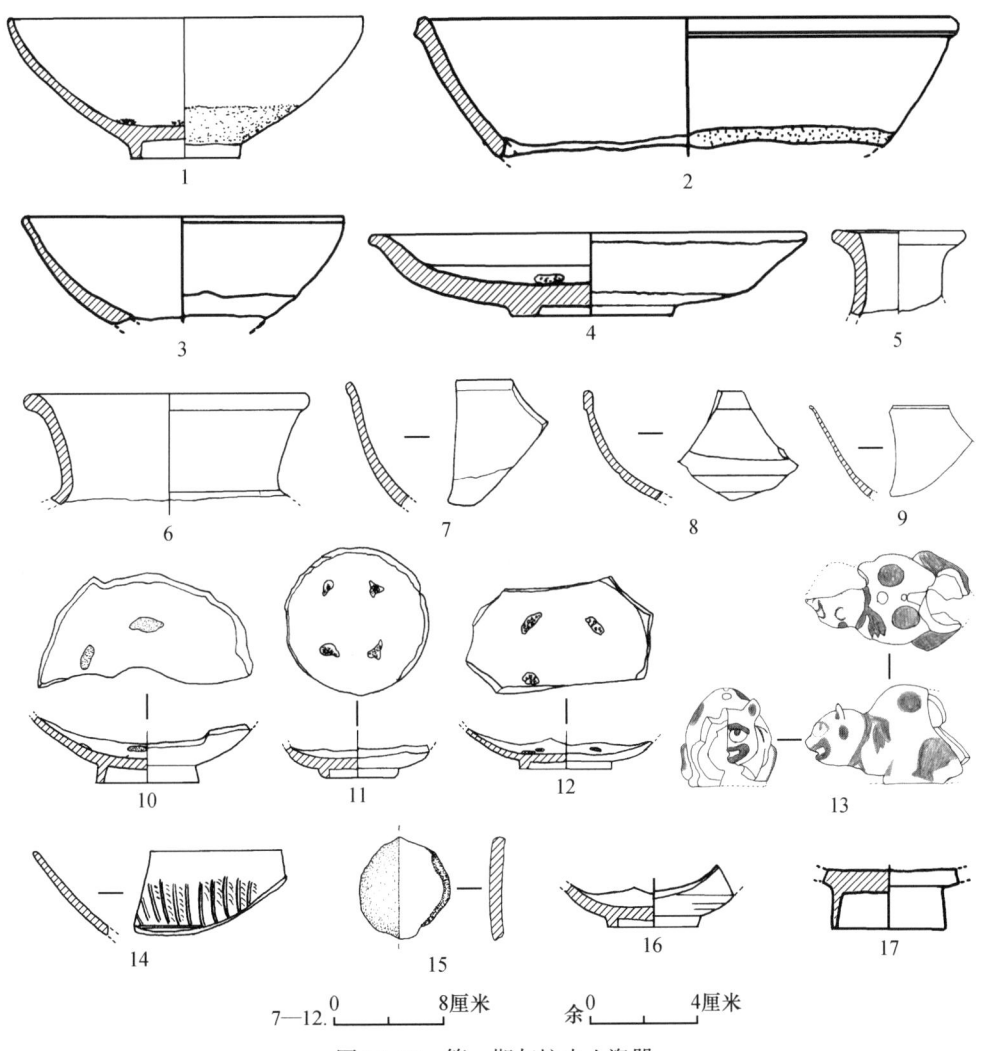

图5-3-33　第一期灰坑出土瓷器
1—3. 瓷碗（H102：27、H76：3、H87：1）　4. 瓷盘（H103：25）　5、6. 瓷瓶口沿（H102：34、H103：21）
7—9、14. 瓷碗口沿（H103：22、H76：2、H102：30、H115：10）　10—12、16、17. 瓷器底（H76：6、H76：5、H103：26、H102：33、H115：9）　13. 瓷塑动物（H103：5）　15. 圆瓷片（H102：28）

3. 骨器

耳勺　8件。H103：3，长13.9、宽0.3—0.8、厚0.2—0.4厘米（图5-3-34，1）。H102：12，残存勺柄，残长11.4、宽0.6、厚0.3厘米（图5-3-34，2）。H102：16，残存一段勺柄，残长11.1、宽0.6、厚0.3厘米（图5-3-34，3）。H102：14，长10、最宽处0.6、最厚处0.3厘米（图5-3-34，4）。H102：13，长9、宽0.2—1、厚0.1—0.2厘米（图5-3-34，5）。

骨箸　1件。H109：1，截面呈长方形，器表磨光，残长12.4、截面长0.5、宽0.4厘米（图5-3-34，6）。

骨针　1枚。H102：6，穿端残，残长12.9、截面直径0.3厘米（图5-3-34，7）。

骨刷头　2件。磨制。H102：18，刷柄残，平面呈圆角长方形，上有三排直径0.3厘米的圆孔，每排残存9个，刷头背面有三条平行凹槽，槽宽0.1、槽间距0.2厘米，残长4.1、宽1.2、厚0.6厘米（图5-3-34，8）。H110：1，刷柄残，平面呈圆角长方形，上有两排直径0.4厘米的圆孔，每排残存6个，刷头中部有贯通的孔，孔径0.3、深0.5厘米，残长4.1、宽1.3、厚0.8厘米（图5-3-34，13）。

双孔骨器　1件。H102：10，平面呈长方形，器表磨光，有两个直径为0.4厘米的圆形穿孔，长5.2、宽1、厚0.35厘米（图5-3-34，9）。

骨笄　2件。H102：17，器表磨光，头端圆形，残长8、宽1、厚0.3厘米（图5-3-34，10）。H102：11，器表磨光，头端扁圆形，长8.7、宽0.9、厚0.2厘米（图5-3-34，11）。

骨锥　1件。H102：9，器表磨光，截面圆形，残长19.2、截面直径0.6厘米（图5-3-34，12）。

4. 石器

打磨器　1件。H103：1，青灰色，磨制，平面呈梭形，凸面中部和边缘有凹线装饰，凹面光滑，长15.6、宽7.8、高3.2厘米（图5-3-35，1；图版一三四，4）。

砺石　1件。H103：2，灰黑色，形制不甚规整，长8.2、宽2.8、厚3.2厘米（图5-3-35，2）。

玉饰件　1件。H115：1，浅黄色，花蕾状，残长2.6、宽1.4厘米（图5-3-35，3）。

5. 铁器

铁钉　1件。H115：5，锻铸，锥状，截面长方形，长8.3、最宽处1.4、厚0.8厘米（图5-3-35，4）。

6. 铜钱

出土5枚。

五铢　1枚。H102：5，篆书，直径2.3、孔边长0.8、厚0.1厘米（图5-3-35，5）。

开元通宝　2枚。H102：1，顺读，楷书，直径2.6、孔边长0.6、厚0.15厘米（图5-3-35，

图5-3-34 第一期灰坑出土骨器

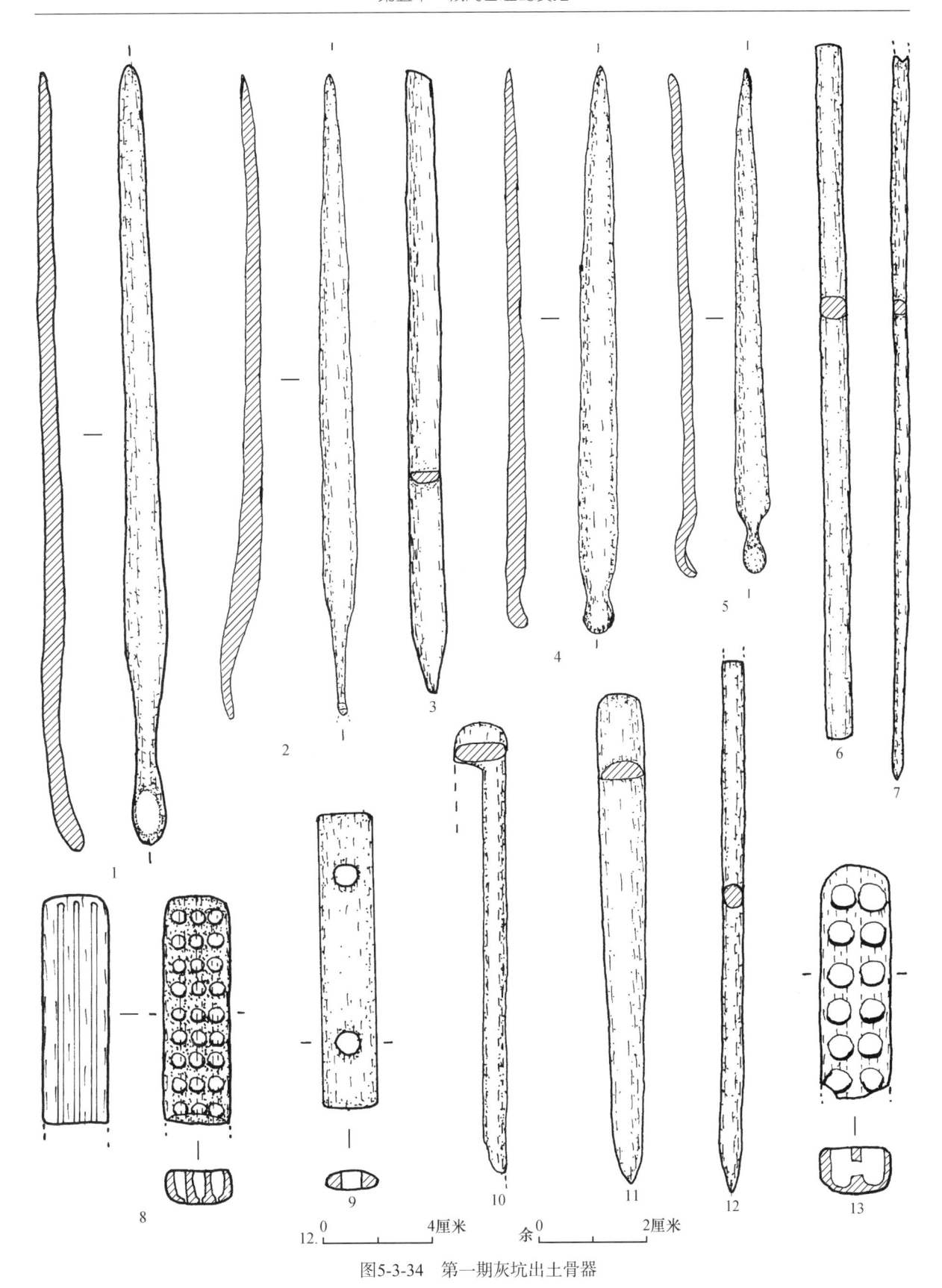

1—5. 耳勺（H103：3、H102：12、H102：16、H102：14、H102：13） 6. 箸（H109：1） 7. 针（H102：6）
8、13. 骨刷头（H102：18、H110：1） 9. 双孔骨器（H102：10） 10、11. 骨笄（H102：17、H102：11） 12. 锥（H102：9）

6)。H102:3，顺读，楷书，直径2.5、孔边长0.55、厚0.2厘米（图5-3-35，7）。

天禧通宝　1枚。H102:4，旋读，楷书，直径2.5、孔边长0.55、厚0.15厘米。

熙宁元宝　1枚。H102:2，旋读，篆书，直径2.5、孔边长0.55、厚0.15厘米（图5-3-35，8）。

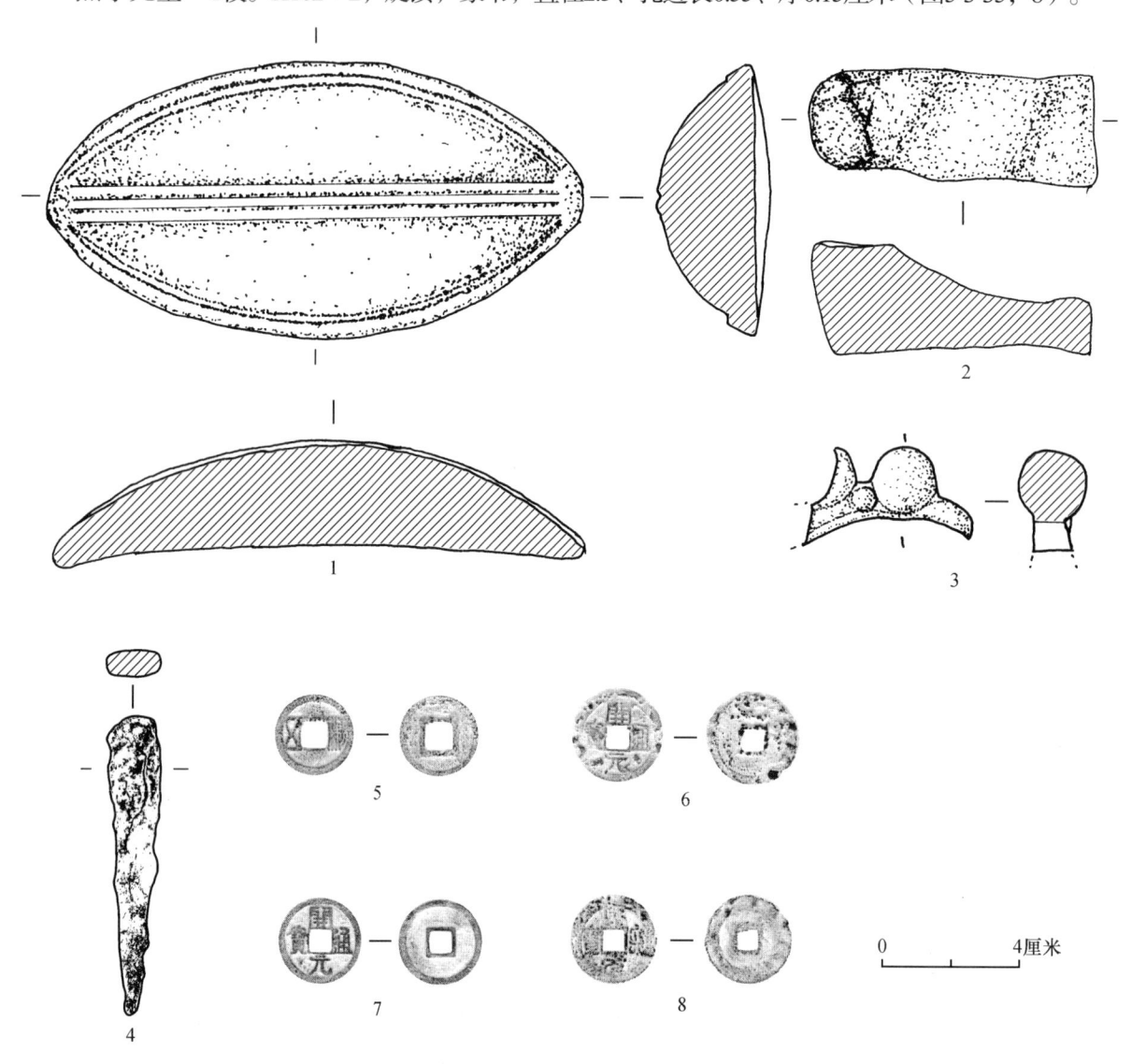

图5-3-35　第一期灰坑出土石器、铁器及铜钱拓片
1.打磨器（H103:1）　2.砺石（H103:2）　3.玉饰件（H115:1）　4.铁钉（H115:5）　5—8.铜钱拓片（H102:5、H102:1、H102:3、H102:2）

四、沟及出土遗物

（一）沟

G9　该沟系在修建台基，下挖生土形成的沟，由于分布范围过大，未完全发掘，仅在T0610东北角、T0710北部，T0711东南部及T0810东北部、T0811南部发现和发掘，开口于第4

层下，方向65°。该沟在T0610内打破H85及H87，在T0710和T0810内被多个灰坑打破，在T0811内被晚期的窑址覆盖，从发掘区现存迹象来看，该沟平面大致呈折尺形，宽约5米，最深处1.7米，斜壁，弧底，底部形制不规则。沟内堆积九层：第1层厚0—0.18米，为灰黄色沙质土，略致密，夹杂部分黄泥，包含少量碎砖块；第2层厚0—0.3米，为灰黑色沙质土亚黏土，较松软，夹杂大量灰白色烧灰及少量烧土颗粒，出土少量泥质灰陶片及碎瓦片；第3层厚0—0.25米，为灰褐色沙质土，略致密，夹杂黄色小斑点，包含少量泥质灰陶片及少量瓷片；第4层厚0—0.6米，为灰黑色沙质土亚黏土，较松软，局部夹杂棕黄色斑点，出土泥质灰陶片、瓷片、瓦片；第5层厚0—0.35米，为灰褐色沙质土，略致密，夹杂黄色小斑点；第6层厚0—0.3米，为灰黑色沙质土亚黏土，较松软，夹杂部分烧灰，出土较多泥质灰陶片、白瓷片、碎瓦片、碎砖块；第7层厚0—0.6米，为灰褐色沙质土与黑灰色砂质亚黏土相混杂的杂土，黑灰色土以薄层状态分布于灰褐色土之间，出土遗物有泥质灰陶片、白瓷片、碎瓦片、动物骨骼等；第8层厚0—0.3米，为灰黑色沙质土，较松软细腻，夹杂部分烧灰，包含有泥质灰陶片、少量白瓷片、动物骨骼等；第9层厚0—0.4米，土质土色与第7层大致相同，包含有泥质灰陶片、白瓷片、碎瓦片、动物骨骼等（图5-3-36）。以上层位中，第6—9层中出土遗物较为丰富，大部分泥质灰陶片火候略低，可辨纹饰器形有篦齿纹陶壶残片，卷沿大瓮残片，陶钵及阴刻鱼纹陶盆，此外，沟底还见有多个呈坨状的小型堆积，似为人类的排泄物，内中夹杂大量未被消化的植物籽粒。

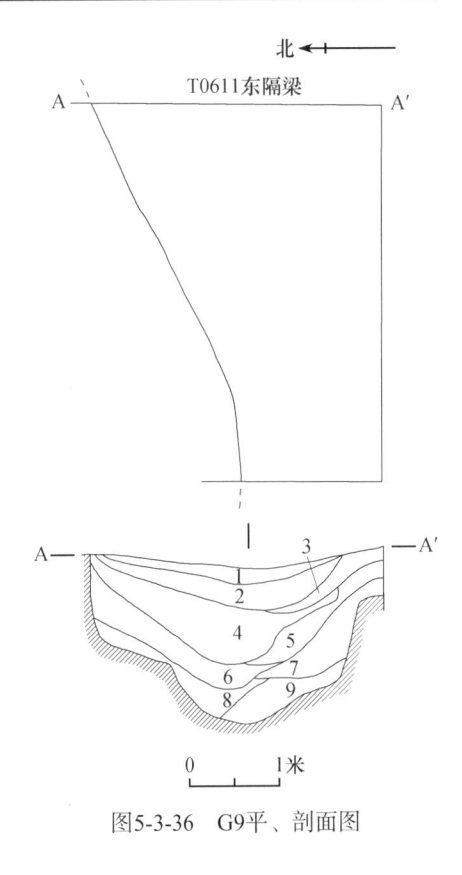

图5-3-36　G9平、剖面图

G12　位于T0611东北角及T0711西北角，开口于第3b层下，方向65°。沟平面呈规整的条带状，斜弧壁，平底，西端略深，东端相对较浅，西端被H98打破，东端未发掘。发掘长度6.6、沟口宽1.4、沟底宽1、深0.45米。沟内堆积两层：上层填土厚0.2米，为灰褐色亚黏土，较为疏松，包含黑色草木灰、砖瓦残块等，出土泥质灰陶片和少量白瓷片，可辨器形有陶壶口沿、陶罐及陶盆腹片、瓷碗等；下层填土厚0.25米，为黑褐色亚黏土，较为疏松，包含黄土颗粒和少量草木灰，出土泥质灰陶片及少量瓷片和动物骨骼，陶片均为泥质灰陶，有钵、罐、盆、瓶等器类，瓷片多为白瓷，可辨识器形有碗、盏等（图5-3-37）。

G13　位于T0709中部，开口于第3b层下，方向140°。沟平面呈规整的圆角长方形，直壁，近底略弧，平底，北端未完全发掘。发掘长度2.9、沟口宽0.8、沟底宽0.6、深0.4米。沟内填土为一次性堆积，为较疏松的灰色砂质土，包含少量烧土块及动物骨骼，出土陶罐、瓷盘等陶瓷器残片，并出土少量用于加工骨器的骨料（图5-3-38）。

图5-3-37　G12平、剖面图

图5-3-38　G13平、剖面图

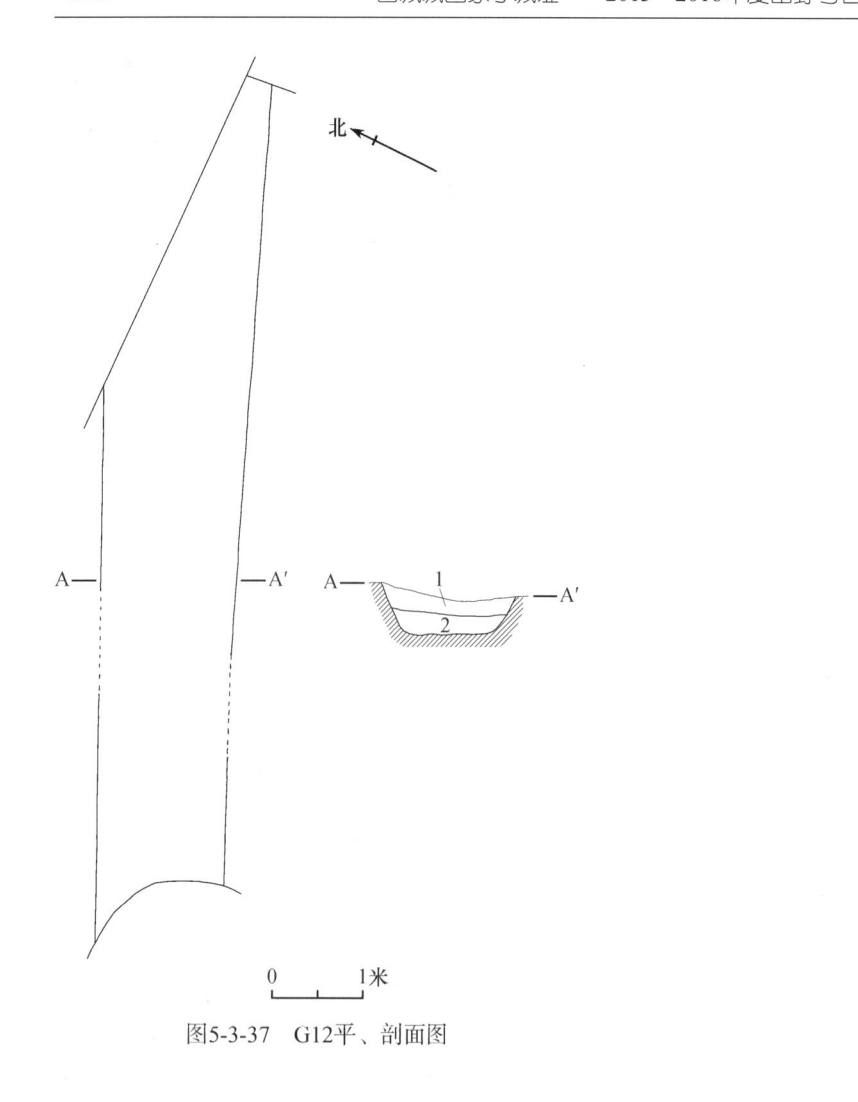

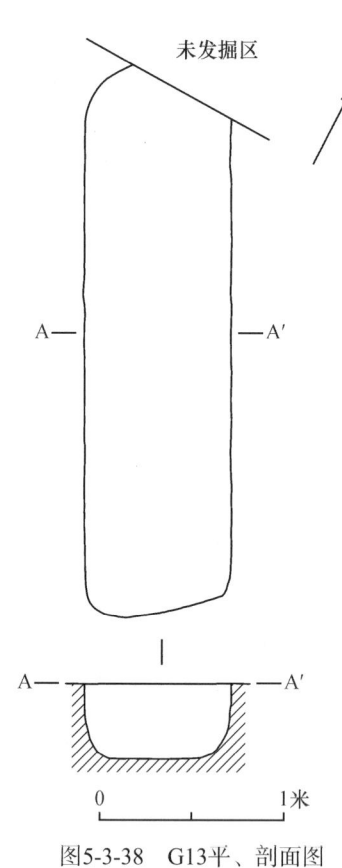

（二）出土遗物

1. 陶器

陶盆　11件。G9：12，展沿圆唇，敞口，腹部微鼓，平底微内凹，盆内饰刻花纹饰，底部为四圈首尾相连的鱼纹，各圈间以弦纹隔离，最外层饰一圈水草纹，盆沿处自内向外分别饰鱼纹、卷云纹和三角纹，口径54、底径29.6、高12.5厘米（图5-3-39，1；图5-3-40；图版一〇七，1、2）。G9：17，展沿，方唇，敞口，斜弧腹，凹底，内底饰研光连弧纹及弦纹，口径45.5、底径29.2、高10厘米（图5-3-39，2）。G9：18，展沿，圆唇，唇部微上翘，敞口，斜弧腹，平底，口径42.4、底径25.4、高11.2厘米（图5-3-39，3）。G9标：39，卷沿，圆唇，敞口，弧腹，上腹部有一圈凸棱，上饰刻划纹，下腹内壁饰多条弧形研光暗纹带，底部残，口径29、残高8.4厘米（图5-3-39，4）。G9：8，展沿，尖唇，敞口，腹部微鼓，大平底，口径41.2、底径28、高10.6厘米（图5-3-39，5）。G12：1，展沿，圆唇，敞口，弧腹，底部残，口径18.8、残高4.6厘米（图5-3-39，6）。

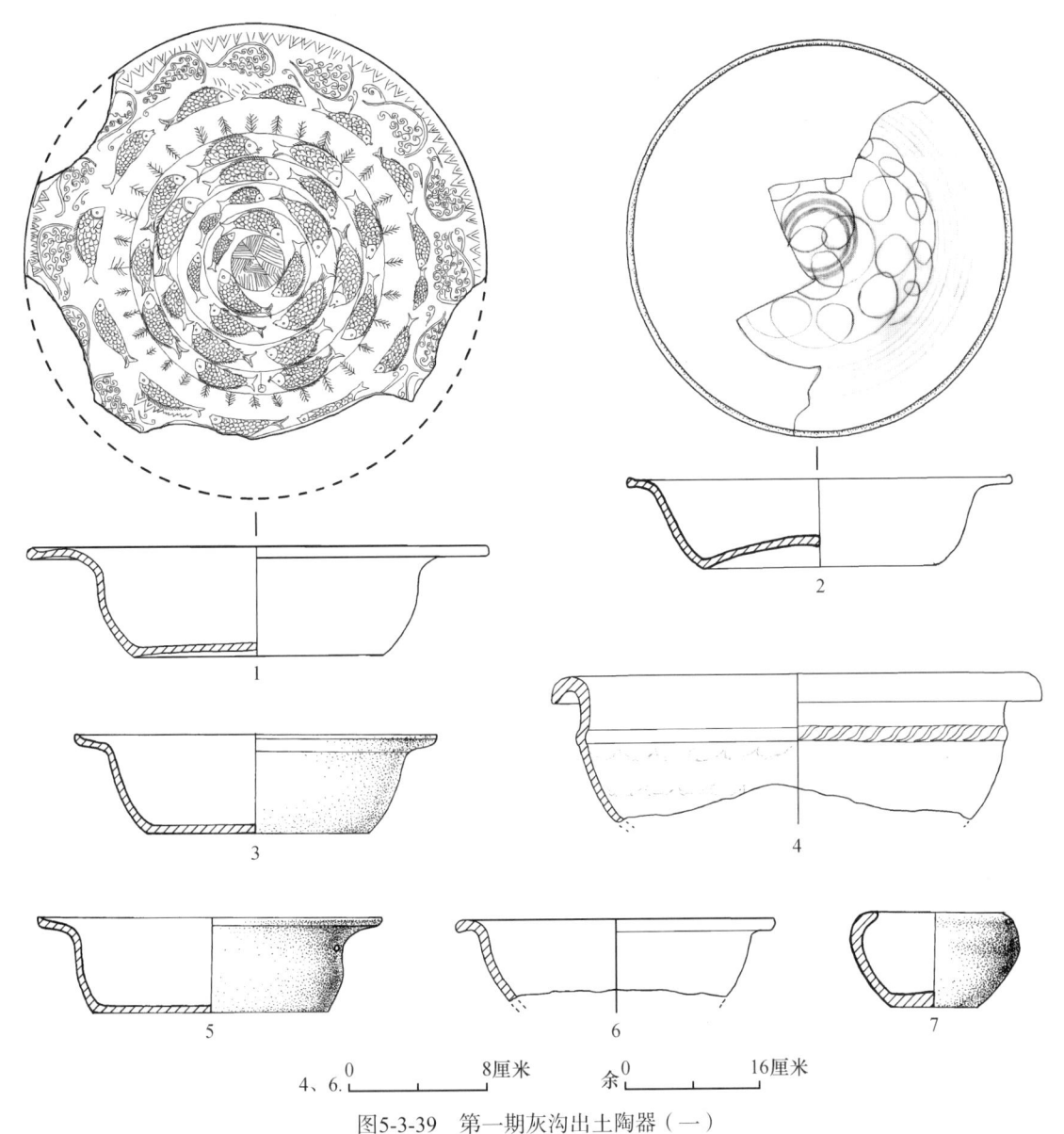

图5-3-39 第一期灰沟出土陶器（一）
1—6.陶盆（G9：12、G9：17、G9：18、G9标：39、G9：8、G12：1） 7.陶钵（G9：11）

陶钵 2件。G9：11，圆唇，敛口，上腹较鼓，下腹斜直内收，平底微内凹，口径15、底径9.2、最大径19.6、高10.8厘米（图5-3-39，7；图版一一五，1）。G9：13，圆唇，敛口，上腹圆鼓，下腹急收，略微内弧，小平底，口径20、底径12、最大径23、高13厘米（图版一一五，2）。

陶罐 18件。大多残，无法复原。G9：19，卷沿，圆唇，敛口，肩部有两个对称的竖桥耳，并饰砑光网格纹，弧腹，腹部较深，平底，口径11.8、底径10.4、高21厘米（图5-3-41，5；图版一〇二，4）。G9标：36，圆唇微外翻，敛口，鼓肩，上腹部有一圈凸棱，口径16、残高3.9厘米（图5-3-41，3）。G12：4，展沿，圆唇，束颈，溜肩，肩部以下残，口径22、残高7厘米（图5-3-41，4）。G12：2，卷沿，圆唇，敛口，圆肩，残高8.6、胎厚0.45厘米

（图5-3-41，6）。

陶壶　3件。G9：22，平折沿圆唇，敞口，束颈，圆肩，腹部以下残，颈部饰竖向研光暗条纹，颈部以下饰竖向篦齿纹，口径16.8、最大径24、残高30.8厘米（图5-3-41，1；图版一〇五，2）。G9：10，平折沿圆唇，直口，直颈，圆肩，肩部以下残，颈部以下饰竖向篦齿纹，口径15、残高28厘米（图5-3-41，2；图版一〇五，1）。G12：3，方唇，侈口，斜直颈，颈部以下残，口径18、残高5.6厘米（图5-3-41，7）。

陶器耳　2件。G9：3，泥质灰褐陶，竖桥耳，耳长2.2、宽1厘米（图5-3-42，8）。

陶球　1件。G9：2，泥质灰黑色，器表磨光，直径2厘米（图5-3-42，6）。

陶砚　1件。G9：4，泥质灰黑陶，器表磨光，平面呈簸箕形，锥形矮足，残宽13.6、高2.5厘米（图5-3-42，2；图版一一七，1）。

陶饼　2件。G9：5，灰色瓦片磨制而成，平面圆形，残半，直径5.5、厚1.6—1.8厘米（图5-3-42，4）。G9：6，灰黑色陶片磨制而成，平面大致呈圆形，直径2.6、厚0.55厘米（图5-3-42，5）。

冥币　1枚。G9：20，泥质灰褐色，手制，圆台体，中部有圆形穿孔，直径2.8、孔径0.8、厚0.9厘米（图5-3-42，9）。

刻划纹陶片　1件。G9：1，泥质灰陶盆底，内底表面磨光，饰刻划纹饰，残长6.5、残宽4.5、厚0.6厘米（图5-3-42，3）。

筒瓦　1件。G9：15，灰色，残存瓦舌部分，残长5.6、残宽11.2、瓦舌长2.4厘米（图5-3-42，1）。

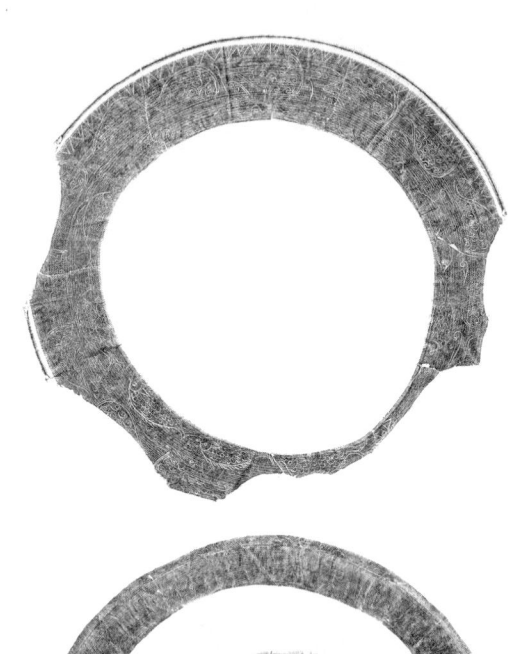

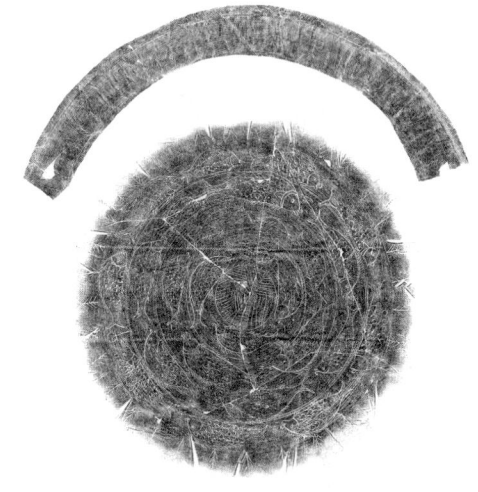

图5-3-40　纹饰陶盆拓片

2. 瓷器

瓷碗　2件。均为化妆白瓷。G9：16，支烧，灰胎，内外均施满釉，尖唇，敞口，弧腹，圈足底，口径16.8、底径6.8、高4.2厘米（图5-3-43，1）。G9：14，支烧，灰胎，内施满釉，外施半釉，圆唇外撇，敞口，弧腹，圈足底，口径15.6、底径5.6、高4.6厘米（图5-3-43，2；图版一二一，4）。

瓷碗口沿　10件。均为化妆白瓷。G9标：30，粗砂灰胎，内施满釉，外施半釉，尖唇，微外翻，敞口，斜直腹，外壁有不甚明显的凸棱，底部残，口径18、残高4.2厘米

第五章　城内窑址的发掘　·339·

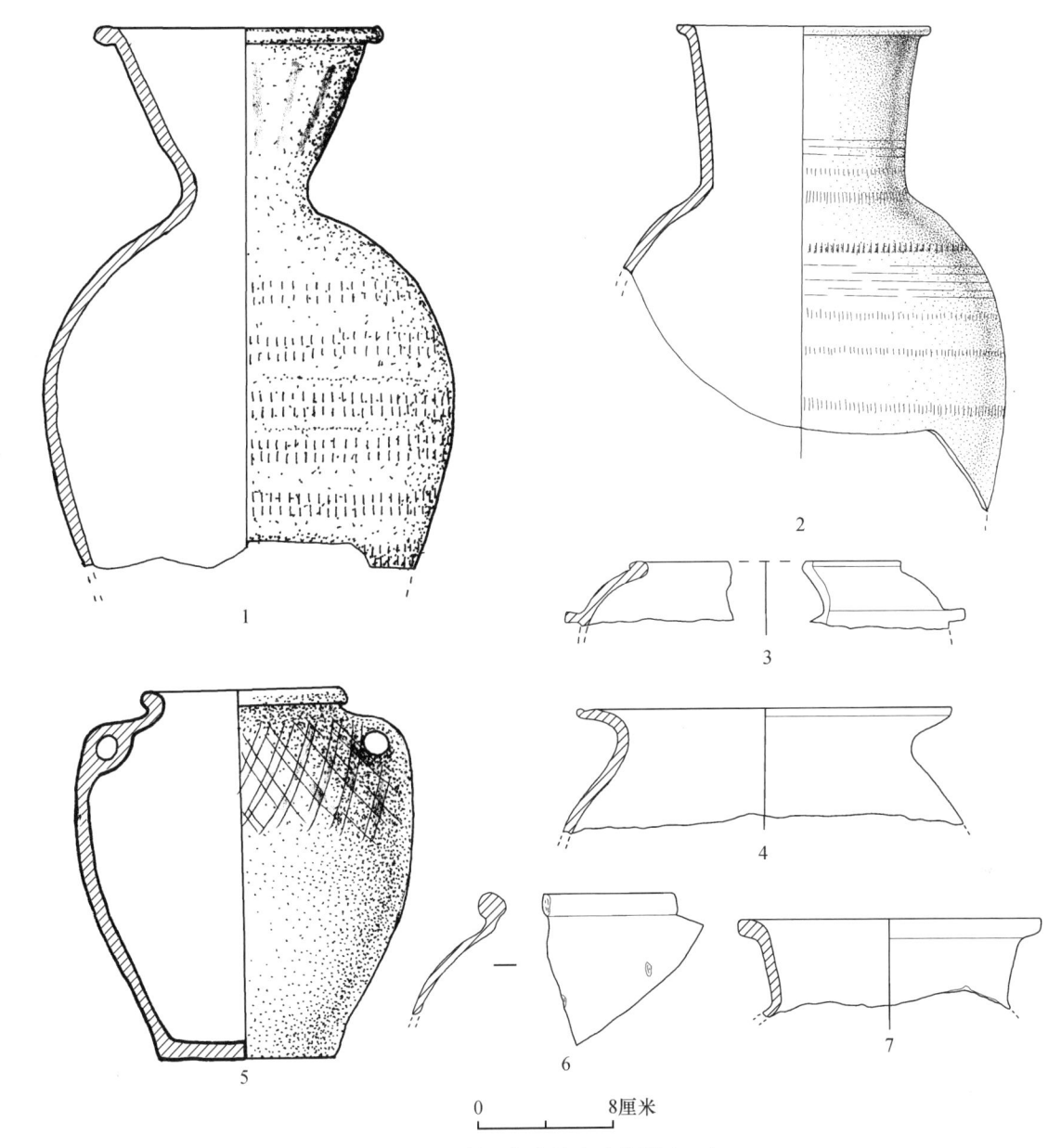

图5-3-41　第一期灰沟出土陶器（二）
1、2、7.陶壶（G9：22、G9：10、G12：3）　3—6.陶罐（G9标：36、G12：4、G9：19、G12：2）

（图5-3-43，3）。G9标：21，粗砂灰黄胎，釉色泛青，内满釉，外部施釉未及底，尖唇，敞口，斜弧腹，外壁有一条凸弦纹，口径16、残高5厘米（图5-3-43，4）。G9标：43，粗砂灰黄胎，釉色泛黄，施化妆土，内满釉，外部施釉未及底，圆唇，敞口，斜弧腹，圈足，底部残，口径18、残高2.4厘米（图5-3-43，5）。G9标：23，粗砂灰胎，内施满釉，外施半釉，尖唇，微外翻，敞口，斜直腹，外壁有不甚明显的凸棱，底部残，口径18、残高4厘米（图5-3-43，6）。G9标：26，仿定窑瓷器，灰白胎，胎质坚硬，釉色泛黄，施化妆土，内满釉，外部施釉未及底，圆唇，微外卷，敞口，斜弧腹，圈足，底部残，口径10、残高2.9厘米（图5-3-43，9）。

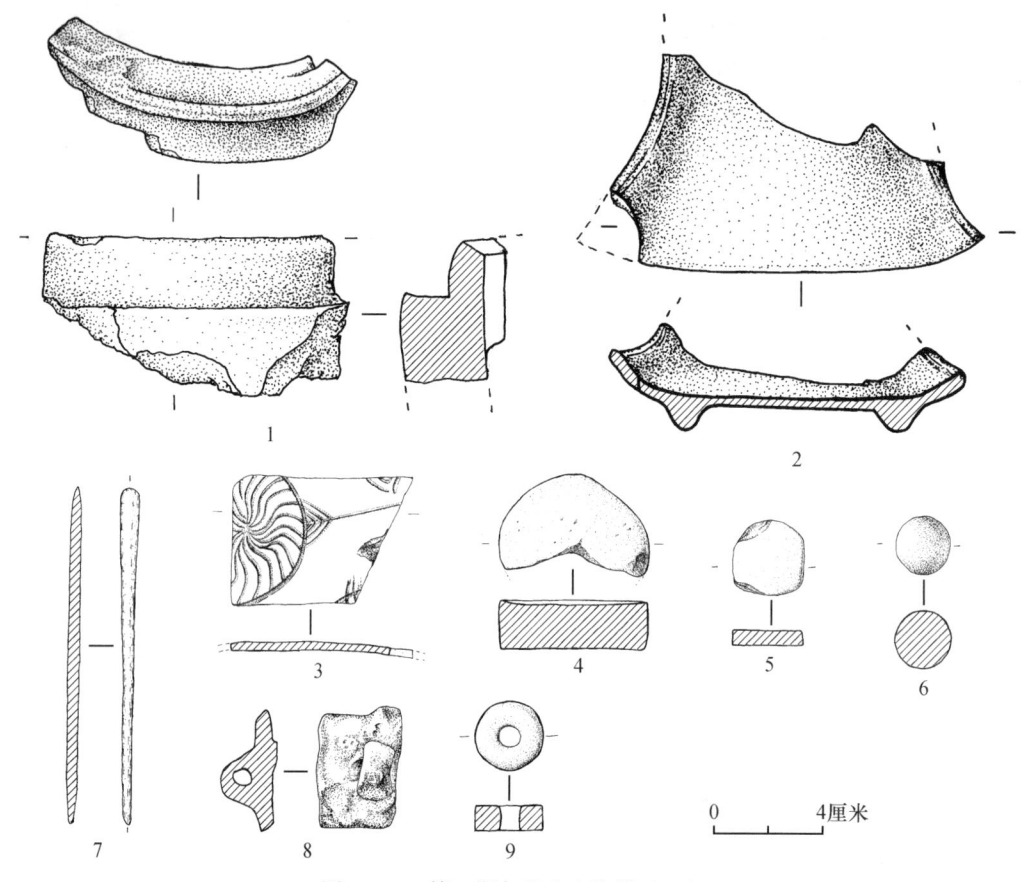

图5-3-42 第一期灰沟出土陶器（三）
1.筒瓦（G9：15） 2.陶砚（G9：4） 3.刻划纹陶片（G9：1） 4、5.陶饼（G9：5、G9：6） 6.陶球（G9：2）
7.骨笄（G13：2） 8.陶器耳（G9：3） 9.冥币（G9：20）

瓷钵口沿 2件。G9标：24，定窑白瓷，灰白胎，白釉泛青，圆唇，直口，下腹微鼓，残高8、胎厚0.4厘米（图5-3-43，7）。G9标：29，化妆白瓷，灰色粗砂胎，釉色泛黄，内施满釉，外施半釉，口沿施一圈酱釉，圆唇，微外翻，敞口，弧腹，口径18、残高7.8厘米（图5-3-43，8）。

瓷碗底 6件。均为化妆白瓷。G9标：22，粗砂灰黄胎，釉色泛青，内底有涩圈及4处垫渣痕，内施满釉，外底露胎，底径4、残高3.3厘米（图5-3-43，10）。G9标：25，粗砂灰黄胎，釉色泛青，内底有4处垫渣痕，圈足外撇，底径6、残高4.8厘米（图5-3-43，11）。G9标：27，粗砂灰黄胎，釉色泛青，内满釉，外部施釉未及底，斜弧腹，内底有4处垫渣痕，外壁有一圈凸弦纹，底径7.6、残高6.4厘米（图5-3-43，12）。

瓷盘底 1件。G9标：33，化妆白瓷，灰白胎，釉色泛青，内底有5个支钉痕，内施满釉，外底露胎，底径4.8、残高1.8厘米（图5-3-43，13）。

第五章　城内窑址的发掘

图5-3-43　第一期灰沟出土瓷器

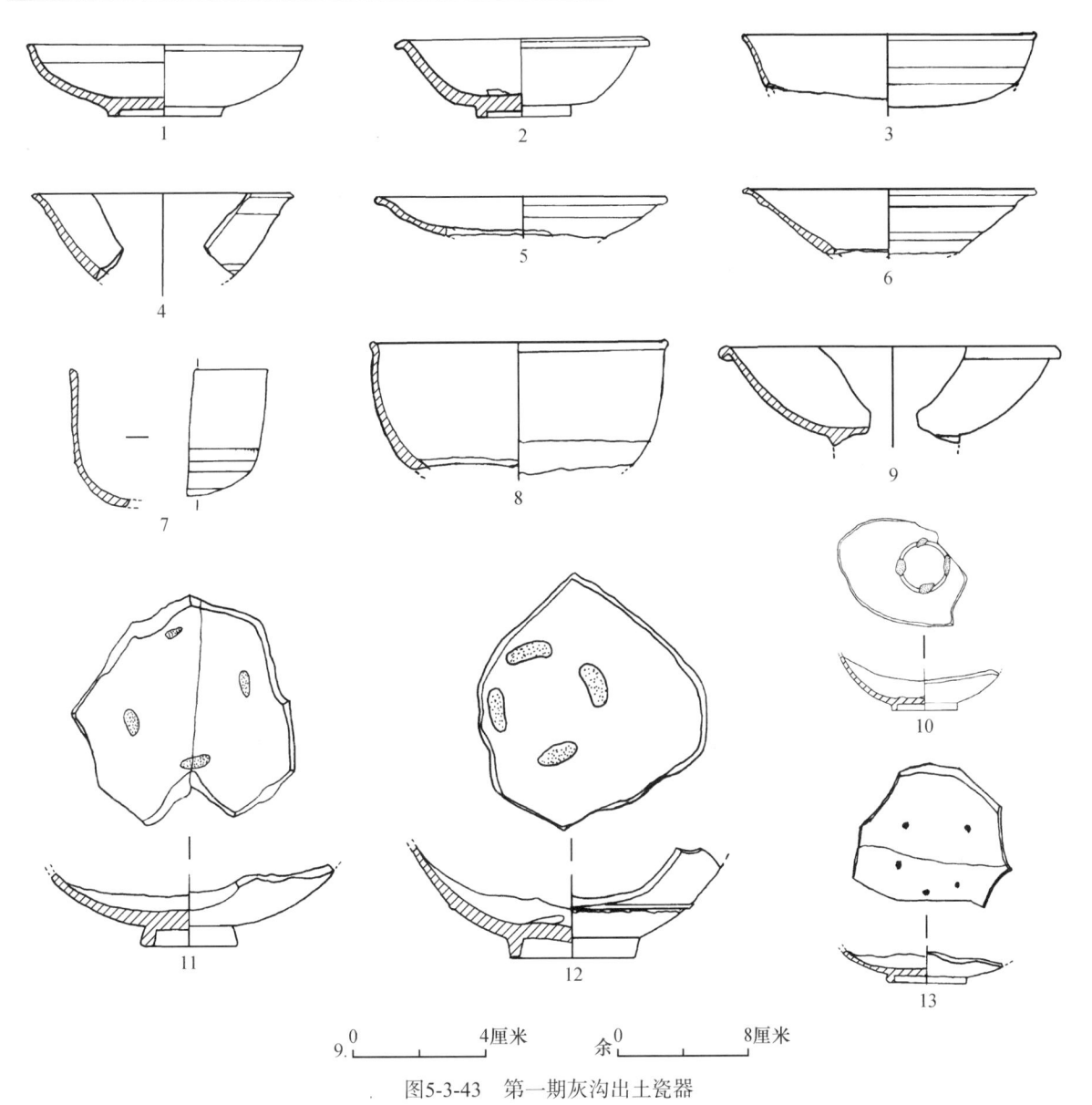

1、2.瓷碗（G9：16、G9：14）　3—6、9.瓷碗口沿（G9标：30、G9标：21、G9标：43、G9：23、G9：26）
7、8.瓷钵口沿（G9标：24、G9标：29）　10—12.瓷碗底（G9标：22、G9标：25、G9标：27）　13.瓷盘底（G9标：33）

3. 骨器

骨笄　1件。G13：2，头端扁圆形，器表磨光，长12、宽0.7、厚0.4厘米（图5-3-42，7）。

五、地层出土遗物

（一）地层第5层出土遗物

滑石料　6件。T0710⑤标：4，灰褐色，形制不规整，周身有打磨痕，长9、最宽处5.6、厚1.4—2.1厘米（图5-3-50，1）。

（二）地层第4层出土遗物

1. 檐头板瓦

模制，内侧切坯，平面呈等腰梯形或长方形，瓦身凸面素面，凹面有不甚清晰的布纹。

出土3件。T0809④：6，平面大致呈长方形，残存一角，滴水面上饰同心三角纹，滴水下端饰一排左斜向椭圆形按压螺旋纹，残长15、残宽19、胎厚2.2厘米（图5-3-44，1）。T0711④：17，平面大致呈长方形，残存一角，滴水面上饰同心三角纹，滴水下端饰一排左斜向椭圆形按压螺旋纹，残长7.4、残宽17.2、胎厚2.2厘米（图5-3-44，2；图版六四，3）。T0709④：8，残存滴水部分，滴水面上饰菱格纹，残长5、厚2厘米（图5-3-44，3；图版六四，4）。

2. 陶器

均为轮制泥质灰陶。

陶钵　3件。T0710④：9，圆唇，敛口，折肩，肩部有一圈凹槽，斜弧腹，平底微内凹，口径29、底径15、高14厘米（图5-3-45，1）。T0611④：6，圆唇，敛口，上腹较鼓，下腹斜直内收，平底，口径22.8、底径13.4、最大径27.2、高12.2厘米（图5-3-45，2）。

陶罐口沿　15件。T0709④标：11，卷沿，圆唇，肩部有两个对称的竖桥耳，口径19、残高9厘米（图5-3-45，3）。T0611④标：6，圆唇，微内卷，鼓肩，肩部有竖向研光暗条纹，口径17.6、残高7厘米（图5-3-45，4）。T0709④标：13，展沿，圆唇，口沿上部有一圈凹弦纹，口径30、残高7厘米（图5-3-45，5）。T0709④标：14，圆唇，微外卷，口径22.5、残高4厘米（图5-3-45，6）。T0611④标：5，圆唇，微内卷，口径17.2、残高4厘米（图5-3-45，7）。T0709④标：2，圆唇，鼓肩，胎厚0.6、残高9厘米（图5-3-45，8）。T0611④标：3，圆唇，微内敛，鼓肩，肩部饰研光网格暗纹，胎厚0.6、残高9厘米（图5-3-45，9）。

陶盆口沿　10件。T0711④标：6，卷沿，圆唇，敞口，鼓肩，下腹斜直内收，口径32.8、残高12厘米（图5-3-46，1）。T0711④标：2，展沿，圆唇，敞口，斜弧腹，残高8、胎厚0.55

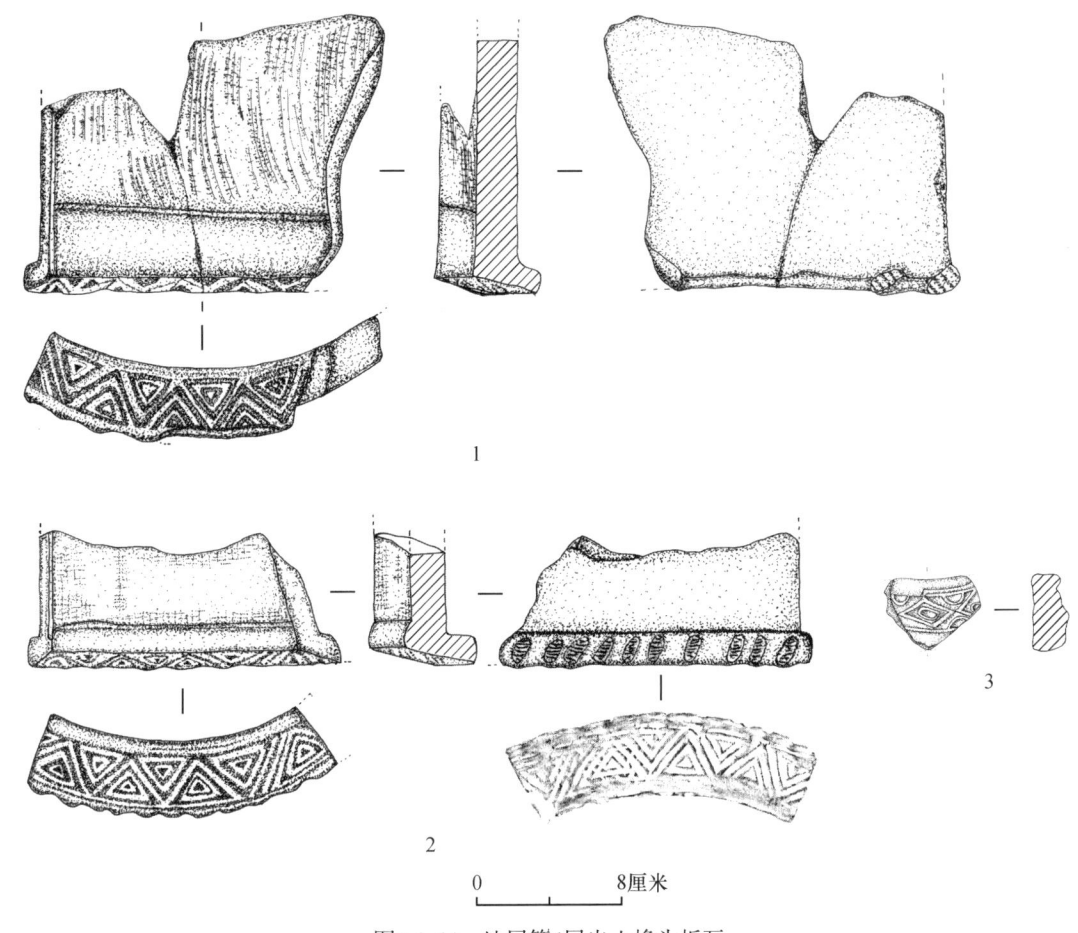

图5-3-44 地层第4层出土檐头板瓦
1. T0809④：6 2. T0711④：17 3. T0709④：8

厘米（图5-3-46，2）。T0709④标：4，卷沿，圆唇，敞口，斜直腹，残高5、胎厚0.45厘米（图5-3-46，3）。T0711④标：4，展沿，圆唇，敞口，斜弧腹，上腹部有一道凸棱，残高9.4、胎厚0.7厘米（图5-3-46，4）。T0809④标：2，卷沿，圆唇，敞口，斜直腹，中腹部有一道凸棱，残高8、胎厚0.5厘米（图5-3-46，5）。T0709④标：5，展沿，方唇，敞口，斜弧腹，上腹部有一道凸棱，残高7、胎厚0.55厘米（图5-3-46，6）。

陶壶 3件。T0610④：1，口沿及底部残，喇叭口，束颈，颈部有多条竖向磨痕，肩部饰宽4厘米的砑光网格暗纹，中腹部饰多圈深浅不一的篦齿纹饰带，通体磨光，颈部直径8、最大腹径23、残高27厘米（图版一〇五，5）。T0611④标：2，残存口沿，展沿，圆唇，直口，直颈，口径24、残高3.4厘米（图5-3-46，7）。T0611④标：4，残存口沿，卷沿，圆唇，侈口，束颈，口径11、残高3厘米（图5-3-46，8）。

泥塑像 3件。T0711④：22，人形头像，头戴官帽，背面有一圆柱状柄，泥质黄褐陶，模制，高3.5、宽3.2厘米（图5-3-47，1；图版一二九，5、6）。T0711④：20，人形头像，光头，背面内凹，泥质黄褐陶，模制，高3.5、宽3.2厘米（图5-3-47，2；图版一二九，4）。T0711④：25，泥质黄褐陶，人形贴塑残块，残存腿部和脚部，残高6.3、厚1.7厘米（图

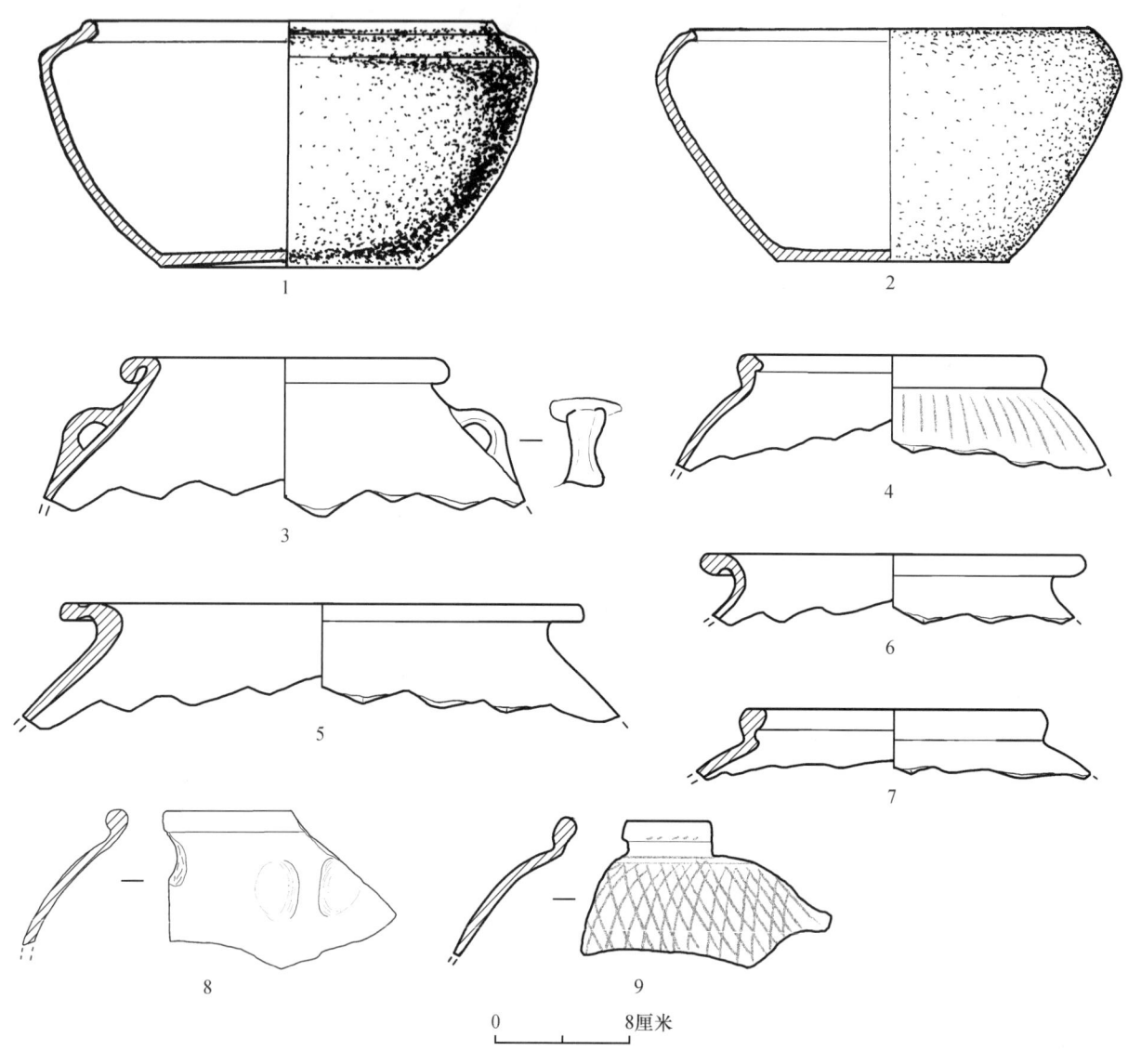

图5-3-45 地层第4层出土陶钵、陶罐

1、2.陶钵（T0710④：9、T0611④：6） 3—9.陶罐口沿（T0709④标：11、T0611④：6、T0709④标：13、T0709④标：14、T0611④标：5、T0709④标：2、T0611④标：3）

5-3-47，3；图版一二九，7）。

陶球 3件。T0711④：19，泥质黄褐陶，直径2—2.3厘米（图5-3-47，4）。T0710④：7，泥质灰褐陶，手制，不规则球体，直径1.5—1.8厘米（图5-3-47，5）。T0711④：16，泥质红褐陶，半球状，中部有一长径1.2、短径0.9、深0.5厘米的椭圆形浅窝，直径2.3、高1.4厘米（图5-3-47，13）。

陶饰件 1件。T0709④：7，泥质灰黑色，片状，上模印麦粒状纹饰，残长7、厚0.5厘米（图5-3-47，6）。

圆陶片 1件。T0611④：5，灰色瓦片磨制而成，圆饼形，两面中部均有一钻孔，未钻透，直径5、厚1.5厘米（图5-3-47，7）。

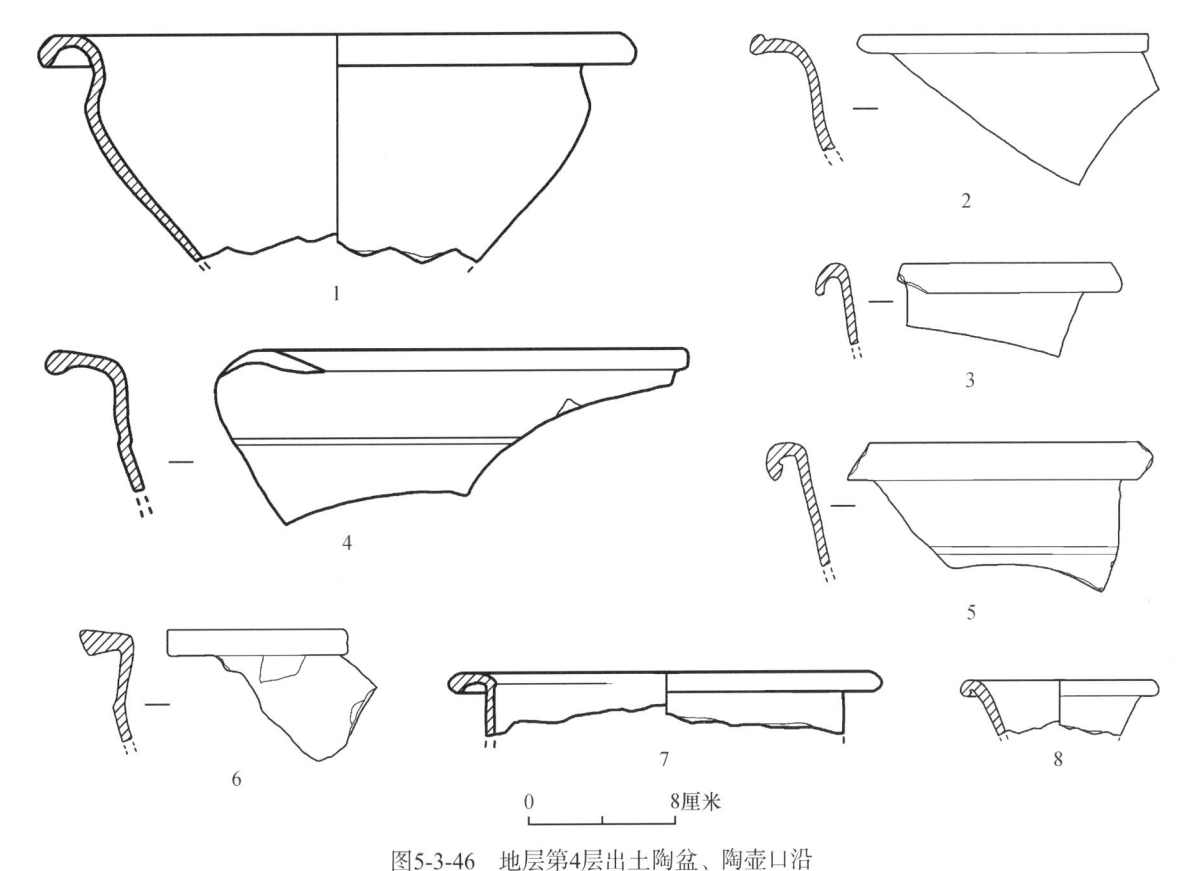

图5-3-46 地层第4层出土陶盆、陶壶口沿

1—6.陶盆口沿（T0711④:6、T0711④标:2、T0709④标:4、T0711④标:4、T0809④标:2、T0709④标:5）
7、8.陶壶口沿（T0611④标:2、T0611④标:4）

陶纺轮 3件。T0709④:5，泥质灰陶，圆台体，直径4.5、孔径0.7、厚2厘米（图5-3-47，8；图版一三一，3）。T0709④:4，泥质黄褐陶，圆台体，直径3.9、孔径1、厚1.8厘米（图5-3-47，9）。T0711④:24，泥质灰陶，圆饼形，中部略厚，直径2.8、孔径0.4、厚1.1厘米（图5-3-47，12）。

多孔器 1件。T0810④:2，泥质灰黑色，正方体，残存一角，残长6、残宽3.5、残高5.5厘米（图5-3-47，10）。

冥币 9件。均为圆台体，中部有圆孔。T0711④:18，泥质黄褐陶，直径2.3、孔径0.6、厚0.8厘米（图5-3-47，14）。T0710④:2，泥质灰褐陶，直径2.2、孔径0.6、厚0.5厘米（图5-3-47，15）。T0710④:3，泥质灰黑陶，表面有压印铜币痕，字迹不清，直径2.3、孔径0.6、厚0.4厘米（图5-3-47，16）。T0710④:5，泥质灰褐陶，直径2.3、孔径0.6、厚0.3—0.6厘米（图5-3-47，17）。T0711④:21，泥质黄褐陶，直径2.3、孔径0.6、厚0.5厘米（图5-3-47，18）。T0711④:23，泥质黄褐陶，直径2.1、孔径0.4、厚0.6—0.8厘米（图5-3-47，19）。T0710④:1，泥质灰褐陶，直径2、孔径0.6、厚0.6厘米（图5-3-47，20）。T0710④:4，泥质灰陶，表面有压印铜币痕，字迹不清，直径2、孔径0.6、厚0.6厘米（图5-3-47，21；图版一三二，8）。T0710④:6，泥质灰褐陶，直径2.1、孔径0.6、厚0.6厘米（图5-3-47，22）。

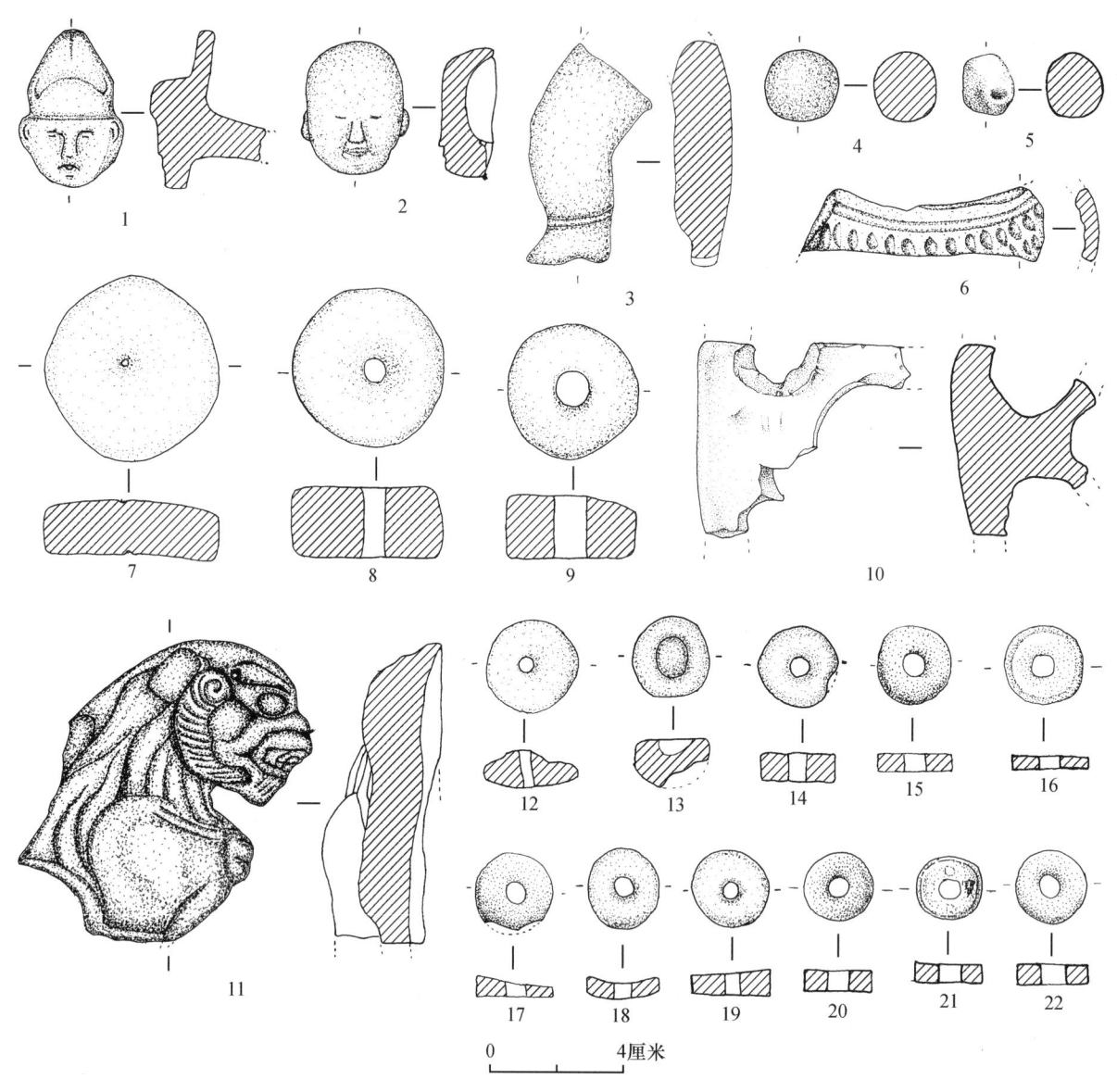

图5-3-47 地层第4层出土陶瓷器

1—3. 泥塑像（T0711④∶22、T0711④∶20、T0711④∶25） 4、5、13. 陶球（T0711④∶19、T0710④∶7、T0711④∶16）
6. 陶饰件（T0709④∶7） 7. 圆陶片（T0611④∶5） 8、9、12. 陶纺轮（T0709④∶5、T0709④∶4、T0711④∶24）
10. 多孔器（T0810④∶2） 11. 瓷塑像（T0809④∶7） 14—22. 冥币（T0711④∶18、T0710④∶2、T0710④∶3、T0710④∶5、
T0711④∶21、T0711④∶23、T0710④∶1、T0710④∶4、T0710④∶6）

3. 瓷器

瓷碗　4件。均为轮制，支烧，内底可见支钉痕。T0711④∶26，化妆白瓷，灰白胎，胎体先施一层白色化妆土，再施透明釉，化妆土与釉均未施满，尖唇微侈，敞口，斜直腹，圈足底，内施满釉，外施半釉，口径24.2、底径7.6、高7.8、胎厚0.5—0.7厘米（图5-3-48，1；图版一二一，5、6）。T0709④∶6，化妆白瓷，黄褐胎，胎体先施一层白色化妆土，再施白釉，化妆土与釉均未施满，内施满釉，外施半釉，圆唇微侈，敞口，斜直腹，圈足底，口径23、

底径8、高7.8、胎厚0.4—0.8厘米（图5-3-48，5）。T0711④：28，绿釉，灰胎，胎面未施化妆土，内施满釉，外部施釉至圈足处，足未施釉，釉面有开片，圆唇微外翻，敞口，弧腹，圈足底，口径11.6、底径3.6、高4、胎厚0.3—0.4厘米（图5-3-48，13）。T0611④：4，化妆白瓷，灰胎，内外壁均施满釉，釉面有开片，尖圆唇，敞口，弧腹，圈足底，口径11、底径3.4、高4.6、胎厚0.35厘米（图5-3-48，14）。

瓷碗口沿　13件。T0709④标：17，化妆白瓷，灰黄色粗砂胎，釉色泛青，圆唇，直口，鼓腹，口径16、残高6.8厘米（图5-3-48，4）。T0709④标：16，定窑白瓷，灰白胎，胎质细腻，白釉泛青，尖唇，微侈，敞口，弧腹，口径14、残高5.6厘米（图5-3-48，6）。T0709④标：15，化妆白瓷，灰白胎，釉色泛青，内施满釉，外施半釉，尖圆唇，微侈，敞口，斜直腹，口径18、残高3.2厘米（图5-3-48，10）。T0711④标：8，定窑白瓷，灰白胎，胎质细腻，釉色泛青，尖唇，敞口，弧腹，外壁有轮制痕迹，内壁饰印花牡丹卷草纹，残高3.3、胎厚0.2厘米（图5-3-48，11）。T0809④标：5，化妆白瓷，灰黄色粗砂胎，釉色泛青，圆唇，直口，弧壁，外壁饰凸弦纹，残高4.8、胎厚0.6厘米（图5-3-48，8）。T0809④标：6，定窑白瓷，灰白胎，胎质细腻，白釉泛青，尖唇，敞口，弧腹，口径12、残高3.2厘米（图5-3-48，12）。T0809④标：7，化妆白瓷，灰胎，釉色泛黄，尖圆唇，微侈，敞口，弧壁，外壁有两道不甚明显的凸棱，残高3.4、胎厚0.25—0.45厘米（图5-3-48，9）。

瓷碗底　6件。均为化妆白瓷。T0809④标：10，灰黄色粗砂胎，釉色泛黄，内施满釉，外施半釉，内底有涩圈，底径7、残高4厘米（图5-3-48，2）。T0709④标：19，灰黄色粗砂胎，圈足底露胎，内底有涩圈，底径6.6、残高4.2厘米（图5-3-48，3）。T0809④标：8，灰黄色粗砂胎，釉色泛黄，内施满釉，外施半釉，内底有垫砂痕，圈足外撇，底径7、残高4.8厘米（图5-3-48，7）。

瓷盘　3件。T0711④：27，化妆白瓷，轮制，支烧，灰胎，胎体先施一层白色化妆土，再施透明釉，化妆土与釉均未施至底部，圆唇，敞口，折腹，圈足底，内底有四个对称分布的支钉痕，口径19.2、底径7、高4、胎厚0.4—0.8厘米（图5-3-49，1）。T0711④标：14，仿定窑印花瓷器，黄褐胎，白釉泛黄，外底未施釉，内底饰印花牡丹纹，底径9、残高1.5厘米（图5-3-49，3）。T0809④：9，定窑白瓷，轮制，白釉，白胎，浅盘高圈足，内外均施满釉，内底有印花人物形象纹饰，左侧为树木，中部为侧坐讲经僧人，右侧为一侧跪作揖的信徒形象，釉面有冰裂纹，底径8.1、残高2.9、胎厚0.5厘米（图5-3-49，5）。

瓷罐口沿　1件。T0709④标：18，灰黄色粗砂胎，茶叶末釉，内壁有轮制痕迹，卷沿圆唇，敛口，圆肩，口径22.4、残高13.2厘米（图5-3-49，2）。

瓷瓶　2件。T0709④标：20，鸡腿瓶，灰黄色粗砂胎，茶叶末釉，内壁有轮制痕迹，底径12、残高12.4厘米（图5-3-49，4）。T0709④标：21，磁州窑梅瓶，残存肩部和底部，灰胎，胎质坚硬，施白色化妆土，透明釉，内部施黑釉，器表自上而下饰三层剔花纹饰，第一层卷草纹，第二层方格纹，第三层纹饰不明，圈足底，底径12、胎厚0.5—1厘米（图5-3-49，6、7；图版一二五，7）。

图5-3-48 地层第4层出土瓷碗

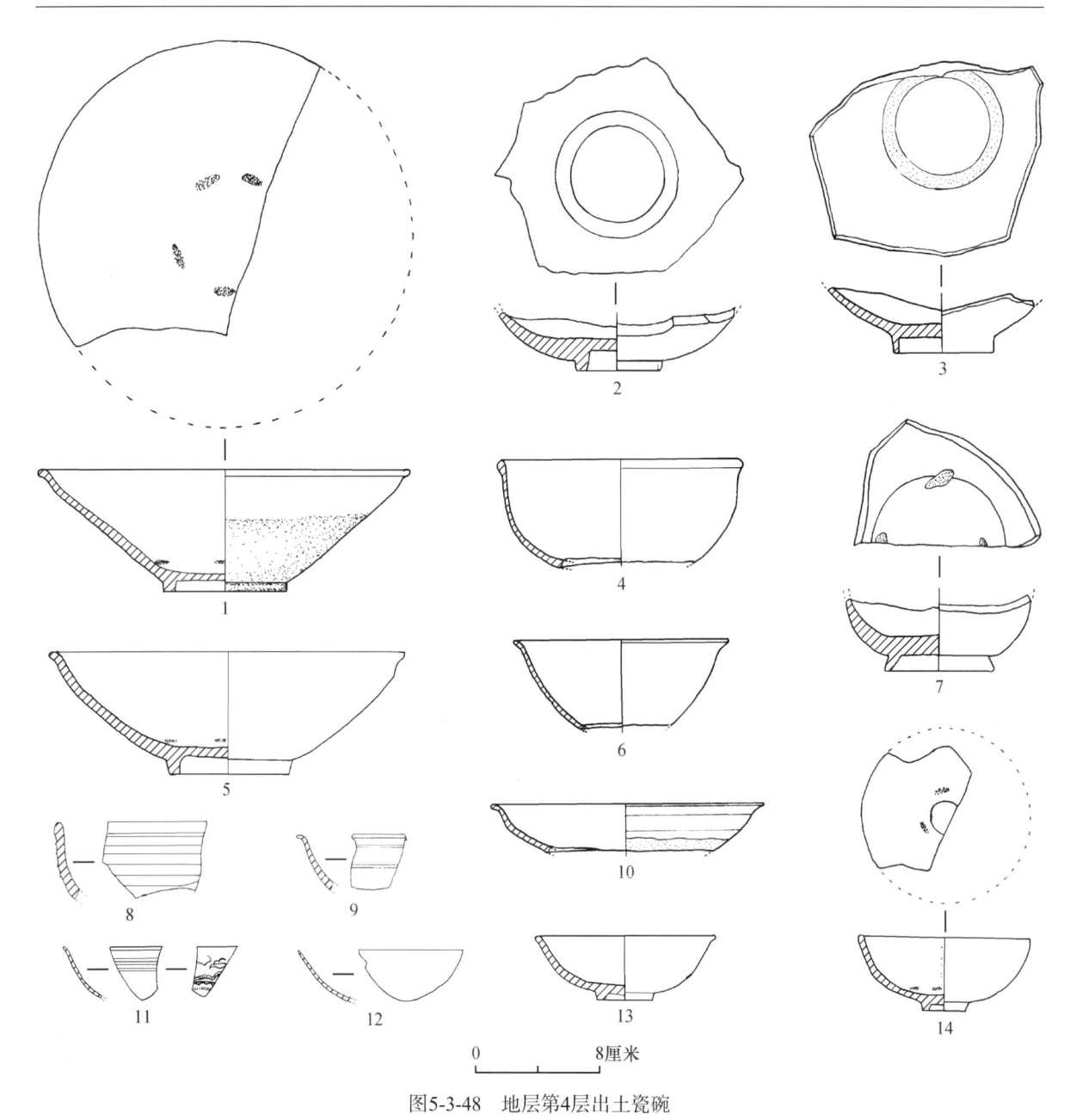

1. T0711④：26 2. T0809④标：10 3. T0709④标：19 4. T0709④标：17 5. T0709④：6 6. T0709④标：16 7. T0809④标：8
8. T0809④标：5 9. T0809④标：7 10. T0709④标：15 11. T0711④标：8 12. T0809④标：6 13. T0711④：28 14. T0611④：4

瓷塑像　1件。T0809④：7，灰白胎，绿釉，侧立吼狮形象，残存头部、胸部和肩部，胸前戴铃铛，毛发披散，残高8.8、残宽8.5、最厚处3厘米（图5-3-47，11；图版一三三，2）。

4. 玉、石器

石饰件　1件。T0710④：8，黄褐色，磨制，残长1.8、宽1.5、厚0.5厘米（图5-3-50，8）。

玉饰件　1件。T0711④：13，磨制，不规则多面体，上表面有刻划线纹，残长2.6、宽1.2、高1厘米（图5-3-50，4）。

图5-3-49　地层第4层出土瓷器

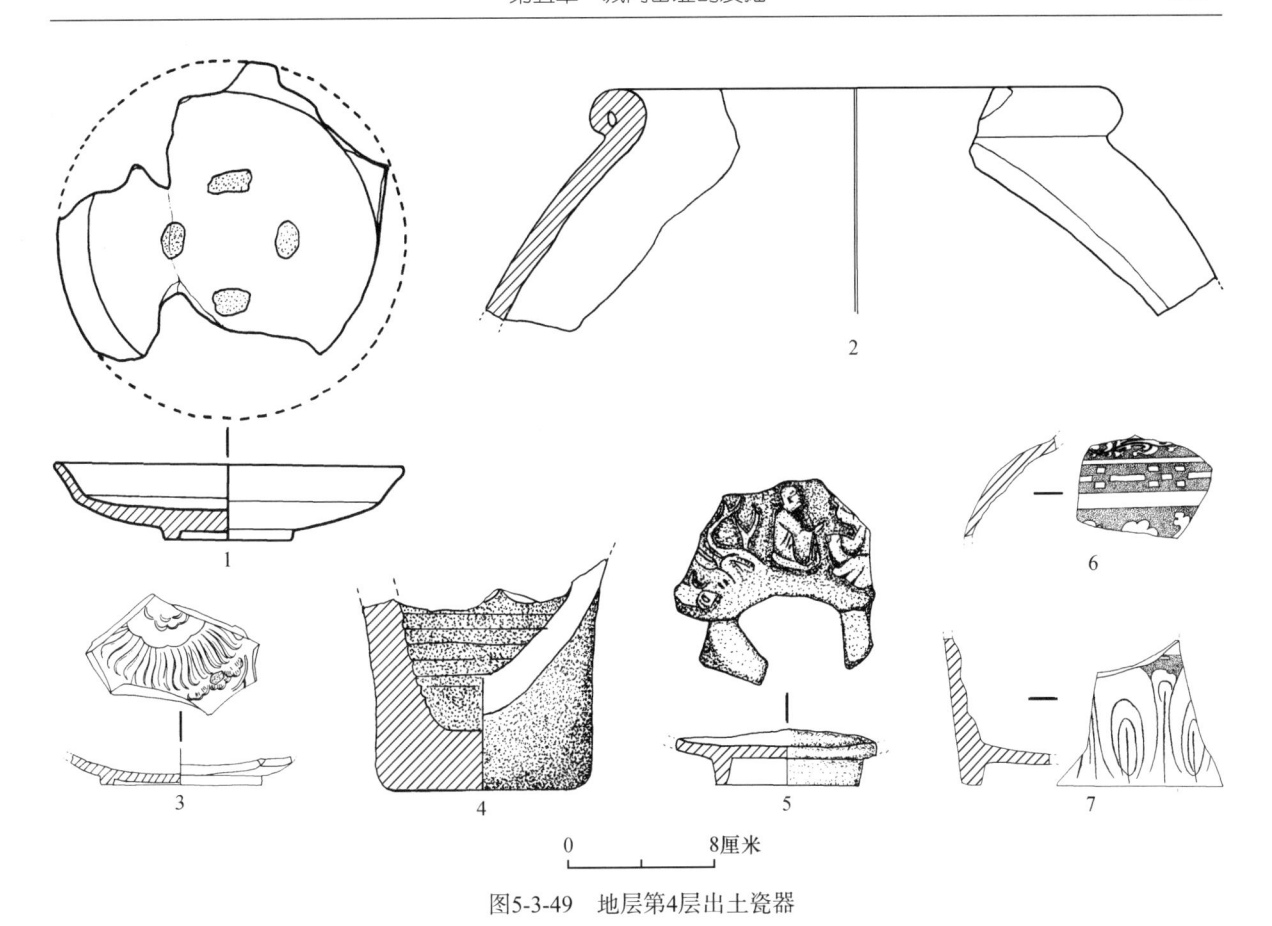

1、3、5. 瓷盘（T0711④：27、T0711④标：14、T0809④：9）　2. 瓷罐口沿（T0709④标：18）　4、6、7. 瓷瓶（T0709④标：20、T0709④标：21-1、T0709④标：21-2）

玉珠　1件。T0711④：14，球体，中部有直径0.3厘米的圆形穿孔，截面直径0.8、高0.9厘米（图5-3-50，7）。

砺石　1件。T0711④：1，长方形，长5.8、宽3.3—4.2、厚2.6厘米（图5-3-50，2）。

5. 骨器

骨耳勺　2件。T0711④：12，勺端残，残长13.8、最宽处0.8、厚0.3厘米（图5-3-50，11）。T0711④：9，勺端残，残长10.4、最宽处0.7、厚0.3厘米（图5-3-50，12）。

骨刷柄　2件。T0711④：15，器表磨光，刷头残，柄部截面呈椭圆形，残长24、宽0.6—1.1、厚0.4厘米（图5-3-50，13）。T0809④：5，器表磨光，刷头残，柄部截面呈椭圆形，残长18.2、宽0.6—0.9、厚0.5厘米（图5-3-50，14）。

骨锥　1件。T0810④：1，动物肢骨劈裂而成，残长12、宽1.8、厚0.6厘米（图5-3-50，15）。

骨笄　1件。T0611④：3，片状，器表磨光，残长6.5、宽0.4—0.6、厚0.2厘米（图5-3-50，16）。

6. 铁器

均为锻铸。

车辖　1件。T0809④：4，残长5、厚1.4厘米（图5-3-50，10）。

铁环　1件。T0709④：3，平面呈椭圆形，长径9.5、短径7.8，截面长方形，长0.7、宽0.5厘米（图5-3-50，17）。

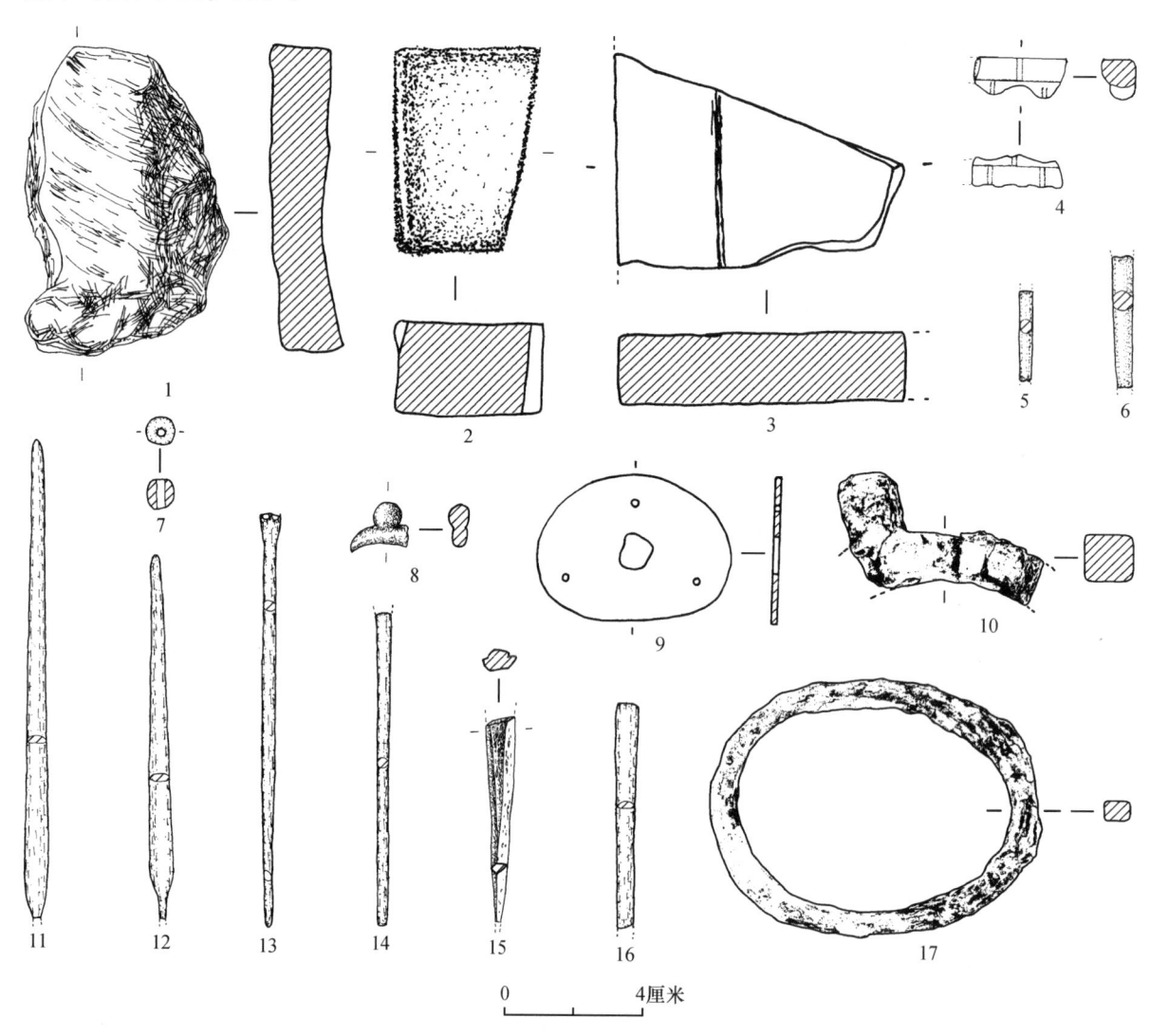

图5-3-50　地层第4、5层出土其他遗物

1. 滑石料（T0710⑤标：4）　2. 砺石（T0711④：1）　3. 琉璃饰件（T0809④：8）　4. 玉饰件（T0711④：13）
5、6. 琉璃棒（T0711④：10、T0711④：11）　7. 玉珠（T0711④：14）　8. 石饰件（T0711④：8）　9. 铜刀格（T0709④：2）
10. 铁车辖（T0809④：4）　11、12. 骨耳勺（T0711④：12、T0711④：9）　13、14. 骨刷柄（T0711④：15、T0809④：5）
15. 骨锥（T0810④：1）　16. 骨笄（T0611④：3）　17. 铁环（T0709④：3）

7. 铜器

铜刀格 1件。T0709④：2，平面呈椭圆形，中部有一孔，因残，形制不规则，其外有3个直径0.2厘米的圆孔呈等腰三角形分布，长径5.7、短径4.3、厚0.15厘米（图5-3-50，9；图版一三八，2）。

铜钱 11枚。

开元通宝 3枚。T0711④：5，顺读，楷书，直径2.4、孔边长0.6、厚0.15厘米（图5-3-51，1）。T0711④：6，顺读，楷书，直径2.5、孔边长0.6、厚0.15厘米。T0711④：7，顺读，楷书，直径2.3、孔边长0.6、厚0.1厘米（图5-3-51，2）。

乾元重宝 1枚。T0611④：2，顺读，楷书，直径2.45、孔边长0.65、厚0.15厘米（图5-3-51，3）。

唐国通宝 1枚。T0711④：8，顺读，楷书，直径2.4、孔边长0.5、厚0.1厘米（图5-3-51，4）。

宋元通宝 1枚。T0711④：4，顺读，楷书，直径2.5、孔边长0.55、厚0.15厘米（图5-3-51，5）。

景德元宝 1枚。T0709④：1，旋读，行书，直径2.4、孔边长0.5、厚0.15厘米（图5-3-51，6）。

祥符元宝 1枚。T0611④：1，旋读，楷书，直径2.6、孔边长0.55、厚0.15厘米（图5-3-51，7）。

元丰通宝 1枚。T0809④：3，旋读，行书，直径2.4、孔边长0.55、厚0.15厘米（图5-3-51，8）。

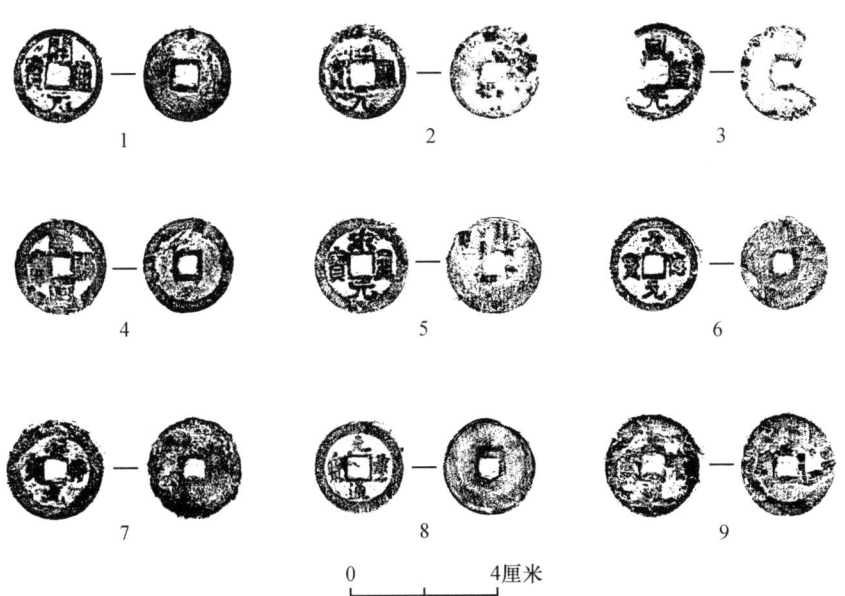

图5-3-51 地层第4层出土铜钱拓片

1. T0711④：5 2. T0711④：7 3. T0611④：2 4. T0711④：8 5. T0711④：4 6. T0709④：1 7. T0611④：1 8. T0809④：3 9. T0711④：2

元祐通宝　1枚。T0711④：2，旋读，楷书，直径2.65、孔边长0.55、厚0.1厘米（图5-3-51，9）。

另有1枚字迹不清。T0711④：3，直径2.5、孔边长0.6、厚0.2厘米。

8. 琉璃器

琉璃棒　2件。T0711④：10，蓝色，圆柱状，残长2.6、截面直径0.35厘米（图5-3-50，5）。T0711④：11，蓝色，圆柱状，残长3.8、截面直径0.5—0.6厘米（图5-3-50，6）。

琉璃饰件　1件。T0809④：8，板状，灰胎，侧边和上表面施釉，釉色黄绿，残长8.2、残宽6.3、厚2厘米（图5-3-50，3）。

第四节　第二期遗存

一、遗存概述

第二期遗存包括地层第3层，以及开口于第3层下和部分开口于第2b层下的遗迹单位和出土遗物。

该期遗迹以夯土台基和灰坑、柱洞、房址为主。该期发掘区北部可见排列整齐的础石或柱洞、柱坑等遗迹，可知该期此处存在叠压于第一期遗存之上的建筑台基，由于发掘面积有限，无法廓清建筑台基的分布范围。南部遗迹以形制各异的灰坑为主。另见房址、灶坑等遗迹（图5-4-1）。

出土遗物仍以日用陶瓷器为主。陶器以罐、盆、壶等器类为主，多为素面，偶见篦齿纹饰。瓷器多为支烧或覆烧，器类以碗、盘为主。

二、建筑台基遗迹

建筑台基遗迹分布范围较大，但保存状况较差。主要发现于发掘区西北部的T0611和T0711，中部的T0710和T0810内。东北部的T0811因晚期窑址的打破，未见相关遗迹。

地层第3a层即为该建筑台基的夯土层，叠压于为修建台基平整土地形成的垫土层第3b层之上。夯土残存厚度在0—40厘米，为致密的花土，夹大量炭屑，出土遗物极少，有陶瓷残片及少量碎瓦片。被多个灰坑和柱洞等遗迹打破。

在T0611和T0711中，有成排分布的柱础遗迹，开口于第2层下，呈西北—东南向排布。有柱洞和柱坑两种形制的遗迹。

柱洞为直接埋于夯土中的木柱腐朽后形成。该类柱洞直径15—20厘米，残存深度10—40厘

第五章 城内窑址的发掘

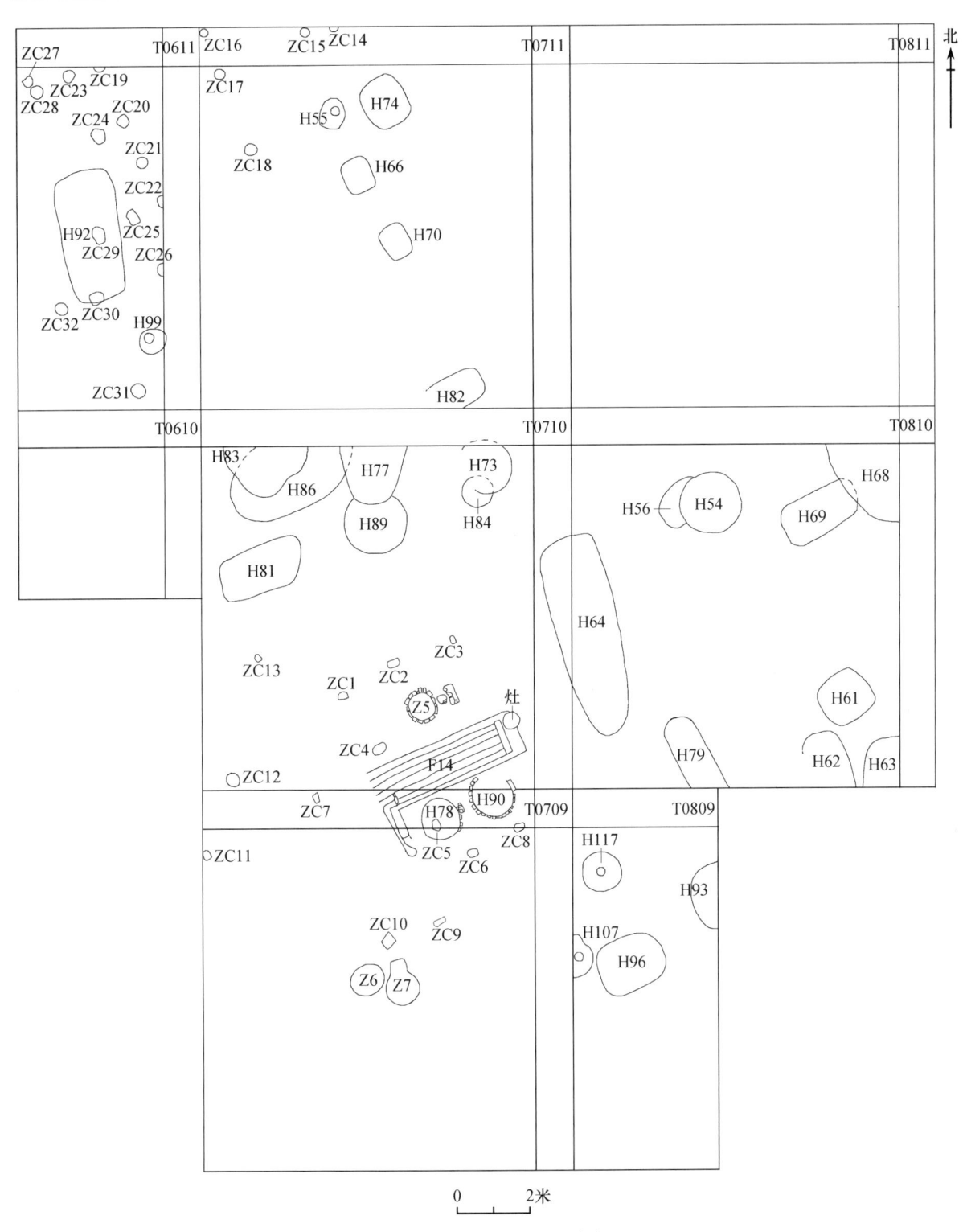

图5-4-1 第二期遗迹平面分布图

米，底部垫一块平面形制不规则但上表面较平整的石块，应为木柱下方用于承重的础石（图版四七，1），编号ZC1—ZC32。石块直径（或边长）多为20—40厘米，面积略大于柱洞直径，厚8—10厘米。该类柱洞数量占绝大多数，应为该建筑台基柱础的主要营造形式。

柱坑有两种形式，均以H编号。

第一种为修建夯土台基前在地面挖坑掩埋并固定木柱的根部，再用夯土将木柱主体掩埋入台基中，如H107、H117。由于工作失误，在对夯土层发掘时未能及时留意到这种现象，直至发现柱坑坑口才辨识出来。

H107　位于T0809西部，开口于第3b层下，坑口呈不规则形，北壁较直，其余部分略弧，圜底，不甚规整，坑口直径1.15、深0.25米。坑中部有一直径18厘米的圆形柱洞，深30厘米。坑内填土为一次堆积，填土为灰色土，土质疏松，包含少量烧土粒和炭粒（图5-4-2；图版四七，3）。

H117　位于T0809西北角，开口于第3b层下，坑口呈圆形，直壁，平底，坑口直径0.84、深0.76米。坑内有多个同心圆坑，使坑内填土分为二层，并呈阶梯状分布，第1层填土为灰黑色，土质疏松，无包含物；第2层填土为灰色黏土，土质黏重，亦无包含物（图5-4-3；图版四七，4）。

第二种是在夯土上下挖一面积较大的深坑，在其内栽桩立柱。该类柱洞形似灰坑，平面有方形、圆形及不规则形，直径（或边长）0.5—1米，直壁或斜直壁，深浅不一。该类柱坑数量不多，应为该建筑台基营建的一种补充形式，可能是使用过程中维修形成的，如H55、H66、

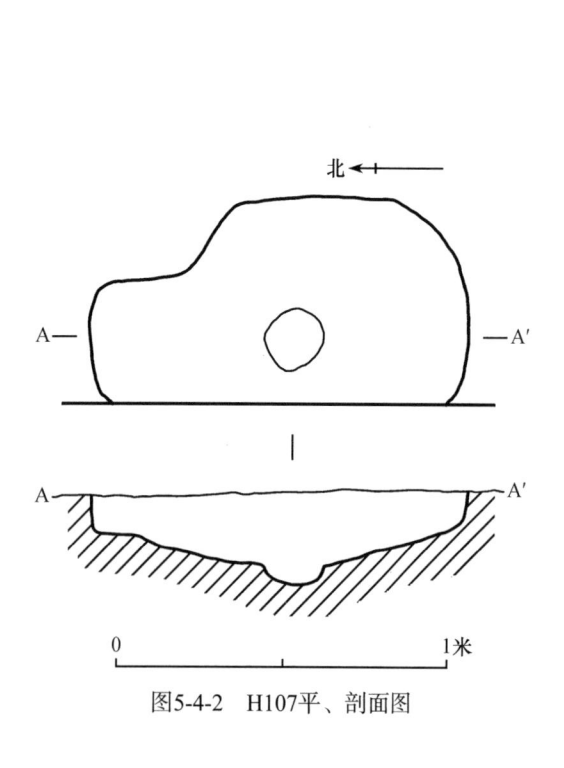

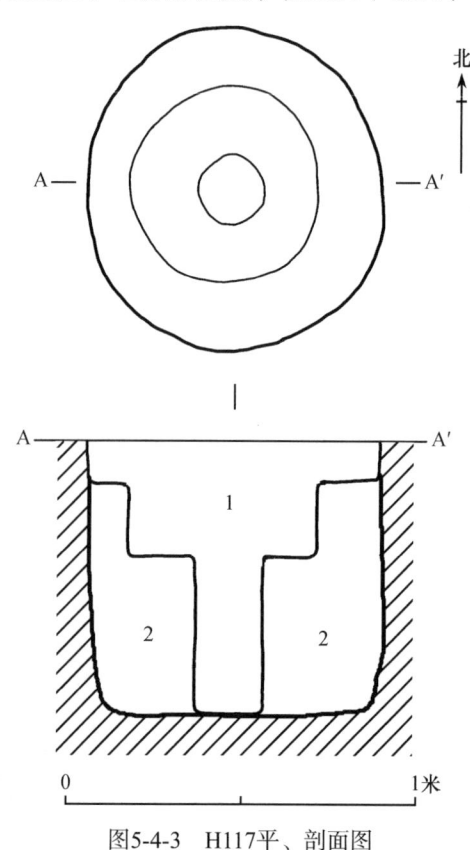

图5-4-2　H107平、剖面图

图5-4-3　H117平、剖面图

H70、H99。

H55　位于T0711北部，开口于第2b层下。坑口近椭圆形，斜弧壁，平底。长0.95、宽0.7、深0.25米。坑内中部有一块板石，形制不甚规整，边长20、厚8厘米，坑内填土为灰褐色砂质土，较松软，局部有少量黑色烧灰。包含物以陶片为主，另有少量陶垫砖、瓷片和泥坯（图5-4-4）。

H66　位于T0711中北部，开口于第2b层下。坑口呈不甚规整的圆角长方形，斜直壁，圜底。坑口南北长1.1、东西宽0.86、深0.6米。坑内填土为以烧灰为主的沙质土，包含物有陶片、少量瓷片、泥坯、碎砖残块等（图5-4-5；图版四七，2）。

H70　位于T0711中部，开口于第2b层下。坑口近椭圆形，斜弧壁，平底。坑口长径1.2、短径0.9、深0.4米。坑内填土为夹杂烧灰、杂黄土块和少量陶片、碎砖块的黑褐色土（图5-4-6）。

H99　位于T0611东南角，开口于第2b层下，坑口呈不甚规整的圆形，直壁，平底，不甚规整，坑口直径0.86、深0.32米。坑内平置一块板石，平面大致呈圆形，直径28、厚8厘米。坑内堆积为一次性填土，黑褐色亚黏土，较疏松，包含黑色草灰，夹杂大小不等的黄土包块。坑内出土少量瓷片，有白釉细瓷刻划纹小碗腹片、青白釉粗瓷碗腹片等。应为一处柱础坑（图5-4-7）。

从现存础石与柱坑的分布情况来看，发掘区南部和北部应当为两个相对独立的夯土建筑。北部建筑夯土较厚，台基高约0.4米，多见有础石的柱洞，少量使用柱坑。柱础残存23个，其中础石19个，础坑4个，在发掘区内分布于T0611东部和T0711中西部，范围东西10.7、南北9.6米，从排布来看，东西向约11个，间距1.1—1.2米，南北向7个，间距1.3—1.6米。南部建筑夯土相对较薄，台基高度0.1—0.25米，柱础残存15个，其中础石13个，础坑2个，在发掘区内分布于T0710南部、T0709北部和T0809西北部，范围东西9.8、南北11米，础石排布东西向7个，间距1.5—1.6米，南北向7个，间距1.6—1.8米。

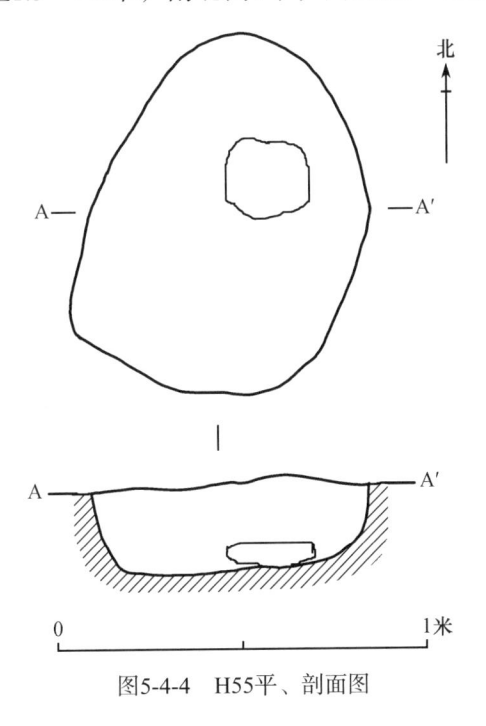

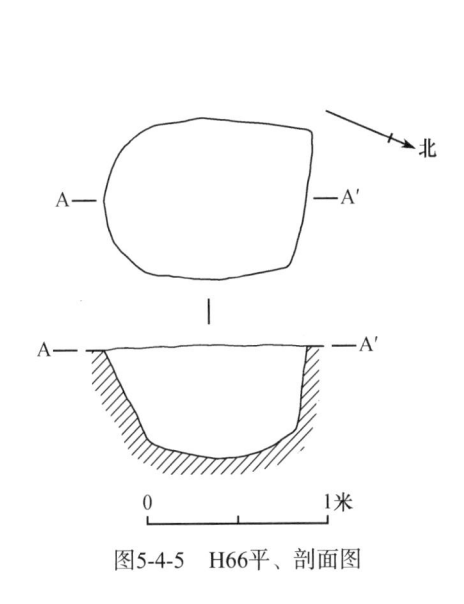

图5-4-4　H55平、剖面图

图5-4-5　H66平、剖面图

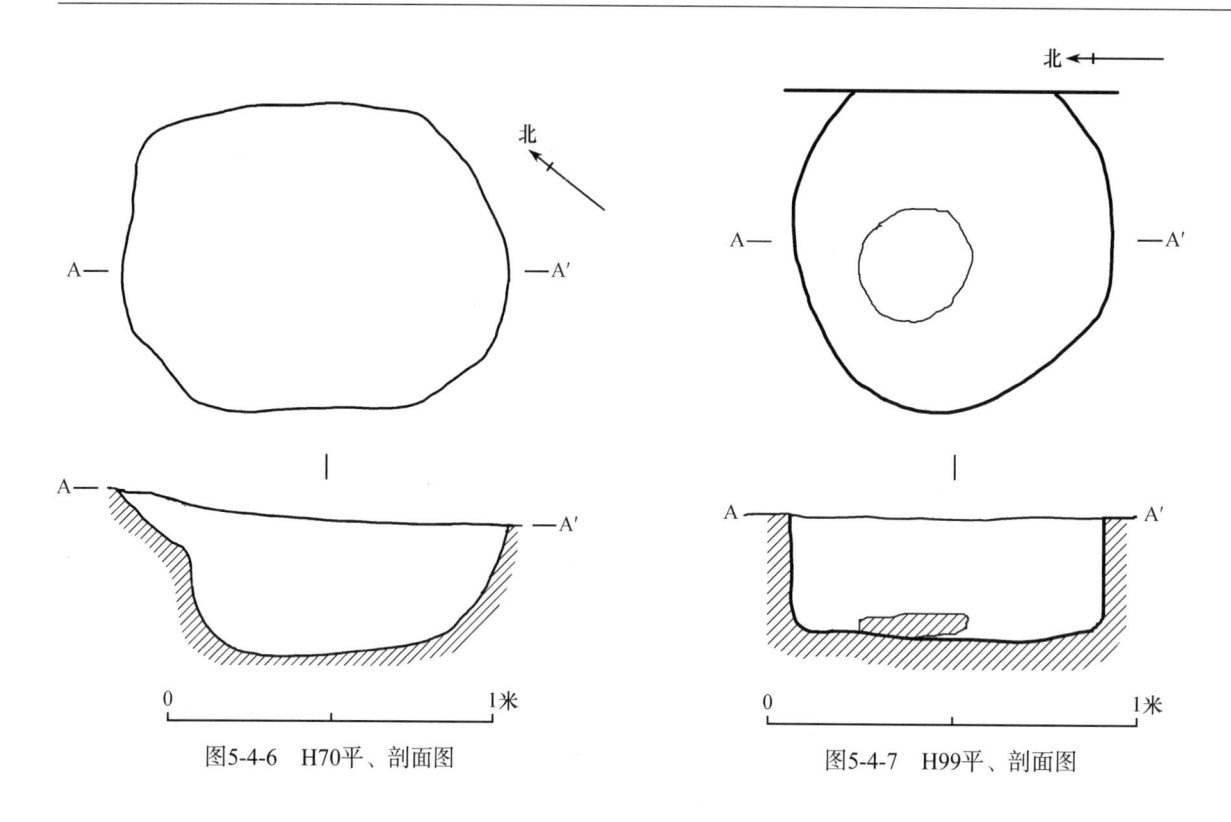

图5-4-6　H70平、剖面图　　　　　　　图5-4-7　H99平、剖面图

三、灰坑及出土遗物

（一）灰坑

H54　位于T0810北部，开口于C2之下，打破H56，又被H52打破。坑口呈椭圆形，西侧直壁，东侧壁上斜下直，平底。坑口长径1.54、短径1.4、深0.68米。坑内填土为一次性堆积，黄褐色夹黑斑，砂质，颗粒较细，疏松（图5-4-8；图版四八，1）。

H56　位于T0810西北部，被H52及H54打破。坑口呈西南—东北向圆角长方形，直壁微斜，圜底。残长1.25、宽0.5、深0.35米。坑内填土为一次性堆积，红褐色，似烧土，砂质，颗粒较细，较疏松，出土1件瓷碗底（图5-4-9）。

H61　位于T0810东南部，开口于第3b层下，坑口南侧被H58打破。坑口呈圆角长方形，直壁，平底。长1.5、宽1.2、深1.4米。坑内填土为红黑黄色相间烧土，土色花杂，砂质，颗粒较细，疏松，包含较多陶片，少量瓷片及动物骨骼（图5-4-10）。

H62　位于T0810东南部，开口于第3b层下，坑口被H58打破。坑口呈南北向圆角长方形，直壁，平底。未完全揭露，发掘部分长1.5、宽1、深0.8米。坑内填土为黑灰夹黄褐色淤土及黄色淤沙，颗粒较细，疏松，包含大量陶片及少量瓷片（图5-4-11）。

H63　位于T0810东南角，开口于第3b层下，仅发掘一角，西侧被H58打破。坑口呈圆角方形，直壁，平底。发掘部分南北长1.6、东西宽1.05、深1.5米。坑内填土为灰色土夹杂小砂粒，包含较多陶片及少量瓷片（图5-4-12）。

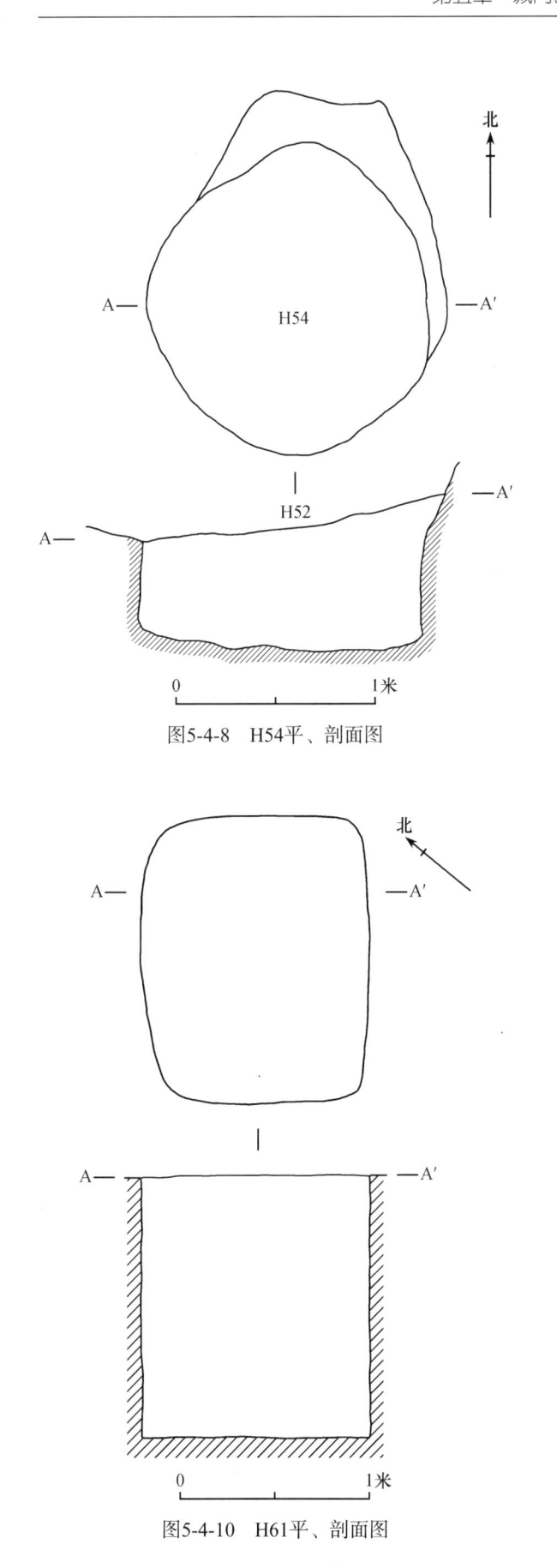

第五章　城内窑址的发掘

图5-4-8　H54平、剖面图

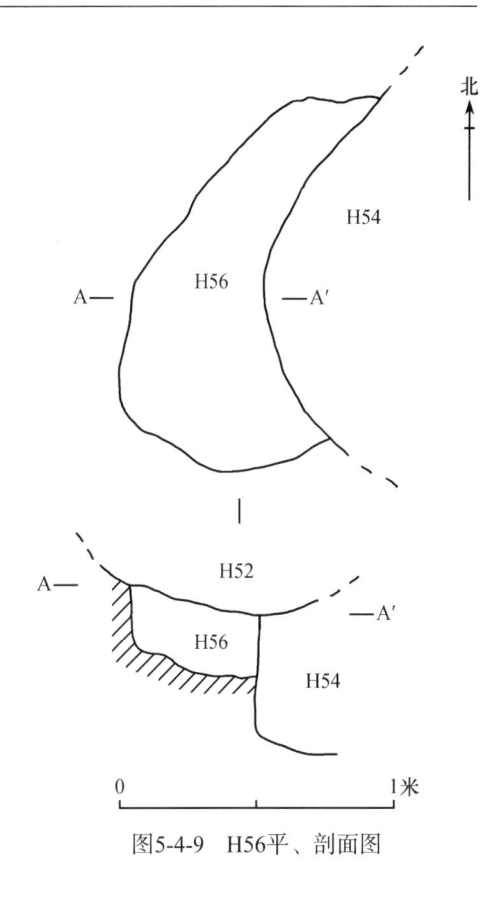

图5-4-9　H56平、剖面图

图5-4-10　H61平、剖面图

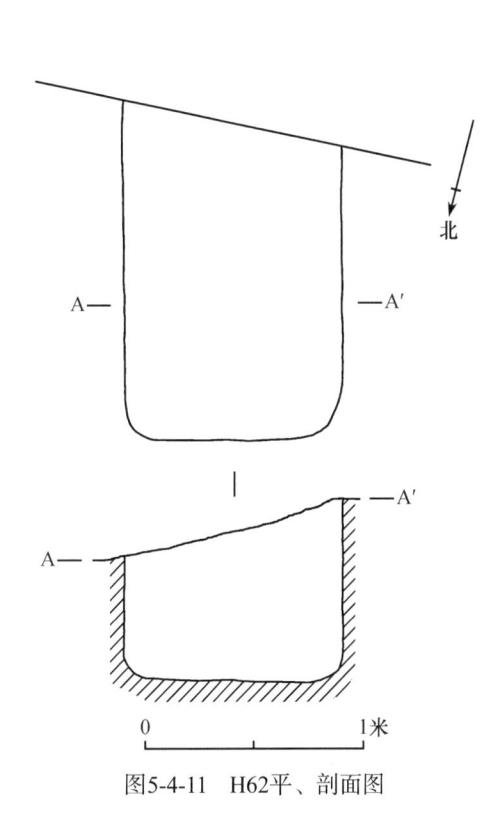

图5-4-11　H62平、剖面图

H64　位于T0810西部，开口于第3a层下。坑口呈南北向不甚规整的椭圆形，直壁，平底。长径5.4、短径1.5、深1.4米。坑内填土可分为三层：第1层为灰色土，厚0.2—0.4米，夹杂少量陶片；第2层为灰黑色土，厚0.6米，土质松软，包含大量草木灰，出土大量陶瓷片；第3层为灰黄色土，厚0.7—1米，包含大量碎砖瓦（图5-4-13）。

H68　位于T0810东北角，开口于第2b层下，西侧被H51打破。仅发掘一角，坑口形制呈圆形，斜弧壁，圜底。发掘部分东西长2、南北宽1.4、深1.15米。坑内填土为一次性堆积，为灰色土，包含大量碎瓦（图5-4-14）。

H69　位于T0810东北部，开口于第2b层下。坑口形制不规整，一端为圆角方形，另一端为椭圆形，直壁，平底。坑口东西长2.5、南北宽1.2、深0.3米。坑内填土为一次性堆积，土色黑灰，包含少量陶片、废骨料（图5-4-15；图版四八，2）。

H73　位于T0710东北部，开口于第2b层下，西侧被H71打破。坑口近圆形，斜弧壁，圜底。坑口长径1.2、短径1.1、深0.4米。坑内放置不完整的马骨一具，包括头骨、胫骨、腰椎骨、尾椎骨及几块肢骨残块，填土为深褐色沙质土，略松软，夹杂少量陶片（图5-4-16；图版四八，3）。

H74　位于T0711中北部，开口于第2b层下。坑口呈圆角长方形，直壁，平底。坑口南北长1.4、东西宽1.2、深0.4米。坑内填土为深褐色沙质土，略松软，包含大量碎砖残块，少量泥质灰陶残片及几片白瓷片（图5-4-17；图版四八，4）。

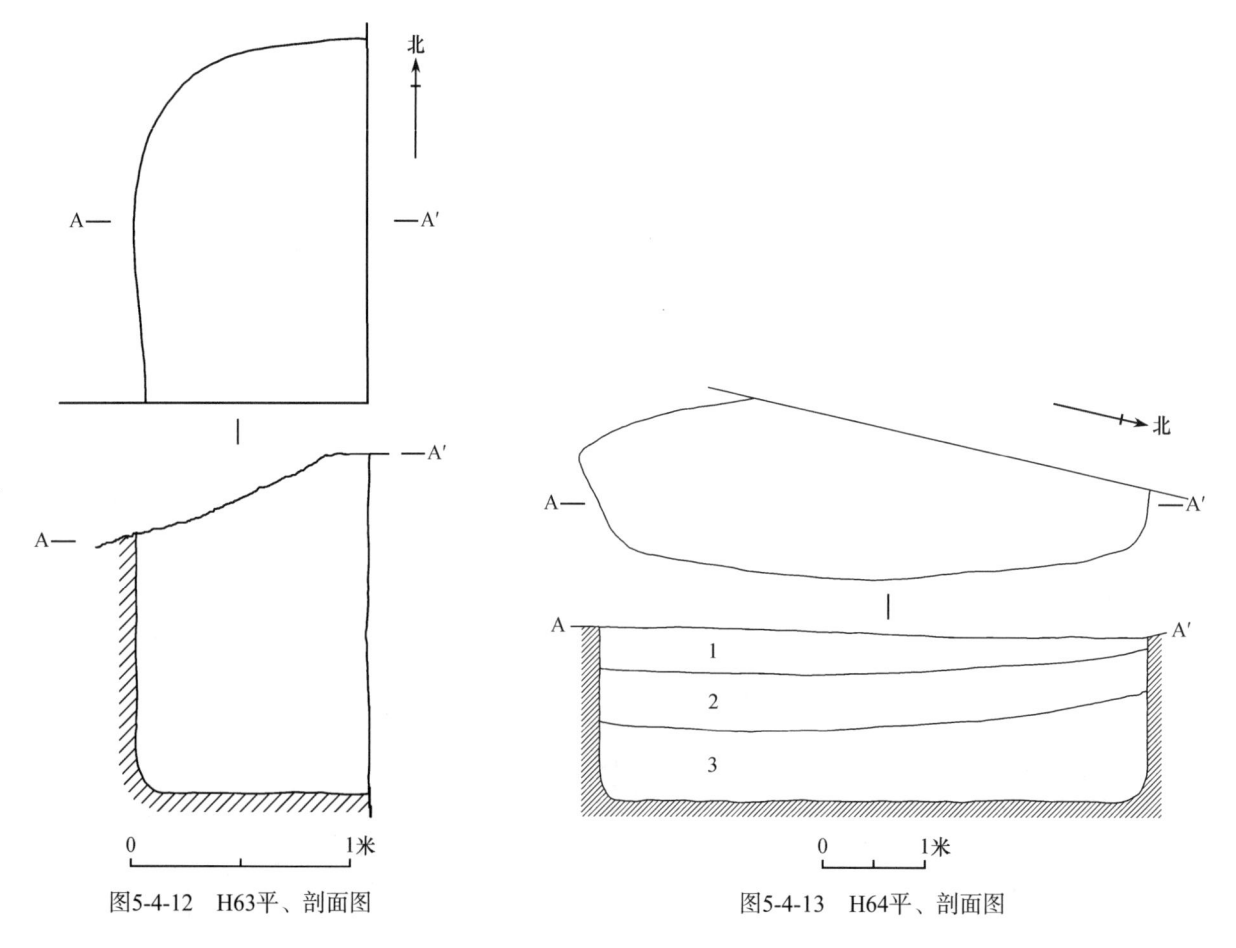

图5-4-12　H63平、剖面图

图5-4-13　H64平、剖面图

第五章　城内窑址的发掘

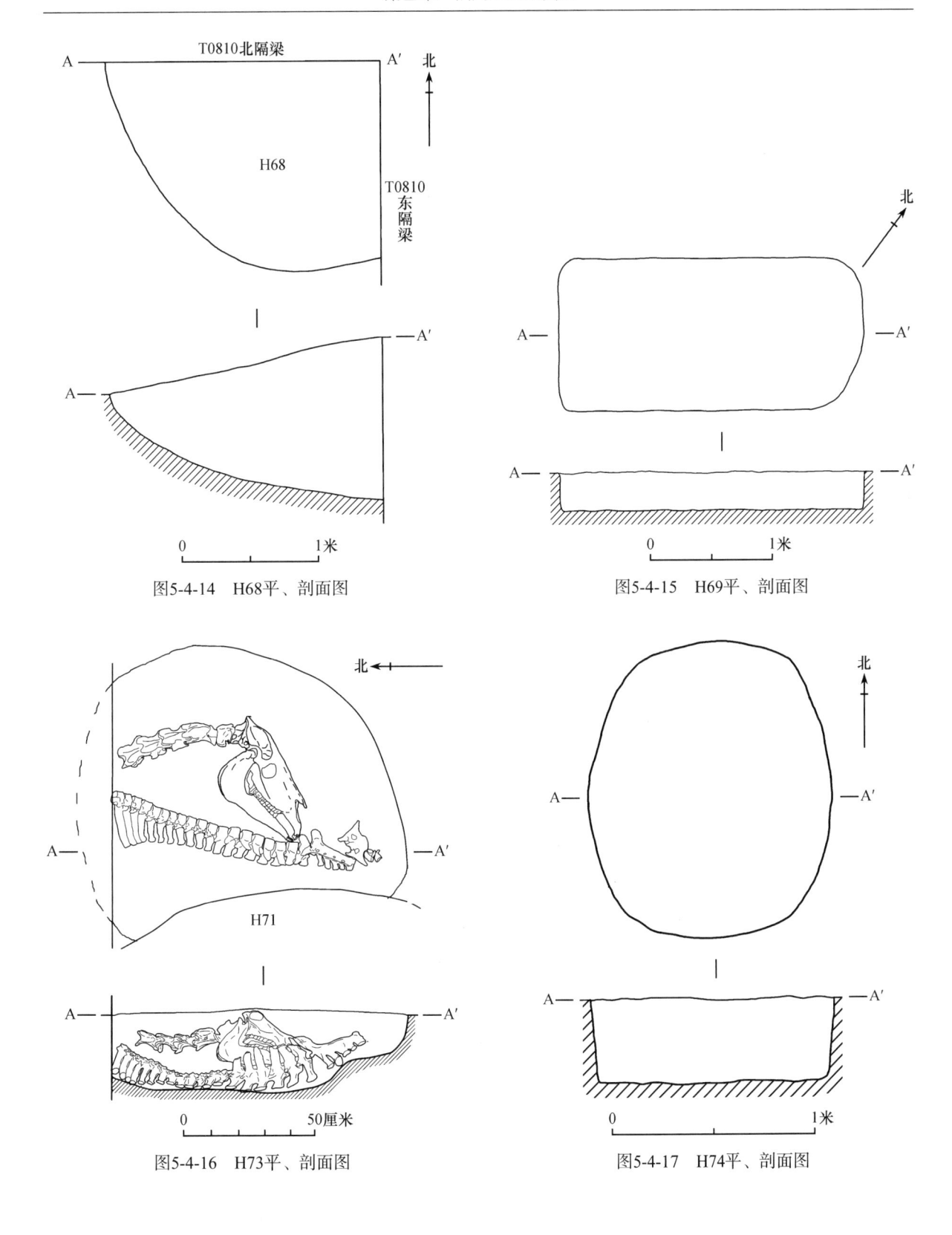

图5-4-14　H68平、剖面图

图5-4-15　H69平、剖面图

图5-4-16　H73平、剖面图

图5-4-17　H74平、剖面图

H77　位于T0710中北部，开口于第3b层下，西端被H80打破，并打破H89。坑口呈椭圆形，斜弧壁，圜底。坑口残长1.9、宽1.3、深0.4米。坑内堆积可分二层：第1层为黄褐色沙质土，夹杂黄色小斑点，包含红色碎砖残块、陶片和少量烧灰，厚0—0.3米；第2层为灰黄色沙质土，夹杂黄色小斑点，包含陶片和少量瓷片，厚0—0.4米（图5-4-18）。

H78　位于T0709东北部，开口于第2b层下。坑口呈圆形，坑边以碎砖包砌，东侧保存较好，西侧包砖已塌落，斜直壁，平底。坑口直径1.12、深0.2米。坑内填土为松软的黑灰土，颗粒较细，包含少量陶瓷片和鱼骨（图5-4-19）。

H79　位于T0810西南部，开口于第2b层下，打破F15和H91，仅发掘北半部分。坑口平面呈圆角长方形，弧壁，圜底。发掘部分坑口长2.35、宽1.3、深0.9米。坑内填土为松软的灰褐色土，颗粒较粗，包含少量陶瓷片，大量鱼骨、兽骨，应为一处储藏坑（图5-4-20）。

H81　位于T0710西北部，开口于第3b层下。坑口呈不甚规则的长方形，西南—东北向，斜弧壁，平底。坑口长2.3、宽1.28、深0.28米。坑内填土为灰褐色沙质土，较松软，夹杂部分烧灰，包含有少量陶片、瓷片（图5-4-21）。

H82　位于T0711东南角，开口于第2b层下，西侧被H80打破。坑口呈西南—东北向圆角长方形，斜直壁，平底。坑口东西残长1.55、南北宽0.8、深0.4米。坑内填土为灰褐色沙质土，较细腻，包含少量泥质灰陶片和石块（图5-4-22）。

H83　位于T0710西北角，开口于第3b层下，仅发掘南半部分，东端被H80打破。坑口平面呈不规则形，弧壁，圜底。坑口东西残长2.2、南北宽1.28、深0.22米。坑内填土为灰黑色沙质土，夹杂大量烧灰、炭粒及黄白色斑点，包含少量陶片、瓷片和碎砖块（图5-4-23）。

H84　位于T0710东北角，开口于第3b层下。坑口平面呈椭圆形，斜直壁，平底。坑口长径0.94、短径0.78、深0.4米。坑内填土为灰褐色沙质土，夹杂大量烧灰和少量泥质灰陶片（图5-4-24）。

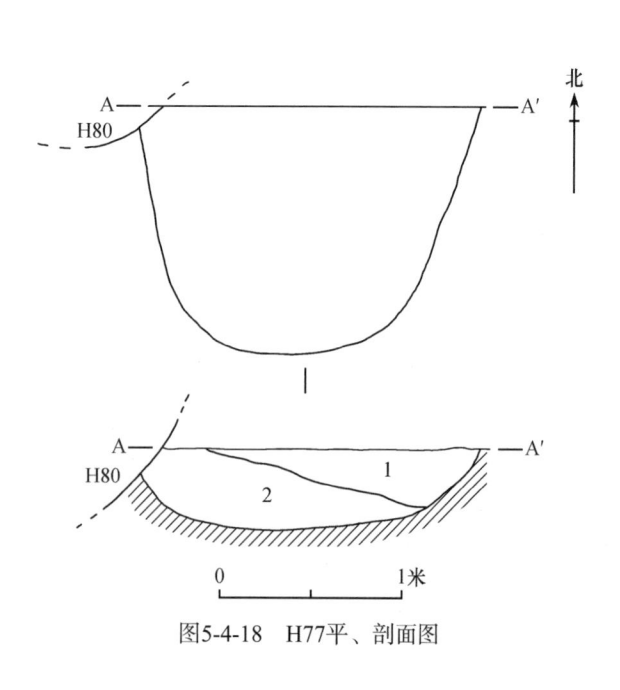

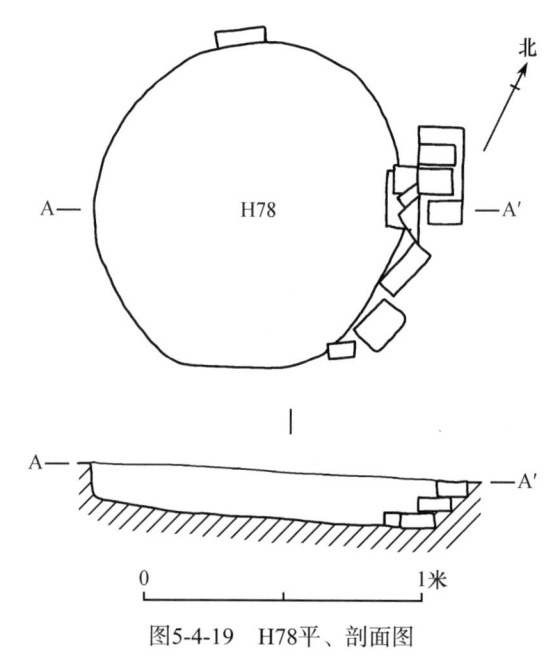

图5-4-18　H77平、剖面图

图5-4-19　H78平、剖面图

第五章　城内窑址的发掘

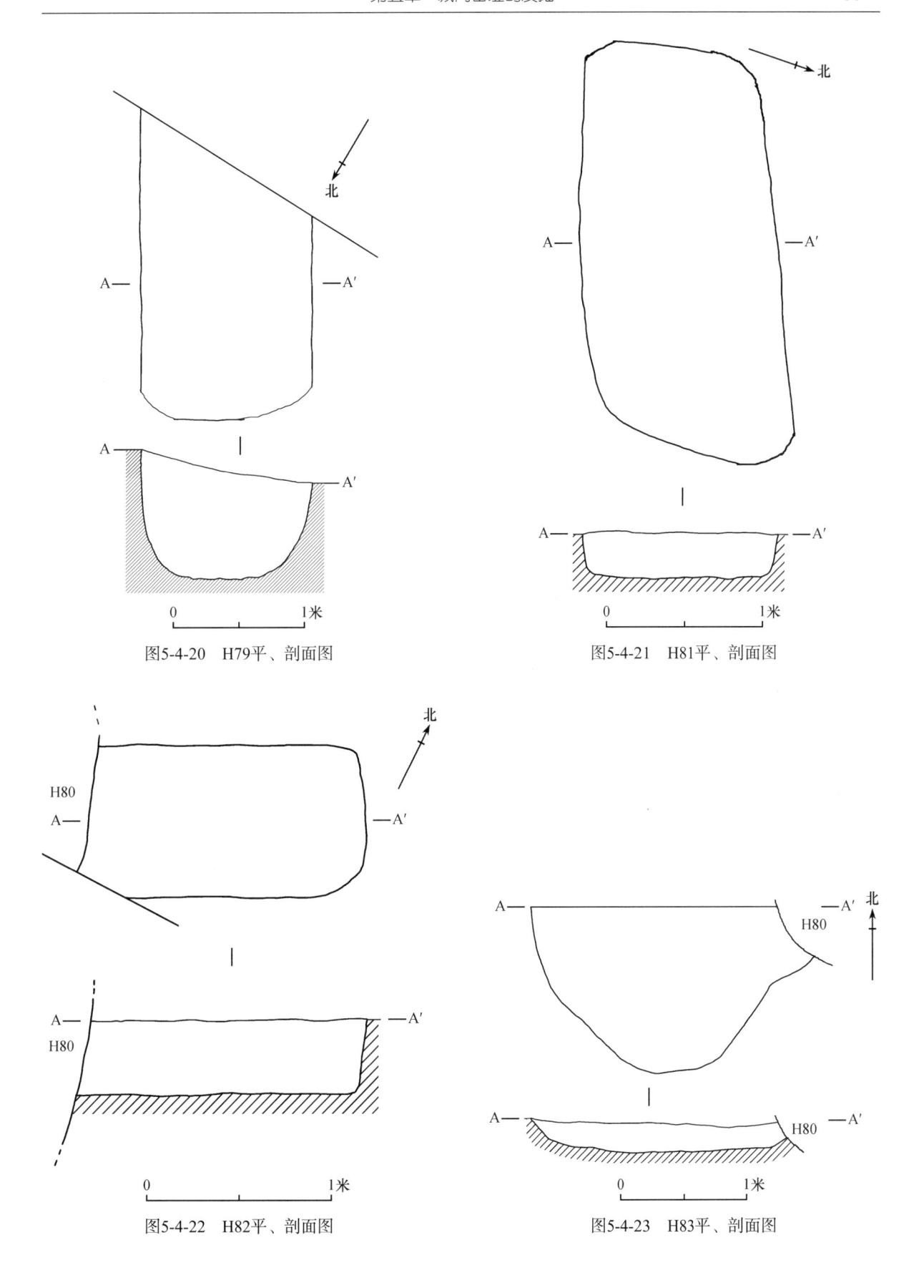

图5-4-20　H79平、剖面图

图5-4-21　H81平、剖面图

图5-4-22　H82平、剖面图

图5-4-23　H83平、剖面图

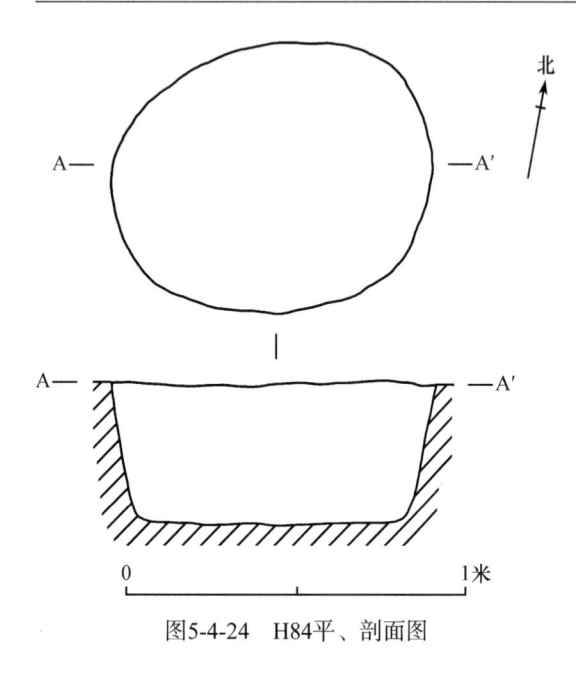

H86　位于T0710西北部，开口于第3b层下。坑口平面呈西南—东北向椭圆形，弧壁，平底。坑口长径3.76、短径1.76、深0.4米。坑内堆积可分为二层：第1层为棕红色烧土层，有火烧迹象，厚0—0.25米，包含少量陶片和动物骨骸；第2层为灰褐色沙质土，夹杂少量黄白色小斑点，厚0.15—0.4米，包含陶片和兽骨（图5-4-25）。

H89　位于T0710北部，开口于第3b层下，北端被H77打破。坑口呈椭圆形，斜直壁，近平底。坑口长径1.4、短径1.2、深0.35米。坑内填土为灰褐色沙质土，较松软，夹杂较多烧灰，包含少量陶片和瓷片（图5-4-26）。

H90　位于T0709东北角，开口于第2b层下，北端被H60打破。坑口平面呈圆形，坑口边缘包砖，直壁，平底。坑口直径1.3、深0.42米。坑内填土为松软的黑灰土，颗粒较细，包含少量陶瓷片，大量鱼骨、兽骨，应为一处储藏坑（图5-4-27）。

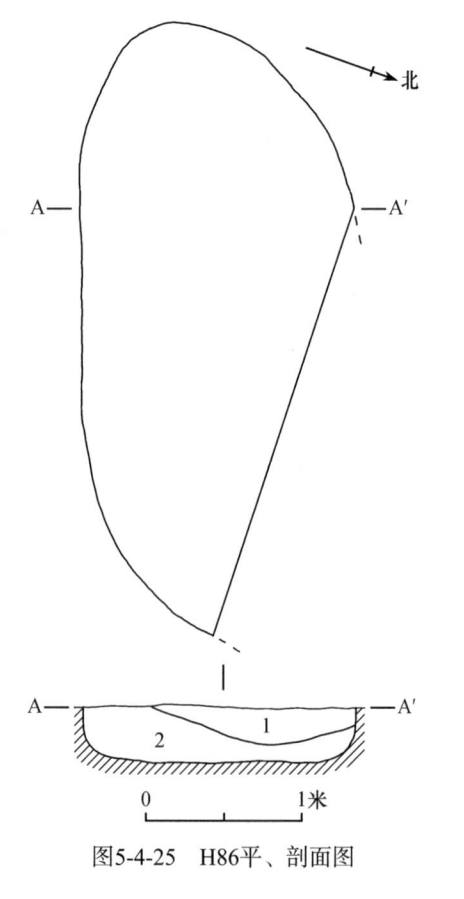

图5-4-24　H84平、剖面图

图5-4-25　H86平、剖面图

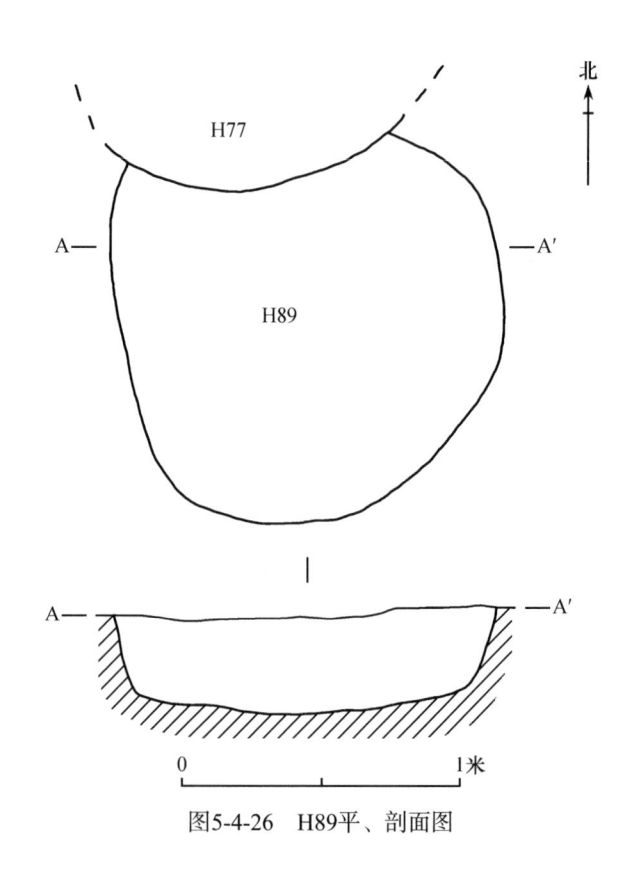

图5-4-26　H89平、剖面图

H92　位于T0611中东部，开口于第3a层下，北端打破H98。坑口平面呈南北向圆角长方形，南侧为斜弧壁、北侧为斜直壁，平底，局部有凹坑。坑口长3.4、宽1.74、最深处0.74米。坑内填土为一次性堆积，黑褐色亚黏土，松软，略黏，含草木灰，烧土粒及少量黄色斑点。出土遗物以陶、瓷片为主，陶片包括口沿、器底、腹片，部分陶片有附加堆纹，器类有盆、缸等，瓷片多为白釉粗瓷，可辨器形有碗、盘等，另有蓝色琉璃饰件出土（图5-4-28；图版四九，1）。

H93　位于T0809中北部，开口于第3a层下，西端打破H97。仅发掘一半，坑口呈圆形，弧壁，底不甚规整，坑口直径2、最深处1米。坑内填土为一次堆积，灰黑色，土质疏松，包含烧土块、碎砖和少量烧骨，出土罐、盆等陶器残片（图5-4-29）。

H96　位于T0809西部，开口于第3a层下，东端打破H97。坑口呈不甚规整的圆角长方形，直壁，平底，坑口长1.8、宽1.5、深0.7米。坑内填土为一次堆积，灰黑色，土质疏松，出土碎砖瓦、陶片、瓷片和骨料，可辨器形有陶罐、陶盆、瓷盘等（图5-4-30）。

（二）出土遗物

1. 陶器

陶罐　7件。H64：24，卷沿圆唇，溜肩，上腹微鼓，平底，口径27、底径21、最大腹径36、高36厘米（图5-4-31，2；图版九九，5）。H64：23，展沿，沿面上有一圈凹槽，圆唇，敛口，圆肩，斜直腹，平底，口径32.5、底径24、最大径42、高38厘米（图5-4-31，3；图版

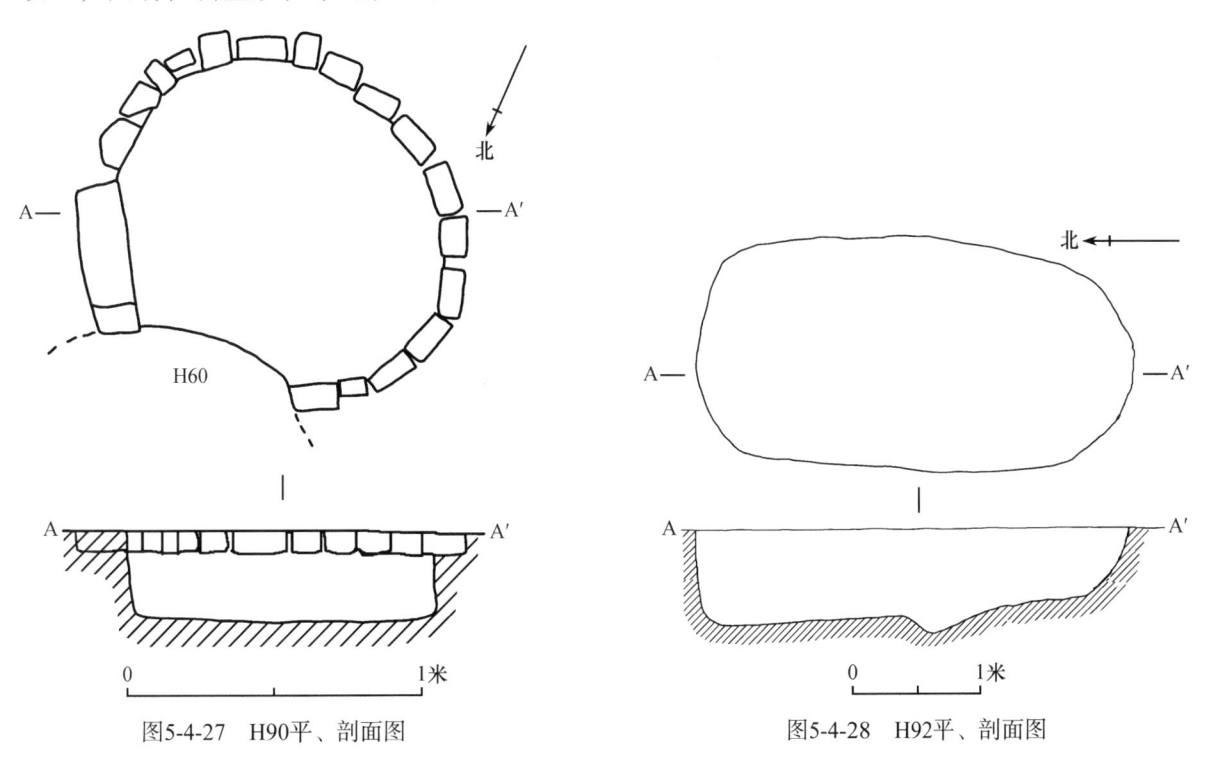

图5-4-27　H90平、剖面图

图5-4-28　H92平、剖面图

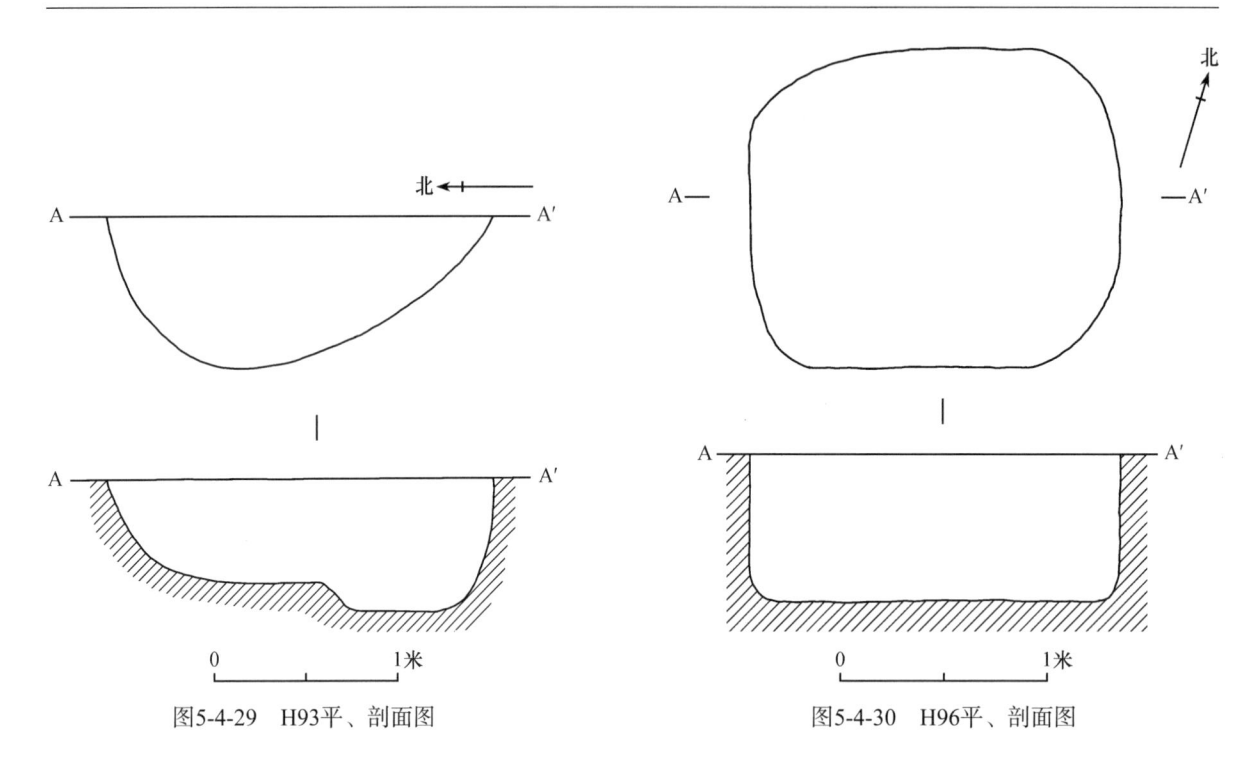

图5-4-29 H93平、剖面图　　　　　图5-4-30 H96平、剖面图

一〇四，1）。H64：19，卷沿圆唇，敛口，鼓肩，下腹斜直内收，平底，器身有烧制过程中形成的气泡，口径15、底径16、最大腹径32、高29厘米（图5-4-31，5；图版九九，4）。H55：1，卷沿圆唇，溜肩，鼓腹，平底，口径12、底径9.6、最大腹径18、高15.6厘米（图5-4-31，6；图版九九，1）。H96：4，外折沿方唇，圆肩，肩部以下残，残高8、胎厚0.4厘米（图5-4-31，7）。H96：1，内卷沿圆唇，肩部有对称的竖桥耳，肩部以下残，口径14、残高7.2厘米（图5-4-31，8）。

陶壶　5件。H64：27，卷沿，圆唇，长颈，溜肩，鼓腹，大平底，口径11.4、底径19.6、最大腹径32、高36厘米（图5-4-31，1；图版一〇四，6）。H64：21，卷沿，圆唇，口沿处有四圈弦纹，长颈，颈下部有一圈弦纹，溜肩，鼓腹，大平底，口径14、底径17.5、最大腹径24、高31厘米（图5-4-31，4；图版一〇五，6）。H86：9，口沿及底均残，肩部及上腹部饰多圈篦齿纹，最大径22、残高15.6厘米（图5-4-31，9）。H86：8，外折沿，圆唇，敞口，束颈，颈部较长，肩部以下残，颈部及肩部饰篦齿纹，口径23.2、残高27.2厘米（图5-4-31，10；图版一〇五，3）。H62：6，口沿及底均残，束颈，溜肩，深腹，最大径28.4、残高40厘米（图5-4-31，11）。

陶盆　16件。轮制，泥质灰陶。分二型。

A型　12件，敞口，浅腹。H64：18，卷沿，圆唇，敞口，弧腹，平底微内凹，口径60、底径30、高20厘米（图5-4-32，1）。H64：25，卷沿，圆唇，敞口，弧腹，平底，器身烧造变形，口部呈椭圆形，长径76、短径62.4、底径35.2、高20厘米（图5-4-32，2）。H64：26，卷沿，圆唇，敞口，弧腹，平底，口径53.6、底径28.8、高16.6厘米（图5-4-32，3）。H82：6，卷沿，圆唇，弧腹，平底微内凹，口径56、底径29.8、高19厘米（图5-4-32，4）。H64：28，卷沿，圆唇，敞口，弧腹，平底微内凹，口径55.2、底径28.6、高16.4厘米（图5-4-32，

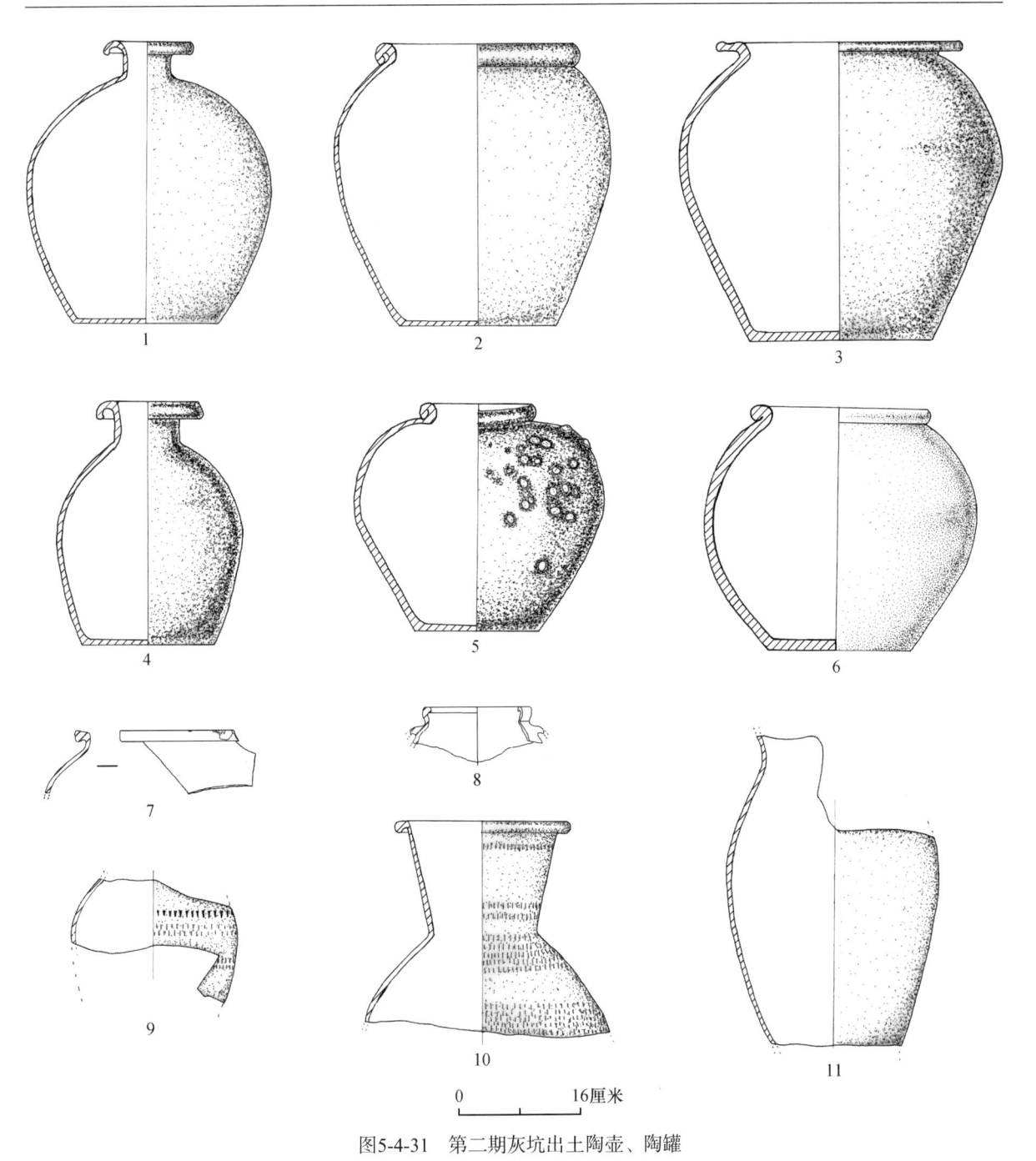

图5-4-31 第二期灰坑出土陶壶、陶罐

1、4、9—11.陶壶（H64:27、H64:21、H86:9、H86:8、H62:6） 2、3、5—8.陶罐（H64:24、H64:23、H64:19、H55:1、H96:4、H96:1）

5）。H74:4，卷沿，圆唇，敞口，弧腹，平底微内凹，口径43.2、底径22、高14厘米（图5-4-32，6）。H83:11，口沿残，弧腹，平底微内凹，底径24、高10.6厘米（图5-4-32，7）。H64:10，展沿，圆唇，直口，腹微鼓，平底微内凹，内底及外底均有刻划纹饰，内底中部为七层塔式建筑，其右侧为四层高台式建筑，外底中部饰一座二层高台式建筑，左侧为一座单层高台式建筑，口径37.2、底径23.2、高9厘米（图5-4-33，1；图5-4-38，1；图版一〇七，

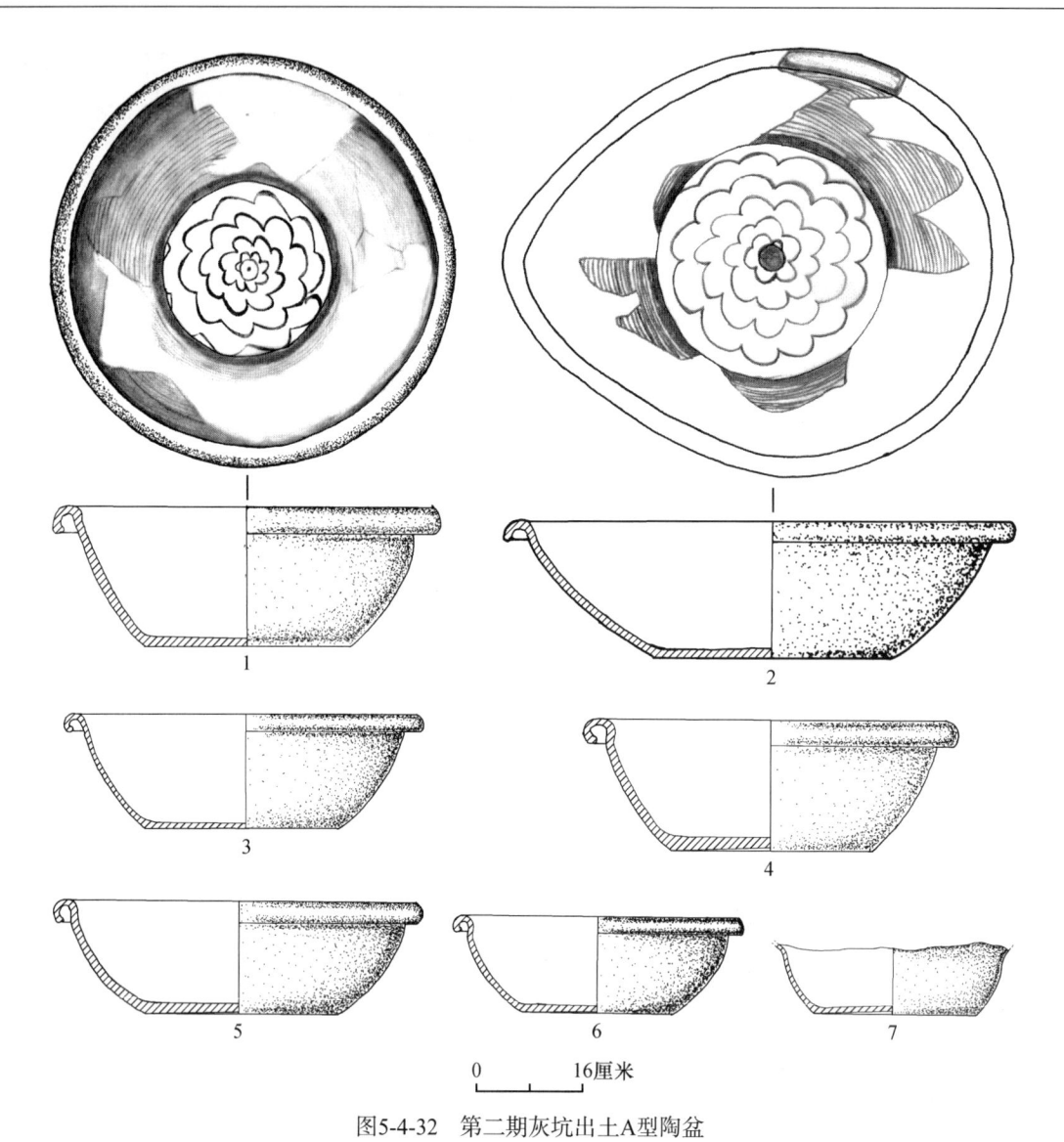

图5-4-32　第二期灰坑出土A型陶盆
1. H64∶18　2. H64∶25　3. H64∶26　4. H82∶6　5. H64∶28　6. H74∶4　7. H83∶11

3—5）。H92∶2，展沿，圆唇，敞口，斜弧腹，平底内凹，口径42、底径22、高10厘米（图5-4-33，2；图版一〇七，6、7）。

B型　4件，敛口，深腹。H61∶1，圆唇外翻，腹部外鼓，平底，口径30、底径18、高15.2厘米（图5-4-33，3；图版一一〇，2）。H83∶10，口沿残，腹部外鼓，平底微内凹，最大径23、底径4.8、残高10.8厘米（图5-4-33，4）。H82∶8，口沿残，腹部内凹，平底，腹径14.6、底径7、残高5.2厘米（图5-4-33，5）。

陶碗　3件。H64∶29，泥质灰陶，展沿，花边口，敞口，弧腹，平底，口径15.6、底径10、高4.2厘米（图5-4-33，6）。H70③∶2，泥质灰陶，外卷沿，花边唇，直口，鼓腹，平底，口径15.8、底径8、高3.8厘米（图5-4-33，7；图版一一二，4）。H70③∶1，泥质灰陶，展沿，花边口，敞口，鼓腹，平底，口径14、底径6、高6厘米（图5-4-33，11；图版一一二，3）。

陶器盖 2件。H83：1，泥质灰陶，轮制，纽部残，最大径8、口径4.7、残高2.5厘米（图5-4-33，12）。H82：7，泥质灰陶，轮制，纽部残，最大径13.2、口径9.7、残高2厘米（图5-4-33，13）。

扑满 4件。H83：6，圆肩，斜弧腹，平底，顶部有一长4.2、宽0.8厘米的长方形孔，下腹部有3个等距分布的直径1.5厘米的圆孔，最大径25.6、底径16、高23厘米（图5-4-33，8；图版一一八，4）。H64：22，圆肩，腹部斜直内收，平底，顶部有一长5、宽0.6厘米的长方

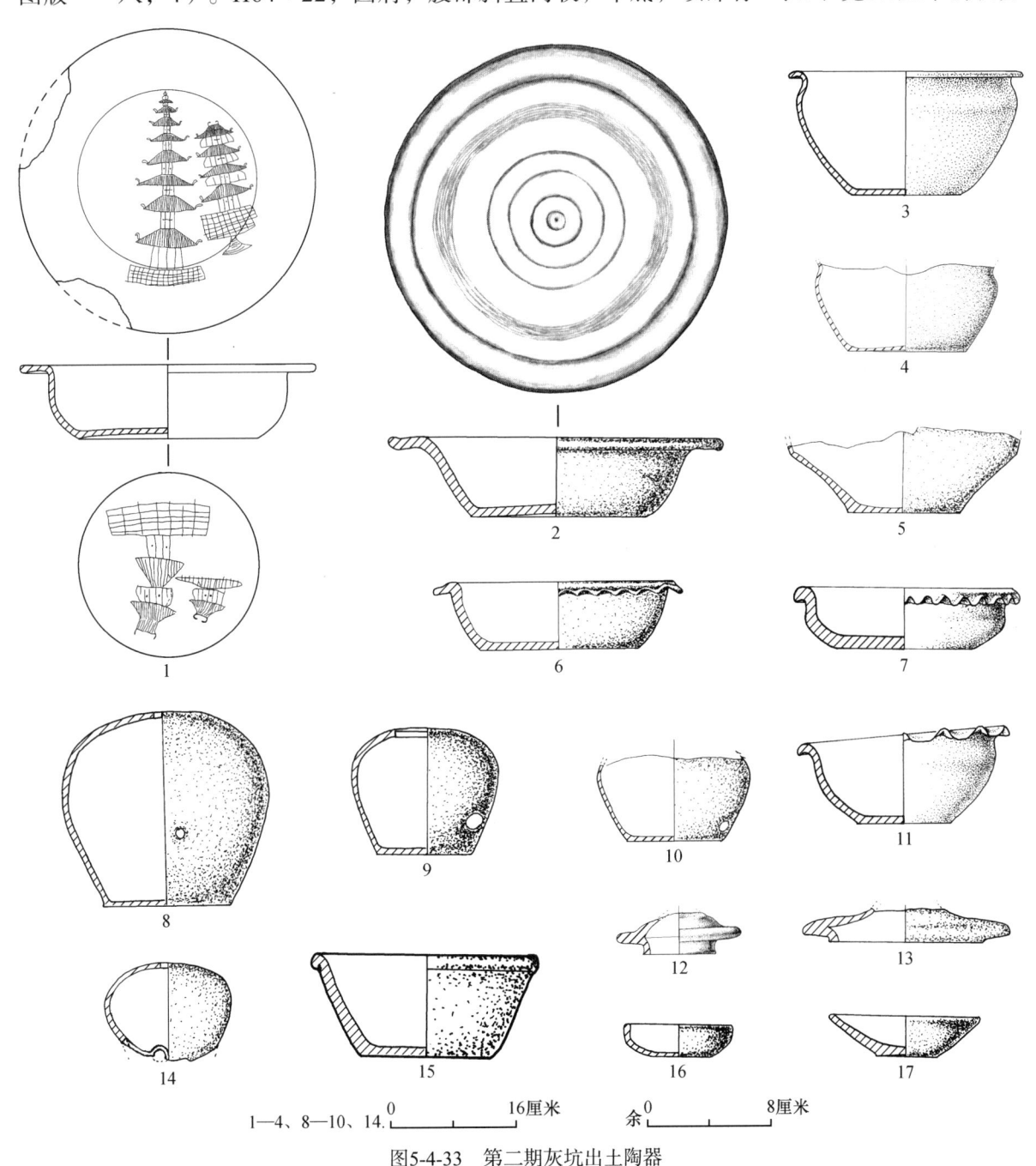

图5-4-33 第二期灰坑出土陶器
1、2.A型陶盆（H64：10，H92：2） 3—5.B型陶盆（H61：1，H83：10，H82：8） 6、7、11.陶碗（H64：29，H70③：2、H70③：1） 8—10、14.扑满（H83：6，H64：22，H81：10，H83：9） 12、13.陶器盖（H83：1，H82：7）
15.陶钵（H83：7） 16、17.陶盏（H78：4，H64：20）

形孔，下腹部有3个等距分布的直径1.5厘米的圆孔，最大径19、底径12、高15.5厘米（图5-4-33，9）。H81∶10，上部残，腹部斜直内收，平底，下腹部有直径1.5厘米的圆孔，最大径19.6、底径12、残高10.4厘米（图5-4-33，10）。H83∶9，圆肩，腹部斜直内收，底部残，顶部有一长4.2、宽0.8厘米的长方形孔，下腹部直径1.5厘米的圆孔，最大径15.6、残高12厘米（图5-4-33，14）。

陶钵　1件。H83∶7，泥质灰陶，轮制，圆唇外卷，敞口，斜直腹，平底，口径14.2、底径8、高4.6厘米（图5-4-33，15）。

陶盏　2件。H78∶4，圆唇，直口，弧腹，平底，口径7、底径4、高2厘米（图5-4-33，16）。H64∶20，圆唇，敞口，斜直腹，平底微内凹，口径9.6、底径4、高2.5厘米（图5-4-33，17）。

垒脊瓦　1件。H64∶13，灰褐色，平面呈长方形，残长18.8、宽11.2、胎厚1.4厘米（图5-4-34，1）。

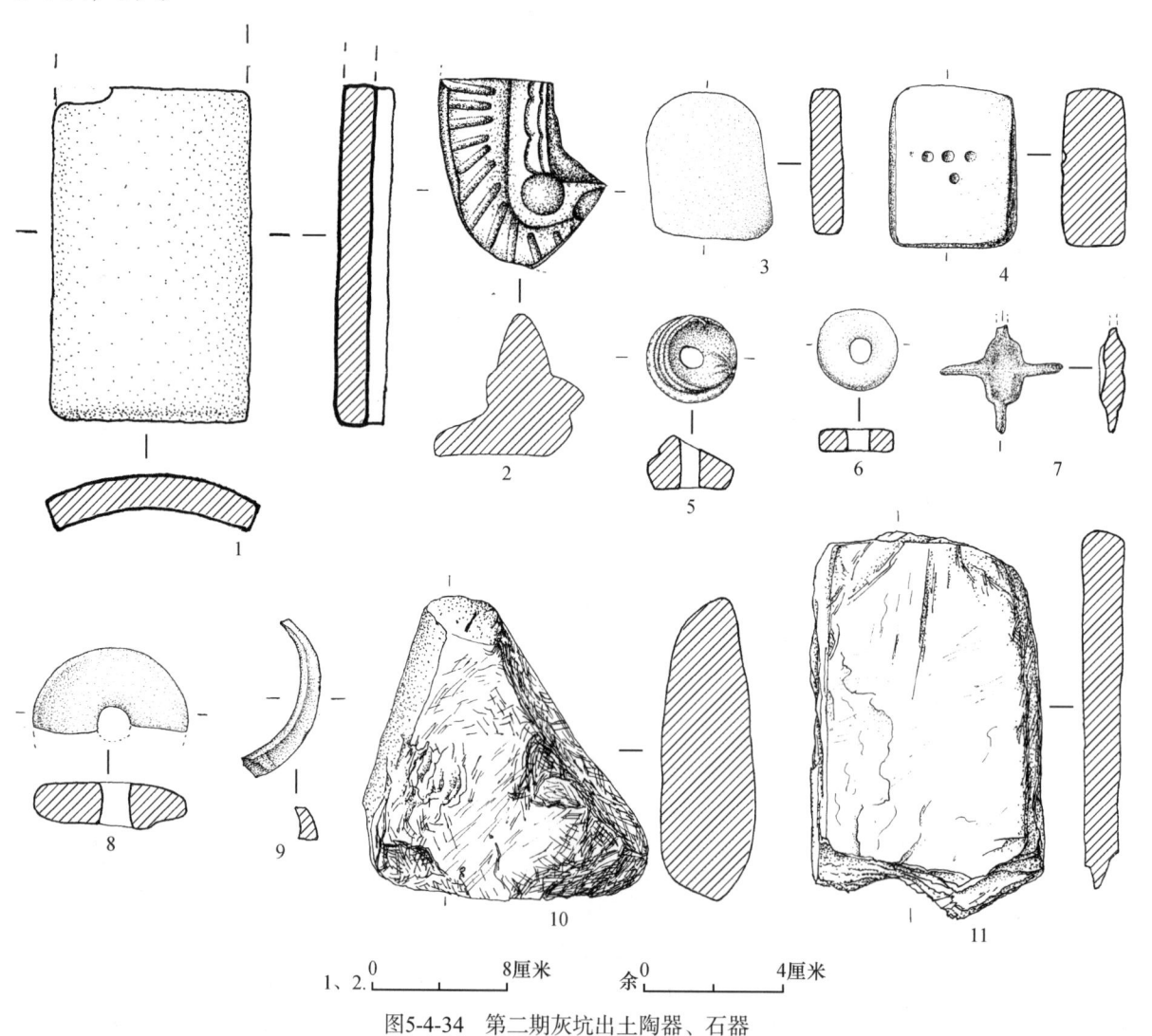

图5-4-34　第二期灰坑出土陶器、石器
1.垒脊瓦（H64∶13）　2.兽头残块（H64∶30）　3、4.陶饼（H64∶11、H64∶12）　5.石纺轮（H64∶1）　6.冥币（H64∶2）　7.陶饰件（H64∶4）　8.陶纺轮（H81∶1）　9.陶垫具（H64∶3-1）　10.磨石（H77∶1）　11.石斧（H54∶1）

兽头残块 1件。H64∶30，兽头下颌残块，残长10.6、残宽8.8、残高7.8厘米（图5-4-34，2）。

陶饼 2件。H64∶11，泥质灰黑陶片磨制而成，平面呈圆角长方形，长4、宽3.2、厚0.9厘米（图5-4-34，3）。H64∶12，灰色瓦片磨制而成，平面呈长方形，上表面有4个圆形凹窝，长4.7、宽3.8、厚1.8厘米（图5-4-34，4）。

冥币 1件。H64∶2，泥质黄褐色，圆饼形，圆孔，直径2.4、孔径0.6、厚0.5厘米（图5-4-34，6）。

陶饰件 1件。H64∶4，泥质灰黑色，十字形，一端残，长3、最厚处0.7厘米（图5-4-34，7）。

陶纺轮 1件。H81∶1，灰色瓦片磨制而成，圆饼形，残半，直径4.4、孔径1、厚1.4厘米（图5-4-34，8）。

陶垫具 6件。H64∶3-1，泥质灰黑色，制作陶器过程中削下的余料，长6.4厘米（图5-4-34，9；图版一三一，5）。

2. 瓷器

瓷碗 41件。H99∶1，支烧，绿釉，红褐色夹砂胎，圆唇微侈，敞口，鼓腹，圈足底，内施满釉，外施半釉，釉面可见较多气孔，外壁有流釉现象，内底有支钉痕，口径14、底径5.6、高6.4、胎厚0.6厘米（图5-4-35，1；图版一二一，8）。H64∶14，化妆白瓷，涩圈叠烧，夹砂黄褐胎，釉色偏黄，圆唇，敞口，弧腹，圈足底，内外均施满釉，内底有涩圈，口径19.8、底径7、高6.6厘米（图5-4-35，2）。H74∶1，化妆白瓷，灰黄色粗砂胎，釉色泛青，内施满釉，外施半釉，圆唇微侈，敞口，弧腹，底部残，口径22、残高5.2厘米（图5-4-35，3）。H83∶3，化妆白瓷，灰黄色粗砂胎，釉色泛黄，内外均施满釉，圆唇，敞口，口沿处施一圈酱釉，口沿外侧有一圈凹槽，斜弧腹，底部残，口径12、残高5.4厘米（图5-4-35，4）。H86∶1，化妆白瓷，灰白胎，釉色泛黄，内外均施满釉，圆唇，敞口，斜弧腹，底部残，口径22、残高4.2厘米（图5-4-35，5）。H77∶4，灰褐胎，茶叶末釉，圆唇，直口，底部残，口径18、残高5.6厘米（图5-4-35，6）。H99∶2，化妆白瓷，残存口沿，粗砂灰胎，釉色泛青，外壁有轮修痕，内壁有粘连痕迹，圆唇微外撇，敞口，斜弧腹，残高5.2、胎厚0.5厘米（图5-4-35，7）。H81∶3，化妆白瓷，残存口沿，灰黄色粗砂胎，釉色泛青，内施满釉，外施半釉，圆唇微外撇，敞口，斜弧腹，口径22、残高5.4厘米（图5-4-35，8）。H77∶5，化妆白瓷，残存底部，圈足，灰黄色粗砂胎，釉色泛黄，内施满釉，外底露胎，内底有4处垫砂痕，底径4、残高2.4厘米（图5-4-35，9）。H81∶8，化妆白瓷，残存底部，圈足外撇，粗砂灰白胎，釉色泛黄，内施满釉，外底不施釉，内底有细小的支钉痕，底径8、残高3.9厘米（图5-4-35，10）。H64∶16，化妆白瓷，残存底部，圈足，灰黄色粗砂胎，釉色泛青，内施满釉，外底不施釉，内底有两组垫渣痕交错分布，底径8、残高3.6厘米（图5-4-35，11）。H62∶2，化妆白瓷，残存底部，圈足外撇，灰黄色粗砂胎，釉色泛黄，内底残存2处垫砂痕，底径7、残高3厘米（图5-4-35，12）。H62∶1，化妆白瓷，残存底部，圈足，灰黄色粗砂胎，釉色泛黄，外底不施釉，内底有涩圈和垫砂痕，底径6.4、残高2.4厘米（图5-4-35，

13）。H64:15，化妆白瓷，残存底部，圈足，灰黑色粗砂胎，釉色泛青，内施满釉，外底露胎，内底有涩圈和垫砂痕，底径2、残高2.4厘米（图5-4-35，14）。H81:9，化妆白瓷，残存底部，圈足外撇，灰黄色粗砂胎，釉色泛黄，内底有4处垫砂痕，底径5、残高2.1厘米（图5-4-35，15）。H82:5，定窑白瓷，残存底部，圈足，灰白胎，白釉泛青，内壁刻花，底径3、残高0.9厘米（图5-4-35，16）。

瓷盘　4件。均为化妆白瓷。H81:2，灰胎，通体施透明釉，支烧，圆唇微外翻，敞口，弧壁，圈足底，内底有支钉痕，口径17.6、底径5.6、高3.8厘米（图5-4-36，1）。H77:6，灰胎，通体施透明釉，支烧，圆唇，敞口，弧壁，圈足底，内底有支钉痕，口径16、底径4.8、高2.8厘米（图5-4-36，2）。H83:4，灰褐胎，内施满釉，外施半釉，圆唇，敞口，弧壁，底部残，口径18、残高2.2厘米（图5-4-36，4）。H81:5，残存口沿，内施满釉，外施半釉，尖唇，敞口，口径18.8、残高3.5厘米（图5-4-36，5）。

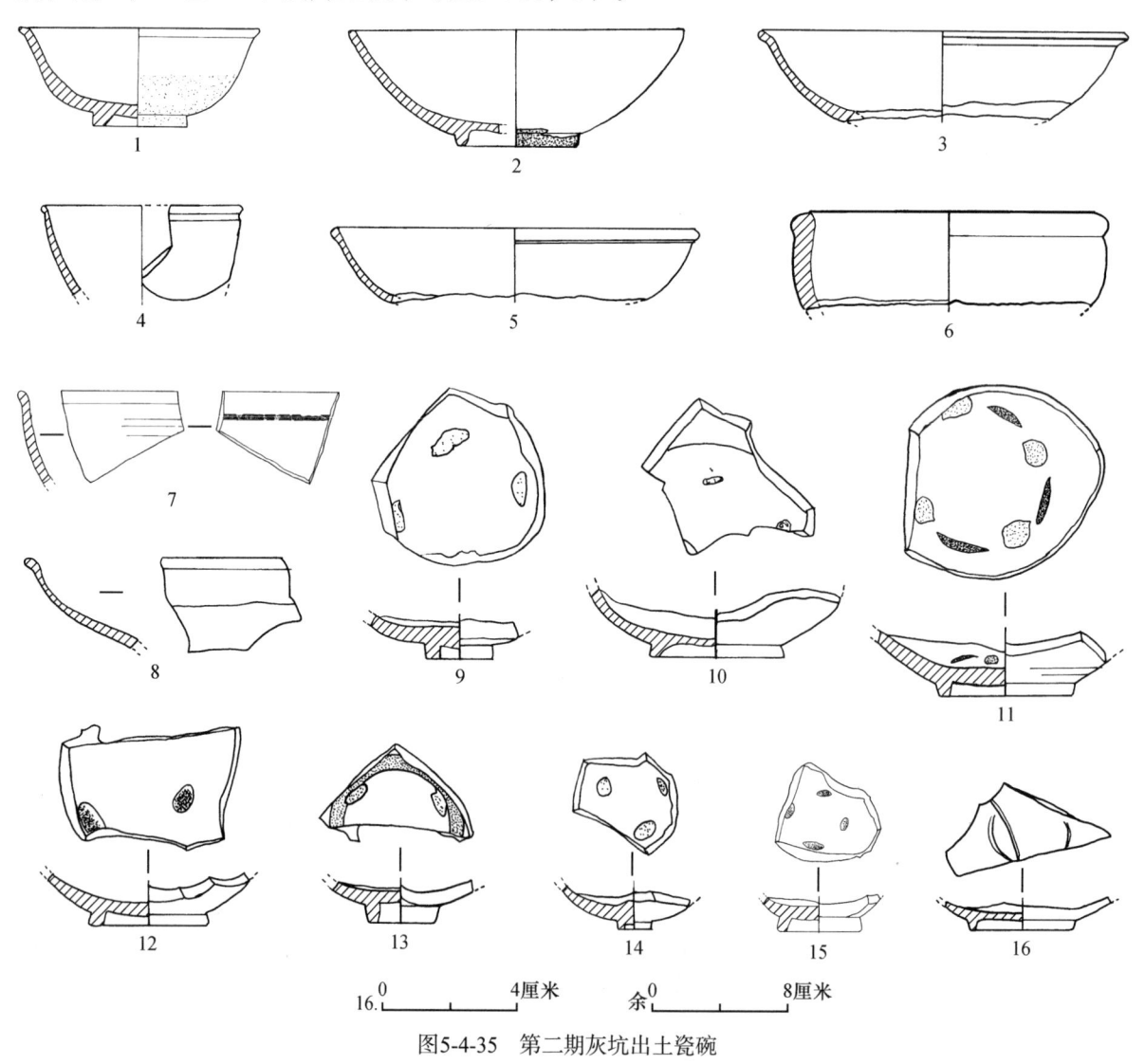

图5-4-35　第二期灰坑出土瓷碗

1. H99:1　2. H64:14　3. H74:1　4. H83:3　5. H86:1　6. H77:4　7. H99:2　8. H81:3　9. H77:5　10. H81:8
11. H64:16　12. H62:2　13. H62:1　14. H64:15　15. H81:9　16. H82:5

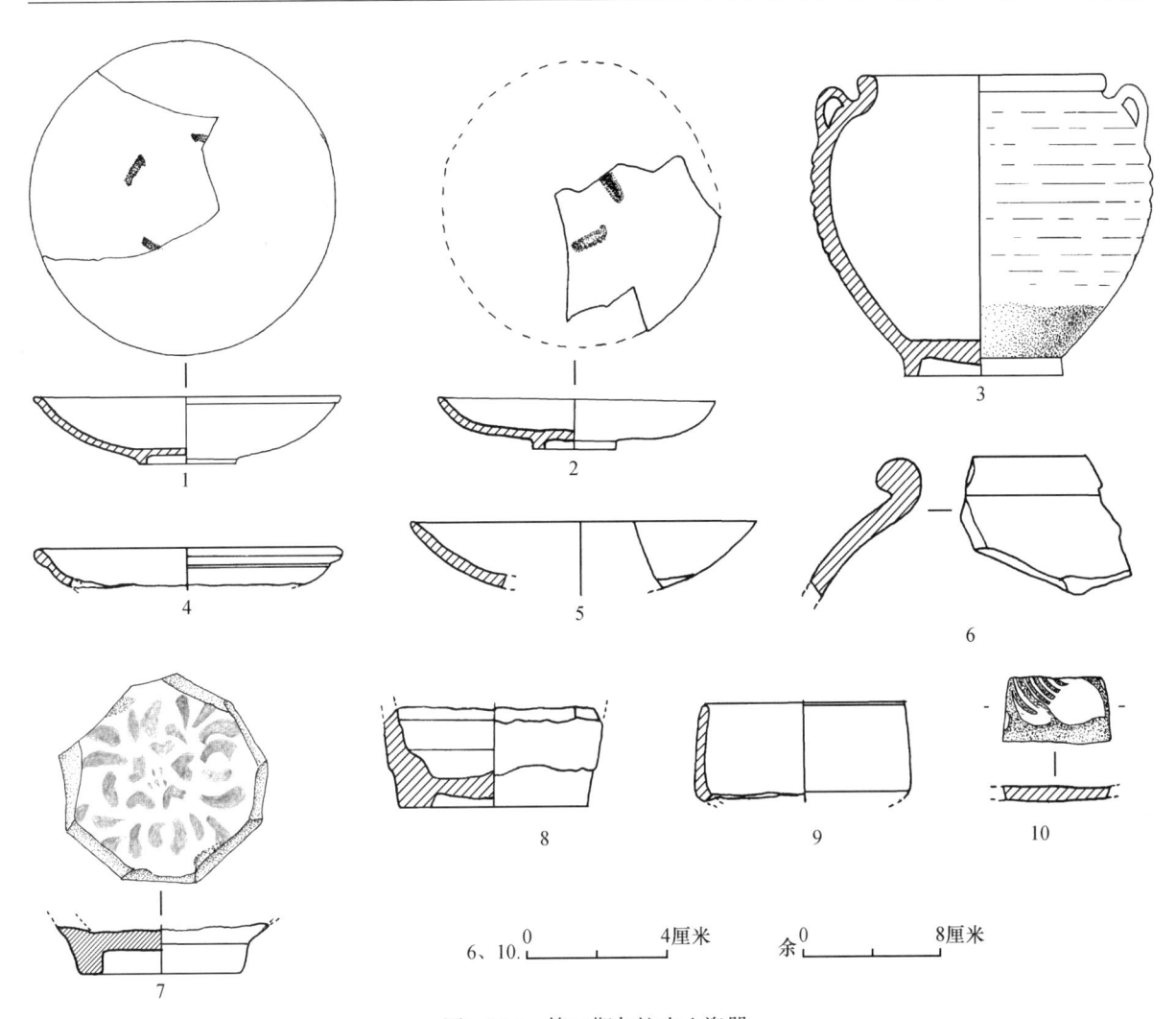

图5-4-36 第二期灰坑出土瓷器

1、2、4、5.瓷盘（H81:2、H77:6、H83:4、H81:5） 3、6、8.瓷罐（H64:9、H62:3、H64:17） 7.瓷器底（H79:2）
9.瓷钵（H61:3） 10.刻花瓷片（H62:5）

瓷罐　3件。H64:9，粗砂胎，酱釉，圆唇，直口，鼓肩，肩部对称分布两个拱形耳，斜弧腹，圈足底，最大径处有多圈凸棱，内施满釉，外壁施釉至下腹部，外底未施釉，口径14.4、底径9、最大径19.2、高16.8厘米（图5-4-36，3；图版一二五，1）。H62:3，化妆白瓷，残存口沿，灰黄色粗砂胎，釉色泛青，圆唇，敛口，鼓肩，残高3.9、胎厚0.5厘米（图5-4-36，6）。H64:17，残存底部，灰白色粗砂胎，酱釉，内满釉，外底不施釉，斜直腹，圈足，底径11、残高5.6厘米（图5-4-36，8）。

瓷钵　1件。H61:3，红褐胎，白釉泛青，内施满釉，外底不施釉，尖圆唇，直口，垂腹，底部残，口径12、残高5.4厘米（图5-4-36，9）。

瓷器底　1件。H79:2，圈足底，支烧，灰胎，内底为白地黑花花草纹饰，底径9.6、残高2.6厘米（图5-4-36，7；图版一二五，8）。

刻花瓷片　1件。H62:5，耀州窑青瓷，灰白胎，胎质坚硬，内壁刻花，残长3.1、胎厚0.4厘米（图5-4-36，10）。

3. 石器

石纺轮　1件。H64∶1，褐色，蒜头形，上端形制不规则，直径2.6、孔径0.6、高1.5厘米（图5-4-34，5）。

磨石　1件。H77∶1，黑褐色，整体呈梯形，周身有磨制痕及疤痕，长8.3、最宽处8.1、厚2.8厘米（图5-4-34，10）。

石斧　1件。H54∶1，青灰色，平面呈长方形，器表有磨痕，刃部残损，残长10.6、宽6.7、厚1.1厘米（图5-4-34，11）。

4. 骨器

骨笄　1件。H68∶3，片状，两端均残，残长4.9、宽1、厚0.2厘米（图5-4-37，1）。

柱状骨器　1件。H73∶1，圆柱状，截面圆形，残长2.8、截面直径0.6厘米（图5-4-37，2）。

骨线轴　1件。H90∶8，距骨切割而成，长3.2、宽2.1、厚1厘米（图5-4-37，3；图版一三五，10）。

骨骰子　1件。H90∶10，牙黄色，磨制，正方体，边长0.7厘米（图5-4-37，4；图版一三五，7）。

骨刷柄　1件。H68∶1，器表磨光，刷头残，柄部截面呈椭圆形，残长11.6、截面长径0.5、短径0.4厘米（图5-4-37，11）。

5. 铁器

铁钉　9件。H90∶4，无钉帽，钉身弯折，截面长方形，通长6、截面长0.5、宽0.3厘米（图5-4-37，5）。H90∶7，钉帽及钉身扁平，截面长方形，下端残，残长6.6厘米（图5-4-37，6）。H90∶6，钉帽残，钉身截面长方形，下端弯折，残长7.2厘米（图5-4-37，7）。

铁甲片　1件。H64∶5，平面呈圆角长方形，器身略微弯弧，边缘有直径约0.2厘米的圆形穿孔，残长5.2、宽2.3、厚0.15厘米（图5-4-37，8）。

铁刀　1件。H63∶1，直背，直刃，通长23.2、宽1.8、背厚0.6厘米（图5-4-37，10）。

6. 琉璃器

琉璃饰件　1件。H92∶1，蓝色，上端为圆纽状，下端为圆柱体，直径1.5、残高1.2、柱状部分截面直径1.1厘米（图5-4-37，9）。

7. 铜钱

出土2枚。H83∶2，乾元重宝，顺读，楷书，直径2.5、孔边长0.7、厚0.2厘米（图5-4-38，2）。H79∶1，元丰通宝，旋读，篆书，直径2.4、孔边长0.8、厚0.15厘米（图5-4-38，3）。

图5-4-37 第二期灰坑出土遗物

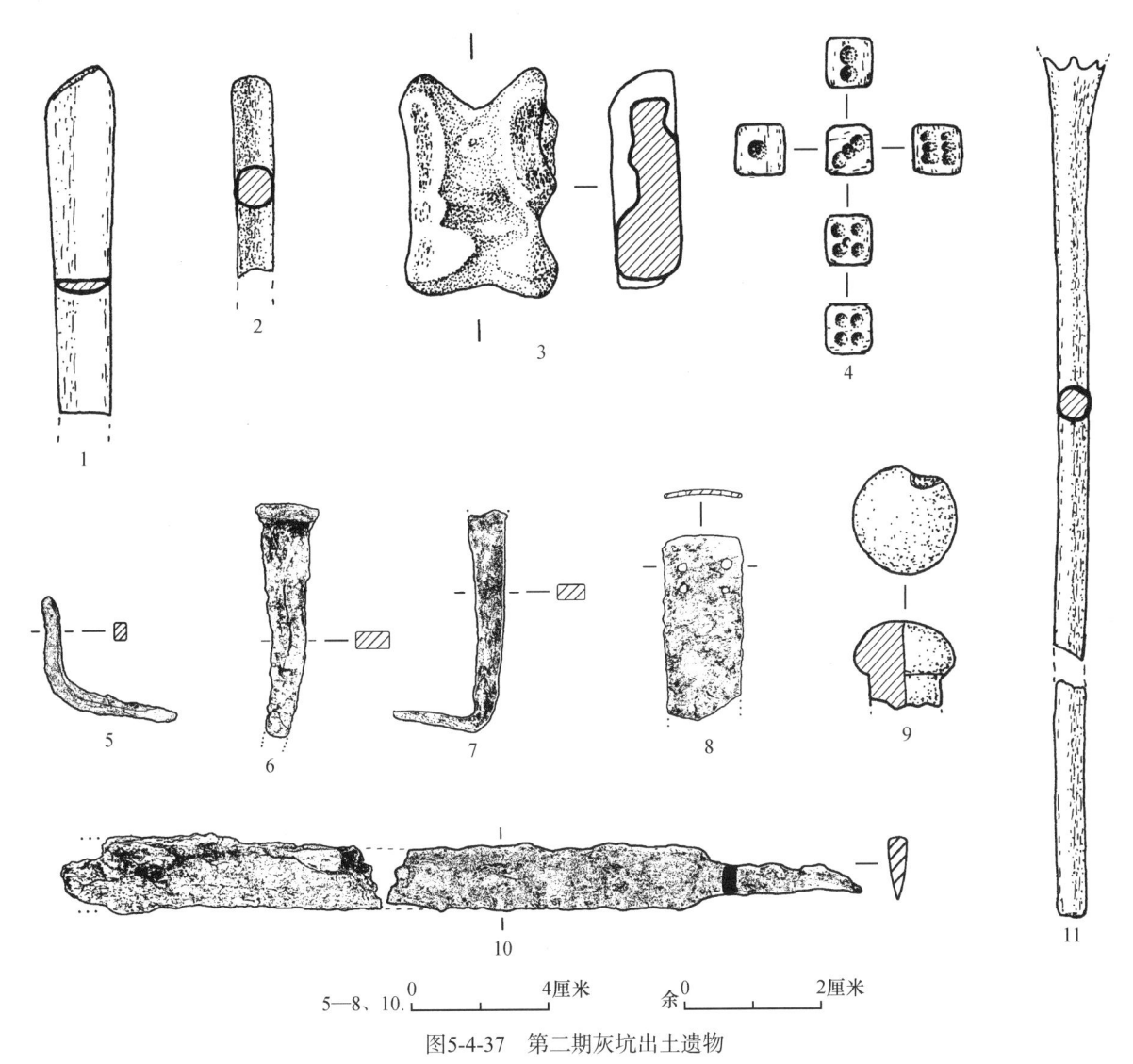

1. 骨笄（H68:3） 2. 柱状骨器（H73:1） 3. 骨线轴（H90:8） 4. 骨骰子（H90:10） 5—7. 铁钉（H90:4、H90:7、H90:6） 8. 铁甲片（H64:5） 9. 琉璃饰件（H92:1） 10. 铁刀（H63:1） 11. 骨刷柄（H68:1）

四、房址及出土遗物

F14 位于T0810西南部及T0709北隔梁处，叠压于F12之下，未做完整发掘。该房址保存状况较差，墙体及门址已无存，故具体面积不详，仅存灶坑、火炕的烟道、烟囱等取暖设施，分布范围东西长4.4、南北宽2.65米，东端被H60打破。从现存迹象看，该房址应为坐北朝南，方向156°（图5-4-39）。

房址内存留一套取暖设施，位于房址的西北部，由灶坑和具有3条烟道的曲尺形火炕组成。灶址位于房内东北部，方向朝东，该处由于被H60打破，残存深4厘米的灶坑，灶坑平面呈圆形，直壁，平底，直径50厘米，三条烟道与灶坑相接处因被打破而无存，仅见一条南北向

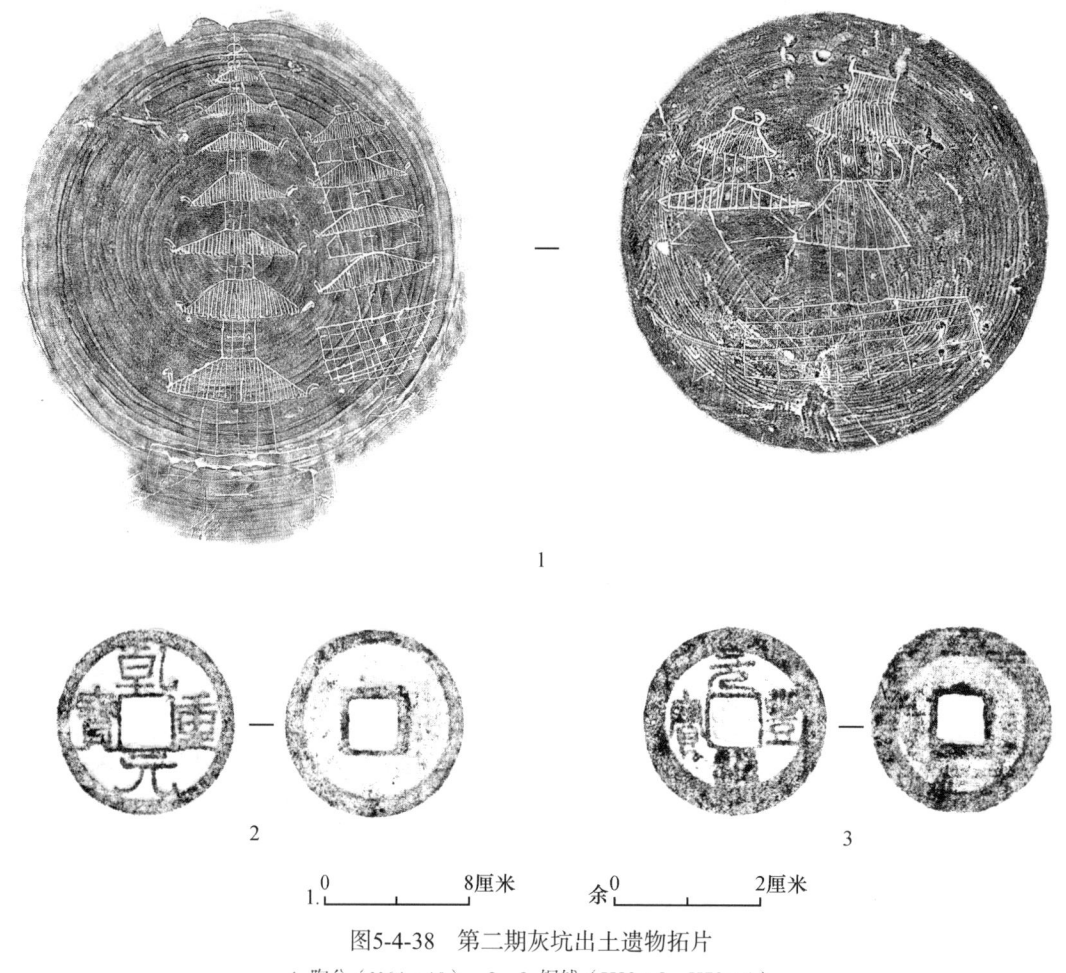

图5-4-38 第二期灰坑出土遗物拓片
1. 陶盆（H64：10） 2、3. 铜钱（H83：2、H79：1）

的黄土坯，应为垫于灶台底部的土坯，长95、宽20厘米。单条烟道宽20、现存总深度30厘米，底部及侧壁被烟熏呈黑色，两条烟道间距20厘米左右，烟道下半部分于地面下挖而成，深15厘米，上半部分为花土于地上砌筑烟道壁形成，残高15厘米。内侧烟道为地上垒砌而成，无地下部分，故深度浅于中间和外侧的两条烟道。烟囱位于房址西南部，平面呈椭圆形，南北长40、东西宽30、深30厘米。房址地面不甚平整，踩踏面保存较差。

房内堆积为一次性形成，为相对致密的花土，内中包含泥质灰陶片若干。

出土陶钵、陶罐各1件，以及6枚铁钉，3块滑石料。陶罐F14：11，泥质灰黑陶，卷沿，圆唇，敛口，鼓肩，平底微内凹，口径10.4、底径9.6、最大径16.4、高14.6厘米（图5-4-39，1；图版一〇四，4）。陶钵F14：10，泥质灰黑陶，卷沿，尖唇，敞口，鼓腹，平底，口径16.6、底径8.8、高7.3厘米（图5-4-39，2）。

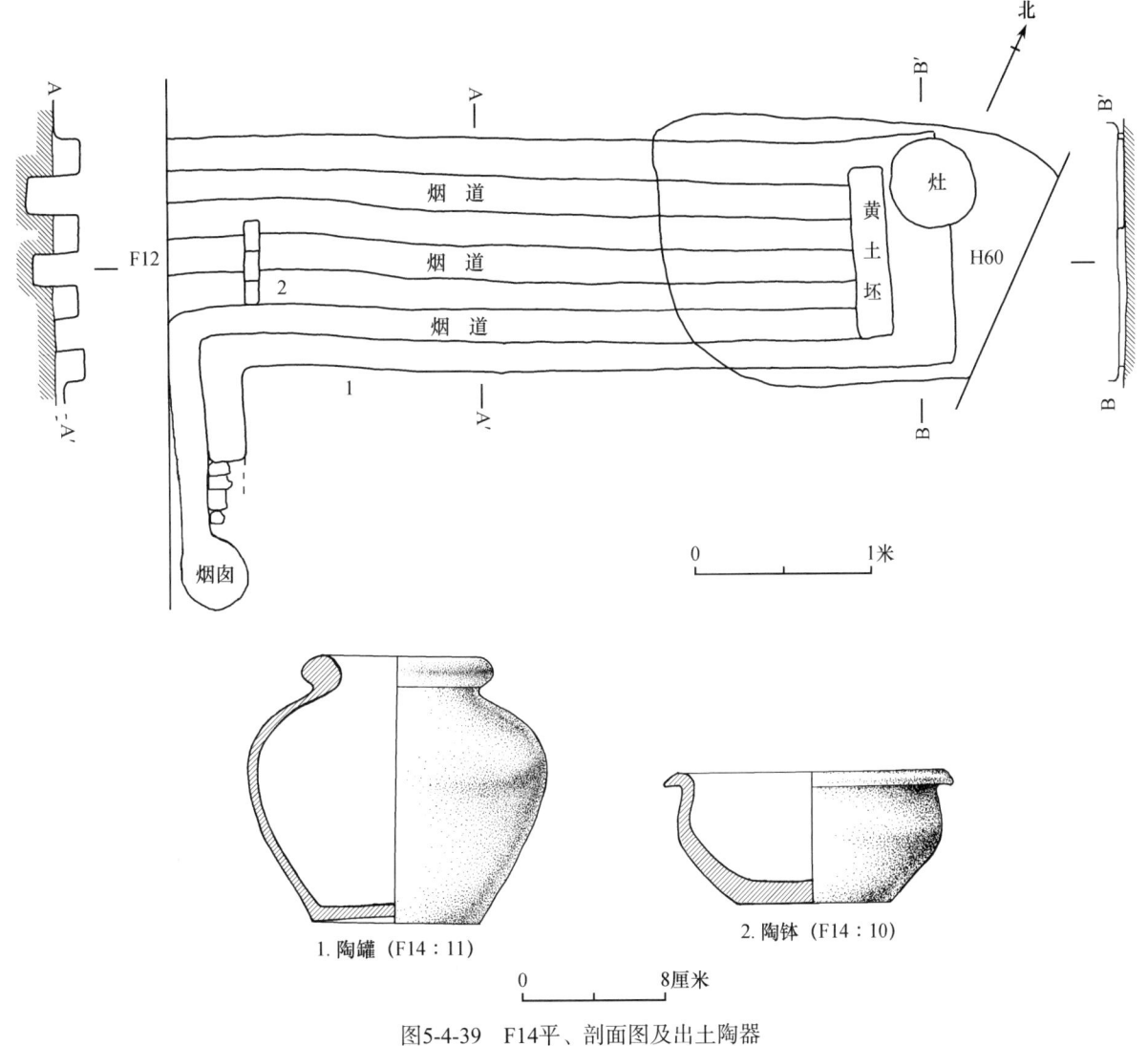

图5-4-39　F14平、剖面图及出土陶器

五、灶　　址

Z5　位于T0710东南部，叠压于F12之下，方向65°。由灶坑和投柴口组成，灶坑口呈椭圆形，直壁，圜底，壁由三层平砖砌筑，坑口长径1、短径0.86、深0.3米，坑内堆积二层，上层厚0.1米，为风积堆积，包含少量碎陶片，下层厚0.2厘米，为灰烬层，包含较多炭灰。投柴口由石板及黄土台构成（图5-4-40；图版四九，2）。

Z6　位于T0709中部，仅存灶坑，平面呈西南—东北向椭圆形，长径0.85、短径0.58米，直壁，圜底，深35厘米，壁由一圈宽14、厚7厘米的纯净的黄土垒砌，内中夹杂少量碎砖块，因火烤形成红烧土。坑内堆积为灰烬层，包含较多炭灰（图5-4-41）。

Z7 位于T0709中部，紧邻Z6，方向348°。由灶坑和投柴口组成，灶坑口呈圆形，直壁，平底微凹，壁由四层平砖砌筑，外围黄土，坑口直径0.6米，坑内堆积一层，为夹杂黑灰及红烧土颗粒的灰烬层。投柴口位于灶坑北端，长0.4、宽0.33厘米，两侧有纯净的黄土垒砌的壁（图5-4-42；图版四九，3）。

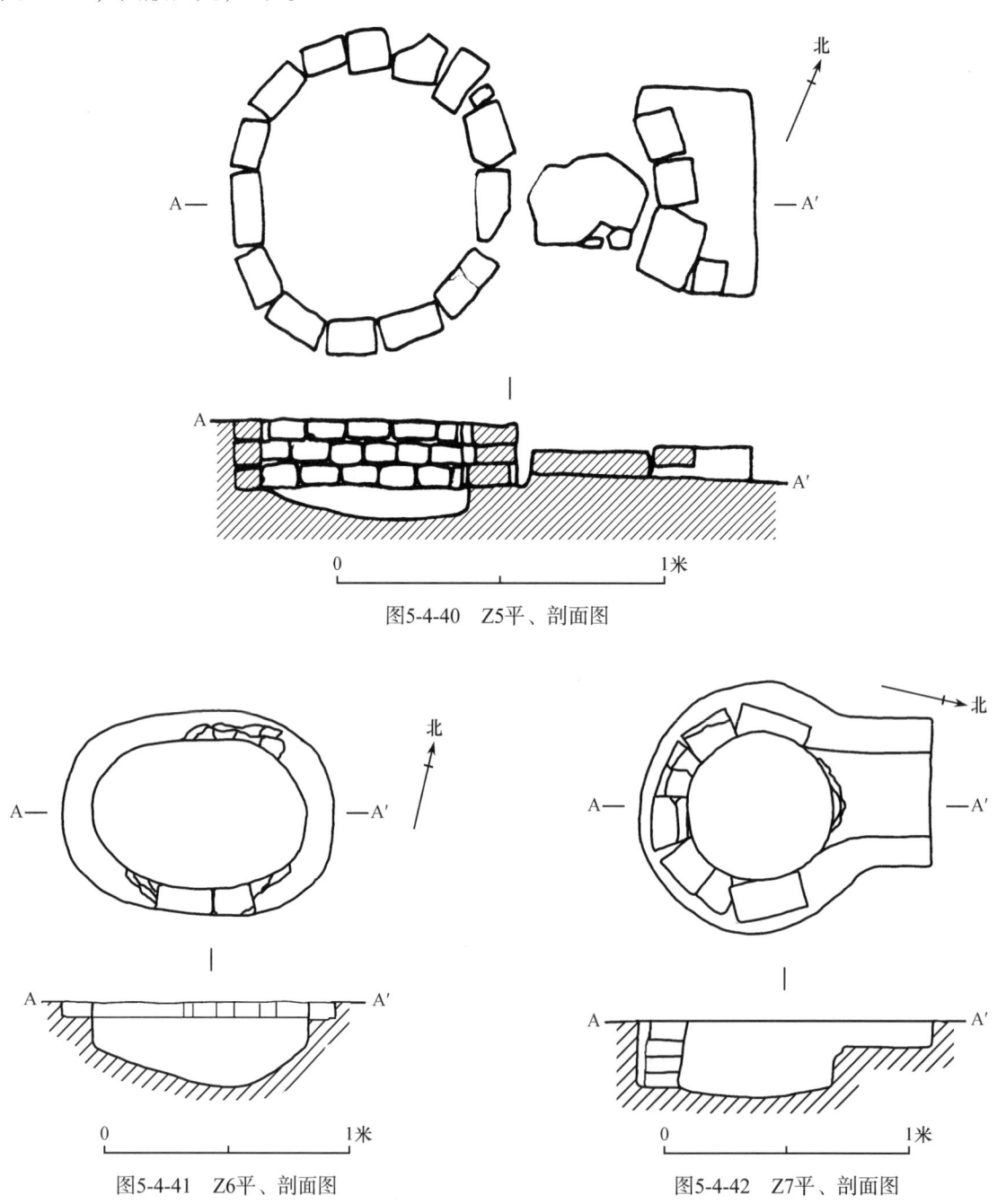

图5-4-40　Z5平、剖面图

图5-4-41　Z6平、剖面图

图5-4-42　Z7平、剖面图

六、地层第3层出土遗物

1. 瓦件

瓦当　1件。T0710③b∶1，灰褐色，兽面瓦当，残长8.7、残宽7.5、厚2.3厘米（图5-4-43，14）。

刻纹砖　1件。T0709③b∶16，平面大致呈方形，边长10.6—11.6、厚4.8厘米，正反两面均有刻划纹饰，为烧成后所刻（图5-4-43，13；图版九六，1、2）。

2. 陶器

陶盆　7件。T0711③b∶4，口沿残，敞口，斜弧腹，平底，底径34、残高17.6厘米（图5-4-43，1）。T0810③b∶6，展沿，圆唇，敞口，弧腹，平底，口径32.5、底径19.8、高7厘米（图5-4-43，2）。T0809③a标∶4，展沿，圆唇，侈口，鼓肩，下腹急收，底部残，口径34、残高16厘米（图5-4-43，3）。T0810③b∶5，圆唇，侈口，直颈，圆肩，弧腹，大平底，口径30、底径22、高16厘米（图5-4-43，4）。

陶罐　6件。均残存口沿。T0809③a标∶3，卷沿，圆唇，敛口，肩部有竖桥耳，残高8、胎厚0.5厘米（图5-4-43，5）。T0611③a标∶1，展沿，圆唇，沿部上表面内凹，敛口，溜肩，残高6.4、胎厚0.6厘米（图5-4-43，6）。T0709③a标∶5，圆唇，敛口，圆肩，残高5、胎厚0.4厘米（图5-4-43，7）。T0709③a标∶1，圆唇，微内折，直口，颈部有一圈附加堆纹，圆肩，残高8、胎厚0.6厘米（图5-4-43，8）。

陶壶　3件。均残存口沿。T0709③a标∶4，外折沿，重唇，直口，直颈，残高9.4、胎厚0.4厘米（图5-4-43，9）。T0809③a标∶2，卷沿，圆唇，口微侈，长颈，口径19.8、残高9.6厘米（图5-4-43，10）。

陶器座　1件。T0711③a∶26，轮制，泥质灰陶，平底，底为圆形，喇叭形器身，中空，底径7、残高5.6厘米（图5-4-43，11；图版一一八，7）。

陶器盖　1件。T0810③b∶2，泥质灰黑陶，残存纽部，纽为圆形，最大径1.6、器盖残高2.3厘米（图5-4-43，12）。

纺轮　1件。T0711③a∶28，泥质黄褐陶，圆台体，直径4.3、孔径1、厚1.2—1.5厘米（图5-4-44，2）。

圆陶片　3件。T0711③a∶27，泥质黑色陶片磨制而成，平面呈不甚规则的圆形，器表有砑光网纹，直径4.5、厚0.6厘米（图5-4-44，3）。T0611③a∶5，篦齿纹泥质黑陶片磨制而成，圆形，直径3.5、厚0.6厘米（图5-4-44，4）。T0711③a∶22，泥质灰色篦齿纹陶片磨制而成，平面呈不甚规则的圆形，直径3、厚0.7—0.8厘米（图5-4-44，5）。

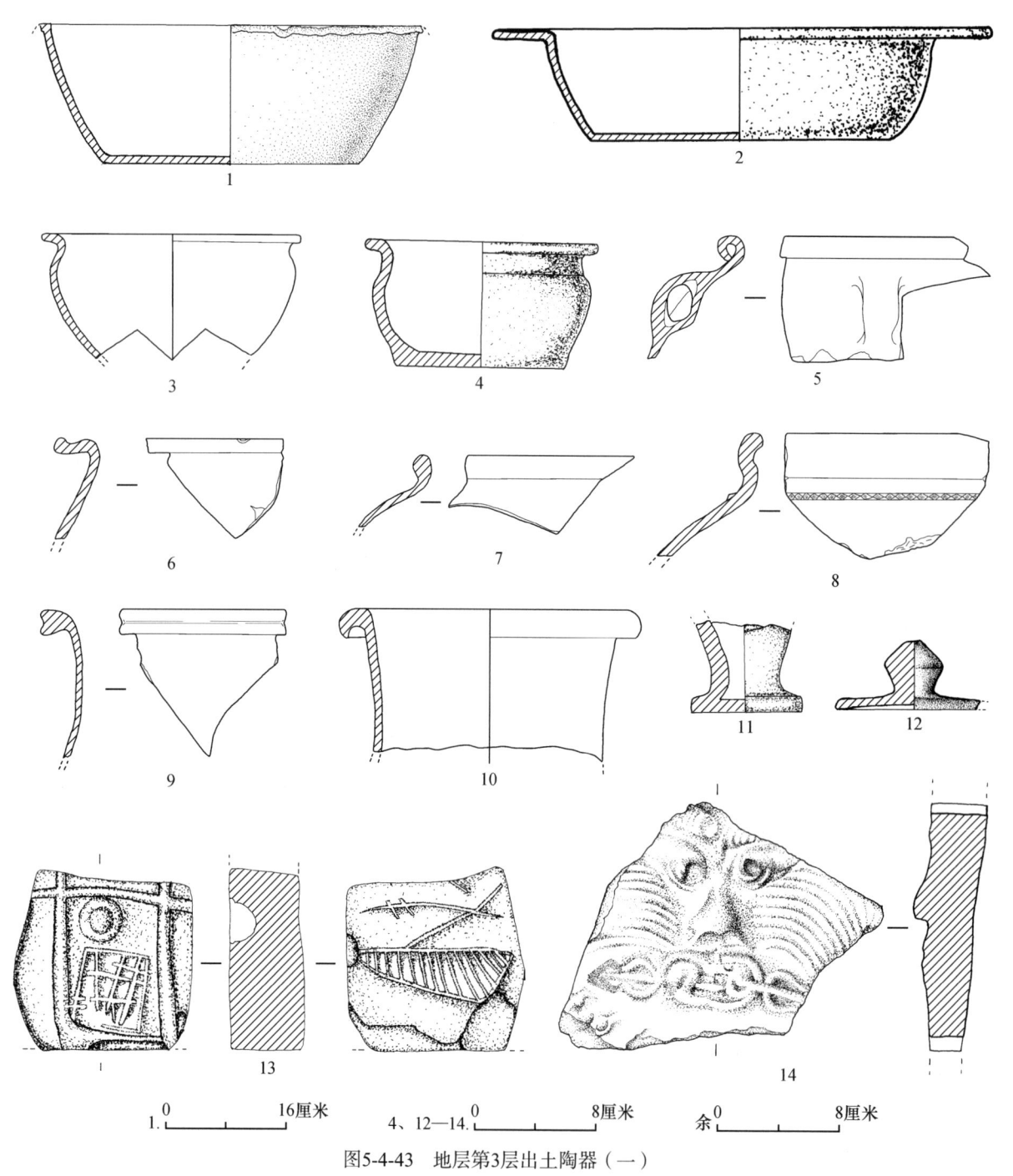

图5-4-43 地层第3层出土陶器（一）

1—4.陶盆（T0711③b：4、T0810③b：6、T0809③a标：4、T0810③b：5） 5—8.陶罐（T0809③a标：3、T0611③a标：1、T0709③a标：5、T0709③a标：1） 9、10.陶壶（T0709③a标：4、T0809③a标：2） 11.陶器座（T0711③a：26） 12.陶器盖（T0810③b：2） 13.刻纹砖（T0709③b：16） 14.瓦当（T0710③b：1）

陶球　5件。T0710③b：8，灰色布纹瓦磨制而成，平面呈圆角方形，边长2、厚1.5厘米（图5-4-44，6）。T0710③b：6，手制，泥质灰陶，柱状，截面呈圆角长方形，长1.5、宽1.3、高2.1厘米（图5-4-44，7）。T0709③b：15，手制，泥质灰陶，椭圆形，长径1.9、短径1.5厘米（图5-4-44，8）。T0711③a：24，手制，泥质灰陶，椭圆形，长径2.3、短径1.8厘米（图5-4-44，9）。T0610③b：1，手制，泥质灰陶，直径2.3厘米（图5-4-44，10）。

柱状陶器　2件。T0711③a：30，手制，泥质黑陶，亚腰形圆柱状，长4.2、截面直径1.5—2.1厘米（图5-4-44，11）。T0711③a：29，手制，泥质黑陶，圆柱状，长4.5、截面直径1.8厘米（图5-4-44，16）。

冥币　2件。T0611③a：4，泥质黄褐陶，直径2.2、孔径0.6、厚0.8—1厘米（图5-4-44，12；图版一三二，7）。T0711③b：5，泥质灰褐色，圆台体，中部有圆孔，残半，直径2.2、孔径0.8、厚0.9厘米（图5-4-44，13）。

棋子　2件。T0711③a：25，泥质黑陶，圆饼状，中部微内凹，直径1.6、厚0.8厘米（图5-4-44，14）。T0810③b：3，泥质灰黑陶，圆饼形，直径1.8、厚0.5厘米（图5-4-44，15）。

泥塑　1件。T0711③a：23，手制，泥质黄褐陶，大致呈圆柱状，形制不甚规则，底座为圆形，顶端有一长方形孔，高6.3、底座直径3.6、最大径4.1厘米（图5-4-44，1）。

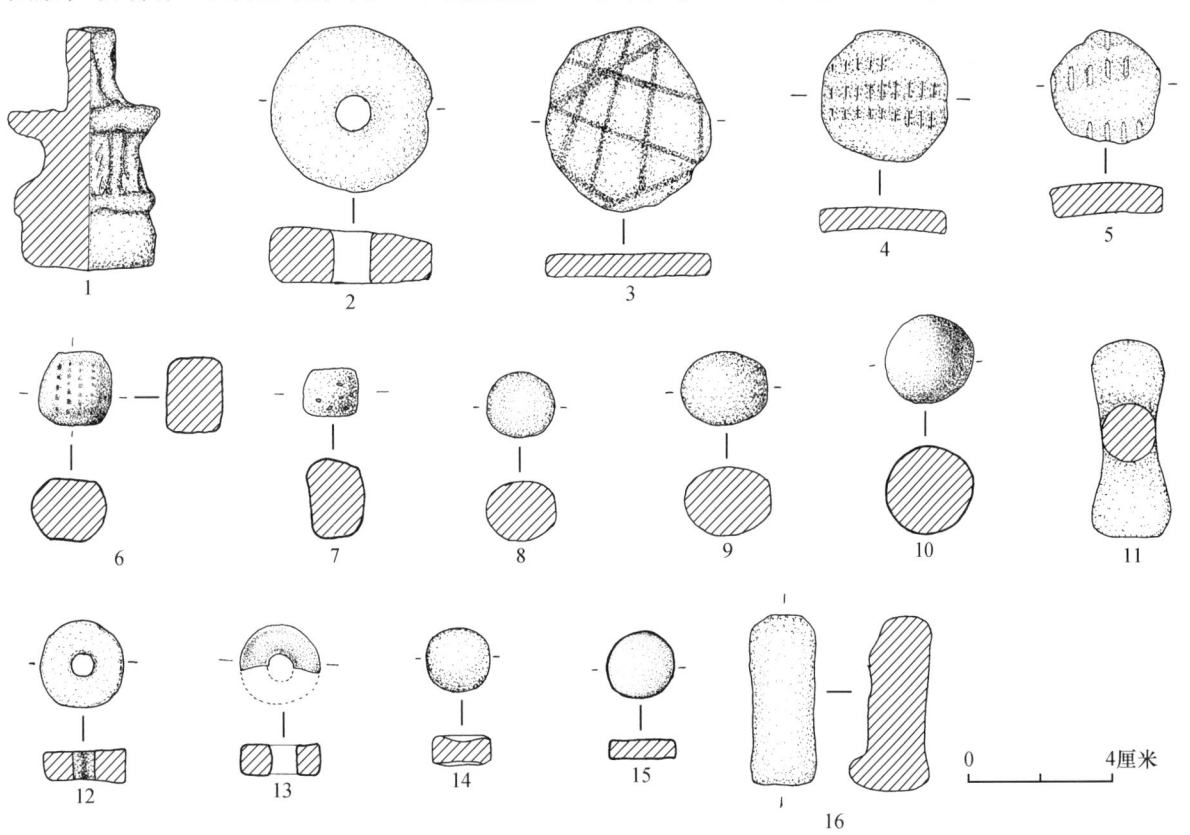

图5-4-44　地层第3层出土陶器（二）

1.泥塑（T0711③a：23）　2.纺轮（T0711③a：28）　3—5.圆陶片（T0711③a：27、T0611③a：5、T0711③a：22）
6—10.陶球（T0710③b：8、T0710③b：6、T0709③b：15、T0711③a：24、T0610③b：1）　11、16.柱状陶器（T0711③a：30、
T0711③a：29）　12、13.冥币（T0611③a：4、T0711③b：5）　14、15.陶棋子（T0711③a：25、T0810③b：3）

3. 瓷器

瓷碗　22件。

定窑剔花碗　3件。T0711③b∶2，芒口，覆烧，通体施白釉，内壁及内底饰剔花莲纹图案，圆唇，敞口，鼓腹，圈足底，口径9、底径3、高3.2厘米（图5-4-45，1；图版一二〇，3、4）。T0611③a∶10，覆烧，白釉，白胎，尖唇，敞口，鼓腹，圈足底，内外均施满釉，内壁饰剔花花草纹，口径9.2、底径2.6、高3.7、胎厚0.3厘米（图5-4-45，2；图版一二〇，8）。T0611③a∶6，覆烧，白釉，白胎，尖唇，敞口，鼓腹，底部残，内外均施满釉，内壁饰剔花花草纹饰，口径9.2、残高3.6、胎厚0.3厘米（图5-4-45，3）。

酱釉碗　1件。T0611③a标∶6，残存口沿，灰黄色粗砂胎，瓷釉，内施满釉，外施半釉，圆唇，敞口，斜弧腹，残高4厘米（图5-4-45，5）。

化妆白瓷浅腹碗　11件。T0709③a标∶8，灰黄色粗砂胎，釉色泛黄，内施满釉，外施半釉，圆唇，敞口外撇，斜弧腹，底部残，口径20、残高4.5、胎厚0.2—0.45厘米（图5-4-45，4）。T0611③a∶9，白胎，圆唇，敞口，弧腹，圈足底，内外均施满釉，口径12、底径3.6、高2.9、胎厚0.2—0.7厘米（图5-4-45，8）。T0611③a标∶5，灰黄色粗砂胎，釉色泛黄，内施满釉，外施半釉，尖圆唇，侈口，斜弧腹，底部残，口径22、残高5厘米（图5-4-45，9）。T0711③b∶7，粗砂灰胎，支烧，通体施釉，内底有支钉痕，圆唇外翻，敞口，弧腹，圈足底，口径24、底径8、高7厘米（图5-4-45，10）。T0611③a标∶4，粗砂灰胎，圆唇，敞口，弧腹，底部残，内外均施满釉，口径25、残高5.5厘米（图5-4-45，11）。T0611③a标∶7，残存底部，圈足，灰黄色粗砂胎，釉色泛黄，内施满釉，外底不施釉，内底有四处垫砂痕，底径6、残高3.4厘米（图5-4-45，12）。

化妆白瓷深腹碗　7件。T0709③a标∶9，残存口沿，灰黄色粗砂胎，釉色泛青，芒口，内施满釉，外底不施釉，圆唇，直口，垂腹，残高6.1、胎厚0.3厘米（图5-4-45，6）。T0709③a标∶13，残存口沿，灰黄色粗砂胎，釉色泛青，内施满釉，外施半釉，唇口，残高3.2、胎厚0.45厘米（图5-4-45，7）。T0611③a标∶8，残存底部，灰黄色粗砂胎，釉色泛青，内施满釉，外底不施釉，内底有垫砂痕，底径6.8、残高3.5厘米（图5-4-45，13）。T0611③a标∶3，残存口沿，灰黄色粗砂胎，釉色泛青，内施满釉，外施半釉，圆唇，直口，口沿外侧有一圈凹槽，垂腹，残高9.5、胎厚0.55厘米（图5-4-45，14）。T0709③a标∶10，残存口沿，灰黄色粗砂胎，釉色泛青，圆唇，敞口微外翻，残高6.6、胎厚0.5厘米（图5-4-45，15）。T0709③a标∶14，残存底部，圈足，灰黄色粗砂胎，釉色泛青，内施满釉，外施半釉，内底有4个垫砂痕，外壁有烟炱痕迹，底径8、残高4.4厘米（图5-4-45，16）。

瓷盘　8件。T0611③a∶7，化妆白瓷，支烧，灰胎，胎外先施一层白色化妆土，再施透明釉，圆唇，敞口，折腹，圈足底，内施满釉，外施半釉，釉面局部有开片，内底有支钉痕，口径16.8、底径6.8、高3.8、胎厚0.5—1厘米（图5-4-46，1）。T0709③b∶11，化妆白瓷，支烧，灰胎，胎外先施一层白色化妆土，再施透明釉，尖唇，敞口，矮圈足底，内施满釉，

第五章　城内窑址的发掘

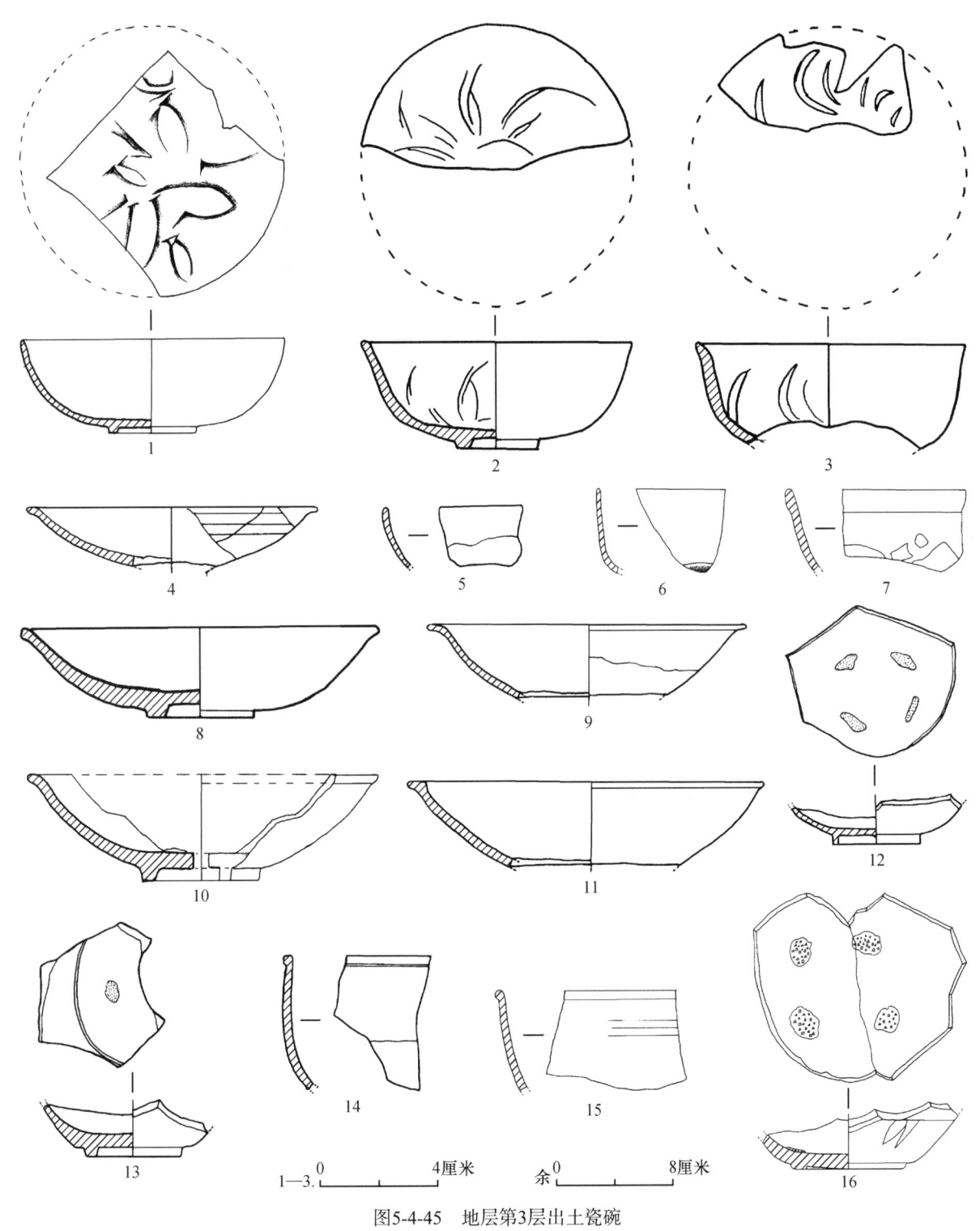

图5-4-45　地层第3层出土瓷碗
1—3. 定窑剔花碗（T0711③b：2、T0611③a：10、T0611③a：6）　4、8—12. 化妆白瓷浅腹碗（T0709③标：8、T0611③a：9、T0711③b：7、T0611③a标：4、T0611③a标：7）　5. 酱釉碗（T0611③a：6）　6、7、13—16. 化妆白瓷深腹碗（T0709③a标：9、T0709③a标：13、T0611③a标：8、T0611③a标：3、T0709③a标：10、T0709③a标：14）

外施半釉，内底有支钉痕，唇部因火烧呈黑色，口径18、底径7、高4.5、胎厚0.4—0.8厘米（图5-4-46，2）。T0709③b：14，化妆白瓷，灰白胎，尖唇，敞口，圈足底，内外均施满釉，内底有垫圈和支钉痕，口径6.8、底径6.5、高3.4、胎厚0.4—0.5厘米（图5-4-46，3）。T0611③a：8，定窑白瓷，覆烧，白釉，白胎，圆唇微侈，敞口，弧腹，圈足底，内外均施满釉，内底饰剔花莲纹，外饰一圈弦纹，口径16、底径5.2、高3、胎厚0.3厘米（图5-4-46，4）。T0809③b标：1，定窑白瓷，残存底部，圈足底，内底饰划花鱼纹饰，底径4.8、残高0.8厘米（图5-4-46，5）。T0710③b：4，定窑白瓷，残存底部，圈足底，内底饰划花鱼纹饰，底径7.2、残高1.7厘米（图5-4-46，7）。T0711③a标：2，残存口沿，灰白胎，三彩，口沿施酱黄釉，印花绿釉，圆唇，敞口，残高1.8、胎厚0.4厘米（图5-4-46，9）。T0709③b标：7，定窑白瓷，残存底部，矮圈足，白胎，胎质坚硬，白釉泛青，内外均施满釉，内壁有印花纹饰，外壁有轮制痕迹，底径6、残高3厘米（图5-4-46，11）。

瓷器盖　1件。T0711③a：31，化妆白瓷，黄褐胎，边缘为尖唇，微上翘，锥状纽，纽平面呈椭圆形，上表面施釉，内不施釉，口径11.6、底径8.4、高2.2厘米（图5-4-46，6）。

瓷瓶　1件。T0711③b：6，残存口部，灰胎，黑釉，卷沿，圆唇，侈口，束颈，口径5.2、残高3厘米（图5-4-46，8）。

饰纹瓷片　3件。T0711③a标：1，绞胎瓷片，施透明釉，釉色泛黄，残长4、胎厚0.5厘米（图5-4-46，10）。T0810③b标：1，定窑印花瓷片，白胎，胎质坚硬，白釉泛青，残长6、胎厚0.25厘米（图5-4-46，12；图版一二五，5）。T0709③b标：11，定窑印花瓷片，白胎，胎质坚硬，白釉泛青，残长5.3、胎厚0.25厘米（图5-4-46，13）。

4. 石器

球状石器　1件。T0709③b：3，磨制，半球体，表面磨光，直径9.2、高5.2厘米（图5-4-47，1）。

砺石　1件。T0809③b：6，灰褐色，楔形，平面大致呈长方形，两面均有磨痕，长9.8、宽3.4、最厚处2.6厘米（图5-4-47，2）。

打磨器　1件。T0709③b：13，磨制，梭形，残存一角，凸面有凹弦纹装饰，凹面光滑，残长5.6、残宽6.2、高2.6厘米（图5-4-47，3）。

玉料　1件。T0711③a：17，岫岩玉，青绿色，整体呈锥状，一端有光滑的切割痕，残长7、最宽处3厘米（图5-4-47，4）。

水晶料　1件。T0710③b：5，透明，不规则形，通体布满打制形成的疤痕，长1.7、宽1.2、厚1.25厘米（图5-4-47，14）。

石棋子　2件。T0709③b：12，磨制，圆饼形，黑色，直径1.7、厚0.8厘米（图5-4-47，12）。T0810③b：1，黑色，磨制，半球体，直径1.4、高0.7厘米（图5-4-47，13）。

第五章　城内窑址的发掘

5、7、8、11—13. 0　　　4厘米　　余 0　　　8厘米

图5-4-46　地层第3层出土瓷器

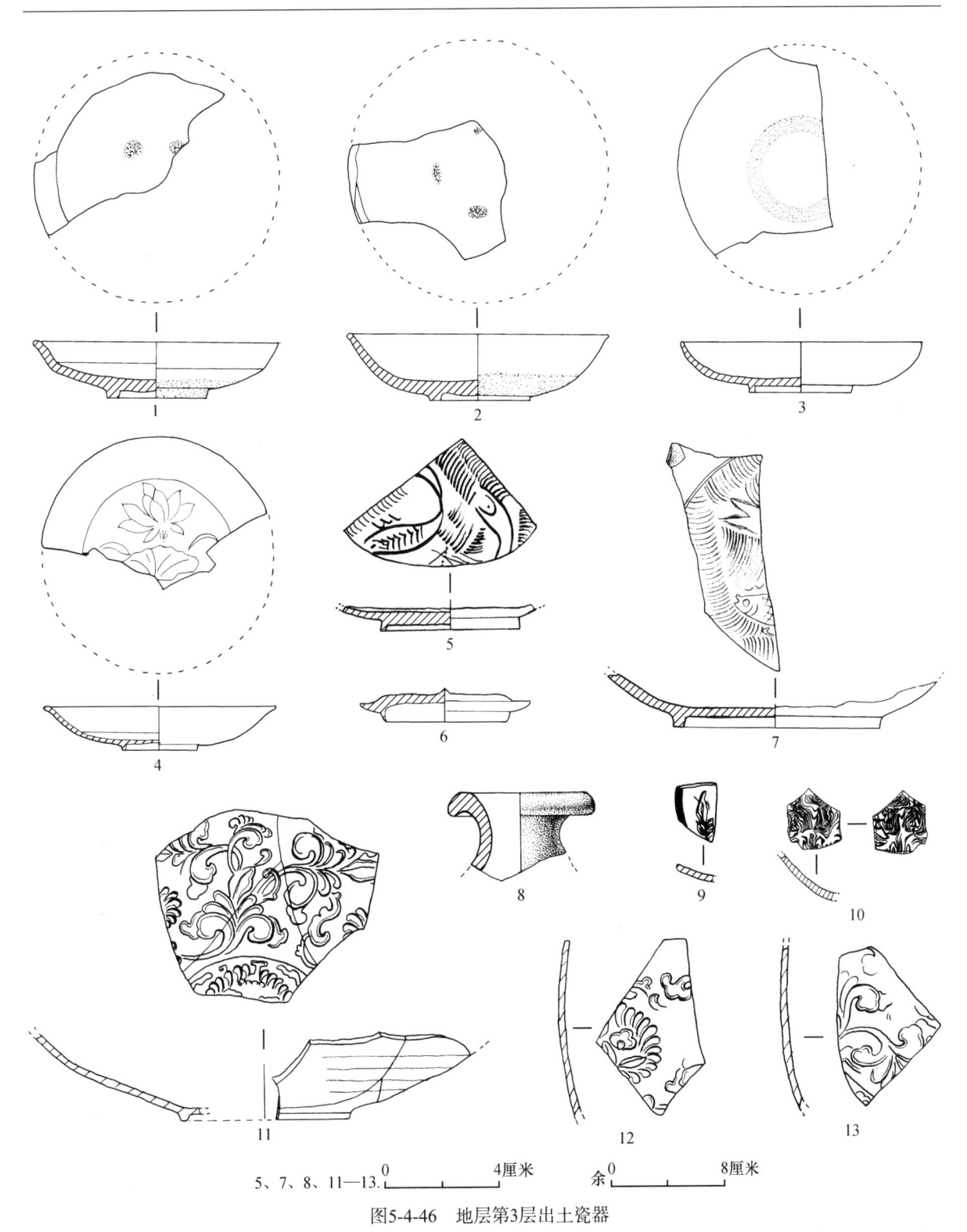

1—5、7、9、11. 瓷盘（T0611③a：7、T0709③b：11、T0709③b：14、T0611③a：8、T0809③b标：1、T0710③b：4、T0711③a标：2、T0709③b标：7）　6. 瓷器盖（T0711③a：31）　8. 瓷瓶（T0711③b：6）　10、12、13. 饰纹瓷片（T0711③a标：1、T0810③b标：1、T0709③b标：11）

5. 琉璃器

琉璃棒　6件。T0711③a:21，蓝色，圆柱状，截面圆形，残长5.8、截面直径0.4厘米（图5-4-47，5）。T0611③a:3，蓝色，扁圆柱状，残长2.2、截面长径0.7、短径0.5厘米（图5-4-47，7）。T0711③a:14，蓝色，圆柱状，残长3.5、截面直径0.45—0.55厘米（图5-4-47，6）。T0711③a:18，白色，圆柱状，截面为椭圆形，残长2.8、截面长径0.5、短径0.3厘米（图5-4-47，8）。T0711③a:19，蓝色，圆柱状，截面圆形，残长2.5、截面直径0.45厘米（图5-4-47，9）。T0809③b:4，蓝色，圆柱状，残长2、截面直径0.3厘米（图5-4-47，10）。

琉璃环　1件。T0809③b:11，黄褐色，半圆环形，截面呈椭圆形，外径2.2、内径0.7、厚0.35厘米（图5-4-47，11；图版一三八，4）。

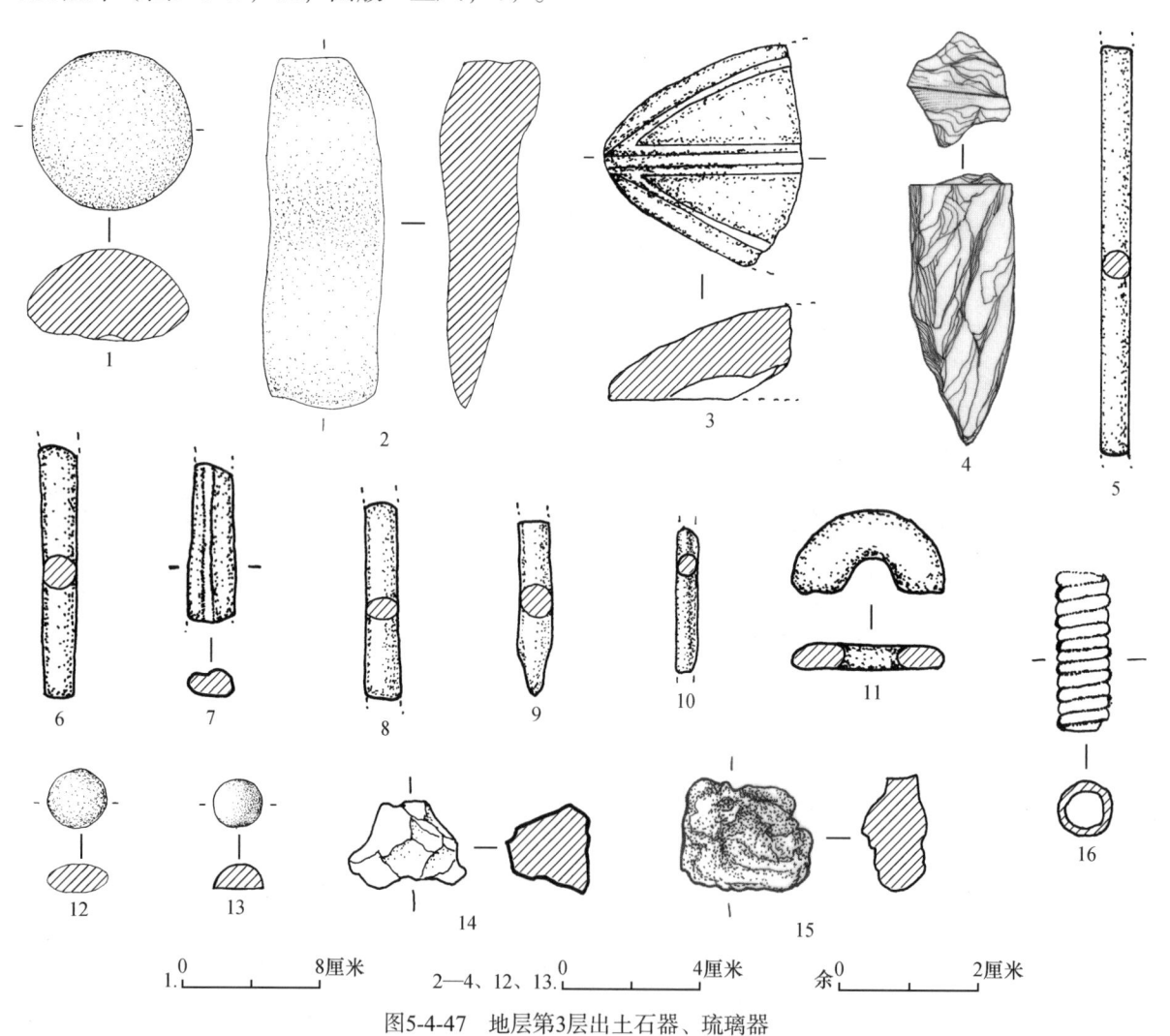

图5-4-47　地层第3层出土石器、琉璃器
1.球状石器（T0709③b:3）　2.砺石（T0809③b:6）　3.打磨器（T0709③b:13）　4.玉料（T0711③a:17）
5—10.琉璃棒（T0711③a:21、T0711③a:14、T0611③a:3、T0711③a:18、T0711③a:19、T0809③b:4）
11.琉璃环（T0809③b:11）　12、13.石棋子（T0709③b:12、T0810③b:1）　14.水晶料（T0710③b:5）
15.琉璃烧结物（T0710③b:15）　16.琉璃管（T0711③a:16）

琉璃烧结物　1件。T0710③b：15，墨绿色，不规则形，器表布满气孔，长1.9、宽1.5、厚1厘米（图5-4-47，15）。

琉璃管　1件。T0711③a：16，绿色半透明，空心柱状，器表为螺旋纹，长2.2、截面直径0.7、壁厚0.1厘米（图5-4-47，16；图版一三八，3）。

6. 骨器

骨刷　1件。T0809③b：12，刷柄残，平面呈圆角长方形，上有两排直径0.4厘米的圆孔，每排残存6个，刷头中部有贯通的孔，孔径0.25厘米，残长3.6、宽1.1、厚0.8厘米（图5-4-48，1）。

骨骰子　1件。T0711③b：1，磨制而成，正方体，残，边长1.5厘米（图5-4-48，2；图版一三五，6）。

骨板　1件。T0711③a：20，平面呈长方形，残存一角，器身凹凸不平，有刻划痕，长6.1、宽2.3、厚0.4—0.8厘米（图5-4-48，3）。

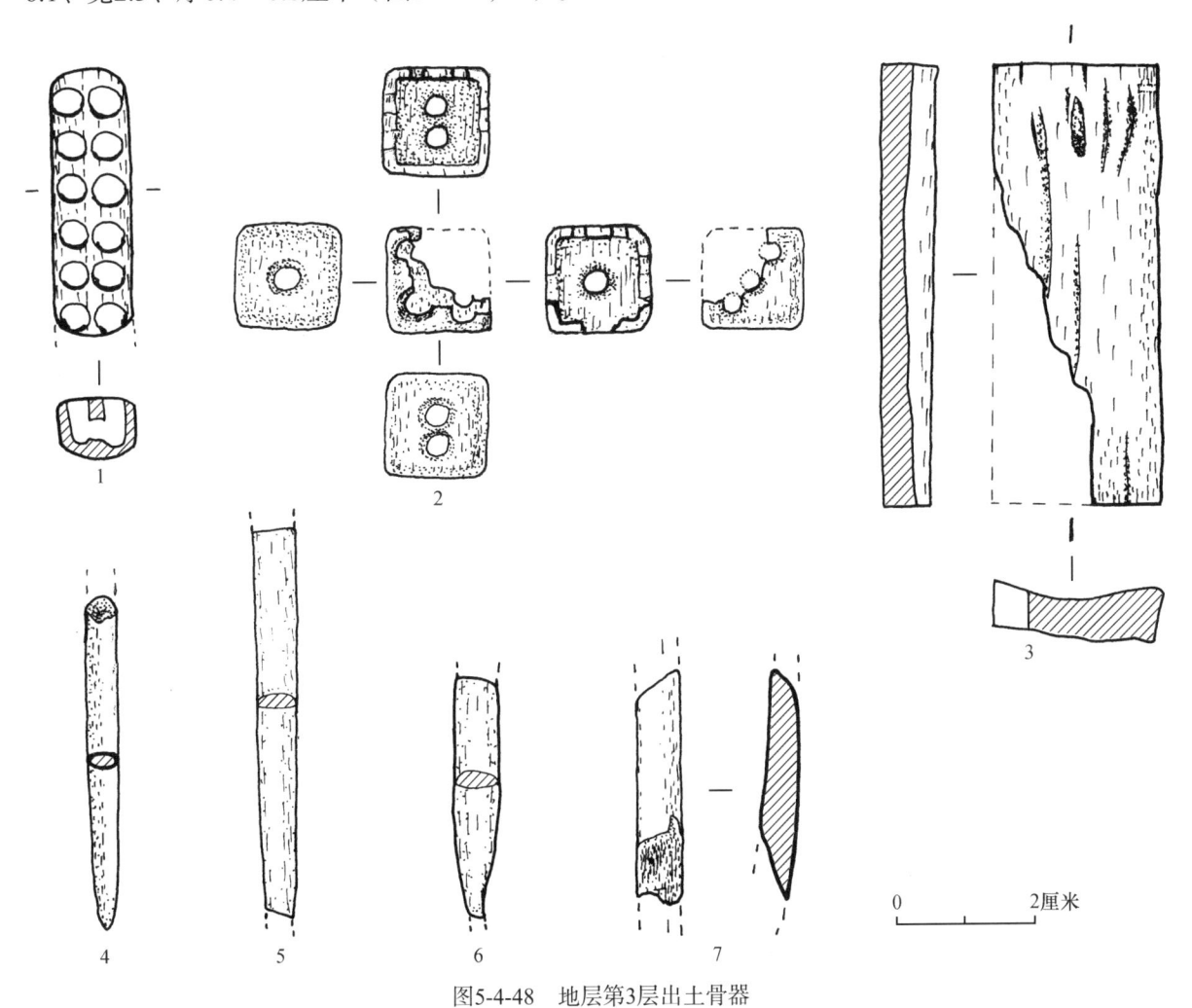

图5-4-48　地层第3层出土骨器

1. 骨刷（T0809③b：12）　2. 骨骰子（T0711③b：1）　3. 骨板（T0711③a：20）　4、7. 骨簪（T0610③b：2、T0710③b：7）
5、6. 耳勺（T0809③b：10、T0711③a：15）

骨簪 2件。T0610③b：2，残长4.6、宽0.4、厚0.15厘米（图5-4-48，4）。T0710③b：7，片状，磨制而成，残长3.1、宽0.7、厚0.5厘米（图5-4-48，7）。

耳勺 2件。T0809③b：10，残存一段柄部，残长5.4、宽0.4—0.6、厚0.2厘米（图5-4-48，5）。T0711③a：15，残存一段柄部，残长3.3、宽0.6、厚0.2厘米（图5-4-48，6）。

7. 铁器

铁环 1件。T0710③b：9，截面呈长1、宽0.6厘米的长方形，直径6.5厘米（图5-4-49，1）。

铁片 2件。T0710③b：13，亚腰形，片状，下端残，残长6、最宽处4.8、厚0.25厘米（图5-4-49，2）。T0709③b：1，铁锅耳部，亚腰形，片状，长11.5、宽4.2—6、厚0.4厘米（图

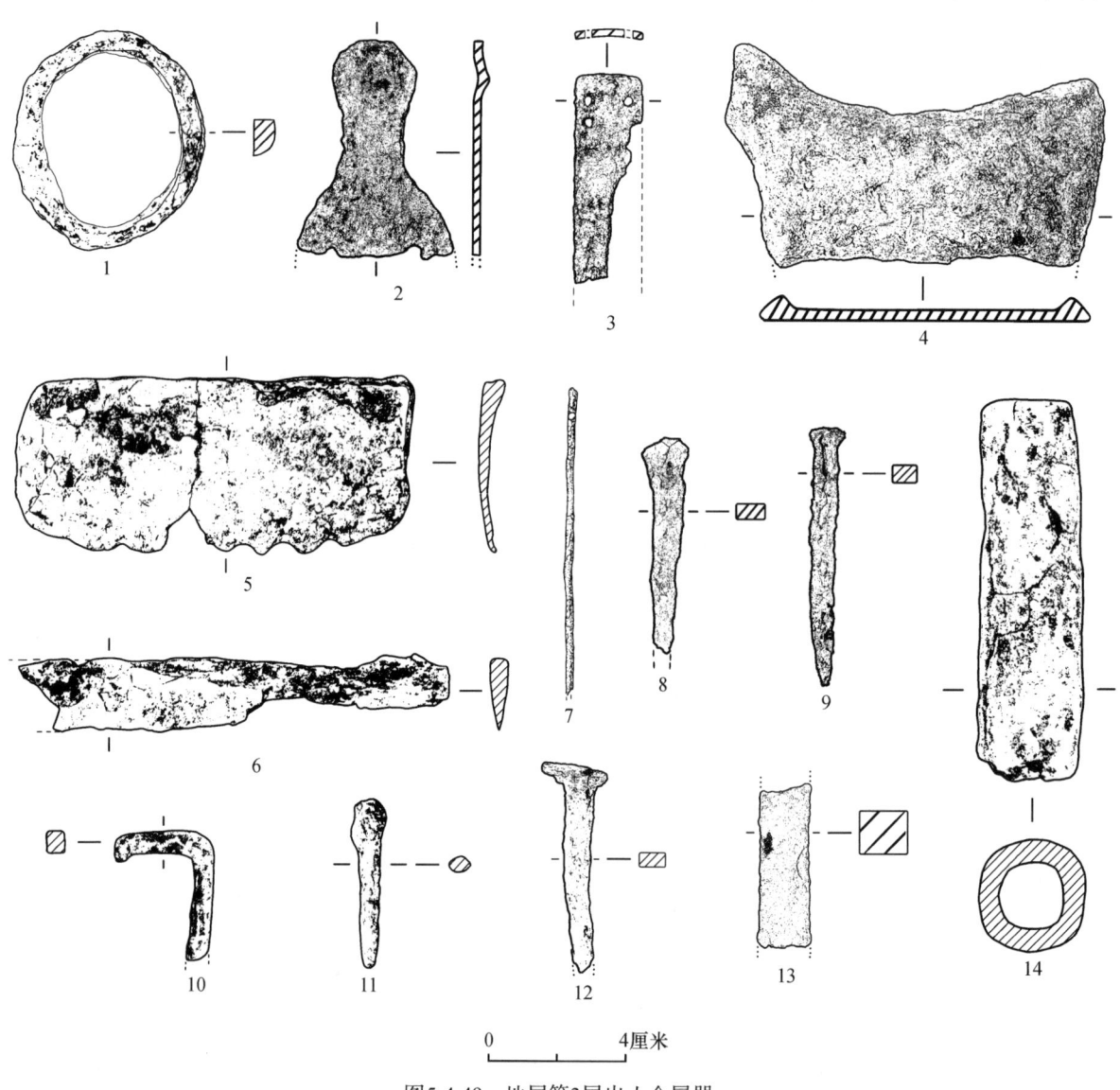

图5-4-49 地层第3层出土金属器

1.铁环（T0710③b：9） 2、4.铁片（T0710③b：13、T0709③b：1） 3.铁甲片（T0710③b：3） 5、6.铁刀（T0809③b：9、T0611③a：2） 7.铜针（T0710③b：17） 8—12.铁钉（T0809③b：3、T0710③b：16、T0711③a：12、T0711③a：9、T0809③b：2） 13.柱状铁器（T0809③b：5） 14.铁管（T0709③b：17）

5-4-49，4）。

铁甲片 2件。T0710③b：3，平面圆角长方形，片状，残半，边缘处有圆形穿孔，残长6、宽2、厚0.2厘米（图5-4-49，3）。

铁刀 2件。T0809③b：9，锻铸，片状，无柄，直背，齿刃，平面呈长方形，长11.7、宽5、刀背厚0.5厘米（图5-4-49，5）。T0611③a：2，锻铸，长柄，直背，直刃，刃端残，残长12.8、宽2、刀背厚0.7厘米（图5-4-49，6）。

铁钉 5件。锻铸。T0809③b：3，钉头呈扁圆形，钉身截面长方形，下端残，残长6、截面长0.45、宽0.25厘米（图5-4-49，8）。T0710③b：16，钉头呈扁平状，钉身截面长方形，钉身长7.2、截面长0.4、宽0.25厘米（图5-4-49，9）。T0711③a：12，钉身弯折呈折尺形，钉尖残，钉身截面长方形，残长6、截面长0.8、宽0.5厘米（图5-4-49，10）。T0711③a：9，钉头呈扁圆形，钉身截面长方形，钉身长5、截面长0.5、宽0.4厘米（图5-4-49，11）。T0809③b：2，钉头扁平弯折，钉身截面长方形，下端残，残长6、截面长0.45、宽0.25厘米（图5-4-49，12）。

柱状铁器 1件。T0809③b：5，两端残，截面呈长方形，残长4.8、截面长1.5、宽1.2厘米（图5-4-49，13）。

铁管 1件。T0709③b：17，锻铸，圆柱状，中空，截面圆形，长10.8、截面直径2.8、壁厚0.6厘米（图5-4-49，14）。

8. 铜器

铜针 1件。T0710③b：17，截面椭圆形，残长8.6、截面长径0.3、短径0.2厘米（图5-4-49，7）。

铜钱 18枚。除2枚字迹不清外，其余均为开元通宝以及北宋年号钱。

开元通宝 5枚。T0709③b：10，顺读，楷书，直径2.5、孔边长0.65、厚0.15厘米（图5-4-50，1）。T0709③b：8，顺读，楷书，直径2.2、孔边长0.65、厚0.1厘米（图5-4-50，2）。T0711③a：10，顺读，楷书，直径2.3、孔边长0.6、厚0.15厘米（图5-4-50，3）。T0711③a：11，顺读，楷书，直径2.5、孔边长0.55、厚0.15厘米（图5-4-50，4）。T0709③b：6，残缺一角，顺读，楷书，背面有月牙，直径2.35、孔边长0.6、厚0.1厘米（图5-4-50，5）。

祥符通宝 1枚。T0710③b：2，旋读，楷书，直径2.6、孔边长0.7、厚0.2厘米（图5-4-50，6）。

天圣元宝 1枚。T0809③b：8，旋读，楷书，直径2.5、孔边长0.55、厚0.15厘米（图5-4-50，7）。

皇宋通宝 2枚。T0710③b：11，顺读，隶书，直径2.4、孔边长0.8、厚0.2厘米（图5-4-50，8）。T0611③a：1，顺读，楷书，直径2.5、孔边长0.55、厚0.15厘米（图5-4-50，9）。

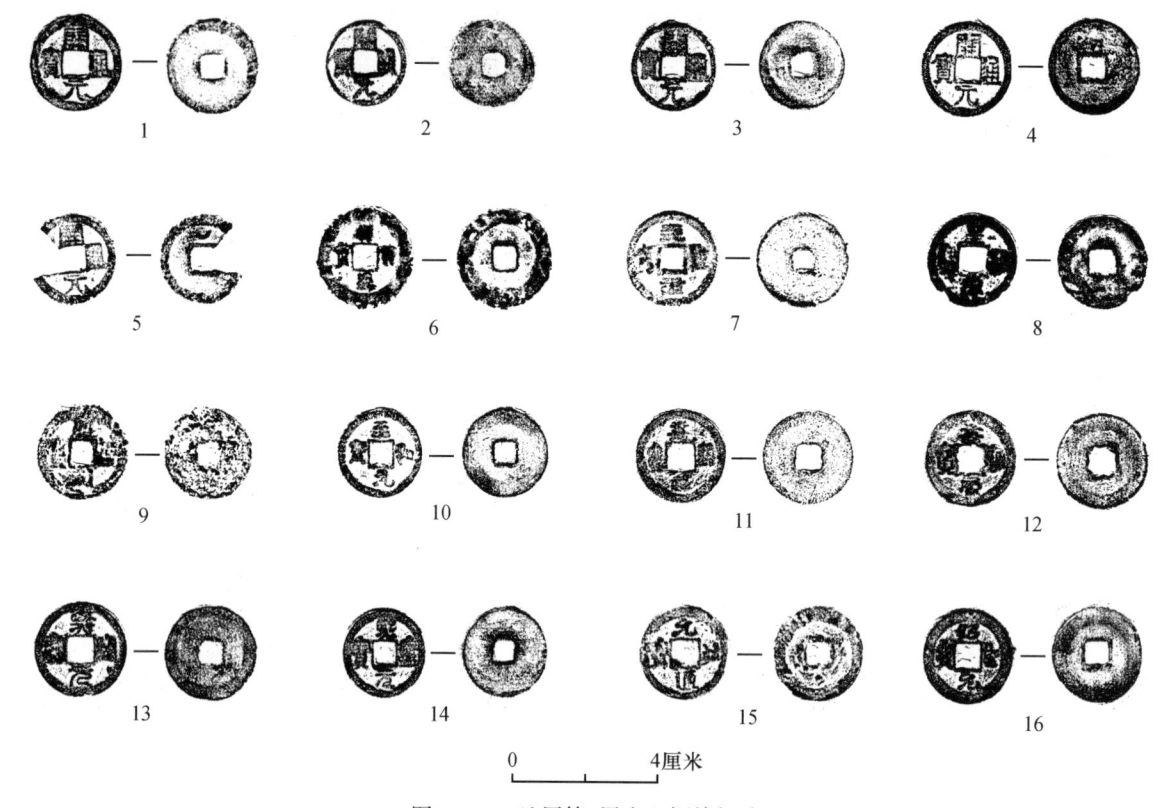

图5-4-50 地层第3层出土铜钱拓片

1. T0709③b∶10 2. T0709③b∶8 3. T0711③a∶10 4. T0711③a∶11 5. T0709③b∶6 6. T0710③b∶2 7. T0809③b∶8 8. T0710③b∶11 9. T0611③a∶1 10. T0709③b∶7 11. T0809③b∶7 12. T0709③b∶4 13. T0709③b∶9 14. T0711③a∶8 15. T0711③a∶13 16. T0709③b∶5

至和元宝　1枚。T0709③b∶7，旋读，行书，直径2.3、孔边长0.6、厚0.15厘米（图5-4-50，10）。

嘉祐通宝　2枚。T0809③b∶7，顺读，篆书，直径2.45、孔边长0.65、厚0.1厘米（图5-4-50，11）。T0709③b∶4，旋读，篆书，直径2.45、孔边长0.7、厚0.1厘米（图5-4-50，12）。

熙宁元宝　2枚。T0709③b∶9，旋读，篆书，直径2.4、孔边长0.6、厚0.15厘米（图5-4-50，13）。T0711③a∶8，旋读，篆书，直径2.3、孔边长0.6、厚0.15厘米（图5-4-50，14）。

元祐通宝　1枚。T0711③a∶13，旋读，楷书，直径2.4、孔边长0.6、厚0.15厘米（图5-4-50，15）。

绍圣元宝　1枚。T0709③b∶5，旋读，行书，直径2.4、孔边长0.65、厚0.1厘米（图5-4-50，16）。

第五节　第三期遗存

一、遗存概述

第三期遗存包括地层第2层，以及开口于第1层下、第2a层下和部分开口于第2b层下的遗迹单位和出土遗物。

该期遗迹以窑址及其废弃产品堆积、房址为主，另有较多灰坑等遗迹。该期遗存区域划分较为明确：发掘区东北部为烧窑区，发现陶窑2座；西北部及东南部为废弃物堆积区，发现成片的陶片堆积，以及不同形制的灰坑，部分灰坑可能为取土坑或淘泥池；西南部为房址，应为窑工等工作人员的居住场所，其北部有一道墙体将其与北部的陶片堆积相隔开来；发掘区西北角处发现一层平整致密的黄土，具体功能不明，推测为晾坯的场所（图5-5-1）。

窑址及陶片堆积出土遗物大多均为该窑址烧造出的陶器，器类以缸、盆、罐、瓶等大型日用陶容器为主，多残碎和变形。房址出土遗物均为日常生活用品，包括陶瓷容器、玩具、小型石质和铁质工具等。

二、窑址及出土遗物

共发现窑址2座，分别编号Y1和Y2。两座窑址坐南朝北并列分布，均为下挖式窑，开口于第2a层下（图版五二，1）。

（一）窑址形制结构

1. Y1

Y1　位于窑址发掘区东北部，位于探方T0811中部，方向328°。由窑室、烟囱、窑门和操作间四部分组成。

窑室为砖砌，顶部高于当时的地表，现已无存，平面呈椭圆形，南北长径3、东西短径2.2米，现存顶部距地表约0.1米（图版五三，1）。窑室由窑壁、窑床、火塘几个部分组成。窑室内堆积为灰黑色土，包含大量陶瓷片和窑具。窑壁呈弧形，垂直于地面，由青砖错缝平砌而成，残存14层砖，高0.86米，所用青砖部分为完整的长方砖，部分残半，完整的单体长度为36厘米左右，厚5.8厘米。青砖间以黏土填缝，外部涂抹草拌泥，由于保存状况较差，窑壁上的草拌泥大部分已脱落。外部涂抹一层厚3—5厘米的草拌泥，经长期烘烤，草拌泥面较为坚硬光

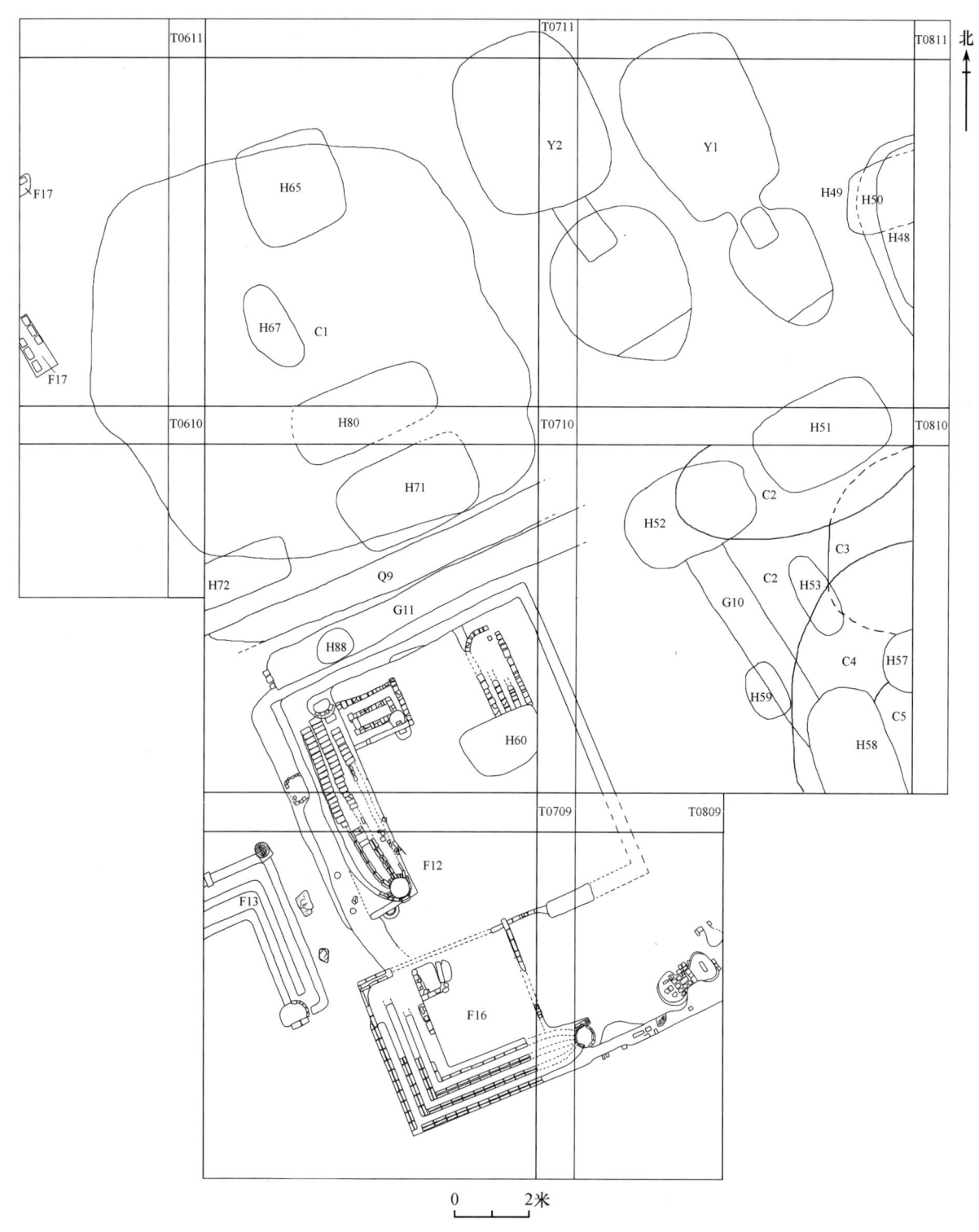

图5-5-1 第三期遗迹平面分布图

滑，略显浅红褐色。窑床上表面平铺一层青砖，其中，南端靠近烟囱处的三排青砖为竖向铺砌，其余均横向铺砌，北端及东北角部分铺砖缺失。火塘位于窑床北部正中，平面呈南北向长方形，长1.2、宽0.9、深1.1米。火塘四壁由青砖砌成，外表面涂抹一层厚约5厘米的草拌泥，因长期用火形成较硬的烧结面，并可见多次修补草拌泥壁面的痕迹。火塘内堆积为灰黑色土，夹杂大量烧灰和红烧土块，包含有少量陶片。

烟囱位于窑室南端，用一道砖墙与窑室分隔，平面呈半圆形，东西长1.4、南北宽0.4米，砖墙用单层青砖横向错缝平砌而成，墙体下端紧挨窑床处有4个并列的排烟孔，排烟孔呈方形，边长0.2、间距0.18米（图版五三，3、4）。烟囱内堆积为灰黑色土，土质较松软，包含少量陶片和碎砖。

窑门顶部已无存，宽1.1、进深0.6米。窑门宽1.2米，两侧窑壁为土坯砌成。

操作间为土坑，坑壁未做特殊处理，平面呈圆角长方形，直壁，为平地下挖而成。南北长4.4、东西宽2.85—3.07、深1.2米。底部为黄土踩踏面，经过多次使用和修缮。操作间西南部靠近窑门处叠摞两个大小相当的陶罐，口部相扣，陶罐外侧放置一列竖向叠摞的半截砖头，共计8块，高50厘米。操作间内堆积为灰黄色土，包含大量陶片和废弃的窑具（图5-5-2；图版五二，2）。

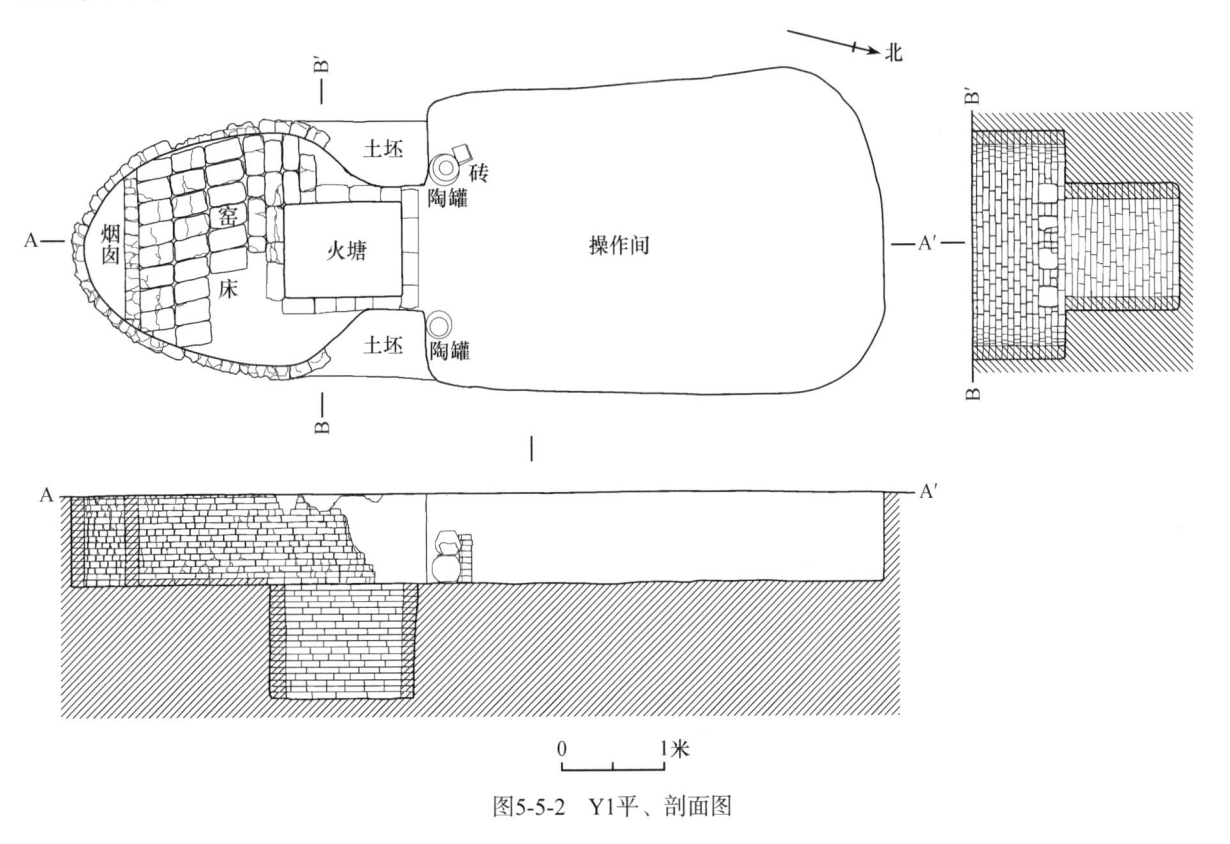

图5-5-2 Y1平、剖面图

2. Y2

Y2 位于窑址发掘区东北部，位于探方T0811和T0711之间，处于Y1的西侧，方向328°。由窑室、烟囱、窑门和操作间四部分组成。

窑室为砖砌，顶部高于当时的地表，现已无存，平面呈椭圆形，南北长径4.04、东西短径3.3米，现存顶部距地表约0.2米（图版五四，1）。窑室由窑壁、窑床、火塘几个部分组成。窑室内堆积为灰黑色土，包含大量陶瓷片和窑具。窑壁呈弧形，底小口大，由青砖错缝平砌而成，残存33层砖，高2.1米，所用青砖部分为完整的长方砖，部分残半，完整的单体长度为36厘米左右，厚5.8厘米。青砖间以黏土填缝，外部涂抹一层厚3—5厘米的草拌泥，经长期烘烤，草拌泥面较为坚硬光滑，略显浅红褐色。窑床上表面平铺一层青砖，其中，南端靠近烟囱处的二排青砖、西侧二列青砖及火塘西侧青砖为竖向铺砌，其余均横向铺砌，东北角部分铺砖缺失。火塘位于窑床北部正中，平面呈等腰梯形，南北长1.4、南端宽1.1、北端宽0.7、深0.8米。火塘四壁由青砖砌成，北壁向底略内收，外表面涂抹一层厚约5厘米的草拌泥，因长期用火形成较硬的烧结面。火塘内堆积为灰黑色土，夹杂大量烧灰和红烧土块，包含少量陶片。

烟囱位于窑室南端，底部形状为半圆形，东西长2.1、南北宽0.6、深1.7米，壁由青砖错缝向上收砌，从底至顶逐渐内收，开口平面呈圆角方形。烟囱南侧窑室分隔的砖墙为单层青砖横向错缝平砌而成，垂直于窑床。由于保存状况较差，砖墙垮塌严重，为保护现状而未做深入清理，故排烟孔形制不明（图版五四，4）。烟囱内堆积为灰黑色土，土质较松软，包含少量陶片、窑具和碎砖。

窑门为拱形顶，宽0.9、进深0.6、高1.2米（图版五四，2、3）。窑门两侧窑壁为青砖夹杂土坯砌成，宽0.9米，其上抹有黄色草拌泥。发掘时窑门处于封堵状态，用泥土自火塘底部封至窑门顶部，厚0.2米。

操作间为土坑，平地下挖而成，平面呈圆角长方形，直壁，坑壁未做特殊处理，东侧被Y1操作间打破。南北长4、东西宽3.2、深1.4米。底部为多层黄土踩踏面，经过多次使用和修缮。操作间内堆积为灰黄色土，包含大量陶片和废弃的窑具（图5-5-3；图版五二，3）。

（二）营建方式

从遗迹现象分析，该窑址的营建方式为：先于地面下挖一个大致呈圆角长方形的直壁平底土坑，北端作为操作间未做特殊处理，南端用青砖砌筑弧形壁面作为窑壁，中南部下挖一个长方形直壁平底坑作为火塘，并用青砖砌筑四壁，再在北端砌筑烟囱隔墙，之后，在窑室内底平铺一层青砖作为窑床，最后，在窑壁和火膛壁上涂抹草拌泥，使之保温性能更强且经久耐用。

图5-5-3　Y2平、剖面图

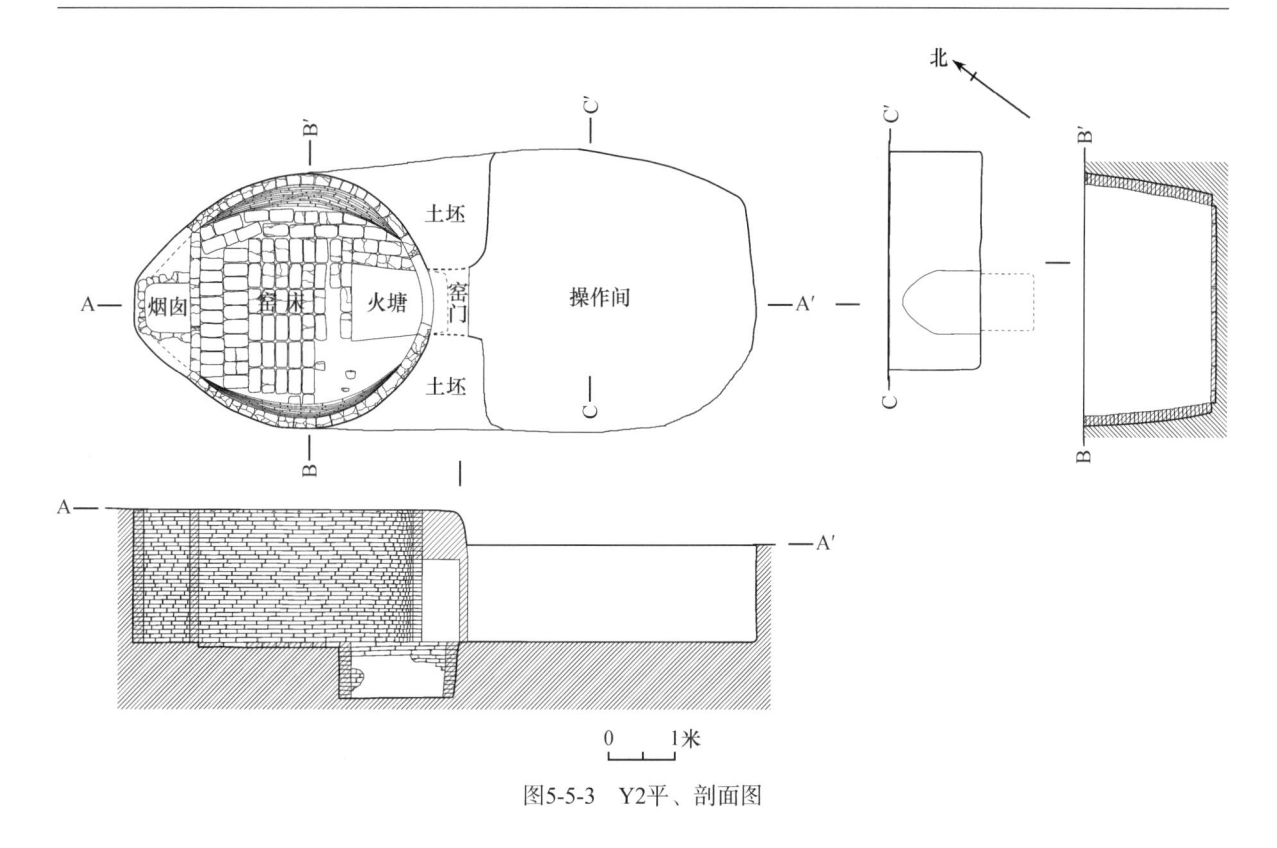

（三）出土遗物

1. 陶器

陶盆　34件，均为轮制泥质灰陶，依口部形制差异分二型。

A型　18件，敞口。均卷沿，圆唇。Y2∶50，斜弧腹，平底，内底饰研光连弧暗纹，口径69、底径33、高20.4厘米（图5-5-4，1；图版一〇八，5、6）。Y1∶15，斜直腹，平底，内底有研光连弧暗纹，口径66、底径35、高21.6厘米（图5-5-4，2；图版一〇八，1、2）。Y2∶59，斜直腹，平底，内底饰研光连弧暗纹，口径66、底径37、高22.8厘米（图5-5-4，3；图版一〇九，6）。Y2∶51，斜弧腹，平底，内底饰研光连弧暗纹，口径70、底径36、高22.4厘米（图5-5-4，4；图版一〇九，4）。Y1∶16，斜直腹，平底，内底饰研光连弧暗纹，口径72、底径37.6、高27.2厘米（图5-5-5，1；图版一〇八，3、4）。Y2∶52，斜弧腹，平底，内底饰研光连弧暗纹，口径60、底径34、高19厘米（图5-5-5，2；图版一〇八，7、8）。Y2∶62，斜直腹，平底微内凹，口径47.6、底径28、高15.4厘米（图5-5-5，3）。Y2∶56，斜直腹，平底，内底饰研光同心圆暗纹，口径54、底径30、高18厘米（图5-5-5，4）。Y2∶64，斜弧腹，平底，口径60、底径31.8、高19.6厘米（图5-5-6，1；图版一〇九，7）。Y2∶47，斜弧腹，平底，口径51、底径31、高16厘米（图5-5-6，2；图版一〇九，3）。Y2∶58，斜直腹，凹底，口径56、底径30、高17.2厘米（图5-5-6，3）。Y1∶14，斜直腹，平底微内凹，口径59、底径31、高19.6厘米（图5-5-6，4；图版一〇九，2）。Y1∶12，斜直腹，平底微内凹，

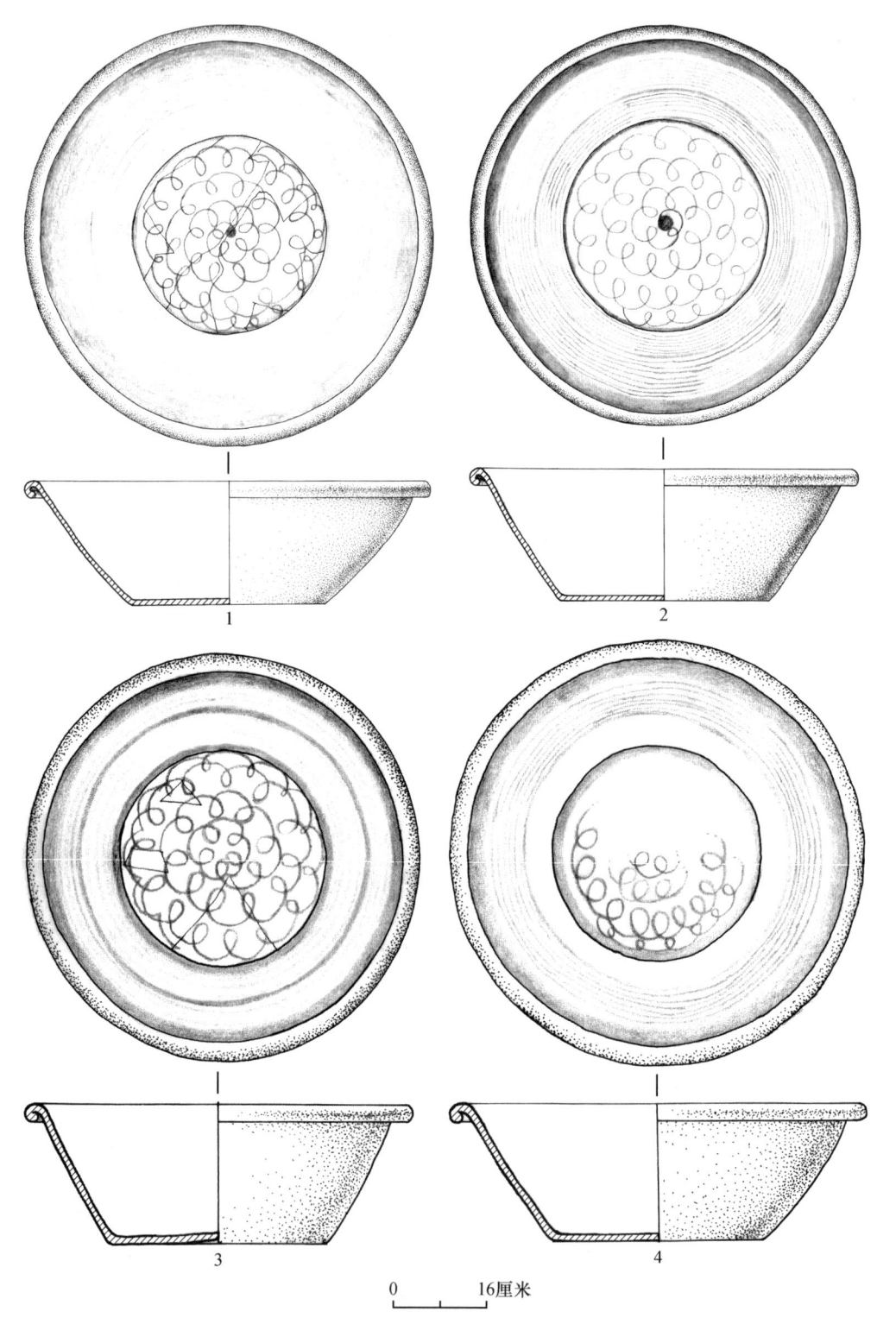

图5-5-4 第三期窑址出土A型陶盆（一）
1. Y2:50　2. Y1:15　3. Y2:59　4. Y2:51

第五章 城内窑址的发掘

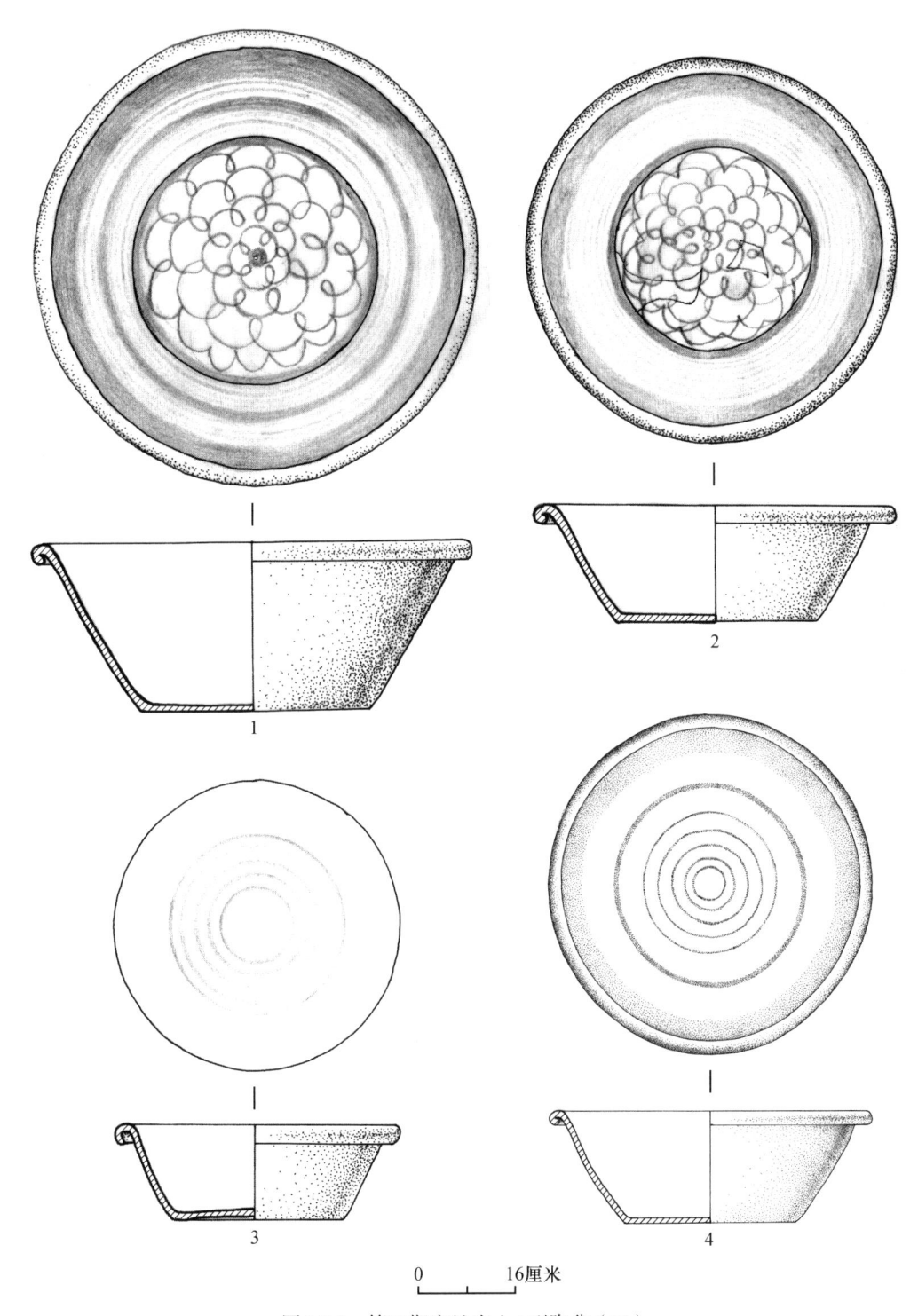

图5-5-5 第三期窑址出土A型陶盆（二）
1. Y1:16 2. Y2:52 3. Y2:62 4. Y2:56

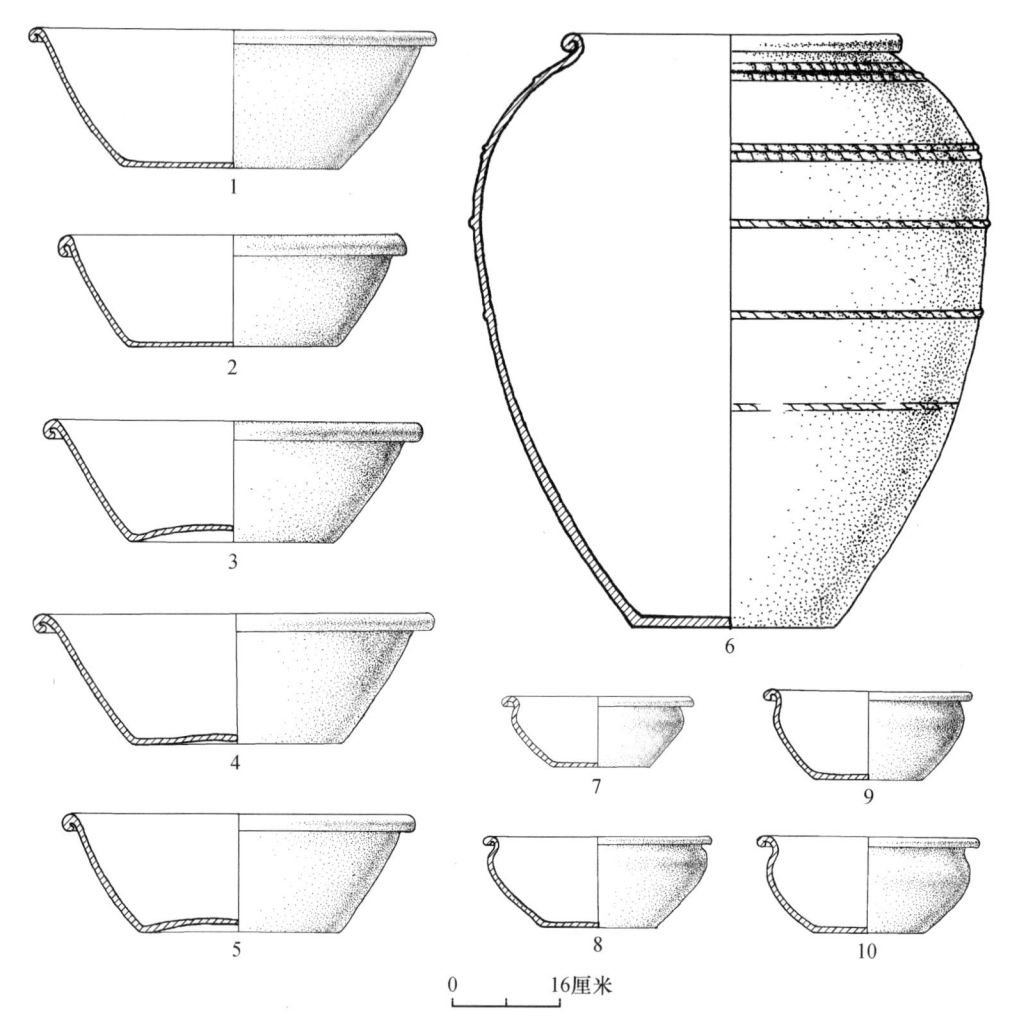

图5-5-6 第三期窑址出土陶盆、陶缸

1—5.A型陶盆（Y2：64、Y2：47、Y2：58、Y1：14、Y1：12） 6.陶缸（Y2：44） 7—10.B型陶盆（Y1：10、Y2：45、Y1：11、Y2：46）

口径52、底径30、高16.8厘米（图5-5-6，5；图版一〇九，1）。

B型 16件，敛口。均卷沿，圆唇，鼓肩，平底。Y1：10，斜直腹，口径28、底径13、高10厘米（图5-5-6，7）。Y2：45，斜弧腹，口径33.4、底径17、高13厘米（图5-5-6，8；图版一一〇，6）。Y1：11，斜弧腹，口径31.2、底径15.4、高12.6厘米（图5-5-6，9；图版一一〇，3）。Y2：46，斜弧腹，口径33.2、底径16.4、高13.5厘米（图5-5-6，10；图版一一〇，4）。

陶缸 1件。Y2：44，轮制泥质灰陶，卷沿，圆唇，敛口，圆肩，弧腹，平底，肩部及上腹部饰多圈附加堆纹带，口径49、底径30、最大径73、高84厘米（图5-5-6，6；图版九八，4）。

陶罐 24件，均为轮制泥质灰陶，圆唇，圆肩，依口部形制差异分二型。

A型 23件。大口，分二亚型。

Aa型 20件。无耳。Y1：17，卷沿，鼓腹，平底，口径30、底径24、最大腹径44、高38厘米（图5-5-7，1；图版一〇〇，3）。Y2：57，卷沿，鼓腹，平底，口径27.6、底径22、最大腹径40.6、高34厘米（图5-5-7，2；图版一〇〇，6）。Y1：18，卷沿，斜弧腹，平底，口径27、底径20、最大腹径35.5、高31厘米（图5-5-7，3；图版一〇〇，4）。Y1：19，柱状口沿，斜弧腹，平底微内凹，口径27、底径22、最大腹径36、高33厘米（图5-5-7，4；图版一〇〇，5）。Y1：20，卷沿，肩部以下残，器身在烧造过程中变形，口径28.8、残高25.6厘米（图5-5-7，5）。Y2标：5，内卷沿，肩部以下残，口径22、残高10.8厘米（图5-5-7，6）。

Ab型　3件。有耳。Y2标：19，卷沿，肩部有两个对称分布的竖桥耳，肩部以下残，口径18、残高7.6厘米（图5-5-7，7）。Y1标：18，卷沿，肩部有两个对称分布的竖桥耳，肩部以下残，口径19、残高13厘米（图5-5-7，8）。

B型　1件，小口。Y2：6，圆唇外翻，束颈，溜肩，鼓腹，平底，口径9.6、底径10、最大

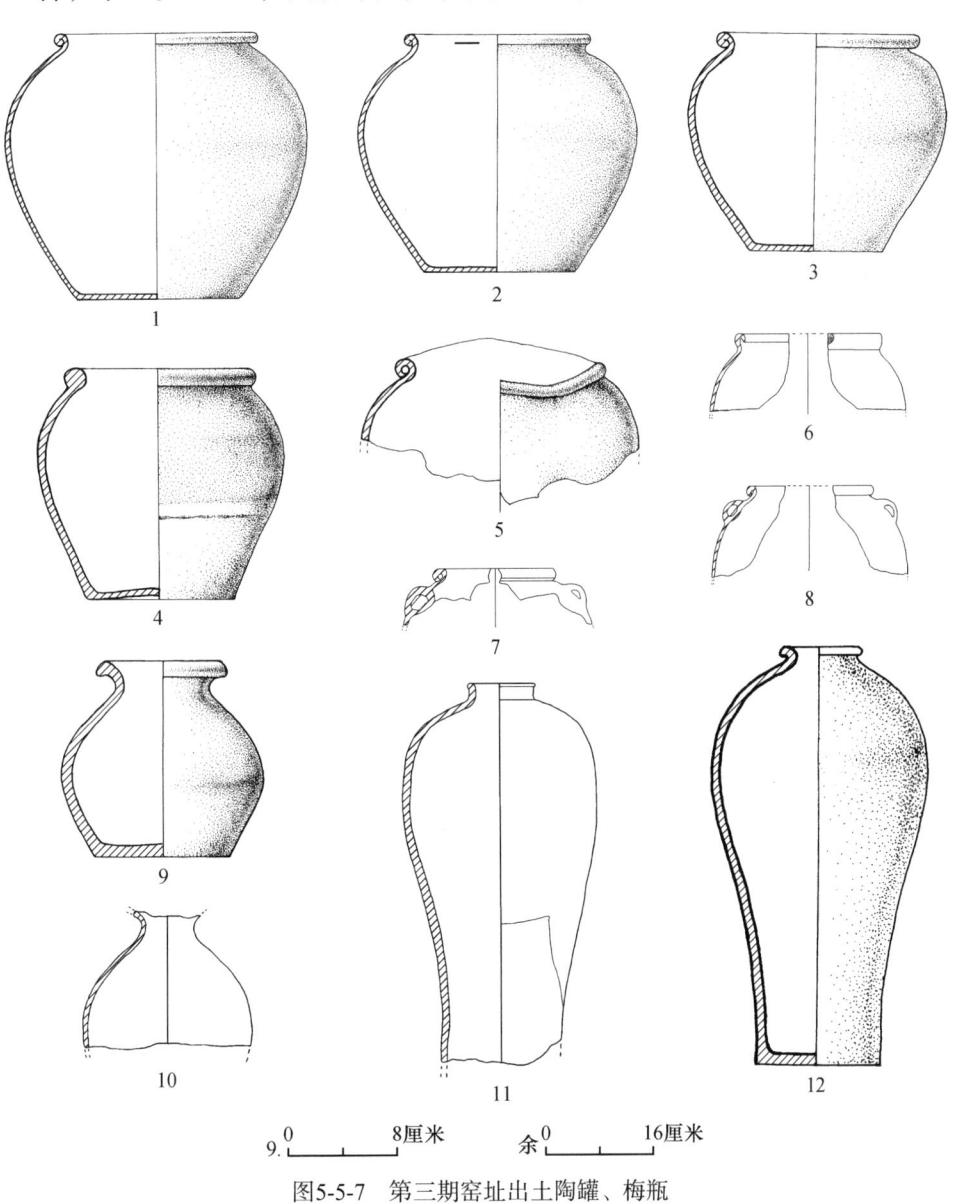

图5-5-7　第三期窑址出土陶罐、梅瓶

1—6. Aa型陶罐（Y1：17、Y2：57、Y1：18、Y1：19、Y1：20、Y2标：5）　7、8. Ab型陶罐（Y2标：19、Y1标：18）　9. B型陶罐（Y2：6）　10—12. 梅瓶（Y1标：1、Y2标：16、Y2：43）

腹径14.6、高14厘米（图5-5-7，9；图版一〇四，5）。

梅瓶　3件。Y1标：1，口沿残，束颈，圆肩，肩部以下残，最大径12.4、残高10厘米（图5-5-7，10）。Y2标：16，圆唇，直口，短径，圆肩，斜弧腹，底部残，口径5、最大径14.2、残高27.2厘米（图5-5-7，11）。Y2：43，圆唇微外卷，敛口，圆肩，斜弧腹，平底，口径6、底径9.9、最大径16、高30.4厘米（图5-5-7，12；图版一〇六，6）。

陶甑　4件。Y2：60，卷沿，圆唇，敞口，斜直腹，平底，底中心有一直径5.6厘米的圆孔，其外分布两圈直径1.2厘米和一圈直径8厘米的圆孔，每圈孔皆等距交错分布，口径68、底径38、高27.2厘米（图5-5-8，1；图版一一一，3、4）。Y2：55，卷沿，圆唇，敞口，斜弧腹，平底，底中心有一直径5.6厘米的圆孔，其外分布两圈直径1.2厘米和一圈直径7.2厘米的圆孔，每圈孔皆等距交错分布，口径68、底径38、高22.4厘米（图5-5-8，2；图版一一一，1、2）。Y1：8，残存底部，残长10.7、残宽7.8、厚1、孔径0.3—0.5厘米（图5-5-8，3；图版一一一，5）。Y2：28，泥质灰黑色，残存底部，残长16.8、残宽9.6、厚1.2、孔径0.3—0.5厘米（图5-5-8，4；图版一一一，6）。

陶盘　1件。Y1：9，展沿，圆唇，敞口，斜直腹，平底微内凹，口径35.4、底径25.8、高4.6厘米（图5-5-8，5；图版一一五，6）。

陶壶口沿　6件。Y2标：17，卷沿，圆唇，直口，直颈，颈部以下残，口径19、残高8.2厘米（图5-5-8，6）。

扑满　1件。Y1标：5，泥质红褐陶，上部残，下腹部有三个直径1.2厘米的圆孔，平底，底中部有不规则形孔洞，底径8.2、残高5.3厘米（图5-5-8，7）。

陶盏　3件。Y1：6，圆唇微内卷，敞口，弧腹，台底，口径8.4、底径5、高2.2厘米（图5-5-9，1；图版一一三，7）。Y2：8，圆唇，口微敛，弧腹，平底，口径7.2、底径4、高2厘米（图5-5-9，2）。Y2：39，泥质黄褐陶，圆唇，口微敛，弧腹，平底，口径6、底径3.6、高2.3厘米（图5-5-9，3）。

陶器盖　1件。Y2：2，泥质灰陶，圆锥状，中空，顶部有一直径0.5厘米的圆孔，底径3.9、高3.5厘米（图5-5-9，13；图版一一六，6）。

陶瓶口沿　1件。Y2标：18，圆唇，直口，颈部外鼓，颈部以下残，口径6、残高3厘米（图5-5-9，14）。

施纹工具　1件。Y2：23，泥质灰陶，圆柱状，中部有穿孔，外表面有斜向刻划纹饰，截面直径2.5、孔径0.4、高4厘米（图5-5-9，7；图版一三一，8）。

陶刀　1件。Y1：1，泥质灰陶，背部残，弧刃，中部有一直径1.8厘米的圆孔，残长7.6、宽6、厚0.6厘米（图5-5-9，8；图版一三一，7）。

陶球　2件。Y2：30，泥质灰陶，手制，直径1.9厘米（图5-5-9，10）。Y2：22，泥质灰陶，手制，直径2.2厘米（图5-5-9，11）。

陶垫块　1件。Y2：27，泥质灰褐陶，圆台体，顶部直径1.8、底部直径2.4、厚1.3厘米（图5-5-9，12）。

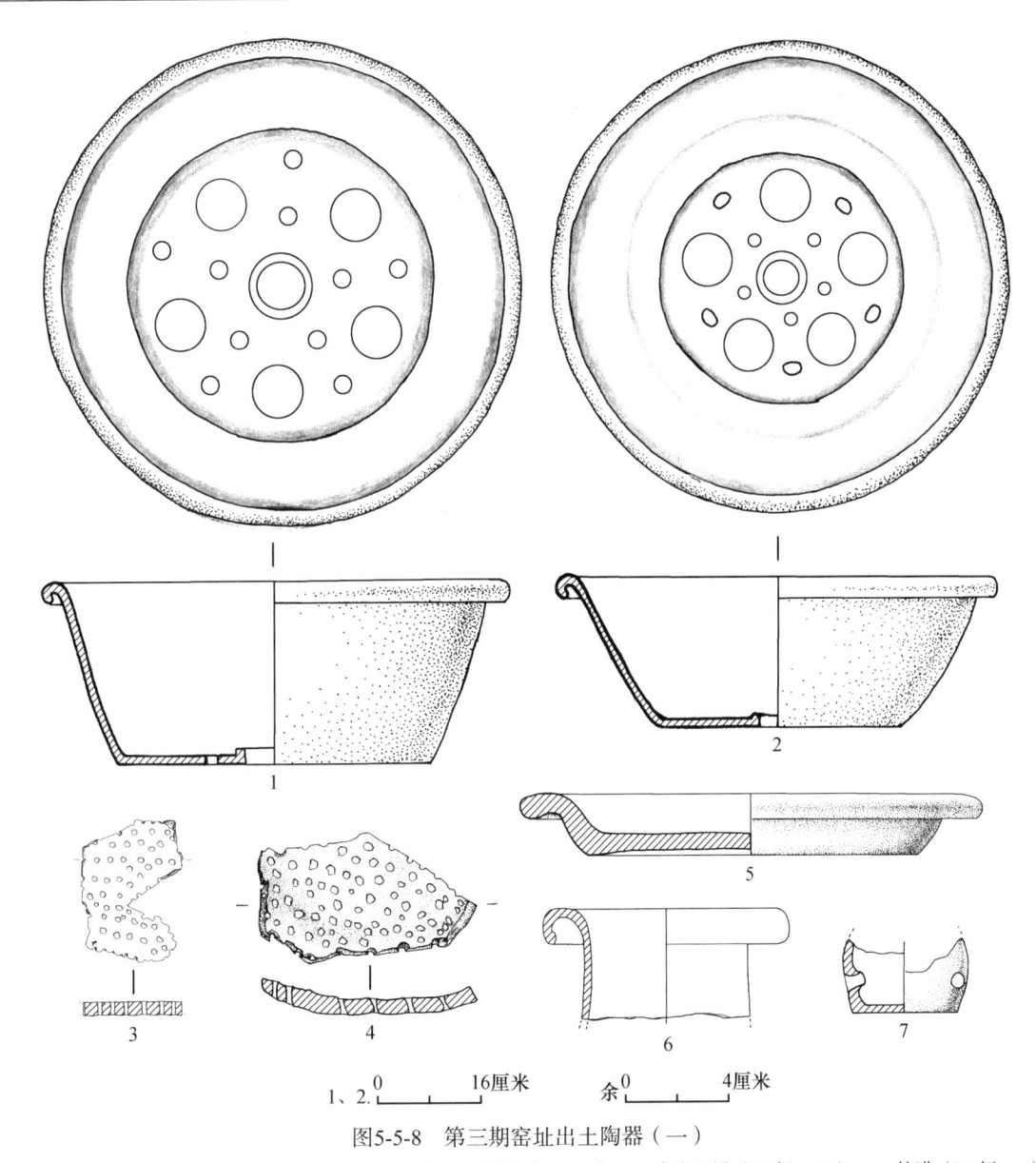

图5-5-8 第三期窑址出土陶器（一）
1—4.陶甑（Y2：60、Y2：55、Y1：8、Y2：28） 5.陶盘（Y1：9） 6.陶壶口沿（Y2标：17） 7.扑满（Y1标：5）

封门砖 1件。Y2：48，平面大致呈梯形，器表有火烧痕迹，残长18.8、宽12.8、厚5.2厘米（图5-5-9，9）。

陶支座 17件。二层台体，呈马蹄状。Y2：65，平顶，中心有一直径1.2、深1.6厘米的圆孔，长20.2、宽11.2、高8厘米（图5-5-9，4；图版九七，2）。Y1：25，顶部相对较平，中心有一直径1.5、深0.7厘米的圆孔，长20、宽12、高7.6厘米（图版九七，3、4）。Y1：26，顶部平，中心有一直径1.2、深1.6厘米的圆孔，长20.4、宽12.6、高7.6厘米（图版九七，5、6）。Y1：27，顶部平，中心有一直径1.5、深0.8厘米的圆孔，长21、宽12.6、高8.4厘米（图版九七，7）。Y1：21，顶部微内凹，中心有一直径1.2、深0.8厘米的圆孔，长17、宽11.2、高7.2厘米（图5-5-9，5；图版九七，1）。Y1：24，顶部内凹，长16.3、宽10.8、高7.6厘米（图5-5-9，6；图版九六，5）。Y1：29，顶部内凹，长20、宽12、高7.8厘米（图版九六，6）。

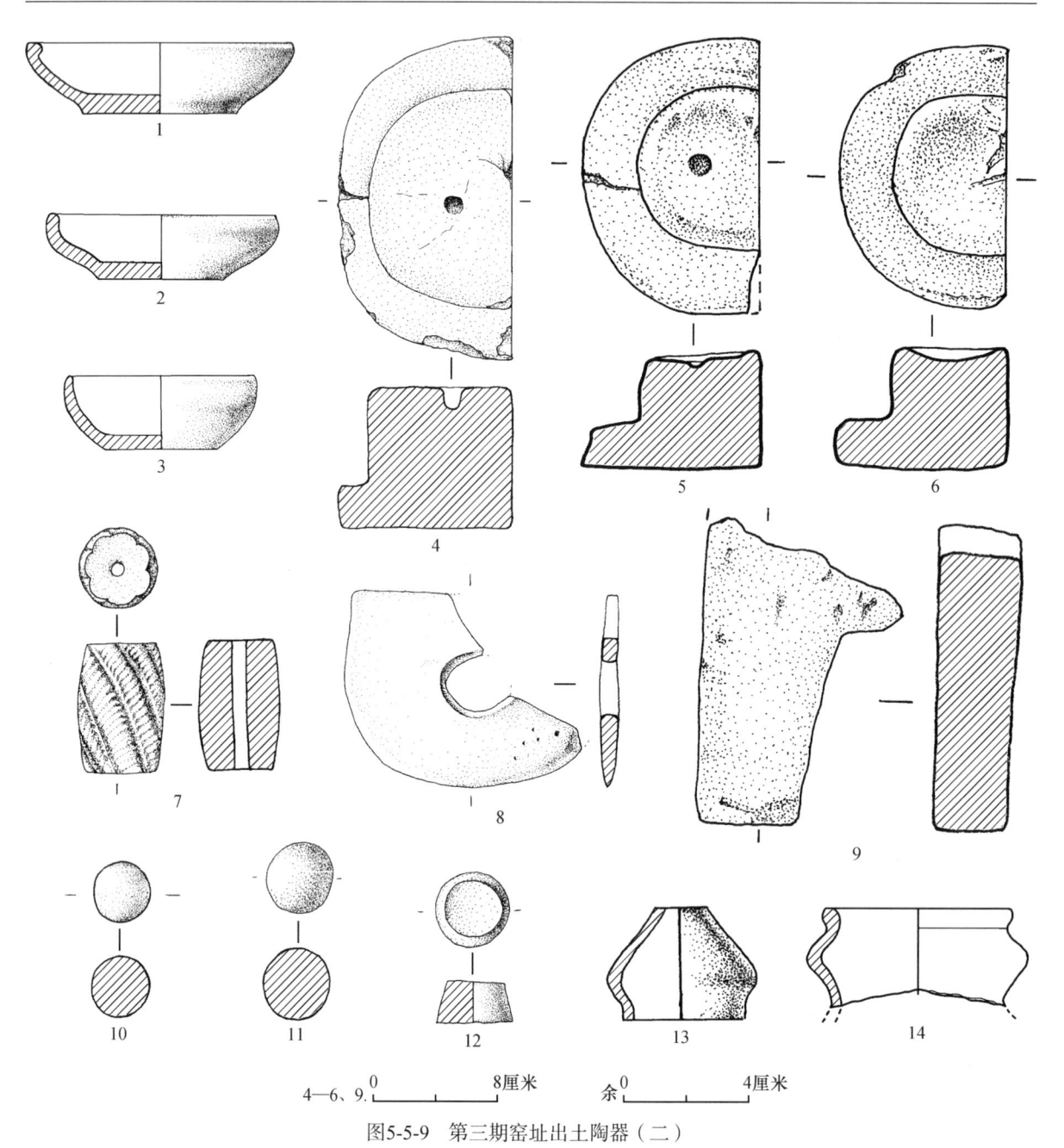

图5-5-9 第三期窑址出土陶器（二）
1—3.陶盏（Y1:6、Y2:8、Y2:39） 4—6.陶支座（Y2:65、Y1:21、Y1:24） 7.施纹工具（Y2:23） 8.陶刀（Y1:1）
9.封门砖（Y2:48） 10、11.陶球（Y2:30、Y2:22） 12.陶垫块（Y2:27） 13.陶器盖（Y2:2）
14.陶瓶口沿（Y2标:18）

2. 瓷器

瓷盘　11件。定窑白瓷，3件。灰白胎，通体施釉。Y2标:33，白釉泛青，芒口，内外均施满釉，尖圆唇，敞口，斜弧腹，圈足，内底饰划花莲瓣纹，口径17、底径6、高3.2厘米（图5-5-10，5）。Y1标:25，残存器底，白釉泛黄，内壁饰印花卷云纹、菊花纹，底径6、残高3厘米（图5-5-10，6）。化妆白瓷，8件。敞口，弧壁。Y2:10，涩圈叠烧，粗砂灰胎，通体施釉，内底有涩圈，圆唇，圈足底，口径18、底径7、高3.2厘米（图5-5-10，1）。Y1∶4，涩圈叠烧，灰胎，通体施釉，内底有涩圈，圆唇，圈足底，口径18、底径6.6、高4.2厘米（图5-5-10，2）。Y2∶5，涩圈叠烧，粗砂灰胎，通体施釉，内底有涩圈，外底中部有墨书文字，字迹难以识别，圆唇，圈足底，口径17.6、底径6.8、高3.6厘米（图5-5-10，3；图版一二三，1—3）。Y2∶70，涩圈叠烧，灰黄色粗砂胎，釉色泛黄，尖圆唇，矮圈足，内外均施满釉，内底有涩圈，口径17、底径7、高3.5厘米（图5-5-10，4）。Y2∶67，支烧，灰白胎，白釉，方唇，圈足底，内施满釉，外部釉施至圈足处，内底有支钉痕，口径16、底径7、高4、胎厚0.4—0.8厘米（图5-5-10，7）。Y2∶7，涩圈叠烧，粗砂灰胎，通体施釉，内底有涩圈，圆唇，圈足底，口径18、底径6.9、高3.8厘米（图5-5-10，8；图版一二三，5、6）。

瓷碗　28件。

定窑白瓷　10件。灰白胎，通体施釉。Y2∶42，尖唇，敞口，鼓腹，圈足底，口径20.2、底径7.4、高8.4厘米（图5-5-11，1；图版一一九，4）。Y2∶24，圆唇，微外翻，敞口，弧

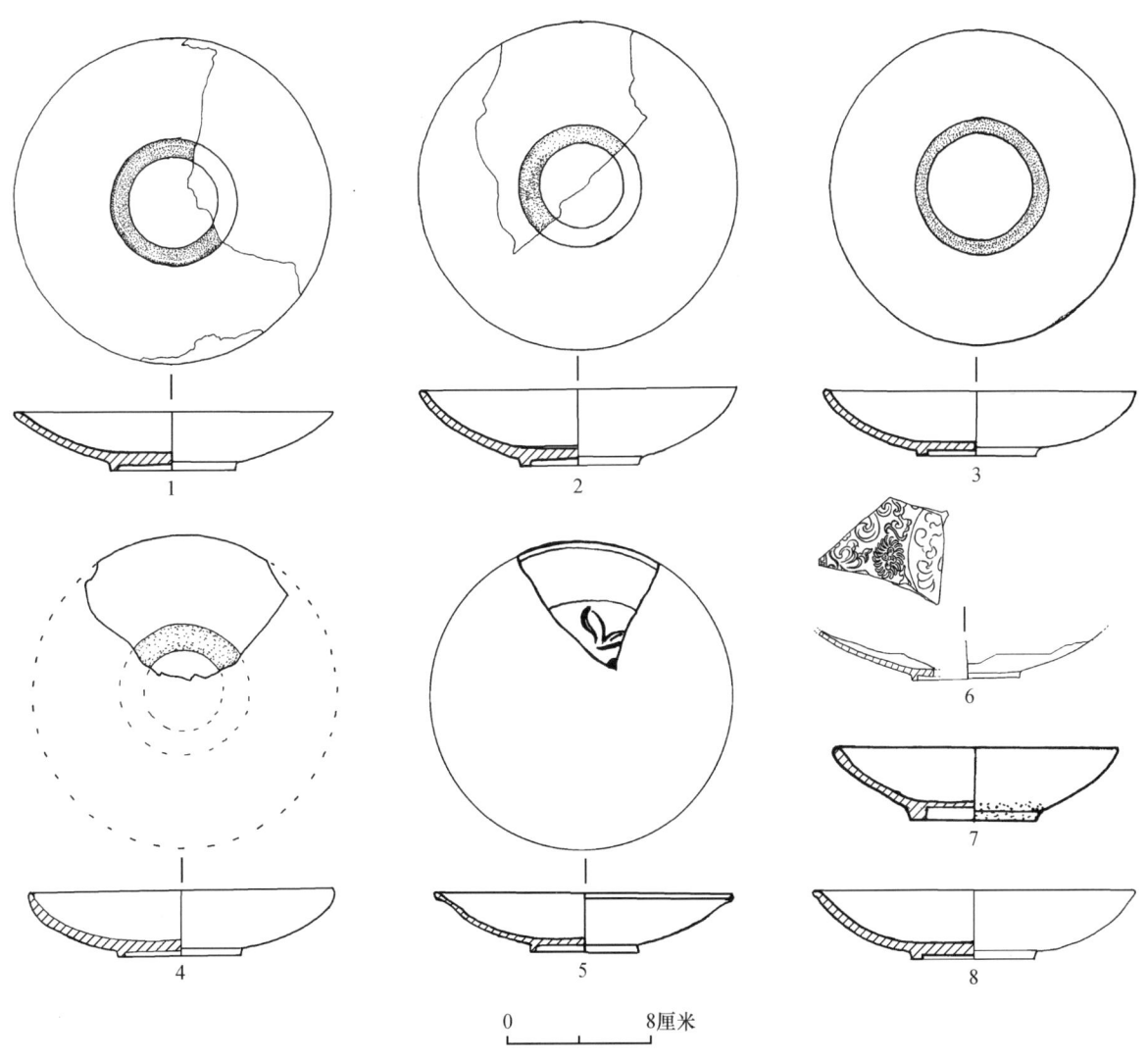

图5-5-10　第三期窑址出土瓷盘

1—4、7、8.化妆白瓷（Y2∶10、Y1∶4、Y2∶5、Y2∶70、Y2∶67、Y2∶7）　5、6.定窑白瓷（Y2标∶33、Y1标∶25）

腹，圈足底，口径13.8、底径4.6、高4.2厘米（图5-5-11，2；图版一一九，8）。Y2：41，尖圆唇，弧腹，圈足底，口径23、底径7.6、高7.2厘米（图5-5-11，3；图版一一九，3）。Y1标：24，釉泛青，芒口，尖唇外撇，斜弧腹，底部残，口径10、残高2厘米（图5-5-11，4）。Y2：61，圆唇，斜弧腹，圈足底，口径19.8、底径6、高6.2厘米（图5-5-11，5）。Y2：40，尖唇，直口，深腹，下腹微鼓，圈足，口径11、底径5.2、高8.2厘米（图5-5-11，12；图版一二〇，1）。Y2标：20，釉泛青，外壁饰印花竖条纹，圆唇，直口，深直腹，残高5.4、胎厚0.2厘米（图5-5-11，16）。

化妆白瓷　18件。敞口，浅腹。Y2标：22，灰白胎，釉色泛青，外壁化妆土仅施一半，内外均施满釉，尖圆唇，微外翻，斜弧腹，底部残，口径20、残高4.6厘米（图5-5-11，6）。Y1标：19，灰黄色粗砂胎，釉色泛黄，圆唇，弧腹，底部残，口径22、残高7厘米（图5-5-11，

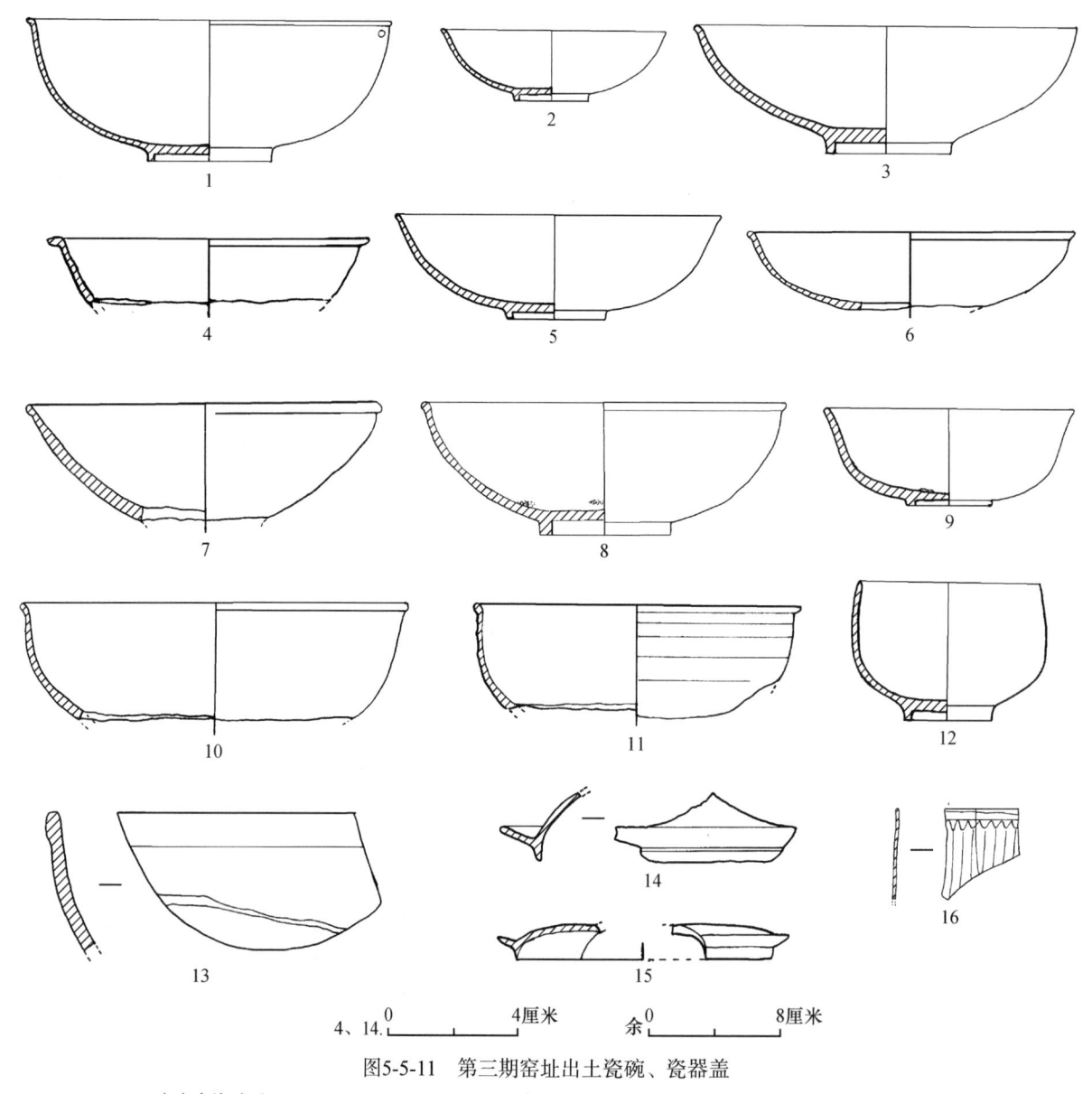

图5-5-11　第三期窑址出土瓷碗、瓷器盖

1—5、12、16.定窑白瓷碗（Y2：42、Y2：24、Y2：41、Y1标：24、Y2：61、Y2：40、Y2标：20）　6—11、13.化妆白瓷碗（Y2标：22、Y1标：19、Y2：68、Y2：16、Y2标：30、Y2标：31、Y1标：20）　14、15.瓷器盖（Y1标：26、Y2：36）

7）。Y2：68，支烧，灰胎，外壁化妆土仅施一半，内外均施满釉，圆唇微外翻，斜腹，圈足底，内底有涩圈和支钉痕，口径22、底径8、高7.8、胎厚0.4—0.6厘米（图5-5-11，8）。Y2：16，支烧，粗砂灰胎，通体施釉，内底有支钉痕，圆唇，敞口，鼓壁，圈足底，口径15、底径5、高5.8厘米（图5-5-11，9）。Y2标：30，红褐胎，釉色泛黄，圆唇微外撇，鼓腹，底部残，口径24、残高7厘米（图5-5-11，10）。Y2标：31，灰黄色粗砂胎，釉色泛黄，外壁有轮制痕迹，圆唇，外撇，鼓腹，底部残，口径20、残高6.6厘米（图5-5-11，11）。Y1标：20，残存口沿，灰黄色粗砂胎，釉色泛青，内施满釉，外壁化妆土及釉均施一半，圆唇，弧腹，圆唇，弧腹，底部残，残高8、胎厚0.8厘米（图5-5-11，13）。

瓷器底　6件。Y1标：23，化妆白瓷圈足碗底，灰黄色粗砂胎，釉色泛黄，外底未施釉，内底有涩圈，底径7、残高4.6厘米（图5-5-12，2）。Y2标：34，化妆白瓷圈足盘底，灰黄色粗砂胎，釉色泛黄，足部露胎，内底有涩圈及分布不规则的垫砂痕，底径6.4、残高4厘米（图5-5-12，3）。Y1标：3，龙泉务窑圈足底，白釉，外底有鸡心凸，底径3、残高1.3厘米（图5-5-12，7）。Y2标：35，化妆白瓷圈足碗底，灰黄色粗砂胎，釉色泛黄，外底未施釉，内底有四个不规则分布的垫渣痕，底径10、残高3.2厘米（图5-5-12，8）。

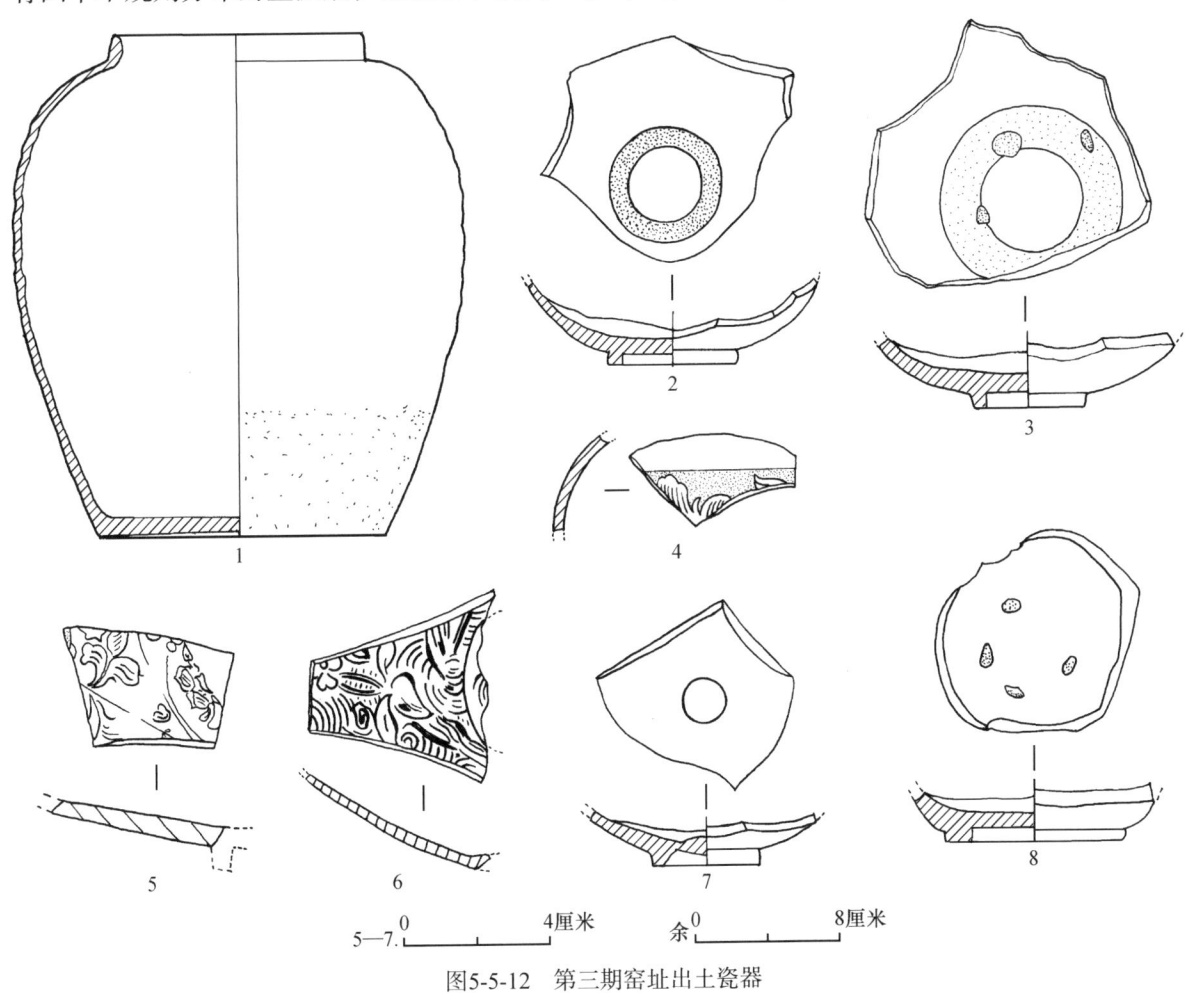

图5-5-12　第三期窑址出土瓷器
1.瓷罐（Y2：69）　2、3、7、8.瓷器底（Y1标：23、Y2标：34、Y1标：3、Y2标：35）　4—6.纹饰瓷片（Y2标：37、Y2标：38、Y1标：2）

瓷器盖　2件。Y1标：26，定窑白瓷，釉色泛青，残高2、胎厚0.15厘米（图5-5-11，14）。Y2标：36，红褐胎，白釉泛黄，盖底未施釉，口径16、残高2、胎厚0.4厘米（图5-5-11，15）。

瓷罐　1件。Y2：69，轮制，灰胎，黑釉，圆唇，直口，鼓肩，深弧腹，大平底，外壁肩、腹部饰凸棱纹，内施满釉，外壁釉施至下腹部，底不施釉，口径14、底径16、高27、胎厚0.8厘米（图5-5-12，1）。

纹饰瓷片　3件。Y2标：37，瓷罐肩部残片，灰白粗胎，白釉泛黄，饰剔花纹饰，胎厚0.65厘米（图5-5-12，4）。Y2标：38，仿定窑瓷盘腹部残片，灰白胎，白釉泛青，饰印花纹饰，胎厚0.4—0.6厘米（图5-5-12，5）。Y1标：2，定窑酱釉瓷碗腹片，灰白胎，内壁饰印花水波、浮萍纹，胎厚0.3厘米（图5-5-12，6；图版一二五，6）。

瓷塑　1件。Y2：9，骑马人物形象，人头部及马后肢残，白釉黑彩，残长9.5、残高7厘米（图5-5-13，1；图版一三三，6）。

3. 石器

砺石　2件。Y2：34，灰色，平面略呈长方形，器表有磨痕，残长6、宽3.6、最厚处1.7厘米（图5-5-13，2）。

玉环　1件。Y2：33，圆环状，截面圆形，残长2.5、截面直径0.6厘米（图5-5-13，6）。

4. 骨器

骨梳　2件。Y2：4，弧背，齿部残，残长5.8、残宽1.75、最厚处0.7厘米（图5-5-13，3）。Y2：37，弧背，两端及齿部残，残长3.5、残宽1.2、最厚处0.3厘米（图5-5-13，4）。

骨耳勺　1件。Y2：31，磨制而成，残存柄部，残长6.3、最宽处0.8、厚0.2厘米（图5-5-13，5）。

5. 琉璃器

琉璃棋子　2件。Y2：3，白色，馒头形，直径1.5、高0.6厘米（图5-5-13，7）。Y2：1，白色，馒头形，残半，直径1.5、高0.6厘米（图5-5-13，8）。

6. 铁器

铁带环　1件。Y2：35，平面圆角长方形，长4.7、宽2.5、厚1厘米（图5-5-13，9）。

铁环　1件。Y2：12，外轮廓六边形，内轮廓圆形，片状，上有6个等距分布的圆形穿孔，长17、内径11、厚0.3厘米（图5-5-13，14；图版一三七，7）。

铁钉　1件。Y2：15，钉帽卷曲，截面长方形，通长17、宽1厘米（图5-5-13，15）。

铁镰　1件。Y2：25，弧背，弧刃，刃端残，残长21.5、柄宽2厘米（图5-5-13，16）。

铁构件　3件。Y2：11，平面长方形，上端较粗呈圆柱状，下端残，残长14、宽3厘米（图5-5-13，17）。

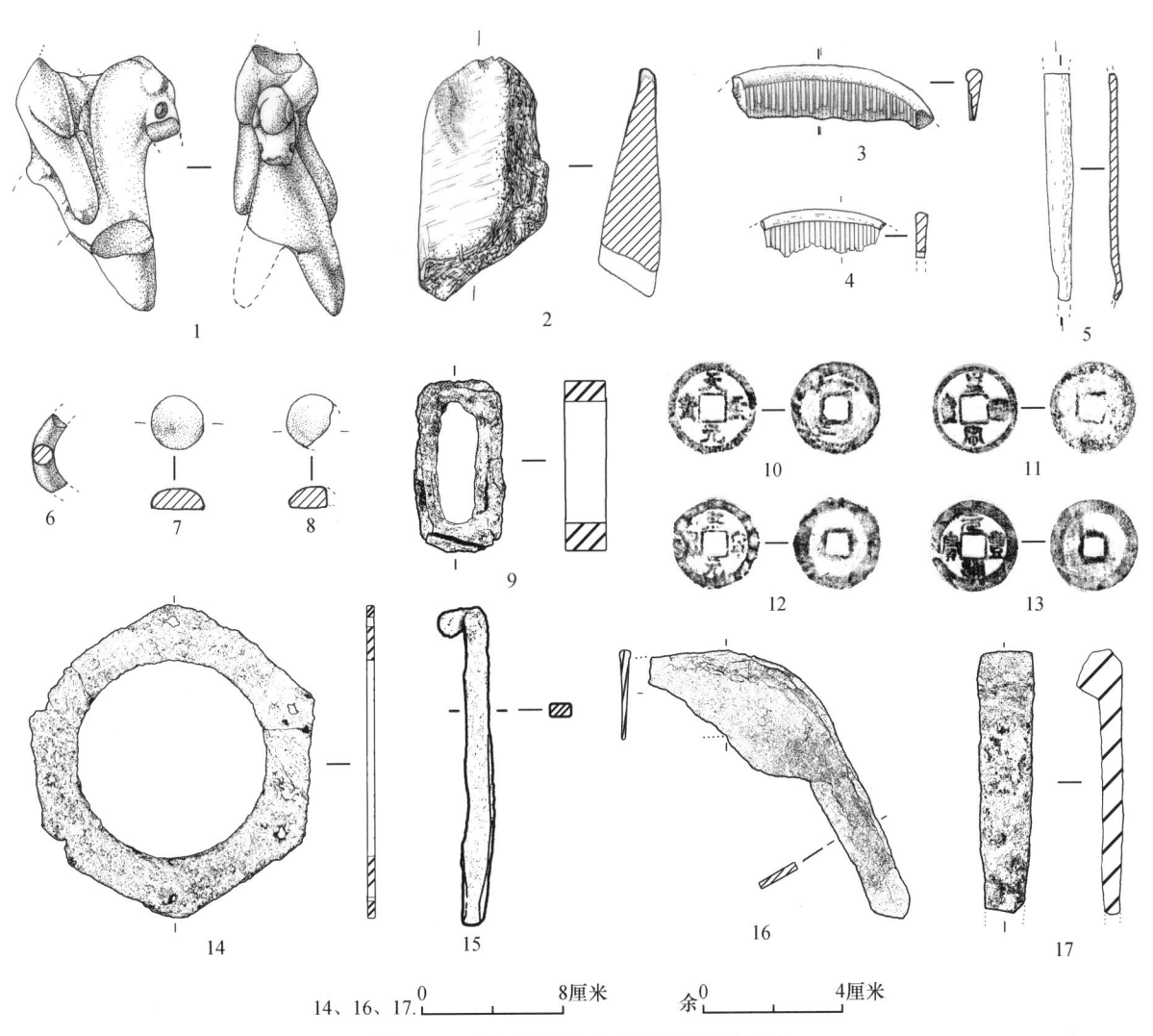

图5-5-13 第三期窑址出土器物及铜钱拓片
1.瓷塑（Y2：9） 2.砺石（Y2：34） 3、4.骨梳（Y2：4、Y2：37） 5.骨耳勺（Y2：31） 6.玉环（Y2：33）
7、8.琉璃棋子（Y2：3、Y2：1） 9.铁带环（Y2：35） 10—13.铜钱拓片（Y1：7、Y2：20、Y2：21、Y2：32）
14.铁环（Y2：12） 15.铁钉（Y2：15） 16.铁镰（Y2：25） 17.铁构件（Y2：11）

7. 铜钱

出土6枚。

天圣元宝　1枚。Y1：7，旋读，楷书，直径2.5、孔边长0.8、厚0.2厘米（图5-5-13，10）。

皇宋通宝　1枚。Y2：20，顺读，隶书，直径2.4、孔边长0.8、厚0.2厘米（图5-5-13，11）。

熙宁元宝　1枚。Y2：21，旋读，楷书，直径2.8、孔边长0.6、厚0.15厘米（图5-5-13，12）。

元丰通宝　1枚。Y2：32，旋读，篆书，直径2.4、孔边长0.7、厚0.2厘米（图5-5-13，13）。

另有2枚字迹不清。Y1：2，直径3、孔边长0.6、厚0.2厘米。Y2：29，直径2.5、孔边长0.7、厚0.2厘米。

三、陶片堆积层及出土遗物

（一）陶片堆积层

发掘区内有多处陶片堆积，均在揭露完表土层后显现。这些陶片堆积均是多次倾倒陶窑中烧造出的残次品或破损陶器形成的，地点选择在陶窑附近地势略微低洼处，有的甚至刻意选择具有明显凹坑的地点，以起到填坑的作用。该类遗存不同于传统意义上的遗迹单位，而是更趋向于堆积的性质。本报告将其命名为堆积层，以"C"简称。

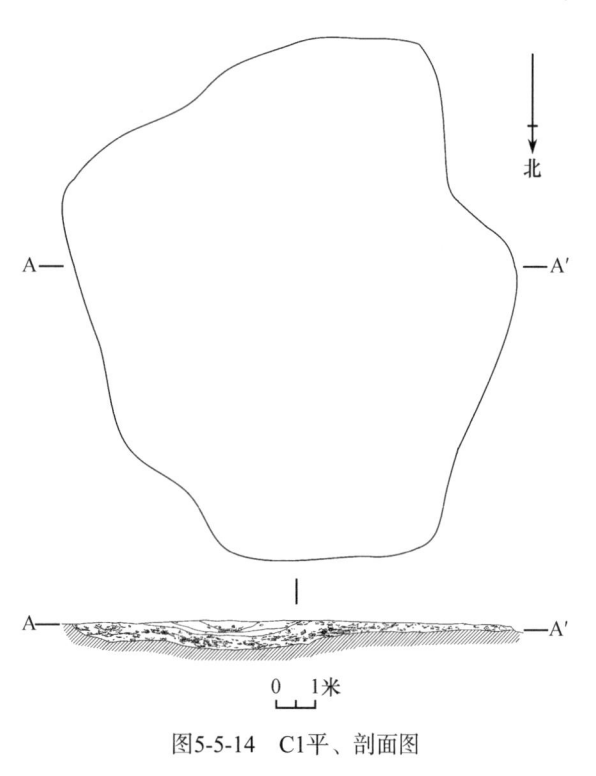

C1　该遗迹分布范围跨T0711、T0710、T0611及T0610四个探方，为由先后若干次倾倒废弃物形成的堆积，平面呈不规则形，南北长15.5、东西宽13.5米，剖面中部较厚，四周略薄，最厚处堆积1米（图5-5-14；图版五五）。

堆积大致可分4层：第1层处于堆积的中部，面积约3平方米的范围内，最厚处0.4米，为灰黄色杂土，烧灰和黄泥及沙土组成，内中包含较多泥质灰陶片，少量瓷片、陶支座、碎砖块等遗物，并有大量黄泥坯，土质相对致密；第2层亦仅在堆积中部有分布，面积约10平方米，厚0.1—0.5米，为灰褐色沙质土，略松软，夹杂部分烧灰及黄泥块，包含泥质灰陶片，少量白瓷片、陶支座、碎砖块等遗物；第3层亦分布在堆积中部，面积约15平方米，厚0.15—0.25米，为深褐色沙质土，夹杂少量烧灰及泥质灰陶片、碎砖块、黄泥坯块等；第4层为灰黑色沙质土，夹杂大量烧灰及少量黄泥块，该层包含大量泥质灰陶片，夹杂少量陶坯、瓷片、石器、铁器、陶支座、陶垫块、焦块、琉璃块、陶玩具等遗物。

图5-5-14　C1平、剖面图

出土遗物可分为四类：第一类为残次废弃的陶器，器类包括规格不等的瓮、罐、壶、盆、甑、梅瓶、扑满等，器形以卷沿居多，平底，器表磨光，多素面，有的有附加堆纹或砑光暗纹，这些陶片大多为窑址中烧造出的废弃产品；第二类为陶坯制作过程中的废弃物，有用于给陶器表面抛光的滑石、制坯过程中使用的铁刀等工具残件，有废弃的陶器泥坯残片、给陶器修形削下来的泥条及给陶甑打孔取下来的圆饼形泥坯等陶器入窑烧制前加工过程中形成的废弃物；第三类为烧窑过程后产生的垃圾，如每次封堵窑门用的碎砖块，通常伴随着黄泥一起出现，窑室内被烧焦的渣土及烧窑时形成的琉璃块，以及各类陶器支座、支垫等，包括用来支撑大型陶器的马蹄形陶支座，支垫中小型陶器用的圆饼形、圆柱形及圆台形垫块等；第四类为少部分瓷片及陶玩具等，应属生活垃圾类，瓷片以白釉为主，可辨有白瓷碗口沿及器底、白瓷盘口沿及器底，另有部分定窑白釉剔花纹及印花纹残片，还有少量黑釉、酱釉瓷片，陶玩具有陶球、小型陶塑等。

C2 该遗迹分布于T0810东北部，分布范围平面大致呈东西长6.5、南北宽3米的椭圆形，为由先后若干次倾倒废弃物形成的堆积，大体按东北—西南方向排列。由于C2所处的地点为一西端较深、东端略浅的凹坑，因而形成的堆积从剖面看形似灰坑，中西部堆积较厚，最厚处堆积近1米，东部略薄。堆积大致可分二层：第1层为夹杂土坯与碎砖的灰褐色土和夹杂大量废弃泥质灰陶片的灰黑色土交错叠压形成，最厚处达0.75米；第2层仅分布于堆积的西半部分，厚0—20厘米，为夹杂较多残陶片的灰褐色土堆积（图5-5-15）。

C3 该遗迹分布于T0810东部，为倾倒废弃物形成的堆积，分布范围平面大致呈圆形，未完全发掘，发掘范围南北长4.5、东西宽2米，北端在C2之下南端叠压于C4之下。堆积厚0.65米。堆积大致可分三层：第1层为夹杂土坯与碎砖的灰褐色土和夹杂大量废弃泥质灰陶片的灰黑色土交错叠压形成，仅分布于堆积的中部和北部，最厚处0.4米；第2层仅分布于堆积的南部，厚0—30厘米，为灰褐色土，夹杂陶片、残砖等遗物；第3层在整个堆积中均有分布，厚30厘米，土色为灰褐色，含沙量相对较大，该层中包含物相对较少（图5-5-16）。

C4 该遗迹分布于T0810东南部，为倾倒废弃物形成的堆积，分布范围平面大致呈椭圆形，未完全发掘，发掘范围南北长5、东西宽2.5米，堆积最厚处0.4米。C4堆积二层：第1层为夹杂大量残碎泥质灰陶片的灰黑色土堆积，分布范围遍布整个堆积，厚0.2米；第2层仅分布于堆积的北部，厚0—25厘米，土色灰褐，亦包含大量碎陶片（图5-5-17）。

C5 该遗迹分布于T0810东南角，为倾倒废弃物形成的堆积，分布范围平面大致呈圆形，未完全发掘，发掘范围南北长2.7、东西宽1.1米，北端被H57打破，南端被H58打破。堆积最厚处0.8米。C5堆积仅1层，为夹杂大量残碎泥质灰陶片的灰黑色土堆积，北端较薄，仅18厘米，南部较厚，堆积中包含大量碎陶片和残砖、泥皮残块等遗物（图5-5-18）。

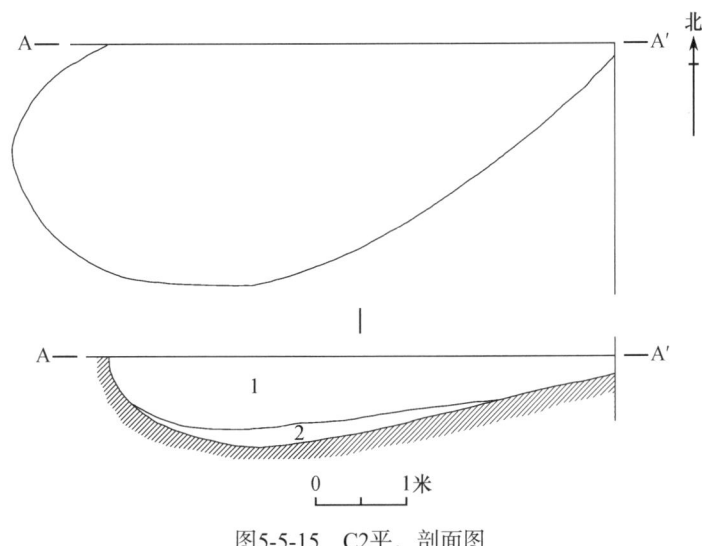

图5-5-15 C2平、剖面图

图5-5-16　C3平、剖面图

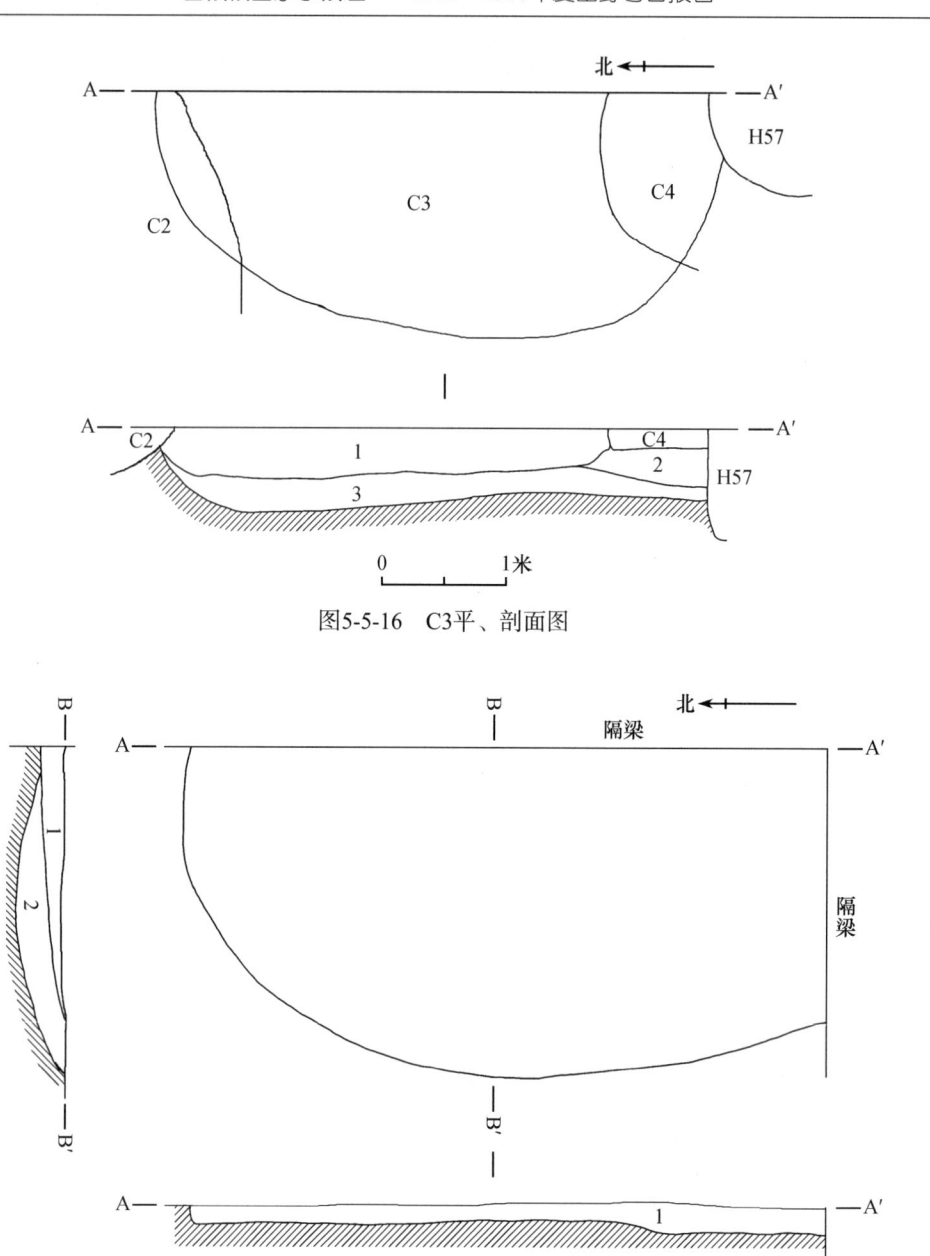

图5-5-17　C4平、剖面图

（二）出土遗物

1. 陶器

陶盆　15件。依口部形制差异分二型。

A型　5件，敞口。C1：19，卷沿，圆唇，斜弧腹，平底，口径44、底径20.8、高13.8厘米（图5-5-19，1；图版一○九，9）。C2：15，展沿，圆唇，沿上表面有一圈凹槽，斜弧腹，平底微内凹，口径40、底径21.2、高10.8厘米（图5-5-19，2）。C2：10，展沿，圆唇，斜弧腹，

第五章　城内窑址的发掘

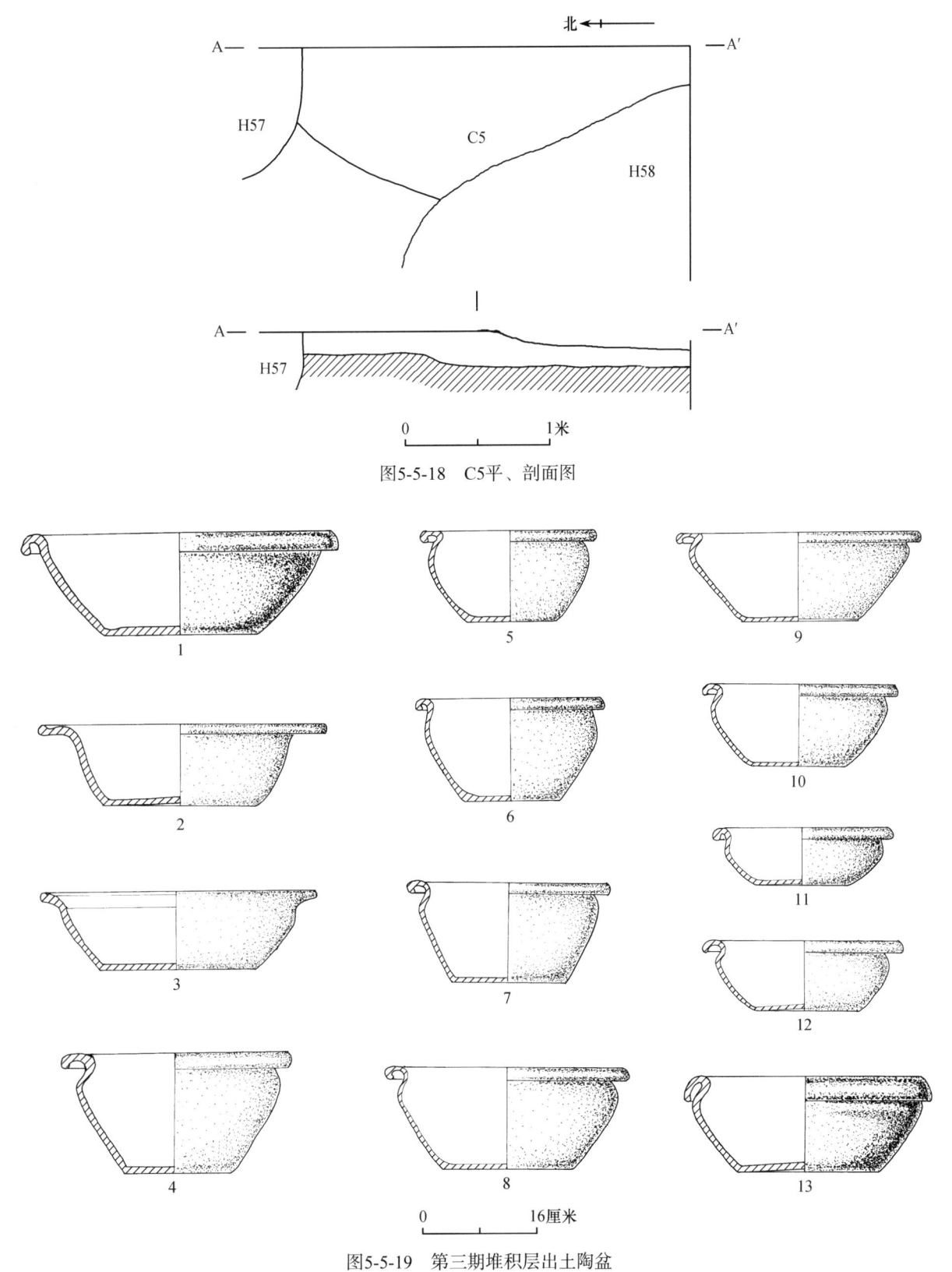

图5-5-18　C5平、剖面图

图5-5-19　第三期堆积层出土陶盆

1—3. A型（C1∶19、C2∶15、C2∶10）　4—7. Ba型（C2∶11、C1∶26、C1∶31、C2∶6）　8—13. Bb型（C1∶25、C2∶17、C2∶9、C1∶24、C2∶8、C1∶18）

平底，口径38、底径21.4、高10.6厘米（图5-5-19，3）。

B型　10件，敛口，分二亚型。

Ba型　4件，深腹。C2：11，卷沿，圆唇，鼓肩，斜直腹，平底，口径24、底径16.4、高16厘米（图5-5-19，4）。C1：26，卷沿，圆唇，鼓肩，斜直腹，平底，口径24.4、底径12.4、高12.2厘米（图5-5-19，5）。C1：31，卷沿，圆唇，圆肩，斜直腹，平底，口径26、底径13.2、高14厘米（图5-5-19，6）。C2：6，卷沿，圆唇，鼓肩，斜直腹，平底，口径28、底径16、高13.6厘米（图5-5-19，7；图版一一〇，1）。

Bb型　6件，浅腹。C1：25，卷沿，圆唇，圆肩，斜直腹，平底，口径34、底径18、高13.6厘米（图5-5-19，8）。C2：17，卷沿，圆唇，圆肩，斜直腹，平底，口径34、底径16、高12厘米（图5-5-19，9）。C2：9，卷沿，圆唇，鼓肩，斜直腹，平底，口径28.4、底径12.8、高11厘米（图5-5-19，10）。C1：24，卷沿，圆唇，圆肩，斜直腹，平底微内凹，口径25.2、底径12.8、高7.8厘米（图5-5-19，11）。C1：18，卷沿，圆唇，圆肩，斜直腹，平底微内凹，口径35、底径20、高13厘米（图5-5-19，13；图版一一〇，5）。C2：8，卷沿，圆唇，鼓肩，斜弧腹，平底微内凹，口径29、底径14、高9.4厘米（图5-5-19，12）。

陶罐　12件。部分肩部有对称的竖桥耳。

有耳　3件，肩部有两个对称分布的竖桥耳。C2：14，卷沿，圆唇，敛口，上腹微鼓，下腹斜直内收，平底，口径15.6、底径14、最大径26.8、高29厘米（图5-5-20，1；图版一〇三，5）。C2：16，卷沿，圆唇，敛口，上腹微鼓，下腹斜弧内收，平底，口径20、底径13.6、最大径27.2、高28厘米（图5-5-20，2；图版一〇三，6）。C1：21，卷沿，圆唇，敛口，圆肩，鼓腹，平底，器形在烧造过程中严重扭曲变形，口径20、底径14、最大腹径30、高26厘米（图5-5-20，5；图版一〇三，4）。

无耳　9件。C1：30，泥质灰陶，圆唇，敛口，直颈，颈部有一圈贴塑乳钉纹，口径17.8、残高7.2厘米（图5-5-20，3）。C2：13，卷沿，圆唇，敛口，腹部较深，上腹微鼓，下腹斜直内收，平底，口径28、底径22.4、最大径38.4、高35.2厘米（图5-5-20，4）。C2：7，卷沿，圆唇，敛口，鼓肩，斜弧腹，腹部较浅，平底，口径22、底径15.6、最大径24.8、高14厘米（图5-5-20，6；图版一〇一，6）。C1：27，卷沿，圆唇，敛口，圆肩，斜弧腹，腹部较浅，平底，口径24、底径16.4、最大腹径25.6、高16厘米（图5-5-20，7；图版一〇一，3）。C1：32，卷沿，圆唇，敛口，圆肩，斜弧腹，腹部较浅，平底，口径20、底径12.5、最大腹径23.2、高14.8厘米（图5-5-20，8；图版一〇一，4）。C2：1，卷沿，圆唇，敛口，鼓腹，腹部较浅，平底，口径19.6、底径13.6、最大腹径22.4、高15.6厘米（图5-5-20，9；图版一〇一，5）。

陶盘　1件。C5：17，外折沿圆唇，斜弧腹，凹底，中部有一圆柱形凸起，口径32.4、底径20.2、高4.8、中部孔径3.2厘米（图5-5-21，6；图版一一五，5）。

扑满　1件。C1：20，圆肩，腹部斜直内收，平底，顶部有一长4.2、宽0.6厘米的长方形孔，下腹部有3个等距分布的直径1.5厘米的圆孔，最大径19.8、底径13.5、高19厘米（图5-5-21，7）。

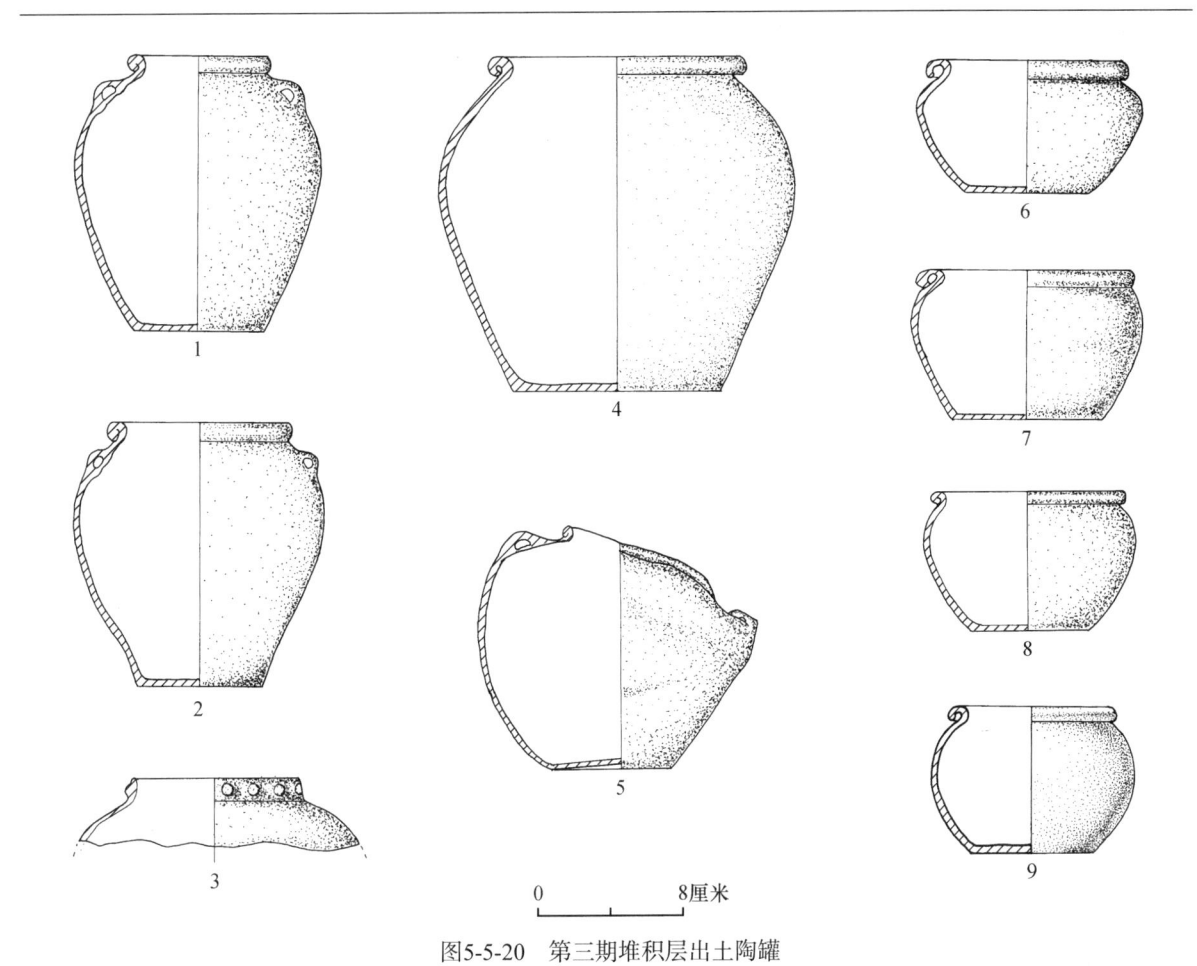

图5-5-20 第三期堆积层出土陶罐
1、2、5. 有耳陶罐（C2：14、C2：16、C1：21） 3、4、6—9. 无耳陶罐（C1：30、C2：13、C2：7、C1：27、C1：32、C2：1）

陶壶 2件。C1：28，残存口沿，卷沿，圆唇，直颈，口径15.2、残高9厘米（图5-5-21，5）。C1：33，陶色不均，口部残，鼓肩，下腹斜弧内凹，平底，最大径18、底径10、残高24.4厘米（图5-5-21，8）。

陶碗 6件。分二型。

A型 3件，展沿。C1：15，泥质灰陶，展沿，方唇，花边口沿，敞口，斜弧腹，平底，口径16、底径7.4、高4.4厘米（图5-5-22，1；图版一一二，2）。C1：14，泥质灰陶，展沿，方唇，花边口沿，敞口，鼓肩，斜直腹，平底，口径14.8、底径7.2、高4.5厘米（图5-5-22，2）。

B型 3件，卷沿。C2：2，卷沿圆唇，敞口，鼓腹，平底，口径14.8、底径8.2、高5.2厘米（图5-5-22，3）。C2：3，卷沿尖唇，敞口，鼓肩，斜直腹，平底，口径17.2、底径10、高7.8厘米（图5-5-22，4）。C1：6，泥质灰陶，卷沿，花边唇，敞口，斜弧腹，平底，口径14、底径6、高6厘米（图版一一二，1）。

梅瓶 5件。C4：1，圆唇，敛口，圆肩，斜弧腹，近底处收腰，平底，口径6.4、底径10、最大径17.2、高33.6厘米（图5-5-21，1；图版一〇六，5）。C1：22，圆唇，敛口，圆肩，腹部内收，平底，口径5.6、底径9.4、最大径13.6、高32.4厘米（图5-5-21，2；图版一〇六，4）。C1：13，圆唇，敛口，圆肩，斜弧腹，近底处收腰，平底，口径5.3、底径10、最大径16、

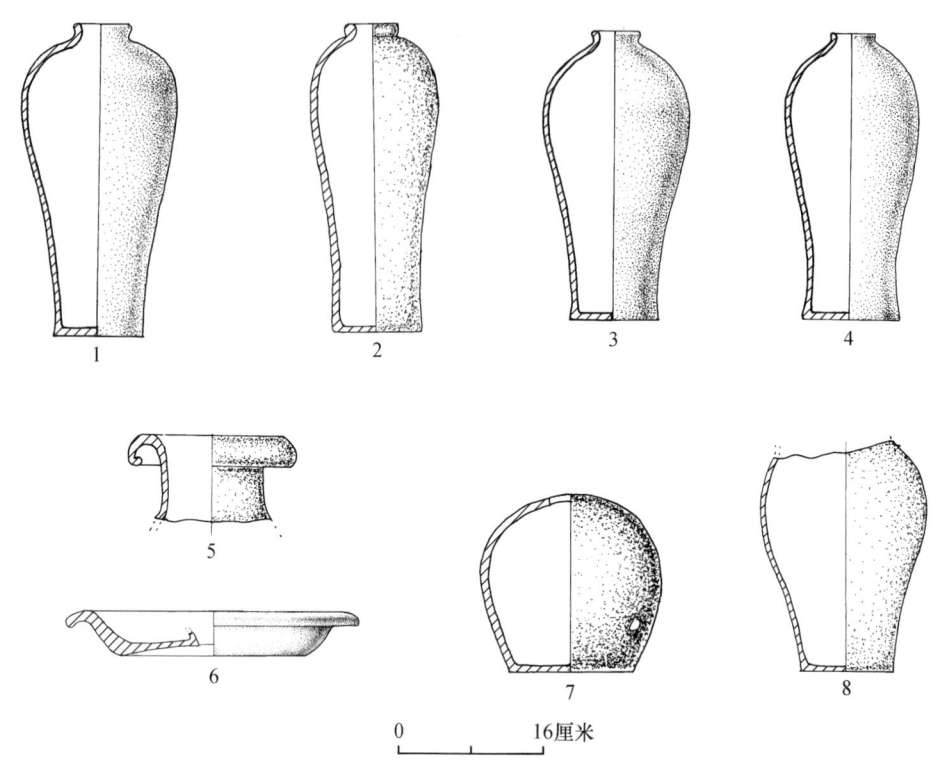

图5-5-21　第三期堆积层出土陶器（一）

1—4.梅瓶（C4：1、C1：22、C1：13、C1：1）　5、8.陶壶（C1：28、C1：33）　6.陶盘（C5：17）　7.扑满（C1：20）

高30.6厘米（图5-5-21，3；图版一〇六，3）。C1：1，圆唇，敛口，圆肩，斜弧腹，近底处收腰，平底，口径5.2、底径10.8、最大径15.8、高30.4厘米（图5-5-21，4；图版一〇六，2）。

陶盏　6件。依底部形制差异分三型。

A型　3件，台底。C5：5，尖圆唇，敞口，弧腹，底微内凹，口径6.8、底径3.9、高2.2厘米（图5-5-22，7）。C5：3，圆唇，敞口，弧腹，口径7、底径4.6、高2.3厘米（图5-5-22，8）。C5：12，尖唇，口微敛，鼓腹，口径7.8、底径4.5、高2.2厘米（图5-5-22，9）。

B型　2件，小平底。C5：4，圆唇，口微敛，弧腹，底微内凹，口径7.2、底径3.6、高2.2厘米（图5-5-22，5）。C5：6，圆唇，口微敛，斜直腹，口径7.2、底径3.8、高2厘米（图5-5-22，6）。

C型　1件，大平底。C3：4，尖唇，敞口，鼓腹，口径7.5、底径5.8、高2厘米（图5-5-22，10）。

陶器盖　6件。C3：3，泥质灰陶，纽部残，直径13、残高3.2厘米（图5-5-22，11）。C1：29，泥质灰陶，纽部残，直径18、残高1.9厘米（图5-5-22，12）。C1：16，泥质灰陶，空心球体，平顶，残宽7.6、残高6.5厘米（图5-5-22，13）。C1：17，泥质灰陶，空心球体，平顶，残宽5.8、残高4厘米（图5-5-22，14）。C1：8，泥质灰黑色，平顶圆纽，圆弧盖面，盖底略呈喇叭状，方唇，口径5.6、高4厘米（图5-5-22，15；图版一一六，7）。C1：10，泥质灰陶，残存纽部，平顶圆纽，残高4.4厘米（图5-5-22，16；图版一一六，8）。

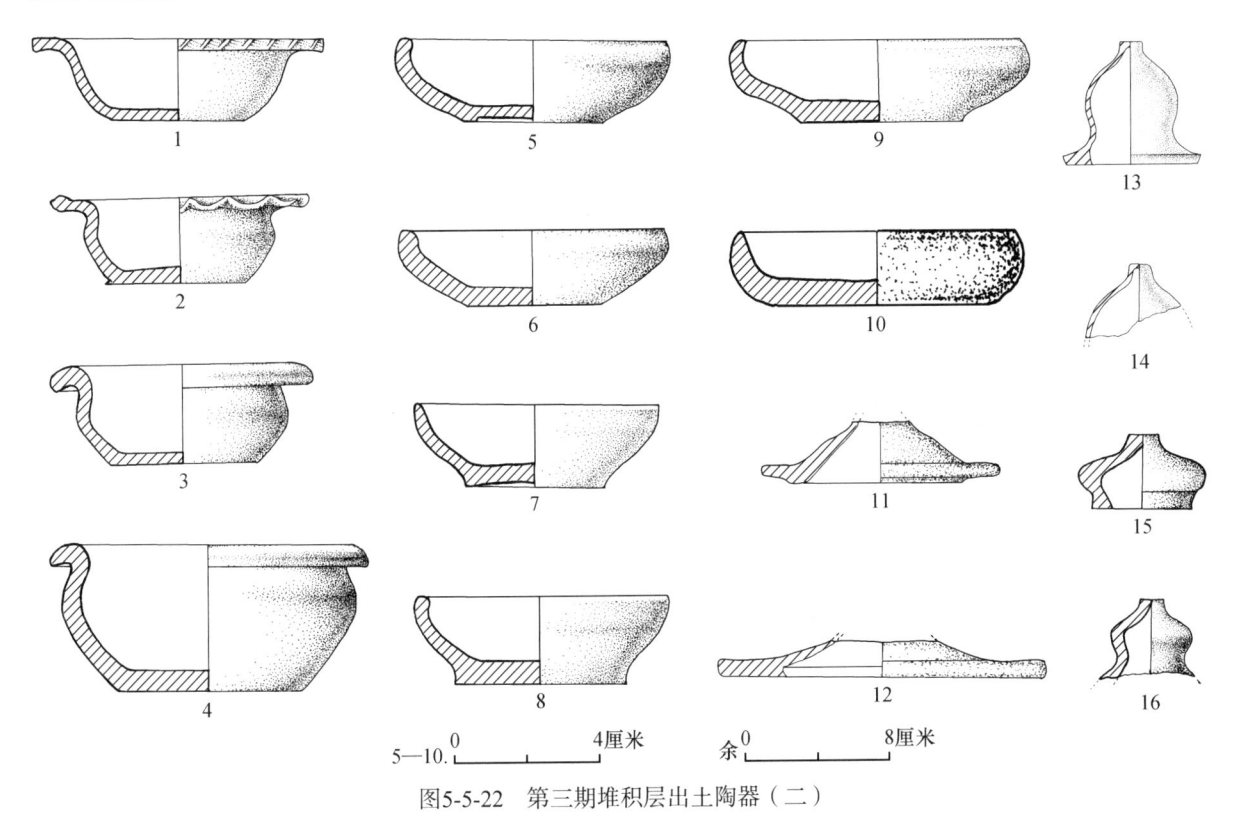

图5-5-22 第三期堆积层出土陶器（二）

1、2. A型碗（C1：15、C1：14） 3、4. B型碗（C2：2、C2：3） 5、6. B型盏（C5：4、C5：6） 7—9. A型盏（C5：5、C5：3、C5：12） 10. C型盏（C3：4） 11—16. 器盖（C3：3、C1：29、C1：16、C1：17、C1：8、C1：10）

带孔陶器 1件。C1：7，泥质灰陶，轮制，筒形，残存下腹部，直壁，平底，腹壁有多条竖向排列的直径0.4厘米的圆孔，残高9.2、壁厚1.2厘米（图5-5-23，4；图版一三〇，6）。

陶塑 1件。C5：7，泥质黄褐陶，手制，侧身鸟形象，头部及双翅残，长4.2、残高2厘米（图5-5-23，7；图版一三二，3）。

陶垫具 4件。C5：9，泥质灰陶，手制，不规则形，长4.4、宽4.1、最厚处1.8厘米（图5-5-23，3）。C5：11，泥质红褐陶，手制，不规则形，长3.8、宽3.1、最厚处0.4厘米（图5-5-23，5）。C5：10，泥质灰黑陶，手制，不规则形，宽1.4—2.4、高3.8厘米（图5-5-23，6）。

陶饼 4件。C1：5，泥质灰黑色，圆饼形，器表戳印四个同心圆纹饰，直径2.1、厚0.8厘米（图5-5-23，9）。C1：3，火候较低，灰黑色，圆饼形，直径2.3、厚0.5—0.7厘米（图5-5-23，10）。C5：1，泥质红褐陶，手制，圆饼形，平面呈椭圆形，长径3、短径2.6、厚0.2厘米（图5-5-23，11）。C5：8，泥质灰黑色，圆饼形，直径2.7、厚0.3—0.5厘米（图5-5-23，12）。

冥币 2件。C2：4，泥质黄褐陶，手制，圆饼形，圆孔，直径2.3、孔径0.6、厚0.8—1厘米（图5-5-23，13）。C2：5，泥质红褐陶，手制，圆饼形，圆孔，直径2.1、孔径0.7、厚0.4—0.6厘米（图5-5-23，14）。

2. 瓷器

瓷碗　1件。C1∶4，定窑白瓷，白胎，圆唇，敞口，弧腹，圈足底，内外均施满釉，内底有涩圈，口径22.4、底径6.8、高7.5厘米（图5-5-23，1；图版一一九，1、2）。

瓷壶　1件。C2∶12，腹部以上残，灰黄色粗砂胎，黑釉，内施满釉，外施半釉近底，鼓腹，台底，底径4.3、残高4厘米（图5-5-23，2）。

3. 石器

玛瑙坠饰　1件。C1∶12，半球状，上端有椭圆形穿孔，背面有一圆形孔洞，通高5.5、宽1.3、厚0.9厘米（图5-5-23，8）。

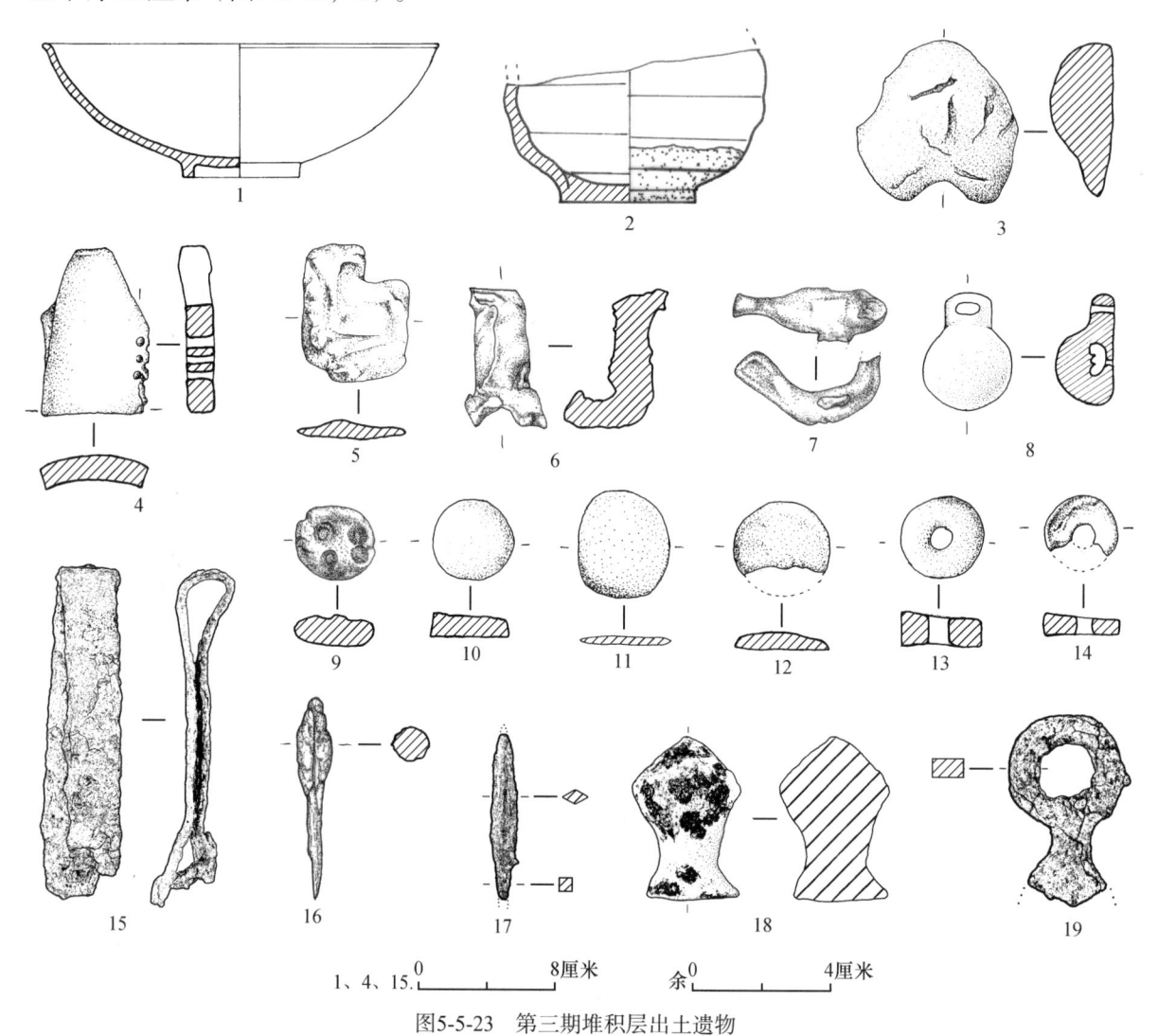

图5-5-23　第三期堆积层出土遗物

1.瓷碗（C1∶4）　2.瓷壶（C2∶12）　3、5、6.陶垫具（C5∶9、C5∶11、C5∶10）　4.带孔陶器（C1∶7）　7.陶塑（C5∶7）　8.玛瑙坠饰（C1∶12）　9—12.陶饼（C1∶5、C1∶3、C5∶1、C5∶8）　13、14.冥币（C2∶4、C2∶5）　15、19.铁构件（C5∶14、C1∶11）　16.包铁木锥（C5∶16）　17.铁镞（C3∶1）　18.铁权（C5∶13）

4. 铁器

包铁木锥　1件。C5：16，柄部包铁，通长5.7、柄部截面呈圆形，直径1厘米（图5-5-23，16）。

铁镞　1件。C3：1，四棱形镞尖，方铤，残长4.6、镞尖宽0.7厘米（图5-5-23，17）。

铁权　1件。C5：13，亚腰形，上部呈方锥体，圆形底座，通高4.5、最宽处3.1厘米（图5-5-23，18）。

铁构件　2件。C5：14，由宽3.2厘米的条状铁片弯折而成，长9.2厘米（图5-5-23，15）。C1：11，一端呈环状，另一端残，残长5.4、环径3.2厘米（图5-5-23，19）。

四、房址及出土遗物

（一）房址

1. F12

位于T0709北部、T0810南部，是一座具有多组火炕的地面式房址。该房址北倚G11，南与F16相接，并共用一条墙体；叠压于F14、H90、H78、Z1之上；中部被H60打破。房址平面大致呈方形，方向163°，保存状况较好，可见完整的灶坑、火炕的烟道、烟囱等取暖设施，墙体保存较好，分布范围南北长8.3、东西宽7.8米，从现存迹象判断，门应位于房址南墙中部（图5-5-24；图版五〇，1）。

（1）墙体及门址

墙体为先挖一宽30厘米左右的墙槽，再用残碎的青砖、残瓦间以黄土填置，再用黄土逐层夯筑，未见夯窝，墙槽深8—10厘米，墙体最高处残高45厘米。北墙和东墙均较为平直，北墙宽30厘米，南墙宽38厘米；西墙宽40厘米，北段局部坍塌，残宽25厘米，南端略微向内坍塌，宽52厘米；南墙东段保存较好，宽40厘米，西段缺失，中部长1米的区域内有用单层残砖垫出的隔断，推测为门址所在。

西墙和北墙外侧发现一层黄色垫土，紧贴墙体外侧呈条带状分布，厚0—0.5厘米，西墙宽25—30厘米，残长7米，北墙处北侧被G11打破一部分，残宽20—40厘米，残存部分又被房址北墙坍塌部分叠压，形成略陡的斜面。从位置来看，此处应为散水所在，这层黄色垫土可能是为铺设散水而做的垫土层。

（2）取暖设施

该房址内有三组取暖设施，均为有三条烟道的直通式火炕。

第一组位于房内西侧，为倚靠西墙平地垒砌而成，平面呈较为规整的长方形，长6.2、宽1.35、高0.18米，由灶坑和具有3条烟道的火炕、烟囱组成。灶坑位于南端，平面圆形，直径

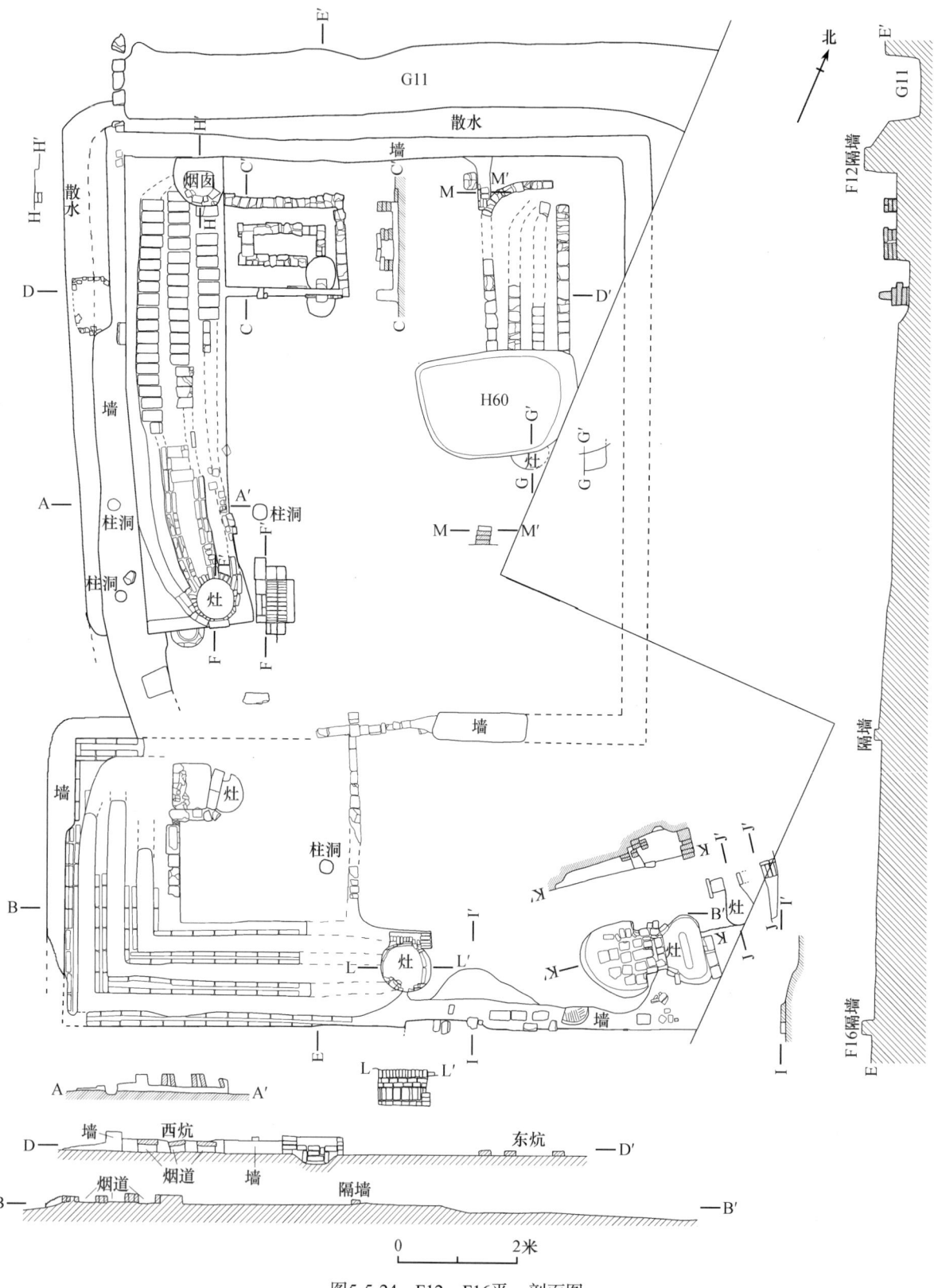

图5-5-24　F12、F16平、剖面图

0.5米，边缘用两层青砖竖砌，直壁，底部下挖约0.2米，形成一个深0.38米的平底坑。北接三条烟道，烟道壁用竖置的青砖和相同规格的土坯混合垒砌，其内以黄土填实，上部平铺一层青砖封顶，部分青砖已缺失或移位，烟道北端与烟囱相接。烟囱位于火炕的东北角，残存长40、宽30、深10厘米的不规则形坑，坑口处南侧残存几块碎砖，应为砌筑烟囱所用，坑外侧的土色与火炕其他部位略有不同，应为后补的部分。该火炕灶坑处西南地面下挖一直径0.45米的圆形坑，埋入1件陶罐，罐口与地面平齐，应为垒砌火炕之前埋入，陶罐北半部分被埋于火炕之下，罐内出土1件残破的瓷碗底。

第二组位于房内北部，西端紧靠第一组火炕的东壁，与第一组火炕共用一个烟囱。该火炕平面呈东西向长方形，长1.7、宽1.3米，形制较为简陋，仅是用残碎的青砖垒砌出宽10—12厘米的外框和两条隔断，形成三条东西向折尺形烟道。灶坑位于火炕东南角处，为从地面下挖形成，平面椭圆形，南北长80、东西宽40、深16厘米，灶坑东、西、北三面壁较为陡直，南壁浅缓。炕面上的铺砖已缺失，仅在中间两条隔断的西端上部残存1块。

第三组位于房内北部，亦为平地起建的南北向火炕，保存状况较差，仅存灶坑和砖砌的烟道壁，通长4.1、宽1.2、残高0.1米。灶坑位于火炕南端，平面圆形，斜直壁，平底，坑壁未砌砖，其北半部分及火炕烟道的南部均被H60打破，灶坑残宽0.5、深0.3米。烟道残长2.2米，顶部铺砖已缺失，部分烟道壁砌砖也已残缺。烟囱位于火炕东北角，已无明显迹象。

（3）地面

房址地面深30—45厘米，较为平整，保存有较好的踩踏面，为灰白色硬土面。

（4）柱洞

该房址发现三个柱洞。其中两个位于西墙南部之上，一南一北分布，间距1.1米，柱洞平面呈规整的圆形，口径13、深10厘米。另一个位于房内西侧火炕的东部地面上，平面圆形，口径18、深15厘米。

（5）房内堆积

房内堆积2层，上层为废弃及倒塌堆积，出土泥质灰黑色陶片若干，陶瓷器，铜器，石器等；下层为活动面及垫土。为较为纯净的灰黄色土，无包含物。

2. F13

位于T0709西侧，是一座具有取暖设施火炕的房址。房址平面大致呈长方形，坐东朝西，未完全发掘。房址保存状况较差，目前残存的迹象主要为灶坑、火炕的烟道、西南角墙体，遗迹个别处于墙内的础石，分布范围南北长7、东西宽4.2米，从现存迹象判断，门应位于房址西南侧中部，方向253°（图5-5-25；图版五一，1、2）。

（1）房址墙体及础石

房址墙体仅存西南角局部，宽0.42、最高残存0.08米，由黄土夯筑，平地起建，无地下基槽。西墙发掘部分的墙体之中有两处柱础石，南墙近西南角处亦有一块础石，这些础石平面均呈不规则形，片状，厚度在0.05米以内。房址东墙及北墙已无迹象，在房址东侧发现2块片

图5-5-25 F13平、剖面图

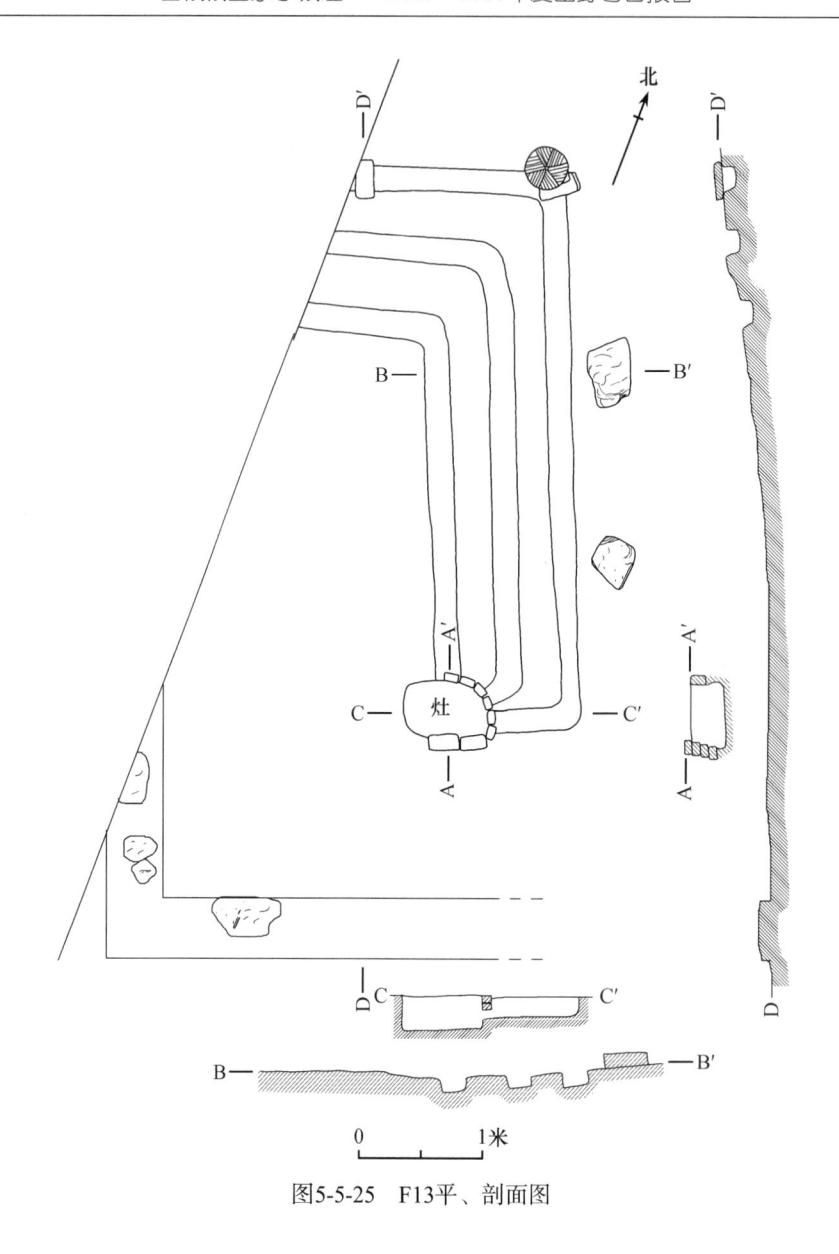

石，间距1.4米，均处于房址烟道外围，距烟道的距离大致相同，且放置平整，应为该房址东墙中的柱础石。

（2）灶址及烟道

该房址内有一套取暖设施，位于房址的东北部，由灶坑和具有3条烟道的曲尺形火炕组成，烟囱处未发掘。灶址位于房内东侧，方向朝西，南距房址南墙0.62米，灶坑平面大致呈东西向椭圆形，长径0.65、短径0.4、深0.3米，直壁，平底，略呈口小底大的袋状，南壁以四层青砖垒砌，东壁与北壁与三条烟道相接，接口处以一层青砖封堵上端。烟道残存地下部分，单条烟道宽20、深10厘米，底部及侧壁被烟熏呈黑色，两条烟道间距35厘米左右。烟道上部零星可见几块青砖，应为铺盖烟道砌筑火炕炕面之用。在最外侧烟道的东北角出土1块石磨盘，应当为1件移位了的柱础石。

（3）地面

房址地面相对平整，略有倾斜，北高南低，保存着较硬的踩踏面，为灰黄色硬土面，未经其他特殊处理。

（4）房内堆积

房内堆积为一次性形成，为夹杂炭粒及砖屑的灰黄色土，包含泥质灰黑色陶片若干。

3. F16

位于T0709东南部、T0809西部，是一座具有两组火炕的地面式房址，未完全发掘。该房址北倚F12南墙，与F12共用一条墙体。房址平面呈东西向长方形，方向163°，已发掘的西半部分可见一组完整的灶坑、火炕的烟道、烟囱等取暖设施，东半部分未完全发掘。房址南北宽4.1、东西发掘长度9.2米，门址位于房址南墙中部（图5-5-24；图版五〇，2）。

（1）墙体及门址

墙体为平地起建，未发现基槽，以黄土逐层夯筑而成，未见夯窝，墙体仅存西北角和南墙中部，最高处残高15厘米。北墙在F12南墙基础上向西延伸1.2、宽0.3、西墙宽0.25—0.3米，保存状况较差，向南逐渐不见迹象，南墙西半部分已无存，从现存迹象来看，南墙应为折尺形，在门址处有所内收。南墙中部发掘长度3.9、宽0.3、高0.18米，墙体中部区域内侧有一片不规则形坡状垫土，其范围东西长1.4、南北宽0.5米，应为门址所在。该段墙体上表面铺一层青砖，残存3块完整的和若干块残碎砖头，东部还有1块平置的石磨盘残块。

（2）取暖设施

该房址内西半部分有一组取暖设施，为三条烟道的折尺形火炕。火炕倚靠西墙和南墙平地垒砌，南段长4.3、宽1.35、高0.1米，西段长3.8、宽1.55、高0.1米。灶坑位于火炕东端，平面圆形，直径0.6米，坑壁用多层青砖纵横交错垒砌，直壁，平底，深0.45米。灶坑西接三条烟道，烟道壁用竖置的青砖和相同规格的土坯混合垒砌，其内以黄土填实，上部的铺砖已缺失，烟道在房内西南角向北折，在房址西北角与烟囱相接。烟囱保存状况较差，已基本不见迹象，但从烟道的走势来看，应处于火炕西段的东北角处。值得一提的是，在该处火炕的东侧还发现一处灶址，该灶址为东西向，残存灶坑，西部为方形，东部呈半圆形，中部横搭两块南北向平置的长方形青砖，灶坑边缘处残存若干垒砌灶壁的残碎砖块。该灶址可能为火炕搭建之初所使用的，后改变了走烟方向而将之废弃。

在东距该组火炕东端灶坑2米处还有2处灶址，一大一小。较大的灶址为东西向，平面呈亚腰形，西端为入火口，东端为出火口，长1.8、宽1、最深处0.4米，中部用残砖垒砌灶门和灶台，由于向东未再发掘，未能揭露其后的烟道。较小的灶址位于其东北方向，与之紧邻，为南北向椭圆形，北端为入火口，结构简单，仅在地面挖出一簸箕形浅坑与烟道连通，灶口处两侧立砌青砖作为灶门。

（3）地面、隔墙及柱洞

活动面保存较好，平整，为灰黄色硬面。在西侧火炕头端的北侧，有一条南北向隔墙，与房址北墙相连，隔墙残宽10—15、残高10厘米，以青砖于平地垒砌。隔墙西侧20厘米处有一直径18、深12厘米的圆形柱洞。

（4）房内堆积

房内堆积2层。上层为废弃及倒塌堆积，出土泥质灰黑色陶片若干及陶瓷器；下层为垫土层，共2层，使用较为纯净的灰黄色土，无包含物。

4. F19

位于T0611发掘区西侧，未完全发掘，残存两段烟道；一段位于西南，呈东南—西北向走势，残长2、残宽0.6米，可见西排土坯垒砌的烟墙，残高0.08米；另一段位于北部，呈西南—东北向走势，残存土坯垒砌的残长0.4、残宽0.4、残高0.05米的烟墙。从烟道分布情况看，该房址门道应在南部，方向约160°。

（二）出土遗物

1. 砖瓦构件

瓦当　1件。F13：3，灰色，兽面瓦当，残长6.3、残宽4.9、厚1.5厘米（图5-5-26，1）。

刻字砖　1件。F16：32，青灰色，残半，上表面有刻划图案，残长7.6、宽7.2、厚4.8厘米（图5-5-26，2；图版九六，3、4）。

2. 陶器

陶盘　2件。F12：80，泥质灰陶，展沿，圆唇，敞口，斜腹内弧，平底，口径30、底径17、高3.2厘米（图5-5-26，3）。F12：78，残存底部，圈足，足部外撇，底径15、残高2.6厘米（图5-5-26，4）。

陶罐口沿　1件。F12标：10，卷沿，圆唇，残高5.2、胎厚0.65厘米（图5-5-26，5）。

陶壶口沿　1件。F12标：11，卷沿，圆唇，直口，口径18、残高3.2厘米（图5-5-26，7）。

陶盆口沿　1件。F12标：8，卷沿，圆唇，敞口，鼓腹，残高4.8、胎厚0.4—0.7厘米（图5-5-26，8）。

陶盏　1件。F12：72，泥质灰黑陶，圆唇，敞口，弧腹，台底，微内凹，口径8.2、底径4.7、高2.8厘米（图5-5-26，9；图版一一三，6）。

甑底　1件。F12标：9，残长8、胎厚0.8厘米（图5-5-26，10）。

陶支座　1件。F12：42，马蹄状，顶部内凹，中心有一直径1.5、深1.8厘米的圆孔，长17.4、宽12、高7.4厘米（图5-5-26，6；图版九七，8）。

图5-5-26 第三期房址出土陶器

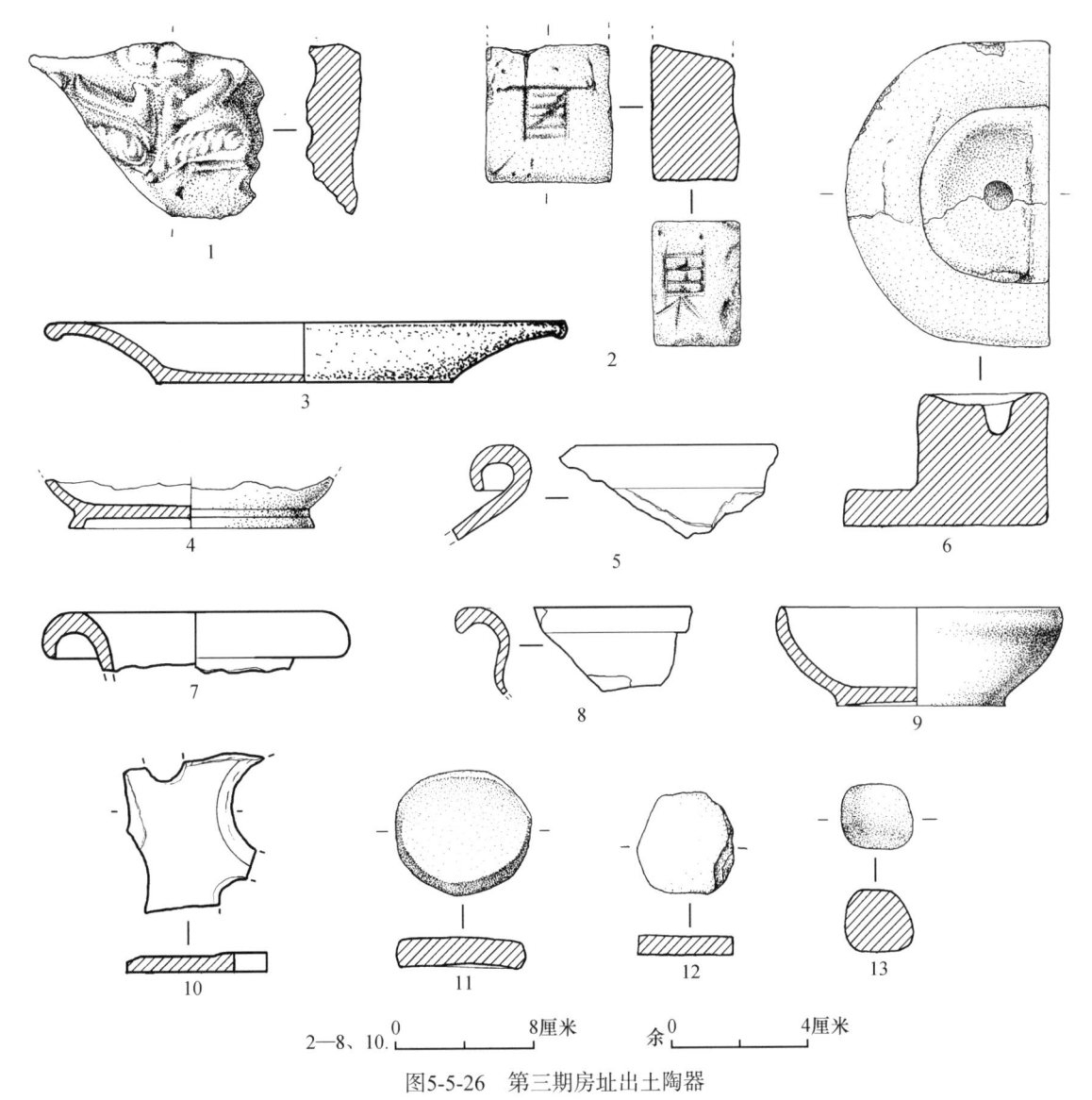

1.瓦当（F13:3） 2.刻字砖（F16:32） 3、4.陶盘（F12:80、F12:78） 5.陶罐口沿（F12标:10） 6.陶支座（F12:42） 7.陶壶口沿（F12标:11） 8.陶盆口沿（F12标:8） 9.陶盏（F12:72） 10.甑底（F12标:9） 11、12.圆陶片（F12:49、F12:77） 13.陶球（F12:9）

圆陶片 2件。F12:49，灰色瓦片磨制而成，平面椭圆形，长径3.9、短径3.6、厚1.8厘米（图5-5-26，11）。F12:77，泥质灰黑色陶片磨制而成，平面圆形，直径2.8、厚0.6厘米（图5-5-26，12）。

陶球 1件。F12:9，泥质灰陶，手制，呈不甚规整的球体，长径2.1、短径1.8厘米（图5-5-26，13）。

3. 瓷器

瓷盘 3件。F12：55，定窑划花荷叶盘，覆烧，白釉，白胎，芒口，圆唇，敞口，弧壁，矮圈足，内底有剔花莲花纹饰，口径17.5、底径5.4、高3.5厘米（图5-5-27，1；图版一二四，1、2）。F12：73，灰胎，白釉，圆唇，敞口，弧壁，矮圈足，内施满釉，外施半釉，内底中部有涩圈及支钉痕，其外有酱釉书写"风花雪月"字样，旋读，每两字间绘有花草纹饰，口径21.6、底径7.6、高4.4厘米（图5-5-27，4；图版一二二，1、2）。F12：57，定窑白瓷盘，覆烧，芒口，圆唇，敞口，弧壁，矮圈足，通体施釉，口径20、底径7、高3.7厘米（图5-5-27，5）。

瓷碗 6件。均为化妆白瓷。F12：81，残存底部，斜弧腹，圈足，灰黄色粗砂胎，白釉泛黄，内外均施满釉，内底有涩圈，外底有墨书文字"周"，底径6.8、残高6厘米（图5-5-27，2；图版一二一，1）。F12标：2，夹粗砂红褐胎，外壁化妆土及釉均施一半，圆唇，侈口，弧腹，底部残，口径14、残高3.2厘米（图5-5-27，3）。F12：79，涩圈叠烧，灰胎，外施一层白

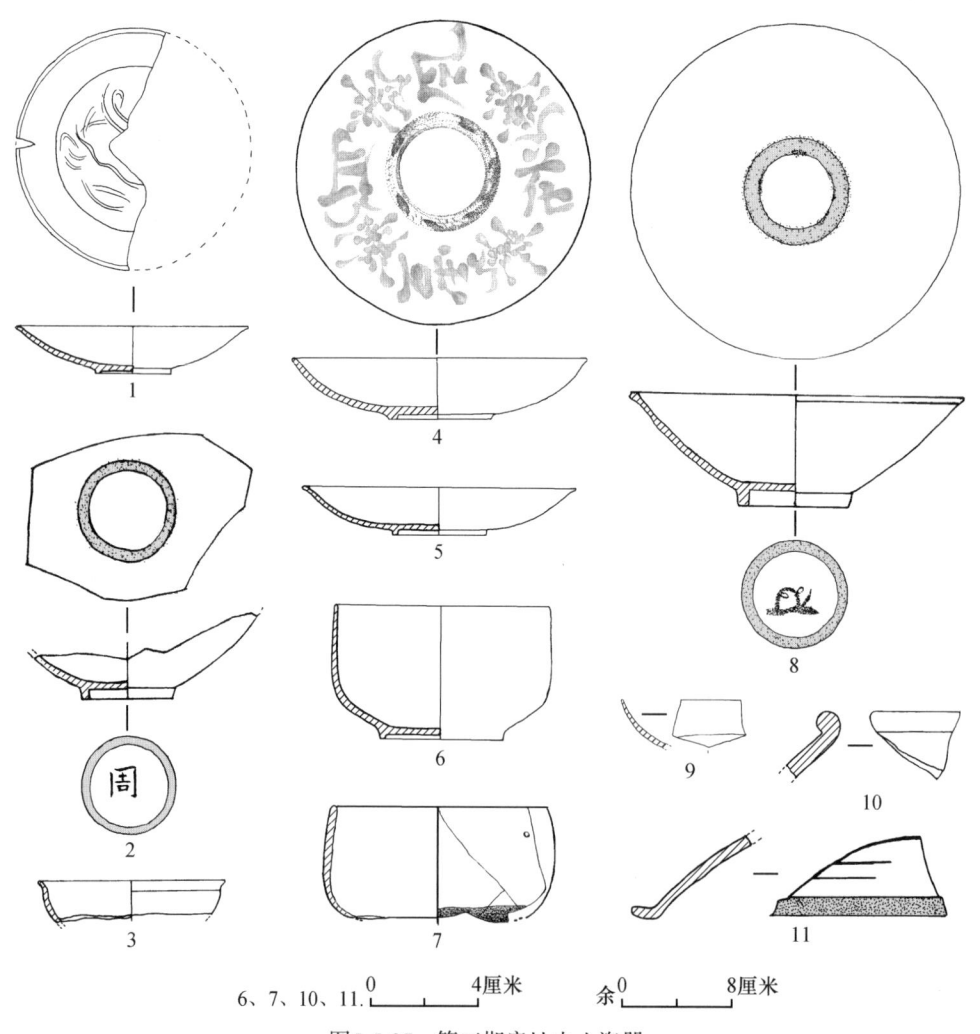

图5-5-27 第三期房址出土瓷器
1、4、5.瓷盘（F12：55、F12：73、F12：57） 2、3、8、9.瓷碗（F12：81、F12标：2、F12：79、F12标：7）
6、7.瓷钵（F12：56、F12标：6） 10.瓷罐口沿（F12标：1） 11.瓷器盖（F12标：5）

色化妆土，外壁仅施一半，黄白釉，内外均施满釉，圆唇微外翻，敞口，弧腹，圈足底，外底有墨书符号，口径24、底径7.7、高8.2、胎厚0.5厘米（图5-5-27，8）。F12标：7，残存口沿，灰白胎，白釉，外壁施半釉，尖唇，敞口，弧腹，残高3.5、胎厚0.3厘米（图5-5-27，9）。

瓷钵　2件。F12：56，定窑白瓷，尖唇，直口，直腹，矮圈足，内施满釉，外施半釉，口径8、底径4.6、高4.8厘米（图5-5-27，6；图版一二〇，2）。F12标：6，灰胎，白釉，内施满釉，外施半釉，圆唇，直口，垂腹，底部残，器壁有铆孔，口径8.2、残高4厘米（图5-5-27，7）。

瓷罐口沿　1件。F12标：1，灰白胎，白釉，敛口，圆唇，外卷，残高2.4、胎厚1厘米（图5-5-27，10）。

瓷器盖　1件。F12标：5，残存口沿部分，灰白胎，白釉，口沿处未施釉，展沿，圆唇，残高2.8、胎厚0.6厘米（图5-5-27，11）。

4. 石器

石磨盘　1件。F13：6，黄褐色，圆台体，中部有直径3.5厘米的圆形穿孔，上表面分六区凿有平行沟槽，槽间距2.4、直径34.5、厚8厘米（图5-5-28，1；图版一三四，5）。

石臼　1件。F12：76，青灰色，方唇，直口，直腹，平底，器壁有刻凿形成的槽，口径42、底径40、高19.2厘米（图5-5-28，2）。

石棋子　1件。F12：48，象棋子，灰黑色，圆饼形，正面有一阴文"士"字，直径2.8、厚0.4厘米（图5-5-28，6；图版一三四，6）。

5. 骨器

骨箸　1件。F12：51，磨制，截面呈长方形，残长7.7、截面长0.5、宽0.4厘米（图5-5-28，3）。

骨线轴　1件。F12：50，距骨切割而成，长5.7、宽3.1、厚0.8厘米（图5-5-28，4；图版一三五，11）。

骨骰子　1件。F13：4，牙黄色，磨制而成，正方体，边长1厘米（图5-5-28，5；图版一三五，8）。

骨匕　1件。F16：2，黄色，磨制而成，勺端大致呈椭圆形，柄部截面呈三角形，通长24.2、勺端宽3.8、柄宽0.6—1.6厘米（图5-5-28，11；图版一三五，9）。

6. 琉璃器

琉璃棋子　1件。F16：26，围棋子，白色，圆饼形，器表有磨痕，直径1.9、厚0.25厘米（图5-5-28，7）。

琉璃烧结块　1件。F16：27，墨绿色，不规则形，残长1.1、残宽0.8厘米（图5-5-28，8）。

琉璃珠　1件。F13：2，白色，瓜棱形，残长1.8、残高1.5厘米（图5-5-28，9）。

琉璃簪　1件。F12：71，白色，截面呈扁方形，残长4.8、宽0.9、厚0.4厘米（图5-5-28，10）。

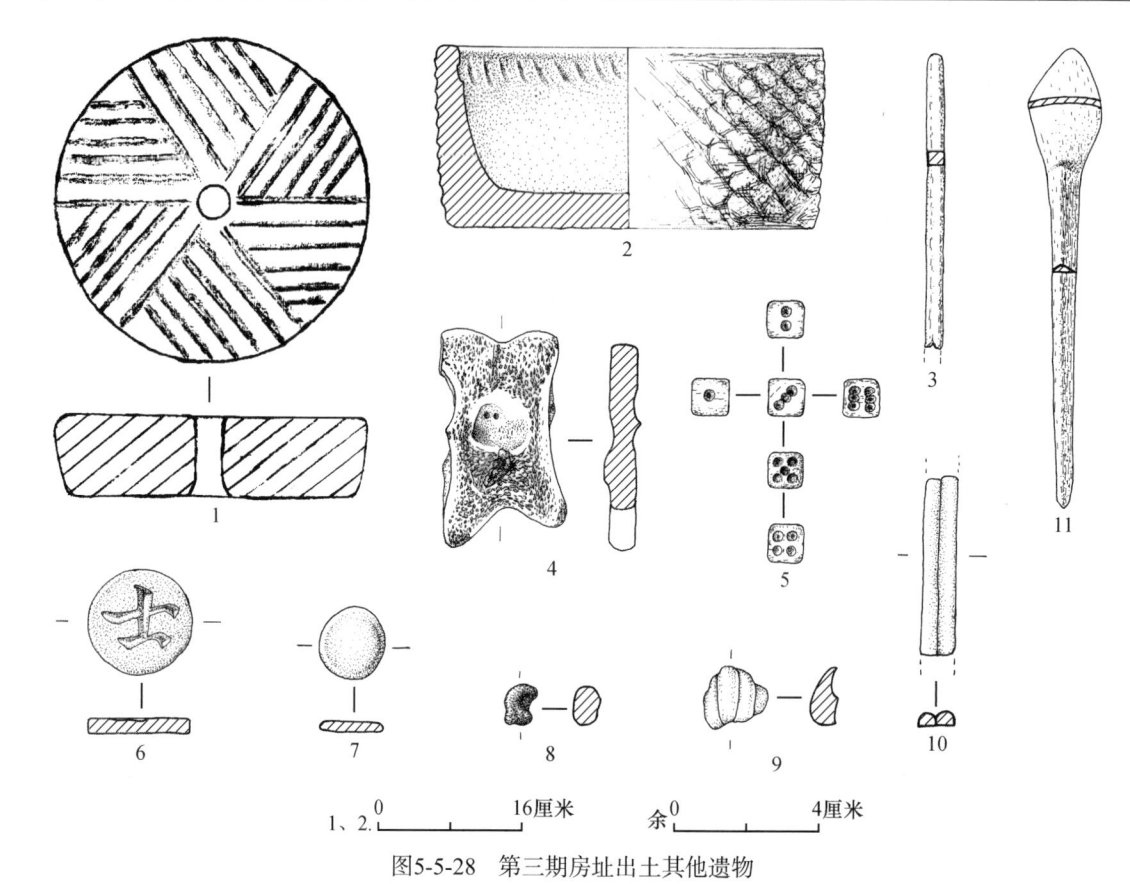

图5-5-28 第三期房址出土其他遗物
1. 石磨盘（F13∶6） 2. 石臼（F12∶76） 3. 骨箸（F12∶51） 4. 骨线轴（F12∶50） 5. 骨骰子（F13∶4）
6. 石棋子（F12∶48） 7. 琉璃棋子（F16∶26） 8. 琉璃烧结块（F16∶27） 9. 琉璃珠（F13∶2） 10. 琉璃簪（F12∶71）
11. 骨匕（F16∶2）

7. 铁器

铁铡刀　2件。F12∶6，直背直刃，方柱状柄，残长50.4、宽13.6厘米（图5-5-29，1；图版一三六，2）。F12∶7，直背直刃，柄部残，残长33.6、宽13.6厘米（图5-5-29，2）。

铁饼　1件。F12∶14，平面大致呈圆形，有两个对称分布的长方形穿孔，直径3.3、厚0.15厘米（图5-5-29，3）。

铁板　1件。F12∶8，长20、残宽13.6、厚0.8厘米（图5-5-29，4）。

铁斧　1件。F12∶38，长14、宽5.2—6.8厘米（图5-5-29，5；图版一三六，6、7）。

铁镰　1件。F12∶19，直背，弧刃，刀柄截面长方形，刀身长25.2、柄残长8厘米（图5-5-29，6）。

铁犁　1件。F12∶69，残存刃部，残宽18、残高10.8厘米（图5-5-29，7）。

车䡇　2件。F16∶5，直径11.6、厚3厘米（图5-5-29，8；图版一三七，8）。

铁管　1件。F16∶28，长6、截面直径2.4厘米（图5-5-29，9）。

铁环　4件。F16∶3，由两件大小不一的圆环组合而成，通长9.4、最宽处5.6厘米（图5-5-29，10）。F16∶4，由截面方形的铁条弯折而成，环径10、截面边长0.6厘米（图5-5-29，11）。

第五章　城内窑址的发掘

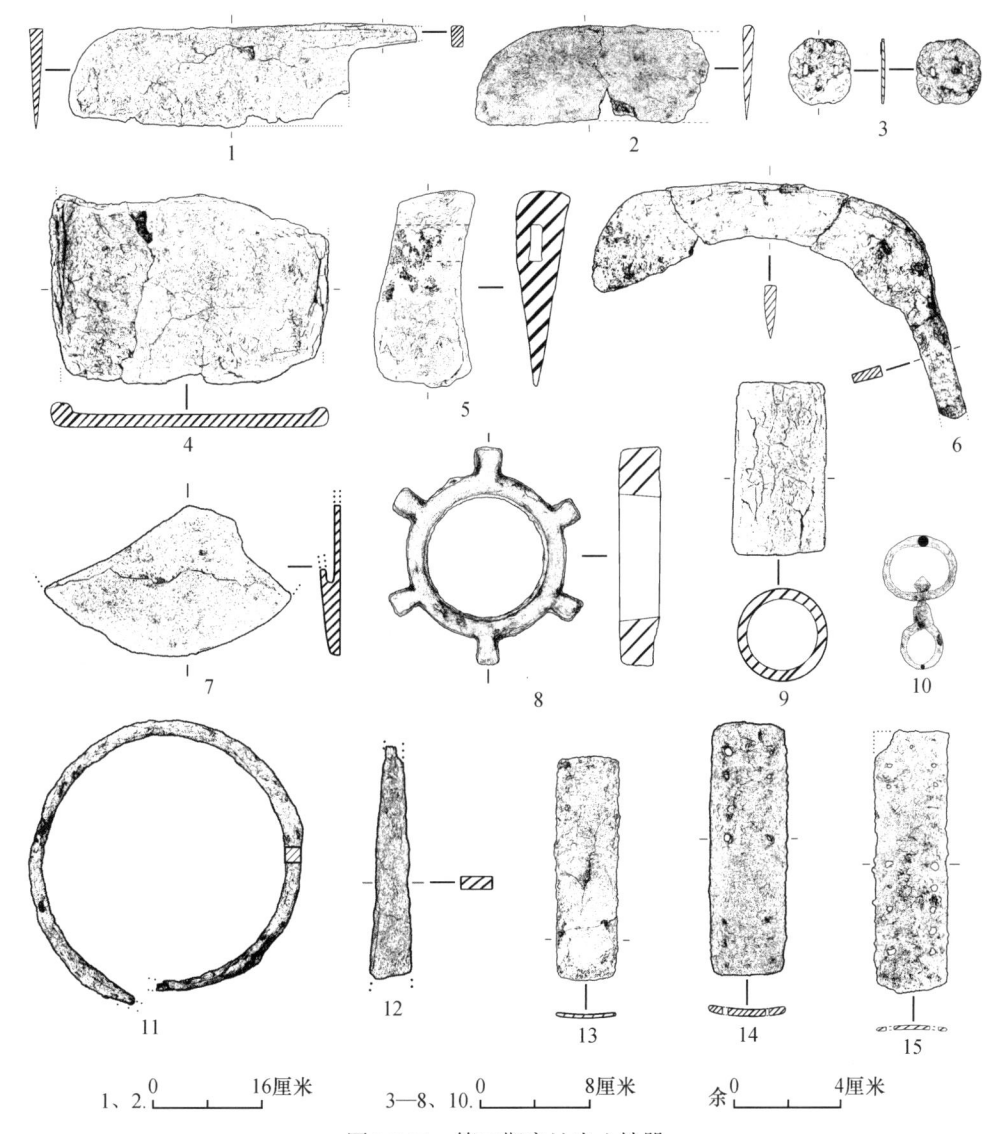

　　· 425 ·

图5-5-29　第三期房址出土铁器
1、2. 铁铡刀（F12：6、F12：7）　3. 铁饼（F12：14）　4. 铁板（F12：8）　5. 铁斧（F12：38）　6. 铁镰（F12：19）
7. 铁犁（F12：69）　8. 车輨（F16：5）　9. 铁管（F16：28）　10、11. 铁环（F16：3、F16：4）　12. 铁凿（F12：25）
13—15. 铁甲片（F16：13、F16：6、F16：21）

　　铁凿　1件。F12：25，残长8、最宽处1.5厘米（图5-5-29，12）。

　　铁甲片　4件。平面长方形，器身略有弯弧，边缘有圆形穿孔。F16：13，长8、宽2.2、厚0.2厘米（图5-5-29，13）。F16：6，长9、宽2.8、厚0.25厘米（图5-5-29，14）。F16：21，长9.2、宽2.6、厚0.2厘米（图5-5-29，15；图版一三七，9）。

　　铁锄　1件。F12：20，锄身呈等腰三角形，平刃，一角残，銎柄，残宽22.4、高19.2、柄部残长27厘米（图5-5-30，1）。

　　铁锥　1件。F16：31，柄部呈圆环状，锥身截面方形，通长6.2、柄部宽3.6厘米（图5-5-30，2）。

　　铁钩　4件。F12：18，柄端残，截面长方形，通高5.4、截面长0.5、宽0.3厘米（图

5-5-30,3）。F12∶33，截面长方形，通长10、面长0.6、宽0.4厘米（图5-5-30,4）。F12∶5，由截面呈长方形的铁条弯折而成，柄端呈环状，两端呈钩状，通高4.4、柄部宽1.4厘米（图5-5-30,10）。

铁构件　12件。F12∶59，片状，器身弯弧，上端中部有一边长0.3厘米的方形穿孔，下端残，残长10、最宽处2.6、厚0.2厘米（图5-5-30,5）。F12∶60，由截面呈长方形的铁条弯折而成，柄端呈环状，通高10.2、柄部宽3.4厘米（图5-5-30,6）。F12∶39，由宽1.6、厚0.4厘米的铁条弯折而成，柄端呈环状，残长8厘米（图5-5-30,7）。F12∶70，残长4.8、残宽3.2、最宽

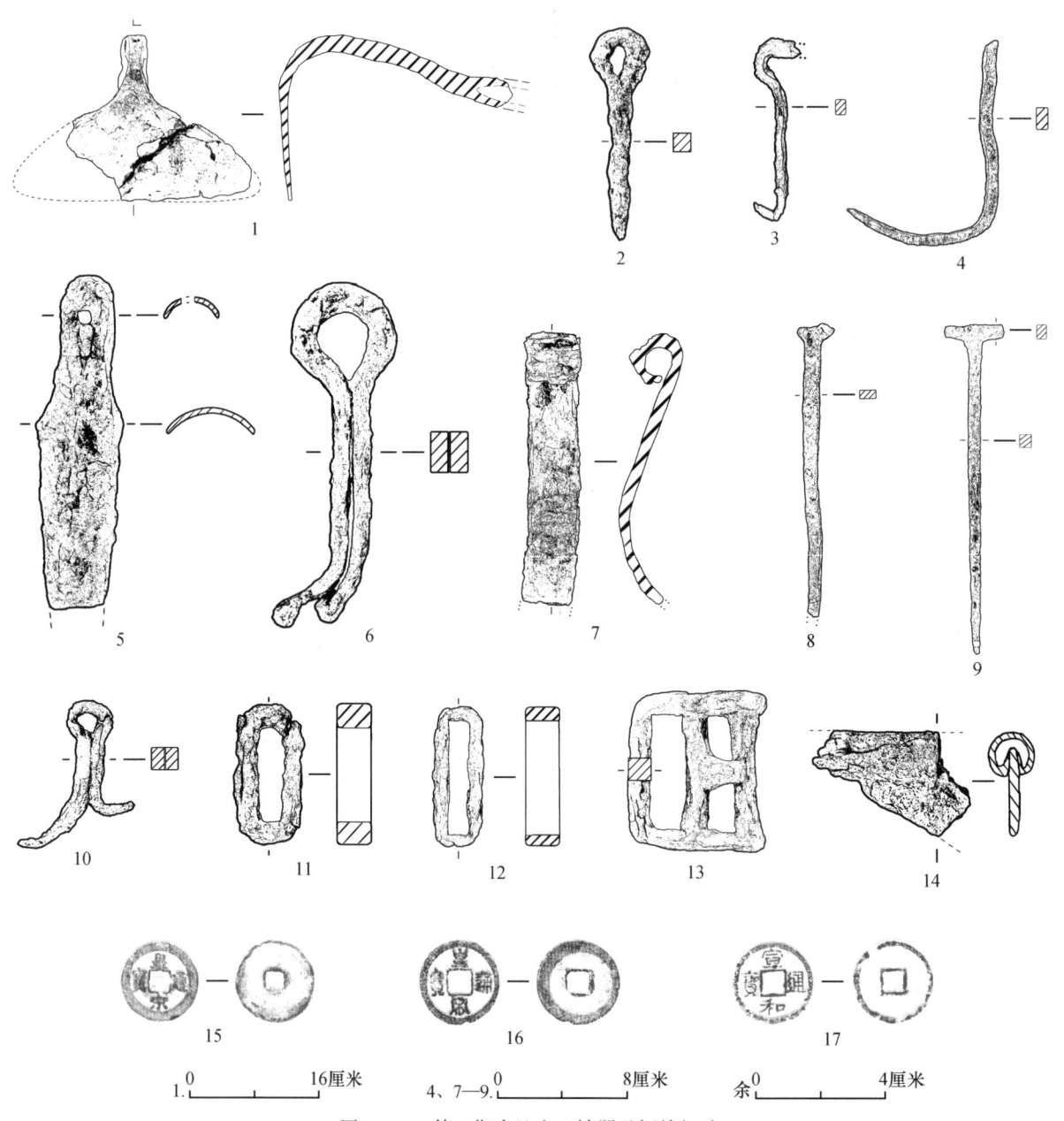

图5-5-30　第三期房址出土铁器及铜钱拓片
1.铁锄（F12∶20）　2.铁锥（F16∶31）　3、4、10.铁钩（F12∶18、F12∶33、F12∶5）　5—7、14.铁构件（F12∶59、F12∶60、F12∶39、F12∶70）　8、9.铁钉（F12∶63、F16∶20）　11、12.铁带环（F12∶35、F12∶30）　13.铁带扣（F16∶29）
15—17.铜钱拓片（F12∶53、F12∶54、F13∶5）

处1.4厘米（图5-5-30，14）。

铁钉　29件。F12：63，钉帽扁平弯折，钉身截面长方形，尖部残，残长17.6、钉帽宽1.1厘米（图5-5-30，8）。F16：20，钉帽长方形，钉身截面方形，通长19.6、钉帽宽3.6厘米（图5-5-30，9）。

铁带环　2件。F12：35，平面呈圆角长方形，长4.2、宽2、厚1.1厘米（图5-5-30，11）。F16：30，平面呈长方形，长4.2、宽1.6、厚1厘米（图5-5-30，12）。

铁带扣　2件。F16：29，平面呈长方形，长4.6、宽4.2、厚0.7厘米（图5-5-30，13）。

8. 铜钱

出土4枚。

皇宋通宝　2枚。F12：53，顺读，篆书，直径2.6、孔边长0.8、厚0.2厘米（图5-5-30，15）。F12：54，顺读，楷书，直径2.4、孔边长0.6、厚0.2厘米（图5-5-30，16）。

宣和通宝　1枚。F13：5，顺读，楷书，直径2.5、孔边长0.8、厚0.2厘米（图5-5-30，17）。

字迹不清　1枚。F16：14，残半，直径2.4、孔边长0.8、厚0.2厘米。

五、灰坑及出土遗物

（一）遗迹

H48　位于T0811东部，开口于1层下，打破H49及H50，仅发掘西半部分。坑口形制不规整，弧壁，圜底。发掘部分坑口长4.3、宽0.9、深0.6米。坑内堆积二层：第一层土色黑褐，疏松，夹杂大量黑灰和少量泥质灰陶片，厚0.2米；第二层土色灰褐，砂质，较松软，局部有少量黑色烧灰，包含物以陶片为主，另有少量残砖、瓷片和泥坯块（图5-5-31）。

H49　位于T0811东部，开口于1层下，被H48打破，并打破H50，仅发掘西半部分。坑口形制呈东西向圆角长方形，直壁，平底。发掘部分坑口长1.9、宽1.7、深0.75米。坑内填土为一次性堆积，土色深褐沙质土，较松软，夹杂部分烧灰。坑内出土大量陶片，以及少量残砖、瓷片和动物骨骼（图5-5-32）。

H50　位于T0811东部，开口于1层下，被H48及H49打破，仅发掘西半部分。坑口形制不规整，弧壁，圜底。发掘部分坑口南北长5.2、东西宽1.3、深0.85米。坑内填土为一次性堆积，灰褐色沙质土，土质相对细腻，包含有陶片，瓷片，碎砖块等（图5-5-33）。

H51　位于T0810东北部，叠压于C2之下，打破H68。坑口呈东西向圆角长方形，上壁较直，下壁斜弧内收，近平底。坑口长4、宽2、深0.95米。坑内填土为泥坯、淤土、黑灰等的混合物，土色杂驳，黑灰为砂质，颗粒较细，疏松。淤土为黄褐色，砂质，颗粒较细，疏松。泥坯为黄色，黏质板结，颗粒大。坑内出土遗物以盆、罐等陶器残片为主，含少量瓷片（图5-5-34）。

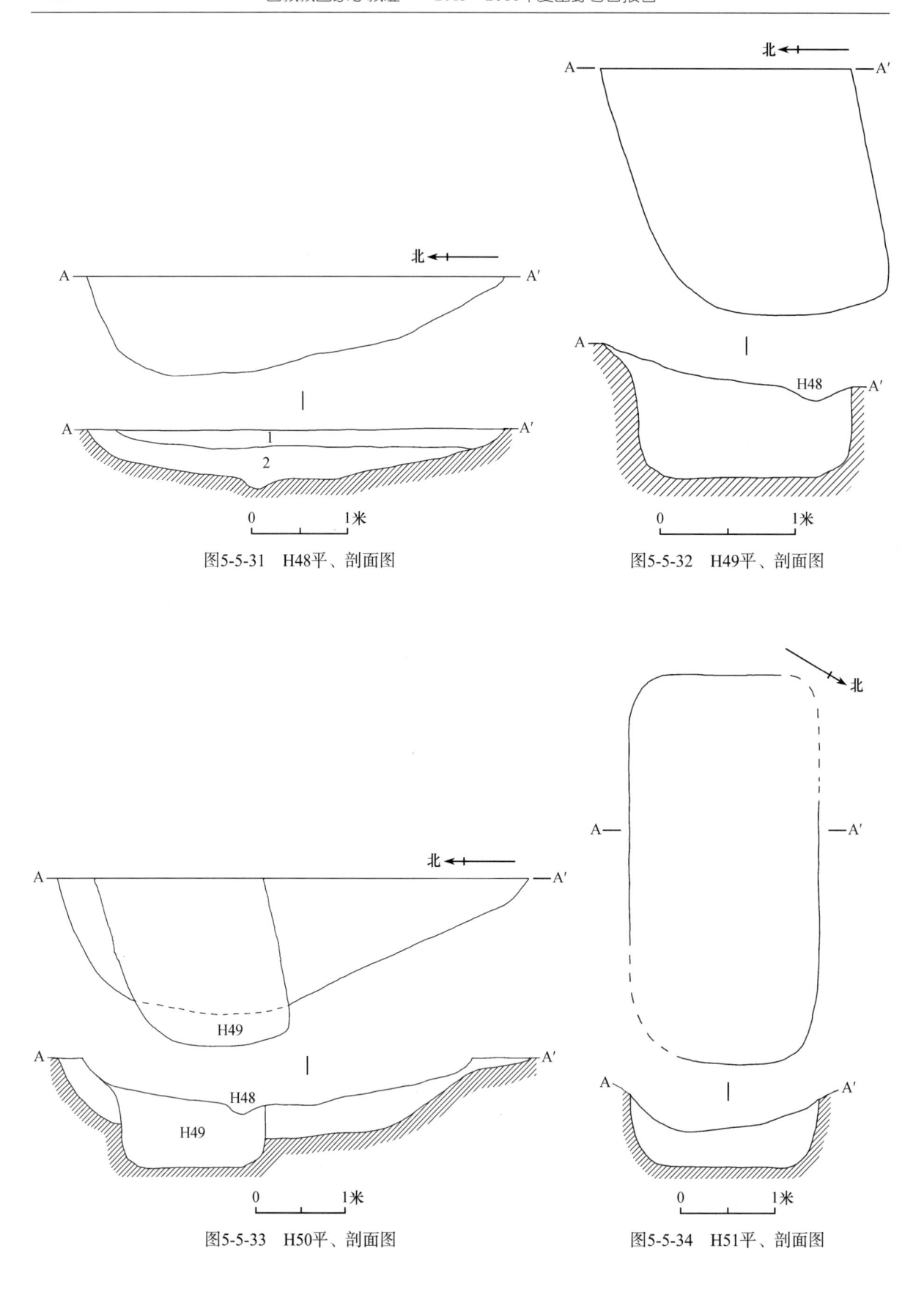

图5-5-31　H48平、剖面图

图5-5-32　H49平、剖面图

图5-5-33　H50平、剖面图

图5-5-34　H51平、剖面图

H52　位于T0810西北部，叠压于C2之下，打破H54、H56和G10。坑口呈东西向不甚规整的椭圆形，斜弧壁，圜底。坑口长径3.7、短径2.6、深0.95米。坑内堆积二层，第一层为黑色灰烬，砂质，颗粒较细，疏松，厚0.4米；第二层为黄褐色砂质土，疏松，厚0.55米。两层堆积均包含大量陶片，另有较多瓷片及少量动物骨骼（图5-5-35；图版五六，1）。

H53　位于T0810中东部，开口于第2a层下。坑口平面呈西北—东南向椭圆形，斜弧壁，近平底。坑口长径1.95、短径0.8、深0.25米。坑内填土为一次堆积，为黄褐色，砂质，含大量渣滓，疏松，西北部夹杂少量黑灰。坑内出土少量陶片及瓷片（图5-5-36）。

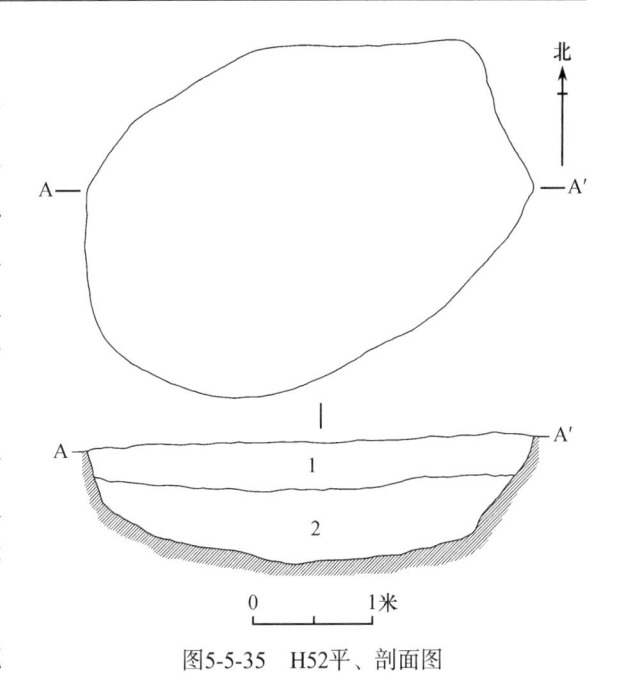

图5-5-35　H52平、剖面图

H57　位于T0810东部偏南，开口于C4之下，打破C5。仅发掘了西半部分，坑口平面呈圆形，斜直壁，底部近平。坑口直径1.56、深0.9米。坑内堆积三层：第一层为黄褐色土，疏松，无包含物，厚0—0.1米；第二层为灰褐色土，疏松，夹杂颗粒较细的黑灰，厚0—0.3米；第三层为黄褐色土，含较多黑灰，包含大量陶片及少量瓷片，厚0.6—0.9厘米（图5-5-37；图版五六，2）。

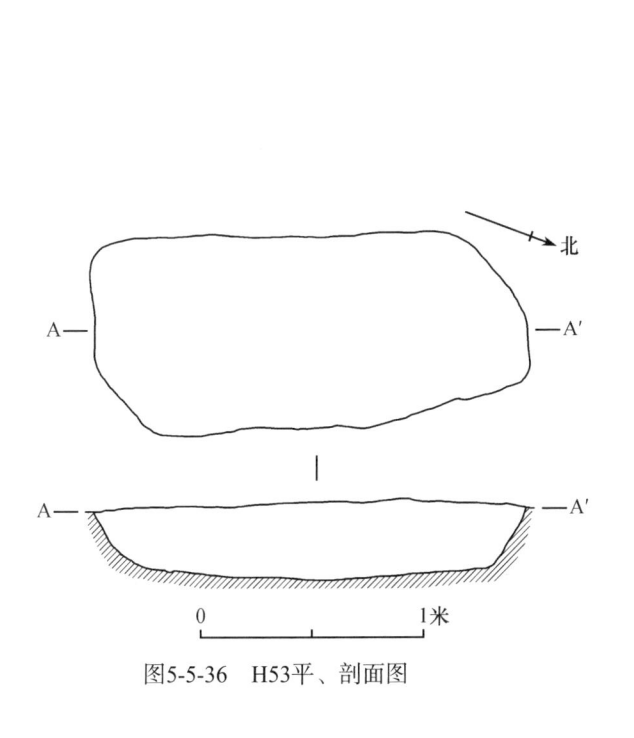

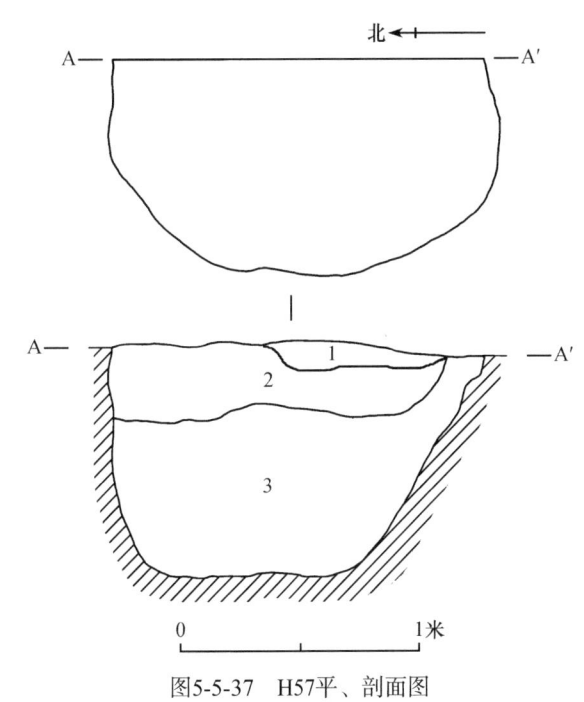

图5-5-36　H53平、剖面图

图5-5-37　H57平、剖面图

H58　位于T0810东南角，开口于第1层下，打破C5、G10、H61、H62及H63，仅发掘北半部分。坑口平面呈椭圆形，斜弧壁，圜底。发掘部分坑口长径2.7、短径2.3、深1米。坑内堆积三层，第1层为黑灰夹少量泥坯，砂质，部分颗粒板结，厚0.5米；第2层为泥坯夹大量黑灰，质黏，颗粒粗，最厚处0.4米；第3层为泥坯蒜瓣土，质黏，颗粒板结严重。遗物均出土于第1、2层，以陶片为主，包含少量瓷片，另有骨器及铁器出土（图5-5-38）。

H59　位于T0810南部偏中，开口于第2a层下，打破G10。坑口呈西北—东南向圆角长方形，斜直壁，平底。坑口长径1.8、短径1.2、深1米。坑内堆积五层：第一层为黄褐色土，砂质，颗粒较细，较致密，厚0.1米；第二层为灰褐色土，砂质，颗粒较细，疏松，厚0.36米；第三层为黄白色蒜瓣土，质黏，颗粒板结，厚0.1—0.2米；第四层为灰褐夹红斑花土，砂质，颗粒较细，较疏松，厚0.1—0.2米；第五层为黄土，砂质，疏松，厚0.42米，包含较多陶片及少量瓷片，另有铁器、兽面瓦当残块等出土（图5-5-39；图版五六，3）。

H60　位于T0710东南部，开口于第2a层下，打破F12和F14。坑口呈西南—东北向不甚规整的椭圆形，斜直壁，平底。坑口长径2.2、短径1.4、深0.7米。坑内填土为一次堆积，为灰色碱土，泥质，粗颗粒，坚硬，应为制作陶泥的原料，其他包含物较少，应为一处陶泥料坑（图5-5-40）。

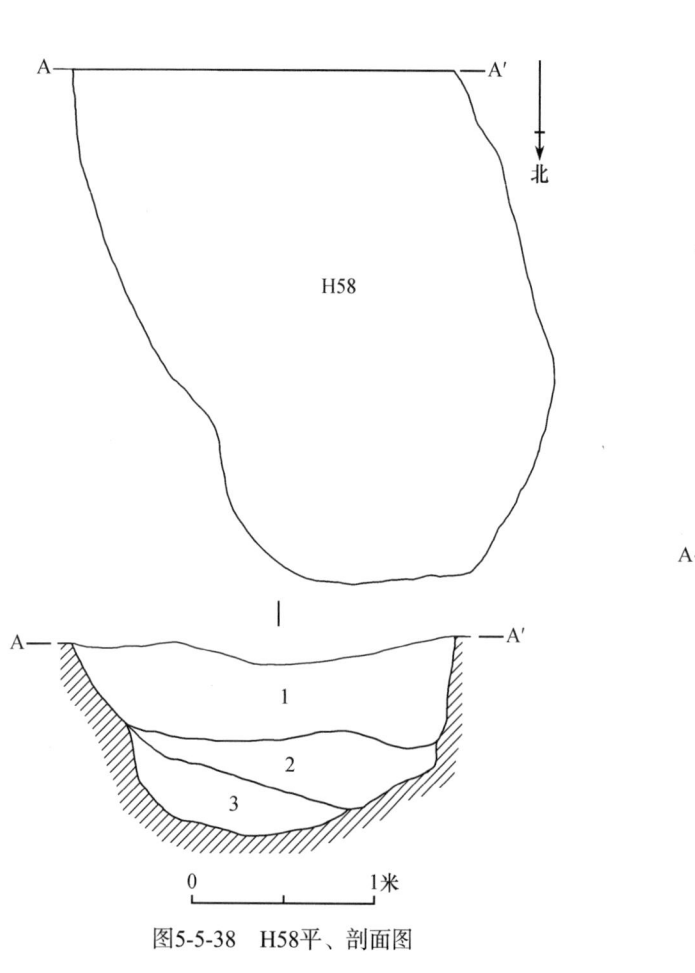

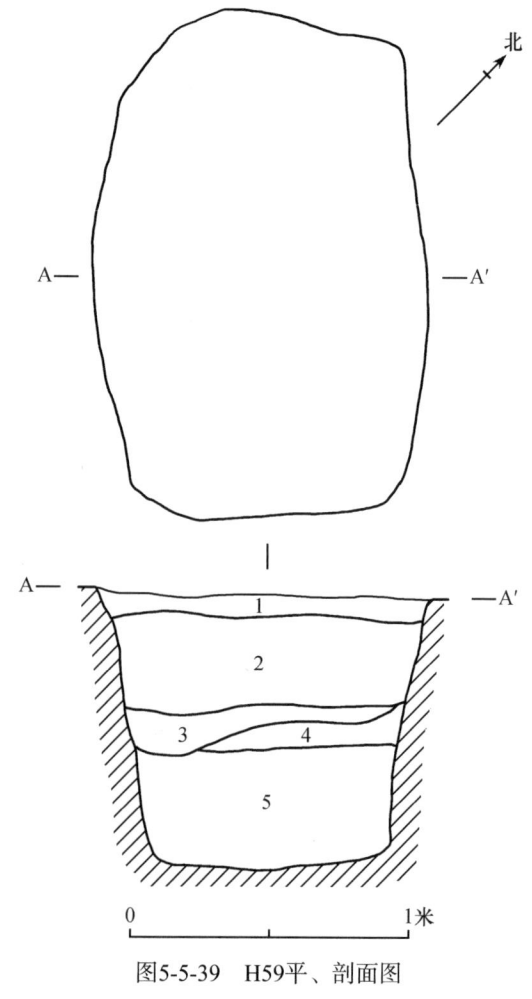

图5-5-38　H58平、剖面图

图5-5-39　H59平、剖面图

H65 位于T0711中西部，开口于第1层下，叠压于C1之下，打破H102。坑口平面呈圆角方形，斜直壁，平底。坑口边长2.6—2.8、深1.25米。坑内填土以黄泥为主，夹杂多个面积不一分布不均的黑灰层，厚度在5厘米左右，黄泥层内包含少量陶片、碎砖和瓷片，黑灰层则包含大量陶片。出土一块用于砌筑窑门的楔形砖（图5-5-41；图版五六，4），以及若干瓦片磨成的圆饼形垫具（图版一三一，6）。

H67 位于T0711西南部，开口于第1层下，叠压于C1之下。坑口呈西北—东南向椭圆形，斜弧壁，圜底。坑口长径2.3、短径1.2、深0.5米。坑内填土为黄褐色淤沙，包含少量陶片、瓷片（图5-5-42；图版五七，1）。

H71 位于T0710北部，开口于第1层下，叠压于C1之下，打破H73。坑口平面呈椭圆形，斜弧壁，平底。坑口长径3.9、短径2.3、深0.45米。坑内填土为黄褐色沙质土，略松软，夹杂少量烧灰，包含有陶片、泥坯、碎砖块等（图5-5-43）。

H72 位于T0710西北部，开口于第1层下，东北部叠压于C1之下。坑口平面呈长方形，斜直壁，平底，南部略浅，北部略深。坑口东西长2.2、南北宽1.16、深0.5米。坑内填土为灰褐色沙质土，较松软，包含有陶片，碎瓦片等（图5-5-44）。

H80 位于T0710西北部，开口于第1层下，打破H77、H82及H83。坑口呈圆角长方形，斜弧壁，平底。坑口东西长4、南北宽1.8、深1.8米。坑内堆积由上至下可分四层：第一层为黄褐色砂质土，夹杂黄色斑点，厚0.2米，包含少量陶片和瓷片；第二层为灰褐色沙质土，夹杂少量烧灰，厚0.15—0.3米，包含有碎砖块和陶片；第三层为灰褐色沙质土，夹杂黄色小斑点、烧

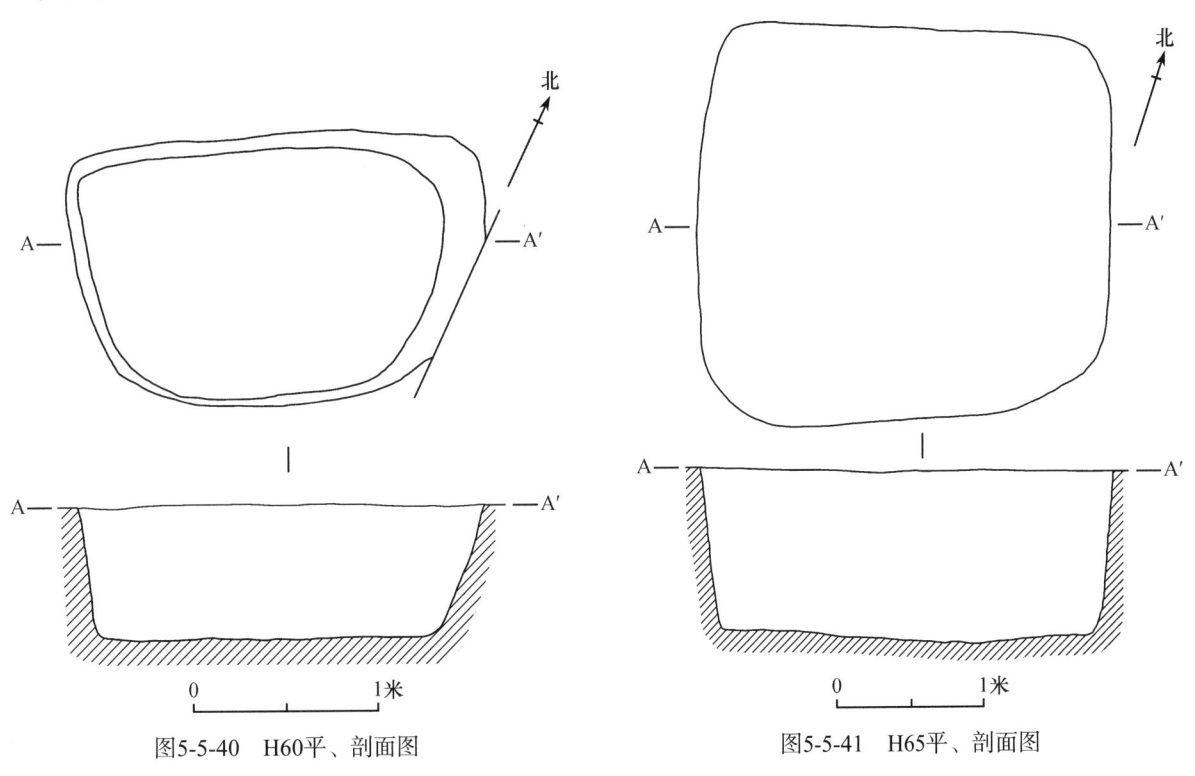

图5-5-40 H60平、剖面图

图5-5-41 H65平、剖面图

图5-5-42　H67平、剖面图

图5-5-43　H71平、剖面图

图5-5-44　H72平、剖面图

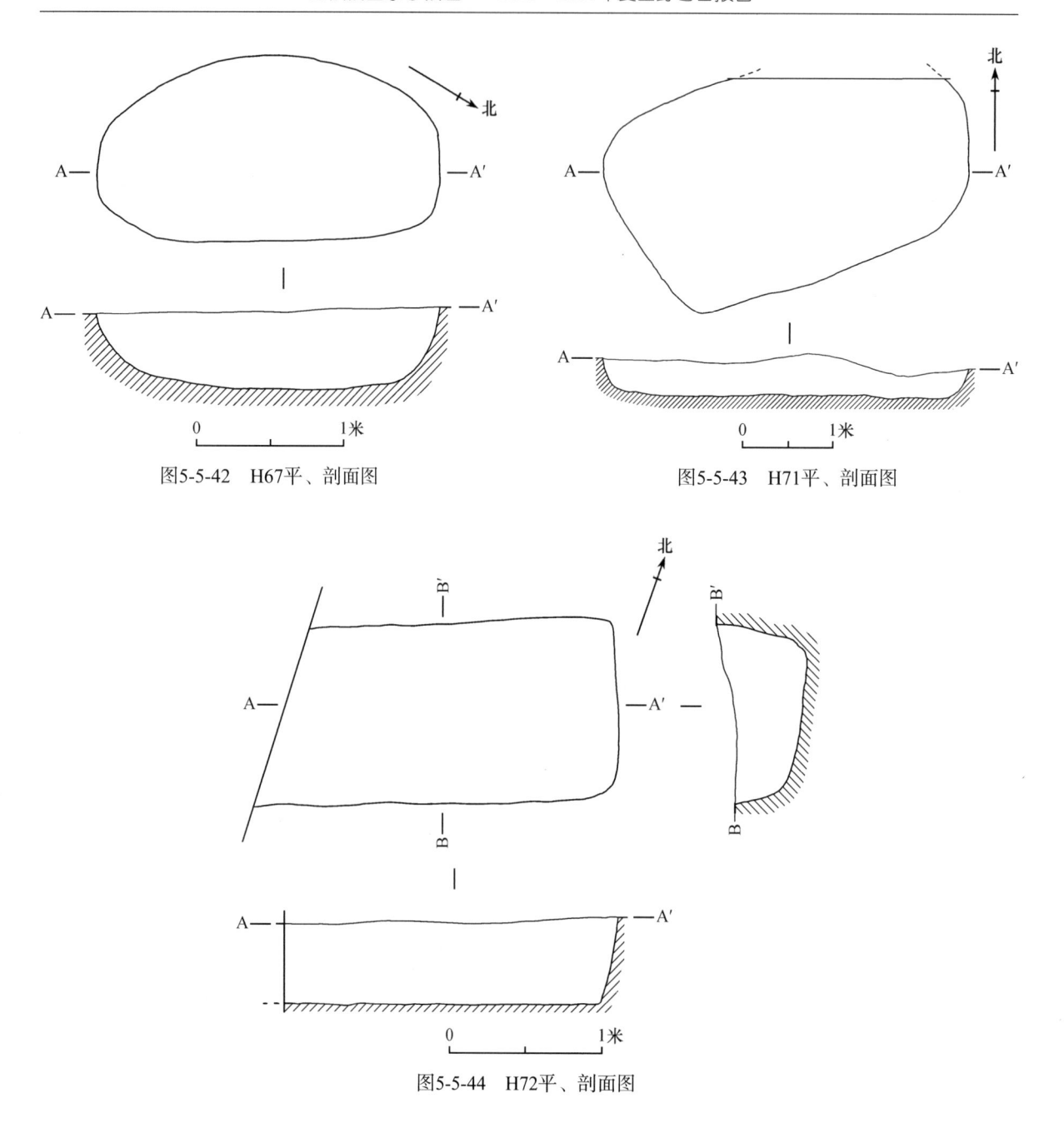

灰和粗沙粒，厚0.4米，包含有陶片和动物骨骼；第四层为深灰色沙质土，夹杂烧灰、泥坯和淤沙，厚0.8米，包含大量陶片、未烧结的陶坯和动物骨骼（图5-5-45）。

H88　位于T0710中部，开口于G11底部。坑口呈椭圆形，斜直壁，平底。坑口长径1、短径0.76、深0.2米。坑内填土为灰黑色沙质土，夹杂大量烧灰，包含物多为碎砖残块、少量残瓦片及陶片（图5-5-46；图版五七，2）。

图5-5-45　H80平、剖面图

图5-5-46　H88平、剖面图

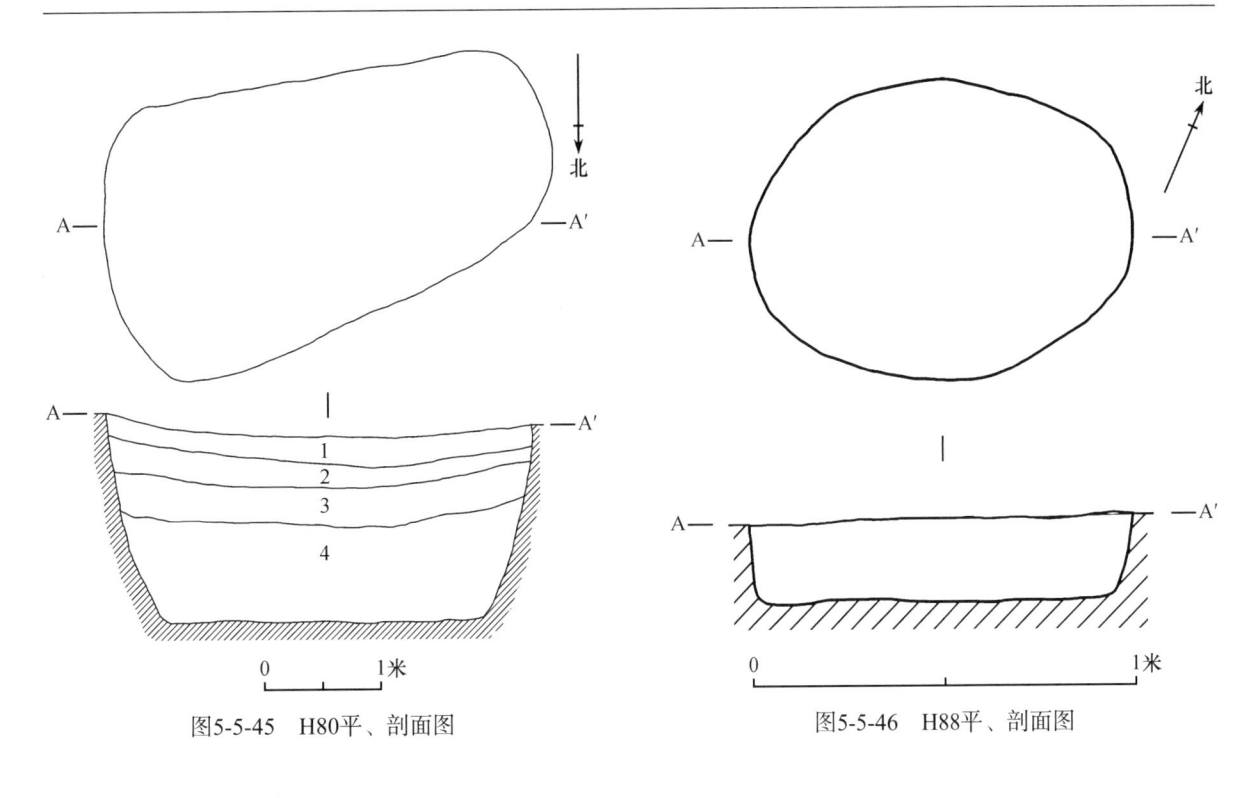

（二）出土遗物

1. 陶器

陶罐　8件。H71：11，卷沿圆唇，敛口，鼓肩，下腹斜直内收，平底，口径24、底径24、最大腹径43、高40厘米（图5-5-47，1；图版九九，6）。H58②：4，卷沿圆唇，敛口，溜肩，鼓腹，下腹斜直内收，平底，口径28、底径20、最大腹径40、高36厘米（图5-5-47，2；图版九九，3）。H58①：7，卷沿圆唇，口沿上有两圈压划弦纹，敛口，鼓肩，下腹斜直内收，下腹部有一圈弦纹，平底微内凹，口径24、底径16、最大腹径31、高29厘米（图5-5-47，3；图版九九，2）。H71：10，卷沿圆唇，敛口，圆肩，肩部有两个对称分布的竖桥耳，下腹斜直内收，平底，口径20、底径14、最大腹径26、高26厘米（图5-5-47，4；图版一〇二，6）。H65：36，卷沿圆唇，敛口，圆肩，肩部有两个对称分布的竖桥耳，斜弧腹，平底微内凹，器形在烧造过程中扭曲变形，口径15.2、底径14.6、最大腹径23.4、高23厘米（图5-5-47，5；图版一〇三，3）。H65：34，卷沿圆唇，敛口，圆肩，肩部有两个对称分布的竖桥耳，鼓腹，平底，器形在烧造过程中严重扭曲变形，口径20、底径14、最大腹径30、高26厘米（图5-5-47，6；图版一〇三，1）。H65：35，卷沿圆唇，敛口，圆肩，肩部有两个对称分布的竖桥耳，下腹斜直内收，平底，口径20、底径16、最大腹径31.5、高31厘米（图5-5-47，7；图版一〇三，2）。

陶缸口沿　1件。H58②：5，残存口沿，卷沿，圆唇，敛口，鼓肩，肩部有一圈附加堆纹，口径41.5、残高11.4厘米（图5-5-47，9）。

陶盆　4件。H72：6，卷沿，圆唇，敞口，斜弧腹，平底，口径58.8、底径30、高15.2厘

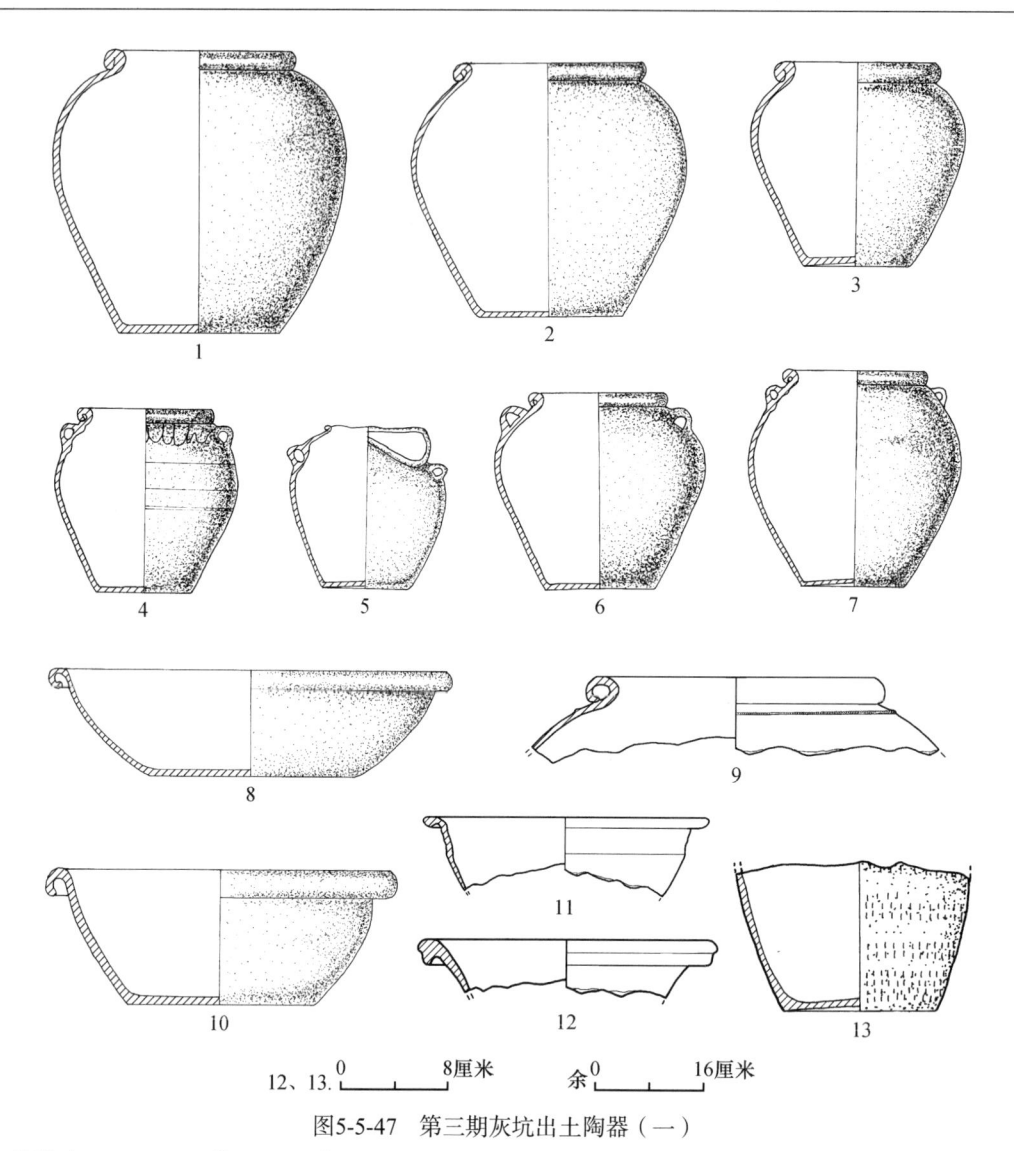

图5-5-47 第三期灰坑出土陶器（一）
1—7.陶罐（H71∶11、H58②∶4、H58①∶7、H71∶10、H65∶36、H65∶34、H65∶35） 8、10、11.陶盆（H72∶6、H71∶12、H72∶8） 9.陶缸口沿（H58②∶5） 12、13.陶壶（H72∶7、H71∶15）

米（图5-5-47，8）。H71∶12，卷沿，圆唇，敞口，斜弧腹，平底，口径52、底径27、高19厘米（图5-5-47，10）。H72∶8，展沿，圆唇，敞口，斜弧腹，中腹部有一道折棱，底部残，口径41、残高11厘米（图5-5-47，11）。

陶壶　2件。H72∶7，残存口沿，直唇，侈口，口径21.5、残高4.5厘米（图5-5-47，12）。H71∶15，残存底部，深直腹，平底微内凹，器表施篦点纹，底径11、残高10.8厘米（图5-5-47，13）。

陶盏　16件。依底制形态差异分三型。

A型　7件，台底。H65∶33，圆唇，直口，下腹急收，平底微内凹，口径6.5、底径3.4、高2.5厘米（图5-5-48，1）。H65∶9，泥质灰黑色，圆唇，口微敛，弧腹，台底，口径7.4、底径4.2、高2.3厘米（图5-5-48，2）。H65∶2，泥质灰黑色，圆唇，口微敛，斜直腹，平底，口径6.8、底径3.8、高2.2厘米（图5-5-48，3；图版一一三，2）。H65：5，泥质灰黑色，圆唇，口微敛，斜弧腹，平底，口径6.4、底径3.8、高2.5厘米（图5-5-48，4；图版一一三，4）。H52②：1，圆唇，敞口，斜弧腹，台底，口径7.6、底径4.6、高2.9厘米（图5-5-48，5）。H65：4，泥质灰黑色，圆唇，口微敛，斜弧腹，平底，口径7、底径3.8、高2.2厘米（图5-5-48，6；图版一一三，3）。H65：6，泥质灰黑色，圆唇，直口，斜弧腹，平底，口径7、底径4、高2.3厘米（图5-5-48，7；图版一一三，5）。

B型　6件，小平底。H65：15，泥质灰黑色，圆唇，口微敛，弧腹，平底，口径6.6、底

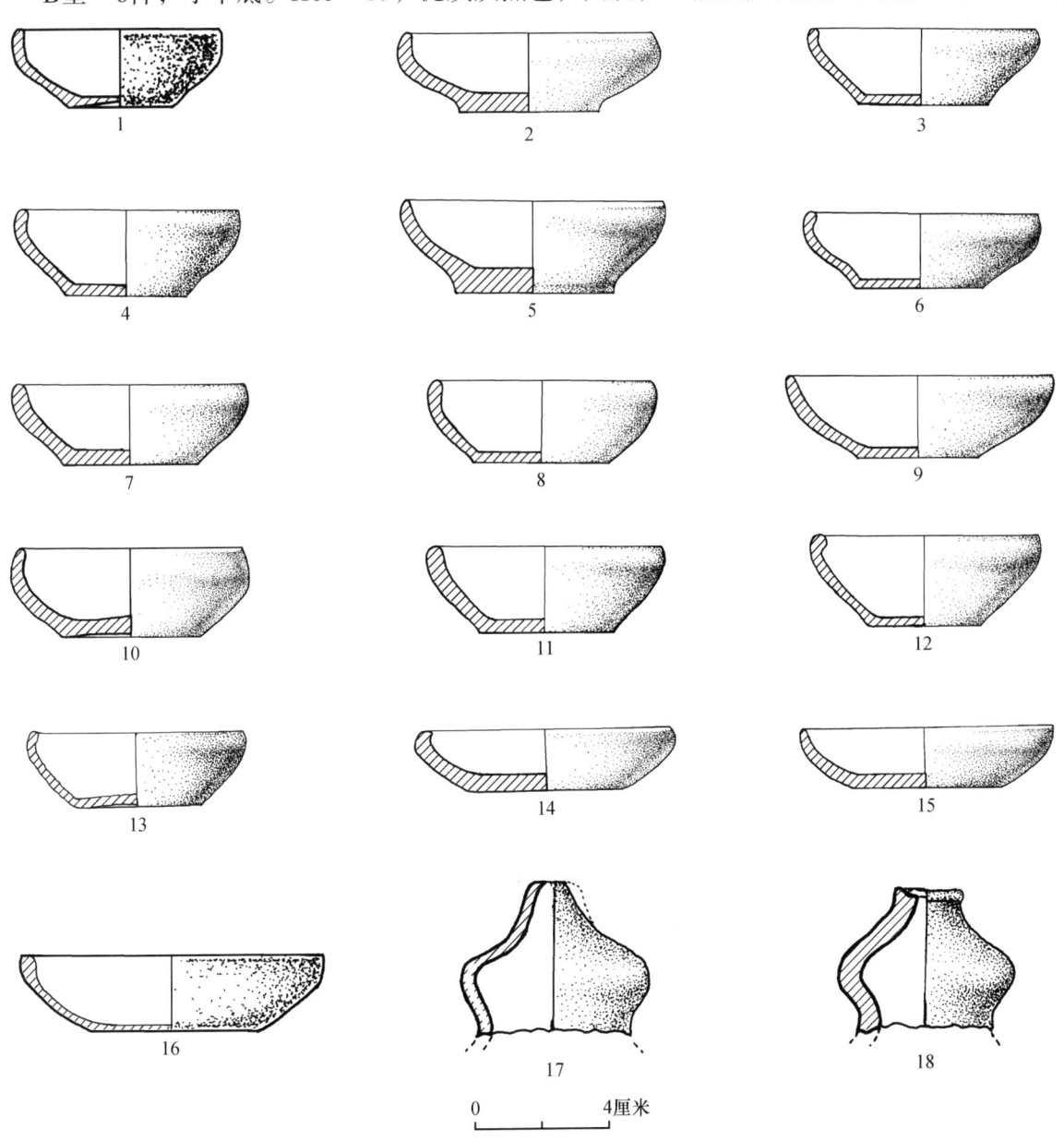

图5-5-48　第三期灰坑出土陶盏、陶器盖

1—7.A型盏（H65：33、H65：9、H65：2、H65：5、H52②：1、H65：4、H65：6）　8—13.B型盏（H65：15、H65：12、H65：8、H65：22、H65：3、H65：7）　14—16.C型盏（H58①：1、H65：10、H71：13）　17、18.器盖纽（H65：14、H65：13）

径4、高2.4厘米（图5-5-48，8；图版一一四，5）。H65∶12，泥质灰黑色，尖圆唇，敞口，弧腹，平底，口径8、底径3.6、高2.4厘米（图5-5-48，9；图版一一四，4）。H65∶8，泥质灰黑色，圆唇，口微敛，弧腹，平底微内凹，口径7.5、底径4、高2.6厘米（图5-5-48，10）。H65∶22，泥质灰黑色，圆唇，敞口，弧腹，平底，口径7、底径4、高2.5厘米（图5-5-48，11；图版一一四，6）。H65∶3，泥质灰黑色，圆唇内卷，口微敛，斜直腹，平底，口径6.8、底径3.4、高2.6厘米（图5-5-48，12；图版一一四，2）。H65∶7，泥质灰黑色，圆唇，口微敛，斜直腹，平底微内凹，口径6.4、底径3.8、高2.2厘米（图5-5-48，13；图版一一四，3）。

C型　3件，大平底。H58①∶1，圆唇，口微敛，斜直腹，平底，口径7.4、底径4.4、高1.8厘米（图5-5-48，14；图版一一四，8）。H65∶10，泥质灰黑色，尖圆唇，敞口，弧腹，平底，口径7.6、底径4.4、高1.8厘米（图5-5-48，15）。H71∶13，泥质灰陶，圆唇，敞口，弧腹，平底，口径8.8、底径4.8、高2.2厘米（图5-5-48，16）。

陶器盖纽　2件。H65∶14，泥质灰黑陶，平顶圆纽，顶部有一直径0.3厘米的圆孔，最大径5.6、残高4.4、胎厚0.4厘米（图5-5-48，17）。H65∶13，泥质灰黑陶，平顶圆纽，顶部有一直径0.3厘米的圆孔，残高4、胎厚0.7厘米（图5-5-48，18；图版一一六，5）。

陶碗　5件。依口沿形制差异分二型。

A型　2件，展沿。H59⑤∶1，花边口沿外折，尖唇，折沿处有一圈压印纹饰，直口，弧腹，平底，口径16.2、底径8.2、高4.7厘米（图5-5-49，1；图版一一二，5）。H59⑤∶2，花边口沿外折，方唇，折沿处有一圈压印纹饰，敞口，弧腹，平底微内凹，口径18.8、底径8.8、高4厘米（图5-5-49，2；图版一一二，6、7）。

B型　3件，卷沿。H58②∶7，圆唇外翻，口微敛，颈部有两道凹弦纹，鼓腹，底部残，口径15.4、残高3.2厘米（图5-5-49，4）。H58③∶2，卷沿，圆唇，敞口，鼓腹，平底，口径17.6、底径7.8、高6.7厘米（图5-5-49，5）。H65∶37，圆唇外翻，口微敛，斜弧腹，底部残，口径19.8、残高7.2厘米（图5-5-49，6）。

陶盘　1件。H58②∶6，花边口沿，尖唇，敞口，大平底，口径21、底径18、高2.8厘米（图5-5-49，3）。

梅瓶　1件。H71∶14，口部残，上腹微鼓，下腹斜弧内收，平底，底径9.2、残高17.2厘米（图5-5-49，7）。

瓦当　1件。H59②∶3，灰色，兽面瓦当，残长9、厚2厘米（图5-5-50，2）。

封门砖　1件。H65∶18，长条形，上端凸出一部分，表面有火烧痕迹，长18.2、宽6.8、厚4.4—7.6厘米（图5-5-50，3；图版九五，5）。

陶支座　1件。H65∶23，马蹄状，顶部微内凹，长16、宽10、高7.6厘米（图5-5-50，1）。

多孔器　1件。H71∶2，泥质灰黑色，正方六面体，中空，每面四角均切除呈十字形，中部有一直径2厘米的圆孔，边长8.6厘米（图5-5-50，4；图版一三〇，5）。

陶饼　3件。H65∶1，泥质灰褐色，手制，不规则形，长4.2、宽3.8、最厚处1.2厘米（图5-5-50，5）。H58①∶2，泥质红陶，圆饼形，平面直径3.5、厚0.6厘米（图5-5-50，6）。

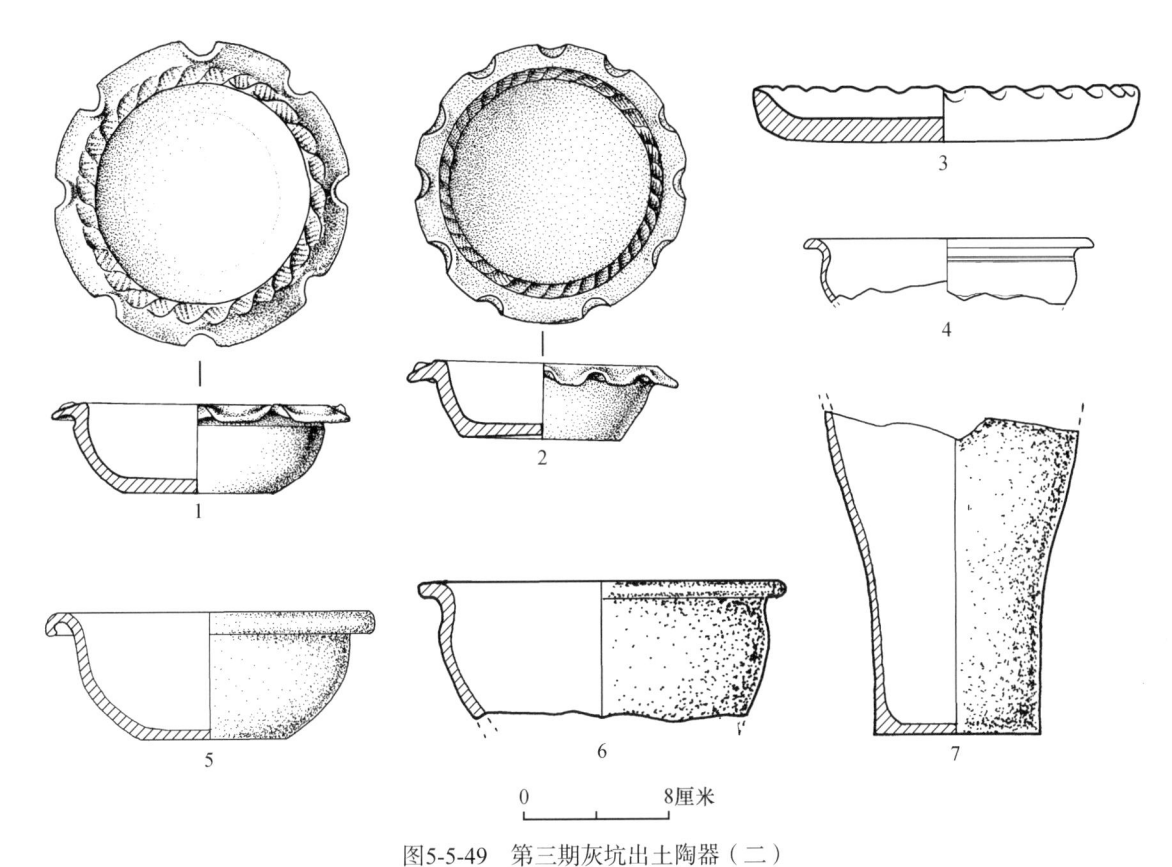

图5-5-49 第三期灰坑出土陶器（二）
1、2.A型碗（H59⑤：1、H59⑤：2） 3.陶盘（H58②：6） 4—6.B型碗（H58②：7、H58③：2、H65：37）
7.梅瓶（H71：14）

H71：1，泥质灰黑色，圆饼形，中部有两个指压凹窝，直径7、厚0.6厘米（图5-5-50，7）。

陶塑 1件。H60：1，泥质灰褐色，手制，兽头形象，长2.2、宽1.5、厚0.7厘米（图5-5-50，8；图版一三二，2）。

陶球 2件。H52①：4，泥质灰褐色，瓦片磨制而成，直径2.1、高1.5厘米（图5-5-50，9）。H65：11，灰色布纹瓦片磨制而成，平面呈圆角长方形，长2.3、宽1.8、厚1.8厘米（图5-5-50，10）。

陶纺轮 1件。H72：2，灰色陶片磨制而成，圆饼形，残半，直径5.6、孔径0.8、厚1.6厘米（图5-5-50，11）。

冥币 1件。H52①：2，泥质灰褐色，圆饼形，圆孔，直径2.2、孔径0.6、厚0.6厘米（图5-5-50，12）。

陶棋子 1枚。H52①：1，泥质灰黑色，圆饼形，中部略微内凹，直径3、厚0.8厘米（图5-5-50，13）。

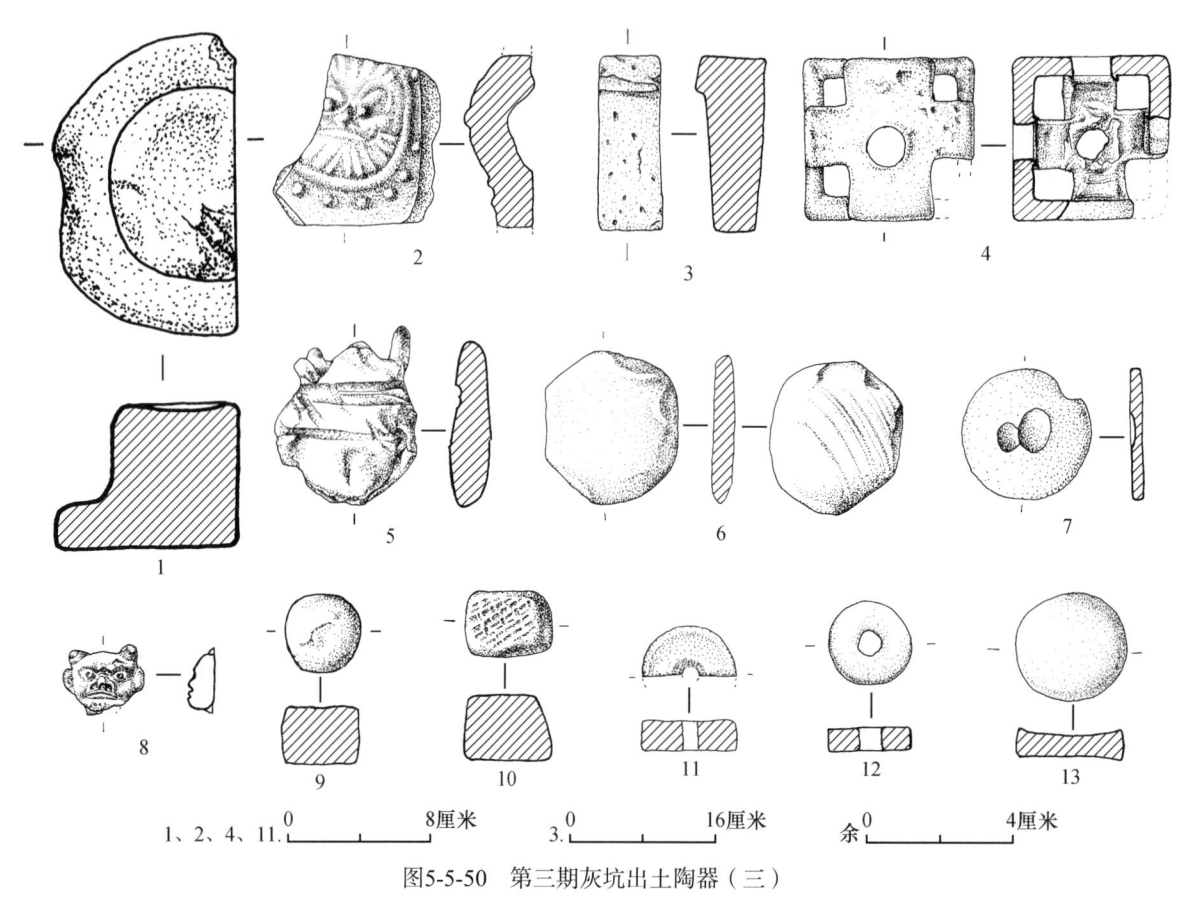

图5-5-50 第三期灰坑出土陶器（三）

1.陶支座（H65：23） 2.瓦当（H59②：3） 3.封门砖（H65：18） 4.多孔器（H71：2） 5—7.陶饼（H65：1、H58①：2、H71：1） 8.陶塑（H60：1） 9、10.陶球（H52①：4、H65：11） 11.陶纺轮（H72：2） 12.冥币（H52①：2） 13.陶棋子（H52①：1）

2. 瓷器

瓷盘 13件。

化妆白瓷 11件。H65：29，涩圈叠烧，白胎，尖唇，敞口，弧腹，圈足底，外施满釉，内底不施釉，釉面有开片，口径18、底径5.6、高3.6、胎厚0.4厘米（图5-5-51，1）。H65：24，涩圈叠烧，灰胎，通体施釉，尖唇，敞口，弧壁，圈足底，内底有涩圈，口径17.5、底径6.6、高3.8厘米（图5-5-51，2；图版一二二，3—5）。H65：30，涩圈叠烧，灰白胎，胎外施一层白色化妆土，外壁仅施一半，内外壁均施满釉，尖唇，敞口，弧腹，圈足底，内底不施釉，口径18、底径6.5、高3.6、胎厚0.5厘米（图5-5-51，3）。H65：28，支烧，灰白胎，尖唇，敞口，弧腹，矮圈足底，内外均施满釉，外底不施釉，内底有支钉痕，口径15、底径5.5、高2.8，胎厚0.45厘米（图5-5-51，4）。H51：1，灰白胎，圆唇，敞口，弧腹，圈足底，内外均施满釉，内底有支钉痕，口径15、底径5.2、高3.2厘米（图5-5-51，5；图版一二三，7、8）。H72：4，灰黄色粗砂胎，釉色泛黄，内施满釉，外底未施釉，尖圆唇，下腹斜直，圈足底，口径15.2、底径6、高3厘米（图5-5-51，7）。H59⑤：6，灰黄色粗砂胎，釉色泛黄，内施满釉，外施半釉，器表有冰裂纹，圆唇，斜弧腹，底部残，口径20、残高3.6厘米（图5-5-51，8）。H80：1，灰褐色粗砂胎，釉色泛青，内外均施釉施满釉，外壁有一圈凸棱，尖圆唇，斜弧腹，底部残，口径16、残高4.2厘米（图5-5-51，9）。H59⑤：7，灰黄色粗砂胎，釉色泛青，内施满釉，外施半釉，圆唇，侈口，弧腹，底部残，口径16、残高3厘米（图5-5-51，11）。H58②：3，灰胎，支烧，圆唇微侈，弧腹，圈足底，内施满釉，外施半釉，口径14、底径5、高2.8厘米（图5-5-51，12）。

定窑白瓷　2件。H65：31，覆烧，白胎，圆唇微外翻，敞口，弧壁，圈足底，内外均施满釉，口径21、底径6.2、高4.3、胎厚0.3厘米（图5-5-51，6）。H65：32，葵口，覆烧，白胎，口沿残，弧壁，圈足底，内外均施满釉，内底有一圈凹弦纹，其内饰剔花莲花纹饰，其外有呈放射状凸线，底径6.8、残高2.8、胎厚0.3厘米（图5-5-51，10）。

瓷碗　29件。分三型。

化妆白瓷　22件。H71：7，灰白胎，釉色泛青，内外均施满釉，内底有涩圈痕，圆唇，

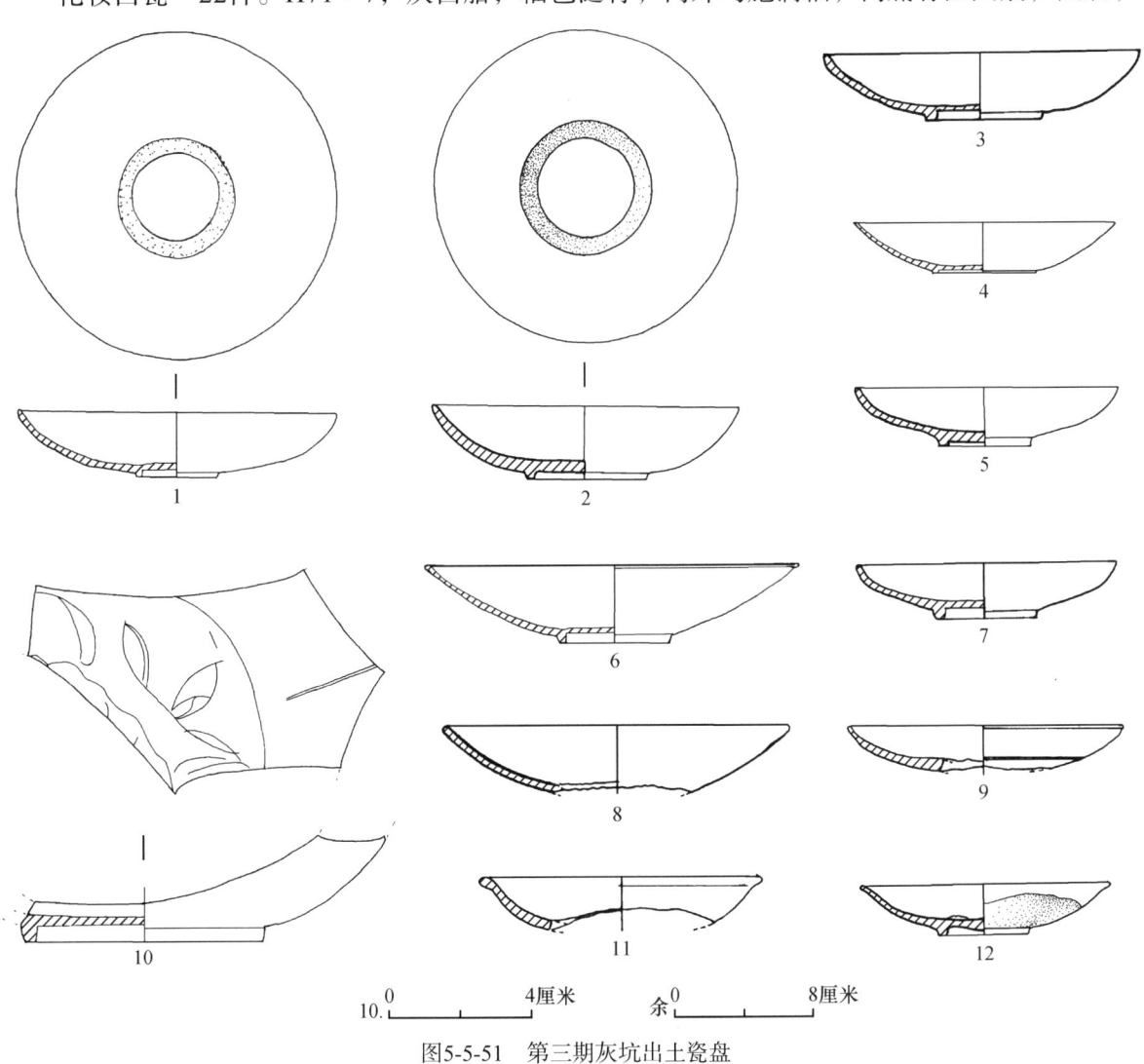

图5-5-51　第三期灰坑出土瓷盘

1—5、7—9、11、12. 化妆白瓷（H65：29、H65：24、H65：30、H65：28、H51：1、H72：4、H59⑤：6、H80：1、H59⑤：7、H58②：3）　6、10. 定窑白瓷（H65：31、H65：32）

鼓腹，圈足外撇，口径20、底径6、高7.6厘米（图5-5-52，1）。H67：3，灰黄色粗砂胎，釉色泛青，内施满釉，外施半釉，内底有粗砂垫痕，圆唇外撇，斜直腹，底部残，口径16、残高5.8厘米（图5-5-52，2）。H67：2，残存口沿，灰黄色粗砂胎，釉色泛青，方唇，斜弧腹，残高3.8、胎厚0.5—0.6厘米（图5-5-52，3）。H72：3，夹粗砂红褐胎，圆唇微外翻，敞口，斜弧腹，腹部较浅，口径13.6、残高3.4厘米（图5-5-52，4）。H59②：7，残存口沿，灰黄色粗砂胎，釉色泛青，尖唇，斜弧腹，残高2.8、胎厚0.2—0.45厘米（图5-5-52，5）。H71：9，残存口沿，灰褐胎，釉色泛青，方唇，唇部加厚，斜弧腹，残高2.5、胎厚0.3厘米（图5-5-52，6）。H67：5，残存底部，灰黄色粗砂胎，釉色泛黄，内施满釉，外施半釉，内底有垫砂痕，圈足外撇，底径7.6、残高5.4厘米（图5-5-52，11）。H59②：4，残存底部，灰褐色粗砂胎，内底有涩圈，足部露胎，底径7.2、残高3厘米（图5-5-52，12）。H67：7，残存底部，圈足底，灰黄胎，釉色泛黄，内底有涩圈，外底未施釉，底径7.2、残高3.6厘米（图5-5-52，13）。

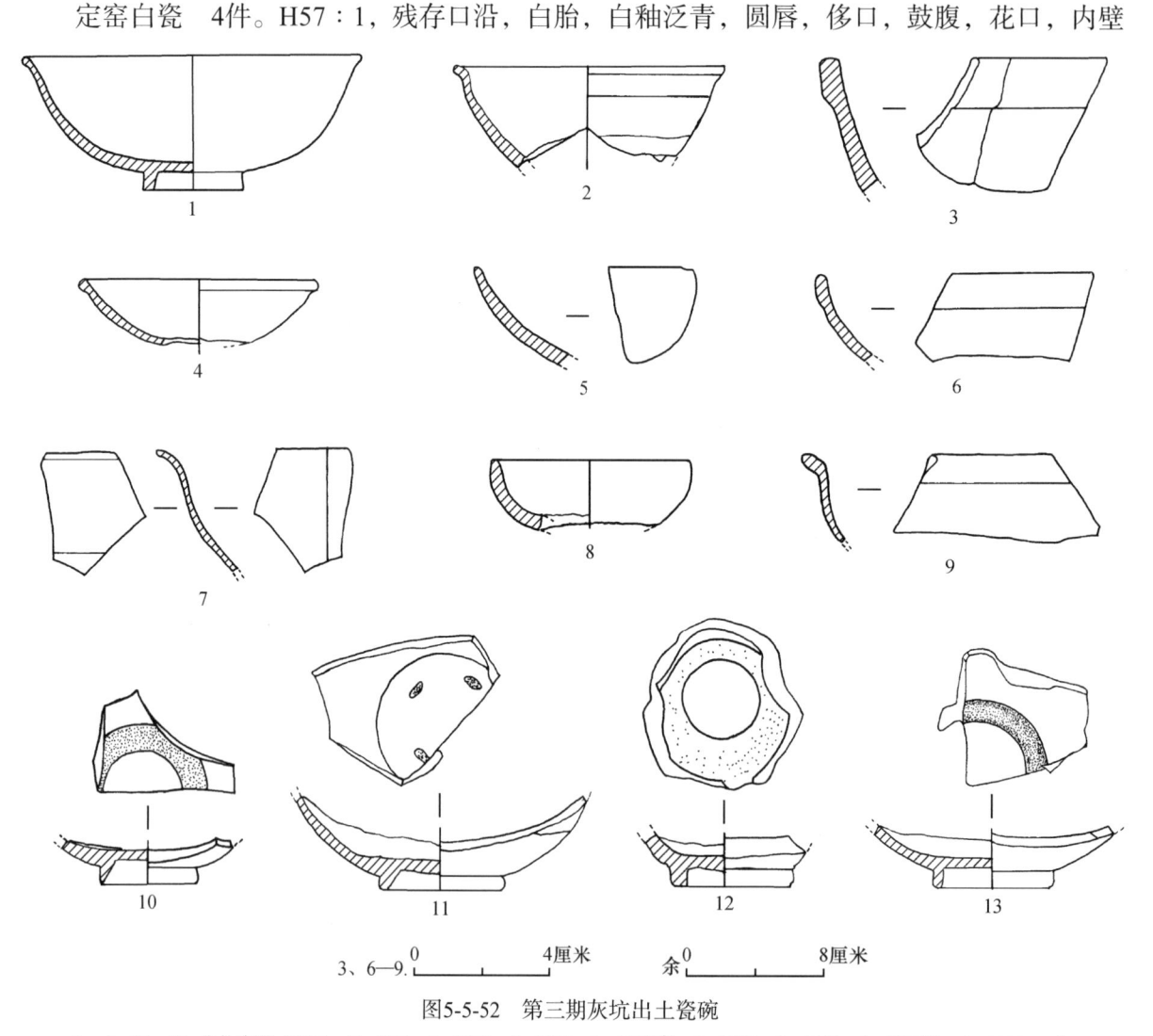

定窑白瓷　4件。H57：1，残存口沿，白胎，白釉泛青，圆唇，侈口，鼓腹，花口，内壁

图5-5-52　第三期灰坑出土瓷碗
1—6、11—13. 化妆白瓷（H71：7、H67：3、H67：2、H72：3、H59②：7、H71：9、H67：5、H59②：4、H67：7）
7、10. 定窑白瓷（H57：1、H67：6）　8、9. 酱釉瓷（H67：8、H59⑤：8）

有出筋，残高3.5、胎厚0.2厘米（图5-5-52，7）。H67:6，定窑白瓷，残存底部，白胎，白釉泛青，内底有涩圈痕，圈足外撇，底径3、残高1.3厘米（图5-5-52，10）。

酱釉瓷　3件。H67:8，灰白色粗砂胎，内施满釉，外施半釉，圆唇，斜弧腹，底部残，口径6、残高2厘米（图5-5-52，8）。H59⑤:8，残存口沿，侈口，灰白胎，尖唇，鼓腹，残高2.5、胎厚0.2—0.3厘米（图5-5-52，9）。

瓷钵　6件。H65:20，定窑白瓷，灰白胎，外叠唇，直口，鼓腹，大平底，内挖矮圈足，通体施釉，内底饰剔花莲纹图案，口径17.6、底径10.8、高6.8厘米（图5-5-53，1；图版一二四，7、8）。H71:3，灰褐色粗砂胎，白釉泛青，芒口，外底不施釉，尖唇，直口，口沿外侧有一圈凹槽，垂腹，底部残，口径18、残高5.5厘米（图5-5-53，2）。H53:1，灰白胎，白釉泛青，圆唇，直口，垂腹，底部残，口径14、残高7.8厘米（图5-5-53，3）。H71:8，化妆白瓷，残存底部，灰黄色粗砂胎，釉色泛青，内施满釉，外施半釉，垂腹，圈足，底径5.2、残高4.6厘米（图5-5-53，4）。

瓷罐　5件。H65:21，夹粗砂灰胎，黑釉，内施满釉，外部施釉至下腹部，圆唇，敛

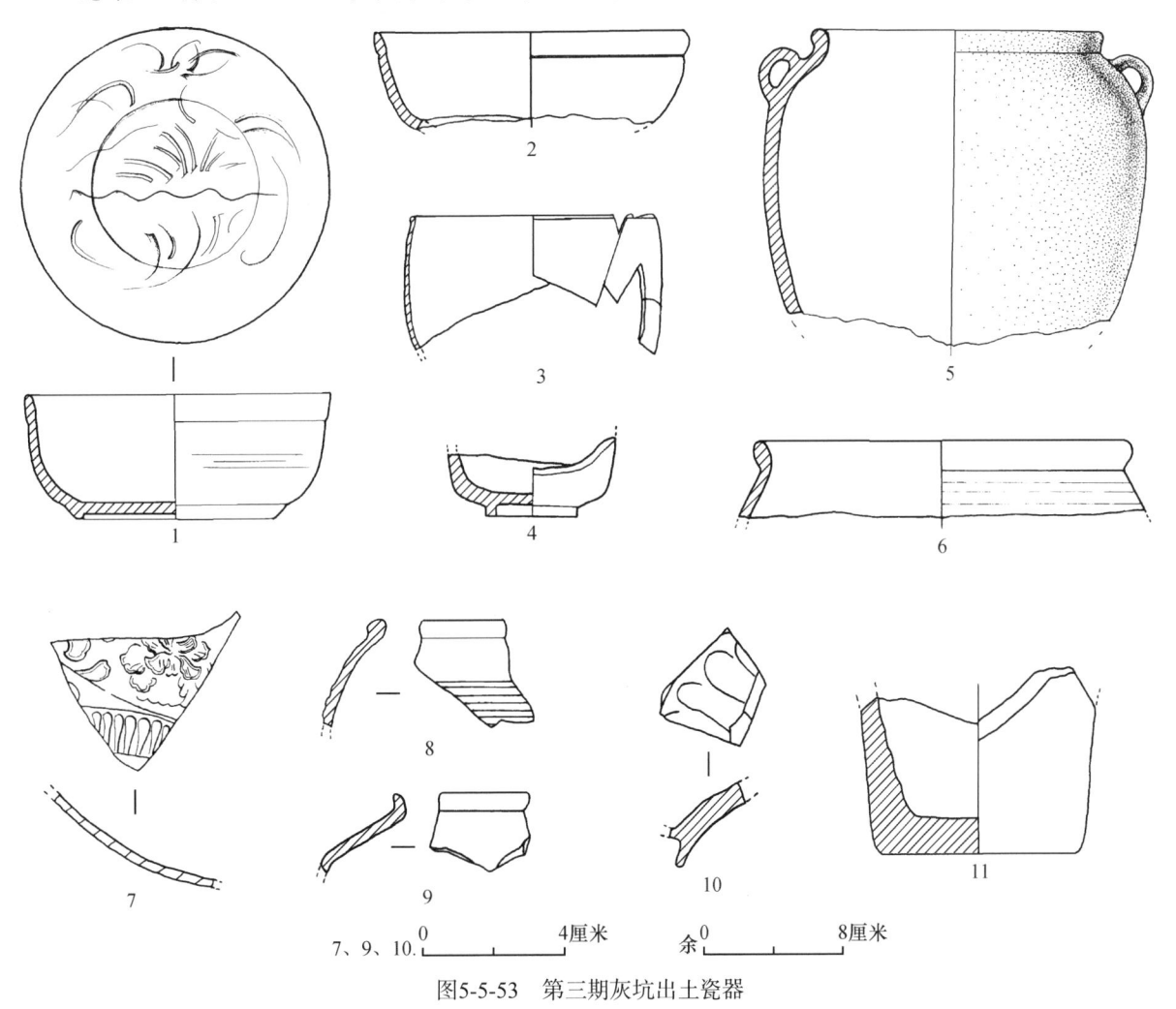

图5-5-53　第三期灰坑出土瓷器
1—4.瓷钵（H65:20、H71:3、H53:1、H71:8）　5、6、8、9.瓷罐（H65:21、H59⑤:9、H59⑤:11、H58①:5）
7.印花瓷片（H80:2）　10.瓷器盖（H71:5）　11.鸡腿瓶（H67:1）

口，鼓肩，肩部有对称分布的拱形耳，弧腹，底部残，口径16.6、残高17.4厘米（图5-5-53，5；图版一二五，2）。H59⑤：9，残存口沿，夹粗砂黄褐胎，酱釉，圆唇，微外翻，敛口，口径22、残高4.2厘米（图5-5-53，6）。H59⑤：11，灰褐胎，茶叶末釉，圆唇，敛口，圆肩，肩部有多圈弦纹，残高6、胎厚0.6厘米（图5-5-53，8）。H58①：5，残存口沿，灰褐胎，白釉泛黄，圆唇，直口，残高2.3、胎厚0.3厘米（图5-5-53，9）。

印花瓷片　1件。H80：2，定窑白瓷，灰白胎，釉色泛黄，内壁印花，残长5、胎厚0.3厘米（图5-5-53，7）。

瓷器盖　1件。H71：5，龙泉务窑白瓷，白胎，釉色泛青，顶部刻花，残高2.3厘米（图5-5-53，10）。

鸡腿瓶　1件。H67：1，残存底部，灰黄色粗砂胎，茶叶末釉，内施满釉，外底不施釉，底径12、残高10厘米（图5-5-53，11）。

瓷马　1件。H65：19，头部和颈部，白釉黑花，最宽处2.6、残高3.2厘米（图5-5-54，1；图版一三三，4）。

瓷棋子　1枚。H72：1，白瓷片打磨而成，平面呈不甚规整的圆形，直径1.3、厚0.4厘米（图5-5-54，2）。

3. 石器

砺石　2件。H59①：2，青灰色，平面呈长方形，器表有磨痕，长7.6、宽4.3、厚1厘米（图5-5-54，3）。H59①：1，灰色，整体呈圆锥形，周身有磨制痕迹，长12.6、宽4.5、厚2.6厘米（图5-5-54，4）。

4. 骨器

骨刷柄　1件。H52①：5，牙黄色，磨制，残长12.1、宽1.8、厚0.3—0.5厘米（图5-5-54，5）。

骨箸　1件。H58①：3，牙黄色，器表磨光，截面大致呈圆形，残长17.2、截面直径0.4厘米（图5-5-54，6）。

骨簪　2件。H50：1，圆柱状，截面椭圆形，残长5.9、截面长径0.4、短径0.2厘米（图5-5-54，7）。H52①：3，牙黄色，器表磨光，残长8.4、宽1、厚0.9厘米（图5-5-54，8）。

5. 铁器

铁钉　1件。H58②：1，钉帽残，钉身上部截面长方形，下部截面方形，残长9.1、最宽处1.4厘米（图5-5-54，9）。

铁构件　7件。H65：16，方柱状，残长4.2、截面边长1.5厘米（图5-5-54，10）。H58③：1，方形底座，上部有柱状凸起，边长4.4、残高4厘米（图5-5-54，11）。H58②：2，铁条弯折而成，上端呈环状，下端残，残长3.2、最宽处1.8厘米（图5-5-54，12）。

第五章　城内窑址的发掘

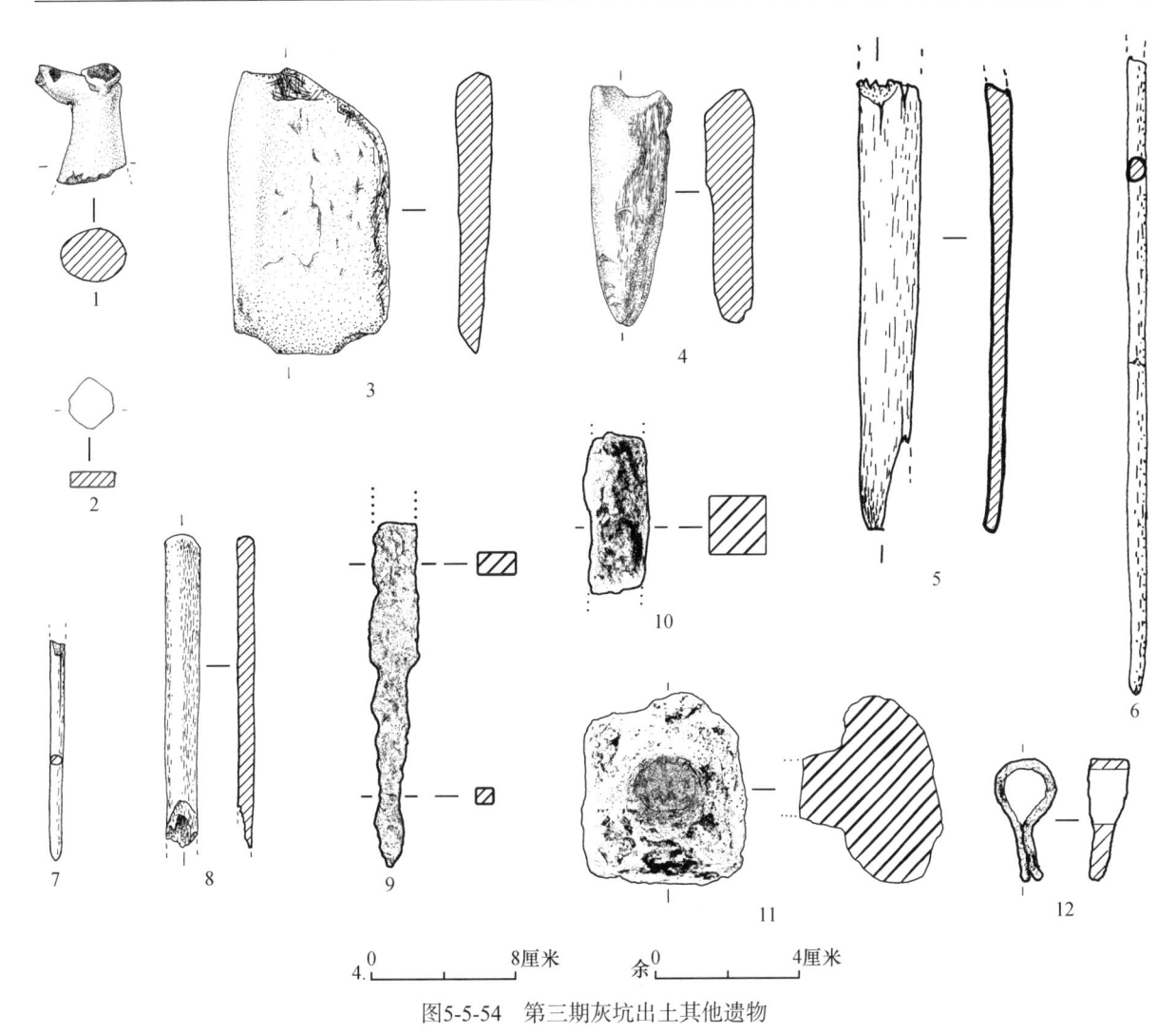

图5-5-54　第三期灰坑出土其他遗物
1. 瓷马（H65∶19）　2. 瓷棋子（H72∶1）　3、4. 砺石（H59①∶2、H59①∶1）　5. 骨刷柄（H52①∶5）
6. 骨箸（H58①∶3）　7、8. 骨簪（H50∶1、H52①∶3）　9. 铁钉（H58②∶1）　10—12. 铁构件（H65∶16、H58③∶1、H58②∶2）

六、其他遗迹单位及出土遗物

（一）遗迹

G10。位于T0810中部，开口于第2b层下，方向150°。沟平面呈不甚规整的条带状，北端较宽，南端略窄，斜直壁，平底，北端被H52打破，南端被H58打破，西南侧部分被H59打破。残长4.8、沟口宽1.1—1.58、沟底宽0.78—1.25、深0.65米。沟内堆积二层：上层填土整条沟内均有分布，厚0.15—0.65米，为黄褐色淤土，砂质，较疏松，出土少量泥质灰陶片和瓷片；下层填土仅分布于该沟的中部和北部，最厚处0.5米，为黑灰层，砂质，较疏松，出土较多泥质灰陶片，火候较高，胎体薄厚均有，基本为素面，另有少量白瓷片（图5-5-55）。

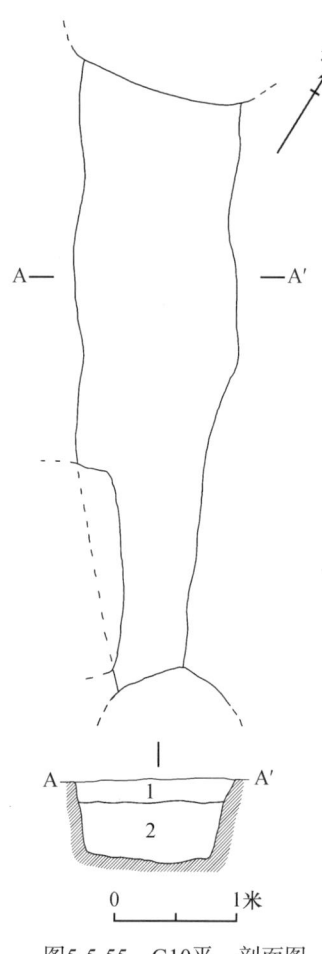

图5-5-55 G10平、剖面图

G11。位于T0710中部，开口于第2b层下，方向57°，南侧紧邻F12北墙，北侧紧邻Q9。沟平面呈西南—东北向不甚规整的条带状，东北端较宽较深，西南端略窄，相对较浅，斜直壁，平底，西北端未完全发掘。发掘长度8.4米，沟口宽0.7—1、深0.3—0.6米。沟内堆积一层，为灰黑色砂质花土，较疏松，包含少量泥质灰陶片、瓷片、碎砖残块、残瓦及陶支座等（图5-5-56；图版五一，3）。

Q9。保存状况较差，仅在T0710中部有所发现，起建于第2b层之上，方向57°，南侧紧邻G11。墙体呈西南—东北向，走势与G11平行。发掘长度9.5米，墙底部宽1—1.2、顶部宽0.7—0.9、残存最高处0.35米。墙体以灰褐色亚黏土夯筑而成，夹杂黄色斑点，较致密，无包含物（图5-5-57；图版五一，4）。

（二）出土遗物

1. 陶器

陶壶　2件。G11:5，残存口沿，卷沿，圆唇，直口，口径18.8、残高3.2厘米（图5-5-58，1）。G11:4，残存底部，深腹，斜直壁，平底，底径8.9、残高11.2厘米（图5-5-58，2）。

陶甑　1件。G11:3，呈不甚规整的圆柱状，弧顶，中空，顶部有一直径0.3厘米的圆孔，宽2.1、残高3.2厘米（图5-5-58，4）。

圆陶片　1件。G10①:2，泥质灰黑色陶片磨制而成，平面呈椭圆形，长径3.9、短径3.5、厚0.6厘米（图5-5-58，6）。

陶塑　1件。G11:2，泥质红褐色，手制，圆柱状，中空，形似手指，顶端有一圆形穿

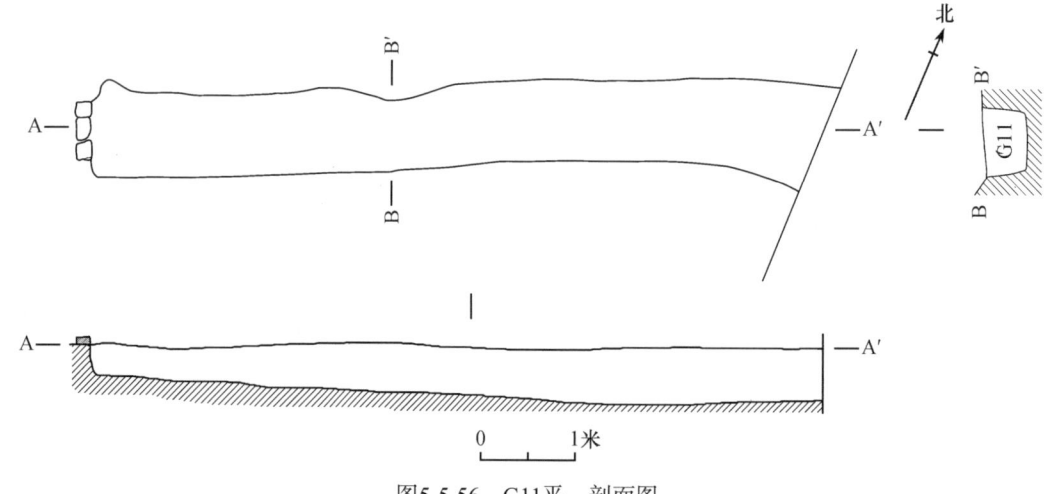

图5-5-56 G11平、剖面图

第五章　城内窑址的发掘

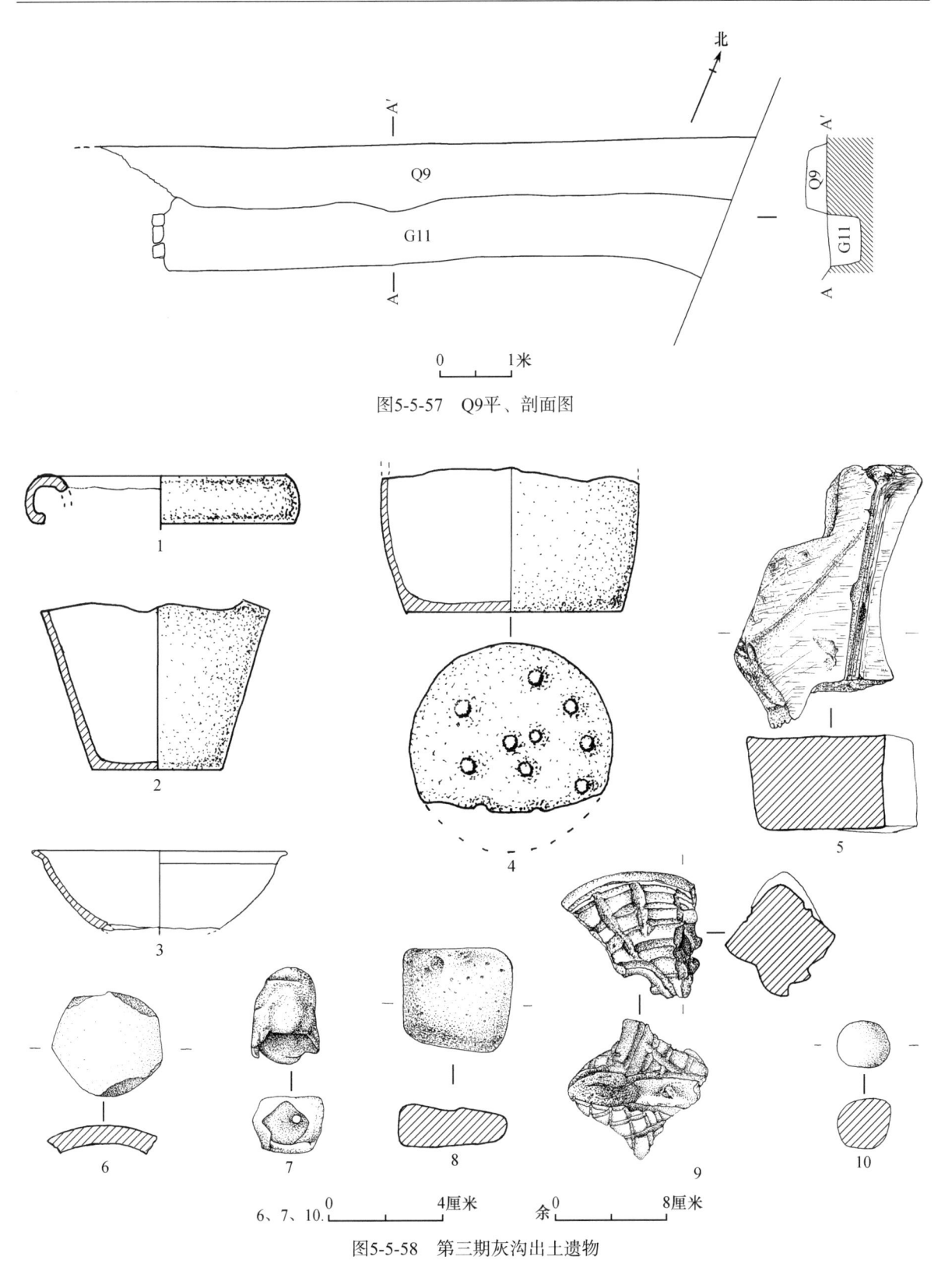

图5-5-57　Q9平、剖面图

图5-5-58　第三期灰沟出土遗物
1、2. 陶壶（G11：5、G11：4）　3. 瓷碗（G10②：1）　4. 陶甑（G11：3）　5、8. 砺石（G10①：5、G10②：2）
6. 圆陶片（G10①：2）　7. 陶塑（G11：2）　9. 建筑饰件（G11：1）　10. 陶球（G10①：1）

孔，残长3.3、截面直径2.3厘米（图5-5-58，7）。

建筑饰件　1件。G11：1，灰黑色，不规则形，器表有模印网格纹饰，残长9.4、残宽8.6厘米（图5-5-58，9）。

陶球　1件。G10①：1，泥质灰黑色，手制，不规则球体，直径1.9厘米（图5-5-58，10）。

2. 瓷器

瓷碗　4件。仅一件可修复，其余均为相同形制的口沿残片。G10②：1，化妆白瓷，灰黄色粗砂胎，釉泛黄，内外均施满釉，尖圆唇，外翻，敞口，斜弧腹，底部残，口径18、残高5.6厘米（图5-5-58，3）。

3. 石器

砺石　2件。G10①：5，形制不规整，上部有一条宽1、深1厘米的横向凹槽，长17.2、厚6.4厘米（图5-5-58，5）。G10②：2，黑色，平面呈圆角方形，长7.4、宽6.6、厚1.4—2.8厘米（图5-5-58，8）。

七、地层第2层出土遗物

1. 陶器

陶盆　15件，依口部形制差异分二型。

A型　5件，敞口。T0811②a：3，卷沿圆唇，斜弧腹，平底微内凹，口径55.2、底径29.6、高16.6厘米（图5-5-59，1）。T0811②a：2，卷沿圆唇，斜直腹，平底，口径48、底径24、高16厘米（图5-5-59，2）。T0711②a：31，卷沿圆唇，斜弧腹，平底微内凹，口径42.8、底径22、高16.6厘米（图5-5-59，3）。

B型　10件，敛口，分二亚型。

Ba型　3件，形体较大，深腹。T0711②a：10，卷沿圆唇，鼓肩，斜直腹，平底，口径33、底径16.6、高13.4厘米（图5-5-59，4）。T0711②a：30，卷沿圆唇，鼓肩，斜弧腹，平底，口径33、底径14.8、高11.8厘米（图5-5-59，5；图版一一〇，7）。

Bb型　7件，形体较小，浅腹。T0711②a：29，卷沿圆唇，斜弧腹，平底，口径15、底径12、高8厘米（图5-5-59，6）。T0809②b标：4，残存口沿，卷沿，花边唇，斜弧腹，残高5、胎厚0.5厘米（图5-5-59，7）。T0810②a：14，卷沿圆唇，圆肩，肩部有一圈弦纹，斜直腹内收，平底，口径20、底径11、高8厘米（图5-5-59，8）。T0810②a：15，卷沿圆唇，斜弧腹，平底微内凹，口径23.2、底径12.4、高9.2厘米（图5-5-59，9）。T0810②a：17，卷沿圆唇，斜弧腹，平底，口径15.6、底径7.8、高5.2厘米（图5-5-59，10）。T0810②a：16，卷沿圆唇，斜

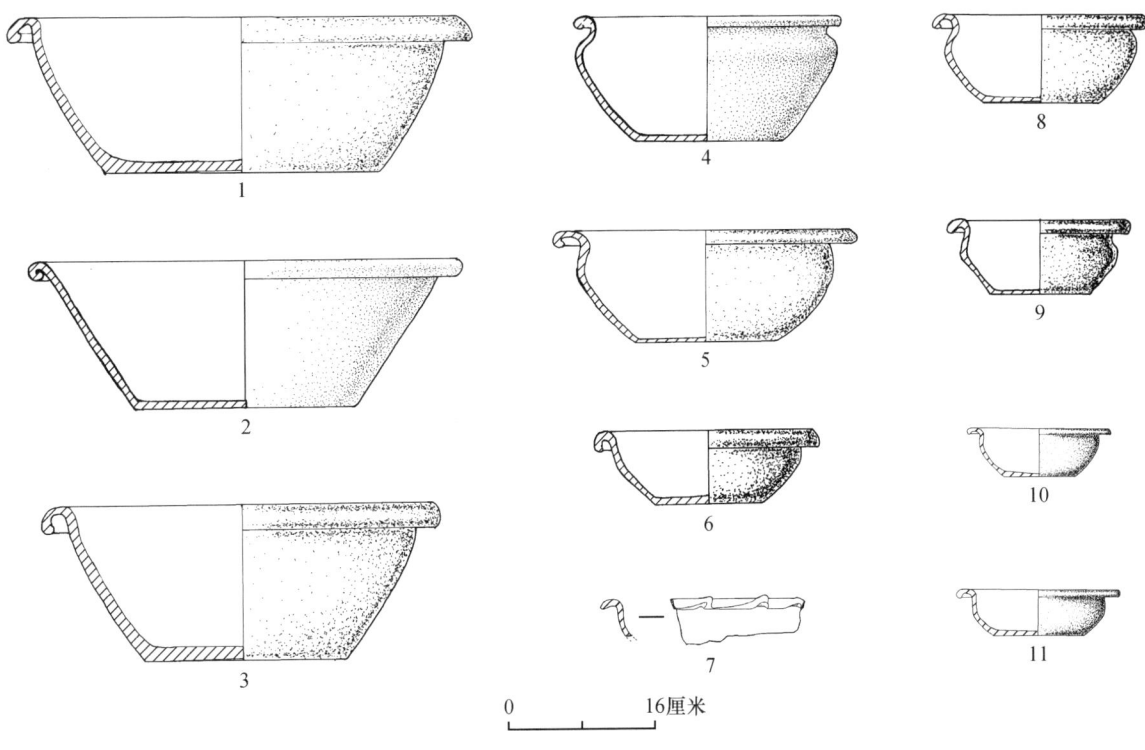

图5-5-59　地层第2层出土陶盆
1—3. A型（T0811②a：3、T0811②a：2、T0711②a：31）　4、5. Ba型（T0711②a：10、T0711②a：30）
6—11. Bb型（T0711②a：29、T0809②b标：4、T0810②a：14、T0810②a：15、T0810②a：17、T0810②a：16）

弧腹，平底，口径17.8、底径9.8、高5厘米（图5-5-59，11）。

陶盘　2件。T0710②a：10，圆唇，外翻，敞口，斜腹，凹底，口径32.6、底径19.2、高4.8厘米（图5-5-60，1；图版一一五，7）。T0709②a：14，圆唇，外翻，敞口，斜腹，平底，口径16、底径9.2、高2.6厘米（图5-5-60，2）。

陶盏　3件。T0709②a：3，圆唇，口微侈，斜弧腹，平底，口径7.6、底径4.2、高1.8厘米（图5-5-60，3）。T0710②a：8，圆唇，口微侈，斜弧腹，平底，口径8、底径4.2、高2.2厘米（图5-5-60，4）。T0810②a：11，圆唇微外翻，敞口，斜弧腹，平底，口径7.2、底径3.6、高1.8厘米（图5-5-60，5）。

陶甑　1件。T0810②a：19，残存底部，中部有直径4.8厘米的圆孔，其外分布直径7.5厘米的空，其间间隔直径1.5厘米的小圆孔，残长22、厚0.8厘米（图5-5-60，6）。

筒形陶器　2件。T0711②a：32，泥质灰陶，圆唇，直口，下部微鼓，底部残，口径3、残高7.6厘米（图5-5-60，7）。T0611②a：1，圆唇，直口，腹部有凸棱，下腹有一直径1.8厘米的圆孔，平底，口径9.8、底径11.6、高10.8厘米（图5-5-60，8；图版一一八，8）。

带孔陶器　2件。T0711②a：8，泥质灰褐陶，半球形，顶部有一直径0.8厘米的圆孔，底径4.6、高2.7厘米（图5-5-60，9）。T0709②a：15，覆钵形，顶部有直径2厘米的圆孔，直口，方唇，口径5.4、高2.5厘米（图5-5-60，10）。

陶罐口沿　3件。T0810②b标：2，展沿，圆唇，唇上侧有一圈凹槽，敛口，圆肩，口径

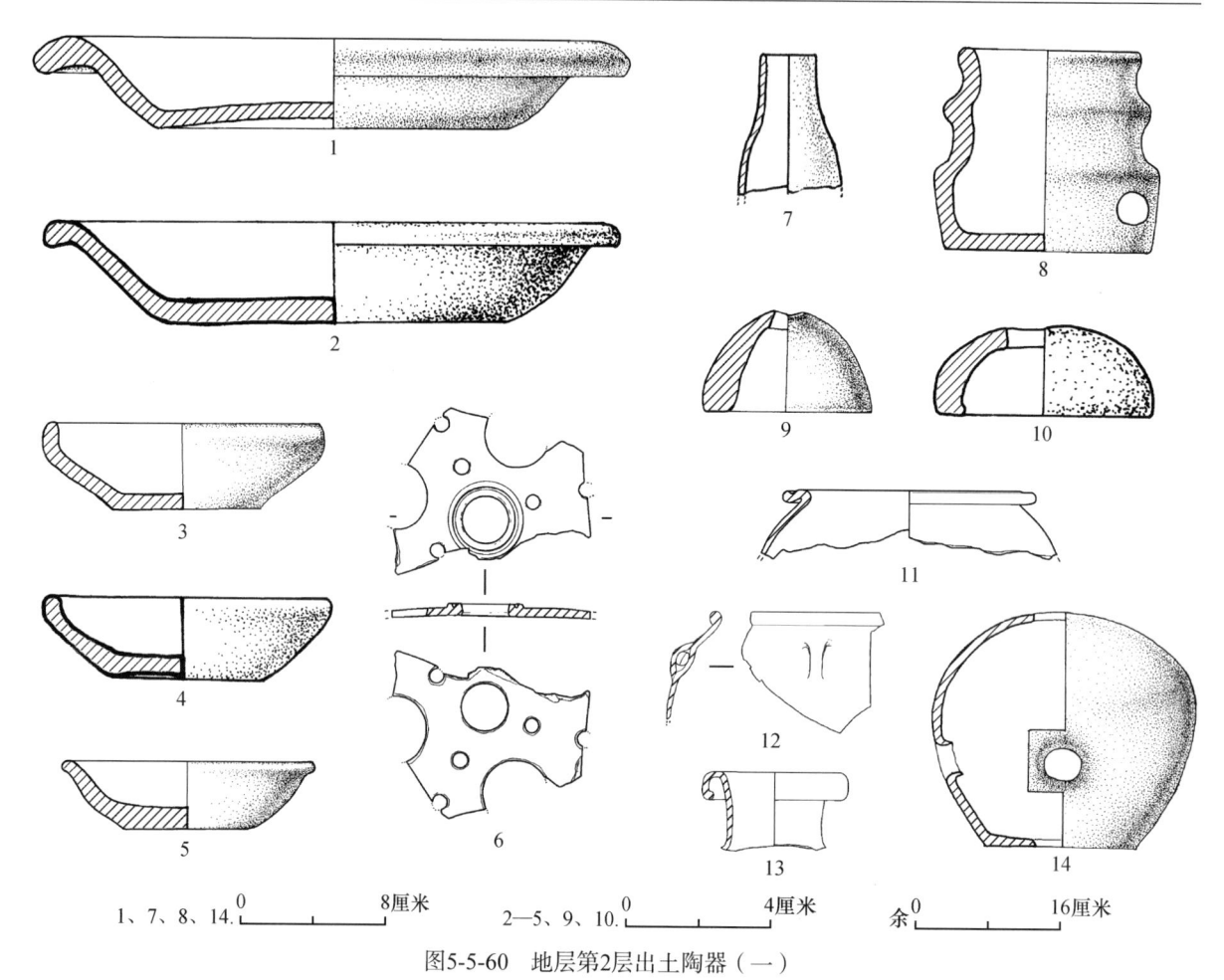

图5-5-60 地层第2层出土陶器（一）

1、2.陶盘（T0710②a：10、T0709②a：14） 3—5.陶盏（T0709②a：3、T0710②a：8、T0810②a：11） 6.陶甑底（T0810②a：19） 7、8.筒形陶器（T0711②a：32、T0611②a：1） 9、10.带孔陶器（T0711②a：8、T0709②a：15） 11、12.陶罐口沿（T0810②b：2、T0711②a标：5） 13.陶壶口沿（T0810②b标：1） 14.扑满（T0810②a：9）

28、残高7.2厘米（图5-5-60，11）。T0711②a标：5，圆唇，敛口，圆肩，肩部有竖桥耳，残高14、胎厚0.55厘米（图5-5-60，12）。

陶壶口沿 2件。T0810②b标：1，卷沿，圆唇，直口，长颈，口径16、残高8.4厘米（图5-5-60，13）。

扑满 1件。T0810②a：9，整体呈球状，顶部有一长4.7、宽0.4厘米的长方形孔，下腹部有三个等距分布的直径2厘米的圆孔，平底，底中部有一不规则形残孔，底径8.6、最大径14.4、高12.4厘米（图5-5-60，14；图版一一八，3）。

陶支座 1件。T0810②a：13，马蹄状，顶部中心有一直径1.2、深1厘米的圆孔，长19.6、宽1.2、高8厘米（图5-5-61，1）。

檐头板瓦 1件。T0709②a：2，灰黑色，残存滴水部分，饰模印方格纹，残长12.4、残宽6.5、胎厚2.2厘米（图5-5-61，2）。

建筑饰件 3件。T0710②a：6，灰色，器表饰多道平行凹槽，残长9.6、残宽6.6、厚2.1厘米（图5-5-61，3）。T0710②a：7，灰色，器表饰多道凹槽纹饰，残长15.3、残宽5.6、厚5.8厘米（图5-5-61，4）。T0809②a：9，灰色，器表饰多道凹槽纹饰，残长4.8、残宽4、厚1.4厘米（图5-5-61，5）。

陶球　1件。T0711②a：9，泥质灰陶，球体，残半，直径2.7、残高2.2厘米（图5-5-61，6）。

冥币　1件。T0610②a：1，泥质灰陶，圆饼形，中部有圆孔，直径2.2、孔径0.7、厚0.5—0.8厘米（图5-5-61，7）。

陶饼　6件。T0610②a：2，黄褐色布纹瓦片磨制而成，圆饼形，直径3.5、厚1.5厘米（图5-5-61，8）。T0711②a：4，泥质灰陶，圆台体，直径2.3、厚1.2厘米（图5-5-61，9）。T0711②a：5，泥质灰陶，圆台体，直径2.3、厚0.9厘米（图5-5-61，10）。T0711②a：6，泥质灰陶，圆台体，直径2.3、厚1厘米（图5-5-61，11）。T0711②a：12，泥质灰陶，平面呈

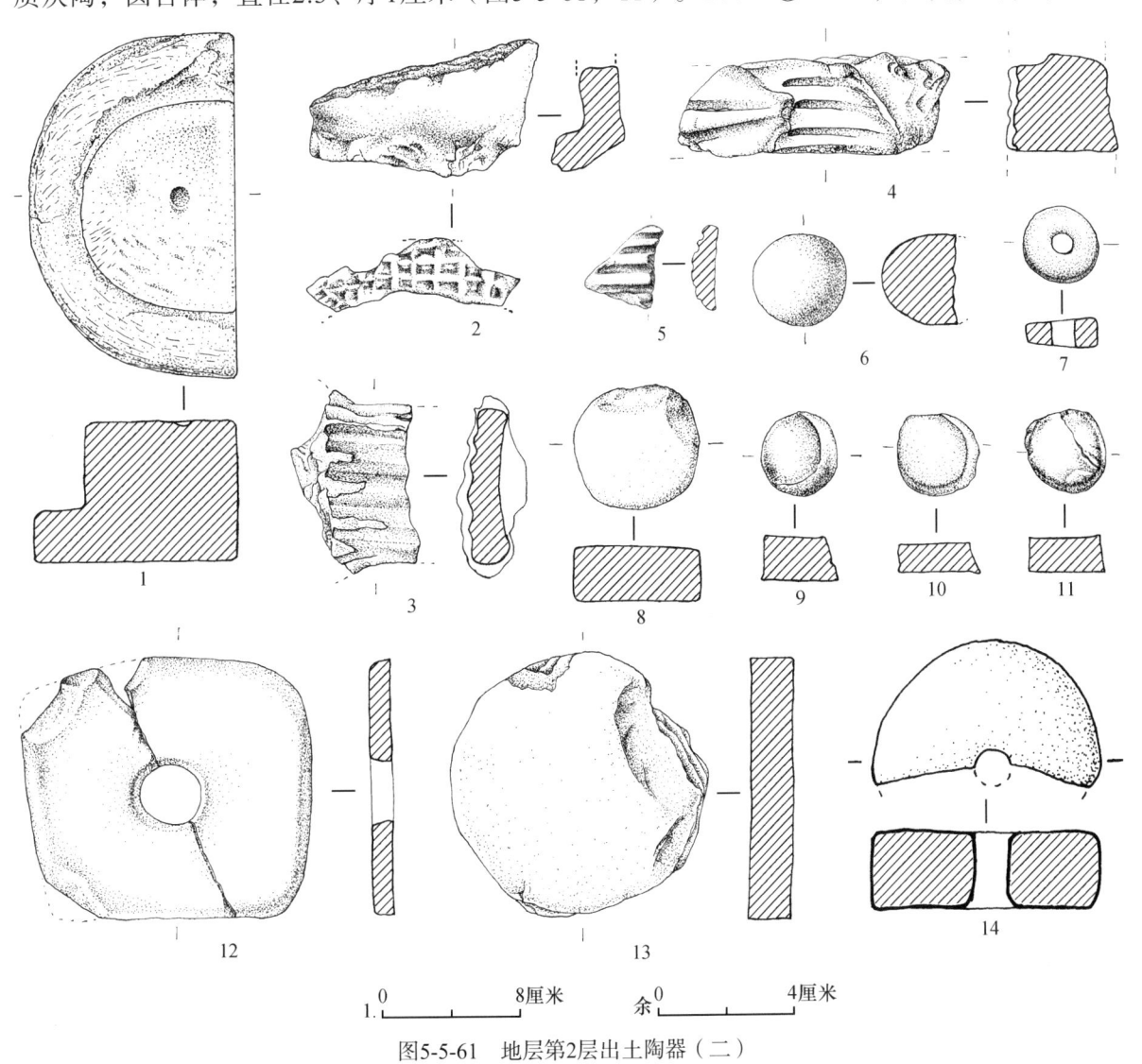

图5-5-61　地层第2层出土陶器（二）
1.陶支座（T0810②a：13）　2.檐头板瓦（T0709②a：2）　3—5.建筑饰件（T0710②a：6、T0710②a：7、T0809②a：9）
6.陶球（T0711②a：9）　7.冥币（T0610②a：1）　8—13.陶饼（T0610②a：2、T0711②a：4、T0711②a：5、T0711②a：6、T0711②a：12、T0711②a：3）　14.陶纺轮（T0810②a：3）

圆角长方形，中部有一直径1.8厘米的圆孔，长8.4、宽7.4、厚0.6厘米（图5-5-61，12；图版一三一，4）。T0711②a：3，泥质灰陶，圆饼形，直径7.5、厚1.3厘米（图5-5-61，13）。

陶纺轮　1件。T0810②a：3，泥质灰陶，圆台体，残半，直径6.5、孔径1、厚2.2厘米（图5-5-61，14）。

2. 瓷器

瓷碗　10件。

化妆白瓷　5件。T0710②a：5，涩圈叠烧，粗砂灰胎，通体施釉，圆唇，敞口，鼓腹，圈足底，口径19、底径6、高7厘米（图5-5-62，1）。T0711②a：27，涩圈叠烧，灰胎，通体施釉，内底有涩圈和支钉痕，圆唇，敞口，鼓腹，圈足底，口径24、底径7、高8厘米（图5-5-62，3）。T0711②a：26，支烧，粗砂灰胎，通体施釉，内底有三个支钉痕，圆唇外翻，敞口，鼓腹，圈足底，口径14.5、底径5.5、高5.8厘米（图5-5-62，6；图版一二一，7）。T0711②a标：3，残存底部，涩圈叠烧，圈足底，灰黄色粗砂胎，釉色泛青，内施满釉，外底不施釉，外底有墨书文字，底径6.2、残高2.4厘米（图5-5-62，9）。

定窑白瓷　4件。T0710②a：11，覆烧，白胎，方唇，敞口，鼓腹，圈足底，芒口，内外均施满釉，口径20、底径6、高7.4、胎厚0.4厘米（图5-5-62，2）。T0710②a标：2，定窑白瓷，灰白胎，胎质坚硬，白釉泛青，内外均施满釉，外壁饰凸弦纹，圆唇微外翻，斜弧腹，底部残，口径22、残高6.4厘米（图5-5-62，5）。T0611②a：3，芒口，覆烧，灰白胎，青白釉，通体施釉，内底饰剔花莲纹图案，圆唇，敞口，鼓腹，圈足底，口径9、底径2.5、高3.4厘米（图5-5-62，7）。T0611②a标：1，灰白胎，胎质坚硬，白釉泛青，内外均施满釉，内壁刻花，口沿残，圈足底，底径5、残高3.1厘米（图5-5-62，8）。

白釉褐彩　1件。T0709②a标：3，残存口沿，灰黄色粗砂胎，白釉泛青，内满釉，外施半釉，外壁有酱釉装饰，芒口，圆唇，唇部加厚，斜弧腹，残高7.6、胎厚0.6—0.9厘米（图5-5-62，4）。

瓷盘　13件。

化妆白瓷　2件。T0710②a：4，涩圈叠烧，粗砂灰胎，通体施釉，圆唇，敞口，弧壁，圈足底，口径17.5、底径6.8、高3.5厘米（图5-5-63，1；图版一二二，6—8）。T0810②a：20，覆烧，粗砂灰胎，内施满釉，外施半釉，芒口，尖唇，敞口，弧壁，圈足底，口径12、底径3.4、高2.4厘米（图5-5-63，2）。

定窑白瓷　11件。T0610②a标：1，残存底部，白胎，白釉泛青，内外均施满釉，圈足底，内底刻花，底径6、残高1.5厘米（图5-5-63，3）。T0710②a：3，芒口，覆烧，灰白胎，白釉，通体施釉，内底饰剔花莲纹图案，尖唇，敞口，弧腹，圈足底，口径16、底径5、高4厘米（图5-5-63，4；图版一二〇，5、6）。T0811②a：1，芒口，覆烧，白胎，通体施釉，内底有剔花莲纹图案，展沿，圆唇，敞口，弧壁，圈足底，口径17、底径7.2、高2.4厘米（图5-5-63，5）。T0611②a标：2，残存底部，圈足底，白胎，白釉泛青，内底有印花纹饰，残高

图5-5-62　地层第2层出土瓷碗

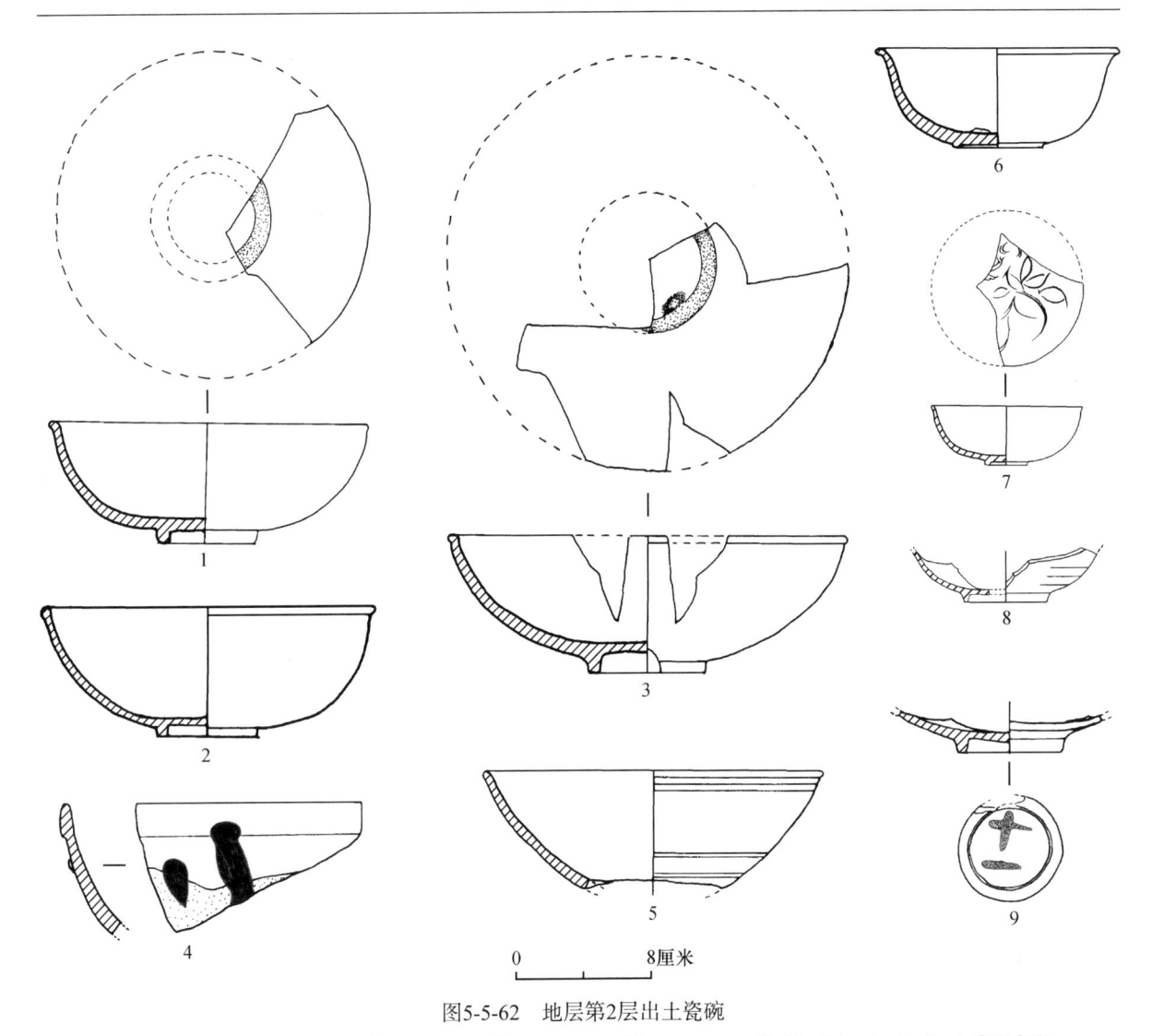

1、3、6、9.化妆白瓷（T0710②a：5、T0711②a：27、T0711②a：26、T0711②a标：3）　2、5、7、8.定窑白瓷
（T0710②a：11、T0710②a标：2、T0611②a：3、T0611②a标：1）　4.白釉褐彩（T0709②a标：3）

3.2、胎厚0.25厘米（图5-5-63，6）。T0709②a标：2，残存底部，圈足底，白胎，白釉泛青，内壁有刻花纹饰，底径5、残高1.3厘米（图5-5-63，7）。T0711②a：28，芒口，覆烧，白胎，白釉，通体施釉，内底饰剔花纹饰，圆唇，敞口，弧壁，大平底，内挖圈足，口径12、底径8、高1.4厘米（图5-5-63，8）。T0711②a标：4，残存底部，白胎，内外均施满釉，大平底，内底印花，残高1.7、底厚0.5厘米（图5-5-63，9）。T0710②a标：7，轮制，覆烧，白胎，口沿残，弧壁，大平底，内外均施满釉，内底饰剔花兰花纹饰，底径10、残高0.6、壁厚0.2、底厚0.3厘米（图5-5-63，10）。

瓷杯　2件。T0810②a标：1，残存口沿，定窑白瓷，白胎，白釉泛青，外壁饰印花菊瓣纹，圆唇，直口，残高3.9、胎厚0.2厘米（图5-5-64，1）。T0710②a标：1，残存底部，影青瓷，胎质坚硬，高圈足，底径3.2、残高1.6厘米（图5-5-64，2）。

瓷壶残片　1件。T0710②a标：4，龙泉务窑刻划壶肩部残片，灰白胎，白釉泛黄，折肩，

图5-5-63　地层第2层出土瓷盘

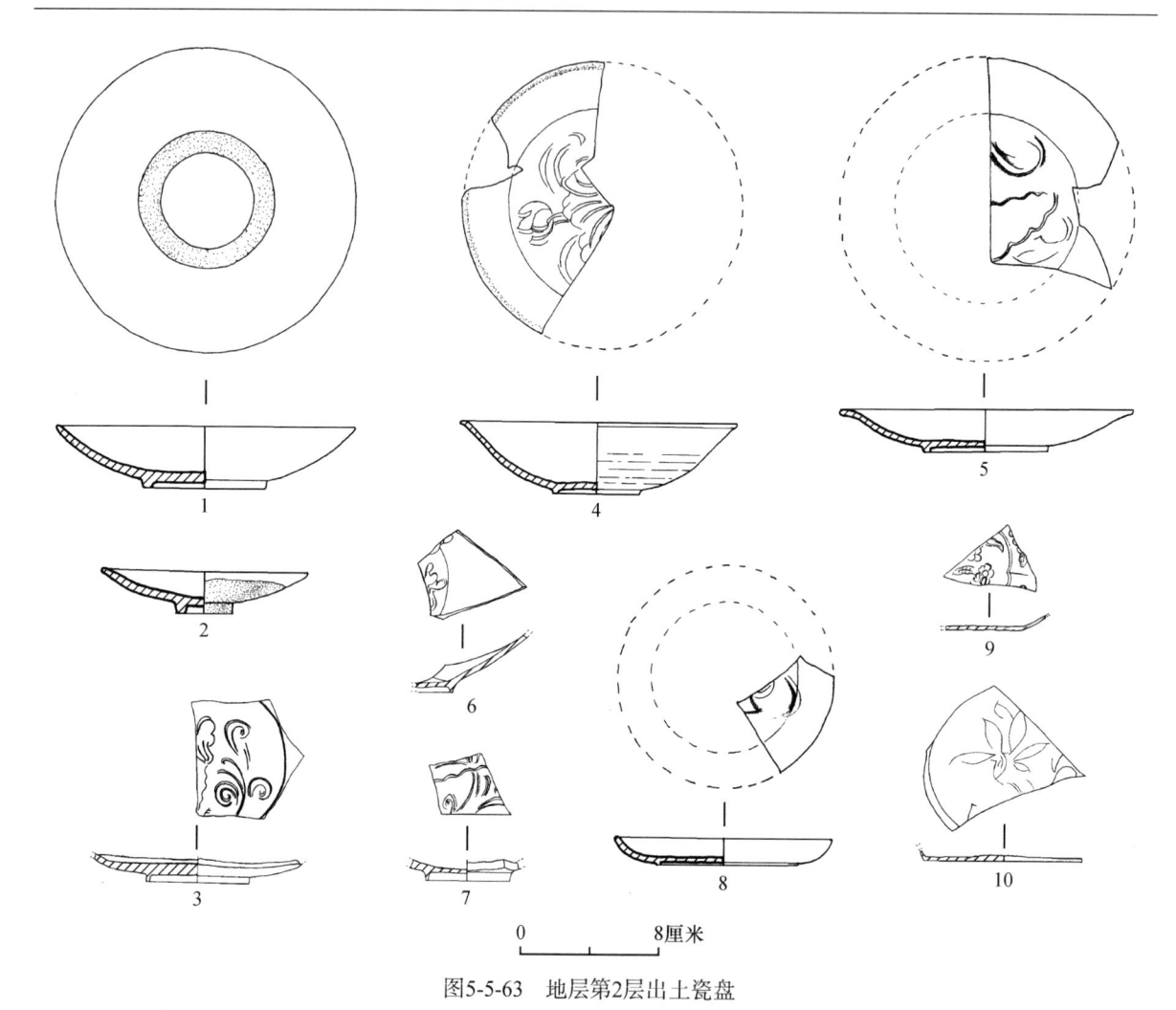

1、2.化妆白瓷（T0710②a：4、T0810②a：20）　3—10.定窑白瓷（T0610②a标：1、T0710②a：3、T0811②a：1、T0611②a标：2、T0709②a标：2、T0711②a：28、T0711②a标：4、T0710②a标：7）

饰莲瓣纹，残高4.4、胎厚0.25厘米（图5-5-64，3）。

瓷钵　1件。T0610②a：4，定窑白瓷，白胎，通体施釉，圆唇，直口，下腹微鼓，圈足底，内底有支钉痕，口径14、底径7.2、高8厘米（图5-5-64，4）。

瓷罐　6件。T0610②a标：2，残存腹片，灰黄色粗砂胎，黑釉，内施满釉，外施半釉，有流釉现象，上部残存竖耳，残高12.8、胎厚1厘米（图5-5-64，5）。T0811②a：12，粗砂灰胎，黑釉，内、外底均不施釉，尖唇，敛口，鼓肩，肩部对称分布两个拱形耳，弧腹，高圈足，口径6、底径4.8、最大径7.6、高8.2厘米（图5-5-64，6）。T0810②a标：2，残存口沿，灰黄色粗砂胎，黑釉，圆唇，直口，鼓肩，残高2.8、胎厚0.35厘米（图5-5-64，7）。T0810②a标：4，残存底部，灰黄色粗砂胎，黑釉，内施满釉，外底不施釉，深腹，圈足外撇，腹部以上残，底径7.3、残高7厘米（图5-5-64，8）。T0711②a标：2，灰黄色粗砂胎，黑釉，内施满釉，外底不施釉，底径6.6、残高4厘米（图5-5-64，11）。

鸡腿瓶口沿　1件。T0709②a标：1，灰褐色粗砂胎，茶叶末釉，芒口，圆唇，敛口，残高

图5-5-64 地层第2层出土瓷器

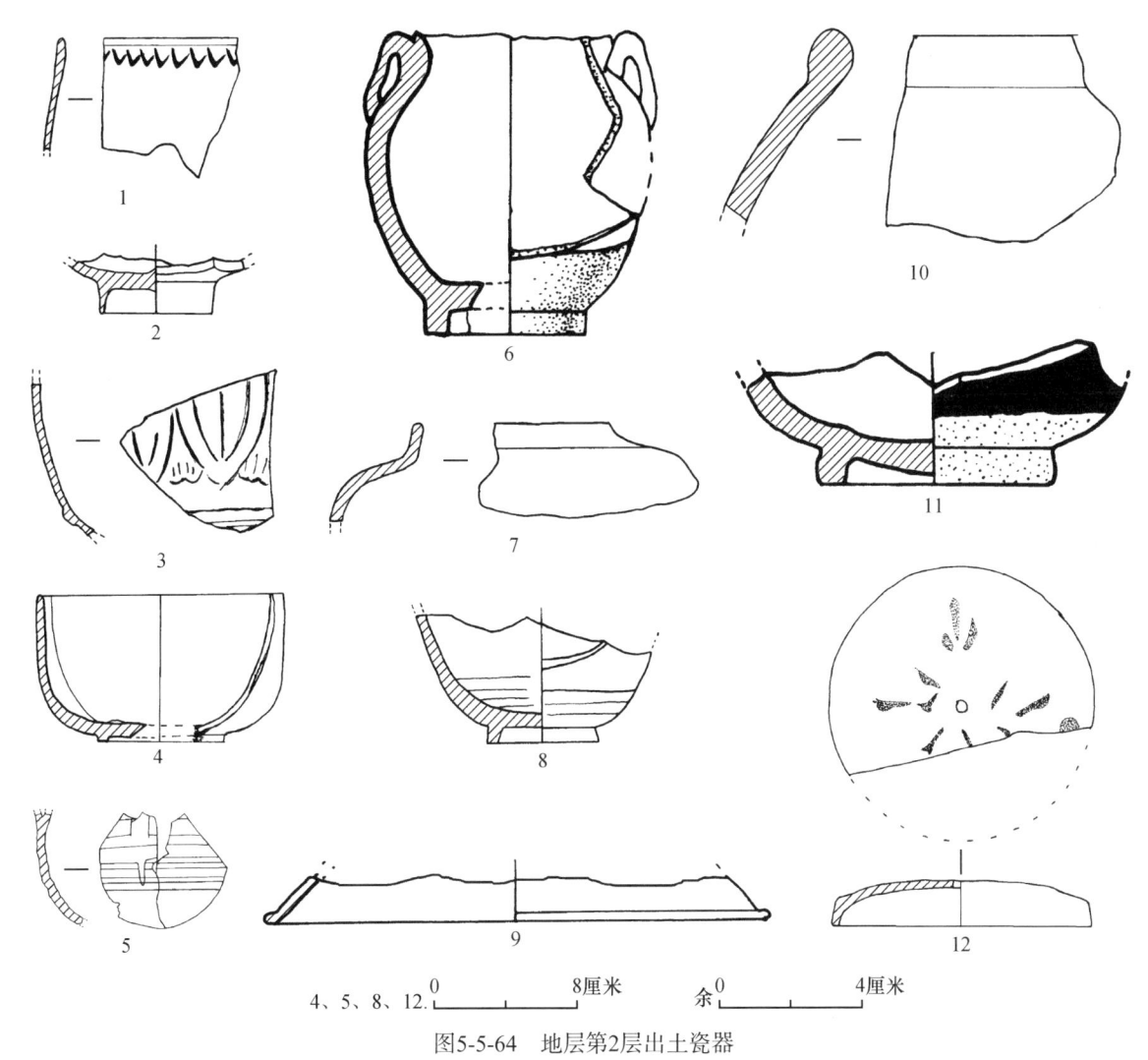

1、2. 瓷杯（T0810②a标：1、T0710②a标：1） 3. 瓷壶残片（T0710②a标：4） 4. 瓷钵（T0610②a：4） 5—8、11. 瓷罐（T0610②a标：2、T0811②a：12、T0810②a标：2、T0810②a：4、T0711②a：2） 9、12. 瓷器盖（T0710②a标：6、T0811②a：4） 10. 鸡腿瓶口沿（T0709②a标：1）

5.6、胎厚0.7厘米（图5-5-64，10）。

瓷器盖 2件。T0710②a标：6，定窑白瓷，灰白胎，白釉，圆唇外翻，敞口，弧壁，顶部残，口径14、残高1.8、胎厚0.3厘米（图5-5-64，9）。T0811②a：4，白釉褐彩，覆钵形，折肩，无纽，顶有一直径0.6厘米的圆孔，灰黄色粗砂胎，釉泛黄，上饰铁锈花叶状纹饰，口径14.7、高3.5厘米（图5-5-64，12；图版一二五，4）。

瓷马 1件。T0711②a：14，残存头部和颈部，白釉，残高3.8厘米（图5-5-65，1；图版一三三，3）。

瓷棋子 2件。T0711②a：21，围棋子，白瓷片打制而成，不规则圆饼形，直径1.8、厚0.25厘米（图5-5-65，2）。T0711②a：2，围棋子，白瓷片磨制而成，圆饼形，直径1.7、厚0.4厘米（图5-5-65，3）。

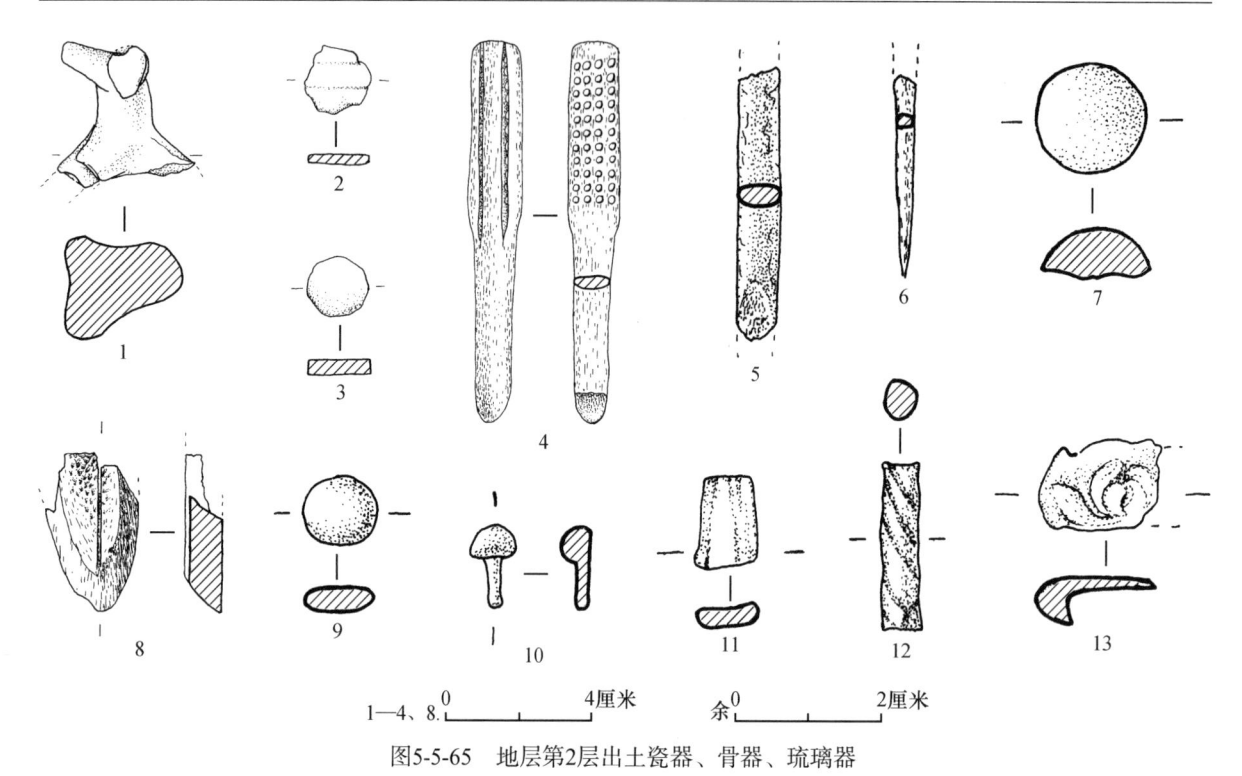

图5-5-65 地层第2层出土瓷器、骨器、琉璃器

1. 瓷马（T0711②a：14） 2、3. 瓷棋子（T0711②a：21、T0711②a：2） 4. 骨刷（T0711②a：13） 5. 骨簪（T0810②a：1）
6. 骨针（T0810②a：7） 7. 琉璃珠（T0711②a：20） 8. 骨料（T0710②a：9） 9. 琉璃棋子（T0711②a：24） 10. 琉璃耳饰
（T0711②a：25） 11、12. 琉璃饰件（T0711②a：23、T0711②a：7） 13. 琉璃簪首（T0809②a：12）

3. 骨器

骨刷　1件。T0711②a：13，刷头呈长方形，上有一圈直径0.2厘米的穿孔，背面有两条宽0.15厘米的竖向凹槽，刷柄上宽下窄，通长10.2、刷头宽1.5、柄宽0.8、厚0.35厘米（图5-5-65，4；图版一三五，4、5）。

骨簪　1件。T0810②a：1，磨制而成，截面扁圆形，残长3.5、宽0.6、厚0.3厘米（图5-5-65，5）。

骨针　1件。T0810②a：7，磨制而成，截面椭圆形，残长2.7、最宽处0.3、厚0.1厘米（图5-5-65，6）。

骨料　1件。T0710②a：9，不规则形，器表有切割痕，残长4.2、宽2.3、厚0.8厘米（图5-5-65，8）。

4. 琉璃器

琉璃珠　1件。T0711②a：20，蓝色，球体，残半，直径1.5、残高0.7厘米（图5-5-65，7；图版一三八，8）。

琉璃棋子　1枚。T0711②a：24，围棋子，蓝色，圆饼形，直径1、厚0.35厘米（图5-5-65，9；图版一三八，5）。

琉璃耳饰　1件。T0711②a∶25，翠绿色，顶端为圆纽状，直径0.5、柄部为圆柱状，通长1.2厘米（图5-5-65，10；图版一三八，6）。

琉璃饰件　2件。T0711②a∶23，墨绿色，整体呈扁平片状，长1.2、最宽处0.8、厚0.25厘米（图5-5-65，11）。T0711②a∶7，黄绿色，圆柱状，器表有螺旋纹，长2.2、截面直径0.5厘米（图5-5-65，12；图版一三八，7）。

琉璃簪首　1件。T0809②a∶12，白色，刻划牡丹纹，残长1.6、宽1.1厘米（图5-5-65，13）。

5. 铁器

铁甲片　1件。T0710②a∶4，平面长方形，器身略微弯弧，残缺一角，长7.8、宽2.4、厚0.2厘米（图5-5-66，1）。

铁犁　2件。均残存尖端。T0711②a∶15，残宽9.4、残高6.6厘米（图5-5-66，2）。T0711②a∶16，残宽8.2、残高5.4厘米（图5-5-66，3）。

铁带扣　1件。T0811②a∶13，平面圆角长方形，长4、宽2、厚0.7厘米（图5-5-66，4）。

铁顶针　1件。T0709②a∶10，残半，直径1.6、高1、厚0.2厘米（图5-5-66，5）。

铁钉　18件。T0809②a∶7，钉帽及钉尖均残，残长7.4、截面长0.6、宽0.4厘米（图5-5-66，7）。T0711②a∶18，钉身上部弯折，通长11.2、截面长0.7、宽0.23厘米（图5-5-66，8）。T0809②a∶10，钉身弯折呈90°，通长11.6、截面长0.7、宽0.4厘米（图5-5-66，9）。T0809②a∶3，钉帽与钉身折叠，钉尖残，残长5.6、截面长0.55、宽0.4厘米（图5-5-66，10）。T0709②a∶12，钉尖残，残长6.2、截面长1、宽0.45厘米（图5-5-66，11）。T0809②a∶6，完整，通长19.6、钉帽宽3厘米（图5-5-66，12）。

6. 铜器

铜饰件　1件。T0711②a∶19，平面呈椭圆形，后端有圆形纽，长径2.8、短径2.4、纽长1.1厘米（图5-5-66，6）。

铜钱　10枚。

开元通宝　1枚。T0810②a∶6，顺读，楷书，直径2.3、孔边长0.6、厚0.15厘米（图5-5-67，1）。

太平通宝　1枚。T0710②a∶2，顺读，楷书，直径2.5、孔边长0.6、厚0.2厘米（图5-5-67，2）。

景德元宝　1枚。T0809②a∶11，旋读，楷书，直径2.5、孔边长0.6、厚0.15厘米（图5-5-67，3）。

天圣元宝　1枚。T0810②a∶4，旋读，篆书，直径2.4、孔边长0.6、厚0.2厘米（图5-5-67，4）。

熙宁元宝　1枚。T0810②a∶5，旋读，楷书，直径2.8、孔边长0.6、厚0.15厘米（图

图5-5-66 地层第2层出土金属器

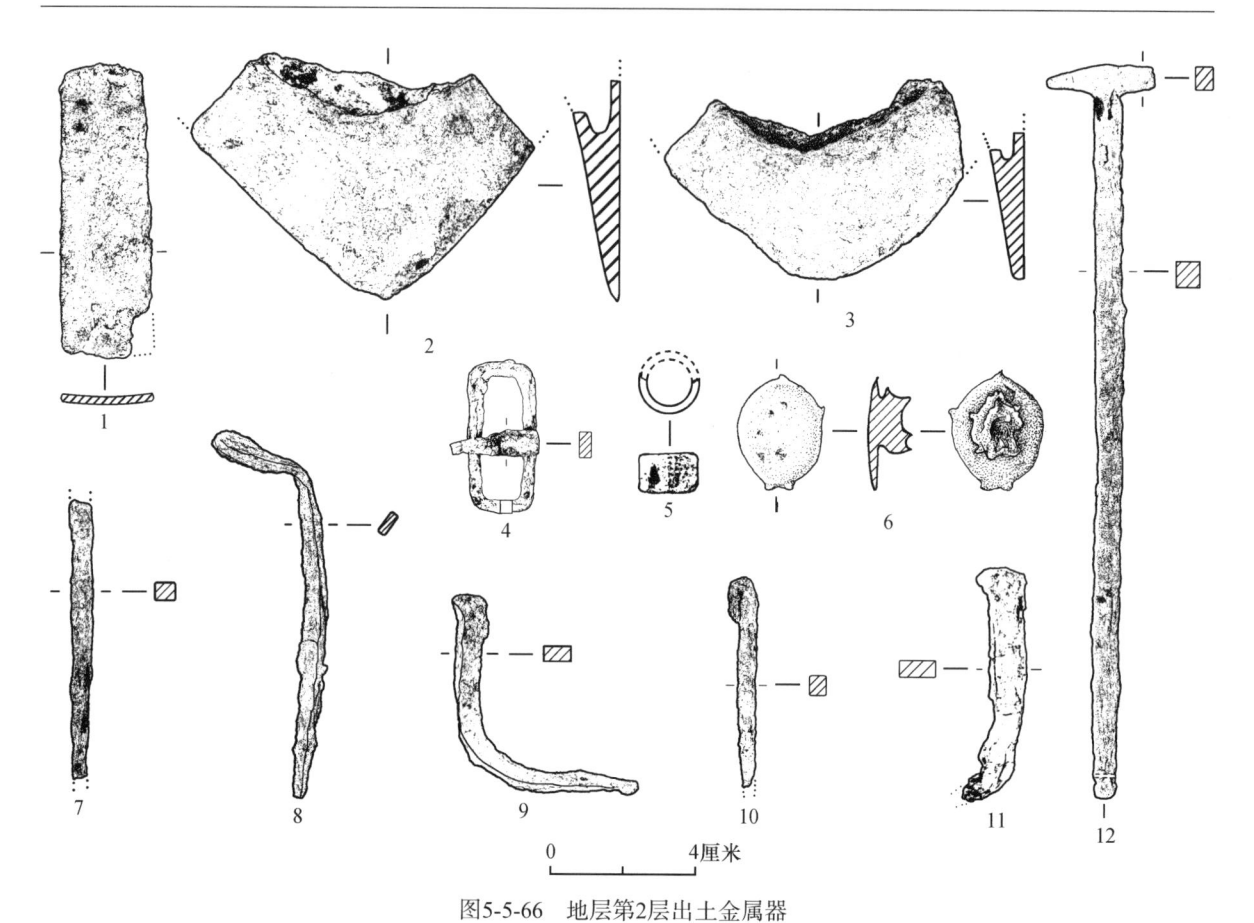

1.铁甲片（T0710②a：4） 2、3.铁犁（TT0711②a：15、T0711②a：16） 4.铁带扣（T0811②a：13） 5.铁顶针（T0709②a：10） 6.铜饰件（T0711②a：9） 7—12.铁钉（T0809②a：7、T0711②a：18、T0809②a：10、T0809②a：3、T0709②a：12、T0809②a：6）

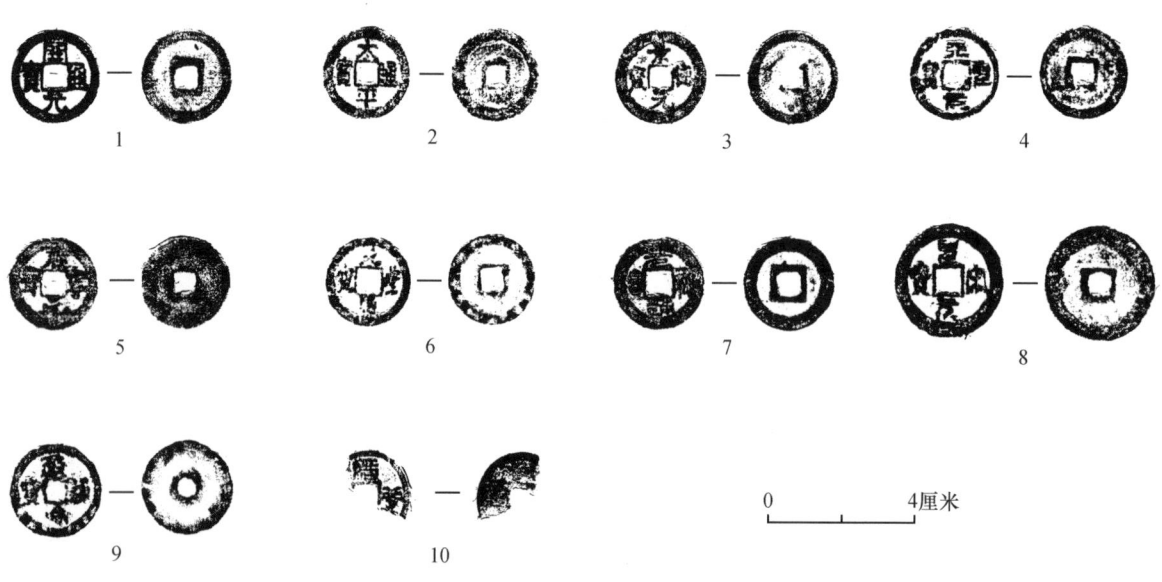

图5-5-67 地层第2层出土铜钱拓片

1. T0810②a：6 2. T0710②a：2 3. T0809②a：11 4. T0810②a：4 5. T0810②a：5 6. T0709②a：9 7. T0709②a：5 8. T0810②a：2 9. T0711②a：11 10. T0711②a：1

5-5-67，5）。

元丰通宝　1枚。T0709②a：9，旋读，行书，直径2.3、孔边长0.7、厚0.2厘米（图5-5-67，6）。

元祐通宝　1枚。T0709②a：5，旋读，篆书，直径2.4、孔边长0.9、厚0.15厘米（图5-5-67，7）。

圣宋元宝　1枚。T0810②a：2，旋读，篆书，直径3、孔边长0.7、厚0.2厘米（图5-5-67，8）。

政和通宝　2枚。T0711②a：11，顺读，隶书，直径2.5、孔边长0.5、厚0.2厘米（图5-5-67，9）。T0711②a：1，残半，顺读，隶书，直径2.5、孔边长0.5、厚0.15厘米（图5-5-67，10）。

第六节　第四期遗存

第四期遗存为表土层下开口的2座墓葬（图5-6-1）。墓葬位于发掘区中部的T0810内，均为竖穴土坑墓，无葬具。

一、M15

墓口为圆角长方形，斜弧壁，平底，长1.52、宽0.7、深0.2米，方向248°。该墓墓内填土为松软的砂质黑褐色土。墓内葬一成年女性，人骨保存基本完好，仰身直肢，头向西南，面向上，左臂垂放于身体左侧，左手置于盆骨处，右臂屈置于上腹部，双腿并拢，脚部骨骼缺失，骨骼通长1.6米（图5-6-2；图版五七，3）。

墓内出土1枚铜钱，位于填土之中，应当不是随葬品。

二、M16

墓口为圆角长方形，斜弧壁，平底，长2.75、宽0.48、深0.25米，方向325°。该墓墓内填土为松软的砂质灰褐色土。墓内葬一成年男性，人骨保存完整，仰身屈肢，头向西北，面向右，左臂弯曲放于左胸处，右臂微弯，右手置于骶骨处，双腿左右叉开，膝盖外顶，小腿内收，骨骼通长1.32米（图5-6-3；图版五七，4）。

墓内出土1件铜环，3枚铜扣和1枚骨扣，位于人骨前胸部位，应为耳环和衣服上的纽扣等装饰品。

铜环　1件。M16：1，锻造而成，环状，残半，截面圆形，环径1.8、截面直径0.1厘米

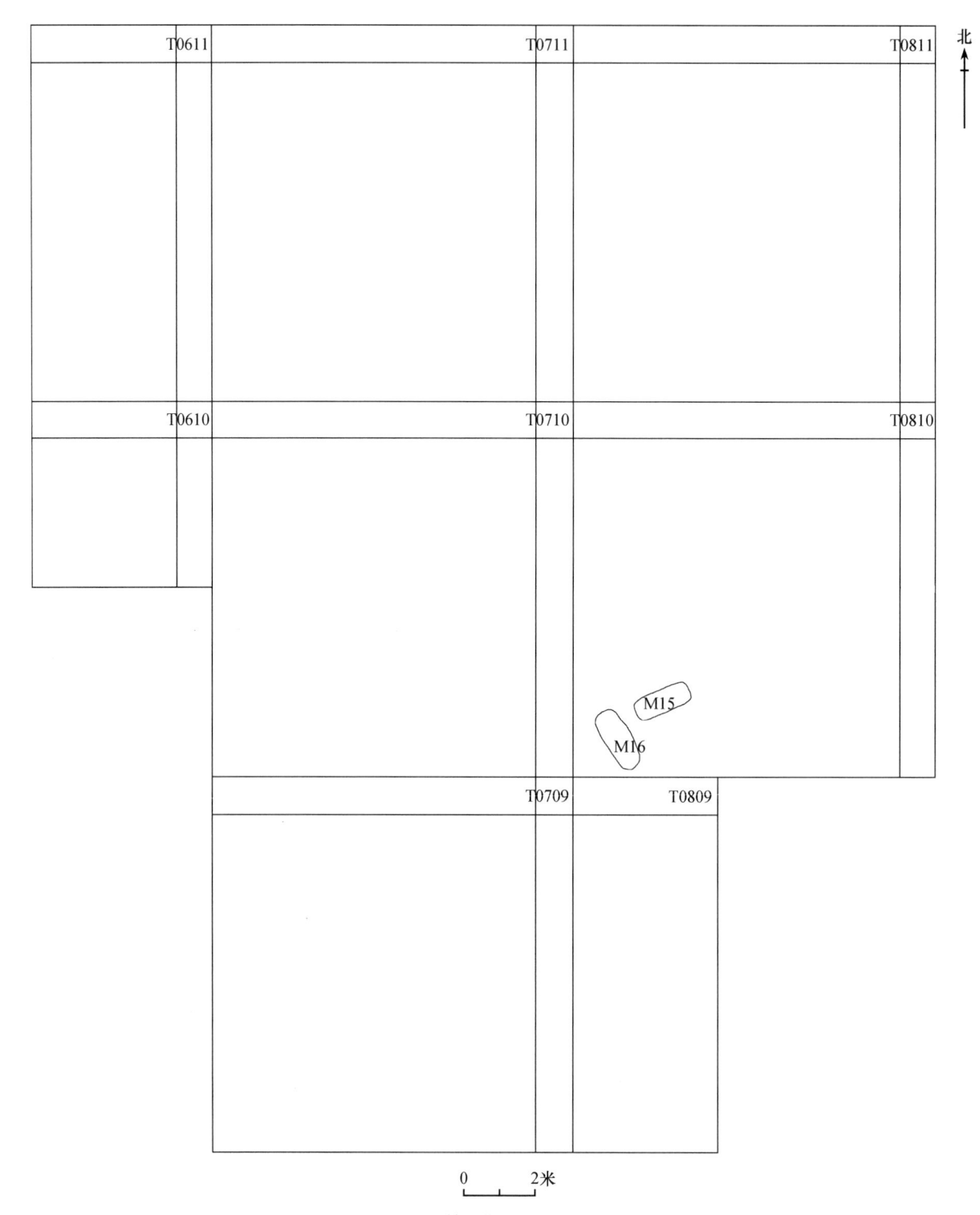

图5-6-1　第四期遗迹平面分布图

图5-6-2　M15平、剖面图

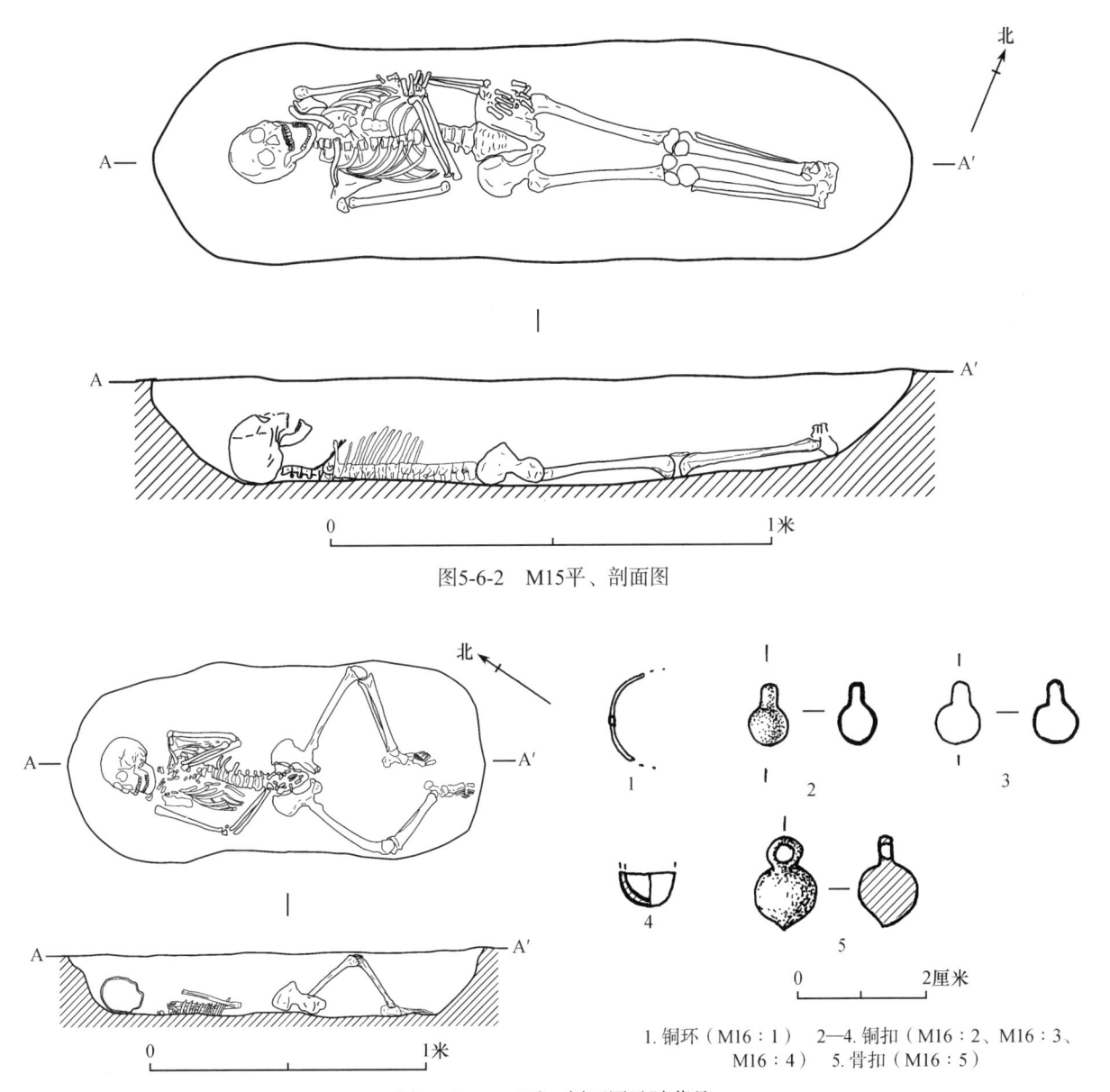

1. 铜环（M16∶1）　2—4. 铜扣（M16∶2、M16∶3、M16∶4）　5. 骨扣（M16∶5）

图5-6-3　M16平、剖面图及随葬品

（图5-6-3，1）。

铜扣　3件。M16∶2，扣身为球体，纽为环形，通长1、宽0.7厘米（图5-6-3，2）。M16∶3，扣身为球体，纽为环形，通长1、宽0.6厘米（图5-6-3，3）。M16∶4，泡状扣，呈半球体，中空，环形纽，扣面直径0.8、高0.5、厚0.1厘米（图5-6-3，4）。

骨扣　1件。M16∶5，动物骨骼磨制而成，黄褐色，桃形扣，环形纽，通长1.5、宽0.9厘米（图5-6-3，5）。

第七节　表土层出土遗物

一、陶　　器

陶罐　1件。T0810①：7，泥质灰陶，卷沿，圆唇，敛口，圆肩，斜直腹，大平底，器身变形，口部有明显倾斜，口径11.6、底径12、最大径18.4、高20.8厘米（图5-7-1，1；图版一〇〇，2）。

陶碗　2件。T0711①：6，外折沿，方唇，唇外侧有压印纹饰，敞口，斜腹，平底，中部微内凹，口径13.6、底径7、高3.2厘米（图5-7-1，4；图版一一二，8）。T0711①：7，口沿残，斜弧腹，平底，底径7.2、残高3.2厘米（图5-7-1，5）。

陶盏　1件。T0710①：4，圆唇，敛口，大平底，口径5.2、底径4.2、高2厘米（图5-7-1，6）。

陶盆　2件。T0810①：6，卷沿圆唇，敛口，斜弧腹，台底，口径16、底径13.5、高9厘米（图5-7-1，7）。T0810①：2，泥质灰黑色，展沿，圆唇，敞口，弧腹，平底，口径21.2、底径12、高8.8厘米（图5-7-1，8）。

带孔陶器　1件。T0709①：2，泥质灰陶，轮制，覆钵形，上口尖唇，下口方唇，上口直径2.2、下口直径4.8、高2.4厘米（图5-7-1，9）。

陶器盖　1件。T0710①：2，泥质灰陶，轮制，双层圆锥体，饰两圈指甲纹，最大径4.2、残高3.7厘米（图5-7-1，11）。

建筑饰件　1件。T0810①：4，灰色，器表有多条凸棱，残长17、残宽9.6、厚4.4厘米（图5-7-1，2）。

刻符青砖　1件。T0809①：4，灰褐色，上表面有菱形刻划图案，残长13、残宽11.2、厚4.6厘米（图5-7-1，3）。

陶饼　2件。T0709①：3，灰色布纹瓦片磨制而成，圆饼形，直径6.6、厚2.4厘米（图5-7-1，12）。T0711①：3，手制，泥质灰陶，圆台体，直径2.3、厚1.6厘米（图5-7-1，13）。

二、瓷　　器

瓷盘　5件。T0610①：1，化妆白瓷，灰胎，通体施釉，圆唇，敞口，弧腹，圈足底，内底有支钉痕，口径14、底径6、高2.4厘米（图5-7-2，1）。T0810①：5，化妆白瓷，涩圈叠烧，粗砂灰胎，通体施釉，内底有涩圈，圆唇，敞口，弧壁，圈足底，口径20、底径9.2、高3.4厘米（图5-7-2，2）。T0610①标：5，定窑白瓷，残存口沿，白胎，白釉泛青，圆唇，外撇，敞口，残高2.8、胎厚0.4厘米（图5-7-2，3）。T0811①标：1，化妆白瓷，残存底部，圈足，涩圈

图5-7-1 表土层出土遗物

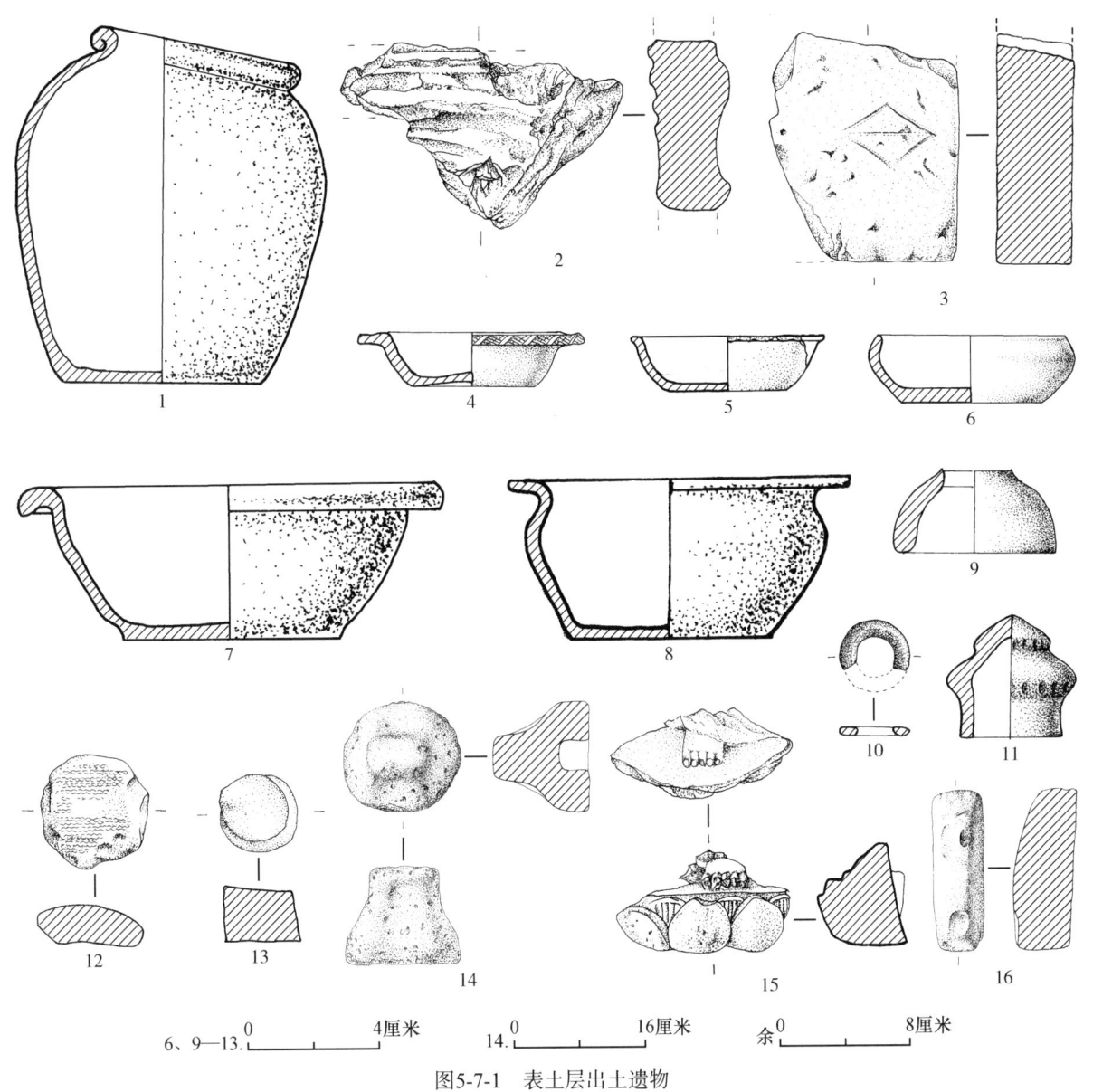

1. 陶罐（T0810①：7） 2. 建筑饰件（T0810①：4） 3. 刻符青砖（T0809①：4） 4、5. 陶碗（T0711①：6、T0711①：7）
6. 陶盏（T0710①：4） 7、8. 陶盆（T0810①：6、T0810①：2） 9. 带孔陶器（T0709①：2） 10. 琉璃环（T0810①：3）
11. 陶器盖（T0710①：2） 12、13. 陶饼（T0709①：3、T0711①：3） 14. 石夯（T0610①：3） 15. 石佛足（T0709①：1）
16. 石杵（T0710①：5）

叠烧，灰黄色粗砂胎，釉色泛黄，外底不施釉，底径5.5、残高1.5厘米（图5-7-2，4）。

瓷碗 8件。T0711①标：2，化妆白瓷，残存底部，圈足，涩圈叠烧，灰黄色粗砂胎，釉色泛黄，外底不施釉，内底涩圈上有支钉痕，底径6、残高3.3厘米（图5-7-2，5）。T0610①标：1，化妆白瓷，灰黄色粗砂胎，釉色泛黄，芒口，尖唇，敞口，鼓腹，底部残，口径16、残高8厘米（图5-7-2，6）。T0610①标：3，化妆白瓷，残存口沿，灰黄色粗砂胎，釉色泛青，内施满釉，外壁化妆土及釉均施一半，方唇，敞口，弧腹，残高7.8、胎厚0.6厘米（图5-7-2，7）。T0810①标：1，残存口沿，灰黄色粗砂胎，黑釉，唇部褐彩，圆唇，敞口，残

图5-7-2 表土层出土瓷器

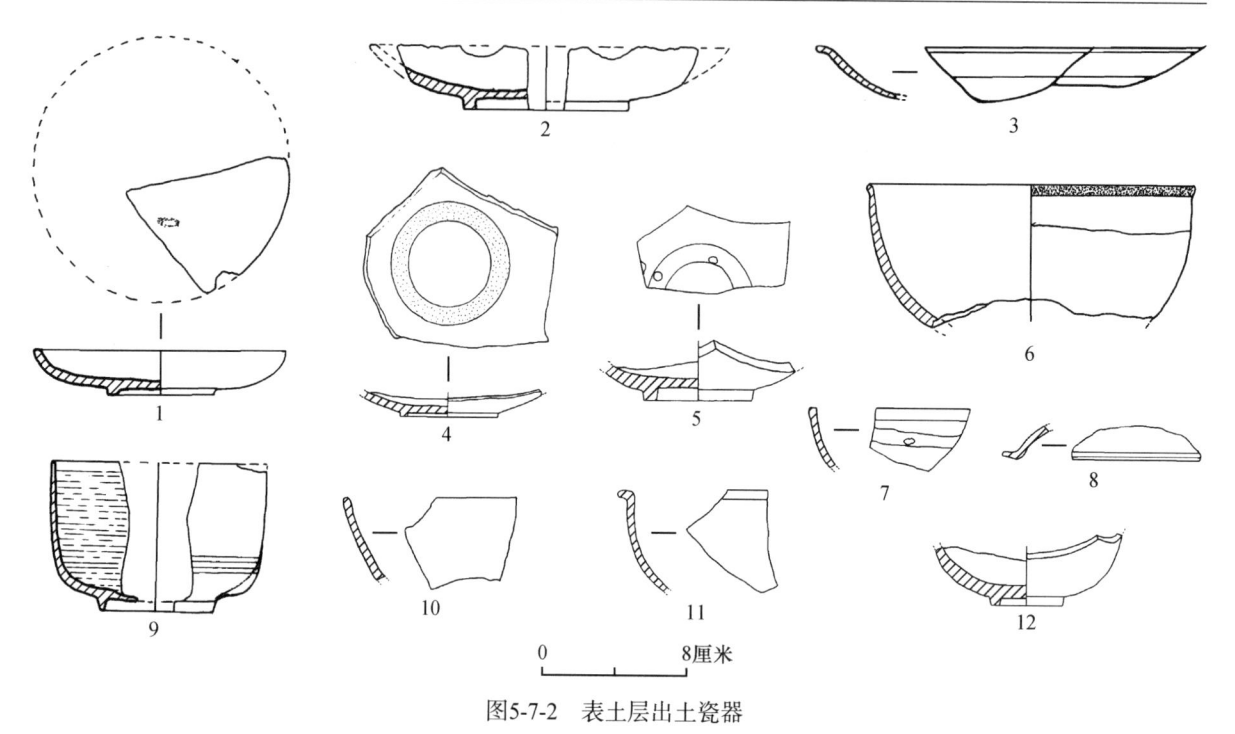

1—4.瓷盘（T0610①：1、T0810①：5、T0610①标：5、T0811①标：1） 5—7、10—12.瓷碗（T0711①标：2、T0610①标：1、T0610①标：3、T0810①标：1、T0711①标：3、T0610①标：4） 8.瓷器盖（T0811①标：2） 9.瓷钵（T0610①：2）

高4.8、胎厚0.35厘米（图5-7-2，10）。T0711①标：3，残存口沿，灰黄色粗砂胎，黑釉，圆唇，外折沿，敞口，鼓腹，残高5.5、胎厚0.3—0.4厘米（图5-7-2，11）。T0610①标：4，化妆白瓷，残存底部，圈足，涩圈叠烧，灰黄色粗砂胎，釉色泛黄，外底不施釉，底径4、残高3.9厘米（图5-7-2，12）。

瓷器盖　1件。T0811①标：2，尖圆唇，微上翘，器壁微鼓，上部残，残高1.4、胎厚0.4厘米（图5-7-2，8）。

瓷钵　1件。T0610①：2，定窑白瓷，白胎，通体施白釉，尖唇，直口，下腹微鼓，圈足底，口径12、底径6.4、高8厘米（图5-7-2，9）。

三、石　器

石夯　1件。T0610①：3，底座椭圆形，中部有直径3.5、深3.6厘米的圆形凹槽，顶端为长方形凸起，底座长径14、短径12.6、高11.4厘米（图5-7-1，14）。

石佛足　1件。T0709①：1，灰色，莲花座，上部有一足，残存脚掌部分，残长10.5、残宽4.6、高5.2厘米（图5-7-1，15；图版一三四，7）。

石杵　1件。T0710①：5，磨制而成，不规则形柱状，长9.4、最宽处3.6、厚3厘米（图5-7-1，16）。

四、琉 璃 器

琉璃环　1件。T0810①：3，黑色，截面椭圆形，外径2.2、内径1、厚0.2厘米（图5-7-1，10）。

五、铁 器

铁镞　1件。T0710①：1，扁平镞尖，铤下端残，截面菱形，残长13.6、镞尖宽0.8厘米（图5-7-3，1）。

铁犁　1件。T0711①：4，残存底部一角，残长5.4、残宽5、最厚处2.3厘米（图5-7-3，2）。

铁钉　2件。T0809①：2，钉帽扁平，弯折，钉身截面方向，钉尖残，残长4.4、截面边长0.5厘米（图5-7-3，3）。

铁带扣　1件。T0811①：3，长方形，锈蚀严重，长4.4、宽3.3、最厚处1.2厘米（图5-7-3，5）。

铁镰　1件。T0810①：1，弧背，弧刃，刃部残缺一半，残长19、刃部最宽处4.8、柄部长方形片状，宽2、厚0.4厘米（图5-7-3，6）。

铁构件　3件。T0809①：1，方柱状，残长4.2、截面边长1.4厘米（图5-7-3，4）。T0711①：2，平面圆形，中部外凸，边缘略残，直径6.1、高1.6、壁厚0.6厘米（图5-7-3，7）。

六、铜 钱

出土16枚。

开元通宝　1枚。T0710①：12，顺读，楷书，背面有月纹，直径2.4、孔边长0.7、厚0.15厘米（图5-7-3，14）。

至道元宝　1枚。T0811①：11，旋读，行书，直径2.4、孔边长0.7、厚0.15厘米（图5-7-3，15）。

明道元宝　1枚。T0710①：11，旋读，篆书，直径2.5、孔边长0.6、厚0.15厘米（图5-7-3，16）。

景祐元宝　1枚。T0811①：12，旋读，楷书，直径2.5、孔边长0.6、厚0.15厘米（图5-7-3，17）。

皇宋通宝　2枚。T0811①：13，顺读，楷书，直径2.4、孔边长0.7、厚0.15厘米（图5-7-3，18）。T0811①：14，顺读，篆书，直径2.4、孔边长0.7、厚0.15厘米（图5-7-3，19）。

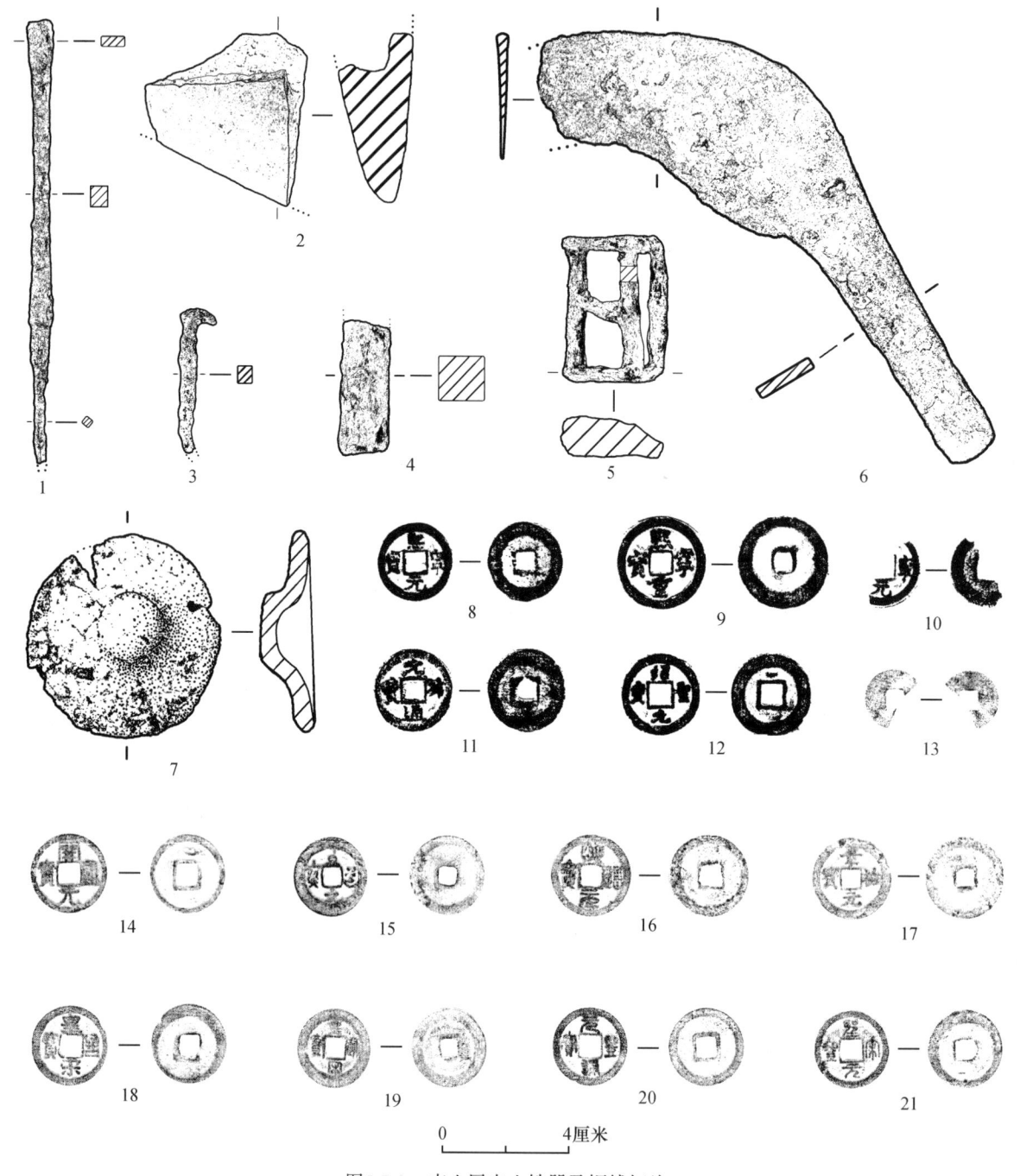

图5-7-3 表土层出土铁器及铜钱拓片

1. 铁镞（T0710①:1） 2. 铁犁（T0711①:4） 3. 铁钉（T0809①:2） 4、7. 铁构件（T0809①:1、T0711①:2）
5. 铁带扣（T0811①:3） 6. 铁镰（T0810①:1） 8—21. 铜钱拓片（T0711①:5、T0811①:1、T0709①:4、T0711①:1、T0811①:4、T0810①:13、T0710①:12、T0811①:11、T0710①:11、T0811①:12、T0811①:13、T0811①:14、T0810①:11、T0810①:12）

熙宁元宝　2枚。T0711①：5，旋读，隶书，直径2.3、孔边长0.8、厚0.2厘米（图5-7-3，8）。T0709①：4，残半，旋读，楷书，直径2.4、孔边长0.6、厚0.2厘米（图5-7-3，10）。

熙宁重宝　2枚。T0811①：1，旋读，楷书，直径2.8、孔边长0.7、厚0.2厘米（图5-7-3，9）。

元丰通宝　1枚。T0810①：11，旋读，篆书，直径2.4、孔边长0.7、厚0.15厘米（图5-7-3，20）。

元祐通宝　1枚。T0711①：1，旋读，行书，直径2.5、孔边长0.6、厚0.2厘米（图5-7-3，11）。

绍圣元宝　1枚。T0811①：4，旋读，行书，背面有月纹，直径2.4、孔边长1、厚0.15厘米（图5-7-3，12）。

圣宋元宝　1枚。T0810①：12，旋读，篆书，直径2.4、孔边长0.7、厚0.15厘米（图5-7-3，21）。

无字　1枚。T0810①：13，残，无边轮，直径1.8、孔边长0.6、厚0.1厘米（图5-7-3，13）。

字迹不清　1枚。T0811①：2，直径2.5、孔边长0.5、厚0.2厘米。

第八节　小　结

一、遗存分期及性质

通过发掘可知，该发掘区以手工业相关遗存为主。从层位关系和出土遗物可分为三期。

第一期以地层第4、5层以及开口于其下的房址、灰坑、沟等遗迹为代表，包括较多澄泥坑、取土坑和用途不明的坑，遗迹保存状况较差。出土遗物以日用陶瓷器为主，基本出土于灰坑之中。该期大致处于辽代中晚期。

该期遗存中见有较多形制规整的灰坑，这些坑有方有圆，边长（或直径）多在1.3—1.6米之间，坑壁垂直，壁面光滑，坑内堆积土质较为疏松，含沙量大，有的可见明显的分层，各层层线水平，且包含物极少，如H110、H91、H94、H98、H116等。结合该期具有较多取土坑，判断这些形制规则的坑应与手工业相关，可能是用于澄洗陶泥的坑，加之该期地层和灰坑中常见陶器泥胎残块，可知，此处在该时期应为一处制陶手工业作坊。

其中的一些方形灰坑，如H94、H85、H87、H110、H91、H76，规格和方向均较统一，分布虽分散但似有一定的规律，往往成排成列，又有较大的间距，推测与夹于第4、5层之间的夯土有一定关系。若是如此，该期此处应曾规划营建较大规模的建筑，但地基尚未建成即被放弃。

第二期以地层第3层以及开口于第2、3层下和起建于第3层上的遗迹单位为代表，可见成排分布的础石和柱坑，以及部分性质不明的灰坑，保存状况极差。出土遗物以日用陶瓷器为主，偶见残损的瓦片、建筑饰件等，地层与灰坑中均见。该期大致处于金代早期。

该期遗存中所见的建筑遗迹，虽有夯土台，但与此前发掘的台基式建筑完全不同。该建筑采用小且密集的柱础承重，应为干栏式结构的建筑，但因保存状况较差，没有发现可判断其用途的信息。

第三期以地层第1、2层及开口于第1层之下的遗迹单位为代表，主要为窑址及其废弃堆积、房址和灰坑，保存状况相对较好，具有合理的规划布局和功能分区。出土遗物以窑址中烧造的大型陶质容器为主，房址中多见日用生活器具。时代应处于金代中晚期。

该时期遗存为典型的陶窑手工业遗存，遗存分布密集甚至拥挤，但功能分区井然有序。该时期仅有两座陶窑址，但从废弃陶片堆积的规模可知产量较高，说明使用时间较长。同时也说明这一区域自早期至晚期，功能上没有什么变化，也反映出城址的格局和功能区自辽至金没有发生极大改变。

二、出土陶瓷器的类型学考察

（一）陶器

窑址发掘区出土的陶器均为日用器皿，主要类别有缸、盆、罐、盘、碗、盏、壶、器盖等。由于时间跨度不大，这些陶器的器形整体变化并不明显，但从个别器类中还是能够发现由早到晚的发展规律。以其中数量最多为罐和盆为例分析如下。

1. 陶罐

出土共计114件。根据口部形制大致可分三型。

A型　敛口。依耳的有无分二亚型。

Aa型　无耳。分三式。

Ⅰ式：内折沿。如T0611④标：6（图5-8-1，1）。

Ⅱ式：圆柱状实心口沿，微外卷。如T0709④标：14（图5-8-1，2）。

Ⅲ式：卷沿。如Y1：17（图5-8-1，3）。

Ab型　肩部有对称的竖桥耳。分三式。

Ⅰ式：内折沿。如H112：3（图5-8-1，4）。

Ⅱ式：圆柱状实心口沿，微外卷。如G9：19（图5-8-1，5）。

Ⅲ式：卷沿。如H71：10（图5-8-1，6）。

B型　侈口，展沿，无耳。分二式。

Ⅰ式：沿部上翘，呈喇叭口。如G12：4（图5-8-1，7）。

Ⅱ式：沿部较平。如H64：23（图5-8-1，10）。

图5-8-1 陶罐

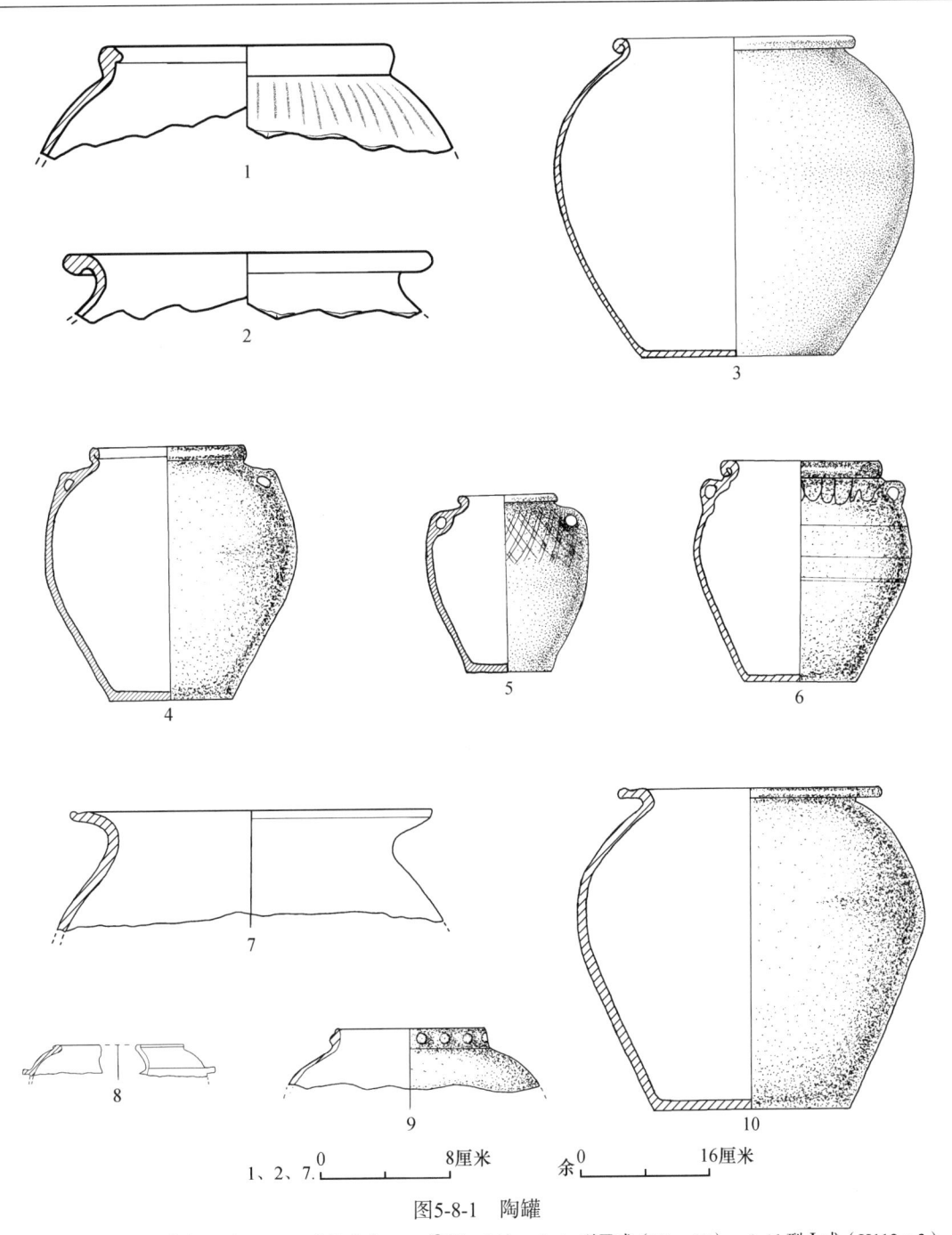

1. Aa型Ⅰ式（T0611④标：6） 2. Aa型Ⅱ式（T0709④标：14） 3. Aa型Ⅲ式（Y1：17） 4. Ab型Ⅰ式（H112：3）
5. Ab型Ⅱ式（G9：19） 6. Ab型Ⅲ式（H71：10） 7. B型Ⅰ式（G12：4） 8. C型Ⅰ式（G9标：36） 9. C型Ⅱ式（C1：30）
10. B型Ⅱ式（H64：23）

C型 直口。分二式。

Ⅰ式：短颈。如G9标：36（图5-8-1，8）。

Ⅱ式：长颈。如C1：30（图5-8-1，9）。

图5-8-2 陶盆

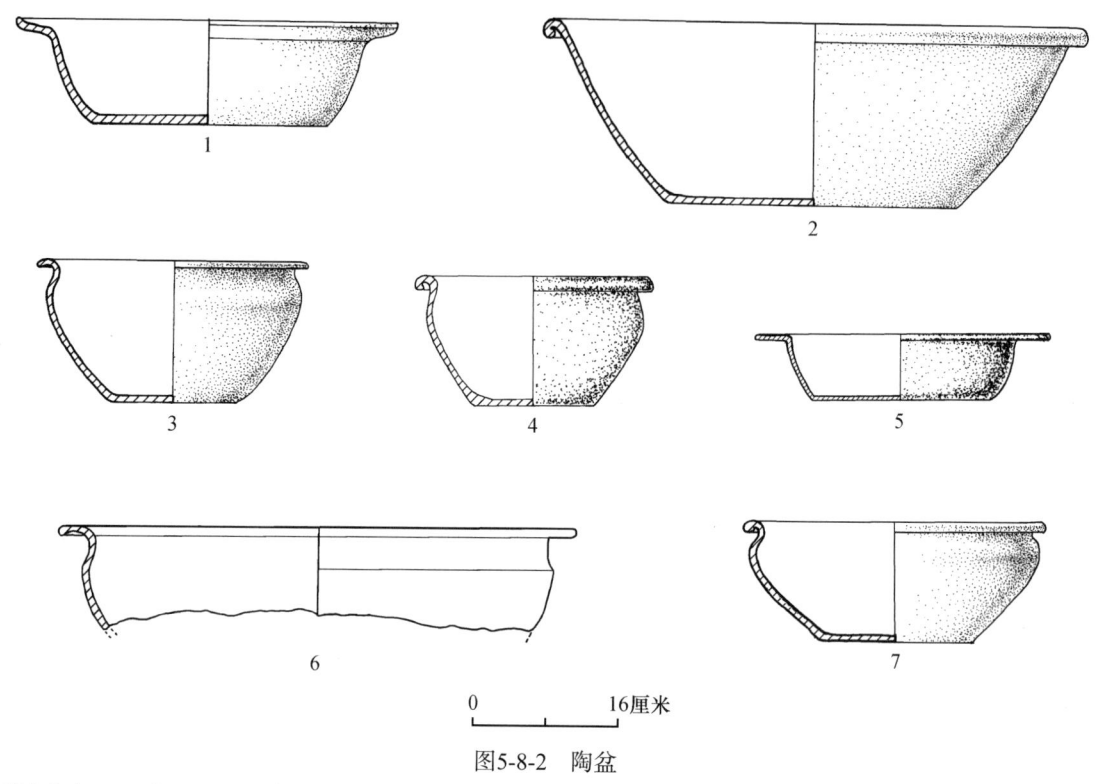

1. A型Ⅰ式（G9：18）　2. A型Ⅲ式（Y2：64）　3. Ba型Ⅰ式（H61：1）　4. Ba型Ⅱ式（C1：31）　5. A型Ⅱ式（T0810③b：6）
6. Bb型Ⅰ式（H94：1）　7. Bb型Ⅱ式（Y2：45）

2. 陶盆

出土共计129件。根据口部形制大致可分二型。

A型　敞口，形体较大。分三式。

Ⅰ式：展沿，沿部上翘。如G9：18（图5-8-2，1）。

Ⅱ式：展沿，沿部较平。T0810③b：6（图5-8-2，5）。

Ⅲ式：卷沿。如Y2：64（图5-8-2，2）。

B型　敛口，形体较小。依腹部形制分二亚型。

Ba型　深腹。分二式。

Ⅰ式：展沿。如H61：1（图5-8-2，3）。

Ⅱ式：卷沿。如C1：31（图5-8-2，4）。

Bb型　浅腹。分二式。

Ⅰ式：展沿。如H94：1（图5-8-2，6）。

Ⅱ式：卷沿。如Y2：45（图5-8-2，7）。

从这两类陶器情况来看，其在发展过程中形制上的变化主要体现在口沿处。第一期基本为展沿或内卷沿器物，之后，开始出现口沿外翻，形成半圆柱状的口沿，随着陶器体量的增大，口沿外卷得更为显著。发展到第三期，这种俗称"大卷沿"的口沿已经成为各类器物的主要形制。在外卷沿器物出现并流行的时候，内卷沿及内折沿基本消失，但展沿依然并存，只是数量和占比大大低于早期。

此外，陶器的变化还体现在器类及其比例上。第一期陶器中，壶的出现频率较高，其特征为侈口，深腹，器表多有篦齿纹装饰，钵流行内折沿，形体较大，趋向于盆。第二期基本不见陶壶，尤其篦齿纹也基本绝迹，罐的比例明显增大。第三期的梅瓶，形制似从辽代鸡腿瓶发展而来，成为该时段的流行产品，陶罐无论数量占比还是规格的丰富程度都有所增加，内折沿且形体较大的陶钵基本不见，被形体较小的敛口陶盆所取代，而形体较大的陶盆和陶甑数量大增，成为该时期的代表性器物。

（二）瓷器

窑址发掘区出土的瓷器大多为日用器皿主要类别有盘、碗、罐、杯、器盖等。数量上白瓷最多，以化妆白瓷占大宗，以及一定数量的定窑白瓷，此外还有黑釉、酱釉、茶叶末釉、白地黑（褐）彩等瓷器。多为以缸瓦窑、定窑、龙泉务窑等北方窑系的民用瓷器为主，另有少量为耀州窑、龙泉窑等的产品。

1. 白瓷

数量最多，涵盖盘、碗、罐、杯、器盖等诸种器类。以化妆白瓷为主，其次为定窑白瓷。

（1）化妆白瓷

胎质大多含有砂颗粒等杂质，粗疏，胎色较深，有灰褐、灰白、红褐等。胎体表面施白色化妆土，有的施至外底，有的仅至外腹中下部。施透明釉，釉色多泛黄，施釉不均，常有流釉现象，外底常常不施釉。内底有涩圈或大小、数量不等的支钉痕，部分涩圈和支钉均有。

碗　179件。分二型。

A型　内底有涩圈。分二亚型。

Aa型　敞口。如F12∶79（图5-8-3，1）、T0711②a∶5（图5-8-3，2）、H64∶14（图5-8-3，3）。

Ab型　侈口。如H71∶7（图5-8-3，4）。

B型　内底有支钉痕。分二亚型。

Ba型　敞口。如G9∶16（图5-8-3，5）、Y2∶68（图5-8-3，6）、T0611④∶4（图5-8-3，11）、H102∶27（图5-8-3，12）。

Bb型　侈口。如T0709④∶6（图5-8-3，7）、G9∶14（图5-8-3，8）、T0711④∶28（图5-8-3，9）、Y2∶16（图5-8-3，10）。

盘　56件。分二型。

A型　内底有涩圈。均为敞口。如T0709③b∶14（图5-8-4，1）、Y2∶5（图5-8-4，2）。

B型　内底有支钉痕。分二亚型。

图5-8-3 化妆白瓷碗

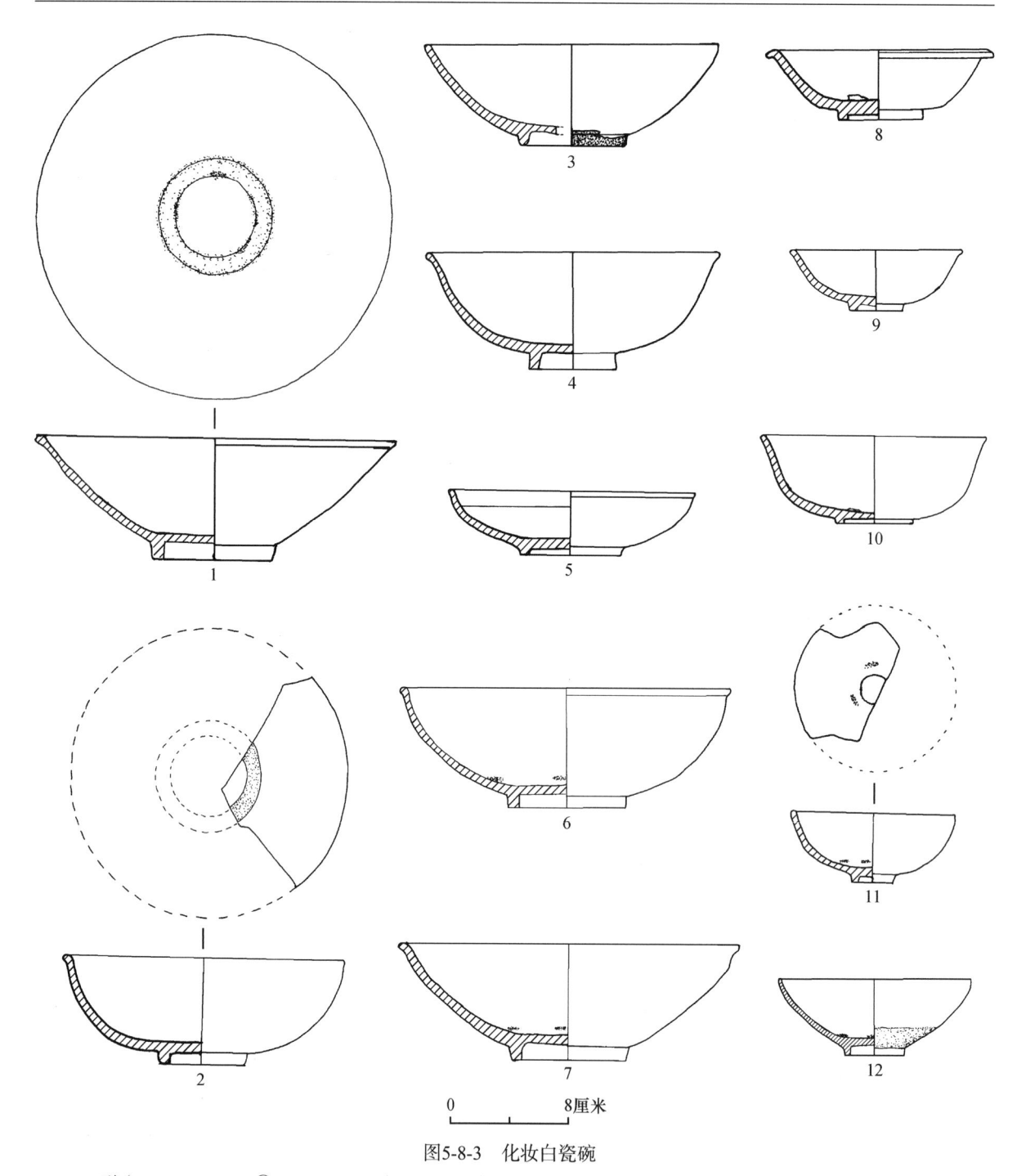

1—3. Aa型（F12∶79、T0710②a∶5、H64∶14） 4. Ab型（H71∶7） 5、6、11、12. Ba型（G9∶16、Y2∶68、T0611④∶4、H102∶27） 7—10. Bb型（T0709④∶6、G9∶14、T0711④∶28、Y2∶16）

第五章 城内窑址的发掘 ·471·

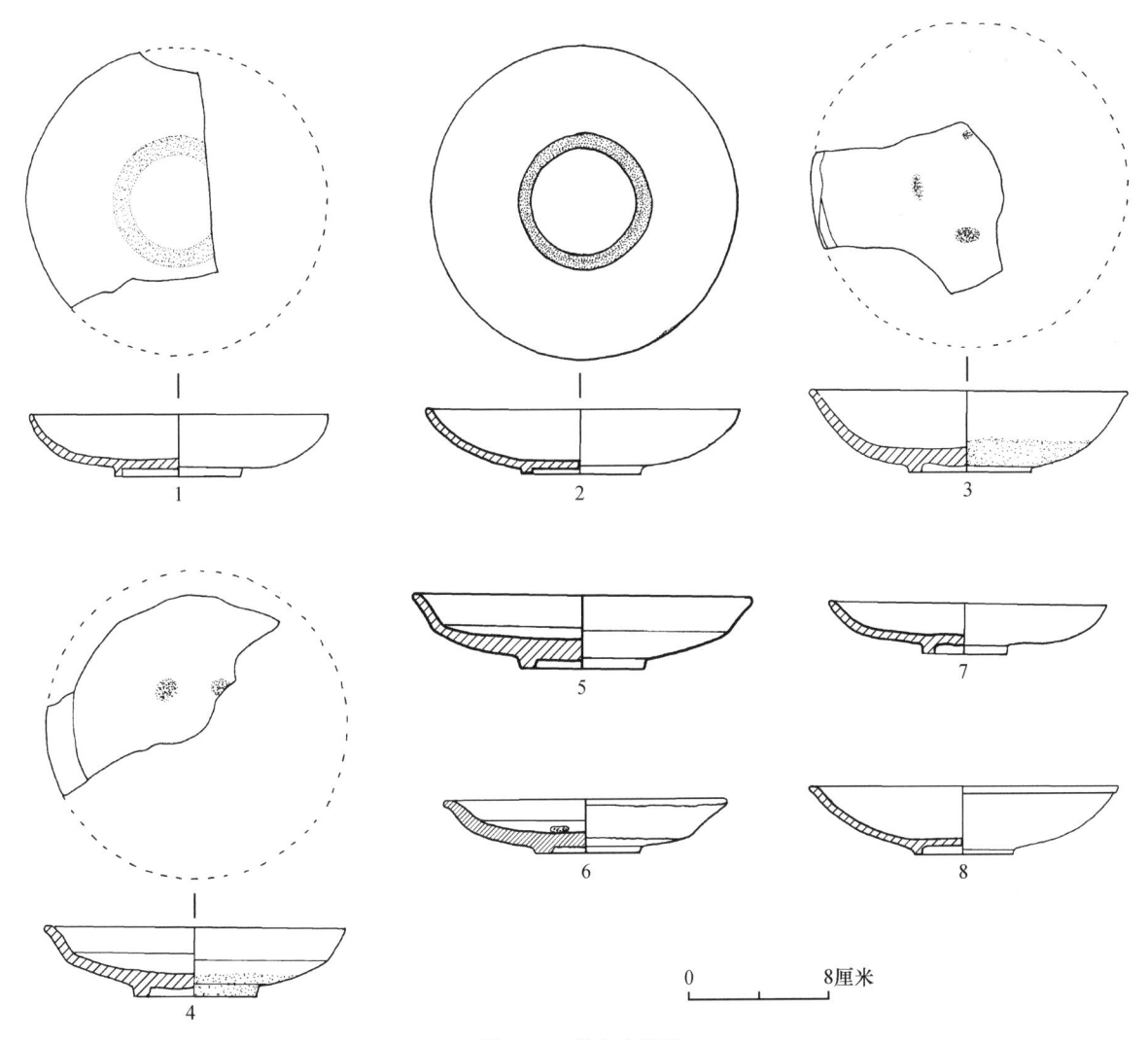

图5-8-4 化妆白瓷盘

1、2. A型（T0709③b：14、Y2：5） 3、7、8. Ba型（T0709③b：11、H77：6、H81：2） 4—6. Bb型（T0611③a：7、T0711④：27、H103：25）

Ba型 敞口，弧腹。如T0709③b：11（图5-8-4，3）、H77：6（图5-8-4，7）、H81：2（图5-8-4，8）。

Bb型 侈口，折腹。如T0611③a：7（图5-8-4，4）、T0711④：27（图5-8-4，5）、H103：25（图5-8-4，6）。

（2）定窑白瓷

胎体较薄，胎质细腻坚硬，胎色多呈灰白色，无杂质，不施化妆土，满釉，多为芒口，覆烧。除一部分素面外，常见模印和剔刻花纹，花纹主要见于盘和碗，常施于内壁，以花草题材为主。此外，还有一些印花瓷盘，内壁通体印花，但因口沿残缺，难以判断具体形制。

碗 30件。分二型。

A型 素面。分三亚型。

Aa型 敞口，形体较大。如Y2：42（图5-8-5，1）、T0710②a：11（图5-8-5，4）、

图5-8-5 定窑白瓷碗

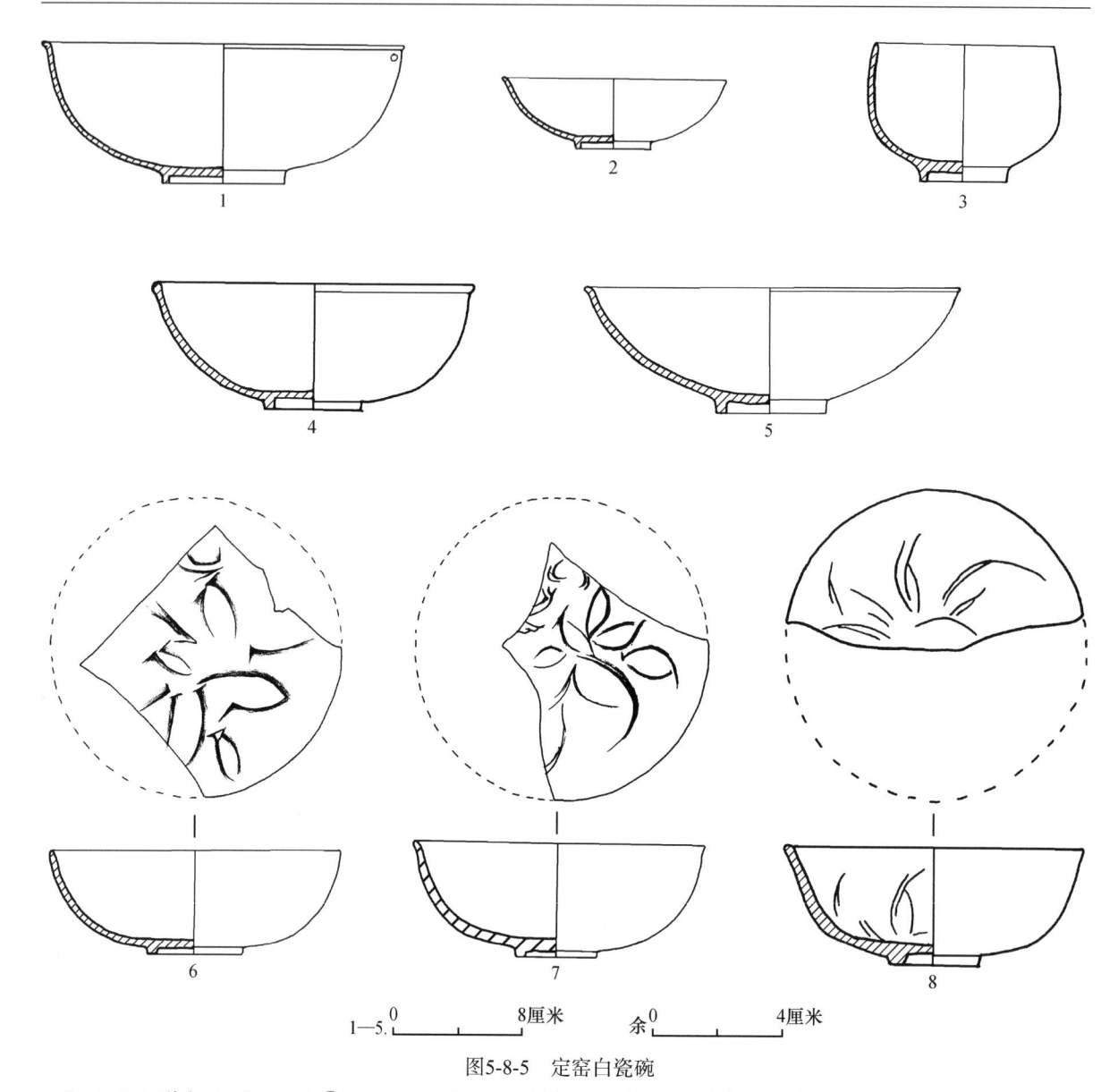

1、4、5. Aa型（Y2：42、T0711②a：11、C1：4） 2. Ab型（Y2：24） 3. Ac型（Y2：40） 6、7. Ba型（T0711③b：2、T0611②a：3） 8. Bb型（T0611③a：10）

C1：4（图5-8-5，5）。

　　Ab型　侈口，形体较小。如Y2：24（图5-8-5，2）。

　　Ac型　直口，形体较小。如Y2：40（图5-8-5，3）。

　　B型　内壁刻花。分二亚型。

　　Ba型　敞口。如T0711③b：2（图5-8-5，6）、T0611②a：3（图5-8-5，7）。

　　Bb型　侈口。如T0611③a：10（图5-8-5，8）。

　　盘　26件。分二型。

　　A型　素面。分二亚型。

　　Aa型　敞口。如H65：31（图5-8-6，4）。

图5-8-6　定窑白瓷盘

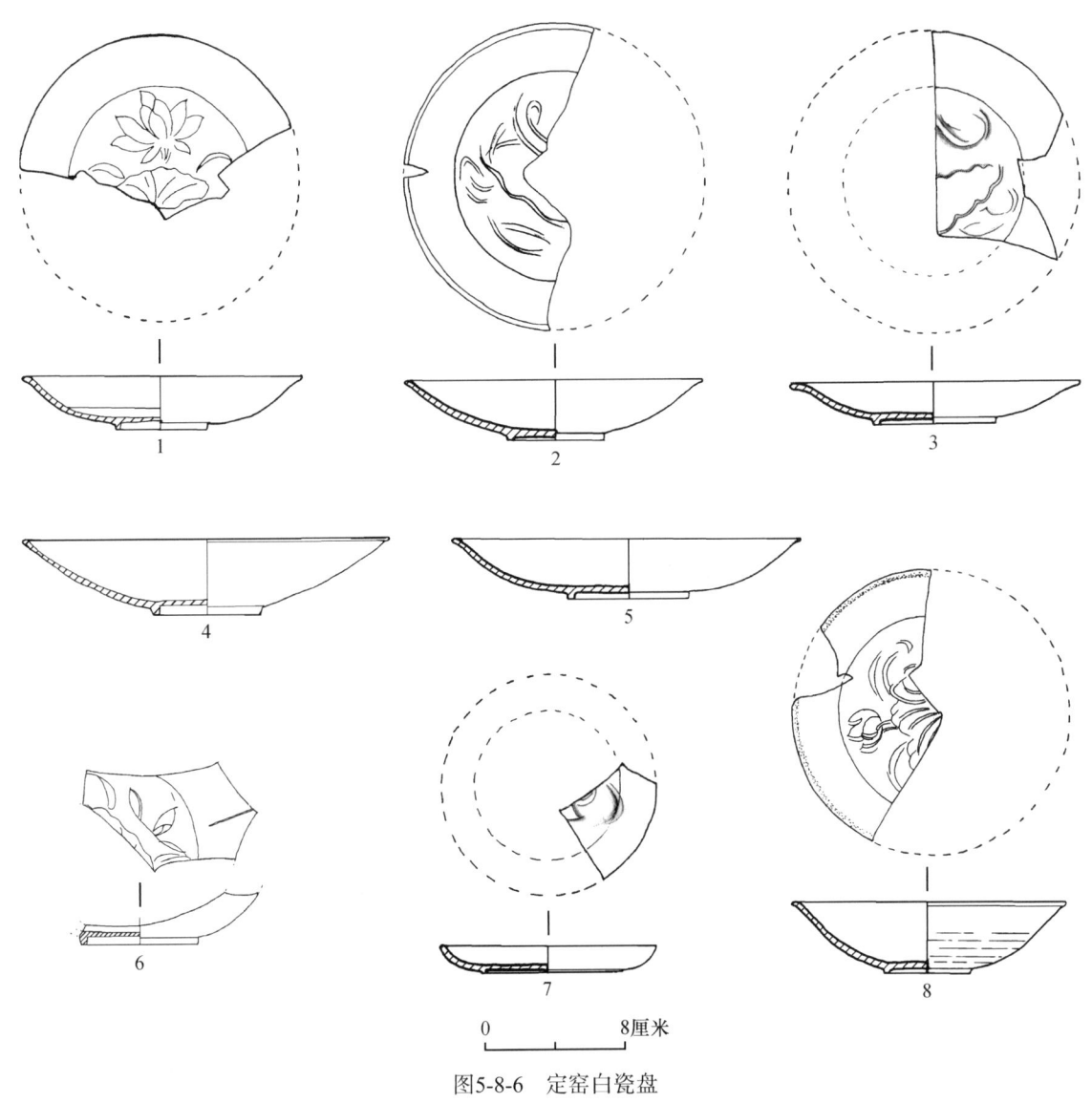

1—3、8. Bb型（T0611③a：8、F12：55、T0811②a：1、T0710②a：3）　4. Aa型（H65：31）　5. Ab型（F12：57）
6、7. Ba型（H65：32、T0711②a：28）

Ab型　侈口。如F12：57（图5-8-6，5）。

B型　内壁刻花。分二亚型。

Ba型　敞口。如H65：32（图5-8-6，6）、T0711②a：28（图5-8-6，7）。

Bb型　侈口。如T0611③a：8（图5-8-6，1）、F12：55（图5-8-6，2）、T0811②a：11（图5-8-6，3）、T0710②a：3（图5-8-6，8）。

从上述瓷器的出土层位看，化妆白瓷遍及各个期段，使用极为普遍；定窑白瓷则从第二期开始出现，在第三期数量和种类增加，尤以带有刻花或印花图案的器物为多，但仍不及化妆白瓷数量庞大。可见，城四家子城址内居民所用瓷器仍以东北本地民窑烧造的粗瓷产品为主。在城内建筑址的发掘中，曾于第一期单位中出土少量碗、盘等较为精细的定窑白瓷产品，但该建筑址属于官方公共设施，少量精瓷的使用，应当是体现了阶级的差异，不具有普遍代表性。

并且，这一时期出土的定窑瓷器上常常可见锔孔，也反映出该类瓷器即便在当时的官方，也是较为贵重的产品。定窑瓷器被城四家子城内普通居民使用大约为金代早期，广泛流行于金代中晚期。

A型化妆白瓷盘、瓷碗仅见于第二期和第三期，B型化妆白瓷盘、瓷碗则在各个期段均有出土，这是烧造工艺改变形成的结果，这一变化过程亦发生在金代早期。

2. 其他瓷器

包括黑釉、酱釉、青釉、茶叶末釉等在内的瓷器，数量远不及白瓷，器类也较为单一。如黑釉瓷器主要为形体较小的罐，灰白胎，胎体较薄且细腻；酱釉瓷器见有罐、碗等，褐胎居多，胎质相对粗疏；青釉瓷器见有粗砂胎的小碗，以及耀州窑剔花瓷片，从形态看也应为碗；茶叶末釉瓷器形体相对较大，如鸡腿瓶、敛口罐等。由于出土数量较少，难以开展类型学研究。

第六章　城内道路及周边遗迹的发掘

第一节　发掘经过

该发掘区位于城内中部略偏西北，邻近城址南北向中轴线，西距窑址发掘区200米，其西北紧邻一条西南—东北向的现代村路（图6-1-1；图版五八，1）。此处地势平坦，地表可见少量陶、瓷碎片和砖瓦残块。

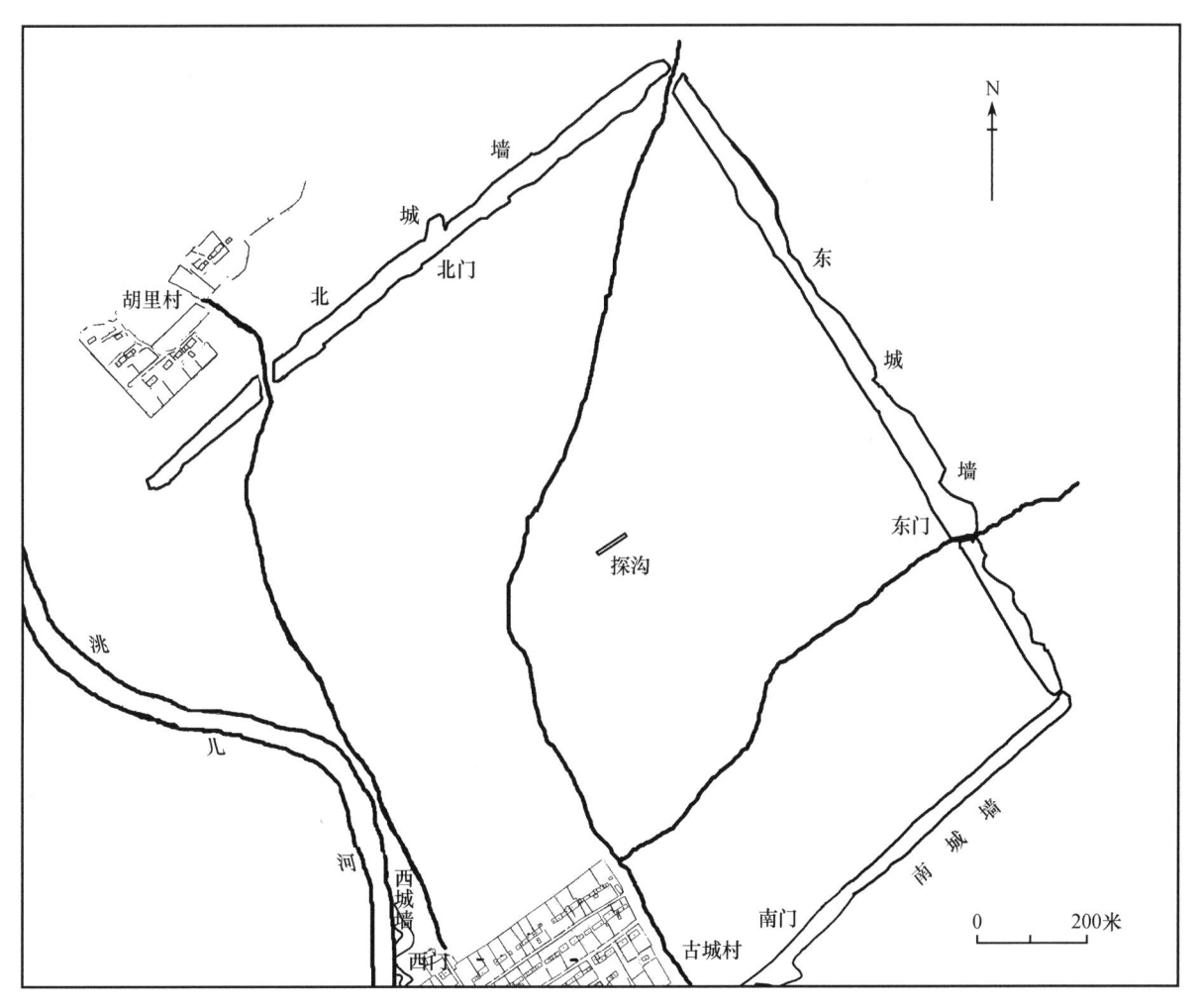

图6-1-1　探沟位置图

该区域于2015年7月开始发掘，依遗迹大致走向布设一条东西长41、南北宽1.5米的探沟，方向80°。探沟处于Ⅰ区范围内，编号2015BTCITG1，发掘面积61.5平方米（图版五八，2）。野外发掘工作在8月中旬结束。

通过发掘，发现辽金时期的遗迹单位16个，其中房址5座，灰坑7个，沟3条，道路1条。出土遗物以陶、瓷器残片为主，另有少量砖瓦残块、骨器、铁器、铜钱等遗物。该发掘区单位编号自成序列，未与城内其他发掘区编号统排。

第二节　地层堆积

该发掘区域地层堆积共5层，部分地层可分亚层（图6-2-1）。

第1层：分二亚层。

第1a层：表土层，黄褐色砂土，厚10—20厘米，包含较多碎陶片、碎瓦片、碎瓷片。

第1b层：灰褐色，厚0—20厘米，土质坚硬，只分布于探沟西部，较纯净。

第2层：分二亚层。

第2a层：探沟东部应为第1层路土，黑灰色砂土，泛青，纯净；西部应为同时期的活动面，灰褐色，夹红烧土颗粒，包含少量泥质灰陶片和碎瓦片。遍布探沟，厚5—15厘米。

第2b层：灰褐色砂土，土质较硬，较纯净。仅见于探沟东部，但未到达探沟东壁。厚0—10厘米，无包含物。

第3层：探沟东部为青灰色砂土，土质坚硬，纯净，应为第2层路土。探沟西部为灰褐色砂土，土质较硬，应为同时期活动面，夹大量红烧土和砖瓦。贯穿于整个探沟。

第4层：分二亚层。

第4a层：因探沟中、西部未发掘至此层，故可观察到的此层分布于探沟东部，为灰褐色土，纯净，水平分布，应为第3层路土，内分多个小层，说明其使用频繁，更新速度快。

第4b层：因探沟中、西部未发掘至此层，故可观察到的此层分布于探沟东部。黑褐色砂土，为第4a层（第3层路土）的垫土，土质坚硬，夹较多红烧土块及砖块。

第5层：因探沟中、西部未发掘至此层，故仅可观察到的此层分布于探沟东部。青灰土，土质坚硬，纯净，应为第4层路土，与F5同时期。

第5层下为黄色生土。

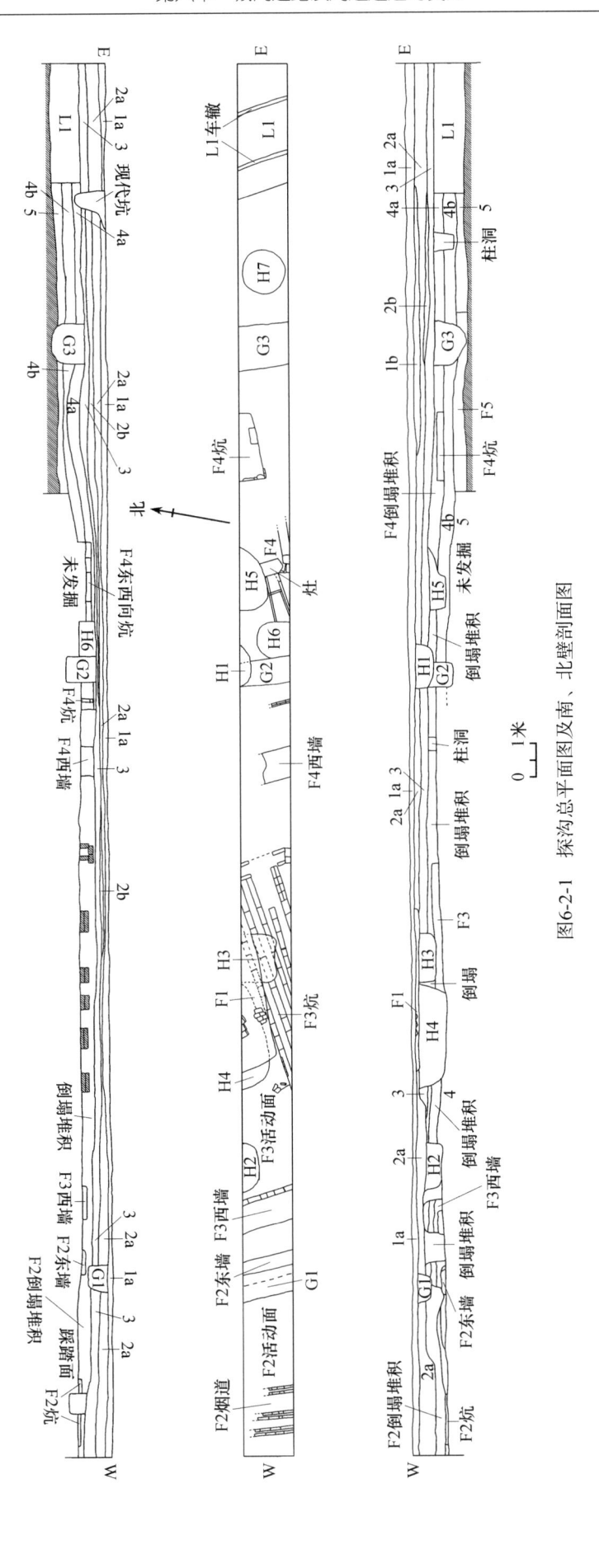

第六章　城内道路及周边遗迹的发掘

图6-2-1　探沟总平面图及南、北壁剖面图

第三节 地层第5层及相关遗存

一、遗迹

F5 位于探沟东部，起建于生土之上，打破地层第5层，发掘范围内仅见不太明显的踩踏面和排列整齐的3块青砖，但范围不清。房内堆积1层，为青灰色花土，较为纯净，几无包含物。

L1 位于探沟东端，开口于地层第3层下。该道路形成于生土之上，延续使用时间较长。已发掘长度为1.5、宽3.5、厚0.85米，方向156°，由不同颜色和质地的杂土层层铺垫踩压而成。上表面可见多道平行的车辙痕迹，深浅不一，其中两道较深的车辙印宽0.1、深0.04、间距1.5米（图版五八，3）。

二、出土遗物

地层第5层出土遗物共计10件。

（一）陶器

陶盆口沿 2件。TG1⑤：12，卷沿，圆唇，敞口，斜弧腹，口沿外侧饰一圈波浪形纹饰，残高5、胎厚0.6厘米（图6-3-1，4）。

陶壶口沿 1件。TG1⑤：13，外折沿，圆唇，微外卷，长颈，口径7.8、残高4厘米（图6-3-1，9）。

陶环 1件。TG1⑤：7，残存一半，泥质灰陶，手制，截面圆形，直径7.6、截面直径1.4厘米（图6-3-1，6）。

（二）瓷器

瓷碗口沿 2件。TG1⑤：1，化妆白瓷，圆唇，口外撇，灰白胎粗疏，釉色泛黄，内施满釉，外施半釉，残高4、胎厚0.4厘米（图6-3-1，8）。TG1⑤：2，圆唇，口外撇，外壁有两条弦纹，灰黄胎粗疏，白釉泛黄，残高2.3、胎厚0.4厘米（图6-3-1，7）。

第六章　城内道路及周边遗迹的发掘 ·479·

图6-3-1　地层第5层出土遗物

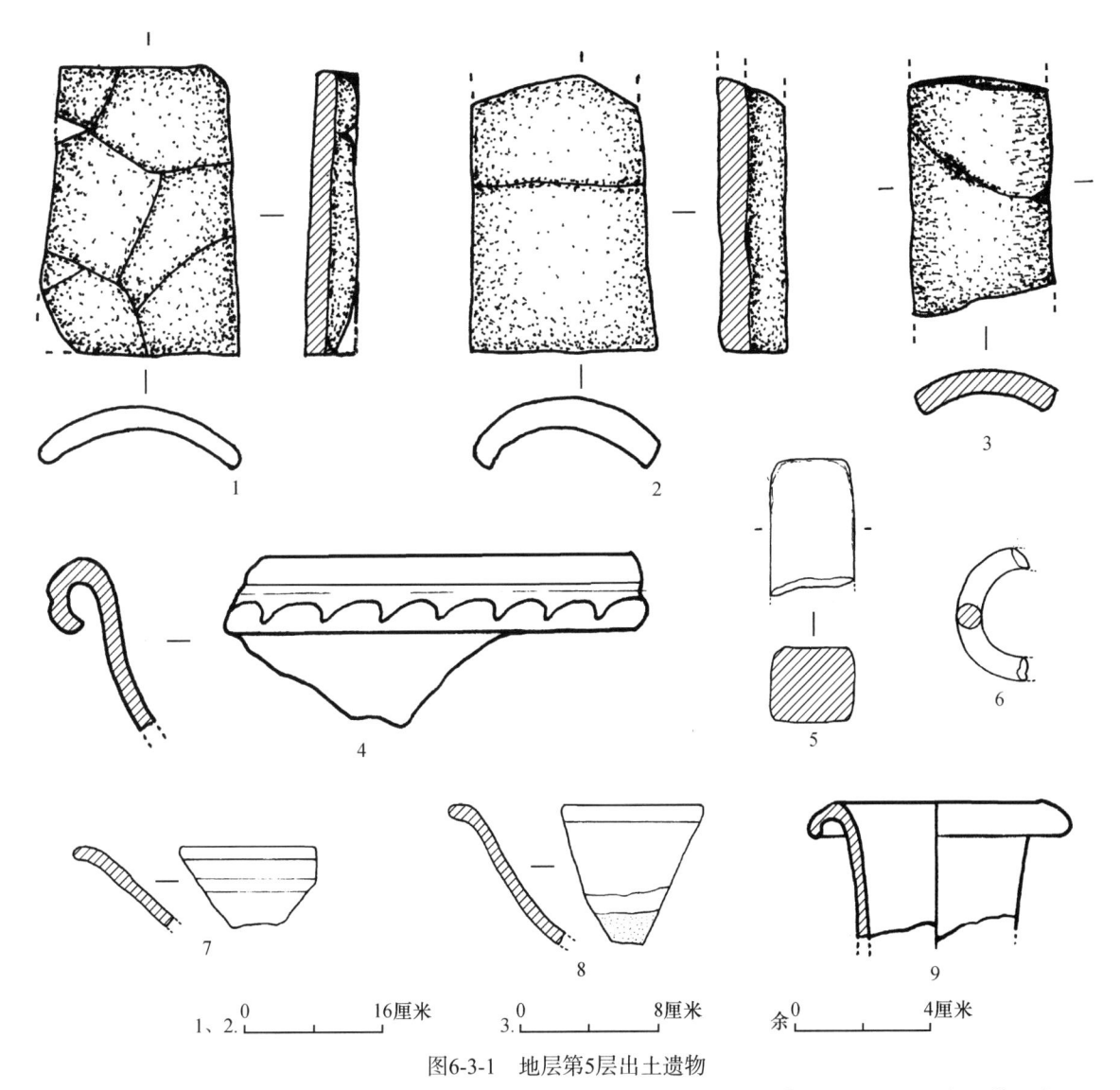

1、2.板瓦（TG1⑤:3、TG1⑤:4）　3.垒脊瓦（TG1⑤:5）　4.陶盆口沿（TG1⑤:12）　5.砺石（TG1⑤:6）
6.陶环（TG1⑤:7）　7、8.瓷碗口沿（TG1⑤:2、TG1⑤:1）　9.陶壶口沿（TG1⑤:13）

（三）瓦

板瓦　2件。平面大致呈等腰梯形。TG1⑤:3，宽端一角残，长32.8、宽20—24、胎厚2.4厘米（图6-3-1，1）。TG1⑤:4，残长31.2、宽20—21.6、胎厚2.5厘米（图6-3-1，2）。

垒脊瓦　1件。TG1⑤:5，平面呈长方形，残长13.6、宽8.4、胎厚1厘米（图6-3-1，3）。

（四）石器

砺石　1件。TG1⑤:6，方柱状，一端残，器表有磨痕，残长3.9、宽2.5、厚2.2厘米（图6-3-1，5）。

第四节　地层第4层及第4层下遗存

一、遗　　迹

F2　位于探沟西端，起建于地层第4b层之上，方向158°，发掘揭露部分东西长5.7、南北宽1.5、残存深度0.6米。该房址地面平整并用黄土铺垫，形成明显的踩踏面。墙体用土坯垒砌而成，宽0.8、残存高度0.6米，上部被G1打破。房内取暖设施位于西部，可见南北向土坯立砌的烟道3条，每条宽18、深10厘米，所用土坯长10—35、宽6厘米左右。房内出土几块残砖，应为铺盖烟道之用。房内堆积2层，均为倒塌堆积：第1层为灰花土，土质较硬；第2层黑花土，夹杂较多土坯残块及大块的黄白色斑点。

F3　位于探沟西部，西侧紧邻F2，间距0.4米，西部被H2打破，中部被H4打破，起建于地层第4b层之上，方向158°，发掘揭露部分东西长15.1、南北宽1.5、残存深度0.6米。该房址地面平整，有坚实的踩踏面。房址西墙与F2东墙平行，宽1、残高0.6厘米，墙体内侧立砌一层土坯，东墙已无存。房内取暖设施位于南部，可见东西向烟道3条，每条宽30、深15厘米，烟道采用青砖和土坯混合平砌而成，烟道壁宽10厘米，自西向东延伸至房内东南角处向北折转，折转处烟道由青砖和土坯混合立砌而成，单条烟道宽度与前者相同，但烟道壁厚度仅为6厘米左右，此处因保存状况较差，烟道仅存1条。房内堆积2层，均为倒塌堆积：第1层为灰褐色砂土，土质较硬，夹较多红烧土块及砖块；第2层为黑花土，夹碎砖、红烧土块及大块黄色斑点，土质疏松，出土遗物均位于该层内，以碎瓷片为主。

F4　位于探沟中部，西侧紧邻F3，起建于地层第4b层之上，方向158°，发掘揭露部分东西长14.9、南北宽1.5、残存深度0.6米。该房址地面平整，有不太明显的踩踏面。房址西墙与F3平行，宽0.9、残高0.5厘米，东墙已无存。房内取暖设施位于探沟南侧，保存状况较差，可见东西向烟道2条，每条宽20、深15厘米，烟道采用青砖和土坯混合立砌而成，烟道东端接一平面大致呈方形的灶坑，长0.4、宽0.5、深0.3厘米，西段转折向北延伸与房址西墙平行，残长0.65米，仅存1条烟道。房内堆积1层，为灰褐色花土，掺杂大量红烧土，出土遗物为泥质灰褐色陶片及少量瓦片。

H7　位于探沟东部，开口于地层第4b层下，坑口平面圆形，直壁，平底，直径1.3、深1.6米（图版五八，4）。坑内填土为一次堆积，填土为黑褐色花土，砂质，颗粒较细，疏松，夹大量草木灰，出土遗物有泥质灰陶片、瓦片、动物骨骼等。

二、出土遗物

地层第4层出土遗物13件，遗迹单位出土遗物10件。

（一）瓷器

瓷盘　4件。TG1④:11，浅黄褐粗砂胎，未施釉，器表有经火烧形成的烟炱痕，尖唇，敞口，斜腹，圈足底，口径18、底径6.2、高3.8厘米（图6-4-1，1）。F3:3，圆唇，敞口，折腹，灰黑胎粗疏，白釉泛青，残高3.4、胎厚0.4厘米（图6-4-1，3）。F3:6，仿定窑印花碗，胎质坚硬洁白，白釉泛黄，尖唇，敞口，斜直腹，内壁印花缠枝牡丹纹，残长7.5、胎厚0.3厘米（图6-4-1，4）。F3:5，定窑白瓷，芒口，内壁划花萱草纹，胎厚0.4厘米（图6-4-1，5）。

瓷碗　6件。F3:2，化妆白瓷，尖圆唇，敞口，弧腹，圈足，胎质疏松，胎色灰黑，釉色

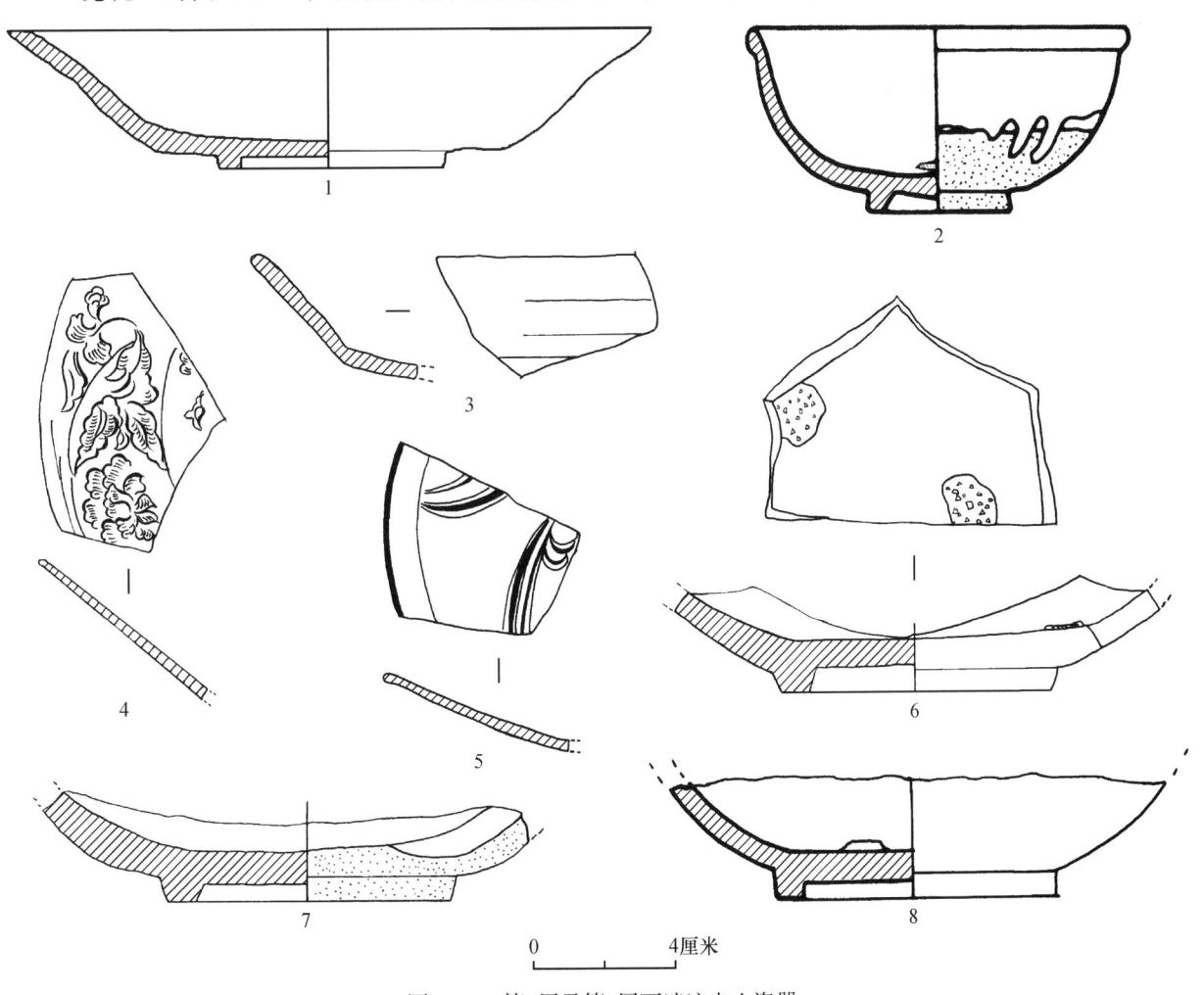

图6-4-1　第4层及第4层下遗迹出土瓷器
1、3—5.瓷盘（TG1④:11、F3:3、F3:6、F3:5）　2、6—8.瓷碗（F3:2、F3:4、F3:1、H8:1）

泛黄，内满釉，外施半釉，内底有长条形支钉痕，口径11、底径4、高6厘米（图6-4-1，2）。F3：4，灰黄胎粗疏，白釉泛黄，内底残存垫砂痕，圈足底，底径8、残高3.1、胎厚0.8厘米（图6-4-1，6）。F3：1，化妆白瓷，灰黄胎粗疏，釉色泛黄，内满釉，外施半釉，露胎处呈炻红，圈足底，底径8、残高3、胎厚1厘米（图6-4-1，7）。H8：1，灰胎，白釉，内施满釉，外施半釉，弧腹，圈足底，内底有支钉痕，外底有墨书痕迹，字迹不清，底径8、残高3.2厘米（图6-4-1，8）。

（二）建筑瓦件

板瓦　1件。F4：2，浅灰色，凸面素面，凹面有细密的布纹，平面呈等腰梯形，长32、宽18.8—22.4、胎厚2.4厘米（图6-4-2，1）。

建筑饰件　1件。TG1④：4，兽头耳部，灰褐色，饰戳点纹，残长9.6、残宽7.8、厚4厘米（图6-4-2，2）。

（三）骨器

1件。TG1④：12，磨制而成，一端残，截面方形，残长4.3、截面边长0.3厘米（图6-4-2，3）。

（四）铁器

铁钉　2件。TG1④：10，钉帽残，截面方形，残长14、截面边长1厘米（图6-4-2，5）。

（五）铜器

铜丝　1件。TG1④：5，截面圆形，残长5.5、截面直径0.2厘米（图6-4-2，4）。

铜钱　7枚。F4：1，咸平元宝，旋读，楷书，直径2.5、孔边长0.7、厚0.2厘米（图6-7-2，6）。TG1④：1，熙宁元宝，旋读，楷书，直径2.3、孔边长0.8、厚0.15厘米（图6-7-2，3）。TG1④：6，元祐（？）通宝，旋读，楷书，直径2.5、孔边长0.5、厚0.25厘米。TG1④：7，字迹不清，残半，直径3.1、孔边长0.6、厚0.2厘米。TG1④：8，熙宁元宝，旋读，楷书，直径2.3、孔边长0.5、厚0.25厘米。TG1④：9，开元通宝，残缺一角，顺读，隶书，直径2.4、孔边长0.7、厚0.15厘米（图6-7-2，4）。TG1④：13，开元通宝，残半，顺读，隶书，直径2.4、孔边长0.7、厚0.15厘米（图6-7-2，5）。

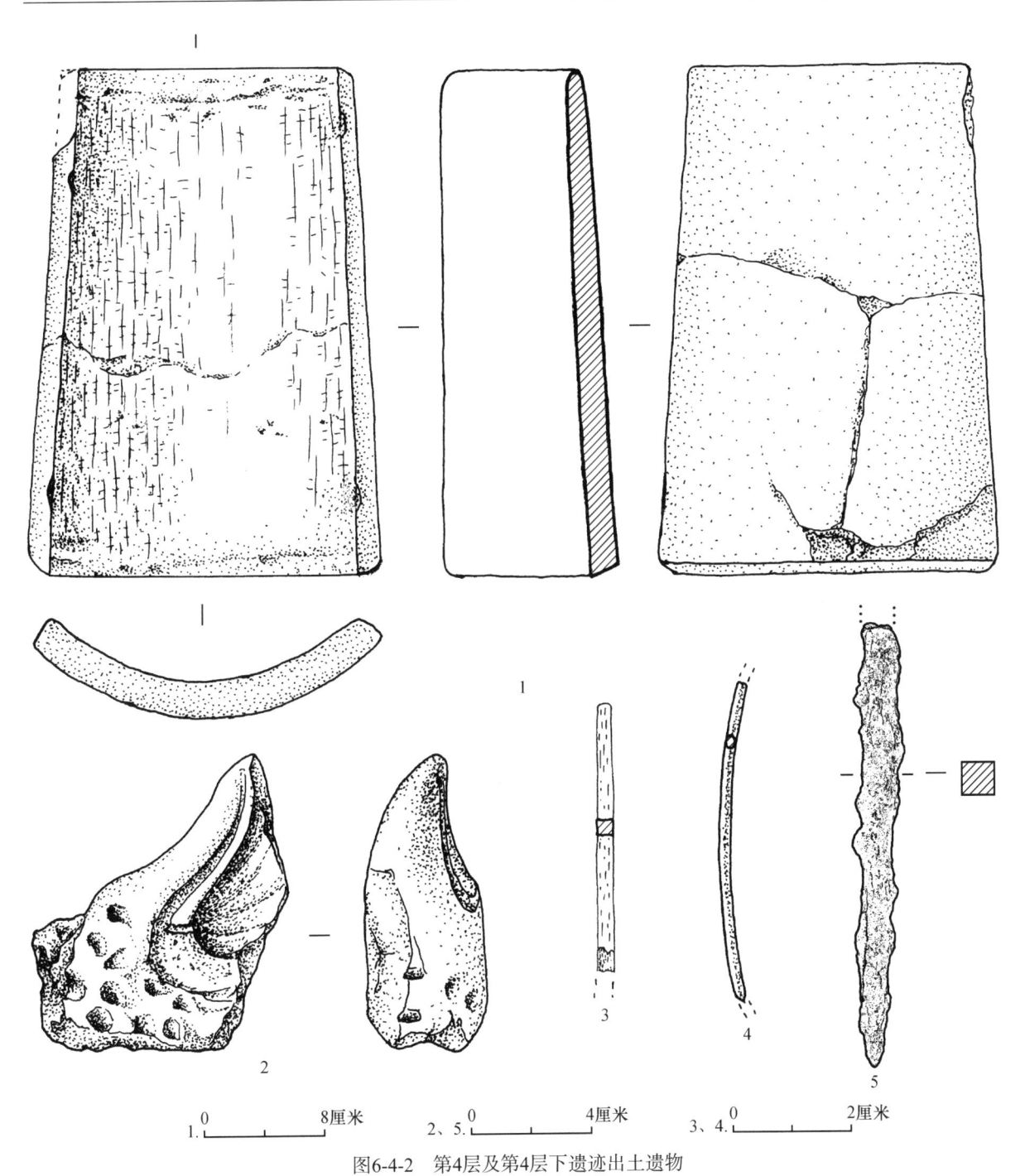

第六章 城内道路及周边遗迹的发掘 ·483·

图6-4-2 第4层及第4层下遗迹出土遗物
1. 板瓦（F4∶2） 2. 建筑饰件（TG1④∶4） 3. 骨器（TG1④∶12） 4. 铜丝（TG1④∶5） 5. 铁钉（TG1④∶10）

第五节　地层第3层及第3层下遗存

一、遗　　迹

G2　位于探沟中部，开口于地层第3层下，打破H6，上部被H1打破，沟口平面呈长条形，直壁，平底，方向162°，已发掘部分南北长1.5、东西宽1.05、深0.75米。沟内填土为一次性堆积，为黑花砂土，疏松，包含少量泥质灰陶片、白瓷片、碎砖头及动物骨骼。

G3　位于探沟西部，开口于地层第3层下，沟口平面呈长条形，直壁，圜底，方向162°，已发掘部分南北长1.5、东西宽1.3、深1米。沟内填土为一次性堆积，为黑花砂土，颗粒较细，疏松，出土泥质灰陶片、瓦片、瓷片、动物骨骼及铜钱。

H5　位于探沟中东部，开口于地层第3层下，坑口平面近圆形，斜弧壁，平底，已发掘部分东西长1.85、南北宽0.8、深0.5米。坑内填土为一次性堆积，为灰褐色砂土，土质疏松，颗粒较大，未见其他包含物。

H6　位于探沟中部，开口于地层第3层下，西侧被G2打破，坑口平面呈圆形，直壁，平底，已发掘部分东西长1.05、南北宽1、深0.55米。坑内填土为一次堆积，填土为黄褐色砂土，颗粒较细，较纯净，疏松，包含零星碎砖头及陶瓷碎片。

二、出土遗物

地层第3层出土遗物7件，遗迹单位出土遗物4件。

（一）陶、瓷器

陶盆口沿　1件。G3∶3，卷沿，圆唇，敞口，残高2.9、胎厚0.6厘米（图6-5-1，1）。

瓷碗底　1件。G3∶4，圈足底，黄褐色胎，白釉泛黄，内施满釉，外底未施釉，涂抹红色颜料，底径7.4、残高2厘米（图6-5-1，5）。

（二）石器

石鸟　1件。TG1③∶4，黄褐色，侧视飞鸟形象，器表饰刻划纹饰，长2.8、高1.3、厚0.8厘米（图6-5-1，3；图版一三四，8）。

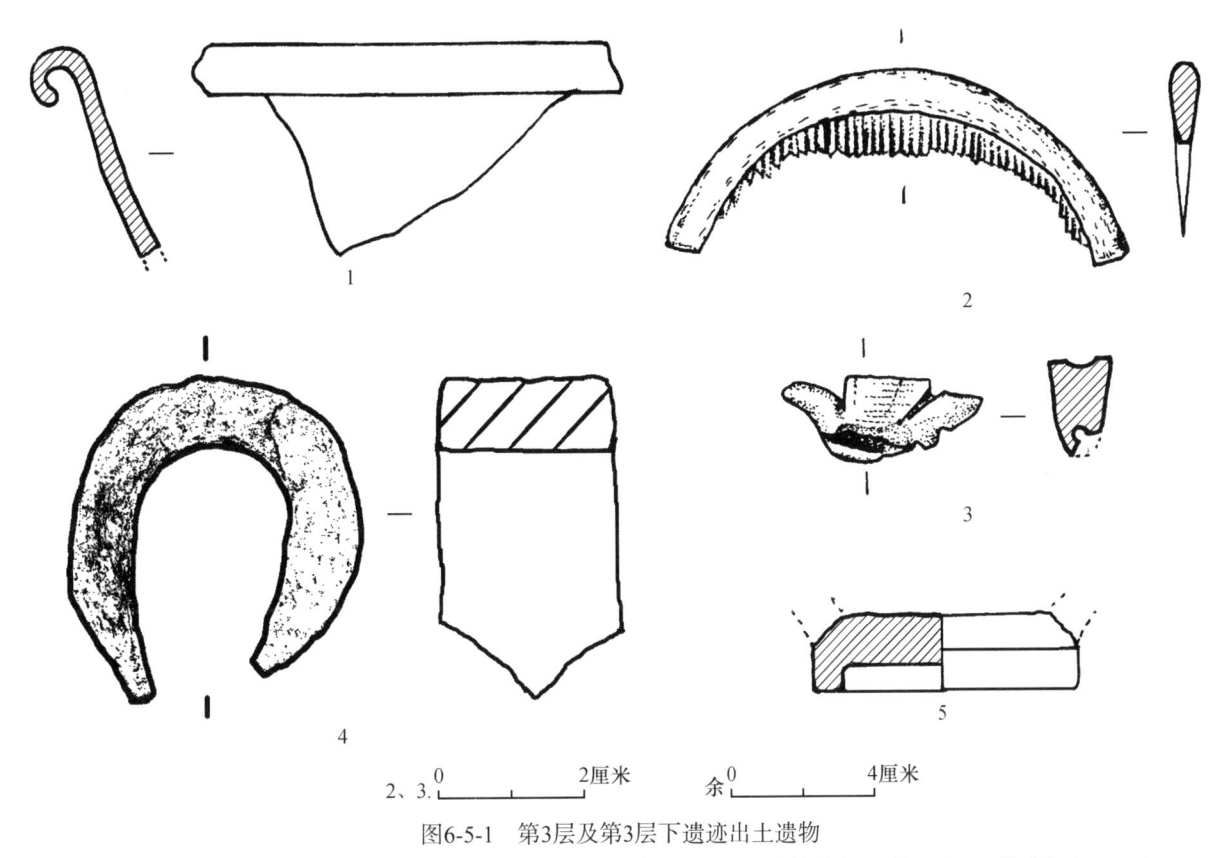

图6-5-1 第3层及第3层下遗迹出土遗物
1.陶盆口沿（G3：3） 2.骨梳（TG1③：1） 3.石鸟（TG1③：4） 4.环状铁器（TG1③：6） 5.瓷碗底（G3：4）

（三）骨器

骨梳　1件。TG1③：1，梳背呈拱形，梳齿残，长7.8、最宽处2.3、最厚处0.4厘米（图6-5-1，2）。

（四）铁器

环状铁器　1件。TG1③：6，残长4.3、宽2.4—2.6、厚0.9厘米（图6-5-1，4）。

（五）铜钱

共6枚。TG1③：2，锈蚀严重，残半，直径2.7、孔边长0.8、厚0.2厘米。TG1③：3，锈蚀严重，直径2.6、孔边长0.6、厚0.25厘米。TG1③：5，景祐元宝，旋读，楷书，直径2.5、孔边长1、厚0.15厘米（图6-7-2，2）。TG1③：7，开元通宝，顺读，隶书，直径3、孔边长0.5、厚0.25厘米。G3：1，开元通宝，顺读，楷书，直径2.5、孔边长0.5、厚0.25厘米。G3：2，熙宁元宝，旋读，楷书，直径2.5、孔边长0.5、厚0.2厘米。

第六节　地层第2层及第2层下遗存

一、遗　　迹

H2　位于探沟中西部，开口于地层第2a层下，仅发掘了一半，平面大致呈圆形，斜直壁，平底，直径1.3、深0.5米。

H3　位于探沟中西部，开口于地层第2a层下，打破F3，坑口平面呈圆长角方形，直壁，圜底，已发掘部分南北长1.4、东西宽1.02、深0.5米。坑内填土为多次堆积形成，可分为4层：第1层红褐色沙土，土质坚硬，夹红褐色斑点；第2层黄褐色沙土，土质疏松；第3层沙质土，夹黑灰色和黄色斑点；第4层为沙质黄褐色，出土少量陶瓷碎片。

H4　位于探沟中西部，开口于地层第2a层下，东侧紧邻H3，坑口平面呈圆角长方形，直壁，平底，已发掘部分东西长3.1、南北宽0.8、深0.85米。坑内填土为多次堆积形成，可分为5层：第1层为灰褐色沙土，土质较硬夹黄褐色斑点；第2层为黄褐色沙土，土质疏松，较纯净；第3层土质土色与第1层一致；第4层略微泛青，土质疏松；第5层为灰花土，有大量黄斑，遗物大多出土于第5层，有陶瓷碎片、动物骨骼、鱼鳞等。

二、出土遗物

第2层地层出土遗物共计18件。第2层下灰坑出土遗物2件。

（一）瓷器

瓷器盖　2件。TG1②：7，定窑白瓷，胎质坚硬，白釉泛青，顶部饰划花条纹，直径8、残高1.8、胎厚0.2厘米（图6-6-1，1）。

瓷碗口沿　5件。TG1②：14，化妆白瓷，灰黄胎，圆唇，敞口，内外均施满釉，釉色泛黄，口径20、残高4、胎厚0.4厘米（图6-6-1，2）。TG1②：16，圆唇，敞口，灰白胎，白釉泛青，残高2.3、胎厚0.4厘米（图6-6-1，8）。TG1②：17，圆唇，敞口，灰黑胎，白釉泛黄，残高2.8、胎厚0.5厘米（图6-6-1，7）。TG1②：18，圆唇，敞口，灰白胎，白釉泛黄，残高2.6、胎厚0.25厘米（图6-6-1，9）。

瓷碗底　5件。TG1②：9，化妆白瓷，灰黄胎，粗疏，内外皆满釉，外底不施釉，底径4.2、残高1.9、胎厚0.6厘米（图6-6-1，4）。TG1②：10，利州窑白瓷，胎质坚硬，灰白色，乳白色釉，内满釉，外施半釉，施化妆土，内底残留2处支钉痕，斜直腹，圈足底，底径8、残高4、胎厚0.4厘米（图6-6-1，6）。

瓷盘底　4件。TG1②：12，定窑白瓷，白釉泛黄，圈足底，底径8、残高1.3、胎厚0.4厘米（图6-6-1，5）。TG1②：13，定窑白瓷，内地划花莲花纹，弧腹，卧足，足径8、残高5、胎厚0.2厘米（图6-6-1，3）。

（二）石器

石环　1件。TG1②：6，黄褐色，截面呈长方形，外径3.5、内径2.3、厚0.3厘米（图6-6-1，10）。

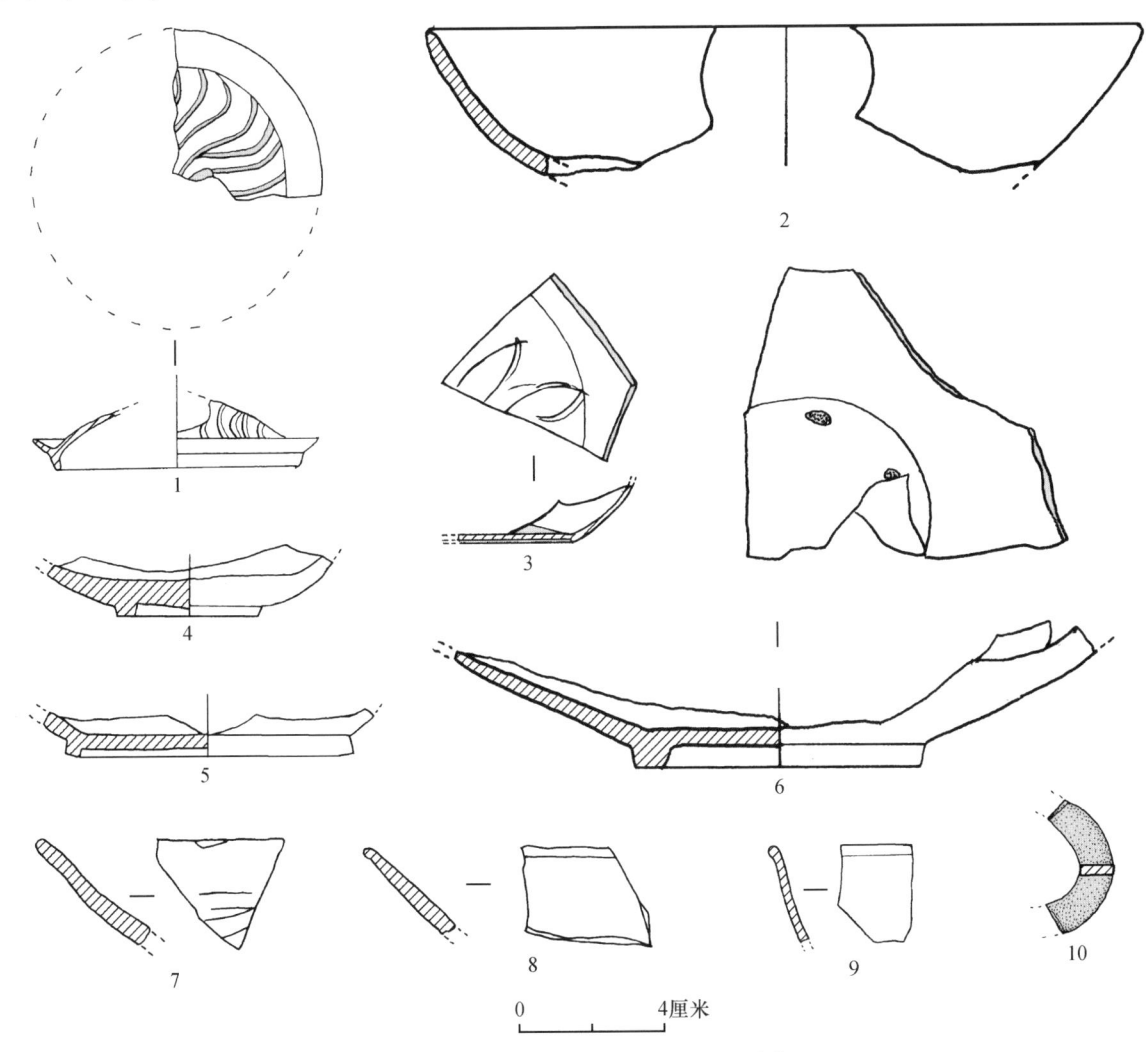

图6-6-1　第2层及第2层下遗迹出土遗物

1.瓷器盖（TG1②：7）　2、7—9.瓷碗口沿（TG1②：14、TG1②：17、TG1②：16、TG1②：18）　3、5.瓷盘底（TG1②：13、TG1②：12）　4、6.瓷碗底（TG1②：9、TG1②：10）　10.石环（TG1②：6）

（三）铜钱

3枚。TG1②：1，至道元宝，旋读，楷书，直径3、孔边长0.5、厚0.2厘米（图6-7-2，1）。TG1②：3，锈蚀严重，残半，直径2.6、孔边长0.6、厚0.2厘米。TG1②：4，至道元宝，旋读，楷书，直径2.6、孔边长0.5、厚0.25厘米。

第七节　表土层及表土层下遗存

一、遗　　迹

F1　位于探沟中西部，开口于地层第1a层下，打破H3、H4，仅发掘一角，可知其为方形，方向158°，发掘揭露部分东西长4.1、南北宽0.9、残存深0.08米。该房址地面平整，有不太明显的踩踏面，因距地表较浅，受现代耕作行为破坏严重，地面仍可见现代耕地形成的垄沟痕迹。房内西北部发现6块南北向平铺的青砖，宽6厘米，有火烧痕迹，排列方向与房址相同，应为该房址残存的烟道遗迹。房内堆积一层，为夹杂大块白色斑点的五花土，出土少量泥质灰黑色陶片。

H1　位于探沟中部北壁下，开口于地层第1a层下，打破G2，仅发掘一部分。坑口呈圆形，弧壁，圜底，发掘长度1.25、宽0.4、深0.6米。

G1　位于探沟西部，开口于地层第1a层下，打破F2，平面呈形制规整的条状，斜弧壁，圜底，方向158°，发掘长度1.5、宽1.05、深0.64米。沟内填土为一次性堆积，为疏松的灰黑色沙土，颗粒较细，出土较多陶、瓷器残片，以及瓦片和铜钱。

二、出土遗物

第1层地层出土遗物1件。遗迹单位出土遗物8件。

（一）陶、瓷器

陶盆　2件。G1：2，展沿，外叠唇，敞口，下腹微鼓，平底，口径28.4、底径16.4、高9厘米（图6-7-1，2）。G1：8，残存底部，大平底，内底有3圈波浪状研光暗纹带，残高2.2、底厚0.9厘米（图6-7-1，1）。

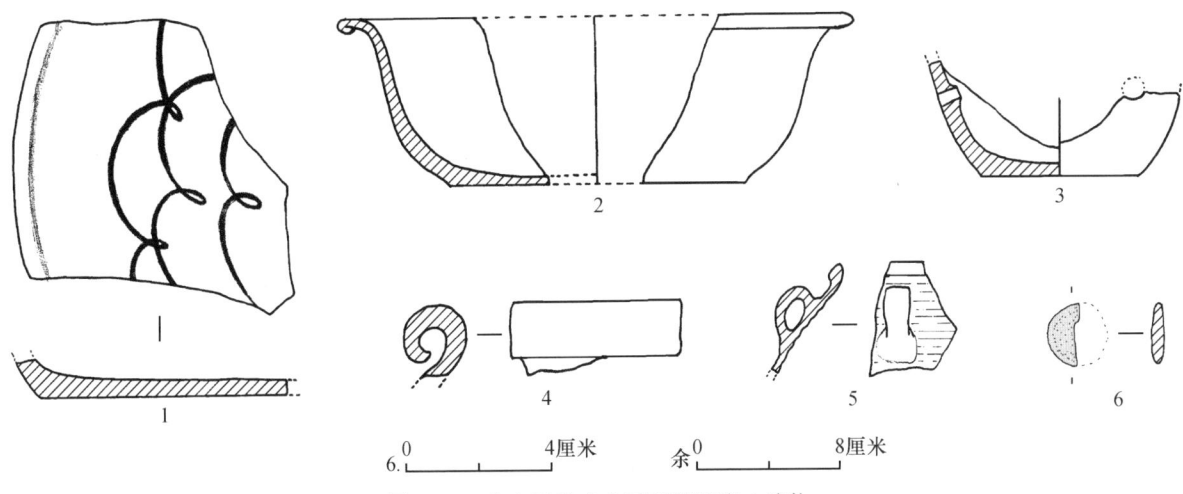

图6-7-1 表土层及表土层下遗迹出土遗物

1、2.陶盆（G1：8、G1：2） 3.陶扑满（G1：3） 4.陶罐口沿（G1：7） 5.瓷罐口沿（G1：4） 6.琉璃棋子（TG1①：1）

陶扑满 1件。G1：3，残存底部，弧腹，平底，下腹部有直径1厘米的圆形孔洞，底径9、残高6.2厘米（图6-7-1，3）。

陶罐口沿 3件。G1：7，卷沿，圆唇，敛口，残高4、胎厚1厘米（图6-7-1，4）。

瓷罐口沿 1件。G1：4，酱釉，尖圆唇，敛口，肩部有一宽1.6厘米的竖向环耳，器表有轮制痕迹，残高6.2厘米（图6-7-1，5）。

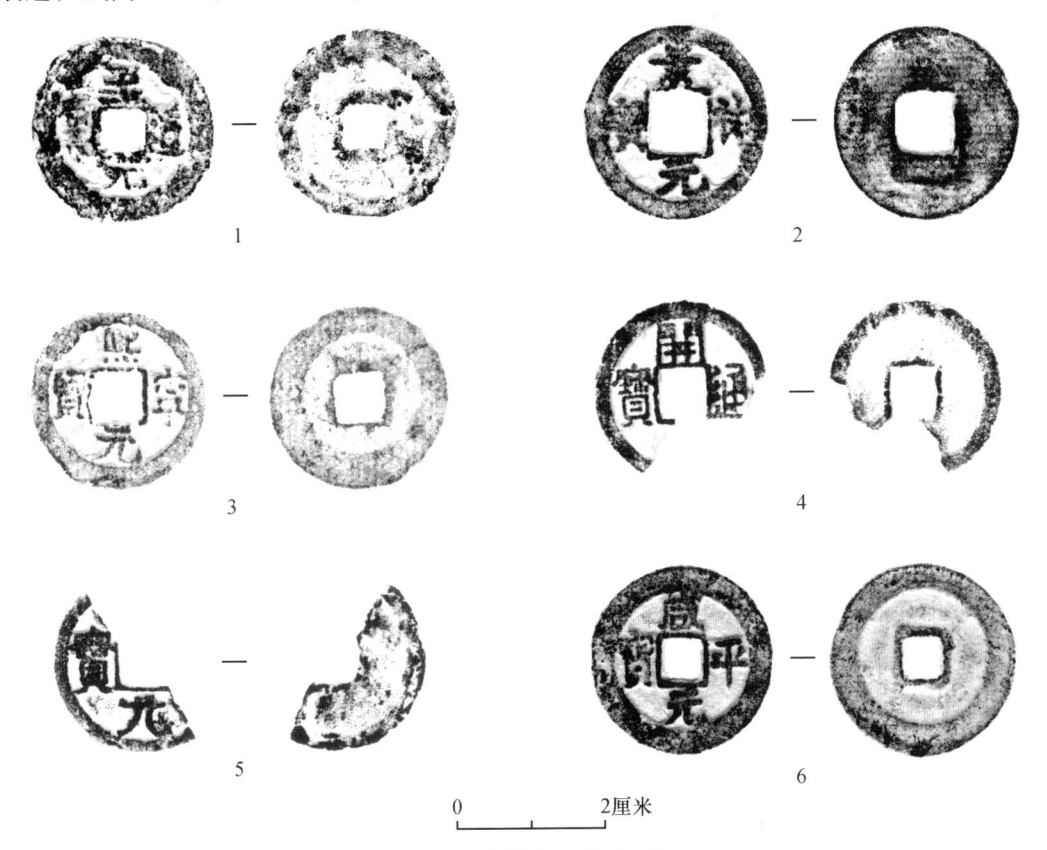

图6-7-2 探沟出土铜钱拓片

1.TG1②：1 2.TG1③：5 3.TG1④：1 4.TG1④：9 5.TG1④：13 6.F4：1

（二）其他器物

琉璃棋子　1枚。TG1①：1，白色，圆饼形，残半，直径1.6、厚0.35厘米（图6-7-1，6）。

铜钱　1枚。G1：1，字迹不清，残缺1/3，直径2.5、孔边长0.5、厚0.15厘米。

第八节　小　　结

一、遗存分期

该发掘区遗迹主要为房址、灰坑和道路。由于出土遗物较少，难以通过器物形制特征来判断各层位遗存所属时代。但该发掘区距离窑址发掘区较近，各地层在土质土色上有较为清晰的对应关系。

从层位关系和遗迹性质可将该发掘区遗存分为二期。

第一期以地层第4、5层及开口于其下的遗迹单位为代表，遗迹以房址和道路为主，出土遗物较少。与窑址第一期所处时代相同，应为辽代中晚期。

第二期以地层第2、3层及开口于其下的遗迹单位为代表，包括表土层下开口的遗迹单位，遗迹以密集的房址为主，出土遗物多为日用陶瓷器，数量较为丰富。所处时代相当于窑址第三期，为金代中晚期。

二、遗存性质

从对城内道路的钻探了解到，城四家子城址在南北向轴线位置存在一条主干道路。为了验证钻探的准确性，以及了解主干道路附近遗存的性质，我们选择了此处进行探沟发掘。

通过发掘，确认了主干道路（L1）的存在。虽未对该道路进行全面揭露，但从已发掘的部分的遗迹现象看，该道路自城址始建至以后的历代的发展中，位置和宽度并没有发生变化，说明城址的基本格局在沿用和重建过程中未做大的调整。

在紧邻L1西侧的区域，各期发现的遗迹均以有取暖设施的房址为主，可见这一区域属于生活区。其中，第二期房址尤为密集，F2—F4呈东西向并列排布，方向和层位均相同，应是同时期规划建造的房址。

第七章　城外墓葬的发掘

第一节　墓葬位置及形制

据《洮安县文物志》记载，"在古城北二华里八角村角"，发现辽金时期墓群，"东西长达十余米"，曾有大型砖室墓、骨灰罐和人骨架，以及绘于白灰面上的红彩壁画残片[①]。2013年5月，我们对城址北部的林地进行了调查和局部钻探，了解到此处为大面积的墓地，分布范围大大超过文物志中的记载。

由于当地盗掘猖獗，地表可辨认出的墓葬均被盗掘，加之当地村民建房、挖窖、取土等行为，导致大量墓葬被破坏殆尽。2015—2016年，我们对被盗掘和即将遭到旱田改水田破坏的几座墓葬进行了抢救性发掘，共发掘4座墓葬，编号M17—M20。又在附近村民家院中发现1座墓葬，编号M21，该墓已被破坏殆尽，保留几件墓内的随葬品。此外，在发掘期间的走访调查中，又陆续发现10余座墓葬。

发掘的几座墓葬均位于距北城墙70—200米范围内的林地中（图7-1-1），地表没有标识，均是在村民取土时发现。墓葬分布较为稀疏，均为小型单室砖墓，有一条墓道，整体平面呈甲字形，均遭受过盗掘，随葬品皆无，墓顶坍塌，保存状况较差。

第二节　墓葬详述

一、M17

位于距北城墙约200米处的林地中。墓葬全长4.6米，方向190°，为在生土上下挖砌筑而成，由墓道和墓室组成（图7-2-1；图版五九，1）。

[①] 吉林省文物志编委会：《洮安县文物志》，内部刊物，1982年，第39页。

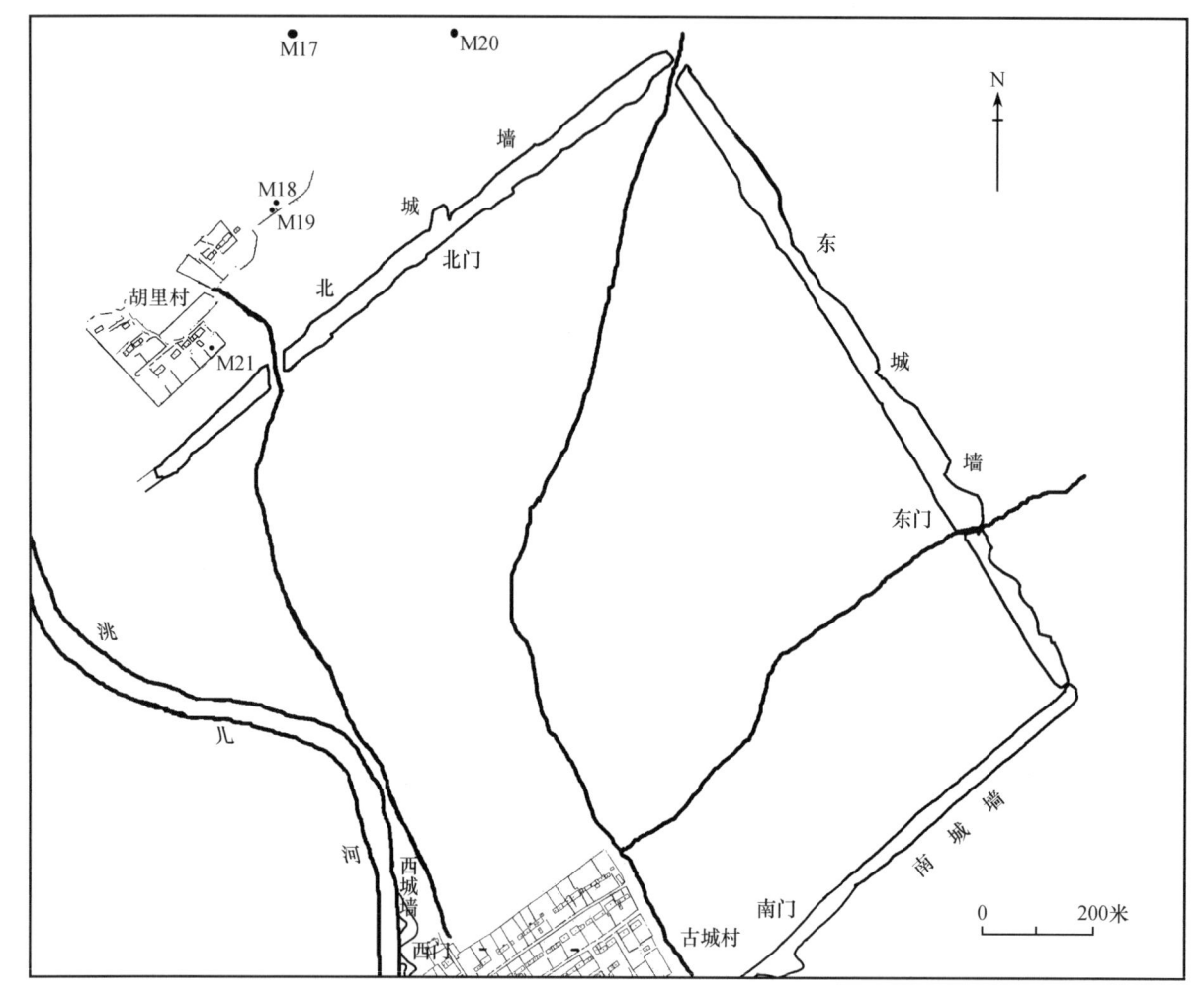

图7-1-1 墓葬分布图

（一）墓道

墓道位于墓葬南部正中，为阶梯式，平面大致呈长方形。残长1.3、宽1、最深处0.92米，墓道两侧壁垂直于底面。墓道内修3级台阶，高度0.4米左右。

（二）墓室

墓室为先挖一方形竖穴土坑，再在其内四壁砌筑砖壁。土坑南北长3.3、东西宽3.2、深1米，东、西、北三面均以单层砖砌壁，南壁砌2层。砖壁与土坑坑壁间以黄土填充并夯实。墓室内南北长2.3、东西宽2.05米。墓壁先以2层长方形青砖横向错缝平砌，再由2层长方砖立砌，其上再横向平砌，抹角内收直至墓顶，由于墓顶部已残缺，内收部分现存5层砖的高度。墓壁砖面涂抹白灰作为装饰，白灰面上可见红、黑、绿等色的彩绘残迹。墓底错缝铺1层方砖，方砖边长32、厚5厘米。砖面上涂抹白灰，并以红彩绘制图案。墓室北部的铺地砖缺失，在与西

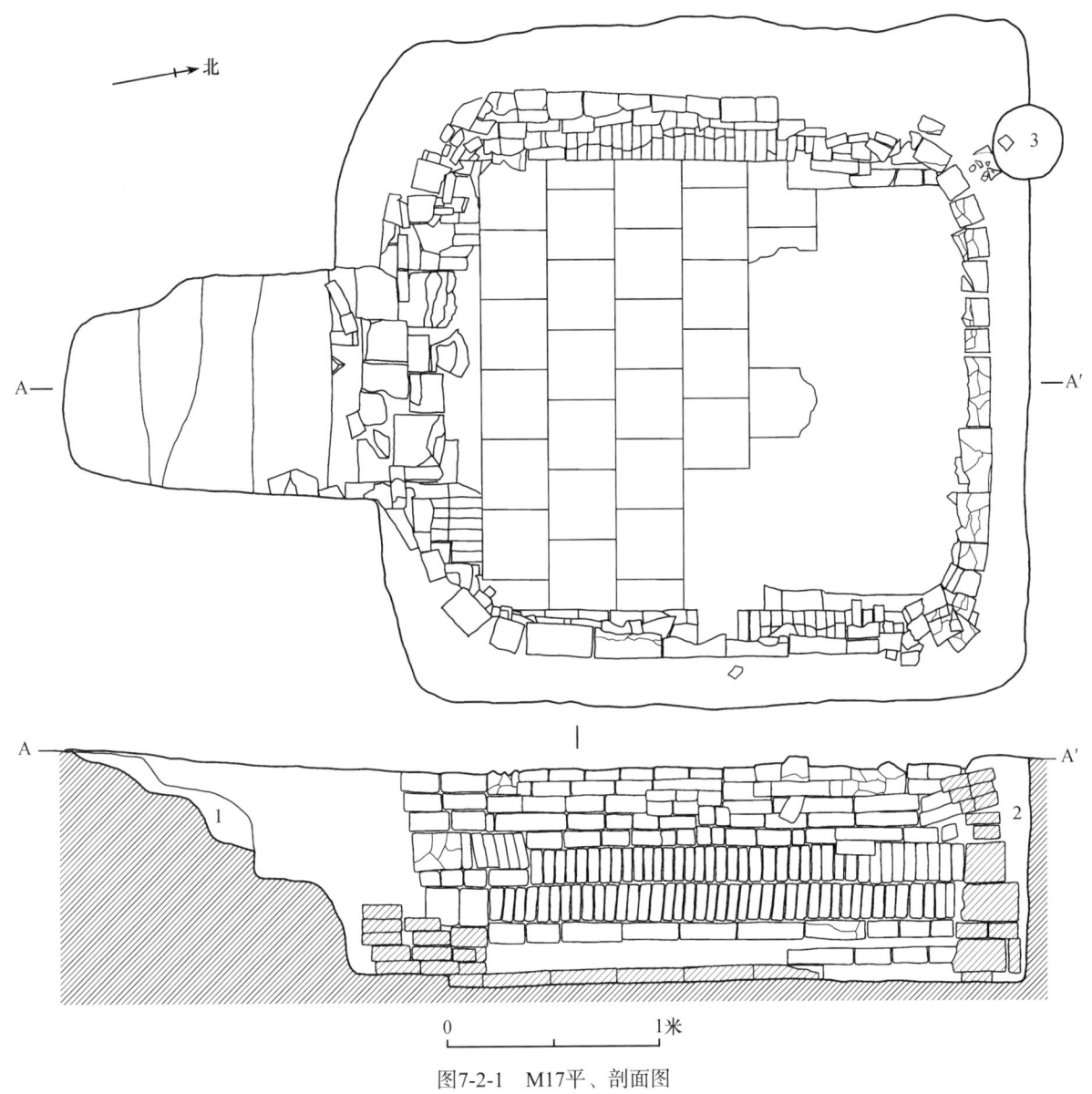

图7-2-1　M17平、剖面图
1. 灰褐色土，致密　2. 浅褐色土，疏松　3. 灰褐色土，疏松

壁相接处底部残存少许棺床铺砖，可知该墓棺床为东西向紧贴墓室北壁而砌，宽0.8米，仅1层砖的厚度，棺床上亦涂抹白灰面（图版五九，2）。

（三）出土遗物

陶盆口沿。出土1件，位于墓室填土之中，编号M17：1，轮制泥质灰陶，素面，展沿，圆唇，残高1.6、胎厚0.7厘米（图7-2-2，2）。

砖。编号M17：2，泥质青灰色，长方形，残半，表面有1道凸棱，砖表面附着红色彩绘图案残迹，残长14.8、宽15.7、最厚处5.2厘米（图7-2-2，1）。

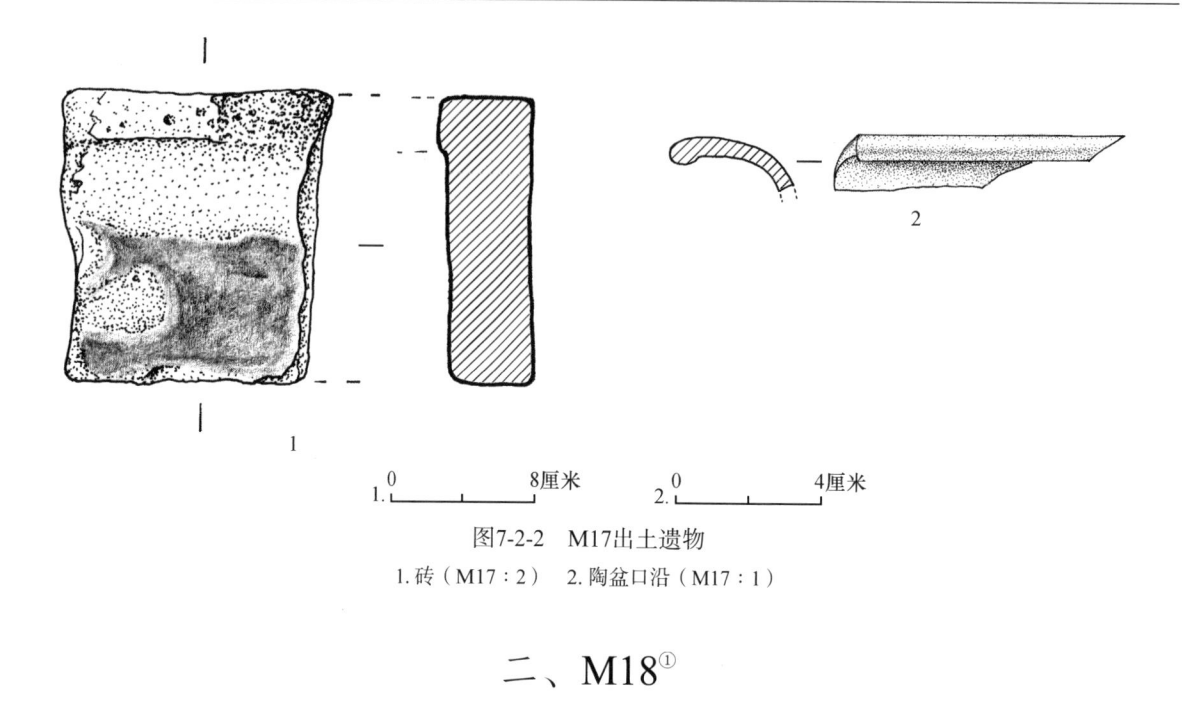

图7-2-2　M17出土遗物
1.砖（M17:2）　2.陶盆口沿（M17:1）

二、M18[①]

位于距北城墙约170米处的林地中，东北距M17约120米。墓葬全长6.2米，方向198°，为在生土上下挖砌筑而成，由墓道、甬道和墓室组成（图7-2-3；图版六〇，2）。

（一）墓道及甬道

墓道位于墓葬南部正中，为阶梯式，平面大致呈长方形。残存长度2.48、宽0.75米，墓道两侧壁垂直于底面。墓道内修有5级台阶，平均高度0.3、最深处距地表1.6米。墓道与墓室相接处顶部曾用黄土封堵，形成甬道，现已坍塌，形制难辨，仅在两侧壁残存少许，可知其进深为0.5米，高度不明。

（二）墓室

墓室为先挖一方形竖穴土坑，再在其内四壁砌筑砖壁。土坑南北长3.72、东西宽3.64米，以单砖砌壁，砖壁与土坑坑壁间以黄土填充并夯实。砌筑完的墓室底部平面亦呈方形，南北长2.5、东西宽2.4、距地表深2米。所用青砖规格为长36、宽18、厚5.8厘米（图版六一，1）。

墓壁先以7层长方形青砖横向错缝平砌，再由一层长方砖横向立砌，并向墙面内收0.4厘米，该层之上又为横向平砌的长方砖，残存6层，第6层砖层四角有内收迹象。横向立砌砖面的四角及墓壁三等分处均夹1块纵向立砌的磨角砖，并突出墙面10厘米，其上间隔1层横砖后

---

① 该墓初始编号为M2，整理资料期间改为统一后的墓葬编号M18。

图7-2-3 M18平、剖面图

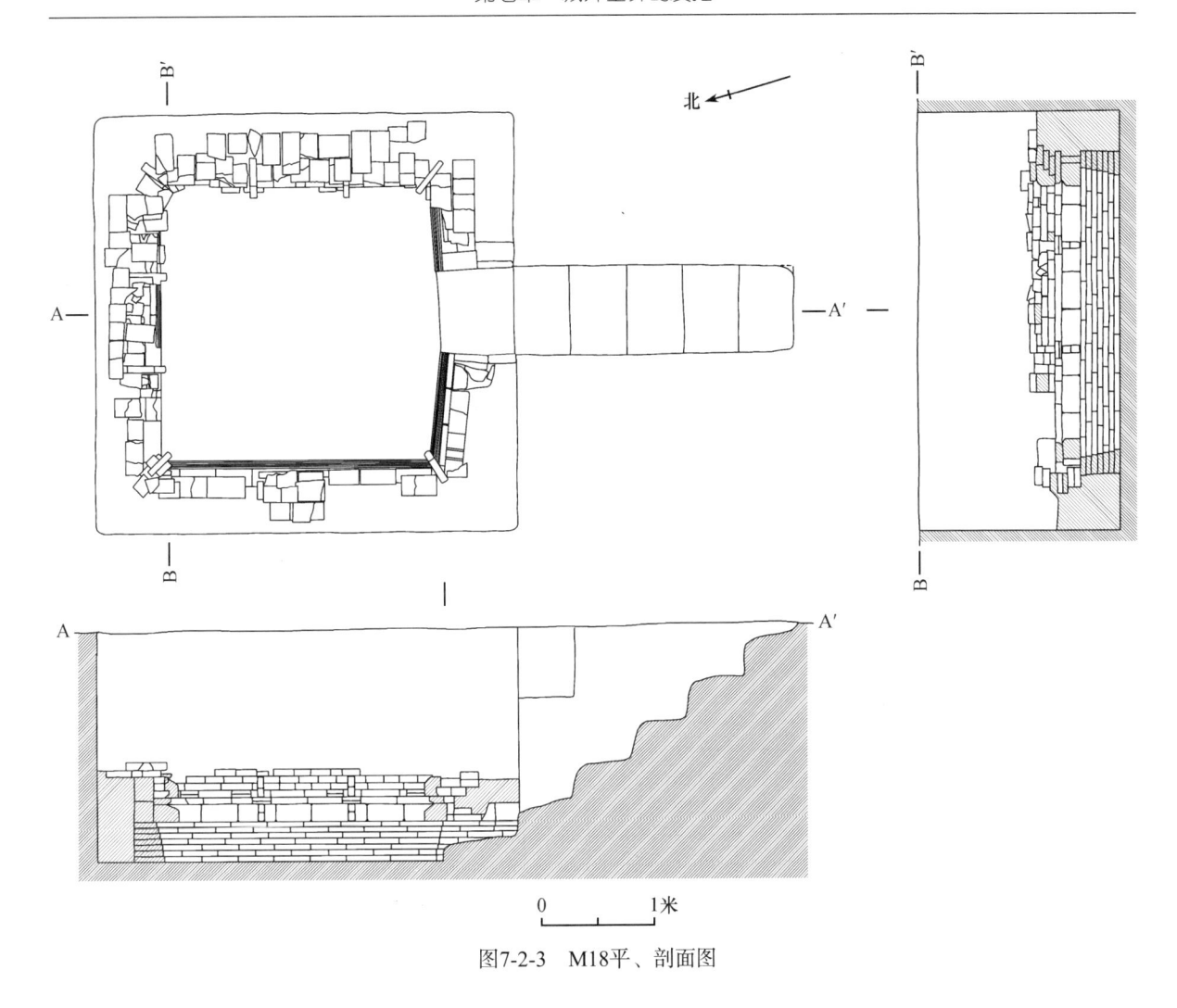

又有1块突出墙面10厘米的纵向立砌磨角砖，形成象征仿木结构建筑中斗栱的简化形式，此种情况见于墓室北壁和东壁（图版六一，2），西壁因保存状况较差未保留下来，但从砌筑方式上看，应与北壁和东壁相同。南壁未见斗栱形式（图版六一，3）。墓壁砖面涂抹白灰作为装饰。

墓底未见铺砖和棺床，但从墓壁最底层砖未涂抹白灰的情况判断，该墓在墓壁砌筑完成后墓底曾有1层铺砖，墓室北壁底部有2层砖为涂抹白灰，可知此处曾存在1层砖厚度的棺床，从墓室东、西两壁倒数第2层砌砖上未涂抹白灰的部位的宽度可知，棺床的宽度为0.75米，长度与墓室内东西宽度相同。

墓室南壁中部留出与墓道同宽的墓门，但未见封门的残迹。墓门处有一级土质台阶，高约0.2米。

该墓墓室四面砖壁保存较为完整，但顶部已无存。墓内未见坍塌的砖顶，甚至少见移位的砖，推测该墓早年已被扰动，顶部砌砖、棺床及墓底铺砖均被人为拆除。

墓内填土为灰褐色五花土，夹杂一定数量的青砖。未见人骨及随葬品。

三、M19[①]

位于距北城墙约170米处的林地中，东北距M18仅1米（图版六〇，1）。墓葬全长4.76米，方向198°，为在生土上下挖砌筑而成，由墓道、甬道、墓室组成（图7-2-4；图版六〇，3）。

（一）墓道

墓道位于墓葬南部正中，为阶梯式，平面呈长方形。残存长度1.72、宽0.65米，墓道两侧壁垂直于底面。墓道内修有4级台阶，平均高度0.3米，最深处距地表1.2米。

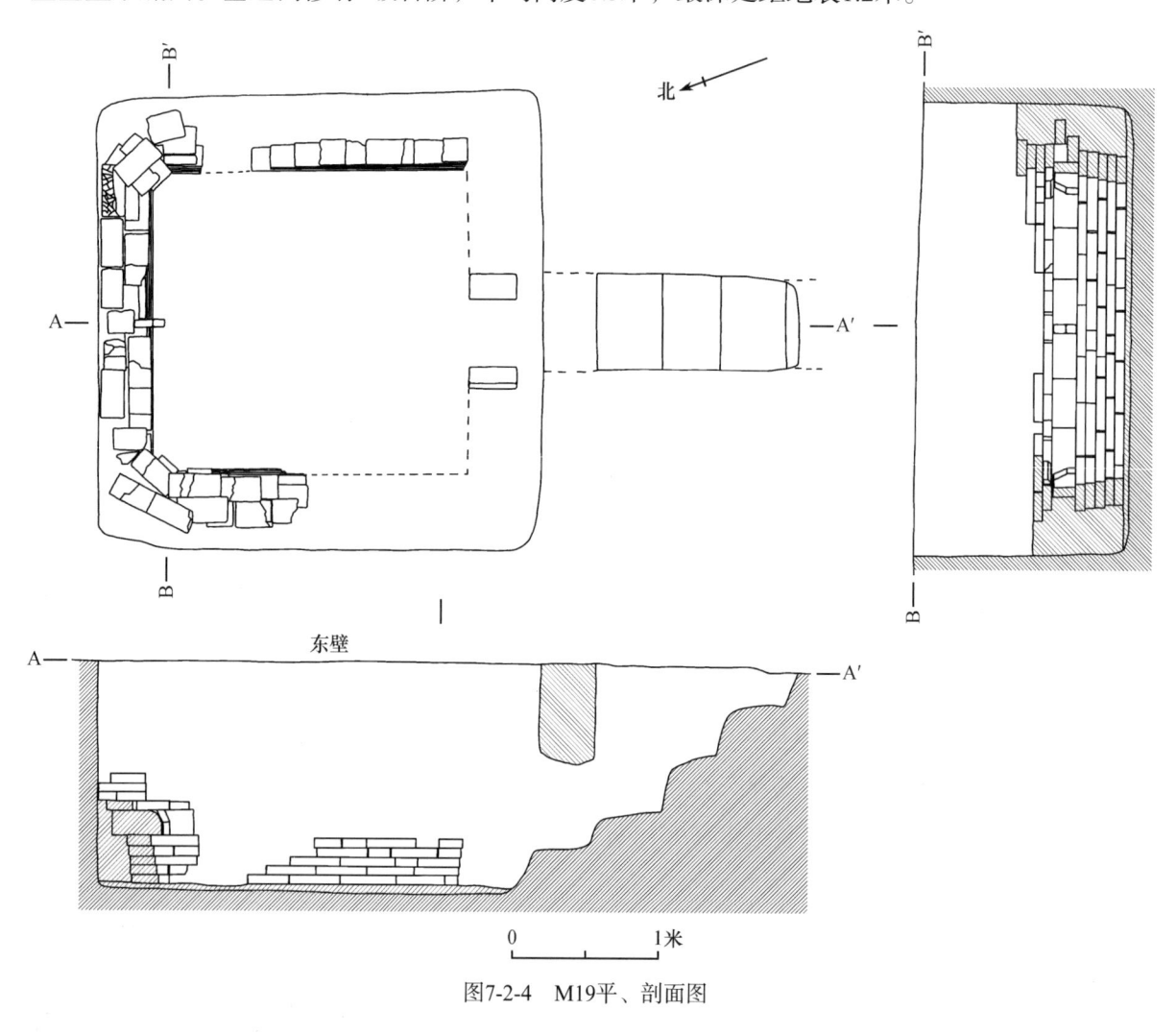

图7-2-4　M19平、剖面图

---

① 该墓初始编号为M3，整理资料期间改为统一后的墓葬编号M19。

（二）甬道

甬道位于墓道北端，与墓道同宽，均为土壁，草拌泥抹平，上部用黄土封堵，形成拱形顶。进深0.4、高0.56米。

（三）墓室

墓室为先挖一方形竖穴土坑，再在其内四壁砌筑砖壁。土坑南北长3.04、东西宽3米，以单砖砌壁，砖壁与土坑坑壁间以黄土填充并夯实。砌筑完的墓室底部平面亦呈方形，南北长2.16、东西宽1.96、距地表深1.5米。墓壁先以5层长方形青砖横向错缝平砌，再由1层长方砖横向立砌，并向墙面内收0.4厘米，该层之上又为横向平砌的长方砖，残存4层，层层内收，尤其四角内收明显，形成圆角。横向立砌砖面的四角和墓壁中部均夹1块纵向立砌的磨角砖，并突出墙面8厘米，应为与M2相同性质的，象征仿木结构建筑中斗拱的简化形式，墓室北壁保存较好（图版六一，4），东、西两壁的仿木结构已缺失。墓壁砖面涂抹白灰作为装饰。

墓底未见铺砖，棺床亦未见。墓壁最底层铺砖下为褐色五花土，距生土底面有5—6厘米，正好是一层青砖的厚度，推测该墓墓底曾铺砖，且是先于墓壁砌筑前铺设的，从墓壁最底层砌砖上也涂抹白灰这一迹象也可得到佐证。墓室北壁底层青砖上无白灰，证明该墓墓室内亦曾有1层砖高度的棺床，从墓室西壁底层青砖上未涂白灰部分的宽度可知，该墓内棺床的宽度为0.6米。

墓室南壁砌砖均已无存，仅在中部墓门处左右两侧各残存1块青砖，应为立砌于最外侧边的砖（发掘出土时东侧青砖已倒），其间距即为墓门的宽度，与墓道相同。

该墓墓室砖壁仅北壁较为完整地保存下来，东壁残存1.8、西壁残存1.05米，其余部位砖壁均缺失。从东、西砖壁缺失处的现存迹象看，应为被人为拆除。

墓内填土为灰褐色五花土，夹杂一定数量的青砖。未见人骨及随葬品。

四、M20

位于距北城墙约160米处的林地中，西距M17约185米。墓葬全长5.8米，方向180°，为在生土上下挖砌筑而成，由墓道、天井、墓门、甬道、墓室组成。墓道为阶梯式，其后接一南北长3.9、东西宽3.1米的竖穴土坑，天井、墓门、甬道和墓室于其内用青砖砌筑，砖壁与土坑坑壁间以黄褐花土填充并夯实（图7-2-5；图版六二，1）。

图7-2-5 M20平、剖面图

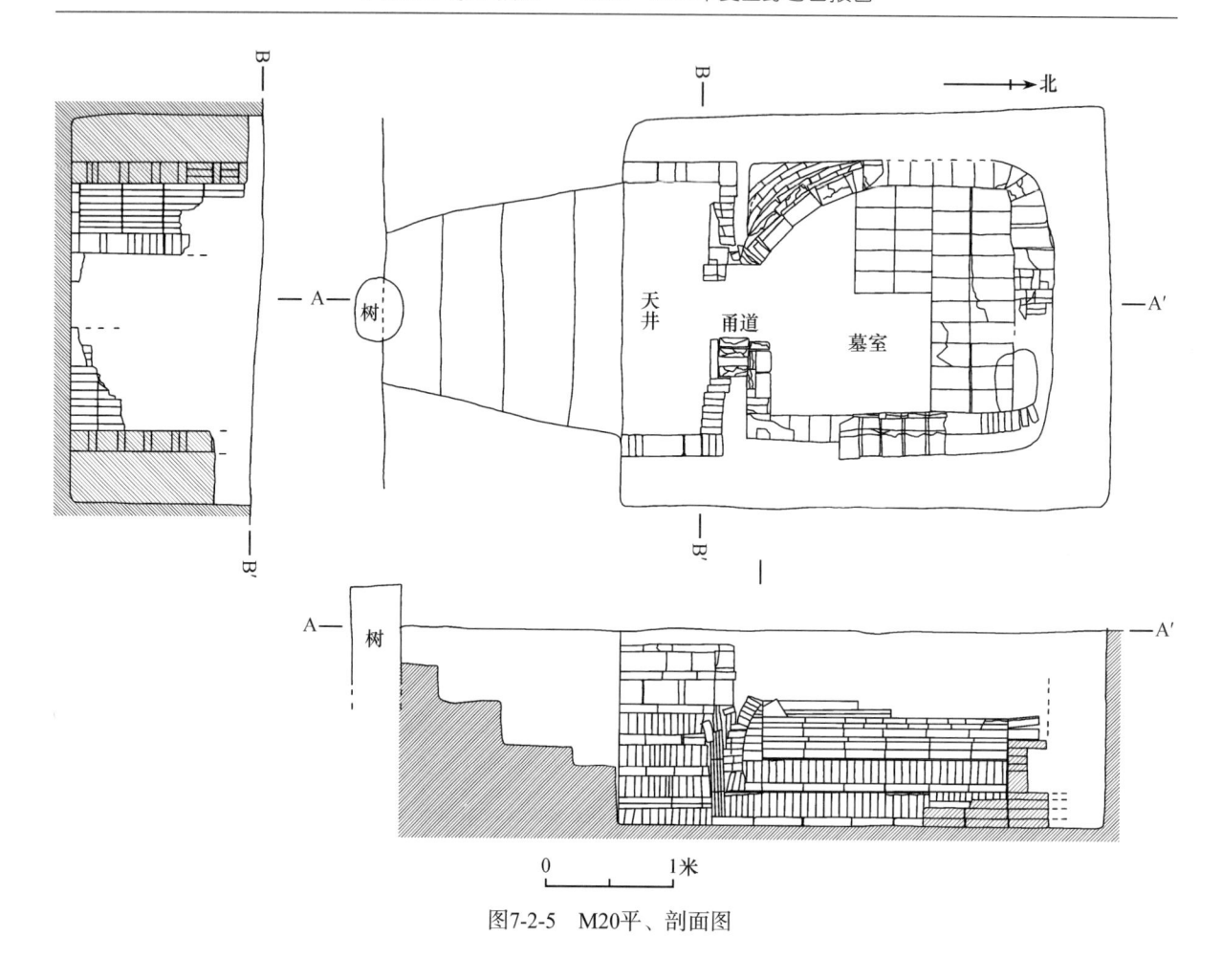

（一）墓道

墓道位于墓葬南部正中，平面呈梯形，由于树木阻挡，未完全发掘。已发掘长度为1.9米，靠近墓室端宽1.9、末端宽1.2米。墓道两侧壁垂直于底面，靠近墓室端侧壁可见残存的壁画。墓道内修4级台阶，平均高度0.3米（图版六二，4）。

（二）天井与墓门

天井平面呈长方形，底部为平坦的生土面，宽1.9、进深0.8米。两侧壁用青砖垒砌，厚0.36米，表面施白灰。垒砌方式为立砌与平砌交错，东壁残存6层立砌和6层平砌青砖，通高1.37米，西壁残存6层立砌和7层平砌青砖，通高1.43米。北壁即墓门所在墙壁为青砖竖向立砌，并涂抹白灰，白灰之上可见红色颜料绘制的壁画残迹。因遭破坏，该面墙壁顶部已无存，从现存遗迹情况看，门洞宽0.54、残高1.3米。

（三）甬道

甬道为青砖横向立砌，顶部及两侧壁均残缺，故高度不明。甬道宽0.54、进深0.45、西壁残高0.9、东壁残高0.4米。内端与墓室相接处有1道封门砖墙，仅1层砖的厚度，现残存门栏及部分边框的下端。

（四）墓室

以单砖砌壁，下部平面呈棱角分明的长方形，南北长1.9、东西宽1.7、墓底距地表深1.5米，垒砌方式为立砌与平砌交替，下部4层为一竖一卧，其上均为卧砖，至0.7米高处出现仿木结构建筑的简易斗拱形态，并在此处逐渐抹角内收，使得墓室上部平面渐呈圆形，顶部残缺，形制不明，残存高度0.8米（图版六二，3）。壁面涂抹白灰，白灰面上见红色颜料的彩绘痕迹。墓底南北向平铺1层规格为36厘米×18厘米×6厘米的长方砖，砖面涂抹1层白灰，墓室南部地砖大多已缺失。棺床位于墓室北部，由2层长方砖紧贴墓壁平砌而成。棺床东西长1.7、南北宽0.7、高0.14米，棺床上表面及侧边均涂抹白灰（图版六二，2）。

墓内填土为灰褐色五花土。因被盗，未见任何随葬品，亦未见人骨遗存。

五、M21

位于城址以北约70米处的村民家院中，东北距M18约220米。该墓葬位于当地百姓家院内，墓室早年已遭破坏，形制不明。从该户村民描述情况可知为一座无壁画的小型砖室墓。墓内出土4件瓷器，均为定窑白瓷，施满釉。

瓷盘 2件。M21：3，敞口，圆唇微侈，弧腹，圈足底，内底中部饰剔花荷叶纹饰，边缘饰一圈凸弦纹，外壁素面，口径17、底径5.6、高3.2、胎厚0.2厘米（图7-2-6，1；图版一二四，3、4）。M21：4，敞口，圆唇微侈，弧腹，圈足底，内底中部饰剔花荷叶纹饰，边缘饰一圈凸弦纹，外壁素面，口径16.6、底径5.6、高3、胎厚0.2厘米（图7-2-6，2；图版一二四，5、6）。

瓷碗 2件。M21：1，敞口，圆唇微外翻，弧腹，圈足底，内壁素面，外壁腹部施三道凹弦纹，口径19.2、底径5.6、高6.8、胎厚0.2厘米（图7-2-6，4；图版一一九，6）。M21：2，敞口，圆唇微侈，弧腹，圈足底，内、外壁均素面，口径19.6、底径6、高7.2、胎厚0.25厘米（图7-2-6，3；图版一一九，7）。

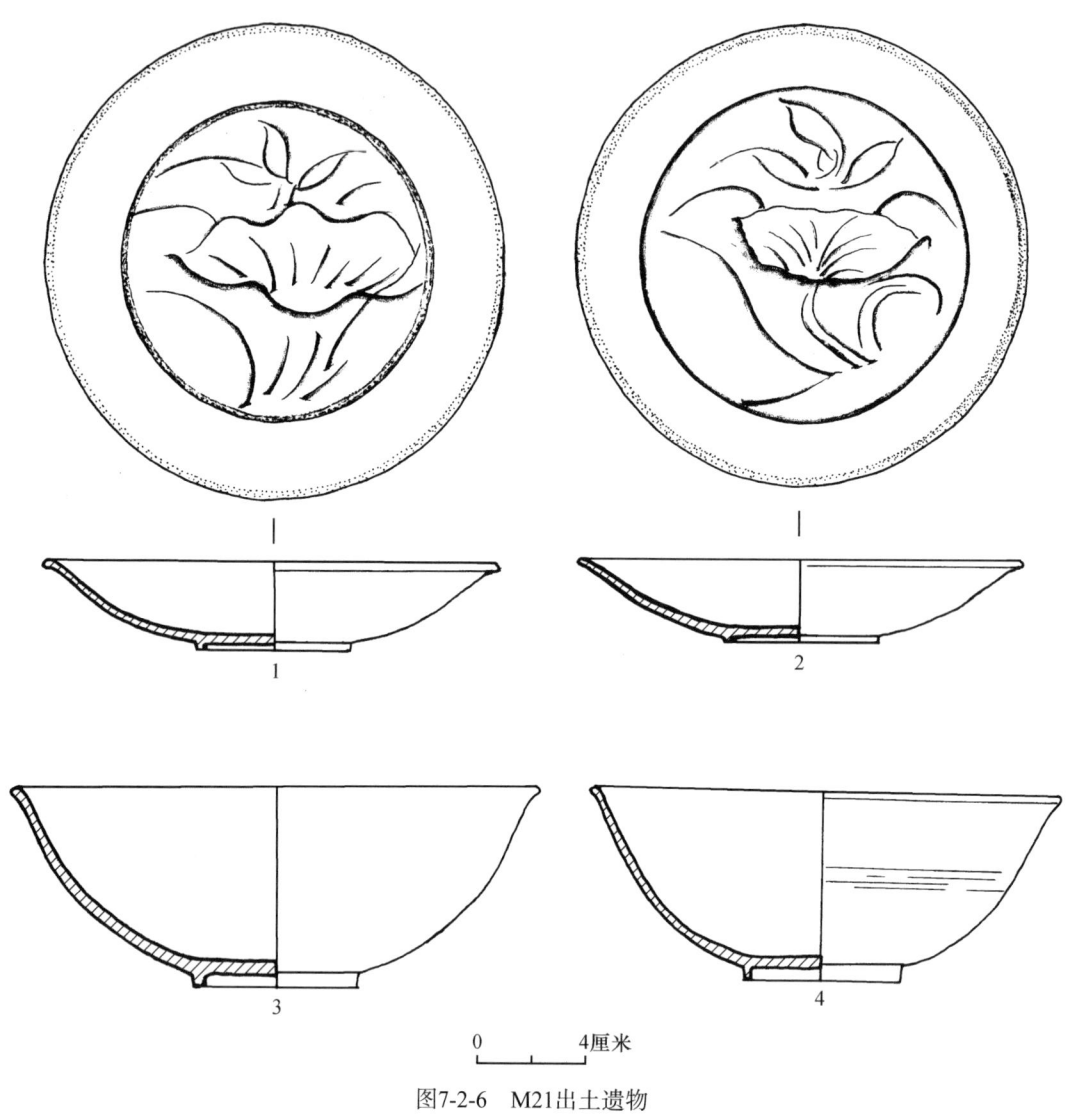

图7-2-6 M21出土遗物
1、2.瓷盘（M21：3、M21：4） 3、4.瓷碗（M21：2、M21：1）

第三节 小　结

对墓葬的调查和发掘，我们得出了如下认识。

一、墓葬年代

从墓葬整体形制来看，已发掘的这几座墓葬均为辽金时期，从墓室结构来看，时代亦有所不同。

M20为结构相对复杂的小型砖室墓，除了方形的墓室和阶梯墓道外，在二者之间还存在天井。天井为辽代砖室墓葬常见的结构形式，M20的天井平面呈横向长方形，进深较小且结构简单，表现出偏晚的时代特征，判断所处时代应为辽代晚期。

M17—M19结构相同，均为方形墓室连接墓道的墓葬，结构简单，是金代常见的小型砖室墓葬。墓内虽未见随葬品，但从M21中的随葬品来看，与前郭塔虎城出土的金代定窑白瓷形制及纹饰风格均相同，M21虽已被毁，但通过村民的描述，应是与上述3座墓葬相同的结构，故可判断M17—M19、M21为同时期墓葬，时代为金代。

墓葬处于城外北部，且较为集中，当为该城居民的墓地无疑。辽金等不同时期的墓葬混杂埋于此处，说明该墓地并无明确的区域划分和规划，埋葬地点的选取随意性较强。

二、墓葬的用材

在对城四家子城址的城门和城内建筑址的发掘中，我们发现该城址辽、金两代建筑所使用的砖，规格有所不同。以长方形青砖为例：辽代所用普遍厚重，色泽偏深，呈青灰色，规格多在36厘米×18厘米×5.8厘米左右；金代相对偏于轻薄，以规格在32厘米×16厘米×5厘米左右者居多，色泽偏于浅灰。

在城外发掘的这几座砖室墓中所使用的砖材，亦有一定的差异。

M17使用长方砖、方砖和楔形砖三类，是用砖种类最多的墓葬。其墓壁及棺床以规格较小的长方砖垒砌，墓底使用规格为32厘米×32厘米×5厘米的方砖平铺。M20所使用的砌壁、铺地等砖材均为长方砖，规格较辽代建筑台基所用稍显轻薄，但大于M17所用砖材。二者均体现了当时墓葬用砖的规格和特点。

M18和M19使用的长方砖均为较宽厚的青灰色，规格以36厘米×18厘米×5.8厘米者为主，是典型的辽代建筑用砖。垒砌墓室的砖中经常可见残半长方砖，一些完整的砖表面多见明显的刮擦迹象，且均为旧痕，说明它们并非专为修建墓葬烧造的新材，而是"旧物利用"。在M18中还发现用按压手印纹的旧砖垒砌墓壁的情况，这种手印纹砖与城内发掘的建筑址早期阶段即辽代晚期出土的用于台基包边的手印纹砖，无论砖的规格和色泽，还是手印所施位置，均似一模所出，当为同一时期的产品无疑。

在对城内建筑址的发掘中，我们发现，辽代建筑台基台明部分的包砖及散水砖大多都缺失，但砖缺失的部位土筑台基部分却基本完好，甚至棱角分明，散水处甚至还保留清晰的铺砖痕迹，看来并非台基年久失修、自然损毁所致，而是被人为拆除的。并且，这是一种没有规划、很随意的拆卸行为，目的并非刻意毁坏建筑，仅是为了获取这些质量精良的建材。从层位关系看，这种拆卸建筑物砖筑体的情况，是在建筑晚期阶段即金代官方重修该建筑之前就已发生了的。就以上情况来看，M18和M19中所用之砖应为从城中废弃的辽代建筑上拆卸下来二次利用的。

三、墓葬的属性

从墓葬埋葬位置及时代特征来看，当为该城辽金时期居民所属无疑。

吉林省中西部地区曾多次发现辽金时期的砖室墓葬，大多因墓室埋藏深度距现代地表太近导致砖顶受压坍塌，使得墓室填土中夹杂大量塌落的青砖。我们发掘的这四座墓葬，墓室顶部保存状况均较差，砖顶无存，M17和M20又因现代盗掘行为的破坏，导致墓圹周边散落大量残砖，墓葬填土中还会夹杂不属于该墓的碎陶片、近现代垃圾等遗物。但M18和M19内非但未见任何随葬品及葬具、人骨等遗物，墓内甚至不见砖铺的地面，仅见四壁砌砖，填土中出土的砖屈指可数，远远达不到砖券顶应有的用砖量，且塌落于墓内的残砖均位于墓壁附近，应为壁面处塌落。填土土质较为纯净，几无任何包含物，可排除被盗扰的可能。

从墓底铺砖保存相对较好的M17中可以了解到，这些墓葬砖室的内壁、地面及棺床表面均涂抹白灰，以达到装饰的效果，这应是墓室完工前的最后一道工序。M18和M19墓室砖面均涂抹白灰，说明应是已完工的建筑。墓室砖壁与墓圹间的填土，经过夯压，坚实而致密，应为墓室垒砌完成后填入的。另外，两座墓甬道处形成的门洞均很矮，从此处进出墓室实施营建行为极为不便，更无法从此处运送墓主人尸身及葬具。唯一的可能是，甬道为入殓之后修葺的。这些细节排除了这两座墓葬未完工即遭废弃的可能。综合这些遗迹现象来看，这两座墓葬很可能为迁葬后的空墓。墓主人被迁出，通常有两方面原因：一是墓穴遭到破坏，不得已另建新墓埋葬墓主；二是出于某种迫使原因，放弃原本完好的墓穴，将墓内之物全部移出迁至他处重新下葬。从墓室结构完整的情况看，应为第二种原因造成的。墓内缺失的墓底铺砖、墓顶砌砖均为墓葬遭废弃后被取走的。

不仅如此，在对墓区进行调查时，曾在距这两座墓不远处发现几座墓葬遗迹，虽未能做发掘，但地表显现遗迹现象与之相同，可见这种情况不是个例。

第八章　馆藏文物整理

城四家子城址地处白城市辖境，曾隶属于1987年设立的洮南县管辖，1993年设立洮北区后划归该区管理。作为曾经的属地和现今的属地，洮南县、洮北区及白城市博物馆均有一定数量的馆藏文物出土于城四家子城址。这些文物大多为当地文物管理部门在对遗址进行日常管理维护工作时采集。

第一节　白城市博物馆馆藏城四家子城址文物

白城市博物馆展陈中，有30余件文物出自城四家子城址，种类较为丰富，包括建筑构件、陶器、瓷器、铜器、铁器、骨器等。现将部分馆藏遗物分类公布如下。所用器物号为博物馆藏品统一编号。

一、建筑构件

文字砖　1件。编号3246，残缺一角，长32.8、宽16、厚5厘米，正面有竖向5列刻划文字，背面按压一右手手印（图8-1-1，1；图8-1-2，2；图版一三九，1）。文字内容为：寅字号窖一坐成黄粟二佰五十石系泰州长春县户百姓刘玮泰□元年正月卅日入中当该仓使王□□仓子刘还魂杨花牛刘□□□□□事刘子元杨林。

瓦当　1件。编号381，当心为兽面纹饰，外饰一圈放射线状毛须，边饰一圈连珠纹，当面直径18.8、最厚处3、边缘厚1.3厘米（图8-1-1，2；图8-1-2，1；图版一三九，2）。

垂兽　1件。编号391，残长30、宽16.8、残高14厘米（图8-1-1，3；图版一三九，3）。

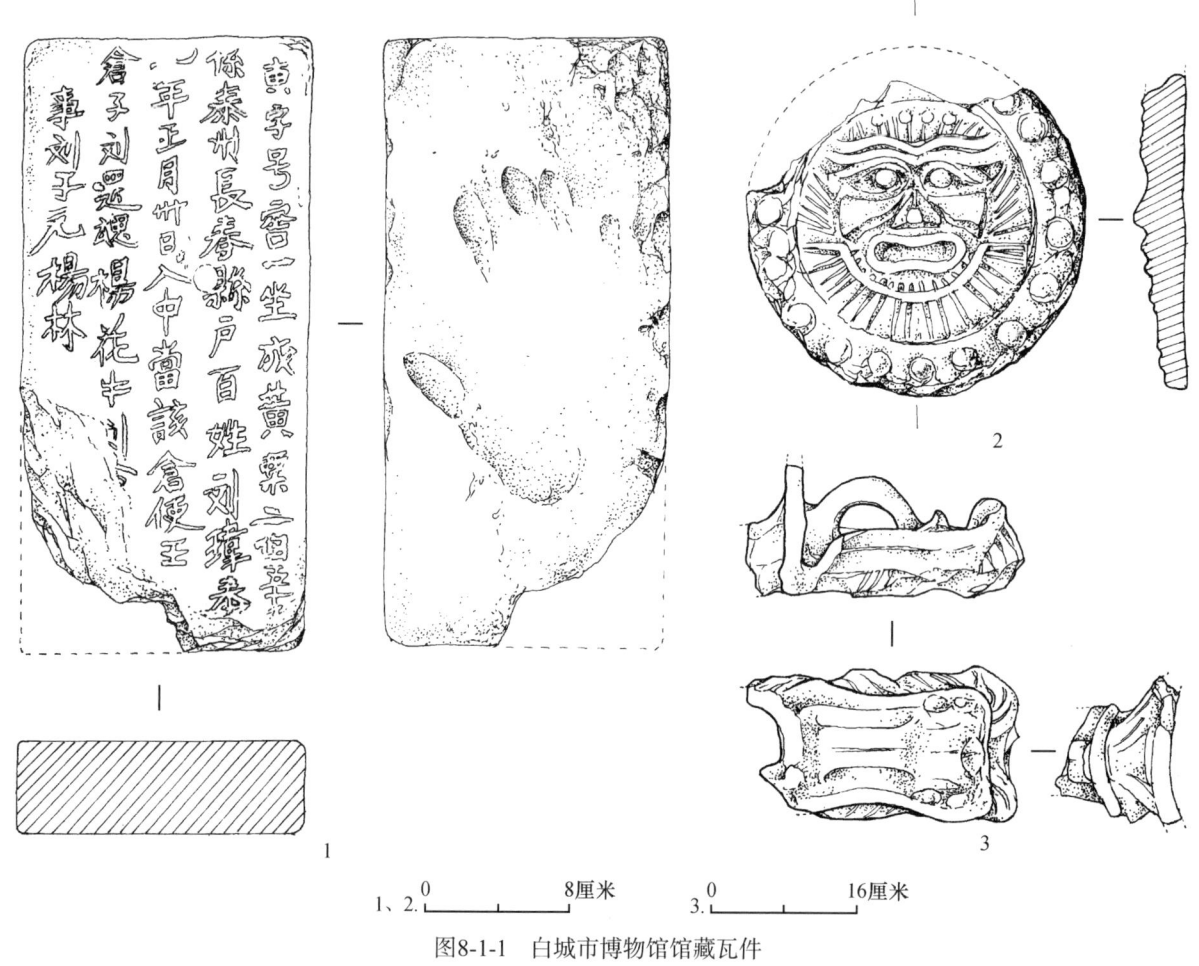

图8-1-1 白城市博物馆馆藏瓦件
1. 文字砖（编号3246） 2. 瓦当（编号381） 3. 垂兽（编号391）

二、陶、瓷器

陶罐 3件。均为轮制泥质灰陶。编号306，圆唇，敛口，束颈，圆肩，斜腹，平底，肩部有两个对称的桥耳，口径4.9、底径4.5、最大径21、高17厘米（图8-1-3，1）。编号2155，圆唇，敛口，束颈，圆肩，斜腹，平底，器表有明显轮制痕迹，口径15、底径10.6、最大径22.6、高15厘米（图8-1-3，2）。编号1279，圆唇，子母口，平肩，折腹，台底，器表有明显轮制痕迹，上腹部有朱书文字，字迹不清，口径8.6、底径9.4、最大径13.6、高14厘米（图8-1-3，3）。

陶壶 2件。均为轮制泥质灰陶。编号1293，展沿，尖唇，短颈，圆肩，长直腹，凹底，口径7、底径6、最大径10、高17.6厘米（图8-1-3，5）。编号480，展沿，圆唇，颈部较长，圆肩，斜腹，平底，口径11、底径9、最大径12.8、高15厘米（图8-1-3，4）。

多孔器 2件。编号294，泥质灰黑陶，正方体，边长9厘米，每面四角均被切除掉一块边长约3厘米的正方体，并各有一直径2厘米的圆形穿孔，中部亦有直径2厘米的贯通的圆形穿

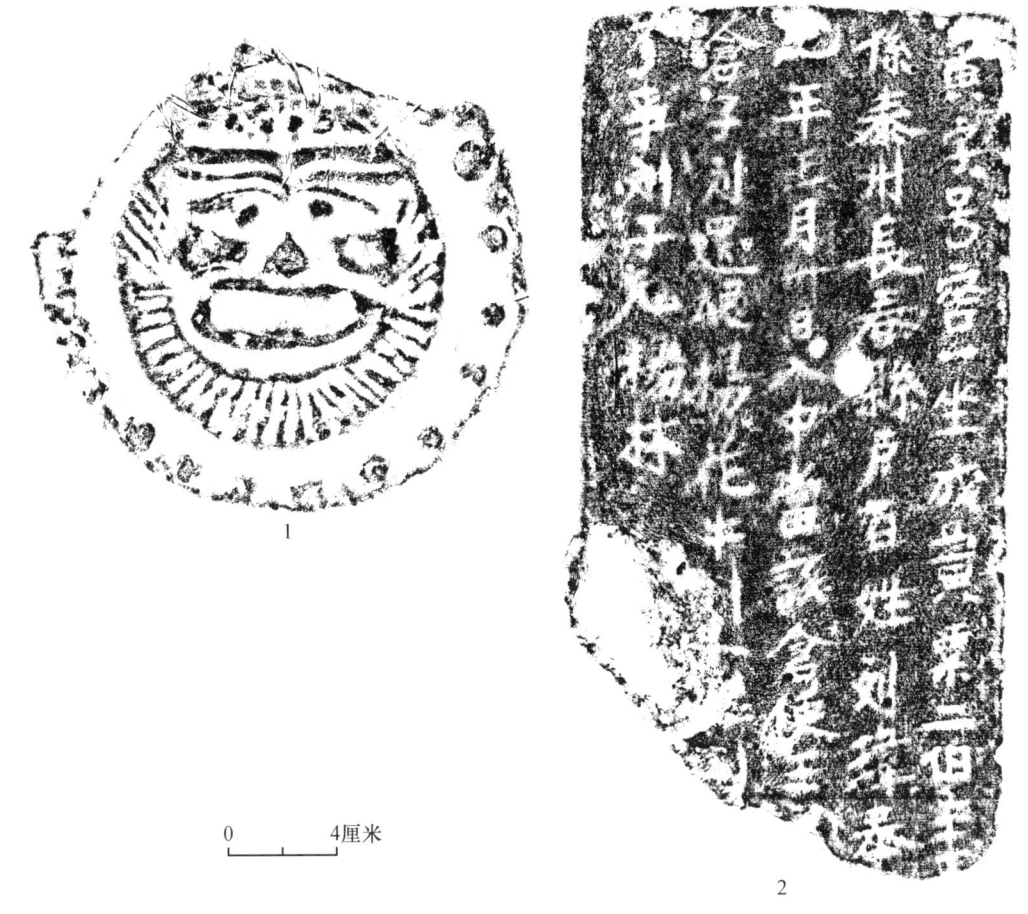

图8-1-2　白城市博物馆馆藏砖瓦拓片
1. 瓦当（编号381）　2. 文字砖（编号3246）

孔，仅四面有，两两相对（图8-1-3，8；图版一三九，4）。编号295，泥质黄褐陶，长方体，每面有一个或两个圆形穿孔，单孔位于中部，双孔对称置于上侧或下侧，长9、宽7、厚7.8、孔径1.5—2厘米（图8-1-3，6；图版一三九，5）。

动物陶塑　1件。编号3095，残存头部，猴头形象，高3.3、宽3.2、厚2.3厘米（图8-1-3，7；图版一三九，6）。

三、铜　　器

铜人　3件。编号1069，站立童子形象，头顶有一侧向环形穿纽，通高4.2、宽1.5、厚1厘米（图8-1-4，1）。编号1097，站立成人形象，探首作揖状，头顶有一正向环形穿纽，通高5.2、宽1.8、厚1.2厘米（图8-1-4，2）。

图8-1-3 白城市博物馆馆藏陶器

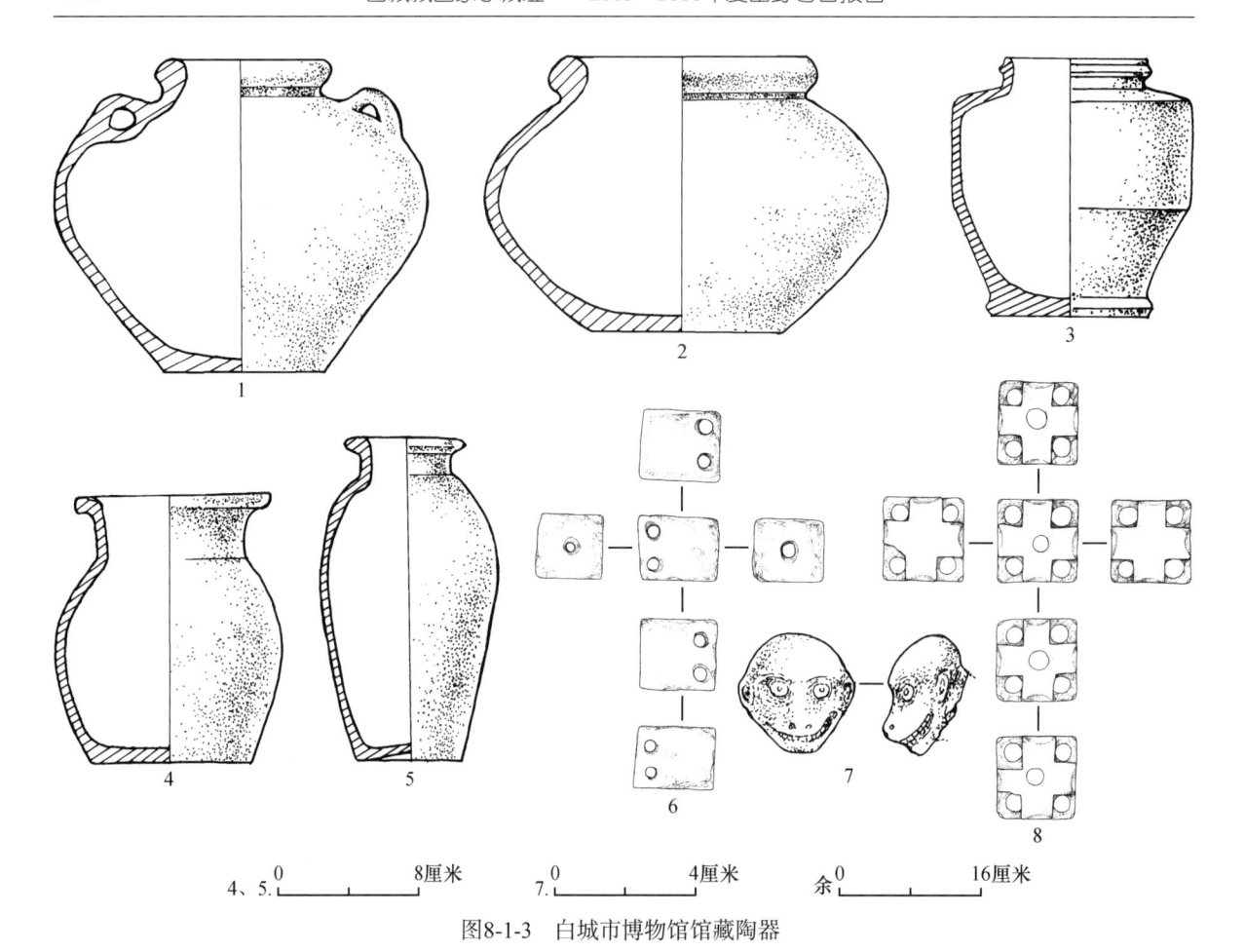

1—3. 陶罐（编号306、编号2155、编号1279） 4、5. 陶壶（编号480、编号1293） 6、8. 多孔器（编号295、编号294）
7. 动物陶塑（编号3095）

四、铁 器

铁锥 1件。编号3276，中空，截面圆形，直径1.6、长10.4、壁厚0.2厘米（图8-1-4，5）。

铁鸣镝 1件。编号3456，镞尖呈上短下长的菱形，中部有一直径0.4厘米的圆形孔，镞尖下部有直径1.3厘米的球形中空发声装置，上有直径0.15厘米的圆孔，通长10、镞尖长4、宽2.9厘米（图8-1-4，3）。

铁镞 10件，分三型。

A型 6件，扁头镞，分四亚型。

Aa型 3件，尖刃。编号3182，镞尖呈上长下短的菱形，中部有一长径0.7、短径0.5厘米的椭圆形孔，顶端圆钝，铤下端略弯，通长7.4、镞尖长3、厚0.3、关长0.6、铤长3.8厘米（图8-1-5，8）。编号3284，镞尖呈菱形，中部起脊，通长9.7、镞尖长5.5、宽3.9、关长0.4、铤长2厘米（图8-1-5，5）。编号1933，镞尖呈菱形，顶端圆钝，通长6.8、镞尖长4.5、厚0.3厘米（图8-1-5，7）。

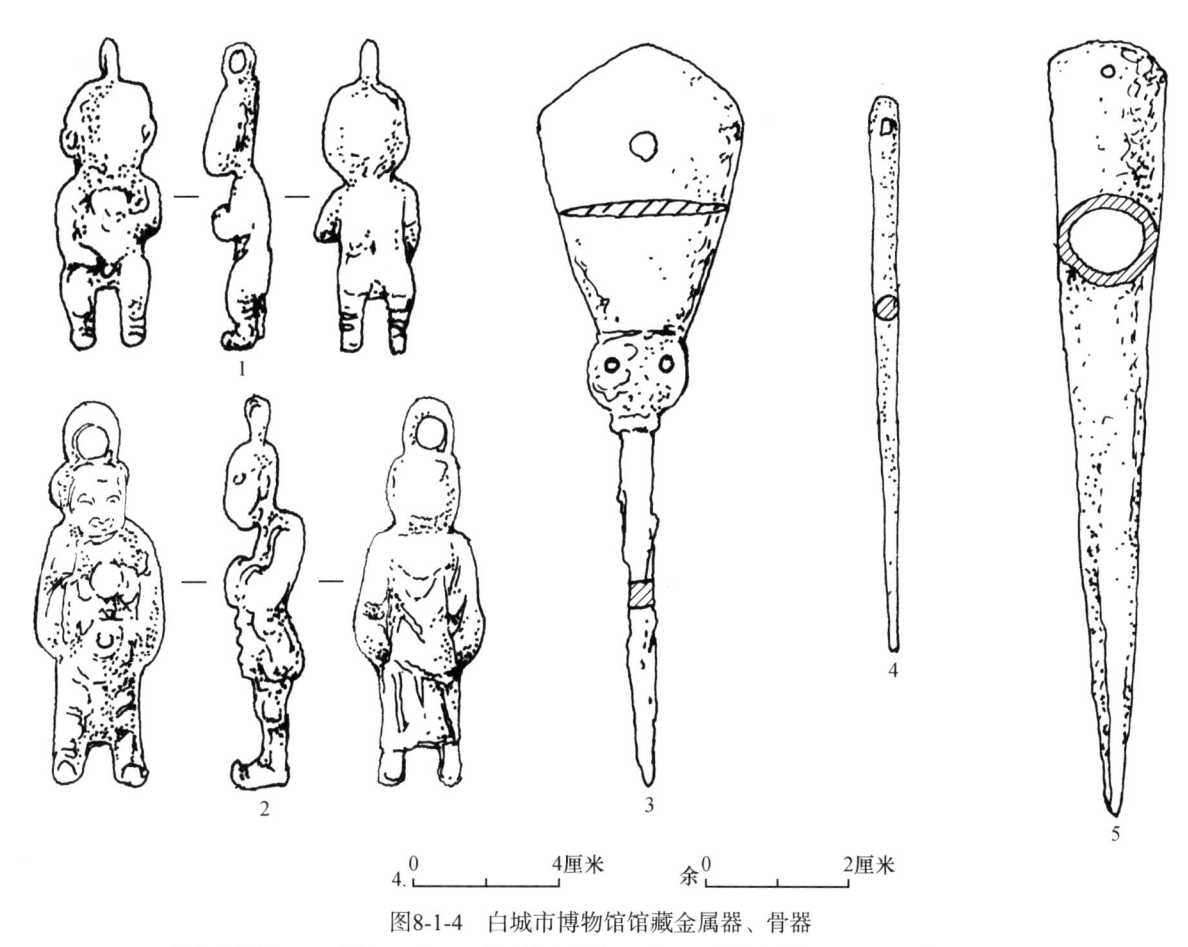

图8-1-4 白城市博物馆馆藏金属器、骨器
1、2.铜人（编号1069、编号1097） 3.铁鸣镝（编号3456） 4.骨针（编号3279） 5.铁锥（编号3276）

Ab型　1件，凸刃。编号1360，通长7.9、镞尖长4.6、最宽处2.3厘米（图8-1-5，9）。

Ac型　1件，凹刃。编号3281，长15.5、镞尖宽3.6、厚0.2厘米（图8-1-5，1）。

Ad型　1件，分叉式刃。编号220，通长15.5、镞尖长8.7、宽3.7、铤长6.9厘米（图8-1-5，2）。

B型　2件，三翼形镞。编号3012，铤下端略弯，通长10.3、镞尖长5.5、宽3、关长0.5、铤长4.3厘米（图8-1-5，4）。编号3013，尖端呈四棱锥状，下部有等距分布的三翼，通长6.7、镞尖长3.8、最宽处2.5厘米（图8-1-5，10）。

C型　2件，棱锥形镞。编号3280，四棱形镞身，铤下端卷成钩状，通长14.8、镞尖长5、最宽处1.7、关长5.2、铤长4.6厘米（图8-1-5，6）。编号3285，三棱形镞身，通长5.5、镞尖长2.3、最宽处1.2厘米（图8-1-5，3）。

五、骨　　器

骨针　1件。编号3279，截面圆形，上端有不规则形穿孔，孔径约0.15、通长14.8、最宽处0.4厘米（图8-1-4，4）。

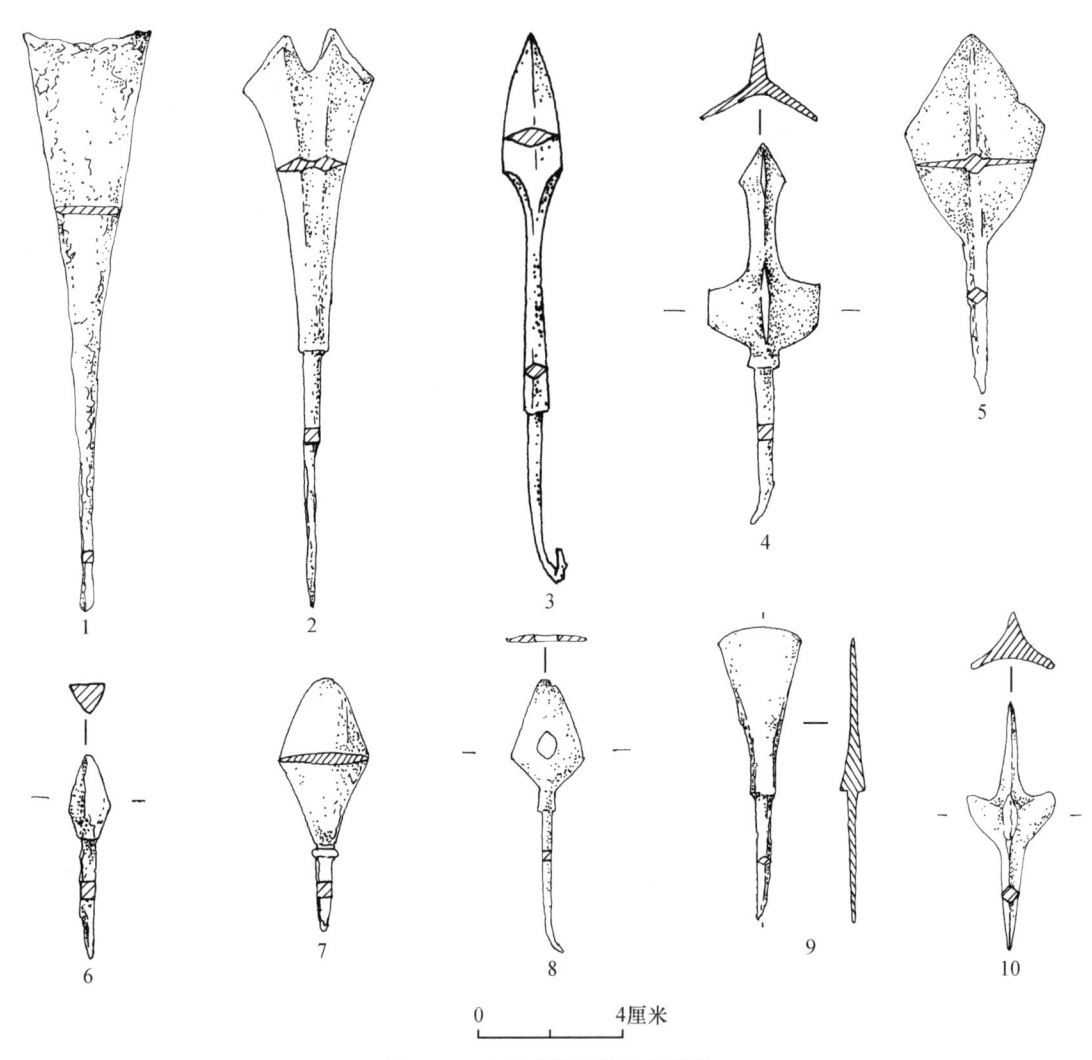

图8-1-5 白城市博物馆馆藏铁镞
1. Ac型（编号3281） 2. Ad型（编号220） 3、6. C型（编号3285、编号3280） 4、10. B型（编号3012、编号3013）
5、7、8. Aa型（编号3284、编号1933、编号3182） 9. Ab型（编号1360）

第二节　洮北区博物馆馆藏城四家子城址文物

洮北区博物馆成立于2014年。目前馆藏城四家子城址文物大多为此次考古发掘出土。此外，有一批文物系2009年，古城村村民在城四家子城址内耕地时发现。

该批文物发现于城内东南部的耕地之中，出土地点西北距城内最高的建筑台基14号建筑群①号台基遗迹约60米，集中出土于面积约2平方米的范围内。该区域处于城内划分的Ⅱ区，故将其编号ⅡK1。经洮北区文物管理所现场清理，共出土文物7件，均为陶瓷器。

瓷缸　3件。均为缸胎瓷，粗砂胎，黑釉，内外壁均施满釉，底未施釉。ⅡK1∶1，圆唇，敛口，鼓肩，上腹较鼓，下腹斜收，平底，口径59、底径30.5、最大径78、高84厘米（图8-2-1，1）。ⅡK1∶2，圆唇，敛口，鼓肩，上腹较鼓，下腹斜收，平底，口径60、底径34、最大径76、高90厘米（图8-2-1，2；图版一四〇，1）。

图8-2-1　窖藏出土遗物

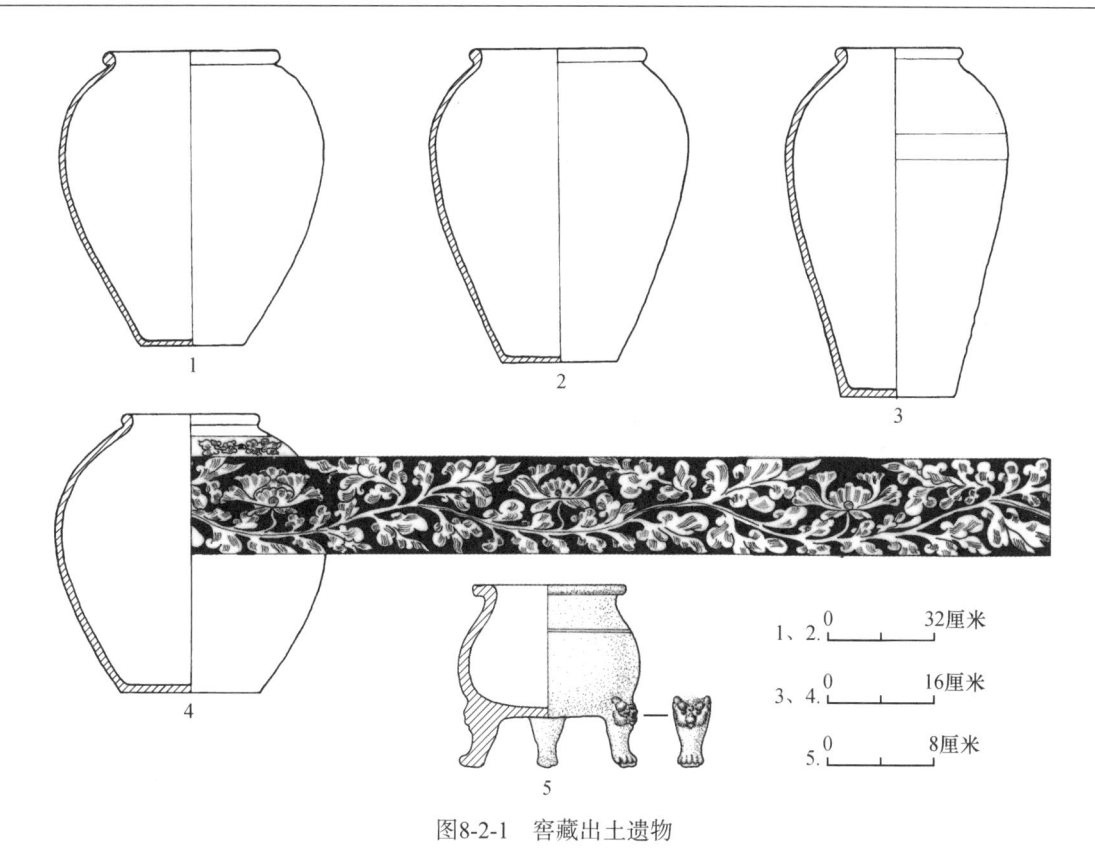

1、2.瓷缸（ⅡK1∶1、ⅡK1∶2）　3.瓷瓮（ⅡK1∶3）　4.白釉瓷罐（ⅡK1∶4）　5.釉陶香炉（ⅡK1∶5）

瓷瓮　2件。均为缸胎瓷，粗砂胎，黑釉，内外壁均施满釉，底未施釉。ⅡK1∶3，圆唇，敛口，鼓肩，斜直腹，平底，最大径处有两道轮修形成的凹弦纹，间距4厘米，口径23、底径18、最大径38、高50厘米（图8-2-1，3；图版一四〇，2）。

白釉瓷罐　1件。ⅡK1∶4，白釉，内外壁均施满釉，底未施釉，卷沿，圆唇，敛口，圆肩，弧腹，平底。肩部饰一周宽14厘米的黑地白花纹饰带，其上饰三组等距分布的刻划菊花纹饰。口径20、底径20、最大径40、高40.5厘米（图8-2-1，4；图版一四〇，3）。

釉陶香炉　1件。ⅡK1∶5，红褐色陶胎，器表通体施白色化妆土，外施绿釉，釉层大多已脱落。平沿外折，沿面有一圈浅凹槽，方唇，敛口，束颈，溜肩，肩部有2条平行凸弦纹，垂腹，底部较平，三足，足呈五爪兽蹄状，足与炉身相接处为高浮雕兽面形象。口径11.2、最大腹径12.2、通高12.2厘米（图8-2-1，5；图版一四〇，4）。

上述遗物在出土时，3件瓷缸口朝下倒置，并呈品字形紧密排布，其他几件形体相对较小的器物均位于瓷缸之内。由于现场破坏较为严重，无法通过遗迹现象判断遗物出土单位的形制和开口层位。对于遗存的性质，通过出土器物的种类及其摆放方式判断，应为1座临时性的瓷器窖藏坑。

出土的2件黑釉瓷瓮，形制与梨树县偏脸城出土的同类器物相同。偏脸城为辽金时期遗址，金代为韩州，曾出土大量辽金时期遗物[①]。出土的釉陶香炉，与德惠市揽头窝堡金代遗址出土的陶香炉[②]形制如出一辙。出土的白釉划花黑彩瓷罐，曾见于辽宁省、内蒙古赤峰地区等多处辽金时期遗址。彭善国、高义夫根据国内出土及馆藏此类器物的器形、工艺等方面对比研究，认为该类瓷器时代为金代[③]。综上所述，我们可判断该瓷器窖藏坑时代应为金代。

第三节　洮南市博物馆馆藏城四家子城址文物

洮南市博物馆成立于2008年。城四家子城址所在的德顺蒙古族乡，在1993年之前隶属于洮南县管辖，洮南县即洮南市的前身，故洮南市博物馆的馆藏文物中，有一部分出土于城四家子城址。现将这些遗物分类公布如下。

一、建筑构件

滴水　2件。面饰涡云纹条状凹槽纹饰。馆藏：1，残宽6.4、残高4.5、最厚处2.2厘米（图8-3-1，4）。馆藏：2，残宽8.2、高8、厚1.5厘米（图8-3-1，3）。

瓦当　2件。兽面纹饰，边饰一圈连珠纹。馆藏：3，当面直径11.4、最厚处1.8、边缘厚1.2厘米（图8-3-1，1）。馆藏：4，当面直径12.1、最厚处1.8、边缘厚1.2厘米（图8-3-1，2）。

二、陶、瓷器

陶纺轮　1件。馆藏：5，泥质灰陶片磨制而成，平面形制不规则，大致呈圆形，中部有直径0.6厘米的圆形穿孔，直径4.2、厚0.5厘米（图8-3-2，1）。

冥钱　2枚。馆藏：6，手制，圆饼形，薄厚不均，中部有边长0.5厘米的方形穿孔，一面模印正向钱文"□□通宝"，直径2.2、厚0.4—0.7厘米（图8-3-2，8）。馆藏：7，手制，圆饼形，边缘有磨损，中部有一椭圆形穿孔，长径0.5、短径0.4厘米、直径1.9、厚0.6厘米（图8-3-2，9）。

瓷围棋子　1件。馆藏：8，白色，馒头形，直径1.3、最厚处0.4厘米（图8-3-2，6）。

---

① 吉林省文物志编委会：《梨树县文物志》，内部刊物，1983年，第76页。
② 吉林省文物考古研究所编：《田野考古集粹——吉林省文物考古研究所成立二十五周年纪念》，文物出版社，2008年，第89页。
③ 彭善国、高义夫：《所谓辽代白釉划花黑彩瓷器的年代及相关问题》，《故宫博物院院刊》2018年第5期，第80页。

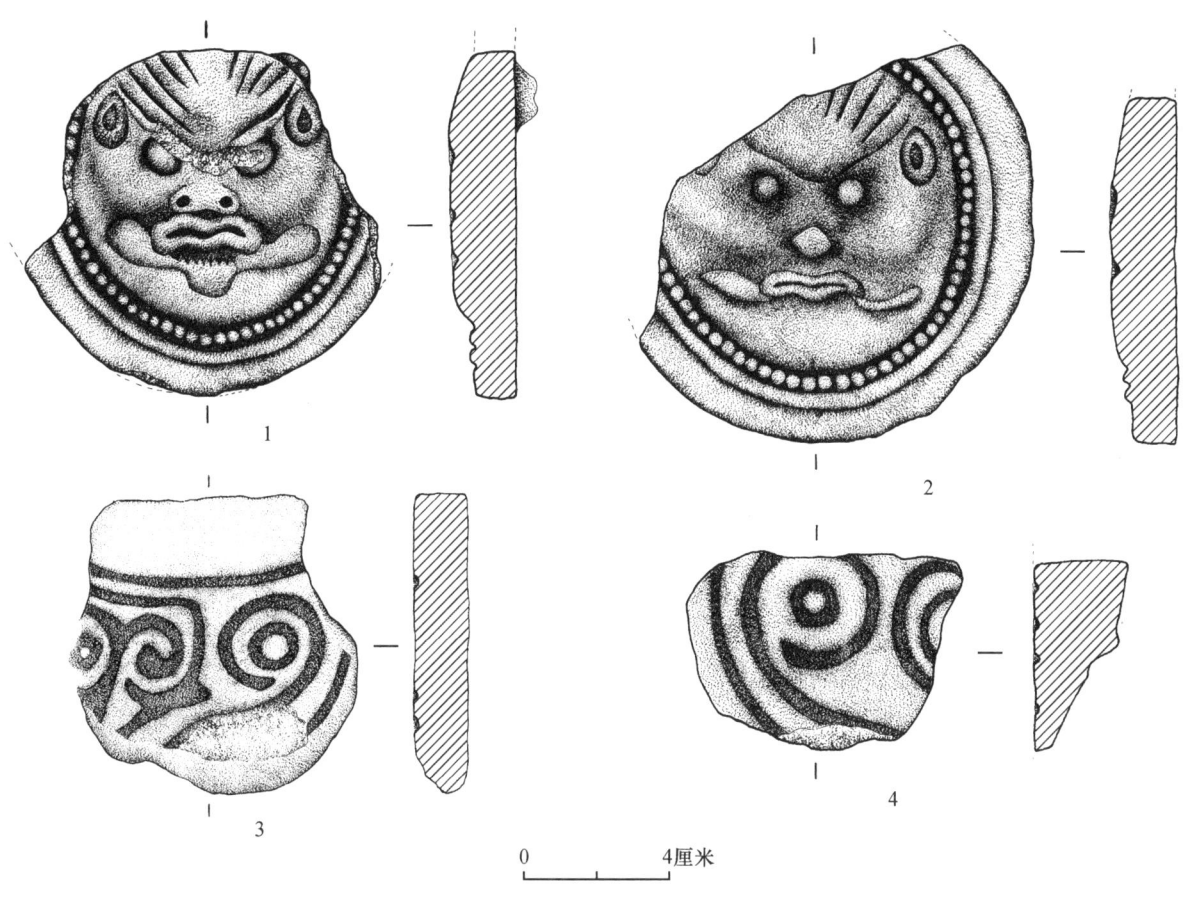

图8-3-1 洮南市博物馆馆藏瓦件
1、2.瓦当（馆藏：3、馆藏：4） 3、4.滴水（馆藏：2、馆藏：1）

三、石　　器

石纺轮　2件。均磨制而成，圆饼形，中部有圆形穿孔。馆藏：9，直径3.8、孔径1.2、厚1.4厘米（图8-3-2，2）。馆藏：10，直径2.1、孔径0.5、厚1.4厘米（图8-3-2，7）。

石围棋子　5件。均磨制而成。馆藏：11，黑色，馒头形，直径1.8、最厚处0.4厘米（图8-3-2，11）。馆藏：12，墨绿色，圆饼形，表面可见石料纹理，直径1.5、厚0.3厘米（图8-3-2，4）。馆藏：13，黑色，圆饼形，直径1.5、厚0.4厘米（图8-3-2，5）。馆藏：14，黑色，圆饼形，直径1.8、厚0.3厘米（图8-3-2，10）。馆藏：15，灰白色，圆饼形，两面均雕出四瓣花纹饰，直径1.7、厚0.4厘米（图8-3-2，3）。

玉饰件　1件。馆藏：16，透雕玉牌饰残件，花苞形象，残长2.1、残宽1.5、厚0.5厘米（图8-3-5，5）。

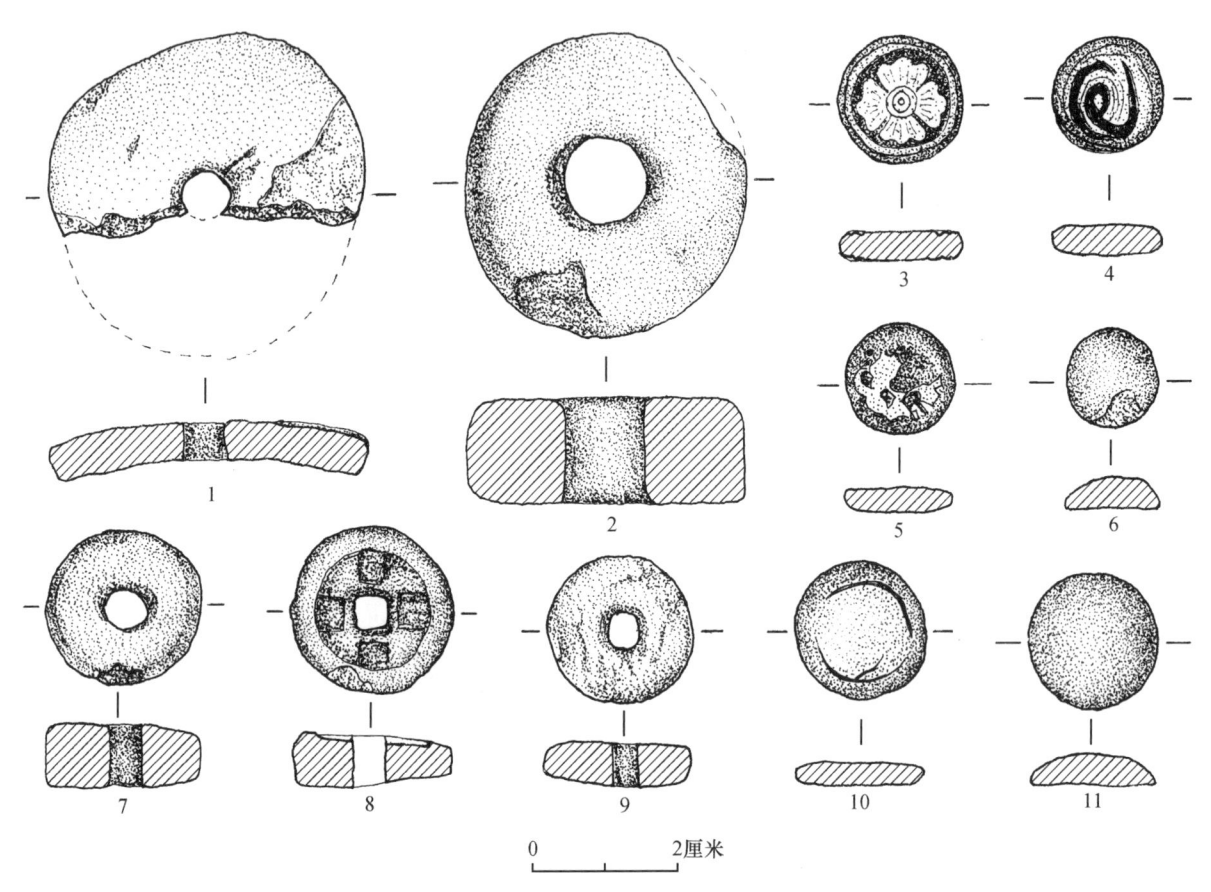

图8-3-2 洮南市博物馆馆藏陶、瓷器和石器
1. 陶纺轮（馆藏：5） 2、7. 石纺轮（馆藏：9、馆藏：10） 3—5、10、11. 石围棋子（馆藏：15、馆藏：12、馆藏：13、馆藏：14、馆藏：11） 6. 瓷围棋子（馆藏：8） 8、9. 冥钱（馆藏：6、馆藏：7）

四、铜　　器

铜人　1件。馆藏：17，站立人像形象，宽2.4、通高6.7厘米（图8-3-3，1）。

铜剑护　1件。馆藏：18，平面菱形，中部有长3、宽1厘米的穿，穿上部为圆角方形，下部呈尖状，长6.1、宽2.3、最厚处1.3厘米（图8-3-3，2）。

铜簪　1件。馆藏：19，鱼形簪，顶部有一圆形穿孔，通长6.8、最宽处1.5、最厚处0.4厘米（图8-3-3，3）。

铜饰件　6件。馆藏：20，侧立动物形饰件，形似鸟，通长3、最宽处2.1、厚0.6厘米（图8-3-3，4）。馆藏：21，侧蹲鼠形饰件，下端有一椭圆形穿，背部中心有一纽，通长2.7、高2.6、最厚处0.65厘米（图8-3-3，5）。馆藏：22，片状花草纹饰件，长2.4、宽1.4、厚0.3厘米（图8-3-3，15）。馆藏：23，扣器，五瓣花形，左右各有一直径0.15厘米的圆形孔，长4、高3.3、厚0.4厘米（图8-3-3，8）。馆藏：31，八瓣花形饰件，每瓣上各有一圆形凹窝，中部有直径0.6厘米的圆形穿孔，直径2.4、厚0.2厘米（图8-3-3，14）。馆藏：32，扣器，平面长方形，

第八章 馆藏文物整理

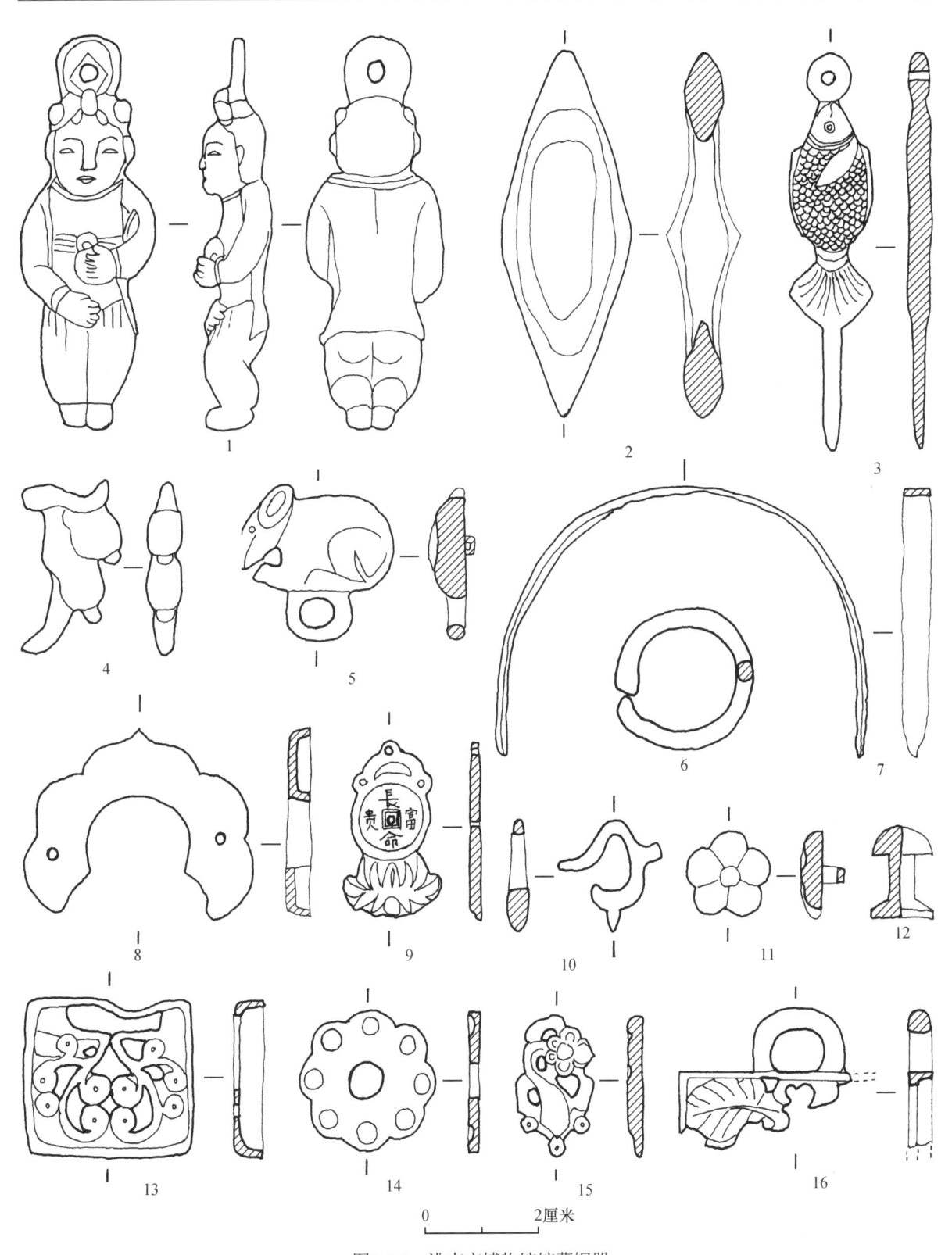

图8-3-3 洮南市博物馆馆藏铜器
1.铜人（馆藏：17） 2.铜剑护（馆藏：18） 3.铜簪（馆藏：19） 4、5、8、13—15.铜饰件（馆藏：20、馆藏：21、馆藏：23、馆藏：32、馆藏：31、馆藏：22） 6.铜环（馆藏：28） 7.铜镯（馆藏：24） 9.压胜钱（馆藏：29）
10.铜耳坠（馆藏：27） 11.铜扣（馆藏：25） 12.铜构件（馆藏：26） 16.铜牌饰（馆藏：30）

上端中部有一大致呈长方形的穿孔，长1.7、宽0.45厘米，饰透孔卷草纹饰，纹饰左右对称，牌饰宽3、高2.7、高0.5、厚0.1厘米（图8-3-3，13）。

铜镯　1件。馆藏：24，残半，圆环形，直径6.6、厚0.5、截面厚0.1厘米（图8-3-3，7）。

铜扣　1件。馆藏：25，五瓣花形，背面有柱状纽，直径0.7、最厚处0.4、纽长0.4厘米（图8-3-3，11）。

铜构件　1件。馆藏：26，圆柱状，上端为馒头形帽，下端有圆饼形底座，通高1.5、最宽处1.1厘米（图8-3-3，12）。

铜耳坠　1件。馆藏：27，通高1.9、宽1.8、最厚处0.4厘米（图8-3-3，10）。

铜环　1件。馆藏：28，直径2.4、截面圆形，直径0.3厘米（图8-3-3，6）。

压胜钱　1件。馆藏：29，中部为圆形方孔铜钱形象，有顺读"长命富贵"四字，上端有圆形穿孔，下端为侧视莲花形象，长3.1、最宽处1.8、厚0.2厘米（图8-3-3，9）。

铜牌饰　1年。馆藏：30，方形透孔牌饰一角，上端中部为一大半圆形挂纽，牌饰上饰草叶纹饰，残宽3.1、残高2.4、厚0.4厘米（图8-3-3，16）。

五、铁　　器

铁镞　6件，分二型。

A型　4件，扁平头。馆藏：33，通长7.1、镞身长5、宽0.9、铤长2.1、最厚处0.6厘米（图8-3-4，3）。馆藏：34，通长7.1、镞身长5、宽0.9、最厚处0.6、铤长2.1厘米（图8-3-4，4）。馆藏：35，通长10.6、镞身长9.5、宽0.8、最厚处0.7、铤长1.1厘米（图8-3-4，1）。馆藏：36，通长9.1、镞身长7、宽1、最厚处0.6厘米，铤部略弯，长2.1厘米（图8-3-4，2）。

B型　2件，四棱锥体。馆藏：37，镞尖与铤部截面均呈菱形，通长7.6、最宽处0.9厘米（图8-3-4，6）。馆藏：38，镞尖截面呈菱形，铤部截面均呈正方形，通长6.7、最宽处0.8厘米（图8-3-4，5）。

铁刀　3件。均为直背刀，分二型。

A型　1件，弧刃。馆藏：41，刀身平面呈三角形，短柄，通长5.2、刀柄长0.8、刀背厚0.15厘米（图8-3-4，7）。

B型　2件，直刃。馆藏：42，通长16.8、最宽处1.8、刀背厚0.5厘米（图8-3-4，12）。馆藏：43，通长16.4、最宽处1.7、刀背厚0.45厘米（图8-3-4，13）。

铁环　3件。馆藏：44，直径1.8、截面圆形，直径0.3厘米（图8-3-4，8）。馆藏：45，直径2.7厘米，截面椭圆形，长径0.45、短径0.3厘米（图8-3-4，10）。馆藏：46，器表有锈蚀痕，截面圆角长方形，外径2.6、内径0.8、厚0.7厘米（图8-3-4，9）。

铁构件　1件。馆藏：47，折尺形，一端呈尖圆形，另一端残，长9、残宽4、最厚处1.7厘米（图8-3-4，11）。

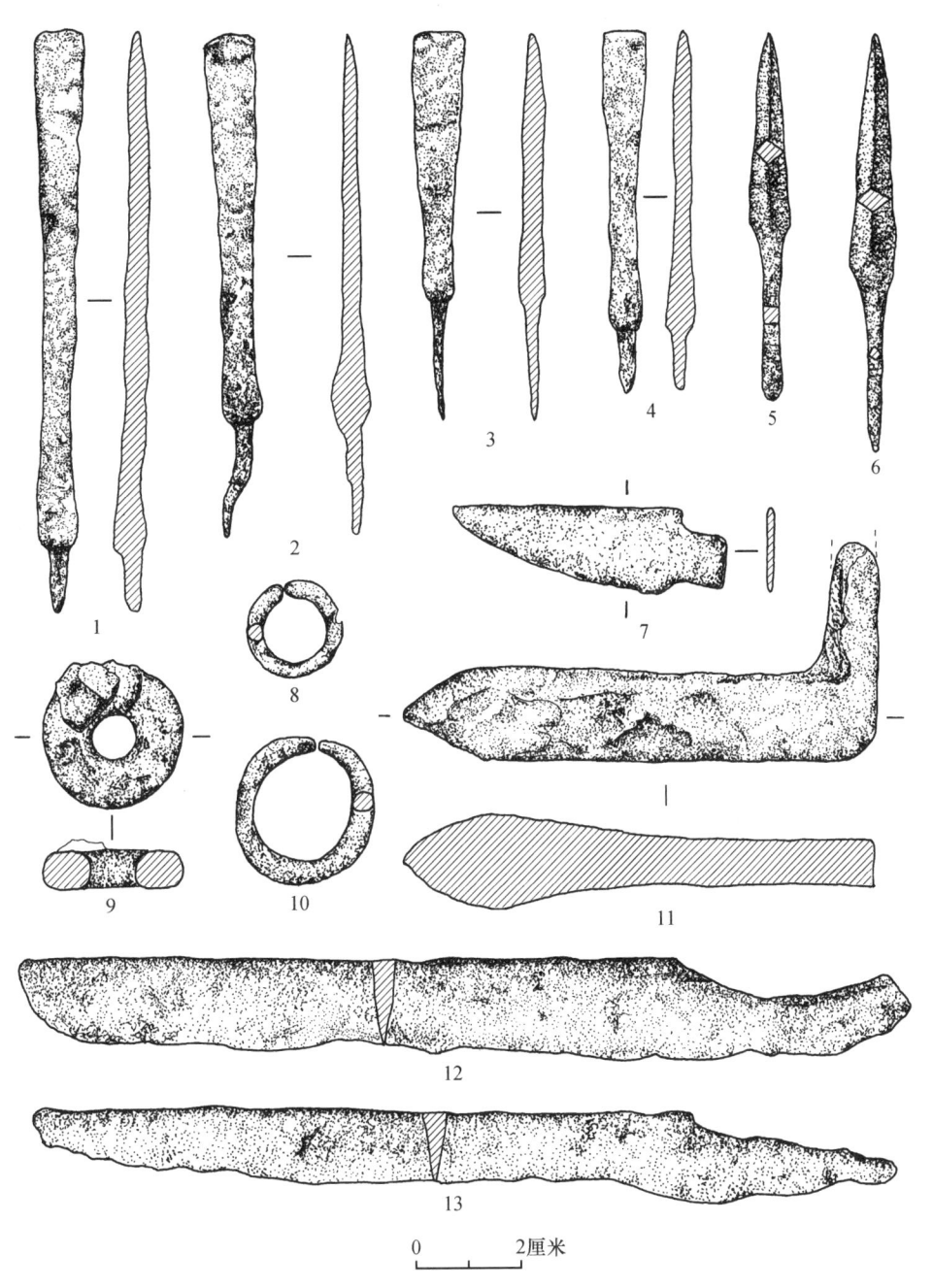

图8-3-4　洮南市博物馆馆藏铁器

1—4.A型镞（馆藏：35、馆藏：36、馆藏：33、馆藏：34）　5、6.B型镞（馆藏：38、馆藏：37）　7.A型刀（馆藏：41）
8—10.铁环（馆藏：44、馆藏：46、馆藏：45）　11.铁构件（馆藏：47）　12、13.B型刀（馆藏：42、馆藏：43）

　　铁钉　2件。钉帽呈扁平扇形，钉身截面长方形。馆藏：39，长4.4、最宽处0.8厘米（图8-3-5，2）。馆藏：40，长5.7、最宽处1.1厘米（图8-3-5，1）。

　　铁片　1件。馆藏：48，平面圆形，直径3.2、厚0.25厘米（图8-3-5，3）。

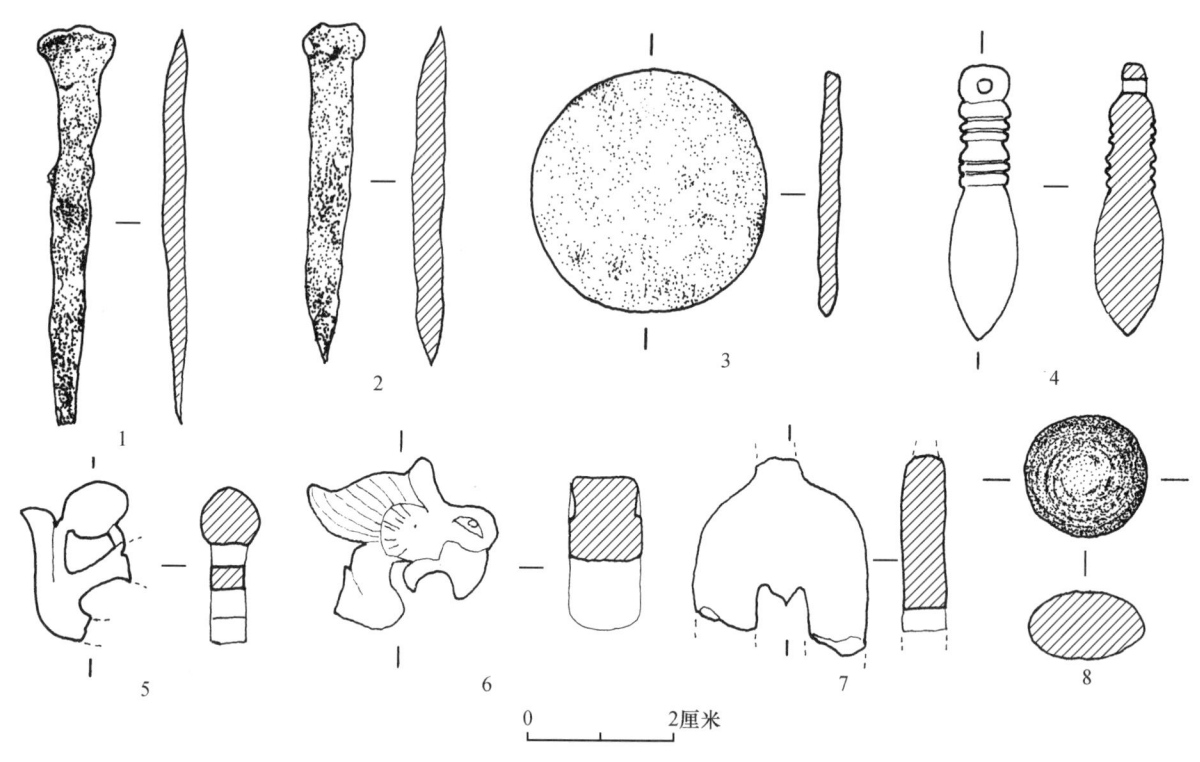

图8-3-5 洮南市博物馆馆藏器物
1、2. 铁钉（馆藏：40、馆藏：39） 3. 铁片（馆藏：48） 4. 骨坠饰（馆藏：51） 5. 玉饰件（馆藏：16）
6、7. 骨饰件（馆藏：50、馆藏：49） 8. 琉璃围棋子（馆藏：52）

六、骨　　器

骨饰件　2件。馆藏：49，片状，下部分叉，残长2.5、宽2.3、厚0.6厘米（图8-3-5，7）。馆藏：50，浮雕凤鸟形象，残存头部，宽2.6、高2.2、厚1厘米（图8-3-5，6）。

骨坠饰　1件。馆藏：51，梭形坠饰，上端有穿孔，通长3.6、最宽处1厘米（图8-3-5，4）。

七、琉　璃　器

琉璃围棋子　1件。馆藏：52，天蓝色，器表有旋涡状制作痕迹，直径1.6厘米，截面呈椭圆形，最厚处0.9厘米（图8-3-5，8）。

第九章 多学科应用与研究

第一节 物理勘探

一、项目概况及勘探背景

（一）项目概况及勘探背景

受吉林省文物考古研究所委托，吉林大学地球探测科学与技术学院于2016年4月对白城城四家子城址进行了考古地球物理方法探测。

本次考古地球物理勘探的目的是查清目标区域地下遗存的埋藏情况，为下一步发掘工作提供参考依据。野外工作自2016年4月24日开始至5月24日结束。本次野外工作共完成高密度电阻率剖面54条。2016年5月26日至7月20日完成室内资料整理及报告编写工作。

（二）勘探区考古工作背景

城四家子城址位于吉林省白城市洮北区德顺蒙古族乡古城村北部，为一处辽金时期州城遗址。城址平面大致呈长方形，周长5000余米。城内地势平坦，地表遍布砖瓦、陶瓷碎片。目前为农田，地面可见多个隆起的大小不等的"土包"，这些土包平面呈圆形或椭圆形，高出地表0.5—3米。还采集到铜钱、铜人、围棋子等大量文物。

自2013年起，吉林省文物考古研究所对该城址进行了多年期主动性考古工作。通过考古调查、钻探和发掘等方式，了解到该城址内古代遗存极为丰富，时代从辽代一直延续到明清时期，形成了平均厚度2米的文化堆积，遗迹以建筑台基、房屋院落、道路等为主，多为夯土构筑，局部使用青砖、石块等辅料。

在城址4座城门间主干道路的交会处，有一座城内面积最大的"土包"，该"土包"所在位置亦是城内的制高点。通过人工钻探，已可确认其为一处夯土建筑台基，其规模和所处的特殊位置反映出它是该城址中地位最为重要的一处建筑。因此，位于该建筑正前方的区域，其重要程度不言而喻。

该区域地表起伏较小，遗存性质不明。以往曾做过人工钻探，初步了解到存在道路、活动面等人工遗迹，但由于保存状况较差，无法准确把握人工遗迹的格局。为进一步了解该区域地下遗存的埋藏情况，2016年，在此进行了物理勘探。此次物探面积约28080平方米，范围北起建筑台基南缘，南至城址南城门处。

（三）应用地球物理勘探技术

我国的应用地球物理勘探技术起源于20世纪50年代，该技术主要包括重力勘探、磁法勘探、电法勘探和地震勘探。这些方法技术为我国地质行业发展做出了重大贡献。自20世纪90年代起，随着国家经济建设的发展，这些物探方法也被逐渐地应用到工程地质勘探的各个领域，形成了一个新的学科，即近地表地球物理勘探。所谓近地表是指地表以下100米以内的勘探范围。工程地球物理勘探可以解决重大工程的地质安全性评估、病险水库和大坝的渗漏探测、浅埋隧道的地球物理勘探、考古探测、寻找地下水等工程地质问题。

在考古调查中，各种物探方法各具优势。地震勘探（如浅震法）是利用声波在不同物质中的传播速度来判断地下异常体的，因此它可能对于墓穴、房址等地下遗存具有一定勘探效果。磁法勘探对于在地下存在含铁物质的遗存有较为明显的效果，如遗存中兵器、铁质器皿会产生较为明显的磁性异常。电法勘探种类繁多，与其他地球物理勘探方法相比，因其具有无损探测、快速、成本低廉和探测深度大的特点，已成为国内外考古前期调查的重要方法。其中，感应类电法（如瞬变电磁法）可能对遗存中的金属器皿具有一定效果，传导类电法（如高密度电法）勘探是利用供电电极在地下产生的电场作为探测手段，探测的是地下物质的导电性差异。大多数古代遗址埋藏于第四纪土层中，都是人文构筑物，受其赋存状态、空隙度与含水量的影响，向地下供电会引起考古目标物与周围介质之间的电性差异。因此，高密度电法勘探对于遗存中的房址、城墙、夯土台基、墓穴等有较为明显电性差异的遗存具有很好的效果。

传统的地球物理勘探是以找矿为目的，探测的目标体很大，因此勘探测线长、点距大，无法发现局部的地下物理特征，因此也就不能有效地发现地下较小的目标体。对于考古调查这一类的工程地质问题，必须选择点距小、线距小、测点密度大的地球物理勘探方法。只有这样才有可能探测到浅层的微弱物理异常，因此高密度电法是我们优选的地球物理勘探方法之一。

二、城四家子城址高密度电法工作

（一）城址地层概况

根据2013—2014年发掘成果了解到，城内建筑台基发掘区的地层堆积可分为8层。以T1950

北壁为例，具体情况如下（图9-1-1）。

第1层：褐色土，土质疏松，包含残碎陶片、瓦片，以及现代垃圾，厚15厘米，为现代耕土层。

第2层：灰褐色土，土质疏松，包含大量残碎瓦片等建筑构件，厚35厘米，为晚期建筑倒塌堆积。

第3层：五花夯土层，土质致密，几无包含物，厚0—25厘米，为晚期台基夯土。

第4层：黑褐色土，土质疏松，含沙量较大，内含炭灰，包含大量瓦片和陶瓷碎片，厚0—50厘米，为中期建筑倒塌堆积。

第5层：红褐色土，夹杂较多细碎的红烧土颗粒，以及少量残碎的瓦片和陶片，厚0—20厘米，为利用建筑倒塌堆积进行简单修整的人工堆积。

第6层：褐色土，土质相对疏松细密，含沙量大，包含物较少，厚0—35厘米，为自然堆积。

第7层：灰色沙质土，内含少量白灰粉末，夹杂少量砖瓦，厚0—30厘米，为建筑倒塌堆积。

第8层：红褐色土，夹杂大量红烧土块和砖瓦残件，并夹炭灰，厚0—35厘米，为建筑倒塌堆积。

第8层下有一层厚3—5厘米的踩踏面，为早期建筑的活动面，质地较为坚实，其下为浅黄褐色砂质生土，早期建筑起建于生土之上[①]。

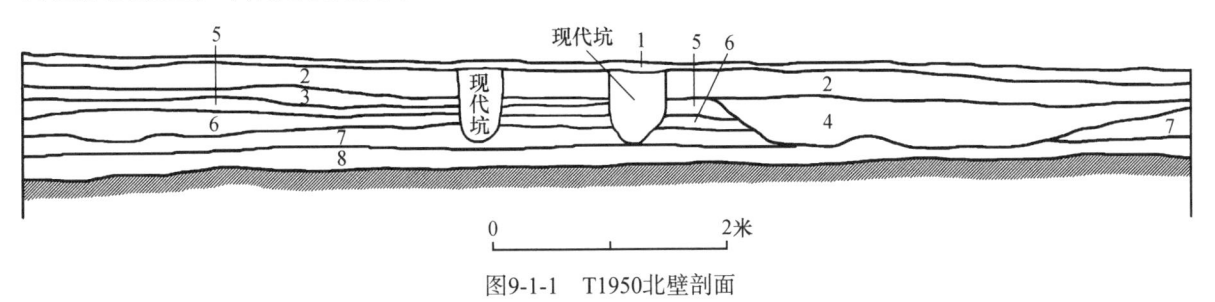

图9-1-1　T1950北壁剖面

（二）勘探布置

本次野外工作使用的高密度电阻率法仪器是重庆地质仪器厂研制生产的DUK-2型密度电阻率测量系统，其电压测量精度为0.01mv±1个字；其电流精度为0.01mA±1个字；根据地质任务及野外的地质条件，确定了本次高密度电阻率剖面方法的具体的观测系统参数。

测量方法：温纳装置和偶极装置

极间距：2米

---

① 吉林省文物考古研究所、白城市文物保护管理所、白城市博物馆：《吉林白城城四家子城址建筑台基发掘简报》，《文物》2016年第9期。

最小极间间隔：1

最大极间间隔：6

电极总数：41—81

供电电压：75V—200V

（三）测线布置

测线布设是工程场地勘探中的重要环节，测线的布设与勘探效果密切相关，对于高密度电法考古物探勘测的原则是：①测线的布置方法应尽量垂直于异常体的走向；②测线的长度应适当地长于勘探区的长度，以期尽量多地获取背景值相关数据；③测点的点距原则上应满足在异常体上尽可能多地获得观测数据，但至少在异常体上获取一两个观测数据。④探测的深度应大于已知该地区第四纪土层厚度及潜水面深度，最好能够达到基岩面的上顶界，在此基础上观测的测线线距可作适当调整。但最多不能超过点距的2倍。

基于上述基本原则，本次测线布设共分两次完成。在规定的区域内，我们采用了2米×2米的方格网，布设测线29条，方向东西向横切疑似道路、院落、建筑，完成第一次测量。根据对第一次工作数据初步分析评估后，第二次工作自北向南采用2米×4米网格布设了25条测线（图9-1-2）。

（四）实物工作量

根据地形条件，并考虑到遗迹的规模和范围，我们将此次物探作业区设定在城内中南部紧邻南城墙处，东西向180、南北向156米的长方形范围内，实测面积28080平方米。

为了保证测线测点的精度，我们对测线各点进行了高精度GPS测量，共获得高精度测点4860个。

测量方法	单排列测点数	测线条数	测量数据总点数	覆盖面积（平方米）
温纳方法	735	54	39690	28080
偶极方法	735	54	39690	28080

（五）检查观测

根据物探勘查技术规范要求，检查点数量应为总工作量的3%—5%，实际检查点完成数4410（6条测线）超过总工作量的10%。

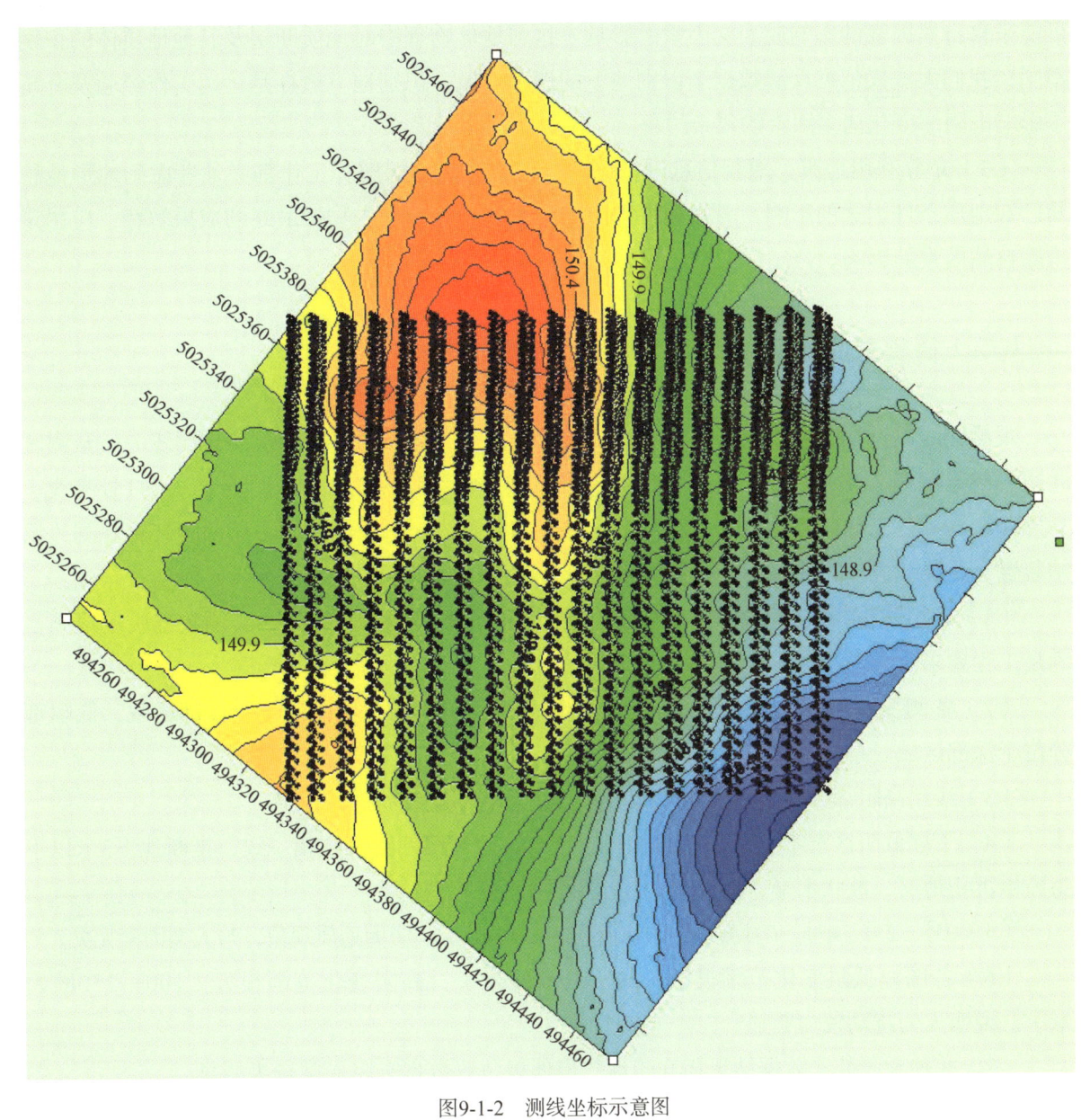

图9-1-2 测线坐标示意图

三、城四家子城址高密度电法成果

（一）异常识别与考古物探解释原则

（1）野外工作完成了物理数据和地质地貌观察，经过质量分析、数据处理和电阻率反演，绘制高密度电法视电阻率反演拟地断面图及水平差分场线图。这是识别地下遗存和地质现象评价的数据基础和依据。

（2）遗存识别：视电阻率反演拟地断面图上的线性低阻带、梯度带、波状界面等都是发现异常的主要依据，视电阻率反演拟地断面图上的异常并不等于考古意义上的遗存。这种异常可能来自自然因素的影响或人文因素的影响。这与地球物理中对地质断层及其他地质体的识别不同，我们无法仅依据反演数据来识别地下的遗存迹象，识别地下遗存是运用工作经验及分析了影响电阻率变化诸多因素的复杂过程。

（3）充分利用地质、地貌信息进行综合解释。任何物探解释工作都必须考虑到地形地貌及已知地质条件因素的影响，考古物探工作也是如此。对于考古物探最终的成果解释，应尽量排除自然因素的影响。

（二）高密度点发二维数据及拟地点断面图分析

观测测线以0号测线为基线，0号测线以北双号测线，分布为0号测线、2号测线……至测区北边界58号测线为止，线距2米，共计29条测线；0号测线以南为单号测线分布，为1号测线、3号测线……南边界95号测线止，线距4米，共计25条测线。每条测线均采用两种装置观测（温纳装置、偶极装置），共获得排列数54×2组。分析如下。

（1）各组数据折线图变化连续、无突变点，正反演模型拟合完好，实测数据质量很高，满足工程要求。

（2）各测线电阻率均呈二元分布，高低过渡带界限清晰，高阻区位于浅部区域，低阻部分位于深部区域。

（3）浅层高阻部分呈波状及条带状分布。且呈现不连续状态。

（4）下层低阻区基本呈水平连续状态，这与该区域第四纪沉积相一致，推断地下3米以下为原始沉积地层，波状水平，深部有含浅水砂层。

（5）0号、2号、4号、6号测线的球状侵入（120米处），应为地质现象，与人文因素无关。

（6）各图幅低阻变化范围很窄（20—50欧姆米），高阻变化范围很大（100—250欧姆米），说明人为扰动较为明显。

（7）两种观测装置数据结果相互印证，但偶极装置数据高阻异常较为明显。

以上分析说明浅部有明显的人文建筑的结构性遗存，且遗存分布于整体观测区之中，由于观测区小，未得到原生土层背景值，但这并不对结果造成很大影响。

（三）平面电性特征

考虑到人文遗址埋藏浅这一物探考古的特殊性，并有利于测区内夯土台基和残存房址的发现，我们选定了反映浅部特征的视电阻率反演图（图9-1-3）和水平差分场线图（图9-1-4）作为测区平面特征分析的依据，图9-1-3和图9-1-4能够反映地下1—3米深度的电性异常体产状，在分析过程中，我们综合考虑了各测线的二维断面结果，以及它们的一致性，发现以下测区平面特征。

（1）图9-1-3和图9-1-4表现的测区异常特征基本相符，可以互相印证。

（2）整个测区遍布异常区域，未能得到异常区外部的背景场，但测区内高阻异常表现明显。

（3）图9-1-3的高阻区和图9-1-4场线高梯度条带呈现出明显的较规整几何形态，这一点在水平差分场线图9-1-4上表现得更为明显。

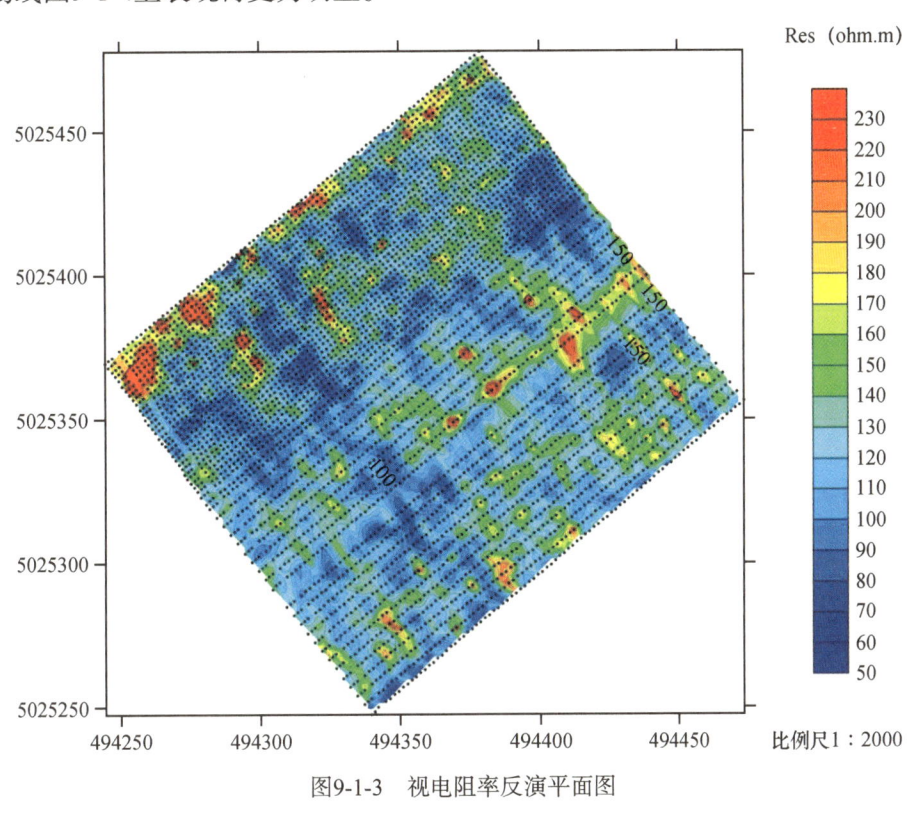

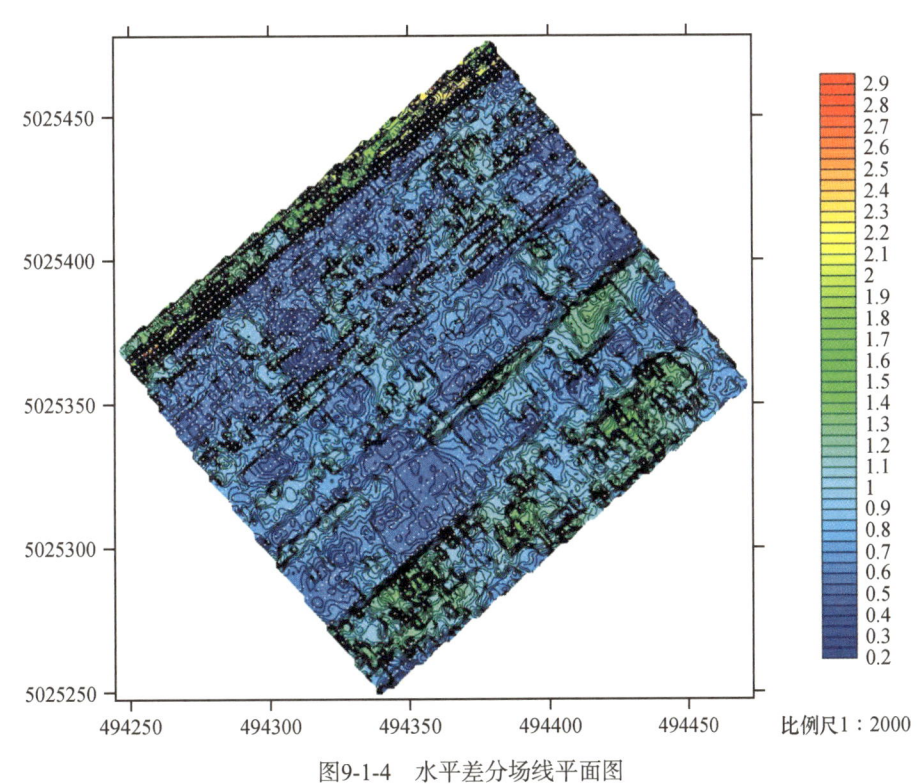

图9-1-3　视电阻率反演平面图

图9-1-4　水平差分场线平面图

（4）测区从北向南呈现如下基本特征：①最北端是一条东北—西南向的高阻梯度条带，且较为连续；②由此向南是一系列的高梯度场线围成的"低阻空心矩形框"；③测区最南边（图中纵坐标0—30米）呈现一条较宽的高梯度连续条带，走向东北—西南。

（5）测区的其他区域呈低阻状态。

（6）以上三部分高梯度场线异常东北—西南向相互平行。

四、小　　结

根据以上分析我们得出如下推性结论。

（1）测区北缘的东北—西南向高梯度条带存在建筑物墙基遗址或道路的可能。无法更准确地区分是因为异常条带北缘没有闭合（没有测到异常条带的边缘背景）。

（2）测区中部的大部分区域（图中纵坐标36—126米）为建筑物墙基遗址，建筑物正面朝向南偏东。各建筑物之间构造连通关系复杂，由于我们考古知识的匮乏无法给出进一步更加明确的结论。

（3）靠近南部城墙内侧边缘的高梯度异常（图中纵坐标0—30米），东北—西南条带存在地下富存夯土的可能。

附注：本节内容参考了如下几篇文章：朱军昌：《物探方法在石质文物保护中的应用研究》，兰州大学硕士学位论文，2013年；林金鑫：《综合地球物理考古方法的应用可行性研究》，浙江大学博士学位论文，2011年；杨利容：《高密度电阻率法在考古探测中的应用研究》，成都理工大学硕士学位论文，2005年；赵文轲、田钢：《地下古城墙遗址的地球物理探测》，《科学》2013年2期；吉艳华：《关于我国考古和文物保护工作中物探技术的应用探析》，《神州》2013年3期。

第二节　出土颜料的分析

2013—2014年，在城四家子城址建筑址的发掘中出土了一批施彩文物，包括彩塑、绿釉瓦及墓壁画残块。为了了解颜料的结构和成分，吉林省文物考古研究所委托中国科学院上海光学精密机械研究所科技考古中心，利用共焦激光拉曼分析技术和X射线荧光光谱分析技术对样品进行了科技检测分析。

一、出土情况

彩绘泥塑残块出土于建筑址发掘区北端的H25填土中。绿釉瓦在H25和G1、G2填土中及地层第4层均有出土。彩绘青砖出土于城四家子城址外北部的M17中，M17为一座辽金时期砖室墓葬，曾遭盗掘，破坏较为严重，发掘时发现墓室内砖砌墓壁上和砖铺地面上均涂抹一层白灰，白灰上有残存的彩绘痕迹。

从已发表的资料中了解，东北地区在建筑饰件和墓葬壁画中均发现使用颜料的记载，如辽宁法库县叶茂台8、9号辽墓[1]及阜新辽代平原公主墓[2]、内蒙古库伦辽代壁墓[3]、陈国公主墓[4]等。近几年吉林省白城市金家金代遗址[5]、吉林白城永平遗址[6]等遗址中出土的颜料，多是将其涂在泥质陶的建筑饰件上。

二、样品简介

本节研究的颜料，有绿釉瓦、建筑饰件、墓壁画及大部分的彩塑。虽然多为破碎非常严重的残块，而且没有可拼接成形的图案，但是色彩丰富，线条流畅，做工精湛。

本次所分析的颜料样品计15件，可分为两类，分别是无釉施彩残片和釉陶残片。无釉施彩残片包括壁画残片、彩塑残片。这类残片的表面附红色、白色、黑色、绿色、黄色颜料。样品照片如图9-2-1所示。

三、分析技术

（1）便携式能量色散型X射线荧光光谱分析仪（pXRF）型号为OUTSTEX 100FA。该设备采用金属钯（Pd）作为X射线源，X射线管的激发电压最高可达40kV，最大功率为50W，辐照到样品表面的X射线焦斑直径约为2.5mm。设备主要由四个单元组成：探测器单元、高压单

---

[1] 何贤武、张星德：《辽宁法库县叶茂台8、9号辽墓》，《考古》1996年第6期。
[2] 梁姝丹：《阜新地区辽墓壁画及相关问题》，《辽宁工程技术大学学报》（社会科学版），2011年第3期。
[3] 王健群、陈相伟：《库伦辽代壁画墓》，文物出版社，1989年。
[4] 内蒙古自治区文物考古研究所、哲里木盟博物馆：《辽陈国公主墓》，文物出版社，1993年。
[5] 吉林省文物考古研究所：《吉林省白城市金家金代遗址的发掘》，《边疆考古研究》（第12辑），科学出版社，2012年。
[6] 吉林省文物考古研究所：《白城永平辽金遗址2009—2010年度发掘报告》，科学出版社，2015年。

图9-2-1　样品照片

（11、12为釉陶样品，其余为壁画及彩塑样品）

元、控制单元和数据处理单元。其中，探测器单元又包括低真空探测单元和大气探测单元。本次测试采用低真空探测单元。数据处理单元主要包括控制软件及定性、定量分析软件。

（2）激光拉曼光谱分析仪（Raman），采用LabRAM XploRA型激光共焦拉曼光谱仪，由法国Horiba公司生产。仪器采用高稳定性研究级显微镜，配有反射及透射柯勒照明，物镜包括10×、100×和LWD50×。采用532nm高稳定固体激光器（25mW）以及相应的滤光片组件，及计算机控制多级激光功率衰减片。同时采用了针孔共焦技术，与100×物镜配合，空间分辨率横向优于1μm，纵向优于2μm。光谱仪拉曼频移范围为70—8000cm^{-1}（532nm），光谱分辨率≤2cm^{-1}，内置四块光栅（2400gr/mm、1800gr/mm、1200gr/mm、600gr/mm）。光谱重复性≤±0.2cm^{-1}。

四、结果与分析

样品表面颜料材质有两种，一是以11、12号样品为代表的釉陶类，二是其余的13件样品，无釉层，表面施有颜料粉末。

1. 釉陶样品

12号样品为绿釉瓦，是一种表面施釉，采用特殊工艺烧制的建筑材料，和普通的陶瓦相比，具有高硬度、防腐蚀、不吸水及色彩丰富等优点[①]。琉璃瓦在我国最早见于北魏，此后经历隋、唐、宋、元时期烧制技术的发展改进，至明代时进入全盛期，此时皇家建筑的琉璃瓦及构件的形制基本定型化、标准化，色彩也丰富多样[②]。

---

① 樊桂敏：《中国古代琉璃瓦初探》，南京大学硕士学位论文，2011年。
② 汪永平：《明代建筑琉璃的等级制度》，《古建园林技术》1989年第4期。

表9-2-1为釉陶类样品主要化学成分的检测结果，对比两件釉陶的基体与釉层部分，釉层部分含有较多PbO（16.81wt%—60.53wt%），主要致色元素为铁离子，呈黄绿色，釉层为低温铅釉。

表9-2-1 釉陶样品胎体与釉层主要化学成分分析结果 （单位：wt%）

样品编号	测试部位	Na_2O	MgO	Al_2O_3	SiO_2	P_2O_5	K_2O	CaO	TiO_2	MnO	Fe_2O_3	CuO	PbO
11	绿色釉层	N.D.	N.D.	0.77	72.76	N.D.	0.49	5.44	0.04	0.1	1.7	1.88	16.81
11	黄色釉层	N.D.	N.D.	3.48	64.29	N.D.	0.17	4.82	0.12	0.07	1.5	N.D.	25.55
11	基体部分	0.96	2.18	13.66	71.14	N.D.	2.77	8.07	0.5	0.04	3.33	N.D.	0.49
12	绿色釉层	N.D.	0.28	4.15	27.99	0.29	0.34	1.71	0.2	0.41	0.45	3.94	60.53
12	基体部分	0.5	0.2	17.28	67.95	N.D.	3.16	5.83	0.86	0.06	4.35	N.D.	0.51

2. 无釉施彩类样品

样品表面颜料主要有红色、黑色、白色三种颜色，主要化学成分分析结果见表9-2-2。红色部位分为两类，一是3、4、7—9号样品中深红色区域，主要用于线段勾勒。以532nm激光作为激发光源，其拉曼光谱（图9-2-2，1）在波数246cm^{-1}、413cm^{-1}、1322cm^{-1}附近出现了与赤铁矿较为匹配的特征峰，主要成分为三氧化二铁（Fe_2O_3），波形不够锐利，可能和时间久远表面风化导致结晶度不高[①]。由表9-2-2可知，五件样品红色区域含量比较高的元素为氧化铁（3.36wt%—6.04wt%）、氧化铝（11.09wt%—14.15wt%）、氧化钙（7.29wt%—18.48wt%），氧化铝和氧化钙含量较高可能与基底是长石类矿物有关。综合推断该种红色颜料为赭石。二是15号样品中的橘红色区域，用以大范围涂抹。其拉曼光谱（图9-2-2，2）的特征峰为136cm^{-1}、282cm^{-1}、544cm^{-1}，与铅丹的标准特征峰121cm^{-1}、549cm^{-1}相似，其中549cm^{-1}归属于Pb-O伸缩振动。化学成分中铅（15.85wt%）含量较高，与铅丹主要成分四氧化三铅（Pb_3O_4）相符。综合推断该种橘红色颜料为铅丹[②]。

表9-2-2 无釉施彩类样品颜料处主要化学成分分析结果 （单位：wt%）

样品编号	测试部位	Na_2O	MgO	Al_2O_3	SiO_2	P_2O_5	K_2O	CaO	TiO_2	MnO	Fe_2O_3	CuO	PbO
1	黑色	1.38	N.D.	11.20	64.49	N.D.	2.79	7.99	0.86	0.12	5.03	5.54	0.6
1	白色	N.D.	0.16	14.67	64.21	N.D.	3.35	13.09	0.64	0.04	3.12	0.03	0.67
2	红色	N.D.	N.D.	12.79	70.51	0.04	4.82	5.53	0.47	0.13	2.94	2.69	0.07
2	黑色	1.83	N.D.	9.40	65.05	N.D.	4.23	4.88	0.55	0.22	3.62	10.19	0.03
3	黑色	0.72	0.81	10.92	59.78	N.D.	3.60	16.83	0.56	0.09	4.00	1.61	1.08
3	红色	0.44	0.80	13.05	65.38	N.D.	2.90	10.47	0.83	0.06	4.84	N.D.	1.23
3	白色	N.D.	N.D.	5.39	49.92	N.D.	1.64	38.61	0.23	0.09	2.31	0.18	1.63

---

① 刘照军、王继英、韩礼刚等：《中国古代艺术品常用矿物颜料的拉曼光谱（二）》，《光散射学报》2013年第2期，第170页。

② 王玉、张晓彤、吴娜：《成都武侯祠彩绘泥塑颜料的拉曼光谱分析》，《光散射学报》2015年第4期，第355页。

续表

样品编号	测试部位	Na₂O	MgO	Al₂O₃	SiO₂	P₂O₅	K₂O	CaO	TiO₂	MnO	Fe₂O₃	CuO	PbO
4	黑色	N.D.	0.10	13.32	66.39	N.D.	2.15	7.57	0.52	0.10	3.06	0.11	6.68
4	红色	N.D.	0.11	14.15	64.50	N.D.	3.15	8.86	0.75	0.08	6.04	N.D.	2.35
4	白色	N.D.	0.22	18.14	68.17	N.D.	3.82	3.8	0.9	0.07	3.33	N.D.	1.54
5	黑色	N.D.	1.45	7.27	52.44	1.38	3.09	28.73	0.45	0.18	4.69	N.D.	0.32
5	橙色	0.68	1.51	12.51	70.45	N.D.	2.38	8.17	0.48	0.09	3.73	N.D.	N.D.
6	白色	N.D.	N.D.	8.52	71.99	N.D.	2.00	7.52	0.48	0.06	3.88	3.25	2.30
7	红色	0.29	0.50	11.57	62.19	N.D.	2.62	18.48	0.42	0.10	3.36	0.04	0.43
7	白色	N.D.	N.D.	4.15	69.74	N.D.	0.67	9.85	0.17	0.12	2.81	N.D.	12.49
8	红色	0.77	0.07	12.13	64.13	N.D.	4.81	12.11	0.69	0.07	4.11	0.20	0.91
8	白色	0.84	0.43	10.72	64.77	N.D.	4.63	12.75	0.45	0.07	3.08	N.D.	2.26
8	黑色	0.43	N.D.	9.15	66.83	N.D.	4.71	9.87	0.31	0.12	2.79	3.91	1.89
9	红色	N.D.	N.D.	11.09	70.95	N.D.	1.80	7.29	0.45	0.04	3.73	N.D.	4.65
9	白色	N.D.	N.D.	11.88	70.26	N.D.	2.54	6.76	0.43	N.D.	3.24	N.D.	4.89
10	白色	0.22	0.04	7.55	50.79	N.D.	1.15	33.6	0.30	0.08	3.30	N.D.	2.96
13	白色	1.51	N.D.	2.87	34.14	N.D.	0.16	60.72	N.D.	0.03	0.58	N.D.	N.D.
14	白色	1.09	1.21	13.11	56.6	N.D.	1.80	20.65	0.37	0.14	2.36	2.27	0.40
14	黑色	1.28	0.73	7.84	47.37	N.D.	0.85	39.92	0.23	0.03	1.56	N.D.	0.20
15	红色	N.D.	N.D.	N.D.	63.37	N.D.	N.D.	19.96	N.D.	0.14	0.68	N.D.	15.85
15	白色	0.63	0.15	6.5	45.81	N.D.	0.80	43.86	0.14	N.D.	1.46	N.D.	0.64
15	黑色	N.D.	N.D.	7.18	45.94	N.D.	0.61	41.51	0.07	0.06	1.28	N.D.	3.35

注：N.D.为含量低于检测限，未检出。

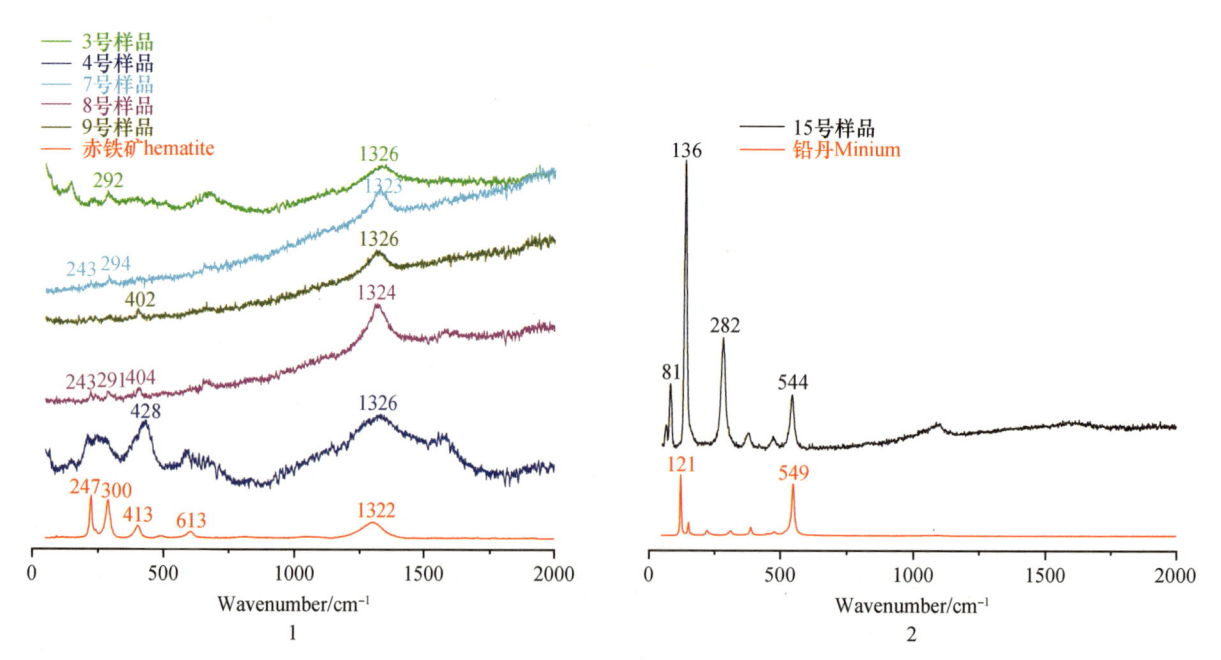

图9-2-2 红色区域拉曼测试图谱
1.深红色区域　2.橘红色区域

白色部位中，1、3、4、13、14、15号样品拉曼特征峰在1083cm^{-1}附近（图9-2-3，1），归属于[CO$_3$]$^{2-}$阴离子团的伸缩振动。呈现白色的碳酸盐矿物主要有以碳酸钙为主的白垩和方解石，以碳酸钙和碳酸镁组成的矿物为主的白云石。由表9-2-2其化学成分分析结果可知，该类颜料钙含量（3.8wt%—60.72wt%）较高，镁含量较低或没有，故推断主要致色成分为碳酸钙（CaCO$_3$），与方解石标准拉曼谱峰283cm^{-1}、712cm^{-1}、1085cm^{-1}相似，分别归属于[CO$_3$]$^{2-}$阴离子团的晶格振动、弯曲振动和伸缩振动。综合判断其为方解石（calcite）或白垩（chalk）。6号样品和10号样品存在较强的荧光背底，未出现明显拉曼峰，可能引起表面风化严重，但化学成分与碳酸钙类样品相似[①]。另外，在7—9号样品白色部位闪片质部位检测出拉曼特征峰（图9-2-3，3），其中956cm^{-1}处属于磷酸根[PO$_4$]$^{3-}$的对称伸缩振动，结合化学成

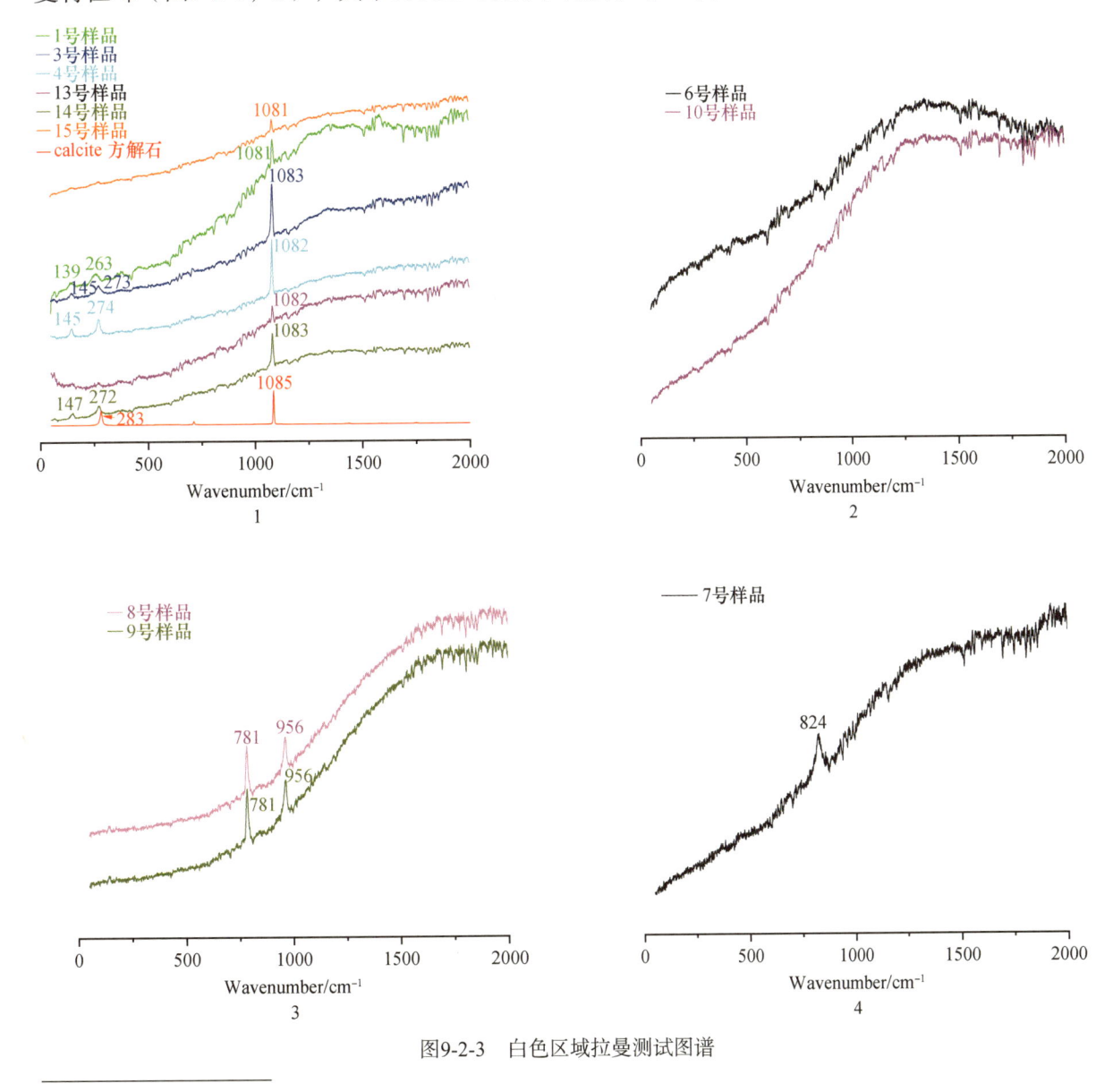

图9-2-3 白色区域拉曼测试图谱

---

① 阮立坚、王新荣：《磷酸钙Ca$_3$（PO$_4$）$_{2a}$L⇌α相变拉曼光谱研究》，《武汉工业大学学报》1993年第3期，第38页。

分推测可能是磷灰石。其余谱峰（图9-2-3，2—4）未对比出标准谱线，结合化学成分可能还存在含铝硅酸盐物质，但非主要致色物质。

绘画颜料的白色，在我国的古代来源最为丰富，其中包括铅白、白铅矿、石膏、云母、滑石、高岭土、方解石、石英等。在已发表的研究文章中，对白色颜料使用的情况都有叙述，白色颜料不是单纯地为绘画颜料使用，多数也作为颜料层的打底材料，而且和地仗层结合得非常紧密。城四家子遗址中出土的泥塑彩绘及壁画的残块样品中，我们也有发现，各色颜料层下均有一层白色颜料。说明当时画师在上彩前，也是用白色颜料作为底色。

在我国古代绘画颜料中，黑色颜料相对而言较为常见，一般分为两种情况：一为原黑色，是用炭黑（C）或铁黑（Fe_3O_4）作为颜料，历代各种壁画中多见；二为变色颜料，铅白或铅丹的变色产物二氧化铅（PbO_2），色彩为棕黑色，多见于唐代石窟壁画中[①]。

黑色部位中，1、3、4、8、14、15号样品中均出现非晶态碳的特征峰（图9-2-4），其中4号样品谱峰最明显，颜料结晶度相对较好。推断黑色颜料的主要成分是石墨（C）矿物[②]。14号样品和3号样品660cm^{-1}左右的峰与铁黑（Fe_3O_4）的标准谱线相似，因此黑色颜料区域为石墨和铁黑的混合物。

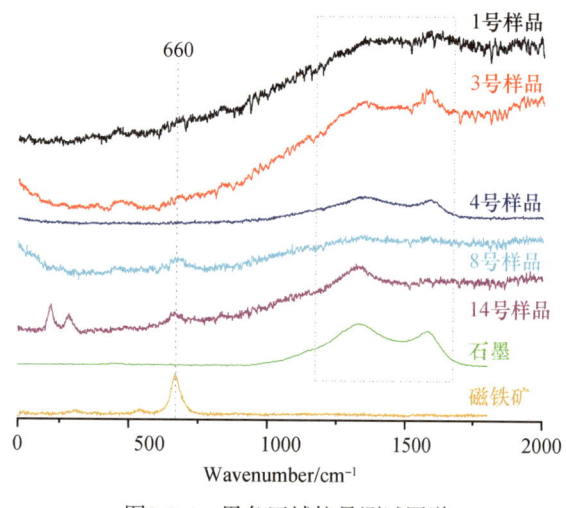

图9-2-4 黑色区域拉曼测试图谱

五、小　　结

（1）泥塑彩绘制作工艺源远流长，是人类智慧和艺术的结晶，彩塑的制作流程主要分为泥胎、塑泥和彩绘三大部分。通过偏光显微镜、X射线衍射，结合剖面进行测试分析。城四家子遗址出土的泥塑彩绘其制作方法：先用厚薄不均的掺麦秆的黏土制作泥胎，用细泥制作外形，然后用白石灰涂薄薄的白粉层，在其上勾勒线条作画，再涂各种颜色的颜料，增加美感。

（2）墓室壁画没有地仗层，白石灰直接在青砖上抹平之后，施彩。

（3）此遗址出土颜料的颜色较为丰富，虽然在地下经过漫长岁月的侵蚀，但是它重见天日时依然艳丽如新。壁画、彩塑颜料样品中，白色部分的主要矿物组分为方解石或白垩，红色部分的主要矿物组分为赭石和铅丹，黑色部分的主要矿物组分为石墨和铁黑。

（4）绿釉瓦的釉层在化学组成上，胎釉化学成分显示其为低温铅釉，铁为着色剂。

---

① 敦煌研究院：《敦煌研究文集·石窟保护篇（下）》，甘肃民族出版社，1993年。
② 闫海涛、孙凯、唐静等：《明代周懿王墓壁画颜料的科技分析》，《华夏考古》2019年第2期。

第三节　出土铁器的分析研究

2013—2016年对城四家子城址发掘期间，在门址、城内部分建筑址、窑址、道路及周边遗迹以及城外墓葬中，出土了250余件铁器。本节通过对城四家子城址出土金属器的科学检测分析，揭示城四家子遗址出土铁器的制作工艺特征，探讨吉林西部地区金属技术发展和工艺特点，为进一步探索辽金时期金属冶铸技术及工艺的发展提供科学依据。

一、样品情况与分析方法

（一）样品情况

本次实验，共取样品20件，包括农具、生活用具、兵器、铁构件等，所有样品皆取自器物的残破处，在满足分析需要的前提下，尽可能减小样品体量，以免影响器物的原貌，器物采集情况详见表9-3-1。

表9-3-1　城四家子城址铁器采集铁器样品简况表

样本编号	实验编号	器物名	取样位置	出土编号
1	C01	铁锄	柄残处	15BTCIF12：20
2	C02	铁镰	残	15BTCIF12：19
3	C03	带环铁器	残	15BTCIF16：31
4	C04	铁凿	残	15BTCIF12：25
5	C05	铁铧	残	15BTCIT0711②：a：16
6	C06	铁铡刀	残	15BTCIF12：7
7	C07	铁镰	残	15BTCIT0810①：1
8	C08/10	铁刀	残	15BTCIF12：6
9	C09	木柄铁刀	残	15BTCIY2：19
10	C11	铁刀	残	15BTCIY2：38
11	C12	铁钉	残	15BTCIH64：6-1
12	C13	铁钉	残	15BTCIH64：6-2
13	C14	铁甲片	残	15BTCIF12：24
14	C15	铁镞	残	15BTCIC3：1
15	C16	带环铁器	残	15BTCIF16：7
16	C17	铁环	残处	15BTCIF16：4
17	C18	带环铁器	残处	15BTCIF12：60
18	C19	铁环	残处	2015BTCIF12：75
19	C20	铁钉	残处	15BTCIF12：1
20	C25	铁钉	残处	2015BTCIF12：63

（二）分析方法

1. 金相组织观察分析

对样品进行整理、分类、详细记录后，选取合适的分析面，使用镶样树脂进行冷镶，并经手工打磨、抛光后，在未浸蚀的状态下对试样进行初步的观察，然后对不同材质的器物采用相应的浸蚀剂浸蚀，以显示其金相组织。

铁器样品用4%硝酸酒精溶液浸蚀。浸蚀后的样品在金相显微镜下观察金相组织并拍照，所用仪器为Olympus Vanox、Leica DMLM金相显微镜和Leica4000光学显微组织分析系统。

2. SEM-EDS分析

浸蚀后的样品经重新打磨、抛光，在未浸蚀状态下进行喷碳处理后，置入扫描电子显微镜下进行分析。铜器样品的SEM-EDS分析主要是观察细部组织形态及其成分分析，铁器样品主要是观察夹杂物形态及其成分分析。使用TESCAN公司的VAGA3-XMU型扫描电镜配合BRUKER公司的XFlash-Detector-610M型能谱仪对样品进行微区组织和成分分析。能谱测试中的工作电压控制在20kV，束流强度根据实验需求进行微调，半定量的元素组分采样分析使用软件的自动模式（无标样模式），所有测试数据计数率采取软件自动优化模式，采样时间高于60s，确保达到计量有效范围内。锈蚀严重的样品在进行成分测定时，为了保证相对准确的结果，尽量避开锈蚀区域进行测定。

二、分析结果

（一）金相组织分析结果

本次实验共采集样品20件，但有9件样品完全锈蚀，无法进行金相组织观察，故仅讨论11件样品金相组织分析结果，详见表9-3-2及图9-3-1—图9-3-11。

11件铁器样品中2件为铸造成型，9件为锻打成型。铸造成型的样品中C05铁铧为过共晶白口铁金相组织，C19铁环为共晶白口铁组织。锻打成型的样品使用的铁料含碳量普遍不高，3件低碳钢制品（C04铁凿、C16带环铁器、C20铁钉）为铁素体加珠光体组织，珠光体占比极低，已近似为熟铁。其余样本C03带环铁器、C07铁镰、C15铁镞、C17铁环、C18带环铁器、C25铁钉均为铁素体组织，C07铁镰、C15铁镞、C16带环铁器、C17铁环可明显观察到夹杂物沿加工方向变形。

表9-3-2 城四家子遗址出土铁器样品的金相组织观察结果

实验编号	器物名	金相组织观察结果	材质
C01	铁锄	完全锈蚀	—
C02	铁镰	完全锈蚀	—
C03	带环铁器	铁素体组织	熟铁
C04	铁凿	铁素体加少量珠光体组织，含碳量低 夹杂物沿加工方向变形	低碳钢
C05	铁铧	低温莱氏体加一次渗碳体组织 一次渗碳体以平面树枝晶形结晶 为过共晶白口铁组织	白口铁
C06	铁铡刀	完全锈蚀	—
C07	铁镰	铁素体组织 夹杂物较多且体积较大，沿加工方向变形	熟铁
C08/10	铁刀	完全锈蚀	—
C09	木柄铁刀	完全锈蚀	—
C11	铁刀	完全锈蚀	—
C12	铁钉	完全锈蚀	—
C13	铁钉	完全锈蚀	—
C14	铁甲片	完全锈蚀	—
C15	铁镞	纯铁素体组织 夹杂物较多，沿加工方向变形	熟铁
C16	带环铁器	铁素体组织+珠光体组织，含碳量低 夹杂物沿加工方向变形	低碳钢
C17	铁环	铁素体组织 夹杂物沿加工方向变形	熟铁
C18	带环铁器	铁素体组织	熟铁
C19	铁环	共晶白口铁组织	白口铁
C20	铁钉	铁素体加少量珠光体组织，含碳量低 夹杂物沿加工方向变形	低碳钢
C25	铁钉	铁素体组织 夹杂物沿加工方向变形	熟铁

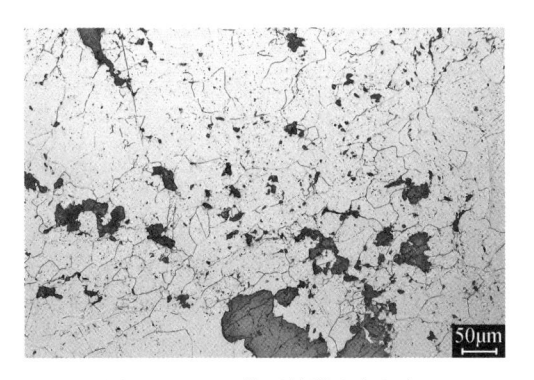

图9-3-1 C03带环铁器金相组织

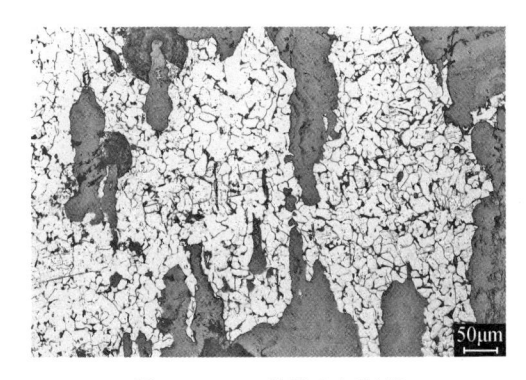

图9-3-2 C04铁凿金相组织

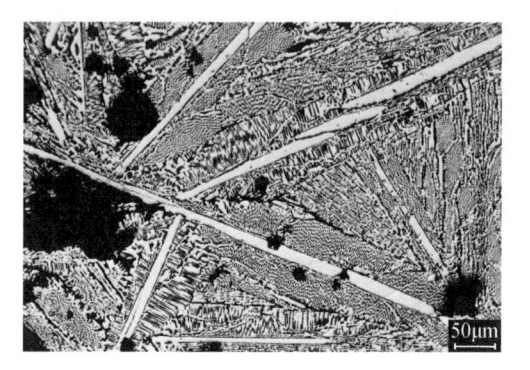

图9-3-3 C05铁铧金相组织

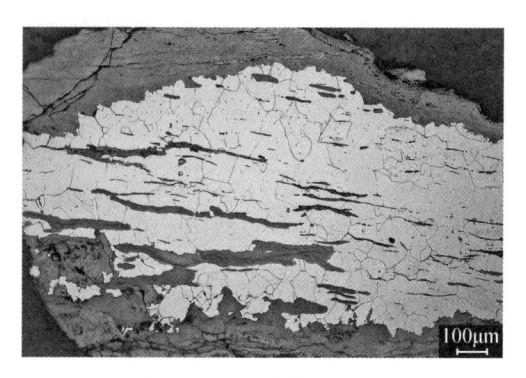

图9-3-4 C07铁镰金相组织

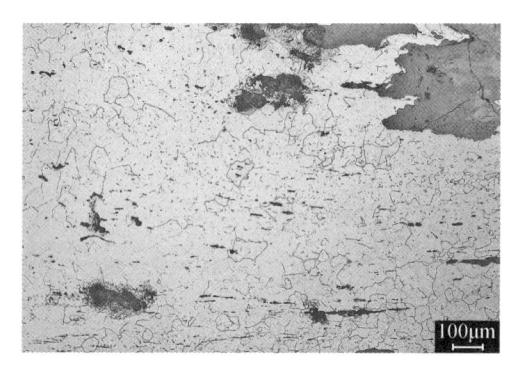

图9-3-5 C15铁镞金相组织

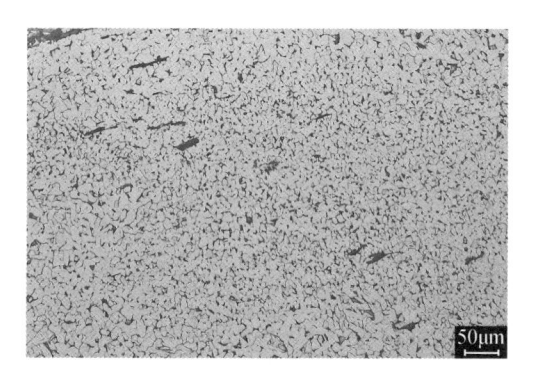

图9-3-6 C16带环铁器金相组织

图9-3-7 C17铁环金相组织

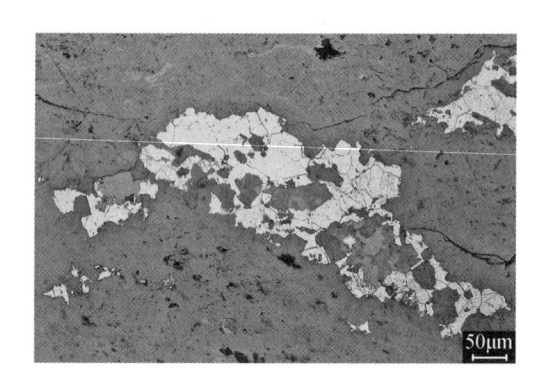

图9-3-8 C18带环铁器金相组织

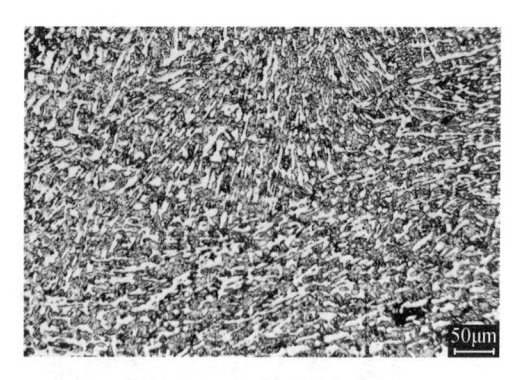

图9-3-9 C19铁环金相组织

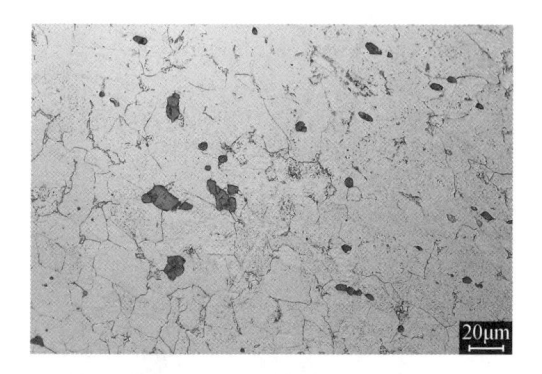

图9-3-10 C20铁钉金相组织

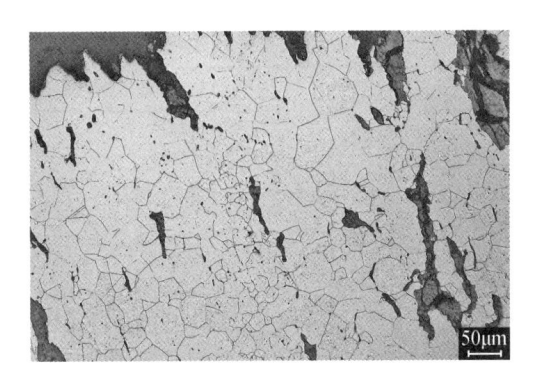

图9-3-11　C25铁钉金相组织

（二）铁器夹杂物SEM-EDS分析结果

本研究使用扫描电镜对其夹杂物的元素组成进行初步分析，初步分析的夹杂物为随机选择，并尽量选择大块夹杂物，铸铁夹杂物以元素形式表示，钢和熟铁制品的夹杂物以氧化物形式表示。对于熟铁和钢制品采用Disser等提出的逻辑回归方法对夹杂物进行初步判定，将夹杂物MgO、Al_2O_3、SiO_2、P_2O_5、K_2O、CaO、MnO氧化物元素重新归一化后根据其通过对已知生产技术样本的机械学习获得的参考系数，代入概率公式得出p值（图9-3-12）。该方法认为当$p>0.7$时，可判定为炒钢制品，当$p<0.3$时，可判定为块炼铁制品，当p值介于二者之间则存在误判的可能[①]。

计算公式：$Logit(p) = \beta^0 + \beta^{Mg}[\%MgO] + \beta^{Al}[\%Al_2O_3] + \beta^{Si}[\%SiO_2] + \beta^{P}[\%P_2O_5] + \beta^{K}[\%K_2O] + \beta^{Ca}[\%CaO] + \beta^{Mn}[\%MnO]$

基于已知样品获取的参考系数

	β^0	β^{Mg}	β^{Al}	β^{Si}	β^{P}	β^{K}	β^{Ca}	β^{Mn}
参考值	5.22	0.13	−0.95	0.007	0.16	−0.84	0.088	0.018
标准误差	3.320	0.35	0.25	0.043	0.065	0.44	0.058	0.091

图9-3-12　逻辑回归计算公式及参考系数

本次分析夹杂物数量较少，不足以支撑多元统计分析结果，分析结果仅供参考，详细分析结果如下（表9-3-3—表9-3-14；图9-3-13—图9-3-24）。

---

① Disser A, Dillmann P, Bourgain C, l'Héritier M, Vega E, Bauvais S, Leroy M. Iron reinforcements in Beauvais and Metz Cathedrals: from bloomery or finery? The use of logistic regression for differentiating smelting processes. *Journal of Archaeological Science*, 2014, 42: 315-333.

表9-3-3　C03带环铁器夹杂物元素成分分析　　　　　　　　　　（单位：wt%）

分析点	Na$_2$O	MgO	Al$_2$O$_3$	SiO$_2$	P$_2$O$_5$	K$_2$O	CaO	FeO	p
1	0.4	0.3	1.6	11.5	4.4	2.0	2.3	77.5	0.01
2	0.8	0.1	2.1	17.4	8.1	4.1	4.8	62.6	0.01
3	0.6	0.5	1.7	17.9	8.0	3.4	3.9	64.1	0.09
4	0.2	0.1	0.5	7.4	4.7	1.2	1.4	84.4	0.84
5	0.1	0.2	0.4	7.4	4.7	0.3	0.9	86.0	1.00
6	0.4	0.5	1.2	19.0	9.5	1.3	2.9	65.3	0.99
7	0.2	0.0	1.4	8.8	9.8	0.7	4.4	74.8	0.99

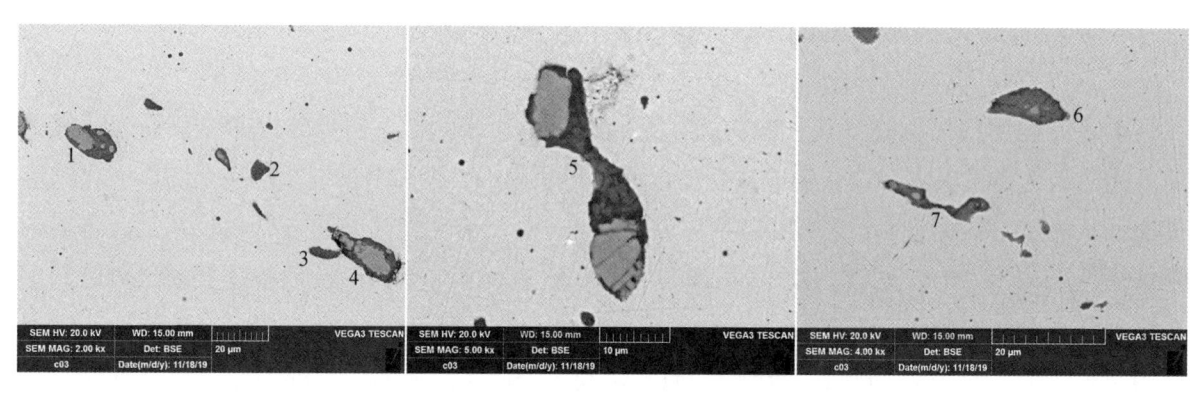

图9-3-13　C03带环铁器夹杂物形貌

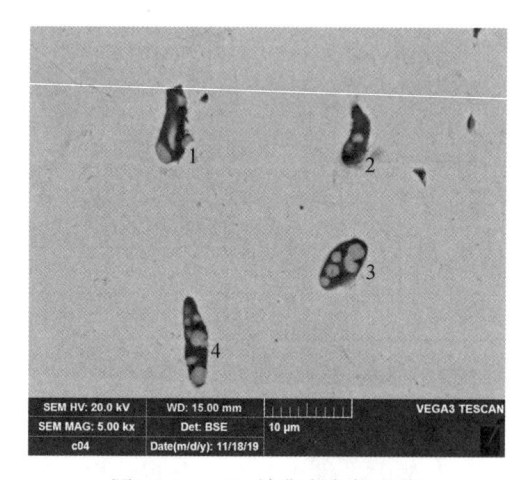

图9-3-14　C04铁凿夹杂物形貌

表9-3-4　C04铁凿夹杂物元素成分分析　　　　　　　　　　（单位：wt%）

分析点	Na$_2$O	MgO	Al$_2$O$_3$	SiO$_2$	P$_2$O$_5$	K$_2$O	CaO	FeO	p
1	0.6	0.4	2.7	16.4	3.2	5.5	6.4	64.7	0.00
2	0.3	0.1	1.2	6.2	1.1	1.7	2.0	87.3	0.00
3	0.4	0.4	1.9	11.9	2.0	2.4	2.8	78.2	0.00
4	0.6	0.3	2.2	12.9	2.8	5.0	5.8	70.5	0.00

表9-3-5 C05铁铧夹杂物元素成分分析　　　　　　　　　　　（单位：wt%）

分析点	Na	Mg	Al	Si	P	Mn	S	Fe
1	0.0	0.0	0.0	0.0	1.4	2.1	15.0	81.3
2	0.0	0.1	0.1	0.1	0.6	5.5	17.5	76.0
3	0.0	0.0	0.1	19.9	0.1	--		79.9

C05铁铧为铸铁，夹杂物极小，个别夹杂体现出硫、锰元素较高的特征。

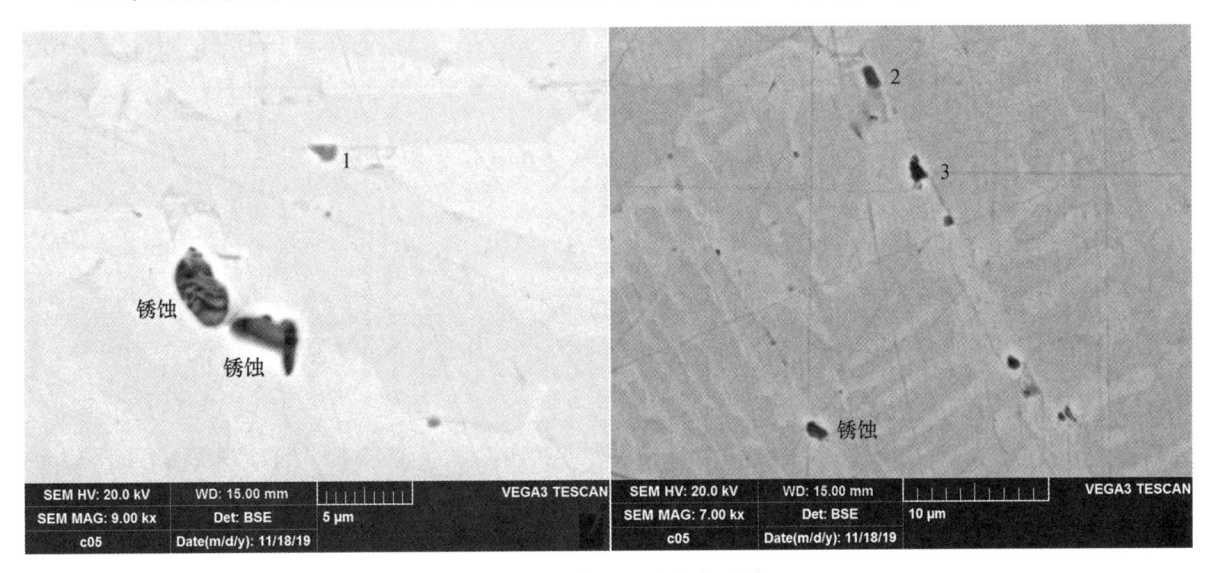

图9-3-15 C05铁铧夹杂物形貌

表9-3-6 C07铁镰夹杂物元素成分分析　　　　　　　　　　　（单位：wt%）

分析点	Na$_2$O	MgO	Al$_2$O$_3$	SiO$_2$	P$_2$O$_5$	K$_2$O	CaO	FeO	p
1	0.5	0.4	1.8	18.2	1.1	3.6	4.2	70.02	0.00
2	0.2	0.3	0.5	13.9	0.7	3.0	3.5	77.75	0.00
3	0.2	0.1	0.5	11.5	0.5	2.2	2.5	82.54	0.00

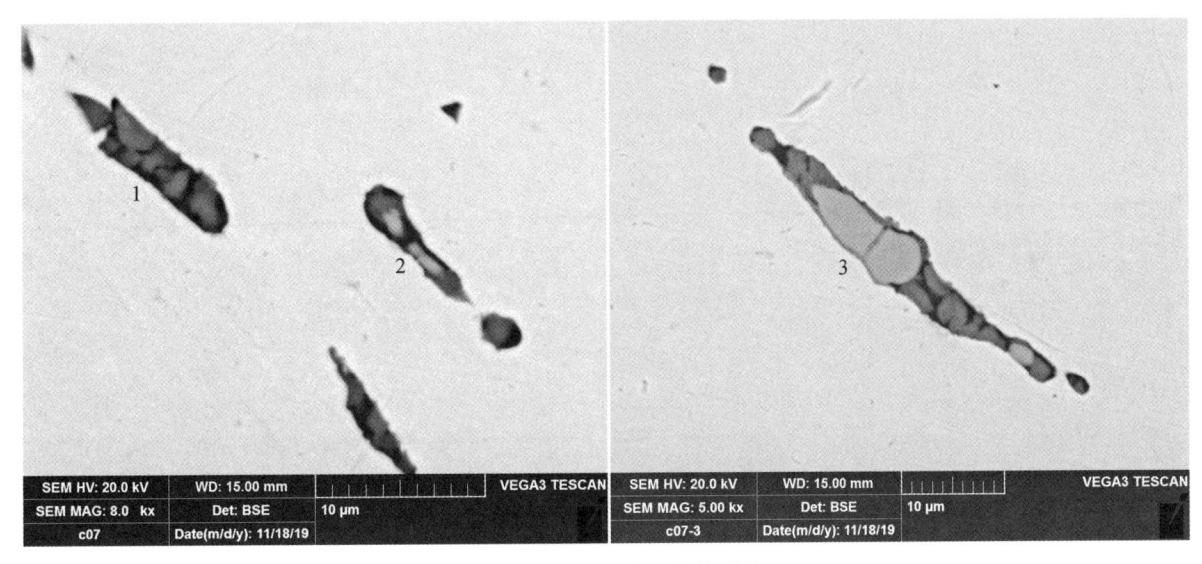

图9-3-16 C07铁镰夹杂物形貌

表9-3-7　C14铁甲片夹杂物元素成分分析　　　　　　　　　　　　　（单位：wt%）

分析点	Na$_2$O	MgO	Al$_2$O$_3$	SiO$_2$	P$_2$O$_5$	K$_2$O	CaO	FeO	p
1	0.2	0.2	5.6	12.2	2.0	1.2	1.4	77.1	0.00
2	0.0	0.2	6.4	13.1	1.2	2.9	3.4	72.7	0.00
3	0.1	0.3	4.3	11.3	3.3	3.2	3.8	73.7	0.00
4	—	0.7	6.4	21.2	1.3	1.5	1.8	67.1	0.00
5	0.3	0.2	5.6	10.9	2.0	0.7	1.5	78.9	0.00
6	0.1	0.3	7.2	14.9	1.3	0.4	3.6	72.2	0.00
7	0.1	0.3	6.3	10.6	1.8	0.4	2.1	78.4	0.00

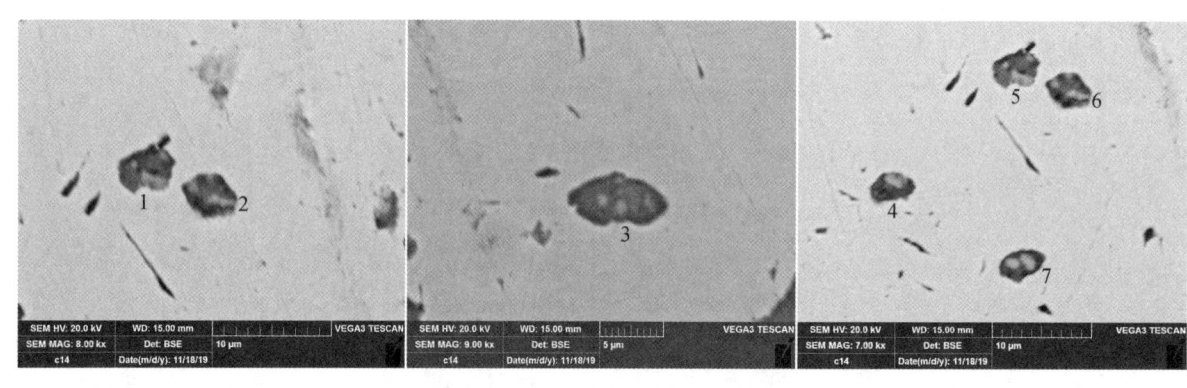

图9-3-17　C14铁甲片杂物形貌

表9-3-8　C15铁镞夹杂物元素成分分析　　　　　　　　　　　　　（单位：wt%）

分析点	Na$_2$O	MgO	Al$_2$O$_3$	SiO$_2$	P$_2$O$_5$	K$_2$O	CaO	FeO	p
1	0.2	0.4	0.3	12.0	0.0	1.0	1.2	84.9	0.33
2	0.5	0.2	1.1	6.5	1.6	1.3	1.6	87.3	0.00
3	0.5	0.3	1.4	9.4	2.5	1.9	2.2	81.8	0.00

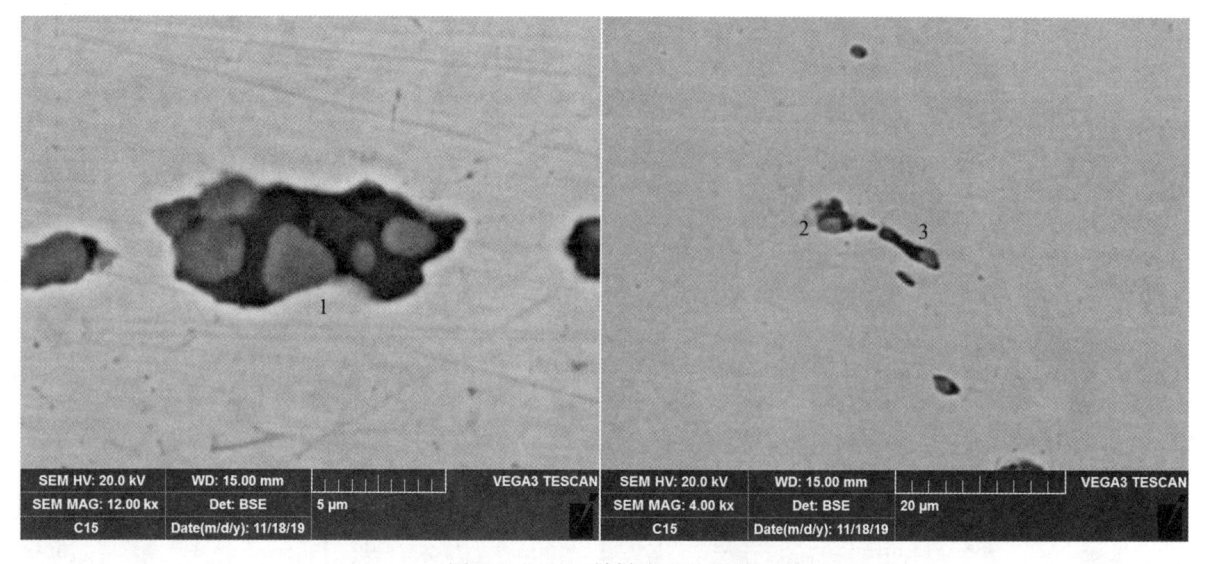

图9-3-18　C15铁镞夹杂物形貌

表9-3-9 C16带环铁器夹杂物元素成分分析　　　　　　　　　　　（单位：wt%）

分析点	Na₂O	MgO	Al₂O₃	SiO₂	P₂O₅	K₂O	CaO	MnO	FeO	p
1	0.4	0.6	1.9	13.2	5.4	5.3	6.2	1.6	65.5	0.00
2	0.3	0.4	1.6	12.4	5.2	5.7	6.6	1.2	66.6	0.00
3	0.8	1.8	3.8	23.8	3.3	7.8	9.1	2.5	47.1	0.00
4	0.3	1.5	3.9	23.0	3.3	9.6	11.1	2.3	44.9	0.00
5	0.3	0.4	1.3	9.6	5.2	1.0	5.6	1.4	75.2	0.94

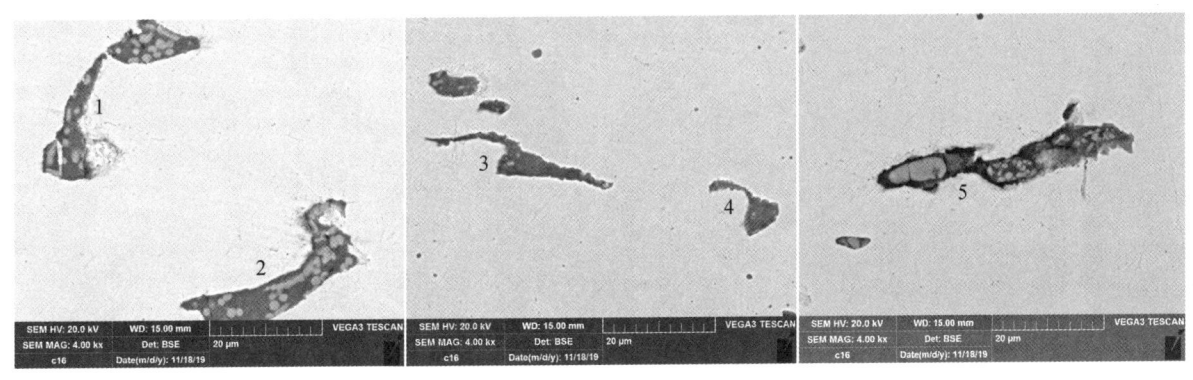

图9-3-19 C16带环铁器夹杂物形貌

表9-3-10 C17铁环夹杂物元素成分分析　　　　　　　　　　　（单位：wt%）

分析点	Na₂O	MgO	Al₂O₃	SiO₂	P₂O₅	K₂O	CaO	FeO	p
1	0.1	0.4	1.2	7.1	1.5	3.0	3.5	83.2	0.00
2	0.3	0.4	1.3	8.3	2.2	3.5	4.1	79.9	0.00
3	0.2	0.5	0.9	5.4	2.2	2.5	3.0	85.4	0.00
4	0.6	1.5	2.9	19.8	6.0	8.0	9.3	51.9	0.00

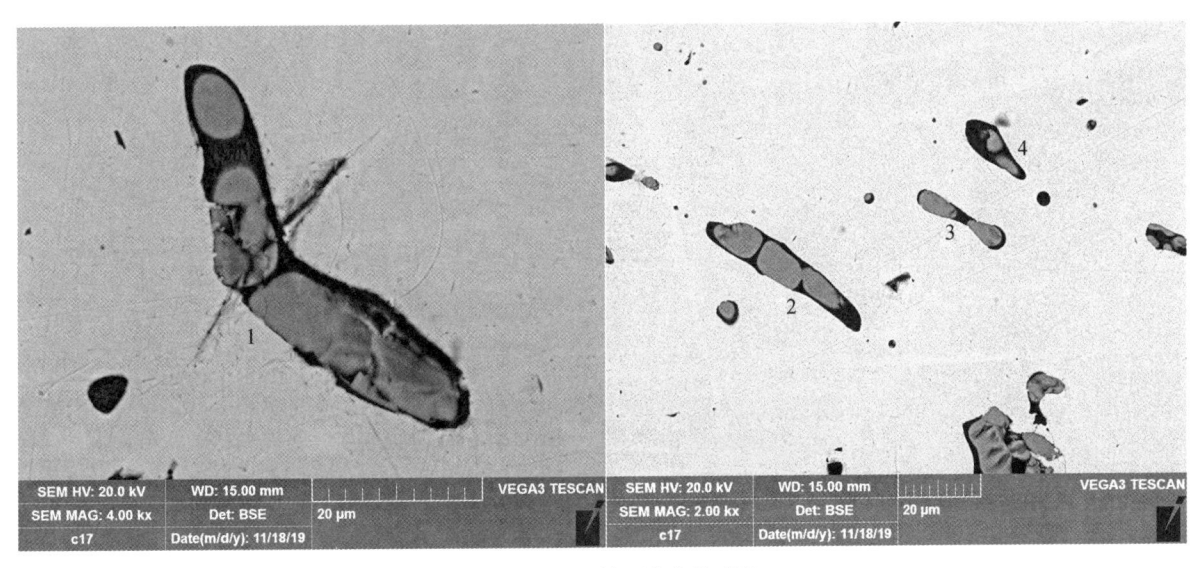

图9-3-20 C17铁环夹杂物形貌

表9-3-11　C18带环铁器夹杂物元素成分分析　　　　　　　　　　（单位：wt%）

分析点	Na₂O	MgO	Al₂O₃	SiO₂	P₂O₅	K₂O	CaO	MnO	FeO	p
1	1.0	0.7	4.9	16.4	1.2	11.7	13.6	0.9	49.6	0.00
2	0.6	0.5	3.1	10.6	0.8	6.6	7.6	0.6	69.6	0.00

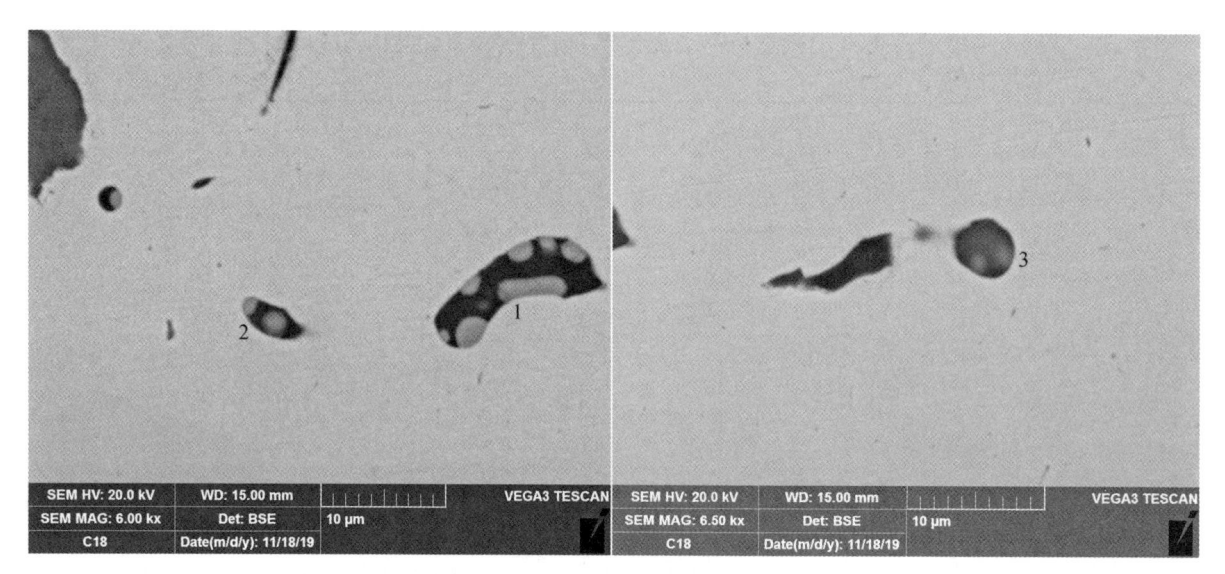

图9-3-21　C18带环铁器夹杂物形貌

表9-3-12　C19铁环夹杂物元素成分分析　　　　　　　　　　（单位：wt%）

分析点	Na	Mg	Al	Si	Ca	Mn	S	Fe
1	0.1	0.1	0.1	0.1	—	15.1	26.4	57.1
2	—	—	0.2	0.3	0.1	10.2	26.6	62.5

C19铁环为铸铁，夹杂物形状多不规则，尺寸较大者可达5μm，含有较高的硫、锰。

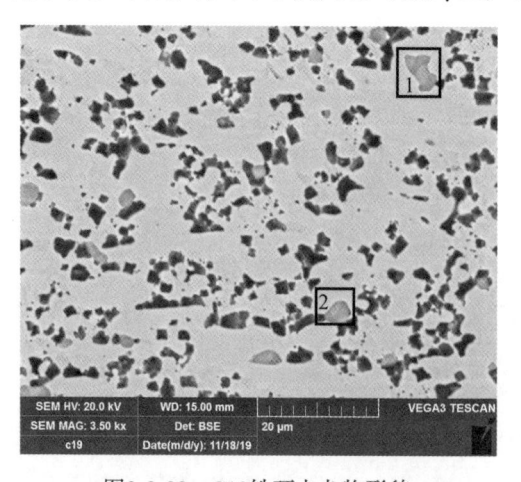

图9-3-22　C19铁环夹杂物形貌

表9-3-13　C20铁钉夹杂物元素成分分析　　　　　　　　　（单位：wt%）

分析点	Na$_2$O	MgO	Al$_2$O$_3$	SiO$_2$	P$_2$O$_5$	K$_2$O	CaO	FeO	p
1	0.2	0.6	0.7	2.1	0.9	0.4	0.5	94.7	0.00
2	0.5	0.1	2.2	12.3	5.3	3.1	3.6	72.9	0.00
3	0.6	0.2	3.0	17.1	7.3	4.2	4.9	62.7	0.00

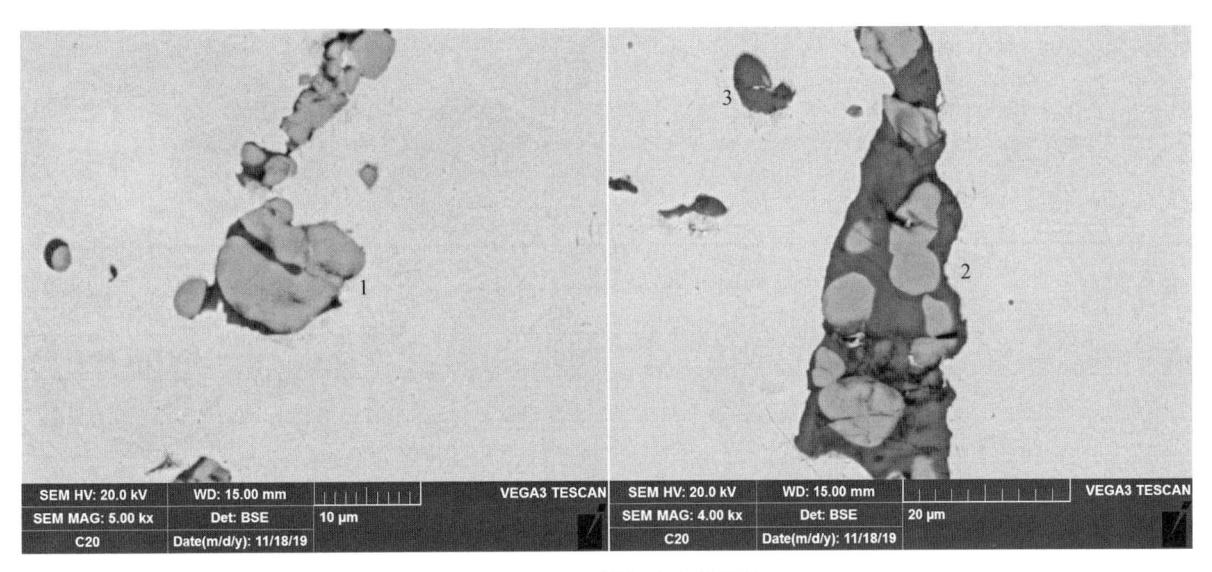

图9-3-23　C20铁钉夹杂物形貌

表9-3-14　C25铁钉夹杂物元素成分分析　　　　　　　　　（单位：wt%）

分析点	Na$_2$O	MgO	Al$_2$O$_3$	SiO$_2$	P$_2$O$_5$	K$_2$O	CaO	FeO	p
1	0.5	0.1	1.9	13.9	1.0	4.5	5.2	72.89	0.00
2	0.4	0.1	2.2	25.1	1.5	9.0	10.4	51.38	0.00
3	0.1	0.2	0.6	7.4	0.4	2.5	2.9	85.95	0.00
4	0.4	0.4	2.2	18.9	0.7	3.2	3.7	70.59	0.00

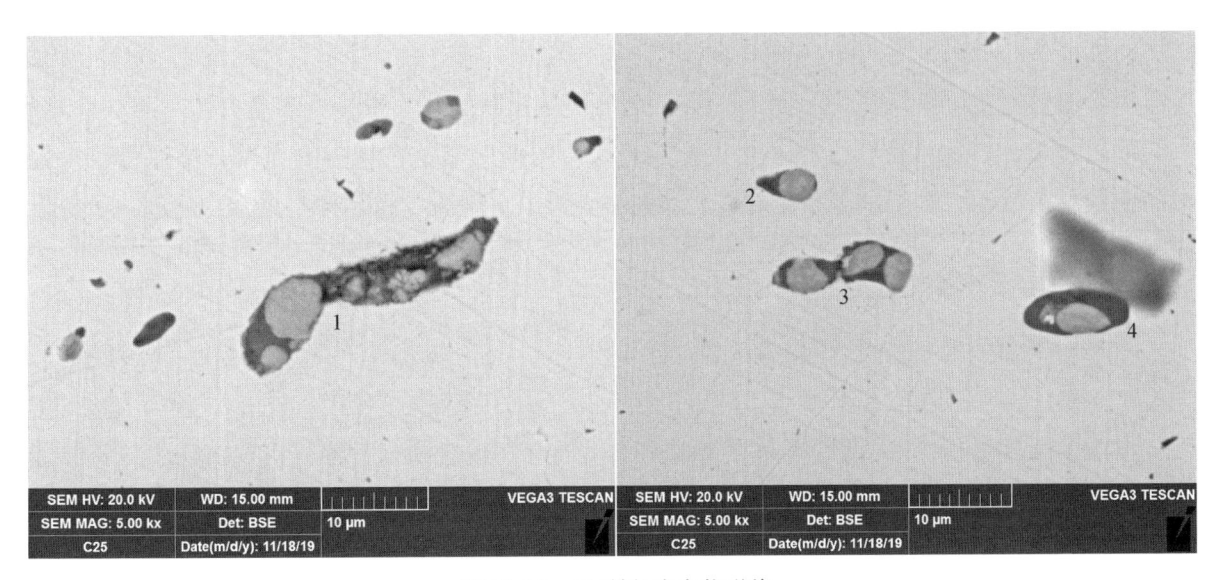

图9-3-24　C25铁钉夹杂物形貌

三、相关问题探讨

（一）材质与工艺

通过对城四家子遗址出土11件铁器的鉴定，发现有三种不同材质，即白口铁、低碳钢和熟铁，结合金相组织观察结果和夹杂物的成分分析，可以判定城四家子遗址出土的铁器材质及工艺如下（表9-3-15）：

表9-3-15　城四家子遗址出土铁器材质鉴定结果

编号	名称	材质及工艺	编号	名称	材质及工艺
C03	带环铁器	熟铁/锻打	C17	铁环	熟铁/锻打
C04	铁凿	低碳钢/锻打	C18	带环铁器	熟铁/锻打
C05	铁铧	白口铁/铸造	C19	铁环	白口铁/铸造
C07	铁镰	熟铁/锻打	C20	铁钉	低碳钢/锻打
C15	铁镞	熟铁/锻打	C25	铁钉	熟铁/锻打
C16	带环铁器	低碳钢/锻打			

分析结果显示，本次经分析的铁器样品主要有铸造和锻打两种成型工艺。C05铁铧样品、C19铁环样品为铸造成型，C04铁凿样品、C20铁钉样品为低碳钢锻打而成，C03带环铁器、C07铁镰、C15铁镞、C16带环铁器、C17铁环、C18带环铁器、C25铁钉均为熟铁锻打而成。夹杂物的初步分析结果显示，绝大部分熟铁制品存在使用块炼铁材的可能。

城四家子古城内有十余处地点地表可见大量炼渣，较大的两处分别位于城内西北部的2号建筑群和位于城址正中心的14号建筑群。2号建筑群其南侧台基地表发现有大量炼渣、焦块以及铁甲残片。14号建筑群地表也发现有大量炼渣，以其为中心分布四处炼渣散布地点，这四处地点的炼渣核心分布区达1000—3000平方米，基本覆盖了城中心十字形台地的北翼。地表所见炼渣多呈银白色团块状，尺寸在1厘米左右，还有一些呈断块状，可见液体流纹。

可以看出，作为辽代长春州、金代新泰州治所的城四家子古城内的先民，已存在较大规模的钢铁加工活动，然而是否存在冶炼活动则需要对出土炼渣及铁器样本夹杂物的进一步分析研究。

（二）铸铁中的高锰、高硫夹杂物

本次实验经分析的2件铸铁样品夹杂物中均发现有高硫、高锰特征。古代铸铁中的硫可能有两个来源，一是作为原料使用的含硫的铁矿石，二是作为燃料使用的煤。我国中原地区古代生铁炉渣中氧化锰含量普遍在0.41%—1.19%[1]，类似城四家子古城生铁制品夹杂物中高锰特征，在哈尔滨阿城东川辽代中后期至金末冶铁遗址、广西兴业县唐代冶铁遗址出土的锰硅铝系高锰生铁冶炼渣中也有体现。广西兴业县唐代冶铁遗址周围存在高品位富集锰矿[2]，其炉渣中的锰可能源于添加锰矿石做助熔剂[3]。哈尔滨阿城东川辽代中后期至金末冶铁遗址矿石遗物中并未发现高锰现象，且黑龙江省为缺锰省份，其矿渣中锰的来源尚无定论[4]。从时代上判断，辽金时期刻意添加锰矿石作为助熔剂的可能性是存在的，但根据全国地质资料馆记录显示，吉林省为缺锰省份，城四家子古城铸铁制品夹杂物中的高锰特征，源于采用含锰铁矿作为冶炼原料的可能性更大，但其包含的技术特征、源头等问题仍待进一步探寻。

四、结　　论

经本次实验分析城四家子遗址出土铁器样本主要分为两大类，即铸造和锻打成型，锻打材料倾向使用含碳量较低的熟铁或低碳钢。1件农具铁铧及1件铁环制品为铸造成型的铸铁制品，其余铁件、铁质工具、兵器均为锻打而成，且所用锻打铁料存在使用块炼铁的可能。铸铁样品夹杂物中的高锰特征，存在使用含锰铁矿作为冶炼原料的可能性。

第四节　植物浮选结果分析

2015年对城内中部偏西北的一处陶窑遗址、城市主干道及相关遗迹进行发掘的同时，对此次发掘的区域进行了浮选工作，系统地获取了该遗址中埋藏的古代大植物遗存。通过在实验室内对其种属进行鉴定和量化分析，初步复原了城四家子城址先民对植物的利用情况，进而探讨当时农业生产的特点和发展状况。

---

[1] 李京华、杨振威：《信阳毛集古矿冶遗址调查简报》，《华夏考古》1988年第4期，第16—21页；李京华、陈长山：《南阳汉代冶铁》，中州古籍出版社，1995年，第111页；郑州市博物馆：《郑州古荥镇汉代冶铁遗址发掘简报》，《文物》1978年第2期，第28—43页；河南省文物研究所、中国冶金史研究室：《河南省五县古代铁矿冶遗址调查》，《华夏考古》1992年第1期，第44—62页。

[2] 第43655号地质报告：《广西玉林陈村磷矿普查区榴江组底层初步普查报告》，全国地质资料馆，1962年；第76765号地质报告：《广西玉林市新庄锰矿区详细地质报告》，全国地质资料馆，1989年。

[3] 黄全胜、李延祥：《广西兴业县高岭古代遗址冶炼技术初步研究》，《自然科学史研究》2012年第3期，第288—298页；黄全胜、梁婵、李延祥、陈建立、李建西、覃芳：《广西古代生铁高锰渣与中国生铁冶炼技术多样化发展》，《南方文物》2018年第3期，第212—218页。

[4] 李延祥、佟路明、赵永军：《哈尔滨阿城东川冶铁遗址初步考察研究》，《边疆考古研究》（第23辑），科学出版社，2018年，第387—398页。

一、采样与浮选

城四家子城址的浮选样品采自2015年度的考古发掘。采样工作是伴随着发掘工作同步开展的，采样方法属于针对性采样，即针对发掘中出土的重点遗迹单位，如灰坑、灰沟、房址、窑址等，在清理过程中及时提取适量土样作为浮选样品，共采集样品40份。每份浮选土样的土量为2—10升，总计获取浮选土量为310升。

浮选工作在考古发掘工地进行，所用设备是水波浮选仪，配备的分样筛规格为80目（筛网孔径0.2毫米）。浮选结果在当地阴干后由吉林省文物考古研究所植物考古实验室对其进行分类及种属鉴定分析。

二、浮选结果的鉴定与分析

通过显微镜观察，在城四家子城址浮选样品中出土的炭化植物遗存分为炭化木屑和植物种子两大类。

（一）炭化木屑

炭化木屑是指经过燃烧的木质残块，其主要来源为未燃尽的燃料，或遭到焚烧的建筑木材及其他用途的木料等。从城四家子城址浮选出土的炭化木屑其出土概率在95%以上，但大多十分细碎，且数量较少。出土炭化木屑总重量为5克，浮选土样总量为310升，平均每升土样所含炭化木屑的重量仅为0.016克，这一数值显然偏低。

（二）植物种子

城四家子城址采集的40份植物浮选样品中共清理出了210307粒炭化植物种子，且种类丰富。经鉴定，出土的植物种子中包括粟、黍、大豆、红小豆、豇豆、小麦、大麦、荞麦、豌豆、枣、山楂、甜瓜等多种作物遗存及部分藜科、蓼科、苍耳、狗尾草属等常见植物种子。此外，还有一些特征不明显或者由于炭化过甚而失去了特征部位的未知种属的植物种子及果壳（表9-4-1）。

从表9-4-1可以清楚地看出，在城四家子城址浮选出土的各种炭化植物种子中，农作物在数量上占有绝对优势，所占比例可达到出土植物种子总数的99%；其他非农作物植物种子的出土数量合计约287粒，所占数量比例仅为1%。

表9-4-1 城四家子城址植物遗存统计表

植物种属名称	数量（粒）
粟	209169
黍	802
大豆	5
红小豆	3
豇豆属	4
小麦	3
大麦	5
荞麦	25
豌豆	4
枣	1
山楂	2
甜瓜	4
黄芪	1
藜科	48
蓼科	15
狗尾草属	30
苍耳	3
未知种属	183
合计	210307

在城四家子城址出土的农作物遗存中，粟（*Setaria italica*）的比例最高，总数量可达209169粒，这些粟粒呈近圆球形，直径多在1毫米以上，表面光滑，胚部较长，多呈爆裂沟状（图9-4-1）。

相对粟而言，黍（*Panicum miliaceum*）的出土数量较少。总计802粒，形态近球形，个体更大一些，直径达到1.8以上，胚部较短，爆裂后呈"V"形。

遗址中出土红小豆（*Vigna angularis*）3粒。这些籽粒个体呈较短小的椭圆形，两端浑圆，表面光滑。其长度平均值为5.01mm，宽度平均值为3.27mm（图9-4-2）。

遗址中出土大豆（*Glycine max*）5粒，整体呈椭圆形，背部圆鼓，两端圆钝，表面光滑，脐呈窄长形，大多爆裂变形（图9-4-3）。

遗址中出土豇豆属（*Vigna Savi*）种子4粒，籽粒两端浑圆，表面光滑。经测量其长3.132mm，宽2.421mm，厚2.258mm。

遗址中的麦类作物品种丰富，包括大麦、小麦及数量较多的荞麦。

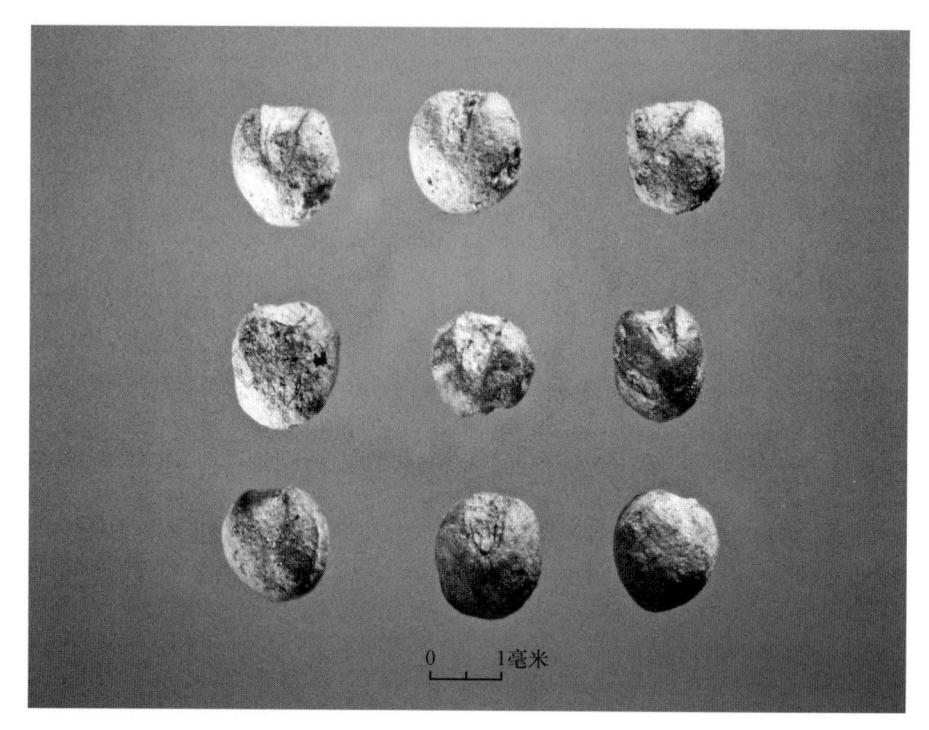

图9-4-1　粟

图9-4-2　红小豆

出土的小麦（*Triticum aestivum*）总计3粒，呈小圆柱状，背部高高隆起，腹部有很深的腹沟。我们对其进行了测量，结果显示，其长度均值是3.18mm，宽度均值是2.1mm，厚度均值是1.23mm。

遗址出土大麦（*Hordeum vulgare*）5粒，籽粒呈椭圆形，背腹两面均圆凸，表面光滑。经测量，均长3.97mm，宽2.45mm，厚1.98mm。

该遗址发现的荞麦（*Fagopyrum esculentum*）籽粒25粒，较完整。呈卵形，近等边的三棱三面体。经测量其平均长3.11mm，宽3.13mm，厚3.2mm。此外，在多个遗迹单位中出土了数量较多的荞麦皮，该地点是否为荞麦的加工场所还有待于进一步研究验证。

图9-4-3　大豆

三、小　　结

城四家子城址是一处辽金时期较为重要的城址，通过科学采样和系统浮选，我们获取到了十分丰富的炭化植物遗存，为进一步探讨辽金时期古代人类的生活和生产方式提供了重要的资料和信息。

在辽金时期，城四家子城址所处的白城地区已经发展到了比较发达的古代农业经济阶段，当时的农业生产属于典型的旱作农业，即以种植粟、黍为主，辅以种类丰富的豆类（大豆、红小豆、豇豆）、麦类（大麦、小麦、荞麦）作物的农业生产特点，同时兼有少量的采集经济存在。

值得一提的是，在城四家子城址浮选结果中发现少量豌豆（*Pisum sativum*）遗存。

作为人类食品和动物饲料，豌豆现在已经是世界第四大豆类作物。豌豆是古老作物之一，中国最迟在汉朝引入小粒豌豆。《尔雅》中称"戎菽豆"，即豌豆。东汉崔寔辑《四民月令》中有栽培豌豆的记载。《管子·戒》："北伐山戎，出冬葱与戎菽，布之天下。"

豌豆为被子植物门、双子叶植物纲、原始花被亚纲、蔷薇目、蔷薇亚目、豆科、蝶形花亚科、野豌豆族、豌豆属、蝶形花亚属、豌豆种。豌豆是长日照植物，喜冷冻湿润气候，耐寒，不耐热，豌豆对土壤要求不严，在排水良好的沙壤上或新垦地均可栽植。嫩豌豆可作为蔬菜炒食，籽实成熟后又可磨成豌豆面粉食用。

豌豆作为古代植物遗存，东北地区之前未曾发现。城四家子城址的豌豆遗存虽然数量不多，却填补了这一空白。

荞麦的起源一直是国际上的热点问题，很多学者认为荞麦起源于中国，但缺少确实的考古实证。城四家子城址中数量较多的荞麦的发现为探讨其在中国的起源、普及提供了重要的考古新证据，具有十分重要的学术价值和意义。

第五节 城内墓葬出土人骨研究

城四家子城址的发掘过程中共清理土坑墓葬16座，编号为M1—M16。根据开口层位及出土的随葬品，判断时代大致处于明代末期至清代初期。对2013年发掘的M1—M8中出土的人骨进行了体质人类学研究。其中，M3中出土人骨为烧骨，经火烧后骨骼破碎，难以拼合，无法做形态鉴定，其余7座墓葬中共出土可鉴定人骨7具。这7座墓葬均为单人仰身一次葬，人骨保存状况较好，无葬具，随葬品较少或无随葬品。

一、人骨的性别年龄鉴定

（一）M1

人骨保存状况较好，个体完整。颅骨破碎，难以拼合，牙齿共发现28颗，智齿尚未萌出。躯干骨、上肢骨和下肢骨均保存完好。脚部发现籽骨若干。

耻骨支移形部为方形，耻骨下角呈"U"形，大于90°，坐骨大切迹宽而浅，眶上缘锐薄，前额平直；颅骨基底部愈合，臼齿齿尖点和边缘部分略有磨耗，磨耗等级1级，髂嵴未愈合，耻骨联合面背侧缘从中部开始出现，处于第3期。综上，推测该个体为16—19岁的女性。

（二）M2

躯干骨、上肢骨和下肢骨均保存完好，颅骨缺失。

耻骨支移形部为方形，耻骨内侧缘凹入，坐骨大切迹宽而浅，骶骨底部第一骶椎上关节面小，约占骶骨底部的1/3；耻骨联合面下凹明显，波形起伏，高低不平，背侧缘扩张明显，处于耻骨联合面形态分期第10期。综上，推测该个体为45—50岁的女性。

（三）M4

颅骨保存较为完好，下颌两侧第三臼齿已萌出，磨耗较轻。躯干骨、上肢骨、下肢骨均保存较好。右侧脚部第四近节趾骨骨骼变形，外翻严重。

眉弓发达；坐骨大切迹窄而深；耻骨下支下缘凸出，耻骨联合部呈三角形，故推测其为男性。长骨骨骺均未完全愈合；耻骨联合面由隆嵴和沟组成，圆突，中间部位最为突出，呈现第1期特点；恒齿已全部萌出，第二臼齿磨耗等级为1级。综上推测其年龄为15岁左右。故M4骨骼所代表的个体可能为一位15岁左右的男性。

（四）M5

人骨保存情况较好，骨骼相对完整。颅骨未见明显缺损，下颌骨保存完好，牙齿共存30颗（图9-5-1）。躯干骨及上、下肢骨均保存较好。盆骨保存情况不佳，耻骨部保存完好，可见耻骨联合部形态呈上宽下窄的三角形；从颅骨中也可辨别出一些基本的性别特征，额结节、顶结节不显著，前额相对倾斜，下颌角较小；长骨整体粗壮，肌嵴发达。综合推断，该个体倾向男性的特征。其耻骨联合面的形态处于第3期，第一臼齿的磨耗程度为二级，大致可判断该个体死亡年龄在20—25岁。故M5骨骼所代表的个体可能为一位20—25岁的男性。

（五）M6

人骨保存情况较好，骨骼相对完整。颅骨未见明显缺损，上颌保留牙齿15颗，下颌保留牙齿12颗（图9-5-2）。躯干骨、上肢骨、下肢骨保存基本完好，腕部保留少量籽骨。

盆骨保存情况良好，可见耻骨联合部形态呈上下宽度大致相等的方形；从颅骨中也可辨别出一些基本的性别特征，额结节、顶结节显著，下颌角大；长骨整体纤细短小。由此综合推断，该个体特征倾向为女性。其耻骨联合面的形态处于第2期，锁骨胸骨端未完全愈合，髂嵴未完全愈合，大致可判断该个体死亡年龄在20岁左右。因此，M6骨骼所代表的个体可能为一位20岁左右的女性。

（六）M7

人骨颅骨、下颌骨完好，上颌保留牙齿15颗，下颌保留牙齿16颗，臼齿齿尖磨平，咬合面中央轻微凹陷（图9-5-3）。躯干骨、上肢骨和下肢骨保存基本完整。

人骨耻骨下角大，耻骨支移行部呈方形，坐骨大切迹宽而浅，坐骨耻骨支外翻明显；耳状面小而斜，耳前沟明显；前额平直，眶上缘薄锐，故推测其为女性。长骨骨骺均完全愈合；耻骨联合面上的隆嵴仅剩痕迹，联合面背侧缘已经形成，腹侧缘正在形成，下端界限开始出现，腹侧面下方逐渐形成斜面，呈现第4期的特点；臼齿齿尖磨平，咬合面中央轻微凹陷，故推测其年龄为24—26岁。因此M7骨骼所代表的个体可能为一位24—26岁的女性。

正视图　　　　　　　　　　　　　　　左视图

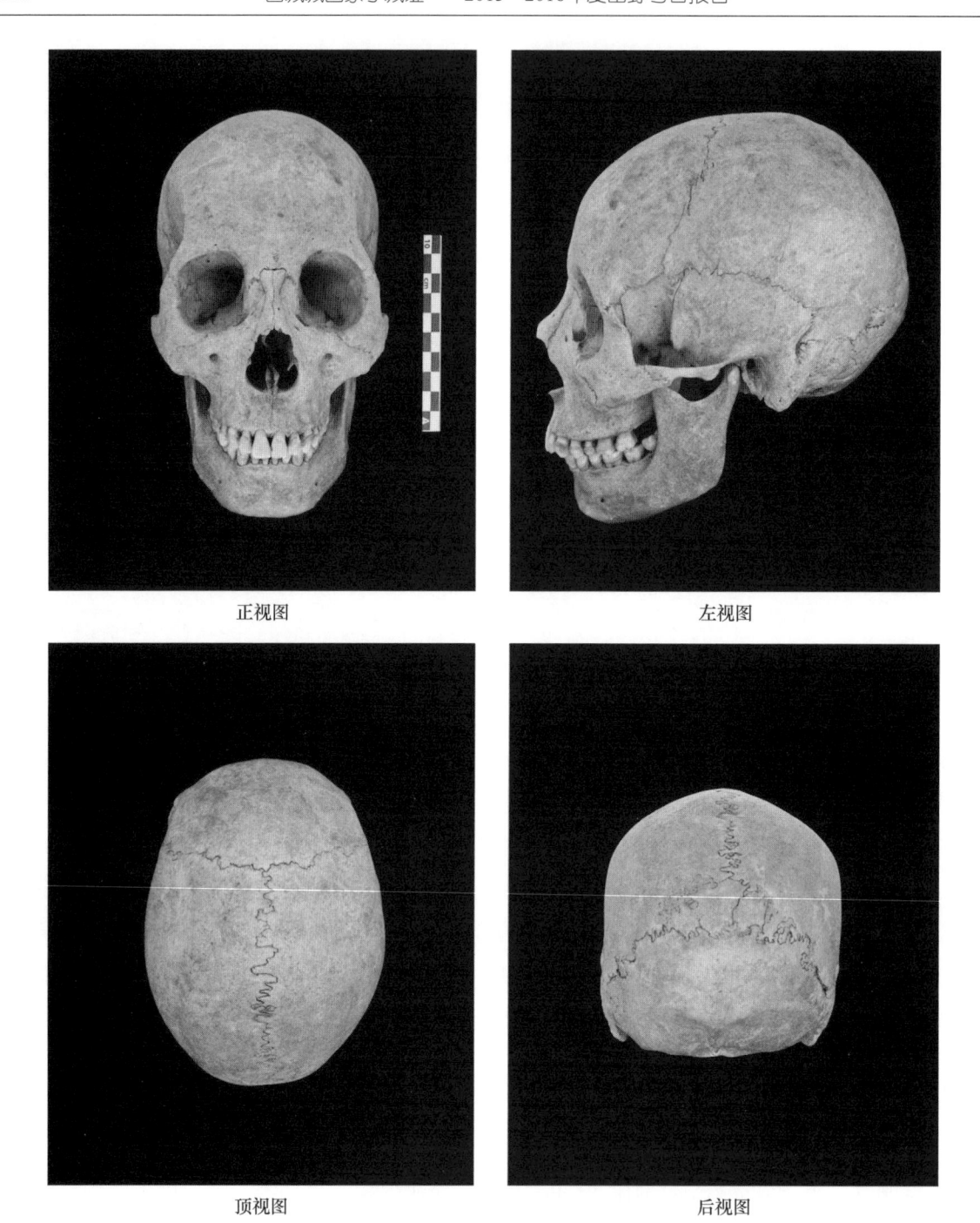

顶视图　　　　　　　　　　　　　　　后视图

图9-5-1　M5颅骨

（男，20—25岁）

正视图　　　　　　　　　　　　　　左视图

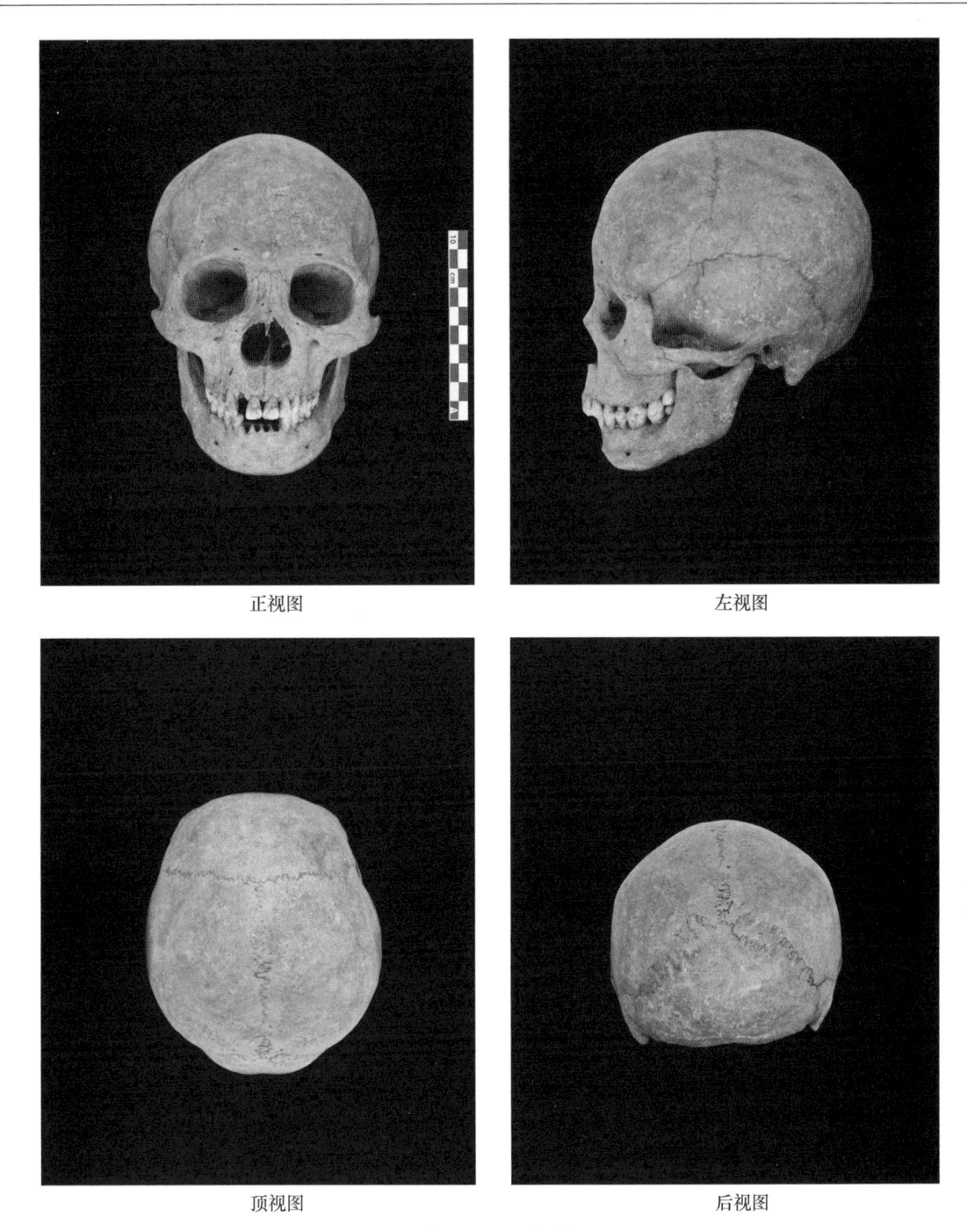

顶视图　　　　　　　　　　　　　　后视图

图9-5-2　M6颅骨

（女，20±岁）

正视图 左视图

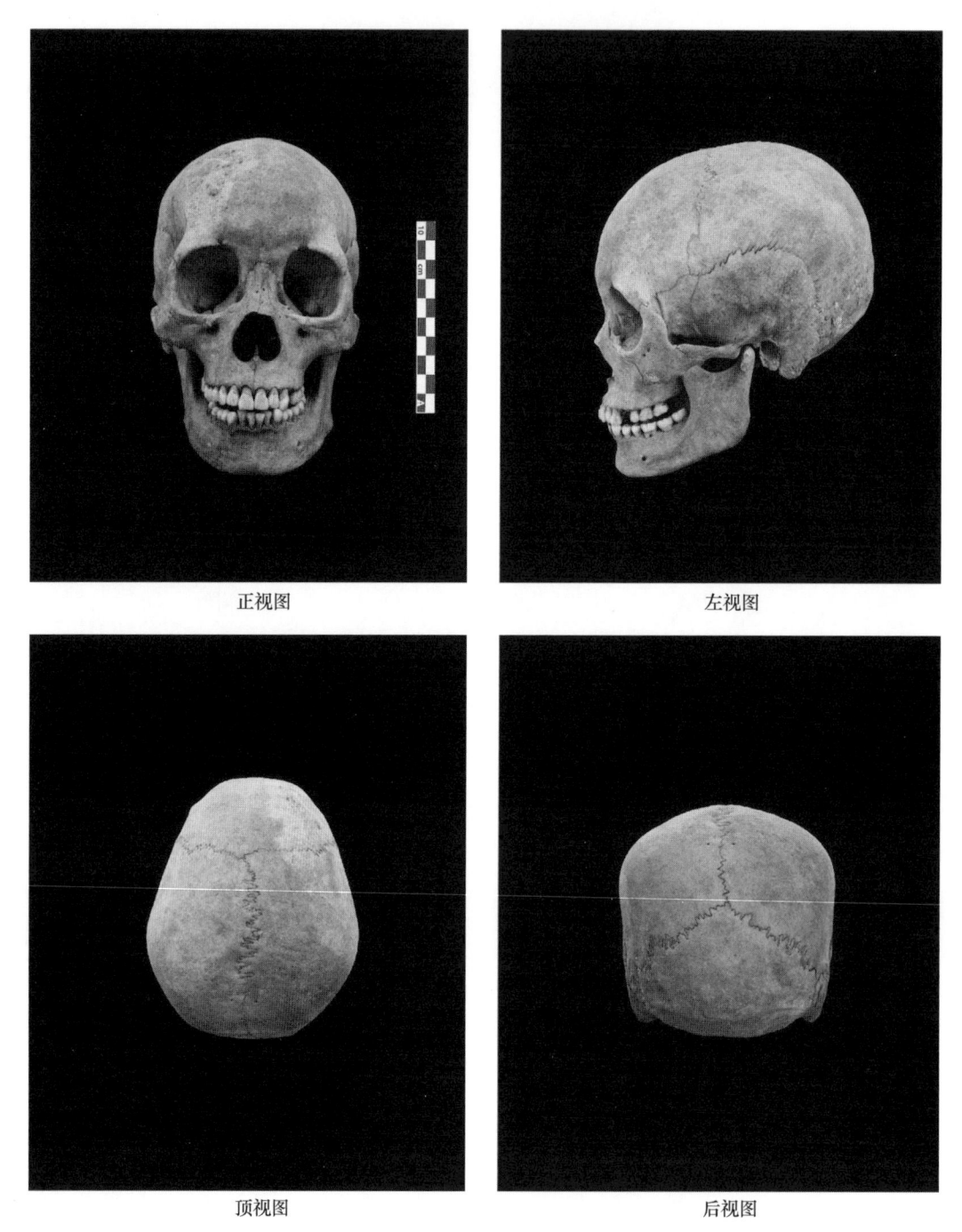

顶视图 后视图

图9-5-3 M7颅骨

（女，24—26岁）

（七）M8

人骨保存较差，骨骼破碎。上颌与下颌乳齿全部萌出，第一臼齿尚未萌出，仅可见齿冠部分。判断该个体3岁左右，性别不详。

二、古病理和骨骼异常现象研究

古病理学的研究可以为我们提供古代人群的健康状况、生活状况和医疗水平等社会环境的信息，为复原古代社会提供有力的证据。目前古病理学的研究主要通过观察分析古代人群骨骼上遗留的痕迹和异常现象，受制于古代人群骨骼的保存情况，骨骼保存不善很可能导致我们观察、记录和研究的片面性。由于城四家子城址个体保存状况不一，本部分主要以记录目前在这批人骨上发现的病理及异常现象为主（表9-5-1）。

表9-5-1　个体死亡年龄及古病理和骨骼异常现象统计

编号	性别	年龄/岁	病变和异变部位
M1	女	16—19	额结节、矢状缝异变；牙齿釉质发育不全、牙结石
M2	女	40—50	部分胸椎、腰椎产生病变；耳状面形态异常
M4	男	15±	牙齿龋齿、牙结石及非正常磨耗；趾骨骨骼变形
M5	男	20—25	顶骨形态异常；牙结石
M6	女	20±	腓骨变形；L5椎体变形；尺骨骨折；左侧下颌髁突关节面形态异常；牙结石、LM_2、RM_2有异常现象
M7	女	24—26	脊柱侧弯；胸骨变形；牙结石
M8	不详	3±	无

M1为一例16—19岁左右女个性体。左右额结节连成一片，在矢状缝处有一隆起的结节；釉质发育不全，上颌左右门齿、左侧门齿、左右犬齿、左侧第一前臼齿釉质有横纹，表明萌出过程中营养不足的状态，可能在此阶段患病或者营养不良；下颌左右门齿、左右侧门齿唇侧有牙结石（图9-5-4）。

M2为一例45—50岁女性个体。第九胸椎、第二腰椎的上关节面黄韧带结节骨化，第九胸椎、第十胸椎、第三腰椎、第四腰椎椎体有骨赘，有关节炎；耳状面中间有一凸起明显的棱嵴，将耳状面分为明显的上下两部分。

M4为一例15岁左右男性个体。上颌第一臼齿、右下颌第二臼齿和下颌右侧第三前臼齿咬合面有龋齿；上颌与下颌右侧犬齿远中侧非正常磨耗；牙齿上有轻微的牙结石；右侧脚部第四近节趾骨骨骼变形，外翻严重（图9-5-5）。

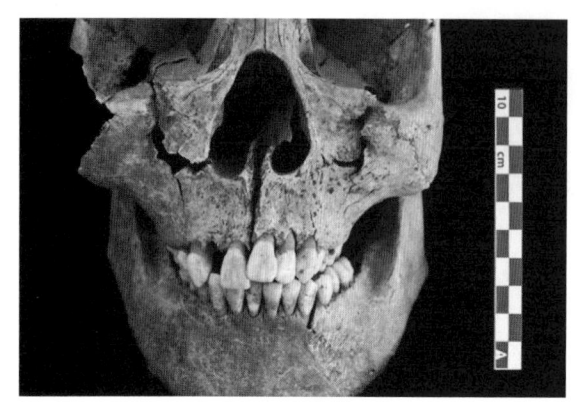

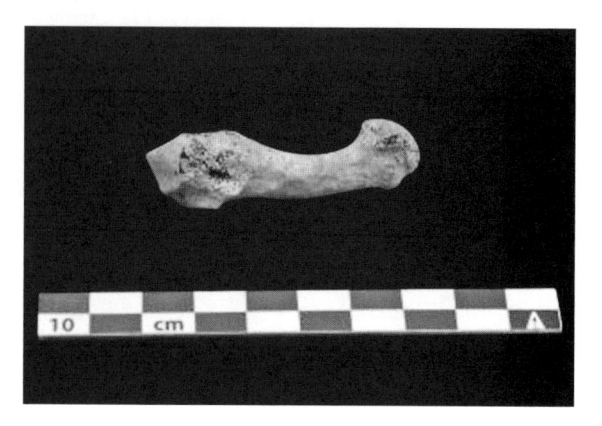

图9-5-4　牙釉质发育不全　　　　　　　　　　　　　　图9-5-5　右侧第四近节趾骨变形

M5为一例20—25岁左右的男性个体，顶骨中后部矢状缝处出现一较为明显的凹陷；全齿列可见轻微牙结石，左侧上下颌犬齿，及左下颌第一臼齿颊侧较明显（图9-5-6）。

M6为一例20岁左右的女性个体，左侧腓骨中下部向后出现明显弯曲，但应为埋藏中受压所致；L5椎体呈楔形，怀疑为压缩性骨折所致（图9-5-7）；左侧尺骨远端发现骨折，已愈合（图9-5-8）；左侧下颌髁突疑未愈合完全，关节面形似滑车状（图9-5-9）；全齿列可见牙结石，尤以右下颌第二臼齿舌侧为甚；左、右下颌第二臼齿颊侧牙冠中部均发现一小孔，呈对称分布，目前尚不清楚其出现原因（图9-5-10）。

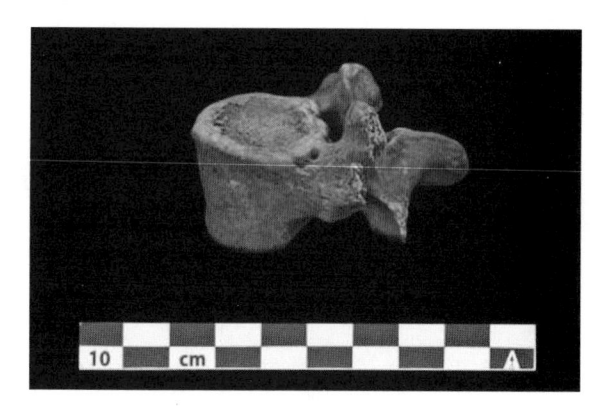

图9-5-6　左侧顶骨凹陷　　　　　　　　　　　　　　图9-5-7　L5压缩性骨折

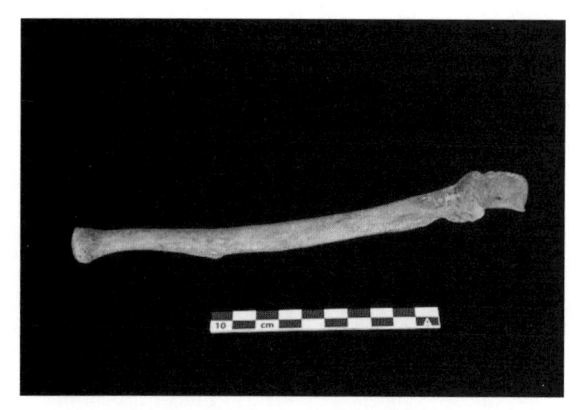

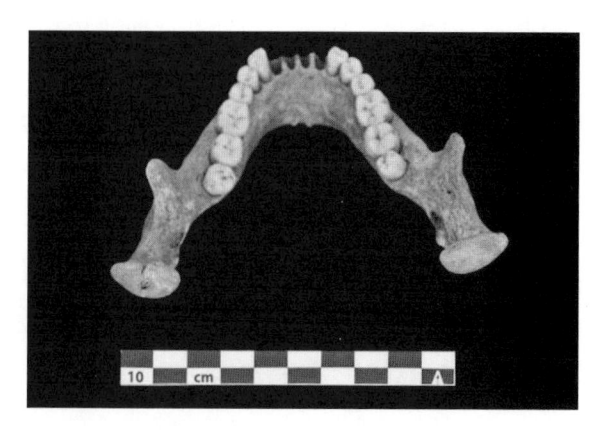

图9-5-8　左侧尺骨骨折　　　　　　　　　　　　　　图9-5-9　类滑车状髁突关节面

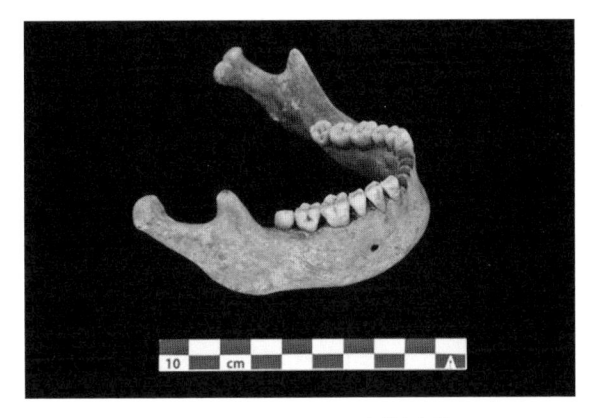

图9-5-10　LM₂、RM₂颊侧小孔

M7为一例24—26岁左右的女性个体，脊柱侧弯；胸骨变形（前后弯曲过度）；牙齿上有轻微的牙结石。

三、身 高 研 究

依据人体的骨骼推算身高，是复原古代人群相关信息的重要方法。长骨的推算中股骨精确度最高，胫骨和肱骨其次，尺骨和桡骨再其次[①]。因此，本文进行平均身高估算时，以股骨、肱骨和胫骨的测量结果为基础，采用多种身高推算公式进行平均身高推算。估算身高时采用的长骨测量值的测量方法，参照《人体测量手册》中提供的标准[②]，推算城四家子城址居民男性女性的真实身高。城四家子城址的个体中，M1（♀）、M2（♀）、M5（♂）、M6（♀）、M7（♀）有较完整的股骨、肱骨和胫骨。可以进行较好的测量（表9-5-2）。

表9-5-2　长骨最大长测量表　　　　　　　　　　　（单位：cm）

长骨	肱骨		尺骨		桡骨		股骨		胫骨		腓骨	
侧别	L	R	L	R	L	R	L	R	L	R	L	R
M1♀	29.0	29.8	23.1	23.3	21.8	21.6	41.0	41.1	34.0	33.5	33.0	32.9
M2♀	27.4	28.3	/	21.8	20.0	20.3	39.5	39.0	31.6	31.9	/	/
M5♂	30.3	30.5	23.8	23.9	21.7	21.5	40.1	40.1	31.9	31.6	31.8	31.4
M6♀	24.7	24.6	20.7	21.5	19.5	19.4	35.1	35.3	28.4	28.5	/	/
M7♀	29.0	29.6	/	/	/	/	41	40.8	33.7	33.5	/	/

---

① 陈世贤主编：《法医人类学》，人民卫生出版社，1998年，第82页。
② 邵象清：《人体测量手册》，上海辞书出版社，1985年，第150、151、155、158、174、175、183、184页。

（一）男性组

男性组采用M. Trotter和G. Glesser的蒙古人种男性的身高推算公式[1]、陈世贤的黄种人身高推算公式[2]及邵象清的中国汉族男性个体身高推算公式[3]。根据标本保存情况，具体选取以下公式。

可测量的男性标本仅M5一例。选取M. Trotter 和 G. Glesser、陈世贤和邵象清的身高计算公式，列举如下。

（1）M. Trotter 和 G. Glesser 推算蒙古人种男性身高公式，单位为cm。

身高=股骨最大长×2.15+72.57

（2）陈世贤黄种人身高推算公式，单位为cm。

身高=肱骨最大长×5.06+5

身高=股骨最大长×3.66+5

身高=胫骨最大长×4.53+5

（3）邵象清推算中国汉族成年男性身高的公式，单位为mm。

左侧：

身高=643.62+2.3×股骨最大长 ± 34.87（21—30岁）

身高=640.21+2.32×股骨最大长 ± 33.32（31—40岁）

身高=617.48+2.36×股骨最大长 ± 31.16（41—50岁）

身高=826.39+2.66×肱骨最大长 ± 41.31（21—30岁）

身高=704.10+3.05×肱骨最大长 ± 46.01（31—40岁）

身高=853.39+2.22×胫骨最大长 ± 38.74（21—30岁）

身高=776.34+2.44×胫骨最大长 ± 38.66（31—40岁）

右侧：

身高=644.84+2.31×股骨最大长 ± 34.86（21—30岁）

身高=635.64+2.33×股骨最大长 ± 32.98（31—40岁）

身高=687.57+2.2×股骨最大长 ± 32.35（41—50岁）

身高=744.62+2.91×肱骨最大长 ± 40.13（21—30岁）

身高=751.77+2.88×肱骨最大长 ± 44.24（31—40岁）

身高=833.10+2.28×胫骨最大长 ± 38.13（21—30岁）

身高=759.27+2.49×胫骨最大长 ± 38.02（31—40岁）

---

[1] Stevenson P H. On racial differences in stature long bone regression formulae, with special reference to stature reconstruction formulae for the Chinese. *Biometrika*, 1929 (21): 303-321.

[2] 陈世贤：《法医骨学》，群众出版社，1980年，第227页。

[3] 邵象清：《中国汉族男性长骨推算身高的研究》，《刑事技术》1984年第5期，第1—49页。

(二)女性组

女性组采用K. Pearson[①]、张继宗[②]和朱泓(黄种人)[③]的身高推算公式。具体公式如下。

(1) K. Pearson的身高推算公式,单位为cm。

身高=股骨最大长×1.945+72.844

(2) 张继宗的中国汉族女性身高推算公式,单位为cm。

身高=3.242×左肱骨最大长+63.8470

身高=2.875×右肱骨最大长+74.1288

身高=2.671×左股骨最大长+48.3913

身高=2.752×右股骨最大长+45.9290

身高=2.899×左胫骨最大长+59.7332

身高=2.908×右胫骨最大长+60.3069

(3) 朱泓(黄种人)的身高推算公式,单位为cm。

身高=肱骨最大长×5.22+5

身高=股骨最大长×3.71+5

身高=胫骨最大长×4.61+5

(三)测量结果

将长骨测量数据带入身高估算公式进行计算,M1女性个体身高约为157.76cm,M2女性个体身高约为151.63cm,M6女性个体身高约为139.06cm,M7女性个体的身高约为157.91cm。据此推算,城四家子城址成年女性身高范围为139.06—157.91cm,平均值151.59cm。结果M5男性个体身高约为155.88cm。由于出土人骨的数量限制,样本量过少,因此身高的估算值可能与真实情况存在一定范围的误差(表9-5-3)。

[①] Pearson K. Mathematical contributions to the theory of evolution. V. On the reconstruction of the stature of prehistoric races. Philosophical Transactions of the Royal Society of London. Series A, Containing Papers of a Mathematical or Physical Character, 1899, 192: 169-244.

[②] 张继宗:《中国汉族女性长骨推断身高的研究》,《人类学学报》2001年第4期,第302—307页。

[③] 朱泓:《体质人类学》,高等教育出版社,2004年,第153、154页。

表9-5-3 居民身高推算结果　　　　　　　　　　　　　　　　（单位：cm）

男性身高估算结果				女性身高估算结果						
长骨	公式		M5	长骨	公式		M1	M2	M6	M7
股骨	M. Trotter和G. Glesser	L	158.79	股骨	K. Pearson	L	152.59	149.67	141.11	152.59
		R	158.79			R	152.78	148.7	141.5	154.15
	朱泓	L	151.77		张继宗	L	157.9	153.9	142.14	157.9
		R	151.77			R	159.04	153.25	143.07	160.96
	邵象清	L	156.59		朱泓	L	157.11	151.55	130.4	157.11
		R	157.12			R	157.48	149.69	135.96	160.08
肱骨	朱泓	L	158.32	肱骨	张继宗	L	157.87	152.68	143.92	157.87
		R	159.33			R	159.8	155.49	144.85	159.23
	邵象清	L	163.24		朱泓	L	156.38	148.03	133.93	156.38
		R	163.22			R	160.56	152.73	133.41	159.51
胫骨	朱泓	L	149.51	胫骨	张继宗	L	158.3	151.34	142.06	157.48
		R	148.15			R	157.72	153.07	143.18	157.72
	邵象清	L	156.16		朱泓	L	161.74	150.68	135.92	160.36
		R	155.36			R	159.44	152.06	135.39	159.44
平均身高			155.88	平均身高			157.76	151.63	139.06	157.91

四、颅骨形态统计分析

城四家子城址出土人骨的部分个体保存情况较好，M1（♀）、M5（♂）、M6（♀）、M7（♀）四例可进行颅骨数据测量和非测量形态特征观察分析。本文采用《颅骨测量手册》中的分析标准[①]。现将结果描述如下（相关数据见表9-5-6至表9-5-9）。

（一）颅骨非测量性形态特征观察

M1颅骨眉弓突度弱，眉弓范围1级，眉间突度中等；前额平直，无额中缝；乳突小，枕外隆突缺失；梨状孔心形，梨状孔下缘锐形；上门齿铲形；鼻根凹中等；翼区"H"型；颞线未愈合；有矢状嵴；腭形"V"型，无腭圆枕，颏形方形，下颌角外翻，无下颌圆枕（表9-5-6）。

M5颅形为卵圆形，眉弓突度弱，眉弓范围2级，眉间突度稍显；前额中等，无额中缝；乳突小，枕外隆突稍显；眶形方形；梨状孔梨形，梨状孔下缘锐形；上门齿铲形；鼻根凹1级；翼区"H"型；颞线未愈合；缝间骨有人字点、印加骨、星点骨三种；无矢状嵴；腭形"V"型，无腭圆枕，颏形方形，下颌角内翻，无下颌圆枕（表9-5-7）。

---

① 邵象清：《人体测量手册》，上海辞书出版社，1985年，第34—132页。

M6颅形为楔形，眉弓突度弱，眉弓范围1级，眉间突度稍显；前额平直，无额中缝；乳突小，枕外隆突稍显；眶形长方形；梨状孔心形，梨状孔下缘锐形；上门齿铲形；鼻根凹0级；翼区"H"型；无矢状嵴；腭形"V"型，腭圆枕嵴状，颏形圆形，下颌角内翻，无下颌圆枕（表9-5-8）。

M7颅形为楔形，眉弓突度中等，眉弓范围1级，眉间突度中等；前额倾斜，无额中缝；乳突大，枕外隆突缺失；眶形方形；梨状孔心形，梨状孔下缘鼻前窝形；上门齿铲形；犬齿窝显著；鼻根凹0级；翼区"H"型；无矢状嵴；腭形椭圆型，腭圆枕丘状，颏形尖形，下颌角外翻，无下颌圆枕（表9-5-9）。

综合上述，城四家子人群的颅形以楔形为主；颅骨眉弓突度以弱和中等为主；眉弓范围以1级为主；眉间突度以稍显和中等为主；前额以平直为主；下颌骨整体规律不明显。

（二）颅骨测量性形态特征观察

根据城四家子个体颅骨测量结果（表9-5-5），观察统计城四家子城址居民男女两性测量性特征（表9-5-4），我们可以对该遗址居民对面颅形态有一定对了解。从颅指数来看，男性以长颅型为主，女性中颅型、圆颅型、特圆颅型出现率较均衡；从颅长高指数看，男女性均以正颅型为主；颅宽高指数显示。男性主要是狭颅型，女性阔颅型与中颅型比例相当；额宽指数则显示男性以阔额型为主，女性则以狭额型与中额型为主；从上面指数来看，男性以特狭上面型为主，女性以中上面型为主。

从鼻型看，男性主要是狭鼻型，女性以特阔鼻型为主，阔鼻型次之；从面突指数来看，男性以中颌型为主，女性中颌型与突颌型出现率相同；颚指数可以得出女性颚型包含同等出现率的狭额型和阔颚型两种；总面角表示男性以突颌型为主，女性以中颌型为主；中面角表示男性以突颌型为主，女性以平颌型为主；齿槽角表示男性以突颌型为主，女性以超突颌型、特突颌型为主。

以上各指数的数据分布较为分散，但是可以大致看出，城四家子城址居民男性颅型较长、较狭，以阔额型为主，有较狭的鼻、较突的颌。女性颅型偏向较圆、较阔颅型，额宽偏向狭额型与中额型，有较阔的鼻。鉴于样本量较少，数据存在一定误差，有待更多的发现予以补充。

表9-5-4 男女两性测量性特征出现率统计表

项目	性别	男女两性测量性形态类型例数及出现率（%）					
颅长宽指数		超长颅型	特长颅型	长颅型	中颅型	圆颅型	特圆颅型
	男（1）	0（0）	0（0）	1（100）	0（0）	0（0）	0（0）
	女（3）	0（0）	0（0）	1（33.33）	1（33.33）	1（33.33）	0（0）
颅长高指数		低颅型	正颅型	高颅型			
	男（1）	0（0）	1（100）	0（0）			
	女（3）	0（0）	2（66.67）	0（0）			
颅宽高指数		阔颅型	中颅型	狭颅型			
	男（1）	0（0）	0（0）	1（100）			
	女（3）	1（33.33）	1（33.33）	0（0）			
额宽指数	_x001D_	狭额型	中额型	阔额型			
	男（1）	0（0）	0（0）	1（100）			
	女（3）	1（33.33）	1（33.33）	0（0）			
上面指数 sd		特阔上面型	阔上面型	中上面型	狭上面型	特狭上面型	
	男（1）	0（0）	0（0）	0（0）	0（0）	1（100）	
	女（3）	0（0）	0（0）	1（33.33）	0（0）	0（0）	
眶指数ⅠR		低眶型	中眶型	高眶型			
	男（1）	0（0）	0（0）	1（100）			
	女（3）	0（0）	0（0）	3（100）			
鼻指数		狭鼻型	中鼻型	阔鼻型	特阔鼻型		
	男（1）	1（100）	0（0）	0（0）	0（0）		
	女（3）	0（0）	0（0）	1（33.33）	2（66.67）		
面突指数		正颌型	中颌型	突颌型			
	男（1）	0（0）	1（100）	0（0）			
	女（3）	0（0）	1（33.33）	1（33.33）			
腭指数		狭颚型	中颚型	阔颚型			
	男（1）	0（0）	0（0）	0（0）			
	女（3）	1（33.33）	0（0）	1（33.33）			
总面角∠n-pr and FH		特突颌型	突颌型	中颌型	平颌型	特平颌型	
	男（1）	0（0）	1（100）	0（0）	0（0）	0（0）	
	女（3）	0（0）	0（0）	2（66.67）	0（0）	0（0）	
中面角∠n-ns and FH		特突颌型	突颌型	中颌型	平颌型		
	男（1）	0（0）	1（100）	0（0）	0（0）		
	女（3）	0（0）	0（0）	0（0）	2（66.67）		
齿槽面角∠ns-pr and FH		超突颌型	特突颌型	突颌型	中颌型	平颌型	特平颌型
	男（1）	0（0）	0（0）	1（100）	0（0）	0（0）	0（0）
	女（3）	1（33.33）	1（33.33）	0（0）	0（0）	0（0）	0（0）

表9-5-5 城四家子城址颅骨测量表　　　　　　　　　　　　　　　　　（单位：mm）

项目	M1♀	M5♂	M6♀	M7♀	项目	M1♀	M5♂	M6♀	M7♀
1 颅骨最大长 g-op	—	178.00	161.00	177.00	颧骨宽 zm-rim.orb.R	—	26.23	21.86	21.33
5 颅基底长 n-enba	—	102.00	94.00	98.00	54 鼻宽	28.87	26.73	27.78	26.58
8 颅骨最大宽 eu-eu	—	130.00	136.00	134.00	55 鼻高 n-ns	48.14	60.29	48.14	51.73
9 颅骨最小宽 ft-ft	90.83	91.46	89.46	87.66	sc 鼻最小宽	5.90	7.01	10.96	6.25
11 耳点间宽 au-au	—	117.00	124.00	120.00	ss 鼻最小宽高	1.90	6.00	4.00	4.00
12 枕骨最大宽 ast-ast	—	109.77	101.14	106.53	60 上颌齿槽弓长 pr-alv	—	54.71	51.39	49.84
7 枕骨大孔长 enba-o	—	38.86	32.73	36.85	61 上颌齿槽弓宽 ekm-ekm	55.90	64.32	64.27	58.14
16 枕骨大孔宽	—	28.36	28.67	30.06	62 腭长 ol-sta	—	49.33	44.31	45.69
17 颅高 b-ba	—	132.00	113.00	128.00	63 腭宽 enm-enm	26.37	38.34	37.68	31.51
21 耳上颅高 po-po	—	110.00	101.00	110.50	fc 两眶内宽 fmo-fmo	96.10	99.28	93.06	92.72
23 颅周长 g-op-g	—	500.00	478.00	507.00	FS 鼻根点至两眶内宽矢高 n to fmo-fmo	—	21.00	11.00	19.00
24 颅横弧 po-b-po	—	302.00	291.00	305.00	dc 眶间宽 d-d	—	26.87	22.17	20.58
25 颅矢状弧 n-o	—	352.00	315.00	363.00	32 额侧角1∠n-m and FH	—	71°	77°	78°
26 额骨矢状弧 n-b	—	126.00	110.00	126.00	额侧角11∠g-m and FH	—	65°	72°	72°
27 顶骨矢状弧 b-I	—	111.00	105.00	119.00	前囟角∠g-b and FH	—	35°	40°	41°
28 枕骨矢状弧 I-o	—	115.00	100.00	118.00	72 总面角∠n-pr and FH	—	75°	82°	82°
29 额骨矢状弦 n-b	—	113.63	98.00	112.25	73 中面角∠n-ns and FH	—	79°	86°	87°
30 顶骨矢状弦 b-I	—	100.72	96.52	105.28	74 齿槽面角∠ns-pr and FH	—	71°	68°	62°
31 枕骨矢状弦 I-o	—	94.44	79.82	96.97	75 鼻梁侧角∠n-rhi and FH	—	52°	73°	70°
40 面底长 pr-enba	—	102.00	97.36	97.15	77 鼻颧角∠fmo-n-fmo	—	137°	150°	141°
43 上面宽 fmt-fmt	99.68	106.63	99.16	97.74	SSA∠颧上颌角∠zm-ss-zm	—	125°	134°	132°
44 两眶宽 ek-ek	99.06	99.44	94.68	96.05	鼻梁角∠72-75	—	23°	9°	12°
45 面宽/颧点间宽 zy-zy	—	133.00	130.00	—	A∠ 面三角∠pr-n-ba	—	66°	73°	68°
46 中面宽 zm-zm	—	103.64	98.76	89.09	N∠ ∠n-pr-ba	—	67°	67°	72°
47 全面高 n-gn	—	126.89	107.47	108.22	B∠ ∠n-ba-pr	—	47°	40°	40°
48 上面高 n-pr	—	80.96	65.36	66.74	8∶1 颅长宽指数	—	73.03	84.47	75.71
上面高 n-sd	—	81.98	66.46	68.40	17∶1 颅长高指数	—	74.16	70.19	72.32
50 前眶间宽 mf-mf	17.83	23.51	17.68	16.17	17∶8 颅宽高指数	—	101.54	83.09	95.52
51 眶宽 mf-ek L	42.43	40.51	40.39	41.42	9∶8 额宽指数	—	70.35	65.78	65.42
眶宽 mf-ek R	44.73	41.64	40.69	41.83	16∶7 枕骨大孔指数	—	72.98	87.60	81.57
51a 眶宽 d-ek L	39.67	38.07	36.58	39.64	48∶45 上面指数 sd	—	61.64	51.12	—
眶宽 d-ek R	43.22	38.84	37.11	38.41	48∶17 颅面垂直指数 sd	—	62.11	58.81	53.44
52 眶高 L	—	38.83	31.61	34.86	47∶45 全面指数	—	95.40	82.67	—
眶高 R	—	38.69	31.99	35.23	52∶51 眶指数Ⅰ R	—	92.92	78.62	84.22
MH 颧骨高 fmo-zm L	—	45.94	35.12	42.46	眶指数Ⅰ L	—	95.85	78.26	84.16

续表

项目	M1♀	M5♂	M6♀	M7♀	项目	M1♀	M5♂	M6♀	M7♀
颧骨高 fmo-zm R	—	46.63	35.90	42.50	52∶51a 眶指数 ⅡR	—	99.61	86.20	91.72
mb 颧骨宽 zm-rim.orb.L	—	25.90	21.74	22.49	眶指数 ⅡL	—	102.00	86.41	87.94
54∶55 鼻指数	59.97	44.34	57.71	51.38	68（1）下颌体最大投影长	103.00	111.00	99.00	114.50
61∶60 齿槽弓指数	—	117.57	125.06	116.65	69 下颌联合高	29.56	34.46	30.94	27.14
SS∶SC 鼻根指数	32.20	85.59	36.50	64.00	MBH Ⅰ L 下颌体高 Ⅰ	—	33.76	27.71	27.53
63∶62 腭指数	—	77.72	85.04	68.96	R 下颌体高 Ⅰ	—	34.04	28.23	27.66
40∶5 面突指数	—	100.00	103.57	99.13	MBH Ⅱ L 下颌体高 Ⅱ	—	30.97	23.28	26.15
48∶17 pr 垂直颅面指数	—	61.33	57.84	52.14	R 下颌体高 Ⅱ	—	31.97	24.87	26.44
48∶17 sd 垂直颅面指数	—	62.11	58.81	53.44	MBT Ⅰ L 下颌体厚 Ⅰ	—	13.48	14.53	11.47
48∶45 pr 上面指数（K）	—	60.87	50.28	—	R 下颌体厚 Ⅰ	—	12.62	14.26	11.13
48∶45 sd 上面指数（K）	—	61.64	51.12	—	MBT Ⅱ L 下颌体厚 Ⅱ	—	15.77	17.64	13.67
48∶46 pr 上面指数（V）	—	78.12	66.18	74.91	R 下颌体厚 Ⅱ	—	13.81	17.16	13.64
48∶46 sd 上面指数（V）	—	79.10	67.29	76.78	70 L 下颌枝高	49.39	70.12	45.18	59.47
54∶51 L 鼻眶指数	68.04	65.98	68.78	64.17	70 R 下颌枝高	47.21	68.22	49.12	58.89
54∶51 R 鼻眶指数	64.54	64.19	68.27	63.54	71 L 下颌枝宽	41.62	44.65	39.19	44.31
54∶51aL 鼻眶指数	72.78	70.21	75.94	67.05	71 R 下颌枝宽	39.22	44.52	39.75	44.18
54∶51aR 鼻眶指数	66.80	68.82	74.86	69.20	71a L 下颌枝最小宽	33.81	34.51	32.29	35.38
45∶（1+8）/2 横颅面指数	—	86.36	87.54	—	71a R 下颌枝最小宽	32.46	34.72	31.41	35.31
17∶（1+8）/2 高平均指数	—	86.71	76.09	82.32	79 下颌角	122°	125°	148°	117°
65 下颌颏突间宽（cdl-cdl）	104.00	111.02	112.23	111.99	68∶65 下颌骨指数	76.92	58.55	57.47	65.18
66 下颌角间宽（go-go）	97.41	88.10	95.72	93.82	71∶70 L 下颌枝指数	84.27	63.68	86.74	74.51
67 颏孔间宽（Bimental brea.）	47.00	49.60	47.17	46.51	71∶70 R 下颌枝指数	83.08	65.26	80.92	75.02
68 下颌体长（Mandi. body. len）	80.00	65.00	64.50	73.00	颏孔间弧（Bimental bogen）	57.00	58.00	55.00	57.00

表9-5-6 城四家子城址M1颅骨非测量性形态特征观察表

遗址地点：吉林白城城四家子城址　　　　墓号：M1　　　　性别：女　　　　年龄：16—19岁

项目		形态分类					
颅形		椭圆形	圆形	卵圆形	五角形	楔形	菱形
眉弓突度		弱√	中等	显著	特显	粗壮	
眉弓范围		0级	1级√	2级	3级	4级	
眉间突度		不显	稍显	中等√	显著	极显	粗壮
前额		平直√		中等		倾斜	
额中缝		无√	1/3	1/3—2/3	2/3	全	
颅顶缝		微波	深波	锯齿	复杂		
	前囟段	√					
	顶段		√				
	顶孔段	√					
	后段	√					
乳突		极小	小√	中等	大	特大	
枕外隆突		缺失	稍显	中等	显著	特大	喙状
眶形		圆形	椭圆形	方形	长方形	斜方形√	
梨状孔		心形√		梨形		三角形	
梨状孔下缘		锐形√	钝形	鼻前沟形	鼻前窝形		
鼻前棘		I	II	III	IV	V	
上门齿		铲型√			非铲型		
犬齿窝		无	弱	中等√	显著	极显	
鼻根凹		0级	1级√	2级	3级	4级	
翼区		H型√	I型	K型	X型	缝间型	
颞线		未愈合					
缝间骨		复杂型	人字点	印加骨	星点骨	人字缝	颞缝骨	冠状缝	矢状缝
顶孔数		右1					
矢状嵴		有√			无		
腭形		U型	V型√		椭圆形		
腭圆枕		无√	峰状	丘状	瘤状		
颏形		方形√	圆形	尖形	角形	杂形	
颏孔数		2					
下颌角形		外翻√		直形		内翻	
下颌圆枕		无√	弱	明显	极显		

表9-5-7　城四家子城址M5颅骨非测量性形态特征观察表

遗址地点：吉林白城城四家子城址　　　　墓号：M5　　　性别：男　　　年龄：20—25岁

项目		形态分类				
颅形		椭圆形	圆形	卵圆形√	五角形	楔形	菱形
眉弓突度		弱√	中等	显著	特显	粗壮
眉弓范围		0级	1级	2级√	3级	4级
眉间突度		不显	稍显√	中等	显著	极显	粗壮
前额		平直		中等√		倾斜
额中缝		无√	1/3	1/3—2/3	2/3	全
颅顶缝			微波	深波	锯齿	复杂
	前囟段				√	
	顶段			√		
	顶孔段				√	
	后段				√	
乳突		极小	小√	中等	大	特大
枕外隆突		缺失	稍显√	中等	显著	特大	喙状
眶形		圆形	椭圆形	方形√	长方形	斜方形
梨状孔		心形		梨形√		三角形
梨状孔下缘		锐形√	钝形	鼻前沟形	鼻前窝形
鼻前棘		I	II	III√	IV	V
上门齿			铲型√		非铲型	
犬齿窝		无	弱	中等√	显著	极显
鼻根凹		0级	1级√	2级	3级	4级
翼区		H型√	I型	K型	X型	缝间型
颞线			未愈合			
缝间骨		复杂型	人字点√	印加骨√	星点骨√	人字缝	颞缝骨	冠状缝	矢状缝
顶孔数			0			
矢状嵴			有		无√	
腭形		U型	V型√	椭圆形
腭圆枕		无	嵴状	丘状	瘤状√
颏形		方形√	圆形	尖形	角形	杂形
颏孔数			2			
下颌角形		外翻	直形	内翻√
下颌圆枕		无√	弱	明显	极显

表9-5-8　城四家子城址M6颅骨非测量性形态特征观察表

遗址地点：吉林白城城四家子城址　　　　墓号：M6　　　　性别：女　　　　年龄：20±岁

项目		形态分类					
颅形		椭圆形	圆形	卵圆形	五角形	楔形√	菱形
眉弓突度		弱√	中等	显著	特显	粗壮	
眉弓范围		0级	1级√	2级	3级	4级	
眉间突度		不显	稍显√	中等	显著	极显	粗壮
前额		平直√		中等		倾斜	
额中缝		无√	1/3	1/3—2/3	2/3	全	
颅顶缝			微波	深波	锯齿	复杂	
	前囟段		√				
	顶段				√		
	顶孔段		√				
	后段					√	
乳突		极小	小√	中等	大	特大	
枕外隆突		缺失	稍显√	中等	显著	特大	喙状
眶形		圆形	椭圆形	方形	长方形√	斜方形	
梨状孔		心形√		梨形		三角形	
梨状孔下缘		锐形√	钝形	鼻前沟形	鼻前窝形		
鼻前棘		I	II	III√	IV	V	
上门齿		铲型√			非铲型		
犬齿窝		无	弱	中等√	显著	极显	
鼻根凹		0级√	1级	2级	3级	4级	
翼区		H型√	I型	K型	X型	缝间型	
颞线		未愈合					
缝间骨		复杂型	人字点	印加骨	星点骨	人字缝	颞缝骨	冠状缝	矢状缝
顶孔数		右1					
矢状嵴		有			无√		
腭形		U型		V型√		椭圆形	
腭圆枕		无	嵴状√	丘状	瘤状		
颏形		方形	圆形√	尖形	角形	杂形	
颏孔数		2					
下颌角形		外翻		直形		内翻√	
下颌圆枕		无√	弱	明显	极显		

表9-5-9 城四家子城址M7颅骨非测量性形态特征观察表

遗址地点：吉林白城城四家子城址　　　　墓号：M7　　　　性别：女　　　　年龄：24—26岁

项目		形态分类					
颅形		椭圆形	圆形	卵圆形	五角形	楔形√	菱形
眉弓突度		弱	中等√	显著	特显	粗壮	
眉弓范围		0级	1级√	2级	3级	4级	
眉间突度		不显	稍显	中等√	显著	极显	粗壮
前额		平直		中等		倾斜√	
额中缝		无√	1/3	1/3—2/3	2/3	全	
颅顶缝		微波	深波	锯齿	复杂		
	前囟段	√					
	顶段			√			
	顶孔段			√			
	后段		√				
乳突		极小	小	中等	大√	特大	
枕外隆突		缺失√	稍显	中等	显著	特大	喙状
眶形		圆形	椭圆形	方形√	长方形	斜方形	
梨状孔		心形√		梨形		三角形	
梨状孔下缘		锐形	钝形	鼻前沟形	鼻前窝形√		
鼻前棘		I	II	III	IV	V	
上门齿		铲型√			非铲型		
犬齿窝		无	弱	中等	显著√	极显	
鼻根凹		0级√	1级	2级	3级	4级	
翼区		H型√	I型	K型	X型	缝间型	
颞线							
缝间骨		复杂型	人字点	印加骨	星点骨	人字缝	颞缝骨	冠状缝	矢状缝
顶孔数		1/1					
矢状嵴		有			无√		
腭形		U型		V型		椭圆形√	
腭圆枕		无	嵴状	丘状√	瘤状		
颏形		方形	圆形	尖形√	角形	杂形	
颏孔数		2					
下颌角形		外翻√		直形		内翻	
下颌圆枕		无√	弱	明显	极显		

五、小　　结

　　本节从人骨保存情况、性别年龄鉴定、古病理学、身高分析和颅骨形态分析等角度，详细地介绍了2019年城四家子城址清理的骨骼情况。由于骨骼保存情况和遗址保护等，目前得到的标本量和数据较少，信息较为片面，很难进行深入的体质特征等分析。更为全面系统地比较研究，有待于今后更多考古发掘工作的开展，更多人骨材料的获得。

　　城四家子城址的发掘共清理墓葬8座，编号为M1—M8，其中M3为烧骨，其余7座墓葬中共出土可鉴定人骨7具，男性个体2例，女性个体4例，性别不详1例。

　　城四家子城址人骨材料目前发现的病理和异常现象主要有黄韧带结节骨化、脊椎压缩性骨折、脊柱侧弯和胸骨变形等。牙齿疾病主要为常见的生前失牙、龋齿、釉质发育不良和根尖脓肿，偶有牙齿过度磨耗。

　　城四家子城址可进行身高推算个体5例，可进行数据测量的长骨49根。得出个体身高估算数据后推算，城四家子城址成年女性身高范围为139.06—157.91cm，平均值151.59cm。M5男性个体身高约为155.88cm。估算值可能与真实情况存在较大误差。

　　城四家子城址个体可进行颅骨形态分析较少，目前仅可得知其居民颅骨形态以楔形为主，颅骨眉弓突度较弱，范围变小，前额以平直为主。下颌骨整体规律不明显。居民男女两性差异较为明显，男性颅型较长、较狭，以阔额型为主，有较狭的鼻、较突的颌。女性颅型偏向较圆、较阔颅型，额宽偏向狭额型与中额型，有较阔的鼻。鉴于样本量较少，数据存在一定误差，有待更多的发现予以补充。

第十章 结　　语

第一节　遗存分期与城址年代

辽代中期，方州城发展达到繁盛，近一半的方州在此时建立[①]。史料记载长春州"兴宗重熙八年置"[②]，历经金代的沿用，更是在之后的元、明两代继续得以使用，直至明代中期遭废弃。考古发掘所获资料也印证了这一点：该城址目前所发现的时代最早的遗存为辽代，所发掘区域的文化层均较厚，以金代遗存的分布范围和数量见长，并且大多叠压于相同性质的辽代遗存之上，有明显的沿用迹象；虽然由于长年的耕作行为和风蚀破坏，时代较晚的元、明时期文化层多已不复存在，但表土层仍遗留下了较多元、明时期的丰富遗物，证明金代以后该城址在相当长一段时期内依然保持着繁盛状态。

通过发掘所获材料，可将城四家子城址的遗存分为以下四期。

第一期：辽代中晚期。以2013—2014年发掘的建筑台基下层堆积和2015—2016年发掘的窑址的第一期遗存为代表。窑址发掘区的第一期地层及遗迹单位中，见少量篦齿纹陶壶残件，以及一些形制上体现出辽代中晚期特征的陶器。建筑台基下层堆积出土的有"大安八年""大安九年"等纪年文字的绿釉瓦可明确该处的建筑存在年代包含1092—1093年这个时段，处于辽代晚期，这是该城址内经考古发现的具有明确年代信息的最早实证。

第二期：金代早期。以2015年发掘的陶窑址发掘区第二期遗存为代表。该期窑址遗存以建筑台基、灰坑等遗迹为主，出土遗物多为日用陶瓷器，形制特征与第一期无太大区别，但已基本不见篦齿纹陶器，出现涩圈叠烧瓷器。出土遗物以缸、盆、罐、壶等日用陶器为主，卷沿及半卷沿、器表磨光、砑光暗纹装饰等特征，体现了辽末金初的陶器风格。大型建筑台基在该时段遭到荒废，形成的地层亦未见太多人工痕迹。通过史料记载可知，长春州在辽代灭亡后一度被降格为长春县，地位有所下降，金代中期才又恢复州城地位，并重新得到统治者重视。因此，我们判断第二期遗存很可能为城四家子城址作为长春县期间形成。

第三期：金代中晚期。以2013—2014年发掘的台基上层堆积、2015年发掘的陶窑址发掘区

[①] 项春松：《辽代历史与考古》，内蒙古人民出版社，1996年，第124页。
[②] （元）脱脱等：《辽史·地理志·上京道》，中华书局，2017年，第503页。

第三期遗存为代表,该期建筑址倒塌堆积出土的瓦当、兽头等建筑饰件为典型的金代风格。该期建筑系在原有的辽代台基上重建,且所使用的建筑构件等级较高,推测应是金代对该城址进行大规模重建时形成的建筑遗存。结合史料记载被降为长春县的长春州,在金代中期复又成为州城,即学术界所称金代新泰州,故推测该期建筑可能为"复置新泰州"后所修,故将时代定于金代中期。陶窑址第三期遗存主要为窑址、窑工住房等手工业的遗存,发掘出土大量以缸、盆、罐、壶等为主的日用陶器,卷沿及半卷沿、器表磨光、砑光暗纹装饰等特征,亦体现了金代中晚期的陶器风格。

第四期:明代末期。以2013—2014年发掘区表土层出土的青花瓷器及表土层下开口的土坑墓葬为代表。其中有"永乐年制"款青花瓷器,从款识细节特征判断应为崇祯年间仿前朝所造。土坑墓葬皆为平民墓,随葬品极少,仅见铜耳环、铜钗等饰品,以及制作粗糙的瓷碗。据史料载明代泰宁卫在明中期以后遭废弃,人民南迁,使得此处逐渐荒凉,正与考古发现相印证,可知时代为明代末期甚至更晚。

第二节 城址结构和布局

一、城址平面结构及防御设施

城四家子城址为单重城墙的长方形城址,四面各有一门,其中,南、北二门位于墙体中部略偏东处,东、西二门则位于墙体偏南部接近南城墙处。每门均有瓮城,南、北城门的瓮门开口朝向西侧,东、西城门的瓮门开口朝向南侧。

城址西墙南段有多处拐折,使得城址西南角凸出一块,从平面上看,似与整个城址形貌格格不入,显得十分突兀。从对此处城墙解剖情况可知,其结构与形貌规整的北城墙结构亦是大不相同,反而与北城门瓮墙结构较为类似。北城门瓮墙通过发掘虽无法明确其始建时间,但从叠压关系可确知其营建时序是晚于北城墙的。以此类推,西城门附近的这一部分凸出的城墙的营建时间有晚于城址主体城墙的可能。也就是说,目前所见的城墙格局并非同一时期形成,西南角凸出的那一部分墙体很可能为该城址使用了一段时间后增建的部分。

城墙上的马面间距不大相同,推测不是同一时期所建,此外,较其他辽金城址马面所不同的是,该城址马面不仅外凸于城墙,其内侧也凸出于城墙,形成所谓的"内马面",其目的当是增加马面面积,加强防守力度。城墙外侧有两条平行的护城壕围绕整个城址,城墙内侧局部发现紧邻城墙的道路和排水沟。

二、城内格局

经考古钻探,我们确认了四座城门两两相对间主干道路的存在。主干道路由各城门处起始,和与之对应的城门直线相通,形成十字交叉,交叉点处正处于城址中南部的城内最高的"土包"处。该"土包"北侧连带多个面积和高度递减的中小型"土包",形成一处成组的建筑群,从其所处位置及地表形貌特征判断,此建筑群应为城内的中心区,亦是规模最大一组建筑,主干道路围绕于其周边,在当时或为城内地位最高且最为醒目的建筑物。

城内西北部及南北轴线两侧凸出于地表的这种建筑台基数量很多,起伏相对较大且分布密集,并常常成组出现,推测这些区域应为城内地位相对较高的区域,可能具有重要的行政功能,应是政治、军事、宗教等权力机构聚集区。城内东部和南部区域相对平坦,地面起伏较小,地表多见铁渣、骨料、大型日用陶器残片等遗存,推测应为普通的居民地和商业、手工业作坊区。

城址西南角即西城门所在之处,因其平面形制不同于城址主体部分,曾有学者认为此处系晚期加筑的具有特定功能的区域,可能用作码头和仓储。西城门及城墙附近区域长年遭洮儿河水侵蚀,已无遗迹保留,此处是否存在过码头已不得而知,但其特殊的位置和形制,以及与洮儿河水距离,均能反映出这种可能性是比较大的。

三、城外功能区

经过大范围的地面踏查,我们对城址周边区域的遗存也有了初步的了解。

在20世纪80年代的第二次全国文物普查中,资料记录城址北部为辽金时期墓地[1]。通过这几年的调查和试掘,已可确认此处为大面积的墓葬区,经走访,我们了解到,在城外北部居住的很多村民家院内就曾发现过砖室墓葬,可见墓地的规模之大。其范围南临北城墙,西接洮儿河堤坝,东部几与东城墙平齐,向北延伸数百米,直至北部的城四家子村和八家子村。目前所见墓葬大都为小型砖室墓,部分墓室内绘壁画,随葬品以瓷器为主。从墓葬形制和出土物初步判断,该处应为专门的墓葬区,且沿用时间较长,辽金两代都曾在此处下葬,其中可能还存在等级较高的墓葬。

据《洮安县文物志》记载,城外南部有砖瓦窑址。通过调查,又于城外西北部新发现一处窑址,地表可见多片火烧形成的红烧土,均位于一个略高于地平面的小型台地腰部,周边可采拾到烧结的瓦片,其形态特征与城内出土瓦片相同,可确认此处是为城内建筑烧造瓦件的窑址。两处砖瓦窑址一南一北分布,充分体现了就近原则,亦可证明该城址中的建筑所使用的瓦

---

[1] 吉林省文物志编委会:《洮安县文物志》,内部刊物,1982年,第36页。

件为本地烧造。

城外东南部紧邻东城墙的区域，地势开阔平坦，地表发现较多日用陶器残片，却鲜见瓷器和瓦件。该区域地面较平，无明显高出地面的建筑台基迹象，地表所见遗物亦为等级相对较低的日用陶器，其等级可见一斑，推测应为城外的平民聚居区。

第三节 城址属性

关于城四家子城址的属性，相关研究者根据城址的规模、城内出土文物，一致认为是一座州城级别的城址，但其究竟对应的是辽金历史上的哪个州，却存在着多种不同的声音。至20世纪90年代，有两种观点在学术界较具代表性且相持不下：一是认为城四家子城址为辽代的长春州，金代新泰州[1]；二是认为城四家子城址为辽代的泰州，金代旧泰州[2]。两种观点所用的证据均来自研究者对史料的不同解读。

2000年以后，吉林省文物考古研究所和黑龙江省文物考古研究所分别对前郭县塔虎城[3]、泰来县塔子城[4]等同被认定为州城级别，且与城四家子城址同样存在定性争议的辽金城址进行了不同规模的考古调查和发掘。塔子城早在1956年发现辽代"大安七年"刻石[5]，为推断其始建年代为辽代提供了有力的实物证据，排除了其为金代始建的肇州的可能。塔虎城在2000年进行的考古发掘，总发掘面积6000余平方米，且所做大量工作均围绕城内重要区域——中轴线处开展，但发掘所获材料却未见典型的辽代遗存，而是以金元时期尤其金代遗存为大宗，可见始建时间很可能是在金代，排除了是辽代长春州的可能，得出了塔虎城为金代肇州的结论[6]。《金史》中对新泰州"不至肇州三百五十里"[7]的记载，也与现实中城四家子城址和塔虎城的方位与间距大致相符。因此，更多的学者倾向于城四家子城址为辽代的长春州，金代的新泰州这一观点。

2007年，白城市博物馆征集到一件出土于城四家子城址的刻字青砖，上有"泰州长春县"

---

[1] 张柏忠：《金代泰州、肇州考》，《社会科学战线》1987年第4期，第208页；张英：《出河店与鸭子河北》，《北方文物》1992年第1期，第58页；孙秀仁：《关于金长城（界壕边堡）的研究与相关问题》，《北方文物》2007年第2期，第29页。

[2] 李健才：《关于金代泰州、肇州地理位置的再探讨》，《北方文物》1996年第1期，第23页；陈相伟：《吉林省辽金考古综述》，《北方文物》1995年第4期，第40页。

[3] 吉林省文物考古研究所、吉林大学边疆考古研究中心：《前郭塔虎城——2000年考古发掘报告》，科学出版社，2017年。

[4] 塔子城于2014年进行小规模考古发掘，资料尚未发表。

[5] 田华：《关于辽"大安七年"刻石的几点考证》，《黑龙江文物丛刊》1984年第3期，第37页。

[6] 彭善国：《吉林前郭塔虎城为金代肇州新证》，《社会科学战线》2015年第10期，第122页。

[7] （元）脱脱等：《金史·地理志·北京路》，中华书局，1975年，第563页。

字样[1]，为进一步证实城四家子城址为金代新泰州提供了依据。

《金史》载："长春辽长春州韶阳军，天德二年降为县，隶肇州。承安三年来属。"[2]明确了长春州自辽至金代中期期间地位的变化和行政级别的起伏过程。在对城四家子城址的考古发掘中，了解到城内遗存最为丰富的文化层所属时段也正是辽代晚期和金代中期两个阶段，城内一些重要的建筑物也多是在这两个时段营修或复建的。因此，我认为，城四家子城址为辽代长春州，金代新泰州的观点是可靠的。

第四节 城址功能考察

《辽史》记载长春州"本鸭子河春猎之地"[3]，曾是辽代圣宗、兴宗、道宗、天祚帝四代皇帝"春捺钵"的一处重要据点。金代章宗承安三年（1198年）将此城设为泰州，即学术界所谓"新泰州"，成为金代的国防重镇。元朝先后在此设泰宁卫、泰宁府。明朝在此设泰宁卫指挥司，是著名的兀良哈三卫之一，直至明代中期遭废弃。在辽金元及明初几百年间，这里一直是东北地区西部及内蒙古东部的政治、军事、经济、文化中心。

长春州地处上京道东北部，与东京道相邻，是连接上京道与东京道及辽东北部地区的桥梁。出于政治形势与军事战略部署考虑，辽圣宗年间将春捺钵地点改在长春州境内，此后一直作为辽代皇帝春猎和处理军国大政的一处重要地点，成为辽朝后期的政治中心所在地之一。长春州亦是辽道宗年间设立的东北路统军司的行政机构所在地，这也体现了当时长春州在军事防御方面的重要地位。

从对城四家子城址的形制可知，这是一处极为重视军事防御功能的城址，城墙墙体修筑较高，至今，保存最好的部分仍可达7米之高，这在现存辽代州城遗址中是不多见的，城墙上马面分布异常密集，从马面间距不等的情况，可看出在使用过程中有增筑的情况。从对城墙的解剖中可见，城墙本体经历了频繁的维修和加筑，可见统治阶层对该城防御性能的重视。城址紧邻洮儿河，并在后期于城址西南角邻近河岸处修建专门的区域，也应是以开通和加强利用水路交通为目的，加强城址的物资和兵力供应能力。

在2013—2014年期间对城四家子城址的考古工作，我们着重对处于城内中轴线上的一处建筑址进行了发掘，出土的大量金代建筑瓦件，体现了这座建筑的级别之高。出土的黄绿釉屋顶建筑饰件，有龙纹图案的瓦当和鸱吻等，充分证明其是一处等级极高的官方建筑。此外，在城内的多处地点地表也采集到了同类瓦件，可见这种级别的建筑在城内并不在少数，该城址在金代的政治地位不言而喻。

---

[1] 宋德辉：《城四家子古城为辽代长春州金代新泰州》，《北方文物》2009年第2期，第92页。
[2] （元）脱脱等：《金史·地理志·北京路》，中华书局，1975年，第5563页。
[3] （元）脱脱等：《辽史·地理志·上京道》，中华书局，2017年，第5503页。

作为辽金时期在东北地区营建规模最大，政治、军事地位较为重要的州城之一，长春州的经济发展亦不容小觑。这主要体现在城市手工业和商业贸易方面。城内出土的遗物极为丰富，除大量用于建筑的砖瓦类构件外，还有大量陶瓷器、铁器、铜器、骨器、玉器、钱币等。2015—2016年，对城内西北部一处窑址进行了发掘，清理陶窑两座，出土由该窑烧出的大量陶器，从器类来看，此窑专门用作烧造瓮、罐、盆等大型陶器，供应给城内外居民作为日用器皿，经营时间大致为金代中晚期。此外，从该发掘区早期遗存情况看，至少在辽代中晚期该区域就已有了陶器生产作坊。

通过考古调查，了解到城内及周边还存在砖瓦窑及冶铁遗址、制骨作坊、玉石器加工作坊等[1]，说明这些产品也大多为本地制作，显示了该城址发达的手工业技术水平。城市贸易的发达也在考古发现中有所体现。以瓷器为例，城内通过调查及发掘所见的瓷器种类极为丰富，从窑口看，不仅有缸瓦窑、江官窑等东北本地的窑口产品，还有较多精美的定窑白瓷，以及龙泉窑、建窑、龙泉务窑、耀州窑等国内各大名窑的产品。此外，琉璃器、玉料及煤精石、青金石等文物的发现，体现了长春州对外贸易的发达和对商品资源控制力的强大，证明城四家子城址至少在辽金时期是一处商品贸易极为繁盛的城市。辽代南面财赋官，有长春、辽西、平州三路钱帛司，设都点检，掌钱币铸造等事。《辽史》记载长春路钱帛司为兴宗重熙二十二年（1053年）设置，"大公鼎为长春州钱帛都提点"[2]。这也充分说明了长春州在辽代的经济地位亦不容小觑。

通过考古工作，还在该城址内外发现大量佛教遗存，包括寺院遗址和宗教用品。例如，2013—2014年发掘的建筑台基，在辽代时即为一处佛教寺院，该寺院处于城址南北向中轴线上，其地位可见一斑，主体建筑面阔五间，进深四间，出土的绿釉筒瓦及兽头建筑饰件足以体现佛教在辽代地位之高。该寺院建筑废墟中出土的瓦件上发现墨书文字，记载了大安年间（1085—1094年）不同阶层的"施主"施瓦建寺的出资情况。这些有记录的捐款者有的是具有一定头衔的政府官员，有的则只是普通百姓，可见，这种奉佛行为是由政府发起，官民共同参与的佛事活动。值得一提的是，在这些捐献记录中，发现来自宁江州地方官员的"施瓦"记录，说明城四家子城址不仅在政治、军事、经济等方面处于地方中心地位，其在宗教方面也具有相当大的引领作用，当是东北地区佛事活动的中心地所在。辽代社会上至皇帝、贵族、官僚，下至平民百姓都对佛教有着非常虔诚的信仰，导致这一时期的佛教建筑和僧尼数量大增，佛教前所未有的平民化。《辽史》记载"（咸雍八年）三月癸卯，有司奏春、泰、宁江三州三千余人愿为僧尼，受具足戒，许之"[3]，便是当地佛教盛行的真实写照。尤其到了辽代晚期，国力虽然衰微，统治者依然大兴佛事，将国家命运寄托于佛祖的庇佑。城四家子城址发掘

---

[1] 赵里萌、孟庆旭、梁会丽等：《记城四家子古城流散文物》，《辽金历史与考古》（第八辑），科学出版社，2017年，第223页。

[2] （元）脱脱等：《辽史·百官志·南面财赋官》，中华书局，2017年，第916页。

[3] （元）脱脱等：《辽史·本纪·道宗三》，中华书局，2017年，第311页。

的这座佛寺遗址，即为辽道宗年间所修。从目前的考古发现来看，城内外佛教建筑密集，这些建筑大多为辽代始建，在金代得以沿用，可见城内佛教信徒众多，以及人们对佛教信仰的虔诚度与持久性。

附表　城四家子城址灰坑登记表

编号	发掘地点	发掘年份	所在探方	开口层位	坑口形状	规格（米）	分期	备注
H1	建筑址	2013	ⅠT1947	1	不规则椭圆形	0.7×0.55—0.2	4	
H2	建筑址	2013	ⅠT1748	1	椭圆形	1.25×0.85—0.26	4	
H3	建筑址	2013	ⅠT1748	1	不规则长方形	1.45×0.92—0.15	4	
H4	建筑址	2013	ⅠT1749	1	不规则形	2.2×1.3—0.4	4	
H5	建筑址	2013	ⅠT1749	1	梯形	2.2×1.3—0.4	4	
H6	建筑址	2013	ⅠT2049	3	长方形	2.8×1.9—0.9	3	白灰搅拌坑
H7	建筑址	2013	ⅠT1750	2b	椭圆形	1.44×1.3—0.3	3	
H8	建筑址	2013	ⅠT1847	2b	近圆形	0.82×0.78—0.78	3	柱坑
H9	建筑址	2013	ⅠT2047	2b	近圆形	0.6×0.58—0.58	3	柱坑
H10	建筑址	2014	ⅠT2045	2b	圆形	1.96×1.96—0.32	3	
H11	建筑址	2014	ⅠT2145	7	方形	0.86×0.76—0.2	2	白灰搅拌坑
H12	建筑址	2014	ⅠT2045	7	长方形	2.02×1.26—0.3	2	白灰搅拌坑
H13	建筑址	2014	ⅠT2045	8	圆形	1.54×1.54—0.98	1	
H14	建筑址	2014	ⅠT2045	8	方形	1.9×1.9—1.9	1	未完全发掘
H15	建筑址	2014	ⅠT2146	7	圆形	0.86×0.7—1.04	2	
H16	建筑址	2014	ⅠT2045	8	长方形	1.9×1.3—0.58	1	白灰搅拌坑
H17	建筑址	2014	ⅠT2145	8	近长方形	1.8×1.2—0.54	1	白灰搅拌坑
H18	建筑址	2014	ⅠT2145	8	圆形	2.5×2.5—0.86	1	
H19	建筑址	2014	ⅠT2145	8	近圆形	2.2×2.05—1.1	1	
H20	建筑址	2014	ⅠT2146	8	椭圆形	0.8×0.6—0.23	1	
H21	建筑址	2014	ⅠT1951	2a	不规则四边形	4×1.4—0.4	3	
H22	建筑址	2014	ⅠT1851	7	长方形	4.3×1.5—0.7	2	
H23	建筑址	2014	ⅠT1846	7	圆形	1.2×1.2—0.86	2	
H24	建筑址	2014	ⅠT1846	7	长方形	4.46×1.52—0.9	2	
H25	建筑址	2014	ⅠT1851、ⅠT1951	8	凸字形	7×5—1.25	1	
H26	建筑址	2014	ⅠT1750	7	圆形	0.8×0.8—0.7	2	
H27	建筑址	2014	ⅠT1751	7	长方形	2.6×1.4—0.4	2	

续表

编号	发掘地点	发掘年份	所在探方	开口层位	坑口形状	规格（米）	分期	备注
H28	建筑址	2014	ⅠT2146	8	椭圆形	2.2×2—0.9	1	
H29	建筑址	2014	ⅠT1649	7	长方形	1.7×1—0.54	2	废弃物填埋坑
H30	建筑址	2014	ⅠT1945	8	圆形	3.27×3.27—0.9	1	
H31	建筑址	2014	ⅠT2045	7	方形	2.5×2.5—0.74	2	
H32	建筑址	2014	ⅠT1850	2a	长方形	3.7×1.9—1.25	3	
H33	建筑址	2014	ⅠT1851	7	椭圆形	1×0.74—0.2	2	柱础坑
H34	建筑址	2014	ⅠT1945	8	长方形	1.94×1.6—0.96	1	
H35	建筑址	2014	ⅠT1851	7	椭圆形	1.2×0.9—0.6	2	柱础坑
H36	建筑址	2014	ⅠT1751、ⅠT1751	7	椭圆形	2.2×1.8—0.5	2	
H37	建筑址	2014	ⅠT1951	8	圆形	0.7×0.7—0.65	1	
H38	建筑址	2014	ⅠT1851	7	方形	2.7×2.7—0.25	2	未完全发掘
H39	建筑址	2014	ⅠT1851	7	方形	2×2—0.4	2	未完全发掘
H40								销号
H41	北城门	2013	ⅠT1067	3	近圆形	1.9×1.8—1.44	3	
H42	北城门	2013	ⅠT1067	3	不规则长方形	3×1.1—1.1	3	
H43	北城门	2013	ⅠT1067	4b	圆形	1.94×1.94—1.47	2	
H44	北城门	2013	ⅠT1067	4b	圆形	1.5×1.5—0.9	2	未完全发掘
H45	北城门	2013	ⅠT0967	5	圆形	1.6×1.6—0.42	1	未完全发掘
H46	北城门	2013	ⅠT1067	6e	圆形	1.83×1.83—0.99	1	
H47	北城门	2016	ⅠT1067	3	近圆形	2.7×1.1—0.4	3	未完全发掘
H48	窑址	2015	ⅠT0811	1	不规则形	4.3×0.9—0.6	3	未完全发掘
H49	窑址	2015	ⅠT0811	1	长方形	1.9×1.8—0.75	3	未完全发掘
H50	窑址	2015	ⅠT0811	1	不规则形	5.2×1.3—0.85	3	未完全发掘
H51	窑址	2015	ⅠT0810	1	长方形	4×2—0.95	3	
H52	窑址	2015	ⅠT0810	1	椭圆形	3.7×2.6—0.95	3	
H53	窑址	2015	ⅠT0810	2a	椭圆形	1.95×0.8—0.25	3	
H54	窑址	2015	ⅠT0810	2b	椭圆形	1.54×1.4—0.68	2	
H55	窑址	2015	ⅠT0711	2b	椭圆形	0.95×0.7—0.25	2	柱坑
H56	窑址	2015	ⅠT0810	2b	长方形	1.25×0.5—0.25	2	
H57	窑址	2015	ⅠT0810	1	圆形	1.56×1.56—0.9	3	未完全发掘
H58	窑址	2015	ⅠT0810	1	椭圆形	2.7×2.3—1	3	未完全发掘
H59	窑址	2015	ⅠT0810	2a	长方形	1.8×1.2—1	3	
H60	窑址	2015	ⅠT0710	2a	椭圆形	2.2×1.4—0.7	3	
H61	窑址	2015	ⅠT0810	3b	长方形	1.5×1.2—1.4	2	
H62	窑址	2015	ⅠT0810	3b	长方形	1.5×1—0.8	2	未完全发掘
H63	窑址	2015	ⅠT0810	3b	方形	1.6×1.05—1.5	2	

续表

编号	发掘地点	发掘年份	所在探方	开口层位	坑口形状	规格（米）	分期	备注
H64	窑址	2015	ⅠT0810	3a	椭圆形	5.4×1.5—1.4	2	
H65	窑址	2015	ⅠT0711	1	近方形	2.8×2.6—1.25	3	
H66	窑址	2015	ⅠT0711	2b	长方形	1.1×0.86—0.6	2	柱坑
H67	窑址	2015	ⅠT0711	1	椭圆形	2.3×1.2—0.5	3	
H68	窑址	2015	ⅠT0810	2b	椭圆形	2×1.4—1.15	2	未完全发掘
H69	窑址	2015	ⅠT0810	2b	不规则形	2.5×1.2—0.3	2	
H70	窑址	2015	ⅠT0711	2b	椭圆形	1.2×0.9—0.4	2	柱坑
H71	窑址	2015	ⅠT0710	1	椭圆形	3.9×2.3—0.45	3	
H72	窑址	2015	ⅠT0710	1	长方形	2.2×1.16—0.5	3	
H73	窑址	2015	ⅠT0711	2b	近圆形	1.2×1.1—0.4	2	
H74	窑址	2015	ⅠT0711	2b	长方形	1.4×1.2—0.4	2	
H75								销号
H76	窑址	2015	ⅠT0811	4	方形	3.65×3.65—0.92	1	澄泥坑
H77	窑址	2015	ⅠT0710	3b	椭圆形	1.9×1.3—0.4	2	
H78	窑址	2015	ⅠT0709	2b	圆形	1.12×1.12—0.2	2	
H79	窑址	2015	ⅠT0810	2b	长方形	2.35×1.3—0.9	2	
H80	窑址	2015	ⅠT0710	1	长方形	4×1.8—1.8	3	
H81	窑址	2015	ⅠT0710	3b	不规则长方形	2.3×1.28—0.28	2	
H82	窑址	2015	ⅠT0711	2b	长方形	1.55×0.8—0.4	2	
H83	窑址	2015	ⅠT0710	3b	不规则形	2.2×1.28—0.22	2	未完全发掘
H84	窑址	2015	ⅠT0710	3b	椭圆形	0.94×0.78—0.4	2	
H85	窑址	2015	ⅠT0610	4	方形	2×1.5—0.65	1	澄泥坑，未完全发掘
H86	窑址	2015	ⅠT0710	3b	椭圆形	3.76×1.76—0.4	2	
H87	窑址	2015	ⅠT0610	4	方形	2.2×2.2—1.15	1	澄泥坑，未完全发掘
H88	窑址	2015	ⅠT0710	2b	椭圆形	1×0.76—0.2	3	
H89	窑址	2015	ⅠT0710	3b	椭圆形	1.4×1.2—0.35	2	
H90	窑址	2015	ⅠT0709	2b	圆形	1.3×1.3—0.42	2	
H91	窑址	2015	ⅠT0810	4	方形	3×3—1.15	1	澄泥坑
H92	窑址	2016	ⅠT0611	3a	长方形	3.4×1.74—0.74	2	
H93	窑址	2016	ⅠT0809	3a	圆形	2×2—1	2	未完全发掘
H94	窑址	2016	ⅠT0711	3b	方形	2×2—1.5	1	澄泥坑
H95	窑址	2016	ⅠT0809	4	方形	1.55×1.13—1.15	1	未完全发掘
H96	窑址	2016	ⅠT0809	3a	长方形	1.8×1.5—0.7	2	
H97	窑址	2016	ⅠT0809	3b	椭圆形	5.06×1.8—0.5	1	

续表

编号	发掘地点	发掘年份	所在探方	开口层位	坑口形状	规格（米）	分期	备注
H98	窑址	2016	ⅠT0611	3b	圆形	2.4×2.4—1.6	1	澄泥坑
H99	窑址	2016	ⅠT0611	2b	圆形	0.86×0.86—0.32	2	柱坑
H100	窑址	2016	ⅠT0611	4	圆形	1×1—0.56	1	
H101	窑址	2016	ⅠT0711	4	椭圆形	2.96×0.65—0.8	1	未完全发掘
H102	窑址	2016	ⅠT0711	4	椭圆形	5×3.8—1.4	1	取土坑，未完全发掘
H103	窑址	2016	ⅠT0711	4	椭圆形	1.98×1.86—1.2	1	取土坑
H104	窑址	2016	ⅠT0711	4	椭圆形	3.2×2.4—1.2	1	取土坑
H105	窑址	2016	ⅠT0809	4	圆形	1.45×1.45—0.55	1	
H106	窑址	2016	ⅠT0709	4	椭圆形	3.6×2.2—1	1	
H107	窑址	2016	ⅠT0809	3b	不规则形	1.05×1.05—0.25	2	柱坑
H108	窑址	2016	ⅠT0709	4	椭圆形	1.55×0.95—0.6	1	未完全发掘
H109	窑址	2016	ⅠT0709、ⅠT0809	4	长方形	4.2×1.5—0.45	1	
H110	窑址	2016	ⅠT0709	4	方形	2.4×2.4—1.2	1	澄泥坑，未完全发掘
H111	窑址	2016	ⅠT0709	4	方形	4.4×2—0.6	1	未完全发掘
H112	窑址	2016	ⅠT0711	4	椭圆形	2.3×2—1.4	1	澄泥坑
H113	窑址	2016	ⅠT0711	4	圆形	2.04×2.04—1.3	1	
H114	窑址	2016	ⅠT0711	4	圆形	1.76×1.76—0.4	1	未完全发掘
H115	窑址	2016	ⅠT0711	4	方形	1.8×1.76—0.86	1	未完全发掘
H116	窑址	2016	ⅠT0809	4	圆形	2.7×2.7—1.3	1	澄泥坑，未完全发掘
H117	窑址	2016	ⅠT0809	3b	圆形	0.84×0.84—0.76	2	柱坑
H118	北城门	2016	ⅠT0967	4a	圆形	120×120—40	3	
H1	城内道路周边	2015	ⅠTG1	1a	圆形	1.25×0.4—0.6	3	未完全发掘
H2	城内道路周边	2015	ⅠTG1	2a	圆形	1.3×1.3—0.5	3	未完全发掘
H3	城内道路周边	2015	ⅠTG1	2a	长方形	1.4×1.02—0.5	3	未完全发掘
H4	城内道路周边	2015	ⅠTG1	2a	长方形	3.1×0.8—0.85	3	未完全发掘
H5	城内道路周边	2015	ⅠTG1	3	近圆形	1.85×0.8—0.5	3	未完全发掘
H6	城内道路周边	2015	ⅠTG1	3	圆形	1.05×1—0.55	3	未完全发掘
H7	城内道路周边	2015	ⅠTG1	4b	圆形	1.3×1.3—1.6	1	
H1	南城墙	2016	ⅡTG1	4	方形	1.9×0.67—1.3	1	未完全发掘
H2	南城墙	2016	ⅡTG2	6	圆形	2.5×1.3	1	未发掘
H3	南城墙	2016	ⅡTG2	8	圆形	1.95×1.95—0.75	1	未完全发掘

附录　城四家子城址出土动物骨骼遗存研究

刘　禄　陈全家

（吉林大学考古学院）

一、城四家子城址概况

城四家子城址位于吉林省白城市洮北区德顺蒙古族乡古城村北部，是东北地区诸多辽金城址中规模较大且保存现状较好的一座古城。城址平面大致呈长方形，周长5748米。据《辽史·圣宗本纪七》记载："（太平）二年（1022年）春正月，如纳水钩鱼。二月辛丑朔，驻跸鱼儿泺。三月甲戌，如长春州。"[1]2007年城址内出土了一块有文字的刻砖，经过对刻砖上文字的辨认，证实了城四家子古城为辽代长春州和辽代的新泰州[2]。

2013—2016年，吉林省文物考古研究所对城四家子城址进行了发掘，四年总发掘面积4000余平方米，清理灰坑、房址、窑址、灶址等各类遗迹100余个，除出土的板瓦、筒瓦、兽面瓦当、鸱尾、兽头残块等屋顶建筑构件，以及陶瓷器、石器等日常生活用具外，还出土了一定数量的动物骨骼遗存，发掘地点如下。

（1）北城门发掘（2013年）。将该城址北城门进行全面揭露，布24米×24米探方1个（探方编号2013BTCⅠT2），3米×20米探沟1条（探方编号2013BTCⅠT1），总发掘面积约700平方米，发现房址、灰坑等遗迹单位10余个。

（2）城内建筑台基的发掘（2013—2014年）。在城内中北部发掘一处建筑遗迹，布10米×10米探方29个（探方编号横向16—21，纵向44—51），发掘面积约2800平方米，完整地揭露了一处高台式建筑基址，同时发掘房址、灰坑、灰沟等遗迹单位40余个。

---

[1] （元）脱脱等：《辽史·圣宗本纪一》，中华书局，1974年。
[2] 宋德辉：《辽代长春州的建立奠定了白城四百年区域中心的历史地位——城四家子古城的兴衰》，《春草集（二）——吉林省博物馆协会第二届学术研讨会论文集》，吉林人民出版社，2014年。

（3）窑址的发掘（2015—2016年）。对城内中部偏西北的一处陶窑遗址进行发掘，了解辽金时期制陶工艺的面貌和发展状况。布10米×10米探方7个（探方编号横向06—08，纵向09—11），发掘面积600平方米，发现灰坑、房址、窑址、灰沟等遗迹单位80个。

（4）城内主干道路及相关遗迹的发掘（2015年）。在城内中北部布1.5米×41米探沟1条（探方编号2015BTCⅠT1），发掘面积61.5平方米，发现灰坑、房址等遗迹单位15个。

上述几处发掘地点地层均为辽金时期，大致可分为三期。

第一期：辽代晚期，以城内建筑址下层堆积、窑址下层堆积为代表。

第二期：金代早期，以房址为代表的城内建筑址中层堆积。

第三期：金代中期，以城内建筑址上层堆积为代表[①]。

二、动物属种鉴定与描述

城四家子城址2013—2015年共出土动物骨骼1760件。其中可鉴定属种标本1162件，动物骨骼在探方、灰坑、灰沟、房址、窑址、墓葬中均有分布，以探方和灰坑出土的动物骨骼数量最多。

经鉴定，该批动物遗存至少存在23个可鉴定属种。见表一。

表一　可鉴定属种统计表

类别（Category）	属种（Genus）	NISP	百分比（%）	MNI	百分比（%）
软体动物类（Mollusca）	圆顶珠蚌（Unio douglasiae）	18	1.5	13	11.2
鱼类（Osteichthyes）	鲤鱼（Cyprinus carpio）	8	0.7	2	1.7
	鲫鱼（Carassius auratus）	2	0.2	1	0.9
	黄颡鱼（Peiteobagrus fuividraco）	13	1.1	5	4.3
	鲶鱼（Silurus asotus）	4	0.3	2	1.7
	乌鳢（Ophiocephalus argus）	1	0.1	1	0.9
	鳜鱼（Siniperca chuatsi）	4	0.3	1	0.9
鸟类（Aves）	天鹅（Anser domestica）	3	0.3	1	0.9
	环颈雉（Phasianus colchicus）	2	0.2	1	0.9
	鸽子（Columba sp.）	1	0.1	1	0.9

---

① 发掘者整理数据。

续表

类别（Category）	属种（Genus）	NISP	百分比（%）	MNI	百分比（%）
哺乳动物类（Mammalia）	野兔（*Lepus sinens*）	4	0.3	1	0.9
	狍（*Capreolus manchuricus*）	18	1.5	3	2.6
	马鹿（*Carvus claphus*）	4	0.3	1	0.9
	羊亚科（*Caprinae* sp.）	91	9	6	5.2
	山羊（*Capra aegagrus hircus*）	13	1.1	3	2.6
	绵羊（*Ovis aries*）	110	9.5	25	22
	牛（*Bos taurus*）	338	30	15	13
	马（*Equus caballus*）	206	17.7	5	4.3
	驴（*Equus asinus*）	43	3.5	3	2.6
	骆驼（*Camelus* sp.）	97	8.1	9	7.8
	狗（*Canis familiaris*）	137	11.4	12	10.3
	猪（*Sus domesticus*）	45	3.6	4	3.4
合计		1162	≈100	116	≈100

注：NISP为可鉴定标本数，MNI为最小个体数

（一）软体动物类（Mollusca）

标本共计18件，均为圆顶珠蚌。

圆顶珠蚌（*Unio douglasiae*）

标本18件。其中左侧5件，右侧13件。最小个体数为13。标本13BTCⅠT1947④：5（图一，19）。

（二）鱼类（Osteichthyes）

鱼类标本共计66件，其中可鉴定属种及部位的标本32件。

1. 鲤鱼（*Cyprinus carpio*）

标本8件，其中前鳃盖骨（图一，17）3件（左1，右2），左侧鳃盖骨（图一，4）1件（左），右侧上颚骨（图一，8）1件（左），咽骨（图一，6）2件（左），鳍担基节（图一，18）1件，最小个体数为2。

2. 鲫鱼（*Carassius auratus*）

标本2件，其中锁骨1件（右），咽骨（图一，7）1件（右），最小个体数1。

3. 黄颡鱼（*Pelteobagrus fulvidraco*）

标本13件，其中肩胛骨（图一，13）2件（右），锁骨（图一，14）5件（右4，左1），胸鳍棘（图一，5）6件（左5，右1），最小个体数5。

4. 鳜鱼（*Siniperca chuatsi*）

标本4件，其中副蝶骨（图一，16）1件，鳃盖骨（图一，15）1件（右），前鳃盖骨（图一，12）1件（左），锁骨（图一，11）1件（左），最小个体数1。

5. 鲶鱼（*Silurus asotus*）

标本4件。其中舌骨（图一，1）1件（右），胸鳍棘（图一，10）3件（左2，右1），最小个体数2。

6. 乌鳢（*Channidae*）

标本仅1件，为右侧齿骨（图一，9），最小个体数为1。

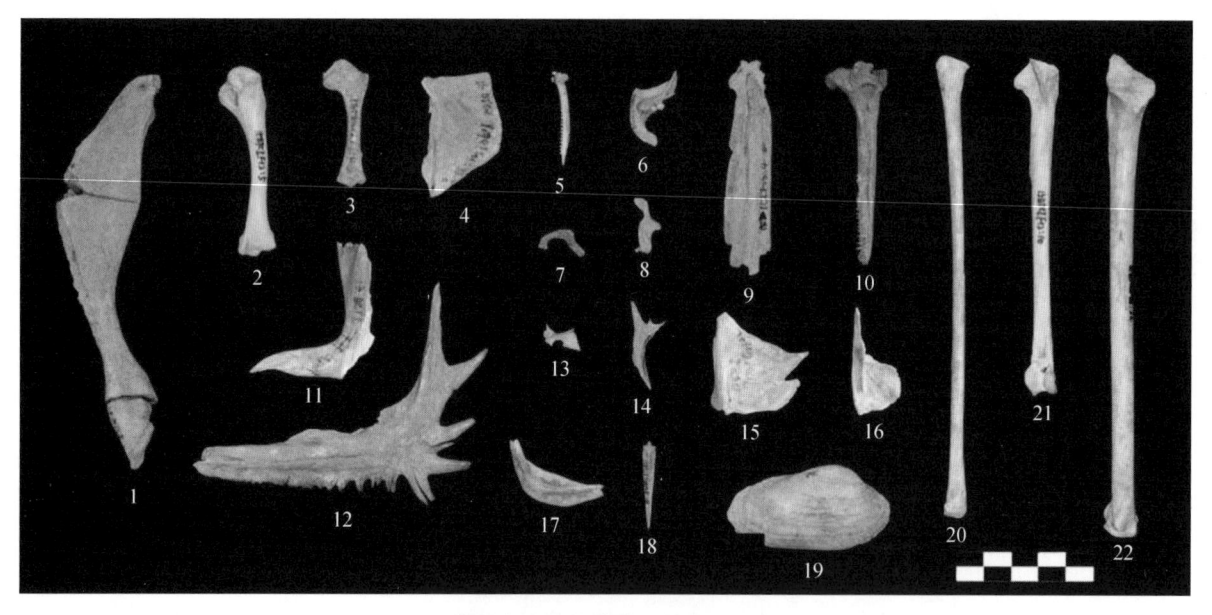

图一　城址中出土的蚌类、鱼类、鸟类骨骼
1. 鲶鱼右侧舌骨（13BTCⅠG1：7）　2. 环颈雉右侧肱骨（15BTCⅠF12：15）　3. 鸽子左侧肱骨（13BTCⅠT1946④：97）
4. 鲤鱼左侧鳃盖骨（13BTCⅠG1：29）　5. 黄颡鱼左侧胸鳍棘（15BTCⅠT0809②：11）　6. 鲤鱼左侧咽骨（15BTCⅠT0709②：1）
7. 鲫鱼右侧咽骨（15BTCⅠT0809②：30）　8. 鲤鱼右侧上颌骨（15BTCⅠT0809②：17）　9. 乌鳢右侧齿骨（15BTCⅠF13：4）
10. 鲶鱼左侧胸鳍棘（13BTCⅠT1946②：6）　11. 鳜鱼左侧锁骨（13BTCⅠT1747G1：27）　12. 鳜鱼左侧前鳃盖骨（13BTCⅠT1947④：13）
13. 黄颡鱼右侧肩胛骨（15BTCⅠT0809②：25）　14. 黄颡鱼右侧锁骨（15BTCⅠT0809②：2）　15. 鳜鱼左侧鳃盖骨（13BTCⅠT1747G1：22）
16. 鳜鱼副蝶骨（13BTCⅠT1747G1：25）　17. 鲤鱼右侧前鳃盖骨（15BTCⅠT0809②：4）　18. 鲤鱼鳍担基节（15BTCⅠT0809②：14）
19. 圆顶珠蚌右侧（13BTCⅠT1947④：5）　20. 天鹅左侧桡骨（15BTCⅠF15：24）　21. 环颈雉右侧胫骨（15BTCⅠF12：10）
22. 天鹅左侧尺骨（15BTCⅠF15：22）

（三）鸟类（Aves）

1. 鸽子（*Columba*）

标本仅1件，为左侧肱骨（图一，3），最小个体数为1。

2. 环颈雉（*Phasianus colchicus*）

标本2件，其中肱骨（图一，2）1件（右），胫骨（图一，21）1件（右），最小个体数为1。

3. 天鹅（*Cygnus* sp.）

标本共3件，其中尺骨（图一，22）2件（左1，右1），桡骨（图一，20）1件（左），最小个体数为1。

（四）哺乳动物类（Mammalia）

城址中出土哺乳动物类标本共计1167件。其中可鉴定属种及部位的标本1106件。

哺乳类动物包括野兔、狍、梅花鹿、马鹿、山羊、绵羊、驴、马、牛、骆驼、猪、狗，其中牛、狗、马、绵羊和骆驼占到了可鉴定标本数的76.3%，以家养动物为主。

1. 狍子（*Capreolus pygargus*）

标本共计18件。其中寰椎（图二，10）1件，桡骨1件（图二，3）（左），胫骨（图二，2）3件（右），距骨（图二，7）3件（左），跖骨1件（左右不明），肋骨9件，最小个体数为3。

2. 马鹿（*Cervus elaphus*）

标本共计4件，其中下颌骨（图六，3）1件（左），游离齿1件，胫骨（图六，7）1件（右），髁骨1件（右），最小个体数为1。

3. 羊亚科（*Caprinae* sp.）

标本共计91件，其中角1件（右），头骨2件（右），上颌骨15件（左3，右3，不明9），下颌骨9件（左3，右1，不明5），肩胛骨1件（右），肱骨1件（右），掌骨9件（左右不明），股骨1件（左右不明），胫骨17件（左4，右6，左右不明7），距骨8件，肋骨11件，游离齿9件，腰椎7件，最小个体数为6。

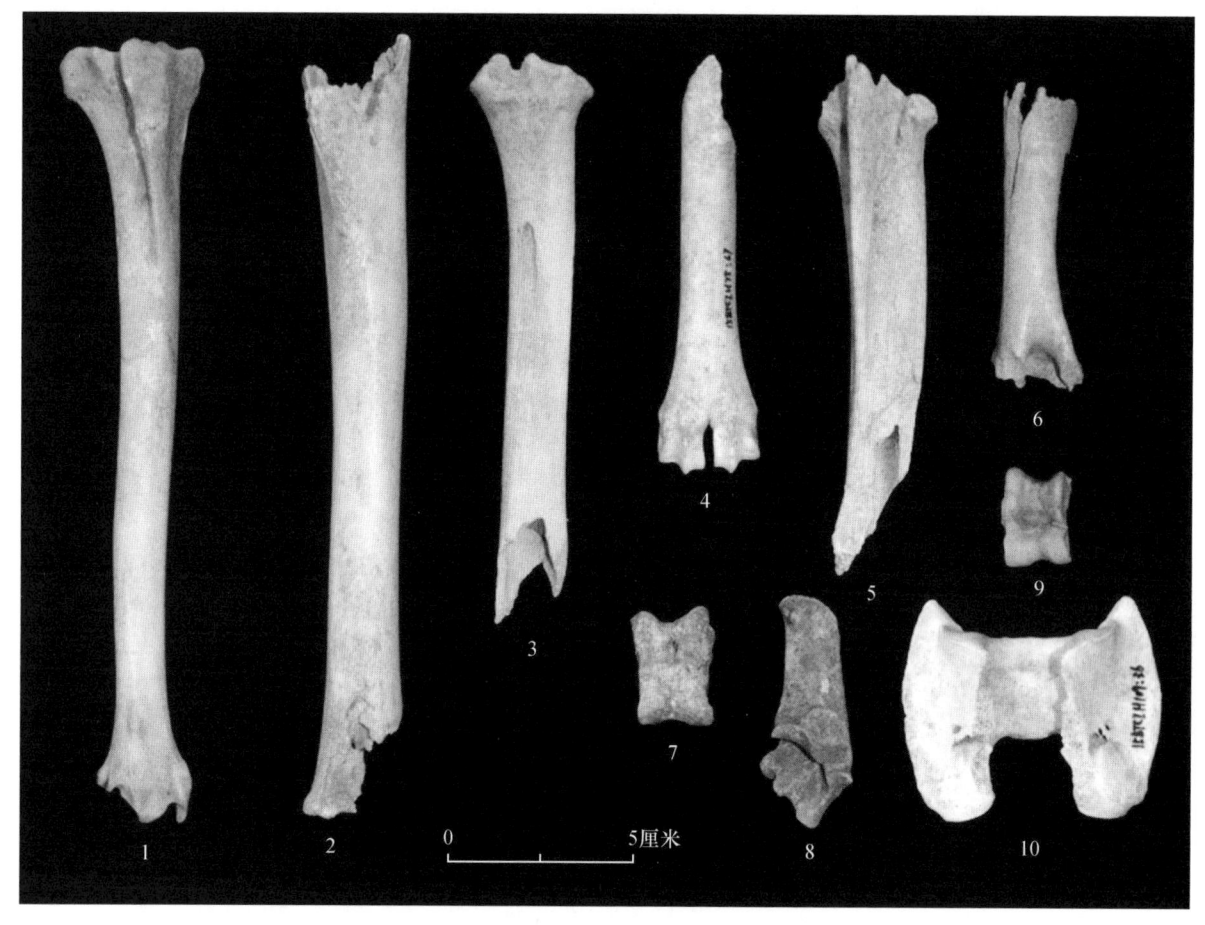

图二　山羊、狍骨骼

1. 山羊右侧胫骨（13BTCⅠM5∶1） 2. 狍右侧胫骨（15BTCⅠH70∶5） 3. 狍左侧桡骨（13BTCⅠT1949②∶10）
4. 山羊右侧跖骨（15BTCⅠH75∶67） 5. 山羊左侧尺骨（13BTCⅠT1949②∶9） 6. 山羊右侧肱骨（13BTCⅠT1846④∶14）
7. 狍左侧距骨（13BTCⅠT1846④∶11） 8. 山羊右侧跟骨（13BTCⅠT1946④∶16） 9. 山羊右侧距骨（13BTCⅠM5∶2）
10. 狍寰椎（15BTCⅠH109∶36）

4. 山羊（*Capra hircus*）

共出土标本13件。其中颈椎1件，肱骨（图二，6）4件（左1，右3），尺骨（图二，5）1件（左），桡骨2件（右），胫骨（图二，1）1件（右），跟骨（图二，8）2件（左1，右1），距骨（图二，9）1件（右），跖骨（图二，4）1件（右），最小个体数为3。

5. 绵羊（*Ovis aries*）

出土标本共计110件，上颌骨（图三，1）3件（左2，右1），下颌骨（图三，10）46件（左21，右25），枢椎（图三，9）3件，颈椎1件，腰椎2件，荐椎（图三，7）1件，肩胛骨（图三，2）11件（左6，右5），肱骨（图三，8）13件（左9，右4），桡骨（图三，3）9件（左4，右5），掌骨（图三，4）4件（左），髋骨（图三，11）4件（左1，右3），股骨（图三，12）5件（左4，右1），胫骨（图三，13）5件（左4，右1），距骨（图三，6）2件（左1，右1），系骨（图三，5）1件（右），最小个体数为25。

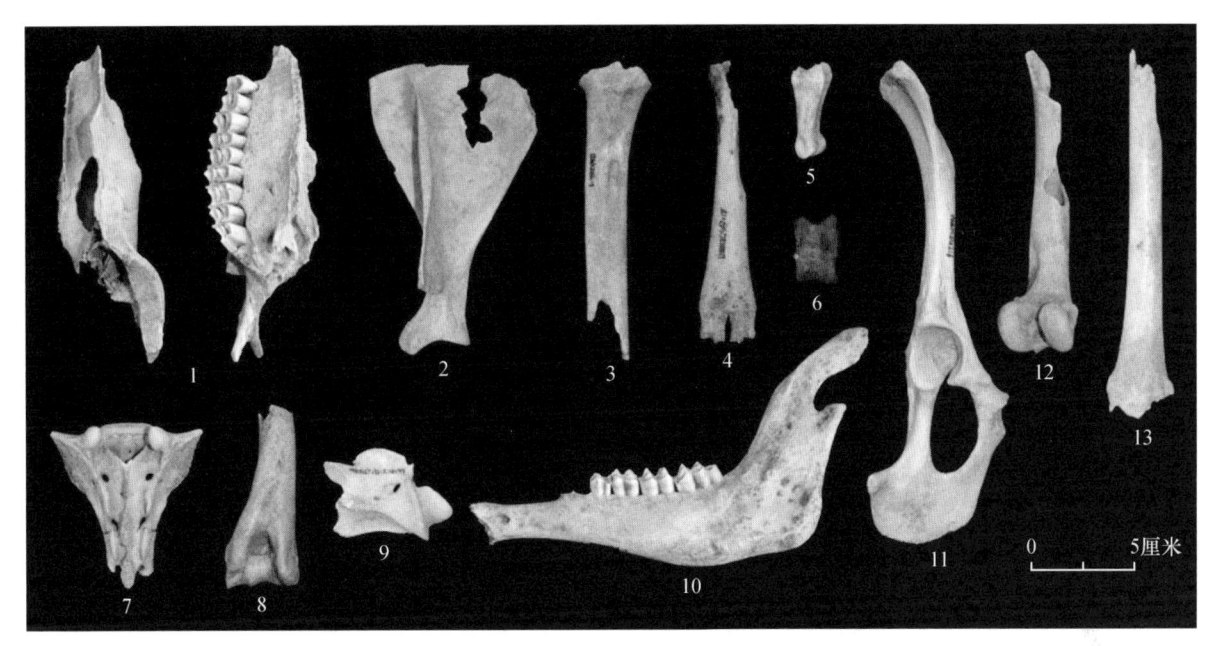

图三　绵羊骨骼

1. 右侧上颌骨（15BTCⅠF12：11）　2. 左侧肩胛骨（14BTCⅠT1751⑥：3）　3. 右侧桡骨（15BTCⅠH61：3）　4. 左侧掌骨（15BTCⅠG9②：18）　5. 系骨轴右（13BTCⅠT1750④：D23）　6. 左侧距骨（15BTCⅠH109：35）　7. 荐椎（15BTCⅠG2：28）　8. 左侧肱骨（15BTCⅠH62：2）　9. 枢椎（14BTCⅠT1751k27：29）　10. 左侧下颌骨（15BTCⅠH76：11）　11. 右侧髋骨（14BTCⅠG2：6）　12. 左侧股骨（14BTCⅠT1751k27：15）　13. 左侧胫骨（15BTCⅠT0710：18）

6. 牛（*Bos taurus*）

标本共计338件，其中头骨（图四，7）3件，上颌骨（图四，22）8件（左2，右6），鼻骨1件，下颌骨（图四，14）24件（左10，右11，不明3），游离齿8件，寰椎（图四，10）4件，枢椎（图四，15）6件，颈椎3件，胸椎10件，腰椎4件，尾椎10件，肩胛骨（图二，1）14件（左6，右7，左右不明1），肱骨（图四，2、3）26件（左13，右12，左右不明1），尺骨（图四，12）11件（左8，右3），桡骨（图四，5）23件（左13，右10），二、三腕骨4件（左2，右2），第四腕骨2件（左），副腕骨1件（右），中间腕骨1件（左），掌骨（图四，9）21件（左11，右10），髋骨（图四，8）24件（左12，右10，左右不明2），股骨4件（左2，右2），胫骨（图四，4）21件（左15，右6），髌骨（图四，13）4件（左2，右2），踝骨1件，跟骨（图四，11）9件（右），距骨（图四，21）17件（左9，右8），中央跗骨（图四，16）7件（右），二、三跗骨2件（左），髁骨1件（右），跖骨（图四，6）20件（左13，右6，不明1），系骨（图四，20）7件（左），冠骨3件（右），蹄骨（图四，19）1件（左），肋骨33件，最小个体数为15。

7. 马（*Equus caballus*）

标本共计206件。其中头骨（图五，1）4件，上颌骨5件（左2，右1，左右不明2），下颌

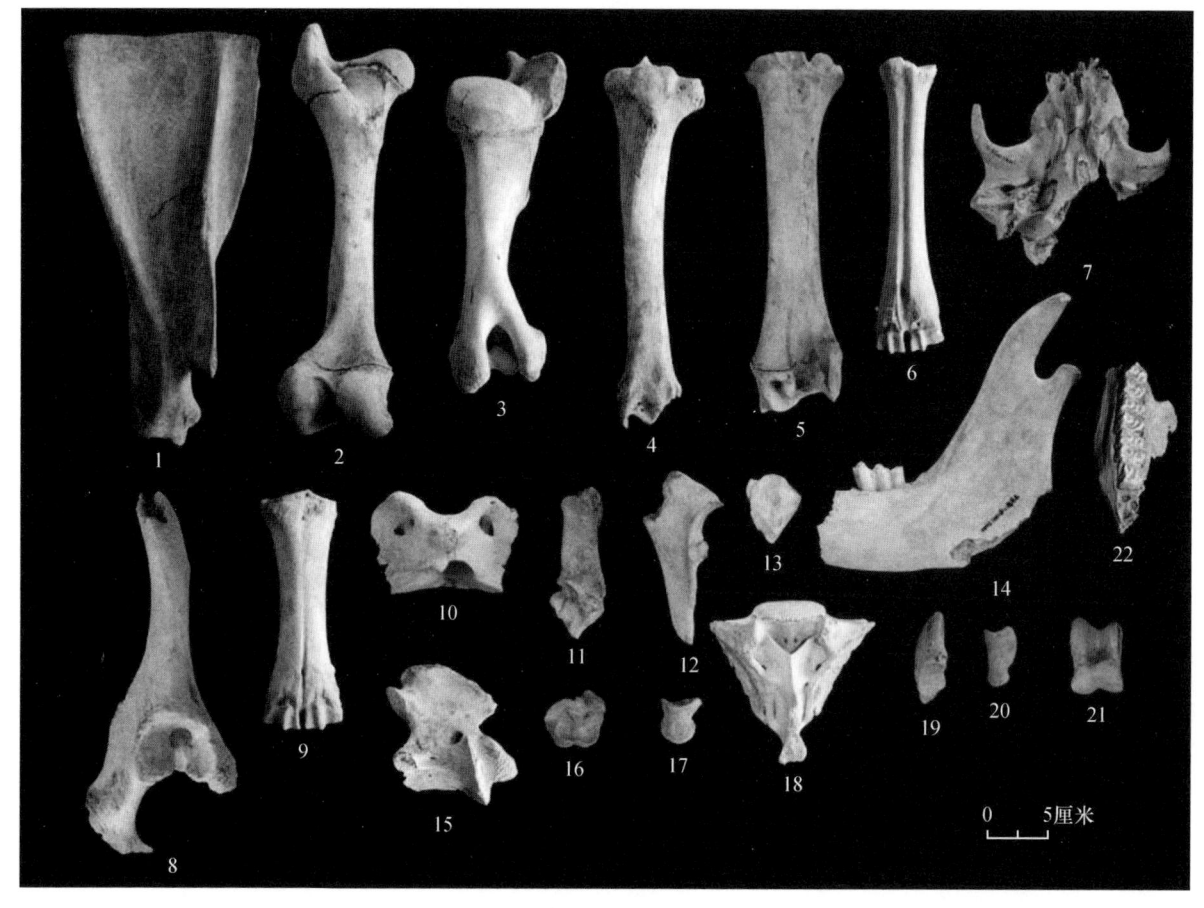

图四　牛骨骼

1. 右侧肩胛骨（14BTCⅠT1750⑥：1）　2. 左侧股骨（14BTCⅠT1851G2：1）　3. 右侧肱骨（15BTCⅠH71：1）　4. 左侧胫骨（15BTCⅠH81：2）　5. 右侧桡骨（15BTCⅠT0710：12）　6. 右侧跖骨（13BTCⅠT1846④：16）　7. 头骨（13BTCⅠT1847③：13）　8. 右侧髋骨（15BTCⅠG9：3）　9. 左侧掌骨（15BTCⅠH71：6）　10. 寰椎（15BTCⅠH58②：1）　11. 右侧跟骨（15BTCⅠH81：30）　12. 左侧尺骨（15BTCⅠH75：19）　13. 右侧髌骨（13BTCⅠT1946④：3）　14. 左侧下颌骨（14BTCⅠT1851⑧：1）　15. 枢椎（14BTCⅠT1750⑧：7）　16. 右侧中央跗骨（15BTCⅠH109：27）　17. 冠骨轴右（13BTCⅠG1：5）　18. 荐椎（15BTCⅠH73：5）　19. 蹄骨轴左（14BTCⅠT1649⑤：4）　20. 系骨轴左（15BTCⅠF13：6）　21. 右侧距骨（13BTCⅠT1846④：5）　22. 左侧上颌骨（15BTCⅠH81：19）

骨（图五，2）21件（左6，右8，左右不明7），游离齿11件，寰椎（图五，8）5件，枢椎（图五，9）1件，颈椎9件，胸椎21件，腰椎12件，荐椎（图五，18）1件，肩胛骨（图五，3）3件（左2，右1），肱骨（图五，15）8件（左5，右3），尺骨（图五，14）1件（左），桡骨（图五，16）8件（左4，右4），掌骨（图五，13）6件（左3，右1，左右不明2），第二掌骨1件（右），第四掌骨1件（右），髋骨（图五，19）6件（左1，右3，左右不明2），股骨（图五，17）4件（左3，右1），髌骨1件（右），胫骨（图五，11）9件（左5，右3，左右不明1），跟骨（图五，4）2件（右），距骨（图五，10）3件（左1，右2），跖骨（图五，12）6件（左3，右1，左右不明2），第四跖骨4件（左1，右2，左右不明1），系骨（图五，7）6件（左3，右3），冠骨（图五，5）7件（左3，右4），蹄骨（图五，6）3件（左1，右2），肋骨35件，最小个体数为5。

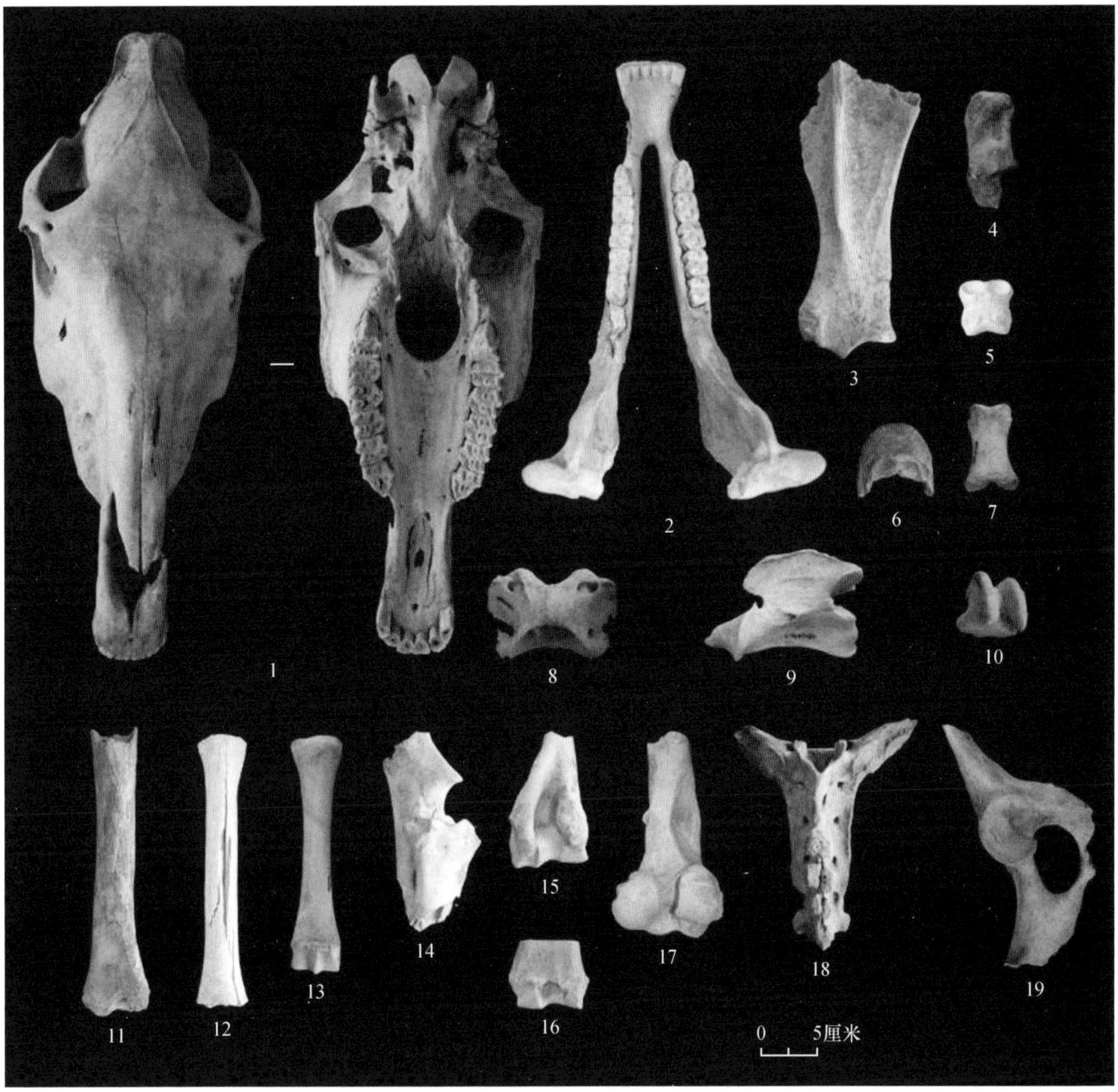

图五 马骨骼

1. 头骨（15BTCⅠH73：2） 2. 下颌骨（15BTCⅠH73：1） 3. 左侧肩胛骨（14BTCⅠT1751k21：2） 4. 右侧跟骨（13BTCⅠG2：D21）
5. 右侧冠骨（15BTCⅠF15：11） 6. 右侧蹄骨（15BTCⅠH81：16） 7. 右侧系骨（15BTCⅠF15：10） 8. 寰椎（15BTCⅠH73：3）
9. 枢椎（15BTCⅠH73：7） 10. 左侧距骨（15BTCⅠH68：1） 11. 左侧胫骨（15BTCⅠG9②：5） 12. 左侧跖骨（15BTCⅠT1750⑥：2）
13. 左侧掌骨（15BTCⅠG2：7） 14. 左侧尺骨（15BTCⅠG9②：69） 15. 左侧肱骨（15BTCⅠH73：44） 16. 右侧桡骨远端
（15BTCⅠH70：16） 17. 右侧股骨（15BTCⅠH76：1） 18. 荐椎（15BTCⅠH73：6） 19. 右侧髋骨（15BTCⅠH75：16）

8. 驴（*Equus asinus*）

标本共计43件，其中上颌骨3件（右2，左右不明1），下颌骨（图六，4）8件（左2，右3，左右不明3），颈椎1件，肩胛骨（图六，5）1件（右），尺骨（图六，10）1件（左），桡骨（图六，8）2件（右），髋骨1件（右），胫骨2件（左），跖骨（图六，9）4件（左2，右1，左右不明1），肱骨（图六，12）1件（左），系骨（图六，17）4件（左3，右1），冠骨（图六，14）1件（右），蹄骨3件（右），游离齿11件，最小个体数为3。

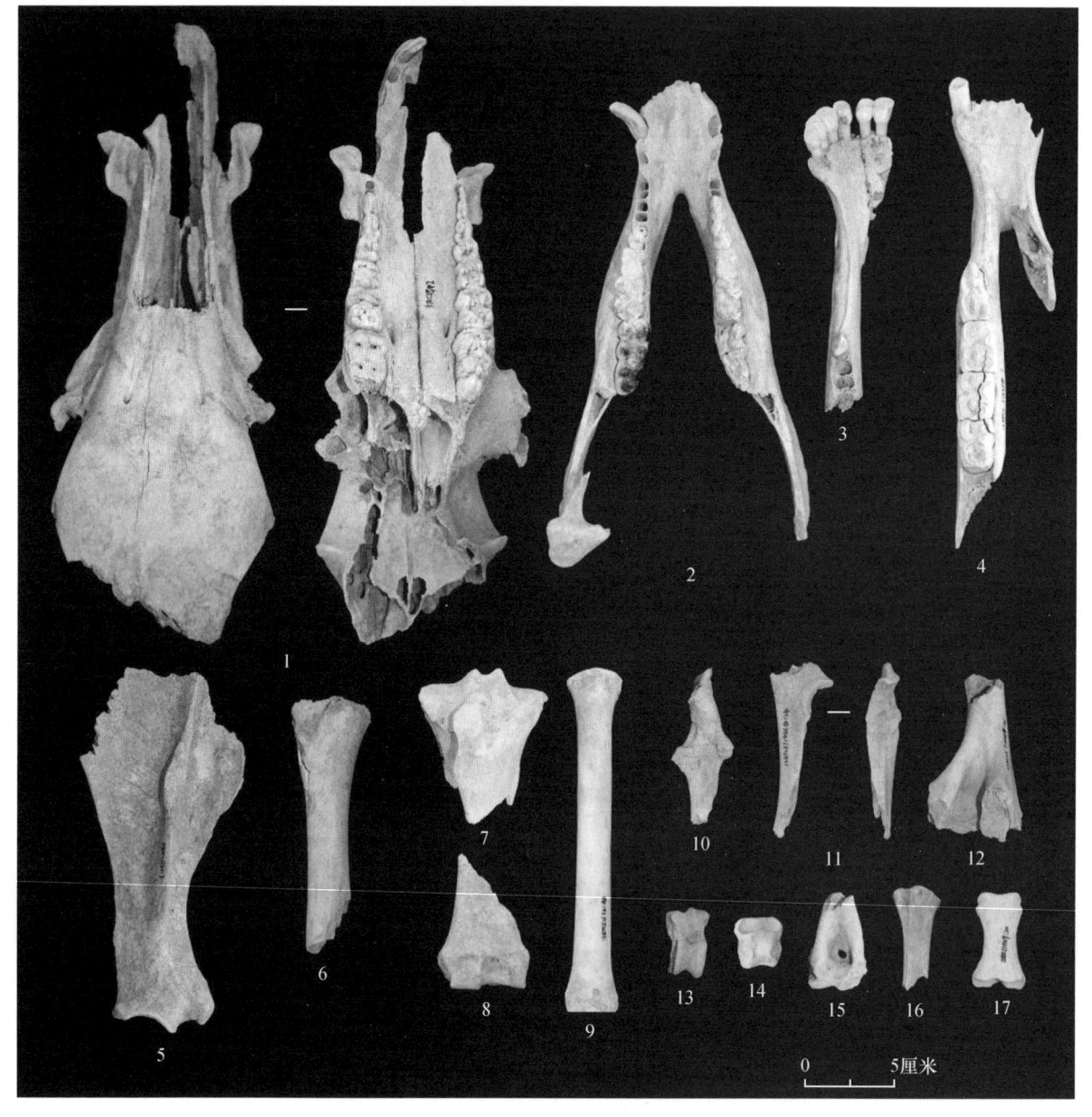

图六 猪、马鹿、驴骨骼

1. 猪头骨（15BTCⅠG9：2） 2. 猪下颌骨（15BTCⅠH109：1） 3. 马鹿左侧下颌骨（14BTCⅠG4：1） 4. 驴左侧下颌骨（13BTCⅠT1846④：7） 5. 驴右侧肩胛骨（15BTCⅠH81：5） 6. 猪右侧股骨（15BTCⅠT0809②：2） 7. 马鹿右侧胫（15BTCⅠH61：2） 8. 驴右侧桡骨（13BTCⅠT1846北梁：5） 9. 驴左侧距骨（15BTCⅠTH73：43） 10. 驴左侧尺骨（13BTCⅠT1846北梁：2） 11. 猪右侧尺骨（13BTCⅠT1846②：24） 12. 驴左侧肱骨（13BTCⅠT1946④：41） 13. 猪右侧距骨（13BTCⅠT1946④：13） 14. 驴冠骨（15BTCⅠT0810③：5） 15. 猪右侧肱骨（13BTCⅠT1946④：41） 16. 猪左侧桡骨（15BTCⅠT0810③：5） 17. 驴左侧系骨（15BTCⅠH109：30）

9. 骆驼（*Camellus* sp.）

标本共计97件。其中，下颌骨（图七，6）1件（左），肱骨（图七，9）1件（右），尺骨（图七，1）7件（左2，右5），桡骨（图七，10）17件（左7，右8，左右不明2），副腕骨8件，掌骨（图七，2）1件（右），髋骨1件（左），股骨（图七，7）4件（左3，右1），胫骨（图七，3）8件（左2，右6），髌骨9件，跟骨（图七，8）4件（左3，右1），距骨（图七，4）4件（左2，右2），跖骨（图七，5）15件（左9，右5，左右不明1），椎骨4件，肋骨1件，骨片12（左右不明），最小个体数为9。

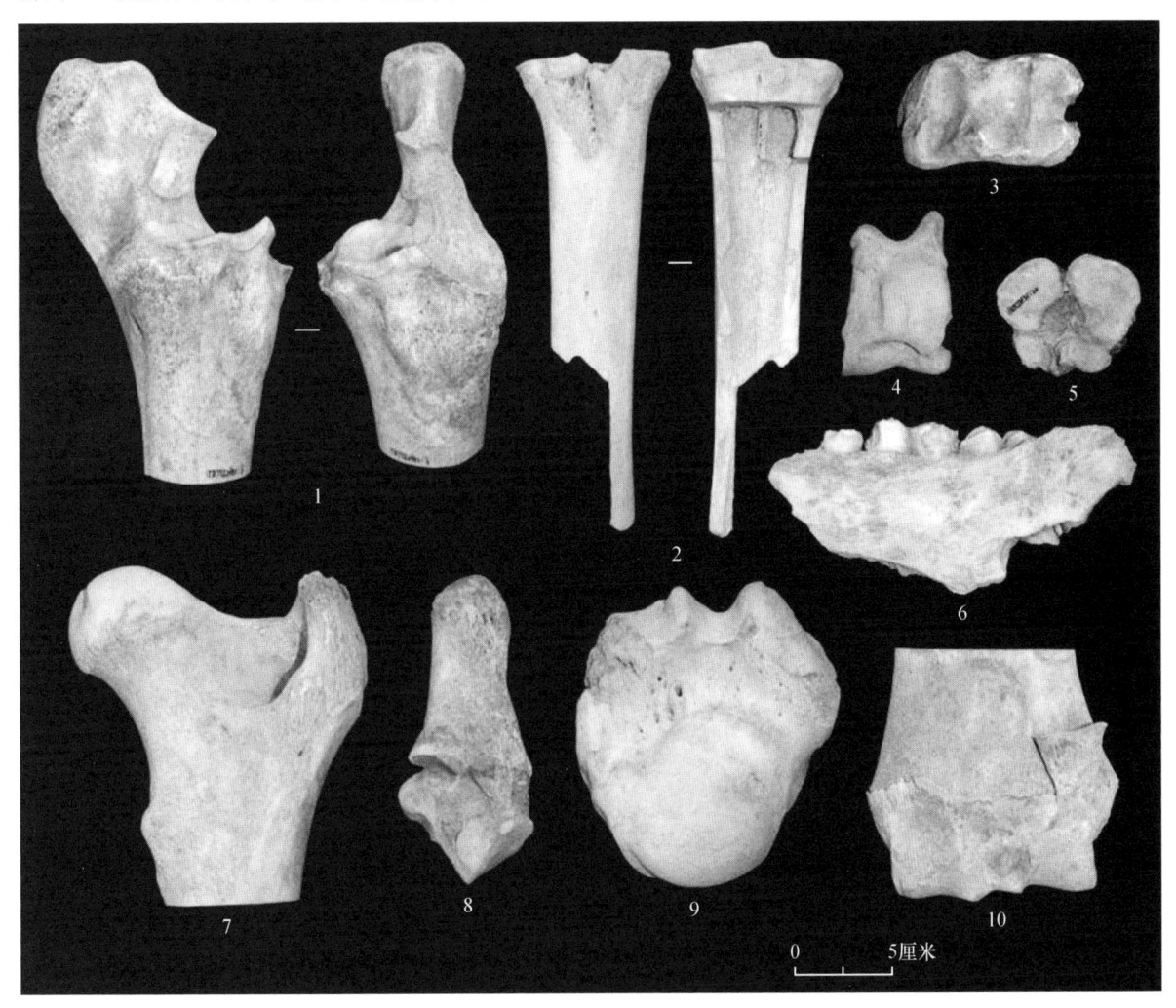

图七 骆驼骨骼
1. 右侧尺骨（15BTCⅠH81∶6） 2. 右侧掌骨（15BTCⅠH71∶5） 3. 右侧胫骨远端（15BTCⅠG9④∶5） 4. 右侧距骨（15BTCⅠH75∶4）
5. 右侧跖骨近端（15BTCⅠH81∶20） 6. 左侧下颌骨（14BTCⅠT1846⑦∶1） 7. 右侧股骨（15BTCⅠT0809④∶1） 8. 左侧跟骨
（15BTCⅠH81∶1） 9. 右侧肱骨近端（15BTCⅠT0809④∶3） 10. 右侧桡骨（15BTCⅠH75∶26）

10. 猪（*Sus domesticus*）

标本共计45件，其中头骨（图六，1）3件，颧弓1件（右），鼻骨1件（右），上颌骨5件（右4，左右不明1），下颌骨（图六，2）3件（左），肱骨（图六，15）3件（左1，右2），尺骨（图六，11）2件（右），桡骨（图六，16）2件（左1，右1），股骨（图六，6）5件（右3，左右不明2），胫骨2件（左右不明），距骨（图六，13）1件（右），肋骨11件，游离齿4件，犬齿1件，椎骨1件，最小个体数为4。

11. 狗（*Canis familiaris*）

标本共计137件，其中头骨（图八，1）8件，下颌骨（图八，2）15件（左3，右12），下犬齿5件（左4，左右不明1），颈椎5件，胸椎6件，腰椎9件，荐椎8件，肩胛骨（图八，5）6件（左3，右3），肱骨5件（左4，右1），尺骨（图八，4）6件（左2，右4），桡骨6件（左4，右2），第二掌骨3件（右），第四掌骨1件（右），髋骨（图八，7）4件（左3，右1），股骨（图八，6）7件（左3，右4），胫骨（图八，3）12件（左6，右6），第二跖骨1件（左），第三跖骨2件（左），第四跖骨3件（左1，右2），距骨1件（左），阴茎骨2件，肋骨22件，最小个体数为12。

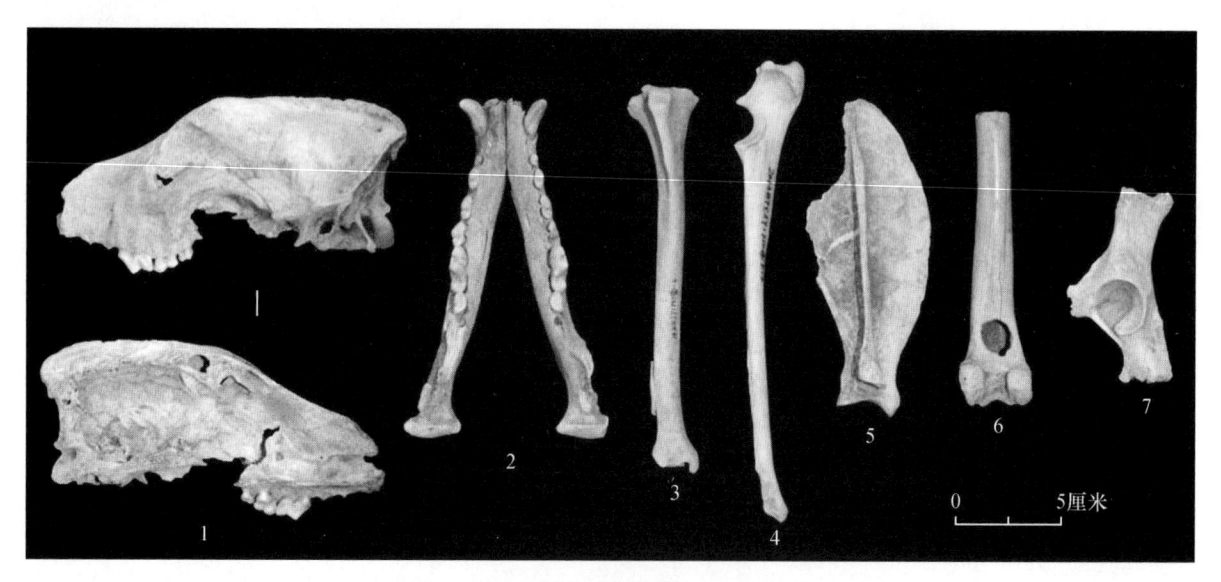

图八　狗骨骼

1. 头骨（15BTCⅠH59：4）　2. 下颌骨（14BTCⅠT1851⑥：5）　3. 右侧胫骨（14BTCⅠT1751⑥：2）　4. 右侧尺骨（13BTCⅠT1750④D：2）　5. 右侧肩胛骨（15BTCⅠH68：3）　6. 左侧股骨（15BTCⅠF12：7）　7. 左侧髋骨（13BTCⅠT1750④：D25）

三、动物骨骼表面痕迹分析

城址中出土带痕迹的骨骼标本共计471件,这些痕迹的产生主要受到自然、生物和人为因素的影响。

(一)自然因素

风化作用是考古城址中最常见的一种自然作用,指太阳光的直接照射,温差变化及风雨侵蚀等物理作用导致动物骨骼表面出现干裂、分层、掉屑的现象。一般情况下我们将风化分为轻度、中度、重度三个等级。城四家子城址出土的动物骨骼中,大多数骨骼保存完好,存在风化的标本仅66件,其中轻度风化标本30件,中度风化标本26件,有重度风化标本10件,13BTCⅠT1749②:12(图九,5),为马的右侧胫骨,重度风化,骨骼受损严重,表面开裂并伴掉屑现象。

(二)生物因素

城址中出土的骨骼主要受动物作用的影响,多为食肉类动物的啃咬留下的凹坑及牙齿、爪子的划痕。城址中出现食肉类啃咬痕迹的骨骼共33件。主要分布在哺乳动物骨骼上,包括马、牛、羊、狗、猪、驴、骆驼、绵羊。痕迹出现的部位包括掌骨、跖骨、肱骨、股骨、桡骨、肩胛骨、冠骨、下颌骨和头骨。痕迹多集中于长骨的近远两端,尤其是尺骨肘突及肱骨和股骨的内外髁处。这些部位多由骨松质构成,质地疏松,便于啃咬,14BTCⅠk27:21(图九,2),为牛左侧股骨近端。

(三)人为因素

人为因素主要体现在人类对于动物骨骼的二次利用上。在城四家子出土的动物骨骼中,带有人工痕迹的骨骼372件,包括砍痕、砸痕、锯痕、磨痕、烧痕、烤痕等。

1. 砍痕

砍痕是使用有刃部的工具发力作用于骨骼表面的一种痕迹,通常都会在骨体表面形成一道"V"形的沟槽。城址中出土的有砍痕的骨骼共36件,分布于骆驼的髋骨、桡骨;马的胫骨、髋骨、桡骨;绵羊的胫骨、髋骨、桡骨;牛的尺骨、肱骨、肩胛骨、胫骨、距骨、髋骨、桡骨、掌骨、跖骨。砍痕多集中于哺乳动物的长骨上。其中,牛骨骼的多个部位都有砍痕分布,可见当时人们对于牛骨的利用率较高。15BTCⅠT0711④：4（图九，1），为骆驼左侧桡骨，骨体表面有多条砍痕。

2. 砸痕

砸痕是使用钝器砸击骨体形成的痕迹，一般会在骨壁上留下一个陡壁状的凹坑。出土的有砸痕的骨骼共计108件，分布于驴、马、绵羊、骆驼、猪、马鹿的头骨、下颌骨、肩胛骨、肱骨、桡骨、股骨、胫骨、掌骨及跖骨。其中，被砸断的掌骨仅有2件，跖骨4件。有砸痕的骨骼多为大型哺乳动物长骨，一般从骨体中间被砸断。可能是当时居民为了取髓食用而进行的行为，15BTCⅠH81：1（图九，8），为牛左侧股骨远端。

3. 锯痕

锯痕是使用一种有锋利锯齿状刃部的工具反复拉扯作用于骨骼一处造成的痕迹。通常被锯断的骨骼截面表面分布着规则的斜状条纹。在城四家子城址中出土的有锯痕的骨

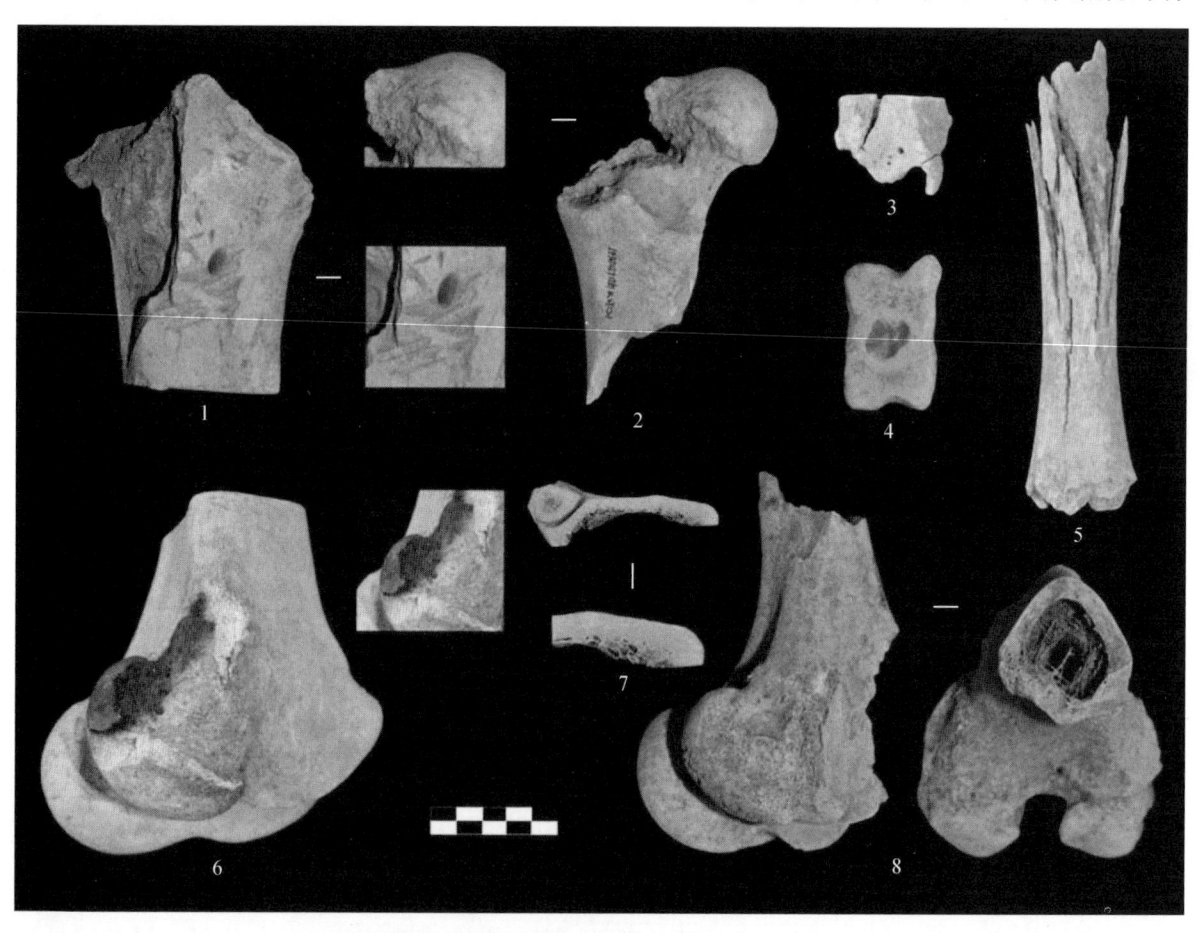

图九　城址中出土的带有痕迹的部分骨骼
1. 砍痕（15BTCⅠT0711④：4，骆驼桡骨）　2. 食肉类动物啃咬痕迹（14BTCⅠk27：21，牛股骨）　3. 烧痕（15BTCⅠH75：44，牛胫骨）　4. 磨痕（13BTCⅠT1749②：28，牛距骨）　5. 风化（13BTCⅠT1749②：12，马胫骨）　6. 烤痕（15BTCⅠT0809④：2，骆驼股骨）　7. 锯痕（15BTCⅠH102：22，骆驼桡骨）　8. 砸痕（15BTCⅠH81：1，骆驼股骨）

骼共计159件，多出现在马、牛、骆驼及驴的尺骨、桡骨、肱骨、胫骨、股骨、掌骨上，15BTCⅠH102∶22（图九，7），为骆驼左侧桡骨。长骨近远两端被锯断，保留中间骨干部分作为骨料，这也解释了被砸断的掌跖骨数量较少的原因。

4. 磨痕

磨痕是指两个物体相互摩擦所留下的痕迹，一般表面光滑平整。有磨痕的标本计42件。13BTCⅠT1749②∶28（图九，4），为牛左侧距骨，正反两面均被打磨，整体厚度变薄，目的可能为制作娱乐工具。

5. 烧痕

烧痕是动物骨骼通体火烧后留下的痕迹。烧骨通体呈黑色，严重者通体呈灰白色。城址中有烧痕的标本共计16件，分布于狗、鹿、骆驼、绵羊、牛、猪的下颌骨、距骨、跟骨、中央跖骨、尺骨、肱骨、胫骨、桡骨。烧痕多出现在籽骨及从长骨上截取下来近远两端，可能是人们将无利用价值的骨骼作为燃料使用，15BTCIH75∶44（图九，3），为牛的右侧胫骨远端，骨体表面被烧裂。

6. 烤痕

烤痕是动物骨骼局部有成块的黑色或者深褐色的火烤痕迹。城址中有烤痕的标本仅11件，分布于骆驼、马、牛、猪的股骨、肱骨、髋骨、距骨和下颌骨，15BTCⅠT0809④∶2（图九，6），为骆驼的左侧股骨远端，内髁有明显的烤痕。

四、城址中出土的骨器

城址出土的骨器共计10件，主要为生活用具及装饰品，包括骨梳、骨匕、骨刷、骨板、骨簪、骨耳勺、骨骰、钻孔骨珠、双钻孔骨饰。

1. 骨梳

1件，15BTCIH18∶1（图一〇，4），为骆驼的桡骨。骨体经过打磨，整体呈半弧状，弧内有细密的梳齿，梳齿大多折断。半弧最大直径72mm，背厚7mm。

2. 骨匕

1件，15BTCIF16∶2（图一〇，6），整体较薄，通体磨制光滑，前段扁宽，呈铲形，骨柄细长，柄身中部有一条隆起的嵴，中部断裂，全长242mm，柄身最大宽16mm，铲部最大宽46mm。

3. 骨刷

1件，14BTCⅠD：8（图一〇，5），刷头呈长方形，无刷毛，柄身呈圆柱体，刷头分布两排六列共12个小圆孔，横排两个小圆孔之间相连通，顶端另有一个圆孔将纵向的六列圆孔相连通，全长212mm，最大宽12.3mm，最大厚6mm。

4. 骨耳勺

1件，15BTCⅠH102：14（图一〇，2），整体与现代耳勺形态无异，末端尖锐，无纹饰，骨体表面光滑，全长100mm，最大宽6mm，最大厚3mm。

5. 骨骰

1件，15BTCⅠH90：10（图一〇，1），整体呈正方体，共有六个面，每一面分别戳印有1—6个圆点，除"4"点面未涂黑外，其余五面均被涂黑。长宽高均为7mm。

6. 骨簪

2件，15BTCⅠH58：13（图一〇，3），整体呈圆锥形，首端残损，尾端刻画两条线，绕骨体一周，中部有裂痕，磨制光滑。残长172mm，直径4mm。

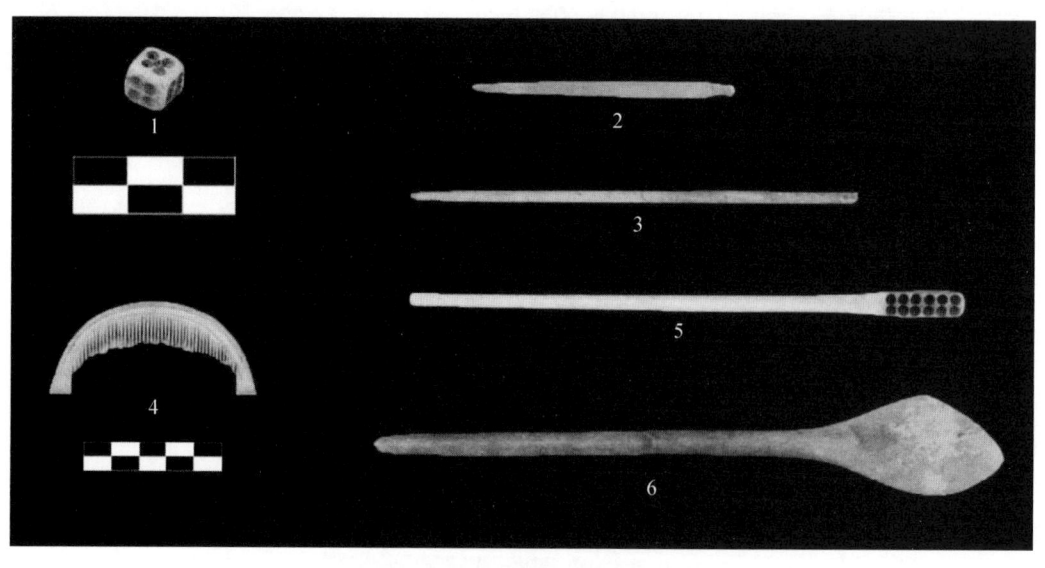

图一〇　城址出土的部分骨器
1. 骨骰（15BTCⅠH90：10）　2. 骨耳勺（15BTCⅠH102：14）　3. 骨簪（15BTCⅠH58：13）　4. 骨梳（15BTCⅠH18：1）
5. 骨刷（14BTCⅠD：8）　6. 骨匕（15BTCⅠF16：2）
（图中骨骰为单独比例尺）

五、城址中出土的骨料

城址中出土的骨料共计206件，其中可鉴定属种部位的107件。骨料多为骆驼、牛、马、驴的骨骼，另有小部分羊的骨骼。部位包括肱骨、尺骨、桡骨、股骨、胫骨、掌骨、跖骨，除9件通过劈、砍、砸的方式导致断裂的骨料外，其余均以锯的方式截取。为了更好地了解哪种动物的哪个部位骨骼利用率较高，我们对出土的骨料进行了统计，见图一一。

从图一一可以看出，大多数骨料来自牛和骆驼的骨骼，共计88件。二者占骨料总数的42%，主要为骆驼的掌跖骨和牛的胫骨。骆驼和牛的骨骼宽大平坦，质地坚硬，易于截成较为规整的骨料，因此利用率较高。城址中出土的骨料对于肱骨的使用率较低，可能是由于肱骨整体形态扭曲，没有掌跖骨那样长直。此外，羊的长骨也是人们喜欢利用的骨骼之一。出土的骨料多为羊的胫骨和股骨，羊的骨壁较薄，便于加工一些尖锐的工具。

关于城址中出土骆驼的骨骼较多的原因，笔者查阅资料后发现，城四家子城址位于吉林省西部，西临今内蒙古地区，西南部为科尔沁沙地，是辽金时期政治、军事、经济要地，也是重要的交通枢纽，骆驼与马、牛、绵羊、山羊被蒙古人并称为"五畜"，在生产中除了发挥乘骑、驮运的作用外，它的绒毛、奶、肉、皮都有较高的利用价值。因此推测骆驼在当时作为一种重要的家畜及交通工具被广泛饲养和利用，在一定程度上替代了马的功能。反映出骆驼在当时居民生活中有着非常重要的地位[1]。

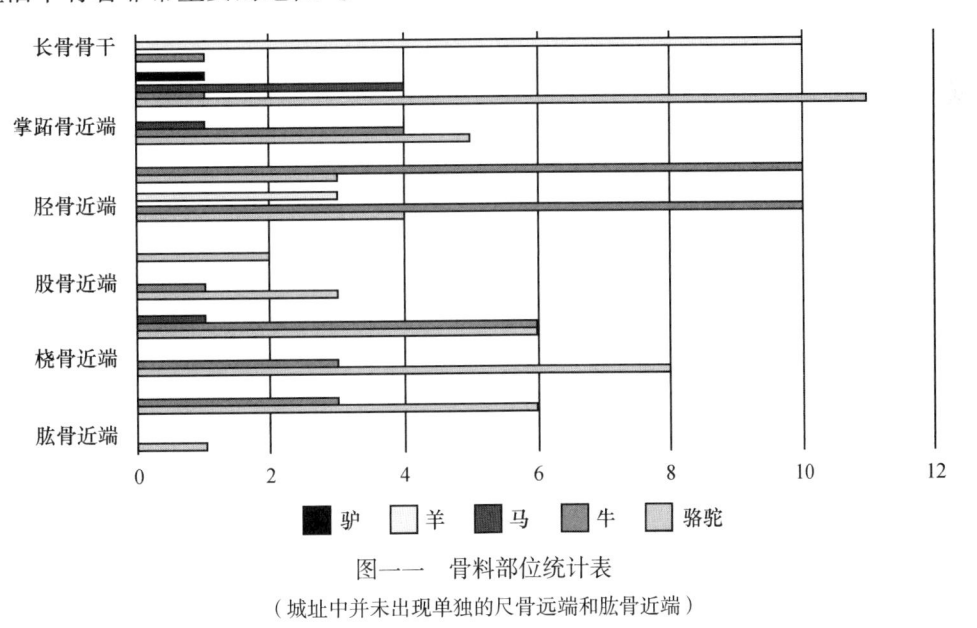

图一一 骨料部位统计表

（城址中并未出现单独的尺骨远端和肱骨近端）

---

[1] 敖仁其、单平、宝鲁：《草原"五畜"与游牧文化》，《北方经济》2007年第15期。

（一）骨料类型

骨料的类型与骨器之间存在着紧密的联系，通过对骨料的观察（包括坯料和废料），我们可以研究骨器的加工方法，从而判断出哪些骨料是废料，哪些是坯料[①]。根据骨料形态将城址中的骨料分为以下类型。

1. A类骨料

A类骨料共计13件，骨料整体近似直角三角形，一端尖锐，另一端平直，骨体内外壁各有一个锯面，锯痕方向内壁左高右低，外壁左低右高，这可能与人截取骨料时锯的方向有关。A类骨料虽然保存并不完整，但是通过骨壁薄厚程度、胫骨嵴、营养孔等特征，再结合城址中出土的动物，我们可以判断此类骨料属于羊的胫骨部分，15BTCⅠH76：30（图一二，1），最大长59.75mm，最大宽16.97mm。

2. B类骨料

B类骨料共计11件，多为哺乳动物管状骨，一般近远两端缺失，多为锯断或砸断，仅保留骨干部分，B类骨料以羊的胫骨、掌骨和跖骨居多，15BTCⅠH76：30，为羊的胫骨。

3. C类骨料

C类骨料共计21件，长短不一，依据形态我们将其划分为CⅠ、CⅡ、CⅢ、CⅣ四型。

CⅠ型　仅2件，CⅠ型骨料有四个锯面，上下两端的锯面是去掉管状骨两端膨大部分所留下的锯面，左右两个锯面是纵向将管状骨截取下来时造成的锯面，锯面细腻且平整，15BTCⅠH109：56（图一二，6），最大长22.4mm，最大宽10.5mm，为牛的桡骨部分。

CⅡ型　仅4件，为羊的胫骨，内外两侧均有锯痕，骨体一侧有打磨痕迹，表面锯痕不明显，上下两端均被折断，其中一端被磨制成扁铲形。15BTCⅠH102：11（图一二，4），最大长170.16mm，最大宽6.16mm，最大厚度3.29mm。

CⅢ型　共13件，此类骨料取自为羊的长骨，CⅢ型骨料长度均在80—110mm，较为均匀，说明是当时人们有意为之。骨料近远两端均被折断，左右两侧各有一个锯面，骨料首端较为粗大，尾端纤细，纤细的一端有削过的痕迹，其形状略扁。此外，还有一些长度在30—50mm的短条状骨料，骨壁厚度与CⅡ型骨料一致，应为从CⅡ型骨料截取下来的废料。15BTCⅠH102：12（图一二，5），最大长107.06mm，骨壁最大厚2.06mm，最大宽3.29mm。

---

① 马萧林、魏兴涛、侯彦峰：《三门峡李家窑遗址出土骨料研究》，《文物》2015年第6期。

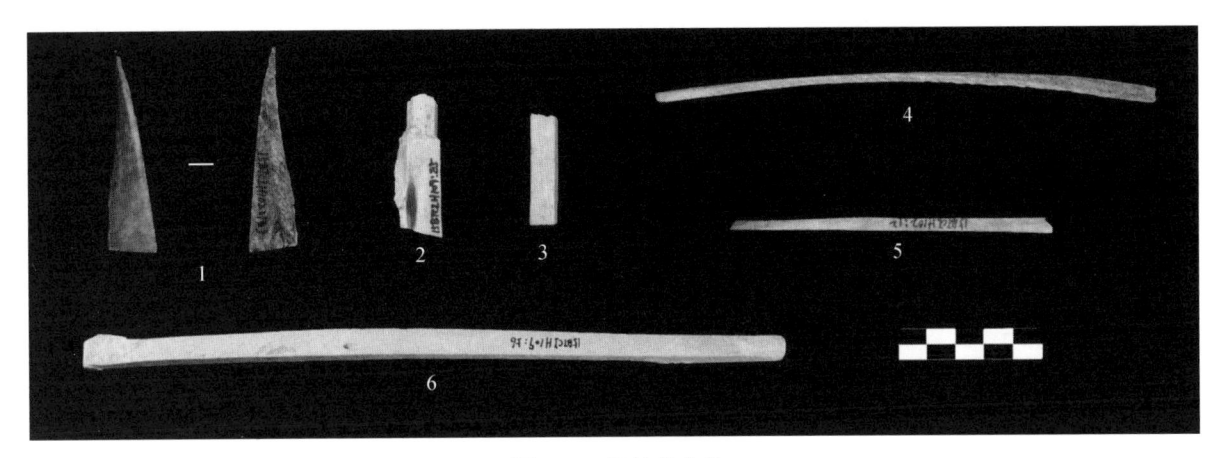

图一二 骨料半成品
1. A类骨料（15BTCⅠH76：30） 2. CⅣ型骨料半成品（15BTCⅠH109：85） 3. CⅣ型骨料（15BTCⅠH109：62）
4. CⅡ型骨料（15BTCⅠH102：11） 5. CⅢ型骨料（15BTCⅠH102：12） 6. CⅠ型骨料（15BTCⅠH109：56）

CⅣ型 仅2件，15BTCⅠH109：62（图一二，3），表面光滑平整，多取自大型哺乳动物长骨，最大长40.49mm，最大宽9.16mm，最大厚7.32mm。在城址中发现了1件未加工完全的CⅣ型骨料的半成品，15BTCⅠH109：85（图一二，2），为牛的掌跖骨远端。

4. D类骨料

共计11件，此类骨料骨壁较厚，表面平整，多为锯断，有四个锯面，根据骨体表面特征判断D类骨料应为大型哺乳动物的胫骨近端部分，将锯掉近远两端的管状骨沿正中矢面或横切面纵向锯开，再沿额面将其截取成若干段。但是这样得到的骨料并不平整，还需要进一步将内外两侧的多余骨料去除，保留腹面，从而得到平整的骨料，15BTCⅠH102：5（图一三，3），最大高52.75mm，最大长48.65mm，骨壁最大厚9.61mm。

5. E类骨料

此类骨料长短不一，大小各异，呈不规则的块状，多面有锯痕，根据形状来看并没有很高的加工价值，推测应为截取下来的废料。

（二）骨器加工流程

关于骨器的加工流程，我们依据城址出土的实物材料分析，可以将其分为以下几个步骤[1]。

---

[1] 陈全家、王善才、张典维：《清江流域古动物遗存研究》，科学出版社，2004年。

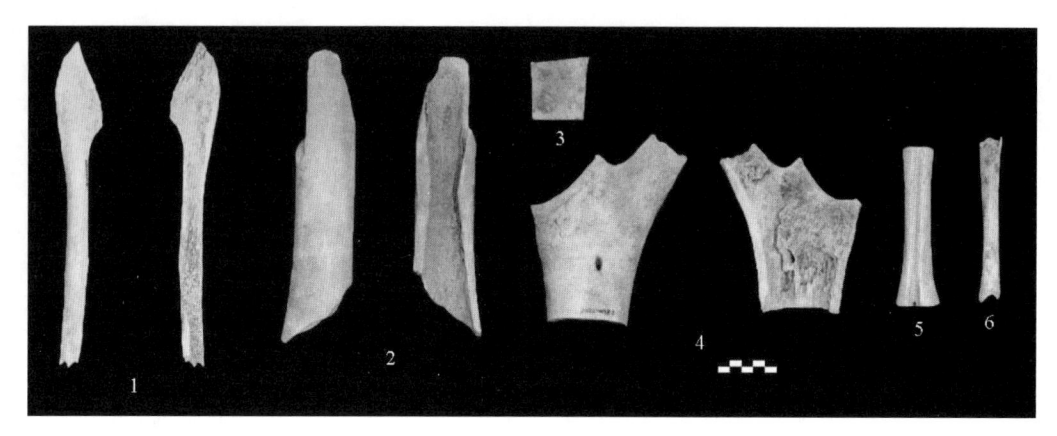

图一三 城址中出土的截取的骨料
1. 骨匕锥形（14BTCⅠ1649⑤：1） 2. 被砸开的骆驼股骨（15BTCⅠG9：5） 3. D类骨料（15BTCⅠH102：5）
4. 被劈开的骆驼桡骨（15BTCⅠT0809④：5） 5. 割据法截取下的骨料（15BTCⅠT0711④：9） 6. 被砸断的羊胫骨
（15BTCⅠH76：30）

1. 选择原料

从城址中出土的骨料和成品分析来看，加工骨器一般会选择中大型哺乳动物的长骨作为原料。依据准备加工的骨器类型来选取骨骼部位。例如，加工较为长直的工具，可能会选择大型哺乳动物的掌跖骨来进行加工，如果加工骨锥等较为尖锐的器物，则会选择如羊骨等较为薄锐的骨骼。

2. 截取骨料

在对骨料进行截取时，由于骨骼部位的不同，所采用的截取方式也不同。城址中出土的骨料截取的方式主要有两种：一种方式为锯，主要出现在大型哺乳动物长骨上，用锯将长骨近远两端膨大部分锯掉，保留管状骨，15BTCⅠT0711④：9（图一三，5），为牛的跖骨；另一种方式为砸，多出现在羊的长骨上，15BTCⅠH76：30（图一三，6），

3. 改制骨料

将截取下来的骨料分裂成若干份。城址中的骨料改制方法可以分为三种。

（1）砸击法：将截取下来的管状骨放在石砧上，用钝器用力砸击骨壁，使骨管分裂成两半，15BTCⅠG9：5（图一三，2），为骆驼的股骨。

（2）劈裂法：将截制好的骨料从中间劈开，使骨管一分为二，15BTCⅠT0809④：5（图一三，4），为骆驼桡骨。

（3）割锯法：将管状骨沿中间锯断，再根据实际需求将较长的骨片分成若干份。

4. 雏形修理

结合改制后骨料的形状，将骨料按照工具的形态打制雏形。14BTCⅠT1649⑤：1（图一三，1），可以看出已经具备了骨匕的雏形。

5. 定型修理

将已经具备工具雏形的骨料进行打磨抛光处理，最终成为人们使用的工具。

六、生业模式与生态环境

（一）生业模式

通过对最小个体数的统计，可以看出城址中出土的动物多为与人类活动密切相关的家养动物，包括牛、猪、马、骆驼、羊、狗、驴。牛可以用来耕地，马、驴、骆驼可以驮运货物，羊可以产奶，猪用来提供肉食，狗可以看家护院及协助狩猎，可见当时居民对于动物资源的利用已经非常完善，同时有着稳定的肉食来源。城址中出土的野兔、狍、马鹿、环颈雉、天鹅等野生动物，说明当时也存在着一定的狩猎经济。

城址中出土的了数件骨器。包括骨簪、骨匕、骨骰、钻孔骨饰、骨牙刷、骨质耳勺、骨梳等，种类较多，涉及生活的多个方面。骨器工艺精美。同时城址还出土了大量截取下的骨料及骨器半成品。从半成品的形态来看，都是根据骨器的形状而进行加工的，骨料形态规则整齐，说明骨器加工有着标准流程，推测城址中可能存在骨器作坊。从侧面反映了当时已经存在专门从事这一行业的人员。

（二）生态环境

从城址中出土的软体动物类和鱼类来看，软体动物仅有18件，鱼类32件，软体动物类仅有圆顶珠蚌一种，鱼类包括鲤鱼、鲫鱼、黄颡鱼、乌鳢、鳜鱼、鲶鱼，说明城址周边水文条件较好。

城址中出土的鸟类骨骼非常少，可鉴定标本仅有6件。分别为鸽子、环颈雉和天鹅，应为当时人们通过狩猎途径获得。

哺乳动物骨骼占到了出土动物骨骼的大多数。占可鉴定标本数的90%以上，主要为家养动物，包括狗、羊、牛、骆驼、马、驴、猪等，野生动物包括环颈雉、野兔、狍、马鹿等。野兔喜欢生活在有水源有树木的混交林内、草原地区砂土荒漠区；狍多栖息在疏林带，日间多栖于密林中；马鹿喜欢生活在灌丛、草地等环境。

通过对城址中出土的野生动物生活习性的分析，我们可以推断当时城址周边水草丰茂，自然生态环境良好。

［原载《科技考古与文物保护技术》（第二辑），科学出版社，2019年，收入本报告时略有改动］

Abstract

The Chengsijiazi Ancient City site is located in Baicheng City, Jilin Province. It was used as a state city during the Liao and Jin Dynasties. The site sits on the north bank of the Tao-er River. Of a rectangular shape, the site measures more than five thousand meters in circumference and covers an area of nearly 2 square kilometers. Each of the four sides of the city wall has a gate and a *wengcheng* fortification. *Mamian* bastion structures can be seen densely distributed on the city wall. Thick stratum inside the city are preserved, and abundant artefacts can be seen on the surface.

From 2013 to 2016, the Jilin Provincial Institute of Cultural Relics and Archaeology conducted an archaeological survey, drilling survey and excavation of the Chengsijiazi Ancient City site. The archaeological field work during these four years mainly included: 1) a comprehensive archaeological survey and mapping the topography of the Chengsijiazi Ancient City Site; 2) the excavations of the city walls and gates, building sites within the city, kiln sites, and burials outside the city. The total excavation area is about 4,500 square meters.

The exploration of the layout of the city site was mainly carried out through a combination of surface survey and archaeological drilling. After the drilling survey, it was confirmed that the city site is had a layout resembling the shape of Chinese character "十", and the four city gates were connected by the main roads. As the gates of the four city walls are not situated in the center, the two axes of the city are not centered, and the intersection point is off the center of the city. Also, several relatively independent buildings of different sizes were found inside the city, which were mainly distributed in the northwestern part of the city and near the main roads. Judging from the artefacts scattered on the ground surface, most of them should be built by the officials, including many Buddhist monasteries. In addition, there are different types of archaeological remains related to handcraft being found from the survey. Through the surface survey, it is learnt that: the northern part of the city is a burial area, occupied by small and medium-sized brick tombs of the Liao and Jin Dynasties; the eastern and southern parts of the city are mainly the living places of the commoners; and the brick kiln sites are found at both the southern and northern ends outside the city.

The excavated artefacts are dominated by bricks and tiles, and ceramics. Bricks and tiles and other building components, mainly plate-shaped tiles, semi-circular-shaped tiles, roof tile ends, beast heads, *chiwen* roof ridge ornaments, square and rectangular-shaped bricks, and so on. Ceramics mainly include jars, bowls, plates, *zhan* plates, urns and other daily life vessels. In addition, there are ironwares, bronze wares, bone objects, stonewares, and so on.

The archaeological remains of the Chengsijiazi Ancient City site can be divided into four periods: the first period is represented by the early remains of the lower layer of the platform foundation and the kiln site excavated in 2013-2014, which can be dated to the middle to late Liao Dynasty; the second period is represented by the archaeological remains of the second phase of the kiln site excavated in 2015, which should date to the early Jin Dynasty; the third period is represented by the upper layer of the platform foundation excavated in 2013-2014 and the kiln site excavated in 2015, and should date to the middle-late Jin Dynasty; and the fourth period is represented by the burials that were directly cut by the topsoil layer in the city during the end of the Ming Dynasty.

Regarding the attributes of the Chengsijiazi Ancient City site, there has been controversy in the academic circles in recent years. Our excavation has confirmed the view that the site was the Changchun Prefecture in the Liao Dynasty and new Tai Prefecture in the Jin Dynasty.

This report is the final archaeological report on the results of the archaeological investigation and excavation. Its contents include the introduction, archaeological and drilling surveys, excavation of the city wall and gate sites, excavation of the city building sites, excavation of the kiln sites in the city, excavation of the city roads and related relics, excavation of the burials outside the city, the investigation of the collection of cultural relics curated in museums, multidisciplinary studies, and the conclusion. There are ten parts in total. This report provides a new academic understanding of the city's archaeological remains, urban layout, functional zones, and the circumstances of its construction and use.

后　　记

　　城四家子城址的田野考古调查与发掘，是实施城四家子城址大遗址保护规划的基础工作。在历时四年的田野考古调查发掘期间，承蒙吉林省文化和旅游厅、吉林省文物局、吉林省文物考古研究所、白城市文化广电新闻出版局、白城市博物馆、白城市文物保护管理所、洮北区文化和旅游局、洮北区文物管理所、洮南市博物馆及德顺蒙古族乡政府的关怀与支持，为确保田野考古工作的顺利实施和完成创造了必要条件。

　　本报告内容系2013—2016年度城四家子城址全部调查发掘资料整理完毕后形成的最终报告书，此前所发表的相关资料如有与本报告相违之处，以本报告为准。本报告由黑龙江大学历史文化旅游学院梁会丽主编，负责报告的结构设计、图版编排、各章节审阅修订等。报告执笔如下：

　　第一章：梁会丽（黑龙江大学历史文化旅游学院）。

　　第二章第一、二节：梁会丽；第三、四节：赵里萌（吉林大学考古学院）；第五节：梁会丽。

　　第三章第一节：全仁学（延边朝鲜族自治州博物馆）；第二、三节：梁会丽。

　　第四章：梁会丽。

　　第五章第一节至第四节：梁会丽；第五节：孟庆旭（吉林省文物考古研究所）；第六节至第八节：梁会丽。

　　第六章：梁会丽。

　　第七章：梁会丽。

　　第八章：梁会丽。

　　第九章第一节：朱士（吉林大学地球探测科学与技术学院）、韩江涛（吉林大学地球探测科学与技术学院）、刘立家（吉林大学地球探测科学与技术学院）；第二节：高秀华（吉林省文物考古研究所）、袁仪梦（中国科学院上海光学精密机械研究所）、刘松（中国科学院上海光学精密机械研究所）、董俊卿（中国科学院上海光学精密机械研究所）、李青会（中国科学院上海光学精密机械研究所）；第三节：郭美玲（吉林省文物考古研究所）；第四节：杨春（吉林省文物考古研究所）；第五节：杨诗雨（重庆师范大学考古文博学院）、牟萍媛（吉林大学考古学院）。

　　第十章：梁会丽。

报告附表由黑龙江大学历史文化旅游学院梁会丽完成；附录由吉林大学考古学院研究生刘禄提供；英文提要由英国伦敦大学学院考古研究所庄奕杰副教授撰写。

城四家子城址地形测量由吉林省第一测绘院承担；发掘区全站仪测量由吉林省文物考古研究所顾聆博、张迪（2013—2014年）和四平市文物管理委员会办公室魏佳明、白城市博物馆王浩宇（2015—2016年）承担。遗迹图清绘由黑龙江大学历史文化旅游学院梁会丽，吉林省文物考古研究所解峰、顾聆博、张迪、孟庆旭、李睿哲，延边朝鲜族自治州博物馆全仁学承担；器物清绘图由前郭尔罗斯蒙古族自治县博物馆于锫锫，四平市战役纪念馆田永兵，农安县文物管理所周晓华，洮南市博物馆董伟佳，白城市博物馆夏宏宇，黑龙江大学历史文化旅游学院梁会丽完成；计算机绘图由四平市文物管理委员会办公室魏佳明，吉林大学考古学院林雪川、赵里萌承担。

发掘区全景摄影由吉林省文物考古研究所顾聆博、刘晓溪，乾安县文物管理所孙殿彪完成；城址航拍由通化师范学院大学外语教学部蔺华国承担；长春建工集团和吉林省基础测绘院无偿提供了城址的固定翼航拍照片；田野遗迹摄影由黑龙江大学历史文化旅游学院梁会丽，延边朝鲜族自治州博物馆全仁学，吉林省文物考古研究所孟庆旭，四平市文物管理委员会办公室魏佳明承担；出土文物摄影由黑龙江大学历史文化旅游学院梁会丽，延边朝鲜族自治州博物馆全仁学完成。

出土文物的修复由吉林省文物考古研究所高秀华，洮北区文物管理所吴军，吉林市博物馆杨小琢，公主岭市博物馆王丽梅，双辽市博物馆田劲松，白城市博物馆王冠娇完成。出土文物的拓片由吉林省文物考古研究所高秀华，白城市博物馆周平完成。出土文物保护工作由吉林省文物考古研究所郭美玲承担，并与北京科技大学合作完成了铁器的科技检测。出土陶制品颜料检测由中国科学院上海光学精密机械研究所科技考古中心袁仪梦、刘松、董俊卿、李青会完成。浮选植物遗存的整理由吉林省文物考古研究所杨春承担。出土人骨标本的整理由吉林大学考古学院研究生牟萍媛、孙晓璠、邹梓宁、李佳欣完成。出土动物骨骼的整理由吉林大学考古学院研究生刘禄完成。

城内遗迹的人工钻探由洛阳市铜驼文物钻探有限公司（2013年）和洛阳市伊星钻探有限公司（2015—2016年）承担。物理勘探由吉林大学地球探测科学与技术学院承担。窑址发掘区三维建模由上海华测导航技术有限公司完成。

本报告在资料整理期间，得到白城市博物馆宋明雷研究员，洮南市博物馆左雁鸣副研究员，吉林省文物考古研究所马洪副研究员，白城市文物保护管理所周宇副研究员，洮北区文物管理所巨赛男副研究员的帮助，报告编写过程中得到吉林省文物考古研究所安文荣、吴辉研究员，吉林大学考古学院冯恩学、彭善国、陈全家、张全超教授的帮助，在此表示深深谢意。

编 者

2023年12月

图版一

城四家子城址2016年全景（西—东）

图版二

1. 1968年拍摄（北上）

2. 2010年拍摄（吉林省基础测绘院提供）

3. 2015年拍摄（长春建工集团提供）

城四家子城址俯拍

1. 城内西北角（西北—东南）

2. 城内地表（北—南）

城四家子城址城内

图版四

1. 城址省保标志牌

2. 城址国保标志牌

保护碑

图版五

1. 北城墙内侧（西—东）

2. 北城墙外侧（西—东）

北城墙

图版六

1. 东城墙（北—南）

2. 东城墙内侧（西南—东北）

东城墙

图版七

1. 南城墙内侧（东北—西南）

2. 南城墙与瓮墙连接处断面（东南—西北）

南城墙

图版八

1. 西城墙（西北—东南）

2. 西城墙处的河堤（西北—东南）

西城墙

图版九

1. 发掘区全貌（北—南）

2. 发掘区正投影（北上）

北城门发掘全景

图版一〇

1. 门址西侧柱础及木地栿（东—西）

2. 门址西侧柱础及木地栿（南—北）

3. 西门垛北侧包砖（东北—西南）

4. 西门垛东北角（西南—东北）

北城门（一）

图版一一

1. 门址东侧城墙剖面（西—东）

2. 东门垛南侧包砖（东南—西北）

3. 北门瓮墙剖面（西南—东北）

北城门（二）

图版一二

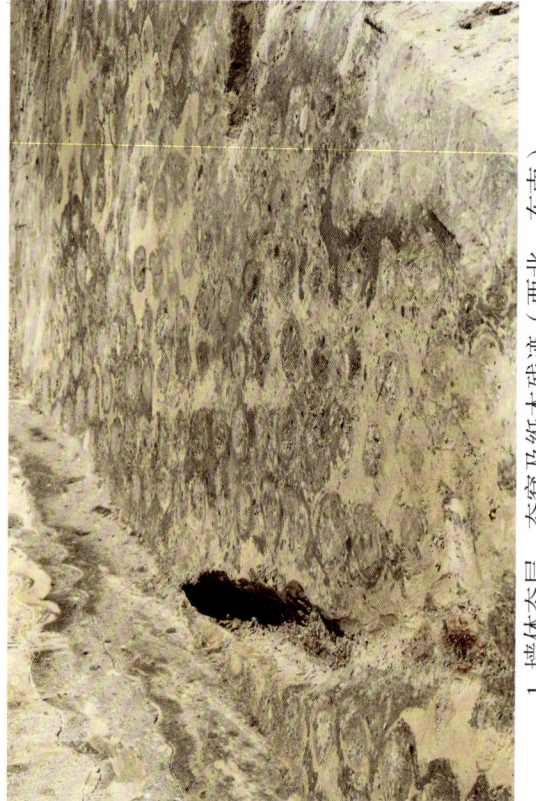

1. 墙体夯层、夯窝及纴木残迹（西北—东南）

2. 城墙基槽内填埋的瓦片

3. F9（南—北）

4. F10（南—北）

北城门（三）

图版一三

1. 北城墙豁口（南—北）

2. 东城墙南端豁口（南—北）

城墙豁口

图版一四

1. 北城墙解剖（西—东）

2. 西城墙解剖（西南—东北）

城墙剖面

图版一五

建筑址发掘区正投影（北上）

图版一六

1. 城内建筑址发掘区远景（西北—东南）

2. 建筑台基远景（西南—东北）

建筑址发掘区远景

图版一七

1. 主台基东南角（东南—西北）

2. 主台基西南角（西—东）

建筑址主台基（一）

图版一八

1. 主台基东北角（东北—西南）

2. 主台基西北角（西—东）

建筑址主台基（二）

图版一九

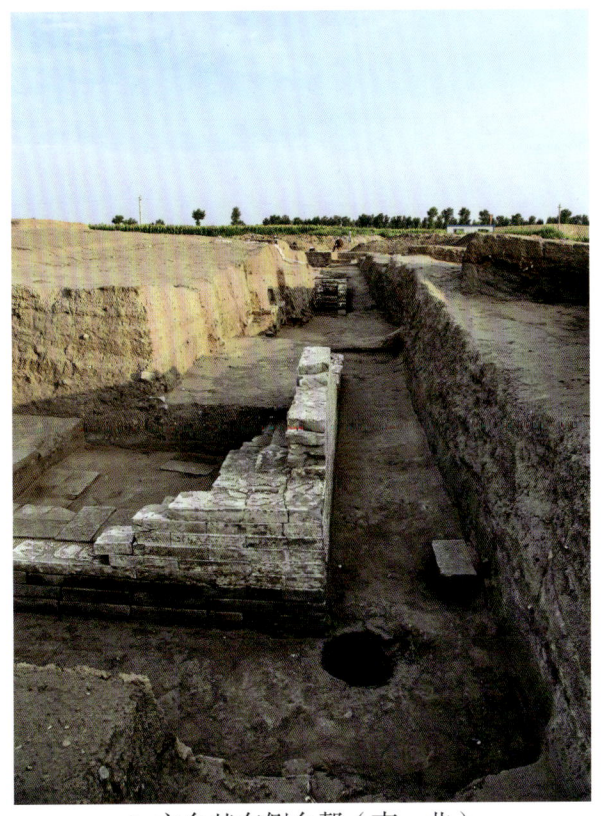

1. 主台基东侧台帮（南—北）

2. 主台基东侧台帮（北—南）

建筑址主台基（三）

图版二〇

1. 主台基东侧台帮（东南—西北）

2. 主台基南侧东段台帮头端（南—北）

建筑址主台基（四）

图版二一

1. 主台基北侧台帮东段（东北—西南）

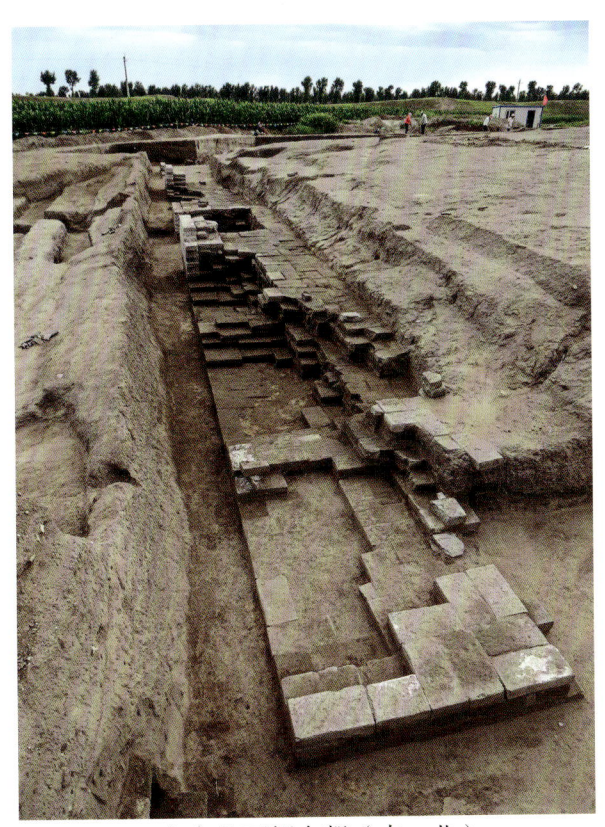

2. 主台基西侧台帮（南—北）

建筑址主台基（五）

图版二二

1. 月台西侧台帮（东南—西北）

2. 月台东侧台帮（东南—西北）

建筑址月台（一）

图版二三

1. 月台南侧慢道（东南—西北）

2. 月台南侧慢道（西南—东北）

建筑址月台（二）

图版二四

1. 台基西侧遗迹（南—北）

2. 主台基西侧遗迹（北—南）

建筑址台基相关遗迹（一）

图版二五

1. 月台南端砖钉（西—东）

2. L1（南—北）

建筑址台基相关遗迹（二）

图版二六

1. Q2（东北—西南）

2. Q4内侧垒砌的青砖（东—西）

建筑址台基相关遗迹（三）

图版二七

1. HD1（东—西）

2. HD2（东—西）

3. HD3（东—西）

4. HD4（西南—东北）

5. HD6（西—东）

6. HD7（南—北）

建筑址涵洞

图版二八

1. D4（西南—东北）
2. D5（南—北） 
3. D27（南—北） 
4. 建筑台基檩墩内柱洞（东南—西北） 

建筑址柱洞

图版二九

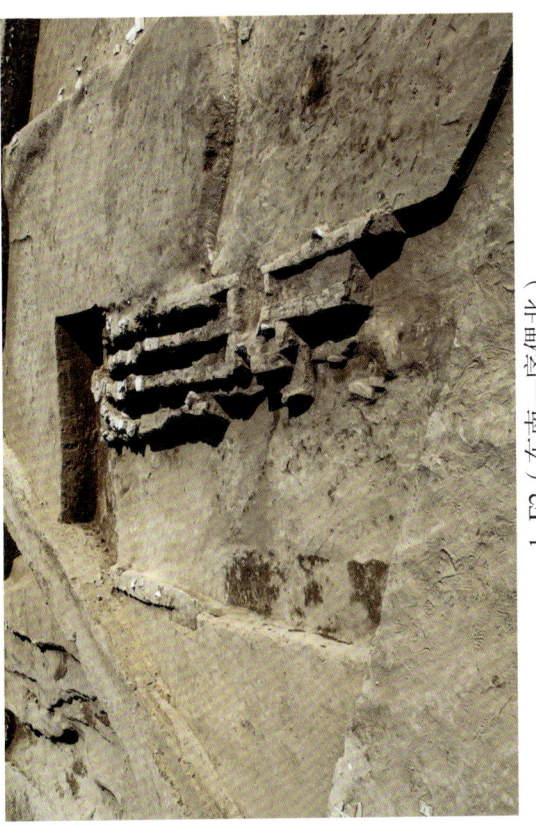

1. F2（东南—西北）

2. F2烟囱（东北—西南）

3. F2灶坑（北—南）

2号房址

图版三〇

1. F3（东南—西北）

2. F3局部（东北—西南）

3号房址（一）

图版三一

1. F3北灶坑（南—北）

2. F3南灶坑（西北—东南）

3. F3东侧烟道（东南—西北）

4. F3隔墙（西北—南东）

3号房址（二）

图版三二

1. H11（东—西）

2. H17（东南—西北）

3. H31（东南—西北）

4. H31内白灰上的席纹（东南—西北）

建筑址发掘区灰坑（一）

图版三三

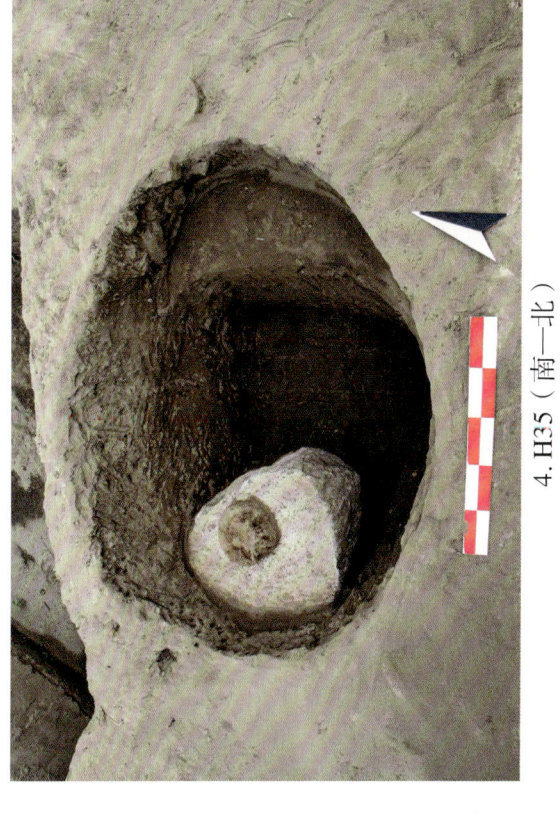

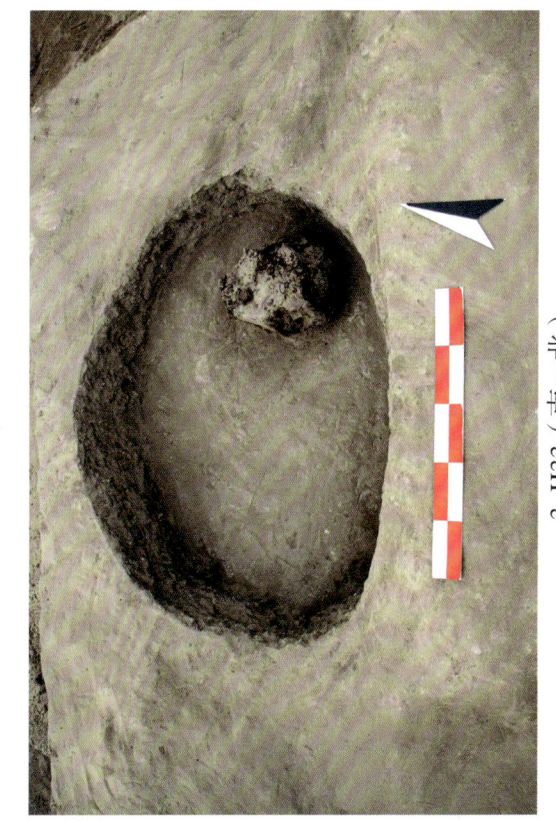

1. H23（东—西）

2. H28（南—北）

3. H33（南—北）

4. H35（南—北）

建筑址发掘区灰坑（二）

图版三四

1. H25局部（南—北）
2. H29（西南—东北） 
3. H34（南—北） 
4. Z1（东南—西北） 

建筑址发掘区灰坑（三）

1. 晚期建筑台基础坑（东—西）

2. Q3东北角（东南—西北）

建筑址晚期台基（一）

图版三六

1. Q3西段（西北—东南）

2. Q3北段（北—南）

建筑址晚期台基（二）

图版三七

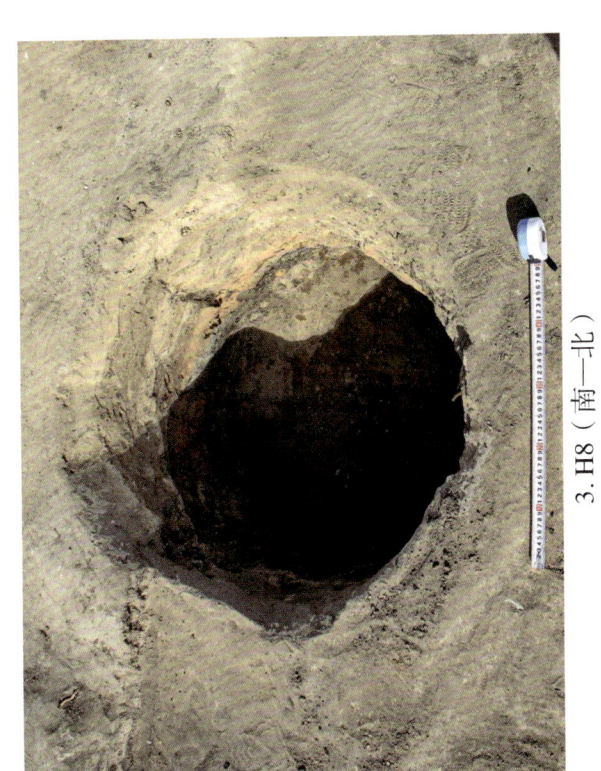

1. H6（东北—西南）
2. H7（西北—东南）
3. H8（南—北）
4. H9（西北—东南）

建筑址发掘区晚期灰坑

图版三八

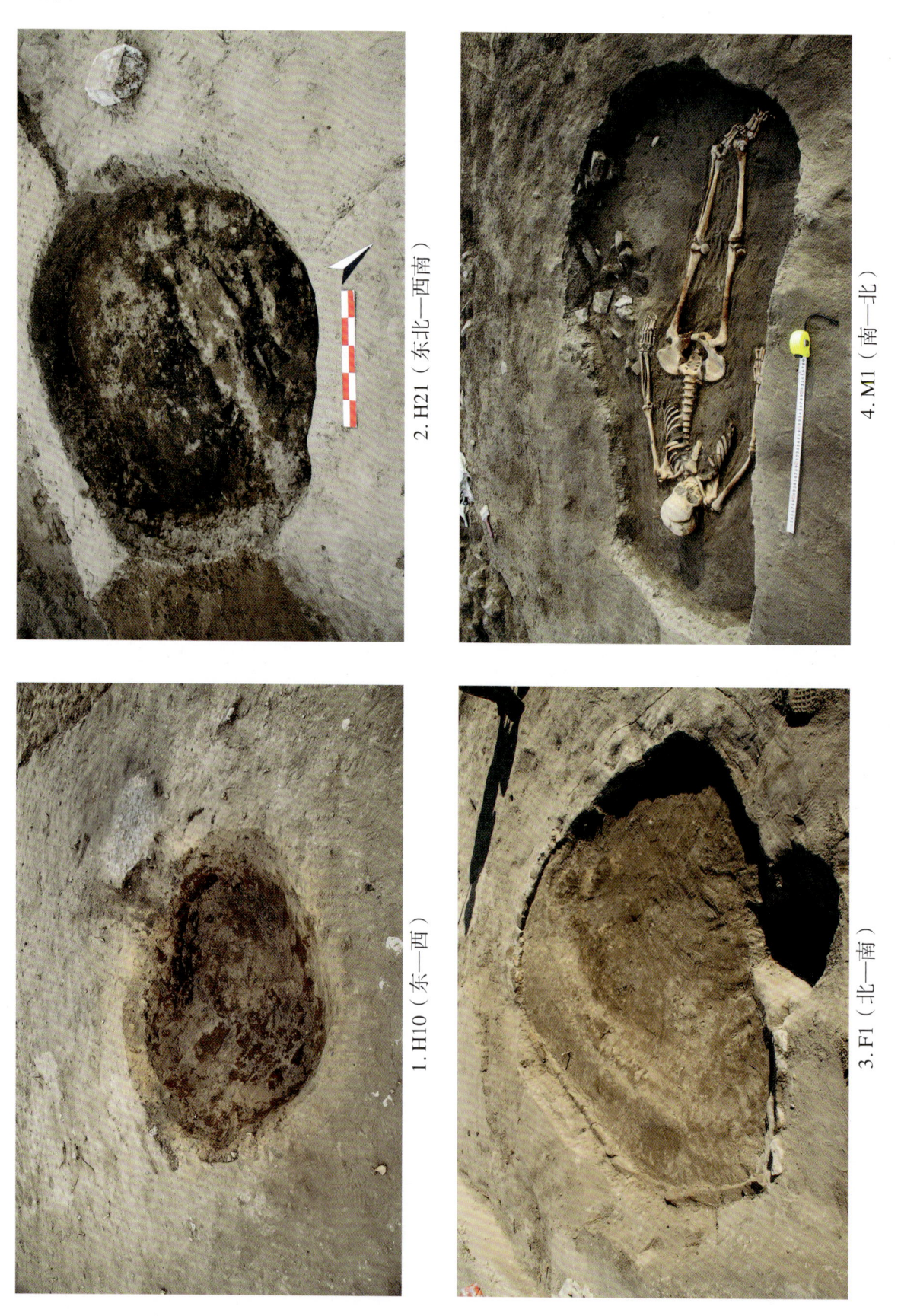

1. H10（东—西）
2. H21（东北—西南）
3. F1（北—南）
4. M1（南—北）

建筑址发掘区灰坑、房址、墓葬

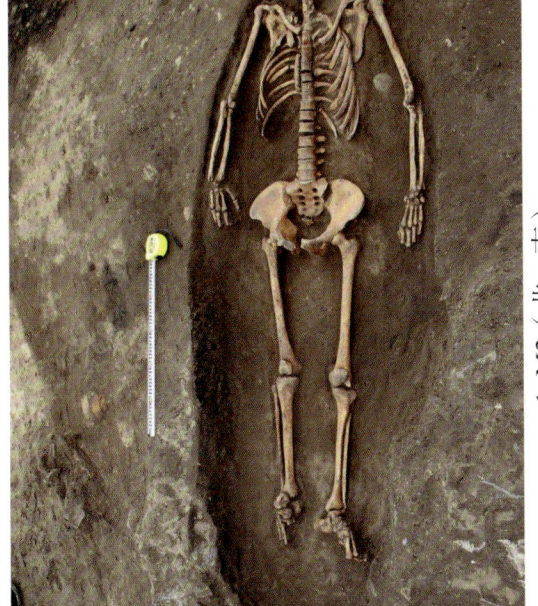

图版三九

2. M3（南—北）

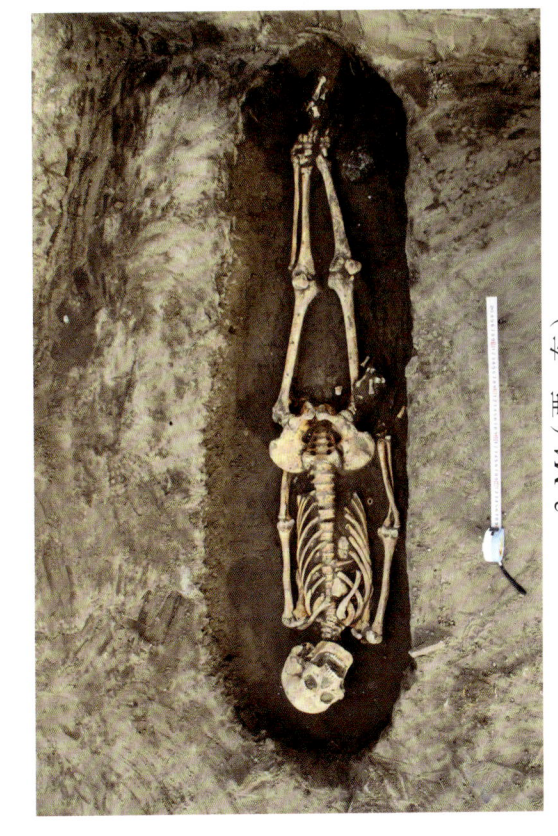

4. M5（东北—西南）

1. M2（北—南）

3. M4（西—东）

建筑址发掘区墓葬（一）

图版四〇

1. M6（西南—东北）
2. M7（东北—西南） 
3. M8（东北—西南） 
4. M9（南—北） 

建筑址发掘区墓葬（二）

图版四一

1. M10（西南—东北）
2. M12（西北—东南） 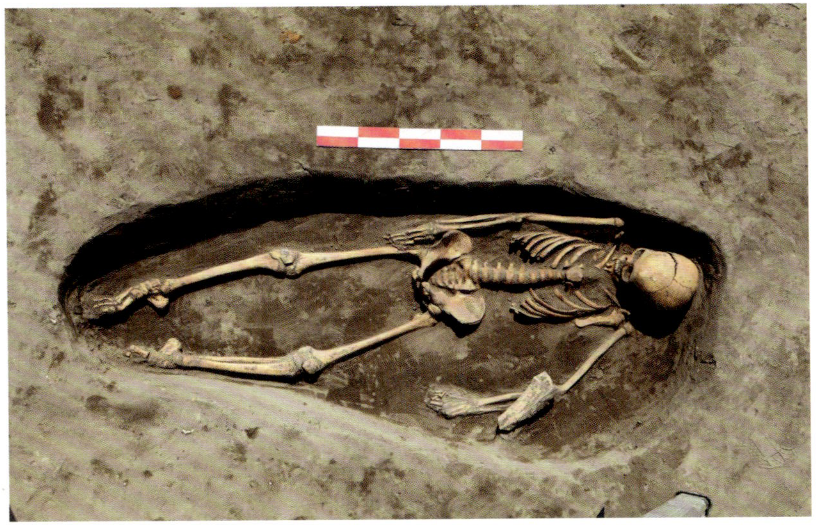
3. M13（南—北） 
4. M14（西北—东南） 

建筑址发掘区墓葬（三）

图版四二

窑址发掘区全景（西—东）

图版四三

1. F15（东南—西北）

2. F18（东北—西南）

窑址第一期房址

图版四四

1. F19（西—东）

2. G9（西北—东南）

窑址第一期房址、灰沟

图版四五

1. H102（西南—东北）
2. H87（西—东）
3. H91（东北—西南）
4. H98（西—东）

窑址第一期灰坑（一）

图版四六

1. H100（北—南）

2. H105（北—南）

3. H106（南—北）

4. H114（南—北）

窑址第一期灰坑（二）

图版四七

2. H66（西北—东南）

4. H117（东—西）

1. 第二期柱础ZC14（南—北）

3. H107（东—西）

窑址第二期遗迹

图版四八

1. H54（北—南）
2. H69（东南—西北） 
3. H73（东—西） 
4. H74（北—南） 

窑址第二期灰坑

图版四九

1. H92（西南—东北）

2. Z5（东—西）

3. Z7（南—北）

窑址第二期灰坑、灶址

图版五〇

1. F12（西南—东北）

2. F16（东南—西北）

窑址第三期房址

图版五一

1. F13（西南—东北）
2. F13（东南—西北） 
3. G11（东北—西南） 
4. Q9（西北—东南） 

窑址第三期遗迹

图版五二

1. Y1、Y2（东北—西南）

2. Y1（西北—东南）

3. Y2（西北—东南）

窑址第三期陶窑

1. Y1窑室（东南—西北）
2. Y1窑门外西侧土台（东北—西南） 
3. Y1烟囱（南—北） 
4. Y1窑室与烟囱间隔墙（西北—东南） 

窑址第三期陶窑局部（一）

图版五三

图版五四

1. Y2窑室（东北—西南）

2. Y2窑门外侧（西北—东南）

3. Y2窑门内侧（东南—西北）

4. Y2窑室与烟囱间隔墙（西北—东南）

窑址第三期陶窑局部（二）

图版五五

1. 陶片堆积（东南—西北）

2. 陶片堆积（南—北）

窑址第三期陶片堆积

图版五六

1. H52（西北—东南）
2. H57（西—东） 
3. H59（东北—西南） 
4. H65（西南—东北） 

窑址第三期灰坑

图版五七

2. H88（东北—西南）

4. M16（西—东）

1. H67（西南—东北）

3. M15（北—南）

窑址第三期灰坑、第四期墓葬

图版五八

1. TG1正投影（南上）

2. TG1F3土坯砌烟道（西—东）

3. 路面及车辙（北—南）

4. TG1H7（东—西）

1号探沟

图版五九

1. M17（东—西）

2. M17墓室（北—南）

城外砖室墓葬M17

图版六〇

1. M18、M19相对位置（南—北）

2. M18（南—北）

3. M19（北—南）

城外砖室墓葬M18、M19（一）

图版六一

1. M18（西—东）

2. M18墓室北壁（南—北）

3. M18墓门内侧（北—南）

4. M19墓室北壁（南—北）

城外砖室墓葬M18、M19（二）

图版六二

1. M20（东—西）
2. M20棺床（南—北）
3. M20东壁（西南—东北）
4. M20墓道阶梯（北—南）

城外砖室墓葬M20

图版六三

1. Aa型（T1747G1∶41）

2. Aa型（T1747G1∶42）

3. Aa型（T2048G2∶35）

4. Ab型（T1750④∶21）

5. Ab型（T1750④∶22）

6. Ab型（T2048④∶8）

A型檐头板瓦

图版六四

1. Ac型（H17:1）

2. Ad型（T1945⑦:4）

3. Ae型（T0711④:17）

4. Af型（T0709④:8）

5. B型（H16:1）

6. B型（T2047④:14）

A型、B型檐头板瓦

图版六五

1. Ca型（T1846④∶5）
2. Cb型（T1749②b∶13） 
3. Cb型（T1847⑤∶4） 
4. Da型（T2048④∶10） 
5. Da型（T2048G2∶37） 
6. Da型（T1751④∶1） 

C型、D型檐头板瓦

图版六六

1. Db型（T1747G1：43）
2. Db型（T2048④：11） 
3. Db型（T2048G2：38） 
4. E型（T1750④：26） 
5. E型（T1849②b：8） 
6. E型（T1851④：4） 

D型、E型檐头板瓦

图版六七

1. Fa型（T1946②b：38）

2. Fa型（T1946②b：40）

3. Fa型（T2046②b：15）

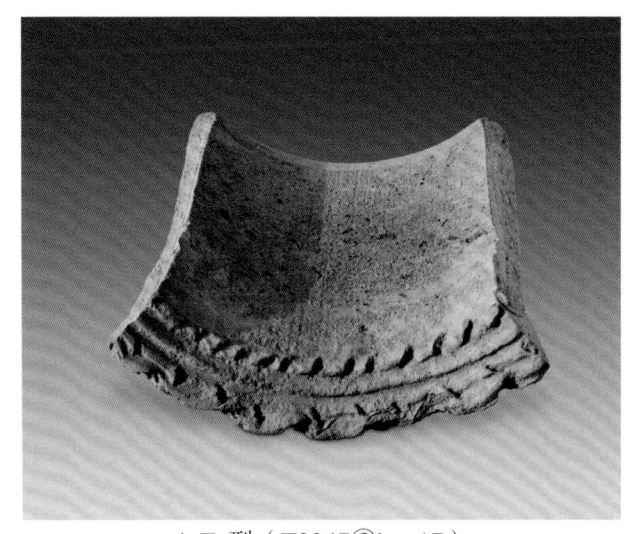

4. Fa型（T2047②b：17）

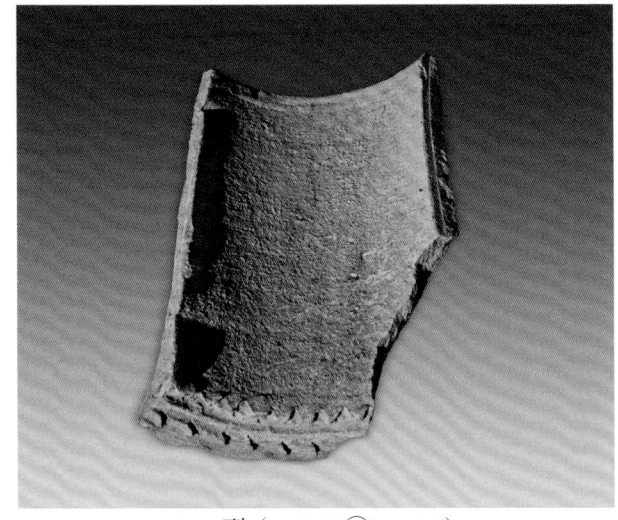

5. Fa型（T2048②b：46）

6. Fa型（T2047②b：16）

F型檐头板瓦

图版六八

1. Fb型（T2046②b：9）
2. Fb型（T2146②b：9） 
3. Ga型（T1946①：6） 
4. Gb型（T1946②b：35） 
5. Gb型（T1949②b：29） 
6. H型（T1846④：6） 

F型、G型、H型檐头板瓦

图版六九

1. A型（T2049G2：56）

2. B型Ⅰ式（T1747G1：44）

3. B型Ⅰ式（T1947④：11）

4. B型Ⅱ式（H9：6）

5. B型Ⅱ式（T1845②b：5）

6. B型Ⅱ式（T2048②b：51）

普通板瓦

图版七〇

1. Aa型（T1748G1∶11）

2. Ab型Ⅰ式（T1750⑧∶7）

3. Ab型Ⅱ式（T1949②b∶14）

4. B型Ⅰ式（T1750⑧∶1）

5. B型Ⅰ式（T1750⑧∶9）

6. B型Ⅱ式（T1949②b∶48）

普通筒瓦

图版七一

1. T1749⑧:13凹面
2. T1749⑧:13凸面 
3. T1749⑧:15凹面 
4. T1749⑧:15凸面 
5. T1850④:4凹面 
6. T1850④:4凸面 

绿釉筒瓦（一）

图版七二

1. T1850④:19凹面

2. T1850④:19凸面

3. T1850④:21凹面

4. T1850④:21凸面

5. T1950④:87凹面

6. T1950④:87凸面

绿釉筒瓦（二）

图版七三

1. T1749⑧：11

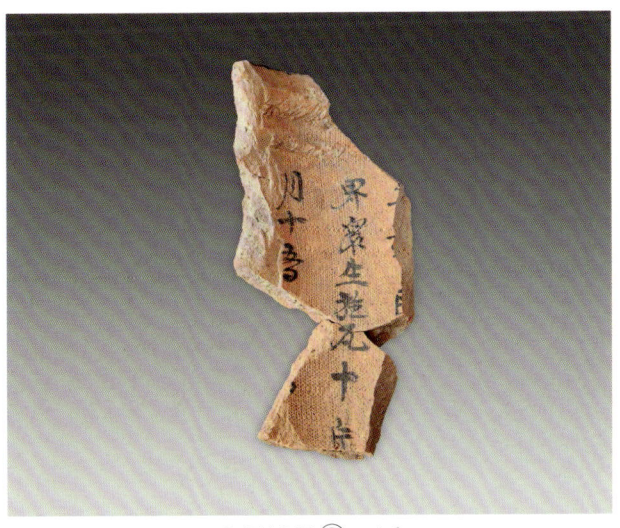

2. T1749⑧：12

3. T1950⑧：16

4. T1750⑦：1

5. T1750④：37

6. T2046④：3

绿釉筒瓦（三）

图版七四

1. T2048④：21

2. T2048④：31

3. T1750④：8

4. T1750④：6

5. T2048④：30

绿釉筒瓦（四）

图版七五

1. T1750④：38

2. T2046④：4

3. T1750④：40

4. T2046④：5

5. T1750④：39

绿釉筒瓦（五）

图版七六

1. T1749G1∶23正面
2. T1749G1∶23背面 
3. T1748G1∶1正面 
4. T1748G1∶1背面 
5. T1649G1∶5正面 
6. T1649G1∶5背面 

Aa型瓦当（一）

图版七七

1. T1749④:7正面

2. T1749④:7背面

3. T1950④:18正面

4. T1950④:18背面

5. T1950④:37正面

6. T1950④:37背面

Aa型瓦当（二）

图版七八

1. T1950④:41

2. T2049G2:33

3. T2049G2:36

4. T2049G2:41正面

5. T2049G2:41背面

6. T2050G2:11

Aa型瓦当（三）

图版七九

1. Ab型（T1850④：8）

2. Ac型（T1950④：40）

3. Ac型（T2047④：5）

4. Ac型（T2049G2：21）

5. Aa型（JC1②：5正面）

6. Aa型（JC1②：5背面）

A型瓦当

图版八〇

1. B型（T1749④：2正面）

2. B型（T1749④：2背面）

3. B型（T1749⑧：2）

4. B型（T1749G1：4）

5. B型（T2049G2：17）

6. K型（T1748G1：5）

B型、K型瓦当

图版八一

1. Ca型（T2049②b：16）

2. Ca型（T1949②b：21）

3. Ca型（T1750②b：7）

4. Ca型（T1750②b：13）

5. Cb型（T1945②a：3正面）

6. Cb型（T1945②a：3背面）

C型瓦当

图版八二

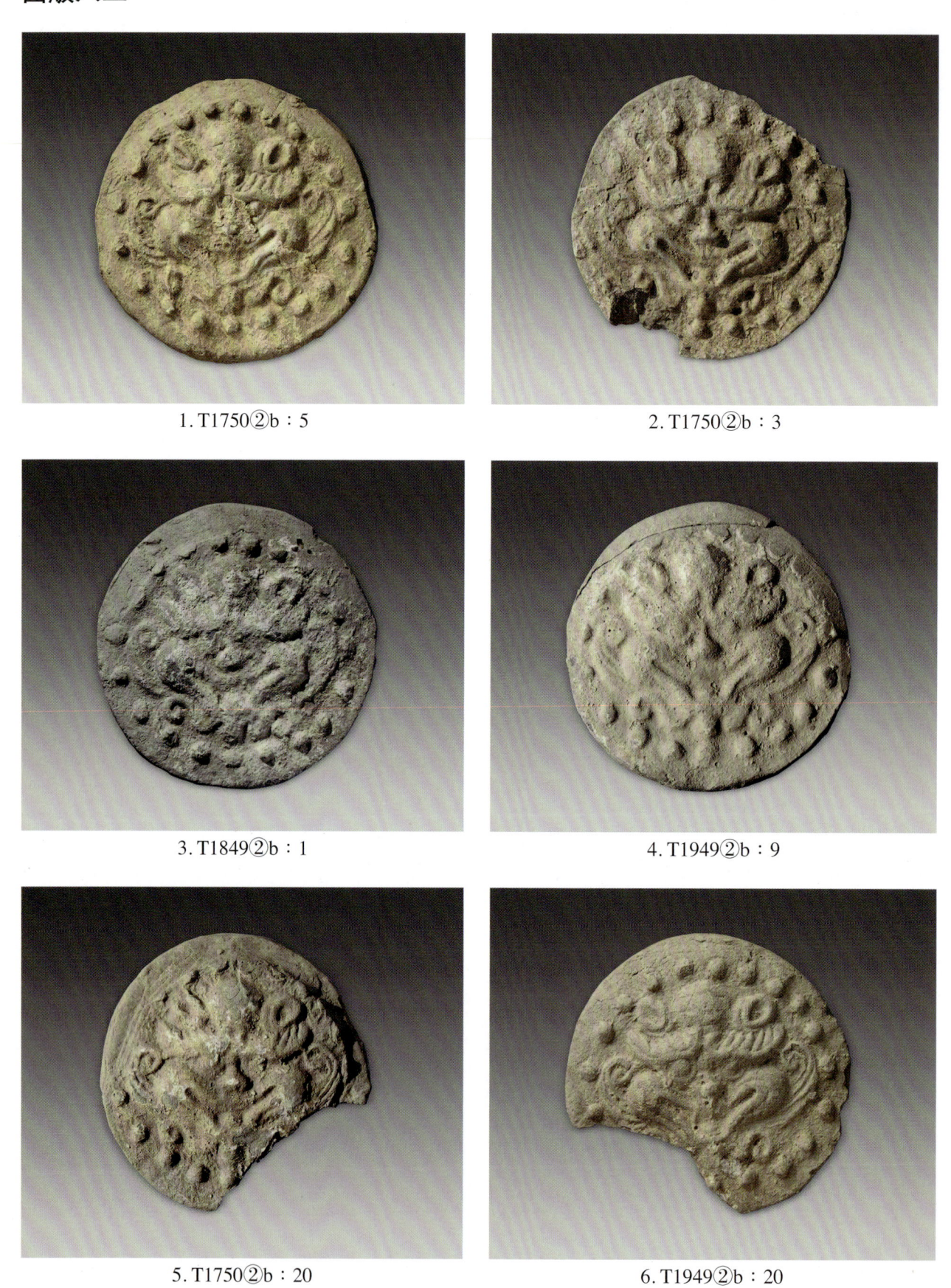

1. T1750②b：5
2. T1750②b：3
3. T1849②b：1
4. T1949②b：9
5. T1750②b：20
6. T1949②b：20

D型瓦当

图版八三

1. T1845②b：6正面

2. T1845②b：6背面

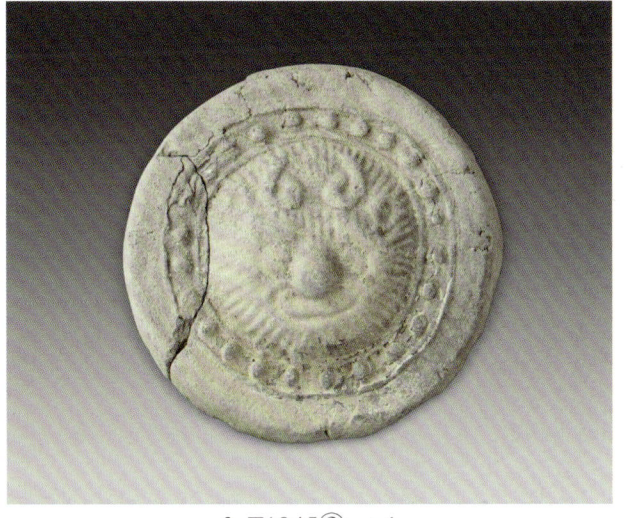

3. T1945②a：1

4. T2048②b：34

5. T2146②b：4

6. T1847②b：7

Ea型瓦当

图版八四

1. Eb型（H41∶3）

2. Eb型（T1068③∶8）

3. Eb型（T2146②b∶6）

4. Eb型（T2046①∶1）

5. Eb型（T1949①∶5）

6. Ec型（T2147②b∶2）

Eb型、Ec型瓦当

图版八五

1. Ed型（T2047②b：10）

2. Ee型（T0869③：1）

3. Ee型（T0967④d：2正面）

4. Ee型（T0967④d：2背面）

5. Ee型（T0969③：12正面）

6. Ee型（T0969③：12背面）

Ed型、Ee型瓦当

图版八六

1. F型（T1949②b∶22）

2. F型（T1749②b∶1）

3. F型（T1848②b∶1）

4. F型（T2048②b∶69）

5. H型（T1749G1∶5）

6. H型（T1850④∶7）

F型、H型瓦当

图版八七

1. Ga型（T1949②b：8）
2. Ga型（T1949①：1） 
3. Gb型（T2048②b：33） 
4. I型（T2047②b：9） 
5. I型（M1：7） 
6. J型（T1748G1：4） 

G型、I型、J型瓦当

图版八八

1. Aa型Ⅰ式垒脊瓦（T1845④：21）

2. Aa型Ⅱ式垒脊瓦（T1949②b：44）

3. Ab型垒脊瓦（T1949②b：42）

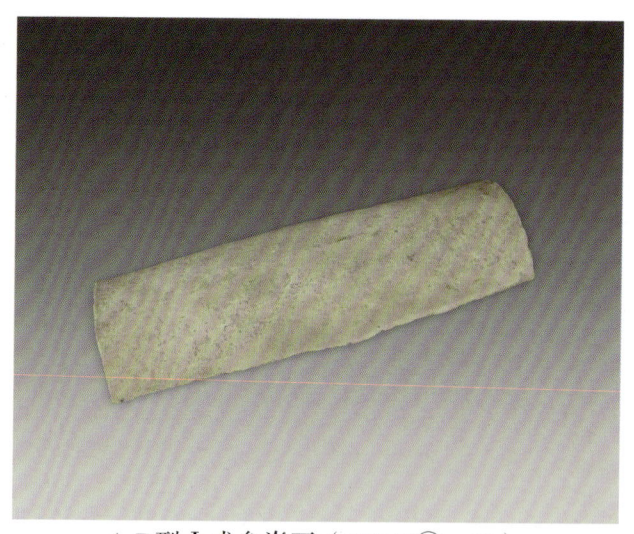

4. B型Ⅰ式垒脊瓦（T1845④：19）

5. B型Ⅱ式垒脊瓦（T1750②b：31）

6. 当沟（F4：30）

垒脊瓦、当沟

图版八九

1. T2048G2∶62正面
2. T2048G2∶62侧面 
3. T1850④∶20正面 
4. T1850④∶20侧面 
5. T1751④∶2 
6. T1649⑧∶1 

套兽

图版九〇

1. JC1②:4正面

2. JC1②:4侧面

3. T2147②b:6侧面

4. T2147②b:6正面

5. T1949②b:58

6. T2047②b:30

垂兽

图版九一

1. T1747G1：68
2. T1649G1：8 
3. T2048G2：74 
4. T1950④：86 
5. T1950④：74 
6. T2147②b：5 
7. T2048G2：65 
8. H38：1 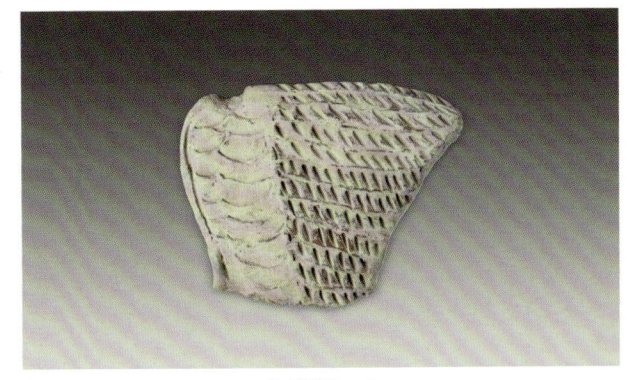

凤鸟

图版九二

1. T1750②b：39侧面

2. T1750②b：39正面

3. T2048②b：59侧面

4. T2048②b：59正面

迦陵频伽

图版九三

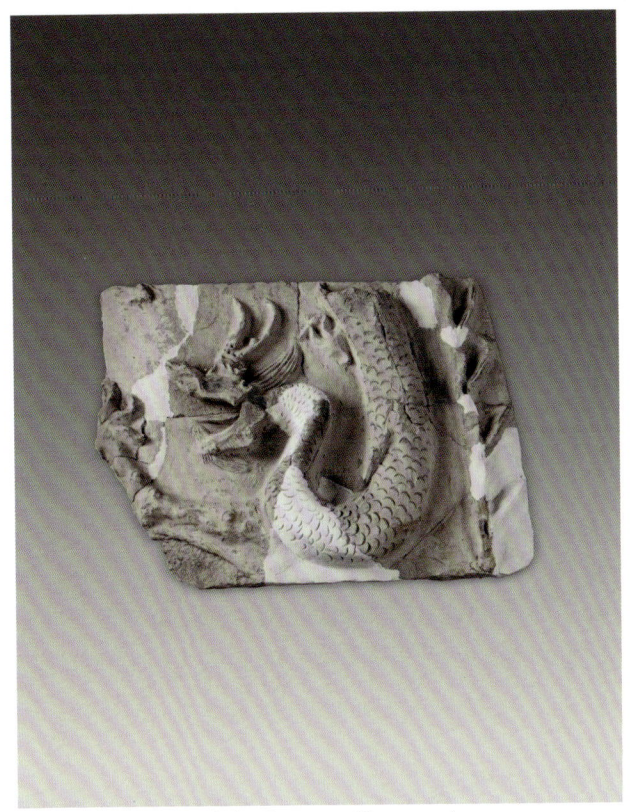

1. 鸱吻（T1949②b：57）

2. 鸱吻（T1949②b：56）

3. 脊兽残块（T1847②b：28）

4. 脊兽残块（T1947②b：35）

鸱吻、脊兽残块

图版九四

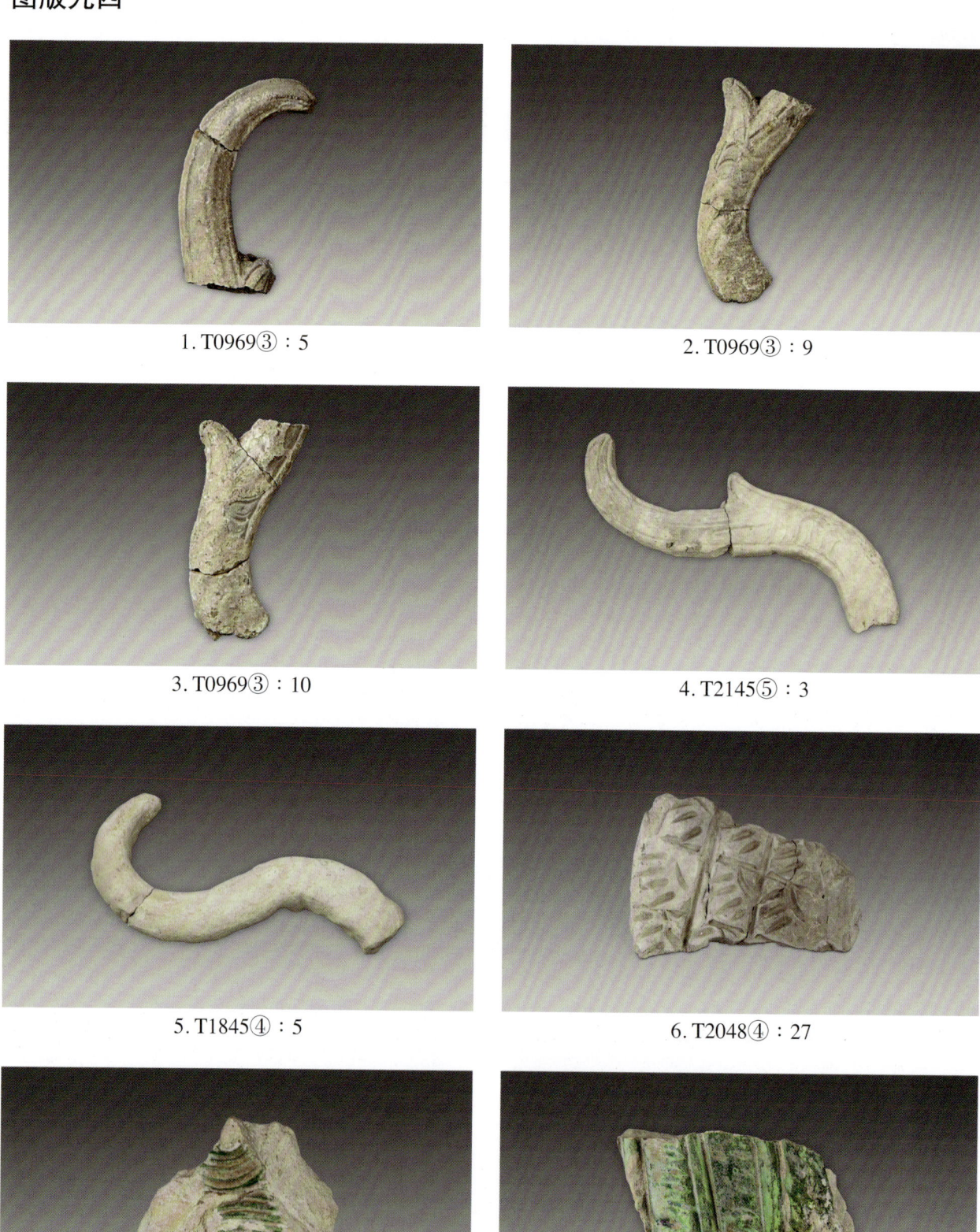

1. T0969③：5

2. T0969③：9

3. T0969③：10

4. T2145⑤：3

5. T1845④：5

6. T2048④：27

7. T2048②：44

8. T2048①：2

脊兽残块

图版九五

1. F10：1
2. T2048④：14 
3. T1750②a：36 
4. T2046②b：17 
5. H65：18 
6. T1749⑧：7 

砖

图版九六

1. 砖（T0709③b：16正面）

2. 砖（T0709③b：16背面）

3. 砖（F16：32正面）

4. 砖（F16：32侧面）

5. 陶支座（Y1：24）

6. 陶支座（Y1：29）

砖、陶支座

图版九七

1. Y1:21
2. Y2:65 
3. Y1:25 正面
4. Y1:25 背面 
5. Y1:26 正面 
6. Y1:26 背面 
7. Y1:27 
8. F12:42 

陶支座

图版九八

1. T1945②b∶1

2. F4∶35

3. F4∶36

4. Y2∶44

陶缸

图版九九

1. H55:1
2. H58①:7
3. H58②:4
4. H64:19
5. H64:24
6. H71:11

Aa型陶罐（一）

图版一〇〇

1. G5:2

2. T0810①:7

3. Y1:17

4. Y1:18

5. Y1:19

6. Y2:57

Aa型陶罐（二）

图版一○一

1. H46：1
2. T1851⑥：1 
3. C1：27 
4. C1：32 
5. C2：1 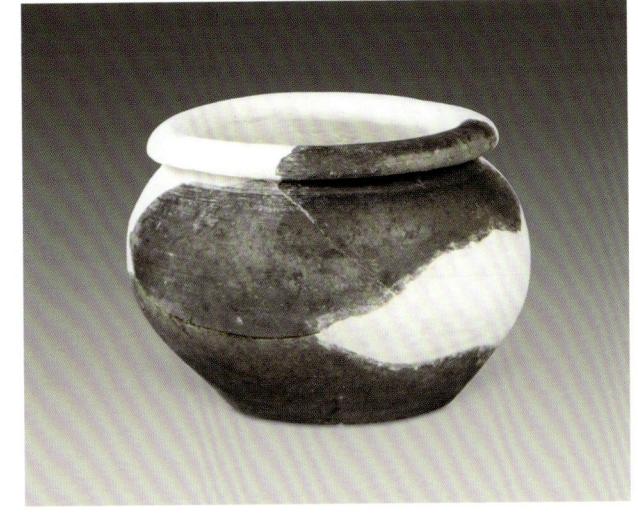
6. C2：7 

Aa型陶罐（三）

图版一〇二

1. Ab型Ⅰ式（H112:3）
2. Ab型Ⅱ式（T1851⑥:4） 
3. Ab型Ⅱ式（T1748④:1） 
4. Ab型Ⅱ式（G9:19） 
5. Ab型Ⅱ式（H104:3） 
6. Ab型Ⅲ式（H71:10） 

Ab型陶罐（一）

图版一〇三

1. Ab型Ⅲ式（H65∶34）

2. Ab型Ⅲ式（H65∶35）

3. Ab型Ⅲ式（H65∶36）

4. Ab型Ⅲ式（C1∶21）

5. Ab型Ⅲ式（C2∶14）

6. Ab型Ⅲ式（C2∶16）

Ab型陶罐（二）

图版一〇四

1. Ba型Ⅱ式陶罐（H64：23）
2. 柳斗纹罐（JC1②：8） 
3. 提梁罐（F3①：1） 
4. 小口罐（F14：11） 
5. 小口罐（Y2：6） 
6. 陶壶（H64：27） 

陶罐、陶壶

图版一〇五

1. G9：10

2. G9：22

3. H86：8

4. H109：2

5. T0610④：1

6. H64：21

陶壶

图版一〇六

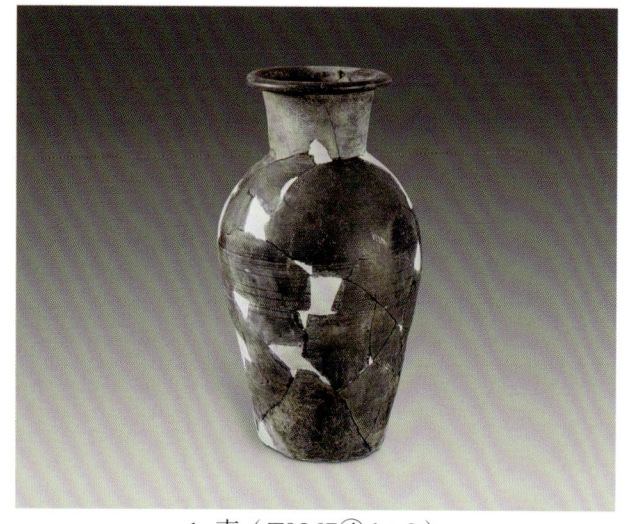

1. 壶（T0967④d：3）

2. 梅瓶（C1：1）

3. 梅瓶（C1：13）

4. 梅瓶（C1：22）

5. 梅瓶（C4：1）

6. 梅瓶（Y2：43）

陶壶、梅瓶

图版一〇七

1. A型Ⅰ式（G9:12顶视）

2. A型Ⅰ式（G9:12侧视）

3. A型Ⅱ式（H64:10顶视）

4. A型Ⅱ式（H64:10侧视）

5. A型Ⅱ式（H64:10底视）

6. A型Ⅱ式（H92:2顶视）

7. A型Ⅱ式（H92:2侧视）

A型陶盆（一）

图版一〇八

1. A型Ⅲ式（Y1:15顶视）
2. A型Ⅲ式（Y1:15侧视） 
3. A型Ⅲ式（Y1:16顶视） 
4. A型Ⅲ式（Y1:16侧视） 
5. A型Ⅲ式（Y2:50顶视） 
6. A型Ⅲ式（Y2:50侧视） 
7. A型Ⅲ式（Y2:52顶视） 
8. A型Ⅲ式（Y2:52侧视） 

A型陶盆（二）

图版一〇九

1. A型Ⅲ式（Y1∶12）

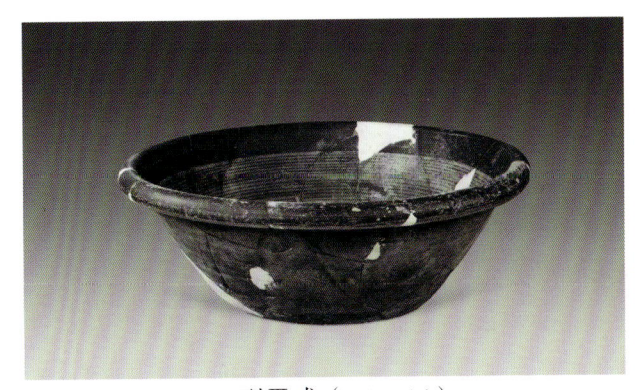

2. A型Ⅲ式（Y1∶14）

3. A型Ⅲ式（Y2∶47）

4. A型Ⅲ式（Y2∶51）

5. A型Ⅲ式（C1∶19）

6. A型Ⅲ式（Y2∶59）

7. A型Ⅲ式（Y2∶64）

8. A型Ⅲ式（F11∶2）

A型陶盆（三）

图版一一〇

1. Ba型Ⅰ式（C2∶6）

2. Ba型Ⅰ式（H61∶1）

3. Ba型Ⅰ式（Y1∶11）

4. Ba型Ⅰ式（Y2∶46）

5. Bb型Ⅱ式（C1∶18）

6. Bb型Ⅱ式（Y2∶45）

7. Ba型Ⅱ式（T0711②a∶30）

B型陶盆

图版———

1. Y2∶55顶视    2. Y2∶55侧视

3. Y2∶60顶视    4. Y2∶60侧视

5. Y1∶8    6. Y2∶28

陶甑

图版一一二

1. C1∶6

2. C1∶15

3. H70③∶1

4. H70③∶2

5. H59⑤∶1

6. H59⑤∶2顶视

7. H59⑤∶2侧视

8. T0711①∶6

陶碗

图版一一三

1. A型（T2049G2：44）

2. A型（H65：2）

3. A型（H65：4）

4. A型（H65：5）

5. A型（H65：6）

6. A型（F12：72）

7. A型（Y1：6）

8. B型（T2049G2：45）

陶盏（一）

图版一一四

1. B型（H27∶4）

2. B型（H65∶3）

3. B型（H65∶7）

4. B型（H65∶12）

5. B型（H65∶15）

6. B型（H65∶22）

7. B型（T2050G2∶13）

8. C型（H58①∶1）

陶盏（二）

图版一一五

1. 陶钵（G9∶11）
2. 陶钵（G9∶13） 
3. 陶钵（H102∶21） 
4. 陶钵（H27∶2） 
5. 陶盘（C5∶17） 
6. 陶盘（Y1∶9） 
7. 陶盘（T0711②a∶10） 
8. 陶盘（T1946②b∶33） 

陶盘、陶钵

图版一一六

1. T0967④d：2
2. T1649④：1
3. T1846②b：9
4. H112：2
5. H65：13
6. Y2：2
7. C1：8
8. C1：10

陶器盖

图版一一七

1. G9∶4

2. G7∶2

3. H103∶4

4. T2045⑥∶1

5. H27∶1

6. T2046②b∶7

陶砚

图版一一八

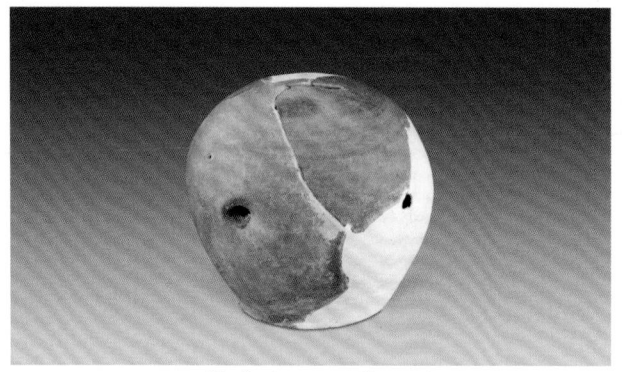

1. 扑满（T1851⑥:3）
2. 扑满（T1851⑥:7） 
3. 扑满（T0810②a:9） 
4. 扑满（H83:6） 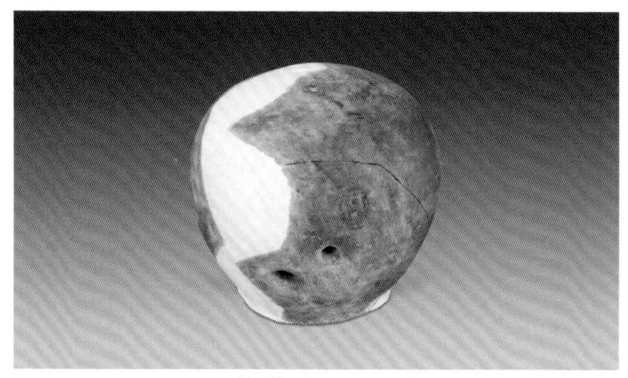
5. 陶香炉（T1845②b:8） 
6. 陶盅（T2047④:9） 
7. 陶器座（T0711③a:26） 
8. 筒形陶器（T0611②a:1） 

陶器

图版一一九

1. Aa型（C1∶4内底）
2. Aa型（C1∶4）
3. Aa型（Y2∶41）
4. Aa型（Y2∶42）
5. Aa型（T1851⑥∶9）
6. Aa型（M21∶1）
7. Aa型（M21∶2）
8. Ab型（Y2∶24）

A型定窑白瓷碗

图版一二〇

1. Ac型（Y2：40）

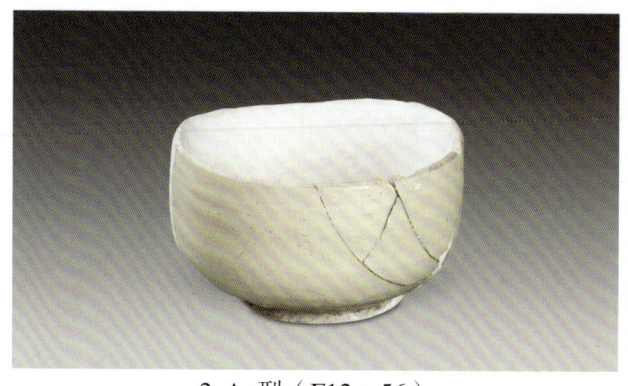

2. Ac型（F12：56）

3. Ba型（T0711③b：2）

4. Ba型（T0711③b：2底部）

5. Ba型（T0611②a：3）

6. Ba型（T0611②a：3底部）

7. Bb型（G8：1）

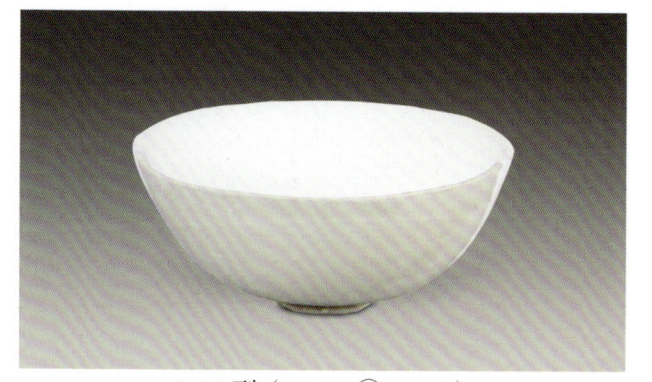

8. Bb型（T0611③a：10）

定窑白瓷碗

图版一二一

1. A型（F12∶81）
2. Ba型（F3①∶2） 
3. Ba型（H34②∶2） 
4. Bb型（G9∶14） 
5. Bb型（T0711④∶26内底） 
6. Bb型（T0711④∶26） 
7. Bb型（T0711②a∶26） 
8. Bb型（H99∶1） 

化妆白瓷碗

图版一二二

1. A型（F12：73内底）

2. A型（F12：73）

3. A型（H65：24内底）

4. A型（H65：24）

5. A型（H65：24外底）

6. A型（T0710②a：4内底）

7. A型（T0710②a：4）

8. A型（T0710②a：4外底）

A型化妆白瓷盘

图版一二三

1. A型（Y2∶5内底）

2. A型（Y2∶5）

3. A型（Y2∶5外底）

4. A型（F3①∶3）

5. A型（Y2∶7内底）

6. A型（Y2∶7）

7. B型（H51∶1内底）

8. B型（H51∶1）

化妆白瓷盘

图版一二四

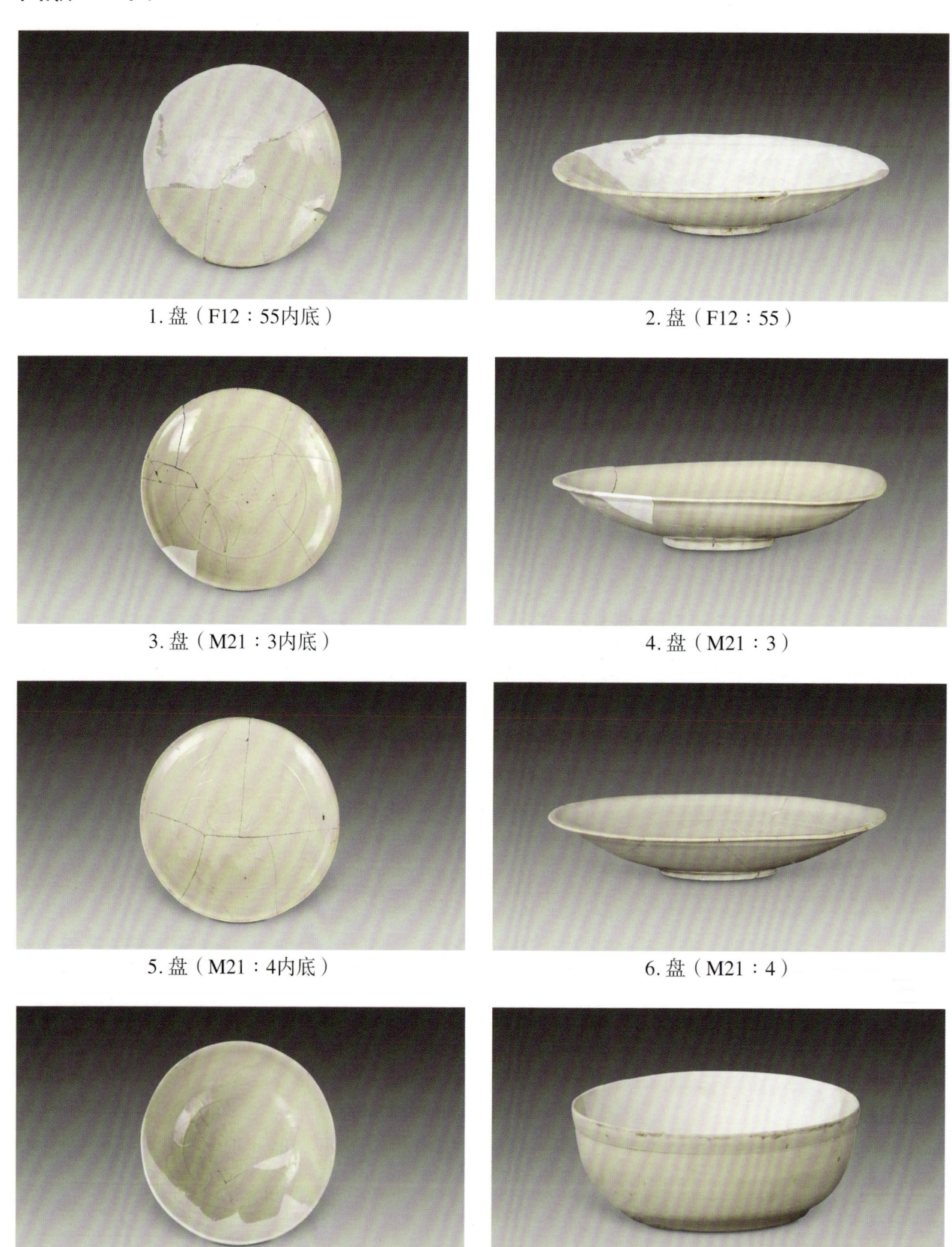

1. 盘（F12:55内底）

2. 盘（F12:55）

3. 盘（M21:3内底）

4. 盘（M21:3）

5. 盘（M21:4内底）

6. 盘（M21:4）

7. 钵（H65:20内底）

8. 钵（H65:20）

定窑白瓷盘、钵

图版一二五

1. 瓷罐（H64∶9）

2. 瓷罐（H65∶21）

3. 瓷罐（T2048②b∶40）

4. 瓷器盖（T0811②a∶4）

5. 印花瓷片（T0810③b标∶1）

6. 印花瓷片（Y1标∶2）

7. 剔花瓷片（T0709④标∶21）

8. 白地黑花瓷器底（H79∶2）

瓷器

图版一二六

1. T1951⑧:37

2. T1951⑧:38

3. T1951⑧:38

4. T1951⑧:39

5. T1851⑧:37

6. T1851⑧:38

7. T1851⑧:39

8. T1851⑧:40

彩绘泥塑残片（一）

图版一二七

1. T1851⑥:12-1

2. T1851⑥:12-2

3. T1851⑥:12-3

4. T1851⑥:12-4

5. T1851⑥:12-5

6. T1851⑥:12-6

7. T1851⑥:12-7

8. T2145④:12

彩绘泥塑残片（二）

图版一二八　泥塑残块

1. T1851⑧∶8
2. T1851⑧∶10
3. T1851⑧∶11
4. T1851⑧∶23
5. T1851⑦∶1
6. T1851⑦∶2
7. T1851⑦∶3
8. G6∶11

泥塑残块

图版一二九

1. 陶范（H104：1）

2. 陶塑（H102：20）

3. 陶塑（H112：1）

4. 泥塑像（T0711④：20）

5. 泥塑像（T0711④：22正面）

6. 泥塑像（T0711④：22侧面）

7. 泥塑像（T0711④：25）

8. 陶牌饰（T2145⑤：1）

泥塑、陶塑、陶范、陶牌饰

图版一三〇

1. 刻纹瓦片（T1749G1∶7）
2. 刻字瓦片（T1749G1∶6） 
3. 刻纹瓦片（T1850④∶10） 
4. 带孔瓦片（T1849①∶6） 
5. 多孔器（H71∶2） 
6. 带孔陶器（C1∶7） 
7. 瓦钉（F4∶2） 
8. 瓦钉（F4∶1） 

其他陶器（一）

图版一三一

1. 陶拍（T1949②b：23）

2. 陶拍（T1747①：2）

3. 陶纺轮（T0709④：5）

4. 陶饼（T0711②a：12）

5. 陶垫具（H64：3）

6. 陶垫具（H65：11）

7. 陶刀（Y1：1）

8. 施纹工具（Y2：23）

其他陶器（二）

图版一三二

1. 陶塑（T1747②b：4）
2. 陶塑（H60：1） 
3. 陶塑（C5：7） 
4. 陶管（H34②：5） 
5. 陶棋子（F15：8） 
6. 冥币（ⅡTG1②：2） 
7. 冥币（T0611③a：4） 
8. 冥币（T0710④：4） 

其他陶器（三）

图版一三三

1. 瓷塑动物（H103:5）

2. 瓷塑像（T0809④:7）

3. 瓷马（T0711②a:14）

4. 瓷马（H65:19）

5. 瓷像（ⅡTG1④:1）

6. 瓷塑（Y2:9）

7. 瓷马（T2050①:6）

8. 瓷马（T1948①:15）

其他瓷器

图版一三四

1. 石夯（T1751⑥：6）

2. 石夯（T1851⑥：12）

3. 石纺轮（T1948④：1）

4. 打磨器（H103：1）

5. 石磨盘（F13：6）

6. 石棋子（F12：48）

7. 石佛足（T0709①：1）

8. 石鸟（TG1③：4）

石器

图版一三五

1. 骨梳（T1067④d：2）

2. 骨梳（T2048②b：36）

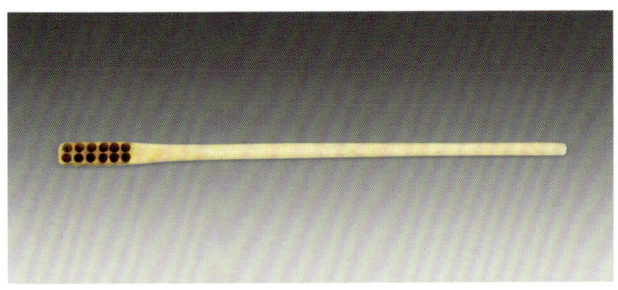

3. 骨刷（D8：1）

4. 骨刷（T0711②a：13正面）

5. 骨刷（T0711②a：13背面）

6. 骨骰子（T0711③b：1）

7. 骨骰子（H90：10）

8. 骨骰子（F13：4）

9. 骨匕（F16：2）

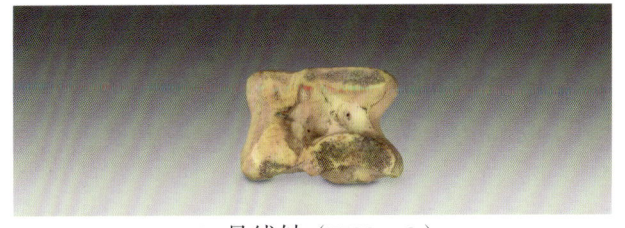

10. 骨线轴（H90：8）

11. 骨线轴（F12：50）

骨器

图版一三六

1. 铁铡刀（T0969③：4）

2. 铁铡刀（F12：6）

3. 铁锹（T1068③：6）

4. 铁锹（F4：24）

5. 铁斧（H41：1）

6. 铁斧（F12：38正面）

7. 铁斧（F12：38侧面）

8. 铁构件（T1950④：16）

9. 铁刮刀（F4：14）

铁器（一）

图版一三七

1. 铁器柄（JC1②：11）
2. 铁环（T1068③：1） 
3. 铁环（F4：10） 
4. 铁剪刀（T1751⑥：5） 
5. 丫形铁器（F4：11） 
6. 铁挂钩（F4：12） 
7. 铁环（Y2：12） 
8. 车輨（F16：5） 
9. 铁甲片（F16：21） 

铁器（二）

图版一三八

1. 铜构件（F15∶2）

2. 铜刀格（T0709④∶2）

3. 琉璃管（T0711③a∶16）

4. 琉璃环（T0809③b∶11）

5. 琉璃棋子（T0711②a∶24）

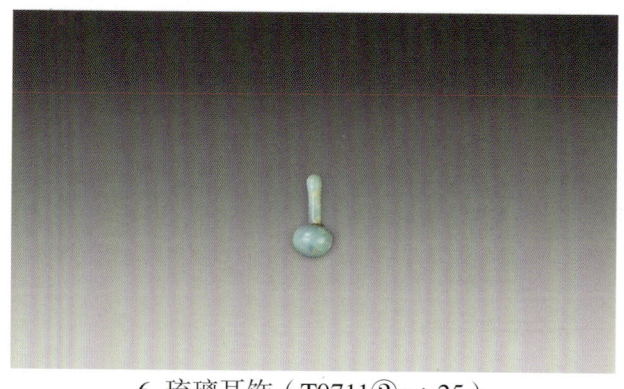

6. 琉璃耳饰（T0711②a∶25）

7. 琉璃饰件（T0711②a∶7）

8. 琉璃珠（T0711②a∶20）

其他遗物

图版一三九

1. 文字砖（编号3246）

2. 瓦当（编号381）

3. 垂兽（编号391）

4. 多孔器（编号294）

5. 多孔器（编号295）

6. 动物陶塑（编号3095）

白城市博物馆藏品

图版一四〇

1. 瓷缸（IIK1∶2）

2. 瓷瓮（IIK1∶3）

3. 白釉瓷罐（IIK1∶4）

4. 釉陶香炉（IIK1∶5）

洮北区博物馆藏品